2012年版

进出口税则

商品及品目注释

上　册

（1-53章）

海关总署关税征管司

中国海关出版社

图书在版编目（CIP）数据

进出口税则商品及品目注释：2012 年版/海关总署关税征管司编.
-北京：中国海关出版社，2012.2
ISBN 978-7-80165-857-9

Ⅰ.①进… Ⅱ.①海… Ⅲ.①进出口贸易—关税—税则—注释—世界 Ⅳ.①D996.3

中国版本图书馆 CIP 数据核字（2011）第 259520 号

进出口税则商品及品目注释（2012 年版）

JINCHUKOU SHUIZE SHANGPIN JI PINMU ZHUSHI（2012 NIAN BAN）

作　　者：海关总署关税征管司
责任编辑：黄华莉
助理责编：冯　伟　史　娜
出版发行：中国海关出版社
社　　址：北京市朝阳区东四环南路甲 1 号　　邮政编码：100023
网　　址：www. hgcbs. com. cn；www. hgbookvip. com
编 辑 部：01065194242-7531（电话）　　01065194231（传真）
发 行 部：01065194221/4246（电话）　　01065194233（传真）
社办书店：01065195616（电话）　　01065195127（传真）
北京市建国门内大街 6 号海关总署东配楼一层
印　　刷：北京京都六环印刷厂　　经　　销：新华书店
开　　本：880mm×1230mm　1/16
印　　张：88　　字　　数：2590 千字
版　　次：2012 年 2 月第 1 版
印　　次：2012 年 2 月第 1 次印刷
书　　号：ISBN　978-7-80165-857-9
定　　价：450.00 元（上、下册）

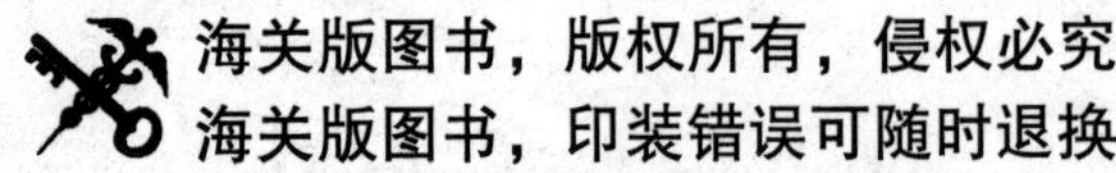

前　　言

《商品名称及编码协调制度》(简称《协调制度》)(Harmonized Commodity Description and Coding System，简称HS)是一部国际上广泛采用的国际贸易商品分类目录，也是目前包括中国在内的200多个国家、地区或经济联盟(《商品名称及编码协调制度的国际公约》缔约方)编制其进出口税则和统计目录的基础目录。全球贸易总量98%以上的货物都是以《协调制度》目录进行商品分类和统计的。

世界海关组织(World Customs Organization，简称WCO)为使各缔约方能够统一理解、准确执行《协调制度》，主持编制了《商品名称及编码协调制度注释》(Explanatory Notes to the Harmonized Commodity Description and Coding System)(简称《协调制度注释》)，《协调制度注释》是《协调制度》所列商品及品目范围的最权威的解释，是《协调制度》实施的重要组成部分。

自1992年我国采用《协调制度》以来，我国海关已先后翻译出版了1992年版、1996年版、2002年版和2007年版《协调制度注释》，对我国海关和有关进出口管理等部门以及从事与国际贸易的进出口企业正确进行商品归类发挥了积极指导和规范作用。

2012年版《协调制度注释》是根据世界海关组织协调制度委员会第四审议循环历次会议的决定，在对2007年版《协调制度注释》进行修订维护的基础上，依据世界海关组织发布的2012年版《协调制度注释》修订本的内容修订而成的。

《进出口税则商品及品目注释》(简称《税则注释》)是海关总署根据2012年版《协调制度注释》编译而成的，是进出口商品归类的法律依据。

《税则注释》共分上、下两册。上册包括归类总规则及其解释，以及第1章至第53章；下册包括第54章至第97章及《商品名称及编码协调制度的国际公约》(International Convention on the Harmonized Commodity Description and Coding System)。

参加本书编译工作的有：孙群、康强、孙玫、王雯、古晨生、蒋小竹、孙利、黄晓芸、刘成凯、夏阳、肖绪泉、李志、李鹏、杨建祥、谭旭华、程若愚、崔小雷、刘红栋、陶琳、毛宏志、李斌、吴晓静、臧华、甘露、陈静婉、华茂、廖春华、黄荣哲、代岷、王毅、高天等同志。全书由夏阳同志统稿。刘广平、郑存强同志在编译过程中提出了宝贵意见。

海关总署关税征管司

二〇一二年一月

前 言

[illegible]

目　录

归类总规则

货品在协调制度中的归类，应遵循以下规则：

规则一

类、章及分章的标题，仅为查找方便而设；具有法律效力的归类，应按品目条文和有关类注或章注确定，如品目、类注或章注无其他规定，则按以下规则确定。

注释：

一、本协调制度系统地列出了国际贸易的货品，将这些货品分为类、章及分章，每类、章或分章都有标题，尽可能确切地列明所包括货品种类的范围。但在许多情况下，归入某类或某章的货品种类繁多，类、章标题不可能将其一一列出，全都包括进去。

二、因此，本规则一开始就说明，标题“仅为查找方便而设”。据此，标题对商品归类不具有法律效力。

三、本规则第二部分规定，商品归类应按以下原则确定：

（一）按照品目条文及任何相关的类、章注释确定；

（二）如品目条文或类、章注释无其他规定，则按规则二、三、四及五的规定确定。

四、以上三（一）所规定的已很明确，许多货品无需借助归类总规则的其他条款即可归入协调制度中〔例如，活马（品目 01.01）、第三十章注释四所述的医药用品（品目 30.06）〕。

五、以上三（二）中：

（一）所称“如品目和类、章注释无其他规定”，旨在明确品目条文及任何相关的类、章注释是最重要的，换言之，它们是在确定归类时应首先考虑的规定。例如，第三十一章的注释规定该章某些品目仅包括特定的货品，因此，这些品目就不能够扩大为包括根据规则二（二）的规定可归入这些品目的货品。

（二）所称“按规则二、三、四及五的规定”中提及的规则二是指：

1．货品报验时为不完整品或未制成品（例如，未装有鞍座和轮胎的自行车），以及

2．货品报验时为未组装件或拆散件（例如，所有部件一同报验的自行车未组装件或拆散件），其部件可按其自身属性单独归类（例如，外胎、内胎）或者作为这些货品的“零件”归类。

只要符合规则二（一）的规定，并且品目条文或类、章注释无其他专门规定，上述货品应按完整品或制成品归类。

规则二

（一）品目所列货品，应视为包括该项货品的不完整品或未制成品，只要在报验时该项不完整品或未制成品具有完整品或制成品的基本特征；还应视为包括该项货品的完整品或制成品（或按本款规则可作为完整品或制成品归类的货品）在报验时的未组装件或拆散件。

（二）品目中所列材料或物质，应视为包括该种材料或物质与其他材料或物质混合或组合的物品。品目所列某种材料或物质构成的货品，应视为包括全部或部分由该种材料或物质构成的货品。由一种以上材料或物质构成的货品，应按规则三的原则归类。

注释：

规则二（一）
（不完整品或未制成品）

一、规则二（一）第一部分将所有列出某一些物品的品目范围扩大为不仅包括完整的物品，而且还包括该物品的不完整品或未制成品，只要报验时它们具有完整品或制成品的基本特征。

二、本款规则的规定也适用于毛坯，除非该毛坯已在某一品目具体列名。所称“毛坯”，是指已具有制成品或零件的大概形状或轮廓，但还不能直接使用的物品。除极个别的情况外，它们仅可用于加工成制成品或零件（例如，初制成型的塑料瓶，为管状的中间产品，其一端封闭而另一端为带螺纹的瓶口，瓶口可用带螺纹的盖子封闭，螺纹瓶口下面的部分准备膨胀成所需尺寸和形状）。

尚未具有制成品基本形状的半制成品（例如，常见的杆、盘、管等）不应视为“毛坯”。

三、鉴于第一类至第六类各品目的商品范围，本款规则这一部分的规定一般不适用于这六类所包括的货品。

四、运用本款规则的几个实例，参见有关类、章（例如，第十六类和第六十一章、第六十二章、第八十六章、第八十七章及第九十章）的总注释。

规则二（一）
（物品的未组装件或拆散件）

五、规则二（一）的第二部分规定，完整品或制成品的未组装件或拆散件应归入已组装物品的同一品目。货品以未组装或拆散形式报验，通常是由于包装、装卸或运输上的需要，或是为了便于包装、装卸或运输。

六、本款规则也适用于以未组装或拆散形式报验的不完整品或未制成品，只要按照本规则第一部分的规定，它们可作为完整品或制成品看待。

七、本款规则所称“报验时的未组装件或拆散件”，是指其各种部件仅仅通过紧固件（螺钉、螺母、螺栓等），或通过铆接、焊接等组装方法即可装配起来的物品。

组装方法的复杂性可不予考虑，但其各种部件无须进一步加工成制成品。

某一物品的未组装部件如超出组装成品所需数量的，超出部分应单独归类。

八、运用本款规则的实例，参见有关类、章（例如，第十六类和第四十四章、第八十六章、第八十七章及第八十九章）的总注释。

九、鉴于第一类至第六类各品目的商品范围，本款规则这一部分的规定一般不适用于这六类所包括的货品。

规则二（二）
（不同材料或物质的混合品或组合品）

十、规则二（二）是关于材料或物质的混合品及组合品，以及由两种或多种材料或物质构成的货品。它所适用的品目是列出某种材料或物质的品目（例如，品目 05.07 列出“象牙”）和列出某种材料或物质制成的货品的品目（例如，品目 45.03 列出“天然软木制品”）。应注意到，只有在品目条文和类、章注释无其他规定的情况下才能运用本款规则（例如，品目 15.03 列出“液体猪油，未经混合”，这就不能运用本款规则）。

在类、章注释或品目条文中列为调制品的混合物，应按规则一的规定进行归类。

十一、本款规则旨在将列出某种材料或物质的任何品目扩大为包括该种材料或物质与其他材料或物质的混合品或组合品，同时旨在将列出某种材料或物质构成的货品的任何品目扩大为包括部分由该种材料或物质构成的货品。

十二、但是，不应将这些品目扩大到包括按规则一的规定不符合品目条文要求的货品；当添加了另外一种材料或物质，使货品丧失了原品目所列货品特征时，就会出现这种情况。

十三、本规则最后规定，不同材料或物质的混合品及组合品，以及由一种以上材料或物质构成的货品，如果看起来可归入两个或两个以上品目的，必须按规则三的原则进行归类。

规则三

当货品按规则二（二）或由于其他原因看起来可归入两个或两个以上品目时，应按以下规则归类：

（一）列名比较具体的品目，优先于列名一般的品目。但是，如果两个或两个以上品目都仅述及混合或组合货品所含的某部分材料或物质，或零售的成套货品中的部分货品，即使其中某个品目对该货品描述得更为全面、详细，这些货品在有关品目的列名应视为同样具体。

（二）混合物、不同材料构成或不同部件组成的组合物以及零售的成套货品，如果不能按照规则三（一）归类时，在本款可适用的条件下，应按构成货品基本特征的材料或部件归类。

（三）货品不能按照规则三（一）或（二）归类时，应按号列顺序归入其可归入的最末一个品目。

注释：

一、对于根据规则二（二）或由于其他原因看起来可归入两个或两个以上品目的货品，本规则规定了三种归类方法。这三种方法应按其在本规则的先后次序加以运用。据此，只有在不能按照规则三（一）归类时，才能运用规则三（二）；不能按照规则三（一）和（二）归类时，才能运用规则三（三）。因此，它们的优先次序为：（1）具体列名；（2）基本特征；（3）从后归类。

二、只有在品目条文和类、章注释无其他规定的情况下，才能运用本规则。例如，第九十七章章注四（二）规定，根据品目条文既可归入品目97.01至97.05中的一个品目，又可归入品目97.06的货品，应归入品目97.01至97.05中的其中一个品目。这些货品应按第九十七章注释四（二）的规定归类，而不应根据本规则进行归类。

规则三（一）

三、规则三（一）规定了第一种归类方法，它规定列名比较具体的品目优先于列名一般的品目。

四、通过制订几条一刀切的规则来确定哪个品目比其他品目列名更为具体是行不通的。但作为一般原则可以这样说：

（一）列出品名比列出类名更为具体（例如，电动剃须刀及电动理发推子应归入品目85.10，而不应作为本身装有电动机的手提式工具归入品目84.67或作为家用电动机械器具归入品目85.09）。

（二）如果某一品目所列名称更为明确地述及某一货品，则该品目要比所列名称不那么明确述及该货品的其他品目更为具体。

后一类货品举例如下：

1. 确定为用于小汽车的簇绒地毯，不应作为小汽车附件归入品目87.08，而应归入品目57.03，因品目57.03所列地毯更为具体。

2. 钢化或层压玻璃制的未镶框安全玻璃，已制成一定形状并确定用于飞机上。该货品不应作为品目88.01或88.02所列货品的零件归入品目88.03，而应归入品目70.07，因品目70.07所列安全玻璃更为具体。

五、但是，如果两个或两个以上品目都仅述及混合或组合货品所含的某部分材料或物质，或零售成套货品中的部分货品，即使其中某个品目比其他品目描述得更为全面、详细，这些货品在有关品目的列名应视为同样具体。在这种情况下，货品的归类应按规则三（二）或（三）的规定加以确定。

规则三（二）

六、第二种归类方法仅涉及：

（一）混合物。

（二）不同材料的组合货品。

（三）不同部件的组合货品。

（四）零售的成套货品。

只有在不能按照规则三（一）归类时，才能运用本款规则。

七、无论如何，在本款可适用的条件下，这些货品应按构成货品基本特征的材料或部件归类。

八、对于不同的货品，确定其基本特征的因素会有所不同。例如，可根据其所含材料或部件的性质、体积、数量、重量或价值来确定货品的基本特征，也可根据所含材料对货品用途的作用来确定货品的基本特征。

九、本款规则所称“不同部件组成的组合物”，不仅包括各部件相互固定组合在一起，构成了实际不可分离整体的货品，还包括其部件可相互分离的货品，但这些部件必须是相互补足，配合使用，构成一体并且通常不单独销售的。

后一类货品举例如下：

（一）由一个带活动烟灰盘的架子构成的烟灰盅。

（二）由一个特制的架子（通常为木制的）及几个形状、规格相配的装调味料的空瓶子组成的家用调味架。

这类组合货品的各件一般都装于同一包装内。

十、本款规则所称“零售的成套货品”，是指同时符合以下三个条件的货品：

（一）由至少两种看起来可归入不同品目的不同物品构成的。因此，例如，六把乳酪叉不能视为本款规则所称的成套货品；

（二）为了迎合某项需求或开展某项专门活动而将几件产品或物品包装在一起的；以及

（三）其包装形式适于直接销售给用户而无需重新包装的（例如，装于盒、箱内或固定于板上）。

据此，它包括由不同食品搭配而成，配在一起调制后可成为即食菜或即食饭的成套食品。

可按规则三（二）的规定进行归类的成套货品举例如下：

（一）1. 由一个夹牛肉（不论是否夹奶酪）的小圆面包构成的三明治（品目 16.02）和法式炸土豆片（品目 20.04）包装在一起的成套货品。

该货品应归入品目 16.02。

2. 配制一餐面条的成套货品，由装于一纸盒内的一包未煮的面条（品目 19.02）、一小袋乳酪粉（品目 04.06）及一小罐蕃茄酱（品目 21.03）组成。

该货品应归入品目 19.02。

但本规则不适用于将可选择的不同产品包装在一起组成的货品。例如：

—— 一罐小虾（品目 16.05）、一罐肝酱（品目 16.02）、一罐乳酪（品目 04.06）、一罐火腿肉片（品目 16.02）及一罐开胃香肠（品目 16.01）；

—— 一瓶品目 22.08 的烈性酒及一瓶品目 22.04 的葡萄酒。

对于以上两例所列及类似货品，应将每种产品分别归入其相应品目。

（二）由一个电动理发推子（品目 85.10）、一把梳子（品目 96.15）、一把剪子（品目 82.13）、一把刷子（品目 96.03）及一条毛巾（品目 63.02）装在一个皮匣子（品目 42.02）内所组成的成套理发工具。

该货品应归入品目 85.10。

（三）由一把尺子（品目 90.17）、一个圆盘计算器（品目 90.17）、一个绘图圆规（品目 90.17）、一支铅笔（品目 96.09）及一个卷笔刀（品目 82.14）装在一个塑料片制的盒子（品目 42.02）内所组成的成套绘图器具。

该货品应归入品目 90.17。

以上成套货品应按其构成整套货品基本特征的部件进行归类。

十一、本款规则不适用于按规定比例将分别包装的各种组分包装在一起，供生产饮料等用的货品，不论其是否装在一个共同包装内。

规则三（三）

十二、货品如果不能按照规则三（一）或（二）归类时，应按号列顺序归入其可归入的最后一个品目。

规则四

根据上述规则无法归类的货品，应归入与其最相类似的货品的品目。

注释：

一、本规则适用于不能按照规则一至三归类的货品。它规定，这些货品应归入与其最相类似的货品的品目中。

二、在按照规则四归类时，有必要将报验货品与类似货品加以比较，以确定其与哪种货品最相类似。所报验的货品应归入与其最相类似的货品的同一品目。

三、当然，所谓“类似”取决于许多因素，例如，货品名称、特征、用途。

规则五

除上述规则外，本规则适用于下列货品的归类：

（一）制成特殊形状或适用于盛装某一或某套物品，适合长期使用的照像机套、乐器盒、枪套、绘图仪器盒、项链盒及类似容器，如果与所装物品同时报验，并通常与所装物品一同出售的，应与所装物品一并归类。但本款不适用于本身构成整个货品基本特征的容器。

（二）除规则五（一）规定的以外，与所装货品同时报验的包装材料或包装容器，如果通常是用来包装这类货品的，应与所装货品一并归类。但明显可重复使用的包装材料和包装容器不受本款限制。

注释：

规则五（一）
（箱、盒及类似容器）

一、本款规则仅适用于同时符合以下各条规定的容器：

（一）制成特定形状或适用于盛装某一或某套物品的，即按所要盛装的物品专门设计的。有些容器还制成所装物品的特殊形状；

（二）适合长期使用的，即在设计上容器的使用期限与所盛装的物品相称。在物品不使用期间（例如，运输或储藏期间），这些容器还起到保护物品的作用。本条标准使其与简单包装区别开来；

（三）与所装物品一同报验的，不论其是否为了运输方便而与所装物品分开包装。单独报验的容器应归入其相应品目；

（四）通常与所装物品一同出售的；以及

（五）本身并不构成整个货品基本特征的。

二、与所装物品一同报验并可按照本规则进行归类的容器的举例如下：

（一）首饰盒及箱（品目 71.13）；

（二）电动剃须刀套（品目 85.10）；

（三）望远镜盒（品目 90.05）；

（四）乐器盒、箱及袋（例如，品目 92.02）；

（五）枪套（例如，品目 93.03）。

三、本款规则不包括某些容器，例如，装有茶叶的银质茶叶罐或装有糖果的装饰性瓷碗。

规则五（二）
（包装材料及包装容器）

四、本款规则对通常用于包装有关货品的包装材料及包装容器的归类作了规定。但明显可重复使用的包装材料和包装容器，例如，某些金属桶及装压缩或液化气体的钢铁容器，不受本款限制。

五、规则五（一）优先于本款规则，因此，规则五（一）所述的箱、盒及类似容器的归类，应按该款规定确定。

规则六

货品在某一品目项下各子目的法定归类，应按子目条文或有关的子目注释以及以上各条规则（在必要的地方稍加修改后）来确定，但子目的比较只能在同一数级上进行。除条文另有规定的以外，有关的类注、章注也适用于本规则。

注释：

一、以上规则一至五在必要的地方稍加修改后，可适用于同一品目项下的各级子目。

二、规则六所用有关词语解释如下：

（一）“同一数级”子目，是指五位数级子目（一级子目）或六位数级子目（二级子目）。

据此，当按照规则三（一）规定考虑某一物品在同一品目项下的两个或两个以上五位数级子目的归类时，只能依据对应的五位数级子目条文来确定哪个五位数级子目所列名称更为具体或更为类似。选定了哪个五位数级子目列名更为具体后，该子目本身又再细分了六位数级子目，只有在这种情况下，才能根据有关的六位数级子目条文考虑物品应归入这些六位数级子目中的哪个子目。

（二）“除条文另有规定的以外”，是指“除类、章注释与子目条文或子目注释不相一致的以外”。

例如，第七十一章注释四（二）所规定“铂”的范围与子目注释二所规定“铂”的范围不同，因此，在解释子目 7110.11 及 7110.19 范围时，应采用子目注释二，而不应考虑该章注释四（二）。

三、六位数级子目的范围不得超出其所属的五位数级子目的范围；同样，五位数级子目的范围也不得超出其所属品目的范围。

第一类　活动物；动物产品

注释：

一、本类所称的各属种动物，除条文另有规定的以外，均包括其幼仔在内。

二、除条文另有规定的以外，本协调制度所称干的产品，均包括经脱水、蒸发或冷冻干燥的产品。

第一章　活动物

注释：

本章包括所有活动物，但下列各项除外：

一、品目 03.01、03.06、03.07 或 03.08 的鱼、甲壳动物、软体动物及其他水生无脊椎动物；

二、品目 30.02 的培养微生物及其他产品；以及

三、品目 95.08 的动物。

总　注　释

本章包括所有活的动物（食用或其他用途），但下列各项除外：

一、鱼、甲壳动物、软体动物及其他水生无脊椎动物；

二、品目 30.02 的培养微生物及其他产品；

三、流动马戏团、动物园或其他类似巡回展出用的动物（品目 95.08）。

运输途中死亡的动物，如果适合供人食用的归入品目 02.01 至 02.05、02.07 或 02.08，其余的归入品目 05.11。

01.01　马、驴、骡：

　　　　—　　马：

21　— —　改良种用

29　— —　其他

30　—　　驴

90　—　　其他

本品目包括马（母马、未阉雄马、已阉雄马、马驹、矮种马）、驴、马骡及驴骡，不论是畜养或野生的。

马骡是公驴和母马杂交所生。驴骡是公马和母驴杂交所生。

子目注释：

子目 0101.21

子目 0101.21 所称“改良种用动物”，仅包括由本国主管部门认定为“纯种”的种用动物。

01.02　牛：

　　—　　家牛：
21　——　改良种用
29　——　其他
　　—　　水牛：
31　——　改良种用
39　——　其他
90　—　　其他

本品目包括所有的牛亚科动物，不论是否畜养，也不论其用途如何（例如，繁殖、饲养、育肥、育种、屠宰）。它们主要包括：

一、家牛：

本类包括牛属动物，分为四个亚属：牛亚属、犍牛亚属、林牛亚属和牦牛亚属。主要包括：

(一)普通黄牛、瘤牛（驼牛）及瓦图西牛。

(二)亚洲犍亚属牛，例如，白肢野牛、大额牛及白臀野牛（爪哇野牛）。

(三)牦牛亚属动物，例如，西藏牦牛。

二、水牛：

本类包括水牛属、非洲野牛属和美洲野牛属动物。主要包括：

(一)水牛属动物，包括印度水牛、亚洲水牛、野水牛、印尼西里伯斯小型野牛、俾格米矮水牛。

(二)非洲野牛属动物，例如，刚果水牛及非洲水牛。

(三)美洲野牛属动物，例如，美洲野牛或“北美水牛”及欧洲野牛。

(四)肉封牛（野牛和家用肉牛的杂交牛）。

三、其他，包括四角羚和扭角羚羊属及薮羚属。

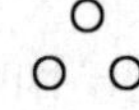

子目注释：

子目 0102.21 及 0102.31

子目 0102.21 及 0102.31 所称“改良种用动物”，仅包括由本国主管部门认定为“纯种”的种用动物。

01.03　猪：

10　—　　改良种用
　　—　　其他：
91　——　重量在 50 千克以下
92　——　重量在 50 千克及以上

本品目包括畜养及野生的猪（例如，野公猪）。

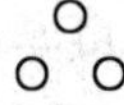

子目注释：

子目 0103.10

子目 0103.10 所称“改良种用动物”，仅包括由本国主管部门认定为“纯种”的种用动物。

子目 0103.91 及 0103.92

子目 0103.91 及 0103.92 所列重量是指每一头猪的重量。

01.04 绵羊、山羊：
10 — 绵羊
20 — 山羊

本品目包括畜养或野生的绵羊（牡羊、牝羊及羔羊）、山羊及小山羊。

01.05 家禽，即鸡、鸭、鹅、火鸡及珍珠鸡(+)：
— 重量不超过185克：
11 —— 鸡
12 —— 火鸡
13 —— 鸭
14 —— 鹅
15 —— 珍珠鸡
— 其他：
94 —— 鸡
99 —— 其他

本品目仅包括所列的各种活家禽。鸡属家禽包括普通家鸡及阉鸡，但不包括其他活禽〔例如，鹧鸪、野鸡、鸽、野鸭、大雁（品目01.06）〕。

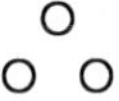

子目注释：

子目0105.11、0105.12、0105.13、0105.14及0105.15

子目0105.11、0105.12、0105.13、0105.14及0105.15所列重量是指每一只家禽的重量。

01.06 其他活动物：
— 哺乳动物：
11 —— 灵长目
12 —— 鲸、海豚及鼠海豚（鲸目哺乳动物）；海牛及儒艮（海牛目哺乳动物）；海豹、海狮及海象（鳍足亚目哺乳动物）
13 —— 骆驼及其他骆驼科动物
14 —— 家兔及野兔
19 —— 其他
20 — 爬行动物（包括蛇及龟鳖）
— 鸟：
31 —— 猛禽
32 —— 鹦形目（包括普通鹦鹉、长尾鹦鹉、金刚鹦鹉及美冠鹦鹉）
33 —— 鸵鸟；鸸鹋
39 —— 其他
— 昆虫：
41 —— 蜂
49 —— 其他
90 — 其他

本品目主要包括以下家养或野生动物：

一、哺乳动物：

（一）灵长目。

（二）鲸、海豚及鼠海豚（鲸目哺乳动物）；海牛及儒艮（海牛目哺乳动物）；海豹、海狮及海象（鳍足亚目哺乳动物）。

（三）其他〔例如，驯鹿、猫、狗、狮、虎、熊、象、骆驼（包括单峰骆驼）、斑马、家兔、野兔、鹿、羚羊（牛亚科动物除外）、岩羚羊、狐、貂及其他饲养的毛皮动物〕。

二、爬行动物（包括蛇及龟鳖）。

三、鸟：

（一）猛禽。

（二）鹦形目（包括普通鹦鹉、长尾鹦鹉、金刚鹦鹉及美冠鹦鹉）。

（三）其他（例如，鹧鸪、野鸡、鹌鹑、丘鹬、沙锥鸟、鸽、松鸡、圃鹀、野鸭、大雁、鸫、乌鸫、云雀、燕雀、山雀、蜂鸟、孔雀、天鹅及品目01.05未列名的其他禽鸟）。

四、昆虫，例如，蜂（不论是否在流动蜂箱、蜂笼或蜂房内）。

五、其他，例如，蛙。

本品目不包括马戏团、流动动物园或其他类似巡回展出用的动物（品目95.08）。

第二章 肉及食用杂碎

注释：

本章不包括：

一、品目02.01至02.08或02.10的不适合供人食用的产品；

二、动物的肠、膀胱、胃（品目05.04）或动物血（品目05.11、30.02）；或

三、品目02.09所列产品以外的动物脂肪（第十五章）。

总 注 释

本章包括所有适合供人食用的整头动物（即有头或无头的动物躯体）、半头动物（整头纵向切开而得）、连腿块肉、肉块等，还包括食用杂碎、肉及食用杂碎粗粉或细粉（第三章的鱼、甲壳动物、软体动物及其他水生无脊椎动物除外）。

本章不包括不适合供人食用的肉及杂碎（品目 05.11），也不包括不适合供人食用的肉及杂碎的细粉、粗粉和团粒（品目23.01）。

杂碎通常可以分为以下四类：

一、主要供人食用的杂碎〔例如，头及头块（包括耳）、脚、尾、心、舌、厚横隔膜、薄横隔膜、胎膜、咽喉、胸腺〕。

二、专供制药用的杂碎（例如，胆囊、肾上腺、胎盘）。

三、既可供人食用，又可供制药用的杂碎（例如，肝、肾、肺、脑、胰腺、脾、脊髓、卵巢、子宫、睾丸、乳房、甲状腺、脑下腺）。

四、可供人食用或有其他用途的杂碎（例如，皮张，供制革用）。

以上第一款所述的鲜、冷、冻、干、熏、盐腌或盐渍的杂碎，除不适合供人食用的应归入品目05.11以外，其余均归入本章。

以上第二款所述的杂碎，如为鲜、冷、冻或用其他方法临时保藏的，归入品目 05.10；如经干制的则归入品目30.01。

以上第三款所述的杂碎，其归类如下：

（一）临时保藏（例如，用甘油、丙酮、酒精、甲醛、硼酸钠临时保藏）以供药用的，归入品目05.10。

（二）干制的归入品目30.01。

（三）适合供人食用的，归入本章；不适合供人食用的，归入品目05.11。

以上第四款所述的杂碎，如果适合供人食用的可归入本章；如果不适合供人食用的一般归入品目05.11或第四十一章。

动物（鱼除外）的肠、膀胱、胃不论是否可供食用，均归入品目05.04。

本章不包括单独报验的动物脂肪（第十五章）（未炼制或用其他方法提取的不带瘦肉的肥猪肉、猪脂肪及家禽脂肪，即使仅适于工业用途，仍归入品目02.09），但报验时仍在动物躯体内的脂肪或附在肉上的脂肪，应视为肉的组成部分。

本章与第十六章的肉及食用杂碎的区别：

本章仅包括下列状态的肉及食用杂碎（不论其是否烫洗或作类似处理，但未经烹煮的）：

一、鲜的（包括运输途中用盐临时保藏的肉及食用杂碎）。

二、冷的，即产品温度一般降至0℃左右，但未冻结的。

三、冻的，即冷却到产品的冰点以下，使产品全部冻结的。

四、盐腌、盐渍、干制或熏制的。

面上撒糖或糖水的肉及食用杂碎，也归入本章。

以上第一至四所述的肉及食用杂碎，不论是否用解朊酶（例如，木瓜酶）进行过嫩化处理，也不论是否切割、剁碎（绞碎），均归入本章。此外，本章内不同品目产品的混合（组合）物（例如，品目02.07的家禽肉用品目02.09的肥猪肉包裹）仍归入本章。

不能归入本章任何品目的肉及食用杂碎应归入第十六章，例如：

（一）香肠及类似产品，不论是否烹煮（品目16.01）。

（二）用任何方法烹煮（煮、蒸、烤、炸、炒）及用非本章所列加工方法制作或保藏的肉或食用杂碎，包括仅用面糊或面包屑包裹、加香草或用胡椒和盐等调味的肉及食用杂碎，以及肝酱（品目16.02）。

本章还包括适合供人食用的肉及食用杂碎细粉或粗粉，不论其是否经烹煮。

必须注意，本章的肉及食用杂碎，即使经密封包装（例如，听装干肉），也归入本章。但在大多数情形下，密封包装的产品一般用本章各品目所列加工范围以外的方法制作或保藏，因此，它们应归入第十六章。

同样，本章的肉及食用杂碎，经过改性空气包装（MAP）加工方法包装的，仍归入本章（例如，鲜或冷藏的牛肉）。在采用MAP方法进行加工时，产品周围的气体已被改变或受到控制（例如，通过抽去或减少氧气的含量，并将其置换成氮气或二氧化碳，或增加氮气或二氧化碳的含量）。

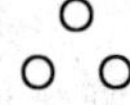

子目注释：

带骨的

所称"带骨的"既指带整块骨头的肉，也指已剔除一些或部分骨头的肉（例如，不带胫骨及半去骨的后腿）。但不包括骨头被剔除后又被重新插入，骨与肉组织不再相连的产品。

02.01　鲜、冷牛肉：

10　—　整头及半头

20　—　带骨肉

30　—　去骨肉

本品目包括鲜或冷藏的品目01.02所列畜养或野生牛属动物的肉。

02.02　冻牛肉：

10　—　整头及半头

20　—　带骨肉

30　—　去骨肉

本品目包括冻藏的品目01.02所列畜养或野生牛属动物的肉。

02.03　鲜、冷、冻猪肉：

— 鲜或冷的：

11　— —　整头及半头

12　——　带骨的前腿、后腿及其肉块
19　——　其他
　　—　　冻的：
21　——　整头及半头
22　——　带骨的前腿、后腿及其肉块
29　——　其他

本品目包括鲜、冷、冻猪肉，不论是畜养或野生猪（例如，野公猪）的肉。本品目也包括五花肉和带有大量肥肉的类似猪肉，以及带有一层瘦肉的肥猪肉。

02.04　鲜、冷、冻绵羊肉或山羊肉(+)：
10　—　　鲜或冷的整头及半头羔羊
　　—　　其他鲜或冷的绵羊肉：
21　——　整头及半头
22　——　带骨肉
23　——　去骨肉
30　—　　冻的整头及半头羔羊
　　—　　其他冻的绵羊肉：
41　——　整头及半头
42　——　带骨肉
43　——　去骨肉
50　—　　山羊肉

本品目包括鲜、冷、冻绵羊肉（公羊肉、母羊肉和羔羊肉）、山羊肉及小山羊肉，不论家羊或野羊的肉。

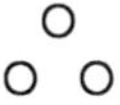

子目注释：

子目 0204.10 及 0204.30

子目 0204.10 及 0204.30 所称羔羊肉，是指从不超过 12 个月大的绵羊身上所得的肉，其肉质纹理细嫩，外观柔软光滑，呈粉红色。宰好后每头重量不超过 26 千克。

02.05　鲜、冷、冻马、驴、骡肉

本品目包括品目 01.01 所列活动物的鲜、冷、冻肉。

02.06　鲜、冷、冻牛、猪、绵羊、山羊、马、驴、骡的食用杂碎：
10　—　　鲜、冷牛杂碎
　　—　　冻牛杂碎：
21　——　舌
22　——　肝
29　——　其他
30　—　　鲜、冷猪杂碎

— 冻猪杂碎：
41 — — 肝
49 — — 其他
80 — 其他鲜或冷杂碎
90 — 其他冻杂碎

本品目的食用杂碎包括：头及头块（包括耳）、脚、尾、心、乳房、肝、肾、胰脏（胸腺及胰腺）、脑、肺、咽喉、厚横隔膜、薄横隔膜、脾、舌、胎膜、脊髓、食用皮、生殖器官（例如，子宫、卵巢及睾丸）、甲状腺、脑下腺。杂碎归类的原则，可参见本章的总注释。

02.07　品目01.05所列家禽的鲜、冷、冻肉及食用杂碎：
— 鸡：
11 — — 整只，鲜或冷的
12 — — 整只，冻的
13 — — 块及杂碎，鲜或冷的
14 — — 块及杂碎，冻的
— 火鸡：
24 — — 整只，鲜或冷的
25 — — 整只，冻的
26 — — 块及杂碎，鲜或冷的
27 — — 块及杂碎，冻的
— 鸭：
41 — — 整只，鲜或冷的
42 — — 整只，冻的
43 — — 肥肝，鲜或冷的
44 — — 其他，鲜或冷的
45 — — 其他，冻的
— 鹅：
51 — — 整只，鲜或冷的
52 — — 整只，冻的
53 — — 肥肝，鲜或冷的
54 — — 其他，鲜或冷的
55 — — 其他，冻的
60 — 珍珠鸡

本品目仅包括品目01.05所列活家禽的鲜、冷、冻肉及食用杂碎。

在国际贸易中最重要的家禽杂碎是鸡、鹅或鸭的肝，包括鹅或鸭的“肥肝”。肥肝与其他肝的区别在于它个大、量重、结实、脂肪多，其颜色从米白色至淡栗色不等，而其他肝通常是深红色或淡红色。

02.08　其他鲜、冷、冻肉及食用杂碎：
10 — 家兔或野兔的

30 — 灵长目的
40 — 鲸、海豚及鼠海豚（鲸目哺乳动物）的；海牛及儒艮（海牛目哺乳动物）的；海豹、海狮及海象（鳍足亚目哺乳动物）的
50 — 爬行动物（包括蛇及龟鳖）的
60 — 骆驼及其他骆驼科动物的
90 — 其他

本品目包括品目 01.06 所列动物（例如，家兔、野兔、蛙、驯鹿、河狸、鲸鱼、甲鱼）的适合供人食用的肉及杂碎。

02.09 未炼制或用其他方法提取的不带瘦肉的肥猪肉、猪脂肪及家禽脂肪，鲜、冷、冻、干、熏、盐腌或盐渍的：

10 — 猪的
90 — 其他

本品目的猪脂肪限于不带瘦肉的脂肪，即使仅适于工业用途的也应归入本品目。正常供食用的肉不归入本品目（酌情归入品目 02.03 或 02.10，例如，五花肉和带有大量肥肉的类似肉，以及带有一层瘦肉的肥肉）。

本品目主要包括猪脏腑周围的脂肪。这种脂肪如经炼制或用其他方法提取则归入品目 15.01。

本品目也包括未经炼制或用其他方法提取的家禽或野禽（例如，鹅或雁）脂肪，但不包括经炼制或用其他方法提取的脂肪（品目 15.01）。

本品目不包括海生哺乳动物的脂肪（第十五章）。

02.10 肉及食用杂碎，干、熏、盐腌或盐渍的；可供食用的肉或杂碎的细粉、粗粉：

— 猪肉：
11 —— 带骨的前腿、后腿及其肉块
12 —— 腹肉（五花肉）
19 —— 其他
20 — 牛肉
— 其他，包括可供食用的肉或杂碎的细粉、粗粉：
91 —— 灵长目的
92 —— 鲸、海豚及鼠海豚（鲸目哺乳动物）的；海牛及儒艮（海牛目哺乳动物）的；海豹、海狮及海象（鳍足亚目哺乳动物）的
93 —— 爬行动物（包括蛇及龟鳖）的
99 —— 其他

本品目包括按本品目所列方法制作的各种肉及食用杂碎，但不包括未炼制或用其他方法提取的不带瘦肉的肥猪肉、猪脂肪或家禽脂肪（品目 02.09）。本品目也同样包括按本品目所列方法制作的五花肉和带有大量肥肉的类似肉，以及带有一层瘦肉的肥肉。

盐腌、干制（包括脱水或冻干）或熏制的肉（例如，熏腌肉、火腿），如果未经剁碎或绞碎并加有其他配料就灌入肠、肚、膀胱、皮囊或类似肠衣（天然或人造）内，仍应归入本品目（否则归入品目 16.01）。

本品目包括食用肉或食用杂碎的粗粉或细粉，但不包括不适合供人食用的（例如，喂养动物的）

肉或杂碎的粗粉或细粉（品目23.01）。

品目02.06的注释条文在必要的地方稍加修改后，适用于本品目的食用杂碎。

第三章　鱼、甲壳动物、软体动物及其他水生无脊椎动物

注释：

一、本章不包括：

（一）品目 01.06 的哺乳动物；

（二）品目 01.06 的哺乳动物的肉（品目 02.08 或 02.10）；

（三）因品种或鲜度不适合供人食用的死鱼（包括鱼肝及鱼卵）、死甲壳动物、死软体动物及其他死水生无脊椎动物（第五章）；不适合供人食用的鱼、甲壳动物、软体动物、其他水生无脊椎动物的粉、粒（品目 23.01）；或

（四）鲟鱼子酱及用鱼卵制成的鲟鱼子酱代用品（品目 16.04）。

二、本章所称"团粒"，是指直接挤压或加入少量粘合剂制成的粒状产品。

总　注　释

本章包括所有活的或死的鱼、甲壳动物、软体动物及其他水生无脊椎动物。这些动物可供直接食用、工业用（罐头工业等）、产卵用或观赏用。但不包括因其种类或鲜度不适合供人食用的死鱼（包括其肝及卵）、甲壳动物、软体动物及其他水生无脊椎动物（第五章）。

所称"冷"，是指产品的温度一般降至 0℃左右，但产品尚未冻结的。所称"冻"，是指温度降至产品的冰点以下，使产品全部冻结的。

本章也包括未经制作、保藏或仅经本章规定方法制作、保藏的食用鱼卵（尚处于卵巢膜中的鱼卵）。经其他方法制作或保藏的食用鱼卵，不论其是否尚处于卵巢膜中，均归入品目 16.04。

本章货品与第十六章货品的区别：

本章仅限于本章各品目所列状况的鱼（包括肝及卵）、甲壳动物，软体动物及其他水生无脊椎动物。受此条件限制，上述货品不论是否切割、剁碎、绞碎、磨碎等，均应归入本章。此外，本章不同品目产品的混合（组合）物（例如，品目 03.02 至 03.04 的鱼与品目 03.06 的甲壳动物相混合）也归入本章。

然而，烹煮或未按本章规定方法制作或保藏的鱼、甲壳动物、软体动物及其他水生无脊椎动物（例如，仅用面糊或面包屑包裹的鱼片、煮过的鱼）应归入第十六章。但必须注意，在熏制前或熏制过程中烹煮了的熏鱼及熏制的甲壳动物、软体动物或其他水生无脊椎动物，以及蒸过或用水煮过的带壳甲壳动物，仍应分别归入品目 03.05、03.06、03.07 及 03.08，而用烹煮过的鱼、甲壳动物、软体动物或其他水生无脊椎动物制得的细粉、粗粉及团粒也仍应分别归入品目 03.05、03.06、03.07 及 03.08。

还须注意，本章的鱼、甲壳动物、软体动物及其他水生无脊椎动物，即使采用密封包装（例如，听装熏鲑鱼），仍归入本章。但在大多数情况下，密封包装的产品，一般用本章各品目所列加工范围以外的方法制作或保藏，因此，它们应归入第十六章。

同样，本章的鱼、甲壳动物、软体动物及其他水生无脊椎动物，经过改性空气包装（MAP）加工方法包装的，仍归入本章（例如，鲜或冷藏的鱼）。在采用 MAP 方法进行加工时，产品周围的气体已被改变或受到控制（例如，通过抽去或减少氧气的含量，并将其置换成氮气或二氧化碳，或增加氮气或二氧化碳的含量）。

除上述情况外，本章也不包括：

（一）品目 01.06 的哺乳动物；

（二）品目 01.06 的哺乳动物的肉（品目 02.08 或 02.10）；

（三）鱼废料及不能食用的鱼卵（例如，用作鱼饵的咸鳕鱼卵）（品目 05.11）；

（四）不适合供人食用的鱼、甲壳动物、软体动物及其他水生无脊椎动物的细粉、粗粉及团粒（品目 23.01）。

03.01 活鱼：

— 观赏鱼：

11 — — 淡水鱼

19 — — 其他

— 其他活鱼：

91 — — 鳟鱼（河鳟、虹鳟、克拉克大麻哈鱼、阿瓜大麻哈鱼、吉雨大麻哈鱼、亚利桑那大麻哈鱼、金腹大麻哈鱼）

92 — — 鳗鱼（鳗鲡属）

93 — — 鲤科鱼（西鲤、黑鲫、草鱼、鲢属、鲮属、青鱼）

94 — — 大西洋及太平洋蓝鳍金枪鱼

95 — — 南方蓝鳍金枪鱼

99 — — 其他

本品目包括不论其用途如何的各种活鱼（例如，观赏鱼）。

本品目的鱼运输时通常是被置于适合鱼类生存的与自然环境相似的容器（水族箱、鱼槽等）中。

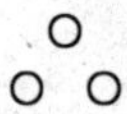

子目注释：

子目 0301.11 及 0301.19

所称“观赏鱼”，是指因其色彩或形态特殊而通常养于水族箱中以供观赏的活鱼。

03.02 鲜、冷鱼，但品目 03.04 的鱼片及其他鱼肉除外：

— 鲑科鱼，但鱼肝及鱼卵除外：

11 — — 鳟鱼（河鳟、虹鳟、克拉克大麻哈鱼、阿瓜大麻哈鱼、吉雨大麻哈鱼、亚利桑那大麻哈鱼、金腹大麻哈鱼）

13 — — 大麻哈鱼〔红大麻哈鱼、细磷大麻哈鱼、大麻哈鱼（种）、大鳞大麻哈鱼、银大麻哈鱼、马苏大麻哈鱼、玫瑰大麻哈鱼〕

14 — — 大西洋鲑鱼及多瑙哲罗鱼

19 — — 其他

— 比目鱼（鲽科、鲆科、舌鳎科、鳎科、菱鲆科、刺鲆科），但鱼肝及鱼卵除外：

21 — — 庸鲽鱼

22 — — 鲽鱼

23 — — 鳎鱼

24 — — 大菱鲆（瘤棘鲆）

29 — — 其他

— 金枪鱼（金枪鱼属）、鲣鱼或狐鲣（鲣），但鱼肝及鱼卵除外：

31 — — 长鳍金枪鱼

32 — — 黄鳍金枪鱼

33 ——　鲣鱼或狐鲣
34 ——　大眼金枪鱼
35 ——　大西洋及太平洋蓝鳍金枪鱼
36 ——　南方蓝鳍金枪鱼
39 ——　其他
—　鲱鱼（大西洋鲱鱼、太平洋鲱鱼）、鳀鱼(鳀属)、沙丁鱼（沙丁鱼、沙瑙鱼属）、小沙丁鱼属、黍鲱或西鲱、鲭鱼〔大西洋鲭、澳洲鲭（鲐）、日本鲭（鲐）〕、对称竹荚鱼、新西兰竹荚鱼及竹荚鱼(竹荚鱼属)、军曹鱼及剑鱼，但鱼肝及鱼卵除外：
41 ——　鲱鱼（大西洋鲱鱼、太平洋鲱鱼）
42 ——　鳀鱼（鳀属）
43 ——　沙丁鱼（沙丁鱼、沙瑙鱼属）、小沙丁鱼属、黍鲱或西鲱
44 ——　鲭鱼〔大西洋鲭、澳洲鲭（鲐）、日本鲭（鲐）〕
45 ——　对称竹荚鱼、新西兰竹荚鱼及竹荚鱼（竹荚鱼属）
46 ——　军曹鱼
47 ——　剑鱼
—　犀鳕科、多丝真鳕科、鳕科、长尾鳕科、黑鳕科、无须鳕科、深海鳕科及南极鳕科鱼，但鱼肝及鱼卵除外：
51 ——　鳕鱼（大西洋鳕鱼、太平洋鳕鱼、格陵兰鳕鱼）
52 ——　黑线鳕鱼（黑线鳕）
53 ——　绿青鳕鱼
54 ——　狗鳕鱼（无须鳕属、长鳍鳕属）
55 ——　狭鳕鱼
56 ——　蓝鳕鱼（小鳍鳕、南蓝鳕）
59 ——　其他
—　罗非鱼（口孵非鲫属）、鲶鱼（𩷶鲶属、鲶属、胡鲶属、真鮰属）、鲤科鱼（西鲤、黑鲫、草鱼、鲢属、鲮属、青鱼）、鳗鱼（鳗鲡属）、尼罗河鲈鱼（尼罗尖吻鲈）及黑鱼（鳢属），但鱼肝及鱼卵除外：
71 ——　罗非鱼（口孵非鲫属）
72 ——　鲶鱼（𩷶鲶属、鲶属、胡鲶属、真鮰属）
73 ——　鲤科鱼（西鲤、黑鲫、草鱼、鲢属、鲮属、青鱼）
74 ——　鳗鱼（鳗鲡属）
79 ——　其他
—　其他鱼，但鱼肝及鱼卵除外：
81 ——　角鲨及其他鲨鱼
82 ——　魟鱼及鳐鱼（鳐科）
83 ——　南极犬牙鱼（南极犬牙鱼属）
84 ——　尖吻鲈鱼（舌齿鲈属）
85 ——　菱羊鲷（鲷科）
89 ——　其他
90 —　鱼肝及鱼卵

本品目包括鲜或冷的鱼，不论是否整条、去头、去肚或切成带骨或带软骨鱼块的，但不包括品目

03.04的鱼片及其他鱼肉。为了运输途中临时保鲜，这些鱼可以加盐、加冰或喷洒盐水。

加有少许糖或包装时加入几片月桂叶的鱼仍归入本品目。

鲜或冷的食用鱼皮及其他食用鱼杂碎、鱼肝及鱼卵也归入本品目。

03.03 冻鱼，但品目03.04的鱼片及其他鱼肉除外：

— 鲑科鱼，但鱼肝及鱼卵除外：

11 —— 红大麻哈鱼

12 —— 其他大麻哈鱼〔细磷大麻哈鱼、大麻哈鱼（种）、大鳞大麻哈鱼、银大麻哈鱼、马苏大麻哈鱼、玫瑰大麻哈鱼〕

13 —— 大西洋鲑鱼及多瑙哲罗鱼

14 —— 鳟鱼（河鳟、虹鳟、克拉克大麻哈鱼、阿瓜大麻哈鱼、吉雨大麻哈鱼、亚利桑那大麻哈鱼、金腹大麻哈鱼）

19 —— 其他

— 罗非鱼（口孵非鲫属）、鲶鱼（鲑鲶属、鲶属、胡鲶属、真鮰属）、鲤科鱼（西鲤、黑鲫、草鱼、鲢属、鲮属、青鱼）、鳗鱼（鳗鲡属）、尼罗河鲈鱼（尼罗尖吻鲈）及黑鱼（鳢属），但鱼肝及鱼卵除外：

23 —— 罗非鱼（口孵非鲫属）

24 —— 鲶鱼（鲑鲶属、鲶属、胡鲶属、真鮰属）

25 —— 鲤科鱼（西鲤、黑鲫、草鱼、鲢属、鲮属、青鱼）

26 —— 鳗鱼（鳗鲡属）

29 —— 其他

— 比目鱼（鲽科、鲆科、舌鳎科、鳎科、菱鲆科、刺鲆科），但鱼肝及鱼卵除外：

31 —— 庸鲽鱼

32 —— 鲽鱼

33 —— 鳎鱼

34 —— 大菱鲆（瘤棘鲆）

39 —— 其他

— 金枪鱼（金枪鱼属）、鲣鱼或狐鲣（鲣），但鱼肝及鱼卵除外：

41 —— 长鳍金枪鱼

42 —— 黄鳍金枪鱼

43 —— 鲣鱼或狐鲣

44 —— 大眼金枪鱼

45 —— 大西洋及太平洋蓝鳍金枪鱼

46 —— 南方蓝鳍金枪鱼

49 —— 其他

— 鲱鱼（大西洋鲱鱼、太平洋鲱鱼）、沙丁鱼（沙丁鱼、沙瑙鱼属）、小沙丁鱼属、黍鲱或西鲱、鲭鱼〔大西洋鲭、澳洲鲭（鲐）、日本鲭（鲐）〕、对称竹荚鱼、新西兰竹荚鱼及竹荚鱼（竹荚鱼属）、军曹鱼及剑鱼，但鱼肝及鱼卵除外：

51 —— 鲱鱼（大西洋鲱鱼、太平洋鲱鱼）

53 —— 沙丁鱼（沙丁鱼、沙瑙鱼属）、小沙丁鱼属、黍鲱或西鲱

54 —— 鲭鱼〔大西洋鲭、澳洲鲭（鲐）、日本鲭（鲐）〕

55 —— 对称竹荚鱼、新西兰竹荚鱼及竹荚鱼（竹荚鱼属）

56 —— 军曹鱼
57 —— 剑鱼
— 犀鳕科、多丝真鳕科、鳕科、长尾鳕科、黑鳕科、无须鳕科、深海鳕科及南极鳕科鱼，但鱼肝及鱼卵除外：
63 —— 鳕鱼（大西洋鳕鱼、太平洋鳕鱼、格陵兰鳕鱼）
64 —— 黑线鳕鱼（黑线鳕）
65 —— 绿青鳕鱼
66 —— 狗鳕鱼（无须鳕属、长鳍鳕属）
67 —— 狭鳕鱼
68 —— 蓝鳕鱼（小鳍鳕、南蓝鳕）
69 —— 其他
— 其他鱼，但鱼肝及鱼卵除外：
81 —— 角鲨及其他鲨鱼
82 —— 魟鱼及鳐鱼（鳐科）
83 —— 南极犬牙鱼（南极犬牙鱼属）
84 —— 尖吻鲈鱼（舌齿鲈属）
89 —— 其他
90 — 鱼肝及鱼卵

品目03.02的注释条文在必要的地方稍加修改后，适用于本品目的产品。

03.04 鲜、冷、冻鱼片及其他鱼肉（不论是否绞碎）：
— 鲜或冷的罗非鱼（口孵非鲫属）、鲶鱼（𩷶鲶属、鲶属、胡鲶属、真鮰属）、鲤科鱼（西鲤、黑鲫、草鱼、鲢属、鲮属、青鱼）、鳗鱼（鳗鲡属）、尼罗河鲈鱼（尼罗尖吻鲈）及黑鱼（鳢属）的鱼片：
31 —— 罗非鱼（口孵非鲫属）
32 —— 鲶鱼（𩷶鲶属、鲶属、胡鲶属、真鮰属）
33 —— 尼罗河鲈鱼（尼罗尖吻鲈）
39 —— 其他
— 鲜或冷的其他鱼片：
41 —— 大麻哈鱼〔红大麻哈鱼、细磷大麻哈鱼、大麻哈鱼（种）、大鳞大麻哈鱼、银大麻哈鱼、马苏大麻哈鱼、玫瑰大麻哈鱼〕、大西洋鲑鱼及多瑙哲罗鱼
42 —— 鳟鱼（河鳟、虹鳟、克拉克大麻哈鱼、阿瓜大麻哈鱼、吉雨大麻哈鱼、亚利桑那大麻哈鱼、金腹大麻哈鱼）
43 —— 比目鱼（鲽科、鲆科、舌鳎科、鳎科、菱鲆科、刺鲆科）
44 —— 犀鳕科、多丝真鳕科、鳕科、长尾鳕科、黑鳕科、无须鳕科、深海鳕科及南极鳕科鱼
45 —— 剑鱼
46 —— 南极犬牙鱼（南极犬牙鱼属）
49 —— 其他
— 其他，鲜或冷的：
51 —— 罗非鱼（口孵非鲫属）、鲶鱼（𩷶鲶属、鲶属、胡鲶属、真鮰属）、鲤科鱼（西鲤、

黑鲫、草鱼、鲢属、鲮属、青鱼）、鳗鱼（鳗鲡属）、尼罗河鲈鱼（尼罗尖吻鲈）及黑鱼（醴属）

52 — — 鲑科鱼

53 — — 犀鳕科、多丝真鳕科、鳕科、长尾鳕科、黑鳕科、无须鳕科、深海鳕科及南极鳕科鱼

54 — — 剑鱼

55 — — 南极犬牙鱼（南极犬牙鱼属）

59 — — 其他

— 冻的罗非鱼（口孵非鲫属）、鲶鱼（鲢鲶属、鲶属、胡鲶属、真鮰属）、鲤科鱼（西鲤、黑鲫、草鱼、鲢属、鲮属、青鱼）、鳗鱼（鳗鲡属）、尼罗河鲈鱼（尼罗尖吻鲈）及黑鱼（鳢属）的鱼片：

61 — — 罗非鱼（口孵非鲫属）

62 — — 鲶鱼（鲢鲶属、鲶属、胡鲶属、真鮰属）

63 — — 尼罗河鲈鱼（尼罗尖吻鲈）

69 — — 其他

— 冻的犀鳕科、多丝真鳕科、鳕科、长尾鳕科、黑鳕科、无须鳕科、深海鳕科及南极鳕科鱼的鱼片：

71 — — 鳕鱼（大西洋鳕鱼、太平洋鳕鱼、格陵兰鳕鱼）

72 — — 黑线鳕鱼（黑线鳕）

73 — — 绿青鳕鱼

74 — — 狗鳕鱼（无须鳕属、长鳍鳕属）

75 — — 狭鳕鱼

79 — — 其他

— 其他冻鱼片：

81 — — 大麻哈鱼〔红大麻哈鱼、细磷大麻哈鱼、大麻哈鱼（种）、大鳞大麻哈鱼、银大麻哈鱼、马苏大麻哈鱼、玫瑰大麻哈鱼〕、大西洋鲑鱼及多瑙哲罗鱼

82 — — 鳟鱼（河鳟、虹鳟、克拉克大麻哈鱼、阿瓜大麻哈鱼、吉雨大麻哈鱼、亚利桑那大麻哈鱼、金腹大麻哈鱼）

83 — — 比目鱼（鲽科、鲆科、舌鳎科、鳎科、菱鲆科、刺鲆科）

84 — — 剑鱼

85 — — 南极犬牙鱼（南极犬牙鱼属）

86 — — 鲱鱼（大西洋鲱鱼、太平洋鲱鱼）

87 — — 金枪鱼（金枪鱼属）、鲣鱼或狐鲣（鲣）

89 — — 其他

— 其他，冻的：

91 — — 剑鱼

92 — — 南极犬牙鱼(南极犬牙鱼属)

93 — — 罗非鱼（口孵非鲫属）、鲶鱼（鲢鲶属、鲶属、胡鲶属、真鮰属）、鲤科鱼（西鲤、黑鲫、草鱼、鲢属、鲮属、青鱼）、鳗鱼（鳗鲡属）、尼罗河鲈鱼（尼罗尖吻鲈）及黑鱼（鳢属）

94 — — 狭鳕鱼

95 — — 犀鳕科、多丝真鳕科、鳕科、长尾鳕科、黑鳕科、无须鳕科、深海鳕科及南极鳕

科鱼，狭鳕鱼除外

99 —— 其他

本品目包括：

一、鱼片

本品目所称“鱼片”，是指顺鱼脊骨平切的长条肉片。它们构成鱼的左边或右边，但鱼头、鱼肠、鱼鳍（脊鳍、臀鳍、尾鳍、腹鳍、胸鳍）和鱼骨（脊骨，胸骨或肋骨、鳃骨或镫骨等）已去除，两边也不连接（例如，在背部或腹部连接）。

有时为了使肉成片或便于随后切成薄片，鱼片会带有鱼皮，这不影响它的商品归类。同样，由于清理不彻底而残存的细刺骨或其他细鱼骨也不影响它的商品归类。

切割成块的鱼片也作为鱼片归入本品目。

烹煮过的鱼片，以及仅以面糊或面包屑包裹的鱼片，不论是否冷冻均归入品目 16.04。

二、其他鱼肉（不论是否绞碎），即去骨鱼肉。与鱼片一样，由于清理不彻底而残存的少量鱼骨不影响鱼肉的商品归类。

*

* *

本品目仅包括下列状态的鱼片及其他鱼肉（不论是否绞碎）：

（一）鲜或冷的，不论是否为运输途中临时保鲜而加了盐、冰或喷洒了盐水。

（二）冻的，报验时常成冻块。

加有少许糖或包装时加入几片月桂叶的鱼片及其他鱼肉（不论是否绞碎）仍归入本品目。

03.05 干、盐腌或盐渍的鱼；熏鱼，不论在熏制前或熏制过程中是否烹煮；适合供人食用的鱼的细粉、粗粉及团粒(+)：

10 — 适合供人食用的鱼的细粉、粗粉及团粒

20 — 干、熏、盐腌或盐渍的鱼肝及鱼卵

— 干、盐腌或盐渍的鱼片，但熏制的除外：

31 —— 罗非鱼（口孵非鲫属）、鲶鱼（鲑鲶属、鲶属、胡鲶属、真鮰属）、鲤科鱼（西鲤、黑鲫、草鱼、鲢属、鲮属、青鱼）、鳗鱼（鳗鲡属）、尼罗河鲈鱼（尼罗尖吻鲈）及黑鱼（鳢属）

32 —— 犀鳕科、多丝真鳕科、鳕科、长尾鳕科、黑鳕科、无须鳕科、深海鳕科及南极鳕科鱼

39 —— 其他

— 熏鱼，包括鱼片，但食用杂碎除外：

41 —— 大麻哈鱼〔红大麻哈鱼、细磷大麻哈鱼、大麻哈鱼（种）、大鳞大麻哈鱼、银大麻哈鱼、马苏大麻哈鱼、玫瑰大麻哈鱼〕、大西洋鲑鱼及多瑙哲罗鱼

42 —— 鲱鱼（大西洋鲱鱼、太平洋鲱鱼）

43 —— 鳟鱼（河鳟、虹鳟、克拉克大麻哈鱼、阿瓜大麻哈鱼、吉雨大麻哈鱼、亚利桑那大麻哈鱼、金腹大麻哈鱼）

44 —— 罗非鱼（口孵非鲫属）、鲶鱼（鲑鲶属、鲶属、胡鲶属、真鮰属）、鲤科鱼（西鲤、黑鲫、草鱼、鲢属、鲮属、青鱼）、鳗鱼（鳗鲡属）、尼罗河鲈鱼（尼罗尖吻鲈）及黑鱼（鳢属）

49 —— 其他

— 干鱼（不包括食用杂碎），不论是否盐腌，但熏制的除外：

51 —— 鳕鱼（大西洋鳕鱼、太平洋鳕鱼、格陵兰鳕鱼）
59 —— 其他
— 盐腌及盐渍的鱼（不包括食用杂碎），但干或熏制的除外：
61 —— 鲱鱼（大西洋鲱鱼、太平洋鲱鱼）
62 —— 鳕鱼（大西洋鳕鱼、太平洋鳕鱼、格陵兰鳕鱼）
63 —— 鳀鱼
64 —— 罗非鱼（口孵非鲫属）、鲶鱼（鲑鲶属、鲶属、胡鲶属、真鮰属）、鲤科鱼（西鲤、黑鲫、草鱼、鲢属、鲮属、青鱼）、鳗鱼（鳗鲡属）、尼罗河鲈鱼（尼罗尖吻鲈）及黑鱼（鳢属）
69 —— 其他
— 鱼鳍、鱼头、鱼尾、鱼鳔及其他可食用杂碎：
71 —— 鲨鱼翅
72 —— 鱼头、鱼尾、鱼鳔
79 —— 其他

本品目包括下列状态的鱼（整条、去头、成块、成片或肉碎）及食用鱼杂碎：

一、干的；

二、盐腌或盐渍的；

三、熏制的。

用以腌制成盐渍鱼的盐可以加有亚硝酸钠或硝酸钠。腌咸鱼时可用少量糖，它不影响其归入本品目。

经过两种或两种以上本品目所列方法制作的鱼，以及适合供人食用的鱼粉〔不论是否脱脂（例如，用溶剂提取法脱脂）或经过热处理〕、鱼丸，均归入本品目。

熏鱼在熏制前或熏制中（热熏）有时进行热处理，使鱼肉部分或全部煮熟，如果未经其他任何使其失去熏鱼特征的加工，其归类不受影响，仍归入本品目。

本品目所列方法制作的主要鱼类有沙丁鱼、鳀鱼、沙脑鱼、西鲱鱼、金枪鱼、鲭鱼、鲑鱼、鲱鱼、鳕鱼、黑线鳕鱼及庸鲽鱼。

干制、盐腌、盐渍或熏制的已与鱼身其他部分分离的食用鱼杂碎〔例如，鱼皮、鱼尾、鱼鳔、整个或半个鱼头（带或不带脑、颊、舌、眼、颌或唇）、鱼胃、鱼鳍〕，以及鱼肝和鱼卵也归入本品目。

本品目不包括：

（一）不适合供人食用（例如，工业用）的鱼杂碎及鱼废料（品目05.11）。

（二）烹煮过的鱼（上述熏鱼除外）、用其他方法制作（例如，油泡、醋腌或调味汁腌泡）的鱼，以及鲟鱼子酱和鲟鱼子酱代用品（品目16.04）。

（三）鱼汤（品目21.04）。

（四）不适合供人食用的鱼的粗粉、细粉及团粒（品目23.01）。

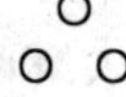

子目注释：

子目0305.71

子目0305.71所称“鲨鱼翅”，包括鲨鱼的背鳍、胸鳍、腹鳍、臀鳍以及尾部（尾鳍）的下半部分。但鲨鱼尾部的上半部分不视为鲨鱼翅。

本子目主要包括简单干制但未去皮的鲨鱼翅以及干制前浸泡热水、去皮或撕丝的不完整鲨鱼翅。

03.06　带壳或去壳的甲壳动物，活、鲜、冷、冻、干、盐腌或盐渍的；熏制的带壳或去壳甲壳动物，不论在熏制前或熏制过程中是否烹煮；蒸过或用水煮过的带壳甲壳动物，不论是否冷、冻、干、盐腌或盐渍的；适合供人食用的甲壳动物的细粉、粗粉及团粒：

— 冻的：
11 —— 大螯虾及小龙虾
12 —— 龙虾
14 —— 蟹
15 —— 挪威海螯虾
16 —— 冷水小虾及对虾（长额虾属、褐虾）
17 —— 其他小虾及对虾
19 —— 其他，包括适合供人食用的甲壳动物的细粉、粗粉及团粒
— 未冻的：
21 —— 大螯虾及小龙虾
22 —— 龙虾
24 —— 蟹
25 —— 挪威海螯虾
26 —— 冷水小虾及对虾（长额虾属、褐虾）
27 —— 其他小虾及对虾
29 —— 其他，包括适合供人食用的甲壳动物的细粉、粗粉及团粒

本品目包括：

一、活、鲜、冷、冻、干、盐腌或盐渍的甲壳动物，不论是否带壳。

二、熏制的带壳或去壳甲壳动物，不论在熏制前或熏制过程中是否经烹煮。

三、蒸过或用水煮过的带壳甲壳动物（不论是否加有少量临时保藏用的化学防腐剂），它们也可以是冷、冻、干、盐腌或盐渍的。

甲壳动物的主要种类是龙虾、大螯虾、淡水小龙虾、蟹、河虾及对虾。

本品目也包括不完整的甲壳动物（例如，龙虾及淡水小龙虾的“尾部”，蟹钳），只要这些去壳产品的加工方法未超出上述第一款所列范围。

本品目还包括适合供人食用的甲壳动物的粗粉、细粉及团粒。

本品目不包括：

（一）品目 03.08 的海胆及其他水生无脊椎动物。

（二）用非本品目所列方法制作或保藏的甲壳动物（包括不完整的在内）（例如，用水煮过的去壳甲壳动物）（品目 16.05）。

03.07　带壳或去壳的软体动物，活、鲜、冷、冻、干、盐腌或盐渍的；熏制的带壳或去壳软体动物，不论在熏制前或熏制过程中是否烹煮；适合供人食用的软体动物的细粉、粗粉及团粒：

— 牡蛎（蚝）：
11 —— 活、鲜或冷的
19 —— 其他
— 扇贝，包括海扇：
21 —— 活、鲜或冷的
29 —— 其他

— 贻贝：

31 — — 活、鲜或冷的

39 — — 其他

— 墨鱼及鱿鱼：

41 — — 活、鲜或冷的

49 — — 其他

— 章鱼：

51 — — 活、鲜或冷的

59 — — 其他

60 — 蜗牛及螺，海螺除外

— 蛤、鸟蛤及舟贝（蚶科、北极蛤科、鸟蛤科、斧蛤科、缝栖蛤科、蛤蜊科、中带蛤科、海螂科、双带蛤科、截蛏科、竹蛏科、砗磲科、帘蛤科）：

71 — — 活、鲜或冷的

79 — — 其他

— 鲍鱼（鲍属）：

81 — — 活、鲜或冷的

89 — — 其他

— 其他，包括适合供人食用的细粉、粗粉及团粒：

91 — — 活、鲜或冷的

99 — — 其他

本品目包括：

一、活、鲜、冷、冻、干、盐腌或盐渍的软体动物，不论是否去壳。

二、熏制的带壳或去壳软体动物，不论在熏制前或熏制过程中是否烹煮。

软体动物的主要品种是牡蛎（蚝）、海扇、贻贝、墨鱼、鱿鱼、章鱼、蜗牛、螺、蛤、鸟蛤、舟贝及鲍鱼。

本品目也包括不完整的软体动物，只要它们的加工方法未超出上述一、二两款所列范围。

本品目还包括蚝卵（即养殖用的牡蛎苗）和适于供人食用的软体动物的粗粉、细粉及团粒。

本品目不包括用非本品目所列方法制作或保藏的软体动物（例如，用水煮过或用醋腌制的软体动物）（品目16.05）。

03.08 不属于甲壳动物及软体动物的水生无脊椎动物，活、鲜、冷、冻、干、盐腌或盐渍的；熏制的不属于甲壳动物及软体动物的水生无脊椎动物，不论在熏制前或熏制过程中是否烹煮；适合供人食用的不属于甲壳动物及软体动物的水生无脊椎动物的细粉、粗粉及团粒：

— 海参（仿刺参、海参纲）：

11 — — 活、鲜或冷的

19 — — 其他

— 海胆（球海胆属、拟球海胆、智利海胆、食用正海胆）：

21 — — 活、鲜或冷的

29 — — 其他

30 — 海蜇（海蜇属）

90 — 其他

本品目包括：

一、活、鲜、冷、冻、干、盐腌或盐渍的水生无脊椎动物，甲壳动物及软体动物除外。

二、熏制的水生无脊椎动物，不论在熏制前或熏制过程中是否烹煮，甲壳动物及软体动物除外。

水生无脊椎动物的主要品种是海胆、海参及海蜇。

本品目也包括不完整的上述水生无脊椎动物（例如，海胆的性腺），只要它们的加工方法未超出上述一、二两款所列范围。

本品目还包括适于供人食用的水生无脊椎动物的粗粉、细粉及团粒。

本品目不包括用非本品目所列方法制作或保藏的水生无脊椎动物（例如，用水煮过或用醋腌制的水生无脊椎动物）（品目 16.05）。

第四章 乳品；蛋品；天然蜂蜜；其他食用动物产品

注释：

一、所称“乳”，是指全脂乳及半脱脂或全脱脂的乳。

二、品目 04.05 所称：

（一）“黄油”，仅指从乳中提取的天然黄油、乳清黄油及调制黄油（新鲜、加盐或酸败的，包括罐装黄油），按重量计乳脂含量在 80%及以上，但不超过 95%，乳的无脂固形物最大含量不超过 2%，以及水的最大含量不超过 16%。黄油中不含添加的乳化剂，但可含有氯化钠、食用色素、中和盐及无害乳酸菌的培养物。

（二）“乳酱”是一种油包水型可涂抹的乳状物，乳脂是该制品所含的唯一脂肪，按重量计其含量在 39%及以上，但小于 80%。

三、乳清经浓缩并加入乳或乳脂制成的产品，若同时具有下列三种特性，则视为乳酪归入品目 04.06：

（一）按干重计乳脂含量在 5%及以上的；

（二）按重量计干质成分至少为 70%，但不超过 85%的；以及

（三）已成型或可以成型的。

四、本章不包括：

（一）按重量计乳糖含量（以干燥无水乳糖计）超过 95%的乳清制品（品目 17.02）；或

（二）白蛋白（包括按重量计干质成分的乳清蛋白含量超过 80%的两种或两种以上的乳清蛋白浓缩物）（品目 35.02）及球蛋白（品目 35.04）。

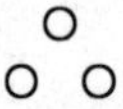

子目注释：

一、子目 0404.10 所称“改性乳清”，是指由乳清成分构成的制品，即全部或部分去除乳糖、蛋白或矿物质的乳清、加入天然乳清成分的乳清及由混入天然乳清成分制成的产品。

二、子目 0405.10 所称“黄油”，不包括脱水黄油及印度酥油（子目 0405.90）。

总 注 释

本章包括：

一、乳品。

（一）乳，例如，全脂乳及半脱脂或全脱脂的乳。

（二）奶油。

（三）酪乳、结块的乳及奶油、酸乳、酸乳酒及其他发酵或酸化的乳和奶油。

（四）乳清。

（五）天然乳为基本成分的未列名产品。

（六）黄油及其他从乳制得的脂和油；乳酱。

（七）乳酪及凝乳。

上述第（一）项至第（五）项的产品，除含有天然乳成分（例如，添加维生素或天然盐的乳）外，还可以含有乳品液态运输时为保持其天然浓度而加入的少量稳定剂（例如，磷酸二钠、柠檬酸三钠、氯化钙）及少量抗氧剂或乳中一般没有的维生素。这些乳品还可含有加工所需的少量化学品（例如，

碳酸氢钠)；成粉状或粒状的乳品可含有防结素（例如，磷脂、无定形二氧化硅）。

另一方面，本章不包括按重量计乳糖含量（以干燥无水乳糖计）超过 95%的乳清制品（品目 17.02）。在计算某一产品的乳糖重量百分比时，所称“干燥无水”，是指既不含游离水，也不含结晶水。

此外，本章也不包括下列各项：

（一）以乳品为基本成分制成的食品（主要归入品目 19.01）。

（二）以一种物质（例如，油酸脂）代替乳中一种或多种天然成分（例如，丁酸脂）而制得的产品（品目 19.01 或 21.06）。

（三）冰淇淋及其他冰制食品（品目 21.05）。

（四）第三十章的药品。

（五）酪蛋白（品目 35.01）、乳清蛋白（品目 35.02）及硬化蛋白（品目 39.13）。

二、禽蛋及蛋黄。

三、天然蜂蜜。

四、未列名食用动物产品。

04.01 未浓缩及未加糖或其他甜物质的乳及奶油：

10 — 按重量计脂肪含量不超过 1%

20 — 按重量计脂肪含量超过 1%，但不超过 6%

40 — 按重量计脂肪含量超过 6%，但不超过 10%

50 — 按重量计脂肪含量超过 10%

本品目包括乳（本章注释一所规定的乳）及奶油，不论是否消毒、杀菌、用其他方法保藏、均脂或胨化；但不包括浓缩或加糖或其他甜物质的乳和奶油（品目 04.02）及凝结、发酵或酸化的乳和奶油（品目 04.03）。

本品目产品可以是冰冻的，也可以含有本章总注释所述的添加剂。本品目还包括从成分上看其质和量都与天然产品完全一样的再造乳及奶油。

04.02 浓缩、加糖或其他甜物质的乳及奶油(+)：

10 — 粉状、粒状或其他固体形状，按重量计脂肪含量不超过 1.5%

— 粉状、粒状或其他固体形状，按重量计脂肪含量超过 1.5%：

21 —— 未加糖或其他甜物质

29 —— 其他

— 其他：

91 —— 未加糖或其他甜物质

99 —— 其他

本品目包括浓缩（例如，蒸发）、加糖或其他甜物质的乳（本章注释一所规定的乳）及奶油，不论是否液状、浆状或固体（块、粉或粒），也不论是否经保藏或再造。

奶粉可含有添加的少量淀粉(重量不超过 5%)。添加淀粉主要是为了保持再造乳的正常物理状态。

本品目不包括：

（一）凝结、发酵或酸化的乳及奶油（品目 04.03）。

（二）加可可或其他香料的乳品饮料（品目 22.02）。

子目注释：

子目0402.10、0402.21及0402.29

这些子目不包括浆状的浓缩乳或奶油（子目0402.91及0402.99）。

04.03　酪乳、结块的乳及奶油、酸乳、酸乳酒及其他发酵或酸化的乳和奶油，不论是否浓缩、加糖、加其他甜物质、加香料、加水果、加坚果或加可可：

10　—　酸乳

90　—　其他

本品目包括酪乳、所有发酵或酸化的乳和奶油、结块的乳及奶油、酸乳及酸乳酒。本品目的乳品可以是液状、浆状或固体（包括冰冻）的，也可以是浓缩（例如，蒸发、制成块状、粉状或粒状）或保藏的。

本品目的发酵乳可由品目04.02的乳粉组成，并加有少量乳酵素，用于制作肉类产品或作为动物饲料添加剂。

本品目的酸化乳可由品目04.02的乳粉组成，并加有少量晶体状酸味物质（包括柠檬汁），加水后可制结块的乳。

除了本章总注释所述的添加剂外，本品目的乳品还可含有糖或其他甜物质、香料、坚果、水果（包括果肉及果酱）或可可。

04.04　乳清，不论是否浓缩、加糖或其他甜物质；其他品目未列名的含天然乳的产品，不论是否加糖或其他甜物质：

10　—　乳清及改性乳清，不论是否浓缩、加糖或其他甜物质

90　—　其他

本品目包括乳清（例如，去除乳脂及酪朊后留下的天然乳成分）及改性乳清（参见本章子目注释一）。这些产品可以是液状、浆状或固体形状（包括冰冻的），也可以是浓缩（例如，粉状）或保藏的。

本品目还包括鲜的或保藏的以乳为基本成分的产品。这些产品与天然乳品构成不同，并且在其他品目未列名。因此，本品目包括缺少天然乳中一种或多种要素的产品，即添加有天然乳要素的乳（以获得高蛋白产品等）。

除了天然乳要素及本章总注释所述的添加剂外，本品目产品还可含有添加的糖或其他甜物质。

本品目的粉状产品，尤其是乳清，可含有添加的少量乳酵素，用于制作肉类产品或作动物饲料添加剂。

本品目不包括：

（一）从成分上看其质和量都与天然产品完全一样的脱脂乳或再造乳（品目04.01或04.02）。

（二）乳清酪（品目04.06）。

（三）按重量计乳糖含量（以干燥无水乳糖计）超过95%的乳清制品（品目17.02）。

（四）以天然乳为基本成分的食品，但含有本章规定不能添加的物质（品目19.01）。

（五）白蛋白（包括按重量计干质成分的乳清蛋白质含量大于80%的两种及两种以上乳清蛋白的浓缩物）（品目35.02）或球蛋白（品目35.04）。

04.05　黄油及其他从乳中提取的脂和油；乳酱：

10　—　黄油

20 — 乳酱

90 — 其他

本品目包括：

一、黄油

本类包括天然黄油、乳清黄油及调制黄油（淡的、加盐或酸败的，包括罐装黄油）。黄油必须是完全用乳制得的，按重量计其乳脂含量必须占80%及以上，但不超过95%，乳的无脂固形物最大含量不得超过2%，以及水的含量最大不得超过16%。黄油中不含添加的乳化剂，但可含有氯化钠、食用色素、中和盐及无害乳酸菌的培养物〔参见本章注释二（一）〕。

本类还包括用山羊或绵羊乳制成的黄油。

二、乳酱

本类包括的乳酱，是指一种油包水型可涂抹的乳状物，乳脂是该制品所含的唯一的脂肪，按重量计其含量在39%及以上，但小于80%〔参见本章注释二（二）〕。乳酱可含有某些配料，例如，无害乳酸菌培养物、维生素、氯化钠、糖、动物胶、淀粉、食用色素、香料、乳化剂、增稠剂和防腐剂。

三、其他从乳提取的脂和油

本类从乳提取的脂和油（例如，乳脂、乳油）。乳油是从黄油或奶油中提取的水及非脂成分。

本类还包括脱水黄油、印度酥油（通常用水牛或黄牛乳制成的一种黄油）和用黄油和少量草本植物、调味料、香料、大蒜等混合制成的产品（但这些产品必须具有本品目所列产品的特征）。

本品目不包括含乳脂以外其他脂的油脂酱和按重量计含乳脂少于39%的油脂酱（通常归入品目15.17或21.06）。

04.06 乳酪及凝乳(+)：

10 — 鲜乳酪（未熟化或未固化的），包括乳清乳酪；凝乳

20 — 各种磨碎或粉化的乳酪

30 — 经加工的乳酪，但磨碎或粉化的除外

40 — 蓝纹乳酪和娄地青霉生产的带有纹理的其他乳酪

90 — 其他乳酪

本品目包括各种乳酪，即：

一、鲜乳酪（包括从乳清或酪乳制得的乳酪）及凝乳。鲜乳酪是一种供在加工后短期内食用的未熟化或未固化的乳酪（例如，文火乳酪、布洛西乳酪、未腌乳酪、乳脂乳酪、无盐乳酪）。

二、磨碎或磨粉的乳酪

三、加工乳酪。它是用加热及加入乳化剂或酸化剂（包括溶解盐）将一种或多种乳酪及下列的一种或多种物质研成粉末、混合、溶化和乳化制作而成：奶油或其他乳品、盐、调味香料、香精、色素及水。

四、蓝纹乳酪和娄地青霉生产的带有纹理的其他乳酪。

五、软乳酪（例如，法国卡孟培尔干酪、布里干酪）。

六、半硬乳酪及硬乳酪（例如，塞达干酪、古达干酪、格律耶尔干酪、巴马干酪）。

乳清乳酪是将乳清浓缩并加入乳或乳脂制得。它们必须同时具有下列三个特征才能归入本品目：

（一）乳脂含量干重在5%及以上；

（二）所含干质成分重量在70%以上，但不超过85%；

（三）已成型或可以成型。

乳酪加有肉、鱼、甲壳动物、草本植物、调味香料、蔬菜、水果、坚果、维生素、脱脂奶粉等后，如果仍保持乳酪特征的，其归类不受影响。

裹面糊或面包屑的乳酪，不论是否预煮，只要仍保持乳酪的特征，仍应归入本品目。

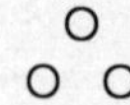

子目注释：

子目0406.40

本子目包括在乳酪体上有可见纹理的乳酪，其纹理可呈蓝色、绿色、绿光蓝色或灰白色，例如，奥佛涅蓝纹乳酪、高斯蓝纹乳酪、凯尔西蓝纹乳酪、柴郡蓝纹乳酪、多西特蓝纹乳酪、温斯利代蓝纹乳酪、卡伯瑞勒斯乳酪、丹麦青纹乳酪（达娜厄）、戈贡左拉乳酪、米瑟拉乳酪、罗奎福特羊乳干酪、圣戈龙乳酪及斯第尔顿乳酪，也包括符合上述标准的具有专利商品名或商标名称的乳酪。

04.07 带壳禽蛋，鲜、腌制或煮过的：

— 孵化用受精禽蛋：
11 — — 鸡的
19 — — 其他
— 其他鲜蛋：
21 — — 鸡的
29 — — 其他
90 — 其他

本品目包括孵化用受精禽蛋及其他各种鲜（包括冷的）禽蛋，还包括腌制或烹煮的带壳禽蛋。

04.08 去壳禽蛋及蛋黄，鲜、干、冻、蒸过或水煮、制成型或用其他方法保藏的，不论是否加糖或其他甜物质：

— 蛋黄：
11 — — 干的
19 — — 其他
— 其他：
91 — — 干的
99 — — 其他

本品目包括各种禽整蛋及蛋黄。本品目的蛋品可以是鲜、干、蒸过或用水煮过、模制成型（例如，圆柱形“长蛋”）、冰冻或用其他方法腌制的。以上蛋品不论其是否加糖或其他甜物质，也不论是否供食用或工业用（例如，鞣皮），均归入本品目。

本品目不包括：

（一）蛋黄油（品目15.06）。

（二）含有调味品、调味香料或其他添加剂的蛋制品（品目21.06）。

（三）卵磷脂（品目29.23）。

（四）分离蛋白（禽蛋白）（品目35.02）。

04.09 天然蜂蜜

本品目包括蜜蜂或其他昆虫所产的蜂蜜，不论是离心分离、仍存于蜂巢内或是带有蜂巢碎块，但不得加糖或其他任何物质。蜂蜜可根据花源、产地或颜色来命名。

本品目不包括人造蜜及天然蜜和人造蜜的混合制品（品目 17.02）。

04.10　其他品目未列名的食用动物产品

本品目包括适合供人食用的协调制度未列名的动物产品。

本品目包括：

一、鳖或海龟蛋，即河鳖或海龟所产的蛋，鲜、干或用其他方法保藏的。

海龟蛋油不归入本品目（品目 15.06）。

二、金丝燕的窝（燕窝），即金丝燕的一种分泌物，这种分泌物一经与空气接触，很快变硬。

燕窝报验时可以未经处理，也可以将羽毛、绒毛、灰尘或其他杂物除去以使其适于食用。它们一般为白色条状或丝状。

燕窝含有高蛋白，通常专用于作汤或作其他食品。

本品目不包括液态或干制的动物血，不论是否可供食用（品目 05.11 或 30.02）。

第五章　其他动物产品

注释：

一、本章不包括：

（一）食用产品（整个或切块的动物肠、膀胱和胃以及液态或干制的动物血除外）；

（二）生皮或毛皮（第四十一章、第四十三章），但品目05.05的货品及品目05.11的生皮或毛皮的边角废料仍归入本章；

（三）马毛及废马毛以外的动物纺织原料（第十一类）；或

（四）供制帚、制刷用的成束、成簇的材料（品目96.03）。

二、仅按长度而未按发根和发梢整理的人发，视为未加工品，归入品目05.01。

三、本协调制度所称"兽牙"，是指象、河马、海象、一角鲸和野猪的长牙、犀角及其他动物的牙齿。

四、本协调制度所称"马毛"，是指马科、牛科动物的鬃毛和尾毛。

总　注　释

本章包括各种未经加工或仅经简单加工的各种动物质材料。这些材料一般不作食品（某些动物的肠、膀胱及胃除外），而且协调制度的其他章也不包括它们。

本章不包括：

一、动物脂肪（第二章或第十五章）。

二、未烹煮的食用动物皮（第二章）或鱼皮（第三章）（烹煮的皮归入第十六章）。

三、食用鱼鳍、鱼头、鱼尾、鱼鳔及其他食用鱼杂碎（第三章）。

四、已干燥的治疗用腺体及其他器官，不论已否制成粉末（第三十章）。

五、动物肥料（第三十一章）。

六、生皮及皮张（未加工或经洗涤、消毒或为了保藏而作过处理但未进一步加工的带有羽毛或羽绒的整张鸟皮或不完整鸟皮（第四十一章）。

七、毛皮（第四十三章）。

八、蚕丝、羊毛及其他动物纺织原料（马毛及废马毛除外）（第十一类）。

九、天然或养殖珍珠（第七十一章）。

05.01　未经加工的人发，不论是否洗涤；废人发

本品目包括未加工的人发，不论是否已洗涤，包括未按发根和发梢整理的平行排放人发，以及人发废料。

本品目不包括经过简单洗涤以外加工（例如，稀疏、染色、漂白、卷曲或为制作假发进行加工）的人发（人发废料除外）以及已按发根和发梢整理的人发（品目67.03，参见该品目的注释）。但本款不适用于废人发，废人发（即使是漂白或染色发等的废料）一律归入本品目。

本品目也不包括：

（一）人发制的滤布（品目59.11）。

（二）人发制的发网（品目65.05）。

（三）其他人发制品（品目 67.04）。

05.02　猪鬃、猪毛；獾毛及其他制刷用兽毛；上述鬃毛的废料：

10　—　　猪鬃、猪毛及其废料

90　—　　其他

本品目货品可以散装、松扎成捆或紧扎成束（鬃毛平行排放、根端较为平齐），也可以未经加工，或经洗涤、漂白、染色或消毒。

其他制刷用兽毛包括黄鼬、松鼠及貂的毛。

但本品目不包括成束或成簇的鬃毛（即制成不需分开或仅经简单加工即可直接装于帚或刷上的鬃毛束）。它们归入品目 96.03（参见第九十六章注释三）。

【05.03】

05.04　整个或切块的动物（鱼除外）的肠、膀胱及胃，鲜、冷、冻、干、熏、盐腌或盐渍的

本品目包括动物的肠、膀胱及胃（品目 05.11 所列鱼的内脏除外），不论是否整个或切块，也不论可否供食用或鲜、冷、冻、干、熏、盐腌或盐渍的。但经其他加工或保藏的不归入本品目（一般归入第十六章）。

本品目也包括：

一、皱胃膜（小牛、小羊等的），不论是否切割或干制，用于提取凝乳酶。

二、肚及瘤胃（烹煮的归入第十六章）。

三、未加工的金箔肠衣，即牛或羊盲肠的外膜。

本品目还包括纵向撕或割成长条的肠及金箔肠衣（主要是牛的肠衣），不论内膜是否刮去。

肠主要用于制香肠肠衣，也可用于制无菌外科肠线（品目 30.06）、网球拍弦（品目 42.06）或乐器弦（品目 92.09）。

本品目也不包括将皮纤维浆挤出后，用甲醛和苯酚溶液硬化的“人造肠”（品目 39.17）及将破裂天然肠胶合在一起的“人造”肠（品目 42.06）。

05.05　带有羽毛或羽绒的鸟皮及鸟体其他部分；羽毛及不完整羽毛（不论是否修边）、羽绒，仅经洗涤、消毒或为了保藏而作过处理，但未经进一步加工；羽毛或不完整羽毛的粉末及废料(+)：

10　—　　填充用羽毛；羽绒

90　—　　其他

本品目包括：

一、带有羽毛或羽绒的鸟皮及鸟体其他部分（例如，头、翅）；以及

二、羽毛和不完整羽毛（不论是否修边）及羽绒。

只要这些货品未经加工，或仅经洗净、消毒、为保藏而进行处理，但未进一步加工或制成标本。

本品目也包括羽毛或不完整羽毛的碎屑、粗粉及废料。

本品目的货品可供制被褥、装饰（通常须进一步加工）或其他用途。不同种类羽毛在协调制度的归类上并无区别。

本品目所称“不完整羽毛”，包括沿羽毛直撕开来的羽毛片、从羽轴上切割下来或附着在羽轴削片上的羽支（不论是否修边）、羽管及羽轴。

羽毛或羽绒用布袋作零售包装但明显不是制成坐垫、枕头的仍归入本品目。简单捆扎在一起以便于运输的羽毛也归入本品目。

本品目不包括加工程度超出本品目所列范围（例如，漂白、染色、卷曲）或制成标本的鸟皮及鸟体其他部分、羽毛及不完整羽毛制品等。这类物品一般归入品目 67.01（参见该品目注释）。但已加工羽管及其制品应按其主要特征归类（例如，钓鱼浮子——品目 95.07；牙签——品目 96.01）。

○
○ ○

子目注释：

子目 0505.10

所称“填充用羽毛”，是指家禽（特别是鹅或鸭）、鸽子、鹧鸪或类似禽类的羽毛，但粗大的翼毛或尾毛及分级时摒弃的粗大的羽毛除外。所称“羽绒”，主要指鹅或鸭毛中最为细小、柔软的绒毛，它与羽毛的区别在于没有硬羽轴。上述羽毛及羽绒主要用于填充被褥及其他制品，例如，坐垫及保暖服装（例如，带风帽的防寒短上衣）。

05.06　骨及角柱，未经加工或经脱脂、简单整理（但未切割成形）、酸处理或脱胶；上述产品的粉末及废料：

10　—　**经酸处理的骨胶原及骨**

90　—　**其他**

本品目的产品主要用于雕刻、制胶或作肥料。

本品目包括：

一、骨及角柱（角内骨），未经加工或已去脂（用各种方法去骨脂）。

二、简单整理但未切割成形的骨，即将骨简单加以锯割，除去其多余部分，或加以横切或直切，有时还粗刨或漂白，但除这些工序外，未进行其他加工。因此，矩形（包括正方形）板、片或其他形状的骨（不论是否抛光或经其他加工）及骨粉模制产品均不归入本品目，而应归入品目 96.01 或其他列名更为具体的品目。

三、酸处理的骨，即骨的石灰质已用盐酸溶解，骨的原形不变，但仅保有蜂窝状组织及软骨部分（骨胶原），易于转化为胶。

四、脱胶骨，即已用蒸汽脱胶的骨，通常成粉状（蒸汽骨粉）。

五、骨粉及骨废料（包括骨碎屑），例如，加工骨时所产生的粉末及废料。

05.07　兽牙、龟壳、鲸须、鲸须毛、角、鹿角、蹄、甲、爪及喙，未经加工或仅简单整理但未切割成形；上述产品的粉末及废料：

10　—　**兽牙；兽牙粉末及废料**

90　—　**其他**

本品目包括未经加工或虽经简单整理但未切割成形（即除锉磨、刮削、洗净、除去多余部分、整饰、劈开、非成形切割、粗刨、拉直及平整工序外，未进一步加工）的下列产品：

一、兽牙

本协调制度所称“兽牙”，是指下列骨质物体：

（一）象、河马、海象、一角鲸或野猪的长牙。

（二）犀角。

（三）任何陆上或海上动物的牙齿。

二、龟壳

商业上的龟壳通常为海龟壳（一般为坎普斯龟、蠵龟及玳瑁的壳）。所称龟壳，包括海龟壳在内。龟壳是一种角质材料，为大小厚度不同的板状物（甲）。它保护着包裹龟体的角质躯架。

本品目所称“龟壳”是指：

（一）完整或不完整的龟壳。

（二）龟甲（几乎都是捕获后就地剥下），为厚薄不匀、表面弯曲的板状物。龟甲按照其所在的龟体部位而分别称为背甲及腹甲。覆盖在肚和胸的那部分称为腹甲。

三、鲸须及鲸须毛

鲸须（鲸的或其他海生哺乳动物的）在天然状态时为弧形角质薄片，表面附有一层浅灰色的皮，朝里一边刃角上长有一种如流苏状的鲸须毛，其质与鲸须相同。

四、角、鹿角、蹄、甲、爪及喙

本类所述的角不论是否带有角柱及额骨。鹿角是鹿、麋鹿等的岔角。

本品目还包括上述产品的粉末及废料（包括碎屑）。

本品目不包括已切割成矩形（包括正方形）或为杆、管或其他半制成形状的产品，以及模制产品（品目 96.01 或其他更为具体列名的品目）。

05.08 珊瑚及类似品，未经加工或仅简单整理但未经进一步加工；软体动物壳、甲壳动物壳、棘皮动物壳、墨鱼骨，未经加工或仅简单整理但未切割成形，上述壳、骨的粉末及废料

珊瑚是海生珊瑚虫的石灰质骨骼，一般用于制造珠宝首饰。

工业上最重要的贝壳是珍珠母。

本品目包括：

一、未加工或仅去外层的珊瑚。

二、仅简单整理而未用其他方法加工的珊瑚，即除简单切削外未进行其他加工的珊瑚。

三、未加工或仅简单整理但未切割成形的贝壳，即除洁净或简单切割外未进行其他加工的贝壳。

本品目还包括墨鱼骨、用作动物饲料的贝壳粉末及贝壳废料。

本品目不包括制成杆或矩形（包括正方形）板、片及其他形状的产品，不论是否抛光或经其他加工。这些产品应归入品目 96.01 或其他更为具体列名的品目。

【05.09】

05.10 龙涎香、海狸香、灵猫香及麝香；斑蝥；胆汁，不论是否干制；供配制药用的腺体及其他动物产品，鲜、冷、冻或用其他方法暂时保藏的

龙涎香为抹香鲸分泌出来的一种物质，由同一圆心的多层分泌物凝聚而成，重达上百千克。稠度似蜡，擦之散发出一股香甜味。颜色从灰到黑，密度小于水。切勿将龙涎香与琥珀相混淆。琥珀是一种矿物树脂，应归入品目 25.30。

海狸香是一种树脂物质，呈棕色、浅红色或淡黄色，味苦，有一股刺鼻的气味，为海狸的分泌物，通常与其所赖以形成的腺囊（一般两头连在一起）一同报验。这些腺囊通常编成辫状，长度为 5～10 厘米不等。

灵猫香是由灵猫所分泌的树脂状物质，棕黄色或褐色，呈浆状或油状，有象天然麝香那样的浓烈气味。

麝香是某种鹿的分泌物，包藏于其所赖以形成的腺囊（一面扁平无毛，一面外凸，表面长满灰色的毛）中。分泌物为暗棕色，有强烈气味。切勿将麝香与第二十九章的人造麝香（二甲苯麝香、合成麝香等）相混淆。

斑蝥是一种甲虫，主要利用其起疱或反刺激的特性。报验时通常已干制或呈粉末状。

本品目还包括：

一、制造器官治疗药品用的动物腺体及其他动物器官，其性质或制作方法不适合供人食用（胰腺、睾丸、卵巢、胆囊、甲状腺、脑下腺等），鲜、冷、冻或为了运输、储存需要用其他方法临时保藏（例如，浸在甘油、丙酮或酒精中）。干制或萃取产品不归入本品目（品目 30.01）。〔参见本章注释一（一）关于食用产品的规定〕。

二、不论是否干制的胆汁（胆汁精除外 品目 30.01）。

本品目不包括制成干片后用安瓿封装的蛇或蜂的毒液（品目 30.01）。

05.11 其他品目未列名的动物产品；不适合供人食用的第一章或第三章的死动物：

10 — 牛的精液

— 其他：

91 — — 鱼、甲壳动物、软体动物、其他水生无脊椎动物的产品；第三章的死动物

99 — — 其他

本品目包括：

一、动物精液。

二、动物胚胎，冷冻装运用以移植入接受母体。

三、液态或干制的动物血，不论是否可供食用。

本品目不包括制成供治疗、预防或诊断用的动物血（品目 30.02）。

四、胭脂虫及类似昆虫。胭脂虫是寄生于某些仙人掌的一种昆虫。商业上的胭脂虫有黑色、灰色或银色及淡红色三种。胭脂虫可作为一种红色染料（胭脂虫精）（品目 32.03），用以制造胭脂红色淀（品目 32.05）。

所有与胭脂虫类似的昆虫中，最主要的是雌性介壳虫。它寄生于一种矮橡树，用于制造鲜艳耐久的红色染料。此种染料归入品目 32.03。

切勿将雌性介壳虫染料与红锑粉（品目 38.24）相混淆。

胭脂虫及雌性介壳虫报验时一般干制，可以是整只，也可以是粉状。

五、不能食用的鱼卵。它们包括：

（一）供孵化的受精卵，卵内有显示胚胎的黑斑点。

（二）用作鱼饵的咸鱼卵（例如，鳕鱼卵、鲭鱼卵）。这种腌鱼卵有恶臭味，通常为散装，因此可与鲟鱼子酱代用品（品目 16.04）区分开来。

本品目不包括食用鱼卵（第三章）。

六、鱼、甲壳动物、软体动物、其他水生无脊椎动物的废料。

本类主要包括：

（一）小鲱鱼或类似鱼的鳞，新鲜或保藏（但不是在溶液中）的；这些鳞用以制造涂仿珍珠用的珠光粉。

（二）生、干、咸鱼鳔，用于调制鱼鳔胶。

（三）用以制胶等的鱼肠及废鱼皮。

（四）鱼废料。

本品目不包括：

（一）食用鱼肝、鱼鳍、鱼头、鱼尾、鱼鳔及其他食用鱼杂碎（第三章）。

（二）品目 05.08 的甲壳动物壳、软体动物壳或棘皮动物壳。

（三）用以制药的非食用鱼肝（品目 05.10）。

七、蚕卵，形如小籽，颜色淡黄，会逐渐变成灰色或土黄色。报验时通常用盒（蜂房状盒）或小布袋装运。

八、蚁卵。

九、筋腱，如以下十、十一两款所列货品一样，主要用作制胶原料。

十、生皮或皮张的边角料及类似废料。

十一、明显不能用于加工皮货的生毛皮废料。

十二、死的第一章或第三章所列动物及其不适合供人食用的肉或杂碎，但品目 02.09 或本章其他品目所列的除外。

十三、马毛及废马毛，不论是否制成有或无衬垫的毛片。本类包括马科或牛科动物的鬃毛或尾毛；除包括未经加工的马毛外，还包括经洗涤、漂白、染色、卷曲或其他加工的马毛。它们可以散装、成束或成绞等。

本品目还包括在纺织物或纸等衬料上铺成一层的马毛，或夹放在两层纺织物或纸等材料当中并用钉书钉钉上或简单缝上的马毛。

本品目不包括经纺制或发梢打结连接的马毛（第五十一章）。

十四、动物质天然海绵。本类既包括天然海绵（含仅经洗涤的），也包括已制过（例如，去除石灰物质或漂白）的海绵，还包括海绵废料。

丝瓜络，亦称植物海绵，归入品目 14.04。

本品目也不包括：

（一）虫胶片、原胶、梗胶及其他虫胶（品目 13.01）。

（二）第十五章的动物脂肪。

（三）供动物学研究用的收集品，即剥制或用其他方法保藏的动物、蝴蝶及其他昆虫、蛋、卵等（品目 97.05）。

第二类　植物产品

注释：

本类所称“团粒”，是指直接挤压或加入按重量计比例不超过3%的粘合剂制成的粒状产品。

第六章　活树及其他活植物；鳞茎、根及类似品；插花及装饰用簇叶

注释：

一、除品目06.01的菊苣植物及其根以外，本章只包括通常由苗圃或花店供应为种植或装饰用的活树及其他货品（包括植物秧苗）；但不包括马铃薯、洋葱、青葱、大蒜及其他第七章的产品。

二、品目06.03、06.04的各种货品，包括全部或部分用这些货品制成的花束、花篮、花圈及类似品，不论是否有其他材料制成的附件。但这些货品不包括品目97.01的拼贴画或类似的装饰板。

总　注　释

本章包括由苗圃（包括园林）或花店供应的适于种植或装饰用的各种活植物以及菊苣植物及其根（即使其通常不由苗圃或花店提供），但不包括品目12.12的根。上述植物包括树、灌木、植物幼苗，还包括药用植物。本章不包括种子和水果以及某些不能区别其为食用或种植用的块茎、鳞茎（马铃薯、洋葱、青葱及大蒜）。

本章还包括：

一、装饰用的插花和花蕾、簇叶、枝干及植物其他部分，鲜、干、染色、漂白、浸渍或用其他方法处理的。

二、花束、花圈、花篮及类似的花店制品。

06.01　鳞茎、块茎、块根、球茎、根颈及根茎，休眠、生长或开花的；菊苣植物及其根，但品目12.12的根除外：

10　—　休眠的鳞茎、块茎、块根、球茎、根颈及根茎

20　—　生长或开花的鳞茎、块茎、块根、球茎、根颈及根茎；菊苣植物及其根

本品目主要包括下列植物的鳞茎等，不论其报验时是否装于盆、盒：

孤挺花、银莲花（鳞茎类）、秋海棠、美人蕉、窄叶小草、铃兰、藏红花、仙客来、大丽花、独尾草、小苍兰、贝母、雪花莲、唐菖蒲、大岩桐、风信子、鸢尾、百合花、观音兰、水仙、虎眼万年青、酢浆草、晚香玉、毛茛、茜草、老虎莲及郁金香。

本品目还包括非供装饰用的植物鳞茎等（例如，大黄根颈）及芦笋根颈。

本品目不包括第七章的某些鳞茎、块茎、块根、球茎、根颈及根茎（例如，洋葱、青葱、大蒜、马铃薯、洋蓟）和生姜（品目09.10）。

本品目也包括菊苣植物及其根，但未焙制的可作咖啡代用品的菊苣根除外（品目12.12）。

06.02 其他活植物（包括其根）、插枝及接穗；蘑菇菌丝(+)：

10 — 无根插枝及接穗
20 — 食用水果或食用坚果的树、灌木，不论是否嫁接
30 — 杜鹃，不论是否嫁接
40 — 玫瑰，不论是否嫁接
90 — 其他

本品目包括：

一、各种树木及灌木（林木、果木、装饰木等），包括嫁接的。

二、品目 06.01 所列货品以外的各种供种植用植物及幼苗。

三、活的植物根。

四、无根插枝；接枝（嫁接用枝或芽）；纤匐枝及嫩枝。

五、蘑菇菌丝，不论是否与泥土或植物物质混合。

本品目的树木、灌木及其他植物报验时，其根部可以裸露或用泥包成球形，也可以栽在盆、桶、盒或类似品中。

本品目不包括块根（例如，大丽花根 品目 06.01）及品目 06.01 或 12.12 的菊苣根。

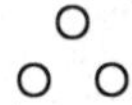

子目注释：

子目 0602.20

子目 0602.20 所称“树、灌木”，包括具有木质梗的藤本植物（例如，葡萄、杂交草莓、悬钩子属植物、猕猴桃树）及其带根插枝。

本子目不包括野玫瑰（子目 0602.40）。

子目 0602.20、0602.30、0602.40 及 0602.90

活根应按植物归入其相应的子目。

06.03 制花束或装饰用的插花及花蕾，鲜、干、染色、漂白、浸渍或用其他方法处理的：

— 鲜的：
11 — — 玫瑰
12 — — 康乃馨
13 — — 兰花
14 — — 菊花
15 — — 百合花（百合属）
19 — — 其他
90 — 其他

本品目不仅包括插花及花蕾本身，而且还包括用花或花蕾制成的花束、花圈、花篮及类似品（例如，小花束及钮孔胸花）。这些花束等如果具有花卉商品的基本特征，即使带有其他材料制成的配件（丝带、纸饰物等），仍归入本品目。

带有花或花蕾（例如，木兰花及某种蔷薇花）的树枝、灌木枝可视同插花或花蕾归入本品目。

主要用作香料、药料、杀虫、杀菌或类似用途的花、花瓣及花蕾，如果其报验时的状态已不适合制花束或作装饰用，不能归入本品目（品目 12.11）。本品目也不包括品目 97.01 的拼贴画及类似的装饰板。

06.04 制花束或装饰用的不带花及花蕾的植物枝、叶或其他部分、草、苔藓及地衣，鲜、干、染色、漂白、浸渍或用其他方法处理的：

20 — 鲜的

90 — 其他

本品目不仅包括未加工的簇叶、树枝等，而且还包括用簇叶、树木、灌木、其他植物或由苔藓、地衣制成的花束、花圈、花篮及类似品。这些花束如果具有花卉商品的基本特征，即使带有其他材料制成的配件（丝带、金属丝框架等），仍归入本品目。

归入本品目的货品可带有装饰性水果，但带花或花蕾的不归入本品目（品目 06.03）。

本品目包括明显不适合再栽种（例如，根被锯除或根被沸水灼死）的天然圣诞树。

主要用作香料、药料、杀虫、杀菌或类似用途的植物及其部分品（包括草、苔藓及地衣）（品目 12.11）或供编结用的植物及其部分品（品目 14.01），如果其报验时的状态已不适合制花束或作装饰用，不能归入本品目。本品目也不包括品目 97.01 的拼贴画及类似的装饰板。

第七章　食用蔬菜、根及块茎

注释：

一、本章不包括品目 12.14 的草料。

二、品目 07.09、07.10、07.11 及 07.12 所称“蔬菜”，包括食用的蘑菇、块菌、油橄榄、刺山柑、菜葫芦、南瓜、茄子、甜玉米、辣椒、茴香菜、欧芹、细叶芹、龙蒿、水芹、甜茉乔栾那。

三、品目 07.12 包括干制的归入品目 07.01 至 07.11 的各种蔬菜，但下列各项除外：

（一）作蔬菜用的脱荚干豆（品目 07.13）；

（二）品目 11.02 至 11.04 所列形状的甜玉米；

（三）马铃薯细粉、粗粉、粉末、粉片、颗粒及团粒（品目 11.05）；

（四）用品目 07.13 的干豆制成的细粉、粗粉及粉末（品目 11.06）。

四、本章不包括辣椒干及辣椒粉（品目 09.04）。

总　注　释

本章的蔬菜，包括本章注释二所列各种蔬菜，不论是否鲜、冷、冻（未烹煮、蒸过或水煮）、干（包括脱水、蒸干或冻干）或经临时保藏处理的。必须注意，某些干制或研粉的蔬菜，虽有时用作香料，但仍归入品目 07.12。

所称“冷藏”，是指产品的温度一般已降至 0℃左右，但未冻结。然而，某些产品，例如，马铃薯，当温度降至并维持在 10℃时，也可视作“冷藏”。

所称“冷冻”，是指产品已冷却到本身冰点以下并且已经全部冻结。

除条文另有规定的以外，本章的蔬菜可以是完整的，也可以是切片、切碎、切丝、捣碎、磨碎、去皮或去壳的。

本章还包括某些鲜、冷、冻或干的高淀粉或高菊粉块茎及块根，不论是否切片或制成团粒。

报验时不属于本章任何品目所列状态的蔬菜，应归入第十一章或第四类。例如，干豆的细粉、粗粉及粉末和马铃薯的细粉、粗粉、粉末、粉片、颗粒及团粒归入第十一章，超出本章所列加工方法制作或保藏的蔬菜归入第二十章。

但是必须注意，本身经均化的产品不能作为本章产品归类，而应归入第二十章的制品。

还必须注意，本章的蔬菜即使用密封容器包装（例如，听装洋葱粉），仍应归入本章。但多数这类包装的产品都经过超出本章各品目所列加工方法制作或保藏，因此不能归入本章（第二十章）。

同样，本章的产品经过改性空气包装（MAP）加工方法包装的，仍归入本章（例如，鲜或冷藏的蔬菜）。在采用 MAP 方法进行加工时，产品周围的气体已被改变或受到控制（例如，通过抽去或减少氧气的含量，并将其置换成氮气或二氧化碳，或增加氮气或二氧化碳的含量）。

归入本章的鲜或干的蔬菜，可以供食用、种用或种植（例如，马铃薯、洋葱、青葱、大蒜、豆类蔬菜）。但本身不包括移植用的蔬菜秧（品目 06.02）。

除上文及本章注释述及的以外，本章还不包括：

（一）菊苣植物或菊苣根（品目 06.01 或 12.12）。

（二）食品工业中某些用作原料的植物产品，例如，谷物（第十章）、甜菜及甘蔗（品目 12.12）。

（三）用品目 07.14 的根及块茎制成的细粉、粗粉及粉末（品目 11.06）。

（四）有时也用于烹饪的某些草本植物（例如，罗勒、琉璃苣、海索草、各种薄荷、迷迭香、芸香、鼠尾草及牛蒡干根)(品目 12.11)。

(五)食用海草及其他海藻(品目 12.12)。

(六)芜菁甘蓝、饲料甜菜、饲料用根茎、干草、紫苜蓿、三叶草、驴喜豆、羽衣甘蓝、羽扇豆、巢菜及类似饲料(品目 12.14)。

(七)甜菜叶或胡萝卜叶(品目 23.08)。

07.01 鲜或冷藏的马铃薯(+):

10 — 种用

90 — 其他

本品目包括各种鲜或冷藏的马铃薯(品目 07.14 的甘薯除外)。本品目还包括种用马铃薯。

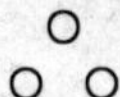

子目注释:

子目 0701.10

子目 0701.10 所称"种用",仅指经本国主管部门认定为作种用的马铃薯。

07.02 鲜或冷藏的番茄

本品目包括各种鲜或冷藏的番茄。

07.03 鲜或冷藏的洋葱、青葱、大蒜、韭葱及其他葱属蔬菜:

10 — 洋葱及青葱

20 — 大蒜

90 — 韭葱及其他葱属蔬菜

本品目包括下列鲜或冷藏的葱属蔬菜:

一、洋葱(包括洋葱头和春洋葱)及青葱。

二、大蒜。

三、韭葱、细香葱及其他葱属蔬菜。

07.04 鲜或冷藏的卷心菜、菜花、球茎甘蓝、羽衣甘蓝及类似的食用芥菜类蔬菜:

10 — 菜花及硬花甘蓝

20 — 抱子甘蓝

90 — 其他

本品目鲜或冷藏的产品包括下列品种:

一、菜花及硬花甘蓝。

二、抱子甘蓝。

三、其他硬花芥属蔬菜(例如,白卷心菜、皱叶卷心菜、红卷心菜、大白菜)、羽衣甘蓝、其他阔叶芥属蔬菜、发芽花茎甘蓝、其他发芽芥属蔬菜及球茎甘蓝。

本品目不包括其他根状芥属蔬菜(例如,品目 07.06 的萝卜、品目 12.14 的芜菁甘蓝)。

07.05 鲜或冷藏的莴苣及菊苣:

　　—　　莴苣：
11　——　结球莴苣（包心生菜）
19　——　其他
　　—　　菊苣：
21　——　维特罗夫菊苣
29　——　其他

本品目包括鲜或冷藏的莴苣，其主要品种有结球莴苣（包心生菜）。此外，本品目还包括鲜或冷藏的菜用菊苣，其品种主要如下：

一、维特罗夫（已白化）菊苣。

二、伊斯卡罗尔菊苣。

三、卷叶菊苣。

本品目不包括菊苣植物及菊苣根（品目 06.01 或 12.12）。

07.06　鲜或冷藏的胡萝卜、萝卜、色拉甜菜根、婆罗门参、块根芹、小萝卜及类似的食用根茎：
10　—　　胡萝卜及萝卜
90　—　　其他

本品目鲜或冷藏的根包括胡萝卜、萝卜、色拉甜菜根（色拉甜菜）、婆罗门参、块根芹（萝卜根芹或德国芹菜）、小萝卜、雅葱、辣根、甘露子、牛蒡及防风根。上述产品不论其叶是否已去除，均归入本品目。

本品目不包括：

（一）品目 07.09 的芹菜。

（二）临时保藏的牛蒡根（品目 07.11）。

（三）品目 12.14 的饲料。

07.07　鲜或冷藏的黄瓜及小黄瓜

本品目仅包括鲜或冷藏的黄瓜及小黄瓜。

07.08　鲜或冷藏的豆类蔬菜，不论是否脱荚：
10　—　　豌豆
20　—　　豇豆属及菜豆属
90　—　　其他豆类蔬菜

本品目的豆类蔬菜包括：

一、豌豆，包括青豌豆及饲料豌豆。

二、豇豆、菜豆，包括利马豆、绿豆、可连荚食用的豆（亦称肾形菜豆、法国菜豆、红花菜豆、豆角、蜡豆或劈啪豆）及牛豆（包括黑眼豆）。

三、蚕豆、马蚕豆及扁豆。

四、鹰嘴豆（格巴恩留豆）。

五、兵豆。

六、瓜尔豆。

本品目不包括：

（一）大豆（品目 12.01）。

（二）稻子豆（品目 12.12）。

07.09 鲜或冷藏的其他蔬菜：

20 — 芦笋

30 — 茄子

40 — 芹菜，但块根芹除外

— 蘑菇及块菌：

51 — — 伞菌属蘑菇

59 — — 其他

60 — 辣椒，包括甜椒

70 — 菠菜

— 其他：

91 — — 洋蓟

92 — — 油橄榄

93 — — 南瓜、笋瓜及瓠瓜（南瓜属）

99 — — 其他

本品目的蔬菜包括：

一、芦笋。

二、茄子。

三、芹菜（品目 07.06 的块根芹除外）。

四、蘑菇（包括伞菌属蘑菇，例如，普通的白蘑菇）及块菌。

五、辣椒属或多香果属植物的果实，通常称为“辣椒”。辣椒属植物果实的范围，从该属中辣味最淡但个头最大的青色或红色的甜椒或柿子椒（通常作色拉菜食用），到辛辣的长辣椒及小辣椒（多用作食品调味）。多香果属植物果实包括牙买加辣椒（又称为丁香胡椒、多香果或英国胡椒）。干的、捣碎或研粉的上述产品不归入本品目（品目 09.04）。

六、菠菜，包括新西兰菠菜及滨藜（庭园）菠菜。

七、洋蓟。

八、甜玉米，不论是否带芯。

九、南瓜、菜葫芦、笋瓜及瓠瓜（南瓜属）。

十、油橄榄。

十一、大黄、食用菜蓟、茴香、刺山柑及酸模。

十二、莙荙菜（白甜菜）及秋葵。

十三、欧芹、细叶芹、龙蒿、水芹、香薄荷、芫荽、莳萝、甜茉乔栾那。但野茉乔栾那除外（品目 12.11）。

十四、竹笋及大豆芽。

本品目也不包括荸荠属植物的可食用球茎，该产品通称为荸荠（品目 07.14）。

07.10 冷冻蔬菜（不论是否蒸煮）：

10 — 马铃薯

— 豆类蔬菜，不论是否脱荚：
21 —— 豌豆
22 —— 豇豆属及菜豆属
29 —— 其他
30 — 菠菜
40 — 甜玉米
80 — 其他蔬菜
90 — 什锦蔬菜

本品目包括鲜或冷藏时归入品目07.01至07.09的冷冻蔬菜。

“冷冻”的定义参见本章总注释。

本品目的冷冻蔬菜通常是以工业速冻法制得。采用速冻法是为了将蔬菜快速通过最大结晶度所需的温幅，使其细胞组织免遭破坏，从而使蔬菜在解冻后仍能保持其鲜度。

冻前加有盐或糖的蔬菜和冻前蒸过或用水煮过的蔬菜仍归入本品目。但本品目不包括以其他方法烹煮过的蔬菜（第二十章）或与其他物料一起制作的蔬菜，例如，“配餐”（第四类）。

冷冻蔬菜的主要品种有马铃薯、豌豆、菜豆、菠菜、甜玉米、芦笋、胡萝卜及甜菜根。

本品目还包括冷冻什锦蔬菜。

07.11 暂时保藏（例如，使用二氧化硫气体、盐水、亚硫酸水或其他防腐液）的蔬菜，但不适于直接食用的：

20 — 油橄榄
40 — 黄瓜及小黄瓜
— 蘑菇及块菌：
51 —— 伞菌属蘑菇
59 —— 其他
90 — 其他蔬菜；什锦蔬菜

本品目适用于使用前在运输或贮存时仅为暂时保藏而进行处理（例如，存于二氧化硫气体、盐水、亚硫酸水或其他防腐液中），但不适于直接食用的蔬菜。

本品目的蔬菜通常是以木桶或琵琶桶包装，主要用作食品工业的原材料。其主要品种有洋葱、油橄榄、刺山柑、黄瓜、小黄瓜、蘑菇、块菌及番茄。

但本品目不包括除暂时盐渍外，还经特别处理（例如，用苏打液或经乳酸发酵处理）的货品，这些货品归入第二十章（例如，油橄榄、泡菜、小黄瓜及青豆）。

07.12 干蔬菜，整个、切块、切片、破碎或制成粉状，但未经进一步加工的：

20 — 洋葱
— 蘑菇、木耳、银耳及块菌：
31 —— 伞菌属蘑菇
32 —— 木耳
33 —— 银耳
39 —— 其他
90 — 其他蔬菜；什锦蔬菜

本品目包括经干制（包括脱水、蒸干或冻干），即用各种方法使其所含天然水分去掉的品目07.01至07.09的蔬菜。其主要品种有马铃薯、洋葱、蘑菇、木耳、银耳、块菌、胡萝卜、卷心菜及菠菜。通常制成条、片，有的单一品种，有的数种混合。

本品目还包括干菜碎片或干菜粉，例如，芦笋、菜花，欧芹、细叶芹、洋葱、大蒜、芹菜，一般作调味料或制汤料。

本品目主要不包括：

（一）脱荚的干豆（品目07.13）。

（二）辣椒干、辣椒粉（品目09.04），马铃薯细粉、粗粉、粉末、粉片、颗粒及团粒（品目11.05），用品目07.13的干豆磨成的细粉、粗粉及粉末（品目11.06）。

（三）混合调味品（品目21.03）。

（四）以干菜为基料的汤料（品目21.04）。

07.13　脱荚的干豆，不论是否去皮或分瓣：

10　—　豌豆
20　—　鹰嘴豆
　　—　豇豆属及菜豆属：
31　——　绿豆
32　——　红小豆（赤豆）
33　——　芸豆
34　——　巴姆巴拉豆
35　——　牛豆（豇豆）
39　——　其他
40　—　扁豆
50　—　蚕豆
60　—　木豆（木豆属）
90　—　其他

供人或动物食用的脱荚干豆（例如，豌豆、鹰嘴豆、赤豆及其他菜豆、兵豆、蚕豆、马蚕豆、瓜尔豆），即使作种用（不论是否用化学方法处理使其不能食用）或其他用途，仍应归入本品目。这些干豆可进行适度热处理，主要是使酶（特别是氧化酶）失去活性，并部分失水，以便保存。但热处理不应影响其子叶的内部特征。

本品目的干豆可去皮或分瓣。

本品目不包括：

（一）脱荚干豆的细粉、粗粉及粉末（品目11.06）。

（二）大豆（品目12.01）。

（三）巢菜子（蚕豆及马豆除外）、小巢菜子及白羽扁豆（品目12.09）。

（四）刺槐豆（品目12.12）。

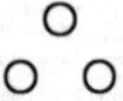

子目注释：

子目0713.31

本子目仅包括绿豆，即黑绿豆和青绿豆。绿豆广泛用于发豆芽。

07.14　鲜、冷、冻或干的木薯、竹芋、兰科植物块茎、菊芋、甘薯及含有高淀粉或菊粉的类似根茎，不论是否切片或制成团粒；西谷茎髓：

10　—　木薯

20　—　甘薯

30　—　山药

40　—　芋头（芋属）

50　—　箭叶黄体芋（黄肉芋属）

90　—　其他

本品目包括因含有高淀粉或高菊粉而用于生产食品或其他工业产品的块茎及根，还包括西谷茎髓。在某些情况下，这些块茎及根直接供人或动物食用。

本品目包括鲜、冷、冻或干制的上述产品，不论是否切片，也不论是否用本品目的根或块茎片，（例如，片屑）或用品目 11.06 的细粉、粗粉或粉末制成团粒。团粒可直接挤压或通过加入粘合剂（糖蜜、浓缩亚硫酸盐碱液等）制成，但所加粘合剂比例按重量计不得超过 3%。木薯团粒可以散碎，只要仍能辨出是木薯粒，则应归入本品目。散碎的木薯团粒可以通过观察其物理性质来辨别，例如，带木薯团粒碎块的非均质微粒，浅棕色带黑点，肉眼可见的纤维体及少量残留的砂或硅石。

除本品目条文列名植物〔木薯、甘薯（番薯）〕等的块茎及根外，本品目还包括荸荠属植物的可食用球茎（通称为荸荠）。

经其他加工的本品目产品应归入其他章内，例如，细粉、粗粉及粉末（品目 11.06）、淀粉（品目 11.08）及珍粉（品目 19.03）。

本品目也不包括大丽花块茎（品目 06.01）及鲜或干的马铃薯（分别归入品目 07.01、07.12）。

第八章　食用水果及坚果；柑橘属水果或甜瓜的果皮

注释：

一、本章不包括非供食用的坚果或水果。

二、冷藏的水果和坚果应按相应的鲜果品目归类。

三、本章的干果可以部分复水或为下列目的进行其他处理，但必须保持干果的特征：

（一）为保藏或保持其稳定性（例如，经适度热处理或硫化处理、添加山梨酸或山梨酸钾）；

（二）为改进或保持其外观（例如，添加植物油或少量葡萄糖浆）。

总　注　释

本章包括通常供人食用（不论是报验时即可食用或经加工后方可食用）的水果、坚果及柑橘属果皮或甜瓜（包括西瓜）皮。它们可以是新鲜的（包括冷藏的）、冻的（不论是否事先蒸过或用水煮过或含有甜物质）或干制的（包括脱水、蒸干或冻干）；也可以作不适合直接食用的暂时保藏（例如，使用二氧化硫气体、盐水、亚硫酸水或其他防腐液）。

所称“冷藏”，是指产品的温度一般降至0℃左右，但未冻结的。但是有些产品（例如，甜瓜及某些柑橘属果实），其温度降至并维持在10℃时，也可视作“冷藏”。所称“冷冻”，是指温度降至产品的冰点以下，产品已全部冻结。

本章的水果及坚果可以是完整的，也可以切片、切碎、切丝、去核、捣浆、磨碎、去皮或去壳。

必须注意，本身经均化的产品不能作为本章产品归类，而应归入第二十章的制品。

本章的果实如果仅加入少量的糖，不影响其商品归类。本章还包括干果（例如，椰枣及梅脯），干果外部覆有一层干的天然糖粉，外表看上去与品目20.06的裹糖果实有些相似。

但本章不包括用渗透脱水法保藏的水果。所称“渗透脱水”，是指将果块浸入浓缩糖浆中较长一段时间，从而使水果中的大部分水分及天然糖分被糖浆中的糖分所取代的加工过程。随后可将水果风干以进一步降低其水分。这些水果应归入第二十章（品目20.08）。

但本章不包括在其他章已具体列名的植物产品，虽然其在植物学上也作为果实。例如：

（一）油橄榄、番茄、黄瓜、小黄瓜、莱葫芦、南瓜、茄子及辣椒（第七章）。

（二）第九章的咖啡、香草果、杜松果及其他产品。

（三）花生及其他含油果实，主要供药用或制香料用的果实、刺槐豆、杏仁及类似果实（第十二章）。

（四）可可豆（品目18.01）。

本章也不包括：

（一）果粉（品目11.06）。

（二）超出上述方法制作或保藏的食用水果、坚果、甜瓜皮及柑橘属的果皮（第二十章）。

（三）烘焙果实及坚果（例如，栗子、杏仁及无花果），不论是否磨碎，一般用作咖啡代用品（品目21.01）。

必须注意，本章的水果及坚果即使用密封包装（例如，听装梅脯或干坚果），仍应归入本章。但在多数情况下，密封包装的果品是经过超出本章各品目所列范围以外的方法加工或保藏的，因而不能归入本章（第二十章）。

本章的产品经过改性空气包装（MAP）加工方法包装的，仍归入本章（例如，鲜草莓）。在采用

MAP 方法进行加工时，产品周围的气体已被改变或受到控制（例如，通过抽去或减少氧气的含量，并将其置换成氮气或二氧化碳，或增加氮气或二氧化碳的含量）。

08.01　鲜或干的椰子、巴西果及腰果，不论是否去壳或去皮(+)：

— 椰子：
11 — — 干的
12 — — 未去内壳（内果皮）
19 — — 其他
— 巴西果：
21 — — 未去壳
22 — — 去壳
— 腰果：
31 — — 未去壳
32 — — 去壳

本品目包括干椰子肉，即干制并且切成丝条状的椰肉，但不包括用于榨取椰子油而不适合供人食用的干椰肉（品目12.03）。

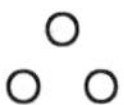

子目注释：

子目 0801.12

本子目仅包括部分或全部去除纤维外壳（中果皮）的椰子。

08.02　鲜或干的其他坚果，不论是否去壳或去皮：

— 巴旦杏：
11 — — 未去壳
12 — — 去壳
— 榛子：
21 — — 未去壳
22 — — 去壳
— 核桃：
31 — — 未去壳
32 — — 去壳
— 栗子：
41 — — 未去壳
42 — — 去壳
— 阿月浑子果（开心果）：
51 — — 未去壳
52 — — 去壳
— 马卡达姆坚果（夏威夷果）：
61 — — 未去壳
62 — — 去壳
70 — 可乐果（可乐果属）

80　—　槟榔果
90　—　其他

本品目的主要坚果有巴旦杏（甜的或苦的）、榛子或榛果、核桃、栗子、阿月浑子果、马卡达姆坚果（也称夏威夷果或澳洲坚果）、山核桃及松子（意大利五叶松果）。

本品目还包括主要供咀嚼用的槟榔果，既可供咀嚼用，又可作饮料基料用的可乐果，以及菱属植物的一种坚果状带尖角的可食用果实（人们有时称之为菱角）。

本品目不包括：

（一）荸荠属植物的可食用球茎（通称为荸荠）（品目 07.14）。

（二）核桃壳及杏仁壳（品目 14.04）。

（三）花生（品目 12.02）、焙炒的花生或花生酱（品目 20.08）。

（四）七叶树（欧洲七叶树）果（品目 23.08）。

08.03　鲜或干的香蕉，包括芭蕉：

10　—　芭蕉
90　—　其他

本品目包括所有香蕉属植物的食用果实。

芭蕉是一种富含淀粉的蕉，甜度低于其他蕉。与其他蕉不同，芭蕉成熟时其所含的淀粉不会变甜。芭蕉主要经煎、炸、烤、蒸、煮或其他方法烹饪后食用。

08.04　鲜或干的椰枣、无花果、菠萝、鳄梨、番石榴、芒果及山竹果：

10　—　椰枣
20　—　无花果
30　—　菠萝
40　—　鳄梨
50　—　番石榴、芒果及山竹果

本品目所称“无花果”，仅指无花果树的果实，不论是否供蒸馏用。因此，本品目不包括归入品目 08.10 的梨果仙人掌（霸王树）的果实。

08.05　鲜或干的柑橘属水果：

10　—　橙
20　—　柑橘；杂交柑橘
40　—　葡萄柚，包括柚
50　—　柠檬及酸橙
90　—　其他

所称“柑橘属水果”，主要指：

一、甜的或苦的柑、橙（塞维利亚橙）。

二、橘（包括蜜橘及萨摩橘）；克莱芒柑、威尔金斯柑橘及类似的杂交柑橘。

三、葡萄柚（包括柚）。

四、柠檬及酸橙。

五、香橼、金橘及佛手柑等。

本品目也包括供腌制用的小青橘及小青柠檬。

本品目不包括：

（一）柑橘皮（品目 08.14）。

（二）“橘豆”，即橘树开花后不久即坠落，但尚未成熟不能食用的果实。这些果实干后收集起来主要用于提取精油（品目 12.11）。

08.06　鲜或干的葡萄：

10　—　　鲜的

20　—　　干的

本品目包括鲜葡萄，不论做饭后果或酿酒用（包括用桶粗装的），也不论是在户外栽种的，还是在温室栽种的。

本品目还包括葡萄干，其主要品种有：基本无籽小葡萄干，通称为“无籽小葡萄干”、“苏丹无籽小葡萄干”、“伊兹密尔葡萄干”、“汤姆生葡萄干”或“无籽葡萄干”；有籽大葡萄干，例如，“拟麝香葡萄干”、“马拉加葡萄干”、“丹尼亚葡萄干”、“大马士革葡萄干”、“苛性液葡萄干”或“乔多葡萄干”。

08.07　鲜的甜瓜（包括西瓜）及木瓜：

—　　甜瓜，包括西瓜：

11　——　西瓜

19　——　其他

20　—　　木瓜

本品目包括鲜的西瓜属或香瓜属甜瓜，其品种主要有西瓜、变种西瓜、麝香甜瓜、罗马甜瓜、香瓜及蜜露甜瓜。本品目还包括类似甜瓜的番木瓜属果实，俗名叫木瓜。但本品目不包括英文也称之为木瓜的巴婆果（品目 08.10）。

08.08　鲜的苹果、梨及榅桲：

10　—　　苹果

30　—　　梨

40　—　　榅桲

苹果及梨均归入本品目，不论是否适于做饭后果或供制造饮料（例如，苹果酒或梨酒）及其他工业用途（例如，制苹果膏、苹果酱、苹果冻或提取果胶）。

榅桲主要供制果酱或果冻用。

08.09　鲜的杏、樱桃、桃（包括油桃）、梅及李：

10　—　　杏

—　　樱桃：

21　——　欧洲酸樱桃

29　——　其他

30　—　　桃，包括油桃

40 —　梅及李

本品目包括杏子、各种樱桃（白心樱桃、黑樱桃等）、桃子（包括油桃）、各种李子（青梅、洋李、布拉斯李等）及黑刺李。

08.10 其他鲜果：

10 —　草莓

20 —　木莓、黑莓、桑椹及罗甘莓

30 —　黑、白或红的穗醋栗（加仑子）及醋栗

40 —　蔓越橘及越橘

50 —　猕猴桃

60 —　榴莲

70 —　柿子

90 —　其他

本品目包括所有本品目以前的本章各品目及协调制度各章未包括的食用水果（参见本章总注释“不包括”部分）。

因此，本品目包括：

一、草莓。

二、木莓、黑莓、桑椹及罗甘莓。

三、黑、白或红的穗醋栗（加仑子）及醋栗。

四、蔓越橘、乌饭树越橘、越橘、桃金娘浆果（岗棯）及其他越橘属植物果实。

五、猕猴桃。

六、榴莲。

七、柿子。

八、波伊森莓、花楸果、接骨木果、大常青树果、石榴、梨果仙人掌（霸王树）的果实、蔷薇果、枣子、欧楂果、龙眼、荔枝、刺果番荔枝、番荔枝及巴婆果。

本品目不包括杜松果（品目 09.09）。

08.11 冷冻水果及坚果，不论是否蒸煮、加糖或其他甜物质：

10 —　草莓

20 —　木莓、黑莓、桑椹、罗甘莓、黑、白或红的穗醋栗（加仑子）及醋栗

90 —　其他

本品目适用于新鲜或冷藏时归入本章以上各品目的冻水果及坚果（所称“冷藏”及“冷冻”的含义，参见本章总注释）。

冻前蒸过或用水煮过的水果及坚果仍归入本品目，但冻前用其他方法烹煮的冻水果及坚果除外（第二十章）。

为了抑制氧化，防止解冻时变色而加有糖或其他甜物质的冷冻水果及坚果也归入本品目。本品目的产品还可以加盐。

08.12 暂时保藏（例如，使用二氧化硫气体、盐水、亚硫酸水或其他防腐液）的水果及坚果，但不适于直接食用的：

10 — 樱桃
90 — 其他

本品目适用于使用前在运输或储存过程中仅为暂时保藏而进行处理（例如，用二氧化硫气体、盐水、亚硫酸水或其他防腐液处理）过的水果及坚果，这些果实所处状态不适合直接食用（不论是否白化或烫洗）。

上述产品主要用于食品工业（制果酱、蜜饯水果等）。报验时最通常处于这种状态的产品有樱桃、草莓、橙子、枸橼、杏子及青梅。它们通常用桶、盘或敞开式板条箱包装。

08.13　品目08.01至08.06以外的干果；本章的什锦坚果或干果：

10 — 杏
20 — 梅及李
30 — 苹果
40 — 其他干果
50 — 本章的什锦坚果或干果

一、干果

本品目包括新鲜时归入品目08.07至08.10的干果，它们是通过直接在阳光下晒干或通过工业加工（例如，隧道式风干）制得。

通常采用这种制法的水果有杏、梅、桃、梨及苹果。苹果干、梨干用于制苹果酒或梨酒，也用于烹饪。除梅脯外，其他果品通常都切为两半或切片、去核、去心或去籽。报验时也有将果肉（特别是杏脯及梅脯）晒干或蒸干，并制成片状或块状。

本品目包括罗望子果，还包括未加糖或其他物质，也未经其他方法制作的罗望子果肉，不论是否带籽、内果皮纤维、碎块。

二、什锦坚果或干果

本品目也包括本章各种坚果或干果的混合品（包括归入同一品目的坚果或干果的混合品）。因而它包括鲜或干的什锦坚果、什锦干果（坚果除外）以及鲜或干的坚果与干果混合品。这些什锦果品报验时常采用盒子、纤维袋等包装。

本品目的某些干果或什锦干果可包装（例如，用小香袋包装）为草本植物浸泡剂或草本植物“茶”。这些产品仍归入本品目。

然而，本品目不包括由本品目的一种或多种干果与其他章的植物或植物部分品，或与一种或多种植物精汁等其他物质组成的混合物（通常归入品目21.06）。

08.14　柑橘属水果或甜瓜（包括西瓜）的果皮，鲜、冻、干或用盐水、亚硫酸水或其他防腐液暂时保藏的

最常见的食用柑橘属果皮为柑橘（包括苦橘或塞维利亚橘）皮、柠檬皮及香橼皮。这些果皮主要用于制蜜饯或提取精油。

本品目不包括果皮粉（品目11.06）及蜜饯果皮（品目20.06）。

第九章　咖啡、茶、马黛茶及调味香料

注释：

一、品目 09.04 至 09.10 所列产品的混合物，应按下列规定归类：

（一）同一品目的两种或两种以上产品的混合物仍应归入该品目；

（二）不同品目的两种或两种以上产品的混合物应归入品目 09.10。

品目 09.04 至 09.10 的产品〔或上述（一）或（二）项的混合物〕如添加了其他物质，只要所得的混合物保持了原产品的基本特性，其归类应不受影响。基本特性已经改变的，则不应归入本章；构成混合调味品的，应归入品目 21.03。

二、本章不包括荜澄茄椒或品目 12.11 的其他产品。

总　注　释

本章包括：

一、咖啡、茶及马黛茶。

二、调味香料，即富含精油及芳香素的一组植物产品（包括籽仁等），由于其特有的味道，主要用作调味品。

这类产品可以是完整的，也可以捣碎或制成粉末。

关于品目 09.04 至 09.10 所列产品的混合物如何归类问题，参见本章注释一。该注释规定，品目 09.04 至 09.10 所列的产品〔或该注释（一）或（二）项内的混合物〕如果加添了其他物质，只要所得的混合物保持了这些品目所列产品的基本特性，其归类应不受影响。

这一规定主要适用于加有以下物质的调味香料及混合调味香料：

（一）稀释剂（干剂）（例如，谷物粉、面包干粉、右旋糖等），加入后便于调制食品时确定所加份量及香料均匀度。

（二）食物着色剂（例如，叶黄素）。

（三）增强香料味道的物质（增效剂），例如，谷氨酸钠。

（四）盐或化学抗氧剂等，通常少量加入，用以保存香料并延长其调味效力。

加有本身有调味作用的其他章所列物质的调味香料（包括混合调味香料），如果所加物质份量并不影响其调味香料的基本特征，仍应归入本章。

本章还包括由归入不同章（例如，第七章、第九章、第十一章、第十二章）的香料作物及其部分品、香料子仁或香料果实（完整、切开、捣碎、磨碎或研粉）组成的混合物。这些混合物可直接用作饮料香精或用于制造饮料的调制精汁，并且：

1.其基本特征来源于品目 09.04 至 09.10 中某一品目所列的一种或多种产品（酌情归入品目 09.04 至 09.10）。

2．其基本特征来源于品目 09.04 至 09.10 所列两种及两种以上产品的混合物（品目 09.10）。

但本章不包括其基本特征不是来源于以上 1 项所述产品或 2 项所述混合物的混合品（品目 21.06）。

本章也不包括：

（一）第七章的蔬菜（例如，欧芹、细叶芹、龙蒿、水芹、甜茉乔栾那、芫荽及莳萝）。

（二）芥末籽（品目 12.07）；芥末粉，不论是否调制（品目 21.03）。

（三）啤酒花（品目 12.10）。

（四）虽能用作调味香料，但多用于制造香料及药物的某些果实、籽仁及植物部分（品目 12.11）（例如，肉桂果、迷迭香、野茉乔栾那、罗勒、琉璃苣、海索草、各种薄荷、芸香及鼠尾草）。

（五）混合调味品（品目 21.03）。

09.01 咖啡，不论是否焙炒或浸除咖啡碱；咖啡豆荚及咖啡豆皮；含咖啡的咖啡代用品：

— 未焙炒的咖啡：

11 — — 未浸除咖啡碱

12 — — 已浸除咖啡碱

— 已焙炒的咖啡：

21 — — 未浸除咖啡碱

22 — — 已浸除咖啡碱

90 — 其他

本品目包括：

一、各种形状的生咖啡，即从灌木采集下来的浆果；带淡黄色皮的整粒咖啡豆或籽；去皮咖啡豆或籽。

二、将生咖啡豆浸入各种溶剂提取了咖啡碱的咖啡。

三、已焙炒咖啡（含或不含咖啡碱），不论是否磨碎。

四、咖啡壳及咖啡皮。

五、含有任何比例咖啡的咖啡代用品。

本品目不包括：

（一）咖啡蜡（品目 15.21）。

（二）咖啡精汁或浓缩物（有时称为速溶咖啡）及以这些汁、精或浓缩物为基本成分的制品；不含咖啡的焙炒咖啡代用品（品目 21.01）。

（三）咖啡碱，即咖啡中的生物碱（品目 29.39）。

09.02 茶，不论是否加香料：

10 — 绿茶（未发酵），内包装每件净重不超过 3 千克

20 — 其他绿茶（未发酵）

30 — 红茶（已发酵）及半发酵茶，内包装每件净重不超过 3 千克

40 — 其他红茶（已发酵）及半发酵茶

本品目包括从茶属（山茶属）植物获得的各种不同的茶。

绿茶主要是鲜茶叶经加热、揉捻、干燥等工序制得。而红茶则是先将茶叶揉捻、发酵，然后再烘焙或干燥制得。

本品目也包括半发酵的茶（例如，乌龙茶）。

本品目包括茶花、茶芽、茶渣、结成小球或小片的茶末（叶、花、芽的碎末）以及压制成各种形状和尺寸的茶。

在蒸制过程（例如，发酵过程）加入精油（例如，柠檬油或佛手柑油）、人造香精（可呈晶体状或粉末状）、各种芳香植物的某部分或果实（例如，茉莉花、干橙皮或干丁香）的茶，也应归入本品目。

本品目包括浸除咖啡碱的茶，但不包括咖啡碱本身（品目 29.39）。

本品目也不包括虽名为“茶”，但却不是用茶属植物的叶制得的产品，例如：

（一）马黛茶（巴拉圭茶）（品目 09.03）。

（二）供制草本植物浸泡剂或草本植物“茶”的产品。它们应归入品目 08.13、09.09、12.11 或 21.06 等。

（三）人参“茶”（一种掺乳糖或葡萄糖的人参精混合品）（品目 21.06）。

09.03　马黛茶

马黛茶是生长在南美洲的冬青属灌木的干树叶，有时称为“巴拉圭茶”或“耶苏兹茶”。马黛茶用于泡制仅含少量咖啡的饮料。

09.04　胡椒；辣椒干及辣椒粉：

—　　胡椒：

11　— —　未磨

12　— —　已磨

—　　辣椒：

21　— —　干，未磨

22　— —　已磨

一、胡椒

所称“胡椒”，包括槟榔胡椒属的所有胡椒植物的籽或果，但爪哇胡椒（荜澄茄）除外（品目 12.11）。商业上主要品种有胡椒属胡椒，即黑胡椒及白胡椒。将未成熟胡椒果加以曝晒或烟熏（有时用沸水处理后再晒或熏），即成为黑胡椒。白胡椒是将已近成熟的胡椒果通过水浸或轻微发酵除去其果肉及外皮制得；通常也有将黑胡椒外层磨去制得的。白胡椒实际上为黄灰色，不如黑胡椒那样辛辣。

长椒为胡椒的另一种。

本品目还包括胡椒地脚。

某些产品被误称为胡椒，而实际上是辣椒，例如，印度辣椒、土耳其辣椒、西班牙辣椒、长辣椒及牙买加辣椒。

二、辣椒（包括多香果）干及辣椒粉

辣椒是辣椒属植物果实，包括两个主要类别——墨西哥红辣椒和匈牙利红辣椒，其中又有许多品种（例如，卡宴辣椒、塞拉利昂及桑给巴尔辣椒、西班牙及匈牙利红辣椒等）。

多香果属果实包括牙买加胡椒（又称丁香胡椒、英国胡椒或多香果）。

以上这些果实的共同特点是都有一种持久的强烈辛辣味道，但有些种类的辣椒并不具辛辣味（例如，甜椒）。

本品目不包括未捣碎或未磨碎的辣椒属或多香果属植物的鲜果实（品目 07.09）。

09.05　香子兰豆：

10　—　　未磨

20　—　　已磨

香子兰果为兰属攀缘植物的果实（或豆），浅黑色，味浓香。香子兰豆有两种，一种长，一种短。还有一种很低级的香子兰豆，称为墨西哥香子兰豆（从香子兰属植物而得），质软，具粘性，常张开。

本品目不包括：

（一）香草油树脂（人们有时误称为“香草香膏”或“香草浸膏”）（品目 13.02）。

（二）香草糖（品目 17.01 或 17.02）。

（三）香草醛（香草的香素）（品目 29.12）。

09.06 肉桂及肉桂花(+)：

— 未磨：

11 — — 锡兰肉桂

19 — — 其他

20 — 已磨

肉桂是月桂属植物某些树种嫩枝的内皮。斯里兰卡（锡兰）肉桂、塞舌尔肉桂及马达加斯加肉桂（以上肉桂的学名均为 *Cinnamomum zeylanicum Blume*），又称优质桂皮，报验时一般为捆扎成卷的灰白色树皮条。中国肉桂〔*Cinnamomum cassia (Nees) ex Blume*〕、印度尼西亚肉桂〔*Cinnamomum burmanii (C.G.Nees)*〕及越南肉桂（*Cinnamomum loureirii Nees*），也称桂皮或普通肉桂，为棕色条纹的厚层树皮，报验时一般成单层卷状。其他种类的肉桂包括大叶山桂（*Cinnamomum obtusifolium*）、柴桂（*Cinnamomum tamala*）及辛脱克桂（*Cinnamomum sintok*）。

本品目还包括肉桂废料，人称“桂碎”，主要用于制造肉桂香精。

肉桂花是筛选过的干肉桂花，成杵状，正常长度不超过 1 厘米，磨碎后掺入桂皮中。

本品目还包括肉桂果实。

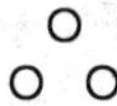

子目注释：

子目 0906.11

本子目的范围仅限于锡兰肉桂，为锡兰肉桂树（*Cinnamomum zeylanicum Blume*）或灌木幼枝的内皮，一般称为斯里兰卡（锡兰）肉桂、塞舌尔肉桂及马达加斯加肉桂。

一般的商业等级分为桂通、复卷桂通、企边桂及桂碎。

09.07 丁香（母丁香、公丁香及丁香梗）：

10 — 未磨

20 — 已磨

本品目包括：

一、完整的母丁香（具有公丁香的特殊味道及香气，但不如公丁香味浓）。

二、公丁香（从丁香树摘下并晒干的丁香花蕾）。

三、灰白色并有浓郁香味的优质丁香花梗。

本品目不包括丁香树皮及树叶（品目 12.11）。

09.08 肉豆蔻、肉豆蔻衣及豆蔻：

— 肉豆蔻：

11 — — 未磨

12 — — 已磨

— 肉豆蔻衣：

21 — — 未磨

22 — — 已磨
— 豆蔻：
31 — — 未磨
32 — — 已磨

本品目包括：

一、圆的或长的肉豆蔻，不论是否去壳。

二、肉豆蔻衣，即肉豆蔻的膜质假种皮，长于外壳与果仁之间，通常切成条形，与肉豆蔻功用相同甚至更为显著。新鲜时颜色鲜红，时间长了颜色逐渐变黄，而且变脆和象角质物质那样半透明。有些肉豆蔻衣呈亚麻色，甚至白色。

三、豆蔻：

（一）葡萄豆蔻，因其象葡萄那样成簇地密集生长而得名。报验时有时成簇，但更多的是各粒分开，每粒象葡萄籽那样大小。葡萄豆蔻为灰白色，圆而三面凸出，粒轻带膜。果内分三部分，含有许多芳香而带辛辣味的籽。

（二）小豆蔻及中豆蔻，结构和功用与葡萄豆蔻相似，但三个角更明显、更细长。

（三）大豆蔻，呈三角形，27～40 毫米长，有棕色外壳。

（四）非洲豆蔻，报验时几乎都是去壳的，粒小细长，带角。籽粒表面虽然粗糙，但有如涂过清漆一样的光泽。本身无气味，但辛辣如胡椒。

09.09　茴芹子、八角茴香、小茴香子、芫荽子、枯茗子及贳蒿子；杜松果：

— 芫荽子：
21 — — 未磨
22 — — 已磨
— 枯茗子：
31 — — 未磨
32 — — 已磨
— 茴芹子或八角茴香、贳蒿子或小茴香子；杜松果：
61 — — 未磨
62 — — 已磨

这些果实或籽仁用作香料或供工业（例如，酒厂）及医药用途。它们（特别是茴芹子）即使另行包装（例如，装成小袋），供制成草本植物浸泡剂或草本植物“茶”，也仍应归入本品目。

本品目的茴芹子是青茴芹子，形如卵形，颜色灰绿，有丝向条纹，具有非常特别的芳香气味。八角茴香即大茴香。

芫荽子、枯茗子及贳蒿子为某些伞形花序属植物的芳香籽仁，主要用于酿制利口酒。

小茴香子是从烹饪用草本植物中所得，有的呈深灰色，散发出好闻的强烈气味；有的呈浅绿色，具有独特的香甜味。

杜松果呈深棕色，稍带淡紫蓝色，表面有一层树脂状粉末。其果肉有芳香味，呈浅红色，苦中略带甜味，肉内有三个细小的但很硬的核。杜松果用于各种含酒精饮料（例如，杜松子酒）、泡菜及各种食品的调味并用于提取精油。

09.10　姜、番红花、姜黄、麝香草、月桂叶、咖喱及其他调味香料：

— 姜：
11 — — 未磨
12 — — 已磨
20 — 番红花
30 — 姜黄
— 其他调味香料：
91 — — 本章注释一（二）所述的混合物
99 — — 其他

本品目包括：

一、姜（包括不宜即供食用的鲜姜、暂时盐渍的姜）；用糖浆腌制的姜除外（品目20.08）。

二、番红花，即番红花植物的花的已干柱头及花柱。报验时番红花也可呈桔红色粉末状，它具有一股强烈刺鼻的香味，含有稳定性很差的色素，用于调味，也用于制糖果及医药。

三、姜黄或郁金，有时又因其鲜艳的黄色而被误称为“红花”。贸易上姜黄根茎有时为整根，更多的为粉状。

四、麝香草（包括野麝香草）及**月桂叶**，不论是否干制。

五、咖喱粉，用不同比例的姜黄（郁金）、各种调味香料（例如，芫荽、黑胡椒、枯茗子、姜、丁香）及其他一些虽不归入本章，但常作为香料用的调味料（例如，大蒜粉）混合而成。

六、莳萝子及胡芦巴子。

七、品目09.04至09.10所列产品的混合物，例如，胡椒（品目09.04）与品目09.08所列产品的混合物。当以上混合物的配料单独报验时，它们应分别归入不同品目。

第十章　谷物

注释：

一、

（一）本章各品目所列产品必须带有谷粒，不论是否成穗或带杆。

（二）本章不包括已去壳或经其他加工的谷物。但去壳、碾磨、磨光、上光、半熟或破碎的稻米仍应归入品目 10.06。

二、品目 10.05 不包括甜玉米（第七章）。

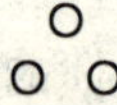

子目注释：

所称“硬粒小麦”，是指硬粒小麦属的小麦及以该属具有相同染色体数目（28）的小麦种间杂交所得的小麦。

总　注　释

本章仅包括谷物，不论是否成捆或成穗。从未成熟的谷类植物打下的带壳谷粒按普通谷粒归类。新鲜谷物（第七章的甜玉米除外），不论是否适合作蔬菜用，仍归入本品目。

去壳、碾磨、上光、磨光、半熟或破碎的稻米，如果未经其他加工，仍归入品目 10.06。但其他谷物，如果去壳或经其他加工，例如，经品目 11.04 所列的加工，则不归入本章（参见相应的注释）。

10.01　小麦及混合麦(+)：

**　　—　硬粒小麦：**

11　——　种用

19　——　其他

**　　—　其他：**

91　——　种用

99　——　其他

小麦可分为两个主要品种：

一、普通小麦，软质、半硬质或硬质的，有一条胚乳粉质。

二、硬粒小麦（参见本章的子目注释）。硬粒小麦通常是琥珀黄色至棕色，并且胚乳角质呈半透明。

斯佩耳特小麦，一种棕色小颗粒的小麦，脱粒后仍能保有其外皮。该小麦归入本品目。

混合麦为小麦与黑麦的混合物，其混合比率一般为二比一。

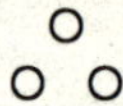

子目注释：

子目 1001.11 及 1001.91

子目 1001.11 及 1001.91 所称“种用”，仅包括由本国主管部门认可作为播种用的小麦及混合麦。

10.02　黑麦(+)：

10　—　种用
90　—　其他

黑麦麦粒细长，呈灰绿色或浅灰色，其粉为灰色。

有麦角寄生的黑麦不归入本品目（品目 12.11）。

○
○ ○

子目注释：

子目 1002.10

子目 1002.10 所称“种用”，仅包括由本国主管部门认可作为播种用的黑麦。

10.03　大麦(+)：

10　—　种用
90　—　其他

大麦麦粒比小麦麦粒更为饱满，主要用作牲畜饲料、制麦芽；精碾或制成珠粒后，用于做汤或烹饪食品。

青稞与大多数谷物不同，其稃与麦粒在生长过程中紧密相连，一般脱粒或扬簸不能使其分开。青稞为草黄色，两端较尖，只有在报验时仍未脱壳，才归入本品目；如果已脱壳，则归入品目 11.04。脱壳需经过一种碾磨工序，这种碾磨有时将麦皮亦碾磨掉一部分。

天生就无稃的大麦，如果未经脱粒或扬簸以外的其他加工，仍归入本品目。

本品目不包括：

（一）发芽大麦（麦芽）、烘焙麦芽（参见品目 11.07 的注释）。

（二）烘焙大麦（咖啡代用品）（品目 21.01）。

（三）在烘焙过程中从发芽麦粒分出来的麦芽新芽及其他酿造废料（粮食、啤酒花等的渣滓）（品目 23.03）。

○
○ ○

子目注释：

子目 1003.10

子目 1003.10 所称“种用”，仅包括由本国主管部门认可作为播种用的大麦。

10.04　燕麦(+)：

10　—　种用
90　—　其他

燕麦有两个主要品种：灰（或黑）色燕麦及白（或黄）色燕麦。

本品目包括未经脱粒或扬簸以外其他加工的带壳燕麦及天生就无壳的燕麦。

本品目也包括在正常加工或处理（例如，脱粒、运输、装卸等）时其颖片已去除的燕麦。

○
○ ○

子目注释：

子目 1004.10

子目 1004.10 所称“种用”，仅包括由本国主管部门认可作为播种用的燕麦。

10.05　玉米(+)：

10　—　**种用**

90　—　**其他**

玉米有好几个品种，颗粒的颜色不同（金黄色、白色，有时棕红色或杂色），形状各异（圆形、犬齿形、扁平形等）。

本品目不包括甜玉米（第七章）。

○
○ ○

子目注释：

子目 1005.10

子目 1005.10 所称“种用”，仅包括由本国主管部门认可作为播种用的玉米。

10.06　稻谷、大米：

10　—　**稻谷**

20　—　**糙米**

30　—　**精米，不论是否磨光或上光**

40　—　**碎米**

本品目包括：

一、稻谷，即未脱壳的大米。

二、糙米，虽经机械脱壳，但仍包有一层米皮。糙米几乎总有少量的稻谷混杂在内。

三、半精米，即部分去皮的大米。

四、全精米（白米），即通过特殊的锥形滚筒已全部去皮的大米。

全精米可经磨光后再上光，以改善其外观。磨光工序是采用毛刷机或磨光锥筒进行，以修整粗碾大米的糙面。上光是用特制的上光圆筒将葡萄糖与滑石粉的混合物给磨光大米裹上一层外衣。

本品目也包括“卡末里罗”米，即涂上一层油膜的精米。

五、碎米，即在加工过程中弄碎了的大米。

本品目还包括：

（一）营养米，用普通精米和很小比例（1%左右）的涂或浸有维生素物质的大米混合而成。

（二）半熟米，这些大米在稻谷时未经其他加工（例如，脱壳、碾磨、磨光等）就用热水浸过或蒸过，然后再干燥。在半煮熟加工过程中，可将大米进行加压、全真空或半真空处理。

半熟米经加工后其米粒结构变化甚小，经碾磨、磨光后，煮 20～35 分钟即熟。

处理后米粒结构有很大变化的大米不归入本品目。全煮熟或半煮熟的大米经脱水制成的速食米归入品目 19.04。半煮熟的速食米需 5～12 分钟烧煮才能食用；而全煮熟的速食米只需放入水中烧沸即可食用。经膨化加工可即供食用的爆米花也归入品目 19.04。

10.07　食用高粱(+)：

10　—　**种用**

90　—　**其他**

本品目仅包括名为食用高粱的品种，其子实可供人作为谷物食用。本品目包括的高粱如喀菲尔高粱、白高粱、棕高粱及中国高粱。

本品目不包括饲料高粱（用于制干草或青贮饲料）；草高粱（用作牧草），例如，苏丹草；甜高粱（主要用于制糖浆），例如，糖用高粱。上述产品如作种用，应归入品目 12.09；否则，饲料高粱及草高粱应归入品目 12.14，而甜高粱则应归入品目 12.12。本品目也不包括帚用高粱，它归入品目 14.04。

○
○ ○

子目注释：

子目 1007.10

子目 1007.10 所称“种用”，仅包括由本国主管部门认可作为播种用的食用高粱。

10.08　荞麦、谷子及加那利草子；其他谷物(+)：

10 —　　荞麦

　　—　　谷子：

21 — —　种用

29 — —　其他

30 —　　加那利草子

40 —　　直长马唐（马唐属）

50 —　　昆诺阿藜

60 —　　黑小麦

90 —　　其他谷物

一、荞麦、谷子及加那利草子

本组包括：

（一）荞麦，又称甜荞麦，属蓼科，与其他大多数谷物所属的禾本科差异甚大。

（二）谷子，米粒滚圆，淡黄色。它包括以下属种：狗尾草属、狼尾草属、稗属、蟋蟀草属（包括龙爪稷）、意大利小米、马唐属及画眉草属。

（三）加那利草子，鲜艳金黄色，子细长，两头尖。

二、其他谷物

本组包括某些杂交谷物，例如，黑小麦，即一种小麦与黑麦的杂交品种。

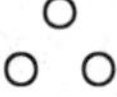

子目注释：

子目 1008.21

子目 1008.21 所称“种用”，仅包括由本国主管部门认可作为播种用的谷子。

第十一章 制粉工业产品；麦芽；淀粉；菊粉；面筋

注释：

一、本章不包括：

（一）作为咖啡代用品的焙制麦芽（品目 09.01 或 21.01）；

（二）品目 19.01 的经制作的细粉、粗粒、粗粉或淀粉；

（三）品目 19.04 的玉米片及其他产品；

（四）品目 20.01、20.04 或 20.05 的经制作或保藏的蔬菜；

（五）药品（第三十章）；或

（六）具有芳香料制品或化妆盥洗品性质的淀粉（第三十三章）。

二、

（一）下表所列谷物碾磨产品按干制品重量计如果同时符合以下两个条件，应归入本章；但是，整粒、滚压、制片或磨碎的谷物胚芽均归入品目 11.04：

1. 淀粉含量（按修订的尤艾斯旋光法测定）超过表列第（2）栏的比例；以及

2. 灰分含量（除去任何添加的矿物质）不超过表列第（3）栏的比例。

否则，应归入品目 23.02。

（二）符合上述规定归入本章的产品，如果用表列第（4）或第（5）栏规定孔径的金属丝网筛过筛，其通过率按重量计不低于表列比例的，应归入品目 11.01 或 11.02。

否则，应归入品目 11.03 或 11.04。

谷 物 （1）	淀粉含量 （2）	灰分含量 （3）	通过下列孔径筛子的比率	
			315 微米 （4）	500 微米 （5）
小麦及黑麦	45%	2.5%	80%	-
大 麦	45%	3%	80%	-
燕 麦	45%	5%	80%	-
玉米及高粱	45%	2%	-	90%
大 米	45%	1.6%	80%	-
荞 麦	45%	4%	80%	-

三、品目 11.03 所称“粗粒”及“粗粉”，是指谷物经碾碎所得的下列产品：

（一）玉米产品，用 2 毫米孔径的金属丝网筛过筛，通过率按重量计不低于 95% 的；

（二）其他谷物产品，用 1.25 毫米孔径的金属丝网筛过筛，通过率按重量计不低于 95% 的。

总 注 释

本章包括：

一、碾磨第十章的谷物及第七章的甜玉米所得的产品，但品目 23.02 的制粉工业残渣除外。归入本章的小麦、黑麦、大麦、燕麦、玉米（包括带或不带子粒皮连芯碾磨的）、食用高粱、大米及荞麦的碾磨产品，应按照本章注释二（一）规定的淀粉及灰分含量标准与品目 23.02 的残渣区别开来。

对于本章内以上列名的谷物，品目 11.01 或 11.02 的细粉与品目 11.03 或 11.04 所列产品的区别，应按照本章注释二（二）规定过筛率指标来确定。同时，品目 11.03 的所有谷物粗粒及粗粉必须符合本章注释三规定的过筛率指标。

二、将第十章的谷物按本章各品目所列方法（例如，麦粒发芽、提取淀粉或面筋等）加工的产品。

三、其他各章的原材料（干豆类、马铃薯、果实等）经过类似以上一款或二款所述方法加工的产品。

本章主要不包括：

（一）作咖啡代用品的烘焙麦芽（品目 09.01 或 21.01）。

（二）谷壳（品目 12.13）。

（三）品目 19.01 的经制作的细粉、粗粒、粗粉或淀粉。

（四）珍粉（品目 19.03）。

（五）经膨化或烘炒而得的爆米花、玉米片及类似产品和成谷物加工形状的布尔古小麦（品目 19.04）。

（六）品目 20.01、20.04 及 20.05 的经制作或保藏的蔬菜。

（七）谷物或豆类植物在筛、碾或其他加工过程中所剩的残渣（品目 23.02）。

（八）药品（第三十章）。

（九）第三十三章的产品（参见第三十三章的注释三及四）。

11.01　小麦或混合麦的细粉

本品目包括的小麦或混合麦细粉，即碾磨品目 10.01 的谷物所得的粉末，必须符合本章注释二（一）规定的淀粉及灰分含量（参见本章总注释），并符合本章注释二（二）规定的过筛率指标。

本品目的细粉可加有改良用的很少量的矿物磷酸盐、抗氧剂、乳化剂、维生素或发酵粉。面粉还可加有一般不超过 10%的面筋以进一步提高其营养价值。

本品目还包括经过热处理使淀粉预胶化的“膨胀”粉。这种粉用于制作品目 19.01 的食品、面包烘焙改良剂、动物饲料或用于某些工业，例如，纺织业、造纸业或冶金工业（制铸模芯粘合剂）。

经进一步加工或为使其成为食品而加入了其他物质的细粉不包括在本品目内（通常归入品目 19.01）。

本品目也不包括掺有可可的细粉（按重量计全脱脂可可含量在 40%及以上的归入品目 18.06，低于 40%的归入品目 19.01）。

11.02　其他谷物细粉，但小麦或混合麦的细粉除外：

20　—　玉米细粉

90　—　其他

本品目包括除小麦或混合麦细粉以外的其他谷物细粉（即碾磨第十章的谷物所得的细粉末）。

黑麦、大麦、燕麦、玉米（包括带或不带子粒皮连芯碾磨的）、食用高粱、大米或荞麦的碾磨产品，如果符合本章注释二（一）规定的淀粉及灰分含量（参见总注释），并且符合本章注释二（二）规定的过筛率指标，可作为谷物细粉归入本品目。

本品目的细粉可加有改良用的极少量矿物磷酸盐、抗氧剂、乳化剂、维生素或发酵粉。

本品目还包括经过热处理使淀粉预胶化的“膨胀”粉。这些粉用于制作品目 19.01 的食品、面包烘焙改良剂、动物饲料或用于某些工业，例如，纺织业、造纸业或冶金工业（制铸模芯粘合剂）。

经进一步加工或为使其成为食品而加入了其他物质的细粉不包括在本品目内（通常归入品目19.01）。

本品目也不包括掺有可可的细粉（按重量计全脱脂可可含量在40%及以上的归入品目18.06，低于40%的归入品目19.01）。

11.03　谷物的粗粒、粗粉及团粒：

—　粗粒及粗粉：

11　——　小麦的

13　——　玉米的

19　——　其他

20　—　团粒

本品目的谷物粗粒及粗粉是用谷物颗粒破碎（包括玉米带或不带子粒皮连芯破碎）而得的产品。这些产品一般应符合本章注释二（一）规定的淀粉及灰分含量，并且完全符合本章注释三规定的过筛率指标。

关于品目11.01或11.02所列细粉与本品目的粗粒和粗粉及与品目11.04所列产品的区别，参见本章总注释（第一款的第二段）。

谷物粗粒是谷物粗磨所得的碎粒或粉粒。

粗粉是比细粉颗粒大的产品，为初磨后第一次过筛时所得或初磨后将粗粒进行再磨再筛所得。

硬粒小麦粗粉，又称粗面粉，是制通心粉、面条及类似产品的主要原料。粗面粉也直接用作食物（例如，做粗面布丁）。

本品目还包括经热处理使其预胶化的粗粉（例如，玉米粉），在酿造中用作添加剂等。

团粒是本章的碾磨谷物通过直接挤压或加入重量不超过3%的粘合剂制成的产品（参见第二类注释）。本品目不包括谷物碾磨加工所剩的成团粒状的残渣（第二十三章）。

11.04　经其他加工的谷物（例如，去壳、滚压、制片、制成粒状、切片或粗磨），但品目10.06的稻谷、大米除外；谷物胚芽，整粒、滚压、制片或磨碎的：

—　滚压或制片的谷物：

12　——　燕麦的

19　——　其他

—　经其他加工的谷物（例如，去壳、制成粒状、切片或粗磨）：

22　——　燕麦的

23　——　玉米的

29　——　其他

30　—　谷物胚芽，整粒、滚压、制片或磨碎的

本品目包括所有未制作的谷物碾磨产品，但细粉（品目11.01及11.02）、粗粒、粗粉和团粒（品目11.03）及残渣（品目23.02）除外。关于本品目包括的产品与本品目不包括的产品之间的区别，参见本章总注释的第一款。

本品目包括：

一、谷物片（例如，大麦片或燕麦片），通过对整颗谷粒（不论是否去壳）、粗磨谷粒、下列二、三两款及品目10.06注释二至五所列产品进行碾压制得。加工时谷粒通常用蒸气加热或在加热滚筒之间碾轧。玉米片之类的早餐食品是可即供食用的熟食，与类似的熟谷物制品一样，归入品目19.04。

二、已脱壳但未去皮的燕麦、荞麦及小米。

但本品目不包括除脱粒或扬簸外未经其他加工的天生无壳的燕麦（品目10.04）。

三、去壳或经其他加工除去其全部或部分谷皮（即壳下的衣）的谷物。加工后可见其粉质子实。青稞如果已经去壳，也归入本品目（这种谷物因壳紧附于子实上，仅经脱粒或扬簸不能使壳脱离，只有碾磨才能去壳 参见品目10.03的注释）。

四、制成珠粒的谷物（主要是大麦），即整个谷皮几乎全部去除，谷粒两端较圆的谷物。

五、粗磨谷物，即经斩切或破碎的谷物碎粒（不论是否去壳），它不同于谷物粗粒，碎粒较粗糙，而且形状更加不规则。

六、谷物胚芽，在碾磨第一阶段即从谷物脱出的完整或稍为扁平（滚压）的胚芽。为了便于保存，胚芽可以部分脱脂或作热处理。根据不同用途，胚芽可制片或磨碎（粗磨或精磨），也可以加入维生素，以补偿加工中失去的营养成分等。

完整或滚压胚芽一般用于提取油类。制片或磨碎胚芽用于制食物（饼干、其他烘焙糕饼及营养食品）、动物饲料（补充饲料）或药物。

谷物胚芽提取油类后的残渣归入品目23.06。

本品目也不包括：

（一）去壳、半碾磨或全碾磨的大米（不论是否磨光、上光、半煮）及碎米（品目10.06）。

（二）成谷物加工形状的布尔古小麦（品目19.04）。

11.05 马铃薯的细粉、粗粉、粉末、粉片、颗粒及团粒：

10 — 细粉、粗粉及粉末

20 — 粉片、颗粒及团粒

本品目适用于干马铃薯的细粉、粗粉、粉末、粉片、颗粒或团粒。本品目的细粉、粉末、粉片及颗粒可通过将生马铃薯蒸煮并捣碎，然后将薯泥干燥制成细粉、粉末或颗粒，也可制成薄片，再将薄片切成细小粉片。而本品目的团粒通常通过将马铃薯细粉、粗粉、粉末或小片粘结制成。

本品目的产品可加入改良用的极少量抗氧剂、乳化剂或维生素。

但本品目不包括加有其他物质使其具有马铃薯食品特征的产品。

本品目也不包括：

（一）仅简单干燥、脱水或蒸干但未进一步加工的马铃薯（品目07.12）。

（二）马铃薯淀粉（品目11.08）。

（三）马铃薯淀粉制得的珍粉代用品（品目19.03）。

11.06 用品目07.13的干豆或品目07.14的西谷茎髓及植物根茎、块茎制成的细粉、粗粉及粉末；用第八章的产品制成的细粉、粗粉及粉末：

10 — 用品目07.13的干豆制成的

20 — 用品目07.14的西谷茎髓及植物根茎、块茎制成的

30 — 用第八章的产品制成的

一、用品目07.13干豆制成的细粉、粗粉及粉末

本品目包括以豌豆、菜豆、扁豆、豇豆或兵豆制得的细粉、粗粉及粉末，主要用于做汤或豆泥。

本品目不包括：

（一）未脱脂大豆细粉（品目 12.08）。

（二）稻子豆细粉（品目 12.12）。

（三）以蔬菜细粉或粗粉为基料的汤料（不论液状、固体或粉状）（品目 21.04）。

二、用品目 07.14 的西谷茎髓及植物根茎、块茎制成的细粉、粗粉及粉末

这些产品是通过研磨或粗磨西谷茎髓或木薯干等所得。在制造过程中有些产品通常需要热处理，以清除其有害毒素。热处理会引起淀粉预胶化。

本品目不包括用以上原料制得的淀粉（应该注意，从西谷茎髓中制得的淀粉有时称为“西米粉”）。这类淀粉归入品目 11.08。它与本品目的细粉可以区分开来，因为细粉不象淀粉那样，用手指搓捏时，不会发出轻微爆破声。品目 07.14 的西米、根或块茎的细粉、粗粉及粉末团粒也不包括在本品目内（品目 07.14）。

三、用第八章的产品制成的细粉、粗粉

第八章的水果或坚果用于制粉的主要品种有栗子、杏仁、椰枣、香蕉、椰子及罗望子果。

本品目也包括果皮粉。

但本品目不包括供预防或治疗疾病用的零售包装罗望子果粉（品目 30.04）。

本品目的产品可加有改良用的极少量抗氧剂或乳化剂。

本品目也不包括：

（一）西谷茎髓（品目 07.14）。

（二）名为珍粉的调制食品（品目 19.03）。

11.07　麦芽，不论是否焙制：

10　—　未焙制

20　—　已焙制

麦芽是发芽的麦粒（通常为大麦粒），发芽后在热气窑（麦芽窑）内加以烘干制得。

麦芽两端间有不明显的纵向皱纹，外表为淡棕黄色，内部为白色。划之留下象粉笔一样的痕迹；与未发芽的麦粒不同，它能浮于水面并且很脆。麦芽具有谷物煮过的特有气味，并略带甜味。

本品目包括完整的麦芽、粗磨麦芽及麦芽细粉，还包括焙制麦芽（例如，啤酒着色用的麦芽），但不包括进一步加工的麦芽，例如，品目 19.01 的麦精及其食品和作为咖啡代用品的焙制麦芽（品目 21.01）。

11.08　淀粉；菊粉：

—　淀粉：

11　——　小麦淀粉

12　——　玉米淀粉

13　——　马铃薯淀粉

14　——　木薯淀粉

19　——　其他

20　—　菊粉

淀粉的化学成分为碳水化合物，许多植物的细胞内均含有淀粉。淀粉最主要的原料是谷物（例如，玉米、小麦及大米）、某些地衣、某些块茎和根（例如，马铃薯、木薯、竹芋等）及西谷茎髓。

淀粉为白色无味微细粉末，用手指搓捏时会发轻微爆破声。遇碘通常呈深蓝色（支链淀粉则呈浅红棕色)。在偏光下用显微镜观察,其颗粒呈特有的暗交叉偏振化现象。淀粉在冷水中不溶化,但如果在水中加热超过其凝胶温度(大多数淀粉为 60℃左右),其颗粒爆裂并形成淀粉糊。商业上淀粉可加工成一系列归入其他品目的产品,例如,改性淀粉、焙制的可溶淀粉、糊精、麦芽糖及葡萄糖。淀粉本身还可以在工业上广泛使用,尤其是用于食品、造纸、纸制品及纺织工业。

本品目还包括菊粉。菊粉化学成分与淀粉类似,但遇碘不呈蓝色而呈浅黄棕色。它从菊芋、大丽花根及菊苣根提取而得。经长时间在沸水中煎煮水解后成为果糖(左旋糖)。

本品目主要不包括:

(一)品目 19.01 的淀粉制品。

(二)以淀粉制得的珍粉及其代用品(参见品目 19.03 的注释)。

(三)制成香粉及盥洗用品的淀粉(第三十三章)。

(四)品目 35.05 的糊精及其他改性淀粉。

(五)以淀粉为基料的胶(品目 35.05 或 35.06)。

(六)用淀粉制成的上光料或浆料(品目 38.09)。

(七)分离淀粉所得的离析支链淀粉及离析直链淀粉(品目 39.13)。

11.09 面筋,不论是否干制

面筋是用面粉通过简单水分法使其与其他成分(淀粉等)分离制得。面筋形成时为一种白色的粘性液体或浆糊(湿面筋)或乳白色粉末(干面筋)。

面筋实质上是各种蛋白质的混合体,主要为麸朊及麦谷朊(占蛋白质总量的 85~95%),含有这两种蛋白质是面筋的特征,它们能使面筋加入适量的水并混合后产生弹性与塑性。

面筋主要用于提高面粉的蛋白成分,以便制作某些类型的面包或饼干、通心粉及类似营养食品;也用作某些肉类食品的粘合剂,用于制某些胶及生产硫酸谷朊或磷酸谷朊、水解植物蛋白和谷氨酸钠之类的物品。

本品目主要不包括:

(一)加有面筋的营养面粉(品目 11.01)。

(二)从面筋中提取的蛋白质(一般归入品目 35.04)。

(三)作胶用或作纺织工业上光料或浆料用的面筋(品目 35.06 或 38.09)。

第十二章 含油子仁及果实；杂项子仁及果实；工业用或药用植物；稻草、秸秆及饲料

注释：

一、品目 12.07 主要包括棕榈果及棕榈仁、棉子、蓖麻子、芝麻、芥子、红花子、罂粟子、牛油树果，但不包括品目 08.01 或 08.02 的产品及油橄榄（第七章或第二十章）。

二、品目 12.08 不仅包括未脱脂的细粉和粗粉，而且包括部分或全部脱脂以及用其本身的油料全部或部分复脂的细粉和粗粉。但不包括品目 23.04 至 23.06 的残渣。

三、甜菜子、草子及其他草本植物种子、观赏用花的种子、蔬菜种子、林木种子、果树种子、巢菜子（蚕豆除外）、羽扇豆属植物种子，可一律视为种植用种子，归入品目 12.09。

但下列各项即使作种子用，也不归入品目 12.09：

（一）豆类蔬菜或甜玉米（第七章）；

（二）第九章的调味香料及其他产品；

（三）谷物（第十章）；或

（四）品目 12.01 至 12.07 或 12.11 的产品。

四、品目 12.11 主要包括下列植物或这些植物的某部分：

罗勒、琉璃苣、人参、海索草、甘草、薄荷、迷迭香、芸香、鼠尾草及苦艾。

但品目 12.11 不包括：

（一）第三十章的药品；

（二）第三十三章的芳香料制品及化妆盥洗品；或

（三）品目 38.08 的杀虫剂、杀菌剂、除草剂、消毒剂及类似产品。

五、品目 12.12 的“海草及其他藻类”不包括：

（一）品目 21.02 的已死的单细胞微生物；

（二）品目 30.02 的培养微生物；或

（三）品目 31.01 或 31.05 的肥料。

○
○ ○

子目注释：

子目 1205.10 所称“低芥子酸油菜子”，是指所榨取的固定油中芥子酸含量按重量计低于 2%，以及所得的固体成分每克葡萄糖苷酸（酯）含量低于 30 微摩尔的油菜子。

总 注 释

品目 12.01 至 12.07 包括供提取（用压榨或溶剂方法提取）食用或工业用油脂的各种子仁及果实，不论其报验时是否准备用于榨油、播种或其他用途。但不包括品目 08.01 或 08.02 的产品、油橄榄（第七章或第二十章）或某些可以榨油但主要作其他用途的子仁及果实，例如，杏仁、桃仁、李仁（品目 12.12）及可可豆（品目 18.01）。

本章各品目包括的子仁及果实可以是完整的，也可以是破碎、压碎、去衣或去壳的。它们也可以进行热处理，主要是为了便于储存（例如，使解脂酶失去活性并部分除湿）、去苦味、钝化抗营养因子或便于使用。但热处理后子仁及果实的天然特征不得改变，也不得使子仁及果实改变一般用途而适

用于某一特定用途。

本章各品目不包括从含油子仁及果实提取植物油后剩下的固体残渣（包括脱脂细粉及粗粉）（品目 23.04、23.05 或 23.06）。

12.01　大豆，不论是否破碎(+)：

10　—　种用

90　—　其他

大豆是植物油的一种重要原料。本品目的大豆可以进行去苦味的热处理（参见总注释）。

但本品目不包括作为咖啡代用品的烘焙大豆（品目 21.01）。

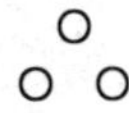

子目注释：

子目 1201.10

子目 1201.10 所称“种用”，仅包括由本国主管部门认可作为播种用的大豆。

12.02　未焙炒或未烹煮的花生，不论是否去壳或破碎(+)：

30　—　种用

—　其他：

41　——　未去壳

42　——　去壳，不论是否破碎

本品目包括未焙炒或未烹煮的花生，不论是否去壳或破碎。本品目的花生为了便于保藏，可以进行热处理（参见总注释）。已焙炒或已烹煮的花生归入第二十章。

子目注释：

子目 1202.30

子目 1202.30 所称“种用”，仅包括由本国主管部门认可作为播种用的花生。

12.03　干椰子肉

干椰子肉是用于榨取椰子油而不适合供人食用的干制椰子肉。

本品目不包括椰子干，即供人食用的干椰丝（品目 08.01）。

12.04　亚麻子，不论是否破碎

亚麻子，即亚麻属植物的籽，是干性油的重要原料之一。

12.05　油菜子，不论是否破碎：

10　—　低芥子酸油菜子

90　—　其他

本品目包括各种油菜子（几种芥属植物的籽）。本品目既包括传统的油菜子，也包括低芥子酸油菜子。低芥子酸油菜子（例如，加拿大油菜籽或欧洲的“双零”油菜子）可榨取芥子酸含量按重量计低于2%的固定油，并可产生每克葡萄糖苷酯含量低于30微摩尔的固体成分。

12.06 葵花子，不论是否破碎

本品目包括普通葵花（向日葵属植物）的籽。

12.07 其他含油子仁及果实，不论是否破碎(+)：

10 — 棕榈果及棕榈仁
— 棉子：
21 — — 种用
29 — — 其他
30 — 蓖麻子
40 — 芝麻
50 — 芥子
60 — 红花子
70 — 甜瓜的子
— 其他：
91 — — 罂粟子
99 — — 其他

本品目包括提取食用或工业用油、脂的子仁及果实。但品目12.01至12.06所列的除外（参见总注释）。

本品目主要包括：

巴巴苏果仁	木斛果	石栗果
卡瑞帕坚果	蓖麻子	大风子种子
棉子	巴豆子	月见草子
葡萄种子	大麻子	紫荆子
木棉子	莨菪子	芥子
盏金花子	臭气乔木子	棕榈果及棕榈仁
苏子	麻风子	罂粟子
红花子	芝麻	牛油果子
乌臼子	茶子	油桐子

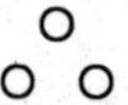

子目注释：

子目1207.21

子目1207.21所称“种用”，仅包括由本国主管部门认可作为播种用的棉子。

12.08 含油子仁或果实的细粉及粗粉，但芥子粉除外：

10 — 大豆粉
90 — 其他

本品目包括用品目12.01至12.07的含油子仁及果实碾磨后制得的未脱脂或半脱脂细粉及粗粉，

也包括脱脂的或用其本身的油料全部或部分复脂的细粉及粗粉（参见本章注释二）。

本品目不包括：

（一）花生酱（品目 20.08）。

（二）芥子细粉及粗粉，不论是否脱脂、调制（品目 21.03）。

（三）脱脂细粉及粗粉（芥子粉除外）（品目 23.04 至 23.06）。

12.09 种植用的种子、果实及孢子：

10 — 糖甜菜子

— 饲料植物种子：

21 —— 紫苜蓿子

22 —— 三叶草子

23 —— 羊茅子

24 —— 草地早熟禾子

25 —— 黑麦草种子

29 —— 其他

30 — 草本花卉植物种子

— 其他：

91 —— 蔬菜种子

99 —— 其他

本品目包括所有种植用的子仁、果实及孢子，这些产品即使不能发芽的，也归入本品目。但不包括那些在本注释末所列的产品。这些产品因为通常是不作种用的，即使报验后要作种用，也应归入协调制度的其他品目。

本品目包括甜菜子、草子及其他草本植物种子（紫苜蓿子、驴喜豆、三叶草子、羊茅子、黑麦草子、草地早熟禾子、梯牧草子等）、观赏花卉的种子、菜子、林木种子（包括含子松果）、果树种子、巢菜子（蚕豆及马豆除外）、羽扇豆、罗望果子、烟草子以及生产品目 12.11 所列产品的植物种子（但本身不是主要用作香料、药料、杀虫、杀菌或类似用途的）。

本品目的产品（特别是草子）可与肥料微粒混合后铺于衬纸上面、然后盖上一层薄絮胎，并用一张塑料加强网固定。

本品目不包括：

（一）蘑菇菌丝（品目 06.02）。

（二）豆类蔬菜及甜玉米（第七章）。

（三）第八章的果实。

（四）第九章的调味香料及其他产品。

（五）谷物（第十章）。

（六）品目 12.01 至 12.07 的含油子仁及果实。

（七）本身主要用作香料、药料、杀虫、杀菌或类似用途的子仁及果实（品目 12.11）。

（八）刺槐豆（品目 12.12）。

12.10 鲜或干的啤酒花，不论是否研磨或制成团粒；蛇麻腺：

10 — 啤酒花，未经研磨也未制成团粒

20 — 啤酒花，经研磨或制成团粒；蛇麻腺

啤酒花为蛇麻植物的鳞片状圆锥花序或花朵，主要用于酿酒业，可使啤酒别具风味。也有用于医药的。啤酒花不论鲜或干，也不论是否研磨或制成团粒（即直接挤压或加入重量比例不超过 3%的粘合剂制成的团粒），均归入本品目。

蛇麻腺是覆盖在啤酒花上的一层黄色粉状香脂腺，其所含苦味素和芳香素使啤酒花具有特性。它可在酿酒业上作为啤酒花的部分代用品，也用于医药。干制后通过机械方法可以把它从啤酒花中分离出来。

本品目不包括：

（一）啤酒花浸膏（品目 13.02）。

（二）废啤酒花（品目 23.03）。

（三）蛇麻精油（品目 33.01）。

12.11　主要用作香料、药料、杀虫、杀菌或类似用途的植物或这些植物的某部分（包括子仁及果实），鲜或干的，不论是否切割、压碎或研磨成粉：

20　—　人参

30　—　古柯叶

40　—　罂粟杆

90　—　其他

本品目包括主要用作香料、药料、杀虫、杀菌、杀寄生虫或类似用途的植物产品。它们可以是完整的植物、苔藓或地衣，也可以是部分品，例如，木、皮、根、梗、叶、花朵、花瓣、果实及子仁（但品目 12.01 至 12.07 的含油子仁及果实除外），还可以是机械处理后所剩的废料。上述产品不论鲜、干、完整、切割、捣碎、磨碎、研粉或去壳的，均归入本品目。用酒精浸渍的这些产品也同样归入本品目。

树、灌木或其他植物及其部分品（包括子仁及果实），如果直接用于上述用途或用于生产上述用途所需的浸膏、生物碱或精油，应归入本品目。另一方面，用于提取固定油类的子仁及果实不归入本品目，即使其油类要用于本品目所述用途，也仍归入品目 12.01 至 12.07。

还须注意，在协调制度其他品目列名更为具体的植物产品，即使其适于用作香料、药料等，也不归入本品目。例如，柑橘属果皮（品目 08.14），香草豆、丁香、茴芹子、八角茴香及第九章的其他产品，啤酒花（品目 12.10），菊苣根（品目 12.12），天然树胶、树脂、树胶脂及香树脂（品目 13.01）。

明显用于种植的活菊苣植物及其根和其他活植物苗、鳞茎、根茎等以及装饰用花、簇叶等，应归入第六章。

必须注意，主要用作香料、药料、杀虫、杀菌或类似用途的木料只有成为削片、刨片、碎片或粉末状才归入本品目，其他形状的不应归入本品目（第四十四章）。

本品目的某些植物或植物的某部分（包括子仁及果实）可包装（例如，用小袋包装）成草本植物浸泡剂或草本植物“茶”。由单一品种的植物或植物某部分（包括子仁及果实）构成的这些产品（例如，薄荷“茶”）仍归入本品目。

然而，本品目不包括由不同种类的植物或植物某部分（包括子仁及果实，不论是否含有其他品目的植物或植物某部分）组成的产品，或由单一品种或不同种类的植物或植物某部分与其他物质混合组成的产品，例如，一种或多种植物精汁（品目 21.06）。

必须注意，下列产品应酌情归入品目 30.03、30.04、33.03 至 33.07 或 38.08：

（一）本品目的产品，虽未混合但已制成一定剂量或作为零售包装的，不论是否治疗或预防疾病用，或零售包装作为香料产品、杀虫药、杀菌剂或类似产品出售的。

（二）供以上（一）项所述用途的混合产品。

有些植物产品因主要用于制药而归入本品目，但这并不意味着当这些植物产品混合后或虽未混合但已制成一定剂量或作为零售包装后，就可作为药品归入品目 30.03 或 30.04。品目 30.03 或 30.04 所称“药品”，仅指具有治疗或预防疾病作用的产品，而广义的“药品”含义较广，既包括药品，又包括无治疗或预防疾病作用的产品（例如，滋补饮料、营养食品、血型试剂）。

本品目也不包括直接用作饮料香精或用于制造饮料的调制精汁的下列产品：

（一）由本品目的不同种类植物或植物某部分构成的混合物（品目 21.06）；

（二）由本品目的植物或植物某部分与其他章（例如，第七章、第九章、第十一章）的植物产品构成的混合物（第九章或品目 21.06）。

下列植物产品归入本品目：

乌头属植物（舟形乌头）：根及叶
麝香植物（黄葵）：子
当归：根及子
安古树：皮
假瓦泰里树：粉
山金草花（山金车）：根、秆、叶及花
罗勒：花及叶
熊果属植物：叶
颠茄：草、根、果、叶及花
博尔多树：叶
琉璃苣：秆及花
泻根属植物（异株泻根）：根
南非香叶木属植物：叶
睡菜：叶
牛蒡：子及干根
加拉巴豆属植物（青扁豆）：豆
菖蒲：根
南非防己：根
大麻：草
药鼠李树：皮
卡藜树：皮
决明：荚果及未纯净的果肉〔纯净空决明果肉（浸膏）归入品目 13.02〕
百金花：草
沙巴草：子
母菊及青黄菊：花
藜属植物：子
樱桃树：梗
樱桃肉桂（桂樱）：果
金鸡纳树：皮
丁香树：皮及叶

古柯树：叶
印度小浆果：果
可西拉纳树：树皮
秋水仙：球茎及子
药西瓜：果
合生花：根
南美牛奶菜：皮
匍匐草：根
尖果属植物：树皮及根
苹澄茄：粉
特纳草：叶
蒲公英：根
曼陀罗属植物：叶及子
鱼藤（毛鱼藤及三叶鱼藤）：根
毛地：叶及籽
接骨木：花及树皮
麻黄：干及枝
黑麦麦角
桉树：叶
鼠李树：皮
球果紫堇：叶及花
高良姜：根茎
龙胆（黄龙胆）：根
人参（包括西洋参）：根
白毛茛：根愈
创树：木
金缕梅树（美洲金缕梅）：皮及叶
藜芦（白藜芦及绿藜芦）：根
天仙子：根、子及叶
白夏至草（普通夏至草）：草及秆
海索草：花及叶
吐根：根
旋花科甘薯属植物：根
毛果芸香树：叶
刺巴根树：根
熏衣草：花及草
弗吉尼亚草本威灵仙：根
榄香树（裂榄）：木
椴树（欧椴）：花及叶
甘草（洋甘草）：根
半边莲（半边莲路单利草）：草及花
长椒：根、地下茎

雄蕨（绵马）：根
锦葵属植物：叶及花
曼德拉草：根或根茎
茉乔栾那属植物（参见以下茉乔栾那属植物）
药用蜀葵：花、叶及根
滇荆芥属（蜜蜂花）：叶、花及秆
薄荷（各种属）
栎扁枝衣（栎地衣）（粉屑扁枝衣）（一种地衣）
艾蒿：根
马钱子（番木鳖）：子
橘树：叶及花
鸢尾科植物（香菖）：根
三色紫罗兰：花
广藿香（海恩氏刺蕊草）：叶
胡椒薄荷（参见“薄荷”）
松树：芽
蚤草：香草、子
鬼臼属植物（盾叶鬼臼）：根或根茎
罂粟：头状叶丛（未成熟，干的）
白头翁属（银莲花白头翁）：香草
白花除虫菊：叶、秆及花
回环草除虫菊：根
苦木：木及皮
榅桲：子
孔裂药豆植物：根
大黄：根
玫瑰：花
迷迭香：草、花及叶
芸香：叶
鼠尾草：叶及花
圣衣马钱子豆
檀香木：削片（白色及黄色）
菝葜：根
黄樟树：皮、根及木
墨牵牛子：根
美远至：根
番泻树：荚果及叶
赤榆树：皮
龙葵
海葱：球茎
曼陀罗：叶及荚子
羊角拗属植物（毒毛旋花）：子

艾菊：根、叶及子
零陵香：豆
缬草（白花缬草）：根
毛蕊花属植物（毒鱼草及花茎毛蕊花）：叶及花
马鞭草：叶及地面茎
婆婆纳属植物（药用婆婆纳）：叶
荚蒾属植物（樱叶荚蒾）：根皮
紫罗兰（香堇菜）：根及干花
胡桃树：叶
野茉乔栾那（牛至），但甜茉乔栾那除外（第七章）
车叶草：草
山道年：花
洋艾（苦艾）：叶及花
育享倍（Yohimbe）：皮

上表所列各种植物名称并不完全，只是为了有助于各种植物的辨别，表内列出某一种属植物，并不意味未列出的同科其他种属植物就一定不归入本品目。

根据国际文件作为麻醉药物对待的本品目植物产品，另列在第二十九章末的附表上。

12.12　鲜、冷、冻或干的刺槐豆、海草及其他藻类、甜菜及甘蔗，不论是否碾磨；主要供人食用的其他品目未列名的果核、果仁及植物产品（包括未焙制的菊苣根）：

—　海草及其他藻类：
21　——　适合供人食用的
29　——　其他
—　其他：
91　——　甜菜
92　——　刺槐豆
93　——　甘蔗
94　——　菊苣根
99　——　其他

一、海草及其他藻类

本品目包括各种不论是否可供食用的海草及其他藻类。它们可以是新鲜的、冷或冻的、干制的或磨碎的。海草及其他藻类用途广泛（例如，制造药品、化妆品，供人食用，作动物饲料或肥料）。

本品目也包括海草粗粉及其他藻类粗粉，不论是否由各种不同的海草及其他藻类的粉混合而成。

本品目不包括：

（一）琼脂及角叉藻胶（品目 13.02）。

（二）已死的单细胞藻类（品目 21.02）。

（三）品目 30.02 的培养微生物。

（四）品目 31.01 或 31.05 的肥料。

二、甜菜及甘蔗

本品目还包括品目所列状态的甜菜及甘蔗。本品目不包括蔗渣，即甘蔗榨汁后剩下的纤维部分（品目 23.03)。

三、刺槐豆

刺槐豆(或稻子豆)为地中海地区生长的一种小常青树(角豆树)的荚果,其荚棕色,内有大量子粒,主要用作蒸馏原料或作动物饲料。

刺槐豆含糖量颇高,有时作为甜食。

本品目包括刺槐豆胚乳、胚芽、子及胚芽粉,不论是否与其皮粉混合。

本品目不包括作为胶粘剂或增稠剂而归入品目 13.02 的刺槐豆胚乳粉。

四、主要供人食用的其他品目未列名的果核、果仁及其他植物产品(包括未烘焙的菊苣根)

本组包括协调制度其他品目未列名的直接或间接供人食用的果核、果仁及其他植物产品。

因此,本品目包括桃(含油桃)、杏及李的果仁(主要用作巴旦杏仁代用品),尽管这些果仁可用于提取植物油,但仍归入本品目。

本品目还包括未烘焙的可作咖啡代用品的菊苣根,不论是鲜或干的,整个或切碎的。作为咖啡代用品的烘焙菊苣根不包括在本品目内(品目 21.01)。其他未烘焙菊苣根归入品目 06.01。

主要用于制蜜饯的当归梗茎也归入本品目。它们一般先临时用盐水浸渍保藏。

本品目还包括主要用于制糖浆的糖用高粱。

本品目不包括雕刻用的果核(例如,椰枣核)(品目 14.04)及烘焙果仁(一般作为咖啡代用品归入品目 21.01)。

12.13 未经处理的谷类植物的茎、秆及谷壳,不论是否切碎、碾磨、挤压或制成团粒

本品目仅限于从谷物脱粒后未经加工而得的或剁碎、碾磨、压制或制成团粒(即直接挤压或加入按重量计比例不超过 3%的粘合剂制成的粒状产品)但未进一步加工的谷类植物的草、秆及谷壳,但不包括已净、漂白或染色的谷类植物草、秆(品目 14.01)。

12.14 芜菁甘蓝、饲料甜菜、饲料用根、干草、紫苜蓿、三叶草、驴喜豆、饲料羽衣甘蓝、羽扇豆、巢菜及类似饲料,不论是否制成团粒:

10 — 紫苜蓿粗粉及团粒

90 — 其他

本品目包括:

一、芜菁甘蓝、饲料甜菜、饲料萝卜、饲料胡萝卜(白色或淡黄色)及其他饲料用根。这些根即使其中某些品种适合供人食用,仍归入本品目。

二、鲜或干、完整、切开、剁碎或压制的干草、紫苜蓿、三叶草、驴喜豆、饲料羽衣甘蓝、羽扇豆、巢菜及类似饲料。这些产品不论是否盐腌或在地窖进行其他防止发酵或变质处理,均归入本品目。

所称“类似饲料”,仅指专门为饲养动物而种植的植物,但不包括用途相同的植物废料(品目 23.08)。

本品目的饲料也可制成团粒状,即直接挤压或加入按重量计比例不超过 3%的粘合剂制成的粒状产品。

本品目不包括:

(一)品目 07.06 的胡萝卜(桔黄色)。

(二)谷类植物的草、秆及壳(品目 12.13)。

(三)虽然用作动物饲料,但并非专为饲养动物而种植的植物产品,例如,甜菜、胡萝卜叶及玉米叶（品目 23.08）。

（四）配制的动物饲料（例如，甜饲料）（品目 23.09）。

第十三章　虫胶；树胶、树脂及其他植物液、汁

注释：

品目13.02主要包括甘草、除虫菊、啤酒花、芦荟的浸膏及鸦片，但不包括：

一、按重量计蔗糖含量在10%以上或制成糖食的甘草浸膏（品目17.04）；

二、麦芽膏（品目19.01）；

三、咖啡精、茶精、马黛茶精（品目21.01）；

四、构成含酒精饮料的植物汁、液（第二十二章）；

五、樟脑、甘草甜及品目29.14或29.38的其他产品；

六、按重量计生物碱含量不低于50%的罂粟杆的浓缩物（品目29.39）；

七、品目30.03或30.04的药品及品目30.06的血型试剂；

八、鞣料或染料的浸膏（品目32.01或32.03）；

九、精油、浸膏、净油、香膏、提取的油树脂或精油的水馏液及水溶液；饮料制造业用的以芳香物质为基料的制剂（第三十三章）；或

十、天然橡胶、巴拉塔胶、古塔波胶、银胶菊胶、糖胶树胶或类似的天然树胶（品目40.01）。

13.01　虫胶；天然树胶、树脂、树胶脂及油树脂（例如，香树脂）：

20　—　阿拉伯胶

90　—　其他

一、虫胶

虫胶是由一种与胭脂虫同科的昆虫（紫胶虫）在几种热带树上分泌的树脂物质。

商业上最重要的几种虫胶如下：

（一）梗胶，通常为积有相当厚一层虫胶的细树枝，颜色紫红，为虫胶中颜色最深的一种。

（二）原胶，从树枝上剥下的碎虫胶，通常用水冲洗，部分色素会被冲掉。

（三）片胶，又称虫胶片或虫胶板，通过热滤法使原胶纯净制成，为透明脆片状，琥珀色或浅红色。圆盘状的类似产品称为“钮胶”。

片胶多用于制清漆或用于电器工业及制火漆。

（四）废虫胶（石榴色虫胶），从制片胶所剩残渣而得。

虫胶可以脱色或漂白，然后扭成绞状。

接触空气即硬化成为一种抗性薄膜的某些东方树木的树液（名为“日本漆”、“中国漆”等）不归入本品目（品目13.02）。

二、天然树胶、树脂、树胶脂及油树脂

天然树胶、树脂、树胶脂及油树脂都是植物分泌液，它们遇空气会固化，而且名称经常相互混用。这些产品具有以下特点：

（一）真树胶为粘性物质，无气味，无味道，稍溶于水，燃烧时不熔化，无气味。

（二）树脂不溶于水，稍有气味，导电性能差，带有负电荷，加热即变软，甚至可完全熔化。烧之火焰带烟，有特殊气味，

（三）树胶脂，顾名思义，是不同比例的树胶和树脂的天然物，因而可部分溶于水，一般具有刺激的特殊气味和味道。

（四）油树脂是一种渗出液，其成分主要为易挥发的树脂物质。香树脂则是以安息香酸或肉桂酸

化合物含量高为特征的油树脂。

这些产品的主要品种有：

1．阿拉伯树胶（得自金合欢植物）（有时也称尼罗河胶、亚丁胶、塞内加尔胶）；黄蓍胶（得自某些黄蓍属植物）；巴士拉胶；槚如树胶（腰果树胶）；印度胶；某些所谓的“土”胶。得自各种蔷薇科植物，例如，樱桃、李、杏、桃或巴旦杏树。

2．松、枞或其他针叶树的新鲜油树脂（液状）（天然或精制），包括松油，以及在树上切口处凝集干化含有植物废料的针叶树树脂（海松树脂等）。

3．柯巴树脂（印度胶、巴西胶、刚果胶等），包括黄脂石、贝壳松脂、达玛脂、玛琋脂、榄香脂、山达脂、龙血树脂。

4．藤黄树脂、氨草胶、阿魏胶、黑牵牛子树脂、大戟脂、波斯树脂、苦树脂、乳香、浸药树脂、草树树脂、愈创树脂。

5．安息香胶、苏合香脂（固体或液体）、妥鲁香脂、秘鲁香脂、加拿大香脂、柯巴香脂、麦加香脂、塔普香脂。

6．从大麻植物获得的大麻树脂（天然或提纯）（大麻树脂为麻醉药——参见第二十九章末的附表）。

本品目的天然树胶、树脂、树胶脂、油树脂可以是天然的，也可以经洗涤、提纯、漂白、捣碎或研粉，但不包括加水加压处理、无机酸处理或热处理的，例如，加水加压处理成为可溶于水的树胶和树胶脂（品目 13.02）；经硫酸处理成为可溶性树胶（品目 35.06）；经热处理成为可溶于干性油的树脂（品目 38.06）。

本品目不包括：

（一）琥珀（品目 25.30）。

（二）含有天然香树脂的药品及名为香脂的各种制成药品（品目 30.03 或 30.04）。

（三）虫胶染料，即从虫胶提取的色料（品目 32.03）。

（四）香膏（从本品目物质中提取的）及提取的油树脂（品目 33.01）。

（五）妥尔油（有时称为“液体松香”）（品目 38.03）。

（六）松节油（品目 38.05）。

（七）松香、树脂酸、松香精和松香油、树脂酸盐、松香沥青、以松香为基本成分的啤酒桶沥青及类似制品（第三十八章）。

13.02　植物液汁及浸膏；果胶、果胶酸盐及果胶酸酯；从植物产品制得的琼脂、其他胶液及增稠剂，不论是否改性：

—　植物液汁及浸膏：

11　——　鸦片

12　——　甘草的

13　——　啤酒花的

19　——　其他

20　—　果胶、果胶酸盐及果胶酸酯

—　从植物产品制得的胶液及增稠剂，不论是否改性：

31　——　琼脂

32　——　从刺槐豆、刺槐豆子或瓜尔豆制得的胶液及增稠剂，不论是否改性

39　——　其他

一、植物液汁及浸膏

本品目包括协调制度其他品目未列名的植物液汁（通常为自然渗出、从切口流出或用溶剂提取的植物产品）（参见本注释一款末所列的不包括产品）。

这些液汁和浸膏不同于品目 33.01 的精油、香膏及提取的油树脂，除了挥发性的芳香成分以外，它们所含的其他植物物质（例如，叶绿素、鞣酸、苦味素、碳酸化合物和其他提取物）的比例也高得多。

归入本品目的植物液、汁包括：

（一）鸦片，为罂粟未成熟蒴果的干燥乳汁，从罂粟茎或蒴果切口流出或提取制得，一般成丸状或饼状，大小不一，形状各异。但是，按重量计生物碱含量不低于 50%的罂粟杆的浓缩物不归入本品目（参见本章注释六）。

（二）甘草，对一种豆科植物（洋甘草）的干根用热水加压提汁后加以浓缩制得，可以是液状、块状、饼状、条状、片状或粉状。（按重量计含蔗糖超过 10%的甘草或不论糖分多少的甘草糖食，均不归入本品目。参见品目 17.04）。

（三）啤酒花浸膏。

（四）除虫菊浸膏，用有机溶剂（例如，已烷或“石油醚”）主要从各种除虫菊植物（例如，白花除虫菊）的花中提取而得。

（五）从含有毒鱼藤酮的植物（鱼藤、枯杷木、泡林藤、巴巴斯可植物等）根提取的浸膏。

（六）大麻属植物汁和酊剂。

大麻树脂，不论天然或提纯的都不归入本品目（品目 13.01）。

（七）人参精，用水或酒精提取，不论是否零售包装。

用作配制人参茶或饮料的人参精和其他配料（例如，乳糖或葡萄糖）的混合物不包括在本品目（品目 21.06）。

（八）芦荟浸膏，从同名的几种植物（百合科）所得的味很苦的增稠树液。

（九）鬼臼浸膏，用酒精从盾叶鬼臼的干燥根茎提取的树脂物质。

（十）马钱子浸膏，用水从马钱科各种植物的叶和皮提取的汁。

（十一）苦木浸膏，从生长于南美的同名灌木（苦木）所得。

苦木素是从苦木提取的主要苦萃，为品目 29.32 的杂环化合物。

（十二）其他医药浸膏，例如，颠茄、黑梏木（药炭鼠李）、药鼠李、大蒜、龙胆、刺巴根、金鸡纳、大黄、菝葜、罗望子、缬草、松芽、古柯、药西瓜、雄蕨、金缕梅、天仙子、黑麦麦角。

（十三）花白蜡树浸膏，由某些花白蜡树切口处所得的一种固体甜树液。

（十四）粘鸟胶，从槲寄生浆果或冬青提取的浅绿色粘性胶。

（十五）决明肉的浸膏，但决明果荚及决明肉除外（品目 12.11）。

（十六）基诺胶，用于鞣革及制药的某些热带树的增稠树液。

（十七）日本（或中国）漆（天然漆），从生长于远东名为漆树的某些灌木切口处所得的树液，用于涂布或装饰各种物品（盘、箱等）。

（十八）巴婆汁，不论是否干制但未提纯为木瓜酶（用显微镜检验时仍可看到凝聚的胶乳球）。木瓜酶不归入本品目（品目 35.07）。

（十九）可乐果浸膏，从可乐果（各种可乐果树的子，例如，苏丹可乐果）所得，主要用于制某些类型的饮料。

（二十）腰果壳浸膏，但腰果壳流浸膏的聚合物除外（一般归入品目 39.11）。

（二十一）香草油树脂（人们有时误称为“香草香膏”或“香草浸膏”）。

液汁通常经增稠或固化。浸膏可以是液状、浆状或固体。“酊剂”是指用酒精提取而且仍溶解于酒精中的植物膏。所谓“流浸膏”，是指酒精、甘油或矿物油等的浸膏溶液。酊剂及流浸膏一般是有标准的（例如，除虫菊浸膏可通过加入矿物油达到商业级标准，即标准除虫菊酯含量，例如，2%、20%或25%的含量）。固体膏是将溶剂蒸干而得。有时将惰性物质加入某些浸膏内以便于研粉（例如，将阿拉伯胶粉加入颠茄浸膏）或达到一定的标准浓度（例如，为了得到一种已知吗啡含量的产品，将一定量的淀粉加入鸦片内）。加入这些物质并不影响固体浸膏的归类。

浸膏有单一的，也有复合的。单一浸膏是用一种植物制得。复合浸膏是将几种单一浸膏加以混合制得或是用不同植物的混合物加工制得。因此，复合浸膏（不论是酊剂或其他形式）含有几种植物成分，它们有刺巴根复合浸膏、芦荟复合浸膏、金鸡纳复合浸膏等。

本品目的植物液汁及浸膏通常为多种产品的原料。如果加入了其他物质使其具有食品、药品等的性质，则不能归入本品目。

本品目某些被国际文件作为麻醉药的产品列在第二十九章末的附表上。

不归入本品目的制品举例如下：

（一）含有植物浸膏的加味糖浆（品目 21.06）。

（二）制饮料用的制品，由本品目植物浸膏与乳酸、酒石酸、柠檬酸、磷酸、防腐剂、泡沫剂、果子汁等（有时与精油）混合而成。上述制品一般归入品目 21.06 或品目 33.02。

（三）由植物浸膏与其他产品混合制成的药品（其中某些也称为“酊剂”）（例如，辣椒浸膏、松节油、樟脑及水杨酸甲酯的混合制品或鸦片酊、茴香油、樟脑及苯甲酸的混合制品）（品目 30.03 或 30.04）。

（四）生产杀虫剂的中间产品，用矿物油稀释除虫菊浸膏，使除虫菊酯含量少于 2%的，或加入增效剂之类的其他物质（例如，胡椒基丁醚）的（品目 38.08）。

本品目也不包括为治疗或预防疾病用而混合或复合（不加其他物质）的植物浸膏。这些混合物及用植物混合物加工制成的类似药用复合浸膏，归入品目 30.03 或 30.04。单一植物浸膏（不论是否标定或溶于任何溶剂），如果制成一定剂量或零售包装以供治疗或预防疾病用的，也归入品目 30.04。

本品目不包括精油、香膏和提取的油树脂（品目 33.01）。精油（也可通过溶剂提取所得）不同于归入本品目的浸膏，因为精油基本上由挥发性芳香物质所组成。香膏不同于本品目的浸膏在于前者是通过有机溶剂或超临界流体（例如，加压下的二氧化碳气体）从干燥的天然非细胞植物或动物质树脂材料提取而得。提取的油树脂不同于本品目所列的浸膏则在于：1. 前者是通过有机溶剂或超临界流体从天然植物原料（几乎都是调味香料或芳香植物）提取而得的；2. 前者含有挥发性芳香素的同时，也含有不挥发性的芳香素，这些芳香素可确定有关调味香料或芳香植物的气味或香味特征。

本品目还不包括下列植物产品（归入协调制度其他列名更为具体的品目）：

（一）天然树胶、树脂、树胶脂及油树脂（品目 13.01）。

（二）麦精（品目 19.01）。

（三）咖啡、茶或马黛茶的精汁（品目 21.01）。

（四）制酒精饮料的植物液汁及浸膏（第二十二章）。

（五）烟草精（品目 24.03）

（六）樟脑（品目 29.14）、甘草甜及甘草酸（品目 29.38）。

（七）作血型试剂用的浸膏（品目 30.06）。

（八）鞣料膏（品目 32.01）。

（九）染料膏（品目 32.03）。

（十）天然橡胶、巴拉塔胶、古塔波胶、银胶菊胶，糖胶树胶及类似天然树胶（品目 40.01）。

二、果胶、果胶酸盐及果胶酸酯

果胶物质（商业上通称为“果胶”）是多糖，其基本构造为多半乳糖醛酸，天然存在于植物，特别是水果及蔬菜的细胞中，商业上多从苹果、梨、榅桲、柑橘、甜菜等的余渣中提取。果胶在制果酱及其他蜜饯中主要作凝固剂。它可以是液状或粉状，不论是否加糖（例如，葡萄糖、蔗糖等）使其标准化，或加入其他产品以保证其使用时的永久活性，均归入本品目。它有时含有柠檬酸钠或其他缓冲盐。

果胶酸盐为果胶酯酸（部分甲氧基化的多半乳糖醛酸）的盐，而果胶酸酯为果胶酸（去甲氧基的果胶质酸）的盐。它们的性能和用途与果胶大致相同。

三、用植物产品制得的琼脂、其他胶液及增稠剂，不论是否改性

用植物产品制得的胶液及增稠剂在冷水中会膨胀，在热水中会溶解，并且冷却后会生成均质无味的胶体。它们主要代替明胶用于制造食品、纺织品浆料和纸张上光料，澄清某些液体，培养细菌，制药及制化妆品。它们可经化学处理加以改性（例如，酯化、醚化，用硼砂、酸或碱处理）。

这些产品不论是否加糖（葡萄糖、蔗糖等）或其他产品（以保证其使用时的永久活性）以使其标准化的，仍归入本品目。

最重要的产品有：

（一）琼脂，从主要生长于印度洋及太平洋的某些海藻提制而成，报验时通常为干的纤维状、薄片状、粉状或用酸处理后形成的凝胶状，商业上称为“琼脂糖”，也称日本植物胶（或苔）或冻粉。

（二）刺槐豆或瓜尔籽胚乳粉，这些粉不论是否通过化学处理改性以改善或稳定其胶的特性（例如，粘性、可溶性等），都归入本品目。

（三）角叉胶，从角叉菜（又称爱尔兰苔或珍珠苔）提制而成，通常为纤维丝状、片状或粉状。本品目也包括通过改变角叉胶的化学性质制得的粘性物质（例如，角叉酸钠）。

（四）增稠剂，由用水加压或其他方式处理使其可溶于水的树胶或树胶脂制成。

（五）罗望子的子叶粉，这种粉即使经热处理或化学处理改性的，仍归入本品目。

本品目不包括：

（一）未制过或已干燥的海草及其他藻类（一般归入品目12.12）。

（二）藻酸及藻酸盐（品目39.13）。

第十四章　编结用植物材料；其他植物产品

注释：

一、本章不包括归入第十一类的下列产品：

主要供纺织用的植物材料或植物纤维，不论其加工程度如何；或经过处理使其只能作为纺织原料用的其他植物材料。

二、品目 14.01 主要包括竹（不论是否劈开、纵锯、切段、圆端、漂白、磨光、染色或进行不燃处理）、劈开的柳条、芦苇及类似品和藤心、藤丝、藤片。但不包括木片条（品目 44.04）。

三、品目 14.04 不包括木丝（品目 44.05）及供制帚、制刷用成束、成簇的材料（品目 96.03）。

总　注　释

本章包括：

一、主要用于编结、制帚、制刷或作填塞、衬垫用的未经加工或简单加工的植物材料。

二、用于雕刻、制扣及其他花哨小商品的子、核、壳、果。

三、未列名的其他植物产品。

本章不包括主要用于制造纺织品的植物材料（不管如何制过）及其他加工成纺织材料用的植物物料（第十一类）。

14.01　主要作编结用的植物材料（例如，竹、藤、芦苇、灯芯草、柳条、酒椰叶，已净、漂白或染色的谷类植物的茎秆，椴树皮）：

10　—　竹

20　—　藤

90　—　其他

本品目包括主要用于编结草席、盘、各种篮筐（包括盛水果、蔬菜、牡蛎等的篮筐）、有盖大篮、袋、家具（例如，桌、椅）、帽子等物品的植物原料。这些植物原料也可用于制造刷、伞柄、手杖、钓竿、烟斗柄、粗绳等和纸浆，还可用作铺圈材料。

本品目主要包括以下原材料：

一、竹子，禾本科植物的特别种类，大量生长于中国、日本和印度等一些地区。竹竿轻，皮发亮，中空，有的在交错两节之间有一条槽。竹子不论是否劈开、纵锯、切段、圆端、漂白、磨光、染色或进行不燃处理，均归入本品目。

二、藤，通常为省藤属攀缘棕榈的茎，主要产自亚洲南部，为圆柱体状，实心，柔韧，直径一般在 0.3～6 厘米之间，颜色从黄色至棕色不等，表面有滑有糙。本品目包括藤芯及藤皮，也包括对藤芯、藤皮或整条藤纵切而形成的长条。

三、芦苇及灯心草，生长于温带和热带潮湿地区的多种草本植物的统称。芦苇的杆通常较为坚硬，笔直，空心，每节间隔相当规则，芦叶在节上生长。最著名的种类有蔗草；普通或野生芦苇（芦竹及芦苇）；莎草属的各个种类（例如，咸水草、中国席草）；灯心草属的各个种类（例如，灯心草、日本席草）。

四、柳条（白色、黄色、绿色或红色），即某些种类柳树的长条柔韧的嫩枝或树枝。

五、酒椰叶，酒椰属某些棕榈树叶纤细条的商业名称。最重要的酒椰属棕榈树为马达加斯加酒椰，主要生长于马达加斯加。酒椰叶用于编结，也用于园艺捆扎材料，非纺制的酒椰叶织物不归入本品目（品目 46.01）。本品目包括与酒椰叶用途相同及用于制帽的其他叶和草（例如，巴拿马棕及拉坦棕的叶和草）。

六、带穗或不带穗的谷物草秆，已净、漂白或染色（见下）。

七、几种欧椴（椴属）的内皮（韧皮），其纤维极坚韧，用于制造绳索、包装布、粗席，也用于捆扎植物。本品目包括有类似用途的猴面包树皮、某些柳树皮或白杨树皮。

除未加工谷物草秆不归入本品目外（品目 12.13），植物编结材料，不论是否未经加工或经洗涤、劈条、剥皮、磨光、漂白、染前处理、染色、涂漆或进行不燃处理，均归入本品目。本品目的货品也可以切段，不论是否圆端（例如，制饮料吸管的草、制钓杆的棒、准备染色的竹子等），或分成便于包装、储存、运输等的稍有扭绞的捆或束。捻搓成条用以代替缏条的本品目所列植物材料应归入品目 46.01。

本品目也不包括：

（一）木片条（品目 44.04）。

（二）经碾轧、捣碎、梳理或其他纺前加工的上述植物材料（品目 53.03 或 53.05）。

【14.02】

【14.03】

14.04 其他品目未列名的植物产品：

20 — 棉短绒

90 — 其他

本品目包括协调制度其他品目未列名的所有植物产品。

它包括：

一、棉短绒

棉属植物某些品种的种籽经轧棉将棉纤维分离后，仍裹有一层纤细绒毛（通常不到 5 毫米长）。这些纤维也称为棉籽绒。

棉短绒因太短，不能纺纱，但由于纤维素含量高，是理想的无烟火药、人造纤维（例如，人造丝）及纤维素塑料的原料。它们有时也用于制造某些种类的纸张、滤块及在橡胶工业中用作填料。

棉短绒不论其用途如何，也不论是天然或已净、漂白、染色、脱脂的，均归入本品目。报验时可以是散装的，也可以是压成板片状的。

本品目不包括：

（一）棉絮，药用的或医疗、外科、牙科或兽医用零售包装的（品目 30.05）

（二）其他棉絮胎（品目 56.01）。

二、主要供染料或鞣料用的植物原料

这类产品主要直接用于染色或鞣革，或用于制造染料膏或鞣料膏。这些材料可以未经处理，也可以洁净、干燥、磨碎或研粉（不论已否压紧）。

较重要的品种有：

（一）木：漆树、染料桑树（包括所谓“幼桑”）、洋苏木、白雀树、巴西木（包括伯南布哥木和苏木）、栗树、红檀香木。

必须注意，主要用于染色或鞣革的木料，只有成为削片、刨片、碎片或粉末状才归入本品目，其他形状的木料不归入本品目（第四十四章）。

（二）树皮：各种橡树〔包括黑栎（槲树）以及栓皮槠的第二层树皮〕、栗树、白桦、漆树，幼染料桑树、金合欢树、含羞草、美洲红树、铁杉及柳树。

（三）根及类似物：茜草、膜萼酸模、小檗灌木及紫朱草。

（四）果实、浆果及种子：牧豆树荚果、橡碗、诃子、南美云实荚果、鼠李浆果（又称波斯浆果、土耳其浆果、黄浆果等）、胭脂树蒴果种子及果肉、胡桃壳及杏仁壳。

（五）五倍子：阿勒颇五倍子、中国五倍子、匈牙利五倍子、松树五倍子等。

五倍子为各种橡树或其他树的叶或枝被某些昆虫（例如，瘿蜂种昆虫）叮后形成的瘿，含有鞣酸及没食子酸，用于染色和制造某种墨水。

（六）茎、梗、叶及花：菘蓝、漆树、"幼桑"、冬青、桃金娘、向日葵、无刺指甲花、木犀草、靛蓝植物的茎、梗及叶，乳香树的叶，红花（红蓝菊）及木蜡的花。

应该注意，番红花的柱头及花柱不归入本品目（品目09.10）。

（七）地衣：可提取苔素色、地衣赤染料萃、石蕊等染料的地衣（染料衣、浓泡地衣、石脐地衣等）。

本品目不包括：

（一）植物鞣料膏及鞣酸，包括水萃没食子酸（品目32.01）。

（二）染料木及其他染料植物浸膏（品目32.03）。

三、用于雕刻的硬种子、硬果核、硬果壳、坚果

这些物料主要用于制造钮扣、珠子、念珠及其他花哨小商品，主要包括：

（一）象牙果，即主要生长于南美洲的几种棕榈树的种子（"坚果"），其纹理、硬度、颜色与象牙相似，因而俗称为"植物象牙"。

（二）非洲姜果棕的种子，这种棕榈树主要生长于东非、中非（厄立特里亚、索马里兰、苏丹等）。

（三）其他类似的棕榈树子〔例如，帕尔迈拉或塔希提棕榈（Tahiti）的种子〕。

（四）美人蕉种子、相思树种子（又称相思豆）、椰枣核、巴西棕果。

（五）椰子壳。

以上产品不论是完整的或切片的（例如，象牙果或非洲姜果棕种子通常切割成片），只要未进行其他加工，均可归入本品目，经其他加工的不能归入本品目（一般归入品目96.02或96.06）。

四、主要作填充或衬垫用的植物材料（例如，木棉、植物毛及大叶藻），不论是否制成有或无支承材料的层片

本类包括主要用于填塞家具、坐垫、床垫、枕头、鞍具及挽具、救生圈等的植物材料。这些植物材料即使有其他附带用途，仍归入本品目。

本品目不包括其他品目列名的填塞材料或主要作其他用途的植物物料，例如，木丝（品目44.05）、软木毛（品目45.01）、椰壳纤维（椰子皮纤维）（品目53.05）以及植物纺织纤维废料（第五十二章或第五十三章）。

本组产品主要包括：

（一）木棉，木棉科植物各种树的种籽外面包裹的淡黄色或浅棕色绒毛，木棉是其商业名称。根据品种不同，其纤维长度在15～30毫米之间不等。有弹性，不透水，质轻但易碎。

（二）某些其他植物绒毛（有时称为植物丝），在某些热带植物（例如，马利筋属植物）种籽上形成的单细胞绒毛。

（三）名为植物毛的产品，包括阿尔及利亚纤维，从某些矮棕榈树（特别是地中海灌棕）的树叶所得。

（四）**大叶藻**，一种海产植物，形状如毛或草。

（五）**一种自然卷曲植物毛**，从苔草属某些苇草的叶所得。

本品目包括未加工或已净、漂白、染色、粗梳或经其他加工（纺前处理的除外）的这些材料，进口时成绞的也归入本品目。

铺在织物、纸等之上或夹在织物、纸等之间并用钉书钉或缝线固定的上述植物材料，亦归入本品目。

五、主要供制帚、制刷用的植物材料（例如，帚用高粱、纤维棢纤维、匍匐须芒草及龙舌兰纤维），不论是否成绞或成捆

本组包括主要供制帚、制刷等用的植物材料，即使它们有其他附带用途；但不包括其他品目已列名的或主要不作制帚、制刷用的植物材料，例如，竹，不论是否劈开；芦苇及灯心草（品目 14.01）；针茅草、北非茅草及金雀花茎，已作纺前加工的〔 品目 53.03（金雀花）或 53.05（针茅草及北非茅草）〕；椰壳纤维（椰子皮纤维）（品目 53.05）。

本组产品主要包括：

（一）**稻、帚用高粱（工艺蜀黍）及某种粟的脱子圆锥花序。**

（二）**纤维棢纤维**，从某些热带棕榈树叶所得的纤维。最著名的品种有巴西及非洲派沙伐纤维。

（三）**匍匐须芒草根**。匍匐须芒草为生长于旱沙质土壤的禾本科须芒草属植物，有时称作“刷子草”，生长在欧洲，特别是在匈牙利和意大利。匍匐须芒草根不应与可制精油的芳香须芒草根（番梯否须芒草或印度须芒草的根）相混淆，也不应与有医疗效能的药用匍匐草根相混淆（品目 12.11）。

（四）**中美洲某些其他禾本科植物的根**，例如，帚根草属植物（帚根草或羊草根）。

（五）**桄榔纤维**，从桄榔树所得。

（六）**龙舌兰纤维（坦皮科、坦皮科纤维或墨西哥纤维）**，包括墨西哥短叶龙舌兰的短硬纤维。

所有这些植物材料，不论是否切割、漂白、染色或梳理（纺前梳理除外），也不论是否成绞成束，一律归入本品目。

但本品目不包括不用分拆（或仅需简单加工）即可配装于帚或刷之上的制好的纤维束或簇。这些物品归入品目 96.03（参见第九十六章注释三）。

六、其他植物产品

这些产品包括：

（一）针茅，即生长于非洲和西班牙的针茅及西班牙草，主要用于制造纸浆，也用于制绳、网或编结品，例如，地毯、地席、篮、鞋等，还用作椅垫、床垫的填塞料。

本品目仅包括针茅的茎及叶，不论是否天然、漂白或染色，但不包括经辊轧、捣碎或作为纺织纤维进行梳理的针茅茎、叶（品目 53.05）。

（二）针茅草，未作纺前加工的。

（三）金雀花茎。金雀花为豆科植物，其纤维用于纺织工业，已梳理的金雀花纤维或落纤不归入本品目（品目 53.03）。

（四）丝瓜络，又称植物海绵，为一种葫芦瓜（普通丝瓜）的多孔组织。

动物质海绵不归入本品目（品目 05.11）。

（五）象牙果细粉、非洲姜果棕种子的细粉、椰壳细粉及类似粉。

（六）地衣｛染料用〔参见以上一（七）〕、药用或装饰用的除外｝。琼脂、角叉胶或其他从植物材料中提取的天然胶及增稠剂不归入本品目（品目 13.02）。海草和品目 12.12 的其他藻类及已死的单细胞藻类（品目 21.02）也不归入本品目。

（七）未镶嵌的绒草头，包括用于纺织品整理的。

（八）日本米纸（通称），将远东生长的某些树的木髓削片制成，用于制人造花、绘画等。日本米纸不论是否表面压平或切成矩形（包括正方形），均归入本品目。

（九）蒌叶，为胡椒科藤蔓植物的新鲜绿叶，因其具有提神兴奋作用，通常供饭后咀嚼。

（十）皂树皮（皂树树皮或巴拿马树皮）。

（十一）无患子浆果或种子（无患子属植物）。

铺在织物、纸等之上或夹在织物、纸等之间并用钉书钉或缝线固定的一层本品目植物材料，也归入本品目。

第三类　动、植物油、脂及其分解产品；精制的食用油脂；动、植物蜡

第十五章　动、植物油、脂及其分解产品；精制的食用油脂；动、植物蜡

注释：

一、本章不包括：

（一）品目 02.09 的猪脂肪及家禽脂肪；

（二）可可脂、可可油（品目 18.04）；

（三）按重量计品目 04.05 所列产品的含量超过 15％的食品（通常归入第二十一章）；

（四）品目 23.01 的油渣或品目 23.04 至 23.06 的残渣；

（五）第六类的脂肪酸、精制蜡、药品、油漆、清漆、肥皂、芳香料制品、化妆盥洗品、磺化油及其他货品；或

（六）从油类提取的油膏（品目 40.02）。

二、品目 15.09 不包括用溶剂提取的橄榄油（品目 15.10）。

三、品目 15.18 不包括变性的油、脂及其分离品，这些货品应归入其相应的未变性油、脂及其分离品的品目。

四、皂料、油脚、硬脂沥青、甘油沥青及羊毛脂残渣，归入品目 15.22。

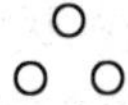

子目注释：

子目 1514.11 及 1514.19 所称“低芥子酸菜子油”，是指按重量计芥子酸含量低于 2％的固定油。

总　注　释

一、本章包括：

（一）动、植物油、脂，不论是否初榨、纯净、精制或用某些方法处理的（例如，熟炼、硫化或氢化）。

（二）从油、脂所得的某些产品，特别是油、脂的分解产品（例如，粗甘油）。

（三）混合食用油、脂（例如，人造黄油）。

（四）动、植物蜡。

（五）处理油脂物质或动、植物蜡所剩的残渣。

但不包括：

（一）品目 02.09 的未炼制或用其他方法提取的不带瘦肉的肥猪肉、猪脂肪及家禽脂肪。

（二）黄油及其他从乳提取的脂和油（品目 04.05）；品目 04.05 的乳酱。

（三）可可油及可可脂（品目 18.04）。

（四）油渣（品目 23.01）；提取植物油脂所剩的油渣饼、橄榄渣及其他残渣（油脚除外）（品目

23.04 至 23.06）。

（五）脂肪酸、精炼所得的酸性油、脂肪醇、甘油（粗甘油除外）、调制蜡、药品、涂料、清漆、肥皂、芳香料制品、化妆盥洗品、磺化油或其他第六类的货品。

（六）从油类提取的油膏（品目 40.02）。

除鲸油及希蒙得木油以外，动、植物油、脂都是含脂肪酸（例如，软脂酸、硬脂酸及油酸）甘油的酯类。

它们呈固态或液态，而且都比水轻，长期暴露于空气中会因水解和氧化而酸败。加热会分解，发出一股辛辣刺鼻的气味。不溶于水，但可完全溶于二乙醚、二硫化碳、四氯化碳、苯等。蓖麻油可溶于酒精，而其他动、植物油、脂仅稍溶于酒精。它们在纸上会留下难以除去的油迹。

构成含甘油三酯脂肪的酯类可通过过热蒸汽、稀酸、酶或催化剂的作用分解产生甘油及脂肪酸，或者通过碱的作用分解产生甘油及脂肪酸碱金属盐（肥皂）。

品目 15.04 及 15.06 至 15.15 还包括这些品目所列油脂的分离品，只要这些分离品在协调制度其他品目未具体列名（例如，鲸蜡应归入品目 15.21）。以下是分离的主要方法：

1. 通过压榨、倾析、冬化及过滤进行干分离；

2. 溶剂分离；

3. 借助表面活性剂分离。

分离不会引起上述油、脂化学结构的任何变化。

本章注释三所述“变性的油、脂及其分离品”，是指加入了变性剂，例如，鱼油、酚、石油、松节油、甲苯、水杨酸甲酯（冬青油）、迷迭香油，使其不能供食用的油、脂。所加物质剂量很小（通常不超过 1%），但能使油、脂或其分离品酸败、发酸、发苦、刺鼻。应注意到，本章注释三不适用于油、脂或其分离品的变性混合物及制品（品目 15.18）。

除本章注释一所列不包括的货品外，动、植物油、脂及其分离品不论是供食用，或是供技术或工业用（例如，供制肥皂、蜡烛、润滑剂、清漆或涂料用），均归入本章。

动、植物蜡主要由含有某些醇（鲸蜡醇之类的丙三醇除外）的某些高级脂肪酸（软脂酸、蜡酸、肉豆蔻酸）的酯类组成，并含有一定比例的游离状态的上述酸和醇，还含有某些碳氢化合物。

这些蜡水解时不产生甘油，加热时不散发油脂加热应有的辛辣味，也不会酸败。蜡通常比油脂硬。

二、品目 15.07 至 15.15 包括这些品目所列的单一（即未与其他性质的油、脂混合）固定植物油、脂及其分离品，不论是否精制，但未经化学改性。

植物油、脂广泛存在于自然界中，含于植物某些部分（例如，子仁和果实）的细胞内，通过压榨或溶剂可将其提取出来。

归入这些品目的植物油、脂是固定油、脂，即具有不分解不易被蒸馏、不会挥发以及不被过热蒸汽带走（但会被分解及皂化）等特征。

除了诸如希蒙得木油之类的油以外，其他植物油、脂都是甘油酯的混合物。固体油主要含常温下呈固态的软脂及硬脂甘油酯；而液体油主要含常温下呈液态的甘油酯（例如，油酸、亚油酸、亚麻酸的甘油酯）。

这些品目包括初榨油、脂或其分离品，精制或纯净的（例如，澄清、洗涤、过滤、脱色、脱酸、脱臭的）也包括在内。

炼油副产品，如“油脚”及皂料，归入品目 15.22。精炼所得的酸性油归入品目 38.23。酸性油是对精炼初榨油过程中所得的皂料用无机酸分解制得。

这些品目所包括的油、脂主要来源于品目 12.01 至 12.07 的含油子仁及果实，也有从归入其他品目的植物原料制得（例如，橄榄油、从品目 12.12 的桃、杏或李的仁制取的油、从品目 08.02 的杏仁、核桃、食用松子、阿月浑子果等制得的油及从谷物胚芽制得的油）。

这些品目不包括食用或非食用的混合物及制品和经化学改性的植物油、脂〔归入品目15.16、15.17或15.18；如果已经具有其他品目（例如，品目30.03、30.04、33.03至33.07、34.03）所列货品的特征，则应分别归入有关品目〕。

15.01 猪脂肪（包括已炼制的猪油）及家禽脂肪，但品目02.09及15.03的货品除外：

10 — 猪油

20 — 其他猪脂肪

90 — 其他

本品目的脂肪可经任何方法加工（例如，炼制、压榨或溶剂提取）而得。最常见的加工方法是湿炼（用蒸汽或低温）及干炼。在干炼过程中，由高温炼出部分脂肪，然后再压榨压出部分脂肪，两部分脂肪汇在一起。有时，残存在油渣里的脂肪还可用溶剂提取。

根据以上所述，本品目包括：

——猪油，一种柔软乳白色固态或半固态食用脂肪，从猪的脂肪组织制得。根据所用的生产方法和脂肪组织不同，所得的猪油也不同。例如，最高级的食用猪脂肪一般是用猪腹部内的板油通过干炼制得。大部分猪油已除异味，有时还可能加入抗氧化剂以防酸败。

加有少量月桂叶或其他调味香料的猪油，如基本特征未改变的，仍归入本品目。可是，含猪油的食用混合物或食品不归入本品目（归入品目15.17）。

——其他猪脂肪，包括骨脂、从废料制得的脂肪及其他不适合供人食用的脂肪，例如，工业用及动物饲料用脂肪。

——家禽脂肪，包括骨脂及从废料制得的脂肪。

从新鲜骨头制得的骨脂呈白色或淡黄色，稠度和气味象牛脂；而从不新鲜的骨头制得的骨脂柔软，呈颗粒状，土黄色或棕褐色，有一股难闻的气味。骨脂用于制肥皂、蜡烛或作润滑剂。

从废料制得的油脂是牲油脂，即从动物其他废料及剩料（舌、肚、碎料等）或从废碎皮制得的脂肪。它们通常具有以下特征：色深、味难闻，游离脂肪酸（油酸、软脂酸等）、胆固醇及杂质等含量高，熔点低于本品目的猪油及其他脂肪。主要用于技术方面。

这些脂肪可以是初榨的，也可以是精制的。精制油要通过中和、用漂白土处理、吹入过热蒸汽、过滤等工序。

这些产品用于制食品、膏药、肥皂等。

本品目也不包括：

（一）品目02.09的未炼制或用其他方法提取的不带瘦肉的肥猪肉、猪脂肪及家禽脂肪。

（二）猪油硬脂及液体猪油（品目15.03）。

（三）非从本品目所述的动物制得的脂肪（品目15.02、15.04或15.06）。

（四）品目15.06的骨油。

（五）人造猪油（品目15.17）。

15.02 牛、羊脂肪，但品目15.03的货品除外：

10 — 牛、羊油脂

90 — 其他

本品目包括牛、山羊或绵羊内脏及肌肉周围的脂肪，其中以牛脂为最重要。这些脂肪可以是生的（鲜、冷或冻的）、干的、熏的、盐腌或盐渍的，也可以是炼制的油脂状（牛羊脂）。其炼制方法与品目15.01的相同。本品目还包括压榨或溶剂提取的脂肪。

“原汁”是最高级的食用牛羊脂。它是白色或淡黄色固体产品。新鲜时无味，暴露于空气后会产生一种特殊的酸败气味。

牛羊脂几乎全部由油酸、硬脂酸及软脂酸的甘油脂组成。

牛羊脂用于制食用油脂、润滑剂、肥皂、蜡烛、皮革鞣料、动物饲料等。

本品目还包括从牛、山羊或绵羊骨头及废料制得的脂肪。品目15.01的相应注释同样适用于本品目的骨脂及脂肪。

本品目不包括：

（一）油硬脂、食用或非食用脂油（品目15.03）。

（二）马脂（品目15.06）。

（三）非本品目所述动物废料制得的骨脂及脂肪（品目15.01、15.04、15.06）。

（四）动物油类（例如，品目15.06的牛脚油及骨油）。

（五）某些名为“植物牛脂”的植物脂，例如，乌桕脂及婆罗洲桕脂（品目15.15）。

15.03　猪油硬脂、液体猪油、油硬脂、食用或非食用脂油，未经乳化、混合或其他方法制作

本品目包括压榨猪油（即猪油硬脂及液体猪油）或压榨牛羊油（即食用或非食用脂油、油硬脂）。在加工过程中，猪油或牛羊油在加热的油槽中放置3～4天，使猪油硬脂或油硬脂的晶体形成，然后将这些晶粒团块进行压榨，使油和硬脂分开。这种压榨不同于干炼过程中的压榨，后者是通过高温把残余的脂肪从其他动物材料（例如，蛋白质及相连组织等）分离出来。本品目的产品也可用其他方法分解制得。

猪油硬脂是猪油或其他炼制猪脂肪被压榨后所剩的白色固体脂肪。本品目包括供食用或非供食用的猪油硬脂。食用猪油硬脂有时与软猪油混合，使其稠度提高，更为硬实（品目15.17）。非供食用猪油硬脂可作为润滑剂，或作为生产甘油、油精或硬脂精的原料。

液体猪油是用猪油或炼制过的猪脂肪冷榨而得，为淡黄色液体，有少许油腻气味，味道尚可。用于某些工业（例如，加工羊毛、生产肥皂等等）或作润滑剂，有时也用于制造食品。

食用脂油，一种白色或淡黄色固态软稠脂肪，气味较好并稍带牛脂味，呈晶体状。如经碾、压，则成粒状。主要由油酸（甘油三油酸酯）的甘油酯组成。食用脂油主要用于生产人造黄油及人造猪油之类的食品，也用作润滑剂。

非食用脂油，一种淡黄色液体产品，有牛脂气味，暴露于空气中极易酸败，用于制皂。与矿物油混合后可作润滑剂。

提取食用或非食用脂油后所剩较硬的物质，是一种主要由硬脂酸及软脂酸甘油酯（三硬脂精及三棕榈精）组成的混合物。这种脂称为油硬脂（“压制脂”），通常为坚硬易碎的饼状或片状，白色无味。

本品目不包括乳化、混合或经其他制作的产品（品目15.16、15.17或15.18）。

15.04　鱼或海生哺乳动物的油、脂及其分离品，不论是否精制，但未经化学改性：

10　—　鱼肝油及其分离品

20　—　除鱼肝油以外的鱼油、脂及其分离品

30　—　海生哺乳动物的油、脂及其分离品

本品目包括从某些鱼类（例如，鳕鱼、庸鲽鱼、步鱼、鲱鱼、沙丁鱼、鳀鱼、沙脑鱼等）或海生哺乳动物（鲸鱼、海豚、海豹等）的躯体、肝或废料中制得的油、脂及其分离品。它们都有一股独特的鱼腥味，难以入口，颜色为黄色到棕红色不等。

鳕鱼、庸鲽鱼及其他鱼的肝脏所产的油富含维生素及其他有机物质，因而主要用于医药。鱼肝油不论是否通过辐照或用其他方法提高维生素含量的均归入本品目，但制成药品、经乳化或加有其他物质以供治疗疾病用的应归入第三十章。

本品目也包括“鱼硬脂精”。它是通过压榨及倾析冷鱼油所得的一种固体产品，为淡黄色或棕褐色，有鱼腥味，用于制造麂皮脂、润滑剂及低级肥皂。

精制的鱼及海生哺乳动物油、脂仍归入本品目，但部分或全部氢化、相互酯化、再酯化或反油酸化的除外（品目 15.16）。

15.05　羊毛脂及从羊毛脂制得的脂肪物质（包括纯净的羊毛脂）

羊毛脂具有胶粘性，气味难闻，从洗毛的肥皂液中回收而得，也可通过挥发性溶剂（例如，二硫化碳等）从汗羊毛中制取。羊毛脂不含甘油的酯类，因此，从化学成分上看，它应作为蜡而不应作为脂。羊毛脂用于制造润滑剂，也可用于其他工业方面，但最多用作精羊毛脂（羊毛脂的精制产品）或供提取羊毛脂油精或羊毛脂硬脂精。

精羊毛脂是通过净化羊毛脂制得，稠如软膏：根据精制程度不同，颜色为黄白色至棕褐色，稍露于空气即变质，有淡淡的特殊气味，精羊毛脂极易溶于煮沸的酒精，不溶于水，但能大量吸水，吸水后成为油性乳剂，称为水合羊毛脂。

无水羊毛脂用于制造润滑剂、可乳化的油或熟皮料；水合或乳化羊毛脂主要用于制造软膏或化妆品。

本品目还包括稍加改性但仍保持本身基本特征的精羊毛脂，以及羊毛醇（也称羊毛脂醇，为胆固醇、异胆固醇及其他高级醇的混合物）。

本品目不包括已有化学定义的醇（通常归入第二十九章）及以精羊毛脂为基料的制品，例如，加入了药料或香料的精羊毛脂（品目 30.03、30.04 或第三十三章），也不包括经化学改性后已失去本身基本特征的精羊毛脂，例如，羟乙基化后可溶于水的精羊毛脂（通常归入品目 34.02）。

羊毛脂经蒸汽蒸馏并压榨后，就分离成液体、固体及残渣三个部分。

液体部分即羊毛脂油精，为混浊棕红色产品，有淡羊毛脂气味。可溶于乙醇、二乙醚、车用汽油等。用作纺织工业的纺织品润滑剂。

固体部分（羊毛脂硬脂精）为蜡质，黄褐色，有强烈的羊毛脂气味，溶于煮沸的酒精及其他有机溶剂，用于皮革工业或制造润滑剂、粘性油、蜡烛或肥皂。

本品目不包括羊毛脂残渣（品目 15.22）。

15.06　其他动物油、脂及其分离品，不论是否精制，但未经化学改性

本品目包括所有的动物油、脂及其分离品，但品目 02.09 及本品目以前本章各品目所列的除外。因此，本品目包括除猪、牛、家禽、山羊、绵羊、鱼、海生哺乳动物以外的所有动物脂肪，以及除液体猪油、食用或非食用脂油、鱼油、海生哺乳动物油、羊毛脂油以外的所有动物油。

本品目主要包括：

一、从马、河马、熊、兔、陆栖蟹、海龟等制取的脂肪（包括从这些动物的骨、骨髓及废料制取的脂肪）。

二、牛脚油及类似油，用烹煮牛、马、绵羊的脚或胫骨所得的油脂通过冷榨制得。

这类油呈米黄色，略带甜味，接触空气也不易变质，主要用作精密机械（例如，手表、缝纫机、火器等）的润滑剂。

三、**骨油**，通过压榨骨脂或用热水处理骨头所制得，呈淡黄色液态，无气味，不易酸败，用于精密机械的润滑及皮张的整理。

四、**骨髓油**，为白色或淡黄色产品，用于制药或制香料。

五、**蛋黄油**，通过压榨或用溶剂从煮熟的蛋黄中制得，油清澈，金黄色或浅红色，有熟蛋的气味。

六、**海龟蛋油**，为米黄色，无气味，用于食品。

七、**金蛹油**，从蚕蛹制得，为棕红色，有非常难闻的特殊气味，用于制皂。

本品目不包括：

（一）猪脂肪及家禽脂肪（品目 02.09 或 15.01）。

（二）牛、绵羊或山羊脂肪（品目 15.02）。

（三）鱼或海生哺乳动物的油、脂及其分离品（品目 15.04）。

（四）主要同吡啶基组成的产品（通称为骨焦油，有时也称骨油）（品目 38.24）。

15.07　豆油及其分离品，不论是否精制，但未经化学改性(+)：

10　—　初榨的，不论是否脱胶

90　—　其他

豆油是通过液压、螺杆压或用溶剂从大豆中提取的一种淡黄色固定干性油，可供食用及工业用，例如，制人造黄油或沙拉油、肥皂、涂料、清漆、增塑剂及醇酸树脂。

本品目还包括豆油分离品。但在初榨豆油精制过程中制得的大豆卵磷脂应归入品目 29.23。

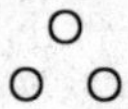

子目注释：

子目 1507.10

压榨的固定植物油，不论是液体还是固体，如果只经过倾析、离心分离或过滤加工，都应视为初榨油。初榨油只是使用重力、压力、离心力等的机械力将油和固体物质分离，不包括使用吸收过滤法、分馏法及任何其他物理或化学方法制取的油。通过萃取法所制得的油，如其颜色、气味、味道与压榨油无异，也可视为初榨油。

15.08　花生油及其分离品，不论是否精制，但未经化学改性(+)：

10　—　初榨的

90　—　其他

花生油是一种非干性油，通过压榨或用溶剂萃取普通花生仁制得。

过滤或精制花生油可作沙拉油或用于烹饪及制人造黄油等。低级花生油用于制皂或润滑剂。

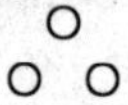

子目注释：

子目 1508.10

参见子目 1507.10 的注释。

15.09　油橄榄油及其分离品，不论是否精制，但未经化学改性：

10　—　初榨的

90　—　其他

油橄榄油是从油橄榄树（*Olea europaea L.*）的油橄榄制得的。

本品目包括：

一、初榨的油橄榄油，在防止其变质的状态下（主要是在加热的状态下）仅用机械或其他物理方法（例如，压榨）处理油橄榄制得，所经过的处理不得超过洗涤、倾析、离心分离或过滤范围。

初榨的油橄榄油包括：

（一）可供食用的未加工初榨的油橄榄油，油清澈，浅黄色至淡绿色，有特别的气味和味道。

（二）灯橄榄油，有异味或游离脂肪酸（以油酸计）含量每 100 克超过 3.3 克，或两者兼而有之。它可用于技术方面，精制后可供食用。

二、精制油橄榄油，用以上一款所述的初榨的油橄榄油精制而得。精制后不改变其原来的甘油酯结构或其他脂肪酸结构。

精制油橄榄油清澈透明，无沉淀物，游离脂肪酸（以油酸计）含量每 100 克不超过 0.3 克。

该油呈黄色，无特殊气味和味道，可直接供人食用，也可与初榨的油橄榄油混合后供人食用。

三、分离品及以上一、二两款所述产品的混合物。

*

* *

以上一款所述的初榨油与以上二、三两款所述的油类可按以下方法加以区分：

（一）本品目的橄榄油，如其消光系数 K270（按营养学委员会大典指定方法 CAC / RM26-1970 测定）低于 0.25 的，或虽高于 0.25，但其样品用活性铝土处理后不超过 0.11 的，均可视为初榨油。

对于游离脂肪酸（以油酸计）含量每 100 克超过 3.3 克的初榨油，从活性铝土通过后，其消光系数 K270 超过 0.11 的，经实验室中和脱色，必须具有以下两个特性：

1. 消光系数 K270 不超过 1.1 的；

2. 在 270 毫微米范围，消光系数超过 0.01 但不超过 0.16 的。或

（二）本品目的橄榄油，如游离脂肪酸（以油酸计）含量每 100 克不超过 0.3 克的，可视为已精制。

通过确定甘油三酯在 2-位置上的软脂酸及硬脂酸含量总和（按 1979 年第六版本的 2210 号国际理论和应用化学联合会指定方法测定），可证实缺少再酯化油。初榨油的上述总和（以在 2-位置的脂肪酸总和的百分比计）必须低于 1.5%，而精制油必须低于 1.8%。

本品目的橄榄油可通过阴性贝利尔反应与品目 15.10 的橄榄油区别开来。

在某些情况下，是否含有橄榄渣油只能靠查清不皂化部分的三萜二醇来确定。

本品目不包括橄榄渣油及油橄榄油与橄榄渣油的混合油（品目 15.10）或从橄榄油中制取的再酯化油（品目 15.16）。

15.10 其他橄榄油及其分离品，不论是否精制，但未经化学改性，包括掺有品目 15.09 的油或分离品的混合物

本品目包括品目 15.09 以外的从橄榄制得的其他橄榄油。

本品目的油可以是初榨的，也可以是精制或经其他方法处理但没有改变其原甘油酯结构的。

本品目包括橄榄渣油，即油橄榄经压榨产出品目 15.09 的油橄榄油后，用溶剂萃取其所剩残渣制得的油。

初榨橄榄渣油经不改变其原甘油酯结构的方法精制后可供食用。

所得的橄榄油清澈透明，呈黄色至棕黄色，不含沉淀物，无异味。

本品目还包括分离品及本品目与品目 15.09 的橄榄油或其分离品的混合油。最常见的混合油是由

精制橄榄渣油与初榨油橄榄油混合的油。

*
* *

通过确定甘油三酯在2-位置上的软脂酸及硬脂酸含量总和可证实缺少再酯化油。这个总和必须低于2.2%（参见品目15.09的注释）。

本品目的橄榄油可通过阳性贝利尔反应与品目15.09的橄榄油区别开来。在某些情况下，是否含有橄榄渣油只有靠查清不皂化部分的三萜二醇来确定。

本品目不包括从橄榄油制取的再酯化油（品目15.16）。

15.11　棕榈油及其分离品，不论是否精制，但未经化学改性(+)：

10　—　初榨的

90　—　其他

棕榈油是从油棕果的果肉制取的一种植物脂肪，主要来源于非洲油棕榈。该油棕榈原产于热带非洲，也生长在中美洲、马来西亚和印度尼西亚。其他来源有，例如，原产于南美洲的黑可卡油棕榈（也称为诺利棕榈）及各种垂花榈属的棕榈，包括巴拉主棕榈。棕榈油是通过萃取或压榨而得，其颜色会按不同的状态和是否精炼而有所不同。它们不同于棕榈仁油（品目15.13），后者虽也用同样的油棕果制得，但其棕榈酸和油酸的含量极高。

棕榈油可作润滑剂或用于制皂、蜡烛、化妆品、盥洗品或热镀锡工艺和棕榈酸生产等。精制棕榈油用于制食品，例如，作煎炸油脂或制人造黄油。

本品目不包括棕榈仁油或巴巴苏棕榈果油（品目15.13）。

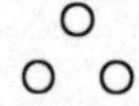

子目注释：

子目1511.10

参见子目1507.10的注释。

15.12　葵花油、红花油或棉子油及其分离品，不论是否精制，但未经化学改性(+)：

—　葵花油或红花油及其分离品：

11　——　初榨的

19　——　其他

—　棉子油及其分离品：

21　——　初榨的，不论是否去除棉子酚

29　——　其他

一、葵花油

这类油是从普通向日葵花制得，呈淡金黄色，用作沙拉油或制人造黄油及猪油代用品，由于具有半干性质，也用于涂料、清漆工业。

二、红花油

红花是一种非常重要的染料植物，其种子可产干性食用油、用于制食品、药品、醇酸树脂、涂料及清漆。

三、棉子油

棉子油是一种最为重要的半干性油类，从棉子仁中制得，有广泛的工业用途，例如，处理皮革，制造肥皂、润滑剂、甘油、防水剂以及作润肤膏的基料。纯净的精制棉子油其具有很高的价值，用作沙拉油或烹饪油，也可制造人造黄油及猪油代用品。

○
○ ○

子目注释：

子目 1512.11 及 1512.21

参见子目 1507.10 的注释。

15.13　椰子油、棕榈仁油或巴巴苏棕榈果油及其分离品，不论是否精制，但未经化学改性(+)：

— 椰子油及其分离品：

11 — — 初榨的

19 — — 其他

— 棕榈仁油或巴巴苏棕榈果油及其分离品：

21 — — 初榨的

29 — — 其他

一、椰子油

这类油从干椰子肉中制得，也有从鲜椰子制得。这种非干性油为米黄色或无色，在温度 25℃以下呈固态。椰子油用于制皂、化妆品或盥洗品、润滑油脂、合成洗涤剂、洗衣粉或清洁剂，也可作为提取脂肪酸、脂肪醇及甲酯的原料。

精制椰子油可食用，用于制食品，例如，人造黄油、节食品。

二、棕榈仁油

这类白色的油主要是从非洲油棕榈（参见品目 15.11 的注释）的果实仁而不是果肉制得。因其有好闻的坚果香味，故广泛用于人造黄油及糖果糕饼工业，也用于制甘油、洗发剂、肥皂及蜡烛。

三、巴巴苏棕榈果油

这是一种从巴巴苏棕榈树（羽状叶棕榈）的坚果仁中压榨制得的非干性油。

巴巴苏棕榈果油用于制造工业产品，例如，制皂。精制后用于替代棕榈仁油制食品。

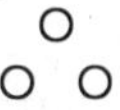

子目注释：

子目 1513.11 及 1513.21

参见子目 1507.10 的注释。

15.14　菜子油或芥子油及其分离品，不论是否精制，但未经化学改性(+)：

— 低芥子酸菜子油及其分离品：

11 — — 初榨的

19 — — 其他

— 其他：

91 — — 初榨的

99 — — 其他

一、菜子油

菜子油，特别是北方油菜子和胜利油菜子所产的特征相似的半干性油，商业上都作为菜子油。

这类油一般富含芥子酸。本品目也包括低芥子酸菜子油（从专门培育的油菜产的低芥子酸油菜子中制得），例如，加拿大菜子油或欧洲“双零”菜子油。

这类油用作沙拉油或制人造黄油等，也用于生产工业产品，例如，作润滑添加剂。精制油还可食用。

二、芥子油

这是一种从白芥子、黑芥子及印度芥子等所获得的固定植物油，通常富含芥酸，用于制药、烹饪或制造工业产品。

○
○ ○

子目注释：

子目 1514.11 及 1514.91

参见子目 1507.10 的注释。

15.15　其他固定植物油、脂（包括希蒙得木油）及其分离品，不论是否精制，但未经化学改性(+)：

　　—　亚麻子油及其分离品：

11　——　初榨的

19　——　其他

　　—　玉米油及其分离品：

21　——　初榨的

29　——　其他

30　—　蓖麻油及其分离品

50　—　芝麻油及其分离品

90　—　其他

本品目包括单一的固定植物油、脂及其分离品（参见总注释第二款），但品目 15.07 至 15.14 所列货品除外。在商业上特别重要的有以下几种：

一、亚麻子油，从亚麻植物的种子制得，是最重要的干性油之一。为黄色至浅棕色，味辛辣，氧化后形成韧性很强的弹性薄膜。主要用于制涂料、清漆、油布、油灰、软皂、油墨、药品或醇酸树脂。冷榨亚麻子油可食用。

二、玉米油，从玉米仁制得。初榨油在工业上用途广泛，例如，制皂及润滑剂或整理皮革等。精制油可食用，用于烹饪、制糕点，也可与其他油混合。玉米油是一种半干性油。

三、蓖麻油，从蓖麻子制得，一种不干性油，粘稠，无色或稍微带色，过去主要用作泻药，现在则主要用于工业上，在制漆或硝化纤维素中用作增塑剂，也可用于制二元酸、弹性体、胶粘剂、表面活性剂、液压流体等。

四、芝麻油，从一年生草本植物芝麻的种子制得的一种半干性油。质优的用于制糕点油、沙拉油、人造黄油和类似的食品及制药品。质次的供工业用途。

五、桐油，从油桐子制得，为米黄色至深棕色，快干，有防腐、防水性能，主要用于制涂料及清漆。

六、希蒙得木油（霍霍巴油），常被称为液体蜡，无色或淡黄色，无味，液状，主要由高级脂肪醇的酯组成，是从一种黄杨科沙漠灌木的种子制得，用作鲸蜡油的代用品，例如，制化妆品。

七、名为植物牛脂的产品（主要为婆罗洲桕脂及乌桕脂），通过加工某些含油子仁所得。婆罗洲桕脂为晶体或颗粒饼状，外白内黄绿色。乌桕脂是一种固态蜡质物，浅绿色，有淡淡的芳香味，手感油腻。

八、贸易上名为桃金娘蜡及漆蜡的产品，实为植物脂。桃金娘蜡是从各种桃金娘浆果（岗棯）提取的，呈黄绿色硬饼状，表面蜡质，有似香脂的特殊气味。漆蜡是从几种中国或日本漆树的果实提取的，为浅绿色、淡黄色或白色，蜡状晶体块，易碎，略带树脂气味。

○
○ ○

子目注释：

子目 1515.11 及 1515.21

参见子目 1507.10 的注释。

15.16　动、植物油、脂及其分离品，全部或部分氢化、相互酯化、再酯化或反油酸化，不论是否精制，但未经进一步加工：

10　—　　动物油、脂及其分离品

20　—　　植物油、脂及其分离品

本品目包括用下列某一种化学方法改性但未进一步加工的动、植物油、脂。

本品目还包括用类似方法处理的动、植物油、脂的分离品。

一、氢化油、脂

所称氢化，是指在适当的温度和压力下并在催化剂（通常为细小镍粒）的存在下使油、脂与纯氢接触，提高脂的熔点及增加油的稠度，使不饱和甘油酯（例如，油酸或亚油酸等的甘油酯）成为高熔点的饱和甘油酯（例如，软脂酸、硬脂酸等的甘油酯）。氢化程度及产品的最终稠度要由加工时的条件如何和处理的时间长短来定。本品目包括不论是否经以下处理的这类产品：

（一）部分氢化（包括这些产品要分离成糊状层及液状层），其效果是将不饱和脂肪酸的顺式转变为反式以提高其熔点。

（二）全部氢化（例如，将油转化为糊状或固体脂）。

最常见的氢化油是鱼油、海生哺乳动物油及某些植物油（棉子油、芝麻油、花生油、菜子油、豆油、玉米油等）。这类全部或部分氢化的油常用于制造品目 15.17 食用脂的配料，因为氢化不仅使油增加稠度，还可使油在空气氧化下不易变质，并能改善油的气味及味道。油经漂白，外表也更为雅观。

本部分还包括通称为“乳白油”的氢化蓖麻油。

二、相互酯化、再酯化或反酸化的油、脂

（一）相互酯化（或酯基转移）的油、脂。通过适当重排油、脂所含甘油三酯中的脂肪酸根，可以提高油、脂的稠度。使用催化剂可刺激酯的必要相互作用和重排。

（二）再酯化的油、酯（也称酯化油、脂），即用甘油与游离脂肪酸混合物直接合成的或从精制过程中所得酸性油制成的甘油三酯。在甘油三酯中，脂肪酸根的排列与一般的天然油类排列不同。

含有再酯化油的橄榄油归入本品目。

（三）反油酸油、脂是经过加工，使未饱和脂肪酸根的顺式基本转为相应反式的一种油、脂。

本品目包括上述各种产品，不论是否具有蜡质特性或已经脱臭，以及经过类似的精制加工，也不论是否可直接作为食品。但不包括经进一步加工（例如，改变组织及晶体结构）作食品用的氢化等油、脂及其分离品（品目 15.17）。本品目也不包括氢化、相互酯化、再酯化或反油酸化的油、脂及其分离品，其中超过一种油或脂发生改性的（品目 15.17 或 15.18）。

15.17　人造黄油；本章各种动、植物油、脂及其分离品混合制成的食用油、脂或制品，但品目 15.16 的食用油、脂及其分离品除外(+)：

10　—　　人造黄油，但不包括液态的

90 — 其他

本品目包括本章的各种动、植物油、脂及其分离品混合制成的人造黄油及其他食用油脂或制品，但品目15.16所列的除外。这类混合食用油脂或制品通常为液体或固体，由以下成分组成：

一、不同的动物油、脂及其分离品；

二、不同的植物油、脂及其分离品；或

三、动物和植物油、脂及其分离品。

本品目的产品，其油、脂可预先经氢化，也可经乳化（例如，加脱脂乳）、搅拌、改变结构（改变组织或晶体结构）等，还可含有少量添加的卵磷脂、淀粉、色料、香料、维生素、黄油或其他乳脂〔但必须符合本章注释一（三）的规定〕。

本品目还包括不论是否氢化，但经乳化、搅拌、改变结构等的单一油、脂（或其分离品）制成的食品。

本品目包括氢化、相互酯化、再酯化或反油酸化的油、脂及其分离品，其中超过一种油或脂发生改性的。

本品目的产品主要有：

一、人造黄油（液态人造黄油除外）。塑性物体，通常为淡黄色，从动、植物油、脂或其混合物制得，是一种油包水的乳浊液，其外表、稠度、颜色等一般制成象黄油状。

二、本章各种动、植物油、脂及其分离品混合制成的食用油、脂或食品，但品目15.16所列食用油、脂或其分离品除外；例如，人造猪油、液态人造黄油及糕饼油（从改变结构的油、脂制得）。

本品目还包括作下模剂用的本章各种动、植物油、脂或其分离品制成的食用混合品或制剂。

本品目不包括仅经精制而未进一步处理的单一油、脂；这类油脂即使零售包装，也应各自归入其相应品目项下。本品目也不包括按重量计含黄油或其他乳脂超过15%的制品（通常归入第二十一章）。

本品目还不包括用压榨牛羊脂或猪油制得的产品（品目15.03），以及氢化、相互酯化、再酯化或反油酸化的油、脂及其分离品，仅有一种油或脂发生改性的（品目15.16）。

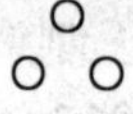

子目注释：

子目1517.10及1517.90

在子目1517.10及1517.90中，人造黄油的物理性质应当在10℃下通过表观检查的方法加以确定。

15.18 动、植物油、脂及其分离品，经过熟炼、氧化、脱水、硫化、吹制或在真空、惰性气体中加热聚合及用其他化学方法改性的，但品目15.16的产品除外；本章各种油、脂及其分离品混合制成的其他品目未列名的非食用油、脂或制品

一、动植物油、脂及其分离品，经过熟炼、氧化、脱水、硫化、吹制或在真空、惰性气体中加热聚合及其他化学方法改性的，但品目15.16的产品除外

本部分包括经加工后改变了化学结构以改善其粘性、干性（即暴露于空气中具有吸氧并形成弹性薄膜的性质）或改变其他性质的动、植物油、脂及其分离品，但这些产品必须仍然保持其原有的基本结构，而且在其他品目又未具体列名。例如：

（一）熟炼或氧化油，通过加热（通常加入少量氧化剂）制得。用于涂料及清漆工业。

（二）吹制油，通过加热并在油中吹入空气制得的部分氧化及聚合油。用于制造绝缘清漆、仿皮革，与矿物油混合后可制造润滑剂（复合油）。

氧化亚麻油，一种半固体橡胶状产品，即用于生产亚麻油地毡的高度氧化亚麻子油，也归入本品目。

（三）脱水蓖麻油，在催化剂存在下将蓖麻油脱水制得，用于制造涂料或清漆。

（四）硫化油，用硫或氯化硫处理使其分子聚合而制得的油类。经硫化加工的油干得快，形成的薄膜比其他油干后形成的普通薄膜吸水更少，机械强度更大。硫化油用于制造防锈涂料及清漆。

如果硫化工序继续进行下去，就制得一种固体产品（从油类提取的油膏）（品目 40.02）。

（五）在真空或惰性气体中加热聚合的油，在温度 250～300℃的真空或惰性二氧化碳气体中不经氧化反应，只通过加热聚合而成的某些油类（特别是亚麻子油及桐油）。经上述加工生产出的稠油，通称为“熟油”，用于生产能形成特别柔软并具有防水性能薄膜的清漆。

不聚合部分已被提取的熟油（达卡油）及熟油混合物均归入本品目。

（六）本品目包括的其他改性油类如下：

1. 马来油，在温度 200℃及以上时用限量的马来酐与足量的多元醇处理豆油等油类，将其额外的酸根酯化而制得。如此制得的马来油干性好。

2. 干性油（如亚麻子油），在凉的状态下加入了少量干燥剂（例如，硼酸铅、环烷酸锌、树脂酸钴）以提高其干燥性能。这类油在制造涂料和清漆上可替代熟炼油。它们与品目 32.11 制成的液体催干剂（干燥剂的浓缩液）不同，切勿与之混淆。

3. 环氧油，在催化剂存在下通过过氧化氢和醋酸之间反应在原地预形成或形成的过醋酸来处理豆油等制得，用作乙烯基树脂等的增塑剂或稳定剂。

4. 溴化油，用作制药工业等方面精油的乳浊液或悬浮液稳定剂。

二、本章各种油、脂及其分离品混合制成的未列名的非食用油、脂或制品

本部分主要包括使用过的煎炸油，含有如菜子油、豆油及少量动物脂之类的油脂，用于制动物饲料。

本品目也包括氢化、相互酯化、再酯化或反油酸化的油、脂及其分离品，其中超过一种油或脂发生改性的。

本品目不包括：

（一）变性的油、脂（参见本章注释三）。

（二）氢化、相互酯化、再酯化或反油酸化的油、脂及其分离品，仅有一种油或脂发生改性的（品目 15.16）。

（三）配制的动物饲料（品目 23.09）。

（四）磺化油（即用硫酸处理过的油）（品目 34.02）。

【15.19】

15.20 粗甘油；甘油水及甘油碱液

粗甘油是一种纯度在 95%以下（以干燥产品的重量计）的产品。它可从油、脂分解或丙烯合成制得。根据不同的生产方法质量上有所差别，例如：

（一）通过用水、酸或碱水解制得，呈液态，略带甜味，为淡黄色至棕褐色，有一股不太难闻的气味。

（二）从甘油碱液制得，为米黄色液体，味涩，有一股难闻的气味。

（三）从制皂残渣中制得，为黄黑色液状，味略甜（不纯品有时带蒜味），有一股不太好闻的气味。

（四）通过催化水解或酶催水解制得，呈液状，有异味，含有大量有机物质及矿物质。

粗甘油也可用油、脂和其他醇相互酯化制得。

本品目还包括甘油水（制脂肪酸的副产品）及甘油碱液（制皂的副产品）。

本品目不包括:

（一）纯度在95%及以上（以干燥产品的重量计）的甘油（品目29.05）。

（二）制成药品或加有药料的甘油（品目30.03或30.04）。

（三）加有香水或化妆品的甘油（第三十三章）。

15.21　植物蜡（甘油三酯除外）、蜂蜡、其他虫蜡及鲸蜡，不论是否精制或着色：

10　—　植物蜡

90　—　其他

一、植物蜡（甘油三酯除外），不论是否精制或着色

植物蜡有以下主要品种：

（一）巴西棕榈蜡，一种从巴西棕榈叶渗出的物体，淡绿色、浅灰色或淡黄色，略觉油腻，近乎晶体结构，非常易碎，有一股干草香味。

（二）小冠巴西棕榈蜡，从一种棕榈树（巴西棕属）的叶中获得。

（三）棕榈蜡，从另一种棕榈树（莱洛克西龙属）的叶柄基部自然渗出，在其树干上收集而得。通常为奶黄色多孔易碎的珠状物。

（四）小烛树蜡，通过水煮一种墨西哥植物（蜡大戟或蜡拖鞋花）制得，是一种半透明棕色硬物质。

（五）甘蔗蜡，天然状态的甘蔗蜡，存在于甘蔗的表面，工业上制得的甘蔗蜡来自制糖过程中澄清浮渣。原状呈灰黑色，柔软，有甘蔗糖蜜般的气味。

（六）棉蜡及亚麻蜡，含于植物纤维中，通过溶剂提取而得。

（七）墨西哥树蜡，通过溶剂从一种在墨西哥生长的树的树皮中提取而得。

（八）皮桑蜡，用爪哇岛某种蕉树叶上的粉末制得。

（九）西班牙草蜡，打开西班牙干草包，收集其中粉末状物质而得。

本品目包括天然或精制、漂白或着色的植物蜡，不论是否块、条等形状。

但本品目不包括:

（一）希蒙得木油（品目15.15）。

（二）商品名称为桃金娘蜡及漆蜡的产品（品目15.15）。

（三）植物蜡的混合物。

（四）与动物蜡、矿物蜡或人造蜡混合的植物蜡。

（五）与脂肪、树脂、矿物或其他材料（颜料除外）混合的植物蜡。

这些混合物通常归入第三十四章（一般归入品目34.04或34.05）。

二、蜂蜡及其他虫蜡，不论是否精制或着色

蜂蜡是蜜蜂用于建造蜂箱内蜂房六角巢室的物质。天然蜂蜡呈颗粒状，淡黄色、橙黄色，有时为棕褐色，有一股好闻的特殊气味；漂白精制后色白或稍黄，几乎无味。

蜂蜡主要用于制造蜡烛、蜡布、蜡纸、胶粘剂、上光剂等。

其他虫蜡中最著名的有：

（一）虫胶蜡，用酒精从虫胶提取制成，呈棕色块状，有虫胶气味。

（二）白蜡（也称虫蜡或树蜡），主要产于中国，是通过收集、精制（将其溶于沸水并过滤）昆虫在女贞树或白蜡树树枝上分泌积存的灰白色粉化物而得，为白色或淡黄色结晶物质，有光泽，无味道，气味近似牛脂。

蜂蜡及其他虫蜡，不论是否天然状态（包括天然蜂巢）或经压制、精制，也不论是否漂白或着色，均归入本品目。

本品目不包括：

（一）虫蜡混合物，与鲸蜡、植物蜡、矿物蜡或人造蜡混合的虫蜡，或与脂肪、树脂、矿物或其他材料（颜料除外）混合的虫蜡。这些混合物通常归入第三十四章（例如，品目 34.04 或 34.05）。

（二）蜂箱用的人造蜡蜂房（品目 96.02）。

三、鲸蜡，天然、压制或精制，不论是否着色

鲸蜡，一种从抹香鲸或鲸目动物头腔或皮下导管所存油、脂提取的蜡状物质。

天然鲸蜡，由约三分之一的纯鲸蜡及三分之二的脂肪组成，浅黄色或棕褐色块状，有一股难闻的气味。

压制鲸蜡，将所有脂肪提取后制得，小块固体鳞片状，棕黄色，几乎不会玷污纸张。

精制鲸蜡，通过用稀释苛性苏打水处理压制鲸蜡制得，长条状，颜色雪白透亮，有珍珠光泽。

鲸蜡用于制造某种蜡烛、香料、药料或作润滑剂。

以上所有产品不论是否着色，均归入本品目。

本品目不包括鲸蜡油，不论是天然的或是通过分离鲸蜡精制的（品目 15.04）

15.22　油鞣回收脂；加工处理油脂物质及动、植物蜡所剩的残渣

一、油鞣回收脂

本品目包括用于皮革工业上油（加脂）的天然或人造回收废脂。

天然油鞣回收脂（也称“麂皮脂”及“回收废脂”），一种油鞣革的油鞣料残渣，通过压制或用溶剂萃取制得，其成分含有由于油氧化而酸败的海洋动物油、树脂状物质 ，还含有水、矿物质（苏打、石灰、硫酸盐）以及废毛、废膜及废皮。

天然油鞣回收脂为均匀的极稠糊状液体，鱼油味很浓，黄色或深棕色。

人造油鞣回收脂，主要由氧化、乳化或聚合鱼油（包括这些油的混合物）与羊毛脂、牛羊脂、松香油等混合组成，有时与天然油鞣回收脂混合组成，黄色浓稠液体（比天然油鞣回收脂稀），有鱼油的特殊气味，不含毛发、膜、皮的废料。静态时往往分为两层，水在底层。

本品目不包括仅经氧化或聚合的鱼油（品目 15.18）、磺化油（品目 34.02）及脂化皮革用的制剂（品目 34.03）。

本品目也包括用碱性溶液处理麂皮及通过脂肪羟基硫酸的沉淀制得的油鞣回收脂。这些产品作为商品呈乳浊液状。

二、处理油脂物质或动、植物蜡所剩的残渣

本品目主要包括：

（一）油脚，提纯油类时所剩的油状粘稠残余物，用于制皂或润滑剂。

（二）皂料，精制油副产品，用碱（氢氧化钠）中和游离脂肪酸而得，由粗皂与中性油、脂混合组成，呈稠浆状，根据提取油类所用原料的不同而颜色各异（棕黄色、灰白色、棕绿色等）。用于制皂。

（三）硬脂沥青，蒸馏脂肪而得。呈黑灰块状，有粘性，相当硬，有时还有弹性，部分溶于石油醚。用于制造胶粘剂、防水纸板及绝缘子。

（四）蒸馏羊毛脂所剩的残渣。外形似硬脂精残渣，用途也相同。

（五）甘油沥青，蒸馏甘油所剩的残渣，用于整理织物和抄造防水纸。

（六）使用过的含脂肪或动、植物蜡的脱色土。

（七）过滤动、植物蜡所得的残渣，由含蜡杂质组成。

本品目不包括：

（一）从已炼制的猪脂肪或其他动物脂肪中所得的脂渣及膜渣（品目 23.01）。

（二）提取植物油所得的油渣饼、油粕及其他残渣（油脚除外）（品目 23.04 至 23.06）。

第四类　食品；饮料、酒及醋；烟草、烟草及烟草代用品的制品

注释：

本类所称“团粒”，是指直接挤压或加入按重量计比例不超过3%的粘合剂制成的粒状产品。

第十六章　肉、鱼、甲壳动物、软体动物及其他水生无脊椎动物的制品

注释：

一、本章不包括用第二章、第三章及品目05.04所列方法制作或保藏的肉、食用杂碎、鱼、甲壳动物、软体动物或其他水生无脊椎动物。

二、本章的食品按重量计必须含有20%以上的香肠、肉、食用杂碎、动物血、鱼、甲壳动物、软体动物或其他水生无脊椎动物及其混合物。对于含有两种或两种以上前述产品的食品，则应按其中重量最大的产品归入第十六章的相应品目。但本条规定不适用于品目19.02的包馅食品和品目21.03及21.04的食品。

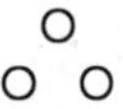

子目注释：

一、子目1602.10的“均化食品”，是指用肉、食用杂碎或动物血经精细均化制成供婴幼儿食用或营养用的零售包装食品（每件净重不超过250克）。为了调味、保藏或其他目的，均化食品中可以加入少量其他配料，还可以含有少量可见的肉粒或食用杂碎粒。归类时该子目优先于品目16.02的其他子目。

二、品目16.04或16.05项下各子目所列的是鱼、甲壳动物、软体动物及其他水生无脊椎动物的俗名，它们与第三章中相同名称的鱼、甲壳动物、软体动物及其他水生无脊椎动物种类范围相同。

总　注　释

本章包括通过加工肉、食用杂碎（例如，脚、皮、心、舌、肝、肠、胃）、血、鱼（包括鱼皮）、甲壳动物、软体动物及其他水生无脊椎动物所得的食品。本章包括超出第二章、第三章及品目05.04所列加工范围以外的经制作或保藏的产品，其加工方法列举如下：

一、香肠及类似产品的制作。

二、煮、蒸、烤、煎、炸、炒或其他方法烹饪，但在熏制前或熏制过程中制熟的熏鱼、熏制的甲壳动物、软体动物或其他水生无脊椎动物（品目03.05、03.06、03.07及03.08）、蒸过或用水煮过的带壳甲壳动物（品目03.06）以及从制熟的鱼、甲壳动物、软体动物或其他水生无脊椎动物制得的细粉、粗粉及团粒（分别归入品目03.05、03.06、03.07及03.08）除外。

三、加工成精、汁，制成鲟鱼子酱或鲟鱼子酱代用品，表面仅涂面浆、撒面包屑、加香蕈、放作料（例如，放胡椒和盐）等。

四、精细均化及仅以本章所列产品为基料制成（即，经制作或保藏的肉、食用杂碎、血、鱼、甲

壳动物、软体动物或其他水生无脊椎动物）。这些均化食品可含有少量可见的肉、鱼等碎块和少量为调味、保藏或其他目的加入的配料。但是，均化本身并不是产品可作为第十六章食品归类的依据。

第二章或第三章的产品与第十六章所列产品的区分界限，参见第二章及第三章的总注释。

本章还包括由香肠、肉、食用杂碎、血、鱼、甲壳动物、软体动物或其他水生无脊椎动物与蔬菜、面条、调味汁等组成的配制食品（包括所谓“配餐”），但所含香肠、肉、食用杂碎、血、鱼、甲壳动物、软体动物或其他水生无脊椎动物及其混合物按重量计超过20%的。对于含有两种或两种以上所述产品的配制食品（例如，含肉和鱼），应按其所含重量最大的配料归入第十六章的相应品目。所述的重量，是指报验时配制食品所含肉、鱼等的重量，而不是配制前肉、鱼等的重量。但应注意，品目19.02所列的包馅食品、品目21.03所列的调味汁及其制品、混合调味品和品目21.04所列的汤料及其制品、均化混合食品，仍应分别归入上述有关品目。

本章也不包括:

（一）适合供人食用的肉或食用杂碎的细粉及粗粉（包括海生哺乳动物的在内）（品目 02.10）及鱼粉（品目 03.05）。

（二）不适合供人食用的肉粉及团粒（包括海生哺乳动物的在内）及鱼、甲壳动物、软体动物或其他水生无脊椎动物的粉及团粒（品目 23.01）。

（三）以肉、杂碎、鱼等为基料的配制动物饲料（品目 23.09）。

（四）第三十章的药品。

16.01　肉、食用杂碎或动物血制成的香肠及类似产品；用香肠制成的食品

本品目包括香肠及类似品，即将动物血或剁碎、绞碎的肉、食用杂碎（包括肠及胃）灌入肠子、胃、膀胱、皮或类似肠衣（天然或人造）内制成的食品。有的并无肠衣，仅压成香肠特有的形状，即圆条状或类似形状，其截面为圆的、椭圆的或矩形的（边角多少有点圆）。

香肠及类似品可生可熟，不论是否熏制，还可加入脂肪、淀粉、调味料、香料等等。除此之外，还可含有相当大块（例如，一口量）的肉或食用杂碎。香肠及类似品不论是否切成片或用密封罐装，均归入本品目。

本品目主要包括：

一、以肉为基料的香肠及类似品（例如，法兰克福香肠、意大利香肠）。

二、肝肠（包括家禽肝肠）。

三、“黑肠”（血香肠）及“白肠”（浅色香肠）。

四、猪小肠制的小香肠、熟的干香肠、大红肠及类似风味香肠。

五、灌入肠衣或压成香肠特有形状的鱼肉馅、肉酱、肉冻及肉糜。

本品目也包括某些以香肠为基料的配制食品（包括所谓“配餐”）（参见本章总注释第三段）。

但本品目不包括:

（一）未经剁碎或绞碎即灌入膀胱、肠或类似肠衣的肉，例如，腿肉卷（通常归入品目 02.10或16.02）。

（二）剁碎或绞碎但不含其他配料的生肉，不论是否已灌入肠衣（第二章）。

（三）灌入通常不作为肠衣使用的肠衣状物品内的食品，但如无肠衣状物品时该食品仍然归入本品目的除外（一般归入品目 16.02）。

（四）煮熟后仅去骨的家禽，例如，火鸡卷（品目 16.02）。

16.02　其他方法制作或保藏的肉、食用杂碎或动物血：

10 — 均化食品
20 — 动物肝
— 品目 01.05 的家禽的：
31 — — 火鸡的
32 — — 鸡的
39 — — 其他
— 猪的：
41 — — 后腿及其肉块
42 — — 前腿及其肉块
49 — — 其他，包括混合的肉
50 — 牛的
90 — 其他，包括动物血的食品

本品目包括所有归入本章的经制作或保藏的肉、食用杂碎及动物血，但香肠及类似品（品目 16.01）或肉精及肉汁（品目 16.03）除外。

本品目包括：

一、经煮（不包括烫洗或类似处理 参见第二章总注释）、蒸、烤、煎、炸、炒或其他方法烹饪的肉或食用杂碎。

二、鱼肉馅、肉酱、肉冻及肉糜，其特征不同于品目 16.01 所列香肠及类似品的。

三、第二章或品目 05.04 所列加工范围以外的经制作或保藏的肉及食用杂碎，包括仅涂面浆、撒面包屑、加香蕈、放作料（例如，放胡椒和盐）或经精细均化的在内（参见本章总注释第四款）。

四、动物血食品，但品目 16.01 的血香肠及类似品除外。

五、按重量计含有 20%的肉、食用杂碎或动物血的配制食品（包括所谓“配餐”）（参见本章总注释）。

本品目不包括：

（一）包馅面食（饺子等），以肉或食用杂碎做馅的（品目 19.02）。

（二）调味汁及其制品、混合调味品（品目 21.03）。

（三）汤料及其制品、均化混合食品（品目 21.04）。

16.03　肉、鱼、甲壳动物、软体动物或其他水生无脊椎动物的精及汁

本品目的精虽然用不同的原料制成，但物理特征（外形、味道、气味等）及化学成分都非常相似。

本品目包括：

一、肉精，肉类经加压蒸煮后，其液汁通过过滤或离心分离脱脂所得的浓缩品。肉精根据浓缩程度不同，可以是固体，也可以是液体。

二、肉汁，通过压榨生肉而得。

三、鱼、甲壳动物、软体动物及其他水生无脊椎动物的精。鱼精通过浓缩鲱鱼肉汁、其他鱼汁或鱼粉汁（不论是否脱脂）而得；在生产过程中，可全部或部分去除有鱼味（例如，海鱼的三甲胺味）的部分，因而，鱼精的特征与肉精的特征相似。

四、通过压榨生的鱼、甲壳动物、软体动物或其他水生无脊椎动物所得的汁。

所有这些产品可含有盐或保藏所必需的其他适量物质。

“精”用于制造某些配制食品，例如，汤料（不论是否浓缩）及调味汁。而“汁”主要作为营养食品。

本品目不包括:

（一）含肉、鱼等精的汤料及其制品和均化混合食品（包括片状或方块状的汤料），其所含物质除肉、鱼等精外，还含有其他物质，例如，脂肪、动物胶及大量的盐（品目 21.04）。

（二）品目 23.09 的鱼或海生哺乳动物的可溶性物质。

（三）药品，其中所含本品目所述产品仅作为药物辅料或赋形剂的（第三十章）。

（四）胨及胨化品（品目 35.04）。

16.04　制作或保藏的鱼；鲟鱼子酱及鱼卵制的鲟鱼子酱代用品：

—　鱼，整条或切块，但未绞碎：

11　— —　鲑鱼

12　— —　鲱鱼

13　— —　沙丁鱼、小沙丁鱼属、黍鲱或西鲱

14　— —　金枪鱼、鲣鱼及狐鲣（狐鲣属）

15　— —　鲭鱼

16　— —　鳀鱼

17　— —　鳗鱼

19　— —　其他

20　—　其他制作或保藏的鱼

—　鲟鱼子酱及鲟鱼子酱代用品：

31　— —　鲟鱼子酱

32　— —　鲟鱼子酱代用品

本品目包括:

一、经煮、蒸、烤、煎、炸、炒或其他方法烹煮的鱼；但应注意，熏制前或熏制过程中制熟的熏鱼如果未再经其他方法制作，仍应归入品目 03.05。

二、用醋、油等制作或保藏的鱼；腌泡鱼（用酒、醋等加调味香料或其他配料制作的鱼）。鱼香肠；鱼酱；鳀鱼酱及鲑鱼酱（用鳀鱼或鲑鱼加脂肪制成）等。

三、在品目 03.02 至 03.05 所列加工范围以外经制作或保藏的鱼，例如，仅涂面浆或撒面包屑的鱼片，经制作的充精生殖腺及鱼肝，精细均化的鱼（参见本章总注释第四款）及经杀菌或消毒的鱼。

四、某些含鱼的配制食品（包括所谓“配餐”）（参见本章总注释）。

五、鲟鱼子酱，用鲟鱼子制作而成。鲟鱼生长在某些地区（意大利、阿拉斯加、土耳其、伊朗及苏联）的河流，主要品种有白鲟、希克普鲟（Schirp）、奥斯奥特鲟（Ossiotr）、塞鲁日鲟（Sewruge）。鱼子酱呈颗粒软块状，由 2～4 毫米直径的鱼卵组成，颜色由银灰至墨绿不等。气味强烈，味道稍咸。也有经压制的，即将其压制成均化膏状。有时制成细圆条状或装于小容器内。

六、鲟鱼子酱代用品，作为鱼子酱食用的产品，但不用鲟鱼子而用其他鱼子（例如，鲑鱼子、鲤鱼子、狗鱼子、金枪鱼子、鲻鱼子、鳘鱼子、圆鳍鱼子）制得。鱼子经洗涤、除净粘附器官、加盐，有时还压制或干制。这些鱼子还可加作料及色料。

所有上述产品不论是否装于密封容器，均归入本品目。

本品目不包括:

（一）卵巢膜包着的鱼子，第三章所列制作或保藏范围以内的（第三章）。

（二）鱼精及鱼汁（品目 16.03）。

（三）鱼馅面食（品目 19.02）。

（四）调味汁及其制品、混合调味料（品目 21.03）。

（五）汤料及其制品和均化混合食品（品目 21.04）。

16.05　制作或保藏的甲壳动物、软体动物及其他水生无脊椎动物：

10　—　　蟹

　　—　　小虾及对虾：

21　——　非密封包装

29　——　其他

30　—　　龙虾

40　—　　其他甲壳动物

　　—　　软体动物：

51　——　牡蛎（蚝）

52　——　扇贝，包括海扇

53　——　贻贝

54　——　墨鱼及鱿鱼

55　——　章鱼

56　——　蛤、鸟蛤及舟贝

57　——　鲍鱼

58　——　蜗牛及螺，海螺除外

59　——　其他

　　—　　其他水生无脊椎动物：

61　——　海参

62　——　海胆

63　——　海蜇

69　——　其他

品目 16.04 的注释在必要的地方稍加修改后，适用于甲壳动物、软体动物及其他水生无脊椎动物。但品目 03.06 所列蒸过或用水煮过（不论是否加入少量的临时性化学防腐剂）的带壳甲壳动物除外。

最常见的经制作或保藏的甲壳动物和软体动物是蟹、小虾、对虾、龙虾、大螯虾、贻贝、章鱼、鱿鱼及蜗牛。本品目所列经制作或保藏的其他水生无脊椎动物主要有海胆、海参及海蜇。

第十七章　糖及糖食

注释：

本章不包括：

一、含有可可的糖食（品目18.06）；

二、品目29.40的化学纯糖（蔗糖、乳糖、麦芽糖、葡萄糖及果糖除外）及其他产品；或

三、第三十章的药品及其他产品。

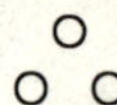

子目注释：

一、子目1701.12、1701.13及1701.14所称“原糖”，是指按重量计干燥状态的蔗糖含量对应的旋光读数低于99.5°的糖。

二、子目1701.13仅包括非离心甘蔗糖，其按重量计干燥状态的蔗糖含量对应的旋光读数不低于69°但低于93°。该产品仅含肉眼不可见的不规则形状天然他形微晶，外被糖蜜残余及其他甘蔗成分。

总　注　释

本章不仅包括糖本身（例如，蔗糖、乳糖、麦芽糖、葡萄糖及果糖），还包括糖浆、人造蜜、焦糖、提取或精炼糖时所剩的糖蜜以及糖食。本章的固体糖及糖蜜可含有添加的香料和色料。

本章不包括：

（一）含任何比例可可或巧克力（白巧克力除外）的糖食及甜可可粉（品目18.06）。

（二）第十九章至第二十二章的甜食品。

（三）甜饲料（品目23.09）。

（四）化学纯糖（蔗糖、乳糖、麦芽糖、葡萄糖及果糖除外）及其水溶液（品目29.40）。

（五）含糖药品（第三十章）。

17.01　固体甘蔗糖、甜菜糖及化学纯蔗糖(+)：

— 未加香料或着色剂的原糖：

12 — — 甜菜糖

13 — — 本章子目注释二所述的甘蔗糖

14 — — 其他甘蔗糖

— 其他：

91 — — 加有香料或着色剂

99 — — 其他

甘蔗糖是从甘蔗茎部的汁制得。甜菜糖则是通过提取甜菜根部的汁制得。

甘蔗或甜菜的原糖呈棕色晶体或其他固体形状，其颜色是所含杂质所致。它的蔗糖含量以干燥时的重量计，对应的旋光读数低于99.5°（参见子目注释）。一般用于加工精制糖。但原糖也有纯度较高，不需精制即可供人食用的。

甘蔗或甜菜的精制糖是通过进一步加工原糖制得，通常为白色结晶物质。市场上销售的糖，粗细

不一，或呈小方块状、塔状、片状、棒状或规则的模制及切割块状。

除以上所述的原糖或精制糖外、本品目还包括由白糖和少量焦糖或糖蜜等混合而成的黄糖以及糖浓缩液经缓慢结晶所得的大颗粒晶体糖果。

应注意到，本品目仅包括固体（粉末状在内）的甘蔗糖和甜菜糖；这些糖可含添加的香料或色料。

由糖水溶液组成的甘蔗或甜菜糖浆如果不含添加香料或色料，应归入品目 17.02，否则归入品目 21.06。

本品目还包括固体化学纯蔗糖，不论其用何种原料制成。从甘蔗或甜菜以外其他原料提取的蔗糖（化学纯蔗糖除外）不归入本品目（品目 17.02）。

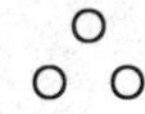

子目注释：

子目 1701.12、1701.13 及 1701.14

商业上的甘蔗原糖所含转化糖都是超过 0.1％的，而甜菜原糖通常则少于 0.1％。这两种原糖还可在带塞子的样品容器中以水溶液状态搁置一夜，通过其各自产生的不同味道来区分。

17.02　其他固体糖，包括化学纯乳糖、麦芽糖、葡萄糖及果糖；未加香料或着色剂的糖浆；人造蜜，不论是否掺有天然蜂蜜；焦糖：

—　乳糖及乳糖浆：

11　——　按重量计干燥无水乳糖含量在 99％及以上

19　——　其他

20　—　槭糖及槭糖浆

30　—　葡萄糖及葡萄糖浆，不含果糖或按重量计干燥状态的果糖含量在 20％以下

40　—　葡萄糖及葡萄糖浆，按重量计干燥状态的果糖含量在 20％及以上，但在 50％以下，转化糖除外

50　—　化学纯果糖

60　—　其他果糖及果糖浆，按重量计干燥状态的果糖含量在 50％以上，转化糖除外

90　—　其他，包括转化糖及其他按重量计干燥状态的果糖含量为 50％的糖及糖浆混合物

本品目包括其他固体糖、糖浆及人造蜜和焦糖。

一、其他糖

本部分包括各种固体（粉末状在内）的糖，不论是否含有添加的香料或色料，但品目 17.01 的糖及品目 29.40 的化学纯糖除外。本品目的糖主要有：

（一）乳糖（$C_{12}H_{22}O_{11}$），存在于乳中，商品乳糖从乳清制得。本品目包括商品乳糖及化学纯乳糖。按干物质计，这类产品必须含有重量 95％以上的无水乳糖。为了计算某一产品中乳糖的重量百分比，所称“干物质”应当去除游离水及结晶水。按干物质计，从乳清制得的产品含有重量 95％及以下无水乳糖的，不归入本品目（通常归入品目 04.04）。

精制商品乳糖为白色晶体粉末，味微甜。化学纯乳糖，无水或水合的，为坚硬无色晶体，吸味。

乳糖与乳一起广泛用于制婴幼儿食品；也用于制糖食、果酱及药品。

（二）转化糖，天然蜂蜜的主要成分。商品转化糖一般通过水解精制蔗糖溶液制得，按重量计所含葡萄糖和果糖的比例相同。报验时可为固体，也可为胶粘浆状（参见第二部分）。用于制药、制面包、制蜜饯果品、人造蜜以及用于酿造业。

（三）葡萄糖，天然存在于水果和蜂蜜中。与等量的果糖可组成转化糖。

本品目包括右旋糖（化学纯葡萄糖）及商品葡萄糖。

右旋糖（$C_6H_{12}O_6$）为白色晶体粉末，用于食品和药品工业。

商品葡萄糖通过用酸及/或酶水解淀粉制得，除右旋糖外，均含不同比例的双糖、三糖及其他多糖（麦芽糖、麦芽三糖等），其还原糖成分按干燥右旋糖计不低于20%的，通常呈无色稍粘的液状（葡萄糖浆，参见第二部分）或块状、饼状（葡萄糖聚集体）及无定形粉末状。主要用于食品工业、制药工业、酿造业和用于烟草发酵。

（四）果糖（$C_6H_{12}O_6$），与葡萄糖一起，大量存在于甜果及蜂蜜之中。商品果糖从商品葡萄糖（例如，玉米糖浆）、蔗糖制得或通过水解菊粉（一种主要从大丽花或菊芋的块茎中制得的物质）制得。为白色晶体粉末或胶粘浆状（参见第二部分）；比一般糖（蔗糖）甜，特别适合糖尿病患者食用。本品目包括商品果糖及化学纯果糖。

（五）蔗糖，从甘蔗及甜菜以外的原料制得。最重要的是槭糖。它是从主要生长在加拿大和美国东北部的糖槭树的液汁制得。此种树液通常经浓缩结晶，但不精制，借以保留其某些非糖成分的可口香味，商业上亦有糖浆状态的（参见第二部分）。其他蔗糖浆（参见第二部分）从糖用高粱、刺槐豆和某种棕榈等中制得。

（六）麦芽糖糊精（糊精麦芽糖），通过与制商品葡萄糖相同的方法制得。含有各种比例的麦芽糖及多糖。但由于水解作用较小，还原糖含量低于商品葡萄糖。本品目仅包括还原糖含量以干燥右旋糖计超过10%但低于20%的上述产品。还原糖含量不超过10%的归入品目35.05。麦芽糖糊精通常为白色粉末，商业上也有糖浆状态的（参见第二部分）。主要用于生产婴儿食品、低热量的营养食品或作为芳香料及食品着色剂的填充剂和制药工业的载体。

（七）麦芽糖（$C_{12}H_{22}O_{11}$），工业上通过用麦芽糖淀粉酶水解淀粉制得，为白色晶体粉末，用于酿酒业。本品目包括商品麦芽糖和化学纯麦芽糖。

二、糖浆

本部分包括各种糖的糖浆（乳糖浆及其水溶液也包括在内，但不包括品目29.40的化学纯糖水溶液），但这些糖浆不得含有添加的香料和色料（参见品目21.06的注释）。

除以上第一款所述的糖浆〔即葡萄糖（淀粉）浆、果糖浆、麦芽糖糊精浆、转化糖浆以及蔗糖浆〕外，本品目还包括：

（一）单一糖浆，将本章的糖溶于水制得。

（二）在甘蔗、甜菜等提纯糖的过程中所得的糖汁及糖浆。这种糖浆可含有果胶、硬朊物质、天然盐等杂质。

（三）佐餐糖浆，含蔗糖及转化糖的佐餐或烹饪用糖浆。佐餐糖浆是用精炼糖时结晶及分离工序完了后余下的糖浆制得，或用甘蔗及甜菜制得糖浆后，再通过转化部分蔗糖或加入转化糖制得。

三、人造蜜

所称“人造蜜”，适用于以蔗糖、葡萄糖或转化糖为基料，通常还加入香料或色料混合制成的仿天然蜂蜜的产品。天然蜜和人造蜜混合品也归入本品目。

四、焦糖

焦糖是棕色非结晶物体，有芳香气味，为似糖浆状的液体或多为粉末状的固体。

焦糖是通过对糖（通常为葡萄糖或蔗糖）或糖蜜在温度120～180℃之间稍为延长熬煮时间制得。

根据加工程序，可制得焦化糖（或糖蜜）本身到着色焦糖等一系列产品。焦化糖以干燥产品计含糖量通常很高（可达90%），而着色焦糖则含糖量很低。

焦化糖或糖蜜用作香料，尤其是用于制造餐后甜点、冰淇淋或糕点。着色焦糖因其有相当大量的糖转化为黑色素（颜料），故用作着色物质，例如，用于饼干制造业、酿酒业或生产某些非酒精饮料。

17.03　制糖后所剩的糖蜜(+)：

10　—　　甘蔗糖蜜
90　—　　其他

本品目的糖蜜是提取或精制糖后所剩的物质，最常见的是在甜菜糖或甘蔗糖提取或精制后，或在玉米提取果糖后所剩的正常副产品，为棕色或黑灰色胶粘物质，含有相当大量不易结晶的糖。然而，糖蜜也可呈粉末状。

甜菜糖蜜一般不能直接供食用，但某些甘蔗糖蜜和玉米糖蜜可供人食用，作佐餐糖浆出售。糖蜜的主要用途是作为蒸馏酒精或酒精饮料（例如，从甘蔗糖蜜制得的朗姆酒）的原料，用作牲口饲料及咖啡代用品。有时也用于提取糖。

本品目糖蜜可以脱色、着色或加香料。

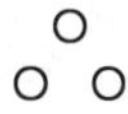

子目注释：

子目 1703.10

甘蔗糖蜜可根据气味及化学成分与品目 17.03 的其他糖蜜加以区分。

17.04　不含可可的糖食（包括白巧克力）：

10　—　　口香糖，不论是否裹糖
90　—　　其他

本品目包括大部分通常可供直接食用的糖制食品。该类食品商业上为固体或半固体形状，统称为糖食或糖果。

本品目主要包括：

一、含糖胶（包括甜味口香糖及类似品）。

二、硬糖（包括含麦精的在内）。

三、硬糖果、口香片、砂糖糖果、果仁糖、软糖、糖衣杏仁、拌砂软糖。

四、蛋白杏仁糖果。

五、喉片或止咳糖，主要含糖（不论是否加有明胶、淀粉或细粉等其他食物）及香料（包括具有药性的物质，例如，苯甲基醇、薄荷、桉树脑及吐鲁香脂）。但如果喉片或止咳糖所含具有药性的物质并非香料，而且其含量比例足以起到预防或治疗疾病作用的，应归入第三十章。

六、白巧克力，由糖、可可脂、奶粉及香料组成，绝不含可可（可可脂不应视为可可）。

七、含蔗糖重量在 10%以上的甘草精（饼状、块状、条状、锭状等）。如果制成糖食，不论是否加香料，也不论其含糖量多少，均归入本品目。

八、糖果包装的果子冻及果子膏。

九、以糖为基料但不含（或稍含）脂肪的糖膏，不仅可直接制作本品目的糖果，而且还可做本品目或其他品目产品的糖馅，例如：

（一）用蔗糖、蔗糖浆、葡萄糖浆或转化糖浆制得的软糖膏，不论是否加香料，用于制软糖，或糖果及巧克力等的糖馅。

（二）果仁糖膏，即糖、水及胶状物（例如，蛋清）的充气混合物，有时也加有少量脂肪，不论是否加有果仁、水果或其他适当的植物产品，用于制果仁糖或作巧克力的夹心馅等。

（三）杏仁糖膏，主要用杏仁及糖制得，基本上用于制蛋白杏仁糖果。

本品目不包括：

（一）含蔗糖重量在 10%及以下的甘草精（未制成糖果的）（品目 13.02）。

（二）含可可糖食（品目 18.06）（可可脂在此不视为可可）。

（三）糖渍蔬菜、果实、果皮等的糖食（品目 20.06）及果酱、果子冻等（品目 20.07）。

（四）含替代糖的合成甜味剂（例如，山梨醇）的糖果、口香糖及类似品（主要供糖尿病患者用）；加有大量脂肪，有时还加有乳、果仁的糖膏，不适合供直接制糖食的（品目 21.06）。

（五）第三十章的药品。

第十八章　可可及可可制品

注释：

一、本章不包括品目04.03、19.01、19.04、19.05、21.05、22.02、22.08、30.03、30.04的制品。

二、品目18.06包括含有可可的糖食及注释一以外的其他含可可的食品。

总　注　释

本章包括各种形状的可可（包括可可豆）、可可脂、可可油及任何含量的可可食品，但不包括：

（一）品目04.03的酸奶及其他产品。

（二）白巧克力（品目17.04）。

（三）按重量计含全脱脂可可在40%以下的细粉、粗粒、粗粉、淀粉或麦精食品，以及按重量计含全脱脂可可在5%以下的品目04.01至04.04所列食品（品目19.01）。

（四）按重量计含全脱脂可可不超过6%的膨化或焙炒谷物（品目19.04）。

（五）含可可的糕饼点心、饼干及类似焙烘品（品目19.05）

（六）含有任何比例可可的冰淇淋及其他冰制食品（品目21.05）。

（七）即可饮用的含可可饮料（例如，可可奶油），不论是否含酒精（第二十二章）。

（八）药品（品目30.03或30.04）。

本品目也不包括从可可提取的一种生物碱，即可可碱（品目29.39）。

18.01　整颗或破碎的可可豆，生的或焙炒的

可可豆是可可树的种子，大量存在于可可果内（一般每果25～28颗），呈扁平卵形，一般为紫色或淡红色，外壳硬而脆，仁被一层极薄的白色内皮包裹，将仁分成几瓣。

可可豆要进行发酵以减少其淡苦味，诱发其香味及便于其去壳。还可将可可豆用蒸汽处理和干制。可可豆经焙炒易于去壳，仁易粉碎，便于浓缩及改善香味。可可豆焙炒后，用带平行沟纹的滚筒破碎，并将其胚芽分离；然后将壳、皮、胚芽和破碎的可可仁（可可碎粒）分开。

本品目包括生的或焙炒的可可豆，整颗（不论是否已和壳、皮或胚芽分离）或破碎的。

本品目不包括：

（一）壳、皮及其他可可废料（品目18.02）。

（二）磨成膏状的可可豆（品目18.03）。

18.02　可可荚、壳、皮及废料

本品目包括生产可可粉或可可脂所剩的废料。某些废料可用于进一步提取可可脂，所有废料可用于提取可可碱。动物饲料中可加入少量的可可废料。废料研磨后有时也用来替代可可粉，但这些粉虽有可可气味，却无可可香味。

本品目包括：

一、壳及皮，在焙炒及破碎可可豆过程中分离而得，含有可提取可可脂的可可仁碎（仍附于壳或皮上，不易将其分离）。

二、可可胚芽，可可豆通过除芽机后获得，几乎不含脂肪。

三、可可末及可可壳末，脂肪含量一般较高，经济上有提取价值。

四、可可饼（附于壳、皮等废料的可可仁碎或整颗可可豆提取可可脂后制得）。可可饼含有小块的壳及皮，因而不适合制可可粉或巧克力。

本品目不包括从可可膏提取可可脂后，所剩不含可可壳及皮的可可饼（品目 18.03）。

18.03　可可膏，不论是否脱脂：

10　—　　未脱脂

20　—　　全脱脂或部分脱脂

可可膏通过加热石碾或盘式破碎机碾磨焙炒可可豆（已除净壳、皮和胚芽）而得；其产品呈固态片状、团状或块状。这种状态的可可膏虽可制糖食，但通常却用于生产可可脂、可可粉及巧克力。

本品目也包括全脱脂或半脱脂的可可膏（可可饼）。这种可可膏用于生产可可粉和巧克力，有时也用于提取可可碱。

本品目不包括含糖或其他甜物质的可可膏（品目 18.06）。

18.04　可可脂、可可油

可可脂，可可豆中的脂肪物质，通常用热压可可膏或整颗可可豆制得。通称为可可脂肪的低级可可脂，也可通过对次可可豆或各种可可废料（壳、皮等）进行压榨或用适当的溶剂提取制得。

可可脂常温下一般为固体，稍觉油腻，黄白色；味似可可，有好闻的气味。通常以块状报验。用于制巧克力（加入可可膏内）、糖食（制某种糖果）、香料（用花香吸取法提取香料）、化妆品及药品（配制软膏、栓剂等）。

18.05　未加糖或其他甜物质的可可粉

可可粉通过粉化品目 18.03 的半脱脂可可膏而得。

本品目仅包括未加糖或其他甜物质的可可粉，主要为溶性可可粉。本品目主要包括用碱性物质（碳酸钠或碳酸钾等）对可可碎、膏、粉进行处理（以提高其可溶性）后制得的可可粉（溶性可可）。

加糖或其他甜物质的可可粉及加奶粉或胨的可可粉均归入品目 18.06。但含有仅作为药物赋形剂或载体可可粉的药品归入品目 30.03 或 30.04。

18.06　巧克力及其他含可可的食品(+)：

10　—　　加糖或其他甜物质的可可粉

20　—　　其他重量超过 2 千克的块状或条状含可可食品，或液状、膏状、粉状、粒状或其他散装形状的含可可食品，容器包装或内包装每件净重超过 2 千克的

—　　其他块状或条状的含可可食品：

31　— — 夹心

32　— — 不夹心

90　—　　其他

巧克力主要由可可膏及糖或其他甜物质组成，通常加有香料及可可脂，也有用可可粉及植物油替代可可膏的，有时还加入乳、咖啡、榛子、杏仁、橘皮等。

巧克力及巧克力食品可制成块、片、条、锭、丸、粒、粉等形状，也有用奶油、果子、酒等夹心的。

本品目还包括各种含有任何比例可可的糖食（包括巧克力果仁糖食）、甜可可粉、巧克力粉、巧克力酱及所有含可可食品（但本章总注释规定不包括的除外）。

添加维生素的巧克力也归入本品目。

本品目不包括：

（1）白巧克力（由可可脂、糖及奶粉组成）（品目 17.04）。

（2）裹巧克力的饼干及其他烘焙糕饼（品目 19.05）。

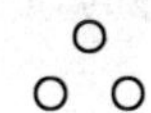

子目注释：

子目 1806.31

本子目所称“夹心”，包括用巧克力包裹，中心有馅（例如，用奶油、糖壳、干椰子肉、水果、果子膏、酒、蛋白杏仁糖果、坚果、牛轧糖、焦糖或上述产品的混合物做馅）的块或条状食品。谷物、水果或坚果（不论是否成块）嵌于整个巧克力当中的实心块状或条状巧克力，不视为“夹心”。

第十九章　谷物、粮食粉、淀粉或乳的制品；糕饼点心

注释：

一、本章不包括：

（一）按重量计含香肠、肉、食用杂碎、动物血、鱼、甲壳动物、软体动物、其他水生无脊椎动物及其混合物超过20%的食品（第十六章），但品目19.02的包馅食品除外；

（二）用粮食粉或淀粉制的专作动物饲料用的饼干及其他制品（品目23.09）；或

（三）第三十章的药品及其他产品。

二、品目19.01所称：

（一）“粗粒”是指第十一章的谷物粗粒；

（二）“细粉”及“粗粉”，是指：

1. 第十一章的谷物细粉及粗粉；以及

2. 其他章所列植物的细粉、粗粉及粉末，但不包括干蔬菜、马铃薯和干豆类的细粉、粗粉及粉末（应分别归入品目07.12、11.05和11.06）。

三、品目19.04不包括按重量计全脱脂可可含量超过6%或用巧克力完全包裹的食品或品目18.06的其他含可可食品（品目18.06）。

四、品目19.04所称“其他方法制作的”，是指制作或加工程度超过第十章或第十一章各品目或注释所规定范围的。

总　注　释

本品目包括通常用作食品的许多调制产品，这些调制产品直接从第十章的谷物、第十一章的产品、其他章的植物质食物粉（例如，谷物细粉、粗粒及粗粉、淀粉、果粉、其他植物粉）或品目04.01至04.04的货品制得。本章还包括糕饼点心及饼干，不论是否含细粉、淀粉或其他谷物产品。

对于本章注释三及品目19.01，产品的可可含量一般可通过将可可碱和咖啡因含量相加后乘以因数31而计算出来。必须注意，所称“可可”，适用于各种形态的可可，包括膏状和固体形状。

本章不包括：

（一）含香肠、肉、食用杂碎、动物血、鱼、甲壳动物、软体动物或其他水生无脊椎动物及其混合物重量超过20%的调制食品（品目19.02所列包馅产品除外）（第十六章）。

（二）按重量计含脱脂可可在40%及以上的细粉、粗粒、粗粉、淀粉或麦精调制食品和按重量计含脱脂可可在5%及以上的品目04.01至04.04所列产品的调制食品（品目18.06）。

（三）含任何比例咖啡的焙炒咖啡代用品（品目09.01）及其他焙炒咖啡代用品（例如，焙炒大麦）（品目21.01）。

（四）非以细粉、粗粉、淀粉、麦精或品目04.01至04.04所列产品为基料的奶制蛋糕、餐末甜点、冰淇淋或类似食品的食用粉（通常归入品目21.06）。

（五）用细粉或淀粉专门配制的动物饲料（例如，狗食饼干）（品目23.09）。

（六）第三十章的药品及其他产品。

19.01　麦精；细粉、粗粒、粗粉、淀粉或麦精制的其他品目未列名的食品，不含可可或按重量计全脱脂可可含量低于40%；品目04.01至04.04所列货品制的其他品目未列名的食品，不含可

可或按重量计全脱脂可可含量低于5%：

10　—　供婴幼儿食用的零售包装食品

20　—　供烘焙品目19.05所列面包糕饼用的调制品及面团

90　—　其他

一、麦精

麦精是通过浓缩麦芽水溶液制得。

不论是块状、粉状或稍粘液状的麦精均归入本品目。

加有卵磷脂、维生素、盐等的麦精，只要未成为第三十章的药品，仍归入本品目。

麦精主要用于配制婴幼儿食品、营养食品或烹饪用品，并可用于制药。胶粘状的可不需进一步加工，直接用于烘烤食品或用于纺织工业。

本品目不包括：

（一）品目17.04的含麦精糖食。

（二）用麦芽制成的啤酒及其他饮料（例如，麦芽酒）（第二十二章）。

（三）麦芽酶（品目35.07）。

二、细粉、粗粒、粗粉、淀粉或麦精制的其他品目未列名的食品，不含可可或按重量计含全脱脂可可低于40%

本品目包括许多种以细粉、粗粒、粗粉、淀粉或麦精为基料的调制食品，不论其所含的这些基料是否重量最重或体积最大，但这些基料构成了调制食品的基本特征。

其他物质可作为辅料加入，例如，加入乳、糖、蛋、脂、油、酪蛋白、白蛋白、谷朊、香料、色料、维生素、果子或其他物质以增强其营养价值，也可加入可可，但按重量计全脱脂可可占整个食品含量应低于40%（参见本章总注释）。

应注意到，按重量计含香肠、肉、食用杂碎、动物血、鱼、甲壳动物、软体动物或其他水生无脊椎动物及其混合物重量超过20%的食品除外（第十六章）。

本品目内下列术语含义如下：

（一）所称“细粉”及“粗粉”，不仅指第十一章的粮食细粉及粗粉，还指各章所列植物质食物细粉、粗粉及粉末，例如，豆粉。但不包括干蔬菜的细粉、粗粉或粉末（品目07.12）、马铃薯的细粉、粗粉或粉末（品目11.05）及干豆类的细粉、粗粉或粉末（品目11.06）。

（二）所称“淀粉”，包括未转变淀粉及预糊化或溶性淀粉。但不包括进一步加工的淀粉产品，例如，麦芽糖糊精。

本品目的食品可以是液状，也可以是粉状、粒状、面团状或其他固体形状，例如，条状或盘状。

这类调制食品通常通过用乳或水简单混合或煮开，就可制成饮料、稀粥、婴幼儿食品、营养食品等，也可用于做饼、布丁、乳蛋糕或类似食品。

本品目的调制食品还可作为食品工业的中间产品。

本品目主要包括：

1．通过蒸发加了糖和细粉的乳所得的细粉。

2．由蛋粉、奶粉、麦精及可可粉组成的调制食品。

3．米粉香饼，由米粉、各种淀粉、甜橡果粉、糖及可可粉组成并用香草加味的调制食品。

4．由谷物细粉与果子细粉（通常还含有添加的可可粉）或由果子细粉与添加的可可粉混合组成的调制食品。

5．用奶粉和麦精（不论是否加糖）制成的麦精乳及类似食品。

6．德式团子，其成分有硬麦粗粉、谷物细粉、面包屑、脂肪、糖、蛋、调味香料、酵母、果酱或水果。但以马铃薯细粉做基料的食品归入第二十章。

7. 揉好的面团，主要由谷物细粉加糖、蛋、脂肪、水果组成（包括已模制或已制成最终产品形状的）。

8. 在比萨饼基料（面团）的表面放上奶酪、西红柿、油、肉、鳀鱼等其他各种配料制成的未烘烤比萨饼。但预烘烤或已烘烤的比萨饼应归入品目 19.05。

除本章总注释列明不包括的食品外，本品目还不包括：

（一）品目 11.01 或 11.02 的自行发酵及“膨胀”（预胶化）细粉。

（二）未经调制的混合谷物细粉（品目 11.01 或 11.02）、混合豆粉及混合果子粉（品目 11.06）。

（三）品目 19.02 的包馅面食及古斯古斯粉。

（四）珍粉及其代用品（品目 19.03）。

（五）全熟或半熟的烘焙糕饼，后者需要进一步烘熟才能食用（品目 19.05）。

（六）调味酱及其制品（品目 21.03）。

（七）汤料及其制品或均化混合食品（品目 21.04）。

（八）人造植物蛋白产品（品目 21.06）。

（九）第二十二章的饮料。

三、品目 04.01 至 04.04 所列货品制的其他品目未列名食品，不含可可或按重量计含全脱脂可可低于 5%

本品目的食品不同于品目 04.01 至 04.04 所列的产品，它除含天然乳外，还含有品目 04.01 至 04.04 所不允许添加的配料。品目 19.01 包括：

（一）供婴幼儿食用或营养用的粉状或液状食品，除含乳以外，还含有添加的辅料（例如，谷物片、酵母）。

（二）用某种物质（例如，油酸脂肪）替代一种或多种乳成分（例如，丁酸脂肪）制得的含乳食品。

本品目的产品可含糖或可可。但本品目不包括具有糖食特征的产品（品目 17.04）、按重量计含全脱脂可可在 5%及以上的产品（品目 18.06）及饮料（第二十二章）。

本品目还包括制冰淇淋用的混合物及基料（例如，冰淇淋粉），但不包括用牛奶做基料的冰淇淋及其他冰制食品（品目 21.05）。

19.02　面食，不论是否煮熟、包馅（肉馅或其他馅）或其他方法制作，例如，通心粉、面条、汤团、馄饨、饺子、奶油面卷；古斯古斯面食，不论是否制作：

— 生的面食，未包馅或未经其他方法制作：

11 — — 含蛋

19 — — 其他

20 — 包馅面食，不论是否烹煮或经其他方法制作

30 — 其他面食

40 — 古斯古斯面食

本品目的面食是用硬麦粗粉或用面粉、玉米粉、米粉、土豆粉等制成的未发酵产品。

这些粉（或混合粉）先用水混合，然后揉成面团，也可加入其他配料（例如，菜蓉、菜汁、菜泥、蛋、乳、谷朊、淀粉酶、维生素、色料、香料）。

揉好的面团通过挤出后切割、滚轧后切割、压制、模制、在旋转筒内成团等方法加工成为特定形状（例如，管状、条状、丝状、蛤壳状、珠粒状、颗粒状、星状、弯肘状、字母状），加工过程中有时加少量的油。产品常因其形状而得名（例如，通心粉、面条等）。

这些产品出售前通常经干制以便于运输、储藏及保存，但干制品很脆。本品目还包括湿的（即潮润的或刚做好的）及冻藏的产品，例如，新鲜的意大利汤团及冻饺子。

本品目的面食可以煮熟、包有任何比例的肉馅、鱼馅、奶酪馅或其他料馅，或经其他方法制作（例如，制成含蔬菜、调味汁、肉等其他配料的菜式）。烹煮只是使面食松软，并不改变其原来的基本形状。

包馅面食可完全包裹（例如，饺子）、尾端张开（例如，锥形奶油面卷）或层叠（例如，千层饼）。

本品目还包括古斯古斯面食，一种经热处理的硬麦粗粉。本品目的古斯古斯面食可经烹煮或用其他方法制作（例如，与肉、蔬菜及其他配料一起作为一个同样名为古斯古斯面食的菜式）。

本品目不包括：

（一）除包馅面食外的其他含香肠、肉、食用杂碎、动物血、鱼、甲壳动物、软体动物或其他水生无脊椎动物及其混合物重量超过20％的食品（第十六章）。

（二）带面食的汤料及其制品（品目21.04）。

19.03　珍粉及淀粉制成的珍粉代用品，片、粒、珠、粉或类似形状的

本品目包括用木薯淀粉、西米淀粉、马铃薯淀粉或类似淀粉（例如，从木薯、欧白及和丝兰植物提取的淀粉）制取的食用产品。

用水将淀粉调至稠浆状，倒入滤网或带孔盘中，浆一滴滴漏出时落入温度为120～150℃的金属板上，成为小圆粒或小粉片。有时还将这些小圆粒或小粉片压碎或制成粒状。另一种方法是将淀粉浆倒入蒸汽加热的容器内使其凝结成形。

作为商品的本品目产品呈粉片状、颗粒状、珠状、粉屑状或类似形状，用于做汤、布丁或营养食品。

19.04　谷物或谷物产品经膨化或烘炒制成的食品（例如，玉米片）；其他品目未列名的预煮或经其他方法制作的谷粒（玉米除外）、谷物片或经其他加工的谷粒（细粉、粗粒及粗粉除外）：

10　—　谷物或谷物产品经膨化或烘炒制成的食品

20　—　未烘炒谷物片制成的食品及未烘炒的谷物片与烘炒的谷物片或膨化的谷物混合制成的食品

30　—　碾碎的干小麦

90　—　其他

一、谷物或谷物产品经膨化或烘炒所得的食品（例如，玉米片）

本组包括用经膨化或烘炒处理变得松脆的谷粒（玉米、小麦、大米、大麦等）制得的一系列食品，主要用作加乳或不加乳的早餐食品。产品生产过程中或生产后可加入盐、糖、糖蜜、麦精、水果或可可（参见本章注释三及总注释）等。

本组还包括用膨化或烘炒细粉或糠麸制得的类似食物。

玉米片是用去皮和去胚芽的玉米粒，加入糖、盐及麦精，用蒸汽蒸软，然后轧成片状，最后在旋转炉内焙烤而得。小麦粒或其他谷粒也可用同样方法加工。

爆米花及爆麦花也属于本组范围。它们的加工方法是将谷粒放入一加压的潮湿热箱内，突然减压并将谷粒射入冷空气中，谷粒即膨胀至原体积的好几倍。

本组也包括把潮湿的谷粒（整粒或碎粒）通过热处理使其膨化，然后对这些食品撒上植物油、奶酪、酵母膏、盐和谷氨酸单钠所制成的咸脆食品。用油炸面团制成的类似食品不归入本品目（品目

19.05）。

二、未烘炒谷物片制成的食品及未烘炒的谷物片与烘炒的谷物片或膨化的谷物混合制成的食品

本组包括未烘炒谷物片制成的食品及未烘炒的谷物片与烘炒的谷物片或与膨化的谷物混合制成的食品。这些产品（经常称作“穆斯利”）可含有干果、坚果、糖、蜜等。它们通常作为早餐食品。

三、布尔古小麦（碾碎的干小麦）

本组包括麦粒为加工形状的布尔古小麦。制作时将硬麦粒先煮熟，然后干燥、去壳或去皮、破碎、粗磨或精磨，最后筛选出大粒或小粒的布尔古小麦。布尔古小麦也可为完整麦粒状。

四、预煮或经其他方法制作的其他谷粒，但玉米除外

本组包括速食谷粒或其他方法加工的谷粒（包括碎谷粒），因而，本组包括完全或部分煮熟后脱水从而改变米粒结构的大米。全煮熟大米只须泡入水中煮沸即可食用，而半煮熟大米则须煮沸 5～12 分钟方能食用。同时，本组包括在速食大米中加入了蔬菜、调味料等配料的产品，但所加配料不得改变其大米食品的特征。

本品目不包括仅经第十章或第十一章所列加工范围的谷粒。

*
* *

本品目也不包括:

（一）裹糖或用其他方法制成含糖的谷物，其含糖比例已使其具有糖食的特征（品目 17.04）。

（二）按重量计全脱脂可可含量超过 6％或用巧克力完全包裹的食品或品目 18.06 的其他含可可食品（品目 18.06）。

（三）经制作供食用的玉米棒子及玉米粒（第二十章）。

19.05　面包、糕点、饼干及其他烘焙糕饼，不论是否含可可；圣餐饼、装药空囊、封缄、糯米纸及类似制品：

10　—　黑麦脆面包片
20　—　姜饼及类似品
—　甜饼干；华夫饼及圣餐饼：
31　— —　甜饼干
32　— —　华夫饼及圣餐饼
40　—　面包干、吐司及类似的烤面包
90　—　其他

一、面包、糕点、饼干及其他烘焙糕饼，不论是否含可可

本品目包括各式烘焙的面包糕点。它们最常见的成分有谷物细粉、酵素及盐，也可含有其他成分，例如，谷朊、淀粉、豆粉、麦精、乳、罂粟子、芫荽子、八角茴香、糖、蜜、蛋、脂肪、奶酪、水果、任何含量的可可、肉、鱼、烘焙“助发剂”等。烘焙“助发剂”主要是有助于面团的制作，加速发酵，改进产品的特征及外形，使产品更耐保存。本品目的产品也可用马铃薯的细粉、粗粉或粉末和成的面团制成。

本品目包括：

（一）普通面包，通常只含谷物细粉、酵素及盐。

（二）糖尿病患者食用的谷蛋白面包。

（三）未发酵的面包。

（四）黑麦脆面包片（也称“黑面包圈”），一种刺有小孔的长方形或圆形的干脆薄饼。黑麦脆面包片是用黑麦、燕麦、大麦或小麦的细粉、粗粉、谷物碎片、未去麸粗面粉和成的面团通过酵母、发面、其他酵素或通过压缩气体发酵制成，其水分含量按重量计不超过10%。

（五）面包干、吐司及类似的烤面包，不论是否切片或磨碎，也不论是否加有黄油或其他脂肪、糖、蛋或其他营养物质。

（六）姜饼及类似品，一种松软，通常还富有弹性的产品，用裸麦或小麦的细粉制成，加糖（例如，蜂蜜、葡萄糖、转化糖、精制糖蜜）、加香料或调味香料，不论是否还含有蛋黄或水果。某些姜饼还裹巧克力、脂肪或可可。另一些则含糖或裹糖。

（七）椒盐脆饼，即一种浇糖浆咸脆食品，通常用长条圆形面团扭成麻花状。

（八）饼干，通常用面粉，加上脂肪、糖及以下第（十）项所述的某些物质制成。为了使产品耐于保存，其烘焙时间一般较长，而且往往还使用密封包装。饼干有以下品种：

1．淡饼干，不含或几乎不含糖或甜物质，但含脂肪比例很高；这类饼干有奶油饼干及硬饼干。

2．甜饼干，一种精细烘焙食品，其保存期限长。用细粉、糖或其他甜物质及脂肪为基料（以上各项至少占产品重量的50%）制成，不论是否含添加的盐、杏仁、榛子、香料、巧克力、咖啡等。成品中所含水分按重量计必须在12%及以下，所含脂肪最高不超过35%（夹心或裹面的水分和脂肪不计在内）。市场上销售的饼干一般无馅，但有时中间有固体物或其他夹心（例如，糖、植物脂肪、巧克力等）。饼干几乎全是工业化生产的产品。

3．咸饼干，其含蔗糖量很低。

（九）华夫饼及薄脆饼，一些份量极轻的精细烘烤食品，夹在有图案的金属盘中烤制而成。这类食品还包括滚压制成的夹心华夫饼，即每层中间有美味夹心的两层或多层华夫饼，以及用专门机器挤压华夫面团制成的华夫饼（例如，冰淇淋用的锥形蛋筒）。华夫饼也可用巧克力包裹。薄脆饼与华夫饼相类似。

（十）糕饼点心，所含成分有细粉、淀粉、黄油或其他脂肪、糖、乳、奶油、蛋、可可、巧克力、咖啡、蜜、水果、利口酒、白兰地、白蛋白、奶酪、肉、鱼、香料、酵母或其他发酵剂。

（十一）某些不含细粉的烘焙产品（例如，用蛋清及糖制的奶白酥皮筒）。

（十二）小薄烤饼及薄煎饼。

（十三）馅饼，用点心皮包馅制成。可用各种材料制馅，例如，奶酪、蛋、奶油、黄油、盐、胡椒、肉豆蔻，如果是“洛林馅饼”，馅中还有咸肉或火腿。

（十四）比萨饼（预烘烤或已烘烤的），在比萨饼基料（面团）表面放上奶酪、西红柿、油、肉、鳀鱼等其他各种配料制成。但未烘烤的比萨饼应归入品目19.01。

（十五）咸脆食品，例如，用马铃薯的细粉、粗粉、粉末或玉米粗粉和成面团并加奶酪、味精及盐调味，然后用植物油烹炸，制成后可即供食用。

本品目不包括：

（一）含香肠、肉、食用杂碎、动物血、鱼、甲壳动物、软体动物、其他水生无脊椎动物及其混合物重量超过20%的食品（例如，肉包子）（第十六章）。

（二）品目20.05的产品。

二、圣餐饼、装药空囊、封缄、糯米纸及类似制品

本品目包括一系列用细粉浆或淀粉浆制成的产品。这类产品通常烘焙成圆片状或其他薄片状，用途各异。

圣餐饼，将非常纯的面粉浆置于两块铁板中间烘焙制成的圆片状薄饼。

装药空囊，用细粉浆或淀粉浆制成的小浅杯状产品，用时将两头套在一块构成一个容器。

封缄，一种把粉浆烘制、干制（有时还着色）成薄片后切割成形的产品，这类产品还含有胶粘物质。

糯米纸，将细粉浆或淀粉浆烘制或干制成薄片状的产品，用于作某些糖果（特别是果仁糖）的包装纸。这种纸不应与名为“米纸”（将某些棕榈木髓切成薄片制成）的产品混淆（参见品目 14.04 的注释）。

第二十章 蔬菜、水果、坚果或植物其他部分的制品

注释：

一、本章不包括：

（一）用第七章、第八章或第十一章所列方法制作或保藏的蔬菜、水果或坚果；

（二）按重量计含香肠、肉、食用杂碎、动物血、鱼、甲壳动物、软体动物、其他水生无脊椎动物及其混合物超过20%的食品（第十六章）；

（三）品目19.05的烘焙糕饼及其他制品；或

（四）品目21.04的均化混合食品。

二、品目20.07及20.08不包括制成糖食的果冻、果膏、糖衣杏仁或类似品（品目17.04）及巧克力糖食（品目18.06）。

三、品目20.01、20.04及20.05仅酌情包括用本章注释一（一）以外的方法制作或保藏的第七章或品目11.05、11.06的产品（第八章产品的细粉、粗粉除外）。

四、干重量在7%及以上的番茄汁归入品目20.02。

五、品目20.07所称"烹煮制成的"，是指在常压或减压状态下，通过减少产品中的水分或其他方法增加产品粘稠度的热处理制得的。

六、品目20.09所称"未发酵及未加酒精的水果汁"，是指按容量计酒精浓度（标准见第二十二章注释二）不超过0.5%的水果汁。

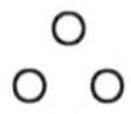

子目注释：

一、子目2005.10所称"均化蔬菜"，是指蔬菜经精细均化制成供婴幼儿食用或营养用的零售包装食品（每件净重不超过250克）。为了调味、保藏或其他目的，均化蔬菜中可以加入少量其他配料，还可以含有少量可见的蔬菜粒。归类时，子目2005.10优先于品目20.05的其他子目。

二、子目2007.10所称"均化食品"，是指果实经精细均化制成供婴幼儿食用或营养用的零售包装食品（每件净重不超过250克）。为了调味、保藏或其他目的，均化食品中可以加入少量其他配料，还可以含有少量可见的果粒。归类时，子目2007.10优先于品目20.07的其他子目。

三、子目2009.12、2009.21、2009.31、2009.41、2009.61及2009.71所称"白利糖度值"，是指在20℃时直接从白利糖度计读取的度数或从折射计直接读取的以蔗糖百分比含量计的折射率，在其他温度下读取的数值应折算为20℃时的数值。

总 注 释

本章包括：

一、用醋或醋酸制作或保藏的蔬菜、水果、坚果及植物其他食用部分。

二、用糖保藏的蔬菜、水果、坚果、果皮及植物其他部分。

三、烹煮制成的果酱、果冻、柑橘酱、果（包括坚果）泥、果（包括坚果）膏。

四、经均化的制作或保藏蔬菜及水果。

五、水果汁或蔬菜汁，未经发酵，也未加酒精的，或所含酒精浓度按容量计不超过0.5%的。

六、蔬菜、水果、坚果及植物其他食用部分，其制作或保藏程度超出第七章、第八章、第十一章及协调制度其他章所列加工范围的。

七、用品目07.14、11.05或11.06所列货品制成的产品（用第八章的产品制成的细粉、粗粉及粉末除外），其制作或保藏程度超出第七章或第十一章所列加工范围的。

八、用渗透脱水法保藏的水果。

上述产品可以是完整的，也可以是切开或捣碎的。

本章不包括：

（一）按重量计含香肠、肉、食用杂碎、动物血、鱼、甲壳动物、软体动物、其他水生无脊动物及其混合物超过20%的食品（第十六章）。

（二）用面粉制的糕点，例如，果馅饼（品目19.05）。

（三）品目21.04的汤料及其制品和均化混合食品。

（四）按容量计酒精浓度超过0.5%的水果汁或蔬菜汁（第二十二章）。

20.01　蔬菜、水果、坚果及植物的其他食用部分，用醋或醋酸制作或保藏的：

10　—　黄瓜及小黄瓜

90　—　其他

本品目包括用醋或醋酸制作或保藏的蔬菜（参见本章注释三）、水果、坚果及植物其他食用部分，不论是否含有盐、调味香料、芥末、糖或其他甜物质，还可含有油或其他添加剂。这类产品可以是散装（例如，大桶装），也可以是供零售用的坛、瓶、罐或密封容器包装。本品目包括某些名为腌菜、芥末泡菜等的腌制品。

本品目所列货品与品目21.03的调味汁不同。调味汁主要为液体、乳浊液或悬浮液状，本身不供直接食用，而是用来作食物的配料或调制某些菜肴。

本品目所述方法保藏的主要产品有黄瓜、小黄瓜、洋葱、青葱、西红柿、菜花、油橄榄、刺山柑、甜玉米、洋蓟芯、棕榈芯、薯蓣、核桃及芒果。

20.02　番茄，用醋或醋酸以外的其他方法制作或保藏的：

10　—　番茄，整个或切片

90　—　其他

本品目包括不论是整个或切开的番茄，但不包括用醋或醋酸制作或保藏的番茄（品目20.01）以及第七章所列范围的番茄。归入本品目的番茄可不论其包装形式如何。

本品目还包括经制作或保藏的均化番茄（例如，番茄泥、番茄膏或番茄精）和番茄干量在7%及以上的番茄汁。但本品目不包括番茄沙司及其他番茄调味汁（品目21.03）和番茄汤料及其制品（品目21.04）。

20.03　蘑菇及块菌，用醋或醋酸以外的其他方法制作或保藏的：

10　—　伞菌属蘑菇

90　—　其他

本品目包括各种蘑菇（梗在内）及块菌，但用醋或醋酸制作或保藏的（品目20.01）及第七章所列范围的除外。本品目的产品可以是整朵、切开（例如，切片）或均化的。

20.04　其他冷冻蔬菜，用醋或醋酸以外的其他方法制作或保藏的，但品目20.06的产品除外：

10　—　马铃薯

90 — 其他蔬菜及什锦蔬菜

本品目的冷冻蔬菜是指未冷冻时归入品目20.05的蔬菜（参见品目20.05的注释）。所称“冷冻”的含义，已在第七章总注释内加以说明。

贸易上常见的归入本品目的产品举例如下：

一、马铃薯片或法式马铃薯条，用油炸或半炸后冻藏的。

二、冷冻的甜玉米棒子或甜玉米粒、胡萝卜、豌豆等，不论是否预煮，与黄油或其他调味汁一同装入密封容器（例如，塑料袋）内。

三、冷冻德式团子，以马铃薯细粉做基料的。

20.05 其他未冷冻蔬菜，用醋或醋酸以外的其他方法制作或保藏的，但品目20.06的产品除外：

10 — 均化蔬菜
20 — 马铃薯
40 — 豌豆
— 豇豆属及菜豆属：
51 — — 脱荚的
59 — — 其他
60 — 芦笋
70 — 油橄榄
80 — 甜玉米
— 其他蔬菜及什锦蔬菜：
91 — — 竹笋
99 — — 其他

本品目所称“蔬菜”，仅限于本章注释三所列产品。这些产品（不包括品目20.01用醋或醋酸制作或保藏的蔬菜、品目20.04的冷冻蔬菜及品目20.06的糖渍蔬菜）如果制作或保藏程度超过第七章或第十一章所列范围的，应归入本品目。

这类产品不论用何种容器包装（常见的是罐头装或其他密封容器装）均归入本品目。

这类产品不论是整个、切开或破碎的，可用水或番茄调味汁浸渍，也可加有其他配料，可即供食用；还可均化或混合（沙拉）。

归入本品目的食品举例如下：

一、食用油橄榄，用苏打溶液专门处理或长时间用盐水浸泡制得（仅用盐水临时保藏的油橄榄仍归入品目07.11，参见该品目的注释）。

二、德式泡菜，通过将盐腌卷心菜丝半发酵制得。

三、甜玉米棒子及甜玉米粒、胡萝卜、豌豆等，经过预煮或与黄油或调味汁一同包装的。

四、马铃薯细粉制成的长方形薄片产品，加盐和少量味精以及连续增湿、增稠使其部分糊精化制成。本产品在油里炸上几秒钟即可成为食用炸土豆片。

本品目不包括：

（一）品目19.05的咸脆食品。

（二）品目20.09的植物汁。

（三）按容量计酒精浓度超过0.5%的植物汁（第二十二章）。

20.06　糖渍蔬菜、水果、坚果、果皮及植物的其他部分（沥干、糖渍或裹糖的）

本品目的产品是用下列方法制得：先用开水处理蔬菜、水果、坚果、果皮或植物其他部分（可将产品软化以利于糖的渗透），然后将产品放入糖浆中反复加热至沸点，使糖浆逐渐浓缩，直至完全浸透产品，使其耐于保藏。

用糖保藏的主要产品有整果〔樱桃、杏、梨、李、栗（香草蜜饯栗子）、核桃等〕、果瓣或果块（柑橘、柠檬、菠萝等）、果皮（香橼皮、柠檬皮、柑橘皮、甜瓜皮等）、植物其他部分（当归、姜、薯蓣、甘薯等）及花（紫罗兰、含羞草等）。

沥干品，用暴露于空气中不结晶的糖浆（例如，转化糖或葡萄糖与一定比例蔗糖混合的糖浆）浸渍，浸糖后将多余的糖浆沥掉即得。产品粘手。

糖渍品，将沥干品浸入蔗糖浆，干后表面有一层薄薄晶亮的糖衣。

饯糖品，让蔗糖浆渗入产品，干后糖在产品表面或整个产品中结晶。

用糖保藏并浸于糖浆中的货品，不论包装如何，均不归入本品目（糖泡蔬菜归入品目20.02、20.03或20.05；糖泡水果、坚果、果皮或植物其他食用部分，例如，糖泡栗子或姜，归入品目20.08）。

干果（例如，椰枣及梅），即使制时加有少量的糖或裹有一层干的天然糖，外表看起来有点类似于本品目的饯糖品，仍归入第八章。

20.07　烹煮制得的果酱、果冻、柑橘酱、果泥及果膏，不论是否加糖或其他甜物质：

10　—　　均化食品
　　—　　其他：
91　——　柑橘属水果的
99　——　其他

果酱是通过将整果、果肉、某些蔬菜（例如，南瓜、茄子）或其他产品（例如，姜、玫瑰花瓣）用几乎等量的糖来烹煮制得。冷却后为浓厚酱状物，带有果肉碎块。

柑橘酱是果酱的一种，通常用柑橘属水果制成。

果冻是用糖和水果汁（压榨生果或烹煮水果而得）煮沸后冷凝而成，呈冻状，透明，无果肉碎块。

果泥是用过筛果肉或坚果粉加糖或不加糖烹煮后制成，呈较浓的酱状物。果泥不同于果酱，其果子含量更高，质地更为细腻。

果膏（苹果、榅桲、梨、杏、杏仁等）是用果泥经蒸发加工制得固体或接近固体的产品。

本品目的产品通常用糖制成，也可用替代糖的合成甜味剂（例如，山梨醇）制成。

本品目也包括均化制品。

本品目不包括：

（一）作为糖食或巧克力糖食的果冻及果膏（分别归入品目17.04或18.06）。

（二）用明胶、糖及果汁或人造果精制成的餐用果冻（品目21.06）。

20.08　用其他方法制作或保藏的其他品目未列名水果、坚果及植物的其他食用部分，不论是否加酒、加糖或其他甜物质：

　　—　　坚果、花生及其他子仁，不论是否混合：
11　——　花生
19　——　其他，包括什锦坚果及其他子仁
20　—　　菠萝

30　—　　柑橘属水果
40　—　　梨
50　—　　杏
60　—　　樱桃
70　—　　桃，包括油桃
80　—　　草莓
　　—　　其他，包括子目 2008.19 以外的什锦果实：
91　——　棕榈芯
93　——　蔓越橘（大果蔓越橘、小果蔓越橘、越橘）
97　——　什锦果实
99　——　其他

本品目包括在其他章或本品目以前本章各品目所列加工范围以外的经制作或保藏的水果、坚果及植物其他食用部分，整个、切开或破碎的，混合品也包括在内。

本品目主要包括：

一、干炒、用油或脂肪烘炒的杏仁、花生、槟榔子及其他坚果，不论是否含或裹植物油、盐、香料、调味香料及其他添加剂。

二、花生酱，用磨碎的炒花生制成的膏，不论是否加盐或加油。

三、用水、糖浆、化学品或酒精浸渍保藏的水果（包括果皮及子仁）。

四、消毒的果肉，不论是否烹煮。

五、捣碎及消毒的整个果子，例如，桃（包括油桃）、杏、橘（不论是否去皮、去核、去子），不论是否加水或糖浆，但所加水或糖浆不足以使产品成为饮料供直接饮用的。能作为饮料直接饮用的归入品目 22.02。

六、烹煮水果。但用汽蒸或水煮后冻藏的水果应归品目 08.11。

七、浸于糖浆中或用其他方法制作或保藏的植物梗、根及其他食用部分（例如，姜、当归、薯蓣、甘薯、忽布苗、葡萄叶、棕榈芯）。

八、浸于糖浆中的罗望子果。

九、用糖保藏并浸于糖浆中的水果、坚果及植物其他食用部分（例如，糖泡栗子或姜，但不包括糖泡蔬菜），不论其包装如何。

十、用渗透脱水法保藏的水果。所称“渗透脱水”，是指将果块浸入浓缩糖浆中较长一段时间，从而使水果中的大部分水分及天然糖分被糖浆中的糖分所取代的加工过程。随后可将水果风干以进一步降低其水分。

本品目的产品可以用合成甜味剂（例如，山梨醇）替代糖来制作。本品目的产品还可加入其他物质（例如，淀粉），但所加入的物质不应改变水果、坚果或植物的其他食用部分的基本特征。

本品目的产品通常用罐、坛或其他密封容器包装，也有用大桶、琵琶桶或类似容器包装。

本品目也不包括由不同种类的植物或植物某部分（含子仁及果实）组成的产品，或由单一品种或不同种类的植物或植物某部分与一种或多种植物精汁等其他物质混合组成的产品，它们不能直接食用，而是用于制造草本植物浸泡剂或草本植物“茶”（例如，品目 08.13、09.09 或 21.06）。

本品目还不包括归入不同章（例如，第七章、第九章、第十一章、第十二章）的各种植物、植物某部分、子仁或果实（完整、切割、捣碎、磨碎或研粉）的混合物，它们不能直接食用，而是直接用作饮料香料或用于制造饮料的调制精汁（第九章或品目 21.06）。

20.09 未发酵及未加酒精的水果汁（包括酿酒葡萄汁）、蔬菜汁，不论是否加糖或其他甜物质(+)：

— 橙汁：

11 — — 冷冻的

12 — — 非冷冻的，白利糖度值不超过 20

19 — — 其他

— 葡萄柚（包括柚）汁：

21 — — 白利糖度值不超过 20 的

29 — — 其他

— 其他未混合的柑橘属水果汁：

31 — — 白利糖度值不超过 20 的

39 — — 其他

— 菠萝汁：

41 — — 白利糖度值不超过 20 的

49 — — 其他

50 — 番茄汁

— 葡萄汁，包括酿酒葡萄汁：

61 — — 白利糖度值不超过 30 的

69 — — 其他

— 苹果汁：

71 — — 白利糖度值不超过 20 的

79 — — 其他

— 其他未混合的水果汁或蔬菜汁：

81 — — 蔓越橘汁（大果蔓越橘、小果蔓越橘、越橘）

89 — — 其他

90 — 混合汁

关于未发酵及未加酒精的说明，参见本章注释六。

本品目的水果汁及蔬菜汁一般通过压榨熟的而且质量好的新鲜水果或蔬菜制得。制作上可用机械“提取器”榨取（例如，压榨的柑橘属水果汁），其操作原理与家庭型柠檬榨取器相同。也可用压榨法榨取，不论压榨前是否经破碎或碾磨（尤其是对苹果）或用冷水、热水或蒸汽〔例如，番茄、黑醋栗（黑加仑子）及某些如胡萝卜、芹菜之类的蔬菜〕处理制得。

所得的液汁通常经以下方法加工：

一、澄清，用澄清物质（明胶、蛋白、硅藻土等）、酶或离心等方法将液汁与大部分的固体分开。

二、过滤，一般采用硅藻土、石棉、纤维素等盖面的过滤板过滤。

三、除气，排除会影响其颜色或香味的氧气。

四、均化，仅适用于从某种非常新鲜的水果（番茄、桃子等）制得的汁。

五、消毒，用以防止发酵。消毒有各种不同方法，例如，巴氏灭菌（长时间或瞬间），用装有电极的机器进行电气消毒，通过过滤、用二氧化碳加压储藏、冷藏来进行消毒，用化学品〔例如，二氧化硫、苯（甲）酸钠〕消毒，或用紫外线、离子交换剂处理。

通过上述各种不同的处理后，水果汁或蔬菜汁成为清澈透明未发酵的液体。然而，某些液汁（特别是从杏、桃、番茄等肉质水果制得的液汁）仍含有悬浮或沉淀的纤细果肉。

本品目还包括非常罕见的从干果中制取的果汁，这些干果必须是新鲜时含有果汁的果实。例如，

"梅脯汁"，将梅脯放入浸提器，放水加热几小时将汁提出。但本品目不包括从那些几乎不含果汁的新鲜果实或干果实（例如，刺柏果、蔷薇果）用水加热制得的稍呈液状的产品。这类产品通常归入品目 21.06。

本品目的液汁可以浓缩（不论是否冷冻）；也可以为结晶体或粉末状，但其晶体和粉末必须完全或几乎完全溶于水。这类产品一般是通过热加工（不论是否在真空中加热）或冷加工（冻干）制得。

某些浓缩果汁可根据其白利糖度值与相应的非浓缩果汁区分开来（参见本章子目注释三）。

本品目的水果汁或植物汁，只要仍保持其原有特征，可含有下列物质，不论这些物质是生产过程所产生的或是专门加入的：

（一）糖。

（二）其他天然或合成的甜味剂，但所加剂量不得超过正常的甜度所需，液汁在其他方面也符合本品目的规定，尤其是各种不同成分的比例应该平衡〔参见以下第（四）项〕。

（三）为保存液汁或防止液汁发酵的添加产品（例如，二氧化硫、二氧化碳、酶）。

（四）标准剂（例如，柠檬酸、酒石酸）、为恢复生产过程毁损的成分而添加的产品（例如，维生素、色素）及为"固定"香味而添加的产品（例如，在柑橘粉或柑橘晶内加山梨醇）。但本品目不包括加入了某种成分（柠檬酸、从果子提取的精油等），其量明显不同于天然果汁中各种成分之间正常比例的水果汁，在这种情况下，该水果汁已失去其原有特征。

本品目蔬菜汁可含有添加的盐（氯化钠）、调味香料或香料。

同时，同类或不同类的水果汁和蔬菜汁之间的混合汁仍归入本品目。复制汁（即在浓缩汁中加入不超过非浓缩汁正常含量的水制得的汁）也归入本品目。

但在正常的水果汁或蔬菜汁中加入的水，或在浓缩汁中加入的水超出复制原天然汁所需的量，其稀释品即具有品目 22.02 所列饮料的特征。二氧化碳含量超过处理时所需正常含量的水果汁（充气水果汁）或蔬菜汁、柠檬水和果汁汽水都不归入本品目（品目 22.02）。

本品目还包括各种用途的未发酵酿酒葡萄汁，酿酒葡萄汁因为加工方法与其他水果汁非常相似，所以与普通葡萄汁极为相象。酿酒葡萄汁可为浓缩液或晶体（其晶体商业上称为"葡萄糖"或"葡萄蜜"，用于制姜饼、糖果等精细点心或糖食）。

半发酵的酿酒葡萄汁，不论其发酵是否已经中止，以及加酒精的未发酵酿酒葡萄汁，如果按容量计酒精浓度已超过 0.5%的，应归入品目 22.04。

本品目也不包括：

（一）番茄汁，其干量在 7%及以上的（品目 20.02）。

（二）按容量计酒精浓度已超过 0.5%的水果汁或蔬菜汁（第二十二章）。

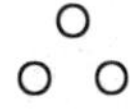

子目注释：

子目 2009.11

所称"冷冻的橙汁"，还包括冷冻温度在－18℃左右但未完全冻结的浓缩橙汁。

第二十一章 杂项食品

注释：

一、本章不包括：

（一）品目07.12的什锦蔬菜；

（二）含咖啡的焙炒咖啡代用品（品目09.01）；

（三）加香料的茶（品目09.02）；

（四）品目09.04至09.10的调味香料或其他产品；

（五）按重量计含香肠、肉、食用杂碎、动物血、鱼、甲壳动物、软体动物、其他水生无脊椎动物及其混合物超过20%的食品（第十六章），但品目21.03或21.04的产品除外；

（六）品目30.03或30.04的药用酵母及其他产品；或

（七）品目35.07的酶制品。

二、上述注释一（二）所述咖啡代用品的精汁归入品目21.01。

三、品目21.04所称“均化混合食品”，是指两种或两种以上的基本配料，例如，肉、鱼、蔬菜或果实等，经精细均化制成供婴幼儿食用或营养用的零售包装食品（每件净重不超过250克）。为了调味、保藏或其他目的，可以加入少量其他配料，还可以含有少量可见的小块配料。

21.01 咖啡、茶、马黛茶的浓缩精汁及以其为基本成分或以咖啡、茶、马黛茶为基本成分的制品；烘焙菊苣和其他烘焙咖啡代用品及其浓缩精汁：

— 咖啡浓缩精汁及以其为基本成分或以咖啡为基本成分的制品：

11 — — 浓缩精汁

12 — — 以浓缩精汁或咖啡为基本成分的制品

20 — 茶、马黛茶浓缩精汁及以其为基本成分或以茶、马黛茶为基本成分的制品

30 — 烘焙菊苣和其他烘焙咖啡代用品及其浓缩精汁

本品目包括：

一、咖啡精汁及浓缩品，可用真咖啡（不论是否去咖啡碱）制得或用真咖啡与任何比例的咖啡代用品混合制得，呈液状或粉状，通常浓缩程度很高。这类产品还包括名为速溶咖啡的产品，即经浸提并脱水或经浸提后冷冻及真空干燥的咖啡。

二、茶或马黛茶的精汁及浓缩品，其加工方法在必要的地方稍加修改后，与以上第一款所述情况相同。

三、以上述一、二两款的咖啡、茶或马黛茶精汁或浓缩品为基本成分的制品。它们是以咖啡、茶、马黛茶的精汁或浓缩品（而不是以咖啡、茶、马黛茶本身）为基本原料制成的制品，包括加有淀粉或其他碳水化合物的精汁等。

四、以咖啡、茶、马黛茶为基本成分的制品，主要有：

（一）“咖啡膏”，由磨碎、烘炒咖啡和植物脂肪，有时还加其他配料混合组成。

（二）茶制品，由茶、奶粉及糖混合组成。

五、烘焙菊苣和其他烘焙咖啡代用品及其精汁和浓缩品。它们是用于替代、仿制咖啡（用热水冲开）或用于掺入咖啡内的各种烘炒产品，有时人们把它们称为“咖啡”，但在“咖啡”两字之前加上其基本物料的名称（例如，大麦“咖啡”、麦芽“咖啡”、橡果“咖啡”）。

烘焙菊苣是通过烘炒品目12.12的菊苣根制得，为棕黑色，有苦香味。

其他的烘焙咖啡代用品包括用甜菜、胡萝卜、无花果、谷物（特别是大麦、小麦及裸麦）、分瓣的豌豆、白羽扇豆、食用橡果、大豆、椰枣核、杏仁、薄公英根或栗子制得的产品。本品目还包括其包装式样明显看得出是用作咖啡代用品的烘炒麦芽。

这些产品可呈块状、粒状、粉末状或浓缩的液体或固体状，它们之间可以混合或与其他配料（例如，碳酸盐或碳酸碱）混合，也可用各种容器包装。

本品目不包括：

（一）含任何比例咖啡的烘焙咖啡代用品（品目 09.01）。

（二）加香料的茶（品目 09.02）。

（三）焦糖（焦糖化的糖蜜及糖）（品目 17.02）。

（四）第二十二章的产品。

21.02　酵母（活性或非活性）；已死的其他单细胞微生物（不包括品目 30.02 的疫苗）；发酵粉：

10　—　活性酵母

20　—　非活性酵母；已死的其他单细胞微生物

30　—　发酵粉

一、酵母

本品目的酵母可以处于活性或非活性状态。

活性酵母一般可引起发酵。它主要由某些种类（几乎全都是酵母菌属）的微生物组成，在酒精发酵时，这些微生物会成倍繁殖。根据充气工艺的不同，还可通过部分或全部防止发酵而制得酵母。

活性酵母包括：

（一）啤酒酵母，在啤酒发酵桶内形成，呈棕黄色膏状或固体，通常有啤酒花苦味及啤酒气味。

（二）酿酒酵母，在酒厂中粮食、马铃薯或水果等发酵时产生，呈乳白色硬膏状，根据所蒸馏的产品不同，气味各异。

（三）发面酵母，在特殊条件下用糖蜜之类的碳水化合物做培养基专门培养的酵母菌繁殖而得。商业上通常压成灰黄色饼状（压榨酵母）出售，这些产品有时有酒精味；也有以干状（一般为颗粒状）或液状出售。

（四）培养酵母，一种实验室中培养的纯种酵母，可悬浮于蒸馏水、明胶或琼脂中。商业上通常以标定剂量装于密封容器内销售，以防污染。

（五）种用酵母，从连续发酵工序的培养酵母中制得，用于繁殖商品酵母。商业上通常以压制的塑性湿润块状或悬浮液状出售。

非活性酵母，用活性不够，因而有关工业不能再使用的啤酒酵母、酿酒酵母、发面酵母干制而得，供人食用（维生素 B 原料）或作动物饲料用。由于干酵母需求量日益增加，现在也有直接用专门培养的活性酵母来制造上述干酵母以适应需求。

本品目还包括其他类型的干酵母（例如，某些假丝酵母属酵母），它们不是用酵母菌属酵母制得的，而是用在含碳氢化合物（例如，汽油或石蜡）或碳水化合物的基质上培养的酵母干制而成的。这种干酵母特别富含蛋白质，用于动物饲料，通称为“石油蛋白质”或“酵母生化蛋白质”。

二、其他已死的单细胞微生物

本类包括已死去的单细胞微生物，例如，死细菌及死的单细胞藻类，特别是在含碳氢化合物或二氧化碳基质中培养的已死单细胞微生物。这些产品蛋白质含量特别高，通常用于动物饲料。

本组某些产品可作为供人食用的食品补充剂或动物饲料添加剂（例如，呈粉状或片状）加以出售，并可含有少量的赋形剂，例如，稳定剂及抗氧化剂。只要所加的上述成分未改变其作为微生物的特征，此类产品仍应归入本品目。

三、发酵粉

归入本品目的发酵粉由化工产品（例如，碳酸氢钠、酒石酸、碳酸铵、磷酸盐）混合而成，不论是否加淀粉。在适当的条件下，发酵粉会释放出二氧化碳，因而用于面团的发酵。市面上通常以零售包装（例如，小袋、听等）出售，名称也不一样（发酵粉、阿尔萨斯发酵剂等）。

本品目主要不包括：

（一）自发谷物细粉，例如，加有发酵粉的细粉（品目 11.01 或 11.02）。

（二）自溶酵母（品目 21.06）。

（三）培养微生物（酵母除外）及疫苗（品目 30.02）。

（四）品目 30.03 或 30.04 的药品。

（五）酶（淀粉酶、胃朊酶、粗制凝乳酶等）（品目 35.07）。

21.03　调味汁及其制品；混合调味品；芥子粉及其调制品：

10　—　酱油

20　—　番茄沙司及其他番茄调味汁

30　—　芥子粉及其调制品

90　—　其他

一、调味汁及其制品；混合调味品

本品目所包括的制品，通常具有调味香料重的特点。它们用不同的配料（例如，蛋、蔬菜、肉、水果、细粉、淀粉、油、醋、糖、调味香料、芥末、香料等）制成，用于某些菜肴（肉、鱼、沙拉等）的调味。调味汁一般为液状，而调味制品一般为粉状，将其制成调味汁时只需加入乳、水等即可。

调味汁通常在烹饪或提供食物时加入。调味汁可以赋予食物香味、润泽和鲜明的质感和色泽。调味汁也可作包裹食物的介质，例如，奶油鸡的白汁沙司。调料汁（酱油、辣椒酱、鱼露）既可作烹饪配料，又可作餐桌调味品。

本品目也包括某些以蔬菜或水果为基料的调制品，它们主要为液体、乳浊液或悬浮液状，有时含有可见的蔬菜和水果屑粒。这些调制品与第二十章的制作或保藏的蔬菜或水果不同，它们是用作调味汁，即用来作食物的配料或用来制作某些菜肴，但其本身不直接供食用。

混合调味品不同于品目 09.04 至 09.10 的调味香料及混合调味香料。混合调味品虽然也含有一种或多种归入第九章以外其他章的香料或调味料，但各种香料比例表明其基本特征已超出第九章所规定范围之外（参见第九章总注释）。

现将本品目所包括的产品列举如下：蛋黄酱、沙拉油、荷兰式调味汁、波伦亚调味汁（由肉粒、番茄泥、调味香料等组成）、酱油、蘑菇酱油、辣酱油（通常用稠酱油作基料，注入加了香料的醋，然后加盐、糖、焦糖及芥末制成）、番茄沙司（用番茄泥、糖、醋、盐及调味香料制成）及其他番茄调味酱、芹盐（一种用食盐及精细研磨的芹菜子混合而成的盐）、某些制香肠用的混合调味品，以及第二十二章的产品（品目 22.09 的产品除外）经配制后用于烹饪而不适于作为饮料的制品（例如，料酒及烹饪用干邑酒）。

除在第九章及第二十章各品目已列名的以外，本品目还不包括：

（一）肉、鱼、甲壳动物、软体动物或其他水生无脊椎动物的精汁（品目 16.03）。

（二）汤料及制品（品目 21.04）。

（三）水解蛋白质，主要为氨基酸和氯化钠的混合物，用作食品添加剂（品目 21.06）。

（四）自溶酵母（品目 21.06）。

二、芥子粉及其调制品

芥子细粉及粗粉是通过研磨及筛选品目 12.07 的芥子制得。原料有幽芥子、白芥子或两者的混合物。芥子粉不论是否研磨前脱脂或去皮，也不论其作何种用途，均归入本品目。

本品目还包括用芥子细粉与少量其他配料（谷物细粉、姜黄、肉桂、胡椒等）混合制成的调制芥末，或用芥子细粉与醋、酿酒葡萄汁或葡萄酒混合制成的芥末酱。芥末酱可加盐、糖、调味香料或其他调味品。

本品目主要不包括：

（一）芥子（品目 12.07）。

（二）固定芥子油（品目·15.14）。

（三）芥子油饼，即从芥子提取固定油后所剩的产品（品目 23.06）。

（四）芥子精油（品目 33.01）。

21.04　汤料及其制品；均化混合食品：

10　—　　汤料及其制品

20　—　　均化混合食品

一、汤料及其制品

本类包括：

（一）只要加水或乳等即可制成汤的汤料制品。

（二）加热后即可供食用的汤料。

这些产品通常以植物产品（细粉、淀粉、木薯淀粉、通心粉、面条及类似品、大米、植物精汁等）、肉、肉的精汁、脂肪、鱼、甲壳动物、软体动物或其他水生无脊椎动物、蛋白胨、氨基酸或酵母萃为基料，还可含有相当大量的盐。

它们一般制成片状、饼状、方块状、粉状或液状。

二、均质混合食品

根据本章注释三的规定，本品目的均化混合食品是指两种或两种以上的基本配料，例如，肉、鱼、蔬菜或果实等，经精细均化混合制成供幼婴儿食用或营养用的零售包装食品(每件净重不超过 250 克)。除以上基本配料外，这类食品可含有少量奶酪、蛋黄、淀粉、糊精、盐或维生素等。含有这些添加物质是为了增加营养（饮食疗法用）、调味、保存或其他目的。这类食品还可含有可见的少量小块配料，但所加配料不得改变均化食品的特征。

均化混合食品一般用作婴幼儿食品，呈细腻糊状，稠度不一，适于直接食用或加热后食用，通常装于密封的瓶或罐内，其量相当于一餐。

本品目不包括非零售包装或每件净重超过 250 克的营养或婴幼儿用均化混合食品，也不包括单一基料（例如，肉、食用杂碎、鱼、蔬菜或水果）的均化食品，不论其是否含有为调味、保存或其他目的加入的少量任何配料（通常归入第十六章或第二十章）。

本品目还不包括：

（一）干蔬菜的混合品，不论是否粉状（品目 07.12）。

（二）干豆类的细粉、粗粉及粉末（品目 11.06）。

（三）第十六章所列肉、鱼等的精汁及其他产品。

（四）含可可食品（一般归入品目 18.06 或 19.01）。

（五）品目 20.04 或 20.05 的什锦蔬菜（包括用于配制汤料的在内）。

（六）自溶酵母（品目 21.06）。

21.05 冰淇淋及其他冰制食品，不论是否含可可

本品目包括通常用乳或奶油做基料的冰淇淋及其他冰制食品（例如，冰糕、冰棍），不论是否含任何比例的可可。但本品目不包括制冰淇淋用的混合物及基料，它们应按其基本材料归类（例如，归入品目 18.06、19.01 或 21.06）。

21.06 其他品目未列名的食品：

10 — 浓缩蛋白质及组织化蛋白质

90 — 其他

本品目包括不能归入协调制度其他品目的食品，主要有：

一、直接供人食用或加工（例如，用水或乳等烹煮、溶解）后供人食用的制品。

二、全部或部分由食物组成的用于制造饮料或食品的制品。本品目包括由化学品（有机酸、钙盐等）与食物（细粉、糖、奶粉等）混合而成，可作为配料或改善食品特征（外形、耐储性等）掺入食品的制品（参见第三十八章总注释）。

但本品目不包括含食物的酶制剂（例如，由加了右旋糖或其他食物的解朊酶组成的嫩肉粉）。这类制剂如果在协调制度其他品目未具体列名，则可归入品目 35.07。

本品目主要包括：

（一）制造餐用奶油、果冻、冰淇淋或类似食品的粉，不论是否甜的。

以细粉、粗粉、淀粉、麦精或品目 04.01 至 04.04 所列货品作基料的粉，不论是否含可可，应按其可可含量（参见第十九章总注释）酌情归入品目 18.06 或 19.01。其他含可可的粉归入品目 18.06。制柠檬水或类似品用的具有加味糖或着色糖特征的粉则酌情归入品目 17.01 或 17.02。

（二）制饮料的香料粉，以碳酸氢钠、甘草甜或甘草精为基料，不论是否甜的（作“可可粉”出售）。

（三）以黄油或其他乳脂或乳油为基料的制品，用于制面包等。

（四）以糖为基料的膏，加有相当大量的脂肪，有时还加乳或坚果，不适于直接制糖食，但可作巧克力、夹心饼干、馅饼、糕点等的馅或夹心料。

（五）加蜂王浆的天然蜂蜜。

（六）主要由氨基酸和氯化钠混合组成的水解蛋白质，用于制食品（例如，调味）；通过去除脱脂豆粉的某些成分而制得的浓缩蛋白质，用于增强食品中的蛋白质；改善了组织结构的大豆粉及其他蛋白质。但本品目不包括非组织化的脱脂大豆粉，不论是否适于供人食用（品目 23.04）及蛋白质纯分离体（品目 35.04）。

（七）制造各种无酒精饮料或酒精饮料用的无酒精或酒精制品（不是以芳香物质为基料的）。这些制品是用品目 13.02 的植物精汁与乳酸、酒石酸、柠檬酸、磷酸、防腐剂、发泡剂、果汁等混合制成，全部或部分含有某种饮料特有味道的香料组分，因此，有关饮料通常可以仅用水、葡萄酒或酒精对制品进行稀释即可制得，不论是否添加诸如糖或二氧化碳气体等物质。这些产品有的专门制成供家庭使用的，但更为广泛的是用于工业，以避免大量的水、酒精等作不必要的运输。这些制品报验时并不适于作饮料饮用，因而可与第二十二章的饮料区别开来。

本品目不包括以一种或多种芳香物质为基料的制造饮料用的制品（品目 33.02）。

（八）以天然或人造香料（例如，香草）为基料的食用香片。

（九）含替代糖的合成甜味剂（例如，山梨醇）的甜食、橡皮糖及类似品（特别是供糖尿病人

用)。

（十）由糖精及某种食物（例如，乳糖）组成的制品（例如，甜味片），用于增加甜味。

（十一）自溶酵母及其他酵母萃，通过水解酵母制得。这些产品不能引起发酵，但含朊值很高，主要用于食品工业（例如，制某些调味品用）。

（十二）制柠檬水或其他饮料用的制品，例如：

1．香味或着色糖浆，即加有天然或人造香料的糖溶液，其香味类似于某些水果或植物等（木莓、黑醋栗、柠檬、薄荷等），不论是否含有添加的柠檬酸及防腐剂。

2．用本品目〔参见以上第（七）项〕所述复合制品来调香味的糖浆，特别是含有焦糖着色的可乐果精及柠檬酸或含有柠檬酸及水果精油（例如，柠檬或柑橘的精油）的糖浆。

3．用果汁加香味的糖浆，其果汁中添加物质（例如，柠檬酸、从水果中提取的精油等）的量明显破坏了天然果汁中所含各种成分的平衡状态。

4．加有柠檬酸（其总含量明显大于天然果汁的柠檬酸含量）、水果精油、合成甜味剂等的浓缩果汁。

这类制品仅简单用水稀释或作进一步处理即可作饮料饮用。某些这类制品则用于加入其他食品中。

（十三）人参精与其他配料（例如，乳糖或葡萄糖）的混合物，用于制造人参“茶”或其他饮料。

（十四）由不同种类的植物或植物某部分（包括子仁或果实）组成的产品，或由单一品种或不同种类的植物或植物某部分（包括子仁或果实）与一种或多种植物精汁等其他物质混合组成的产品，它们不能直接食用，而是用于制造草本植物浸泡剂或草本植物“茶”，例如，具有通便、催泻、利尿或驱风作用的产品，包括那些据说能消除病痛或强身健体的上述产品。

本品目不包括服（使）用一定剂量后对某种病痛具有防治作用的药剂（品目 30.03 或 30.04）。

本品目也不包括归入品目 08.13 或第九章的产品。

（十五）归入不同章（例如，第七章、第九章、第十一章、第十二章）或归入品目 12.11 的不同种类的植物、植物某部分、子仁、果实（完整、切割、捣碎、磨碎或研粉）混合制成的产品，它们不能直接食用，而是直接用作饮料香精或用于制造饮料的调制精汁。

但是，以所含第九章的货品构成基本特征的上述产品，不应归入本品目（第九章）。

（十六）通称为食品补充剂的制品，以植物精汁、果子精、蜜、果糖等为基料，加维生素，有时还加微量的铁化合物制成，其包装上一般标明有强身健体作用。但用于预防或治疗疾病的类似制品不包括在内（品目 30.03 或 30.04）。

本品目还不包括：

（一）品目 20.08 所列用水果、坚果或植物的其他食用部分制作的食品，因为这些食品已经具有上述水果、坚果或植物的其他食用部分的基本特征（品目 20.08）。

（二）品目 21.02 所列作为供人食用的食品补充剂出售的微生物（品目 21.02）。

第二十二章　饮料、酒及醋

注释:

一、本章不包括:

（一）本章的产品（品目 22.09 的货品除外）经配制后，用于烹饪而不适于作为饮料的制品（通常归入品目 21.03）;

（二）海水（品目 25.01）;

（三）蒸馏水、导电水及类似的纯净水（品目 28.53）;

（四）按重量计浓度超过 10％的醋酸（品目 29.15）;

（五）品目 30.03 或 30.04 的药品；或

（六）芳香料制品及盥洗品（第三十三章）。

二、本章及第二十章和第二十一章所称“按容量计酒精浓度”，应是温度在 20℃时测得的浓度。

三、品目 22.02 所称“无酒精饮料”，是指按容量计酒精浓度不超过 0.5％的饮料。含酒精饮料应分别归入品目 22.03 至 22.06 或品目 22.08。

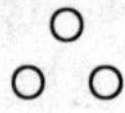

子目注释:

子目 2204.10 所称“汽酒”，是指温度在 20℃时装在密封容器中超过大气压力 3 巴及以上的酒。

总　注　释

本章所包括的产品与协调制度本章以前各章的食品种类完全不同。

它们分为四个大类:

一、水、其他无酒精饮料及冰。

二、经发酵的酒精饮料（啤酒、葡萄酒、苹果酒等）。

三、经蒸馏的酒和酒精饮料（利口酒、烈性酒等）及乙醇。

四、醋及其代用品。

本章不包括:

（一）第四章的液体乳制品。

（二）本章的产品（品目 22.09 的产品除外）经配制后，用于烹饪而不适于作为饮料的制品（例如，料酒及烹饪用干邑酒）（通常归入品目 21.03）。

（三）品目 30.03 或 30.04 的药品。

（四）香水或盥洗品（第三十三章）。

22.01　未加糖或其他甜物质及未加味的水，包括天然或人造矿泉水及汽水；冰及雪:

10　—　矿泉水及汽水

90　—　其他

本品目包括:

一、各种普通天然水（海水除外，参见品目 25.01）。这些水不论是否澄清或纯净，均归入本品目，然而蒸馏水或导电水及类似的纯净水归入品目 28.53。

本品目不包括加甜物质或香料的水（品目 22.02）。

二、天然或人造的矿泉水。

含天然盐类或气体的天然矿泉水。这些矿泉水的成分各不相同，差异甚大，通常按其盐类的化学特征来分类，例如：

（一）碱性矿泉水。

（二）硫酸盐矿泉水。

（三）卤化矿泉水。

（四）硫化矿泉水。

（五）含砷矿泉水。

（六）含铁矿泉水。

这类天然矿泉水也可含有天然或添加的二氧化碳。

人造矿泉水，即用普通饮用水加入天然矿泉水中含有的有效成分（天然盐类或气体）生产出与天然矿泉水性质相同的水。

本品目不包括加有甜物质或香料（柑橘、柠檬等香料）的矿泉水（天然或人造）（品目 22.02）。

三、汽水（充碳酸气的水），即在压力下充入二氧化碳气体的普通饮用水。人们通常称之为“苏打水”或“假矿泉水”，而真矿泉水则是天然矿泉水。

本品目不包括加了甜物质或香料的汽水（品目 22.02）。

四、冰及雪，即天然雪和冰，以及人造冰。

本品目不包括品目 21.05 的冰制食品及“碳酸雪”或“干冰”（即固体二氧化碳）（品目 28.11）。

22.02　加味、加糖或其他甜物质的水，包括矿泉水及汽水，其他无酒精饮料，但不包括品目 20.09 的水果汁或蔬菜汁：

10　—　加味、加糖或其他甜物质的水，包括矿泉水及汽水

90　—　其他

本品目包括本章注释三所规定范围的无酒精饮料，它们不归入其他品目，尤其不归入品目 20.09 或 22.01。

一、加味、加糖或其他甜物质的水，包括矿泉水及汽水

本组主要包括：

（一）加甜物质或香料的矿泉水（天然或人造）。

（二）饮料，例如，柠檬水、橘子水、可乐，即加有水果汁、果子精或加复合精汁的香味普通饮用水，不论是否甜的。香味剂中有时加入柠檬酸或酒石酸。这些饮料通常充入二氧化碳气体，用瓶子或其他密封容器包装。

二、其他无酒精饮料，但不包括品目 20.09 的水果汁或蔬菜汁

本组主要包括：

（一）罗望子果饮料，加有水、糖并经过滤，可即供饮用。

（二）某些可即供饮用的饮料，例如，用乳及可可为基料制成的饮料。

本品目不包括：

（一）含可可、水果或香料的液状酸乳及其他发酵或酸化乳及奶油（品目 04.03）。

（二）品目 17.02 的糖浆及品目 21.06 的加香料糖浆。

（三）水果汁及蔬菜汁，不论是否用作饮料（品目 20.09）。

（四）品目 30.03 或 30.04 的药品。

22.03　麦芽酿造的啤酒

啤酒是一种酒精饮料，通过用发芽的大麦或小麦、水，一般还有啤酒花制成麦芽汁，然后再经发酵制成。某些无麦芽的谷物（例如，玉米或大米）也可用于配制“麦芽汁”。加有啤酒花可使啤酒产生一股苦的芳香味，并能改善啤酒的耐储性。有时在发酵过程中加入樱桃或其他芳香物质。

也可加糖（特别是蔗糖）、着色料、二氧化碳及其他物质。

根据所采用的不同发酵工序，分为底面发酵啤酒，即用底面酵母在较低温度下发酵制得的啤酒，或表面发酵啤酒，即用表面酵母在较高的温度下发酵制得的啤酒。

啤酒有浅色或深色，甜味或苦味，淡的或烈性的，用桶、瓶或密封罐包装。市场上销售的有淡色啤酒、烈性黑啤酒等。

本品目还包括低酒精度（但高麦精含量）的浓缩啤酒，它是将啤酒真空浓缩至原体积的五分之一至六分之一制得。

本品目不包括：

（一）某些虽然有时也称为啤酒，却不含酒精的饮料（例如，用水和焦糖制得的饮料）（品目22.02）。

（二）名为无醇啤酒的饮料，含麦芽酿制的啤酒，其酒精浓度按容量计已降至0.5%及以下的（品目22.02）。

（三）品目30.03或30.04的药品。

22.04　鲜葡萄酿造的酒，包括加酒精的；品目20.09以外的酿酒葡萄汁：

10　—　汽酒

—　其他酒；加酒精抑制发酵的酿酒葡萄汁：

21　——　装入2升及以下容器的

29　——　其他

30　—　其他酿酒葡萄汁

一、鲜葡萄酒

归入本品目的葡萄酒是新鲜葡萄汁经酒精发酵制得的最终产品。

本品目包括：

（一）普通葡萄酒（红色、白色或玫瑰色）。

（二）掺酒精葡萄酒。

（三）汽酒，这类葡萄酒中含有二氧化碳，二氧化碳是在密封容器中最后发酵产生（原生起泡酒），或装瓶后人工充入（充汽酒）。

（四）餐后葡萄酒（有时称为利口酒），其酒精含量高，通常从含糖量很高（仅有部分的糖通过发酵转化为酒精）的葡萄汁制得，也有在酒中或浓缩葡萄汁中掺入酒精以增加这些酒的酒精浓度。餐后葡萄酒（利口酒）主要有加那利葡萄酒、塞浦路斯葡萄酒、基督眼泪酒、马德拉岛白葡萄酒、马尔加什葡萄酒、马沙拉白葡萄酒、葡萄牙葡萄酒、浓烈白葡萄甜酒、萨摩斯葡萄酒及雪利酒。

本品目不包括：

（一）以品目22.05的葡萄酒作基料的饮料。

（二）品目30.03或30.04的药品。

二、酿酒葡萄汁

酿酒葡萄汁是用新鲜葡萄压榨而得，为青黄色浑浊液体，有香甜味。该汁是一种由糖（葡萄糖及果糖)、酸（酒石酸、苹果酸等)、白朊、矿物质、粘液物质及芳香素混合组成的溶液。芳香素可使酒具有本身特有的芳香味。

酿酒葡萄汁如果不加抑制，会自然发酵（糖分会转化为酒精)；经发酵的最终产品是葡萄酒。

酿酒葡萄汁的自然发酵趋向可通过称为诱变的方法加以抑制。诱变可使发酵延迟甚至完全中止。

诱变方法有以下几种：

（一）通过水杨酸或其他防腐剂的作用。

（二）用二氧化硫渗透到葡萄汁中去。

（三）通过添加酒精。这类产品一般不须进一步加工就可作葡萄酒饮用。也有的叫作混成葡萄酒，主要用于制利口酒及开胃酒等。

（四）通过冷藏。

应注意到，本款包括半发酵的葡萄汁（不论其发酵是否已经中止）以及加酒精的未发酵葡萄汁，但两者的酒精浓度按容量计均须超过0.5%。

本品目不包括未发酵或按容量计酒精浓度不超过0.5%的葡萄汁，不论其是否浓缩(品目20.09)。

22.05　味美思酒及其他加植物或香料的用鲜葡萄酿造的酒：

10　—　装入2升及以下容器的

90　—　其他

本品目包括用品目22.04的鲜葡萄酒和植物叶、根、果子等浸剂或芳香料浸剂制成的各种饮料(一般用作开胃酒或健身酒)。

本品目还包括添加了维生素或铁质化合物的上述饮料。这些饮料有时称为“保健饮料”，用于强身健体。

本品目不包括：

（一）用葡萄干和芳香植物或物料制得的酒（品目22.06)。

（二）品目30.03或30.04的药品。

22.06　其他发酵饮料（例如，苹果酒、梨酒、蜂蜜酒)；其他品目未列名的发酵饮料的混合物及发酵饮料与无酒精饮料的混合物

本品目包括除品目22.03至22.05所列以外的各种发酵饮料。

它主要包括：

一、苹果酒，用苹果汁发酵而成的一种酒精饮料。

二、梨酒，用梨汁制得类似苹果酒的一种发酵饮料。

三、蜂蜜酒，用蜂蜜水溶液发酵而成的一种饮料（本品目包括掺白葡萄酒、芳香料及其他物质的蜂蜜酒)。

四、葡萄干酒。

五、用鲜葡萄汁以外的果汁（无花果汁、椰枣汁、浆果汁）或蔬菜汁发酵而成的酒，按容量计酒精浓度超过0.5%的。

六、麦芽酒，用麦精及酒糟制得的一种发酵饮料。

七、云杉酒，用云杉的树叶和小枝或云杉精制得的一种饮料。

八、清酒或米酒。

九、棕榈酒，用某些棕榈树的液汁制得。

十、姜啤酒及草药啤酒，用糖、水及姜或草药通过酵母发酵制得。

所有上述饮料都可自然发泡或人工充二氧化碳气体，不论是加入酒精或是进一步发酵以提高其酒精含量的，只要这些产品保留本品目所列产品的基本特征，仍归入本品目。

本品目还包括无酒精饮料与发酵饮料的混合物及第二十二章本品目以前各品目的发酵饮料的混合物，例如，柠檬水与啤酒或酿造酒的混合物、啤酒与酿造酒的混合物，按容量计酒精浓度超过0.5%。

这类饮料中有些还可含有添加的维生素或铁质化合物以有助于强身健体，人们有时称之为“保健饮料”。

本品目不包括水果汁（苹果汁、梨汁等）及其他饮料，按容量计酒精浓度不超过0.5%的（分别归入品目20.09或品目22.02）。

22.07 未改性乙醇，按容量计酒精浓度在80%及以上；任何浓度的改性乙醇及其他酒精：

10 — 未改性乙醇，按容量计酒精浓度在80%及以上

20 — 任何浓度的改性乙醇及其他酒精

乙醇不作为其他无环醇归入品目29.05。根据第二十九章注释二第（二）款的规定，第二十九章不包括它。

本品目包括：

一、按容量计酒精浓度在80%及以上的未改性乙醇。

二、任何浓度的改性乙醇及其他酒精。

乙醇是醇的一种，存在于啤酒、葡萄酒、苹果酒及其他酒精饮料之中。它是用酵母或其他发酵剂使某些糖发酵，然后蒸馏制得，或人工合成制得。

改性的乙醇及其他酒精是在酒精中掺有其他物质，使其不适合供人饮用，但其工业用途并不受影响。所用的改性剂各国根据本国立法而定，它们有木石脑油、甲醇、丙酮、吡啶、芳烃（苯等）、色料。

本品目还包括中性酒精，即含水乙醇，其首次馏出物所含的次要成分（高级醇、酯、醛、酸等）通过分馏几乎全部除去。

乙醇有广泛的工业用途，例如，在生产化工品、清漆等作溶剂，用于加热、照明或配制酒精饮料。

本品目不包括：

（一）按容量计酒精浓度低于80%的未改性酒精（品目22.08）。

（二）其他酒精（改性的除外）（品目22.08）。

（三）以酒精为基料的固体或半固体燃料（通常作为“固体酒精”出售）（品目36.06）。

22.08 未改性乙醇，按容量计酒精浓度在80%以下；蒸馏酒、利口酒及其他酒精饮料：

20 — 蒸馏葡萄酒制得的烈性酒

30 — 威士忌酒

40 — 朗姆酒及蒸馏已发酵甘蔗产品制得的其他烈性酒

50 — 杜松子酒

60 — 伏特加酒

70 — 利口酒及柯迪尔酒

90 — 其他

本品目包括不论其酒精浓度如何的下列产品：

一、通过蒸馏葡萄酒、苹果酒、其他发酵饮料、发酵粮食或发酵的其他植物产品但不加香料制得的烈性酒。该酒部分或全部保留次要成分（酯、醛、酸、高级醇等），因而各自具有独特的香味。

二、利口酒及柯迪尔酒，为已添加糖、蜂蜜或其他天然甜料以及精汁或香精的酒精饮料（例如，通过蒸馏或混合乙醇或蒸馏酒及下列一种或多种材料制得的酒精饮料：果子、花卉或植物的其他部分、精汁、香料、精油或液汁，不论其是否已经浓缩）。这些产品也包括含有结晶糖的利口酒及柯迪尔酒、果汁利口酒、蛋利口酒、香草利口酒、浆果利口酒、香料利口酒、茶利口酒、巧克力利口酒、乳利口酒及蜂蜜利口酒。

三、不归入以上本章其他各品目的其他所有酒精饮料。

本品目还包括按容量计酒精浓度不超过80%的未改性酒精（乙醇及中性酒精），这些酒精与以上一、二、三项所列产品刚好相反，它们是以缺少产生独特香味的次要成分为特征的。不论其是供人饮用或供工业用途的，都归入本品目。

本品目除包括按容量计酒精浓度在80%以下的未改性乙醇外，还主要包括：

（一）蒸馏葡萄酒或葡萄残渣酿制的烈性酒〔科尼亚克酒（干邑）、阿尔马尼亚酒、白兰地酒、格拉巴酒、皮斯科酒、辛加尼酒等〕。

（二）威士忌及其他蒸馏已发酵的谷物（大麦、燕麦、黑麦、小麦、玉米等）浆制得的烈性酒。

（三）专门通过蒸馏已发酵甘蔗产品（甘蔗汁、甘蔗浆、甘蔗糖蜜）制得的烈性酒，例如，朗姆酒、塔菲亚酒、巴西卡莎萨酒。

（四）名为锦酒或热内瓦酒的含杜松果芳香素的酒精饮料。

（五）伏特加酒，蒸馏已发酵的农产品（例如，谷物、马铃薯）浆制得，有时用活性炭作进一步处理。

（六）酒精饮料（通称为利口酒），例如，茴香酒（用嫩八角茴香制得）、库拉索酒（用酸橙皮制得）、香旱芹白酒（用黄蒿子或枯茗子加香味制得）。

（七）“奶油”利口酒，因其稠度或颜色而得名，通常为低酒精含量但很甜的酒（例如，可可利口酒、香蕉利口酒、香草利口酒、咖啡利口酒）。本品目还包括由蛋黄、奶油之类的产品和酒精制成的乳浊液状的烈性酒。

（八）果酒，用果汁制得的利口酒；通常含有少量添加的香料（例如，樱桃果酒、黑醋栗果酒、木莓果酒、杏酒等）。

（九）双蒸烧酒及用果子或植物的其他部分品蒸馏酒精而制得的其他酒精饮料。

（十）用苹果、李子、樱桃或其他水果制得的烈性酒（例如，苹果烈酒、李子烈酒、樱桃烈酒等）。

（十一）阿拉克烧酒，用酿造的米酒或棕榈酒制得的烈性酒。

（十二）蒸馏已发酵的刺槐豆汁制得的烈性酒。

（十三）含酒精的开胃酒（艾酒、苦味酒等），但不包括以品目22.05的鲜葡萄酒为基料的开胃酒。

（十四）含酒精的柠檬水（不加药料的）。

（十五）含有添加酒精，其酒精浓度按容量计超过0.5%的水果汁或蔬菜汁，但品目22.04的产品除外。

（十六）用于强身健体的酒精饮料，有时称作保健饮料。可以植物膏、浓缩果汁、卵磷脂、化学品等为基料，并可含有添加的维生素和铁质化合物。

（十七）用果汁及／或水、糖、色料、香料或其他配料加蒸馏酒精混合调制的仿酿造酒饮料，但品目22.04的产品除外。

（十八）蒸馏已发酵甜菜糖蜜制得的烈性酒。

但本品目不包括：

（一）苦艾酒及其他以鲜葡萄酒为基料的开胃酒（品目22.05）。

（二）已改性的乙醇及其他酒精（任何浓度在内）或按容量计酒精浓度在80%及以上的未改性乙醇（品目22.07）。

22.09　醋及用醋酸制得的醋代用品

一、醋

醋是一种酸性液体，它是用任何原料（包括各种糖或淀粉的溶液）经酒精发酵制得的酒精液体，在空气存在下和通常不超过20～30℃的恒定温度中，在醋杆菌的作用下，通过醋酸发酵制得。

本品目包括下列各类不同的醋（按其原料分类）：

（一）酒醋，根据制醋所用的不同酿造酒，其颜色从米黄色至红色不等。由于有酒酯等的存在，酒醋有一股特殊的酒醇香味。

（二）啤酒醋和麦芽醋；苹果醋、梨醋或其他发酵水果醋。它们一般为淡黄色。

（三）酒精醋，天然状态时为无色。

（四）用谷物、糖蜜、水解马铃薯、乳糖清液等制得的醋。

二、醋代用品

醋代用品是用水稀释醋酸制得，通常用焦糖或其他有机色料着色〔另参见以下（一）款不包括的产品〕。

*

* *

醋及其代用品可用于食物的调味和腌制，本身也可用龙蒿等蔬菜或调味香料增加香味。

本品目不包括：

（一）含醋酸重量超过10%的水溶液（品目29.15）。但第二十二章注释一第（四）款的规定不适用于含醋酸重量一般在10～15%之间的溶液。这类溶液加有香料和色料，可用作食物的醋代用品，仍归入本品目。

（二）品目30.03或30.04的药品。

（三）盥洗用醋（品目33.04）。

第二十三章　食品工业的残渣及废料；配制的动物饲料

注释：

品目 23.09 包括其他品目未列名的配制动物饲料，这些饲料是由动、植物原料加工而成的，并且已改变了原料的基本特性，但加工过程中的植物废料、植物残渣及副产品除外。

○
○ ○

子目注释：

子目 2306.41 所称的“低芥子酸油菜子”，是指第十二章子目注释一所定义的菜子。

总　注　释

本章包括食品加工业所用植物原料的残渣及废料，还包括某些动物质产品。这些产品的大部分单独或与其他物料混合，主要用作动物饲料，但有些也适于供人食用。某些产品（例如，酒糟、粗酒石、油渣饼）则用于工业。

本章所称的“团粒”，是指直接挤压或加入按重量计比例不超过 3%的粘合剂（糖蜜、淀粉物质等）制成的粒状产品。

23.01　不适于供人食用的肉、杂碎、鱼、甲壳动物、软体动物或其他水生无脊椎动物的渣粉及团粒；油渣：

10　—　　肉、杂碎的渣粉及团粒；油渣

20　—　　鱼、甲壳动物、软体动物或其他水生无脊椎动物的渣粉及团粒

本品目包括：

一、不适于供人食用的细粉及粗粉，加工完整的动物（包括家禽、海生哺乳动物、鱼、甲壳动物、软体动物或其他水生无脊椎动物）或除骨、角、壳等的其他动物产品（例如，肉或杂碎）所得，其原料主要来自屠宰场、水上渔业加工厂、罐头厂或食品加工厂等，通常经蒸汽加热后压制或用溶剂处理以脱去其油、脂。处理过的产品要经长时间加热使其干燥和消毒，最后经碾磨成粉。

本品目也包括呈团粒状的上述产品（参见本章总注释）。

本品目的细粉、粗粉及团粒主要用作动物饲料，也有用于其他方面（例如，作肥料）。

二、油渣，猪脂肪或其他动物脂肪煎熬后所剩的膜组织，主要用于制动物饲料（例如，狗食饼干），但适于供人食用的油渣也归入本品目。

23.02　谷物或豆类植物在筛、碾或其他加工过程中所产生的糠、麸及其他残渣，不论是否制成团粒：

10　—　　玉米的

30　—　　小麦的

40　—　　其他谷物的

50　—　　豆类植物的

本品目包括：

一、谷粒在碾磨过程中所产生的糠、麸及其他下脚料。本类产品主要包括小麦、黑麦、大麦、燕麦、玉米、稻米、高粱或荞麦在碾磨过程中所产生的副产品，它们的淀粉和灰分含量与第十一章注释二第（一）款所列指标不符，其品种主要有：

（一）糠，即含有少量粘附胚乳及粉末的谷物外皮。

（二）麸（粗粉），碾磨谷物时所得，作为一种生产细粉的副产品，其大部分为过筛后的精细壳（皮），同时带有少许细粉。

二、谷粒过筛或经其他加工后所剩的下脚料。在预碾工序中所得的过筛下脚料主要由以下组成：

（一）主要为颗粒较小、不成形状、破碎或成粉屑的谷物粒。

（二）和谷物粒混在一起的各种其他植物种子。

（三）叶、梗、矿物质等的碎屑。

本类还包括：

1．粮仓、船仓等清扫时所得的残留谷物，其组成与上述下脚料相似。

2．大米漂白时脱出的皮。

3．谷物脱壳、碾压、制片、切片、粗磨或制成珠粒加工时产生的下脚料。

三、豆类植物在碾磨或其他加工时产生的下脚料及废料。

本品目也包括成团粒状的上述产品（参见本章总注释）。

本品目还包括带或不带苞米皮的碾磨玉米棒子，其淀粉和灰分含量不符合第十一章注释二（一）对玉米粉所规定的指标的。

谷物脱粒时产生的谷壳，应归入品目 12.13。

本品目不包括提取植物油、脂所剩的油渣饼或其他固体残渣（品目 23.04 至 23.06）。

23.03 制造淀粉过程中的残渣及类似的残渣，甜菜渣、甘蔗渣及制糖过程中的其他残渣，酿造及蒸馏过程中的糟粕及残渣，不论是否制成团粒：

10 — 制造淀粉过程中的残渣及类似的残渣

20 — 甜菜渣、甘蔗渣及制糖过程中的其他残渣

30 — 酿造及蒸馏过程中的糟粕及残渣

本品目主要包括：

一、制造淀粉所剩的残渣及类似残渣（例如，玉米、大米、马铃薯等的残渣），含有大量纤维物质及蛋白物质，通常呈团粒状或粗粉状，偶尔也有呈饼状的，用作动物饲料或肥料，某些残渣（例如，玉米浸渍液）则用于生产培养微生物的培养基。

二、甜菜浆，甜菜根提取糖后所剩的残渣。甜菜浆不论干或湿的，均归入本品目。但如果加糖蜜或经其他方法制作成为动物饲料的，则归入品目 23.09。

三、蔗渣，甘蔗榨汁后所剩的纤维部分，用于造纸及配制动物饲料。

四、本品目所包括的其他制糖过程中所剩废料，包括澄清渣、压滤渣等。

五、酿造或蒸馏过程中的糟粕及残渣，主要有：

（一）谷物（大麦、黑麦等）渣滓，生产啤酒过程中所得，是麦芽汁被提取后所剩的废麦粒。

（二）麦芽，在入窑烘焙时从发芽的麦粒上掉下的。

（三）废啤酒花。

（四）用谷物、子仁、马铃薯等蒸馏烈性酒所剩的渣滓。

（五）甜菜浆泔脚（蒸馏甜菜糖蜜所剩的残渣）。

（所有这类产品不论是干的还是湿的，都归入本品目）。

本品目还包括呈团粒状的上述产品（参见本章总注释）。

本品目不包括：

（一）提取或精炼糖所剩的糖蜜（品目 17.03）。

（二）非活性酵母或废酵母（品目 21.02）。

（三）焚烧并洗涤甜菜糖蜜残渣所得的粗钾盐（品目 26.21）。

（四）蔗渣浆（品目 47.06）。

23.04　提炼豆油所得的油渣饼及其他固体残渣，不论是否碾磨或制成团粒

本品目包括大豆经溶剂、挤压或螺杆压提取豆油后所剩的油渣饼及其他固体残渣，这些残渣是很好的动物饲料。

归入本品目的残渣可以为块（饼）状，也可以为粗粉或团粒状（参见本章总注释）。

本品目也包括适于供人食用的非组织化脱脂大豆粉。

本品目不包括：

（一）油脚（品目 15.22）。

（二）通过去除脱脂大豆粉的某些成分制得的浓缩蛋白质（用作食品添加剂）及改善了组织结构的大豆粉（品目 21.06）。

23.05　提炼花生油所得的油渣饼及其他固体残渣，不论是否碾磨或制成团粒

品目 23.04 的注释在必要的地方稍加修改后，适用于本品目。

23.06　品目 23.04 或 23.05 以外的提炼植物油脂所得的油渣饼及其他固体残渣，不论是否碾磨或制成团粒(+)：

10　—　棉子的

20　—　亚麻子的

30　—　葵花子的

　　—　油菜子的：

41　——　低芥子酸的

49　——　其他

50　—　椰子或干椰肉的

60　—　棕榈果或棕榈仁的

90　—　其他

本品目包括含油子仁及果实、谷物胚芽经溶剂、挤压或螺杆压提取油类后所剩的油渣饼及其他固体残渣，但品目 23.04 或 23.05 所列产品除外。

本品目也包括作为稻米谷糠榨油后所剩残渣的脱油谷糠。

某些油渣饼及其他固体残渣（亚麻子、棉子、芝麻、椰子肉等的油渣饼及残渣）是非常好的动物饲料；另一些（例如，蓖麻子的油渣饼及残渣）则不适于做动物饲料，但却可用作肥料；还有一些（例如，苦杏仁及芥子饼）用于提取精油。

归入本品目的残渣可以为块（饼）状，也可以为粗粉或团粒状（参见本章总注释）。

本品目也包括适于供人食用的非组织化脱脂细粉。

本品目不包括油脚（品目 15.22）。

子目注释：

子目 2306.41

关于“低芥子酸油菜子”的定义，参见第十二章子目注释一及品目 12.05 的注释。

23.07　葡萄酒渣；粗酒石

葡萄酒渣来自于葡萄酒发酵和成酒过程中的泥浆状沉淀物。该沉淀物经压滤后呈固体形状。干葡萄酒渣可呈粉状、粒状或不规则碎块状。

粗酒石是葡萄汁发酵过程中在酿酒缸形成的固结物质或在储存葡萄酒的大桶内形成的固结物质，呈粉状、粉片状或不规则的晶体状，颜色由灰至暗红不等。首次洗涤后，粗酒石为黄灰色或棕红色晶体，其颜色要看其从何种颜色的酒所得。这种洗涤粗酒石也归入本品目。

葡萄酒渣及粗酒石（包括洗涤粗酒石）都是粗酒石酸氢钾，所含酒石酸钙比例相当高，是制酒石酸氢钾（酒石）的原料。酒石酸氢钾呈白色晶体状或晶体粉末状，闻之无味，尝之发酸，在空气中性质稳定。葡萄酒渣用于制动物饲料，而粗酒石则用作媒染剂。

本品目不包括酒石（品目 29.18）及酒石酸钙（酌情归入品目 29.18 或 38.24）。

23.08　动物饲料用的其他品目未列名的植物原料、废料、残渣及副产品，不论是否制成团粒

植物产品、植物废料和残渣以及植物原材料加工中在提取植物原材料的某些成分后所产生的副产品，如果可作为动物饲料，而且在协调制度其他品目又未列名，则应归入本品目。

本品目主要包括：

一、橡果及七叶树果。

二、已脱粒的玉米芯；玉米秆及叶。

三、甜菜叶或胡萝卜叶。

四、蔬菜皮（豌豆或菜豆荚等）。

五、水果废料（苹果或梨的皮或芯）及水果渣（压榨葡萄、苹果、梨、柑橘等所得），用于提取果胶的也包括在内。

六、作为破碎芥子副产品的糠。

七、用谷物或其他植物材料制咖啡代用品（或其精）所剩的残渣。

八、通过浓缩生产柑橘属果汁所剩残液制得的副产品，有时称为“柑橘糖蜜”。

九、水解玉米芯以制取 2-糠醛所剩的残渣，通称为“水解玉米芯粉”。

本品目产品可呈团粒状（参见本章总注释）。

23.09　配制的动物饲料：

　　10　—　　零售包装的狗食或猫食

　　90　—　　其他

本品目包括甜饲料及由数种营养物质混合而成的配制动物饲料，其用途如下：

1．给动物提供合理均衡的日常食物（完全饲料）。

2．用有机或无机物质补充以农作物为主的饲料以使日常食物更为理想（补充饲料）。

3．用于配制完全或补充饲料。

本品目包括动、植物原材料经加工后，已经丧失其原有基本特征的动物饲料用产品，例如，用植物材料制成的产品，经加工后其原有的细胞结构通过显微镜也无法辨认的。

一、甜饲料

甜饲料是用糖蜜或其他类似的甜物质(一般超过总量10%)和一种或多种其他营养物质混合而成，主要用于饲养牛、羊、马、猪。

除了富有营养外，糖蜜还使饲料变得更为可口，使得一些动物不爱吃的营养价值低的产品，例如，稻草、谷壳、亚麻子粉片、水果渣等，也能用于饲料。

一般情况下，甜饲料可直接饲养动物。然而，某些糖蜜和富含营养成分食物（例如，麦麸、棕榈仁或椰油渣饼等）混合制成的饲料则用于制完全或补充饲料。

二、其他配制饲料

（一）给动物提供各种合理均衡营养成分的日常配制饲料（完全饲料）

本类配制饲料的特点是饲料内含有以下三种类型营养物质的一种：

1．“能量”型营养物质，由淀粉、糖、纤维素及脂肪之类的高碳水化合物质（高热量物质）组成，动物有机体将其消耗后能产生生命所必需的能量，并达到繁殖后代的目的。这些物质有谷物、半含糖分的饲料甜菜、牛羊脂、稻草、麦秸。

2．“健体”型高蛋白营养物质或矿物质。这些营养物质与“能量”型物质不同，它并不是被动物有机体消耗掉，而是促进动物身体组织以及各种动物产品（乳、蛋等）的形成。它们主要含蛋白质或矿物质。例如，豆类植物的种子、酒糟、油渣饼、乳制品的副产品，即为上述目的用的富含蛋白质物质。

矿物质主要是为骨骼生长，对于家禽，则有助于蛋壳形成。最常采用的是钙、磷、氯、钠、钾、铁、碘等。

3．“功能”型营养物质。它能促进碳水化合物、蛋白质及矿物质的吸收，包括维生素、微量元素及抗菌素。这些物质的缺少或不足常会引起疾病。

以上三种类型的营养物质能满足动物饲料的全部需要，其混合及比例则要视所饲养的动物而定。

（二）补充（均衡）农作物饲料的制品（补充饲料）

农作物饲料通常含蛋白质、矿物质或维生素相当低。为了补偿营养物质的不足，保证动物饲料营养成分的均衡，这类制品含有蛋白质、矿物质或维生素，再加上作为其他成分载体的附加能量饲料(碳水化合物)。

虽然本款制品从质量上看与第（一）款的制品成分几乎一样，但其某种营养物质的含量很高，因而可与第（一）款制品区别开来。

本类包括：

1．液状、粘液状、浆状或干的鱼或海生哺乳动物的可溶性物质，用生产鱼或海生哺乳动物的粉或油时所剩残液（含水溶性物质，即蛋白质、维生素B、盐等）经浓缩及稳定制得。

2．完整或破碎的浓缩青叶蛋白质，通过热处理紫苜蓿汁而得。

（三）用于生产以上（一）或（二）款所述完全或补充饲料的制品

本类制品在贸易上称为“预配料”，一般说来，是由多种物质（有时称为添加剂）混合组成。这些物质的性质及比例要视所饲养的动物需要而定，它们有以下三种类型：

1．能帮助消化，更多的是促进动物对饲料的食欲及保障其身体健康的物质，例如，维生素或维生素原、氨基酸、抗菌素、抑制球虫剂、微量元素、乳化剂、香料及开胃剂等。

2．有助于饲料（特别是所含脂肪成分）供动物食用前良好保存的物质，例如，稳定剂、抗氧剂等。

3．作载体用的物质，可含有一种或多种有机营养物质（木薯粉、大豆粉、麦麸、酵母、食品工业的各种残渣等）或含有无机物质（例如，菱镁矿、白垩、高岭土、盐、磷酸盐）。

以上第1项所述的物质浓度及载体性质是确定的，以保证这些物质在混合饲料中能均匀地分布及混合。

本组还包括动物饲料用的下列制品：

（1）含有多种矿物质的制品。

（2）由以上第 1 项所述类型的某种活性物质和某种载体组成的制剂，例如，在抗菌素生产过程中整体简单干燥（即在发酵器内全部物品干燥）所得的产品（主要为菌丝体、培养基及抗菌素）。所得干燥物质，不论是否加入有机或无机物质以使其标准化，其抗菌素含量一般在 8～16%之间，是“预配料”的基本原料。

本类制品不应和某些兽医制品混淆。兽医制品具有药物性质，其活性物质的浓度比本类制品高得多，包装往往也不一样，一般是可以区分的。

*

* *

本品目还包括：

一、配制的猫食、狗食等，用肉、杂碎及其他配料混合制成，用密封容器包装，每件大约一餐的量。

二、狗或其他动物的饲料饼干，通常用细粉、淀粉或谷物产品和油渣或肉粉混合制成。

三、甜味配制饲料，不论是否含可可，专门用于喂狗或其他动物。

四、配制的鸟食（例如，用谷子、加那利草子、去壳的燕麦及亚麻子混合制成，用作鸟的主食或完全饲料）或鱼食。

本品目的配制动物饲料常常制成团粒状（参见本章总注释）。

本品目不包括：

（一）单一材料制成的团粒或归入同一具体列名品目的多种材料混合制成的团粒，不论是否加入了按重量计不超过 3%的粘合剂（糖蜜、淀粉物质等）（品目 07.14、12.14、23.01 等）。

（二）谷粒的简单混合物（第十章）或谷物细粉、豆类细粉的简单混合物（第十一章）。

（三）从其性质、纯度及配料比例、生产过程中的卫生条件、包装上的说明以及有关使用的其他情况来看，既可用于喂动物，又可供人食用的制品（主要归入品目 19.01 及 21.06）。

（四）品目 23.08 的植物废料、残渣及副产品。

（五）维生素，不论是否已有化学定义或相互混合，是否溶于任何溶剂或是否用抗氧化剂、抗结块剂加以稳定，也不论是否吸附于基质上或涂上明胶、蜡、脂肪等保护层加以稳定，只要这些添加剂、基质或保护层不超出保存、运输所需的范围，不至于改变维生素的特性，也不使维生素改变一般用途而适合于某些特殊用途（品目 29.36）。

（六）第二十九章的产品。

（七）品目 30.03 或 30.04 的药品。

（八）第三十五章的蛋白物质。

（九）在动物饲料的生产上用以抑制不良微生物的抗菌消毒制剂（品目 38.08）。

（十）抗菌素生产过程中过滤及第一阶段提取时产生的中间产品及残渣，所含抗菌素一般不超过 70%（品目 38.24）。

第二十四章 烟草、烟草及烟草代用品的制品

注释：

本章不包括药用卷烟（第三十章）。

○
○ ○

子目注释：

子目 2403.11 所称“水烟料”，是指由烟草和甘油混合而成用水烟筒吸用的烟草，不论是否含有芳香油及提取物、糖蜜或糖，也不论是否用水果调味，但供在水烟筒中吸用的非烟草产品除外。

总 注 释

烟草是从各种种植的茄科植物所得。不同种属的烟草，其烟叶的大小和形状各异。

烟草的收获方法及烤制工艺，要视烟草种类而定。有在烟草普遍成熟时将植物整株砍下的（割茎），也有按烟叶成熟情况将叶分别摘下的（摘叶）。因而，烟草有整株（叶连茎）制作，也有烟叶（不连茎）制作。

制作方法有多种，有晒烟（露天晒制）、晾烟（在空气自由流通的封闭棚内制得）、烘烤烟（通过热气烟道烤制）、熏烤烟（用明火烤制）。

在包装发运前，干烟叶需经处理，以防变质。有用经控制的自然发酵方法进行处理（例如，爪哇、苏门答腊、哈瓦那、巴西、远东等地的烟），也有用人工再干燥方法进行处理。这些处理和制作会影响烟草的香味，包装后会自然陈化。

处理过的烟草捆成扎、打成包（各种形状）或装入大桶或板条箱。经包装的烟草，其烟叶或并排（远东烟），或成束（几张烟叶用绳子或另一张烟叶扎起），或不加捆绑。烟叶总是压得很紧，以防变质。

有时除发酵外，还加入香料或湿润物质（加香混合剂），以提高烟草香味或保持烟草质量，也有用此法代替发酵的。

本章不仅包括烟草及烟草制品，还包括不含烟草的烟草代用品的制品。

24.01 烟草；烟草废料：

10 — 未去梗的烟草

20 — 部分或全部去梗的烟草

30 — 烟草废料

本品目包括：

一、烟草，为天然状态（整株或烟叶）、已制过或已发酵的烟叶，整片或去梗、修剪或未修剪、破碎或剪切（包括切成一定形状但不能即供吸用的）。

烟叶经混合、去梗并用适当混合的液体香料加味（“调味”或“浸泡”）以防发霉、发干及保持香味的也归入本品目。

二、烟草废料，例如，在收拣烟叶或制造烟草产品时所剩的废料（烟草的茎、柄、梗、切边、末等）。

24.02 烟草或烟草代用品制成的雪茄烟及卷烟：

10 — 烟草制的雪茄烟

20 — 烟草制的卷烟

90 — 其他

本品目仅包括用烟草或烟草代用品制的大雪茄（包裹或未包裹）、方头雪茄、小雪茄及卷烟。其他供吸用的烟草，不论是否含有任何比例的烟草代用品，都不归入本品目（品目24.03）。

本品目包括：

一、含烟草的大雪茄、方头雪茄及小雪茄。

这些产品可全部用烟草制成，也可用烟草和烟草代用品混合制成，不论烟草及其代用品各自所占比例多少。

二、含有烟草的卷烟。

本品目除包括烟草制的卷烟外，还包括用烟草和烟草代用品混合制成的卷烟，不论烟草及其代用品各自所占比例多少。

三、用烟草代用品制的大雪茄、方头雪茄、小雪茄及卷烟。例如，用经专门加工既不含烟草，也不含尼古丁的某种莴苣叶制成的“卷烟”（“香烟”）。

本品目不包括药用卷烟（第三十章），但用专门配制的某些不具药物性质的产品制成的戒烟用卷烟仍归入本品目。

24.03 其他烟草及烟草代用品的制品；“均化”或“再造”烟草；烟草精汁(+)：

— 供吸用的烟草，不论是否含有任何比例的烟草代用品：

11 — — 本章子目注释所述的水烟料

19 — — 其他

— 其他：

91 — — “均化”或“再造”烟草

99 — — 其他

本品目包括：

一、供吸用的烟草，不论是否含有任何比例的烟草代用品，例如，制成的烟斗或卷烟用烟。

二、咀嚼烟，通常是经高度发酵并加有大量香料。

三、鼻烟，多少加有香料。

四、制鼻烟用的加压或浸洒烟草。

五、制成的烟草代用品，例如，不含烟草的吸用烟混合品。但大麻之类的产品除外（品目12.11）。

六、“均化”或“再造”烟草，将精细切磨的烟叶、烟草废料或粉末聚合而成，不论是否附在衬背上（例如，用烟柄的纤维素片做衬背），通常为矩形片状或条状，可整片使用（作为包皮）或切丝、切碎（作为烟丝）。

七、烟草精汁，用潮润烟叶通过压力或用水煮废烟所提取的液汁，主要用于制杀昆虫或寄生虫的药物。

本品目不包括：

（一）尼古丁（从烟草提取的生物碱）（品目29.39）。

（二）品目38.08的杀虫剂。

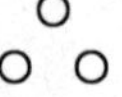

子目注释：

子目 2403.11

本子目主要包括由烟草、糖蜜或糖的混合物组成的产品，用水果、甘油、芳香油及提取物调味（例如，"果味水烟"）。本子目还包括不含糖蜜或糖的产品（例如，图巴克水烟或阿贯米水烟）。但本子目不包括用于水烟筒的、不含烟草的产品（例如，杰拉克水烟）（子目 2403.99）。

水烟筒还有其他名字，例如，“印度水烟袋”、“水烟管”、“阿拉伯水烟壶”、“埃及水烟管”或“水烟袋”等。

第五类　矿产品

第二十五章　盐；硫磺；泥土及石料；石膏料、石灰及水泥

注释：

一、除条文及注释四另有规定的以外，本章各品目只包括原产状态的矿产品，或只经过洗涤（包括用化学物质清除杂质而未改变产品结构的）、破碎、磨碎、研粉、淘洗、筛分以及用浮选、磁选和其他机械物理方法（不包括结晶法）精选过的货品，但不得经过焙烧、煅烧、混合或超过品目所列的加工范围。

本章产品可含有添加的抗尘剂，但所加剂料并不使原产品改变其一般用途而适合于某些特殊用途。

二、本章不包括：

（一）升华硫磺、沉淀硫磺及胶态硫磺（品目 28.02）；

（二）土色料，按重量计三氧化二铁含量在 70%及以上（品目 28.21）；

（三）第三十章的药品及其他产品；

（四）芳香料制品及化妆盥洗品（第三十三章）；

（五）长方砌石、路缘石、扁平石（品目 68.01）、镶嵌石或类似石料（品目 68.02）及铺屋顶、饰墙面或防潮用的板岩（品目 68.03）；

（六）宝石或半宝石（品目 71.02 或 71.03）；

（七）每颗重量不低于 2.5 克的氯化钠或氧化镁培养晶体（光学元件除外）（品目 38.24）；氯化钠或氧化镁制的光学元件（品目 90.01）；

（八）台球用粉块（品目 95.04）；或

（九）书写或绘画用粉笔及裁缝划粉（品目 96.09）。

三、既可归入品目 25.17，又可归入本章其他品目的产品，应归入品目 25.17。

四、品目 25.30 主要包括：未膨胀的蛭石、珍珠岩及绿泥石；不论是否煅烧或混合的土色料；天然云母氧化铁；海泡石（不论是否磨光成块）；琥珀；模制后未经进一步加工的片、条、杆或类似形状的粘聚海泡石及粘聚琥珀；黑玉；菱锶矿（不论是否煅烧），但不包括氧化锶；陶器、砖或混凝土的碎块。

总　注　释

正如本章注释一所规定的，一般来说，本章仅包括天然的或经洗涤（包括用化学物质清除杂质但不改变产品本身结构的洗涤）、砸碎、磨碎、研粉、淘洗、细筛、粗筛以及用浮选、磁选或其他机械或物理方法（不包括结晶法）精选的矿产品。本章产品可经加热，以除去水分、杂质或达到其他目的，但此种热处理不应改变产品的化学或晶形结构。但是，除了品目条文有明确规定的以外，其他热处理（例如，焙烧、熔融或煅烧）是不允许的。据此，譬如，促使品目 25.13 及品目 25.17 的产品发生化学或晶形结构变化的热处理是允许的，因为这些品目的品目条文已列明可进行热处理。

本章产品可含有添加的防尘剂，其所加剂料并不使产品改变其一般用途而适用于某种特殊用途。

经其他方法加工的矿物（例如，通过再结晶法提纯的产品、将本章同品目或不同品目的矿物加以混合获得的产品、经模制或雕刻的产品等）一般归入以后的各章（例如，第二十八章或第六十八章）。

但是在特定情况下，有关品目仍包括：

一、天然状态就已超出本章注释一所述加工方法的具体列名货品。例如，纯氯化钠（品目 25.01）、某些形状的精制硫（品目 25.03）、陶渣（品目 25.08）、熟石膏（品目 25.20）、生石灰（品目 25.22）及水凝水泥（品目 25.23）。

二、其状况或加工方法虽然已超出本章注释一所允许范围，但在品目上已列名的货品。例如，毒重石（品目 25.11）、硅质化石粗粉和类似的硅质土（品目 25.12）及白云石（品目 25.18）可经煅烧；菱镁矿及镁氧矿（品目 25.19）可经熔凝或煅烧〔僵烧（烧结）或轻烧〕。对于僵烧（烧结）镁氧矿，为了便于烧结，可加入其他氧化物（例如，氧化铁、氧化铬）。同样，品目 25.06、25.14、25.15、25.16、25.18 及 25.26 的材料可用锯或其他工具修整或简单切割成矩形（包括正方形）板、块状。

对于既可归入品目 25.17，又可归入本章其他品目的产品，一律归入品目 25.17。

本章不包括第七十一章的宝石或半宝石。

25.01　盐（包括精制盐及变性盐）及纯氯化钠，不论是否为水溶液，也不论是否添加抗结块剂或松散剂；海水

本品目所称的氯化钠，俗名称为盐。盐除用于烹饪（厨房或佐餐用食盐）外，还有许多其他用途。必要时还可改性，使其不适于供人食用。

本品目包括：

一、从地下提取的盐：

（一）用常规采矿法开采（岩盐），或

（二）用溶液采矿法开采（将水用压力注入盐层，然后将饱和盐水抽出地面）。

二、蒸发盐：

（一）日晒盐（海盐），用日光蒸发海水制得。

（二）精制盐，通过蒸发饱和盐水制得。

三、海水、盐水及其他含盐溶液。

本品目还包括：

（一）稍经碘化、磷酸盐化等或作其他处理使其不潮的盐（例如，佐餐食盐）。

（二）加有防止结块剂或自由流动剂的盐。

（三）用任何方法改性的盐。

（四）残留氯化钠，特别是化学加工（例如，电解）后剩余的或作为处理某些矿砂副产品的氯化钠。

本品目不包括：

（一）加调味料的盐，例如，芹盐（品目 21.03）。

（二）装于安瓿的氯化钠溶液，包括海水，以及其他制成药品的氯化钠（第三十章）。

（三）每颗重量不低于 2.5 克的培养氯化钠晶体（光学元件除外）（品目 38.24）。

（四）氯化钠光学元件（品目 90.01）。

25.02　未焙烧的黄铁矿

本品目适用于各种未焙烧的黄铁矿，包括未焙烧的含铜黄铁矿。

黄铁矿主要由硫化铁组成，为灰色或淡黄色，清除其杂质后有金属光泽。粉状时通常为浅灰色。

未焙烧的黄铁矿主要用于提炼硫，但某些含铜黄铁矿以回收铜作为副产品。

本品目不包括各种已焙烧的黄铁矿（品目 26.01）。

本品目也不包括：

（一）黄铜矿（铜铁混合的硫化物）（品目 26.03）。

（二）白铁矿（半宝石）（品目 71.03）。

25.03　各种硫磺，但升华硫磺、沉淀硫磺及胶态硫磺除外

本品目包括：

一、游离状态的自然硫，不论是否已用机械法除去石质杂物。

二、通过熔融自然硫提炼的未精制硫，熔融工序可在烧硫窑（卡尔卡罗尼窑）、烧硫炉（吉尔炉）等内进行，也可在矿床中进行，即通过打入矿床的管子将过热蒸汽强行压入进行采矿（弗拉什热水采硫法）。

三、焙烧黄铁矿或处理其他含硫矿物而得的未精制硫。

四、净化煤气或洗涤含硫炉气时作为副产品回收的未精制硫，以及从酸性天然气和精制含硫矿物原油等回收的未精制硫。这些回收硫有时也称为“净化硫磺”或“沉淀硫磺”，但切勿与品目 28.02 注释所述的沉淀硫磺混淆。

以上第二、三、四款未精制硫有时纯度是相当高的，特别是用弗拉什热水采硫法提取的硫所含杂质甚少，几乎从不精制。这些硫为粗块状或粉末状。

五、精制硫，快速蒸馏自然硫，然后将液状硫冷凝制得；所得的精制硫可模制成条状或饼状，也可固化后压成碎块。

六、研磨硫，通过研磨，然后用机械法或气吸法过筛制得的精细粉末状硫（不纯或精制）。根据所用加工方法及颗粒的粗细，这些产品称为“筛选硫”、“风选硫”、“雾化硫”等。

七、气化的硫不通过液相就被迅速冷却制得的硫，它特别是不溶于二硫化碳（硫 μ）。

归入本品目的各种硫用于化学工业（制造各种硫化物、硫化染料等）、硫化橡胶，用作葡萄栽培的杀菌剂，以及用于制造火柴、灯芯、烛芯、漂染业的二氧化硫等。

本品目不包括升华硫磺、沉淀硫磺及胶态硫磺（品目 28.02）。作为杀菌剂等并制成零售形状或包装的硫归入品目 38.08。

25.04　天然石墨：

10　—　粉末或粉片

90　—　其他

天然石墨（又称“黑铅”）是碳的一种，其特别之处是有光泽并且能在纸上留有明显印迹（因而被人用作铅笔芯）。根据纯度不同，其表观比重各异，一般在 1.9～2.26 之间；最纯的天然石墨含碳量在 90～96%之间，而较差的则在 40～80%之间。

为了去除杂质而进行过热处理的天然石墨仍归入本品目。

天然石墨除了用于制铅笔外，还用作抛光剂和用于制坩埚、其他耐火制品、炉用电极及其他电气零件。

本品目不包括人造石墨（与天然石墨极为相似，但纯度较高而表观比重较低）。胶态或半胶态石墨及以石墨为基料的膏状、块状、板状材料及其他形状的半制品（品目 38.01），也不包括天然石墨

制品（通常归入品目 68.15、69.02、69.03 或 85.45）。

25.05 各种天然砂，不论是否着色，但第二十六章的含金属矿砂除外：

10 — 硅砂及石英砂

90 — 其他

除了有商业提取价值的金属矿砂归入第二十六章以外，本品目包括各种天然海沙、湖沙、河沙或碎石砂（即矿物天然分裂为细小的砂粒），但不包括人工（例如，破碎）制得的砂及粉（归入品目 25.17 或按有关石料归类）。

本品目主要包括：

一、硅砂及石英砂，用于建筑业、玻璃工业或清洁金属等。

二、土质砂，包括高岭土砂，主要用于制浇铸模及耐火产品。

三、长石砂，用于陶瓷工业。

为了去除杂质而进行热处理的天然砂仍归入本品目。

但本品目不包括金矿砂、铂矿砂、锆石砂、金红石砂、钛铁矿砂，也不包括作为钍矿砂归类的独居石砂；这些矿砂均归入第二十六章。本品目还不包括焦油砂或沥青砂（品目 27.14）。

25.06 石英（天然砂除外）；石英岩，不论是否粗加修整或仅用锯或其他方法切割成矩形（包括正方形）的板、块：

10 — 石英

20 — 石英岩

石英是硅石的天然结晶体。

归入本品目的石英必须同时符合下列两个条件：

一、天然状态或加工范围未超出本章注释一所列范围；对此，为了便于石英破碎而进行的热处理应视为本章注释一所允许的加工范围。

二、品种和质量都不适合于制造宝石（例如，水晶及墨晶、紫石英及蔷薇石英）。此类石英即使用于技术上，例如，用作压电石英或工具零件，也不归入本品目（品目 71.03）。

石英岩是一种质密坚硬的岩石，由硅质粘合物凝集的石英砂组成。

本品目包括天然状态或加工范围未超出本章注释一所列范围的石英岩，以及用锯或其他方法粗加修整或简单切割成矩形（包括正方形）块、板状的石英岩。应该注意，本品目不包括形状明显是作筑路及铺地用长方砌石、路缘石、扁平石的石英岩（品目 68.01），即使其仅制成本品目所述形状的。

本品目也不包括：

（一）天然石英砂（品目 25.05）。

（二）品目 25.17 的燧石及其他产品。

（三）石英制的光学元件（品目 90.01）。

25.07 高岭土及类似土，不论是否煅烧

本品目包括高岭土及其他陶土，其主要成分为高岭矿物，例如，高岭石、地开石及珍珠陶土、富硅高岭石及埃洛石。经煅烧的这些陶土也归入本品目。

高岭土，也称陶土，是一种高级白色或近乎白色的粘土，用于陶瓷和造纸工业。含高岭土的砂不包括在内（品目 25.05）。

25.08　其他粘土（不包括品目 68.06 的膨胀粘土）、红柱石、蓝晶石及硅线石，不论是否煅烧；富铝红柱石；火泥及第纳斯土(+)：

10　—　膨润土

30　—　耐火粘土

40　—　其他粘土

50　—　红柱石、蓝晶石及硅线石

60　—　富铝红柱石

70　—　火泥及第纳斯土

本品目包括各种由硅酸铝为基本成分的沉积土或沉积岩组成的天然粘土物质（品目 25.07 的高岭土及其他陶土除外）。这些物质具有可塑、烧后坚硬、耐热等特性，因而用作陶瓷工业的原料（例如，制砖、瓦、陶器、瓷器、耐火砖及其他耐火材料等）；普通粘土也可用于改良土壤。

这些粘土物质即使经加热以去除其所含的某些或大部分水分（以生产吸水粘土）或完全煅烧，仍归入本品目。

除普通粘土外，下列特殊产品也归入本品目：

一、膨润土，从火山灰所得的粘土；主要用作型砂的配料、精炼油料的过滤剂和脱色剂以及纺织品的脱脂剂。

二、漂白土，一种有高度吸收能力的天然泥土，主要由绿坡缕石组成，用于油料脱色或纺织品脱脂等。

三、红柱石、蓝晶石及硅线石，用作耐火材料的天然无水硅酸铝。

四、富铝红柱石，在电气熔炉内热处理硅线石、蓝晶石、红柱石或熔融硅石或粘土及氧化铝的混合物制得；用于制耐高温的耐火产品。

五、火泥，也称“耐火陶渣”，通过粉碎耐火砖或粘土与其他耐火材料的煅烧混合物制得。

六、第纳斯土，一种含粘土的石英土耐火材料，可通过将粘土与石英粉或石英砂混合制成。

本品目不包括：

（一）作为品目 25.30 所述颜料土范围的粘土。

（二）活性粘土（品目 38.02）。

（三）制造某些陶瓷产品用的特殊制品（品目 38.24）。

（四）膨胀粘土（用作轻质混凝土的集料或隔热材料），包括仅煅烧天然粘土制得的在内（品目 68.06）。

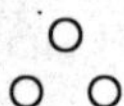

子目注释：

子目 2508.10

子目 2508.10 包括钠质膨润土（膨胀膨润土）及钙质膨润土（非膨胀膨润土）。

子目 2508.30

子目 2508.30 不包括高岭土为主要成分的粘土，其中有些为“耐火泥”。这些粘土应归入品目 25.07。

25.09　白垩

白垩是一种天然碳酸钙，主要成分为水生微生物的壳。

本品目不包括:

（一）磷酸白垩（品目 25.10）。

（二）块滑石或滑石（有时也称为“法国白垩”或“威尼斯白垩”）（品目 25.26）。

（三）制成牙粉的白垩粉（品目 33.06）。

（四）品目 34.05 的金属抛光剂及类似制剂。

（五）粉状碳酸钙，其粉粒为脂肪酸（硬脂酸等）防水膜包裹的（品目 38.24）。

（六）桌球粉块（品目 95.04）。

（七）书写用粉笔及裁缝用粉块（品目 96.09）。

25.10　天然磷酸钙、天然磷酸铝钙及磷酸盐白垩:

10　—　未碾磨

20　—　已碾磨

本品目仅包括磷灰石及其他天然磷酸钙（磷酸三钙或磷钙石）、天然磷酸钙铝及磷酸盐白垩（白垩与磷酸钙天然混合物）。

这些产品不论是已磨成粉以供肥料用或仅加热处理清除杂质的，均归入本品目。但本品目不包括经超出清除杂质范围的煅烧或进一步热处理的产品（品目 31.03 或 31.05）。

25.11　天然硫酸钡（重晶石）；天然碳酸钡（毒重石），不论是否煅烧，但品目 28.16 的氧化钡除外：

10　—　天然硫酸钡（重晶石）

20　—　天然碳酸钡（毒重石）

本品目仅包括天然硫酸钡（重晶石）及碳酸钡（毒重石），但不包括精制或用化学方法制取的硫酸钡及碳酸钡（分别归入品目 28.33 及 28.36）。

含有大量不纯氧化钡的煅烧毒重石仍归入本品目。

本品目不包括纯净氧化钡（品目 28.16）。

25.12　硅质化石粗粉（例如，各种硅藻土）及类似的硅质土，不论是否煅烧，其表观比重不超过 1

这些材料是由微小化石有机物（硅藻等）构成的硅质土，质量很轻，表观比重不得超过 1。如果以未挤压的状态报验时，其作为有效重量的表观比重应为每 1000 立方厘米 1 千克。

硅质土主要有恺塞古尔硅藻土、的利波里硅藻土、代亚脱迈硅藻土及莫勒硅藻土。虽然归入本品目的某些硅藻土有时称为“的利波里土”，但切勿与名为“风化石”的真正的利波里土混淆。这些风化石是由某些岩石解体而成，并不含硅藻成分，主要用作低强度抛光磨料，归入品目 25.13。

本品目的各种硅质土有时被人误称为“纤毛虫土”。

大多数的硅质土用于生产品目 68.06 或 69.01 的隔热或隔热／隔音制品。因此，锯成块状的代亚脱迈硅藻土，如果是未经烧制，归入品目 68.06；否则归入品目 69.01。

本品目的某些产品用作研磨粉或抛光粉。

本品目不包括活性代亚脱迈硅藻土，例如，用氯化钠或碳酸钠之类的烧结剂煅烧的代亚脱迈硅藻土（品目 38.02）。但为了去除杂质而经煅烧（不加任何其他产品）或酸洗的代亚脱迈硅藻土，如果产品本身结构并未改变，仍归入本品目。

25.13　浮石；刚玉岩；天然刚玉砂；天然石榴石及其他天然磨料，不论是否热处理：

10　—　浮石

20　—　刚玉岩、天然刚玉砂、天然石榴石及其他天然磨料

浮石是一种多孔的火山岩，表面粗糙，份量极轻，一般为苍白色或灰色，有的为棕色或红色。本品目也包括破碎浮石。

刚玉岩是一种高密度岩石，由细小的坚硬氧化铝晶体与氧化铁及云母粒混合组成。报验时通常为石块状，经简单破碎后可作为研磨粉。破碎刚玉岩为一种泥褐色粉末，其中偶有一些闪亮的颗粒，磁铁可将其氧化铁微粒吸出。

天然刚玉砂也主要由氧化铝组成，但与刚玉岩不同，报验时通常呈精细颗粒状，用袋包装。研磨或破碎刚玉砂主要为白色小颗粒，并带有一些黑色或黄色微粒。天然刚玉砂即使经热处理，仍归入本品目。

其他天然磨料包括名为"风化石"的利波里土，一种深灰色产品，用作低强度磨料或抛光料；还包括石榴石（其粉末在内），但第七十一章的产品除外。本段所述的天然磨料即使经热处理，仍归入本品目；例如，天然石榴石有时在分级后要进行热处理，以改善其毛细现象及硬度。

本品目不包括：

（一）本章其他品目所列的磨料。

（二）品目 71.03 的宝石或半宝石（例如，红宝石、蓝宝石）。

（三）人造磨料，例如，人造刚玉（品目 28.18）、碳化硅（品目 28.49）及合成宝石或半宝石（品目 71.04）。

（四）天然或合成宝石及半宝石的粉末（品目 71.05）。

25.14　板岩，不论是否粗加修整或仅用锯或其他方法切割成矩形（包括正方形）的板、块

板岩易于剥成薄板，通常为蓝灰色，但有时也为黑色或紫黑色。

本品目包括原状板岩、粗加修整的板岩以及仅用锯或其他方法（例如，绞线）剥成矩形（包括正方形）块状、板状的板岩。本品目还包括板岩粉末及废料。

另一方面，本品目不包括品目 68.02 的镶嵌石（马赛克）及下列归入品目 68.03 的货品：

（一）超出上述加工范围的块、板及片，例如，切或锯成矩形（包括正方形）以外其他形状，研磨、抛光、斜切或经其他加工。

（二）铺屋顶、饰墙面及防潮用的板石，不论是否加工成本品目所列形状的。

（三）粘聚板岩的制品。

本品目也不包括加工成书写或绘画用的板石及板石黑板，不论是否镶框（品目 96.10）及石笔（品目 96.09）。

25.15　大理石、石灰华及其他石灰质碑用或建筑用石，表观比重为 2.5 及以上，蜡石，不论是否粗加修整或仅用锯或其他方法切割成矩形（包括正方形）的板、块(+)：

—　大理石及石灰华：

11　——　原状或粗加修整

12　——　用锯或其他方法切割成矩形，包括正方形

20　—　其他石灰质碑用或建筑用石；蜡石

大理石是一种硬质的石灰质石，结构均匀，颗粒精细，通常为结晶体，不透明或半透明。大理石常因含氧化矿物质而有各种不同的颜色（颜色纹理的大理石、条纹大理石等），但也有纯白色的。

石灰华是一种石灰质石，由疏松多孔的石层组成。

“埃卡辛”钙质石采自比利时，特别是埃卡辛地区的石场。该石为蓝灰色，晶体结构不规则，含有许多化石贝壳，断面呈现与花岗岩相似的粒状表面，因而有人称之为“比利时花岗岩”、“弗郎德花岗岩”或“小花岗岩”。

本品目包括其他类似的碑用或建筑用坚硬石灰质石，但其表观比重（即每 1000 立方厘米的实际千克数）须在 2.5 及以上。表观比重低于 2.5 的碑用或建筑用石灰质石归入品目 25.16。

本品目还包括石膏质蜡石及石灰质蜡石，前者通常为白色的均匀半透明体，后者则为淡黄色的带条纹石料。

本品目仅限于列名的石料，报验时为原状、粗加修整或仅切、锯或用其他方法加工成矩形（包括正方形）的块状、板状。粒状、碎片状或粉状的则归入品目 25.17。

石块等如果经进一步加工，即经浮雕、用镐、锤、凿等修琢、砂光、磨光、抛光、切角等，归入品目 68.02。制品的坯件亦应按此归类。

本品目也不包括：

（一）蛇纹石或辉绿石（一种硅酸镁石，有时也称为大理石）（品目 25.16）。

（二）石灰石（通称为“石印石”，用于印刷工业）（天然状态的归入品目 25.30）。

（三）明显用作马赛克砖或铺路石板的石料，不论是否制成本品目所列形状的（分别归入品目 68.02 或 68.01）。

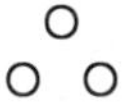

子目注释：

子目 2515.11

本子目所称“原状”，是指仅按石料天然解理面劈开的石块或石板，其表面通常起伏凹凸不平，一般还带有劈解石料时所用工具（铁挺、楔、镐等）的印记。

本子目也包括用镐或炸药等从原开石面上开采出来的不成型石料（粗石、毛石）。这些石料表面坑洼，凹凸不平，边缘不整，参差不一，而且常常带有开采时的印记（爆破孔、楔撬印等）。不成型石料用于修坝、建防浪堤和筑路基等。

现场开采或后来加工所产生的形状不规则的废石料（粗石、锯解废料等），如果体积较大，可供切割成材或建筑之用，则仍可归入本子目；否则应归入品目 25.17。

所称“粗加修整”的石料，是指开采后经粗略加工成表面仍有些地方粗糙不平的石块或石板。上述加工包括用锤、凿之类的工具削去多余的突起部分。

本子目不包括切割成矩形（含正方形）的石块或石板。

子目 2515.12

本子目所包括的石块或石板，必须是仅经锯解而成并在其表面能明显看到锯解（用钢丝锯或其他锯锯解）痕迹的。如果锯解得十分精细，这些痕迹就极不明显。对于这样的情况，可在石头上铺一张薄纸，然后用铅笔轻轻地平着往上涂。即使是很精细的锯解，用这种方法也往往可以拓出锯痕或极为精细的粒面。

本子目还包括不是用锯（例如，用锤或凿）加工成矩形（含正方形）的石块或石板。

25.16 花岗岩、斑岩、玄武岩、砂岩以及其他碑用或建筑用石，不论是否粗加修整或仅用锯或其他方法切割成矩形（包括正方形）的板、块(+)：

—　　花岗岩：
11　— —　原状或粗加修整
12　— —　仅用锯或其他方法切割成矩形，包括正方形
20　—　　砂岩
90　—　　其他碑用或建筑用石

花岗岩是一种非常坚硬的粒状结构火成岩，由石英晶体与长石和云母集块而成。由于所含以上三种物质的比例不同，以及氧化铁或氧化镁的含量不一，其颜色各异（有灰色、绿色、粉红色、红色等）。

斑岩是一种微小粒状结构，稍为半透明的花岗岩。

沙岩是一种沉积岩，由细小的石英粒或硅粒通过石灰质或硅质物料天然集块而成。

玄武岩也是一种火成岩，灰黑色，质致密，极坚硬。

本品目还包括其他坚硬的火成岩（例如，正长石、片麻岩、粗面岩、溶岩、辉绿岩、闪长岩、响岩）以及不归入品目 25.15 的碑用或建筑用石灰质石（包括建筑用石灰石或卜特兰石）和蛇纹石或辉绿石（因其是天然的硅酸镁，故不能归入品目 25.15）。

本品目石料的加工方法和形状与品目 25.15 的相同（参见该品目的注释）。应注意到，制成铺路碎石的石头归入品目 25.17，而明显为铺路用的长方砌石、路缘石、扁平石，即使仅制成本品目所列的形状，也应归入品目 68.01。

有时称为“小花岗岩”、“比利时花岗岩”或“弗郎德花岗岩”的埃卡辛钙质石应归入品目 25.15。溶凝玄武岩应归入品目 68.15。

本品目的石料如果呈粒状、碎片状或粉状的，应归入品目 25.17。

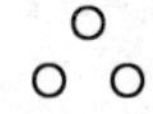

子目注释：

子目 2516.11

参见子目 2515.11 的注释。

子目 2516.12

参见子目 2515.12 的注释。

25.17　通常作混凝土粒料、铺路、铁道路基或其他路基用的卵石、砾石及碎石，圆石子及燧石，不论是否热处理；矿渣、浮渣及类似的工业残渣，不论是否混有本品目第一部分所列的材料；沥青碎石；品目 25.15、25.16 所列各种石料的碎粒、碎屑及粉末，不论是否热处理：
10　—　　通常作混凝土粒料、铺路、铁道路基或其他路基用的卵石、砾石及碎石，圆石子及燧石，不论是否热处理
20　—　　矿渣、浮渣及类似的工业残渣，不论是否混有子目 2517.10 所列的材料
30　—　　沥青碎石
—　　品目 25.15 及 25.16 所列各种石料的碎粒、碎屑及粉末，不论是否热处理：
41　— —　大理石的
49　— —　其他

本品目包括通常作混凝土集料、铺路、铁道路基或其他路基的卵石、砾石及破碎或砸碎的石料（含混合的各种石料）。建筑用分隔材料及主要由碎石组成的具有相同用途的拆建废料，不论是保持原状还是已经压碎，也均应归入本品目。

本品目也包括圆石子及燧石。圆燧石用于球磨机，用来磨碎石灰、水泥等。但燧石则在破碎后主

要用于陶瓷工业或用作磨料。其他圆石子用于球磨机（例如，用来磨碎石灰、水泥等）或用于筑路。

应注意到，本品目不包括切成块的燧石或人工磨圆的球磨机用卵石。这些产品归入品目 68.02。

本品目还包括铺路用碎石及沥青碎石。

铺路碎石由粗略分级的碎石、卵石、矿渣、浮渣或类似的工业废料及其混合物组成。铺路碎石如果和柏油或沥青等混合，则称为“沥青碎石”。

铺在路面以增强其硬度、能见度、防滑性能等的特制产品（例如，熔融的混合矿物质）不归入本品目（通常归入品目 38.24）。

本品目还包括品目 25.15 或 25.16 所列石料的颗粒、碎片及粉末；但如果经人工着色（例如，供商店橱窗摆设），这些颗粒和碎片则归入品目 68.02。

下列产品即使经热处理，也仍归入本品目：

一、卵石、砾石及破碎或砸碎的石料。

二、圆石子及燧石。

三、品目 25.15 或 25.16 所列石料的颗粒及粉末。

根据本章注释三的规定，任何既可归入本品目，又可归入本章其他任何品目的产品，应一律归入本品目。

25.18 白云石，不论是否煅烧或烧结、粗加修整或仅用锯或其他方法切割成矩形（包括正方形）的板、块；夯混白云石：

10 — 未煅烧或未烧结的白云石

20 — 已煅烧或烧结的白云石

30 — 夯混白云石

白云石是一种碳酸钙及碳酸镁的复盐。

本品目包括天然白云石及煅烧和烧结的白云石。白云石在 700～1000℃温度下煅烧转变成氧化镁及氧化钙并释放出二氧化碳。另一方面，通过对白云石加热至 1700～1900℃的高温下即生成烧结白云石，一种耐火材料。本品目还包括粗加修整或仅用锯或其他方法切割成矩形（包括正方形）的块状、板状白云石。

本品目也包括用作耐火材料的夯混白云石（例如，炉用衬料）。这些产品销售时呈粉状或小颗粒状，主要成分为砸碎的烧结白云石。根据夯混白云石使用范围及温度的不同，可加入不同的非水硬粘合剂（例如，焦油、沥青、树脂）。

但本品目不包括混凝土集料、铺路或铁道路基用的砸碎白云石（品目 25.17）。

25.19 天然碳酸镁（菱镁矿）；熔凝镁氧矿；烧结镁氧矿，不论烧结前是否加入少量其他氧化物；其他氧化镁，不论是否纯净：

10 — 天然碳酸镁（菱镁矿）

90 — 其他

本品目包括菱镁矿，即含各种比例杂质的天然碳酸镁。

本品目也包括从天然碳酸镁、碱式碳酸镁、海水沉淀氢氧化镁等制得的各种镁氧矿（氧化镁）。其主要品种如下：

一、熔凝镁氧矿是通过熔化制得，通常为无色，但也有淡黄色或淡绿色的，比其他镁氧矿更难溶解，用于生产坩埚及电炉的发热元件等。

二、僵烧（烧结）镁氧矿是通过高温（约1400～1800℃）煅烧制得。在烧结前可加入少量的其他氧化物（例如，氧化铁或氧化铬），以降低煅烧温度。该产品用于制造耐火砖。

三、碱烧镁氧矿一般是通过相对低温（900℃以下）煅烧菱镁矿制得。其化学性质较熔凝镁氧矿和烧结镁氧矿更为活泼，用于镁的化合物、脱色剂或氯氧水泥等。

轻质及重质氧化镁一般通过在600～900℃之间的温度煅烧纯的沉淀氢氧化镁或碱式碳酸镁制得。这些氧化镁几乎不溶于水，但易溶于稀释酸，其化学性质比其他镁氧矿（即烧结镁氧矿及熔凝镁氧矿）更为活泼，用于制药和化妆品等。

本品目不包括：

（一）水合碱式碳酸镁，有时也称为“药店白镁氧矿”（品目28.36）。

（二）氧化镁的培养晶体（光学元件除外），每颗重量不低于2.5克（品目38.24）；氧化镁光学元件（品目90.01）。

25.20　生石膏；硬石膏；熟石膏（由煅烧的生石膏或硫酸钙构成），不论是否着色，也不论是否带有少量促凝剂或缓凝剂：

10　—　　生石膏；硬石膏

20　—　　熟石膏

生石膏是一种天然水合硫酸钙，通常为白色，性脆。

硬石膏是一种天然无水硫酸钙，用于生产硫酸或某种类型的熟石膏。

熟石膏是煅烧后部分或全部脱水的生石膏。

生石膏的特征是，煅烧后失去部分所含的水，成为熟石膏；而熟石膏再和水混合则会硬化。为了阻止硬化过快，熟石膏中常常加有少量的缓凝剂。为了某些特殊用途，生石膏所含的所有水分要煅烧殆尽，然后加入少量明矾之类的促凝剂（干固水泥或英国水泥）。也有在天然硬石膏中加入明矾制得类似的熟石膏。以上各种熟石膏均归入本品目。

本品目还包括：

一、制成粉质浆状的熟石膏，用于织物的整理或纸张表面的处理。

二、含有添加色料的熟石膏。

三、经特殊煅烧或精细研磨的牙科用熟石膏，不论是否含有少量促凝剂或缓凝剂。本品目不包括以熟石膏为基本成分的牙科用制品（品目34.07）。

25.21　石灰石助熔剂；通常用于制造石灰或水泥的石灰石及其他钙质石

本品目包括石灰石助熔剂和通常用于制造石灰或水泥的石灰石及其他石灰质石，但碑用或建筑用石除外（品目25.15或25.16）。白云石归入品目25.18，而白垩则归入品目25.09。

石灰石助熔剂主要用作钢铁工业的助熔剂。

本品目也包括用于改良土壤的这些材料的粉末。但是，本品目不包括混凝土集料、铺路或铁道路基用的砸碎或破碎石料（品目25.17）。

25.22　生石灰、熟石灰及水硬石灰，但品目28.25的氧化钙及氢氧化钙除外：

10　—　　生石灰

20　—　　熟石灰

30　—　　水硬石灰

生石灰（一种不纯的氧化钙）是用不含或含极少量粘土的石灰石煅烧而成，它能非常迅速地与水化合，产生相当的热量后，成为熟石灰（氢氧化钙）。熟石灰通常用于土壤改良或制糖工业。

水硬石灰是用含足量粘土的石灰石在低温中煅烧而成。所含粘土的量虽然通常在20%以下，但足以使水硬石灰在水下硬化。水硬石灰不同于天然水泥。天然水泥仍含有相当大量的能和水消化的未化合生石灰。

本品目不包括纯净的氧化钙及氢氧化钙（品目28.25）。

25.23　硅酸盐水泥、矾土水泥、矿渣水泥、富硫酸盐水泥及类似的水凝水泥，不论是否着色，包括水泥熟料(+)：

10　—　水泥熟料

—　硅酸盐水泥：

21　——　白水泥，不论是否人工着色

29　——　其他

30　—　矾土水泥

90　—　其他水凝水泥

硅酸盐水泥用天然含有或人工掺入适当比例粘土的石灰石烧结而得，也可加入其他材料，例如，硅石、矾土或含铁物质。烧结后所得的半成品称为水泥熟料。熟料经磨细后制成硅酸盐水泥。为了改良其水凝性质，水泥中可加有添加剂和促凝剂。硅酸盐水泥主要有普通水泥、中等水泥及白水泥等几种。

本品目还包括矾土水泥、矿渣水泥、富硫酸盐水泥（磨细的高炉矿渣与促凝剂及熟石膏混合制成）、火山灰水泥、天然水泥等及以上水泥的混合物。

本品目的水泥可经着色。

本品目不包括某些名为水泥的产品，例如，干固水泥或英国水泥（加明矾的熟石膏）（品目25.20），以及有时也叫做天然水泥的产品，例如，火山灰土、圣多林土及类似物质（品目25.30）。

本品目也不包括：

（一）配制时须加入少量促进剂的精研高炉矿渣（品目26.19）；但可即供使用的研磨矿渣与促进剂的混合物仍归入本品目。

（二）牙科粘固剂及骨骼粘固剂（品目30.06）。

（三）品目32.14的胶粘剂。

（四）以火泥或第纳斯土等为基料的耐火水泥及灰泥（品目38.16）。

（五）非耐火的灰泥及混凝土（品目38.24）。

子目注释：

子目2523.21及2523.29

子目2523.21及2523.29所称“硅酸盐水泥”，是指用加有少量硫酸钙的硅酸盐水泥熟料磨细而成的水泥，应注意到：

——硅酸盐水泥熟料是子目2523.10所列的一种主要含硅酸钙的产品。这种产品主要用预定比例配好并均匀混合的石灰（氧化钙）、硅石（二氧化硅）及比例较小的矾土（三氧化二铝）和氧化铁（三氧化二铁）加热后部分熔凝制得；

——所称“硫酸钙”，包括适合制造水泥的生石膏及其衍生物、硬石膏及其他硫酸钙产品。

25.24　石棉：

10　—　　青石棉

90　—　　其他

石棉是用某些岩石分解而成的一种天然矿物质，其纤维结构非常特别，有时有丝绢光泽，颜色差异甚大，通常为白色，也有为灰色、青色、蓝色或深棕色的。主要性能为耐热及耐酸。

青石棉是钠闪石的石棉形态。其以纤维束形态存在于碱含量高的酸性火成岩及变质岩中，呈深蓝色至黑色或深绿色，半透明至部分不透明。青石棉也称作蓝石棉，与其他形态的石棉相比，其拉伸强度更大，但耐热性较差，弹性纤维较少，并且耐酸而不耐碱，被视为最危险的石棉形态。

本品目适用于岩石状的天然石棉、天然石棉纤维及搅打或洗涤石棉纤维，不论是否按长度进行分拣，还适用于石棉粉片、粉末及废料。但不包括经进一步加工（梳理、染色等）的石棉纤维及石棉制品（品目 68.12）。

25.25　云母，包括云母片；云母废料：

10　—　　原状云母及劈开的云母片

20　—　　云母粉

30　—　　云母废料

云母（白云母、金云母、黑云母等）是天然的复杂硅酸铝类，其特点是易于剥成有光泽的各种颜色透明弹性薄片。

本品目包括：

一、天然云母，由云母晶体组成，其形状、大小、厚薄均不规则，为土覆盖（“云母聚集块”）。

二、云母厚片，通过劈开经打碎及整理的云母聚集块而得。云母厚片为不规则多边形，与天然状态时的晶体相似，其边粗加修整或斜切，厚度通常从 200～750 微米不等。

三、云母薄片，通过云母厚片剥层而得。与云母厚片相同，也是不规则的多边形，其边粗加修整。

商业上的云母薄片有：

（一）电容膜片，通常为厚度 25～200 微米；

（二）薄片，通常为厚度 12～30 微米，仅用于生产组合云母（例如，层合云母板）。

本品目也包括云母废料及粉末。

本品目不包括用云母厚片或薄片切割或模冲成形的产品（品目 68.14 或第八十五章）、粘合（组合）云母片（例如，层合云母板、组合云母片）或复制云母的制品（品目 68.14）。

蛭石，一种与云母近似的矿物，应归入品目 25.30，珍珠岩及绿泥石（化学成分与蛭石近似）也归入品目 25.30。

25.26　天然冻石，不论是否粗加修整或仅用锯或其他方法切割成矩形（包括正方形）的板、块；滑石：

10　—　　未破碎及未研粉

20　—　　已破碎或已研粉

天然冻石及滑石都是富含水合硅酸镁的矿物质，而冻石较为密质、粗大；滑石为页片状，手感更为柔软、滑腻。

本品目的天然冻石可按品目 25.15 所列石料的形状或加工方法加工成形（参见该品目的注释），也可按本章注释一所列的加工方法进行加工。皂石是一种天然冻石。

本品目的滑石可经本章注释一所列的加工方法进行加工。最常见的滑石为原状或粉状。

所称“法国白垩”，是指某些冻石粉或滑石粉。

本品目不包括冻石制的“裁缝划粉”（品目96.09）。

【25.27】

25.28　天然硼酸盐及其精矿（不论是否煅烧），但不包括从天然盐水析离的硼酸盐；天然粗硼酸，含硼酸干重不超过85%

本品目仅包括开采出来的天然硼酸盐矿石及其精矿（不论是否煅烧），以及用某些地区（意大利的索菲欧尼地区）地壳逸出的汽体冷凝成水后再蒸发制得的或用这些地区地下抽出的水蒸发制得的天然硼酸。然而，本品目不包括所含硼酸干重超过85%的硼酸（品目28.10）。

归入本品目的天然硼酸盐包括：

一、四水硼砂，也称“天然硼砂”的硼酸钠。

二、白硼钙石，即硼酸钙。

三、方硼石，即氯硼酸镁。

本品目不包括通过化学方法处理四水硼砂制得的硼酸钠（精制硼砂）以及通过蒸发某些盐湖的复盐水制得的硼酸钠（品目28.40）。

25.29　长石；白榴石；霞石及霞石正长岩；萤石（氟石）：

10　—　长石

—　萤石：

21　——　按重量计氟化钙含量在97%及以下

22　——　按重量计氟化钙含量在97%以上

30　—　白榴石；霞石及霞石正长岩

长石、白榴石、霞石及霞石正长岩是由复合硅酸铝及碱金属或碱土金属组成，在陶瓷工业中用作助熔剂。本品目不包括长石砂（品目25.05）。

萤石（氟石）是一种天然氟化钙，为带有不同颜色条纹的硬石块或为各种颜色的集块晶体，主要用于提取氢氟酸及在冶炼工业中用作助熔剂。

本品目还包括通过热处理已碎为微粒的萤石粉；由于其与硅石的大小不一，简单筛分即可除去所含的部分硅石。

本品目不包括作为宝石或半宝石的长石或萤石（第七十一章）。

25.30　其他品目未列名的矿产品：

10　—　未膨胀的蛭石、珍珠岩及绿泥石

20　—　硫镁矾矿及泻盐矿（天然硫酸镁）

90　—　其他

一、土色料，不论是否煅烧或混合；天然云母氧化铁

归入本品目的土色料通常为天然混有白色或其他颜色矿物质（特别是氧化铁）的粘土；因其具有着色的特性，所以通常用作颜料。

它们包括：

（一）赭石（黄色、棕色、红色、大红色等）。

（二）黄土（意大利黄土，褐色；富铁煅黄土，橙棕色等）。

（三）棕土（包括煅棕土），棕色或深棕色。

（四）黑钙土及天然铁棕（卡塞尔土及科隆土）。可溶性铁棕是一种配制颜料，应归入品目32.06。

（五）佛罗纳土及塞浦路斯土（绿色）。

煅烧或各种土色料的混合并不影响这些商品的归类。但与其他物质混合或制成水剂或油剂等的土色料应归入第三十二章。

本品目不包括铁矿砂（品目26.01）及按重量计含化合铁（以三氧化二铁计）达70%及以上的土色料（品目28.21）。

但是，主要用作防锈颜料的云母氧化铁尽管天然含有化合铁（按重量计）达70%以上，仍归入本品目。

二、海泡石（不论是否磨光成块）及琥珀；粘聚海泡石及粘聚琥珀，模制后未进一步加工的板、条、杆或类似形状；黑玉

（一）天然海泡石质极轻，是一种多孔的水合硅酸镁矿，有白色、淡黄色、灰色或粉红色。该矿几乎只存在于小亚细亚地区，为小块状（石块各边很少有超过30厘米的）。石块先经洗涤、刮擦、呢绒抛光及干燥（晒干或烘干），然后再用法兰绒及蜡进一步抛光以改善其外观，最后确定其等级或质量。

粘聚海泡石是用粘合剂（油、明矾等）将天然海泡石的刨片及其他废料加热粘聚制得。本品目只包括模制后未经加工的板、条、杆或类似形状的粘聚海泡石。

（二）琥珀是一种树脂化石，颜色一般为黄色至深橙色不等。应该注意，切勿将琥珀和龙涎香混淆。龙涎香是鲸鱼的分泌物，归入品目05.10。

粘聚琥珀（再造琥珀）是一种不透明的矿物质，用废琥珀粘聚而成。本品目只包括模制后未经加工的板、条、杆或类似形状的粘聚琥珀。

（三）黑玉是一种密质的褐煤，颜色墨黑，容易雕琢，光泽度高。虽然黑玉用于制造珠宝首饰，但在协调制度中它不作为是一种宝石看待。

三、菱锶矿（不论是否煅烧），但氧化锶除外

本组包括菱锶矿（天然碳酸锶）及煅烧菱锶矿（主要由不纯的氧化锶组成）。

本品目不包括纯氧化锶（品目28.16）。

四、未列名矿物质；破碎陶瓷

本组主要包括：

（一）天然硫化砷，其主要的两类如下：

1. 雄黄，即二硫化二砷，鲜红色，用于制烟火。

2. 雌黄，即三硫化二砷，金黄色，用于制漆。

本品目也包括毒砂（砷黄铁矿砂或硫代亚砷酸铁）。

（二）明矾石，因其用于提取明矾而得名，石质，灰红色或浅黄色，摸后其色玷指。

（三）蛭石，一种与云母相关的矿物，其色与云母类似，但粉片通常小于云母；还有珍珠岩及绿泥石，其化学性质与蛭石相近。这些矿物质加热即膨胀，成为隔热料。膨胀的上述矿物（剥落鳞片状）应归入品目68.06。

（四）燧石板岩，一种坚硬异常、表面粗糙、纹理细致、颗粒均匀的深颜色石头，不怕酸。用燧石板岩制成的试金石（用于测试贵金属）应归入品目68.15。

（五）天青石（天然硫酸锶）；冰洲晶石（或方解石）及霰石，即晶体碳酸钙；鳞云母（锂云母）（氟硅铝酸钾及锂）及磷铝石（磷酸铝-氟化锂）。

（六）花园土、荒地土、沼泽土、泥灰土、冲积土、沃土、挖掘土及底土，这些土壤不论是否天然含有少量氮、磷、钾，虽然用于农业或园林，但不归入第三十一章（肥料）。但本品目不包括各种挖掘的天然砂（品目25.05）。

（七）火山灰、圣多林土、粗面凝灰岩及类似泥土，因其用于水泥生产，有时也称为天然水泥。

（八）天然状态的石灰石（通称为“石印石”，用于印刷业）。

（九）破碎陶器、破碎砖块及破碎混凝土块。

（十）稀土金属的矿砂（例如，氟碳铈镧矿、磷钇矿、硅铍钇矿），但不包括独居石及专门用于或主要用于提取铀或钍的其他矿砂（品目26.12）。

（十一）搪瓷用遮光料，通过处理（用盐酸提纯后微化）锆砂制得。

（十二）辉钼“精矿”，用洗涤、研磨、浮选等某些物理方法处理并通过热处理（煅烧除外）以除去其微量的油及水制得，非供冶炼用（润滑用）。

（十三）软锰矿，一种含氧化锰重量不低于79%的锰矿砂，不是用于提取锰的冶金工业上，而是用于制电池。

（十四）天然冰晶石，主要产自格陵兰，颜色雪白，偶尔带色，有光泽，近乎透明，主要用作生产电解铝的助熔剂；锥冰晶石，与冰晶石一样，可视为一种氟代铝酸钠。本品目不包括化学合成的具有与冰晶石及锥冰晶石成分类似的氟化物（品目28.26）。

本品目不包括第七十一章的宝石或半宝石。

第二十六章　矿砂、矿渣及矿灰

注释：

一、本章不包括：

（一）供铺路用的矿渣及类似的工业废渣（品目 25.17）；

（二）天然碳酸镁（菱镁矿），不论是否煅烧（品目 25.19）；

（三）主要含有石油的石油储罐的淤渣（品目 27.10）；

（四）第三十一章的碱性熔渣；

（五）矿物棉（品目 68.06）；

（六）贵金属或包贵金属的废碎料；主要用于回收贵金属的含贵金属或贵金属化合物的其他废碎料（品目 71.12）；或

（七）通过熔炼所产生的铜锍、镍锍或钴锍（第十五类）。

二、品目 26.01 至 26.17 所称“矿砂”，是指冶金工业中提炼汞、品目 28.44 的金属以及第十四类、第十五类金属的矿物，即使这些矿物不用于冶金工业，也包括在内。但品目 26.01 至 26.17 不包括不是以冶金工业正常加工方法处理的各种矿物。

三、品目 26.20 仅适用于：

（一）在工业上提炼金属或作为生产金属化合物基本原料的矿渣、矿灰及残渣，但焚化城市垃圾所产生的灰、渣除外（品目 26.21）；以及

（二）含有砷的矿渣、矿灰及残渣，不论其是否含有金属，用于提取或生产砷或金属及其化合物。

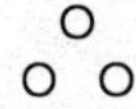

子目注释：

一、子目 2620.21 所称“含铅汽油的淤渣及含铅抗震化合物的淤渣”，是指含铅汽油及含铅抗震化合物（例如，四乙基铅）储罐的淤渣，主要含有铅、铅化合物以及铁的氧化物。

二、含有砷、汞、铊及其混合物的矿渣、矿灰及残渣，用于提取或生产砷、汞、铊及其化合物，归入子目 2620.60。

总　注　释

品目 26.01 至 26.17 仅限于下列金属矿砂及精矿：

一、其种类用于冶金工业中提炼第十四类或第十五类的金属、水银及品目 28.44 所列金属的矿物，即使这些矿物实际上不用于冶金工业，以及

二、未经非冶金工业正常方法处理的。

所称“矿砂”，适用于含金属矿物。这些矿物与相关的物质共存于矿藏之中并被一起开采出来。同时还适用于在脉石中的天然金属（例如，含金属砂）。

矿砂极少未经冶炼前预加工就出售的。最重要的预加工是矿砂的精选。

品目 26.01 至 26.17 所称“精矿”，适用于用专门方法部分或全部除去异物的矿砂。这样做是因为异物有可能影响日后的冶炼或增加运输费用。

品目 26.01 至 26.17 的产品可经过包括物理、物理—化学或化学加工，只要这些工序在提炼金属上是正常的。除煅烧、焙烧或燃烧（不论是否烧结）引起的变化外，这类加工不得改变所要提炼金属的基本化合物的化学成分。

物理或物理—化学加工包括破碎、磨碎、磁选、重力分离、浮选、筛选、分级、矿粉造块（例如，通过烧结或挤压等制成粒、球、砖、块状，不论是否加入少量粘合剂）、干燥、煅烧、焙烧以使矿砂氧化、还原或使矿砂磁化等（但不得使矿砂硫酸盐化或氯化等）。

化学加工（例如，溶解加工）主要为了清除不需要的物质。

本品目不包括经煅烧或焙烧以外其他处理后改变了基本矿砂的化学成分或晶体结构的精矿（通常归入第二十八章），也不包括由于多次物理变化（分级结晶、升华作用等）制得的几乎纯净的产品，即使其基本矿砂的化学成分并未发生变化。

品目26.01至26.17的矿砂在商业上用于提取：

（一）第七十一章所述的贵金属（即，银、金、铂、铱、锇、钯、铑或钌）。

（二）第十五类所述冶金工业的贱金属〔即，铁、铜、镍、铝、铅、锌、锡、钨、钼、钽、钴、铋、镉、钛、锆、锑、锰、铬、锗、钒、铍、镓、铪、铟、铌（钶）、铼、铊〕。

（三）品目28.05的水银。

（四）品目28.44的金属。

在某些情况下，矿砂用于提取锰铁或铬铁之类的合金。

除条文另有规定的以外，含有一种以上矿物的矿砂及精矿，应根据归类总规则第三条（二）款或（三）款归入品目26.01至26.17中的相应品目。

品目26.01至26.17不包括：

（一）虽含上述金属，但属以下情况的矿砂：

1. 其他品目已经列名的，例如，未焙烧黄铁矿（品目25.02）、天然冰晶石及天然锥冰晶石（品目25.30）。

2. 所含金属无商业提炼价值的，例如，土色料、明矾石（品目25.30）、宝石或半宝石（第七十一章）。

（二）报验时为用于提炼镁的矿物，即白云石（品目25.18）、菱镁矿（品目25.19）及光卤石（品目31.04）。

（三）品目28.05所列碱金属或碱土金属（即，锂、钠、钾、铷、铯、钙、锶及钡）的矿物；含盐的上述矿物（品目25.01）、重晶石及毒重石（品目25.11）、菱锶矿、天青石、冰洲晶石及霰石（品目25.30）。

（四）从其脉石或杂矿石中分选出来的天然金属（例如，金属块或金属粒）及天然合金，它们归入第十四类或第十五类。

（五）品目25.30的稀土金属矿砂。

26.01　铁矿砂及其精矿，包括焙烧黄铁矿：

　　— 　铁矿砂及其精矿，但焙烧黄铁矿除外：

11　— — 未烧结

12　— — 已烧结

20　— 　焙烧黄铁矿

通常归入本品目的矿砂主要有：

一、红赤铁矿，包括镜铁矿及假象赤铁矿（氧化铁）及棕赤铁矿（鲕褐铁矿）（含铁及碳酸钙的水合氧化铁）。

二、褐铁矿，水合氧化铁。

三、磁铁矿，磁性氧化铁。

四、菱铁矿或球菱铁矿，碳酸铁。

五、焙烧黄铁矿或黄铁矿烬滓，不论是否烧结。

本品目也包括以干重（将矿砂及精矿加热至温度 105～110℃所得的重量）计锰含量低于 20%的铁矿砂及其精矿（参见品目 26.02 的注释）。根据其锰含量的多少，这些矿砂称作含锰铁矿或含铁锰矿。

本品目不包括作颜料用的精细研磨磁粉铁矿及其他铁矿（第三十二章）。

26.02　锰矿砂及其精矿，包括以干重计含锰量在 20%及以上的锰铁矿及其精矿

通常归入本品目的矿砂主要有：

一、褐锰矿，氧化锰。

二、菱锰矿，碳酸锰。

三、黑锰矿，盐水氧化锰。

四、水锰矿，水合氧化锰。

五、硬锰矿，水合二氧化锰。

六、软锰矿（或黝锰矿），二氧化锰。

本品目也包括含铁锰矿砂及精砂，只要这些矿砂及精矿以干重（将矿砂及精矿加热至温度 105～110℃所得的重量）计锰含量达 20%及以上；以干重计锰含量低于 20%的不包括在内（品目 26.01）。

本品目也不包括用于干电池的调制软锰矿（品目 25.30）。

26.03　铜矿砂及其精矿

通常归入本品目的矿砂主要有：

一、氯铜矿，天然羟基氯化铜。

二、蓝铜矿，碱式碳酸铜。

三、斑铜矿，铜铁硫化物。

四、车轮矿，铜铅锑硫化物。

五、水硫酸铜矿（水胆矾），碱式硫酸铜。

六、辉铜矿，硫化铜。

七、黄铜矿，铜铁硫化物。

八、硅孔雀石、水合硅酸铜。

九、靛铜矿，硫化铜。

十、赤铜矿，氧化亚铜。

十一、透视石，硅酸铜。

十二、黝铜矿（通常含银），一种铜锑硫化物（黝铜矿）或铜砷硫化物（砷黝铜矿、硫砷铜矿）。

十三、孔雀石，碱式碳酸铜。

十四、黑铜矿，氧化正铜。

26.04　镍矿砂及其精矿

通常归入本品目的矿砂主要有：

一、硅镁镍矿，镍镁硅酸复盐。

二、红砷镍矿，砷化镍。

三、硫镍铁矿，镍铁硫化物。
四、含镍磁黄铁矿，含镍硫化铁。

26.05　钴矿砂及其精矿

通常归入本品目的矿砂主要有：
一、辉钴矿，钴的硫化物及砷化物。
二、水钴矿，水合氧化钴。
三、硫钴矿，钴镍硫化物。
四、砷钴矿，砷化钴。

26.06　铝矿砂及其精矿

本品目包括铝土矿（水合氧化铝，含有不同比例的氧化铁、硅石等）。

本品目也包括经热处理（温度为1200～1400℃）的铝土矿，适于冶金工业上提取铝（电炉内用碳热还原法提取、用格鲁斯法提取等）或用于其他方面（主要用于制造磨料）。

26.07　铅矿砂及其精矿

通常归入本品目的矿砂主要有：
一、铅矾，硫酸铅。
二、白铅矿，碳酸铅。
三、方铅矿，硫酸铅，通常含银。
四、磷氯铅矿，铅的硫酸盐及氯化物。

26.08　锌矿砂及其精矿

通常归入本品目的矿砂主要有：
一、闪锌矿，硫化锌。
二、异极矿，氢化硅酸锌。
三、菱锌矿，碳酸锌。
四、红锌矿，氧化锌。

26.09　锡矿砂及其精矿

通常归入本品目的矿砂主要有：
一、锡石，氧化锡。
二、黄锡矿，锡铜铁硫化物。

26.10　铬矿砂及其精矿

本品目包括铬矿（或铬铁矿），即铬铁氧化物。

26.11　钨矿砂及其精矿

通常归入本品目的矿砂主要有：
一、钨铁矿，钨酸铁。
二、钨锰矿，钨酸锰。
三、白钨矿，钨酸钙。
四、黑钨矿，铁锰钨酸盐。

26.12　铀或钍矿砂及其精矿：
10　—　　铀矿砂及其精矿
20　—　　钍矿砂及其精矿

通常归入本品目的铀矿砂主要有：
一、钙铀云母，水合铀钙磷酸盐。
二、钛铀矿，钛酸铀。
三、钒钾铀矿，水合铀钾钒酸盐。
四、水硅铀矿，硅酸铀。
五、铈铀钛铁矿，钛酸铀铁。
六、斜磷铅铀矿，水合铀铅磷酸盐。
七、沥青铀矿，盐水氧化铀。
八、铜铀云母，水合铀铜磷酸盐。
九、钒钙铀矿，水合铀钙钒酸盐。
十、硅钙铀矿，硅酸钙铀。
十一、方铀钍矿，铀钍氧化物。
通常归入本品目的钍矿砂主要有：
一、独居石，钍及稀土的磷酸盐。
二、钍石，水合硅酸钍。
本品目不包括不是通过冶金工业的正常加工方法提取的，但商业上也称之为铀“精矿”的产品（品目 28.44）。

26.13　钼矿砂及其精矿：
10　—　　已焙烧
90　—　　其他

通常归入本品目的钼矿砂主要有：
一、辉钼矿，硫化钼。
二、钼铅矿，钼酸铅。
本品目也包括焙烧辉钼精矿（“工业三氧化钼”，通过焙烧辉钼精矿所得）。
本品目不包括用作润滑剂的辉钼矿（品目 25.30）。

26.14　钛矿砂及其精矿

通常归入本品目的矿砂主要有：
一、钛铁矿，钛酸铁。

二、金红石、锐钛矿及板钛矿，氧化钛。

本品目不包括用作颜料的钛矿粉末（第三十二章）。

26.15　铌、钽、钒或锆矿砂及其精矿：

10　—　　锆矿砂及其精矿

90　—　　其他

通常归入本品目的锆矿砂主要有：

一、斜锆矿，氧化锆。

二、锆石及锆砂，硅酸锆（如果为宝石形态，锆石应归入品目71.03）。

通常归入本品目的钽矿砂及铌（钶）矿砂有钽铁矿及铌（钶）铁矿（即铁锰的钽铌酸盐）。

通常归入本品目的钒矿砂主要有：

一、钒铅锌矿，碱式钒酸铅锌。

二、绿硫钒矿，硫化钒。

三、钒云母，铝镁钒硅酸络盐。

四、钒铅矿，铅的钒酸盐及硫化物。

熔融氧化钒，如果通过煅烧或焙烧以外其他方法处理后改变了基本矿物的化学成分或晶体结构的，不归入本品目（通常归入第二十八章）。

本品目也不包括搪瓷生产上用作遮光料的微化锆砂（品目25.30）。

26.16　贵金属矿砂及其精矿：

10　—　　银矿砂及其精矿

90　—　　其他

通常归入本品目的矿砂主要有：

一、辉银矿，硫化银。

二、碲金矿，金银碲化物。

三、角银矿，银的氯化物及碘化物。

四、硫锑铜银矿，银锑硫化物。

五、淡红银矿，银砷硫化物。

六、深红银矿，银锑硫化物。

七、脆银矿，银锑硫化物。

八、含金或铂的矿砂；含铂矿砂常含有其他铂属金属（即，铱、锇、钯、铑及钌）。

26.17　其他矿砂及其精矿：

10　—　　锑矿砂及其精矿

90　—　　其他

通常归入本品目的矿砂主要有：

一、锑矿砂

（一）黄锑矿，氧化锑。

（二）桔红硫锑矿，硫酸氧化锑。

（三）方锑矿，氧化锑。

（四）辉锑矿，硫化锑。

（五）锑华，氧化锑。

二、铍矿砂

（一）绿柱石，铍铝硅酸复盐（如果为宝石形态，绿柱石或翡翠应归入品目 71.03）。

（二）硅铍石。

三、铋矿砂

（一）辉铋矿，硫化铋。

（二）泡铋矿，水合碳酸铋。

（三）赭铋矿（铋华），水合氧化铋。

四、锗矿砂

锗石，铜锗硫化物。

本品目不包括不是通过冶金工业的正常加工方法提取的，但商业上也称之为锗“精矿”的产品（品目 28.25）。

五、汞矿

朱砂，汞硫化物。

铟、镓、铼、铪、铊或镉都不是直接从某一种矿砂中提炼出来的，而是在提炼其他金属（例如，锌、铅、铜、铝、锆、钼）时作为副产品获得的。

26.18　冶炼钢铁所产生的粒状熔渣（熔渣砂）

本品目包括粒状熔渣（熔渣砂），例如，用出高炉后就倒入水中的液体浮渣制得。

但本品目不包括对熔化炉渣吹入蒸汽或压缩空气而制得的矿渣棉和在熔化的炉渣中加入少量水而制得的泡沫矿渣（品目 68.06）。本品目也不包括矿渣水泥（品目 25.23）。

26.19　冶炼钢铁所产生的熔渣、浮渣（粒状熔渣除外）、氧化皮及其他废料

本品目包括的熔渣是在熔炼铁矿砂时或冶炼生铁或钢时所得的铝、钙或铁的硅酸盐（高炉渣或转炉渣）。本品目包括不论是否含有足以回收金属铁的熔渣，但不包括含磷熔渣（“碱性熔渣”或“托马斯炉渣”）。这些熔渣是重要的肥料，应归入第三十一章。

熔渣及浮渣用于制造水泥，作路基或筑路用。经破碎并粗略分级的筑路熔渣归入品目 25.17。本品目也不包括归入品目 26.18 的粒状熔渣（熔渣砂）。

氧化皮是钢铁在锻打、热轧等工序所产生的氧化铁皮。

本品目也包括高炉灰及冶炼钢铁所产生的其他废料，但不包括剪切、成形或其他金属加工工序中所产生的金属碎料。这些碎料归入品目 72.04。

26.20　含有金属、砷及其化合物的矿渣、矿灰及残渣（冶炼钢铁所产生的灰、渣除外）：

	— 主要含锌：
11	— — 含硬锌
19	— — 其他
	— 主要含铅：
21	— — 含铅汽油的淤渣及含铅抗震化合物的淤渣
29	— — 其他

30　—　　主要含铜
40　—　　主要含铝
60　—　　含有砷、汞、铊及其混合物，用于提取或生产砷、汞、铊及其化合物
　　—　　其他：
91　——　含有锑、铍、镉、铬或其混合物
99　——　其他

本品目包括含有金属、砷（不论是否含有金属）或其化合物，以及用于提取或生产砷或金属或其化合物的矿渣、矿灰及残渣（品目26.18、26.19或71.12的灰、渣除外）。这些矿灰、残渣是处理矿砂或冶金中间产品（例如，锍）时所得或从不属机械加工金属的电解、化学或其他工序所得，在工业上，它们用于提取金属或作为生产金属化合物的基本原料。但机械加工金属所剩的废料及残旧破烂的金属制品碎料不包括在内（第十四类或第十五类）。而另一方面，机械加工有色金属时所产生的主要为氧化物的金属皮仍归入本品目。

本品目包括：

一、锍〔铜锍、镍锍或钴锍除外（第十五类）〕及炉渣或浮渣，例如，富含铜、锌、锡、铅等的渣。

二、硬锌块，镀锌时浸锌所剩的残渣。

三、制取或精炼金属后所剩的电解槽泥渣及电镀泥渣。

四、蓄电池淤渣。

五、金属电解精炼所产生的块状残渣，干的或浓缩的。

六、生产硫酸铜所产生的残渣。

七、处理含银矿砂所产生的杂质氧化钴。

八、仅适合于提取金属或生产化工品的废催化剂。

九、主要用于提取氯化镁的光卤石碱液残渣。

十、含铅汽油及含铅抗震化合物储罐的含铅汽油淤渣及含铅抗震化合物的淤渣，主要含有铅、铅化合物（包括四乙基铅及四甲基铅）以及铁的氧化物（因储罐生锈而产生）。这些淤渣实际上不含石油，一般用于回收铅或铅化合物。

十一、熔炼锌、铅或铜时产生的烟道尘。一般来说，砷存在于熔炼铜及铅时产生的烟道尘当中，而铊则存在于熔炼铅及锌时产生的烟道尘当中。

十二、熔炼锌、铅或铜时产生的矿渣、矿灰及残渣，通常为富含汞的氧化物、硫化物或含其他金属的汞齐。

十三、含有锑、铍、镉、铬或其混合物的矿渣、矿灰及残渣。这些灰、渣通常为加工（例如，热处理）含有上述金属的产品的过程中产生的废料。

十四、从生产、配制及使用油墨、染料、颜料、油漆、大漆及清漆所产生的废物中得到的、用于回收金属及其化合物的矿渣、矿灰及残渣。

本品目还不包括：

（一）焚化城市垃圾所产生的灰、渣（品目26.21）。

（二）主要含有石油的石油储罐的淤渣（品目27.10）。

（三）第二十八章的已有化学定义的化合物。

（四）贵金属或包贵金属的废碎料（包括废或破的铂合金网催化剂及主要用于回收贵金属的含贵金属或贵金属化合物的废碎料）（品目71.12）。

（五）机械加工第十五类的金属所产生的金属碎料。

（六）锌粉（品目 79.03）。

26.21　其他矿渣及矿灰，包括海藻灰（海草灰）；焚化城市垃圾所产生的灰、渣：

10　—　焚化城市垃圾所产生的灰、渣

90　—　其他

本品目包括不归入品目 26.18、26.19 或 26.20 的熔渣及矿灰，这些渣、灰是通过加工矿砂或冶炼金属所得，也可通过加工其他材料或用其他方法所得。虽然这些产品很多都用作肥料，但它们归入本品目而不归入第三十一章（碱性熔渣除外）。

本品目的产品包括：

一、矿质（例如，煤、褐煤或泥煤）灰及烧结块。煤灰主要是在公共锅炉中燃烧煤粉而产生，为粉末状或沙子般大小的粒状材料，主要用作生产水泥的原料，在混凝土及矿井回填材料中用作水泥添加剂，在塑料及油漆中用作矿物填充剂，在建材生产及城市建筑物（例如，公路斜坡及桥墩）中用作轻质混凝料。其中包括：

1．飞灰——存在于熔炉烟道气体中，并通过集尘袋或静电过滤器由气流带走的细分微粒；

2．底灰——随气流离开熔炉后立即沉降所带走的更粗粒灰烬；

3．炉渣——从炉底除去的粗渣；

4．流化床炉膛灰（FBC-灰）——在石灰石或白云石的流化床中燃烧煤或油所得的无机残渣。

二、海草灰及其他植物灰。本品目的海草灰是焚烧某些种类的海草所得的物质。原状海草灰粗糙，份量重，为黑灰色，但精制后为暗白色粉末，主要用来提取碘或用于玻璃工业。

本组还包括几乎完全由二氧化硅组成的稻壳灰。该灰主要用于制造隔音砖或其他隔音产品。

三、骨灰，从露天煅烧的骨头获得，除用于改良土壤外，还可用作铸铜锭模的涂料。但本品目不包括在闭合容器内煅烧骨头所得的动物炭黑（品目 38.02）。

四、粗钾盐，在榨糖工业中通过焚烧、洗涤等方法处理甜菜糖蜜残渣所得。

五、焚化城市垃圾所产生的灰、渣（参见第三十八章注释四）。这些灰、渣通常为熔渣与有毒金属（例如，铅）的混合物，一般用作垃圾填埋场临时路面建筑集料的代用品。这些灰、渣中所含的金属成分并不能保证对这些金属或金属化合物的回收。

第二十七章　矿物燃料、矿物油及其蒸馏产品；沥青物质；矿物蜡

注释：

一、本章不包括：

（一）单独的已有化学定义的有机化合物，但纯甲烷及纯丙烷应归入品目 27.11；

（二）品目 30.03 及 30.04 的药品；或

（三）品目 33.01、33.02 及 38.05 的不饱和烃混合物。

二、品目 27.10 所称“石油及从沥青矿物提取的油类”，不仅包括石油、从沥青矿物提取的油及类似油，还包括那些用任何方法提取的主要含有不饱和烃混合物的油，但其非芳族成分的重量必须超过芳族成分。

然而，它不包括采用减压蒸馏法，在压力转换为 1013 毫巴下的温度 300℃时，以体积计馏出量小于 60％的液体合成聚烯烃（第三十九章）。

三、品目 27.10 所称“废油”，是指主要含石油及从沥青矿物提取的油类（参见本章注释二）的废油，不论其是否与水混合。它们包括：

（一）不再适于作为原产品使用的废油（例如，用过的润滑油、液压油及变压器油）；

（二）石油储罐的淤渣油，主要含废油及高浓度的在生产原产品时使用的添加剂（例如，化学品）；以及

（三）水乳浊液状的或与水混合的废油，例如，浮油、清洗油罐所得的油或机械加工中已用过的切削油。

子目注释：

一、子目 2701.11 所称“无烟煤”，是指含挥发物（以干燥、无矿物质计）不超过 14％的煤。

二、子目 2701.12 所称“烟煤”，是指含挥发物（以干燥、无矿物质计）超过 14％，并且热值（以潮湿、无矿物质计）等于或大于 5833 大卡／千克的煤。

三、子目 2707.10、2707.20、2707.30 及 2707.40 所称“粗苯”、“粗甲苯”、“粗二甲苯”及“萘”，是分别指按重量计苯、甲苯、二甲苯或萘的含量在 50％以上的产品。

四、子目 2710.12 所称“轻油及其制品”，是指温度在 210℃时以体积计馏出量（包括损耗）在 90％及以上的产品（以美国标准试验法 D86 为准）。

五、品目 27.10 的子目所称“生物柴油”，是指从动植物油脂（不论是否使用过）得到的用作燃料的脂肪酸单烷基酯。

总　注　释

总的来说，本章包括煤及其他天然矿物燃料、石油及从沥青矿物提取的油、这些油的蒸馏产品以及用任何其他方法获得的类似产品，也包括矿物蜡及天然沥青物质。本章的货品可以是天然的，也可以是精制的；除甲烷及丙烷以外，其余的如果是单独的已有化学定义的有机化合物或处于商业纯状态的，应归入第二十九章。对于某些这类化合物（例如，乙烷、苯、酚、吡啶），品目 29.01、29.07 及 29.33 的注释列有其具体纯度标准。甲烷及丙烷，即使是纯净的，也归入品目 27.11。

本章注释二及品目 27.07 所称“芳族成分”，是指含有芳香素的整个分子（不论其侧链多少及长短）而不是仅指这些分子的芳香部分。

本章不包括：

（一）品目 30.03 或 30.04 的药品。

（二）芳香料制品、化妆品或盥洗品（品目 33.03 至 33.07）。

（三）香烟打火机及类似打火器充气用的液体燃料或液化气体燃料，其包装容器的容量不超过 300 立方厘米的（品目 36.06）。

27.01 煤；煤砖、煤球及用煤制成的类似固体燃料：

— 煤，不论是否粉化，但未制成型：

11 — — 无烟煤

12 — — 烟煤

19 — — 其他煤

20 — 煤砖、煤球及用煤制成的类似固体燃料

本品目包括各种煤，不论是否粉化或粘聚（煤球、煤砖等），也包括碳化后无烟的煤砖及类似的成品燃料。

本品目还包括加入少量分散剂（主要是表面活性剂）并用水和好的粉化煤。

本品目不包括黑玉（品目 25.30）、褐煤（品目 27.02）、焦炭及半焦炭（品目 27.04）。

27.02 褐煤，不论是否制成型，但不包括黑玉：

10 — 褐煤，不论是否粉化，但未制成型

20 — 制成型的褐煤

本品目包括褐煤，一种处于煤及泥煤之间的燃料，不论是否脱水、粉化或粘聚。

本品目不包括黑玉，尽管它也是褐煤的一种（品目 25.30）。

27.03 泥煤（包括肥料用泥煤），不论是否制成型

泥煤，由部分碳化的植物材料组成，一般份量很轻，纤维质。

本品目包括各种泥煤，含燃料用的干制或粘聚泥煤、用于厩圈、改良土壤或其他方面的碎泥煤、泥煤料等。

本品目还包括具有泥煤基本特征的泥煤与沙或粘土混合物，不论是否含有少量的肥料元素氮、磷或钾。这类产品一般用作花泥。

但本品目不包括：

（一）制成供纺织用的泥煤纤维（名为“贝兰丁”纤维）（第十一类）。

（二）花盘或其他泥煤制品，包括切割或模制成形的建筑用绝热片（第六十八章）。

27.04 煤、褐煤或泥煤制成的焦炭及半焦炭，不论是否制成型；甑炭

焦炭是在无空气存在下干馏（或碳化、气化）煤、褐煤或泥煤制得的固体产物。它用各种质量的烟煤在炼焦炉内炼得。

半焦炭是低温干馏煤或褐煤制得。

本品目的焦炭及半焦炭可经粉化或粘聚。

甑炭（气碳）是一种质硬、色黑、易碎的碳，敲之有金属响声，是从煤气厂或炼焦炉内所得的一种副产品。它积聚于炉壁或甑壁上，通常为不规则团块状。这些团块的表面根据甑的形状不同，可为平面或略呈弧形。

在某些国家，甑炭被称为“人造石墨”，但将品目 38.01 的人工生产的石墨称为人造石墨才更为确切。

本品目不包括：

（一）沥青焦及石油焦（分别归入品目 27.08 或 27.13）。

（二）电气用甑炭制品（品目 85.45）。

27.05　煤气、水煤气、炉煤气及类似气体，但石油气及其他烃类气除外

煤气通常是在煤气厂或炼焦炉内在无空气存在下干馏煤制得。它是一种氢、甲烷、一氧化碳等的复杂混合物，用于照明和加热。

本品目包括地下气化作用产生的煤气，也包括水煤气、炉煤气及类似气体，例如，高炉煤气。本品目还包括通常在蒸汽存在下裂化或重整矿物油、石油气或天然气所得的混合气体。这些混合气体与煤气的成分相似，用于加热、照明及合成化学品（例如，甲醇、氨）。用于合成化学品时，有时称为“合成气”。但本品目不包括品目 27.11 所列的气体。

27.06　从煤、褐煤或泥煤蒸馏所得的焦油及其他矿物焦油，不论是否脱水或部分蒸馏，包括再造焦油

本品目的焦油是由各种比例的芳族及脂族成分组成的复杂混合物，通常为干馏煤、褐煤或泥煤的产物。

归入本品目的焦油包括：

一、高温干馏煤所制得的焦油，主要含芳族成分，例如，苯、酚、萘、蒽及酚同系物、吡啶碱。

二、干馏褐煤或泥煤或低温干馏煤所制得的焦油，其成分与以上一款所述焦油相似，但含有更为大量的脂族化合物、环烷化合物及酚化合物。

三、其他矿物焦油，包括煤在水煤气炉内气化时所产生的焦油。

本品目也包括脱水或部分干馏的焦油以及将沥青与杂酚油或其他煤焦油干馏物混合制得的再造焦油。

焦油主要用于进一步蒸馏，以产生一系列的油及其他煤焦油产品，也有用于制防水材料及铺路面等。

本品目不包括用非矿物原料提取的焦油，例如，木焦油（品目 38.07）。

27.07　蒸馏高温煤焦油所得的油类及其他产品；芳族成分重量超过非芳族成分的类似产品：

10　—　粗苯

20　—　粗甲苯

30　—　粗二甲苯

40　—　萘

50　—　其他芳烃混合物，温度在 250℃时的馏出量以体积计（包括损耗）在 65％及以上（以美国标准试验法 D86 为准）

—　其他：

91　——　杂酚油
99　——　其他

本品目包括：

一、用稍宽馏分的高温煤焦油精馏制得的油及其他产品，这类煤焦油能产生以芳族烃及其他芳族化合物为主要成分的混合物。

上述油及其他产品包括：

（一）苯、甲苯、混合二甲苯及溶剂石脑油。

（二）萘油及粗萘。

（三）蒽油及粗蒽。

（四）酚油（酚、甲酚、二甲苯酚等）。

（五）吡啶、喹啉及吖啶碱。

（六）杂酚油。

二、以芳族成分为主的类似油及产品，通过精馏低温煤焦油及其他矿物焦油制得或通过汽提煤气、加工石油或其他方法制得。

本品目包括粗制或精制的上述油及产品，但不包括单独的已有化学定义的纯净化合物或商品纯化合物（第二十九章），这些化合物是通过对焦油进一步精馏或用其他方法加工制得。对于苯、甲苯、二甲苯、萘、蒽、酚、甲酚、二甲苯酚、吡啶及某些吡啶衍生物，品目29.02、29.07及29.33注释的有关部分列有其纯度的具体标准。

木焦油归入第三十八章。

本品目不包括苯或萘烷基化后具有相当长支链的混合烷基苯或混合烷基萘（品目38.17）。

27.08　从煤焦油或其他矿物焦油所得的沥青及沥青焦：

10　—　　沥青
20　—　　沥青焦

本品目所包括的沥青是蒸馏高温煤焦油或其他矿物焦油时所剩的一种残余物，它含有少量的重焦油，为黑色或棕色，质地柔软或易碎，用于制造电极、铺路焦油、防水混合物或粘聚煤粉等。

经吹气氧化稍为改性的沥青与未吹气沥青相似，仍归入本品目。

沥青焦是蒸馏高温煤焦油、低温煤焦油、其他矿物焦油及其沥青后残留的最终产品，用于制造电极或用作燃料。

27.09　石油原油及从沥青矿物提取的原油

本品目包括石油及沥青矿物（例如，页岩、石灰质石、矿砂）油的原油，即不论其成分如何，也不论其是否从正常油田、凝液油田或干馏沥青矿物获得的天然产品。所得原油即使经以下方法加工，仍归入本品目：

一、倾析。

二、脱盐。

三、脱水。

四、稳定以使蒸汽压力正常化。

五、消去极轻馏分，使这些馏分重返油藏以利排放及保持压力。

六、仅加入已在上述加工过程中用物理方法回收的碳氢化合物。

七、任何次要的加工方法，只要这些方法不改变产品的基本特性。

本品目还包括凝析油，即天然气提取稳定过程中所得的原油。这一操作包括主要通过冷却和降压从含大量石油气的天然气中制得可凝析烃（C4 至大约 C20）。

27.10　石油及从沥青矿物提取的油类，但原油除外；以上述油为基本成分（按重量计不低于 70%）的其他品目未列名制品；废油：

—　石油及从沥青矿物提取的油类（但原油除外）以及以上述油为基本成分（按重量计不低于 70%）的其他品目未列名制品，不含有生物柴油，但废油除外：

12　— —　轻油及其制品

19　— —　其他

20　—　石油及从沥青矿物提取的油类（但原油除外）以及以上述油为基本成分（按重量计不低于 70%）的其他品目未列名制品，含有生物柴油，但废油除外

—　废油：

91　— —　含多氯联苯（PCBs）、多氯三联苯（PCTs）或多溴联苯（PBBs）的

99　— —　其他

一　初级产品

本品目第一部分包括的产品可经过除品目 27.09 注释所列范围以外的任何加工。

本品目包括：

一、“拔顶原油”（蒸去了某些较轻馏分的原油）以及蒸馏稍宽馏分或炼制石油及沥青矿物的原油所得的轻油、中油及重油。这些油呈液状或半固体状，主要含非芳族烃，例如，链烷烃、环烷烃。

这些油包括：

（一）汽油。

（二）石油溶剂。

（三）煤油。

（四）粗柴油。

（五）燃料油。

（六）锭子油及润滑油。

（七）白油。

本品目包括经进一步加工以清除杂质（例如，用酸或碱处理、用选择性溶剂、氯化锌、吸收土等处理或经再蒸馏加工）的上述馏分，只要处理后的产品不是纯的或商品纯的已有化学定义的单独化合物（第二十九章）。

二、非芳族成分以重量计超过芳族成分的类似油。它们通过低温干馏煤或经氢化及其他任何加工（例如，裂化、重整）制得。

本品目包括混合烯烃，也称三聚丙烯、四聚丙烯、二异丁烯、三异丁烯等。这些混合物是由不饱和无环烃（辛烯、壬烯及其同系物和异构体等）及饱和无环烃混合组成。

它们通过极低度聚合丙烯、异丁烯或其他烯烃制得，或通过分离（例如，分馏）某些矿物油裂化产品制得。

混合烯烃主要在化学合成中用作溶剂或稀释剂。由于其辛烷值高，在加入适当添加剂后，它们也可掺入汽油使用。

但本品目不包括采用减压蒸馏法，在压力转换为 1013 毫巴（101.3 千帕）下的温度 300℃时，以体积计馏出量小于60%的液体合成聚烯烃（第三十九章）。

而且，本品目也不包括加工石油或用其他方法制得的按重量计以芳族成分为主的油（品目27.07）。

三、加有不同物质以适合某些专门用途的以上一、二两款所述的油，只要这些产品含有按重量计在70%及以上的石油或沥青矿物油，而且协调制度的其他品目也未明确将其包括在内。

以上所述的产品包括：

（一）含有少量添加的抗爆产品（例如，四乙铅、二溴乙烷）及抗氧剂（例如，对-丁基氨基苯酚）的汽油。

（二）由润滑油及各种不同数量的其他产品〔例如，改良润滑性能的产品（如植物油、脂）、抗氧剂、防锈剂、防沫剂（如硅氧烷）〕混合组成的润滑剂。这些润滑油包括复合油、重负荷机油、掺石墨油（浸于石油或沥青矿物油的石墨悬浮液）、上部气缸润滑剂、纺织用油及由润滑油和大约10～15%的铝皂、钙皂、锂皂等组成的固体润滑剂（润滑脂）。

（三）变压器油及绝缘油（不是利用其润滑性能），加有抗氧剂（如二叔丁基对甲苯酚）并经稳定和特制的油。

（四）用于冷却切削工具及工件的切削油，由加入大约10～15%乳化剂（例如，碱式磺化蓖麻醇油酸盐）的重油组成，在水中作为乳剂使用。

（五）清洁电动机、发动机及其他器具的清洗油，由重油组成，通常含有少量添加的胶溶剂，用以清除机器运转时积聚下来的胶、碳等物质。

（六）为便于将陶瓷制品、混凝土支柱等从模子上脱离下来的脱模油，包括含有约10%植物脂肪等的重油。

（七）闸用液压油等，由重油加入增强其润滑性能的产品、抗氧剂、防锈剂、防沫剂等组成。

四、生物柴油混合物，含有按重量计不低于70%的石油或从沥青矿物提取的油类。但生物柴油及其混合物，含有按重量计低于70%的石油或从沥青矿物提取的油类的，应归入品目38.26。

二 废油

废油为主要含石油及从沥青矿物提取的油类（参见本注释二）的废料，不论其是否与水混合。它们包括：

（一）不再适于作为原产品使用的石油废油及类似废油（例如，用过的润滑油、液压油及变压器油）。废油含有多氯联苯（PCBs）、多氯三联苯（PCTs）及多溴联苯（PBBs），主要来自热交换器、变压器或开关装置等电器设备中上述化学品的流出物；

（二）石油储罐的淤渣油，主要含废油及高浓度的在生产原产品时使用的添加剂（例如，化学品）；

（三）水乳浊液状的或与水混合的废油，例如，浮油、清洗油罐所得的油或机械加工中已用过的切削油。

（四）生产、配制及使用油墨、染料、颜料、油漆、大漆及清漆所产生的废油。

本品目不包括：

（一）含铅汽油及含铅抗震化合物储罐的含铅汽油淤渣及含铅抗震化合物的淤渣，主要含有铅、铅化合物以及铁的氧化物，它们实际上不含石油，一般用于回收铅或铅化合物（品目26.20）。

（二）含石油或沥青矿物油重量低于70%的制剂，例如，品目34.03的纺织材料油脂处理制剂及其他润滑剂和品目38.19的闸用液压油。

（三）协调制度其他品目已列名的含任何比例（包括按重量计超过70%的）石油或沥青矿物油的制剂或非以石油及沥青矿物油为基料的制剂。它们有品目34.03的防锈剂，一种溶于石油溶剂的羊毛脂溶液（羊毛脂为基料，石油溶剂仅作为溶剂，使用后石油溶剂即挥发掉）；还有消毒剂、杀虫剂、杀菌剂等（品目38.08）；矿物油用的配制添加剂（品目38.11）；清漆用的复合溶剂及稀释剂（品目

38.14）及品目 38.24 的某些制剂，例如，汽油机用起动燃料，含石油重量在 70%及以上的乙醚或以乙醚为基料的其他成分。

27.11 石油气及其他烃类气：

— 液化的：

11 — — 天然气

12 — — 丙烷

13 — — 丁烷

14 — — 乙烯、丙烯、丁烯及丁二烯

19 — — 其他

— 气态的：

21 — — 天然气

29 — — 其他

本品目包括从天然气或石油制得的气态粗制烃以及用化学方法生产的气态粗制烃。甲烷及丙烷不论是否纯净的，均归入本品目。

这些烃在温度 15℃，压力 1013 毫巴（101.3 千帕）时为气态，在压力下可以液态装于金属容器内报验，为了安全起见，通常加入少量有强烈气味的物质，一旦渗透，即可察觉。

它们主要包括不论是否液化的以下气体：

一、甲烷及丙烷，不论是否纯净。

二、乙烷及乙烯，纯度低于 95%的（纯度在 95%及以上的乙烷及乙烯归入品目 29.01）。

三、丙烯，纯度低于 90%的（纯度在 90%及以上的丙烯归入品目 29.01）。

四、含正丁烷低于 95%及含异丁烷低于 95%的丁烷（含正丁烷或异丁烷在 95%及以上的丁烷归入品目 29.01）。

五、丁烯及丁二烯，纯度低于 90%的（纯度在 90%及以上的丁烯及丁二烯归入品目 29.01）。

六、丙烷及丁烷的相互混合物。

以上百分比，气态的按容量计算，液态的按重量计算。

本品目不包括：

（一）单独的已有化学定义的烃（甲烷及丙烷除外），纯的或商品纯的（品目 29.01）。（对于加有强烈气味物质的烃，参见第二十九章总注释第一节第五段。对于乙烷、乙烯、丙烯、丁烷、丁烯及丁二烯，以上二、三、四及五款已列出其具体纯度标准）。

（二）包装容器的容量不超过 300 立方厘米的香烟打火机及类似打火器充气用的液化丁烷（构成香烟打火机及类似打火器零件的除外）（品目 36.06）。

（三）装有液化丁烷的香烟打火机或类似打火器的零件（品目 96.13）。

27.12 凡士林；石蜡、微晶石蜡、疏松石蜡、地蜡、褐煤蜡、泥煤蜡、其他矿物蜡及用合成或其他方法制得的类似产品，不论是否着色：

10 — 凡士林

20 — 石蜡，按重量计含油量小于 0.75%

90 — 其他

一、凡士林

凡士林手感油滑，为白色、淡黄色或深棕色，从某些石油原油的蒸馏残渣制得，也有用上述残渣与高粘度石油或用充分精制的矿物油与石蜡或地蜡混合制得。本品目包括粗制凡士林（有时称为“矿脂”）和脱色或精制凡士林，也包括通过合成制得的凡士林。

归入本品目的凡士林，其冻点按旋转温度计法（ASTM D 938）测得不低于 30℃，在 70℃时其密度低于每立方厘米 0.942 克，其用过润滑脂的针入度在 25℃时按 ASTM D 217*法测得不低于 350，其针入度在 25℃时按 ASTM D 937 法测得不低于 80 的。

但本品目不包括零售包装的适于作护肤用的凡士林（品目 33.04）。

二、不论是否着色的石蜡、微晶石蜡、疏松石蜡、地蜡、褐煤蜡、泥煤蜡、其他矿物蜡及用合成或其他方法制得的类似产品

石蜡是从石油、页岩油或其他沥青矿物油的某些馏出物提取出来的一种烃类蜡，为白色或淡黄色半透明物，具有相当明显的晶体结构。

微晶石蜡也是一种烃类蜡，从石油残渣或真空蒸馏的润滑油馏分提取而得；其透明度不如石蜡，晶体结构较细，但不如石蜡明显；一般比石蜡熔点高；性质从柔软可塑至坚硬易碎不一，颜色也从深棕至白色不等。

地蜡是一种天然矿物蜡，提纯后称纯地蜡。

褐煤蜡及名为“褐煤沥青”的产品均为从褐煤提取的酯蜡。原蜡质硬色深，精制后为白色。

泥煤蜡在物理及化学性质上近似于褐煤蜡，但稍软。

本品目其他矿物蜡（疏松石蜡及鳞状蜡）是在润滑油脱蜡过程中制得，其精制程度不如石蜡，油含量亦较高，颜色为白至浅棕。

本品目还包括与本品目产品相类似但通过合成或其他方法制得的产品（例如，合成石蜡及合成微晶石蜡），但品目不包括高聚物蜡，例如，聚乙烯蜡。这些蜡归入品目 34.04。

本品目包括上述的各种蜡，不论是原蜡或精制蜡，相互混合蜡或着色蜡。它们可用于制蜡烛（特别是石蜡）、抛光剂等，也可用于纺织品的绝缘或上光处理、火柴的浸渍以及用于防锈方面等。

然而，下列产品归入品目 34.04：

（一）用褐煤蜡或其他矿物蜡经化学改性制得的人造蜡。

（二）未乳化或不含溶剂的下列混合物：

1. 本品目的蜡与动物蜡（包括鲸蜡）、植物蜡或人造蜡的混合物。

2. 本品目的蜡与脂肪、树脂、矿物质或其他材料的混合物，具有蜡的特征的。

27.13 石油焦、石油沥青及其他石油或从沥青矿物提取的油类的残渣：

— 石油焦：

11 — — 未煅烧

12 — — 已煅烧

20 — 石油沥青

90 — 其他石油或从沥青矿物提取的油类的残渣

一、石油焦（绿焦或煅烧焦）是裂化或干馏石油或沥青矿物油所剩的一种黑色多孔固体残余物，主要用作制造电极的原料（煅烧焦）或用作燃料（绿焦）。

二、石油沥青是蒸馏原油所剩的一种残余物，为棕色或黑色，有的柔软，有的易碎，用于铺路或防水等方面。经吹气稍加改性的石油沥青与未吹气沥青相类似，仍归入本品目。

---

* 如果样品太硬无法使其“用过”，可不采取用过润滑脂的针入度（ASTM D 217）法测试，直接用针入度（ASTM D 937）法测试。

三、其他石油残渣包括：

（一）用某种选择溶剂处理润滑油所得的提出物。

（二）从石油制得的石油树胶及其他树脂状物质。

（三）含有一定比例石油的酸性残渣及废漂白土。

处理页岩油及其他沥青矿物油所得的沥青、焦炭及其他残余物均归入本品目。

本品目不包括：

（一）水溶性环烷酸盐或水溶性石油磺酸盐（包括含有一定比例矿物油的），例如，碱金属、铵或乙醇胺的这类盐（品目 34.02）。

（二）水不溶性环烷酸盐或水不溶性石油磺酸盐（如果无具体列名的品目，则应归入品目 38.24）。

（三）粗制或精制的环烷酸（品目 38.24）。

27.14　天然沥青（地沥青）；沥青页岩、油页岩及焦油砂；沥青岩(+)：

10　—　沥青页岩、油页岩及焦油砂

90　—　其他

本品目包括天然沥青脉及沥青（含“特立尼达湖沥青”及有些国家称之为“沥青砂”的材料）。它是一种天然存在的含惰性矿物的烃混合物，为棕色或黑色固体或粘性很大的混合体，而地沥青所含的惰性矿物质更为大量。

本品目还包括：

一、沥青页岩、油页岩及焦油砂。

二、地沥青石。

三、沥青石灰岩及其他沥青岩。

以上矿物不论是否进行脱水或除脉石处理，也不论是否粉化或相互混合，均归入本品目。仅在天然沥青上加水并不能改变有关产品归入品目 27.14。另外，本品目也包括分散于水中的脱水并粉化的天然沥青，它们含有为有利于安全、装卸或运输而添加的少量乳化剂（表面活化剂）。

它们用于铺路面或制造防水材料、清漆或搪瓷等。沥青页岩及焦油砂用作提取矿物油的原料。

本品目不包括：

（一）柏油碎石（品目 25.17）。

（二）烟煤（品目 27.01）。

（三）沥青褐煤（品目 27.02）。

（四）从石油所得的沥青（品目 27.13）。

（五）以天然沥青为基料的沥青混合物，添加了其他物质〔仅为安全、装卸或运输原因而添加水及乳化剂（表面活化剂）除外〕的（品目 27.15）。

（六）品目 68.07 的沥青制品。

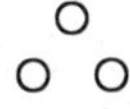

子目注释：

子目 2714.10

本子目包括含烃沉积岩或砂。这些岩石或砂可直接或间接提取品目 27.09 的产品（石油原油及沥青矿物原油），还可提取煤气及其他产品。其提取方法有加热法或其他提取法（例如，蒸馏法、甑馏法或机械法）。从页岩所提取的烃可为有机材料状，称为油母质。

27.15 以天然沥青（地沥青）、石油沥青、矿物焦油或矿物焦油沥青为基本成分的沥青混合物（例如，沥青胶粘剂、稀释沥青）

本品目的沥青混合物包括：

一、**稀释沥青**，通常含有溶剂和60%及以上的沥青，用于铺路面。

二、**沥青或焦油与水的乳状液或稳定悬浮液**，专用于铺路面。

三、**沥青胶粘剂及混有砂、石棉等矿物质的类似沥青混合物**。这些物质用于嵌缝或用作铸模材料等。

本品目还包括使用前需要再熔化的块状粘聚沥青混合物，但不包括规则形状的制成品（例如，铺路面用的石板、石片及地砖）（品目68.07）。

本品目也不包括：

（一）柏油碎石（混有柏油的碎石）（品目25.17）。

（二）柏油粘聚白云石（品目25.18）。

（三）沥青与杂酚油或其他煤焦油蒸馏产品的混合物（品目27.06）。

（四）分散于水中的脱水并粉化的天然沥青，含有仅为有利于安全、装卸或运输而添加的少量乳化剂（表面活化剂）（品目27.14）。

（五）沥青涂料及清漆（品目 32.10）。它们与本品目的某些混合物不同，例如，使用的填料更为细腻；可含有一种或数种成膜剂（沥青或焦油除外）；在空气中能象涂料或清漆般地干燥成膜，其成膜厚度及硬度也与涂料或清漆相同。

（六）品目34.03的润滑制剂。

27.16 电力（选择性品目）

无注释。

第六类 化学工业及其相关工业的产品

注释：

一、

（一）凡符合品目 28.44 或 28.45 规定的货品（放射性矿砂除外），应分别归入这两个品目而不归入本协调制度的其他品目。

（二）除上述（一）款另有规定的以外，凡符合品目 28.43、28.46 或 28.52 规定的货品，应分别归入以上品目而不归入本类的其他品目。

二、除上述注释一另有规定的以外，凡由于按一定剂量或作为零售包装而可归入品目 30.04、30.05、30.06、32.12、33.03、33.04、33.05、33.06、33.07、35.06、37.07 或 38.08 的货品，应分别归入以上品目，而不归入本协调制度的其他品目。

三、由两种或两种以上单独成分配套的货品，其部分或全部成分属于本类范围以内，混合后则构成第六类或第七类的货品，应按混合后产品归入相应的品目，但其组成成分必须符合下列条件：

（一）其包装形式足以表明这些成分不需经过改装就可一起使用的；

（二）一起报验的；以及

（三）这些成分的属性及相互比例足以表明是相互配用的。

总 注 释

注释一：

按照本注释（一）款的规定，所有的放射性化学元素、放射性同位素及这些元素与同位素的化合物（不论是无机或有机，也不论是否已有化学定义）即使本来可以归入协调制度的其他品目，也一律归入品目 28.44。因此，例如，放射性氯化钠及放射性甘油应归入品目 28.44 而不分别归入品目 25.01 或 29.05。同样，放射性乙醇、放射性金及放射性钴也都一律归入品目 28.44。但应注意，放射性矿砂则归入协调制度的第五类。

对于非放射性同位素及其化合物，本注释规定它们（不论无机或有机，也不论是否已有化学定义）只归入品目 28.45 而不归入协调制度的其他品目。因此，碳的同位素应归入品目 28.45，而不归入品目 28.03。

本注释（二）款规定，品目 28.43、28.46 或 28.52 所述货品如果不是放射性的或不是同位素形式的（放射性的或同位素形式的则归入品目 28.44 或品目 28.45），应归入以上品目中最合适的一个，而不应归入第六类的其他品目。根据本注释该款的规定，酪朊酸银应归入品目 28.43 而不归入品目 35.01；硝酸银，即使已制成零售包装供摄影用，也应归入品目 28.43 而不归入品目 37.07。

应注意到品目 28.43、28.46 及 28.52 只在第六类中优先于其他品目。如果品目 28.43、28.46 或 28.52 所述货品也可归入协调制度的其他类时，其归类取决于有关类或章的注释以及协调制度的归类总规则。因此，硅铍钇矿，一种稀土金属化合物，本应归入品目 28.46，却因为第二十八章的注释三（一）规定该章不包括所有归入第五类的矿产品而归入了品目 25.30。

注释二：

注释二规定，由于制成一定剂量或零售包装而归入品目 30.04、30.05、30.06、32.12、33.03、33.04、33.05、33.06、33.07、35.06、37.07 或 38.08 的货品，不论是否可归入协调制度的其他品目，应一律归入上述品目（品目 28.43 至 28.46 或 28.52 的货品除外）。例如，供治疗疾病用的零售包装硫应归入品目 30.04，而不归入品目 25.03 或 28.02；作为胶用的零售包装糊精应归入品目 35.06，而不归入品目 35.05。

注释三：

本注释涉及到由两种或两种以上独立组分（部分或全部归入第六类）的配套货品的归类问题，它仅限于混合后构成第六类或第七类所列产品的配套货品。这些配套货品的组分如果符合本注释（一）至（三）款的规定，则按混合后产品归入相应的品目。

例如，这些配套货品有品目 30.06 的牙科粘固剂及其他牙科填料，品目 32.08 至 32.10 的某些油漆及清漆以及品目 32.14 的胶粘剂等。至于未带必要的硬化剂的配套货品，其归类请参见第三十二章的总注释和品目 32.14 的注释。

必须注意，由两种或两种以上独立组分（部分或全部归入第六类）组成的配套货品，如果组分不需事先混合而是逐个连续使用的，不属本类注释三的规定范围。制成零售包装的这类货品，应按协调制度归类总规则〔一般是规则三（二）〕的规定进行归类；对于那些未制成零售包装的则应分别归类。

第二十八章　无机化学品；贵金属、稀土金属、放射性元素及其同位素的有机及无机化合物

注释：

一、除条文另有规定的以外，本章各品目只适用于：

（一）单独的化学元素及单独的已有化学定义的化合物，不论是否含有杂质；

（二）上述（一）款产品的水溶液；

（三）溶于其他溶剂的上述（一）款产品，但该产品处于溶液状态只是为了安全或运输所采取的正常必要方法，其所用溶剂并不使该产品改变其一般用途而适合于某些特殊用途；

（四）为了保存或运输需要，加入稳定剂（包括抗结块剂）的上述（一）、（二）、（三）款产品；

（五）为了便于识别或安全起见，加入抗尘剂或着色剂的上述（一）、（二）、（三）、（四）款产品，但所加剂料并不使原产品改变其一般用途而适合于某些特殊用途。

二、除以有机物质稳定的连二亚硫酸盐及次硫酸盐（品目 28.31），无机碱的碳酸盐及过碳酸盐（品目 28.36），无机碱的氰化物、氧氰化物及氰络合物（品目 28.37），无机碱的雷酸盐、氰酸盐及硫氰酸盐（品目 28.42），品目 28.43 至 28.46 及 28.52 的有机产品，以及碳化物（品目 28.49）之外，本章仅包括下列碳化合物：

（一）碳的氧化物，氰化氢及雷酸、异氰酸、硫氰酸及其他简单或络合氰酸（品目 28.11）；

（二）碳的卤氧化物（品目 28.12）；

（三）二硫化碳（品目 28.13）；

（四）硫代碳酸盐、硒代碳酸盐、碲代碳酸盐、硒代氰酸盐、碲代氰酸盐、四氰硫基二氨基络酸盐及其他无机碱络合氰酸盐（品目 28.42）；

（五）用尿素固化的过氧化氢（品目 28.47）、氧硫化碳、硫代羰基卤化物、氰、卤化氰、氨基氰及其金属衍生物（品目 28.53），不论是否纯净，但氰氨化钙除外（第三十一章）。

三、除第六类注释一另有规定的以外，本章不包括：

（一）氯化钠或氧化镁（不论是否纯净）及第五类的其他产品；

（二）上述注释二所述以外的有机-无机化合物；

（三）第三十一章注释二、三、四或五所述的产品；

（四）品目 32.06 的用作发光剂的无机产品；品目 32.07 的搪瓷玻璃料及其他玻璃，呈粉、粒或粉片状的；

（五）人造石墨（品目 38.01）；品目 38.13 的灭火器的装配药及已装药的灭火弹；品目 38.24 的零售包装的除墨剂；品目 38.24 的每颗重量不少于 2.5 克的碱金属或碱土金属卤化物的培养晶体（光学元件除外）；

（六）宝石或半宝石（天然、合成或再造）及这些宝石、半宝石的粉末（品目 71.02 至 71.05），第七十一章的贵金属及贵金属合金；

（七）第十五类的金属（不论是否纯净）、金属合金或金属陶瓷，包括硬质合金（与金属烧结的金属碳化物）；或

（八）光学元件，例如，用碱金属或碱土金属卤化物制成的（品目 90.01）。

四、由本章第二分章的非金属酸和第四分章的金属酸所构成的已有化学定义的络酸，应归入品目 28.11。

五、品目 28.26 至 28.42 只适用于金属盐、铵盐及过氧酸盐。

除条文另有规定的以外，复盐及络盐应归入品目 28.42。

六、品目 28.44 只适用于：

（一）锝（原子序数 43）、钷（原子序数 61）、钋（原子序数 84）及原子序数大于 84 的所有化学元素；

（二）天然或人造放射性同位素（包括第十四类及第十五类的贵金属和贱金属的放射性同位素），不论是否混合；

（三）上述元素或同位素的无机或有机化合物，不论是否已有化学定义或是否混合；

（四）含有上述元素或同位素及其无机或有机化合物并且具有某种放射性强度超过 74 贝克勒尔/克（0.002 微居里/克）的合金、分散体（包括金属陶瓷）、陶瓷产品及混合物；

（五）核反应堆已耗尽（已辐照）的燃料元件（释热元件）；

（六）放射性的残渣，不论是否有用。

品目 28.44、28.45 及本注释所称“同位素”，是指：

1. 单独的核素，但不包括自然界中以单一同位素状态存在的核素；

2. 同一元素的同位素混合物，其中一种或几种同位素已被浓缩，即人工地改变了该元素同位素的自然构成。

七、品目 28.48 包括按重量计含磷量超过 15% 的磷化铜（磷铜）。

八、经掺杂用于电子工业的化学元素（例如，硅、硒），如果拉制后未经加工或呈圆筒形、棒形，应归入本章；如果已切成圆片、薄片或类似形状，则归入品目 38.18。

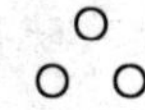

子目注释：

子目 2852.10 所称“已有化学定义”是指符合第二十八章注释一（一）至（五）或第二十九章注释一（一）至（八）规定的汞的无机或有机化合物。

总 注 释

除条文另有规定的以外，第二十八章仅限于单独的化学元素及单独的已有化学定义的化合物。

单独的已有化学定义的化合物是由一分子种类（例如，通过共价键或离子键结合）组成的物质，此种物质的各种组成元素的比例是固定的而且可以用确定的结构图进行表示。在晶格化合物中，其分子种类相当于重复单元晶胞。

单独的已有化学定义的化合物，其各种元素是以特定比例化合的，此种比例取决于各独立原子的化合价及键合环境。每种化合物中各种元素的比例是专一的和固定不变的，故此种比例称作化学计量比。

由于晶格间有间隙或插入物，因此化学数量比可能出现小偏差。这些化合物被称作似化学计量化合物，只要这些偏差不是故意造成的，它们仍允许作为单独的已有化学定义的化合物。

一、已有化学定义的元素及化合物

（本章注释一）

含有杂质或溶于水的单独化学元素和已有化学定义的单独化合物仍归入第二十八章。

所称“杂质”，仅指那些在制造（包括净化）单一化合物过程中残留的物质。这些物质可以因为制造时的任何因素而残留下来，主要有下列几种：

（一）未转化的原料。

（二）原料的杂质。

（三）制造（包括净化）过程中所使用的试剂。

（四）副产品。

应该注意，这些物质并非在任何情况下都可以一概视为注释一（一）所允许含有的“杂质”。如果为了使产品改变一般用途而专门适合于某些特殊用途故意加入了这些物质，所加入的物质不得视为可允许含有的杂质。

这些元素和化合物如果溶于水以外的溶剂，就不得归入第二十八章，除非它们处于溶液状态完全是为了安全或运输所采取的一种正常必要方法（在这种情况下，所用溶剂不得使产品改变其一般用途而专门适合于某些特殊用途）。

因此，溶于苯的氯氧化碳、氨的酒精溶液及氢氧化铝的胶态溶液不归入本章而应归入品目 38.24。一般来说，胶态分散体如果没有具体列名的品目，应归入品目 38.24。

上述单独的已有化学定义的元素及化合物，如果为了保存或运输的需要加入了稳定剂，仍应归入本章。例如，加入硼酸稳定的过氧化氢仍归入品目 28.47；但与催化剂混合的过氧化钠（为了产生过氧化氢用）不归入第二十八章而应归入品目 38.24。

为保持某些化学品原有的物理状态而添加的产品，也可视为稳定剂，但所加入的量不得超过为达到预期效果而必需的量，且添加的产品不得改变基本产品的性质，使之专门适合于某些特殊用途而不是适合于一般用途。根据本组规定，本章产品可加有抗结块剂。另一方面，加进了防水剂的产品不归入本章，因为防水剂改变了产品原有的性质。

如果所添加的物品并不改变产品的一般用途而使之专门适合某些特殊用途，本章的产品还可含有：

（一）抗尘剂（例如，对某些有毒的化学品加入矿物油以防止搬运时尘土飞扬）。

（二）着色物质，加入后以便识别或为了安全加入到危险或有毒化学品中（例如，加入到品目 28.42 的砷酸铅）用以提醒或告诫接触这些产品的人。但为了其他原因而加入着色物质的〔例如，硅胶加入了钴盐以作为湿度指示剂（品目 38.24）〕不应归入本章。

二、第二十八章化合物与第二十九章化合物之间的区别

（本章注释二）

以下是归入第二十八章的所有含碳化合物的品目一览表：

品目28.11 碳的氧化物。
氢氰酸、六氰合亚铁酸及六氰合铁酸。
异氰酸、雷酸、硫氰酸、氰基钼酸及其他简单或络合氰酸。

品目28.12 碳的卤氧化物。

品目28.13 二硫化碳。

品目28.31 经有机物稳定的金属连二亚硫酸盐及次硫酸盐。

品目28.36 无机碱的碳酸盐及过碳酸盐。

品目28.37 无机碱的氰化物、氰氧化物、复氰化物（六氰合亚铁酸盐、六氰合铁酸盐、亚硝基五氰合亚铁酸盐、亚硝基五氰合铁酸盐、氰基锰酸盐、氰基镉酸盐、氰基铬酸盐、氰基钴酸盐、氰基镍酸盐、氰基铜酸盐等）。

品目28.42 无机碱的硫代酸盐、硒代碳酸盐、碲代碳酸盐、硒代氰酸盐、碲代氰酸盐、四氰硫基二氨基铬酸盐（雷纳克酸盐）及其他复合或络合氰酸盐。

品目28.43 下列各项的无机及有机化合物：
至28.46 1. 贵金属。

2. 放射性元素。

3. 同位素。

4. 稀土金属、钇或钪。

品目28.47 用尿素固化的过氧化氢，不论是否稳定。

品目28.49 碳化物（二元碳化物、硼碳化物、碳氮化物等），但不包括碳氢化合物。

品目28.52 汞的无机及有机化合物，不论是否已有化学定义，汞齐除外。

品目28.53 碳氧硫化物。

硫代羰基卤化物。

氰及氰卤化合物。

氨基氰及其金属衍生物（不包括氰氨化钙，不论是否纯净，参见第三十一章）。

所有其他碳化物都不归入第二十八章。

三、归入第二十八章的既不是单独化学元素，也不是单独的已有化学定义的化合物的产品

按照规定，本章只限于单独的化学元素及单独的已有化学定义的化合物，但以下产品例外：

品目 28.02 胶态硫磺。

品目 28.03 碳黑。

品目 28.07 发烟硫酸。

品目 28.08 磺硝酸。

品目 28.09 多磷酸。

品目 28.13 三硫化磷。

品目 28.18 人造刚玉。

品目 28.21 含氧化铁重量在 70%及以上的土色料。

品目 28.22 商品氧化钴。

品目 28.24 铅丹及铅橙。

品目 28.28 商品次氯酸钙。

品目 28.30 多硫化物。

品目 28.31 经有机物稳定的连二亚硫酸盐及次硫酸盐。

品目 28.35 多磷酸盐。

品目 28.36 含氨基甲酸铵的商品碳酸铵。

品目 28.39 商品碱金属硅酸盐。

品目 28.42 硅铝酸盐

品目 28.43 胶态贵金属。

贵金属汞齐。

贵金属的有机或无机化合物。

品目 28.44 放射性元素、放射性同位素或含这些物质的化合物（有机或无机）及混合物。

品目 28.45 其他同位素及其化合物（有机或无机）。

品目 28.46 稀土金属、钇、钪及其混合物的有机或无机化合物。

品目 28.48 磷化物。

品目 28.49 碳化物。

品目 28.50 氢化物、氮化物、叠氮化物、硅化物及硼化物。

品目 28.52 汞的无机及有机化合物，汞齐除外。

品目 28.53 液态空气及压缩空气。

贵金属以外的汞齐（贵金属汞齐，参见以上品目 28.43）。

四、第二十八章不包括的某些单独化学元素及单独的已有化学定义的无机化合物

（本章注释三及八）

某些单独的化学元素及某些单独的已有化学定义的无机化合物，即使是纯净的，也一律不得归入第二十八章。

例如：

（一）第二十五章的某些产品（即氯化钠及氧化镁）。

（二）第三十一章的某些无机盐〔即硝酸钠、硝酸铵、硫酸铵及硝酸铵的复盐、硫酸铵、硝酸钙及硝酸铵的复盐、硝酸钙及硝酸镁的复盐、正磷酸二氢铵及正磷酸氢二铵（磷酸一铵及磷酸二铵）；还有氯化钾，但在某些情况下归入品目 38.24 或 90.01〕。

（三）品目 38.01 的人造石墨。

（四）第七十一章的宝石或半宝石（天然、合成或再造）及其粉末。

（五）第十四类或第十五类的贵金属及贱金属，包括其合金。某些其他单独的元素或单独的已有化学定义的化合物，本来可归入第二十八章，但如果制成某些形状，或经过某种不改变其化学成分的处理，则不能归入第二十八章*。

例如：

1. 适合于治疗或预防疾病用并制成一定剂量或零售包装的产品（品目 30.04）。

2. 处理后能发冷光的用作发光体的产品（例如，钨酸钙）（品目 32.06）。

3. 制成零售包装的香水、化妆品及盥洗品（例如，矾）（品目 33.03 至 33.07）。

4. 零售包装的适于作胶或粘合剂用的产品（例如，溶于水的硅酸钠），零售包装每件不超过 1 千克（品目 35.06）。

5. 定量包装或零售包装可即供照相使用的产品（例如，硫代硫酸钠）（品目 37.07）。

6. 品目 38.08 所述包装的杀虫剂等（例如，四硼酸钠）。

7. 制成灭火器装料或装于灭火弹内的产品（例如，硫酸）（品目 38.13）。

8. 经掺杂用于电子工业的化学元素（例如，硅及硒），圆片及类似切片（品目 38.18）。

9. 零售包装的除墨剂（品目 38.24）。

10. 碱金属或碱土金属卤化物（例如，氟化锂、氟化钙、溴化钾、溴碘化钾等）制成光学元件形状（品目 90.01）或为每颗重量不低于 2.5 克的培养晶体（品目 38.24）。

五、可归入第二十八章两个或两个以上品目的产品

第六类注释一明确了有关产品在以下品目的归类问题：

（一）可归入品目 28.44 或 28.45，也可归入第二十八章的其他品目。

（二）品目 28.43、28.46 或 28.52，也可归入第二十八章的其他品目（品目 28.44 或 28.45 除外）。

由一个非金属酸（属于第二分章）和一个金属酸（属于第四分章）组成的已有化学定义的络酸应归入品目 28.11（参见第二十八章注释四及品目 28.11 的注释）。

除条文另有规定的以外，复合或络合无机酸盐应归入品目 28.42（参见第二十八章注释五及品目 28.42 的注释）。

第一分章　化学元素

* 本规定不影响品目 28.43 至 28.46 及 28.52 所列产品的归类，参见第六类注释一及二。

总　注　释

化学元素可分为两类，非金属元素及金属元素。一般来说，本分章包括所有非金属元素，至少包括某些形态的非金属元素，而许多金属元素则归入其他章，例如，贵金属（第七十一章及品目 28.43）、贱金属（第七十二章至第七十六章及第七十八章至第八十一章）、放射性化学元素和同位素（品目 28.44）及稳定同位素（品目 28.45）。

以下是按英文字母排列并标明其归类的各种已知元素一览表。有些元素，例如，锑，既作为金属元素，也作为非金属元素，应特别注意其在协调制度中的归类。

元素	符号	原子序数	分　　类
锕	Ac	89	放射性元素（28.44）
铝	Al	13	贱金属（第七十六章）
镅	Am	95	放射性元素（28.44）
锑	Sb	51	贱金属（81.10）
氩	Ar	18	稀有气体（28.04）
砷	As	33	非金属（28.04）
砹	At	85	放射性元素（28.44）
钡	Ba	56	碱土金属（28.05）
锫	Bk	97	放射性元素（28.44）
铍	Be	4	贱金属（81.12）
铋	Bi	83	贱金属（81.06）
硼	B	5	非金属（28.04）
溴	Br	35	非金属（28.01）
镉	Cd	48	贱金属（81.07）
铯	Cs	55	碱金属（28.05）
钙	Ca	20	碱土金属（28.05）
锎	Cf	98	放射性元素（28.44）
碳	C	6	非金属(28.03)(参见 38.01 的人造石墨)
铈	Ce	58	稀土金属（28.05）
氯	Cl	17	非金属（28.01）
铬	Cr	24	贱金属（81.12）
钴	Co	27	贱金属（81.05）
铜	Cu	29	贱金属（第七十四章）
锔	Cm	96	放射性元素（28.44）
镝	Dy	66	稀土金属（28.05）
锿	Es	99	放射性元素（28.44）
铒	Er	68	稀土金属（28.05）
铕	Eu	63	稀土金属（28.05）
镄	Fm	100	放射性元素（28.44）
氟	F	9	非金属（28.01）
钫	Fr	87	放射性元素（28.44）
钆	Gd	64	稀土金属（28.05）
镓	Ga	31	贱金属（81.12）

元素	符号	原子序数	分类
锗	Ge	32	贱金属（81.12）
金	Au	79	贵金属（71.08）
铪	Hf	72	贱金属（81.12）
氦	He	2	稀有气体（28.04）
钬	Ho	67	稀土金属（28.05）
氢	H	1	非金属（28.04）
铟	In	49	贱金属（81.12）
碘	I	53	非金属（28.01）
铱	Ir	77	金属（71.10）
铁	Fe	26	贱金属（第七十二章）
氪	Kr	36	稀有气体（28.04）
镧	La	57	稀土金属（28.05）
铹	Lr	103	放射性元素（28.44）
铅	Pb	82	贱金属（第七十八章）
锂	Li	3	碱金属（28.05）
镥	Lu	71	稀土金属（28.05）
镁	Mg	12	贱金属（81.04）
锰	Mn	25	贱金属（81.11）
钔	Md	101	放射性元素（28.44）
汞	Hg	80	金属（28.05）
钼	Mo	42	贱金属（81.02）
钕	Nd	60	稀土金属（28.05）
氖	Ne	10	稀有气体（28.04）
镎	Np	93	放射性元素（28.44）
镍	Ni	28	贱金属（第七十五章）
铌	Nb	41	贱金属（81.12）
氮	N	7	非金属（28.04）
锘	No	102	放射性元素（28.44）
锇	Os	76	贵金属（71.10）
氧	O	8	非金属（28.04）
钯	Pd	46	贵金属（71.10）
磷	P	15	非金属（28.04）
铂	Pt	78	贵金属（71.10）
钚	Pu	94	放射性元素（28.44）
钋	Po	84	放射性元素（28.44）
钾	K	19	碱金属（28.05）
镨	Pr	59	稀土金属（28.05）
钷	Pm	61	放射性元素（28.44）
镤	Pa	91	放射性元素（28.44）
镭	Ra	88	放射性元素（28.44）
氡	Rn	86	放射性元素（28.44）
铼	Re	75	贱金属（81.12）
铑	Rh	45	贵金属（71.10）
铷	Rb	37	碱金属（28.05）

元素	符号	原子序数	分　　　类
钌	Ru	44	贵金属（71.10）
钐	Sm	62	稀土金属（28.05）
钪	Sc	21	按稀土金属归类（28.05）
硒	Se	34	非金属（28.04）
硅	Si	14	非金属（28.04）
银	Ag	47	贵金属（71.06）
钠	Na	11	碱金属（28.05）
锶	Sr	38	碱土金属（28.05）
硫	S	16	非金属（28.02）（参见25.03的天然硫）
钽	Ta	73	贱金属（81.03）
锝	Tc	43	放射性元素（28.44）
碲	Te	52	非金属（28.04）
铽	Tb	65	稀土金属（28.05）
铊	Tl	81	贱金属（81.12）
钍	Th	90	放射性元素（28.44）
铥	Tm	69	稀土金属（28.05）
锡	Sn	50	贱金属（第八十章）
钛	Ti	22	贱金属（81.08）
钨	W	74	贱金属（81.01）
铀	U	92	放射性元素（28.44）
钒	V	23	贱金属（81.12）
氙	Xe	54	稀有气体（28.04）
镱	Yb	70	稀土金属（28.05）
钇	Y	39	按稀土金属归类（28.05）
锌	Zn	30	贱金属（第七十九章）
锆	Zr	40	贱金属（81.09）

28.01　氟、氯、溴及碘：

10　—　氯

20　—　碘

30　—　氟；溴

本品目包括称为卤素的非金属，但砹除外（品目28.44）。

一、氟

氟是一种淡黄绿色气体，有刺鼻的气味；由于它会刺激粘膜并具有腐蚀性，因此将其吸入是很危险的。报验时装于高压钢瓶中。氟是一种非常活泼的元素，能引燃有机体，特别是木材、油脂及纺织品。

氟用于制某种氟化物及有机氟衍生物。

二、氯

氯通常是通过电解碱金属氯化物，特别是氯化钠取得。

氯是一种黄绿色气体，具有窒息性及腐蚀性，密度是空气的2.5倍，微溶于水并易于液化。通常有钢瓶、大罐、铁路槽车或驳船运输。

氯能破坏色素及有机体，用于漂白植物（非动物）纤维及制造木浆。由于其具有消毒及防腐性能，也用于水的消毒灭菌（氯化）。氯还用于黄金、锡、镉的冶炼，次氯酸盐、金属氯化物、光气的生产及有机合成（例如，合成染料、人造蜡、氯化橡胶）。

三、溴

溴可以通过氯作用于含盐母液中的碱金属溴化物获得，或者通过电解溴化物获得。

溴是一种粉红色或深棕色重质液体（0℃时比重为3.18），有腐蚀性，微溶于水，即使在冰冷的条件下也散发出令人窒息的刺眼红色烟雾。它使皮肤灼伤变黄，并能引燃有机物质，例如，使锯末燃烧。报验时装于玻璃或陶瓷容器。本品目不包括溶于醋酸的溴溶液（品目38.24）。

溴用于制药（例如，镇静剂）、染料（例如，曙红、靛蓝的溴化衍生物）、摄影用化学品（溴化银）、催泪产品（溴丙酮）及用于金属冶炼等。

四、碘

碘是用二氧化硫或亚硫酸氢钠处理天然硝酸钠母液时获得，也可通过干燥、焚烧后化学处理海藻灰获得。

碘是一种密质固体（0℃时比重为4.95），带有氯及溴的气味；吸入体内有危险。在室温下升华变成淀粉湖蓝色。不纯时呈微粒或粗糙颗粒状。经升华提纯后呈光亮灰色粉片状或带金属光泽的晶体，通常装在玻璃容器内。

碘用于医药和制造摄影用化学品（碘化钠）、染料（例如，四碘荧光素）及药物，也用作有机合成催化剂、试剂等。

28.02 升华硫磺、沉淀硫磺；胶态硫磺

一、升华硫磺或沉淀硫磺

这两类硫的纯度通常是99.5%左右。

升华硫磺或硫华是通过慢慢蒸馏粗硫或不纯硫后接着使其冷凝成固态（或升华）所得的精细质轻的粒子。主要用于葡萄栽培、化学工业及硫化高级橡胶。

本品目也包括经过氨溶液处理以去除二氧化硫的“洗净升华硫”。它主要用于医药上。

本品目的沉淀硫磺都是用盐酸沉淀硫化物溶液、碱金属或碱土金属多硫化物溶液而获得。它比升华硫磺更精细，更淡黄色。气味与硫化氢有点相似，日久会变质。几乎全部供医药用。

本品目的沉淀硫磺不得与有时称为“沉淀硫”的某种“回收”硫（粉末或微小粒子）相混淆，后者应归入品目25.03。

二、胶态硫磺

胶态硫磺是以硫化氢作用于含明胶的二氧化硫溶液制得的，也可以无机酸作用于硫代硫酸钠或者通过阴极粉碎作用制得。胶态硫磺为白色粉末，与水混合后成乳剂。这种乳剂状态只有加入保护胶体（白朊或明胶）才能保持，而且仅能在有限的时间内保持不变。本品目包括这类配制的胶态溶液。如同所有的胶态分散体一样，硫的分散体有一个很大的吸附表面，能吸收着色物质；它们也是很有效的抗菌剂，医药上作内服用。

本品目不包括用弗拉兹法制得的未精制硫，以及精制硫，这些硫往往纯度很高（品目25.03）。

28.03 碳（碳黑及其他品目未列名的其他形态的碳）

碳是一种固体非金属。

本品目包括下列种类的碳。

碳黑是通过对富含碳的有机物质进行不完全燃烧或裂化（加热、电弧或电火花）所得，这些有机物质有：

一、天然气，例如，甲烷、蒽气（即以蒽增碳的气体）及乙炔。乙炔黑是一种精细纯净的产品，用电火花对压缩乙炔进行瞬时分解所得。

二、萘、树脂、油（灯黑）。

碳黑也可按照其生产方法称为槽法碳黑或炉黑。

碳黑可以含有油性杂质。

碳黑是用作制造涂料、油墨、鞋油等的颜料，也用于制复写纸及橡胶工业中的增强剂。

本品目不包括:

（一）天然石墨（品目 25.04）。

（二）固体燃料形式的天然碳（无烟煤、煤、褐煤）；焦碳、粘聚燃料及气碳（第二十七章）。

（三）品目 32.06 的某些黑色矿物着色料（例如，阿鲁黑、页岩黑、硅黑）。

（四）人造石墨；胶态及半胶态石墨（例如，品目 38.01）。

（五）活性碳及动物黑（品目 38.02）。

（六）木炭（品目 44.02）。

（七）具有金刚石形态的晶体碳（品目 71.02 及 71.04）。

28.04　氢、稀有气体及其他非金属:

10　—　氢

—　稀有气体:

21　——　氩

29　——　其他

30　—　氮

40　—　氧

50　—　硼；碲

—　硅:

61　——　按重量计含硅量不少于 99.99%

69　——　其他

70　—　磷

80　—　砷

90　—　硒

一、氢

氢通过电解水制得，或从水煤气、焦煤气或碳氢化合物中制得。

氢一般被认为是一种非金属。报验时装于加压厚钢瓶中。

氢用于氢化油类（制固体脂肪）、裂化石油产品、合成氨及切割或焊接金属（氢氧喷灯）等。

本品目不包括归入品目 28.45 的氘(稳定的氢同位素)及归入品目 28.44 的氚(放射性氢同位素)。

二、稀有气体

所称“稀有气体”（惰性气体），适用于下列元素。值得注意的是，这些元素缺少化学亲合力并具有电性能，特别是在高压放电作用下放射出有色光线（例如，用于霓虹灯广告牌）。

（一）氦（不易燃气体，例如，用于气球充气）。

（二）氖（产生带玫瑰红色的桔黄光，或与汞气混合后产生“日光”）。

（三）氩（无色无味气体，用于灯泡中作惰性保护气体）。

（四）氪（与氩气用途相同，或产生淡紫色光）。

（五）氙（产生蓝光）。

稀有气体是通过液态空气的分馏制得，也有从某些天然气体制得（例如，氦气）。报验时都已加压。

氡是品目 28.44 的一种放射性惰性气体，由镭的放射衰变所形成。

三、其他非金属

本品目包括的其他非金属有：

（一）氮

氮是一种不但不燃烧，不助燃，而且还能灭火的气体。它可通过液态空气的分馏制得，报验时装于加压钢瓶内。

氮主要用于制造氨及氰氨化钙，也有充入电灯泡等中作惰性保护气体等。

（二）氧

氧是一种助燃气体，主要从液态空气的分馏制得。

氧报验时装于加压钢瓶内，有时以液状装入双层壁的容器中。

压缩氧气用于氢氧及乙炔氧喷灯，用于焊接（自熔焊接）或切割铁等金属，也用于钢铁冶炼及医疗（吸入用）。

本品目也包括臭氧，一种氧的同素异形体，通过电火花或放电作用而产生。它用于水的消毒（臭氧化作用），干性油的氧化，棉花的漂白，也作为防腐剂，还用于治疗疾病。

（三）硼

硼通常是一种粉状的栗色固体，用于冶金和制造热量调节器及高灵敏度温度计。

由于它对慢中子的吸收率极高，纯硼或硼钢合金也用于制造核反应堆的活动控制棒。

（四）碲

碲是一种无定形或结晶固体（比重为 6.2），是一种较好的热和电的导体，具有某些金属性质。它用于某些合金（例如，碲铅合金），也用作硫化剂。

（五）硅

硅几乎都是用电弧炉通过碳高温还原二氧化硅制得。它是热和电的不良导体，比玻璃硬，呈栗色粉末状，但更为常见的是无定形块状。结晶时为灰色针状，有金属光泽。

硅是电子工业中最重要的原料之一。通过拉晶等制得高纯硅可呈未加工的拉拔形状，或者呈圆柱或棒状；掺有硼、磷等的硅可用于制造，例如，二极管、晶体管及其他半导体元器件和太阳能电池。

硅还用于冶金工业（例如，铁合金及铝合金）及化工工业中硅化合物（例如，四氯化硅）的制备。

（六）磷

磷是一种柔软固体，通过在电炉内处理砂、碳和矿物磷酸盐混合物制得。

磷主要有两种：

1．“白”磷，透明，淡黄色，有毒，接触有危险，高度易燃。经模制成棒状装于充满水的黑色玻璃容器、陶容器，而更多的是金属容器内。这类容器不能受冻。

2．赤磷，也称“无定形磷”，但实际上可为结晶体。赤磷是一种不透明固体，无毒，无磷光，比白磷密度大、活性低。用于制造火柴磷化物、焰火或用作催化剂（例如，用作无环酸的氯化催化剂）。

某些药物含有磷（例如，磷化鱼肝油）。磷也用作鼠毒及制磷酸、次磷酸盐、二磷化三钙等。

（七）砷

砷（砷块）是从天然砷黄铁矿中提取的一种固体物。

砷主要以两种形式存在：

1．普通砷也称“金属”砷，光亮钢灰色晶体，易碎，不溶于水。

2．黄砷，结晶体，较不稳定。

砷用于制造二硫化二砷、大号铅弹、硬青铜及其他合金（锡、铜等）。

（八）硒

硒颇似硫，有几种形态：

1. 无定形硒，淡红色粉片状（硒华）。

2. 玻璃硒，热和电的不良导体，断面光亮，为棕色或淡红色。

3. 晶体硒，呈灰色或红色晶体，特别是在光线的照射下时，是一种较好的电和热的导体。用于制造光电池，掺杂后用于制半导体元件，用于照相业。粉状的（红硒），用于制造橡胶及特殊镜片等。

本品目不包括胶态悬浮硒（用于药品）（第三十章）。

在本协调制度中，锑作为金属归类（品目 81.10）。

本类有些非金属（例如，硅及硒）为了应用于电子方面，可以按百万分之一的比例掺入一些如硼、磷等的元素。只要它们是处于未加工的拉拔形状或呈圆柱状或棒状，应归入本品目。如果已切割成圆片状或类似形状，则应归入品目 38.18。

28.05 碱金属、碱土金属；稀土金属、钪及钇，不论是否相互混合或相互熔合；汞：

— 碱金属及碱土金属：

11 — — 钠

12 — — 钙

19 — — 其他

30 — 稀土金属、钪及钇，不论是否相互混合或相互熔合

40 — 汞

一、碱金属

下列碱金属有五种，都是柔软质轻，均能分解冷水；在空气中变质成为氢氧化物。

（一）锂

锂是这类金属中最轻（比重为 0.54）最硬的，储存于矿物油或惰性气体中。

锂能改善金属的性质，用于多种不同合金中（例如，耐磨合金）。由于它对其他元素有很大的亲合力，因此除了其他用途外，也用于制取纯态的其他金属。

（二）钠

一种带金属光泽的固体（比重为 0.97），切割后切面即失去光泽，储存于矿物油或密封焊缝罐中。

钠是从电解熔融的氯化钠或氢氧化钠制得。

钠用于制造过氧化钠（“二氧化物”）、氰化钠、氨基钠等；靛蓝工业；制造炸药（化学起爆器及导火线）；聚合丁二烯；耐磨合金或冶炼钛及锆。

本品目不包括钠汞齐（品目 28.53）。

（三）钾

一种银白色金属（比重为 0.85），能用普通小刀切割。储存于矿物油或密封安瓿中。

钾用于制造光电池，也用于耐磨合金。

（四）铷

一种银白色固体（比重为 1.5），比钠易熔。储存于密封安瓿或浸于矿物油中。

铷同钠一样，用于耐磨合金。

（五）铯

一种银白色或淡黄色金属（比重为 1.9），与空气接触即燃烧，为最易氧化的金属；报验时储存于密封安瓿或矿物油中。

本品目不包括放射性碱金属钫（品目 28.44）。

二、碱土金属

下列碱土金属有三种，都具有延展性，能相当快地分解冷水；在潮湿空气中会变质。

（一）钙

钙是通过铝热还原氧化钙或电解熔融氯化钙制得，为一种白色金属（比重为 1.57），用于氩的提纯，铜或钢的精炼以及制造锆、氢化钙、耐磨合金等。

（二）锶

白色或浅黄色金属，有延展性，比重为 2.5。

（三）钡

白色金属（比重为 4.2）；用于某些耐磨合金及制造真空管的吸气剂（品目 38.24）。

本品目不包括镭，一种放射性元素（品目 28.44）、镁（品目 81.04）及铍（品目 81.12）；它们在某些方面都象碱土金属。

三、稀土金属；钪及钇，不论是否相互混合或相互熔合

稀土金属（所称“稀土”，适用于它们的氧化物）或镧系元素包括周期系中原子序数*为 57～71 的元素，即：

铈类	铽类	铒类
57 镧	63 铕	66 镝
58 铈	64 钆	67 钬
59 镨	65 铽	68 铒
60 钕		69 铥
62 钐		70 镱
		71 镥

放射性的钷（元素 61）归入品目 28.44。

上述稀土金属一般是浅灰色或淡黄色，具有延性和展性。

铈是这类金属中最重要的一种，是从独居石（稀土磷酸盐）或钍石（稀土硅酸盐）去除钍后所得。铈是通过用钙或锂作还原剂使卤化物金属热还原制得或电解熔融氯化物制得。它是一种灰色延性金属，比铅稍硬，在粗糙的表面上摩擦时会产生火花。

镧以非纯态存在于高铈盐中，用于制造蓝色玻璃。

本品目也包括很象稀土金属的钇及除象稀土金属外还象铁类金属的钪。这两种金属是从含有钇及其他元素的钪的硅酸盐——钪钇矿石中所得。

这些元素不论是否相互混合或相互熔合均归入本品目。例如，本品目包括含有 45～55%的铈、22～27%的镧、其他镧系元素、钇及各种杂质（最高可达 5%的铁及微量的硅、钙、铝）的“铈合金”。它主要用于冶金及制造打火机用的打火石。如果与超过 5%以上的铁、镁或其他金属熔合时，应归入其他品目（例如，如果具有引火合金的特征，就应归入品目 36.06）。

本品目不包括稀土金属、钇和钪的盐及其他化合物（品目 28.46）。

四、汞

汞（水银）是唯一在室温下呈液态的金属。

它是通过焙烧天然硫化汞（朱砂）并在真空中过滤、蒸馏使之与矿砂中所含其他金属（铅、锌、锡、铋）分离开来，然后用稀硝酸处理而制得。

* 元素的原子序数为该元素的一个原子所含的核外电子总数。

汞是一种非常光亮的银白色液体，质重（比重为 13.59），有毒，会浸蚀贵金属。在室温下，纯汞接触空气不受影响，但不纯的汞会在其表面结成一层浅棕色氧化汞。报验时汞装于特种铁容器中（“长颈瓶”）。

汞用于制造品目 28.43 或 28.53 的汞齐、金和银的冶炼及镀金、镀银工业，也用于制造氯、氢氧化钠、汞盐、银朱和雷酸盐，还用于制造水银灯、各种物理仪器及医药等。

第二分章　无机酸及非金属无机氧化物

总　注　释

酸含有可以全部或部分被金属〔或具有类似性质的离子，例如，铵根离子（NH_4^+）〕取代的氢；氢被取代后生成盐。酸与碱反应生成盐，与醇反应生成酯。酸在液态或在溶液中时是电解质，可在阴极上产生氢。当一个或数个水分子从这些含氧酸中被消去时，就产生了酐。大部分非金属氧化物都是酐。

本分章包括非金属无机氧化物（酐或其他），也包括无机酸，它的阳极基是一种非金属。

另一方面，本分章不包括分别由金属氧化物或氢氧化物形成的酐及酸；它们一般归入第四分章（例如，金属氧化物、氢氧化物及过氧化物，诸如铬、钼、钨及钒的酸及酐）。但在某些情况下，它们归入其他品目，例如，品目 28.43（贵金属化合物）、品目 28.44 或 28.45（放射性元素及同位素的化合物）或品目 28.46（稀土金属、钪及钇的化合物）。

氢的氧化物也不归入本分章内，而是归入品目 22.01（水），品目 28.45（重水），品目 28.47（过氧化氢）或品目 28.53（蒸馏水、导电水及类似的纯净水，包括经过离子交换剂处理的水）。

28.06　氯化氢（盐酸）；氯磺酸：

10　—　　氯化氢（盐酸）

20　—　　氯磺酸

一、氯化氢（盐酸）

氯化氢（HCl）是一种带有窒息气味的无色发烟气体，通过氢（或水及焦碳）作用于氯，或硫酸作用于氯化钠所制得。

氯化氢在加压下易液化，极易溶于水。报验时经加压成液态后装入钢瓶，也有以高浓度水溶液（通常为 28～38%）（盐酸）装入玻璃或陶瓷容器或装入以橡胶衬里的油罐车或铁路槽车内。这些刺鼻溶液含有杂质（氯化铁、砷、二氧化硫、硫酸）时呈淡黄色，纯净时则无色。高浓度溶液在潮湿空气中会散发出白烟。

盐酸有很多用途：例如，酸洗铁、锌及其他金属，从骨质中提胶，纯化动物黑，制备金属氯化物等。氯化氢气体常用于有机合成（例如，用于制造氯丁二烯、氯二烯、人造樟脑、氢氯化橡胶）。

二、氯代硫酸（氯磺酸）

氯代硫酸，商业上称作氯磺酸（“氯硫醇”），化学结构式为 $ClSO_2OH$，是将氯化氢与三氧化硫或发烟硫酸干燥结合而得的。

它是一种具有强烈腐蚀性的无色或淡棕色液体，有刺激气味，在潮湿空气中会发烟，与水接触或加热时会分解。

它用于有机合成（制造糖精、硫靛及溶靛素等）。

本品目不包括次氯酸、氯酸及高氯酸（品目 28.11）；也不包括有时误称为“氯磺酸”的二氯二氧化硫（磺酰氯）（品目 28.12）。

28.07　硫酸；发烟硫酸

一、硫酸

硫酸（H_2SO_4）主要是从氧及二氧化硫通过一种催化剂（铂、氧化铁、五氧化二钒等）制得，其杂质（氮化物、砷或硒产品、硫酸铅）可经过硫化氢或硫化铵处理剔除。

硫酸是一种非常强的腐蚀性物质，是一种无色（如不含杂质）、黄色或棕色（其他情况下）的稠油状液体，与水接触起剧烈反应，能破坏皮肤和大部分有机物质，使它们碳化。

商品硫酸含硫酸 77～100%之间。报验时装于玻璃坛或其他玻璃容器、钢桶、油罐车、铁路槽车或油轮。

硫酸用于多种工业，特别是用于制造化肥、炸药、无机颜料，除此之外，还用于石油工业和钢铁工业。

二、发烟硫酸

发烟硫酸是含有超量（最高可达 80%）三氧化硫的硫酸，液体或固体，深棕色；与水接触起剧烈反应，腐蚀皮肤和衣着，散发出危险烟雾（特别是游离三氧化硫）。报验时装于玻璃、陶瓷或铁皮容器。

发烟硫酸主要用于有机化学的磺化反应（制造萘磺酸、羟基蒽醌、硫靛、茜素衍生物等）。

本品目不包括：

（一）氯磺酸（“氯硫醇”）及磺硝酸（分别归入品目 28.06 及 28.08）。

（二）三氧化硫、硫化氢、过硫酸、氨基磺酸及硫酸系无机酸（连多硫酸）（品目 28.11）。

（三）亚硫酸或磺酰氯化物（品目 28.12）。

28.08　硝酸；磺硝酸

一、硝酸

硝酸（HNO_3）主要是在一种催化剂（铂、铁、铬、铋或锰的氧化物等）的存在下对氮进行氧化而制得的。另一方法是在电弧炉中将氮和氧直接结合形成一氧化氮，然后再氧化。硝酸还可以从硫酸（单独或与硫酸氢钠一起）作用于天然硝酸钠制得，其杂质（硫酸、盐酸、亚硝烟）可通过蒸馏及热空气除去。

硝酸是一种无色或浅黄色有毒液体。浓度高时（发烟硝酸）会放出淡黄色亚硝酸烟雾，腐蚀皮肤，破坏有机物质；是一种强氧化剂。报验时装于玻璃坛、陶瓷坛或铝容器中。

它可用于制造硝酸盐（银、汞、铅、铜等）、有机染料、炸药（硝化甘油、胶棉、三硝基甲苯、苦味酸、雷酸汞等）；也用于金属的酸洗（特别是铸铁的酸洗）、铜板的雕刻、金和银的精炼。

二、磺硝酸

磺硝酸是定比（如同等量）浓硝酸和硫酸的混合物，为具有强烈腐蚀性的粘稠液体，报验时通常装于铁桶中。

磺硝酸特别用于合成染料工业中硝化有机化合物和制造硝酸纤维及炸药。

本品目不包括：

（一）氨基磺酸（品目 28.11）（切勿与上述磺硝酸混淆）。

（二）叠氮酸、亚硝酸及各种氮氧化物（也归入品目 28.11）。

28.09 五氧化二磷；磷酸；多磷酸，不论是否已有化学定义：

10 — 五氧化二磷

20 — 磷酸及多磷酸

本品目包括五氧化二磷、磷酸（正磷酸或普通磷酸）、焦磷酸、偏磷酸及其他多磷酸。

一、五氧化二磷

五氧化二磷〔氧化磷（V）、五氧化磷、磷酸酐〕（P_2O_5）是将从天然磷酸盐中提得的磷放在干燥的空气中加以燃烧而制得，是一种强腐蚀性的白色粉末，吸水性强，运输时密封包装。用于气体干燥及有机合成。

五氧化二磷以三种形态存在：结晶体、无定形或透明体。这三种形态相混合后产生“磷雪”，仍归入本品目。

二、磷酸

磷酸〔（正）磷酸或普通磷酸〕（H_3PO_4）是将硫酸作用于天然磷酸三钙而制得。这样制得的商品磷酸含有五氧化二磷、磷酸二氢钙、三氧化磷、硫酸、氟硅酸等杂质。纯的磷酸是通过五氧化二磷的水合作用而制得的。

磷酸为易于潮解的斜方晶体，由于难以保持固体状态，因此，通常配制成水熔液（例如，65%或90%的水溶液）。在室温下仍保持过饱和状态的高浓溶液有时被称为“糖浆磷酸”。

磷酸用于制造浓（3倍）过磷酸盐；也用于纺织工业并用作酸洗（去锈）剂。

磷酸在高温下浓缩产生几种聚合酸：焦磷酸、偏磷酸及其他多磷酸。

三、多磷酸

（一）用交替P-O-P原子表征的酸归入本组。

它们形式上可以通过缩合两个及以上的磷酸分子同时失去水分子后制得。用这种方法能制得一系列酸：通式为$H_{n+2}P_nO_{3n+1}$（n≥2）的线型酸及通式为$(HPO_3)_n$(n≥3)的环状酸。

1．焦磷酸（$H_4P_2O_7$）是通过有控制地加热正磷酸而得。在潮湿空气中不稳定并很快变成正磷酸。

2．偏磷酸。这些酸都是环状酸，例如，环状三磷酸$(HPO_3)_3$及环状四磷酸$(HPO_3)_4$，它们作为含五氧化二磷大于86%的混合多磷酸的次要组分存在。冰状的多磷酸（商品偏磷酸）是一种没有化学定义的多磷酸（主要为线型）混合物，它有可能含有钠盐。归入本组的这些混合物呈透明块状，在炽热时挥发，不能结晶。

它们吸水性强，用于干燥气体。

3．P-O-P型的其他多磷酸。这些都是普通混合物，商业上称为“多磷”酸或“过磷”酸，它们含有较高原子数，例如，三磷酸（$H_5P_3O_{10}$）及四磷酸（$H_6P_4O_{13}$），这些混合物也归入本品目。

（二）其他多磷酸

本组主要包括连二磷酸〔焦磷（IV）酸〕（$H_4P_2O_6$）。这种化合物是一种二水合物结晶体，必须存于干燥处，于稀溶液中更为稳定。

本品目不包括：

（一）其他亚磷酸及酐（亚磷酸及其酐、次磷酸）（品目28.11）。

（二）磷化氢（品目28.48）。

28.10 硼的氧化物；硼酸

一、硼的氧化物

三氧化二硼（B_2O_3）呈透明玻璃块状、晶体或白色鳞片状。

通过它对挥发性金属氟化物的作用，用于制造合成宝石或半宝石（刚玉、蓝宝石等）。

本品目也包括所有其他硼的氧化物。

二、硼酸

硼酸（原硼酸）（H_3BO_3）可以从天然硼酸盐的酸分解制得，也可以通过物理化学处理粗硼酸制得。

硼酸呈粉末状或小鳞片状、云母粉片状或玻璃块状，边透明，灰色或浅蓝色（晶化酸）。无气味，手感油滑。

它的用途包括：作为防腐剂（硼酸水）；制造硼硅酸盐玻璃（低膨胀系数）、玻璃化化合物、吉勒特绿（水合氧化铬）、人造硼酸盐（硼砂）、羟基及氨基蒽醌；烛芯的浸渍；制防火布。

天然粗硼酸按干重量计含硼酸不超过85%的归入品目25.28，超过85%的应归入本品目。偏硼酸$(HBO_2)_n$也归入本品目。

本品目不包括：

（一）四氟硼酸（氟硼酸）（品目28.11）。

（二）甘油硼酸（品目29.20）。

28.11　其他无机酸及非金属无机氧化物：

	—	其他无机酸：
11	— —	氟化氢（氢氟酸）
19	— —	其他
	—	其他非金属无机氧化物：
21	— —	二氧化碳
22	— —	二氧化硅
29	— —	其他

本品目包括无机酸及其酐和非金属氧化物，其中最主要的品种按照它们的非金属组分列举如下*：

一、氟化合物

（一）氟化氢（HF）。通过硫酸作用于天然氟化钙（萤石）或冰晶石制得，并用碳酸钾处理或者经过蒸馏来纯化（有时含有少量的硅酸盐及氟硅酸盐杂质）。在无水状态下，氟化氢是一种极强的吸湿液体（沸点为18～20℃）；在潮湿空气中释放出烟雾。在无水状态及成浓液时（氢氟酸），它能严重灼烧皮肤并使有机物碳化。报验时装于以铅、古塔波胶或地蜡衬里的金属瓶内或装于橡胶、塑料容器中；极纯的氢氟酸装于银质瓶内。

它的用途包括：蚀刻玻璃；制造无灰滤纸、钽、氟化物；酸洗铸件；有机合成；或作为发酵过程的控制剂。

（二）氟化酸，包括：

1. 四氟硼酸（氟硼酸）（HBF_4）。

2. 六氟硅酸（氟硅酸）（H_2SiF_6），例如，在制造过磷酸钙中作为副产品而得的或从氟化硅制得的氟硅酸水溶液。用于锡及铅的电解精炼及制造氟硅酸盐等。

二、氯化合物

这些化合物最主要的几种都是强氧化剂和强氯化剂，用于漂白及有机合成，其性质一般是不稳定的。它们包括：

（一）次氯酸（HClO），是一种吸入有危险，与有机物接触会爆炸的产品。报验时这种气体存于水溶液中，为黄色，或偶尔为淡红色。

---

* 按以下次序列举，氟、氯、溴、碘、硫、硒、碲、氮、磷、砷、碳、硅。

（二）氯酸（$HClO_3$）。这种酸仅以无色或淡黄色的水溶液存在。

（三）高氯酸（$HClO_4$）。这是一种高浓度产品，产生许多不同水合物，会腐蚀皮肤，用于分析。

三、溴化合物

（一）溴化氢（HBr），一种具有强烈刺激气味的无色气体，可以加压包装或调成水溶液状（氢溴酸），但容易在空气中慢慢分解（尤其在光线的作用下）。用于制溴化物及有机合成。

（二）溴酸（$HBrO_3$），仅以水溶液状存在，用于有机合成。

四、碘化物

（一）碘化氢（HI），一种无色窒息性气体，易于分解。存在于水溶液中（氢碘酸），具腐蚀性，浓溶液在潮湿空气中会产生烟雾。在有机合成中用作还原剂及作为固定碘的媒介物。

（二）碘酸（HIO_3）及其酐（I_2O_5），斜方晶体或水溶液，用于医药及防毒面具中作吸收剂。

（三）高碘酸（$HIO_4 \cdot 2H_2O$），性质同碘酸。

五、硫化物

（一）硫化氢（H_2S），一种剧毒的无色气体，散发出臭鸡蛋的恶臭味，报验时加压装入钢瓶或配成水溶液（氢硫酸）。用于分析、纯化硫酸或盐酸及制取二氧化硫或再生硫等。

（二）过硫酸，呈结晶状：

1．过二硫酸（$H_2S_2O_8$）及其酐（S_2O_7）。

2．过一硫酸（H_2SO_5），吸湿性非常强，是一种强氧化剂。

（三）连多硫酸。它们仅以水溶液状存在：连二硫酸（$H_2S_2O_6$）；连三硫酸（$H_2S_3O_6$）；连四硫酸（$H_2S_4O_6$）；连五硫酸（$H_2S_5O_6$）。

（四）氨基磺酸〔$SO_2(OH)NH_2$〕，将尿素溶解于硫酸、三氧化硫或发烟硫酸而得；呈结晶体，微溶于水，易溶于醇。用于制造防火纺织品整理剂、鞣革、电镀及有机合成。

（五）二氧化硫（SO_2），通过硫的燃烧、天然硫化物（特别是黄铁矿）的焙烧或天然硫酸钙（例如，硬石膏）混入粘土与焦碳后焙烧而得，是一种无色但使人窒息的气体。

二氧化硫报验时或是经加压装入钢瓶，或是配成水溶液；后一种状态商业上常被误称为“亚硫酸”。

二氧化硫是一种强还原剂及漂白剂。它有着许多用途，例如，漂白动物质纺织纤维、秸秆、羽毛或明胶；精制糖的硫化加工；保藏水果蔬菜；制备处理木浆用的亚硫酸盐；制造硫酸或作为消毒剂（酿酒）。液态二氧化硫蒸发时能降低温度，用于冷藏设备。

（六）三氧化硫（硫酸酐）（SO_3），一种外形似石棉的白色针状结晶固体。在潮湿空气中发烟；吸水并遇水发生强烈反应。报验时装于配备有无机体吸收装置的密封铁皮容器、玻璃坛或陶制坛内。用于制发烟硫酸（品目 28.07）及明矾（品目 28.33）。

（七）三氧化二硫（S_2O_3），容易潮解的绿色结晶体，遇水即分解，溶于醇；在制造合成染料中用作还原剂。

六、硒化合物

（一）硒化氢（H_2Se），一种有恶臭的气体，由于它能麻痹嗅觉神经，吸入体内有危险。存于不稳定水溶液中。

（二）亚硒酸（H_2SeO_3）及其酐（SeO_2）。白色六方晶体，易潮解，极易溶于水；用于搪瓷工业。

（三）硒酸（H_2SeO_4），无水或水合的白色晶体。

七、碲化合物

碲化合物有碲化氢（H_2Te）（水溶液）、亚碲酸（H_2TeO_3）及其酐（TeO_2）（白色固体）、碲酸（H_2TeO_4）（无色结晶体）及其酐（TeO_3）（桔红色固体）。

八、氮化合物

（一）叠氮酸（HN_3）。无色、有毒液体；带有使人窒息的气味；极易溶于水；不稳定；具有爆炸性。其盐（叠氮化物）归入品目28.50，而不归入第五分章。

（二）一氧化二氮〔氧化亚氮（N_2O）〕。具有甜味的气体，溶于水，报验时呈液态。气态时用作麻醉剂，液态或固态时用作冷冻剂。

（三）二氧化氮（硝酰、亚硝蒸气、过氧化氮）（NO_2）。温度0℃时为无色液体，高于0℃时为桔棕色；沸点约22℃（此时散发出红色烟雾），为最稳定的氮氧化物，是一种强氧化剂。

九、磷化合物

（一）次磷酸（H_3PO_2），薄片状结晶体，熔点约在25℃，暴露于空气中即氧化；是一种强还原剂。

（二）亚磷酸（H_3PO_3），为易潮解的晶体，熔点约在71℃，溶于水。还有它的酐（P_2O_3或P_4O_6），呈结晶体，熔点约在24℃。暴露于光线下先发黄然后变红，并逐渐分解。

十、砷化合物

（一）三氧化二砷（砒霜）（As_2O_3），常被误称为“亚砷酸”，是从焙烧镍及银的砷矿砂或砷黄铁矿所得，有时含有杂质（亚硫化二砷、硫、氧化亚锑等）。

商品三氧化二砷通常是一种结晶状的白色粉末，无气味，但剧毒（砷华）。玻璃状的酐呈透明的无定形块状；瓷状的酐呈不透明的连结八面结晶体。

它的用途包括：保藏皮革及动物标本（有时与肥皂混合使用）；作为鼠毒；制捕蝇纸；配制某些遮光剂、玻璃釉料及诸如亚砷酸氢铜、乙酸铜-亚砷酸铜复盐的矿物绿；可小量作药剂（治疗皮炎、疟疾及气喘）。

（二）五氧化二砷（As_2O_5），通过三氧化二砷的氧化或砷酸的脱水而得；是一种剧毒的白色晶体。可缓慢地溶解于水，产生砷酸。用于制造砷酸或作为氧化剂等。

（三）砷酸。“砷酸”这个名称用于原砷酸（$H_3AsO_4 \cdot 1/2H_2O$）及五氧化二砷（焦及间砷酸等）的其他水合物。呈无色针状结晶体，是致命毒药。

砷酸用于制造合成染料（品红等），砷酸盐及砷的有机衍生物用作药物及杀虫剂。

本品目不包括砷的氢化物（例如，砷化三氢）（品目28.50）。

十一、碳化物

（一）一氧化碳（CO）。为有毒的无色无味气体；经加压包装。由于其具有还原性，主要用于冶金。

（二）二氧化碳（CO_2）。常被误称为“碳酸”，通过碳的燃烧或对含石灰物质的加热或酸处理制得。

二氧化碳是无色气体，比重是空气的1.5倍；能灭火。报验时二氧化碳可呈液态（加压装入钢瓶），也可呈固态（压缩成立方形固体装入绝热容器，称为“碳雪”或“碳冰”）。

二氧化碳用于冶金、制糖及饮料充气。液体二氧化碳用于啤酒充气、配制水杨酸、灭火剂等。固体二氧化碳用作制冷剂（冷～－80℃）。

（三）氰化氢（氢氰酸）（HCN），通过硫酸作用于氰化物或催化剂作用于氨和烃的混合物制得。

氰化氢是一种剧毒的无色液体，常有苦杏仁的气味。容易与水混溶，密度比水小；不纯或在稀溶液中时不易保藏。

氢氰酸用于有机合成（例如，与乙炔反应生成丙烯腈）及用作杀寄生虫药。

（四）异氰酸，硫氰酸及雷酸。

十二、硅化合物

二氧化硅（纯硅石、硅酐等）（SiO_2）。用酸处理硅酸盐溶液或在水和热的作用下分解硅的卤化物制得。

二氧化硅可为无定形，（为白色粉末，即“硅白”、“硅华”、“煅硅”；为玻璃粒状，即“玻璃硅”；为凝胶状，即“硅霜”、“水合硅”），也可为结晶体（鳞石英状及方石英状）。

二氧化硅不溶于酸；熔融硅石因此用于制造骤热、骤冷而不破裂的化验室器具及工业设备（参见第七十章的注释）。例如，细粉状的二氧化硅在各种天然橡胶及合成橡胶和其他弹性材料中用作填料，在各种塑料、油墨、油漆、涂料及粘合剂中用作增稠剂或触变剂。气相二氧化硅（在氢氧炉中燃烧四氯化硅或三氯硅烷制得）还可用于硅圆片的化学-机械抛光加工，以及用作各种材料的防结块剂或抗沉降剂。活性硅胶用于干燥气体。

本品目不包括：

（一）天然硅石（归入第二十五章，但供作宝石或半宝石的品种除外，参见品目 71.03 和 71.05 的注释）。

（二）二氧化硅的胶态分散体一般归入品目 38.24，但专供特定用途的除外（例如，作纺织品整理剂的归入品目 38.09）。

（三）加有钴盐的硅胶（用作湿度指示剂）（品目 38.24）。

十三、络酸

本品目也包括本章其他品目未列名的已有化学定义的络酸，这些酸含有两种或多种非金属无机酸（例如，氯代酸）或含有一种非金属酸和一种金属酸（例如，钨硅酸、钨硼酸）。

因为锑在协调制度中是作为一种金属，因此锑酸及氧化锑归入品目 28.25。

第三分章 非金属卤化物及硫化物

总 注 释

本分章包括那些虽然名称（氯化物、硫化物等）上与第五分章所列氢酸的金属盐相似，而实际上却是非金属化合体的产品，例如：

一、卤素与氧或氢以外的一种其他非金属结合的化合物（卤化物）。

二、与氧结合的相同于上述一款的化合物（卤氧化物）。

三、硫与氧或氢以外的一种其他非金属结合的化合物（硫化物）。

非金属的硫氧化物（硫+氧+非金属）不归入本分章，它们归入品目 28.53。

卤化物、卤氧化物及金属或铵根离子（NH_4^+）的硫化物（参见第一分章的总注释）归入第五分章，但贵金属化合物（品目 28.43）以及品目 28.44、28.45、28.46 或 28.52 的化合物除外。

28.12 非金属卤化物及卤氧化物：

10 — 氯化物及氯氧化物

90 — 其他

一、非金属氯化物

这类二元化合物中最重要的化合物有：

（一）碘的氯化物：

1．氯化碘（ICl），通过氯直接作用于碘制得。在温度 27℃以上时为深棕色液体；低于这个温度时为浅红色结晶体。比重约为 3。遇水分解；能严重灼烧皮肤。用于有机合成中作为碘化剂。

2．三氯化碘（ICl_3），产生方法同一氯化物或从氢碘酸获得。黄色针状，溶于水。比重约为 3。用途同一氯化物，也用于医药。

（二）硫的氯化物：

1．二氯化二硫（S_2Cl_2），通过氯作用于硫制得，为商品氯化硫，一种黄色或浅红色液体，暴露于空气中时会散发出使人窒息气味的烟雾；遇水分解。比重约为 1.7。作为一种硫的溶剂，用于橡胶和古塔波胶的冷硫化。

2．二氯化硫（SCl_2），从一氯化物制得。浅红棕色液体，遇水也分解；相当不稳定。比重约为 1.6。用途包括：橡胶的冷硫化、在制造合成染料（特别是硫靛蓝）中作为氯化剂。

（三）磷的氯化物：

1．三氯化磷（PCl_3）。通过氯直接作用于磷而得，为无色液体，比重约为 1.6；具有腐蚀性及催泪作用，并有刺激气味。在潮湿空气中发烟，遇水分解。主要在有机合成（例如，制造氯化酸、染料等）中作为一种氯化剂；也用于制造陶瓷，能使陶瓷表面光亮。

2．五氯化磷（PCl_5），从三氯化磷制得，白色或浅黄色晶体。比重约为 3.6。和三氯化磷一样，在潮湿空气中发烟；遇水分解，具催泪性。用于有机化学中作为氯化剂或催化剂（例如，配制氯化靛红）。

本品目不包括氯化磷（PH_4Cl）（品目 28.53）。

（四）砷的氯化物：

三氯化砷（$AsCl_3$），通过氯作用于砷或盐酸作用于三氧化砷制得。油状无色液体，在潮湿空气中发烟；剧毒。

（五）硅的氯化物：

四氯化硅（$SiCl_4$），通过氯气作用于硅石和煤的混合体，或作用于硅、硅青铜或硅铁而制得。无色液体，比重约为 1.5。在潮湿空气中会释放出令人窒息的白色烟雾〔氯化氢（HCl）〕。遇水分解生成胶凝硅，并放出 HCl 烟雾。用于制二氧化硅及高纯硅、硅酮及烟幕。

本品目不包括硅化氢的替代产品，例如，三氯硅烷（$SiHCl_3$）（品目 28.53）。

本品目还不包括四氯化碳（四氯代甲烷）（CCl_4）、六氯乙烷（六氯化碳）（C_2Cl_6）、六氯化苯（ISO）（C_6Cl_6）、八氯化萘（$C_{10}Cl_8$）及类似氯化碳；它们都是碳氢化合物的氯化衍生物（品目 29.03）。

二、非金属氯氧化物

这些三元化合物主要包括：

（一）硫的氯氧化物：

1．二氯氧化硫（亚硫酰氯）（$SOCl_2$），通过用三氧化硫或磺酰氯氧化二氯化硫制得，为无色液体；比重约为 1.7。会散发出令人窒息的烟雾；遇水分解。用于制造有机氯化物。

2．二氯二氧化硫（磺酰氯）（“二氯磺酸”）（SO_2Cl_2），通过曝露于日光下或有催化剂（樟脑或活性碳）存在下氯作用于二氧化硫制得。为无色液体，比重约为 1.7。在空气中发烟；遇水分解；有腐蚀性。在有机合成（例如，在酰基氯的制造）中作为氯化剂及磺化剂。

本品目不包括氯磺酸（$ClSO_2 \cdot OH$）（品目 28.06）。

（二）二氯氧化硒

二氯氧化硒（$SeOCl_2$）与亚硫酰氯相类似。通过四氯化硒作用于二氧化硒而得。在温度 10℃以上时为黄色液体，在空气中发烟；低于 10℃时为无色结晶体；比重约为 2.4。遇水分解。用于有机合成或内燃发动机气缸的脱碳处理。

（三）亚硝酰氯（氯氧化氮）（NOCl）

桔黄色具有窒息气味气体；有毒；用作氧化剂。

（四）三氯氧化磷（磷酰氯）（$POCl_3$）

通过氯酸钾处理三氯化磷，硼酸处理五氯化磷或碳酰氯作用于磷酸三钙制得。无色液体，比重为 1.7。具有刺激气味，在潮湿空气中发烟，遇水分解。在有机合成中作为氯化剂，也用于制造无水醋酸或氯磺酸。

（五）氯氧化碳（碳酰氯、光气）（$COCl_2$）

在兽碳黑或木炭存在下氯作用于一氧化碳，或发烟硫酸作用于四氯化碳制得。无色，8℃及以下时呈液态，高于8℃时为气态；报验时为液化气或加压后装于重型钢容器内。当溶于甲苯或苯时，应归入品目38.24。

它是一种剧毒催泪产品。作为氯化剂广泛用于有机合成（例如，制造酰基氯、氨基衍生物、米蚩酮以及有机染料工业的中间体）。

三、其他非金属卤化物及卤氧化物

本组包括所有其他非金属卤化物（氟化物、溴化物及碘化物）。

（一）氟化物

1. 五氟化碘（IF_5），一种发烟液体。

2. 氟化磷及氟化硅。

3. 三氟化硼（BF_3）。在硫酸存在下对氟化钙及粉状氧化硼加热制得。为无色气体，在潮湿空气中发烟；对有机产品起碳化作用。吸水性强，吸水后形成氟硼酸。用作脱水剂并在有机合成中作为催化剂，与有机物（例如，二乙基醚、醋酸或酚）一起生成络合物；这些化合物也用作催化剂，归入品目29.42。

（二）溴化物

1. 溴化碘（一溴化物）（IBr），由溴和碘两种元素化合生成。黑红色晶体块，与碘相似，溶于水。用于有机合成。

2. 磷的溴化物

三溴化磷（PBr_3），通过溴作用于溶于二硫化碳的磷而得，为无色液体。在潮湿空气中发烟；遇水分解，比重约为2.8，用于有机合成。

本品目不包括溴化磷（PH_4Br）（品目28.53）及溴化碳（29.03）。

（三）碘化物

1. 磷的碘化物

二碘化磷（P_2I_4），通过碘作用于溶于二硫化碳的磷而得，为桔红色晶体，散发出有色烟雾。

三碘化磷（PI_3），用类似的方法制得；为暗红色结晶片。

碘化磷（PH_4I）归入品目28.53。

2. 砷的碘化物

三碘化砷（AsI_3），红色结晶体；由碘和砷生成。有毒，具有挥发性。用于医药及在化验室中作试剂。

3. 碘与其他卤素的化合物，参见以上一（一）、三（一）1及三（二）1。

（四）除氯氧化物外的卤氧化物。

1. 氟氧化物，例如，三氟氧化磷（磷酰氟）（POF_3）。

2. 溴氧化物，例如，二溴氧化硫（亚硫酰溴）（$SOBr_2$），一种桔红色液体，以及三溴氧化磷（磷酰溴）（$POBr_3$），为薄片状晶体。

3. 碘氧化物。

28.13 非金属硫化物；商品三硫化二磷：

10 — 二硫化碳

90 — 其他

这些二元化合物中最重要的有：

一、二硫化碳（CS_2）

通过硫蒸气作用于燃烧的碳制得，无色，有毒液体（比重约为 1.3）。不溶于水，不纯时有臭鸡蛋味。极易挥发和燃烧，吸入及接触皆有危险。报验时装于外包稻草或柳条且严密塞盖的陶制、金属或玻璃容器中。

它可作为一种多用途溶剂。例如，提取油、脂及精油；骨类去脂；用于医药、化学纤维纺织业及橡胶工业。也用于农业上，将其注入泥土以消灭害虫，根瘤虫等。对于后一种用途，有时使用其衍生物硫代碳酸钾（品目 28.42）（参见品目 38.08 的注释）。

二、二硫化硅（SiS_2）

通过硫蒸气作用于高热硅制得，为白色固体；结晶后为挥发性针状物，分解于水成为胶凝硅。

三、砷的硫化物

本品目包括从天然硫化物制得，或用硫或硫化氢处理五氧化二砷或三氧化二砷制得的人造硫化物。

（一）二硫化二砷（人造雄黄、假雄黄、硫化红）（As_2S_2 或 As_4S_4）。有毒产品，为透明红色或橙色晶体，比重约为 3.5。不经熔化即挥发。用于制造烟火（与硝酸钾及硫混合）、油漆（宝石红砷）及制革中用于脱毛。

（二）三硫化二砷（人造雌黄、假金颜料、硫化黄）（As_2S_3）。有毒黄色粉末，比重约为 2.7；无气味，不溶于水。用途同二硫化砷，也作皮革和橡胶的颜料，还用作杀寄生虫药及用于医药（因它能破坏致病物质的生长）。与碱金属硫化物化合，即生成品目 28.42 的硫亚砷酸盐。

（三）五硫化二砷（As_2S_5），该产品在自然界不存在，是一种淡黄色无定形固体，不溶于水，用作颜料。与碱金属硫化物化合，可生成品目 28.42 的硫砷酸盐。

本品目不包括天然硫化砷（二硫化物或雄黄、三硫化物或雌黄）（品目 25.30）。

四、磷的硫化物

（一）三硫化四磷（P_4S_3），用其组成元素制得。灰色或黄色固体。比重约为 2.1。呈无定形块状或结晶体。具有大蒜气味，毒性较小，但吸入其粉末相当危险。分解于沸水，但不受空气影响。这是一种最稳定的硫化磷。用于制造五硫化物，在制造安全火柴上可代替磷；也用于有机合成。

（二）五硫化二磷（P_2S_5 或 P_4S_{10}），为黄色结晶体，比重为 2.03～2.09。用途同三硫化四磷，也用于配制矿砂的浮选剂。

（三）商品三硫化磷。这种称作三硫化磷的产品是一种混合物，其分子式接近于 P_2S_3；为淡黄灰色结晶块，遇水分解，用于有机合成。

本品目不包括：

（一）硫和卤素的二元化合物（例如，氯化硫）（品目 28.12）。

（二）硫氧化物（例如，砷、硫及硅的硫氧化物）及非金属硫代卤化物（例如，氯代硫化磷及二氯硫化碳）（品目 28.53）。

第四分章　无机碱和金属氧化物、氢氧化物及过氧化物

总　注　释

碱是以含有氢氧根（OH）为特征的化合物，它与酸反应生成盐。碱在液态或溶液时是电解质，在阴极产生金属或类似离子〔铵离子（NH_4^+）〕。

金属氧化物是一种金属和氧的化合物。很多金属氧化物可以和一个或多个水分子结合形成氢氧化

物。

大多数氧化物是碱性的，因为其氢氧化物起碱的作用。但某些氧化物（氧化酐）只与强碱或其他碱起反应生成盐，而另一些较为普遍的氧化物（两性氧化物）既能起氧化酐的作用，又能起碱的作用，这类氧化物必须作为与其氢氧化物相对应的酸类（真的或假的）的酐。

某些氧化物（含盐氧化物）可以视为是一种碱性氧化物和一种酐氧化物化合而成的产品。

本分章包括：

一、一种金属的氧化物、氢氧化物及过氧化物，不论是否碱性、酸性、两性或含盐的。

二、其他不含氧的无机碱，例如，氨（品目 28.14）或肼（品目 28.25）；及那些不含金属的无机碱，例如，羟胺（品目 28.25）。

本分章不包括：

（一）第二十五章的氧化物及氢氧化物，特别是镁氧（氧化镁），不论是否纯净；生石灰和熟石灰（粗氧化钙及氢氧化钙）。

（二）构成矿石的氧化物及氢氧化物（品目 26.01 至 26.17），氧化皮、灰、熔渣、浮渣或其他金属残渣（品目 26.18 至 26.20）。

（三）贵金属的氧化物、过氧化物及氢氧化物（品目 28.43），放射性元素的氧化物、过氧化物及氢氧化物（品目 28.44），稀土金属、钇、钪及其混合物的氧化物、过氧化物及氢氧化物（品目 28.46），或汞的氧化物、过氧化物及氢氧化物（品目 28.52）。

（四）氢的氧化物，品目 22.01（水）、品目 28.45（重水）、品目 28.47（过氧化氢）或品目 28.53（蒸馏水、导电水及类似的纯净水，包括用离子交换剂处理的水）。

（五）以金属氧化物为基料的着色料（品目 32.06）、调制颜料、遮光剂、着色剂、珐琅、釉料及用于陶瓷、搪瓷或玻璃工业的类似产品（品目 32.07）；由氧化物、氢氧化物或碱与其他产品混合配制而成的第三十二章货品。

（六）供化学纤维去光的遮光制剂（品目 38.09）及金属表面酸洗制剂（品目 38.10）。

（七）天然或合成宝石或半宝石（品目 71.02 至 71.05）。

28.14 氨及氨水：

10 — 氨

20 — 氨水

氨既可以从煤气纯化厂或炼焦厂生产的不纯氨气水溶液中制得〔参见品目 38.25 的注释一、（三）项〕，也可由氢和氮的合成制得。

本品目包括：

一、无水氨（NH_3），一种无色气体。密度比空气小，加压后易液化，报验时装于金属筒中。

二、氨水（NH_4OH），一种假设“元素”铵（NH_4）的氢氧化物。这些溶液（通常含有 20%、27% 或 34%的无水氨）是无色或淡黄色液体。报验时装于紧密封闭的容器中，氨的酒精溶液不归入本品目（品目 38.24）。

氨有多种用途，例如，制造硝酸及硝酸盐、硫酸铵、其他铵盐及氮肥、碳酸钠、氰化物、胺（例如，苯胺）。它能使脂肪体及树脂乳化，还能作为去除污渍的去垢剂，并用于制擦亮剂、处理胶乳、去除清漆等。液氨用于冷冻厂。

28.15 氢氧化钠（烧碱）；氢氧化钾（苛性钾）；过氧化钠及过氧化钾：

— 氢氧化钠（烧碱）：

11　——　固体
12　——　水溶液（氢氧化钠浓溶液及液体烧碱）
20　—　　氢氧化钾（苛性钾）
30　—　　过氧化钠及过氧化钾

一、氢氧化钠（烧碱）

氢氧化钠（烧碱）（NaOH）不应与商品纯碱混淆，纯碱是碳酸钠（品目28.36）。

氢氧化钠可以通过石灰乳苛化碳酸钠制得，也可以通过电解氯化钠制得。报验时可以是液体，也可以是无水固体。氢氧化钠水溶液蒸发后便产生粉片状或块状的固体氢氧化钠。纯的氢氧化钠是团粒状或立方块状，装于广口玻璃瓶中。

固体氢氧化钠能侵蚀皮肤，破坏粘膜。易潮解，极易溶于水；因此必须保藏在封闭严密的钢容器内。

氢氧化钠是一种强碱，有着许多工业用途：去除木质素以制备某些化学木浆；制造再生纤维素；棉花的丝光处理；钽和铌的冶炼；生产硬肥皂及制备许多化学产品，包括酚化合物（苯酚、间苯二酚、茜素等）。

本品目不包括通过从碱法或硫酸盐法制木浆时所剩残余产品中获得的剩余碱液（氢氧化钠溶液）（品目38.04）；从这些碱液中可得到品目38.03的妥尔油，也可以再生氢氧化钠。

本品目不包括称作“碱石灰”的氢氧化钠和石灰的混合物（品目38.24）。

二、氢氧化钾（苛性钾）

氢氧化钾（苛性钾）（KOH）与上述氢氧化钠非常相似，它必须与碳酸钾（品目28.36）或商品钾碱（在某些国家中，这是一个对任何钾盐，特别是氯化钾盐所赋予的笼统名称）区别开来。

氢氧化钾是通过电解天然氯化钾溶液（品目31.04）而获得，也可以用石灰乳苛化碳酸钾获得（产生“石灰钾碱”）。纯氢氧化钾是通过用酒精处理所得，或通过氢氧化钡和硫酸钾的复分解反应所得。

报验时氢氧化钾可以为稍高浓度的水溶液（氢氧化钾溶液）（通常在50%左右），也可以为除其他杂质以外还含有氯化钾的固体。储藏方法同氢氧化钠，性质也相类似。

它用于软肥皂的制造；对需要敷金属或再漆的零件进行酸酰；漂白；高锰酸钾的生产等。也用于医药作为烧灼剂（条状），作该用途时，有时与石灰混合，与石灰混合的归入品目30.03或30.04。

三、过氧化钠

过氧化钠（二氧化二钠）（Na_2O_2），通过钠的燃烧制得，是一种极易潮解的白色或淡黄色粉末，比重约为2.8。遇水分解，同时放热并生成过氧化氢。报验时制成饼状，装于焊缝金属容器内。

过氧化钠用于制肥皂；织物漂白；在有机合成中作氧化剂；并用于净化密闭空间的空气（例如，在潜水艇中）。为了快速产生过氧化氢而与催化剂（微量铜或镍盐等）混合时，就成为归入品目38.24的一种制剂。

四、过氧化钾

过氧化钾(二氧化二钾)（K_2O_2）在生产工艺、性质、用途等方面与过氧化钠非常相似。

28.16　氢氧化镁及过氧化镁；锶或钡的氧化物、氢氧化物及过氧化物：

10　—　　氢氧化镁及过氧化镁
40　—　　锶或钡的氧化物、氢氧化物及过氧化物

一、氢氧化镁及过氧化镁

（一）氢氧化镁〔$Mg(OH)_2$〕。白色粉末，比氧化镁重；稳定，但暴露于空气中即慢慢生成碳酸盐。

用于制药。

（二）过氧化镁（MgO_2）。通过过氧化氢作用于氢氧化镁制得。白色粉末，含有作为杂质的氧化物；几乎不溶于水。用于漂白羽毛、配制洁齿品以及作为一种肠胃消炎剂。

本品目不包括氧化镁(品目25.19,如果为每颗重量不低于2.5克的培养晶体则归入品目38.24)。

二、氧化锶、氢氧化锶及过氧化锶

（一）氧化锶（无水或苛性氧化锶）（SrO）。通过焙烧沉淀碳酸锶制得。多孔白色的吸湿粉末，溶于水，暴露于空气中时生成碳酸盐。用于制造烟火、医药、氢氧化锶和颜料。

（二）氢氧化锶〔$Sr(OH)_2$〕，呈无水无定形状态或结合8个水分子的结晶体；暴露于空气中即生成碳酸盐。用于制玻璃、锶盐及发光颜料。

（三）过氧化锶（SrO_2），通过氧作用于氧化锶制得。白色粉末，分解于热水。用于制烟火。

三、氧化钡、氢氧化钡及过氧化钡

（一）氧化钡（无水氧化钡）（BaO）。本品切勿与有时称为“重晶石”的天然硫酸钡相混淆。通过焙烧沉淀硝酸钡或沉淀碳酸钡或水解硅酸钡制得。氧化钡在外形上象氧化锶，但较重（比重约5.5），能结晶。用于制氢氧钡、过氧化钡和金属钡。

本品目不包括仅焙烧碳酸钡矿所得的粗制产品。（品目25.11）。

（二）氢氧化钡〔$Ba(OH)_2$〕，通常为白色粉化薄片状晶体（结合8个水分子）或水溶液（氢氧化钡水溶液）。用于玻璃工业；生产X光玻璃遮护板；陶器工业；净化水；制造氢氧化钾及各种钡化合物。

（三）过氧化钡（BaO_2），在无二氧化碳的空气中对氧化钡进行加热制得。白色粉末或不溶解的灰色块（比重约为5），遇水分解并产生过氧化氢；用于生产过氧化氢。

28.17　氧化锌及过氧化锌

一、氧化锌

氧化锌（锌白、锌华）（ZnO），空气流通过炽热的锌时获得；所用的锌也可用氧化锌矿石〔焙烧过的闪锌矿、菱锌矿（品目26.08）〕和碳的混合物代替。气体通过燃烧室生成越来越纯的氧化物沉积层，其最纯的成为锌华。氧化锌为粉片状白色粉末，加热后变为黄色。

它的用途包括：在油漆工业中代替铅白；制造化妆品、火柴、油布及陶瓷釉料；在橡胶工业中作为不透明剂和硫化促进剂；作为催化剂；制玻璃；制防毒面具；作医药治疗皮肤病。

品目28.41的锌酸盐与本组的两性氧化物相对应。

二、过氧化锌

过氧化锌（ZnO_2），白色粉末，不溶于水。用于医药，纯净或带有氧化锌杂质；也用于制化妆品。

本品目不包括：

（一）天然氧化锌或红锌矿（26.08）。

（二）在锌冶炼过程中称作锌屑或锌浮渣的残余物，这些残余物也含有不纯的氧化锌（品目26.20）。

（三）氢氧化锌〔$Zn(OH)_2$〕或锌胺白或氢过氧化锌（品目28.25）。

（四）不纯的氧化锌，有时称作锌灰白（品目32.06）。

28.18　人造刚玉，不论是否已有化学定义；氧化铝；氢氧化铝：

10　—　　人造刚玉，不论是否已有化学定义

20　—　　氧化铝，但人造刚玉除外

30 — 氢氧化铝

一、人造刚玉，不论是否已有化学定义

人造刚玉是在电炉中熔融氧化铝而得。这些氧化铝可含有少量的其他氧化物（例如，二氧化钛、三氧化二铬）。这些其他氧化物有的是从天然原料（铝土矿）转化而来，有的是为提高熔融粒子的硬度或改变其颜色所添加的物质所致。但本品目不包括人造刚玉和其他物质（例如，与二氧化锆）的机械混合物（品目38.24）。

人造刚玉制成小块、团块、碎块或颗粒；比普通氧化铝更能抵抗空气和酸的作用，异常坚硬。它的用途有：例如，作为磨料；制耐火混合物（诸如富铝红柱石及硅线石、金刚砂与纯耐火粘土及金刚砂与无水硅酸铝的混合物）及实验室用具；用于电气工业。

二、氧化铝，但人造刚玉除外

氧化铝（无水或煅烧矾土）（Al_2O_3）是通过煅烧下述氢氧化铝制得，或从铵矾获得，是一种轻质白色粉末，不溶于水，比重约为3.7。

它的用途包括：冶炼铝；油漆的填料；制磨料及合成宝石或半宝石（红宝石、蓝宝石、翡翠、紫石英、海蓝宝石等）；作脱水剂（供气体干燥用）或作催化剂（制造丙酮及醋酸或裂化处理等）。

三、氢氧化铝

氢氧化铝（水合矾土）（$Al_2O_3 \cdot 3H_2O$），从冶炼铝的铝土矿（含氢氧化铝的混合物）中制得（参见第七十六章总注释）。

干的氢氧化铝是一种无定形、易碎的白色粉末，不溶于水，潮湿时成为胶团（氢氧化铝凝胶）。

氢氧化铝用于制陶瓷釉料、油墨、医药产品、明矾及上述的人造刚玉，也用于澄清液体，与碳混合时可制造防锈漆；由于它对有机着色剂有亲合力，也用于配制品目32.05的色淀以及纺织品的媒染剂。

品目28.41的铝酸盐与本组的两性氢氧化物相对应。

本品目也包括通过控制加热处理水合氧化铝，使其失去大部分所含水分而制得的活性矾土；它主要用作吸附剂或催化剂。

本品目不包括：

（一）天然金刚砂（天然氧化铝）及刚砂（含氧化铁的氧化铝）（品目25.13）。

（二）铝土矿，不论是否洗涤及煅烧，但未经化学纯化（例如，用纯碱处理），用作电解质的（品目26.06）。

（三）活性铝土矿（品目38.02）。

（四）氢氧化铝胶体溶液（可溶矾土）（品目38.24）。

（五）以纸、纸板或其他材料为背衬的人造刚玉（品目68.05），或者粘聚成砂轮、磨石、衍磨石或品目68.04的其他货品。

（六）以氧化铝为基料的天然宝石或半宝石（品目71.03或71.05）。

（七）以氧化铝为基料的合成宝石或半宝石（例如，人造红宝石）（品目71.04或71.05）。

28.19 铬的氧化物及氢氧化物：

10 — 三氧化铬

90 — 其他

一、铬的氧化物

（一）三氧化铬或铬酸酐（CrO_3）（因为它能产生品目28.41的铬酸盐，故被人误称为“铬酸”），呈橙色或红色板状或针状；易潮解；极易溶于水；比重约为 2.8。与酒精混合后产生爆炸性混合物。在有机化学中作氧化剂（制造靛红、靛蓝类染料等）；也用于医药，当与硅藻土混合时，用于纯化乙炔。

（二）三氧化二铬，氧化铬（Ⅲ）（Cr_2O_3），用铵盐煅烧铬酸盐或还原重铬酸盐获得，是一种非常坚硬的橄榄绿产品，呈粉末状或晶体状；不溶于水；比重约为 5。其纯的氧化物用作一种称为“氧化铬绿”的颜料，但切勿与名为“铬绿”的铬酸铅及铁蓝相混淆，也用于制造油漆、油墨以及用于瓷器、玻璃（有色光学玻璃）或橡胶工业。由于它的硬度及抗热性能，适用于配制研磨化合物及金属熔炉的耐火砖；还用于制防锈产品以及冶炼铬。

本品目不包括含铁的天然氧化铬（铬铁矿）（品目 26.10）。

二、氢氧化铬

所称“氢氧化铬”，适用于上述氧化铬的各种水合物，特别是以硼酸处理重铬酸钾所得的氧化铬绿色水合物（$Cr_2O_3 \cdot 2H_2O$）；名为“铬绿”的氢氧化铬用作着色料，或者用于制造吉勒特绿，还有一种是紫色氢氧化铬。

28.20　锰的氧化物：

10　—　　二氧化锰

90　—　　其他

一、二氧化锰（锰酐）（MnO_2），一种最重要的氧化锰。用高锰酸钾的稀硝酸溶液作用于锰盐（例如，硫酸锰）制得，呈棕色或浅黑色块状或粉末状（比重约为 5），不溶于水。

它是一种极强的氧化剂。用途包括：焰火制造；有机合成（制羟基蒽醌、氨基蒽醌等）；防毒面具制造；电池上用作一种去极剂；陶瓷工业；制干燥剂、印刷油墨（锰黑）、色料（矿质褐色颜料、锰沥青）、某种胶粘剂及合成半宝石（人造石榴石）。也用于玻璃工业（玻璃厂肥皂），通常用于校正玻璃的黄色色泽。

二氧化锰具有酐的性质，这种酐能衍生品目 28.41 的亚锰酸盐。

本品目不包括无水天然二氧化锰（软锰矿）及水合天然二氧化锰（硬锰矿）（品目 26.02）。

二、氧化锰（MnO），浅灰色或浅绿色粉末，不溶于水。比重约为 5.1。用于纺织品的印染。

本品目不包括氢氧化锰（品目 28.25）。

三、三氧化二锰（Mn_2O_3），这种氧化物是碱性的，为棕色或黑色粉末（比重约为 4.8），不溶于水。用途包括：纺织品印染；作为陶瓷色料；用于玻璃工业；制干燥剂（亚油酸锰）；在无机（制硝酸）或有机化学工业中作为一种催化剂。

本品目不包括天然氧化锰（褐锰矿　品目 26.02），也不包括氢氧化锰（品目 28.25）。

四、四氧化三锰（含盐氧化锰）（Mn_3O_4）。在某些方面与含盐氧化铁相似。

本品目不包括天然含盐氧化锰（黑锰矿）（品目 26.02）。

五、高锰酸酐（Mn_2O_7），深棕色液体，吸收水分，接近 40℃时会爆炸。

这种酐用于生产品目 28.41 的高锰酸盐。

本品目不包括高锰酸（品目 28.25）。

28.21　铁的氧化物及氢氧化物；土色料，按重量计三氧化二铁含量在 70%及以上：

10　—　　铁的氧化物及氢氧化物

20　—　　土色料

以天然铁氧化物为基料的土色料，按重量计含 70%及以上化合铁（以三氧化二铁计）的，归入本品目。在确定上述 70%限度时，必须按以氧化铁表示的铁的总含量来计算。因此，一种含有 84%氧化铁（相当于 58.8%的纯铁）的天然亚铁土色料仍归入本品目。

本品目也包括下列人造氧化物及氢氧化物：

一、铁的氧化物

氧化铁（Fe_2O_3），用脱水的硫酸亚铁或天然氧化铁制得。精细粉末，通常为红色，但有时为紫色、淡黄色或黑色（紫、黄或黑色氧化物）。用作颜料（赭土、高级胭脂料或铁丹），可为纯态（归入本品目），也可混有粘土、硫酸钙（威尼斯红）等（归入第三十二章）。用于制普通油漆或防锈油漆、金属或玻璃抛光剂以及在制玻璃瓶工业中用作使块料易熔的玻璃化制剂，也用于制铝热剂（与铝粉混合）及纯化煤气等。

二、铁的氢氧化物

（一）氢氧化亚铁〔$Fe(OH)_2$〕。通过碱金属碱作用于亚铁盐获得，白色固体，遇氧时变色并转化成氢氧化铁。

（二）氢氧化铁（棕色氧化铁）〔$Fe(OH)_3$〕。通过碱金属碱作用于铁盐获得，铁锈色、浅红棕色或亮紫色产品。可单独用作颜料（归入本品目）；也可与碳、普鲁士棕等混合（桔黄色或火星黄色）（归入品目 32.06）。氢氧化铁用于制复合色料（铁棕、铁红、“英国棕”、“瑞典棕”）。纯态时用作砷中毒的解毒药。

它是一种两性氢氧化物，氧化作用后能产生品目 28.41 的高铁酸盐。

本品目不包括：

（一）按重量计含化合铁（以三氧化二铁计）少于 70%的亚铁土色料或与其他土色料混合的亚铁土色料；云母氧化铁（品目 25.30）。

（二）品目 26.01 的铁矿砂，例如，红铁矿（包括镜铁矿和假象赤铁矿）、棕铁矿（鲕褐铁矿，即含铁及碳酸钙的水合氧化物）、褐铁矿（水合氧化物）、磁铁矿（磁性氧化物）。

（三）氧化铁皮，即铁烧红时或锤击时表皮裂开的粗氧化物（品目 26.19）。

（四）用于纯化气体的碱性化氧化铁（品目 38.25）。

（五）半宝石状的氧化铁（红铁矿）（品目 71.03 或 71.05）。

28.22　钴的氧化物及氢氧化物；商品氧化钴

一、钴氧化物

（一）一氧化钴（氧化钴、灰钴）（CoO）。一种灰色、棕色或浅绿色粉末。

（二）三氧化二钴（倍半氧化钴、氧化高钴）（Co_2O_3），黑色粉末。

（三）四氧化三钴（含盐氧化钴）（Co_3O_4），黑色粉末。

（四）商品氧化钴。通常为浅灰色或黑色粉末，由不同比例的一氧化钴及含盐氧化钴组成。

这些产品用于搪瓷厂调制亮蓝色料，在玻璃工业上用于光学玻璃的着色。它们可转化为硅酸盐（例如，硅酸钴），供制品目 32.07 的玻璃化色料；这些化合物被人称为大青、不透明玻璃、天青、搪瓷蓝及塞弗尔蓝。所称“大青”，可包括上述氧化物及其硅酸盐，它们都得自天然砷化钴（砷钴矿），一种归入品目 26.05 的矿砂。相当一部分艺术家用的蓝色、绿色或紫色颜料是由钴氧化物、铝酸盐、锌酸盐及磷酸盐（天蓝、青天蓝、钴绿、钴紫）组成。

本品目不包括处理含银矿物所得的粗钴氧化物（品目 26.20）。

二、钴的氢氧化物

所称的“氢氧化钴”，不仅包括用于制干燥剂的氢氧化亚钴〔$Co(OH)_2$〕及从钴冶金工业所得的氢氧化钴〔$Co(OH)_3$〕，也包括含盐的水合氧化物。它们的用途与钴的氧化物相类似。

本品目不包括天然水合氧化钴（品目 26.05）。

28.23　钛的氧化物

唯一有商业价值的钛氧化物是二氧化钛或钛酐（TiO_2），它们能产生品目 28.41 的钛酸盐。

二氧化钛是一种无定形粉末，比重约为 4；白色，但加热后变为黄色。

本品目包括未经混合或表面处理的二氧化钛，但不包括在生产过程中故意加入了化合物的二氧化钛，所加入的化合物使其获得某种物理特性，以适合作颜料（品目 32.06）或其他用途（例如，品目 38.15、品目 38.24）。

本品目也不包括：

（一）作为矿石的天然二氧化钛（金红石、锐钛矿、板钛矿）（品目 26.14）。

（二）原钛酸〔$Ti(OH)_4$〕及偏钛酸〔$TiO(OH)_2$〕（品目 28.25）。

28.24　铅的氧化物；铅丹及铅橙：

10　—　一氧化铅（铅黄、黄丹）

90　—　其他

一、氧化铅（一氧化铅、密佗僧、铅黄）（PbO）。铅或白铅矿（碳酸氢铅）在空气中加热时首先产生未熔化的氧化铅或铅黄，一种浅黄色的粉末；而当温度超过血红热点时，便生成熔融氧化物，呈橙黄或浅红色粉末状或鳞片状。所称“氧化铅”，包括上述两种产品，尤指后者。也有作为从含银铅提取白银的副产品而得的氧化铅。氧化铅用于玻璃工业（制造铅玻璃和水晶玻璃）、搪瓷工业及制火柴、色料、干燥剂等。

二、四氧化三铅（含盐氧化铅、红丹、铅丹）（近似化学式 Pb_3O_4），从未熔化的一氧化铅（铅黄）制得，是一种有毒的桔红色粉末（比重为 8～9）。所称“铅橙”，包括一种极纯的比普通氧化铅色度高、密度低的含盐氧化物，也包括那些仍含有碳酸铅（从用于制氧化铅的白铅矿中获得）的氧化铅。红丹用于增充别的色料（醋酸红），调制防锈漆和胶粘剂及用于火漆上色。也用作陶器釉料。由于它具有较高的折射率，能生产一种光彩夺目的易熔玻璃，因而在制造水晶玻璃及光学玻璃方面，它甚至比一氧化物用得更多。

三、二氧化铅（紫褐色氧化物、高铅酐）（PbO_2），通过硝酸处理含盐氧化铅或电解硝酸铅制得，是一种棕色粉末，不溶于水，与有机物接触能起火燃烧。在焰火制造中用作氧化剂；也用于制造火柴及蓄电池极板；还在纺织工业中用作媒染剂。

这种两性氧化物能产生品目 28.41 的高铅酸盐。

28.25　肼（联氨）、胲（羟胺）及其无机盐；其他无机碱；其他金属氧化物、氢氧化物及过氧化物：

10　—　肼（联氨）、胲（羟胺）及其无机盐

20　—　锂的氧化物及氢氧化物

30　—　钒的氧化物及氢氧化物

40　—　镍的氧化物及氢氧化物

50　—　铜的氧化物及氢氧化物

60　—　锗的氧化物及二氧化锆

70　—　钼的氧化物及氢氧化物

80　—　锑的氧化物

90　—　其他

本品目包括：

一、肼和胲及其无机盐。

二、本品目以前的本章其他品目未列名的金属氧化物、氢氧化物及过氧化物。

最重要的产品有：

（一）肼及其无机盐。

肼（$NH_2 \cdot NH_2$），一种碱性产品，用次氯酸钠氧化氨而得。也有以水合物（$NH_2 \cdot NH_2 \cdot H_2O$）存在的。为在空气中发烟的催泪性无色液体。是一种强还原剂，用于制起爆炸药及用于化学合成。

肼的无机盐（通过与无机酸反应获得）也归入本品目。最重要的品种是硫酸肼，为无色结晶体，微溶于冷水，加热后强烈分解；这种硫酸盐用于分析中作为一种试剂，并用于冶金（将碲和钋分离）。

本品目不包括肼的有机衍生物（品目 29.28）。

（二）胲及其无机盐。

胲（NH_2OH）是通过水解硝基甲烷所得的一种碱性产品；为无色易潮解晶体，极易溶于水，于33℃时即熔化，在130℃时强烈分解。

胲的无机盐（通过与无机酸的反应获得）也归入本品目。最重要的品种是氯化胲、硫酸胲及硝酸胲，白色或无色溶于水的晶体。在有机合成中用作还原剂，用作脂肪酸的抗氧剂，用于纺织品的漂白、染色或印染，也用作试剂等。

本品目不包括胲的有机衍生物（品目 29.28）。

（三）锂的氧化物（Li_2O）**及氢氧化物**（LiOH）得自硝酸锂。它们是白色粉末，溶于水，用于摄影及制备锂盐。

（四）钒的氧化物及氢氧化物。最重要的钒氧化物是五氧化二钒（钒酐）（V_2O_5），得自天然钒酸盐、钒铅矿（品目 26.15）及钒钾铀矿（品目 26.12）。可为无定形或晶体，块状或粉末状。颜色从黄到红棕不等；加热后变红，几乎不溶于水。用于制备钒盐、某些墨水及用作催化剂（制硫酸、苯二甲酸或合成乙醇）。

有几种钒的氢氧化物可组成酸，这些酸能生成品目 28.41 的各种钒酸盐。

（五）镍的氧化物及氢氧化物。

1．氧化镍（NiO），通过彻底煅烧硝酸盐或碳酸盐所得，为一种浅绿灰色粉末，密度及色调因生产方法不同而有差别。在搪瓷工业、玻璃工业上用作着色剂，在有机合成中作为催化剂。它是一种碱性氧化物。

2．氧化高镍（三氧化二镍化合物）（Ni_2O_3），一种黑色粉末，搪瓷工业中用作着色料及用于制碱性蓄电池的栅极板。

3．氢氧化镍〔$Ni(OH)_2$〕，一种精细的绿色粉末，用于电镀，用作碱性蓄电池的极板组分，并用于制镍催化剂。

本品目不包括：

（一）天然氧化镍（绿镍矿）（品目 25.30）。

（二）不纯氧化镍，例如，氧化镍熔渣、粒状氧化镍（“绿色氧化镍”）（品目 75.01）。

（六）铜的氧化物及氢氧化物。

1．氧化亚铜（红氧化铜）（Cu_2O），得自醋酸铜及硫酸铜；是一种结晶红色粉末，不溶于水。用于玻璃染色，使之变红（信号玻璃）；制防污漆及合成宝石（人造绿宝石），农业上用作杀菌剂。

2．氧化铜（黑色氧化铜）（CuO），从硝酸铜或碳酸铜制得，或通过氧化金属铜制得，为黑色粉末或颗粒，有栗色光泽，不溶于水。这种颜料用于搪瓷、玻璃（绿色玻璃）或陶瓷工业及调制油漆。也用于电池的去极化以及在有机化学上用作氧化剂或催化剂。

3．铜的氢氧化物。其中最普通的是氢氧化铜〔$Cu(OH)_2$〕，为蓝色固体，单独或混合组成一种颜料（布勒门蓝）。也用于制颜料（例如，佩利果特蓝，在人造光照射下是永久不褪色的）及名为“施惠泽试剂”的氨溶液，这种氨溶液是制造铜氨人造丝的溶剂。

本品目不包括天然氧化亚铜（赤铜矿）及天然氧化铜（黑铜矿）（品目 26.03）。

（七）锗的氧化物，最重要的氧化锗是从天然硫化锗铜（亚锗酸盐）（品目 26.17）的金属冶炼或水解氯化物所得的二氧化锗（GeO_2）。它是一种白色粉末，微溶于水。用于制造锗金属（供晶体管等用）、医药及特种玻璃。

（八）钼的氧化物及氢氧化物。最主要的氧化钼是三氧化钼（MoO_3），得自天然硫化物辉钼矿（品目 26.13）。它是一种白色晶体产品，加热时变黄色；几乎不溶于水。在有机合成上用作催化剂（制邻苯二甲酸酐）。

还有蓝色的钼氧化物，直接为画家使用或混合后使用（混合后归入第三十二章），名为钼蓝及矿靛。

氢氧化物包括钼酸（H_2MoO_4），一种白色或淡黄色粉末，微溶于水，用于陶瓷工业（釉）或作为催化剂。品目 28.41 的钼酸盐是从这些氢氧化物衍变而来。

本品目不包括天然氧化钼（钼赭石、钼华）（品目 25.30）。

（九）锑的氧化物。

1．三氧化锑或亚锑酐（Sb_2O_3），通过氧化金属锑或从天然硫化锑（辉锑矿）制得。白色粉末或针状结晶体；几乎不溶于水。所称“锑白”，既指归入本品目的纯氧化锑，也指归入第三十二章的纯氧化锑与氧化锌的混合物。三氧化锑用于制油漆，在搪瓷工业（铁搪瓷）及陶器工业（釉）上用作遮光剂，用于制造低膨胀系数的玻璃（灯玻璃），及生产合成宝石或半宝石（人造红宝石、黄玉、石榴石）。它能产生品目 28.41 的亚锑酸盐。

2．五氧化锑及锑酐（Sb_2O_5），通过氧化金属锑或煅烧硝酸锑制得，为黄色粉末，也用作搪瓷工业的遮光剂，能生产品目 28.41 的锑酸盐。

3．四氧化锑（Sb_2O_4），为白色粉末，通过加热五氧化锑制得。

本品目不包括矿砂，即天然三氧化锑（方锑矿及锑华）及天然四氧化锑（锑赭石）（品目 26.17）。

（十）氧化铍及氢氧化铍。

1．氧化铍（BeO），得自硝酸铍或硫酸铍。白色粉末，不溶于水；能结晶。用于制造铍盐、合成宝石或半宝石及用作催化剂。

2．氢氧化铍〔$Be(OH)_2$〕，白色粉末，外表与钒土相类似。

（十一）氧化钙、氢氧化钙及过氧化钙。本品目仅包括纯态（即几乎不含粘土、氧化铁、氧化锰等）的氧化钙（CaO）及氢氧化钙〔$Ca(OH)_2$〕，诸如从煅烧沉淀碳酸钙所得的产品。

本品目也包括在电炉中熔融普通生石灰所得的熔融石灰。这种产品具有很高纯度（约 98%的氧化钙）；通常为一种无色晶体。主要用于炉膛的耐火内衬、制坩锅及在混凝土中加入小块石灰以增加其耐磨性。

过氧化钙（CaO_2）是一种白色或黄色粉末，为水合物（通常结合 8 个水分子），微溶于水。用作杀菌剂及去垢剂，并用于医药及配制化妆品。

本品目不包括生石灰（氧化钙）及熟石灰（氢氧化钙）（品目 25.22）。

（十二）锰的氢氧化物。

1．二氢氧化锰〔$Mn(OH)_2$〕，为白色粉末，不溶于水。

2．三氢氧化锰〔$Mn(OH)_3$〕，从三氧化二锰（Mn_2O_3）衍变而得。棕色粉末，用于调制色料（锰棕）及亚油酸锰。

3．含盐氢氧化锰，从含盐氧化锰（Mn_3O_4）衍变而得。

本品目不包括作为品目 26.02 所列一种矿石的天然水合氧化锰（天然三氢氧化锰）（亚锰酸盐）及非水合氧化锰（品目 28.20）。

（十三）二氧化锆（氧化锆）（ZrO_2），切勿与锆石（品目 26.15 或 71.03）相混淆，锆石是一种晶体状的天然硅酸锆。

人造氧化锆是从上述矿石或锆盐获得，为一种熔点约 2600℃的耐火白色粉末。氧化锆用作抗化学试剂作用的耐火产品，用作颜料及陶瓷遮光剂（锆白）、摩擦料、玻璃的组分及催化剂。

天然氧化锆或二氧化锆矿是品目 26.15 的一种矿石。

（十四）氧化镉及氢氧化镉。

1. 氧化镉（CdO），从其碳酸盐或氢氧化物制得的一种棕黄色粉末，根据制备过程中煅烧温度的不同而呈不同色调。用于陶瓷工业及用作催化剂。

2. 氢氧化镉〔$Cd(OH)_2$〕，白色粉末。

（十五）锡的氧化物及氢氧化物。

1. 氧化亚锡（棕色氧化锡）（SnO）。不溶于水。根据制备方法的不同，它可呈灰色或黑色结晶体，或呈带闪光浅蓝、浅红或浅绿色的橄榄棕色粉末。

这是一种两性的氧化物，可产生品目 28.41 的亚锡酸盐，用在有机合成中作还原剂或催化剂。

2. 氧化锡（锡酸酐、二氧化锡）（SnO_2），也不溶于水，是一种粉末，呈白色（锡白）或灰色（锡灰）。这种白色氧化锡用于陶瓷或玻璃工业作遮光剂；而灰色粉末用于金属或镜子等的抛光，也用于制取玻璃化混合物。这种氧化锡有时称作“油灰粉”，但“油灰粉”也指归入品目 38.24 的这种氧化物和氧化铅的混合体。

氧化锡是两性的，可产生品目 28.41 的锡酸盐。

3. 锡酸或氢氧化锡，〔$Sn(OH)_4$〕，通过碱金属氢氧化物作用于锡酸盐获得，是一种白色粉末，可转变成偏锡酸。

4. 偏锡酸，得自锡酸；粉末状，不溶于水。用于陶瓷工业中作遮光色料及玻璃工业中作研磨料。

这些锡酸产生品目 28.41 的锡酸盐。

本品目不包括：

1. 天然氧化锡（锡石），一种矿石（品目 26.09）。

2. 锡渣，锡熔炼过程所得的一种氧化锡和金属锡的混合物（品目 26.20）。

（十六）钨的氧化物及氢氧化物。最重要的氧化钨是三氧化钨（钨酸酐）（WO_3），通过在钨冶炼中处理天然钨酸盐（黑钨矿或白钨矿）（品目 26.11）制得，为一种柠檬黄晶体，加热时变橙色，不溶于水。用于制电灯泡钨丝及陶瓷油漆。

有几种氢氧化钨，包括钨酸（H_2WO_4）（黄色水合物），它能产生品目 28.41 的正常钨酸盐。

本品目不包括天然氧化钨（钨赭石矿、钨华）（品目 25.30）。

（十七）铋的氧化物及氢氧化物。

1. 三氧化二铋（Bi_2O_3）。得自硝酸铋或碳酸铋。米黄色粉末，不溶于水，加热后变为红色。用在玻璃或陶瓷工业上。

2. 五氧化二铋（红色氧化铋）（Bi_2O_5），棕红色粉末。

3. 氢氧化铋〔$Bi(OH)_3$〕。

本品目不包括主要由三氧化铋组成的天然铋赭石（品目 26.17）。

本品目不包括汞的氧化物（品目 28.52）。

第五分章　无机酸盐、无机过氧酸盐及金属酸盐、金属过氧酸盐

总　注　释

金属盐是通过以一种金属或铵根离子（NH_4^+）取代酸中的氢原子而得的，在液态或溶液中时，它们是电解质，在阴极产生金属（或金属离子）。

在中性盐中，所有氢原子都被金属取代，但在酸性盐中仍含有部分可被金属取代的氢；碱性盐含有碱性氧化物，其数量比中和酸所必需的数量多〔例如，碱式硫酸镉（$CdSO_4 \cdot CdO$）〕。

第五分章包括归入第二分章（从非金属衍生的酸）或第四分章（具酸性的金属氢氧化物）的酸的金属盐。

复盐及络盐：

某些复盐或络盐在品目28.26至28.41中已具体列名，例如，氟硅酸盐、氟硼酸盐及其他氟络盐（品目28.26）、矾（品目28.33）、络氰化物（品目28.37）。关于其他未列名的复盐或络盐，参见品目28.42的注释。

本分章主要不包括：

（一）第二十五章的盐（例如，氯化钠）。

（二）构成第二十六章矿砂的盐及其他产品。

（三）贵金属化合物（品目28.43），放射性元素的化合物（品目28.44），稀土金属、钇、钪及其混合物的化合物（品目28.46），或汞的化合物（品目28.52）。

（四）磷化物、碳化物、氢化物、氮化物、叠氮化物、硅化物及硼化物（品目28.48至28.50）及磷铁（第十五类）。

（五）第三十一章的盐。

（六）第三十二章的颜料、色料、遮光剂、珐琅及其他产品。本分章包括适于直接用作颜料的未混合金属盐（发光体除外）；当相互混合或与其他产品混合制成颜料时，这类盐应归入第三十二章。发光体，不论混合与否，都归入品目32.06。

（七）品目38.08的消毒剂、杀虫剂、杀菌剂、除草剂等。

（八）助焊剂及其他焊接等用的辅助剂（品目38.10）。

（九）每颗重量不少于2.5克的碱金属或碱土金属卤化物的培养晶体（光学元件除外）（品目38.24）；制成光学元件的归入品目90.01。

（十）天然或合成的宝石或半宝石（品目71.02至71.05）。

28.26　氟化物；氟硅酸盐、氟铝酸盐及其他氟络盐：

	—	氟化物：
12	——	氟化铝
19	——	其他
30	—	六氟铝酸钠（人造冰晶石）
90	—	其他

一、氟化物

本品目包括氟化物（即品目28.11的氢氟酸的金属盐），但本分章总注释列明不包括的货品除外。

最重要的氟化物有：

（一）铵的氟化物，即中性氟化铵（NH_4F）及酸式氟化铵（$NH_4F \cdot HF$）。它们都是易潮解、无色、有毒的晶体，溶于水。用途包括：作防腐剂（保藏皮革或木材）；控制发酵（代替氢氟酸）；染色（媒染剂）；蚀刻玻璃（主要是酸式氟化铵）；酸洗铜；冶金（分解矿石、制铂）等。

（二）钠的氟化物，即中性氟化钠（NaF）及酸式氟化钠（NaF•HF），通过加钠盐煅烧品目25.29的天然氟化钙（氟石或萤石）制得。无色晶体，不易溶于水，有毒。象氟化铵一样，它们用作防腐剂（保藏皮革、木材、禽蛋），并用于控制发酵、蚀刻或毛化玻璃，也用于制玻璃釉料或杀寄生虫药。

（三）氟化铝（AlF_3），由铝土矿及氢氟酸制得。无色晶体，不溶于水。在搪瓷及陶瓷工业中用作助熔剂，并用于纯化过氧化氢。

（四）钾的氟化物，即中性氟化钾（$KF \cdot 2H_2O$），为无色、易潮解、有毒的晶体，极易溶于水。还有一种酸式氟化钾（KF•HF）。它们的用途与氟化钠相同。此外，酸式氟化钾还用于锆或锂的冶炼。

（五）氟化钙（CaF_2），得自品目25.29的天然氟化钙（萤石、氟石），为无色晶体，不溶于水；也可以呈胶态。用作金属冶炼中的助熔剂（特别是用于电解光卤石以制取镁）及制玻璃或陶瓷。

（六）三氟化铬（$CrF_3 \cdot 4H_2O$）。深绿色粉末，溶于水。在水溶液中会浸蚀玻璃。染色中用作媒染剂。

（七）氟化锌（ZnF_2）。白色粉末，不溶于水。用于浸渍木材、配制珐琅及电镀。

（八）锑的氟化物，通过氢氟酸作用于锑氧化物制得三氟化锑（SbF_3）及五氟化锑（SbF_5）。三氟化锑为易潮解白色针状晶体，溶于水；五氟化锑为一种粘稠液体，溶于水时发出嘶嘶声并生成水合物（结合2个水分子），这些盐用于陶瓷制品，在染色工艺或纺织品印染中作媒染剂。

（九）氟化钡（BaF_2），得自氢氟酸及氧化钡、硫酸钡或碳酸钡。一种白色粉末，微溶于水；有毒。在陶瓷或搪瓷工业中用作颜料、尸体防腐中作防腐剂及作杀虫剂等。

本品目不包括本分章总注释中所规定的氟化物及非金属氟化物（品目28.12）。

二、氟硅酸盐

氟硅酸盐是品目28.11的六氟硅酸（H_2SiF_6）的盐。

（一）六氟硅酸二钠（氟硅酸钠）（Na_2SiF_6），得自生产过磷酸盐的副产品氟化硅。白色粉末，仅微溶于冷水。用途包括：制不透明玻璃及搪瓷产品、人造石料、防酸水泥、鼠毒、杀虫药；提取铍金属（电解法）；电解精炼锡；凝结胶乳；作防腐剂。

（二）六氟硅酸二钾（氟硅酸钾）（K_2SiF_6）。白色，无味，结晶粉末，微溶于水，溶于盐酸。用途包括制造透明的搪瓷玻璃料、陶瓷产品、杀虫剂、合成云母以及铅和镁的冶炼。

（三）六氟硅酸钙（氟硅酸钙）（$CaSiF_6$）。白色结晶粉末，几乎不溶于水；在陶瓷工业中用作白色颜料。

（四）六氟硅酸铜（氟硅酸铜）（$CuSiF_6 \cdot 6H_2O$）。蓝色结晶粉末，溶于水，有毒。用于产生斑点效应或作为杀菌剂。

（五）六氟硅酸锌（氟硅酸锌）（$ZnSiF_6 \cdot 6H_2O$）。结晶粉末，溶于水；与钙化合物反应生成一层氟化钙涂盖层。用于硬化混凝土，电镀锌，并用作防腐剂及杀菌剂（木材防腐）。

（六）六氟硅酸钡（氟硅酸钡）（$BaSiF_6$）白色粉末，用作防治科罗拉多甲虫及其他害虫，并用于消灭有害动物。

（七）其他氟硅酸盐，即氟硅酸镁及氟硅酸铝；象氟硅酸锌一样，用于硬化混凝土。氟硅酸铬及氟硅酸铁用于染料工业。

本品目不包括黄玉，一种天然氟硅酸铝（第七十一章）。

三、氟代铝酸盐及其他氟络盐

（一）六氟合铝酸三钠（六氟合铝酸钠）（Na_3AlF_6），即人造冰晶石，将溶于氢氟酸的氧化铝与氯化钠相混合后生成的沉淀物，或通过熔融硫酸铝与氟化钠的混合物制得。呈白色结晶块。在铝的冶炼中替代天然冰晶石（品目25.30），也用于焰火、搪瓷、玻璃制造或作为杀虫剂。

（二）氟硼酸盐，即氟硼酸钠（消毒剂）、氟硼酸钾（用于搪瓷）、氟硼酸铬及氟硼酸镍（用于电镀）等。

（三）氟硫酸盐，特别是氟硫酸锑铵〔$(NH_4)_2SO_4SbF_3$〕或“哈恩盐”：可溶解的结晶体，能腐蚀玻璃和金属，用作染色媒染剂。

（四）氟磷酸盐，例如，从天然氟磷酸镁（磷镁石）（品目 25.30）或氟磷酸铝锂（磷铝石）（品目 25.30）所得的产品。

（五）氟钽酸盐（在钽的冶炼中获得）：氟钛酸盐、氟锗酸盐、氟铌酸盐、氟锆酸盐（在锆的冶炼中获得）、氟锡酸盐等。

本品目包括金属氟氧化物（铍的氟氧化物等）及络合氟氧盐，但不包括非金属氟氧化物（品目 28.12）。

本品目不包括氟甲酸盐、氟乙酸盐或其他有机氟络盐（第二十九章）。

28.27 氯化物、氯氧化物及氢氧基氯化物；溴化物及溴氧化物；碘化物及碘氧化物：

10 — 氯化铵

20 — 氯化钙

— 其他氯化物：

31 — — 氯化镁

32 — — 氯化铝

35 — — 氯化镍

39 — — 其他

— 氯氧化物及氢氧基氯化物：

41 — — 铜的氯氧化物及氢氧基氯化物

49 — — 其他

— 溴化物及溴氧化物：

51 — — 溴化钠及溴化钾

59 — — 其他

60 — 碘化物及碘氧化物

除本分章总注释所列出不包括的以外，本品目包括金属或铵根离子（NH_4^+）的氯化物、氯氧化物、氢氧基氯化物、溴化物、溴氧化物、碘化物及碘氧化物。但本品目不包括非金属的卤化物及卤氧化物（品目 28.12）。

一、氯化物

本组包括氯化氢（品目 28.06）的盐。

本组主要的氯化物有：

（一）氯化铵（硇砂）（NH_4Cl）。用氨中和氯化氢制得。可为结晶块，也可为升华后制得的粉末状、晶粒状或饼状。纯态时无色，否则为淡黄色；溶于水。用途包括：金属酸洗、纺织印染工业、鞣革、作为肥料、制作勒克兰瑟电池、硬化清漆及胶水、电镀、摄影（定影液）等。

关于含氯化铵的肥料，参见品目 31.02 的注释。

（二）氯化钙（$CaCl_2$）。这种化合物可从天然的斯塔斯弗特盐中提取，也可从制碳酸钠的副产品中制取。根据纯度不同，可呈白色、淡黄色或棕色。它是一种吸湿性产品，可以是浇铸体或熔化体，多孔块状或粉片状，也可以与 6 个水分子结合（晶体或粒状）。用于致冷混合物、天气寒冷时的混凝土作业、作为公路抗尘土或坚土地的铺面材料、催化剂、有机合成中作为脱水或浓缩剂（例如，从苯酚中提取胺）并用于干燥气体，也用于医药。

（三）氯化镁（$MgCl_2$），提取钾盐时的副产品。为无水的半透明块状、圆筒状、片状或棱柱状或水合的无色针状，溶于水。用于制极硬水泥（例如，浇成整块供作地板用）、棉或其他纺织品的上浆，医药上用作消毒剂或防腐剂，及木材的防火剂。

本品目不包括天然氯化镁（水氯镁石）（品目 25.30）。

（四）氯化铝（$AlCl_3$），通过氯作用于铝或氯化氢作用于氧化铝制得。无水或结晶体；或成糖浆浓度的水溶液。无水盐暴露于空气中会发烟。固体氯化物用于有机合成，作为染色用的媒染剂等。成水溶液时，用于保藏木材、酸浸羊毛及作消毒剂等。

（五）铁的氯化物。

1．氯化亚铁（$FeCl_2$）无水（鳞片、粉片或黄绿色粉末）或水合，例如，与 4 个水分子结合（绿色或浅蓝色晶体）；也可为绿色水溶液。在空气中氧化并变黄色。通常小心地装于用塞子塞住的瓶中，并加上几滴酒精以防止氧化。它是一种还原剂及媒染剂。

2．氯化铁（$FeCl_3$），通过用盐酸或王水溶解氧化铁、碳酸铁或金属铁制得，或将氯气通过赤热的铁获得，无水时为黄色、棕色或紫酱色块体，易潮解，溶于水。水合时（结合 5 或 12 个水分子）为橙色、红色或紫色晶体；市场上的液态氯化铁是深红色的水溶液。应用较氯化亚铁广泛，例如，用于净化工业水，作为媒染剂，用于摄影及照相制版、在铁上加一层绿锈、用于医药（止血及血管缩小制剂）及主要作为氧化剂。

（六）二氯化钴（氯化亚钴）（$CoCl_2 \cdot 6H_2O$）。粉红、大红或紫色晶体，加热后变蓝色；溶于水。用于制湿度计，用作一种隐显墨水及防毒面具中的吸附剂。

（七）二氯化镍（$NiCl_2$）。无水时为黄色鳞片或粉片状，水合时（结合 6 个水分子）为易潮解的绿色结晶体；极易溶于水。用于电解（镀镍电解液）或用作染色的媒染剂和防毒面具中的吸附剂。

（八）氯化锌（$ZnCl_2$），将氯化氢通过焙烧的锌矿物（闪锌矿或菱锌矿）（品目 26.08）制得；也可从品目 26.20 的矿灰及残渣中提取。熔融的或粒状的白色结晶块（氯化锌）。极易潮解，溶于水，具腐蚀性，剧毒。用作防腐剂、杀菌剂、脱水剂；用于木材的防火、皮革的保藏、纤维素（制造钢纸）的硬化及有机合成。也用作软钎焊的助熔剂、印染中的媒染剂。还用于净化油类；制造牙科用粘固剂或药剂（烧灼抗菌剂）。

（九）锡的氯化物。

1．氯化亚锡（二氯化锡）（$SnCl_2$）。为具有树脂状断面的块状或为白色或浅黄色结晶体（结合 2 个水分子）。也可成为同样颜色的溶液。具有腐蚀性；在空气中会变质。用作纺织品染色的还原剂或媒染剂、用于还原染料（染料锡盐）、用作丝绸加工用的锡胶料及用于电镀锡。

2．氯化锡（四氯化锡）（$SnCl_4$）。无水状态时为一种无色或淡黄色液体，在潮湿大气中会发出烟雾。水合后为无色晶体；也有为胶质块状的（氯化锡）。用作纺织品的媒染剂或胶料（丝绸加工用锡胶料），或与氯化亚锡及金盐相混合，可调制瓷器装饰用的金锡紫。

（十）氯化钡（$BaCl_2$），得自天然碳酸钡（碳酸钡矿）或硫酸钡（重晶石）。溶于水；可以是无水的、熔融的（黄色粉末）或与 2 个水分子结合（呈薄片晶体或小片）。用于染料、陶瓷工业，也用作杀寄生虫药或鼠毒和用于净化工业水等。

（十一）钛的氯化物，其中最重要的是四氯化钛（$TiCl_4$），在钛的冶炼过程中以氯作用于碳和天然二氧化钛（金红石、板钛矿、锐钛矿）的混合物制得。无色或淡黄色液体，有刺鼻气味；在潮湿空气中发烟；吸水并水解。用于制染色用媒染剂（钛媒染剂），能在搪瓷表面上添上彩虹色泽，也用于制烟幕及有机合成。

（十二）铬的氯化物。

1．氯化亚铬（$CrCl_2$），针状晶体或天蓝色溶液，是一种还原剂。

2．氯化铬（$CrCl_3$）粉红或橙色结晶鳞片，水合（结合 6 个水分子或 12 个水分子）时为绿色或紫色结晶体。用作纺织染色中的媒染剂、用于鞣革、电镀铬、有机合成及制烧结铬。

（十三）二氯化锰（$MnCl_2$），用盐酸处理天然碳酸锰（菱锰矿）（品目 26.02）制得。无水时为玫瑰色结晶块；水合时（例如，结合 4 个水分子）为玫瑰色结晶体，易潮解，溶于水。用于制棕色着色剂或某些药剂及纺织品印花，也用作催化剂。

（十四）铜的氯化物。

1．氯化亚铜（一氯化铜）（CuCl）。结晶粉末或无色晶体，几乎不溶于水，在空气中氧化。用于镍和银的冶炼或用作催化剂。

2．氯化铜（$CuCl_2 \cdot 2H_2O$）。易潮解的绿色晶体，溶于水。用于纺织品印花、摄影及电解；用作催化剂、防腐剂、消毒剂及杀虫剂；用于染料工业及焰火制造（孟加拉焰火）。

氯化亚铜矿，即天然氯化铜，应归入品目 25.30。

（十五）锑的氯化物。

1．三氯化锑（$SbCl_3$），用盐酸处理天然硫化锑（辉锑矿）（品目 26.17）制得。为无色半透明块；吸收大气中的水分后外表呈油状，具有腐蚀性。用于“镀青铜色”或酸浸金属，作媒染剂，制色淀，用于皮革处理及制氧化锑或兽用药物。

2．五氯化锑（$SbCl_5$）。无色液体，在潮湿空气中发烟；遇水分解。用在有机合成中作为氯的载体及用作熏蒸剂。

本组不包括即使是纯态的氯化钠和氯化钾（品目 25.01、31.04 或 31.05）。本品目也不包括误称为“漂白粉”的化合物，此种化合物是商品次氯酸钙（品目 28.28）。汞的氯化物（氯化亚汞及氯化汞）归入品目 28.52。

二、氯氧化物及氢氧基氯化物

本组包括金属的氯氧化物及氢氧基氯化物。

它包括：

（一）铜的氯氧化物及氢氧基氯化物。蓝色结晶粉末，用作杀虫剂、杀菌剂或颜料。

本品目不包括天然氢氧基氯化铜（氯铜矿）（品目 26.03）。

（二）氢氧基氯化铝〔$Al_2Cl(OH)_5 \cdot X\,H_2O$〕，黄白色粉末，用作化妆品中的防汗剂。

（三）氯氧化铬（铬酰氯）（$CrCl_2O_2$），具有刺激气味的红色液体；在潮湿空气中发烟，遇水分解，用于鞣革，还用作媒染剂及氧化剂。

（四）氯氧化锡，灰色或白色无定形块状，溶于水，用作媒染剂。

（五）氯氧化锑（SbClO），白色粉末，用于制烟雾、颜料及药物。

（六）铅的氯氧化物及氢氧基氯化物，用碱金属氯化物处理氧化铅（铅黄）制得的白色粉末。用于制铬酸铅，用作水彩画、油画或胶画的颜料（氯化铅黄）以及用于调制其他更复杂的颜料。

（七）氯氧化铋（BiClO），白色粉末，在制人造珍珠中用作颜料（“珍珠白”）。

三、溴化物及溴氧化物

本组包括氢溴酸（品目 28.11）的盐及溴氧化物。

（一）溴化钠（NaBr），制备方法同溴化铵，也可通过钠盐处理由溴直接作用于铁屑所得的溴化铁制得。可在 51℃以上结晶得到相当不稳定的无水溴化钠，而在低于 51℃时结晶所得到的是水合物（结合 2 个水分子），呈大块立方晶体。无色，吸湿，溶于水。用于医药及摄影。

（二）溴化钾（KBr）。与溴化钠的制备方法类似，用途相同。无水、大颗粒晶体。

（三）溴化铵（NH_4Br），通过溴化氢作用于氨制得，为无色结晶体，溶于水、暴露于空气中即变黄并慢慢分解，加热会挥发。在医药上用作镇痛剂，用于摄影（在显影液中作为抑制剂）及用作防火材料。

（四）溴化钙（$CaBr_2 \cdot 6H_2O$）。得自碳酸钙及溴化氢；为易潮解无色结晶体，极易溶于水，用于医药及摄影。

（五）铜的溴化物。

1．溴化亚铜（CuBr），通过溴化铜的还原制得，为无色结晶体，不溶于水，用于有机合成。

2．溴化铜（$CuBr_2$），通过溴直接作用于铜制得，为易潮解晶体，溶于水，用于有机合成及摄影。

（六）其他溴化物及溴氧化物，包括溴化锶（用于医药上）及溴化钡。

四、碘化物及碘氧化物

本组包括氢碘酸（品目28.11）的盐及碘氧化物。

（一）碘化铵（NH_4I），通过碘化氢作用于氨或碳酸铵制得，为白色吸湿性结晶粉末，极易溶于水，用于医药（循环失调及肺气肿）及摄影。

（二）碘化钠（NaI），通过碘化氢作用于氢氧化钠或碳酸钠制得，或用钠盐处理由碘直接作用于铁屑所得的碘化铁制得，也可通过煅烧碘酸盐制得。为无色结晶体，易潮解，极易溶于水，暴露于空气中及见光即分解。用于医药、碘化食盐及摄影。

（三）碘化钾（KI），制备方法及用途与碘化钠相似，但较易储存，为无水、无色或不透明晶体。

（四）碘化钙（CaI_2），得自碳酸钙和碘化氢，为无色有光泽晶体或珍珠白鳞片，溶于水，在空气中变黄，用于摄影。

（五）其他碘化物及碘氧化物。它们包括：

1．锂碘化物（用于医药）、锶碘化物、锑碘化物、锌或铁的碘化物（两者都用于医药及作为抗菌剂）、铅碘化物（具有金属光泽，用于调制橡胶色料）、铋碘化物（试剂）。

2．碘氧化锑、碘氧化铜及碘氧化铅。

本品目不包括汞的碘化物（碘化亚汞及碘化汞）（品目28.52）。

28.28　次氯酸盐；商品次氯酸钙；亚氯酸盐；次溴酸盐：

10　—　商品次氯酸钙及其他钙的次氯酸盐

90　—　其他

除本分章总注释规定不包括的以外，本品目包括金属的次氯酸盐、亚氯酸盐、次溴酸盐及商品次氯酸钙。

一、次氯酸盐

它是本品目中最重要的产品，主要用于漂白（“漂白亚氯酸盐”）。它是不稳定的盐，在空气中会变质；即使是遇上弱酸也会产生次氯酸。次氯酸能立即放出氯气，是一种强氧化剂及漂白剂。

（一）次氯酸钠（$NaClO \cdot 6H_2O$），制成水溶液，商业上流行叫作漂白水。它通过电解氯化钠水溶液或以硫酸钠或碳酸钠作用于次氯酸钙制得，也可用氯处理氢氧化钠（苛性苏打）制得。这种盐极易溶于水，没有无水状态；相当不稳定，对热和光都很敏感。次氯酸钠水溶液为无色或浅黄色，有氯的气味。它们通常含有少量的氯化钠杂质。用于漂白植物纤维和木浆、消毒居室、净化水质及制备肼。也用于摄影，作反晕光底片的快速显影剂，及医药上用作防腐剂（与硼酸混合，被称为达金溶液）。

（二）次氯酸钾（$KClO \cdot 6H_2O$）。这种盐的水溶液过去被称作“漂白水”；它各方面都与次氯酸钠相类似。

（三）其他次氯酸盐，包括次氯酸铵（比漂白粉更强的消毒剂）、次氯酸钡、次氯酸镁及氯酸锌；它们都是漂白剂及消毒剂。

二、商品次氯酸钙

次氯酸钙，这个商业上误称为“漂白粉”的产品，主要由不纯的次氯酸钙、氯化钙，有时还有氧化钙或氢氧化钙组成。通过使氢氧化钙饱含氯而制得。为一种白色无定形粉状物，当含氯化钙时能吸湿，溶于水，对光、热及二氧化碳的作用敏感。它能影响动物纤维和有机物质，破坏有色物质。用于漂白植物纤维和木浆，用作消毒剂及防腐剂（“消毒净水法”净化水质，并用来喷撒在被致死性毒气污染的地面。纯次氯酸钙是晶体块状物或是散发出氯气味的溶液；它比不纯产品稍稳定。

本品目不包括氯化钙（$CaCl_2$）（品目28.27）。

三、亚氯酸盐

本组包括亚氯酸（$HClO_2$）的盐：

（一）亚氯酸钠（$NaClO_2$），无水或水合（结合3个水分子）的块状或水溶液，在温度100℃以下可以稳定，是一种强氧化剂，具有极强腐蚀性，用以染色及漂白。

（二）亚氯酸铝，用途与亚氯酸钠相同。

四、次溴酸盐

本组包括次溴酸（HBrO）（品目28.11）的盐。

次溴酸钾用于测定某些有机化合物中氮的含量。

28.29　氯酸盐及高氯酸盐；溴酸盐及过溴酸盐；碘酸盐及高碘酸盐：

—　氯酸盐：

11　——　氯酸钠

19　——　其他

90　—　其他

除本分章总注释规定不包括的以外，本品目包括金属的氯酸盐、高氯酸盐、溴酸盐、高溴酸盐、碘酸盐及高碘酸盐。

一、氯酸盐

本类包括氯酸（$HClO_3$）（品目28.11）的盐。

（一）氯酸钠（$NaClO_3$），通过电解氯化钠水溶液制得。为有光泽的无色晶体（片）；极易溶于水；易于放氧。常含有杂质（例如，碱金属的氯化物）。用作氧化剂；用于有机合成、纺织品印花（苯胺黑染料）；制雷汞引火药及火柴头制剂；也作为除莠剂等。

（二）氯酸钾（$KClO_3$）。制备方法与氯酸钠相似。为无色晶体，微溶于水，其他性质与氯酸钠相似。也用于医药及制轰炸药（例如，谢德炸药）。

（三）氯酸钡〔$Ba(ClO_3)_2$〕，通过电解氯化钡溶液制得；为无色晶体，溶于水，用作焰火中的绿色着色物，还用于制炸药及某种其他氯酸盐。

（四）其他氯酸盐，包括氯酸铵，用于制炸药；氯酸锶，用于制炸药及焰火中产生红光；氯酸铬，染料中用作媒染剂；氯酸铜，为绿色晶体，用于染料、制炸药及用于焰火产生绿色光。

二、高氯酸盐

本组包括高氯酸（$HClO_4$）（品目28.11）的盐。这些强氧化剂用于制焰火及炸药。

（一）高氯酸铵（NH_4ClO_4），得自高氯酸钠。为无色晶体，溶于水，特别是热水；遇热分解，有时会爆炸。

（二）高氯酸钠（$NaClO_4$），通过电解冷的氯酸钠溶液制得，为易潮解的无色晶体。

（三）高氯酸钾（$KClO_4$），得自高氯酸钠。无色结晶粉末，具较低溶解度，受震动会爆炸。化学工业中用作比氯酸盐更强的氧化剂。

（四）其他高氯酸盐，包括：高氯酸钡（水合粉）及高氯酸铅；高氯酸铅的饱和溶液是用于浮选的一种重液体（比重为2.6）。

三、溴酸盐及高溴酸盐

本组包括溴酸（$HBrO_3$）（品目28.11）的盐，例如，溴酸钾（$KBrO_3$）及高溴酸（$HBrO_4$）的盐。

四、碘酸盐及高碘酸盐

本组包括碘酸（HIO_3）（品目28.11）的盐及高碘酸（品目28.11）的盐。

碘酸钠（$NaIO_3$）、碘酸钾（KIO_3）及二碘酸氢钾〔$KH(IO_3)_2$〕，用于医药及在化学分析中用作试剂。碘酸钡，为结晶体，用于制碘酸。

高碘酸钡（单钠与二钠）通过氯作用于碘酸钠的碱性溶液制得。

28.30 硫化物；多硫化物，不论是否已有化学定义：

10 — 钠的硫化物

90 — 其他

除本分章总注释规定不包括的以外，本品目包括金属硫化物〔品目28.11的硫化氢（H_2S）的盐〕。过去称为“氢硫化物”的有时候也适用于酸式硫化物。本品目不包括非金属硫化物（品目28.13）。

一、钠的硫化物。

（一）硫化钠（Na_2S），用煤还原硫酸钠制得。无水时呈白色块状或板状（浓缩或熔融硫化物），溶于水，在空气中硫酸化；水合晶体（结合9个水分子）时，根据其纯度的不同，可呈无色或浅绿色。是一种中强还原剂，用于制备有机化合物。在浮选工序中，这种硫化物通过硫化可以促进矿石表面油分的吸收。也用作去毛剂（在鞣革及盥洗品配制中）及作杀寄生虫药。

（二）硫氢化钠（氢硫化钠）（NaHS），通过硫化氢作用于中性硫化物制得，为无色结晶体，溶于水。用于鞣革中作脱毛剂，用于染色工业，在精炼镍过程中用作铜的吸收剂，在有机合成中用作还原剂等。

二、硫化锌（ZnS）。人造硫化锌是使用硫化钠对碱金属锌酸盐进行沉淀所得的水合体，白色浆状或粉状，常含有氧化锌或其他杂质。可单独或与氧化镁混合作为橡胶工业中的颜料。与硫酸钡共沉淀可以产生锌钡白（品目32.06）。用银、铜等活化后可产生品目32.06的发光体。应当注意，硫化锌只有在未混合和未活化时才归入本品目。

本品目不包括闪锌矿（一种天然硫化锌）（品目26.08）及纤锌矿（也是一种天然硫化锌）（品目25.30）。

三、硫化镉（CdS）。人造硫化镉是用硫化氢或碱金属硫化物作用于镉盐（例如，硫酸镉）溶液所得的沉淀物。美术家用作黄色颜料（镉黄），也用于制防眩玻璃；与硫酸钡共沉淀可产生用于油漆及陶瓷的亮黄色料（品目32.06）。

本品目不包括天然硫化镉（硫镉矿）（品目25.30）。

四、硫化氢铵（氢硫化铵）（$NH_4 \cdot HS$）。为结晶粉片状或针状；极易挥发。用于摄影及有机合成。

五、硫化钙（CaS），通过焙烧硫酸钙和碳的混合物制得。浅灰色或浅黄色块状，有时会发光，几乎不溶于水。常含硫酸盐及其他杂质。可以单独使用，或者用氧化砷或石灰处理后供皮革去毛用。也在盥洗品中用作脱毛剂，医药上用作杀菌剂和用于冶金及制发光漆。

六、铁的硫化物。最重要的人造硫化铁是通过熔融硫和铁屑混合物所得的硫化亚铁（FeS），一种浅黑色具有金属光泽的片、条或块，用于制硫化氢或用于陶瓷工业。

本品目不包括天然铁硫化物。参见品目25.02（未焙烧的黄铁矿）及71.03或71.05（白铁矿）。含有砷（砷黄铁矿）或铜（斑铜矿、黄铜矿）的天然铁的复硫化物，应分别归入品目25.30及26.03。

七、硫化锶（SrS）。浅灰色产品，与空气接触即变黄。在鞣革工业中用作去毛剂，并用于化妆品及制发光漆。

八、锡的硫化物。人造硫化锡（二硫化锡）（SnS_2），通过加热硫和氯化铵的混合物及氧化锡或锡汞齐制得。金黄色粉片或粉末，不溶于水，加热后升华。用于木材及熟石膏等的镀青铜色。

九、锑硫化物。

（一）人造三硫化锑（Sb_2S_3）。通过一种酸作用于溶入氢氧化钠的天然硫化锑，即产生一种红色或橙色粉末（沉淀三硫化锑）。单独或与五硫化物或其他产品混合后用作橡胶工业中的颜料（锑朱红、锑绯红）。熔化的天然硫化锑可产生黑色的三硫化锑，用于制焰火、火柴头料、雷管（与氯酸钾混合）及照相用闪光灯粉（与氯酸钾混合）等。与碳酸钠混合进行热处理产生主要由三硫化锑及焦锑酸纳组成的“红锑”，用于医药上（品目38.24）。

（二）五硫化锑（金色硫化锑）（Sb_2S_5），对硫化钠锑（全硫锑酸钠）溶液进行酸化而得。橙色粉末，即使置于暗处经过一段时间也会分解。用于制雷管、硫化橡胶或橡胶着色及用于制造供人（祛痰剂）或畜用药物。

本品目不包括天然硫化锑（辉锑矿）及硫氧化锑（桔红硫锑矿）（品目26.17）。

十、硫化钡（BaS），用煤还原天然硫酸钡（品目25.11的重晶石）而得。纯净时为白色粉末或团块，不纯时为浅灰色或浅黄色。有毒，用途与硫化锶相同。

十一、其他硫化物，包括：

（一）钾的硫化物（中性或酸性）。氢硫化钾，用于制造硫醇。

（二）铜的硫化物，用于制电极及抗海水作用的油漆，但不包括天然硫化铜（靛铜矿、辉铜矿）（品目26.03）。

（三）硫化铅，用于陶瓷；但不包括天然硫化铅（方铅矿）（品目26.07）。

天然硫化汞（朱砂、天然银朱）及人造硫化汞不归入本品目，而应分别归入品目26.17及28.52。

十二、多硫化物。归入本品目的多硫化物是同一种金属的各种硫化物的混合物。

（一）多硫化钠，通过对硫和硫酸钠或中性硫化钠进行加热制得。主要含有二硫化钠（Na_2S_2）、三硫化钠及四硫化钠和杂质（硫酸钠、硫化钠等）。为浅绿色片状，溶于水，在空气中会氧化。吸湿性强；保存于紧塞的容器内。主要在有机合成中用作还原剂（制硫化染料）；也用于浮选；制备乙烯多硫化物、人造硫化汞、硫浴及疥疮治疗药物。

（二）多硫化钾（“硫肝”），用途与多硫化钠相同，特别用于硫浴。

本品目也不包括下列天然硫化物：

（一）硫化镍（针镍矿）（品目25.30）。

（二）硫化钼（辉钼矿）（品目26.13）。

（三）硫化钒（绿硫钒矿）（品目26.15）。

（四）硫化铋（辉秘矿）（品目26.17）。

28.31 连二亚硫酸盐及次硫酸盐：

10 — 钠的连二亚硫酸盐及次硫酸盐

90 — 其他

连二亚硫酸盐是在游离态中未离析的连二亚硫（“氢亚硫”）酸（$H_2S_2O_4$）的盐，用锌粉对饱含二氟化硫的亚硫酸氢盐溶液进行还原而得。它们是用在化学、纺织及制糖工业方面的还原剂，主要供漂白用。

最重要的品种之一是连二亚硫酸钠（$Na_2S_2O_4$），无水白色粉末，溶于水；或水合（结合2个水分子）的无色晶体。用于有机合成、染料工业及造纸工业。即使结成晶体也会很快就变质。对某些用途（例如，在纺织工业中用作漂白剂），连二亚硫酸必须用甲醛加以稳定，有时加入氧化锌或甘油。也可用丙酮加以稳定。

钾、钙、镁、锌的连二亚硫酸盐，也可以用类似的方法加以稳定。它们是连二亚硫酸钠的类似产品，有着相似的性质及用途。

本品目包括所有这些经稳定的连二亚硫酸盐，也包括其类似产品甲醛次硫酸盐。

本品目不包括亚硫酸盐及硫代硫酸盐（品目 28.32）。

28.32 亚硫酸盐；硫代硫酸盐：

10 — 钠的亚硫酸盐

20 — 其他亚硫酸盐

30 — 硫代硫酸盐

除本分章总注释规定不包括的以外，本品目包括：

（一）**金属亚硫酸盐**，亚硫酸（H_2SO_3）的盐（只以水溶液状态存在，相当于品目 28.11 的二氧化硫）。

（二）**金属硫代硫酸盐**，硫代硫酸（$H_2S_2O_3$）的盐，不存在纯态。

本品目不包括浓缩的亚硫酸盐碱液（品目 38.04）及用有机物稳定并称作“亚硫酸氢盐”的工业产品（品目 28.31）。

一、亚硫酸盐

本品目包括中性和酸性亚硫酸盐。

（一）钠的亚硫酸盐，它们包括：亚硫酸氢钠（$NaHSO_3$）、二亚硫酸二钠（$Na_2SO_3 \cdot SO_2$或$Na_2S_2O_5$）及亚硫酸钠（Na_2SO_3）。

1．亚硫酸氢钠（酸式亚硫酸钠），通过二氧化硫作用于碳酸钠水溶液制得。无色粉末或晶体，相当不稳定，带有二氧化硫气味，极易溶于水；也有为淡黄的浓溶液。在有机合成中用作还原剂，用于制靛蓝、漂白羊毛及生丝、处理胶乳的硫化剂、鞣革工业、酿酒工业（作防腐剂以保存酒）以及在浮选中减低矿物的浮力。

2．二亚硫酸二钠（偏二亚硫酸钠、焦亚硫酸钠、干亚硫酸钠及在有些语言中误称为“二亚硫酸钠晶体”），得自硫化氢；特别在潮湿的大气中会迅速氧化。用途与酸式亚硫酸钠相同，并用于葡萄栽培及摄影。

3．亚硫酸钠（中性亚硫酸钠），通过用碳酸钠中和亚硫酸氢盐溶液制得。无水（粉状）或结成晶体（结合 7 个水分子），无色，溶于水。用于摄影业、酿酒业、树脂加工或作为防腐剂及漂白剂，也用于制备其他亚硫酸盐、硫代硫酸盐及有机染料等。

（二）亚硫酸铵〔$(NH_4)_2SO_3 \cdot H_2O$〕，通过二氧化硫与氨反应获得。为无色晶体，溶于水，在空气中氧化。用于有机合成。

（三）钾的亚硫酸盐，外形与钠的亚硫酸盐相同。

1．亚硫酸氢钾，结晶体，用于染料及酿酒。

2．二亚硫酸二钾（偏二亚硫酸钾），为白色粉末或鳞片，用于摄影业及毡帽业中处理毛发并用作防腐剂。

3．中性亚硫酸钾，结成晶体（结合 2 个水分子），用于纺织品印花。

（四）钙的亚硫酸盐，包括：

1．二亚硫酸二氢钙（亚硫酸氢钙）〔$Ca(HSO_3)_2$〕，通过二氧化硫作用于氢氧化钙制得。在制化学木浆时用于分解木素，用于漂白（例如，海绵），用作脱氯剂及用于防止啤酒浑浊。

2．中性亚硫酸钙（$CaSO_3$），为白色结晶粉末或水合针状（结合 2 个水分子），微溶于水，在空气中风化，用于医药及酿酒。

（五）其他亚硫酸盐。它们包括镁的亚硫酸盐（用途同钙的亚硫酸盐）、亚硫酸锌（防腐剂及媒染剂）及亚硫酸氢铬（媒染剂）。

二、硫代硫酸盐

（一）硫代硫酸铵〔$(NH_4)_2S_2O_3$〕，得自硫代硫酸钠。为无色结晶体，易潮解，溶于水。用于摄影的定影液及作防腐剂。

（二）硫代硫酸钠（$Na_2S_2O_3 \cdot 5H_2O$），通过硫作用于亚硫酸钠溶液而得。呈无色晶体状，极易溶于水。不受空气影响。用作摄影的定影剂、纺织品和纸张漂白的脱氯剂，并用于铬鞣及有机合成。

（三）硫代硫酸钙（$CaS_2O_3 \cdot H_2O$），通过亚硫酸钙的氧化制得，为白色结晶粉末，溶于水，用于医药及制备其他硫代硫酸盐。

（四）其他硫代硫酸盐。它们包括：硫代硫酸钡（具有珍珠光泽的颜料）；硫代硫酸铝（用于有机合成）；硫代硫酸铅（用于制无磷火柴）。

28.33 硫酸盐；矾；过硫酸盐：

— 钠的硫酸盐：

11 — — 硫酸钠

19 — — 其他

— 其他硫酸盐：

21 — — 硫酸镁

22 — — 硫酸铝

24 — — 镍的硫酸盐

25 — — 铜的硫酸盐

27 — — 硫酸钡

29 — — 其他

30 — 矾

40 — 过硫酸盐

一、硫酸盐

除本分章总注释规定不包括的以外，本品目包括硫酸（H_2SO_4）（品目28.07）的金属盐，但不包括汞的硫酸盐（应归入品目28.52）、硫酸铵（即使是纯净的硫酸铵均应归入品目31.02或31.05）和硫酸钾（不论是否纯净均应归入品目31.04或31.05）。

（一）钠的硫酸盐包括：

1．硫酸钠（中性硫酸钠）（Na_2SO_4）。为无水或水合的粉状或大颗粒透明晶体。温度下降时在空气中风化并溶于水。十水硫酸钠（$Na_2SO_4 \cdot 10H_2O$）称为芒硝。不纯的硫酸钠（纯度90～99%）通常为各种制备过程的副产品，常被人称为“盐饼”，这种物质也归入本品目。硫酸钠可用作助染剂；在玻璃制造中作玻璃化用料的助熔剂（制造瓶玻璃、水晶及光学玻璃）；在鞣革中用于保藏生皮；用于造纸（制某种化学纸浆）；在纺织工业中作为上浆料；医学上作为泻药等。

本品目不包括天然的钠的硫酸盐（钙芒硝矿、杂卤石、白钠镁石、白钠镁矾）（品目25.30）。

2．硫酸氢钠（酸式硫酸钠）（$NaHSO_4$）。它是制硝酸过程中的残渣盐，为易潮解熔融的白色团块。用于代替硫酸，特别用于酸浸金属，还用于再生橡胶、锑及钼的冶炼及作为除莠剂。

3．二硫酸二钠（焦硫酸钠）（$Na_2S_2O_7$）。

（二）硫酸镁。本品目包括人造硫酸镁（$MgSO_4 \cdot 7H_2O$）（泻盐、塞得利兹盐）。通过纯化硫镁矾矿或用硫酸作用于白云石矿而得。无色结晶体，在空气中轻度风化，溶于水。用作纺织品上浆中的填料，并用于鞣革、防火及作为泻药。

本品目不包括天然硫酸镁（硫镁矾矿）（品目 25.30）。

（三）硫酸铝〔$Al_2(SO_4)_3$〕。用硫酸处理铝土矿或天然铝硅酸盐制得。其杂质主要是铁化合物。水合（结合 18 个水分子）时为白色晶体，溶于水，根据制备时所用溶液浓度不同，该产品易碎并能用指甲轻易划痕，或坚硬易碎。稍加热即溶解在其结晶水中，最后形成无水硫酸铝。在染料中作媒染剂；鞣革工业中用于保藏生皮及用于矾鞣；造纸中用作纸浆的胶料；染料工业中用于制色淀、亚甲基蓝或其他噻唑染料。也用于澄清动物脂、净化工业用水、灭火器等。

用于染料的碱性硫酸铝也归入本品目。

（四）铬的硫酸盐。最著名的品种是从硝酸铬和硫酸制得的硫酸铬〔$Cr_2(SO_4)_3$〕。为结晶粉末，紫色或绿色，溶解在水溶液中。在染料中用作媒染剂（铬媒染）或用于鞣革（铬鞣）。用于鞣革的主要产品是从硫酸铬或硫酸亚铬（$CrSO_4$）产生的相当不稳定的碱性硫酸铬溶液。这些硫酸盐均归入本品目。

（五）镍的硫酸盐。这些硫酸盐中最普通的品种是硫酸镍（$NiSO_4$）。无水黄色晶体或水合的翡翠绿色晶体（结合 7 个水分子）或浅蓝色晶体（结合 6 个水分子）；溶于水。用于电镀镍、在染色中作媒染剂、用于制防毒面具及作为催化剂。

（六）铜的硫酸盐。

1．硫酸亚铜（Cu_2SO_4），是制合成乙醇的催化剂。

2．硫酸铜（$CuSO_4 \cdot 5H_2O$），是电解精炼铜时的副产品；也可用稀硫酸溶液处理废碎铜获得。蓝色结晶体或结晶粉末，溶于水。煅烧后即变成白色的无水硫酸铜，吸收水分并与之亲合。农业上用作杀菌剂（参见品目 38.08 的注释）；用于调制喷雾剂、氧化亚铜或无机铜色料；用于染色（将蚕丝或羊毛染成黑、紫或淡紫色）、电解精炼铜及电镀铜；用作浮选调节剂（供恢复矿砂天然浮力）及防腐剂等。

本品目不包括天然水合硫酸铜（水胆矾）（品目 26.03）。

（七）硫酸锌（$ZnSO_4 \cdot 7H_2O$），通过稀硫酸作用于锌、氧化锌、碳酸锌或焙烧闪锌矿制得。为白色玻璃化块体或针状晶体。用在浮选中减少矿石的天然浮力；作为染色的媒染剂；用于电解电镀锌；作为防腐剂；用于保藏木材；制干燥剂、锌钡白（品目 32.06）、发光体（用铜活化的硫酸锌）（品目 32.06）及其他各种锌的化合物。

（八）硫酸钡。本品目包括人造或沉淀硫酸钡（$BaSO_4$），用硫酸或碱金属硫酸盐沉淀氯化钡溶液获得。呈白色粉末状，质极重（比重约为 4.4），不溶于水，或呈厚浆糊状。用作白色颜料、纺织品上浆填充料或用于制橡胶、涂料纸及纸板、封泥、色淀、色料等。它对 X 光线具有不可穿透性，因而用于射线摄影。

本品目不包括天然硫酸钡（重晶石）（品目 25.11）。

（九）铁的硫酸盐。

1．硫酸亚铁（$FeSO_4$），用稀硫酸处理铁削片或作为制造二氧化钛的副产品而得；常含有铜、硫酸铁及砷等杂质。极易溶于水；主要为水合物（通常结合 7 个水分子），淡绿色结晶体，暴露于空气中即变成棕色；加热后变成白色无水硫酸盐。水溶液为绿色，暴露于空气中变成浅棕色：硫酸亚铁用于制墨水（铁墨水）、色料（普鲁士蓝）及净化煤气的混合剂（与熟石灰及锯屑混合）；用于染色；作消毒剂、防腐剂及除草剂。

2．硫酸铁〔$Fe_2(SO_4)_3$〕，得自硫酸亚铁。粉状或棕色块。极易溶于水，与水结合形成一种白色水合物（结合 9 个水分子）。用于净化天然水或污水、凝结屠宰场血液、用于铁鞣及作杀菌剂。由于它能减少矿物的浮力，因此用作浮选调节剂。也用作染色的媒染剂及用于铜或锌的电解生产。

（十）硫酸钴（$CoSO_4 \cdot 7H_2O$），得自氧化亚钴和硫酸；为红色晶体，溶于水。用于电解法电镀钴；作为陶瓷色料、催化剂；还用于配制沉淀树脂酸钴（干燥剂）。

（十一）硫酸锶，从氯化物溶液中沉淀出来的人造硫酸锶（$SrSO_4$），一种白色粉末，微溶于水。用于制焰火、陶瓷及制备各种锶盐。

本品目不包括天然硫酸锶（天青石）（品目 25.30）。

（十二）硫酸镉（$CdSO_4$），为无色晶体，溶于水。无水或水合（结合 8 个水分子）。用于制镉黄（硫化镉）或其他着色料、医药产品；标准电池（韦斯顿电池）；也用于电镀及染色工业。

（十三）铅的硫酸盐。

1．人造硫酸铅（$PbSO_4$），用硫酸沉淀硝酸铅或醋酸铅制得；白色粉末或晶体，不溶于水，用于制铅盐。

2．碱式硫酸铅，将一氧化铅、氯化钠和硫酸一起加热所得的浅灰色粉末，也可通过冶金方法制得，所得的为白色粉末，用于制颜料、粘合剂和橡胶工业用的混合剂。

本品目不包括天然硫酸铅（硫酸铅矿）（品目 26.07）。

二、明矾

明矾是含有三价金属（铝、铬、锰、铁或铟）的硫酸盐和一价金属硫酸盐（碱金属硫酸盐或硫酸铵）的水合硫酸复盐。用于染色、作防腐剂及配制化学品，但目前倾向于以简单硫酸盐来代替明矾。

（一）铝矾

1．硫酸铝钾（普通矾或钾矾）〔$Al_2(SO_4)_3 \cdot K_2SO_4 \cdot 24H_2O$〕，得自天然明矾石（矾石）（品目 25.30）（即混有氢氧化铝的碱式硫酸铝钾）。明矾也可以从其两种硫酸盐组分中制得。为白色结晶固体，溶于水。煅烧后成为轻质的无水结晶白色粉末（煅烧矾）。用途同硫酸铝，特别用于制色淀、染色及鞣革（矾鞣），也用于摄影、盥洗品等。

2．硫酸铝铵（铵矾）〔$Al_2(SO_4)_3 \cdot (NH_4)_2SO_4 \cdot 24H_2O$〕，为无色晶体，溶于水，特别是热水，用于制纯氧化铝及医药。

3．硫酸铝钠（钠矾）〔$Al_2(SO_4)_3 \cdot Na_2SO_4 \cdot 24H_2O$〕。与钾矾相似，为风化晶体，溶于水。在染色中用作媒染剂。

（二）铬矾

1．硫酸铬钾（铬矾）〔$Cr_2(SO_2)_3 \cdot K_2SO_4 \cdot 24H_2O$〕。用二氧化硫还原重铬酸钾的硫酸溶液制得。为紫红色晶体，溶于水并在空气中风化。用于染色中的媒染剂、鞣革（铬鞣）、摄影等。

2．硫酸铬铵（铬铵矾），为蓝色结晶粉末，用于鞣革及陶瓷工业。

（三）铁矾。双硫酸铁铵〔$(NH_4)_2SO_4 \cdot Fe_2(SO_4)_3 \cdot 24H_2O$〕，为紫色晶体，在空气中脱水并变成白色；硫酸铁（Ⅲ）钾也是紫色晶体。两者皆用于染色。

三、过硫酸盐

所称“过硫酸盐”，是指品目 28.11 的过硫酸的盐。它们在干燥时相当稳定，但在水溶液时加热即行分解，是强氧化剂。

（一）过二硫酸二铵〔$(NH_4)_2S_2O_8$〕，通过电解硫酸铵与硫酸的浓溶液获得；为无色晶体，溶于水，遇潮及遇热都即行分解，用于摄影、纺织品漂染；制可溶性淀粉；制其他过二硫酸盐及某种电解液；并用于有机合成等。

（二）过二硫酸二钠（$Na_2S_2O_8$），为无色晶体，极易溶于水。用作消毒剂、去极剂（蓄电池）及用于漂白和铜合金的雕刻。

（三）过二硫酸二钾（$K_2S_2O_8$），为无色晶体，极易溶于水。用于漂白、制皂、摄影及作防腐剂等。

本品目不包括天然硫酸钙（石膏、无水石膏、硬石膏）（品目 25.20）。

28.34　亚硝酸盐；硝酸盐：

10　—　　亚硝酸盐

　　—　　硝酸盐：

21　——　硝酸钾

29　——　其他

一、亚硝酸盐

除本分章总注释规定不包括的以外，本品目包括亚硝酸盐，即亚硝酸（HNO_2）（品目 28.11）的金属盐。

（一）亚硝酸钠（$NaNO_2$），用铅还原硝酸钠制得；也可在制一氧化铅时获得。为无色晶体，吸湿并极易溶于水。用作还原染料的氧化剂；用于有机合成；酸浸金属；摄影业；及作鼠毒等。

（二）亚硝酸钾（KNO_2），制备方法同亚硝酸钠，也可用二氧化硫作用于氧化钙和硝酸钾的混合物获得。为白色结晶粉末或淡黄色条杆；常含有其他盐杂质。溶于水，极易潮解并在空气中变质。用途同硝酸钠。

（三）亚硝酸钡〔$Ba(NO_2)_2$〕，结晶体，用于制焰火。

（四）其他亚硝酸盐。它们包括亚硝酸铵，不稳定且会爆炸；其溶液在实验室内用于制取氮气。

本品目不包括亚硝酸根合高钴酸盐（品目 28.42）。

二、硝酸盐

除本分章总注释规定不包括的以外，本品目包括硝酸盐，即硝酸（品目 28.08）的金属盐，但不包括硝酸铵及硝酸钠，不论是否纯净（品目 31.02 或 31.05）（参见以下所列不包括的产品）。

碱式硝酸盐也归入本品目。

（一）硝酸钾（KNO_3）（也称钾硝或硝石），得自硝酸钠和氯化钾。为无色晶体、玻璃化团块或白色晶体粉末，溶于水，不纯时能吸湿。用途与硝酸钠相似；也用于制火药、化学始爆器、焰火、火柴及冶金助熔剂。

（二）铋的硝酸盐。

1. 中性硝酸铋〔$Bi(NO_3)_3 \cdot 5H_2O$〕，通过硝酸与金属铋反应制得。大颗粒晶体，无色，易潮解。用于制铋氧化物、铋盐及某些清漆。

2. 碱式硝酸铋〔$BiNO_3(OH)_2$〕，得自中性硝酸铋；为珠光白色粉末，不溶于水。用于医药（治疗肠胃疾病）、陶瓷业（彩虹色料）、化妆品及制造雷酸盐始爆器等。

（三）硝酸镁〔$Mg(NO_3)_2 \cdot 6H_2O$〕，为无色结晶体，溶于水。用于制造焰火、耐火产品（与氧化镁混合）、煤气灯的白炽罩等。

（四）硝酸钙〔$Ca(NO_3)_2$〕，用硝酸处理碾碎的石灰石制得。白色易潮解块，溶于水、乙醇及丙酮。用于制焰火、炸药、火柴、化肥等。

（五）硝酸铁〔$Fe(NO_3)_3 \cdot 6$ 或 $9H_2O$〕，为蓝色晶体。在印染中用作媒染剂（单独或与醋酸盐混合），其纯的水溶液用于医药上。

（六）硝酸钴〔$Co(NO_3)_2 \cdot 6H_2O$〕，为紫色、淡红或浅棕色晶体，溶于水，易潮解。用于制钴蓝、钴黄及隐显墨水；陶瓷彩饰及电镀钴等。

（七）硝酸镍〔$Ni(NO_3)_2 \cdot 6H_2O$〕，为水溶性的易潮解绿色晶体。用于陶瓷工业（棕色颜料）；染色（作为媒染剂）；电镀镍；制取氧化镍或纯镍催化剂。

（八）硝酸铜〔$Cu(NO_3)_2$〕。铜溶解于硝酸经结晶产生硝酸铜（根据温度的不同可结合 3 或 6 个水分子）。为蓝色或绿色晶体，溶于水，吸湿，有毒。用于制焰火、染料、纺织品印染（媒染剂）、氧化铜及照相纸、电镀（给金属镀一层铜绿）等。

（九）硝酸锶〔$Sr(NO_3)_2$〕。氧化锶或硫化锶作用于硝酸，在温热条件下生成无水盐，而冷却时为水合盐（结合 4 个水分子）。为无色晶体粉末，易潮解，溶于水，遇热分解。用于焰火制造中产生红色光，也用于制火柴。

（十）硝酸镉〔$Cd(NO_3)_2 \cdot 4H_2O$〕。得自氧化镉。为无色针状体，溶于水，易潮解。在陶瓷及玻璃制造中用作色料。

（十一）硝酸钡〔$Ba(NO_3)_2$〕。得自天然碳酸钡（毒重石）（品目 25.11），无色或白色结晶体或结晶粉末，溶于水，有毒。用于焰火制造中产生绿色光；制炸药、光学玻璃、陶瓷釉料、钡盐或硝酸盐等。

（十二）硝酸铅〔$Pb(NO_3)_2$〕。硝酸铅是硝酸作用于红丹以制备二氧化铅时所得的副产品。为无色晶体，溶于水，有毒。用于制焰火（黄色光）、火柴、炸药及某些色料，也用于鞣革、摄影及石印，供制铅盐及有机合成中作为氧化剂。

除了以上所述的不包括产品外，下列产品也不归入本品目：

（一）汞的硝酸盐（品目 28.52）。

（二）乙酰硝酸盐（第二十九章）（例如，用作媒染剂的乙酰硝酸铁）。

（三）硫酸铵和硝酸铵的复盐，不论是否纯净（品目 31.02 或 31.05）。

（四）由金属硝酸盐混合物组成的炸药（品目 36.02）。

28.35　次磷酸盐、亚磷酸盐及磷酸盐；多磷酸盐，不论是否已有化学定义：

10　—　次磷酸盐及亚磷酸盐

—　磷酸盐：

22　——　磷酸一钠及磷酸二钠

24　——　钾的磷酸盐

25　——　正磷酸氢钙（磷酸二钙）

26　——　其他磷酸钙

29　——　其他

—　多磷酸盐：

31　——　三磷酸钠（三聚磷酸钠）

39　——　其他

一、次磷酸盐

除本分章总注释规定不包括的以外，本品目包括次磷酸盐，即次磷酸（H_3PO_2）（品目 28.11）的金属盐。

这些物质溶于水，加热即分解，同时释放能自燃的磷化氢。碱金属磷酸盐是还原剂。

最重要的品种有：

（一）次磷酸钠（$NaPH_2O_2$），白色片状或结晶粉末，有吸湿性。

（二）次磷酸钙〔$Ca(PH_2O_2)_2$〕，无色晶体或白色粉末（用白磷作用于沸腾的石灰乳获得）。

以上两种产品都用于医药上作为滋补品或营养补品。

（三）次磷酸铵、次磷酸铁、次磷酸铅。

二、亚磷酸盐

除本分章总注释规定不包括的以外，本品目包括亚磷酸盐，即亚磷酸（H_3PO_3）（品目 28.11）的金属盐（中性或酸性）。

最重要的亚磷酸盐是亚磷酸铵、亚磷酸钠、亚磷酸钾及亚磷酸钙，溶于水，作为还原剂。

三、磷酸盐及多磷酸盐

除本分章总注释规定不包括的以外，本品目包括从品目 28.09 的酸衍变而得的金属磷酸盐及多磷酸盐，即：

（一）正磷酸盐，即正磷酸（H_3PO_4）的金属盐。它们是最主要的品种，通常称为“磷酸盐”，不再冠以“正”字。磷酸与一价金属所形成的盐可以是单、双或三代的（即含一个、两个或三个金属原子）；例如，三种磷酸钠：正磷酸二氢钠〔单代磷酸盐（NaH_2PO_4）〕、正磷酸氢二钠〔二代磷酸盐（Na_2HPO_4）〕及正磷酸三钠〔三代磷酸盐（Na_3PO_4）〕。

（二）焦磷酸盐（二磷酸盐），即焦磷酸（$H_4P_2O_7$）的金属盐。

（三）偏磷酸盐，即偏磷酸$(HPO_3)_n$的金属盐。

（四）其他多磷酸盐，即高聚合度的多磷酸的金属盐。

最重要的磷酸盐及多磷酸盐有：

（一）铵的磷酸及多磷酸盐

1．正磷酸三铵〔$(NH_4)_3PO_4$〕，仅在水溶液中才稳定。

2．多磷酸铵。有几种磷酸铵，其聚合度从几个单位到几千个单位。

它们为白色结晶粉末，可溶于水或不溶于水；用于配制肥料，作清漆的防火添加剂或配制防火剂。

这些物质即使其聚合度没有确定也仍归入本品目。

本品目不包括正磷酸二氢铵（磷酸一铵）、正磷酸氢二铵（磷酸二铵），不论是否纯净或相互混合（品目 31.05）。

（二）钠的磷酸盐及多磷酸盐

1．正磷酸二氢钠（单代磷酸钠）（$NaH_2PO_4 \cdot 2H_2O$）。为无色晶体，溶于水，加热时失水（粉化磷酸盐）变成焦磷酸钠，最后转变成偏磷酸钠。用于医药、化学纤维工业或作为蛋白质的凝结剂，也用于电镀等。

2．正磷酸氢二钠（双代磷酸钠）（Na_2HPO_4），无水（白色粉末）或结成晶体（结合 2 个、7 个或 12 个水分子）。溶于水。用作丝绸的上浆剂（与氯化锡一起）或纺织品的媒染剂，用于防火织物、木材及纸张、铬鞣、制光学玻璃、瓷器上釉、制发酵粉、着色料及焊接助熔剂、电镀及医药等。

3．正磷酸三钠（三代磷酸钠）（$Na_3PO_4 \cdot 12H_2O$），为无色晶体，溶于水，升温时失去其中的部分结晶水。用作融化金属氧化物的助熔剂，也用作去垢剂，用于摄影、软化工业用水及锅炉除垢、澄清食糖及酒、鞣革及医药等。

4．焦磷酸钠（二磷酸钠）。焦磷酸四钠（中性二磷酸钠）（$Na_4P_2O_7$），为不吸湿的白色粉末，溶于水。用于洗衣、制洗涤剂、血液阻凝剂、制冷剂、消毒剂以及乳酪等。

焦磷酸二氢二钠（酸式二磷酸盐）（$Na_2H_2P_2O_7$），外形同焦磷酸钠，用作搪瓷工业中的助熔剂，也用于沉淀乳中的酪朊、制发酵粉及某种麦乳粉等。

5．三磷酸钠（$Na_5P_3O_{10}$）（三磷酸五钠，也称为三聚磷酸钠），为白色结晶粉末；用作软水剂、乳化剂或用于食物保藏。

6．偏磷酸钠〔通式$(NaPO_3)_n$〕。符合本规格的两种偏磷酸盐是环三磷酸钠及环四磷酸钠。

7．多磷酸钠，具有高聚合度。一些多磷酸钠被人误称为偏磷酸钠。有一些线性多磷酸钠具有从几十到几百单位的聚合度。虽然它们通常呈不固定聚合度的聚合态，但仍归入本品目。

它们包括：

被人误称为六偏磷酸钠的产品〔一种通式为$(NaPO_3)_n$ 的聚合混合物〕，也被称为格雷姆盐，为透明或白色粉末，溶于水。这种产品能与水中的钙、镁螯合，因此用作软水剂。也用于制洗涤剂及酪朊胶、乳化香精油、摄影及加工干酪等。

（三）钾的磷酸盐。最有名的是正磷酸二氢钾（磷酸一钾）（KH_2PO_4），用正磷酸及硫酸钾处理磷酸盐化的白垩获得。为无色晶体，溶于水。用作一种酵母营养素及肥料。

（四）钙的磷酸盐

1. 正磷酸氢钙（“磷酸二钙”）（$CaHPO_4 \cdot 2H_2O$），通过酸化的氯化钙溶液作用于正磷酸氢二钠制得，白色粉末，不溶于水。用作肥料、动物饲料中的矿物质补充剂，并用于制玻璃、药物等。

本品目不包括以干的无水产品重量计含氟不少于0.2%的正磷酸氢钙（品目31.03或31.05）。

2. 二正磷酸四氢钙（单磷酸钙）〔$CaH_4(PO_4)_2 \cdot 1$ 或 $2H_2O$〕，用硫酸或盐酸处理动物骨制得。为稠溶液，加热后失去其结晶水。它是唯一溶于水的磷酸钙。用于制发酵粉，作药剂等。

3. 二正磷酸三钙（中性磷酸钙）〔$Ca_3(PO_4)_2$〕。本品目包括沉淀磷酸钙（即普通磷酸钙）。首先用盐酸然后用氢氧化钠处理含在骨内的磷酸三钙获得；或者在有氨存在下用氯化钙沉淀正磷酸三钠溶液制得。为无定形白色粉末，无味，不溶于水。用于染色中作媒染剂、澄清糖浆、浸洗金属、制玻璃及陶器，也用于制磷及药剂（例如，乳磷酸盐，甘油磷酸盐）等。

本品目不包括天然磷酸钙（品目25.10）。

（五）磷酸铝。人造正磷酸铝（$AlPO_4$），得自正磷酸三钠和硫酸铝，为白色、浅灰或粉红色粉末。用作陶瓷业中的助熔剂，用于丝绸上浆（与氧化锡混合）及制作牙科粘固剂。

本品目不包括天然硫酸铝（银星石）（品目25.30）。

（六）磷酸锰〔$Mn_3(PO_4)_2 \cdot 7H_2O$〕。得自氯化锰及磷酸。为紫色粉末，单独或与其他产品混合构成纽伦堡紫，供画家及搪瓷工业用。与磷酸铵结合即生成勃艮第紫。

（七）磷酸钴。二正磷酸三钴〔$Co_3(PO_4)_2 \cdot 2$ 或 $8H_2O$〕得自正磷酸钠和醋酸钴。无定形粉红色粉末，不溶于水。当与氧化铝一起加热时即生成用于搪瓷的甲纳德蓝。与磷酸铝结合可用于制钴紫。

（八）其他磷酸盐。它们包括磷酸钡（遮光剂）、磷酸铬（陶瓷色料）、磷酸锌（陶瓷色料、牙科粘固剂、控制发酵、医药）、磷酸铁（医药）及磷酸铜（陶瓷色料）。

本品目也不包括某些磷酸盐，即：

（一）天然磷酸钙、磷灰石、天然磷酸铝钙（品目25.10）。

（二）第二十五章及第二十六章的其他天然磷酸盐矿。

（三）正磷酸二氢铵（磷酸一铵）及正磷酸氢二铵（磷酸二铵）、不论是否纯净（品目31.05）。

（四）宝石或半宝石（品目71.03或71.05）。

28.36　碳酸盐；过碳酸盐；含氨基甲酸铵的商品碳酸铵：

20　—　碳酸钠（纯碱）
30　—　碳酸氢钠（小苏打）
40　—　钾的碳酸盐
50　—　碳酸钙
60　—　碳酸钡
—　其他：
91　——　锂的碳酸盐
92　——　锶的碳酸盐
99　——　其他

除本分章总注释规定不包括的以外，本品目包括：

（1）碳酸盐（中性碳酸盐、碳酸氢盐或双碳酸盐、碱式碳酸盐），即非离析碳酸（H_2CO_3）的金属盐。非离析碳酸酐（CO_2）应归入品目28.11。

（2）过氧化碳酸盐（过碳酸盐），即含有过量氧的碳酸盐，例如，单过氧碳酸盐（Na_2CO_4）或双过氧碳酸盐（$Na_2C_2O_6$），这些过碳酸盐是通过二氧化碳作用于金属过氧化物制得。

一、碳酸盐

（一）碳酸铵，通过加热处理白垩和硫酸铵（或氯化铵）的混合物制得，或在蒸汽中使二氧化碳与气态氨化合而得。

通过上述工序所得的商品碳酸铵除含有各种杂质（氯化物、硫酸盐、有机物）外，还含有碳酸氢铵及氨基甲酸铵（NH_2COONH_4）。商品碳酸铵（归入本品目）呈白色晶体团块或粉末状，溶于热水。它在潮湿的大气中变质，其表面形成酸式碳酸盐，但在这种状况下仍可使用。

碳酸铵用作纺织品印染中的媒染剂；作羊毛的洗涤剂；在医药上用作祛痰剂；制鼻盐及发酵粉；鞣革；橡胶工业；冶炼钙；有机合成等。

（二）钠的碳酸盐。

1．碳酸钠（中性碳酸钠）（Na_2CO_3）。有人误称为“苏打碳酸盐”或“商品苏打”；切勿与品目28.15的氢氧化钠（苛性钠）相混淆。将氨和氯化钠溶液与二氧化碳一起加热生成酸式碳酸钠，然后再加热分解而得。

本品为一种无水的（或脱了水的）粉末，或结合10个水分子的水合晶体（苏打晶体、晶碱），在空气中风化后即生成一水合化合物（结合1个水分子）。用于许多工业：在玻璃制造及陶瓷工业中作助熔剂；纺织工业；制洗涤剂；染色；丝绸的锡浆（与氯化锡一起）；作防垢剂（参见品目38.24的注释）；制氢氧化钠、钠盐及靛蓝；钨、铋、锑、钒的冶炼；摄影；净化工业用水（石灰苏打法），与石灰混合后用于净化煤气。

2．碳酸氢钠（酸式碳酸钠、小苏打）（$NaHCO_3$）。通常为结晶粉末或白色晶体，溶于水，特别易溶于热水。在潮湿空气中会变质。用于医药（治疗肾及膀胱结石）；制助消化药片及汽水饮料；制发酵粉；用于瓷器工业等。

本品目不包括天然碳酸钠（泡碱等）（品目25.30）。

（三）钾的碳酸盐

1．碳酸钾（中性碳酸钾）（K_2CO_3）。有人误称为“钾碱”；切勿与品目28.15的氢氧化钾（苛性钾）相混淆。可得自植物灰、洗涤甜菜的残渣及羊毛粗脂，但主要得自氯化钾。为白色晶体块，极易潮解，溶于水。用于制玻璃或陶瓷；漂白亚麻布或洗净纺织品；清洗油漆；制钾盐、氰化物、普鲁士蓝；并用作防垢剂等。

2．碳酸氢钾（酸式碳酸钾）（$KHCO_3$），通过二氧化碳作用于中性碳酸钾制得，为白色晶体，溶于水，稍潮解。用作灭火剂；制发酵粉；用于医药及酿酒工业（抗酸）。

（四）沉淀碳酸钙。本品目的沉淀碳酸钙（$CaCO_3$）是用二氧化碳处理钙盐溶液制得。用作增充剂，用于制牙膏及脂粉，也用作医药（治疗软骨病）等。

本品目不包括天然的石灰石（第二十五章）及白垩（天然碳酸钙），不论是否洗涤或磨碎（品目25.09）；也不包括其微粒裹上一层防水脂肪酸（例如，硬脂酸）膜的粉状碳酸钙（品目38.24）。

（五）沉淀碳酸钡。本品目的沉淀碳酸钡（$BaCO_3$）得自碳酸钠及硫化钡。为不溶于水的白色粉末。用于纯化工业用水；制杀寄生虫药、光学玻璃及纯氧化钡；用作搪瓷制品的色料及助熔剂；用于橡胶、造纸、肥皂及榨糖工业；也用于焰火制造（绿色光）。

本品目不包括天然碳酸钡（毒重石）（品目25.11）。

（六）铅的碳酸盐。

归入本品目的人造铅碳酸盐有：

1．中性碳酸铅（$PbCO_3$）。晶体或无定形的白色粉末，不溶于水。用于陶瓷业，制造颜料、胶粘剂及靛蓝。

2．属于$2PbCO_3 \cdot Pb(OH)_2$类型的碱式碳酸铅，呈粉状、饼状、鳞片状或糊状，均称为“铅白”。

铅白是从醋酸作用于铅皮或铅黄（一氧化铅）形成的醋酸铅中制得；是一种干性颜料。用于制油涂料、助熔剂、特殊胶粘剂（例如，粘合蒸汽管接头）及铅橙。铅白（单独使用或与硫酸钡、氧化锌、石膏、高岭土等混合后使用）能生产克里姆白、威尼斯白、汉堡白等。

本品目不包括天然碳酸铅（白铅矿）（品目26.07）。

（七）锂的碳酸盐。中性碳酸锂（Li_2CO_3），用碳酸钠沉淀硫酸锂制得；为白色粉末，无气味，不受空气影响，微溶于水。用于医药（尿素质）及制人工矿泉水所需的混合剂。

（八）沉淀碳酸锶。本品目的沉淀碳酸锶（$SrCO_3$）是一种极细的白色粉末，不溶于水，用于制造焰火（红光）及制造虹彩玻璃、发光漆、氧化锶及锶盐。

本品目不包括天然碳酸锶（菱锶矿）（品目25.30）。

（九）碳酸铋。本品目的人造碳酸铋基本上是碱式碳酸铋（碳酸氧铋）〔$(BiO)_2CO_3$〕，白色或淡黄色无定形粉末，不溶于水，用于医药及制化妆品。

本品目不包括天然的碳酸铋（泡铋矿）（品目26.17）。

（十）沉淀碳酸镁。本品目的沉淀碳酸镁是一种碱式的水合碳酸镁。通过碳酸钠与硫酸镁的复分解反应制得。为无气味的白色产品，几乎不溶于水。轻质碳酸镁为药店的白色镁氧，是一种常以方块状报验的轻泻剂。重质碳酸镁是一种粒状的白色粉末。碳酸镁被用作纸和橡胶的填料，也用于化妆品及作为隔热材料。

本品目不包括天然碳酸镁（菱镁矿）（品目25.19）。

（十一）锰的碳酸盐。本品目的无水或水合（结合1个水分子）人造碳酸锰（$MnCO_3$）是一种黄色、粉红色或浅棕色的精细粉末，不溶于水。用作油漆、橡胶及陶瓷的颜料；也用于医药。

本品目不包括天然碳酸锰（菱锰矿）（品目26.02）。

（十二）铁的碳酸盐。本品目的无水或水合（结合1个水分子）人造碳酸亚铁（$FeCO_3$）是通过硫酸亚铁与碳酸钠的复分解反应制得。为浅灰色晶体，不溶于水；易被空气氧化，特别是在潮湿空气中更易氧化。用于制铁盐及药剂。

本品目不包括天然碳酸铁（菱铁矿或球菱铁矿）（品目26.01）。

（十三）钴的碳酸盐。碳酸钴（$CoCO_3$），不论无水或水合（结合6个水分子），都是一种粉红色、大红色或浅绿色的结晶粉末，不溶于水。用作搪瓷的颜料及制钴氧化物或钴盐。

（十四）镍的碳酸盐。正常的人造碳酸镍（$NiCO_3$）是一种浅绿色粉末。不溶于水；用作陶瓷的颜料及制备氧化镍。水合的碱式碳酸镍，呈浅绿色结晶体，用于陶瓷业、玻璃制造业及电镀等。

本品目不包括天然的碱式碳酸镍（翠镍矿）（品目25.30）。

（十五）铜的碳酸盐，人造碳酸铜又称人造孔雀石或人造天青铜，是一种蓝绿色粉末，有毒，不溶于水，由中性碳酸铜（$CuCO_3$）或各种碱式碳酸铜组成。得自碳酸钠及硫酸铜。可单独或混合后作颜料（蓝或绿色碳酸铜，矿山蓝或矿山绿）；作杀虫剂或杀菌剂；用于医药（收敛剂及磷中毒的解毒剂）、电镀及焰火制造等。

本品目不包括天然碳酸铜，不论水合或非水合（孔雀石、蓝铜矿）（品目26.03）。

（十六）沉淀碳酸锌。本品目的沉淀碳酸锌（$ZnCO_3$）是通过碳酸钠和碳酸锌的复分解反应获得的；白色结晶粉末。几乎不溶于水。在油漆、橡胶、陶瓷及化妆品中作颜料。

本品目不包括天然碳酸锌（菱锌矿）（品目26.08）。

二、过氧化碳酸盐（过碳酸盐）

（一）过碳酸钠，用液态二氧化碳处理水合或非水合的过氧化钠制得。为白色粉末，溶于水后生成氧气及中性碳酸钠。用于漂白，制家用洗涤剂及用于摄影。

（二）过碳酸钾，在－10℃或－15℃时电解饱和的中性碳酸钾溶液获得，为白色晶体，吸湿性强，在潮湿空气中变成蓝色，溶于水，是一种强氧化剂，有时用于漂白。

（三）其他过碳酸盐，例如，过碳酸铵及过碳酸钡。

28.37 氰化物、氧氰化物及氰络合物：
— 氰化物及氧氰化物：
11 —— 氰化钠及氧氰化钠
19 —— 其他
20 — 氰络合物

除本分章总注释规定不包括的以外，本品目包括氰化物、氧氰化物及氰络合物。

一、氰化物

氰化物是氰化氢（HCN）（品目28.11）的金属盐。这些盐都是剧毒物。

（一）氰化钠（NaCN）。通过焦炭或气态烃及大气中的氮作用于碳酸钠，用木炭处理氰氨化钙（参见品目31.02），或由粉化煤、钠及气态氨的相互作用而得。呈结晶的白色粉末、片状或糊状。吸湿，极易溶于水，具有苦杏仁的气味。当加热到熔点时能吸收氧气；能生成水合物。报验时装于密封的容器中。用于冶炼金、银，或镀金及镀银、摄影、石版印刷或作杀寄生虫药及杀虫剂等；也用于制氰化氢、其他氰化物及靛蓝；还用于浮选法（尤其用于分离方铅矿及闪锌矿、黄铁矿及黄铜矿）。

（二）氰化钾（KCN）。制备方法、性质、用途与氰化钠相似。

（三）氰化钙〔$Ca(CN)_2$〕。根据纯度不同，分别为白色或浅灰色粉末，溶于水，用于杀昆虫、真菌及有害动物。

（四）氰化镍〔$Ni(CN)_2$〕。水合的氰化镍是浅绿色片或粉末；无定形的氰化镍是一种黄色粉末，用于冶金及电镀。

（五）铜的氰化物。

1．氰化亚铜（CuCN），为白色或浅灰色粉末，不溶于水。与氰化铜的用途相同，并用于医药。

2．氰化铜〔$Cu(CN)_2$〕，为无定形粉末，不溶于水。易分解，用于铁上镀铜及有机合成。

（六）氰化锌〔$Zn(CN)_2$〕，为白色粉末，不溶于水，用于电镀。

本品目不包括汞的氰化物（品目28.52）及非金属氰化物，例如，溴化氰（品目28.53）。

二、六氰合亚铁酸盐（亚铁氰化物）

六氰合亚铁酸盐（亚铁氰化物）是六氰合亚铁酸〔$H_4Fe(CN)_6$〕（品目28.11）的金属盐。用氢氧化钙处理废氧化铁或通过氢氧化亚铁作用于氰化物制得。遇热分解。

最重要的亚铁氰化物有：

（一）六氰合亚铁酸四铵〔$(NH_4)_4Fe(CN)_6$〕，为可溶于水的结晶体。用于“黑色镀镍”及在合成氨中作催化剂。

（二）六氰合亚铁酸四钠〔$Na_4Fe(CN)_6 \cdot 10H_2O$〕，为黄色晶体，不受空气影响，溶于水，尤易溶于热水。用于制氰化氢、普鲁士蓝、硫靛蓝等；使钢表层硬化；用于摄影、染色（作媒染剂或作蓝色染料）、印刷（在苯胺黑印刷中作为氧化剂）及用作杀真菌剂。

（三）六氰合亚铁酸四钾〔$K_4Fe(CN)_6 \cdot 3H_2O$〕，为黄色晶体，易风化，溶于水，尤易溶于热水。其用途与六氰合亚铁酸四钠相同。

（四）六氰合亚铁酸二铜〔$Cu_2Fe(CN)_6 \cdot XH_2O$〕，为紫棕色粉末，不溶于水。用于制艺术家颜料用的佛罗伦萨棕或铁棕。

（五）复合六氰合亚铁酸盐｛例如，六氰合亚铁酸二锂二钾Li_2K_2〔$Fe(CN)_6 \cdot 3H_2O$〕｝。

本品目不包括普鲁士蓝（柏林蓝）及其他六氰合亚铁酸盐颜料（品目32.06）。

三、六氰合铁（Ⅲ）酸盐（铁氰化物）

六氰合铁酸盐（铁氰化物）是六氰合铁（Ⅲ）酸〔$H_3Fe(CN)_6$〕（品目 28.11）的金属盐。

最重要的铁氰化物有：

（一）六氰合铁酸三钠〔$Na_3Fe(CN)_6 \cdot H_2O$〕，将氯作用于六氰合亚铁酸钠制得；为紫酱色晶体，易潮解，溶于水，有毒；在水溶液中呈浅绿色，见光分解。用于印染业、摄影业、表面硬化处理、电镀；也用作有机合成中的氧化剂。

（二）六氰合铁酸三钾〔$K_3Fe(CN)_6$〕。外观与六氰合铁酸三钠相似，用途也相同，但较难潮解。

四、其他化合物

本品目包括无机碱的亚硝基五氰合铁（Ⅱ）酸盐、亚硝基五氰合铁（Ⅲ）酸盐、氰基镉酸盐、氰基铬酸盐、氰基锰酸盐、氰基钴酸盐、氰基镍酸盐、氰基铜酸盐等。

本组包括，例如，亚硝基五氰合铁（Ⅲ）酸钠（硝普钠或亚硝基铁氰化钠）〔$Na_2Fe(CN)_5NO \cdot 2H_2O$〕，用于化学分析。

但本品目不包括氰基汞酸盐（品目 28.52）。

【28.38】

28.39 硅酸盐；商品碱金属硅酸盐：

— 钠盐：

11 — — 偏硅酸钠

19 — — 其他

90 — 其他

除本分章总注释规定不包括的以外，本品目包括硅酸盐，即各种硅酸的金属盐。这些硅酸盐在游离状态下是非离析的，从二氧化硅（品目 28.11）衍生而来。

一、硅酸钠，将砂粒和碳酸钠或硫酸钠一起熔融而得。其组成成分是多种多样的（单硅酸盐、偏硅酸盐、多硅酸盐等），其水合度及溶解度由于制备方法及纯度各异而不同。为无色晶体、粉末、玻璃状块料（水玻璃）或稍粘的水溶液。它们均对矿石的脉石有抗絮凝作用，因而用作浮选调节剂；也用作硅酸盐皂的填料、纸板或煤的粘合剂、防火材料；用于保存鸡蛋、制不腐胶粘剂；在制耐蚀水泥、封泥或人造石料时作为硬化剂；用于制洗涤剂、酸浸金属或作为防垢产品（参见品目 38.24 的注释）。

二、硅酸钾，其用途与硅酸钠相似。

三、硅酸锰（$MnSiO_3$）。橙色粉末，不溶于水，用作陶瓷色料及作为油漆及清漆的干燥剂。

四、沉淀硅酸钙，得自硅酸钠或硅酸钾，为白色粉末，用于制耐火泥及牙科粘固剂。

五、硅酸钡。为白色粉末，用于制氧化钡及光学玻璃。

六、硅酸铅。为粉末状或玻璃状白色团块；用作陶瓷釉料。

七、其他硅酸盐，包括商品碱金属硅酸盐，但不包括以上所述各项产品。它们包括硅酸铯（黄色粉末，用于陶瓷业）、硅酸锌（用作荧光管的涂料）、硅酸铝（用于制瓷器及耐火产品）。

本品目不包括天然硅酸盐，例如：

（一）硅灰石（硅酸钙）、蔷薇辉石（硅酸锰）、硅铍石（硅酸铍）及榍石（硅酸钛）（品目 25.30）

（二）硅酸铜（硅孔雀石、透视石）、氢化硅酸锌（异极矿）及硅酸锆（锆石）等矿石（品目 26.03、26.08 及 26.15）。

（三）第七十一章的宝石。

28.40 硼酸盐及过硼酸盐：

— 四硼酸钠（精炼硼砂）：

11 — — 无水四硼酸钠

19 — — 其他

20 — 其他硼酸盐

30 — 过硼酸盐

一、硼酸盐

除本分章总注释规定不包括的以外，本品目包括各类硼酸盐，即各类硼酸的金属盐，但主要是原硼酸（H_3BO_3）（品目28.10）的金属盐。

本品目包括通过结晶法或化学方法制得的硼酸盐，也包括通过蒸发某些盐湖中的络合盐水而获得的天然硼酸盐。

（一）钠的硼酸盐，最重要的是四硼酸钠（四硼酸二钠、精制硼砂）（$Na_2B_4O_7$）。用天然硼酸钠溶液结晶制得，或者用碳酸钠处理天然硼酸钙或硼酸制得。为无水物或者结合5个或10个水分子的水合物。加热后冷却即形成玻璃状团块（熔融硼砂、硼砂玻璃、硼砂珠）。用于硬化亚麻布及纸张；焊接金属（作硬焊料的助熔剂）；用作搪瓷的助熔剂；用于制玻璃化色料、特种玻璃（光学玻璃、电灯泡玻璃）、胶水或擦亮剂；精炼金；用于制硼酸盐及蒽醌染料。

另有供实验室用的钠硼酸盐（偏硼酸盐、连二硼酸氢盐）。

（二）铵的硼酸盐。其中最重要的是偏硼酸铵（$NH_4BO_2 \cdot 2H_2O$），为无色晶体，极易溶于水，易风化。遇热分解生成一层可熔化的硼酸酐漆，因此用作防火材料，也用作发型水的固定剂；作为电解电容器的电解液组分和纸的涂料。

（三）沉淀硼酸钙，用氯化钙处理天然硼酸获得；为白色粉末，用于防火剂制品、防冻剂及用于陶瓷绝缘子，也可用作防腐剂。

（四）锰的硼酸盐，主要是四硼酸锰（MnB_4O_7），桃红色粉末，微溶于水，用作油漆及清漆的干燥剂。

（五）硼酸镍，为淡绿色晶体，用作催化剂。

（六）硼酸铜，为蓝色晶体，坚硬异常，不溶于水，用作颜料（陶瓷色料）、防腐剂及杀虫剂。

（七）硼酸铅，为浅灰色粉末，不溶于水，用于制干燥剂、玻璃，也用作瓷器颜料及用于电镀。

（八）其他硼酸盐。硼酸镉用作荧光管的涂料；硼酸钴用作干燥剂；硼酸锌用作防腐剂，用于耐火纺织品及作为陶瓷产品的助熔剂；硼酸锆用作遮光剂。

本品目不包括用于制本品目硼酸盐的天然硼酸钠（四水硼砂、硼砂），用于制硼酸的天然硼酸钙（白硼钙石）（品目25.28）。

二、过氧化硼酸盐（过硼酸盐）

除本分章总注释规定不包括的以外，本品目包括过硼酸的金属盐，其氧化度高于硼酸盐，并随时释放出其所含的氧气，

这些硼酸盐通常是络合物，其相应的酸的分子式为HBO_3或HBO_4。

主要的过硼酸盐有：

（一）过硼酸钠（过硼砂），通过过氧化钠作用于硼酸水溶液制得，或用过氧化氢处理硼酸钠水溶液而得，白色无定形粉末或晶体（结合1个或4个水分子）。用于漂白亚麻布、纺织品及秸秆；保藏生皮；制家用洗涤剂、去垢剂及防腐剂。

（二）过硼酸镁，为白色粉末，不溶于水，用于医药或制造牙膏。

（三）过硼酸钾。性质及用途均与过硼酸钠相似。

（四）其他过硼酸盐。过硼酸铵、过硼酸铝、过硼酸钙及过硼酸锌，均为白色粉末，用于医药及

制造牙膏。

28.41　金属酸盐及过金属酸盐：

30　—　重铬酸钠

50　—　其他铬酸盐及重铬酸盐；过铬酸盐

　　—　亚锰酸盐、锰酸盐及高锰酸盐：

61　——　高锰酸钾

69　——　其他

70　—　钼酸盐

80　—　钨酸盐

90　—　其他

本品目包括含氧金属酸及过氧金属酸（相当于构成酐的金属氧化物）的盐。

归入本品目的主要化合物有：

一、铝酸盐，氢氧化铝的衍生物。

（一）铝酸钠，用氢氧化钠溶液处理铝土矿制得。呈可溶于水的白色粉末状、水溶液或浆状。用作染色媒染剂（强碱性媒染剂）；用于制色淀；纸张上胶；肥皂填料；硬化熟石膏；制不透明玻璃；净化工业用水等。

（二）铝酸钾，将铝土矿溶解于氢氧化钾中而得。呈白色微晶块状，具有吸湿性，溶于水，用途同铝酸钠。

（三）铝酸钙，在电炉中使铝土矿及氧化铝熔化而得；为白色粉末，不溶于水。用于染色（媒染剂）；净化工业用水（离子交换剂）、造纸（上胶）、制玻璃、肥皂、特种水泥、抛光剂及其他铝酸盐。

（四）铝酸铬，通过加热处理氧化铝、氟化钙及重铬酸铵的混合物制得。为陶瓷色料。

（五）铝酸钴，得自铝酸钠及钴盐，可单独或与氧化铝混合构成钴蓝（特纳德蓝），用于制天蓝（与铝酸锌混合）、天青蓝、大青蓝、萨克森蓝、塞弗尔蓝等。

（六）铝酸锌，为白色粉，用途与铝酸钠相似。

（七）铝酸钡，得自铝土矿、重晶石及煤，为白色或棕色块，用于净化工业用水及用作防垢制剂。

（八）铝酸铅，通过加热处理氧化铅和氧化铝混合物制得，固体，不易溶化，用作白色颜料及用于制耐火砖和耐火衬料。

本品目不包括天然铝酸铍（金绿宝石），酌情分别归入品目25.30、71.03或71.05。

二、铬酸盐。中性铬酸盐或酸性铬酸盐（重铬酸盐）、三价铬酸盐、四价铬酸盐及过铬酸盐均以各种铬酸衍生而得，尤其从正酸（H_2CrO_4）或纯态非离析的重铬酸（$H_2Cr_2O_7$）衍生而得。

这些铬酸盐大多数有毒，最重要的有：

（一）铬酸锌。用重铬酸钾处理锌盐后生成水合的或碱式的铬酸锌。呈粉末状，不溶于水。为一种颜料，单独或混合后构成锌黄。与普鲁士蓝混合后构成锌绿。

（二）铬酸铅。中性人造铬酸铅用醋酸铅作用于重铬酸钠制得。根据不同的沉淀方法可呈黄色、橙色或红色粉末。这种颜料单独或混合后均可构成铬黄，用于搪瓷业、陶瓷业及用于制油漆、清漆等。

碱式铬酸铅，单独或混合后可构成铬红或波斯红等。

（三）钠的铬酸盐。铬酸钠（$Na_2CrO_4 \cdot 10H_2O$）是在制铬的过程中将天然氧化铬铁（铬铁矿）与煤及碳酸钠混合后一起焙烧而得。为黄色大晶体，易潮解，极易溶于水。用于染色（媒染剂）、鞣革；制墨水、颜料或其他铬酸盐及重铬酸盐。与硫化锑混合后用于制摄影的闪光粉。

重铬酸钠（$Na_2Cr_2O_7 \cdot 2H_2O$），得自铬酸钠，为易潮解的红色晶体，溶于水。加热后转变成无水的不易潮解的重铬酸钠（即熔融或铸铬酸钠），常含有少量的硫酸钠。用于鞣革（铬鞣）；染色（媒染剂及氧化剂）；在有机合成中作氧化剂；摄影、印刷、焰火制造；脂肪净化或脱色；制重铬酸盐电池及重铬酸盐明胶（这种重铬酸盐明胶在光线的影响下转变成不溶于热水的产品）；浮选工序（减低浮力）；石油提炼厂；作防腐剂。

（四）钾的铬酸盐。铬酸钾（K_2CrO_4）（黄色铬酸钾）是从铬铁矿中制得，为黄色晶体，溶于水，有毒。

重铬酸钾（$K_2Cr_2O_7$）（红色铬酸钾），也得自铬铁矿。橙色晶体，溶于水，剧毒。重铬酸钾的尘粉及蒸汽能侵蚀鼻骨及软骨；其溶液会使伤口感染。

铬酸钾和重铬酸钾的用途与铬酸钠和重铬酸钠的用途相类似。

（五）铵的铬酸盐。铬酸铵〔$(NH_4)_2CrO_4$〕，用氨使三氧化铬溶液饱和而得，为黄色晶体，溶于水，用于摄影及染色。

重铬酸铵〔$(NH_4)_2Cr_2O_7$〕，得自天然氧化铬铁（铬铁矿）；为红色晶体，溶于水。用于摄影、染色（媒染剂）、鞣革、净化油脂、有机合成等。

（六）铬酸钙（$CaCrO_4 \cdot 2H_2O$）。得自重铬酸钠及白垩；加热后成为无水化合物并变成黄色。用于制“柠檬黄”等黄色色料，“柠檬黄”一名也适用于铬酸钙本身。

（七）铬酸锰。中性铬酸锰（$MnCrO_4$）得自氧化锰及铬酸酐。为浅棕色晶体，溶于水。在染色中用作媒染剂。

碱式铬酸锰，为棕色粉末，不溶于水，用于水浆涂料。

（八）铁的铬酸盐。铬酸铁〔$Fe_2(CrO_4)_3$〕得自氯化铁溶液及铬酸钾，是一种黄色粉末，不溶于水。还有一种碱式铬酸铁，可以单独或作为混合剂用于名叫菱铁黄的涂料。与普鲁士蓝合用可生成假锌绿的绿色颜料，也用于冶金。

（九）铬酸锶（$SrCrO_4$）。类似于铬酸钙；单独或混合后组成锶黄，用于制艺术家用颜料。

（十）铬酸钡（$BaCrO_4$），通过铬酸钠沉淀氯化钡溶液制得；为艳黄色粉末，不溶于水，有毒。单独或混合后构成钡黄，与得自铬酸钙的类似产品一样有时也称作“柠檬黄”。用于艺术家的油涂料并用于搪瓷及玻璃工业；也用于制火柴及染色中的媒染剂。

本品目不包括：

（一）天然铬酸铅（铬铅矿）（品目 25.30）。

（二）用铬酸盐制成的颜料（品目 32.06）。

三、锰酸盐、高锰酸盐。它们是锰酸（H_2MnO_4）（非离析的）、高锰酸（$HMnO_4$）（仅存在于水溶液中）的盐。

（一）锰酸盐。锰酸钠（Na_2MnO_4），将天然二氧化锰（品目 26.02——软锰矿）及氢氧化钠的混合物熔融而得；为绿色晶体，溶于冷水，在热水中分解；用于金的冶炼。

锰酸钾（K_2MnO_4），呈小粒墨绿色晶体，用于制高锰酸盐。

锰酸钡（$BaMnO_4$），由二氧化锰与硝酸钡混合后加热而得，为翠绿色粉末，与硫酸钡混合后构成锰蓝，用于艺术家的油涂料。

（二）高锰酸盐。高锰酸钠（$NaMnO_4 \cdot 3H_2O$），得自锰酸钠，为红黑色晶体，易潮解，溶于水。用作消毒剂，用于有机合成及漂白羊毛。

高锰酸钾（$KMnO_4$），用锰酸钾制得，或将二氧化锰和氢氧化钾混合物进行氧化而得。为带金属光泽的紫色晶体，溶于水，能使皮肤着色；也为紫红色水溶液或小片。一种强氧化剂，用作光学试剂，用于有机合成（制糖精）、金属冶炼（镍精炼）；漂白脂肪物质、树脂、丝线、织物或秸秆；净化水质；作防腐剂、染料（染羊毛、木材、头发）；用于制防毒面具及医药。

高锰酸钙〔$Ca(MnO_4)_2 \cdot 5H_2O$〕，通过电解碱金属锰酸盐及氯化钙的溶液制得；为紫黑色晶体，溶于水。为氧化剂及消毒剂。用于染色、有机合成、净化水质、漂白纸浆。

四、钼酸盐。钼酸盐、仲钼酸盐、多钼酸盐（二、三、四钼酸盐）都来自正钼酸（H_2MoO_4）或其他钼酸。在某些方面，钼酸盐与铬酸盐相似。

最重要的钼酸盐有：

（一）钼酸铵，在钼的冶炼过程中获得。为水合晶体，淡绿色或浅黄色，遇热分解，用作化学试剂，也用于制颜料或防火材料和玻璃工业等。

（二）钼酸钠，为水合晶体，有光泽，溶于水，用作试剂，也用于制颜料及医药。

（三）钼酸钙，为白色粉末，不溶于水；用于冶金。

（四）钼酸铅。人造钼酸铅与铬酸铅共沉淀后生成猩红色铬颜料。

本品目不包括天然钼酸铅（彩钼铅矿）（品目26.13）。

五、钨酸盐。钨酸盐、仲钨酸盐及过钨酸盐均来自正钨酸（H_2WO_4）及其他钨酸。

主要的钨酸盐有：

（一）钨酸铵，将钨酸溶解于氨中获得，为白色结晶粉末，水合物，溶于水；用于防火织物及制其他钨酸盐。

（二）钨酸钠，在钨的冶炼过程中，从黑钨矿（品目26.11）及碳酸钠中制得；为白色叶状体或结晶体，水合物，具有珍珠光泽，溶于水。用途与钨酸铵相同；也用作纺织品印花的媒染剂，还用于制色淀、催化剂及有机合成。

（三）钨酸钙，为白色有光泽的鳞片物，不溶于水；用以制X射线屏及萤光管。

（四）钨酸钡，为白色粉末，单独或混合后用于艺术家的油涂料，称为钨白或钨酸盐白。

（五）其他钨酸盐，包括钨酸钾（用于防火织物）、钨酸镁（用于X射线屏）、钨酸铬（绿色颜料）及钨酸铅（颜料）。

本品目不包括：

（一）天然钨酸钙（白钨矿），一种矿石（品目26.11）。

（二）天然钨酸锰（钨锰矿）及钨酸铁（钨铁矿）（品目26.11）。

（三）作为无机发光体归类的发光钨酸盐（例如，钨酸钙或钨酸镁）（品目32.06）。

六、钛酸盐（中性或酸式的原钛酸盐、偏钛酸盐及过钛酸盐）均来自以二氧化钛（TiO_2）为主的各种钛酸及氢氧化钛。

钡及铅的钛酸盐均为白色粉末，用作颜料。

本品目不包括天然钛酸铁（钛铁矿）（品目26.14）及无机氟代钛酸盐（品目28.26）。

七、钒酸盐（中性或酸式的原钒酸盐、偏钒酸盐、焦钒酸盐及次钒酸盐），从五氧化二钒（V_2O_5）或其他氧化钒衍生的各种钒酸中制得。

（一）钒酸铵（偏钒酸铵）（NH_4VO_3），为黄白色结晶粉，微溶于冷水，极易溶于热水并形成黄色溶液。用作催化剂、纺织品印染的媒染剂、油漆或清漆的干燥剂、陶器的色料，也用于制书写墨水及印刷油墨等。

（二）钠钒酸盐（原钒酸钠及偏钒酸钠），为水合的白色结晶粉末，溶于水，用于苯胺黑的染色印刷。

八、高铁酸盐及铁酸盐：高铁酸盐及铁酸盐分别来自氢氧化铁〔$Fe(OH)_3$〕及氢氧化亚铁〔$Fe(OH)_2$〕。高铁酸钾是一种黑色粉末，溶解于水中变成红色液体。

由氧化铁和其他金属氧化物组成的简单混合物可构成陶瓷色料，应归入品目32.07，把这种混合物称作“高铁酸盐”是错误的。

本品目也不包括实际上是磁性氧化铁（Fe_3O_4）的铁酸亚铁（品目26.01）及铁屑（品目26.19）。

九、锌酸盐，来自两性氢氧化锌〔$Zn(OH)_2$〕的化合物。

（一）锌酸钠，通过碳酸钠作用于氧化锌，或氢氧化钠作用于锌获得，用于制备油漆用的硫化锌。

（二）锌酸铁，用作陶瓷色料。

（三）锌酸钴，单独或与氧化钴或其他盐混合后构成钴绿或林曼绿。

（四）锌酸钡，用硫酸锌的氨液沉淀氢氧化钡水溶液制得；为白色粉末，溶于水，用于制备油漆用的硫化锌。

十、锡酸盐（原锡酸盐及偏锡酸盐）均从锡酸衍变而来。

（一）锡酸钠（$Na_2SnO_3 \cdot 3H_2O$）。将锡、氢氧化钠、氯化钠、硝酸钠混合物进行熔融而得；呈硬块状或不规则块状，可溶于水，根据所含杂质（钠盐或铁盐）的比例，可呈白色或其他颜色。用于纺织品印染（媒染剂）；玻璃及陶瓷工业；分离铅和砷；丝的锡胶及有机合成。

（二）锡酸铝，将硫酸锡和硫酸铝混合物加热处理而得。为白色粉末。在搪瓷或陶瓷工业中用作遮光剂。

（三）锡酸铬，是陶瓷颜料及画家油涂料中粉红色料的主要成分，还用于丝的锡胶。

（四）锡酸钴。单独或混合后可构成天蓝色颜料，用于油漆。

（五）锡酸铜，单独或混合后使用，名为“锡绿”。

十一、锑酸盐。这是对应于氧化锑（Sb_2O_5）的各种酸的盐；与砷酸盐有些相似。

（一）偏锑酸钠，得自氢氧化钠及五氧化锑；一种白色结晶粉末，微溶于水。是搪瓷及玻璃工业的遮光剂；用于制硫代锑酸钠（全硫锑酸钠）（品目 28.42）。

（二）钾的锑酸盐。最重要的品种是锑酸氢钾，将金属锑与硝酸钾混合后煅烧而得；为一种白色结晶粉末，用于医药（作为泻药）并用作陶瓷颜料。

（三）锑酸铅，将五氧化锑与铅丹一起熔融而得；为黄色粉末，不溶于水。单独或与氯氧化铅混合后构成拿浦黄（锑黄），一种供陶瓷、玻璃或艺术家用的颜料。

本品目不包括锑化物（品目 28.53）。

十二、高铅酸盐，来自两性二氧化铅（PbO_2）。

高铅酸钠用作一种着色料。高铅酸钙（黄色）、高铅酸锶（栗色）及高铅酸钡（黑色）均用于制火柴及焰火。

十三、其他含氧金属酸盐及过氧金属酸盐。它们包括：

（一）钽酸盐及铌酸盐。

（二）锗酸盐。

（三）铼酸盐及高铼酸盐。

（四）锆酸盐。

（五）铋酸盐。

但本品目不包括下列化合物：

（一）贵金属化合物（品目 28.43）。

（二）放射性化学元素及放射性同位素的化合物（品目 28.44）。

（三）钇、钪及稀土金属的化合物（品目 28.46）。

（四）汞（品目 28.52）。

络合氟盐，例如，氟代钛酸盐，归入品目 28.26。

28.42 其他无机酸盐或过氧酸盐（包括不论是否已有化学定义的硅铝酸盐），但叠氮化物除外：

10 — 硅酸复盐或硅酸络盐，包括不论是否已有化学定义的硅铝酸盐

90 — 其他

除本分章总注释规定不包括的以外，本品目包括：

一、未列名的非金属无机酸盐及过氧酸盐

例如：

（一）雷酸盐、氰酸盐、异氰酸盐及硫氰酸盐，非离析氰酸（HO－C≡N）或异氰酸（HN＝C＝O）的金属盐，或氰酸的另一异构体雷酸（H－C≡N^+－O^-）的金属盐，或硫氰酸（HS－C≡N）的金属盐。

1．雷酸盐。雷酸盐是组分不太清楚的化合物，极不稳定，在轻微震动或热的作用下（例如，火花）即行爆炸。用作起爆药并用于制火帽或雷管。

2．氰酸盐。氰酸铵、氰酸钠或氰酸钾用于制各种有机化合物。此外还有碱土金属氰酸盐。

3．硫氰酸盐。硫氰酸盐（硫代氰化物）是非离析硫氰酸（HS－C≡N）的金属盐。最重要的硫氰酸盐有：

（1）硫氰酸铵（NH_4SCN）。无色结晶体，易潮解，极易溶于水，在空气和光线的作用下变成红色，遇热分解。用于电镀、摄影、印染（尤其用于防止上浆后的丝织品变质）；并用于配制混合致冷剂、氰化物或六氰合亚铁酸盐（Ⅱ）、硫脲、胍、塑料、胶粘剂、除草剂等。

（2）硫氰酸钠（NaSCN）。外观同硫氰酸铵，或呈粉状。有毒。用于摄影、印染（媒染剂）、医药；也用作实验室试剂；还用于电镀、制人造芥子油以及橡胶工业等。

（3）硫氰化钾（KSCN）。性质与硫氰酸钠相同。用于纺织工业、摄影、有机合成（例如，硫脲、人造芥子油及染料），也用于制硫氰酸盐、混合致冷剂、杀寄生虫剂等。

（4）硫氰酸钙〔$Ca(SCN)_2 \cdot 3H_2O$〕。为无色晶体，易潮解，溶于水。用作印染中的媒染剂及纤维素的溶剂；用于棉花的丝光处理；在医药上用作碘化钾的替代品（防治动脉硬化）；制六氰合亚铁酸盐或其他硫氰酸盐；制羊皮纸。

（5）铜的硫氰酸盐。

硫氰酸亚铜（CuSCN），为略带白色、浅灰色或浅黄色粉末或浆糊状，不溶于水，在纺织品印花、船舶漆制造以及有机合成上用作媒染剂。

硫氰酸铜〔$Cu(SCN)_2$〕，为黑色粉末，不溶于水。很易转变成硫氰酸亚铜，用于制发火帽及火柴。

本品目不包括雷酸汞及硫氰酸汞（品目 28.52）。

（二）亚砷酸盐及砷酸盐

它们是砷酸的金属盐；亚砷酸盐是亚砷酸的盐，砷酸盐是砷酸（品目 28.11）的盐。它们都是剧毒物。例如：

1．亚砷酸钠（$NaAsO_2$），将碳酸钠及氧化亚砷一起熔融而得。为白色或浅灰色厚块或粉末，溶于水。用于葡萄栽培（杀虫剂）、皮革保藏、制医药、肥皂及防腐剂等。

2．亚砷酸钙（$CaHAsO_3$），为白色粉末，不溶于水。用作杀虫剂。

3．亚砷酸铜（$CuHAsO_3$），得自亚砷酸钠及硫酸铜。绿色粉末，不溶于水。用作杀虫剂、色料（希尔氏绿）及用于制某些绿色颜料（参见品目 32.06 的注释）。

4．亚砷酸锌〔$Zn(AsO_2)_2$〕。其外观与用途与亚砷酸钙相似。

5．亚砷酸铅〔$Pb(AsO_2)_2$〕，为白色粉末，仅微溶于水。用于葡萄栽培（杀虫剂）。

6．钠的砷酸盐（正砷酸钠、偏砷酸钠及焦砷酸钠）。其中最重要的是正砷酸氢二钠（Na_2HAsO_4）（根据不同的结晶温度，可结合 7 个或 12 个水分子）及正砷酸三钠（无水或结合 12 个水分子）。得自氧化亚砷和硝酸钠。为无色晶体或浅绿色粉末。用于配制药剂（皮尔逊氏溶液）、防腐剂、杀虫剂及其他砷酸盐；也用于纺织印花。

7．钾的砷酸盐。正砷酸一钾及正砷酸二钾，制备方法同钠砷酸盐。为无色晶体，溶于水。用作防腐剂及杀虫剂；用于鞣革、纺织品印花等。

8．钙的砷酸盐。二正砷酸三钙〔$Ca_3(AsO_4)_2$〕，通常含有其他砷酸钙杂质，通过氯化钙及砷酸钠的相互作用而得，为白色粉末，不溶于水。在农业上用作杀虫剂。

9．铜的砷酸盐。正砷酸铜〔$Cu_3(AsO_4)_2$〕，得自正砷酸钠及硫酸铜（或氯化铜），为绿色粉末，不溶于水。在葡萄栽培中用作杀寄生虫药及用于制防污油漆。

10．铅的砷酸盐。二正砷酸铅〔$Pb_3(AsO_4)_2$〕及酸式正砷酸铅。仅微溶于水。呈白色粉末状、糊浆状或乳胶状。用于制杀虫剂。

11．其他砷酸盐，包括砷酸铝（杀虫剂）或砷酸钴（粉红色粉末，用于陶瓷业）。

本品目不包括：

1．天然砷酸镍（例如，镍华等）（品目25.30）。

2．砷化物（品目28.53）。

3．乙酰亚砷酸盐（第二十九章）。

（三）硒酸的盐：硒化物、亚硒酸盐、硒酸盐。它们包括：

1．硒化镉，用于制防眩玻璃及颜料。

2．亚硒酸钠，用于使玻璃具有红色色泽或掩饰玻璃的浅绿色调。

3．硒酸铵和硒酸钠，用作杀虫剂；硒酸钠也用于医药。

4．硒酸钾，用于摄影。

本品目不包括硒铅铜石，即天然的硒化铅铜（品目25.30）。

（四）碲酸的盐：碲化物、亚碲酸盐、碲酸盐。它们包括：

1．碲化铋，为一种供热电堆用的半导体。

2．碲酸钠和碲酸钾，用于医药。

二、复盐或络盐

本组包括未列名的复盐及络盐。

归入本品目的复盐及络盐主要包括：

（一）复合或络合氯化物（氯代盐）。

1．铵与下列金属的氯化物：

（1）镁。为易潮解晶体；用于软钎焊。

（2）铁（氯化亚铁铵及氯化铁铵）。呈块状或吸湿性晶体；用于电镀及医药。

（3）镍。黄色粉末或水合绿色晶体。用作媒染剂及用于镀锌。

（4）铜（氯化铜铵）。为蓝色或浅绿色晶体，溶于水。用作着色剂及用于焰火制造。

（5）锌（氯化锌铵）。为白色结晶粉末，溶于水。用于软钎焊（“焊盐”）、干电池及用于镀锌（电解镀锌）。

（6）锡，尤其是氯代锡酸铵。为白色或粉红色晶体或水溶液。有时称为“锡盐”；用于染色及作为丝的胶料。

2．钠与铝的氯化物，为白色结晶粉末，具吸湿性，用于鞣革。

3．钙与镁的氯化物，为白色易潮解晶体，用于造纸、纺织、马铃薯淀粉及油漆工业。

4．氯代盐。例如，氯代溴化物，氯代碘化物、氯代碘酸盐、氯代磷酸盐、氯代铬酸盐及氯代钒酸盐。

它们包括氯代铬酸钾（佩利果特盐），为红色晶体，在水中分解，是一种氧化剂，用于有机合成。

磷氯铅矿（磷酸铅及氯化铅）及钒铅矿（钒酸铅及氯化铅）不归入本品目，因为它们分别是品目26.07或26.15的天然金属矿石。

（二）复合或络合碘化物（碘代盐）。

1．碘化铋钠，为红色晶体，遇水分解，用于医药。

2．碘化镉钾，一种白色易潮解粉末，暴露于空气中变成黄色，也用于医药。

（三）复合或络合的含硫盐（硫代盐）。

1．铵与下列金属的硫酸盐：

（1）铁。硫酸亚铁铵（莫尔盐）〔$FeSO_4 \cdot (NH_4)_2SO_4 \cdot 6H_2O$〕。浅绿色晶体，溶于水，用于冶金及医药。

（2）钴。硫酸钴铵〔$CoSO_4 \cdot (NH_4)_2SO_4 \cdot 6H_2O$〕，为红色晶体，溶于水，用于镀钴及陶瓷业。

（3）镍。硫酸镍铵〔$NiSO_4 \cdot (NH_4)_2SO_4 \cdot 6H_2O$〕，为绿色晶体，遇热分解；极易溶于水，主要用于电解法镀镍。

（4）铜。硫酸铜铵，为蓝色结晶粉末，溶于水，在空气中风化。用作杀寄生虫剂，用于纺织品印花及加工，还用于制亚砷酸铜等。

2．硫酸锆钠，为白色固体，用于锌的冶炼。

3．“硫代盐”及其他复合或络合含硫盐，例如，硒代硫化物、硒代硫酸盐、硫代碲酸盐、硫代砷酸盐、硫代亚砷酸盐、砷代硫化物、硫代碳酸盐、锗代硫化物、硫代锑酸盐、硫代钼酸盐、硫代锡酸盐、雷纳克酸盐。

本组包括：

（1）硫代碳酸钾，为黄色晶体，溶于水。用于农业（杀葡蚜）及用于化学分析。

（2）碱金属硫代钼酸盐，用于金属磷化（制磷酸化物保护膜法）浴中作加速剂。

（3）四硫氰酸根二氨合铬酸铵（二氨四硫氰酸根合铬酸铵、雷酸铵或雷纳克盐）｛NH_4〔$Cr(NH_3)_2(SCN)_4$〕$\cdot H_2O$｝，为结晶粉末或暗红色晶体，用作试剂。

（4）硫氰酸亚铁钾及硫氰酸铁钾。

辉钴矿（钴的硫代物及砷化物）及亚锗酸盐（锗代硫化铜）不归入本品目，因为它们分别是品目26.05或26.17的天然矿石。

（四）复合或络合硒盐（硒代碳酸盐、硒代氰酸盐等）。

（五）复合或络合碲盐（碲代碳酸盐、碲代氰酸盐等）。

（六）亚硝酸根合高钴酸盐（硝基钙酸盐）。

亚硝酸根合高钴酸钾（亚硝酸根钴钾、费歇尔黄）〔$K_3Co(NO_2)_6$〕，为微晶粉末，颇溶于水，是一种颜料，单独或混合后称为钴黄。

（七）复合或络合硝酸盐（硝酸四氨合镍及硝酸六氨合镍）。

硝酸氨合镍，为蓝色或绿色水溶性晶体，用作氧化剂及用以制纯镍催化剂。

（八）复合或络合磷酸盐（磷酸盐）。

1．正磷酸铵钠（$NaNH_4HPO_4 \cdot 4H_2O$）（磷酸氢铵钠），为无色易潮解晶体，溶于水，用作熔融金属氧化物的助熔剂。

2．正磷酸镁铵，为白色粉末，仅极微溶于水，用于制防火纺织品及医药。

3．含磷的络盐。例如，磷钼酸盐、磷硅酸盐、磷钨酸盐、磷锡酸盐。

本组包括：

（1）磷钼酸盐，用于显微研究。

（2）磷硅酸盐及磷锡酸盐，用于丝绸上胶。

（九）钨硼酸盐（硼钨酸盐）。

硼钨酸镉，为黄色晶体或存于水溶液中，用于按密度分离矿石。

（十）复合或络合氰酸盐。

（十一）复合或络合硅酸盐。

本组包括硅铝酸盐，不论其是否单独的已有化学定义的化合物。硅铝酸盐用于玻璃工业并作为绝缘体、离子交换剂、催化剂和分子筛等。

本类包括合成沸石，它们的通式为 $M_{2/n}O.Al_2O_3.ySiO_2.wH_2O$，M 为 n 价阳离子（通常为钠、钾、镁或钙），y≥2，w 为水的分子数。

然而，含粘结料的硅铝酸盐（例如，包含硅土粘土的硅酸盐）不包括在本品目内（品目 38.24 通常用颗粒大小来判别含粘结料的硅酸盐（颗粒通常在 5 微米以上）。

（十二）金属氧化物的复盐及络盐。

它们是铬酸钙钾之类的盐。

本品目不包括：

（一）络合氟盐（品目 28.26）。

（二）矾类（品目 28.33）。

（三）络合氰化物（品目 28.37）。

（四）叠氮酸的盐（叠氮化物）（品目 28.50）。

（五）铵与汞的氯化物（氯化汞铵或氯代汞酸铵）及碘化汞铜（品目 28.52）。

（六）硫酸镁钾，不论是否纯净（第三十一章）。

第六分章 杂项产品

28.43 胶态贵金属；贵金属的无机或有机化合物，不论是否已有化学定义；贵金属汞齐：

10 — 胶态贵金属

— 银化合物：

21 — — 硝酸银

29 — — 其他

30 — 金化合物

90 — 其他贵金属化合物；贵金属汞齐

一、胶态贵金属

本品目包括第七十一章所列各种贵金属（即：银、金、铂、铱、锇、钯、铑及钌）的胶态悬浮体。

这些胶态贵金属可以通过分散法或阴极粉碎法获得，也可以通过还原其无机盐中的一种获得。

胶态银呈微粒状或粉片状，浅蓝色、浅棕色或绿灰色，具有金属光泽。在医药上用作防腐剂。

胶态金，可呈红色、紫色、蓝色或绿色，用途与胶态银相同。

胶态铂，为灰色微粒，具有很强的催化性能。

这些胶态金属（例如，金），如果制成含有保护胶体（例如，明胶、酪蛋白、鱼胶）的胶体溶液时仍归入本品目。

二、贵金属的无机或有机化合物，不论是否已有化学定义

它们是：

（一）与第四分章的化合物相似的贵金属氧化物、过氧化物及氢氧化物。

（二）与第五分章的化合物相似的贵金属无机盐。

（三）与品目 28.48 至 28.50 的化合物相似的贵金属磷化物、碳化物、氢化物、氮化物、硅化物及硼化物（例如，磷化铂、氢化铂、氮化银、硅化铂）。

（四）与第二十九章的化合物相似的贵金属有机化合物。

同时含有贵金属和其他金属的化合物（例如，某种贱金属和某种贵金属的复盐、含有贵金属的络酯）也归入本品目。

以下是每一种贵金属的最常见化合物：

1．银化合物。

（1）银的氧化物。氧化二银（Ag_2O）是一种棕黑色粉末，微溶于水，曝露在光线下即变成黑色。

氧化一银（AgO）是一种灰黑色粉末。

银的氧化物主要用于制电池。

（2）卤化银。氯化银（AgCl）是一种白色团块或密质粉末，不溶于水，曝露在光线下颜色变深；装于暗色的不透明容器中，用于摄影、制陶瓷、医药及镀银。

本品目不包括角银矿（或角银）、天然的氯化银及碘化银（品目 26.16）。

溴化银（浅黄色）、碘化银（黄色）及氟化银的用途均与氯化银相似。

（3）硫化银。人造硫化银（Ag_2S）是一种重质灰黑色粉末，不溶于水，用于制造玻璃。

本品目不包括天然硫化银（辉银矿）、天然硫化银锑（深红银矿、脆银矿、硫锑铜银矿）及硫化银砷（淡红银矿）（品目 26.16）。

（4）硝酸银（$AgNO_3$），为白色晶体，溶于水，有毒，会损伤皮肤。用于玻璃或金属的镀银；染丝及染角质品；摄影；制不灭墨水；也用作防腐剂和杀寄生虫剂。它有时被人称为“银丹”，但“银丹”这个名字也用于与少量硝酸钠或硝酸钾，有时则与少量氯化银熔合的硝酸银。这种硝酸银构成了第三十章的烧灼剂。

（5）其他盐及无机化合物

硫酸银（Ag_2SO_4），为结晶体。

磷酸银（Ag_3PO_4），为淡黄色晶体，微溶于水；用于医药、摄影及光学方面。

氰化银（AgCN），一种白色粉末，见光颜色渐深，不溶于水；用于医药及镀银。硫氰化银（AgSCN）具有相似的外观，在摄影中用作增厚剂。

银和钾的络氰化盐〔$KAg(CN)_2$〕或银和钠的络氰化盐〔$NaAg(CN)_2$〕均是可溶的白色盐，用于电镀。

雷酸银，为白色晶体，轻微震动即行爆炸，搬运有危险；用以制发火帽（雷管）。

重铬酸银（$Ag_2Cr_2O_7$），为宝石红色结晶粉末，微溶于水；用于绘袖珍画（银红色、紫红色）。

高锰酸银，一种深紫色结晶粉末，可溶于水，用于防毒面具。

叠氮化银，一种爆炸物。

（6）有机化合物，包括：

A．乳酸银（白色粉末）及柠檬酸银（淡黄色粉末）；用于摄影并用作防腐剂。

B．草酸银，加热后分解并爆炸。

C．醋酸银、苯甲酸银、丁酸银、肉桂酸银、苦味酸银、水杨酸银、酒石酸银及戊酸银。

D．银的蛋白盐、有核物、核酸盐、清蛋白化物、胨酸盐、卵黄磷蛋白酸盐、单宁酸盐。

2．金化合物。

（1）氧化物。氧化亚金（Au_2O），不溶于水，深紫色粉末。氧化金（Au_2O_3）（金酸酐）是棕色粉末；对应的酸是氢氧化金或金酸〔$Au(OH)_3$〕，一种黑色产品，见光分解，从碱金属金酸盐衍生而得。

（2）氯化物。氯化亚金（AuCl），为浅黄色或浅红色结晶粉末。三氯化金（$AuCl_3$）（氯化金，棕色氯化物），一种红棕色粉末或结晶块，吸湿性强，报验时常装于密封的烧瓶或管中。四氯金（Ⅲ）酸（$AuCl_3 \cdot HCl \cdot 4H_2O$）（黄色氯化物）为黄色晶体，水合物；碱金属氯金酸盐是红黄色晶体；它们也归入本品目。这些产品用于摄影（制调色浴）、陶瓷及玻璃工业，也用于医药。

本品目不包括由氢氧化锡与胶态金混合而成的金锡紫（第三十二章）；该品用于制油漆及清漆，

特别是用于陶器着色。

（3）其他化合物。硫化金（Au_2S_3），一种浅黑色物质与碱金属硫化物化合形成硫金酸盐。

金和钠的复合亚硫酸盐〔$NaAu(SO_3)$〕及金和铵的复合亚硫酸盐〔$NH_4Au(SO_3)$〕，作为商品销售时为无色溶液，用于电镀。

亚金基硫代硫酸钠，用于医药。

氰化金（AuCN），一种结晶黄色粉末，遇热分解，用于电解法镀金及医药。与碱金属氰化物反应生成氰金酸盐，例如，四氰金酸钾〔$KAu(CN)_4$〕，为可溶于水的白色盐，用于电镀。

硫氰亚金酸钠，为橙黄色针状晶体，用于医药及摄影（调色液）。

3．钌化合物。二氧化钌（RuO_2）为蓝色产品，而四氧化钌（RuO_4）为橙色产品。三氯化钌（$RuCl_3$）及四氯化钌（$RuCl_4$）与碱金属氯化物、氨络合物或亚硝基络合物可生成复合氯化物。还有钌或碱金属的复合亚硝酸盐。

4．铑化合物。氯氧化铑〔$Rh(OH)_3$〕相对应于氧化铑（Rh_2O_3），为黑色粉末。三氯化铑（$RhCl_3$）与碱金属氯化物可产生氯代亚铑酸盐。另外还有带络矾或磷酸盐的硫酸铑、硝酸铑及络合亚硝酸铑；还有氰基亚铑酸盐与络合氨基或络合草酸的衍生物。

5．钯化合物。其中最稳定的氧化物是氧化钯（PdO），唯一的碱式化合物，为黑色粉末，遇热分解。

氯化钯（$PdCl_2$），为棕色易潮解粉末，溶于水，结合 2 个水分子的结晶体，用于陶瓷工业、摄影及电镀。

氯亚钯酸钾（K_2PdCl_4），一种棕色盐，颇溶于水，用作一氧化碳的检测剂，也归入本品目。还有氯钯酸盐、氨络化合物（二氨钯）、硫代钯酸盐、亚硝亚钯酸盐、氰基亚钯酸盐、草亚钯酸盐及硫酸亚钯。

6．锇化合物。二氧化锇（OsO_2）是一种深棕色粉末。四氧化锇（OsO_4）是一种挥发性固体，白色针状晶体，侵害眼及肺，用于组织学及显微摄影。四氧化锇可生成诸如锇酸钾（红色晶体）的锇酸盐，用氨及碱金属氢氧化物处理四氧化锇可生成亚锇酸盐，例如，钠或钾的亚锇酸盐（黄色晶体）等。

四氯化锇（$OsCl_4$）及三氯化锇（$OsCl_3$）生成碱金属氯锇酸盐及氯代亚锇酸盐。

7．铱化合物。除氧化铱外，还有四氢氧化铱〔$Ir(OH)_4$〕（蓝色固体，一种氯化物）、氯铱酸盐、氯亚铱酸盐、铱复合硫酸盐及铱氨络化合物。

8．铂化合物。

（1）氧化物。氧化亚铂（PtO）是一种紫色或浅黑色粉末。氧化铂（PtO_2）可形成多种水合物，其中之一即四水合物〔$H_2Pt(OH)_6$〕，是一种络酸（六氢氧基铂酸），其相应的盐如碱金属六氢氧基铂酸盐。还有相应的氨络合物。

（2）其他化合物。氯化铂（$PtCl_4$）呈棕色粉状或黄色溶液；用作试剂。商品氯化铂（氯铂酸）（H_2PtCl_6），为易潮解的斜方晶体，棕红色，溶于水；用于摄影（铂调色）、镀铂、陶瓷上釉或用以制海绵铂。还有相应的铂氨络合物。

还有与氯亚铂酸（H_2PtCl_4）相应的氨络合物，氯亚铂酸为红色固体。氰基亚铂酸钾及氰基亚铂酸钡用于制备射线摄影所需的荧光屏。

三、贵金属汞齐

它们是贵金属与汞的合金。金或银汞齐是最常见的汞齐，用作获得金和银的中间产品。

本品目包括同时含有贵金属和贱金属的汞齐（例如，某些用于牙科的汞齐）；但不包括仅含贱金属的汞齐（品目 28.53）。

本品目不包括汞齐以外的汞化合物，不论是否已有化学定义（品目 28.52）。

28.44　放射性化学元素及放射性同位素（包括可裂变或可转换的化学元素及同位素）及其化合物；含上述产品的混合物及残渣：

10　—　天然铀及其化合物；含天然铀或天然铀化合物的合金、分散体（包括金属陶瓷）、陶瓷产品及混合物

20　—　U_{235}浓缩铀及其化合物；钚及其化合物；含U_{235}浓缩铀、钚或它们的化合物的合金、分散体（包括金属陶瓷）、陶瓷产品及混合物

30　—　U_{235}贫化铀及其化合物；钍及其化合物；含U_{235}贫化铀、钍或它们的化合物的合金、分散体（包括金属陶瓷）、陶瓷产品及混合物

40　—　除子目2844.10、2844.20及2844.30以外的放射性元素、同位素及其化合物；含这些元素、同位素及其化合物的合金、分散体（包括金属陶瓷）、陶瓷产品及混合物

50　—　核反应堆已耗尽（已辐照）的燃料元件（释热元件）

一、同位素

一种元素的原子核，是以其原子序数划分的，总是有固定的相同质子数，但可能有不同的中子数，因此可能有不同的质量（不同的质量数）。

原子序数相同而质量数不同的核素，称为元素的同位素。比如，有几种原子序数同为 92 且都被称为铀的核素，而它们的质量数范围则从 227～240；例如，它们被称作铀 233、铀 235、铀 238 等。同样，氢 1、氢 2 或氘（归入品目 28.45）及氢 3 或氚都是氢的同位素。

一种元素化学行为的重要因数是与核中的正电荷数（质子数）紧密相关的；它决定了能实际影响其化学性质的核外电子数目。

因此，对于某种元素的各种同位素，因为该元素的核所含电荷数相同但质量数不同，所以这些同位素将具有相同的化学性质，而物理性质则各不相同。

化学元素既可以由单一核素组成（单种同位素元素），也可由两种或更多种同位素按已知不变的比率组合的混合物所组成。例如，天然氯，不论是否呈游离态或化合态，总是由含 75.4%的氯 35 及 24.6%的氯 37 的混合物构成（形成原子量为 35.457 的氯）。

当一种元素是由多种同位素的混合物组成时，其组分可以被分离开来，例如，通过素烧瓷管扩散、电磁分离或分级电解等法加以分离。同位素也可以通过用具有大动能的中子或带电粒子轰击天然元素而制得。

本章注释六及品目 28.44 和 28.45 所称“同位素”，不仅包括纯态的同位素，而且包括其天然同位素组分已被人工改良的化学元素，改良方法可以是富集其中的一些同位素（与贫化其中的另外一些同位素一样），也可以是通过核反应将一些同位素转变成为其他同位素，即人造同位素。例如，通过富集氯元素使其含 85%的氯 35（并因此贫化氯元素使其含 15%的氯 37）而获得的原子量为 35.30 的氯可作为一种同位素。

应注意的是以单种同位素态存在于自然界的元素，例如，铍 9、氟 19、铝 27、磷 31、锰 55 等均不作为同位素，而应根据其所呈游离态或化合态，归入相应的化学元素或化合物的具体品目。

通过人工获得的这些相同元素的放射性同位素（例如，铍 10、氟 18、铝 29、磷 32、锰 54）均应作为同位素。

因为人造化学元素（通常原子序数大于 92，或铀后元素）没有固定的同位素组分，而每种组分根据获得这种元素的不同方法而各不相同，因此在这种情况下是无法区分本章注释六所述的化学元素和它们的同位素。

本品目仅包括那些具有放射性现象的同位素（参见以下注释）；另一方面，稳定同位素应归入品目28.45。

二、放射性

某些核素的原子核不稳定，不论是呈纯态还是呈化合态，均放射出复杂的射线，产生诸如下列现象的物理或化学效应：

（一）气体的离子化。

（二）荧光。

（三）使照相底片模糊。

上述效应使我们有可能探测出这些射线并测量其强度，例如，通过利用盖革-缪勒计数管、比例计数器、电离室、威尔逊室、气泡流量计、闪烁计数器、感光软片或硬片来测定。

这就是放射性现象；化学元素、同位素、化合物，总的来说，能呈现出这种现象的物质都是放射性的物质。

三、放射性化学元素、放射性同位素及其化合物；含有这些产品的混合物及残渣

（一）放射性元素

本品目的放射性元素是指本章注释六（一）所述的放射性化学元素，即：锝、钷、钋及原子数序数大于 84 的元素，例如，砹、氡、钫、镭、锕、钍、镤、铀、镎、钚、镅、锔、锫、锎、锿、镄、钔、锘及铹。

这些元素通常是由许多种放射性同位素组成的元素。

然而，有些元素是由稳定同位素和放射性同位素混合组成的，例如，钾、铷、钐及镥（品目 28.05），因为它们具有低放射性且组成相对低百分比的混合物，可以作为实际上是稳定的元素，因此不归入本品目。

另一方面，同样元素（钾、铷、钐、镥），如果其放射性同位素经浓缩（钾 40、铷 87、钐 147、镥 176），则应作为本品目的放射性同位素。

（二）放射性同位素

对于上述天然放射性同位素钾 40、铷 87、钐 147、镥 176，可加上铀 235 及铀 238（详见以下第四款）及铊、铅、铋、钋、镭、锕或钍的某些同位素，这些同位素往往不以与其相对应的元素名称来命名，而往往以放射性转变前的元素来命名。因此，铋 210 命名为镭 E、钋 212 命名为钍 C′、锕 228 命名为新钍Ⅱ。

在正常情况下稳定的化学元素也可能在粒子加速器（回旋加速器、同步加速器等）产生的高动能粒子（质子、氘核）的轰击下变放射性元素或在核反应中吸收中子后变成放射性元素。

通过上述方法改性的元素称作人造放射性同位素。到目前为止已知的放射性同位素约 500 种，其中近 200 种已被用于实际应用中。除铀 233 及钚同位素（详见下面）外，最重要的一些放射性同位素有氢 3（氚）、碳 14、钠 24、磷 32、硫 35、钾 42、钙 45、铬 51、铁 59、钴 60、氪 85、锶 90、钇 90、钯 109、碘 131 及碘 132、氙 133、铯 137、铥 170、铱 192、金 198 及钋 210。

放射性化学元素及放射性同位素可自然地转变为更稳定的元素或同位素。

某种放射性同位素的数量减少至原有数量一半所需的时间，称为该种同位素的半衰期或衰变率。半衰期从高度放射性同位素的瞬间（对钍 C'，为 0.3×10^{-6}秒）到几十亿年（对钐 147，为 1.5×10^{11}年）各不相同，从而构成有关核素统计上的不稳定性的有利尺度。

放射性化学元素及同位素，即便相互混合或与放射性化合物、非放射性物质（例如，未经处理的辐射目标及放射源）混合，只要这种产品的放射性比度大于 74 贝克勒尔 / 克（0.002 微居里 / 克），仍应归入本品目。

（三）放射性化合物；含放射性物质的混合物及残渣

本品目的放射性化学元素及放射性同位素常以“示踪”的化合物或“示踪”的成品（即含有一个

或多个放射性原子的分子）形式付诸使用。即使此类化合物溶解于或分散于其他放射性或非放射性物料，或天然或人工与其他放射性或非放射性物料相混合，也应归入本品目。这些元素及同位素如果为合金、分散体或金属陶瓷时也应归入本品目。

放射性化学元素或放射性同位素通过化学方法或其他方法构成的无机或有机化合物及其溶液，即使放射性比度低于 74 贝克勒尔／克（0.002 微居里／克），仍应归入本品目；另一方面，合金、分散体（包括金属陶瓷）、陶瓷产品及含有放射性物质（元素、同位素及其化合物）的混合物，如果放射性比度大于 74 贝克勒尔／克（0.002 微居里／克），应归入本品目。放射性元素及同位素很少在游离态时使用，商业上都是制成化学化合物或合金。除以下第四款中由于其特性及重要性另行描述的可裂变化合物和可裂变化学元素及同位素外，最重要的放射性化合物还有：

1．镭盐（氯化镭、溴化镭、硫酸镭等），用作治疗癌症的辐射源并用于某些物理试验。

2．上述三（二）项所指的放射性同位素的化合物。

人造放射性同位素及其化合物用于：

（1）工业上，例如，用于金属射线摄影；测量片、板等的厚度；测量难测容器内液体的液面高度；加速硬化（硫化）；引发一些有机化合物的聚合或接枝；制发光漆（例如，与硫化锌混合）；钟表刻度盘及各种工具等。

（2）医药上，例如，用于诊断或治疗某些疾病（钴 60、碘 131、金 198、磷 32 等）。

（3）农业上，例如，用于农产品杀菌；阻止发芽；肥料应用及植物吸收肥料的研究；引起遗传变异以改良品种等（钴 60、铯 137、磷 32 等）。

（4）生物学上，例如，用于研究某些动植物器官的功能与发展（氚、碳 14、钠 24、磷 32、硫 35、钾 42、钙 45、铁 59、锶 90、碘 131 等）。

（5）物理或化学研究。

放射性同位素及其化合物通常制成粉状、溶液、针状、丝状或片状，它们一般装于玻璃安瓿、空心铂针管或不锈钢管等容器内，容器外面要包上防辐射金属（一般是铅），所用金属的厚度取决于该种同位素的放射强度。根据有关的国际协议，容器外必须贴上特殊标签，标明所装同位素的详细情况及其放射强度。

混合物可以包括某些中子源，这些中子源是通过产生一个（γ，n）或（α，n）反应（分别引进一个 γ 光子或一个 α 粒子，同时放出一个中子）的方式使一种放射性元素或同位素（镭、氡、锑 124、镅 241 等）与另外一种元素（钡、氟等）缔合（呈混合物、合金、化合态等）所形成的。

但所有已装配的，准备插入核反应堆以诱发裂变链反应的中子源，应作为反应堆元件归入品目 84.01。

为引入圆球形或棱柱形的燃料元件而镀有多层碳或碳化硅的核燃料微球体，应归入本品目。

本品目的产品也包括为使自身发光而加入少量放射性物质的发光体产品，只要这些产品的放射性比度大于 74 贝克勒尔／克（0.002 微居里／克）。

能重复使用的放射性残渣，最重要的有：

1．辐射或氚化重水：在核反应堆中停留一段时间后，重水中的一些氘吸收中子后转变成氚，因此重水便具有放射性了。

2．已耗尽（已辐照）的燃料元件（释热元件），通常具有极高的放射性，主要用于回收其中易裂变及可转换的物质（参见第四款）。

四、可裂变和可转换的化学元素和同位素及其化合物；含有这些物质的混合物及残渣

（一）可裂变及可转换的化学元素及同位素。

以上第三节所述的某些放射性化学元素及同位素具有很高的原子量，例如，钍、铀、钚及镅等，这些元素的原子核结构极为复杂。当这些核素受逊原子微粒（中子、质子、氘、氚、α 粒子等）的作用后，可吸收这些微粒，并因此变得更不稳定，以致使自身分裂成两个带周围物质的中等重量核子（极少数分裂成为三或四部分碎片）。这种裂变释放出相当大的能量并伴随着第二代中子的产生。这一过程称作裂变过程或核对分过程。

仅有很少数的裂变会自发发生或在光子的作用下发生。

裂变过程释放的第二代中子可导致第二级裂变的产生并因此又产生第二代中子等等。这一过程的重复出现成为连锁反应。

对于某些核素（铀 233、铀 235、钚 239）来说，如果使用慢中子，即中子的平均速度约为每秒 2200 米〔或能量在 1／40 电子伏特（eV）〕，则裂变的可能性一般更大。由于这个速度约相当于液体分子（热运动）的速度，慢中子有时也叫做热能中子。

目前，热能中子引起的裂变大部分用于核反应堆。

由于这种原因，“裂变”一词普遍用于描述在热能中子作用下进行裂变的同位素，尤指铀 233、铀 235、钚 239 及含有这些同位素（特别是铀和钚）的化学元素。

其他核素，诸如铀 238、钍 232，仅在快速中子的轰击下才能进行直接裂变，这些核素通常不称作可裂变核素而称作可转换核素。所称“可转换性”，是指这些核素能吸收慢中子，并分别生成具可裂变性的钚 239 及铀 233。

在热核反应堆（带减速中子）中，因为裂变释放的第二代中子的能量非常大（约 200 万电子伏特），如果要发生连锁反应，必须把这些中子的速度减下来。为此可使用“减速剂”，即低原子量的产品（例如，水、重水、某些碳氢化合物、石墨、铍等）。这些减速剂虽然能通过连续冲击吸收这些中子的部分能量，但并不吸收中子本身或仅吸收可略量的中子。

为了引起并保持连锁反应，裂变所产生的第二代中子的平均数目必须超过因被俘获或逃逸以致未引起裂变而损失的中子数量。

可裂变及可转换的化学元素列举如下：

1. 天然铀

天然态的铀由三种同位素组成：铀 238 构成其总量的 99.28%，铀 235 占 0.71%及微量（约 0.006%）的铀 234。因此，铀可被认为既是可裂变元素（因含有铀 235），又是可转换元素（因含有铀 238）。

铀主要是从沥青铀矿、天然氧化铀、钙铀云母、钛铀矿、钾矾铀矿或铜铀云母中提取而得。也可以从诸如制造过磷酸盐的残渣或金矿废料等次要来源中获得。正常的加工方法是通过用钙或镁，或用电解法来还原其四氟化物。

铀是一种略具放射性的元素，很重（比重为 19）、很硬。具有金属光泽的银灰色表面，但接触空气中的氧后失去光泽并生成氧化物。其粉末一遇空气即迅速氧化并燃烧。

铀通常以锭状形式销售，以便于抛光、磨锉或滚轧等（制成竿、棒、管、片、丝等）。

2. 钍

虽然钍石及橙黄石富含钍，但却非常稀少，因此钍主要从作为提取稀土金属原料的独居石中获得。

不纯的钍金属为极易引火的灰色粉末，通过电解其氟化物或还原其氟化物、氯化物或氧化物而得。所生成的金属在惰性气体中纯化烧结后成为钢灰色的重质锭块（比重为 11.5）；坚硬（但比铀软），与空气接触迅速氧化。

这些锭块经滚轧、挤压、拉伸后形成片、棒、管、丝等形状。天然钍主要由同位素钍 232 组成。

钍及某些钍合金主要用作核反应堆的可转换材料。而钍镁合金及钍钨合金用于航空工业及制热离子元件。

本品目不包括由钍制成的归入第十六类至第十九类的制品及其零件。

3. 钚

工业钚是在核反应堆中照射铀238而得。

钚很重（比重为19.8），具放射性，剧毒。外观及氧化倾向均与铀相似。

商品钚的式样与浓缩铀相同，接触时必须万分小心。

可裂变同位素包括：

（1）铀233：在核反应堆中得自钍232，这种元素依次转变成钍233、镤233及铀233。

（2）铀235：这是存在于自然界中的唯一可裂变的铀同位素，在天然铀中占0.71%的比例。为了获得铀235浓缩的铀和铀235贫化的铀（浓缩于铀238），须用电磁法、离心分离法或气体分离法将六氟化铀的同位素分离。

（3）钚239：在核反应堆中得自铀238，这种元素依次转化成铀239、镎239及钚239。

另外，值得一提的是某些钚后元素的同位素，例如，锎252、镅241、锔242及锔244，这些元素能引起裂变（不论是自发的还是人为的）并可用作强中子源。

对于可转换同位素，除钍232外，值得一提的是贫化铀（即U_{235}贫化后浓缩于U_{238}的铀）。这种金属是U_{235}浓缩的铀的副产品。由于其成本低廉，数量较大，因而用以代替天然铀，尤其用作可转换的物料、防放射线的安全屏、制飞轮用的重金属或净化某些气体用的吸附剂（真空吸气剂）。

本品目不包括用U_{235}贫化的铀制成的归入第十六类至第十九类的制品及其零件。

（二）可裂变及可转换化学元素或同位素的化合物。

本品目主要包括下列化合物：

1．铀化合物：

（1）氧化物：二氧化铀（UO_2）、八氧化三铀（U_3O_8）及三氧化铀（UO_3）。

（2）氟化物：四氟化铀（UF_4）及六氟化铀（UF_6）（六氟化铀在56℃时升华）。

（3）碳化物：一碳化铀（UC）及二碳化铀（UC_2）。

（4）铀酸盐：铀酸钠（$Na_2U_2O_7$）及铀酸铵〔$(NH_4)_2U_2O_7$〕。

（5）硝酸双氧铀：六水合硝酸铀酰〔$UO_2(NO_3)_2 \cdot 6H_2O$〕。

（6）硫酸双氧铀：三水合硫酸铀酰〔$UO_2SO_4 \cdot 3H_2O$〕。

2．钚的化合物：

（1）四氟化钚（PuF_4）。

（2）二氧化钚（PuO_2）。

（3）硝酸盐：硝酸双氧钚〔$PuO_2(NO_3)_2$〕。

（4）碳化物：碳化钚（PuC）及三碳化二钚（Pu_2C_3）。

（5）氮化钚（PuN）。

铀和钚的化合物主要用于核工业，作为中间产品或最终产品。六氟化铀通常装于密封的容器；相当毒，接触时须小心。

3．钍的化合物：

（1）氧化物及氢氧化物。氧化钍（ThO_2）是一种黄白色粉末，不溶于水。氢氧化钍〔$Th(OH)_4$〕是一种水合氧化钍。两者均得自独居石。它们都用于煤气灯罩，作为耐火产品或催化剂（乙酮合成）。氧化钍用于核反应堆中作为可转换原料。

（2）无机盐。这些盐通常为白色，其中最重要的有：

A．硝酸钍，为多少有些水合态的结晶体，或粉末（煅烧硝酸盐）。用于制发光漆。与硝酸铈混合后用于浸渍煤气灯罩。

B．硫酸钍，一种结晶粉末，溶于冷水；硫酸氢钍及碱金属复硫酸盐。

C．氯化钍（$ThCl_4$）（无水或水合的）及氯氧化钍。

D．亚硝酸钍及碳化钍，用作耐火产品、研磨剂或核反堆中的可转换原料。

（3）有机化合物。最熟悉的有机化合物是甲酸钍、乙酸钍、酒石酸钍及苯甲酸钍，均用于医药上。

（三）含可裂变或可转换元素或同位素及其有机或无机化合物的合金、分散体（包括金属陶瓷）、陶瓷产品、混合物或残渣。

本类最主要的产品是：

1．铀或钚与铝、铬、锆、钼、钛、铌或钒的合金。还有铀钚及铀铁合金。

2．二氧化铀（UO_2）或碳化铀（UC）分散于石墨或聚乙烯中的分散体（不论是否与氧化钍或碳化钍混合）。

3．由各种金属（例如，不锈钢）与二氧化铀（UO_2）、二氧化钚（PuO_2）、碳化铀（UC）或碳化钚（PuC）（或这些化合物与氧化钍或碳化钍的混合物）组成的金属陶瓷。

这些产品呈条、片、球、丝、粉末等形状，均用于制燃料元件，有时则直接用于反应堆。

装于护套中并且为装卸方便而配有特殊附加装置的上述条、片或球状产品，应归入品目84.01。

4．已耗尽或已辐照的燃料元件（释热元件），即经充分利用后须更换的燃料元件（例如，因裂变产品的积聚使链反应受到阻碍或者其护套已退化而需更换）。于深水中长时间存放使其冷却并使其放射性能减弱后，装于铅容器中运往装备有专门设施的地方，以便回收残余的可裂变物质、由可转换元素（通常含于燃料元件中）转变而成的可裂变物质以及裂变产品。

28.45　品目28.44以外的同位素；这些同位素的无机或有机化合物，不论是否已有化学定义：

10　—　重水（氧化氘）

90　—　其他

所称“同位素”的定义，参见品目28.44的注释第一款。

本品目包括稳定的同位素，即非放射性同位素及其无机或有机化合物，不论是否已有化学定义。

本品目包括下列同位素及其化合物：

一、重氢或氘。重氢从正常氢中分离而得，它在正常氢中占1／6500。

二、重水，是氘的氧化物。在普通水中，其含量为1／6500。通常作为电解水的残余物而获得。用作氘的来源，并用于核反应堆中使分裂铀原子的中子减速。

三、用氘制成的其他化合物，例如，重乙炔、重甲烷、重醋酸及重石蜡。

四、锂的同位素，称为锂6或锂7，及其化合物。

五、碳的同位素，称为碳13，及其化合物。

28.46　稀土金属、钇、钪及其混合物的无机或有机化合物：

10　—　铈的化合物

90　—　其他

本品目包括钇、钪及品目28.05所列稀土金属（镧、铈、镨、钕、钐、铕、钆、铽、镝、钬、铒、铥、镱、镥）的无机或有机化合物。本品目也包括通过化学处理这些元素的混合物而直接衍生的化合物，即本品目包括这些元素的氧化物或氢氧化物的混合物，或含有相同阴离子的盐的混合物（例如，稀土金属氯化物），但不包括含有不同阴离子的盐的混合物，不论其阳离子是否相同。因此，本品目不包括硝酸铕和硝酸钐与草酸盐的混合物，也不包括氯化铈和硫酸铈的混合物，因为它们均不是从各种元素的混合物直接衍生的化合物，而是为适应某些特殊用途而专门制造的化合物混合体，因此应归入品目38.24。

本品目包括这些金属与其他金属的复盐或络盐。

本品目包括下列化合物：

一、铈化合物。

（一）氧化物及氢氧化物。二氧化铈为白色粉末，不溶于水，得自硝酸铈；用于陶瓷产品中作遮光剂、玻璃上色、制弧光灯碳棒及在硝酸及氨的制造中作催化剂。还有氢氧化高铈。三氧化二铈及氢氧化铈均不太稳定。

（二）铈盐。硝酸铈〔$Ce(NO_3)_3$〕，用于制气灯纱罩。硝酸高铈铵为红色晶体。

铈的硫酸盐（硫酸铈及其水合物，水合硫酸高铈，橙色斜方晶体，溶于水），在摄影业中用作还原剂。还有铈的复硫酸盐。

除三氯化铈（$CeCl_3$）以外，还有其他各种无色铈盐及黄色或橙色高铈盐。

草酸铈为粉末或淡黄色水合晶体，几乎不溶于水；用于铈族金属的分离或医药。

二、其他稀土金属化合物。氧化钇（三氧化二钇）、氧化铽（三氧化二铽）、镱氧化物（镱氧）的混合物及其他商业稀土金属氧化物的混合物是相当纯净的。本品目包括从这些氧化物的混合物中直接衍生而得的盐的混合物。

铕、钐等的氧化物在核反应堆中用以吸收慢中子。

本品目不包括：

（一）稀土金属的天然化合物，例如，磷钇矿（络合磷酸盐）、硅铍钇矿、铈硅石（络硅酸盐）（品目 25.30）及独居石（钍及稀土金属的磷酸盐）（品目 26.12）。

（二）钷的无机或有机盐及其他化合物（品目 28.44）。

28.47　过氧化氢，不论是否用尿素固化

过氧化氢（H_2O_2）是将硫酸电解氧化后经过蒸馏而得，或用一种酸处理过氧化钡、过氧化钠或过硫酸钾而得。过氧化氢是一种无色液体，具普通水的外观，也可有糖浆般的稠度，浓缩后能侵蚀皮肤。装于坛中运输。

过氧化氢在碱性介质中很不稳定，尤其是见光或受热时更是这样。为防止分解，过氧化氢几乎都含有少量稳定剂（硼酸或柠檬酸等），这类混合物也归入本品目。

本品目还包括用尿素固化的过氧化氢，不论是否稳定。

过氧化氢用于漂白纺织物、羽毛、秸秆、海绵、象牙、毛发等，也用于瓮染、纯化水、修复旧画、摄影及医药（作防腐剂及止血剂）。

制成一定剂量或零售形状或包装的过氧化氢归入品目 30.04。

28.48　磷化物，不论是否已有化学定义，但不包括磷铁

磷化物是磷与另外一种元素的化合物。

本品目最重要的磷化物是由其组成的元素直接作用而成，它们包括：

一、磷化铜（亚磷化亚铜、黄磷铜），在反射炉或坩埚中炼制而得，常呈黄灰色团块或晶体结构的极脆锭状。本品目包括磷化铜及含磷重量在 15%以上的铜母合金，含磷重量低于 15%的通常归入第七十四章。磷化铜是铜的极好脱氧剂，能提高铜的硬度；改进熔融金属的流度，并用于生产磷青铜。

二、二磷化三钙（Ca_3P_2），为栗色小晶体或灰色粒状块，遇水后产生可自燃的磷化氢气体，和碳化钙一起用于海上信号（浮标上的自然照明灯）。

三、二磷化三锌（Zn_3P_2），具有玻璃状断面的有毒灰色粉末；在潮湿空气中变质并放出磷化氢，

用于灭杀啮齿动物及蝗虫，也用于医药上（代替磷）。

四、磷化锡，一种极脆的银白色固体，用于制合金。

五、其他磷化物。例如，磷化氢（固体、液体、气体）及砷、硼、硅、钡、镉的磷化物。

本品目不包括：

（一）磷与氧的化合物（品目 28.09）、磷与卤素的化合物（品目 28.12）或磷与硫的化合物（品目 28.13）。

（二）铂及其他贵金属的磷化物（品目 28.43）。

（三）磷铁（磷化铁）（品目 72.02）。

28.49　碳化物，不论是否已有化学定义：

10　—　　碳化钙

20　—　　碳化硅

90　—　　其他

本品目包括：

一、二元碳化物，为碳与电正性比碳大的另一种元素的化合物。乙炔化合物也归入本品目。

最有名的二元碳化物是：

（一）碳化钙（CaC_2），纯态为透明无色固体，不纯时为不透明灰色固体。遇水分解生成乙炔；用于制乙炔气及氰氨化钙。

（二）碳化硅（SiC）（硅化碳），在电炉中处理碳和硅石而得。为碾碎或小粒的黑色晶体、团块或无定形块。难熔；耐化学试剂；具有一定的折射力，几乎和钻石一样硬，但较脆。广泛用作磨料及耐火产品，与石墨混合后可用作电炉及高温炉的衬里，也用于制硅。本品目不包括以织物、纸、纸板或其他物料为衬背的粉状或粒状碳化硅（品目 68.05），也不包括制成砂轮、手工磨石形状等的碳化硅（品目 68.04）。

（三）碳化硼，在电炉中处理石墨和硼酸而得；为亮黑色坚硬晶体，用作磨料和用于凿岩或制冲模及电极。

（四）碳化铝（Al_4C_3），在电炉中用焦碳加热氧化铝而得；为透明黄色晶体或粉片。遇水分解生成甲烷。

（五）碳化锆（ZrC），在电炉中处理氧化锆和碳黑而得；接触空气或水后即行分解，用于制灯丝。

（六）碳化钡（BaC_2），通常在电炉中制得；浅棕色，结晶块。遇水分解生成乙炔。

（七）钨碳化物，在电炉中处理钨金属粉或氧化钨及碳黑而得；呈粉末状，遇水不分解，具有很高的化学稳定性。高熔点；极硬，耐热。其导电性与金属相似。易与铁类金属缔合。用于硬烧结体，例如，工具刀头的烧结体（通常与钴或镍等粘合剂相缔合）。

（八）其他碳化物。钼、钒、钛、钽或铌的碳化物，在电炉中处理上述金属粉末或其氧化物与碳黑而得；用途与碳化钨相同。还有铬及锰的碳化物。

二、由碳与一种以上金属元素化合组成的碳化物，例如，钛、钨碳化物〔(Ti,W)C〕。

三、由一种或多种金属元素与碳及其他非金属元素化合组成的化合物。例如，硼碳化铝、碳氮化锆、碳氮化钛。

以上某些化合物所含各种元素的比例虽不一定符合化学数量，但机械混合物不归入本品目。

本品目还不包括：

（一）碳与下列元素结合的二元化合物：氧（品目 28.11）、卤素（品目 28.12 或 29.03）、硫（品目 28.13）、贵金属（品目 28.43）、氮（品目 28.53）、氢（品目 29.01）。

（二）虽未经粘聚，但也用以制工具的板、杆、刀头等的金属碳化物的混合物（品目 38.24）。

（三）第七十二章的铁碳合金，例如，白生铁，不论其碳化铁含量如何。

（四）粘聚金属碳化物的混合物，已制成作工具用的板、杆、刀头及类似品（品目 82.09）。

28.50 氢化物、氮化物、叠氮化物、硅化物及硼化物，不论是否已有化学定义，但可归入品目 28.49 的碳化物除外

本品目包括四类化合物，每种化合物含有两个及两个以上元素，其中一个元素用以命名该类化合物（氢、氮、硅或碳），其他元素为非金属或金属。

一、氢化物

最重要的氢化物是氢化钙（CaH_2），通过钙和氢元素的直接化合而得，具有晶体断面的白色块，在低温条件下与水接触即分解并放出氢气。是一种还原剂，用以从氯化铬中提炼烧结铬。

此外还有氢化砷、氢化硅、氢化硼（包括硼氢化钠）、氢化锂（及氢化铝锂）、氢化钠、氢化钾、氢化锶、氢化锑、氢化镍、氢化钛、氢化锆、氢化锡、氢化铅等。

本品目不包括氢与下列元素的化合物：氧（品目 22.01、28.45、28.47 及 28.53）、氮（品目 28.11、28.14 及 28.25）、磷（品目 28.48）、碳（品目 29.01）及某些其他非金属（品目 28.06 及 28.11）。氢化钯及其他贵金属氢化物归入品目 28.43。

二、氮化物

（一）非金属氮化物。氮化硼（BN）是一种白色粉末，高度耐火，是热和电的绝缘体；用于电炉衬里或制坩埚。氮化硅（Si_3N_4）是一种灰白色粉末。

（二）金属氮化物。铝、钛、锆、铪、钒、钽或铌的氮化物，是在 1100℃或者 1200℃温度下将上述各种纯金属置于氮气中进行热处理而得，或在更高的温度下将上述各种金属的氧化物和碳的混合物置于氮和氨气流中进行热处理而得。

本品目不包括氮与下列元素的化合物：氧（品目 28.11）、卤素（品目 28.12）、硫（品目 28.13）、氢（品目 28.14）、碳（品目 28.53）。银的氮化物及其他贵金属氮化物归入品目 28.43，钍和铀的氮化物归入品目 28.44。

三、叠氮化物

金属叠氮化物可视为叠氮酸（HN_3）的盐。

（一）叠氮化钠（NaN_3），通过一氧化氮作用于氨基钠而得或从联氨、亚硝酸乙酯及氢氧化钠中制得，为无色结晶粉片。溶于水，在潮湿空气中会轻度变质。受空气中的二氧化碳强烈影响。象雷酸汞一样，叠氮化钠对震动很敏感，但对热的敏感性不如雷酸汞。用于制雷管的起爆炸药。

（二）叠氮化铅（PbN_6），得自叠氮化钠及醋酸铅，为白色结晶粉末，对震动非常敏感，保存于水下。用于代替雷酸汞作爆炸物。

四、硅化物

（一）硅化钙，为极硬的灰色结晶块，用于冶金中的局部产生氢并用于制烟幕弹。

（二）铬的硅化物。有几种铬的硅化物；这些硅化物是极硬物质，用作研磨料。

（三）硅化铜（品目 74.05 的硅铜母合金除外），常呈易碎的板状。用作精炼铜的还原剂，使铜便于模制及增进铜的硬度及抗裂力；硅化铜还能降低铜合金的腐蚀倾向，也用于制硅青铜或镍铜合金。

（四）硅化镁及硅化锰。

本品目不包括硅与下列元素的化合物：氧（品目 28.11）、卤素（品目 28.12）、硫（品目 28.13）、磷（品目 28.48）。硅化碳（碳化硅）归入品目 28.49，铂及其他贵金属的硅化物归入品目 28.43，含硅的铁合金及母合金归入品目 72.02 或 74.05，铝硅合金归入第七十六章。关于硅和氢的化合物，参

见以上第一款。

五、硼化物

（一）硼化钙（CaB_6），通过电解硼酸盐与氯化钙的混合物制得；为浅黑色结晶粉末，一种冶金的强还原剂。

（二）硼化铝，在电炉中制得；呈结晶块状，用于制玻璃。

（三）钛、锆、钒、铌、钽及钨的硼化物，均是在1800～2200℃的温度及真空的条件下加热处理上述金属粉末及纯硼粉的混合物而得，或用硼处理已汽化的上述金属而得。这些产品非常坚硬，均是电的优良导体，用于硬烧结体。

（四）镁、锑、锰及铁的硼化物等。

本品目不包括硼与下列元素的化合物：氧（品目28.10）、卤素（品目28.12）、硫（品目28.13）、贵金属（品目28.43）、磷（品目28.48）、碳（品目28.49）。关于硼与氢、氮、硅的化合物，参见以上一、二、四款的内容。

本品目不包括铜硼母合金（参见品目74.05的注释）。

【28.51】

28.52　汞的无机或有机化合物，不论是否已有化学定义，汞齐除外：

10　—　　已有化学定义的

90　—　　其他

本品目包括汞的无机或有机化合物，不论是否已有化学定义，汞齐除外。最常见的汞的化合物列举如下：

一、汞的氧化物。氧化汞（HgO）是最重要的汞氧化物。呈鲜红色结晶体粉末状（红色氧化汞）或以密度大的橙黄色无定形粉末状（黄色氧化汞）。这些氧化物均有毒，遇光会变成黑色。它们用于调制船舶漆或汞盐，还用作催化剂。

二、汞的氯化物。

（一）氯化亚汞（甘汞）（Hg_2Cl_2）。可呈无定形块状、粉末状或白色晶体；不溶于水。氯化亚汞用于制造焰火，或用于制瓷工业等。

（二）氯化汞（二氯化汞、升汞）（$HgCl_2$）。为斜方晶体或白色长针状晶体。溶于水（特别是热水）；剧毒。用于在铁的表面镀上青铜色，浸渍木材以使其耐火，在摄影中用作增厚剂，在有机化学中用作催化剂以及制造氧化汞。

三、汞的碘化物。

（一）碘化亚汞（HgI或Hg_2I_2）。呈粉末状，常为无定形，但有时为结晶体；通常为黄色，但有时为浅绿色或浅红色；微溶于水，剧毒。用于有机合成。

（二）碘化汞（二碘化汞、红色碘化物）（HgI_2）。为结晶体红色粉末，几乎不溶于水。剧毒。用于摄影（作为增厚剂）及分析。

四、汞的硫化物。人造硫化汞（HgS）为黑色。升华后或与碱性多硫化物一起加热后，黑色硫化汞会变成红色粉末（红色硫化汞、人造银朱），用作油漆或火漆的颜料。通过湿法制得的产品颜色较为鲜亮，但抗光作用较差。这种盐有毒。

本品目不包括天然硫化汞（朱砂、天然银朱）（品目26.17）。

五、汞的硫酸盐。

（一）硫酸亚汞（Hg_2SO_4）。白色结晶粉末，遇水分解生成碱式硫酸盐。用于制甘汞及标准电池。

（二）硫酸汞（$HgSO_4$）。白色无水结晶块（遇光即变黑色），或水合成结晶粉片（结合 1 个水分子）。用于制氯化汞或其他汞盐，也用于金或银的冶炼等。

（三）二氧硫酸三汞（$HgSO_4 \cdot 2HgO$）（碱式硫酸汞）。

六、汞的硝酸盐。

（一）硝酸亚汞（$HgNO_3 \cdot H_2O$），有毒，为无色结晶体。用于镀金、医药、制帽业中在制毡工序前的毛发处理（制帽的硝酸处理）、制醋酸亚汞等。

（二）硝酸汞〔$Hg(NO_3)_2$〕，为水合盐（一般结合 2 个水分子），无色晶体或者白色或淡黄色板块，易潮解，有毒。用于制帽业及镀金材料；也用作硝化助剂、有机合成中的催化剂以及用于制雷酸汞或氧化汞等。

（三）碱式硝酸汞。

七、汞的氰化物。

（一）氰化汞〔$Hg(CN)_2$〕。

（二）氧氰化汞〔$Hg(CN)_2 \cdot HgO$〕。

八、无机碱的氰基汞酸盐。氰基汞酸钾。为无色晶体，溶于水，有毒。用于镜子镀银。

九、雷酸汞〔分子式大概是 $Hg(ONC)_2$〕。为白色或浅黄色的针状晶体，溶于沸水，有毒。爆炸时发出红色烟雾。报验时装于盛满水的非金属容器中。

十、硫氰酸汞〔$Hg(SCN)_2$〕。为白色结晶粉末，微溶于水，在摄影中用作增厚底片的毒性盐。

十一、汞的砷酸盐。正砷酸汞〔$Hg_3(AsO_4)_2$〕。为淡黄色粉末，不溶于水，用于防污油漆。

十二、复盐或络盐。

（一）铵与汞的氯化物（氯化汞铵或氯代汞酸铵）。为白色结晶粉末，在热水中较易溶解；有毒。用于制造焰火。

（二）碘化汞铜。一种暗红色粉末，不溶于水，有毒，用于测温器。

十三、氨基氯化汞（$HgNH_2Cl$）。为白色粉末，见光变成浅灰色或浅黄色，不溶于水；有毒。用于制造焰火。

十四、乳酸汞，乳酸的盐。

十五、有机－无机汞化合物。这些化合物可以含有一个或数个汞原子，特别是（$-Hg \cdot X$）基，其中 X 是无机酸或有机酸的酸根。

（一）二乙基汞。

（二）二苯基汞。

（三）乙酸苯汞。

十六、氢化汞二溴荧光素。

十七、无化学定义的汞化合物（鞣酸汞盐、白蛋白汞盐、核蛋白汞盐等）。

本品目不包括：

（一）汞（品目 28.05 或第三十章）。

（二）贵金属汞齐、同时含有贵金属及贱金属的汞齐（品目 28.43）及仅含贱金属的汞齐（品目 28.53）。

28.53 其他无机化合物（包括蒸馏水、导电水及类似的纯净水）；液态空气（不论是否除去稀有气体）；压缩空气；汞齐，但贵金属汞齐除外

一、蒸馏水、导电水及类似的纯净水

本品目只包括蒸馏、再蒸馏或电渗的水，导电水及类似纯度的水，也包括经离子交换介质处理的水。

本品目不包括天然水，不论是否经过滤、消毒、纯化或软化（品目 22.01）。作为药物并制成一定剂量或零售包装的水应归入品目 30.04。

二、杂项无机化合物

本品目也包括未列名的无机化学产品（包括本章注释二所列的某些碳化物）。

本品目包括：

（一）氰及氰的卤化物，例如，氯化氰（CNCl）；氨基氰及其金属衍生物〔氰氨化钙除外（品目 31.02 或 31.05）〕。

（二）非金属氧硫化物（氧硫化砷、氧硫化碳、氧硫化硅）及非金属氯硫化物（氯硫化磷、氯硫化碳等）。硫光气（$CSCl_2$）（二氯硫化碳），通过氯作用于二硫化碳制得，是一种具有窒息性及催泪性的红色液体，遇水分解，用于有机合成。

（三）碱金属氨基化物，氨基化钠（$NaNH_2$）是通过加热的氨作用于钠铅合金制得，或用气态氨通过熔融钠制得。为桃红色或浅绿色结晶块，遇水分解。用于有机合成、制叠氮化物、氰化物等。

另外还有氨基化钾及其他金属氨基化物。

（四）碘化磷，可通过磷、碘及水的相互作用等方法制得；是一种还原剂。

（五）三氯硅烷（$SiHCl_3$）。由氯化氢（HCl）与硅反应制得，用于生产气相二氧化硅及高纯硅。

三、液态空气及压缩空气

商业上，液化空气装于钢或黄铜的真空套层容器，它能引起严重烧伤并使柔软的有机材料脆化。用于分馏法制备氧、氮及稀有气体。由于液态空气有快速蒸发作用，可用于实验室中作冷却剂。与木炭及其他产品混合后可构成一种用于矿业的烈性爆炸物。

本品目还包括：

（一）已除去稀有气体的液态空气。

（二）压缩空气。

四、汞齐，但贵金属汞齐除外

汞可与许多贱金属（碱金属、碱土金属、锌、镉、锑、铝、锡、铜、铅、铋等）形成汞齐。

汞齐可通过以下方法制得：汞直接作用于上述金属；用汞作阴极电解上述金属的盐；或电解汞盐（用上述金属作阴极）。

在低温下电解并蒸馏获得的汞齐用于制引火金属，这种引火金属较高温下所得的汞齐更具活性。它们也用于贵金属冶炼。

（一）碱金属汞齐。能分解水，所产生的热量比纯碱金属分解水时产生的热量少。因此碱金属汞齐是一种较纯碱金属更常用的还原剂。钠汞齐可用于制氢气。

（二）铝汞齐，在有机合成中用作还原剂。

（三）铜汞齐，含有少量添加的锡，用于牙科。铜汞齐是一种金属陶瓷，加热后变软，适于模制及修补瓷器。

（四）锌汞齐，用于电池中以防止腐蚀。

（五）镉汞齐，用于牙科及从烧结金属中制取钨丝。

（六）锑-锡汞齐，用于给熟石膏镀上青铜色。

本品目不包括含有贵金属的汞齐，不论是否与贱金属缔合（品目 28.43）。除汞齐以外的汞化合物，不论是否已有化学定义，归入品目 28.52。

第二十九章 有机化学品

注释：

一、除条文另有规定的以外，本章各品目只适用于：

（一）单独的已有化学定义的有机化合物，不论是否含有杂质；

（二）同一有机化合物的两种或两种以上异构体的混合物（不论是否含有杂质），但无环烃异构体的混合物（立体异构体除外），不论是否饱和，应归入第二十七章；

（三）品目29.36至29.39的产品，品目29.40的糖醚、糖缩醛、糖酯及其盐类和品目29.41的产品，不论是否已有化学定义；

（四）上述（一）、（二）、（三）款产品的水溶液；

（五）溶于其他溶剂的上述（一）、（二）、（三）款的产品，但该产品处于溶液状态只是为了安全或运输所采取的正常必要方法，其所用溶剂并不使该产品改变其一般用途而适合于某些特殊用途；

（六）为了保存或运输的需要，加入稳定剂（包括抗结块剂）的上述（一）、（二）、（三）、（四）、（五）各款产品；

（七）为了便于识别或安全起见，加入抗尘剂、着色剂或气味剂的上述（一）、（二）、（三）、（四）、（五）、（六）各款产品，但所加剂料并不使原产品改变其一般用途而适合于某些特殊用途；

（八）为生产偶氮染料而稀释至标准浓度的下列产品：重氮盐，用于重氮盐、可重氮化的胺及其盐类的偶合剂。

二、本章不包括：

（一）品目15.04的货品及品目15.20的粗甘油；

（二）乙醇（品目22.07或22.08）；

（三）甲烷及丙烷（品目27.11）；

（四）第二十八章注释二所述的碳化合物；

（五）品目30.02的免疫制品；

（六）尿素（品目31.02或31.05）；

（七）植物性或动物性着色料（品目 32.03）、合成有机着色料、用作萤光增白剂或发光体的合成有机产品（品目为32.04）及零售包装的染料或其他着色料（品目32.12）；

（八）酶（品目35.07）；

（九）聚乙醛、六亚甲基四胺（乌洛托品）及类似物质，制成片、条或类似形状作为燃料用的，以及包装容器的容积不超过 300 立方厘米的直接灌注香烟打火机及类似打火器用的液体燃料或液化气体燃料（品目36.06）；

（十）灭火器的装配药及已装药的灭火弹（品目38.13）；零售包装的除墨剂（品目38.24）；或

（十一）光学元件，例如，用酒石酸乙二胺制成的（品目90.01）。

三、可以归入本章两个或两个以上品目的货品，应归入有关品目中的最后一个品目。

四、品目29.04至29.06、29.08至29.11及29.13至29.20的卤化、磺化、硝化或亚硝化衍生物均包括复合衍生物，例如，卤磺化、卤硝化、磺硝化及卤磺硝化衍生物。

硝基及亚硝基不作为品目29.29的含氮基官能团。

品目29.11、29.12、29.14、29.18及29.22所称“含氧基”，仅限于品目29.05至29.20的各种含氧基（其特征为有机含氧基）。

五、

（一）本章第一分章至第七分章的酸基有机化合物与这些分章的有机化合物构成的酯，应归入有关分章的最后一个品目。

（二）乙醇与本章第一分章至第七分章的酸基有机化合物所构成的酯，应按有关酸基化合物归类。

（三）除第六类注释一及第二十八章注释二另有规定的以外：

1. 第一分章至第十分章及品目 29.42 的有机化合物的无机盐，例如，含酸基、酚基或烯醇基的化合物及有机碱的无机盐，应归入相应的有机化合物的品目；

2. 第一分章至第十分章及品目 29.42 的有机化合物之间生成的盐，应按生成该盐的碱或酸（包括酚基或烯醇基化合物）归入本章有关品目中的最后一个品目；以及

3. 除第十一分章或品目 29.41 的产品外，配位化合物应按该化合物所有金属键（金属-碳键除外）“断开”所形成的片段归入第二十九章有关品目中的最后一个品目。

（四）除乙醇外，金属醇化物应按相应的醇归类（品目 29.05）。

（五）羧酸酰卤化物应按相应的酸归类。

六、品目 29.30 及 29.31 的化合物是指有机化合物，其分子中除含氢、氧或氮原子外，还含有与碳原子直接连接的其他非金属或金属原子（例如，硫、砷或铅）。

品目 29.30（有机硫化合物）及品目 29.31（其他有机-无机化合物）不包括某些磺化或卤化衍生物（含复合衍生物）。这些衍生物分子中除氢、氧、氮之外，只有具有磺化或卤化衍生物（或复合衍生物）性质的硫原子或卤素原子与碳原子直接连接。

七、品目 29.32、29.33 及 29.34 不包括三节环环氧化物、过氧化酮、醛或硫醛的环聚合物、多元羧酸酐、多元醇或酚与多元酸构成的环酯及多元酸酰亚胺。

本条规定只适用于由本条所列环化功能形成环内杂原子的化合物。

八、品目 29.37 所称：

（一）“激素”，包括激素释放因子、激素刺激和释放因子、激素抑制剂以及激素抗体；

（二）“主要用作激素的”，不仅适用于主要起激素作用的激素衍生物及结构类似物，也适用于在本品目所列产品合成过程中主要用作中间体的激素衍生物及结构类似物。

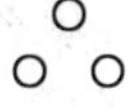

子目注释：

一、属于本章任一品目项下的一种（组）化合物的衍生物，如果该品目其他子目未明确将其包括在内，而且有关的子目中又无列名为“其他”的子目，则应与该种（组）化合物归入同一子目。

二、第二十九章注释三不适用于本章的子目。

总　注　释

总的来说，除本章注释一另有规定的以外，本章仅限于单独的已有化学定义的化合物。

一、已有化学定义的化合物

（本章注释一）

单独的已有化学定义的化合物是由一分子种类（例如，通过共价键或离子键结合）组成的物质，此种物质的各种组成元素的比例是固定的而且可以用确定的结构图进行表示。在晶格化合物中，其分子种类相当于重复单元晶胞。

单独的已有化学定义的化合物如含有在其制造（包括纯化）过程中或制造后故意加入的其他物质，不归入本章。因此，如果为了使糖精适于作甜味剂而掺入乳糖，所得的产品不归入本章（参见品目 29.25 的注释）。

本章的单独的已有化学定义的化合物可含有杂质〔注释一（一）〕。但品目 29.40 所述的糖是这项规定的一个例外，该品目的糖仅限于化学纯糖。

所称“杂质”，仅适用于只在制造过程（包括纯化过程）中直接产生的存在于单项化学化合物中的物质。这些物质是由于制造过程中的种种原因而产生的，主要有：

（一）未转化的原料。

（二）存在于原料中的杂质。

（三）制造过程（包括纯化过程）中所使用的试剂。

（四）副产品。

但应注意，这些物质并非在任何情况下都可视作本章注释一（一）所允许存在的杂质。如果这些物质是为了改变产品的一般用途而适合于某些特殊用途故意在产品中残留下来的，便不得视作允许存在的杂质。例如，为使乙酸甲酯更适合于作溶剂之用而故意留有甲醇，这种产品即不归入本章（品目 38.14）。某些化合物（例如，乙烷、苯、苯酚、吡啶）在品目 29.01、29.02、29.07 及 29.33 的注释中列有特定的纯度标准。

本章所列单独的已有化学定义的化合物可以是溶于水中的。与第二十八章总注释规定的条件一样，本章也包括非水溶液及已加入稳定剂、抗尘剂或着色剂的化合物（及其溶液）。例如，苯乙烯加入作为抑制用的叔丁基邻苯二酚后仍归入品目 29.02。第二十八章总注释关于加入稳定剂、抗尘剂及着色剂的规定，一般也适用于本章的化学化合物。这些化合物还可按加入着色剂相同的条件加入有味物质（例如，在品目 29.03 的溴甲烷中加入少量的三氯硝基甲烷）。

本章还包括同一有机化合物的异构体混合物，不论是否含有杂质。本规定仅适用于化学功能相同的化合物的混合物，这些化合物可以是天然共存的，也可以是在同一合成过程中同时获得的。但无环碳氢异构体（立体异构体除外）的混合物，不论是否饱和，均不归入本章（第二十七章）。

二、第二十八章化合物与第二十九章化合物的区别

贵金属、放射性元素、同位素、稀土金属、钇、钪的有机化合物，以及第二十八章总注释第二款所列的其他含碳化合物不归入第二十九章（参见第六类注释一以及第二十八章注释二）。

除第二十八章注释二所列的以外，有机-无机化合物应归入第二十九章。

三、不是单独的已有化学定义的化合物但仍归入第二十九章的产品

第二十九章仅适用于单独的已有化学定义的化合物，这一规定也有例外。这些例外包括下列产品：

29.09 —— 过氧化酮

29.12 —— 醛类的环状聚合物；仲甲醛

29.19 —— 乳磷酸盐

29.23 —— 卵磷脂及其他磷氨基类脂

29.34 —— 核酸及其盐

29.36 —— 维生素原及维生素（包括浓缩物及相互混合物），不论是否溶于溶剂

29.37 —— 激素

29.38 —— 苷及其衍生物

29.39 —— 植物碱及其衍生物

29.40 —— 糖醚、糖缩醛和糖酯以及它们的盐

29.41 —— 抗菌素

本章还包括以中性盐等物稀释至标准浓度的重氮盐（参见品目 29.27 注释第一款），用作重氮盐、可重氮化的胺类及其盐的偶合剂。这些产品供生产偶氮染料之用。它们有固体也有液体。

本章还包括品目 29.36 至 29.39 及 29.41 产品的聚乙二醇化〔聚乙二醇（PEGs）聚合物〕衍生物。对于这些产品，聚乙二醇化衍生物与其未聚乙二醇化的产品归入同一品目。但是，第二十九章其他品

目所列产品的聚乙二醇化衍生物不归入本章（通常归入品目 39.07）。

四、不包括在第二十九章内的单独的已有化学定义的化合物

（本章注释二）

（一）某些单独的已有化学定义的化合物即使是纯净的，也一律不归入第二十九章。这些化合物除归入第二十八章的产品外（参见第二十八章总注释第二款），还有：

1. 蔗糖（品目 17.01）；乳糖、麦芽糖、葡萄糖及果糖（品目 17.02）。

2. 乙醇（品目 22.07 或 22.08）。

3. 甲烷及丙烷（品目 27.11）。

4. 免疫制品（品目 30.02）。

5. 尿素（品目 31.02 或 31.05）。

6. 动、植物着色料（例如，叶绿素）（品目 32.03）。

7. 合成有机染料（包括颜料）以及用作荧光增白剂（例如，某些芪衍生物）的合成有机产品（品目 32.04）。

（二）某些原应归入第二十九章的单独的已有化学定义的有机产品，如果制成一定形状或经过某些不改变其化学成分的处理后，就不能再归入第二十九章。例如：

1. 制成一定剂量或制成零售形状或包装的治疗或预防疾病用的产品（品目 30.04）。

2. 经过处理使其发光后用作发光体的产品（例如，邻羟苄基醛连氮）（品目 32.04）。

3. 制成零售形状或包装的染料及其他色料（品目 32.12）。

4. 制成零售形状或包装的香水、化妆品及盥洗品（例如，丙酮）（品目 33.03 至 33.07）。

5. 制成净重不超过 1 千克的零售包装胶或胶粘产品（品目 35.06）。

6. 制成一定形状的固体燃料（例如，聚乙醛、六亚甲基四胺）或包装容器的容积不超过 300 立方厘米的直接灌注香烟打火机及类似打火器用的液体或液化气体燃料（例如，液体丁烷）（品目 36.06）。

7. 制成标准份额或零售形式供摄影用的氢醌及其他未混合产品（品目 37.07）。

8. 制成品目 38.08 所列形式的消毒剂、杀虫剂等。

9. 制成灭火器用的装配药或装于灭火弹的产品（例如，四氯化碳）（品目 38.13）。

10. 制成零售包装的除墨剂（例如，品目 29.35 氯胺的水溶液）（品目 38.24）。

11. 光学元件（例如，酒石酸乙二胺）（品目 90.01）。

五、可归入第二十九章内两个及两个以上品目的产品

（本章注释三）

这类产品应按序号归入有关品目中的最后一个品目。例如，抗坏血酸既可作为内酯（品目 29.32），也可作为维生素（品目 29.36），因此应归入品目 29.36。同样道理，烯丙雌醇是一种环醇（品目 29.06），但也是一种具有原甾烷结构的甾族化合物，主要用作激素（品目 29.37），因此应归入品目 29.37。

但必须注意，品目 29.40 条文最后一句明确地规定不包括品目 29.37、29.38 及 29.39 的产品。

六、卤化、磺化、硝化或亚硝化衍生物及其复合衍生物

（本章注释四）

第二十九章某些品目包括有关的卤化、磺化、硝化及亚硝化衍生物。这些衍生物包括复合衍生物。例如，磺卤化、硝卤化、硝磺化、硝磺卤化衍生物等。

硝基及亚硝基不应作为品目 29.29 的含氮基。

卤化、磺化、硝化及亚硝化衍生物是母体化合物中的一个或多个氢原子被一个或多个卤素、磺酸基（$-SO_3H$）、硝基（$-NO_2$）、亚硝基（$-NO$）或其任何复合基取代而得的。影响其归类的任何功能基团（例如，醛、羧酸、胺）在这类衍生物中应保持完整。

七、酯类、盐类、配位化合物及某些卤化物的归类

（本章注释五）

（一）酯类

第一分章至第七分章的含酸基有机化合物与这些分章的有机化合物所形成的酯，应与有关分章的最后一个品目所列的化合物一同归类。

例如：

1. 乙酸二甘醇酯（品目 29.15 的乙酸与品目 29.09 的二甘醇反应所生成的酯）应归入品目 29.15。

2. 苯磺酸甲酯（品目 29.04 的苯磺酸与品目 29.05 的甲醇反应所生成的酯）应归入品目 29.05。

3. 邻苯二甲酸一丁酯（多元酸的一个酸基（COOH）中的氢被取代的酯）应归入品目 29.17。

4. 例如丁基苯二甲酰乙醇酸丁酯（品目 29.17 的邻苯二甲酸及品目 29.18 的乙醇酸与品目 29.05 的丁醇反应所形成的酯）应归入品目 29.18。

但这一规定不适用于酸基化合物与乙醇反应所生成的酯，因为乙醇不归入第二十九章。这类酯应与其衍生前的酸基化合物一同归类。

例如，乙酸乙酯（品目 29.15 的乙酸与乙醇反应所生成的酯）应归入品目 29.15。

但还应注意，糖酯及其盐应归入品目 29.40。

（二）盐类

除第六类注释一及第二十八章注释二另有规定的以外：

1. 第一分章至第十分章或品目 29.42 的有机化合物（例如，酸、酚或烯醇基化合物或有机碱）的无机盐，应归入相应的有机化合物的品目。

这些盐可通过下列反应制得：

（1）酸、酚或烯醇有机化合物与无机碱反应。

例如，甲氧基苯甲酸钠（品目 29.18 的甲氧基苯甲酸与氢氧化钠反应所生成的盐）应归入品目 29.18。

这类酯的盐也可以通过上述类型的酸酯与无机碱反应生成。

例如，邻苯二甲酸正丁酯铜（品目 29.17 的邻苯二甲酸一丁酯与氢氧化铜反应所生成的盐）应归入品目 29.17。

（2）有机碱与无机酸反应。

例如，盐酸乙二胺（品目 29.21 的乙二胺与品目 28.06 的盐酸反应所生成的盐）应归入品目 29.21。

2. 第一分章至第十分章或品目 29.42 的有机化合物之间反应生成的盐，应按生成这种盐的相应碱或酸（包括酚或烯醇基化合物）归入本章有关品目的最后一个品目中。

例如：

（1）乙酸苯胺（品目 29.15 的乙酸与品目 29.21 的苯胺反应所生成的盐）应归入品目 29.21。

（2）苯氧基乙酸甲胺（品目 29.21 的甲胺与品目 29.18 的苯氧基乙酸反应生成的盐）应归入品目 29.21。

（三）配位化合物

金属配位化合物通常包括各种类型，无论是否带有电荷，其中某一金属与一个或多个配位体所提供的几个原子（一般为 2～9 个）相键合。由金属和与其键合的原子所形成的几何结构，以及与金属连接的数目，通常体现了该特定金属的特征。

除可归入第十一分章或品目 29.41 的产品外，配位化合物应视为该化合物所有金属键（金属-碳键除外）“断开”所形成的片段，并应按该片段（在归类上可视为一种真实的化合物）归入第二十九章有关品目中的最后一个品目。

本章注释五（三）3 所称“片段”，包括配位体及从断开中得到的含有金属－碳键的各部分。

举例如下：

三草酸根合铁酸钾（III）可归入草酸所归入的品目（品目 29.17），与金属键断开后所形成的片段相对应。

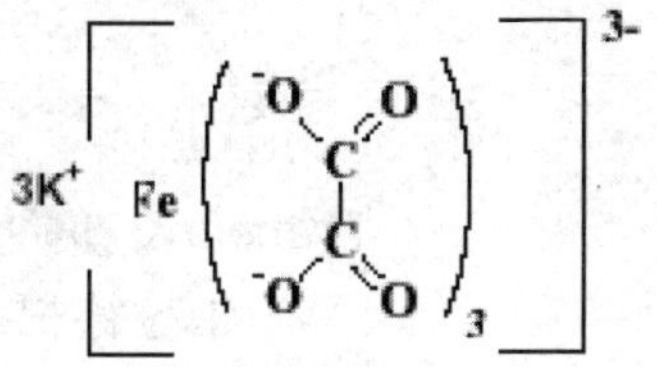

枸橼酸铁胆碱（INN）可归入包括胆碱的品目（品目 29.23），即归入有关品目中的最后一个品目，而不归入在归类上可以考虑的与另一片断相对应的柠檬酸的品目。

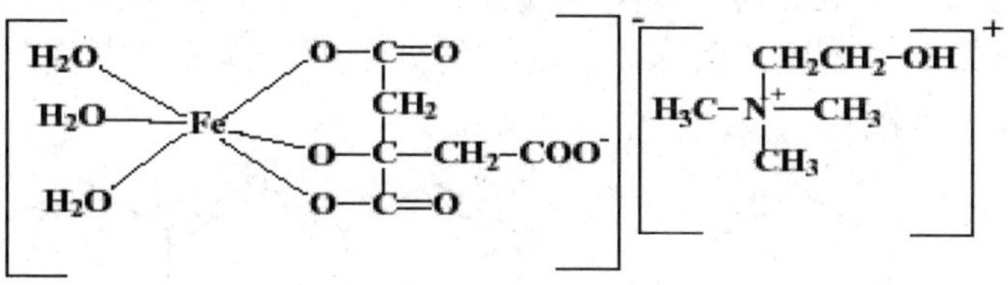

布多替钛（INN）：金属键断开后得到两个片断，其中一个与乙醇相对应（第二十二章），另一个与归入品目 29.14 的苯甲酰丙酮（及其烯醇功能）相对应。因此，布多替钛（INN）应归入品目 29.14。

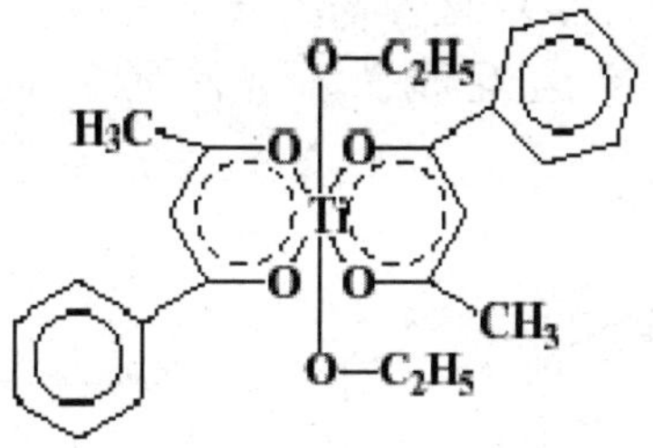

（四）羧酸的卤化物

这类卤化物应按相应的酸一同归类。例如，异丁酰氯应按相应的异丁酸归入品目 29.15。

八、品目 29.32、29.33 及 29.34 的归类

（本章注释七）

如果环内杂原子仅是本条所列的环化官能团，品目 29.32、29.33 及 29.34 不包括三元环环氧化物、过氧化酮、醛或硫醛的环聚合物、多元羧酸酐、多元醇或酚与多元酸形成的环酯及多元酸酰亚胺。

如果除了第二十九章注释七第一句所列的官能团外，结构式中还含有其他的环杂原子，在进行归类时应该考虑到所有的环化官能团。因此，例如，阿那昔酮（INN）及帕拉德福韦（INN）应按含两个或以上不同杂原子的杂环化合物归入品目 29.34，而不是作为仅含氮杂原子的杂环化合物归入品目 29.33。

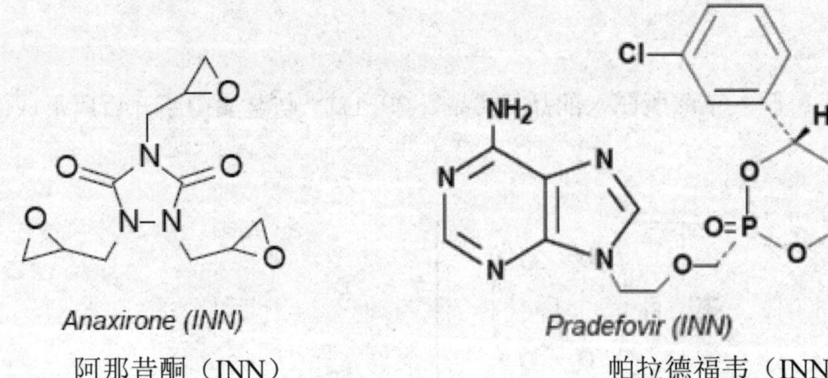

阿那昔酮（INN） 帕拉德福韦（INN）

九、衍生物的归类

化学化合物的衍生物在品目一级的归类，应根据归类总规则来确定。当一个衍生物可能归入两个或多个品目时，应运用本章注释三来确定其归类。

衍生物在本章任一品目项下的归类，应根据本章的子目注释来确定。

十、稠环系

稠环系是一个至少由两个环构成的环系，其中每两个环仅含有一个公共键和两个共用原子。

稠环系存在于多环化合物（例如，多环烃、杂环化合物）的分子中，其分子中两个环由一条包含两个相邻原子的公共边连结。例子见下图：

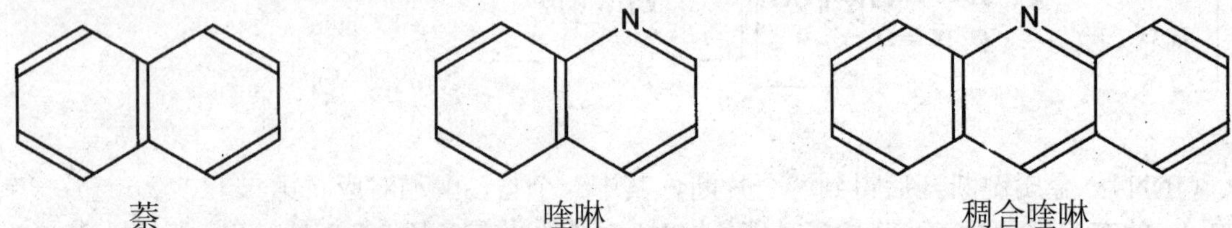

萘 喹啉 稠合喹啉

在复杂的环系中，稠合可能在任何独立环的多条边上发生。多环化合物的分子中两个环仅含有两个共用原子的称为“单边稠”。另外，多环化合物的分子中一个环与相邻两个或多个环的每个环一起仅含有两个共用原子的称为“单边互稠”。这两种不同类型的稠环系图解说明如下：

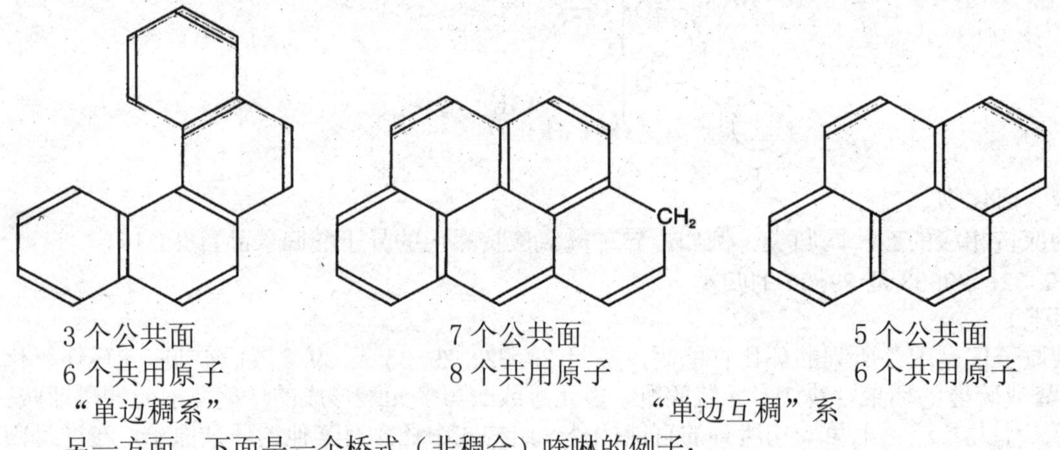

3 个公共面
6 个共用原子
“单边稠系”

7 个公共面
8 个共用原子

5 个公共面
6 个共用原子

“单边互稠”系

另一方面，下面是一个桥式（非稠合）喹啉的例子：

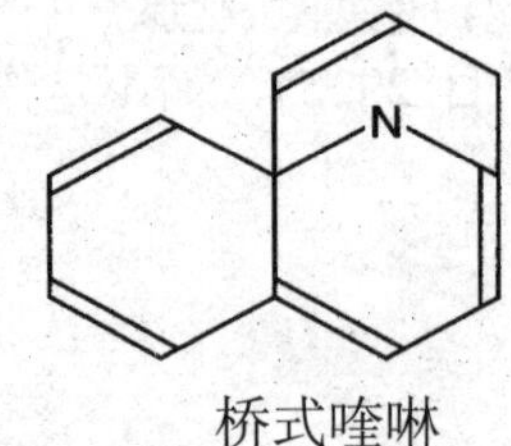

桥式喹啉

第一分章　烃类及其卤化、磺化、硝化或亚硝化衍生物

29.01　无环烃：

10　—　　饱和

　　—　　不饱和：

21　——　乙烯

22　——　丙烯

23　——　丁烯及其异构体

24　——　1,3-丁二烯及异戊二烯

29　——　其他

无环烃是仅含碳和氢而且分子结构中无环的化合物。它可分为两类：

（一）饱和无环烃。

（二）不饱和无环烃。

一、饱和无环烃

这些化合物构成通式为 C_nH_{2n+2} 的一系列同系物，大量存在于自然界中，是石油的主要组分。

最基本的烃是具有一个碳原子的甲烷（CH_4）。但甲烷及具有三个碳原子的丙烷（C_3H_8）即使是纯净的，也应归入品目 27.11。

本品目的饱和无环烃包括：

（一）乙烷（C_2H_6），含有两个碳原子。

归入本品目乙烷按体积计算必须达到95%及以上的纯度，低于此纯度的乙烷不归入本品目（品目 27.11）。

（二）丁烷（C_4H_{10}），含有四个碳原子。

（三）戊烷，含有五个碳原子。

（四）己烷，含有六个碳原子。

（五）庚烷，含有七个碳原子。

（六）辛烷，含有八个碳原子。

（七）壬烷，含有九个碳原子。

（八）癸烷，含有十个碳原子。

（九）十五烷，含有十五个碳原子。

（十）三十烷，含有三十个碳原子。

（十一）六十烷，含有六十个碳原子。

这些饱和烃均不溶于水。在常温常压下，含有四个及以下碳原子的烃均为气态；含有五至十五个碳原子的烃均为液态；含有十五个以上碳原子的烃通常为固态。

这些烃分子中的一个或数个氢原子可被烷基（例如，甲基、乙基、丙基）所取代；因此异丁烷（2-甲基丙烷，三甲基甲烷）与正丁烷的分子式相同。

在工、商业上，本品目最重要的烃是乙烷和丁烷气，两者皆从石油或天然气中获得。

归入本品目的饱和无环烃，不论是从提炼石油或天然气中获得，还是合成制得，都必须是单独的已有化学定义的化合物〔关于乙烷纯度的标准，参见以上第（一）项〕。但本品目不包括品目 27.11 的粗丁烷、粗石油气及类似的粗气态烃。

二、不饱和无环烃

这些不饱和烃所含氢原子数比相同碳原子数的饱和无环烃少二个、四个、六个等。这些化合物含有双键或三键。

（一）单烯烃

这些化合物组成通式为 C_nH_{2n} 的一系列同系物。它们存在于许多有机物质（煤气、石油的裂化产品等）热裂解后的产品中，也可通过合成制得。

1．这一系列中低碳数的化合物为气态，它们有：

（1）乙烯（C_2H_4），为稍带乙醚气味的无色气体，具有强烈麻醉性。用于制备多种有机化合物（例如，氧化乙烯、乙苯、合成乙醇、聚乙烯）。

归入本品目的乙烯，按体积计算纯度必须在95%及以上。低于此纯度的乙烯不归入本品目（品目27.11）。

（2）丙烯（C_3H_6），为无色高度易燃气体，是一种窒息剂。

归入本品目的丙烯，按体积计算纯度必须在90%及以上。低于此纯度的丙烯不归入本品目（品目27.11）。

（3）丁烯（C_4H_8）。

归入本品目的这类不饱和无环烃必须为单独的已有化学定义的化合物。但本品目不包括品目27.11的粗气态烃。

在一般贸易中，所有这些产品均加压成液态。

2．含有五个至十五个碳原子的单烯烃为液态。其中最重要的产品包括：

（1）戊烯。

（2）已烯。

（3）庚烯。

（4）辛烯。

3．含有十五个以上碳原子的烯烃为固体。

（二）多烯烃

这些化合物组成一系列具有两个或多个双键的化合物。它们包括：

1．丙二烯（C_3H_4）。

2．1,2-丁二烯（甲基丙二烯）（C_4H_6）。

3．1,3-丁二烯（C_4H_6），为无色高度易燃气体。

4．2-甲基-1,3-丁二烯（异戊二烯）（C_5H_8），为无色高度易燃液体。

（三）炔烃系

炔烃含有一个三键（单炔，通式为 C_nH_{2n-2}）或多个三键（多炔）。

最重要的产品是乙炔（C_2H_2），为具有特殊气味的无色气体。乙炔可合成很多产品（例如，乙酸、丙酮、异戊二烯、氯乙酸、乙醇）。

报验时，加压溶于丙酮后混于盛有硅藻土的特种钢筒中的乙炔，仍归入本品目〔参见本章注释一（五）〕。

炔烃系的其他化合物有：

1．丙炔（甲基乙炔）。

2．丁炔（乙基乙炔）。

（四）烯炔烃

此类化合物的分子中含有烯键和炔键。其中最重要的是乙烯基乙炔（乙炔中的一个氢原子被乙烯基取代）及甲基乙烯基乙炔（乙炔中的二个氢原子均被取代—— 一个被乙烯基取代，另一个被甲基取代）。

29.02 环烃：

— 环烷烃、环烯及环萜烯：

11 — — 环己烷

19 — — 其他

20 — 苯

30 — 甲苯

— 二甲苯：

41 — — 邻二甲苯

42 — — 间二甲苯

43 — — 对二甲苯

44 — — 混合二甲苯异构体

50 — 苯乙烯

60 — 乙苯

70 — 异丙基苯

90 — 其他

环烃是仅含有碳和氢而且分子结构中最少有一个环的化合物。它可分成三类：

（一）环烷及环烯。

（二）环萜烯。

（三）芳香烃。

一、环烷及环烯

饱和单环烷是通式为 C_nH_{2n} 的环烃，而多环烷或不饱和环烷（环烯）则是通式为 C_nH_{2n-X}（X 可为 2、4、6 等）的环烃。

（一）单环烷包括存在于某些石油中的聚亚甲基及环烷烃。例如：

1．环丙烷（C_3H_6）（气体）。

2．环丁烷（C_4H_8）（气体）。

3．环戊烷（C_5H_{10}）（液体）。

4．环己烷（C_6H_{12}）（液体）。

（二）多环烷包括：

1．十氢化萘（$C_{10}H_{18}$），为无色液体，用作油漆、真漆、擦亮剂的溶剂。

2．桥式联接化合物。例如，1,4,4a,5,6,7,8,8a-八氢化-挂-1,4-桥-5,8-二甲桥萘（$C_{12}H_{16}$），用于制 HEOD 杀虫药。

3．具有“笼型”结构的化合物。例如，五环〔5.2.1.$O^{2,6}$.$O^{3,9}$.$O^{5,8}$〕癸烷（$C_{10}H_{12}$），可用以生成十二氯五环〔5.2.1.$O^{2,6}$.$O^{3,9}$.$O^{5,8}$〕癸烷。

（三）环烯包括：

1．环丁烯（C_4H_6）（气体）。

2．环戊烯（C_5H_8）（液体）。

3．环己烯（C_6H_{10}）（液体）。

4．环辛四烯（C_8H_8）（液体）。

5．甘菊环烃（$C_{10}H_8$）（固体）。

但本品目不包括归入品目 32.04 的合成胡萝卜素。

二、环萜烯

这类烃在化学结构上与环烯类没有什么不同，其通式为$(C_5H_8)_n$，而 n 必须为 2 或大于 2。它们以有味易挥发的液体形式存在于天然植物界中。例如：

（一）蒎烯，是松节油、松木油、肉桂油等的组分；是一种无色液体。

（二）莰烯，含于肉豆蔻油、橙叶油等中。

（三）苧烯（柠檬烯），存在于柠檬油中；双戊烯是苧烯的混合光学异构体。本品目不包括粗双戊烯（品目 38.05）。

本品目不包括精油（品目 33.01）、脂松节油、木松节油、硫酸盐松节油及用蒸馏或其他方法处理针叶木所得的其他松节油（品目 38.05）。

三、芳香烃

这类化合物含有 1 个或数个稠合或非稠合苯环。苯是一种由 6 个碳原子和 6 个氢原子所组成的烃，由 6 个（CH）原子群构成一个六方形环。

（一）含有 1 个苯环的烃。它们包括苯及其同系物。

1．苯（C_6H_6），存在于煤气、某些石油之中，以及干馏富含碳的多种有机化合物（煤、褐煤等）所得的液体产品中；也可通过合成制得。纯态时是一种无色、流动、有折射性的液体。易挥发，易燃，具有芳香气味。苯能迅速溶解树脂、脂肪、精油、橡胶等，还可以合成很多产品。

归入本品目的苯，按重量计纯度必须在 95%及以上，低于此纯度的苯不归入本品目（品目 27.07）。

2．甲苯（$C_6H_5CH_3$）。苯的衍生物，苯分子中的一个氢原子被甲基取代。通过蒸馏轻质煤焦油或环化无环烃而得。为无色流动液体，能折射，易燃烧，具有类似于苯的芳香气味。

归入本品目的甲苯，按重量计纯度必须在 95%及以上，低于此纯度的甲苯不归入本品目（品目 27.07）。

3．二甲苯〔$C_6H_4(CH_3)_2$〕。苯的衍生物，苯分子中的二个氢原子被二个甲基所取代。它有三种异构体：邻二甲苯、间二甲苯及对二甲苯。二甲苯是一种清澈的易燃液体，存在于煤焦油中。

归入本品目的二甲苯必须按重量计含 95%及以上的二甲苯异构体，所有异构体一律计入，低于此纯度的二甲苯不归入本品目（品目 27.07）。

4．本组其他芳香烃是由一个苯环及一个或多个侧链（开链或闭链）构成，它们包括：

（1）苯乙烯（$C_6H_5CH{=}CH_2$），为无色油状液体，主要用于制塑料（聚苯乙烯）及合成橡胶。

（2）乙苯（$C_6H_5C_2H_5$），为无色流动液体，易燃，含于煤焦油中，通常用苯及乙烯制得。

（3）异丙苯〔$C_6H_5CH(CH_3)_2$〕，为无色液体，存在于石油中。主要用于制苯酚、丙酮、α－甲基苯乙烯或作溶剂。

（4）对甲基异丙基苯〔$CH_3C_6H_4CH(CH_3)_2$〕，大量存在于多种精油中，为无色液体，具有好闻的气味。

本品目不包括粗对甲基异丙苯（品目 38.05）。

（5）四氢化萘（萘满）（$C_{10}H_{12}$），用萘经催化氢化而得。为无色液体，具有萜烯般的气味，用作溶剂等。

（二）具有两个或多个非稠合苯环的烃，它们包括：

1．联苯（$C_6H_5C_6H_5$），为闪光的白色晶体，带有好闻的气味；特别用于制氯化衍生物（增塑剂），用作冷却剂（单独或与二苯醚混合使用）以及在核反应堆中作缓和剂。

2．二苯甲烷（$C_6H_5CH_2C_6H_5$）。两个苯环与一个亚甲基（CH_2）键合所形成的烃，为无色针状晶体，具有强烈的老鹳草气味；用于有机合成。

3．三苯甲烷〔$CH(C_6H_5)_3$〕。甲烷中的三个氢原子被三个苯环所取代。

4．三联苯，三联苯各种异构体的混合物用作冷却剂及核反应堆的缓和剂。

（三）具有两个或多个稠合苯环的烃。

1．萘（$C_{10}H_8$），由两个苯环稠合而得，存在于煤焦油、石油、煤气、褐煤焦油等中。为白色精细结晶粉片，具有特殊气味。

归入本品目的萘，其结晶点必须在79.4℃及以上。低于此纯度的萘不归入本品目（品目27.07）。

2．菲（$C_{14}H_{10}$），由三个苯环稠合而成，是蒸馏煤焦油所得的产品之一。为精细晶体，无色，发荧光。

归入本品目的菲必须是单独的已有化学定义的纯或商品纯化合物。本品目不包括粗菲（品目27.07）。

3．蒽（$C_{14}H_{10}$），也是由三个苯环稠合而成，存在于煤焦油中，为无色晶体或淡黄色粉末，发出紫蓝色荧光。

归入本品目的蒽按重量计纯度必须在90%及以上。低于此纯度的蒽不归入本品目（品目27.07）。

本组还包括下列烃：

1．二氢苊。

2．甲基蒽。

3．芴。

4．荧蒽。

5．芘。

但本品目不包括作为烷基芳烃混合物的十二烷基苯及壬萘（品目38.17）。

29.03　烃的卤化衍生物：

—　无环烃的饱和氯化衍生物：

11　——　一氯甲烷及氯乙烷

12　——　二氯甲烷

13　——　氯仿（三氯甲烷）

14　——　四氯化碳

15　——　1,2-二氯乙烷（ISO）

19　——　其他

—　无环烃的不饱和氯化衍生物：

21　——　氯乙烯

22　——　三氯乙烯

23　——　四氯乙烯（全氯乙烯）

29　——　其他

—　无环烃的氟化、溴化或碘化衍生物：

31　——　1,2-二溴乙烷（ISO）

39　——　其他

—　含有两种或两种以上不同卤素的无环烃卤化衍生物：

71　——　一氯二氟甲烷

72　——　二氯三氟乙烷

73　——　二氯一氟乙烷

74　——　一氯二氟乙烷

75 —— 二氯五氟丙烷
76 —— 溴氯二氟甲烷、溴三氟甲烷及二溴四氟乙烷
77 —— 其他，仅含氟和氯的全卤化物
78 —— 其他全卤化衍生物
79 —— 其他
— 环烷烃、环烯烃或环萜烯烃的卤化衍生物：
81 —— 1,2,3,4,5,6-六氯环己烷〔六六六（ISO）〕，包括林丹（ISO，INN）
82 —— 艾氏剂（ISO）、氯丹（ISO）及七氯（ISO）
89 —— 其他
— 芳烃卤化衍生物：
91 —— 氯苯、邻二氯苯及对二氯苯
92 —— 六氯苯（ISO）及滴滴涕（ISO，INN）〔1,1,1-三氯-2,2-双（4-氯苯基）乙烷〕
99 —— 其他

这些化合物是烃分子结构中的一个或多个氢原子被相同数量的卤素原子（氟、氯、溴、碘）所取代而得的。

一、饱和无环烃的氯代衍生物

（一）一氯甲烷，为无色气体，报验时通常是液化后装于钢筒中，用作冷冻剂、麻醉剂及用于有机合成。

（二）二氯甲烷，为无色挥发性液体，有毒；用于有机合成。

（三）三氯甲烷，为无色挥发性液体，带有特殊气味；用作麻醉剂、溶剂及用于有机合成。

（四）四氯化碳，为无色液体；用于灭火器中，也用作硫磺、油类、脂类、清漆、石油、树脂等的溶剂。

（五）一氯乙烷，气体，液化后装于特种容器中；用作麻醉剂。

（六）1,2-二氯乙烷（ISO），为无色液体，有毒，用作溶剂。

（七）1,2-二氯丙烷，为无色稳定性液体。气味象三氯甲烷。用于有机合成，也用作脂类、油类、蜡、树脂及树胶等的溶剂。

（八）二氯丁烷。

本品目不包括：

（一）作为氯化衍生物混合物的氯化石蜡，具有人造蜡特征的固体氯化石蜡归入品目34.04，而液体氯化石蜡则归入品目38.24。

（二）品目38.13的灭火器装配药或已装药的灭火弹。

二、不饱和无环烃的氯化衍生物

（一）氯乙烯，气体，具有三氯甲烷的气味；报验时以液态形式装于钢容器中；用于制品目39.04的聚氯乙烯。

（二）三氯乙烯，为无色液体，具有三氯甲烷的气味；用作清漆、油类、脂类的溶剂；也用于有机合成。

（三）四氯乙烯（全氯乙烯），为无色液体，用作干洗溶剂。

（四）亚乙烯基二氯。

三、无环烃的氟化、溴化、碘化衍生物

（一）溴甲烷（甲基溴），气体，液化后装于特种容器中；用于灭火器及用作致冷剂。

（二）溴乙烷（乙基溴），为无色液体，具有类似于三氯甲烷的气味。用于有机合成。

（三）三溴甲烷（溴仿），为无色液体，具有特殊气味，用作镇静剂。

（四）烯丙基溴。

（五）碘代甲烷（甲基碘）及碘代乙烷（乙基碘），液体，用于有机合成。

（六）二碘代甲烷（亚甲基碘）。

（七）三碘代甲烷（碘仿），为黄色粉末或黄色晶体，具有特殊气味；在医药上用作防腐剂。

（八）烯丙基碘（3-碘代丙烯）。

本品目不包括品目38.13的灭火器的装配药及已装药的灭火弹。

四、含有二个或多个不同卤素无环烃的卤化衍生物

一氯二氟甲烷、二氯三氟乙烷、二氯一氟乙烷、一氯二氟乙烷、二氯五氟丙烷、溴氯二氟甲烷、溴三氟甲烷、二溴四氟乙烷、三氯氟甲烷、二氯二氟甲烷、三氯三氟乙烷、二氯四氟乙烷、氯五氟乙烷的贸易受到《关于消耗臭氧层物质的蒙特利尔议定书》的管制。

本品目不包括品目38.13的灭火器的装配药及已装药的灭火弹。

五、环烷、环烯及环萜烯烃的卤化衍生物

（一）1,2,3,4,5,6-六氯环己烷〔六六六（ISO）〕，包括林丹（ISO，INN），为白色或黄色粉末或粉片；一种强力杀虫剂。

（二）环丙烷或环丁烷的卤化衍生物。

（三）八氯四氢-4,7-桥亚甲基-1,2-二氢化茚，也是一种强力杀虫剂。

（四）“笼型”结构烃的卤化衍生物，例如，十二氯五环〔$5.2.1.O^{2,6}.O^{3,9}.O^{5,8}$〕癸烷。

（五）环萜烯的卤化衍生物。例如，氯化莰烯、冰片基氯。

六、芳香烃的卤化衍生物

（一）氯苯，为易燃液体，略带芳香气味；用于有机合成，也用作清漆、树脂及沥青的溶剂。

（二）邻二氯苯，为无色液体。

（三）间二氯苯，为无色液体。

（四）对二氯苯，为白色晶体，主要用作杀虫剂、空气清新剂及染料中间体。

（五）六氯化苯（ISO），为白色针状晶体，不溶于水。

（六）滴滴涕（ISO）（INN），1,1,1－三氯－2,2－双（对氯苯基）乙烷或双（对氯苯基）三氯乙烷），为无色晶体或灰白色粉末。一种杀虫剂。

（七）苄基氯，为无色液体，气味好闻，具有强烈的催泪作用。用于有机合成。

（八）一氯代萘。α-氯代萘（流动液体）或β-氯代萘（挥发性结晶体）。具有萘的气味；用于有机合成及作为增塑剂等。

（九）1,4-二氯萘，耀眼的无色晶体；八氯萘，耀眼的黄色晶体，二者均用作杀虫剂。

未混合的液体多氯萘应归入本品目；但具有人造蜡特征的混合液态多氯萘不归入本品目（品目34.04）。

（十）溴苯乙烯。

本品目不包括氯化衍生物混合物的多氯代联苯；具有人造蜡特征的固体多氯联苯归入品目34.04，而液态多氯联苯应归入品目38.24。

29.04 烃的磺化、硝化或亚硝化衍生物，不论是否卤化：

10 — 仅含磺基的衍生物及其盐和乙酯

20 — 仅含硝基或亚硝基的衍生物

90 — 其他

一、磺化衍生物

它们是烃中的一个或多个氢原子被相同数量的磺酸基（$-SO_3H$）所取代的化合物；人们一般称之为磺酸。本品目也包括磺酸盐及磺酸乙酯〔参见本章注释五（二)〕。

（一）无环烃的磺化衍生物

1. 乙烯磺酸。

2. 乙烷磺酸。

（二）环烃的磺化衍生物

1. 苯磺酸。

2. 甲苯磺酸（有时误称为苄磺酸）。

3. 二甲苯磺酸。

4. 苯二磺酸。

5. 萘磺酸。

二、硝化衍生物

它们是烃分子中一个或多个氢原子被相同数量的硝基（$-NO_2$）所取代的化合物。

（一）无环烃的硝化衍生物

1. 硝基甲烷。

2. 硝基乙烷。

3. 硝基丙烷。

4. 三硝基甲烷。

（二）环烃的硝化衍生物

1. 硝基苯（密斑油），为发亮的黄色晶体或油状的淡黄色液体，具有苦杏仁气味；用于制香料、肥皂、有机合成，也用作变性剂等。

2. 间二硝基苯，为无色针状物或粉片；用于制造炸药。

3. 硝基甲苯（邻-、间-、对-)。

4. 2,4-二硝基甲苯，为结晶体，用于制炸药。

5. 2,4,6-三硝基甲苯。烈性炸药。

本品目不包括这些衍生物混合制成的炸药（品目 36.02）。

6. 5-叔丁基-2,4,6-三硝基间二甲苯（二甲苯麝香）；用于制香料。

7. 硝基二甲苯,3-叔丁基-2,6-二硝基-对伞花烃（伞花烃麝香），硝基萘等。

三、亚硝化衍生物

它们是烃中的一个或多个氢原子被相同数量的亚硝基（$-NO$）所取代的化合物。

（一）亚硝基苯。

（二）亚硝基甲苯（邻-、间-、对-)。

四、卤磺化衍生物

这些烃衍生物的分子中含有一个或多个的磺基（$-SO_3H$)、磺酸盐或磺酸乙酯及一个或数个卤素原子，或是含有一个卤磺酰基。

（一）氯-，溴-及碘代苯磺酸（邻-、间-、对-)。

（二）氯-，溴-及碘代苯二磺酸。

（三）氯代萘磺酸。

（四）对甲苯磺酰氯。

五、卤硝化衍生物

这些烃衍生物的分子中含有一个或数个硝基（$-NO_2$）及一个或数个卤素原子。

（一）三氯代硝基甲烷或氯化苦味碱。
（二）碘代三硝基甲烷（碘代苦味碱）。
（三）氯代三硝基甲烷。
（四）溴代硝基甲烷。
（五）碘代硝基甲烷。
（六）氯代硝基苯。
（七）氯代硝基甲苯。

六、硝磺化衍生物

这些烃衍生物的分子中含有一个或数个硝基（$-NO_2$）及一个或数个磺酸基（$-SO_3H$)或其盐或乙酯。

（一）硝基苯磺酸及二硝基苯磺酸、三硝基苯磺酸。
（二）硝基甲基苯磺酸及二硝基甲基苯磺酸、三硝基甲基苯磺酸。
（三）硝基萘磺酸。
（四）二硝基芪二磺酸。

七、卤硝磺化或其他复合衍生物

这些化合物是以上未列出的复合衍生物，例如，含有一个或数个硝基（$-NO_2$），磺酸基（$-SO_3H$）或其盐或其乙酯及一个或数个卤素原子的复合衍生物。例如，氯代硝基苯的磺化衍生物、氯代硝基甲苯的磺化衍生物等。

第二分章　醇类及其卤化、磺化、硝化或亚硝化衍生物

29.05　无环醇及其卤化、磺化、硝化或亚硝化衍生物：

—　饱和一元醇：
11　——　甲醇
12　——　丙醇及异丙醇
13　——　正丁醇
14　——　其他丁醇
16　——　辛醇及其异构体
17　——　十二醇、十六醇及十八醇
19　——　其他
—　不饱和一元醇：
22　——　无环萜烯醇
29　——　其他
—　二元醇：
31　——　1,2-乙二醇
32　——　1,2-丙二醇
39　——　其他
—　其他多元醇：
41　——　2-乙基-2-（羟甲基）丙烷-1,3-二醇（三羟甲基丙烷）
42　——　季戊四醇
43　——　甘露糖醇
44　——　山梨醇

45 —— 丙三醇（甘油）
49 —— 其他
— 无环醇的卤化、磺化、硝化或亚硝化衍生物：
51 —— 乙氯维诺（INN）
59 —— 其他

无环醇是无环烃的衍生物，通过烃中的一个或数个氢原子被羟基取代后而得。无环醇是一种含氧化合物，与酸反应生成酯。

无环醇可以是伯醇（含有特征基团－CH_2OH）、仲醇（含有特征基团 >CHOH 或叔醇（含有特征基团—>COH）

本品目包括下述各种无环醇及其卤化、磺化、硝化、亚硝化、卤磺化、卤硝化、硝磺化、卤硝磺化及其他复合衍生物（例如，一氯代甘油及一氯代乙二醇）。醛的酸式亚硫酸盐及酮的酸式亚硫酸盐，例如，乙醛硫酸氢钠、甲醛硫酸氢钠、戊醛硫酸氢钠及丙酮硫酸氢钠应作为醇的磺化衍生物归类。本品目也包括本品目所列醇的金属醇化物及金属乙醇化物。

本品目不包括乙醇，不论是否纯净（参见品目22.07及22.08的注释）。

一、饱和一元醇

（一）甲醇，通过干馏木材或合成制得。纯的甲醇是无色易燃的流动性液体，具有特殊气味；用于有机合成，作溶剂，也用于染料工业、制作炸药、药品等。本品目不包括干馏木材而得的粗木精（粗甲醇）（品目38.07）。

（二）1-丙醇（正丙醇）及2-丙醇（异丙醇）。这两种产品均为无色液体。2-丙醇是由丙烯合成而得，用于制丙酮及异丁烯酸盐，也作溶剂等。

（三）1-丁醇（正丁醇）及其他丁醇（4种异构体）。为无色液体，用于有机合成及用作溶剂。

（四）戊醇及其异构体。戊醇可有八种异构体。发酵戊醇主要得自杂醇油（也称作谷物油、糖蜜油、马铃薯油等，应归入品目38.24），而杂醇油则通过乙醇的精馏制得。戊醇也可由石油裂化过程产生的烃气合成而得。

（五）己醇及庚醇。

（六）辛醇及其异构体。

（七）1-十二烷醇（月桂醇）、1-十六烷醇（鲸蜡醇）及1-十八烷醇。

本品目不包括纯度在90%以下（以干燥产品的重量计）的脂肪醇（品目38.23）。

二、不饱和一元醇

（一）烯丙醇。

（二）乙基丙基烯丙醇（2-乙基-2-己烯-1-醇）。

（三）油醇。

（四）无环萜烯醇，例如，叶绿醇。萜烯醇相当容易转化成氢化芳族化合物并存在于某些精油中，例如，香叶醇、香茅醇、芳樟醇、玫瑰醇及橙花醇，它们均用于香料工业。

三、二元醇及其他多元醇

（一）二元醇。

1. 乙二醇，为无色糖浆状液体，略有刺鼻气味。用于制硝化甘油（炸药）或有机合成，也用作清漆的溶剂，防冻剂。

2. 丙二醇（1,2-丙二醇）。无色胶粘液体，具吸湿性。

（二）其他多元醇。

1. 甘油（1,2,3-丙三醇）。甘油可以通过纯化（例如，蒸馏、离子交换）粗甘油制得或用丙烯作原料合成制得。

甘油具有甜味，通常是无色无气味的，但有时会微微发黄。

归入本品目的甘油，纯度必须在 95%及以上（以干燥产品重量计），低于此纯度的甘油（即粗甘油）不归入本品目（品目 15.20）。

2. 2-乙基-2-（羟甲基）丙烷-1,3-二醇（三羟甲基丙烷）。用于制清漆及聚酯树脂、合成干性油、聚氨酯泡沫塑料及涂料。

3. 季戊四醇，为白色结晶粉末，用于制炸药及塑料。

4. 甘露糖醇，为白色结晶粉末或颗粒，存在于植物界（白蜡树的树液中）；也可合成而得。用作温和泻剂及用于制炸药（六硝基甘露糖醇）。

5. 山梨醇，为白色结晶粉末，具吸湿性。用于香料制造业、制抗坏血酸（用于医药）及制表面活性剂，用作甘油代用品及湿润剂（即湿度调节剂）。

6. 戊三醇、己三醇等。

本品目不包括品目 38.24 山梨醇。

四、无环醇的卤化、磺化、硝化、亚硝化衍生物

（一）水合三氯乙醛〔$CCl_3CH(OH)_2$〕（2,2,2-三氯乙烷-1,1-二醇），为无色有毒晶体，用作安眠剂及用于有机合成。

（二）三氯化叔丁醇，用于医药。

（三）乙氯戊烯炔醇。治疗精神病药物——参见第二十九章末的附表。

29.06　环醇及其卤化、磺化、硝化或亚硝化衍生物：

—　环烷醇、环烯醇及环萜烯醇：

11　——　薄荷醇

12　——　环己醇、甲基环己醇及二甲基环己醇

13　——　固醇及肌醇

19　——　其他

—　芳香醇：

21　——　苄醇

29　——　其他

一、环烷醇、环烯醇、环萜烯醇及其卤化、磺化、硝化和亚硝化衍生物

（一）薄荷醇，一种仲醇，是薄荷油的主要组分，晶体。用作防腐剂、局部麻醉剂，也可以解除鼻塞。

（二）环己醇、甲基环己醇及二甲基环己醇均是具有类似樟脑特殊气味的化合物。它们用作清漆的溶剂。二甲基环己醇用于制肥皂。

（三）甾醇，是饱和或不饱和的脂肪族醇，其结构是从 1,2-环戊并全氢化菲衍生的，羟基连于第 3 碳位上，第 10、13 碳位上各有一个甲基，第 17 碳位上联着一个 8～10 个碳原子烃的侧链。它们大量存在于动物界（动物甾醇）及植物界（植物甾醇）。最重要的是胆甾醇（胆固醇），主要得自牛脊髓及羊毛油脂。也可从胆汁获得，或作为从蛋黄提取卵磷脂的副产品而获得。呈无色片状，有光泽，不溶于水。

本品目不包括存在于真菌（蘑菇）及麦角中的麦角甾醇，一种维生素原，在紫外线照射下可产生维生素 D_2。麦角甾醇及维生素 D_2 均归入品目 29.36。

（四）肌醇（环己六醇）是肌体组织的组成成分。肌醇有九种异构体形式，为白色晶体。广泛分布于植物及动物中。

（五）萜品醇是一种极重要的醇，用作西洋丁香等香料的重要成分。以游离态或酯化于精油中（例如，小豆蔻、甜橙、橙花、卑柠、甜苿乔栾那、肉豆蔻、松节油、桂樱、樟脑等的精油中），存在于自然界。

商品萜品醇是各种异构体的混合物，但仍归入本品目〔参见第二十九章注释一（二）〕。它是一种无色、油状液体，有时用作杀菌剂。固态异构体用于医药，也可用作杀菌剂。

（六）萜品（1,8-萜二醇），通过合成制得，为白色晶体。无水萜品得自松节油；为无色晶体，具芳香性。用于医药，也用于制萜品醇。

（七）2-莰醇（龙脑），这种醇对应于酮樟脑。外观及气味象天然樟脑，白色或有时为浅棕色结晶块；在室温下易挥发。

（八）异冰片，为薄片状晶体，是α-蒎烯转变成樟脑的中间产品。

（九）檀香醇，是檀香油的主要成分。

二、芳香醇及其卤化、磺化、硝化和亚硝化衍生物

芳香醇所含的羟基（－OH）不是连在芳环上，而是连在侧链上。

（一）苯甲醇。以游离态存在或酯化于茉莉油、晚香玉油中，也有酯化于苏合香脂及吐鲁香脂中。为无色液体，具有幽香气味；用于有机合成及制清漆、染料、人造香料等。

（二）2-苯基乙醇，一种液体，是玫瑰油的主要成分。

（三）3-苯基丙醇，存在于苏合香脂、苏门答腊安息香胶、桂油及肉桂油中，一种稠密的无色液体，略带风信子气味。

（四）肉桂醇，存在于液体苏合香脂及秘鲁香脂中，为结晶针状，具有风信子气味。

（五）二苯基甲醇，为针状晶体。

（六）三苯基甲醇，为晶体状。这种醇是包括玫瑰红酸、蔷薇苯胺等在内的一组重要染料的母体物质。

*
* *

在本品目内，醛-亚硫酸氢盐及酮-亚硫酸氢盐应作为醇的磺化衍生物归类。本品目也包括环醇的金属醇化物。

第三分章　酚、酚醇及其卤化、磺化、硝化或亚硝化衍生物

29.07　酚；酚醇：

　　—　一元酚：

11　——　苯酚及其盐

12　——　甲酚及其盐

13　——　辛基酚、壬基酚及其异构体以及它们的盐

15　——　萘酚及其盐

19　——　其他

　　—　多元酚；酚醇：

21　——　间苯二酚及其盐

22　——　对苯二酚及其盐

23　——　4,4′-异亚丙基联苯酚（双酚A，二苯基酚丙烷）及其盐

29 —— 其他

苯环中的一个或数个氢原子被羟基（—OH）取代后即得酚。

一个氢原子被取代即生成单羟酚（一元酚）；二个或多个氢原子被取代即生成多羟酚（多元酚）。

羟基取代氢原子后可能影响一个或数个苯环；影响一个苯环的生成单环酚，影响多个的生成多环酚。

羟基也可取代苯同系物中的氢原子。甲苯中苯环的氢原子被羟基取代后，即产生苯酚的同系物——甲苯酚，二甲苯则产生二甲苯酚。

本品目也包括酚或酚醇的盐及金属醇化物。

一、单环一元酚

（一）苯酚（羟基苯）（C_6H_5OH），通过煤焦油的分馏或合成而得，为白色晶体，具有特殊气味，见光后变成淡红色，也可为水溶液。在制药业中用作防腐剂，也用于制炸药、合成树脂、塑料、增塑剂及染料。

归入本品目的苯酚，按重量计纯度必须在 90%及以上，低于此纯度的苯酚不归入本品目（品目 27.07）。

（二）甲（苯）酚（$CH_3C_6H_4OH$）。这些酚从甲苯衍变而成，以不同比例存在于各种煤焦油中。

邻甲酚是一种白色结晶粉末，具有苯酚的特殊气味，易潮解，久置后会变成棕色；间甲酚是一种无色或浅黄色油状液体，折射性很强，具有杂酚油的气味；对甲酚是一种无色结晶块，见光后变成淡红色，最后变成浅棕色；具有苯酚的气味。

归入本品目的单独或混合甲酚以重量计须含有 95%及以上的甲酚（所含甲酚异构体全部计入）。低于此纯度的甲酚不归入本品目（品目 27.07）。

（三）辛基苯酚、壬基苯酚及其异构体。

（四）二甲基苯酚〔$(CH_3)_2C_6H_3OH$〕。这些是二甲苯的酚衍生物。已知的异构体有六种；它们均得自煤焦油。

归入本品目的单独或混合二甲苯酚，以二甲苯酚重量计必须含 95%及以上（所有二甲苯酚的异构体均计在内）。低于此纯度的二甲苯酚不归入本品目（品目 27.07）。

（五）百里酚（5-甲基-2-异丙基苯酚），存在于百里油中，为无色晶体，带有百里香气味，用于医药、香料等。

（六）香芹酚（2-甲基-5-异丙基苯酚），是从牛至油中提得的一种百里酚异构体，一种粘滞性液体，具有刺激气味。

二、多环一元酚

（一）萘酚（$C_{10}H_7OH$），即从萘衍变而得的酚，有两种异构体：

1．α-萘酚，为无色有光泽的针状晶体、灰色团块或白色粉末，具有略似苯酚的难闻气味，有毒，用于有机合成（染料等）。

2．β-萘酚，为耀眼无色粉片或白色或略带粉红色结晶粉末，具极微弱的苯酚气味。用途同α-萘酚，并用于医药及作橡胶等的抗氧剂。

（二）邻苯基苯酚。

三、多元酚

（一）间苯二酚。二羟酚；呈结晶片状或针状；无色，但与空气接触后变成棕色。略具苯酚气味。用于制合成染料及炸药，并用于医药及摄影。

（二）对苯二酚（氢醌）。耀眼的结晶小粉片。用于制造有机染料、医药及用于摄影，特别在橡胶制造中作氧化剂。

（三）4,4′-异亚丙基联苯酚（双酚A，二苯基酚丙烷），为白色粉片。

（四）焦儿茶酚（邻苯二酚），为无色而有光泽的针状晶体或片状晶体，略具苯酚气味；用于制药品及摄影用品等。

（五）己基间苯二酚。

（六）庚基间苯二酚。

（七）2,5-二甲基氢化苯醌（2,5-二甲基醌醇）。

（八）焦棓酚（1,2,3-苯三酚），为小鳞片状或白色有光泽的结晶粉末，质轻而无气味；与空气接触或见光会迅速转变成棕色，有毒。用于制染料、作媒染剂，也用于摄影等。

（九）间苯三酚，大颗粒无色晶体，在水溶液中发荧光；在化学分析中作试剂，也用于医药及摄影等。

（十）羟基氢醌（1,2,4-苯三酚）。极微细的无色结晶体或粉末，见光后颜色变深。

（十一）二羟基萘〔$C_{10}H_6(OH)_2$〕。二羟基萘类共有十种化合物，均是以两个羟基取代萘环中的二个氢原子而得，其中有些用于制染料。

四、酚醇

酚醇是芳烃分子中苯环上的一个氢原子被一个酚羟基取代，而另一个不在苯环上的氢原子被一个醇羟基取代而得；因此，它既具有酚的特性，又具有醇的特性。

其中最重要的是水杨醇（$HOC_6H_4CH_2OH$），为白色晶体，在医药上作止痛药及退热剂。

29.08　酚及酚醇的卤化、磺化、硝化或亚硝化衍生物：

—　仅含卤素取代基的衍生物及其盐：

11　——　五氯苯酚（ISO）

19　——　其他

—　其他：

91　——　地乐酚（ISO）及其盐

92　——　4,6-二硝基邻甲酚〔二硝酚（ISO）〕及其盐

99　——　其他

酚及酚醇中一个或数个氢原子被卤素原子、磺基（$-SO_3H$），硝基（$-NO_2$）、亚硝基（$-NO$）或它们的复合基所取代，即得此类衍生物。

一、卤化衍生物

（一）邻氯苯酚，为液体，具有强烈气味。

（二）间氯苯酚，为无色晶体。

（三）对氯苯酚，为结晶块，具有难闻的气味。

上述三种化合物均用于有机合成（例如，合成染料）。

（四）对-氯-间甲基苯酚（4-氯-3-甲基苯酚），一种无气味的消毒产品，微溶于水，易皂化。

（五）氯代氢醌（氯醌醇）。

二、磺化衍生物

（一）苯酚磺酸（$HOC_6H_4SO_3H$），将苯酚予以磺化而得。

（二）萘酚磺酸，直接将萘酯磺化而得，或通过其他合成方法制得。萘酚磺酸类组成了用于制染料的一大类化合物，它们包括：

1. 1-萘酚-4-磺酸（奈温酸），为耀眼而透明的粉片或黄白色粉末。

2. 2-萘酚-6-磺酸（薛佛氏酸），为粉红白色粉末。

3．2-萘酚-7-磺酸（F 酸），为白色粉末。

4．1-萘酚-5-磺酸，为易潮解晶体。

5．2-萘酚-8-磺酸（涉羟萘磺酸），为黄白色粉末。

三、硝化衍生物

（一）邻-、间-、对-硝基苯酚（$HOC_6H_4NO_2$），为淡黄色晶体；用于制有机染料及医药产品。

（二）二硝基苯酚〔$HOC_6H_3(NO_2)_2$〕。为结晶粉末，用于制炸药、硫化染料等。

（三）三硝基苯酚（苦味酸）〔$HOC_6H_2(NO_2)_3$〕。为耀眼的黄色晶体，无气味，有毒。用于治疗烧伤，也用作炸药，其盐称为苦味酸盐。

（四）二硝基邻甲苯酚。

（五）三硝基二甲苯酚。

四、亚硝化衍生物

（一）邻-、间-、对-亚硝基苯酚。亚硝基苯酚起互变异构而成的醌肟，仍归入本品目。

（二）亚硝基萘酚。

第四分章　醚、过氧化醇、过氧化醚、过氧化酮、三节环环氧化物、缩醛及半缩醛及其卤化、磺化、硝化或亚硝化衍生物

29.09　醚、醚醇、醚酚、醚醇酚、过氧化醇、过氧化醚、过氧化酮（不论是否已有化学定义）及其卤化、磺化、硝化或亚硝化衍生物：

	—	无环醚及其卤化、磺化、硝化或亚硝化衍生物：
11	——	乙醚
19	——	其他
20	—	环烷醚、环烯醚或环萜烯醚及其卤化、磺化、硝化或亚硝化衍生物
30	—	芳香醚及其卤化、磺化、硝化或亚硝化衍生物
	—	醚醇及其卤化、磺化、硝化或亚硝化衍生物：
41	——	2,2′-氧联二乙醇（二甘醇）
43	——	乙二醇或二甘醇的单丁醚
44	——	乙二醇或二甘醇的其他单烷基醚
49	——	其他
50	—	醚酚、醚醇酚及其卤化、磺化、硝化或亚硝化衍生物
60	—	过氧化醇、过氧化醚、过氧化酮及其卤化、磺化、硝化或亚硝化衍生物

一、醚

醇或酚羟基中的氢原子被烃基（烷基或芳基）所取代即得醚。其通式为 $R-O-R^1$，式中的 R 与 R^1 可以相同，也可以不同。

这些醚是极稳定的中性物质。

如果烃基是无环系的，则相应的醚也是无环的；而环状烃基产生环状醚。

无环系的第一个醚是气态的，而其他醚是挥发性液体，具有醚的特殊气味；高碳数的醚是液体，

有时是固体。

（一）对称的无环醚

1．乙醚（$C_2H_5OC_2H_5$），为无色折射性液体，具有特殊的燃烧气味，极易挥发及燃烧，用作麻醉剂及用于有机合成。

2．二氯乙醚。

3．二异丙醚。

4．二丁醚。

5．二戊醚。

（二）非对称的无环醚

1．甲乙醚。

2．乙基异丙基醚。

3．乙基丁基醚。

4．乙基戊基醚。

（三）环烷、环烯及环萜烯醚。

（四）芳醚

1．茴香醚（$C_6H_5OCH_3$）（甲基苯基醚），为无色液体，具有好闻气味，用于有机合成（例如，合成香料），也用作溶剂及驱虫药。

2．苯乙醚（$C_6H_5OC_2H_5$）。

3．二苯醚（$C_6H_5OC_6H_5$），为无色针状晶体，具有老鹳草的气味；用于香料。

4．1,2-二苯氧基乙烷（乙二醇二苯基醚）。

5．茴香脑（对丙烯基茴香醚），含于茴香油中。温度低于 20℃时呈小粒晶体；高于 20℃时为流动液体，带有强烈的茴香油气味。

6．二苄醚。

7．硝基苯乙醚，为苯乙醚的硝化衍生物。邻硝基苯乙醚为黄色油状液体，对硝基苯乙醚为结晶体。

8．硝基茴香醚，为茴香醚的硝化衍生物。邻硝基茴香醚是液体，间硝基茴香醚及对硝基茴香醚均是薄片形晶体。三硝基茴香醚是一种极为烈性的炸药。

9．2-叔丁基-5-甲基-4,6-二硝基茴香醚（葵子麝香），为浅黄色晶体，兼有葵黄油及天然麝香的香味。

10．β-萘基甲醚及β-萘基乙醚（人造苦橙花油），为无色结晶粉末，具有类似橙花油气味。

11．间甲酚甲醚及丁基间甲酚甲醚。

12．苯基甲苯基醚。

13．二甲苯基醚。

14．苄基乙基醚。

二、醚醇

它们是多元醇或酚醇的衍生物，酚醇中的酚羟基的氢原子或多元醇中某一醇羟基的氢原子被一个烷基或芳基取代而得。

（一）2,2′-氧化二乙二醇（二甘醇），为无色液体；用于有机合成，作为树胶及树脂的溶剂，也用于制造炸药和塑料。

（二）乙二醇或二甘醇的单甲醚、单乙醚、单丁醚及其他单烷基醚。

（三）乙二醇或二甘醇的单苯醚。

（四）茴香醇。

（五）甘油乙氧苯醚（INN）〔甘油单（2-乙氧苯基）醚〕；愈创甘油醚（INN）〔甘油单（2-甲氧苯基）醚〕。

三、醚酚及醚醇酚

这些化合物是二元酚或酚醇的衍生物。酚醇中醇羟基的氢原子或二元酚中某一酚羟基的氢原子被一个烷基或芳基所取代，即得醚酚或醚醇酚。

（一）愈创木酚（邻甲氧基苯酚），存在于山毛榉焦油中，是木杂酚油的主要成分。无色晶体，具有特殊的芳香气味；但一经熔化后，愈创木酚保持液体状态。用于医药及有机合成。

（二）磺基愈创木酚（INN）（愈创木酚磺酸钾），为精细粉末，广泛用于医药上。

（三）丁子香酚，从丁子香中获得。为无色液体，具有麝香石竹的气味。

（四）异丁子香酚，从丁子香酚合成而得，是肉豆蔻油的一个组分。

（五）焦儿茶酚单乙醚，存在于瑞典松木油中。为具腐蚀性的无色晶体，带有芳香气味。

四、过氧化醇、过氧化醚及过氧化酮

这些化合物是通式为 ROOH 及 ROOR 的一系列化合物，其中“R”是一个有机基团。

例如，乙过醇（乙基过氧化氢）及过氧化二乙基。

本品目也包括过氧化酮（不论是否已有化学定义），例如，过氧化环己酮（1-氢过氧化环己基 1-羟基环己基过氧化物）。

本品目也包括醚、醚醇、醚酚、醚醇酚、过氧化醇、过氧化醚、过氧化酮的卤化、磺化、硝化、亚硝化衍生物及其复合衍生物（例如，硝磺化、磺卤化、硝卤化、硝磺卤化衍生物）。

29.10　三节环环氧化物、环氧醇、环氧酚、环氧醚及其卤化、磺化、硝化或亚硝化衍生物：

10　—　环氧乙烷（氧化乙烯）

20　—　甲基环氧乙烷（氧化丙烯）

30　—　1-氯-2,3-环氧丙烷（表氯醇）

40　—　狄氏剂（ISO，INN）

90　—　其他

分子中含有两个羟基的有机化合物（二醇、二酚），如果脱去一水分子，就形成了稳定的内醚。

因此，乙二醇脱去一水分子即生成环氧乙烷（氧化乙烯）：

O
H$_2$C —CH$_2$

从丙二醇〔即乙二醇分子中的一个氢原子被甲基（CH_3）所取代〕衍生的环氧化物称为甲基环氧乙烷（1, 2-环氧丙烷或氧化丙烯）：

O
$H_3CHC—CH_2$

乙二醇分子中的一个氢原子被苯基（$-C_6H_5$）取代后而衍生的环氧化物称为氧化苯乙烯（α-β-环氧乙苯）：

O
$C_6H_5HC—CH_2$

本品目仅包括三节环的环氧化物。例如：

一、环氧乙烷（氧化乙烯）。在室温下为无色气体，温度低于 12℃时为液体。对从裂化气所产生的乙烯进行催化氧化而得。它是一种杀虫剂及杀真菌剂；广泛用于保存水果和其他食物，也用于有机合成及制增塑剂和表面活性剂。

二、甲基环氧乙烷（**氧化丙烯**），为无色液体，具有醚的气味；用作硝酸纤维、醋酸纤维、树胶、树脂的溶剂及用作杀虫剂；也用于有机合成（制增塑剂及表面活性剂等）。

三、氧化苯乙烯。

本品目包括：

（一）环氧醇、环氧酚及环氧醚。这些化合物除含有环氧基外，相应地还含有醇、酚、醚基。

（二）环氧化物的卤化、磺化、硝化、亚硝化衍生物及其任何复合衍生物（例如，磺硝化、卤磺化、卤硝化及卤磺硝化衍生物）。

这些卤化衍生物包括：1-氯-2,3-环氧丙烷（表氯醇），一种极易挥发，很不稳定的液体。

本品目不包括四节环的环氧化物（品目 29.32）。

29.11　缩醛及半缩醛，不论是否含有其他含氧基，及其卤化、磺化、硝化或亚硝化衍生物

一、缩醛及半缩醛

缩醛可作为醛及酮的水合物（通常是假设的）所形成的二醚。

半缩醛是一醚，其分子中与醚氧原子相连的碳原子仍连着羟基。

所称“含有其他含氧基的缩醛及半缩醛”，是指含有一个或数个归入本章本品目前面各品目的含氧基（例如，醇基）的缩醛及半缩醛。

（一）缩甲醛〔$CH_2(OCH_3)_2$〕是甲醛的假设性水合物的二甲醚。为无色液体，具有类似醚的气味；用作溶剂、麻醉剂及用于有机合成。

（二）二甲基缩乙醛〔$CH_3CH(OCH_3)_2$〕。乙醛的假设性水合物的二甲醚；用作麻醉剂。

（三）二乙基缩乙醛〔$CH_3CH(OC_2H_5)_2$〕，也是从乙醛的假设性水合物衍生而得，为无色液体，具有似醚的好闻气味；用作溶剂及麻醉剂。

本品目不包括聚乙烯醇缩醛（品目 39.05）。

二、缩醛及半缩醛的卤化、磺化、硝化、亚硝化衍生物

缩醛分子中的一个或数个氢原子全部或部分被卤素原子取代而得的化合物（例如，氯醛醇酯、氯丙缩乙醛）或被磺基（$-SO_3H$）、硝基（$-NO_2$）或亚硝基（$-NO$）取代而得的化合物。

本品目也包括这些衍生物的复合物（例如，卤硝化、磺硝化、卤磺化及卤磺硝化衍生物）。

第五分章　醛基化合物

29.12　醛，不论是否含有其他含氧基；环聚醛；多聚甲醛：

	— 不含其他含氧基的无环醛：
11	— — 甲醛
12	— — 乙醛
19	— — 其他
	— 不含其他含氧基的环醛：
21	— — 苯甲醛
29	— — 其他
	— 醛醇、醛醚、醛酚及含其他含氧基的醛：
41	— — 香草醛（3-甲氧基-4-羟基苯甲醛）
42	— — 乙基香草醛（3-乙氧基-4-羟基苯甲醛）
49	— — 其他

50 —　　环聚醛

60 —　　多聚甲醛

这些化合物是将伯醇加以氧化而得，均含有特征功能团：$—C{\overset{H}{\underset{O}{\lessgtr}}}$

这些化合物通常是无色液体，具有强烈刺鼻气味；许多芳香醛与空气接触会迅速氧化并转化成酸。

所称“含有其他含氧基的醛”，是指含有一个或数个前面各分章所述的含氧基（醇、酚、醚等基团）的醛。

一、醛

（一）饱和无环醛

1．甲醛（HCHO），将甲醇催化氧化而得，为无色气体，有刺鼻气味。极易溶于水。其40%的水溶液被人称为福尔马林或甲醛水，为无色液体，有一股令人窒息的刺鼻气味，这些溶液可加入甲醇作为稳定剂。

甲醛有多种用途：用于有机合成（染料、炸药、医药品、合成鞣剂、塑料等），用作防腐剂、除臭剂及还原剂。

2．乙醛（CH_3CHO），将乙醇氧化而得或由乙炔制得，为无色的流动液体，具有刺鼻的水果香味；有腐蚀性，极易挥发，易燃；可与水、醇及醚相混溶。用于有机合成以制造塑料、清漆或用于医药上作防腐剂。

3．丁醛（$CH_3CH_2CH_2CHO$），为无色液体，可与水、醇及醚混溶；用于制塑料、香料及硫化橡胶的促进剂。

4．庚醛〔$CH_3(CH_2)_5CHO$〕，将蓖麻油蒸馏而得；为无色液体，具有刺鼻气味。

5．辛醛（$C_8H_{16}O$）；壬醛（$C_9H_{18}O$）；癸醛（$C_{10}H_{20}O$）；十一醛（$C_{11}H_{22}O$）；十二醛（$C_{12}H_{24}O$）等，这些均用作香料工业的原料。

（二）不饱和无环醛

1．丙烯醛（丙烯酰基醛、丙炔醛）（$CH_2=CHCHO$）。脂肪物质烧焦后即生成丙烯醛；是一种液体，有特殊的苦味和刺激气味；用于有机合成。

2．2-丁烯醛（巴豆醛）（$CH_3CH=CHCHO$）。存在于粗醇的第一次蒸馏产品中，为无色液体，具有刺鼻气味。

3．柠檬醛，液体，具有好闻的气味，存在于红橘、香橼（枸橼）、柠檬的精油中，尤其存在于柠檬草油中。

4．香茅醛，存在于香橼油中。

（三）环烷、环烯及环萜烯醛

1．水芹醛或四氢枯茗醛，存在于小茴香油及桉树油中。

2．环柠檬醛A及环柠檬醛B，得自柠檬醛。

3．紫苏醛，存在于紫苏子精油中。

4．藏花醛。

（四）芳族醛

1．苯甲醛（C_6H_5CHO），为无色液体，具高度折射性，带有苦杏仁的特殊气味；用于有机合成及医药等。

2．肉桂醛（$C_6H_5CH=CHCHO$），为浅黄色油状液体，具有强烈的肉桂气味；用于香料工业。

3．α-戊基肉桂醛。

4．3-对枯烯基-2-甲基丙醛。

5．苯乙醛（$C_6H_5CH_2CHO$），液体，具有明显的风信子气味；用于香料工业。

二、醛醇、醛醚、醛酚及含有其他含氧基的醛

醛醇是既含有醛基，又含有醇基的化合物。

醛醚是含有醛基（$-CHO$）的醚。

醛酚是既含有酚羟基（C_6H_5OH）又含有醛基（$-CHO$）的化合物。

最重要的醛醇、醛酚及醛醚有：

（一）3-羟基丁醛〔$CH_3CH(OH)CH_2CHO$〕，将乙醛进行醛醇缩合而得，为无色液体，不搅动会聚合成结晶块（二聚间羟丁醛）。用于有机合成、制塑料及矿石浮选。

（二）羟基香茅醛（$C_{10}H_{20}O_2$），为无色液体，略呈糖浆状，具有极明显的铃兰气味，用作香料定香剂。

（三）乙醇醛（$HOCH_2CHO$），无色晶体。

（四）香草醛（4-羟基-3-甲氧基苯甲醛），即3，4-二羟基苯甲醛（原儿茶醛）的甲基醚；存在于香子兰中，为耀眼针状物或白色结晶粉末。

（五）乙基香草醛（3-乙氧基-4-羟基苯甲醛），为精细白色晶体。

（六）水杨醛（邻羟基苯甲醛）（HOC_6H_4CHO），为无色油状液体，具有苦杏仁的特殊气味；用于制合成香料。

（七）3，4-二羟基苯甲醛（原儿茶醛）〔$(HO)_2C_6H_3CHO$〕，为耀眼的无色晶体。

（八）茴香醛（$CH_3OC_6H_4CHO$）（对甲氧基苯甲醛），存在于茴芹子油及小茴香油中；为无色液体，用于香料工业，人称为“山楂精”。

三、醛的环状聚合物

（一）三噁烷（三聚甲醛），甲醛的一种固体聚合物，为白色结晶物质，溶于水、醇及醚。

（二）仲乙醛（三聚乙醛），乙醛的一种聚合物；为无色液体，具有醚般的好闻气味；高度易燃，用于有机合成，在医药上用作安眠药及消毒剂等。

（三）四聚乙醛，也是乙醛的一种聚合物；为白色结晶粉末，不溶于水。本品目仅包括晶体或粉末形式的四聚乙醛。

本品目不包括制成一定形状（例如，片、条或类似形状）供用作燃料的四聚乙醛（品目36.06）〔参见第三十六章的注释二（一）〕。

四、多聚甲醛

这种聚合物〔$HO(CH_2O)_nH$〕通过蒸发甲醛的水溶液制得。为白色粉片或粉末，具有明显的甲醛气味。用于制塑料、防水胶及医药品，也用作消毒剂及保藏剂。

本品目不包括醛-酸式亚硫酸盐化合物。这种化合物应作为醇的磺化衍生物归类（品目29.05至29.11）。

29.13 品目29.12所列产品的卤化、磺化、硝化或亚硝化衍生物

这些衍生物来自醛类，通过醛分子中的一个或数个氢原子〔醛基（$-CHO$）上的氢原子除外〕被一个或数个卤素、磺酸基（$-SO_3H$）、硝基（$-NO_2$）、亚硝基（$-NO$）或这些基团的任何复合基取代而得。

其中最重要的有三氯乙醛（Cl_3CCHO）；为无水无色易流动液体，具有刺鼻气味；是一种安眠药。

本品目不包括水合三氯乙醛〔$Cl_3CCH(OH)_2$〕（2，2，2-三氯乙烷-1，1-二醇）。它应归入品目29.05。

本品目也不包括醛-酸式亚硫酸盐化合物。这种化合物应按醇的磺化衍生物归类（品目29.05至29.11）。

第六分章 酮基化合物及醌基化合物

29.14 酮及醌，不论是否含有其他含氧基，及其卤化、磺化、硝化或亚硝化衍生物：

— 不含其他含氧基的无环酮：

11 — — 丙酮

12 — — 丁酮〔甲基乙基（甲）酮〕

13 — — 4-甲基-2-戊酮〔甲基异丁基（甲）酮〕

19 — — 其他

— 不含其他含氧基的环烷酮、环烯酮或环萜烯酮：

22 — — 环己酮及甲基环己酮

23 — — 芷香酮及甲基芷香酮

29 — — 其他

— 不含其他含氧基的芳香酮：

31 — — 苯丙酮（苯基丙-2-酮）

39 — — 其他

40 — 酮醇及酮醛

50 — 酮酚及含有其他含氧基的酮

— 醌：

61 — — 蒽醌

69 — — 其他

70 — 卤化、磺化、硝化或亚硝化衍生物

所称“含有其他含氧基的酮及醌”，是指含有一个或数个以上各分章所述氧基（醇、醚、酚、醛等基团）的酮及醌。

一、酮

酮是含有羰基（ >C=O ）的化合物，并可以用通式 R－CO－R[1] 来表示，这里 R 及 R[1] 代表烷基或芳基（甲基、乙基、丙基、苯基等）。

酮可有两种互变异构形式，真酮形式（－CO－）及烯醇形式〔＝C(OH)－〕，这两种形式的酮均归入本品目。

（一）无环酮

1．丙酮（CH_3COCH_3），存在于木材的干馏产品（甲醇及粗焦木酸）中，但主要是通过合成而得。为无色液体，具有类似醚的好闻气味。用于多种有机合成，用以制塑料，并用作乙炔、乙酰纤维素及树脂等的溶剂。

2．丁酮（甲基乙基酮）（$CH_3COC_2H_5$），为无色液体，存在于从甜菜糖蜜蒸馏醇过程所得的副产品中。也可通过仲丁醇的氧化获得。

3．4-甲基-2-戊酮（甲基异丁基酮）〔$(CH_3)_2CHCH_2COCH_3$〕。液体，具有好闻的气味；用作硝酸纤维素、树胶和树脂的溶剂。

4．莱基化氧（异亚丙基丙酮），为无色液体，由两个丙酮分子缩合而得。

5．佛尔酮，由三个丙酮分子缩合而成的化合物。

6．假紫罗酮，一种络合酮，为浅黄色液体，具有紫罗兰的香味；用以制紫罗兰酮（人造紫罗兰

油）。

7．假甲基紫罗酮。液体，性质与紫罗兰酮相同，有类似紫罗兰的气味，用于香料工业。

8．联乙酰（丁二酮）（$CH_3COCOCH_3$）。黄绿色液体，具有类似醌的刺鼻气味。用于黄油及人造黄油的调味。

9．乙酰丙酮（$CH_3COCH_2COCH_3$），为无色液体，具有好闻的气味；用于有机合成。

10．丙酮基丙酮（$CH_3COCH_2CH_2COCH_3$），为无色液体，具有好闻的气味；用于有机合成。

（二）环烷、环烯或环萜烯酮

1．樟脑（$C_{10}H_{16}O$）。本品目既包括天然樟脑，也包括合成樟脑。天然樟脑是从原产于中国及日本的樟脑树获得。合成樟脑是蒎烯（得自松节油）的衍生物。两者均为无色结晶块，半透明，手感柔软，有特殊气味。天然及合成樟脑在医药上作防腐剂，也用于制赛璐珞及卫生球。

本品目不包括冰片，所谓冰片其实不是酮而是醇，是将樟脑还原而得（品目 29.06）。

2．环己酮（$C_6H_{10}O$），通过合成而得；一种液体，气味类似丙酮。为乙酰纤维素及天然或人造树脂的强溶剂。

3．甲基环己酮。液体，不溶于水。

4．紫罗兰酮（$C_{13}H_{20}O$），柠檬醛与丙酮缩合而成。它们包括：

（1）α-紫罗兰酮，为无色液体，具有强烈的类似紫罗兰的气味。

（2）β-紫罗兰酮，为无色液体，其紫罗兰香味没α-紫罗兰酮好闻。

上述两种紫罗兰酮均用于香料工业。

5．甲基紫罗兰酮，为无色至琥珀黄色液体。

6．葑酮（$C_{10}H_{16}O$），存在于小茴香油及苎油中，一种澄清的无色液体，具有类似樟脑气味；用作樟脑的代用品。

7．鸢尾酮，存在于几种从鸢尾属植物根提取的精油中。为一种无色油状液体，气味似鸢尾；高度稀释后，具有类似紫罗兰的好闻气味，用于香料工业。

8．茉莉酮（$C_{11}H_{16}O$），从茉莉花提炼而得。一种浅黄色油状液体，具有强烈的茉莉花香气，用于香料工业。

9．香芹酮（$C_{10}H_{14}O$），存在于贳蒿子油、茴香子油及薄荷油中，为无色液体，具强烈的芳香气味。

10．环戊酮（C_4H_8CO），存在于木材的蒸馏产品中，液体，气味似薄荷。

11．薄荷酮（$C_{10}H_{18}O$），存在于薄荷及其他精油中，通过合成法氧化薄荷醇而得，是一种无色液体，不稳定，具折射性，有薄荷气味。

（三）芳香酮

1．甲基萘基酮。

2．亚苄基丙酮（$C_6H_5CH=CHCOCH_3$），为无色晶体，具有甜豌豆气味。

3．苯乙酮（$CH_3COC_6H_5$），为无色或黄色油状液体，具有好闻的芳香气味；用于香料工业及有机合成。

4．苯基乙基（甲）酮。

5．甲基苯乙酮（$CH_3C_6H_4COCH_3$），为无色或浅黄色液体，具有好闻的气味。

6．丁基二甲基苯乙酮。

7．二苯（甲）酮（$C_6H_5COC_6H_5$），为无色或微黄色结晶体，具有好闻的醚气味，用于制合成香料及有机合成。

8．苯并蒽酮，为浅黄色针状晶体。

9．苯基丙酮（苯基丙-2-酮），为无色至浅黄色液体，主要用于有机合成并用作生产苯异丙胺的母体（参见第二十九章末的前体表）。

二、酮醇

酮醇是分子中既含有醇基，又含有酮基的化合物。

（一）4-羟基-4-甲基-2-戊酮（双丙酮醇），为无色液体。

（二）丙酮醇（乙酰甲醇）（CH_3COCH_2OH），为无色液体，具有刺鼻气味；用作纤维素、清漆及树脂的溶剂。

三、酮醛

酮醛是分子中既含有酮基，又含有醛基的化合物。

四、酮酚

酮酚是分子中既含有酮基，又含有酚基的化合物。

五、醌

醌是从芳香化合物衍生的二酮，芳香化合物分子中两个 $>CH$ 基转变成 $>C=O$ 基，同时进行必要的双键重排后而得。

（一）蒽醌〔$C_6H_4(CO)_2C_6H_4$〕，为黄色针状晶体，研磨后形成白色粉末。用于制染料。

（二）对苯醌（苯醌）（$C_6H_4O_2$），为黄色晶体，有刺鼻气味。

（三）1，4-萘醌（$C_{10}H_6O_2$），为黄色针状晶体。

（四）2-甲基蒽醌，为白色针状晶体。

（五）二氢苊醌，为黄色针状晶体。

（六）菲醌，为黄色针状晶体。

六、醌醇、醌酚、醌醛及其他含氧基的醌

醌醇、醌酚及醌醛分别是其分子中含有醇、酚及醛基的醌。

1．α-羟基蒽醌。

2．醌茜。

3．柯嗪。

七、酮、醌、酮醇等、醌醇等的卤化、磺化、硝化及亚硝化衍生物

（一）溴樟脑（$C_{10}H_{15}OBr$），针状晶体，具有强烈的樟脑气味，用作镇静剂。

（二）4′-叔丁基-2′，6′-二甲基-3′，5′-二硝基苯乙酮（麝香酮）。

（三）樟脑磺酸。

*

*　*

本品目也包括卤化、磺化、硝化或亚硝化的复合衍生物（例如，卤磺化、卤硝化、磺硝化及卤磺亚硝化衍生物）。

本品目不包括有机色料（第三十二章），也不包括酮-亚硫酸氢盐化合物，这种化合物应作为醇的磺化衍生物归类（品目29.05至29.11）。

第七分章　羧酸及其酸酐、酰卤化物、过氧化物和过氧酸以及它们的卤化、磺化、硝化或亚硝化衍生物

总　注　释

本分章包括含有特征基团-羧基（－COOH）的羧酸。理论上，本品目也包括原酸〔$RC(OH)_3$〕，

因为这些化合物可以视作是水合羧酸〔$RCOOH+H_2O=RC(OH)_3$〕。但实际上，原酸并无游离态，可形成稳定的酯类（原酸酯，可作为水合羧酸的酯）。

羧酸可含有一个或数个羟基（－COOH）（分别为一元羧酸或多元羧酸）。

如果除去羧酸中的羟基（－OH），则残余物是可用化学式（RCO－）表示的酰基，式中的R为烷基或芳基（甲基、乙基、苯基等）。酸酐、酰卤化物、过氧化物、过氧酸、酯及盐的化学式中都有酰基。

分子中含有$-SO_3H$ 基团的磺酸完全不同于羧酸，应作为磺化衍生物归入不同的分章。本分章仅包括归入本分章的化学品的磺化衍生物。

一、酸酐

从两个一元酸分子中消去一个水分子或从一个二元酸分子中消去一个水分子后即得酸酐。酸酐的特点是含有〔－C(O)OC(O)－〕基团。

二、羧酸的酰卤化物

羧酸的酰卤化物（例如，酰氯及酰溴）的通式为RCOX，式中的X为卤素，即酰卤是酰基与氯、溴或其他卤素原子结合的化合物。

三、羧酸的过氧化物

羧酸的过氧化物是两个酰基与两个氧原子相键合的化合物；其通式是RC(O)OOC(O)R。

四、过酸类

过酸的通式为RC(O)OOH。

五、羧酸酯

羧酸酯是通过其羧基（－COOH）中的氢原子被烷基或芳基取代后获得的，可用通式 $RC(O)OR^1$ 来表示，式中R及R^1为烷基或芳基（甲基、乙基、苯基等）。

六、羧酸盐

羧酸盐是通过其羧基（－COOH）的氢原子被一个无机阳离子（例如，钠、钾、铵）取代后获得的，可用通式RC(O)OM来表示，式中R为烷基、芳基或烷代芳基，而M为金属阳离子或其他无机阳离子。

七、羧酸的卤化、磺化、硝化及亚硝化衍生物

在以上第一款至第六款所述化合物的卤化、磺化、硝化或亚硝化衍生物中，其含氧基团保持不变，而基团R或R^1中的一个或数个氢原子已分别被卤素、磺酸基（$-SO_3H$)、硝基（$-NO_2$)、亚硝基（－NO）或它们的任何复合基所取代。

29.15　饱和无环一元羧酸及其酸酐、酰卤化物、过氧化物和过氧酸以及它们的卤化、磺化、硝化或亚硝化衍生物：

—　甲酸及其盐和酯：

11　——　甲酸

12　——　甲酸盐

13　——　甲酸酯

—　乙酸及其盐；乙酸酐：

21　——　乙酸

24　——　乙酸酐

29　——　其他

—　乙酸酯：

31　——　乙酸乙酯

32 — — 乙酸乙烯酯
33 — — 乙酸（正）丁酯
36 — — 地乐酚（ISO）乙酸酯
39 — — 其他
40 — 一氯代乙酸、二氯乙酸或三氯乙酸及其盐和酯
50 — 丙酸及其盐和酯
60 — 丁酸、戊酸及其盐和酯
70 — 棕榈酸、硬脂酸及其盐和酯
90 — 其他

本品目包括饱和无环一元羧酸及其酸酐、酰卤化物、过氧化物、过氧酸、酯及盐等，也包括这些产品的卤化、磺化、硝化或亚硝化衍生物（包括复合衍生物）。

一、甲酸（HCOOH）及其盐和酯

（一）甲酸存在于自然界中，也可合成而得，为无色流动性液体，暴露于空气中会发出微薄烟雾；具有刺激气味，有腐蚀性。用于染色、鞣革、凝结胶乳，在医药上作防腐剂或有机合成。

（二）主要的甲酸盐有：

1．甲酸钠（HCOONa），为易潮解的白色结晶粉末；用于医药、鞣革及有机合成。

2．甲酸钙〔$(HCOO)_2Ca$〕，结晶体。

3．甲酸铝〔$(HCOO)_3Al$〕，为白色粉末，用于纺织工业作媒染剂及使纺织品具有防水性能。还有一种碱式甲酸盐，通常制成水溶液。

4．甲酸镍〔$(HCOO)_2Ni$〕。用作油氢化反应的催化剂。

（三）主要的甲酸酯有：

1．甲酸甲酯（$HCOOCH_3$），为无色液体，具有好闻的气味。

2．甲酸乙酯（$HCOOC_2H_5$），为无色流动性液体，易挥发，易燃，具有朗姆酒气味。

3．甲酸苄酯、甲酸冰片酯、香茅醇甲酸酯、牻牛儿醇甲酸酯、甲酸异冰片酯、里哪醇甲酸酯、甲酸薄荷醇酯、甲酸苯乙酯、甲酸玫瑰醇酯及甲酸萜烯酯，主要用于香料工业。

二、乙酸（醋酸）（CH_3COOH）及其盐和酯

（一）乙酸，通过木材干馏而得或通过合成而得。一种极酸的液体，具有醋的腐蚀性和醋的刺鼻气味。冷却后，乙酸固化成无色晶体（冰乙酸）。它是磷、硫黄及许多有机物质的溶剂。

商品乙酸呈淡黄色，通常带有轻微的烧焦臭味。用于纺织工业、鞣革工业，用作胶乳的凝结剂，也用于制乙酸盐、合成增塑剂、医药品等。

（二）主要的乙酸盐有：

1．乙酸钠（CH_3COONa），为无色无气味结晶体，或无水的白色或淡黄色粉末。用作媒染剂及用以制备多种化学产品。

2．乙酸钴〔$(CH_3COO)_2Co$〕，为紫红色结晶体，易潮解，带有乙酸气味。

3．乙酸钙〔$(CH_3COO)_2Ca$〕。纯净的乙酸钙为无色结晶体。

4．碱式乙酸铜（$CH_3COOCuOH$），针状或结晶状粉片，蓝色；与空气接触后分解并变成浅绿色。

5．中性乙酸铜〔$(CH_3COO)_2Cu$〕，蓝绿色粉末或小块晶体；与空气接触后分解并变成白色。

6．乙酸铅，中性〔$(CH_3COO)_2Pb$〕或碱式〔例如，$Pb(CH_3COO)_2 \cdot 3PbO \cdot H_2O$〕。中性乙酸铅为无色、淡黄色或蓝色晶体，有毒。碱式乙酸铅是一种密质的白色粉末，用于医药上及用作化学分析试剂。

7．乙酸锂及乙酸钾，用于医药上；铬、铝及铁的乙酸盐，用作媒染剂。

（三）主要的乙酸酯有：

1．乙酸甲酯（CH_3COOCH_3），存在于木材的干馏产品中。液体，具有水果气味；用于制人造水果香精，也用作脂肪、树脂及硝酸纤维素等的溶剂。

2．乙酸乙酯（$CH_3COOC_2H_5$），为无色易流动液体，高度易燃，具有水果气味；可能含有杂质乙醇。用作硝酸纤维素、清漆等的溶剂；也用于医药上作镇痉药及止痛药。

3．乙酸乙烯酯（$CH_3COOCH=CH_2$），为无色液体，带有特殊气味；是一种单体，用以制聚乙酸乙烯酯（品目39.05的塑料）。

4．乙酸正丙酯及乙酸异丙酯；用以制人造水果香精。

5．乙酸正丁酯，为无色液体；用以制人造水果香精及用作溶剂。

6．乙酸异丁酯，为无色液体；用以制人造水果香精及用作溶剂。

7．乙酸正戊酯及3-甲基丁基乙酸酯（醋酯异戊酯），用以制人造水果香精。

8．乙酸-2-乙氧基乙酯。

9．乙酸苄酯、乙酸萜烯酯、乙酸里哪酯、乙酸牻牛儿酯、乙酸香茅酯、乙酸茴香酯、乙酸对甲苯酯、乙酸肉桂酯、乙酸苯乙酯、乙酸冰片酯及乙酸异冰片酯。它们均用于香料工业。

10．乙酸甘油酯（单乙酸甘油酯、二乙酸甘油酯、三乙酸甘油酯）。

本品目也包括乙酸酐〔$(CH_3CO)_2O$〕，它是一种无色液体，具有强烈刺激气味；有腐蚀性；用于化学合成。

三、一氯代、二氯代、三氯代乙酸及其盐和酯

（一）一氯代乙酸（$Cl\,CH_2COOH$），为无色晶体。

（二）二氯代乙酸（$Cl_2CHCOOH$），为无色液体。

（三）三氯代乙酸（Cl_3CCOOH），为无色晶体，具有刺鼻的气味；用于有机合成及医药。

四、丙酸（CH_3CH_2COOH）及其盐和酯。

丙酸是一种液体，气味似乙酸。

五、丁酸及其盐和酯

（一）丁酸是一种稠密的油状液体，具有难闻的酸败气味，无色，用以使生皮脱灰。

（二）异丁酸（2-甲基丙酸）。

六、戊酸及其盐和酯

（一）戊酸是一种无色透明的油状液体，具有难闻的酸败气味。

（二）异戊酸（3-甲基丁酸）

（三）新戊酸（2,2-二甲基丙酸）

（四）2-甲基丁酸

七、棕榈酸〔$CH_3(CH_2)_{14}COOH$〕及其盐和酯

（一）棕榈酸作为一种甘油酯存在于脂肪中，是一种白色粉末、耀眼晶体或无色粉片。

（二）主要的棕榈酸盐有：

1．棕榈酸钙，用于香料工业。

2．棕榈酸铝，用以制防水纺织品及稠化润滑油。

可溶于水的棕榈酸盐（例如，棕榈酸钠、棕榈酸钾及棕榈酸铵）是肥皂，但仍归入本品目。

八、硬脂酸〔$CH_3(CH_2)_{16}COOH$〕及其盐和酯

（一）硬脂酸作为甘油酯存在于脂肪中；白色、无定形，与蜡相似。

（二）主要硬脂酸盐有：

1．硬脂酸钙，用于防水纺织品。

2．硬脂酸镁，用于制清漆。

3．硬脂酸锌，用于医药、橡胶及塑料工业，也用于制油布。
4．硬脂酸铝，用途同棕榈酸铝。
5．硬脂酸铜，用以制镀青铜石膏及作防污剂。
6．硬脂酸铅，用作干燥剂。

可溶于水的硬脂酸盐（例如，硬脂酸钠、硬脂酸钾及硬脂酸铵）是肥皂，但仍归入本品目。

（三）硬脂酸酯还包括硬脂酸乙酯、硬脂酸丁酯（用作增塑剂）及硬脂酸甘油酯（用作天然蜡的代用品）。

九、本品目包括下列其他产品：

（一）氯甲酸乙酯，一种无色的催泪性液体，气味令人窒息；易燃，用于有机合成。

（二）乙酰氯（CH_3COCl），为无色液体，暴露于空气时散发出刺眼烟雾；具有强烈气味。

（三）乙酰溴（CH_3COBr），性质同乙酰氯；用于有机合成。

（四）一溴乙酸、二溴乙酸和三溴乙酸及其盐和酯。

（五）正己酸和2-乙基丁酸及其盐和酯。

（六）正辛酸和2-乙基己酸及其盐和酯。

*

* *

本品目不包括：

（一）可饮用的醋酸水溶液，含醋酸重量在10％及以下（品目22.09）。

（二）粗硬脂酸的盐及酯（通常归入品目34.01、34.04或38.24）。

（三）甘油单硬脂酸酯、甘油双硬脂酸酯及甘油三硬脂酸酯、脂肪乳化剂的混合物（如果这些混合物具有人造蜡的特征，应归入品目34.04，否则应归入品目38.24）。

（四）纯度在90％以下（按干燥产品的重量计）的脂肪酸（品目38.23）。

29.16　不饱和无环一元羧酸、环一元羧酸及其酸酐、酰卤化物、过氧化物和过氧酸以及它们的卤化、磺化、硝化或亚硝化衍生物：

	—	不饱和无环一元羧酸及其酸酐、酰卤化物、过氧化物和过氧酸以及它们的衍生物：
11	——	丙烯酸及其盐
12	——	丙烯酸酯
13	——	甲基丙烯酸及其盐
14	——	甲基丙烯酸酯
15	——	油酸、亚油酸或亚麻酸及其盐和酯
16	——	乐杀螨（ISO）
19	——	其他
20	—	环烷一元羧酸、环烯一元羧酸或环萜烯一元羧酸及其酸酐、酰卤化物、过氧化物和过氧酸以及它们的衍生物
	—	芳香一元羧酸及其酸酐、酰卤化物、过氧化物和过氧酸以及它们的衍生物：
31	——	苯甲酸及其盐和酯
32	——	过氧化苯甲酰及苯甲酰氯
34	——	苯乙酸及其盐
39	——	其他

本品目包括不饱和无环一元羧酸及环一元羧酸及其酸酐、酰卤化物、过氧化物、过氧酸、酯和盐，也包括它们的卤化、磺化、硝化或亚硝化衍生物（包括复合衍生物）。

一、不饱和无环一元羧酸及其盐、酯和其他衍生物

（一）丙烯酸（$CH_2=CHCOOH$），为无色液体，具有恶臭气味。极易聚合；是聚丙烯酸及其他丙烯酸聚合物的单体。

（二）甲基丙烯酸，这种酸的酯的聚合物是塑料（第三十九章）。

（三）油酸（$C_{18}H_{34}O_2$），以甘油酯形式存在于脂肪及油中，为无色无味液体，在约4℃时结成针状晶体。

可溶于水的油酸盐（例如，油酸钠、油酸钾及油酸铵）是肥皂，但它们仍归入本品目。

（四）反亚油酸（$C_{18}H_{32}O_2$），以甘油酯形式存在于亚麻子油中；是一种干性酸。

（五）亚麻酸（$C_{18}H_{30}O_2$）。

（六）庚炔酸及辛炔酸。

二、环烷、环烯或环萜烯的一元羧酸及其盐、酯和其他衍生物

（一）环己烷羧酸（六氢化苯甲酸）。

（二）环戊烯基乙酸。

三、芳族饱和一元羧酸及其盐、酯和其他衍生物

（一）苯甲酸（C_6H_5COOH），存在于某些树脂及香脂中。合成制得；为白色针状晶体或耀眼白色粉片，纯净时无味；是一种防腐剂。

其主要盐类是苯甲酸铵、苯甲酸钠、苯甲酸钾及苯甲酸钙。

其主要酯类是苯甲酸苄酯、苯甲酸萘酯、苯甲酸甲酯、苯甲酸乙酯、苯甲酸牻牛儿酯、苯甲酸香茅酯、苯甲酸里哪酯及苯甲酸玫瑰酯。

此外，本品目还包括下列苯甲酸衍生物：

1．过氧化苯甲酰，为固体的白色结晶粒，用于医药、橡胶及塑料工业，用于漂白油、脂肪、面粉等。

2．苯甲酰氯（C_6H_5COCl），白色晶体。它是无色液体，具有特殊气味，有催泪性；与空气接触时散发出烟雾。

3．硝基苯甲酸（邻-、间-、对-）（$O_2NC_6H_4COOH$）。

4．硝基苯甲酰氯（邻-、间-、对-）（$O_2NC_6H_4COCl$）。

5．氯代苯甲酸（ClC_6H_4COOH）。

6．二氯代苯甲酸（$Cl_2C_6H_3COOH$）。

（二）苯乙酸（$C_6H_5CH_2COOH$），为白色耀眼结晶片，具有氢化松香气味。用于制香水及调味料、青霉素G及杀真菌剂，用于有机合成和生产苯异丙胺的母体（参见第二十九章末的前体表）。

本品主要酯类有苯乙酸乙酯、苯乙酸甲酯及苯乙酸邻-甲氧苯酯（愈创木酚苯乙酸酯）。

（三）苯丙酸及萘酸。

四、芳族不饱和一元羧酸及其盐、酯和其他衍生物

肉桂酸（$C_6H_5CH=CHCOOH$），存在于肉桂油、吐鲁香脂、秘鲁香脂中，为无色晶体。

其主要盐类是肉桂酸钠及肉桂酸钾。

其主要酯类是肉桂酸甲酯、肉桂酸乙酯、肉桂酸苄酯和肉桂酸丙酯，用于香料工业。

*

*　*

本品目不包括纯度在85％以下（按干燥产品的重量计）的油酸及纯度在90％以下（按干燥产品的重量计）的其他脂肪酸（品目38.23）。

29.17　多元羧酸及其酸酐、酰卤化物、过氧化物和过氧酸以及它们的卤化、磺化、硝化或亚硝化衍生物：

	—	**无环多元羧酸及其酸酐、酰卤化物、过氧化物和过氧酸以及它们的衍生物：**
11	——	**草酸及其盐和酯**
12	——	**己二酸及其盐和酯**
13	——	**壬二酸、癸二酸及其盐和酯**
14	——	**马来酐**
19	——	**其他**
20	—	**环烷多元羧酸、环烯多元羧酸、环萜烯多元羧酸及其酸酐、酰卤化物、过氧化物和过氧酸以及它们的衍生物**
	—	**芳香多元羧酸及其酸酐、酰卤化物、过氧化物和过氧酸以及它们的衍生物：**
32	——	**邻苯二甲酸二辛酯**
33	——	**邻苯二甲酸二壬酯及邻苯二甲酸二癸酯**
34	——	**其他邻苯二甲酸酯**
35	——	**邻苯二甲酸酐**
36	——	**对苯二甲酸及其盐**
37	——	**对苯二甲酸二甲酯**
39	——	**其他**

本品目包括多元羧酸及其酸酐、酰卤化物、过氧化物、过氧酸、酯和盐，也包括这些产品的卤化、磺化、硝化或亚硝化衍生物（包括复合衍生物）。

一、无环多元羧酸及其酯、盐和其他衍生物

（一）草酸（HOOCCOOH），精细晶体，无色，透明，无气味；有毒。用作纺织品和皮革漂白剂，在纺织工业上用作媒染剂，还用于有机合成。

其主要盐有草酸铵、草酸钾、草酸钠、草酸钙、草酸铁和草酸铁铵。

其主要酯有草酸二甲酯和草酸二乙酯。

（二）己二酸〔$HOOC(CH_2)_4COOH$〕，为无色针状晶体，主要用于制某些塑料，例如，聚酰胺类。

（三）壬二酸，为黄色至白色结晶粉末；主要用于制塑料（醇酸树脂、聚酰胺、聚氨酯），也用于其他有机合成。

（四）癸二酸，为白色叶状体，主要用作塑料（醇酸树脂、聚丁烯二酸酯及其他聚酯、聚氨酯）的稳定剂；用于制塑料。

（五）马来酐，为无色结晶块；用于制塑料（聚酯）及其他有机合成。

（六）马来酸（HOOCCH＝CHCOOH），为无色大颗粒晶体或铸块；主要用于制某些塑料（例如，聚酯）。

（七）丙二酸（$HOOCCH_2COOH$），结晶成无色大块粉片。

丙二酸最重要的酯包括丙二酸二乙酯，用于有机合成（例如，巴比妥酸盐类药物）。

（八）琥珀酸〔$HOOC(CH_2)_2COOH$〕，为无色无味的透明晶体，用于有机合成。

二、环烷、环烯或环萜烯多元酸及其酯、盐和其他衍生物

三、芳族多元羧酸及其酯、盐和其他衍生物

（一）邻苯二甲酸酐〔$C_6H_4(CO)_2O$〕，为半透明白色针状晶体、结晶块或白色粉片；质轻但体积大，具有特殊气味。用于有机合成〔合成塑料（聚酯树酯）〕及增塑剂等。

（二）苯二甲酸（邻-、间-、对-）〔$C_6H_4(COOH)_2$〕。邻苯二甲酸通常称为酞酸；间苯二甲酸通常称为异酞酸；对苯二甲酸通常称为对苯二酸。它们均为结晶体，都用于制合成色料、塑料（聚酯树脂）及增塑剂。

苯二甲酸的酯包括邻苯二甲酸二甲酯、邻苯二甲酸二乙酯、邻苯二甲酸二丁酯（邻苯二甲酸二正丁酯、邻苯二甲酸二异丁酯等）、邻苯二甲酸二辛酯〔邻苯二甲酸二正辛酯、邻苯二甲酸二异辛酯、邻苯二甲酸双（2-乙基已基）酯等〕、邻苯二甲酸二壬酯（邻苯二甲酸二正壬酯、邻苯二甲酸二异壬酯等）、邻苯二甲酸二癸酯（邻苯二甲酸二正癸酯等）、邻苯二甲酸二环已酯及其他邻苯二甲酸酯。例如，苯二甲酸乙二酯，还有对苯二甲酸二甲酯及其他对苯二甲酸酯。

（三）二氯代苯二甲酸、四氯代苯二甲酸以及它们的酐。

29.18　含附加含氧基的羧酸及其酸酐、酰卤化物、过氧化物和过氧酸以及它们的卤化、磺化、硝化或亚硝化衍生物：

—　含醇基但不含其他含氧基的羧酸及其酸酐、酰卤化物、过氧化物和过氧酸以及它们的衍生物：

11　——　乳酸及其盐和酯

12　——　酒石酸

13　——　酒石酸盐及酒石酸酯

14　——　柠檬酸

15　——　柠檬酸盐及柠檬酸酯

16　——　葡糖酸及其盐和酯

18　——　乙酯杀螨醇（ISO）

19　——　其他

—　含酚基但不含其他含氧基的羧酸及其酸酐、酰卤化物、过氧化物和过氧酸以及它们的衍生物：

21　——　水杨酸及其盐

22　——　邻乙酰水杨酸及其盐和酯

23　——　水杨酸的其他酯及其盐

29　——　其他

30　—　含醛基或酮基但不含其他含氧基的羧酸及其酸酐、酰卤化物、过氧化物和过氧酸以及它们的衍生物

—　其他：

91　——　2,4,5-涕（ISO）（2,4,5-三氯苯氧基乙酸）及其盐和酯

99　——　其他

本品目包括含有附加含氧基的羧酸及其酸酐、酰卤化物、过氧化物、过氧酸、酯及盐，也包括它们的卤化、磺化、硝化或亚硝化衍生物（包括复合衍生物）。

所称“附加含氧基”，是指羧酸分子中还含有一个或数个以上各分章所述的含氧基（醇、醚、酚、醛、酮等功能团）。

一、含醇基的羧酸及其酯、盐和其他衍生物

这些化合物含有醇基（$-CH_2OH$、$>CHOH$ 或 $\rightarrow COH$）和酸基（$-COOH$）。这两个功能团可起各自属性的反应，因此作为醇，这些化合物可形成醚、酯和其他衍生物；作为酸，可形成盐、酯等。主要的醇酸包括：

（一）乳酸（丙醇酸）〔$CH_3CH(OH)COOH$〕，用乳酸发酵法使葡萄糖或已转化的蔗糖发酵而得。为极易吸湿的结晶块或稠密的糖浆液体，无色或淡黄色。用于医药、染色及生皮脱灰。本品目包括工业、商业及药用乳酸。工业乳酸呈黄至棕色，具有难闻的酸味。商业或医药用的乳酸含量通常在75%及以上。

主要的乳酸盐是乳酸钙（用于医药）、乳酸锶、乳酸镁、乳酸锌、乳酸锑、乳酸铁及乳酸铋。

乳酸的酯包括乳酸乙酯及乳酸丁酯，用作清漆的溶剂。

本组不包括乳酸汞（品目 28.52）。

（二）酒石酸〔HOOCCH(OH) CH(OH) COOH〕，为透明无色晶体，用于染色、摄影、制酵粉、酿酒及医药。

酒石酸盐包括：

1．酒石酸钠。

2．酒石酸钾。

3．精炼酒石酸氢钾（酒石）。

本品目不包括粗酒石（品目 23.07）。

4．酒石酸钙，小粒晶体。

本品目不包括粗酒石酸钙（品目 38.24）。

5．酒石酸锑钾（催吐药）、酒石酸钠钾及酒石酸铁钾。

酒石酸的酯包括：

1．酒石酸乙酯。

2．酒石酸丁酯。

3．酒石酸戊酯。

（三）柠檬酸，以游离态存在于柑橘属果汁中；也可用柠檬菌使葡萄糖或蔗糖发酵而得。结晶成无色、透明的大块斜方晶体或白色无气味结晶粉末。用于制饮料，也用于纺织工业、酿酒业、医药业及制柠檬酸盐等。

柠檬酸的盐包括：

1．柠檬酸锂。

2．柠檬酸钙。

本品目不包括粗柠檬酸钙（品目 38.24）。

3．柠檬酸铝，用作染料媒染剂。

4．柠檬酸铁，用于摄影。

主要的柠檬酸酯包括：

1．柠檬酸三乙酯。

2．柠檬酸三丁酯。

（四）葡糖酸及其盐。葡糖酸通常以水溶液形式存在。其钙盐用于医药、制清洁剂及作为混凝土添加剂等。

（五）葡庚糖酸及其盐。例如，葡庚糖酸钙。

（六）苯乙醇酸（扁桃酸）。

（七）苹果酸〔$HOOCCH(OH)CH_2COOH$〕，为易潮解的无色结晶块；用于有机合成及医药等。

二、含酚基的羧酸及其酯、盐和其他衍生物

酚酸是环中含有酸基（—COOH）及一个或数个羟基（—OH）的环状（芳族）酸。最简单的酚酸分子式为 HOC_6H_4COOH。

（一）水杨酸（邻羟基苯甲酸）（HOC_6H_4COOH），为结晶成白色大块粉片或白色轻质的无气味粉末。广泛用于医药，也用于制偶氮染料等。

最重要的水杨酸盐有：

1．水杨酸钠，为结晶粉末或白色无气味粉片，用于医药。

2．水杨酸铋，为无气味的白色粉末，用于医药。

最重要的水杨酸酯有：

1. 水杨酸甲酯，是冬青油的组分，为无色油状液体，具有强烈持久的芳香气味；用于医药。

2. 水杨酸苯酯（萨罗），结晶成无色粉片，具有微弱的芳香气味；用于医药并用作防腐剂。

3. 水杨酸乙酯、水杨酸萘酯、水杨酸丁酯、水杨酸戊酯、水杨酸苄酯、水杨酸冰片酯、水杨酸香茅酯、水杨酸牻牛儿酯、水杨酸薄荷酯、水杨酸玫瑰酯。

（二）邻乙酰水杨酸〔$CH_3C(O)OC_6H_4COOH$〕，为白色结晶粉末；无气味；用于医药。

（三）磺基水杨酸。

（四）对羟基苯甲酸，为结晶体。

主要对羟基苯甲酸的酯包括：

1. 对羟基苯甲酸甲酯。

2. 对羟基苯甲酸乙酯。

3. 对羟基苯甲酸丙酯。

这些酯均用作防腐剂。

（五）甲基水杨酸（甲酚酸）。

（六）乙酰邻甲酚酸。

（七）五倍子酸（没食子酸）〔$(HO)_3C_6H_2COOH$〕，得自五倍子。精细丝状光亮晶体，无色或淡黄色，无气味。用于制染料及墨水，也用于摄影，在鞣革工业中作媒染剂等。

其主要的盐及酯包括：

1. 碱式五倍子酸铋，为无定形粉末，柠檬黄色，无气味，是一种收敛剂及吸附剂；用于医药。

2. 五倍子酸甲酯，为结晶体。用作消毒剂及收敛剂，也用于眼科医学上。

3. 五倍子酸丙酯。

（八）羟基萘酸。

（九）羟基蒽甲酸。

三、含有醛或酮基的羧酸及其酯、盐和其他衍生物

（一）醛酸，为既含有醛基（－CHO），又含有酸基（－COOH）的化合物。

（二）酮酸，为既含有酮基（ $>C=O$ ），又含有酸基（－COOH）的化合物。

它们最重要的酯是乙酰乙酸乙酯及其钠衍生物。

四、含附加含氧基的其他羧酸及其酯、盐和其他衍生物

茴香酸（$CH_3OC_6H_4COOH$），通过氧化茴香醚、茴香脑及茴香油而得。为无色晶体，具有微弱的茴香脑气味；用作防腐剂，也用于医药及制染料。

第八分章 非金属无机酸酯及其盐以及它们的卤化、磺化、硝化或亚硝化衍生物

总 注 释

一、非金属无机酸酯

这些化合物通常是由醇或酚与非金属无机酸反应生成的，其通式为 ROX，式中 R 表示醇基或酚基，X 表示无机酸分子中的残余物，称作酸基。

硝酸的酸基是$-NO_2$、硫酸的酸基是$=SO_2$、磷酸的酸基是$\equiv PO$、碳酸的酸基是$=CO$。

本分章不包括归入本分章以后本章各品目的酯。

二、非金属无机酸酯的盐

这些化合物仅得自非金属无机多元酸酯（硫酸、磷酸、硅酸等）。多元酸含有数个可被取代的酸单元，当这些酸单元没有被全部酯化时即生成酸酯。

对这些酸酯进行适当的处理即生成非金属无机酸酯盐。

另一方面，硝酸及亚硝酸均为一元酸，只能生成中性酯。

29.19　磷酸酯及其盐，包括乳磷酸盐，以及它们的卤化、磺化、硝化或亚硝化衍生物：

10　—　　三（2,3-二溴丙基）磷酸酯

90　—　　其他

磷酸是三元酸，根据其分子中是否有一个、二个或全部酸基已被酯化而生成三种类型的磷酸酯。

这些酯包括：

一、甘油磷酸，甘油分子中的一个伯醇基被磷酸基取代而得。

这些酯最重要的盐均用于医药上作滋补剂。例如：

（一）甘油磷酸钙。

（二）甘油磷酸铁。

（三）甘油磷酸钠。

二、肌醇六磷酸及肌醇六磷酸盐。

三、磷酸三丁酯，为无色无气味液体；用作增塑剂。

四、磷酸三苯酯，为无色无气味晶体；用于制塑料（例如，赛璐珞）和使纸张不透水等。

五、磷酸三甲苯酯，为无色或淡黄色液体，用作纤维素产品及合成树脂的增塑剂，也用于矿石浮选等。

六、磷酸三（二甲苯）酯。

七、磷酸愈创木酯。

八、乳磷酸盐。例如，乳磷酸钙，不论是否已有化学定义。

29.20　其他非金属无机酸酯（不包括卤化氢的酯）及其盐以及它们的卤化、磺化、硝化或亚硝化衍生物：

　　—　　硫代磷酸酯及其盐以及它们的卤化、磺化、硝化或亚硝化衍生物：

11　——　对硫磷（ISO）及甲基对硫磷（ISO）

19　——　其他

90　—　　其他

本品目包括其他非金属无机酸酯及其盐，即酸中阴离子仅包含非金属元素。本品目不包括：

（一）氢卤酸的“酯”（一般归入品目29.03）。

（二）归入本分章以后本章各品目的酯类，例如，异氰酸的“酯”（品目29.29）及硫化氢的“酯”（一般归入品目29.30）。

本品目包括下列酯：

一、硫代磷酸酯及其盐，包括*O,O*-二丁基二硫代磷酸钠及*O,O*-二甲苯基二硫代磷酸钠

二、硫酸酯及其盐

硫酸酯可以是中性的，也可以是酸性的。

（一）硫酸氢甲酯（CH_3OSO_2OH），为油状液体。

（二）硫酸二甲酯〔$(CH_3O)_2SO_2$〕，为无色或浅黄色液体，具有淡淡的薄荷气味；有毒并有腐蚀性、催泪性和对呼吸道有刺激性。用于有机合成。

（三）硫酸氢乙酯（$C_2H_5OSO_2OH$），为糖浆状液体。

（四）硫酸二乙酯〔$(C_2H_5O)_2SO_2$〕，液体，具有薄荷气味。

三、亚硝酸酯及硝酸酯

亚硝酸酯是液体，具有芳香气味。例如，亚硝酸甲酯、亚硝酸乙酯、亚硝酸丙酯、亚硝酸丁酯及亚硝酸戊酯。

硝酸酯是流动性液体，具有好闻的气味；突然加热即分解，包括硝酸甲酯、硝酸乙酯、硝酸丙酯、硝酸丁酯及硝酸戊酯。

未经混合的硝化甘油、四硝酸季戊四醇（季戊四醇四硝酸酯）及硝化甘醇均归入本品目；如果报验时为制成炸药形式，则不归入本品目（品目36.02）。

四、碳酸酯、过碳酸酯及其盐

碳酸酯可以是中性的，也可以是酸性的。

（一）碳酸二愈创木酯，为白色结晶粉末，带有淡淡的愈创木酚气味，用于医药及作合成香料的中间体。

（二）原碳酸四乙酯〔$C(OC_2H_5)_4$〕。

（三）碳酸二乙酯〔$CO(OC_2H_5)_2$〕。

（四）过氧化二碳酸双（4-叔丁基环己）酯。

本品目不包括氯代碳酸乙酯（氯代甲酸乙酯）（品目29.15）。

五、硅酸酯及其盐（硅酸四乙酯等）

本品目不包括酸基金属氢氧化物的醇化物或酯，例如，四正丁醇钛（也称作钛酸四丁醇酯）（品目29.05）。

第九分章　含氮基化合物

总　注　释

本分章包括含氮基化合物，例如，胺、酰胺、酰亚胺。但不包括仅以所含的硝基或亚硝基作为其氮基的化合物。

29.21　氨基化合物(+)：

	—	无环单胺及其衍生物以及它们的盐：
11	——	甲胺、二甲胺或三甲胺及其盐
19	——	其他
	—	无环多胺及其衍生物以及它们的盐：
21	——	乙二胺及其盐
22	——	六亚甲基二胺及其盐
29	——	其他
30	—	环烷单胺或多胺、环烯单胺或多胺、环萜烯单胺或多胺及其衍生物以及它们的盐
	—	芳香单胺及其衍生物以及它们的盐：

41　——　苯胺及其盐
42　——　苯胺衍生物及其盐
43　——　甲苯胺及其衍生物以及它们的盐
44　——　二苯胺及其衍生物以及它们的盐
45　——　1-萘胺（α-萘胺）、2-萘胺（β-萘胺）及其衍生物以及它们的盐
46　——　安非他明（INN）、苄非他明（INN）、右苯丙胺（INN）、乙非他明（INN）、芬坎法明（INN）、利非他明（INN）、左苯丙胺（INN）、美芬雷司（INN）、苯丁胺（INN）以及它们的盐
49　——　其他
　　—　　芳香多胺及其衍生物以及它们的盐：
51　——　邻-、间-、对-苯二胺、二氨基甲苯及其衍生物以及它们的盐
59　——　其他

胺类是含有胺基〔即，氨中的一个、二个或三个氢原子分别被一个、二个或三个烷基或芳基 R（甲基、乙基、苯基等）所取代而衍生的基团〕的有机氮化合物。

如果氨中只有一个氢原子被取代，则衍生为伯胺（RNH_2）；二个氢原子被取代则衍生为仲胺（R-NH-R）；三个氢原子被取代则衍生为叔胺（$\begin{matrix}R\\R\end{matrix}\!\!>N-R$）。

可以反应成为醌亚胺肟类互变异构体的亚硝胺，也应归入本品目。

本品目也包括胺类的盐（例如，硝酸盐、乙酸盐、柠檬酸盐）及胺类的取代衍生物（例如，卤化、磺化、硝化或亚硝化衍生物）；但不包括含有品目 29.05 至 29.20 的含氧基取代衍生物及其盐（品目 29.22）。本品目也不包括胺基中的一个或多个氢原子被一个或多个卤素、磺基（$-SO_3H$）、硝基（$-NO_2$）、亚硝基（-NO）或这些基团的复合基团所取代的取代衍生物。

稀释至标准浓度用以生产偶氮染料的可重氮化胺及其盐也应归入本品目。

一、无环一元胺、无环一元胺衍生物及其盐

（一）甲胺（CH_3NH_2），为无色易燃气体，具有强烈的氨气味；用于制有机染料，也用于鞣革工业等。

（二）二甲胺〔$(CH_3)_2NH$〕，与甲胺相似；用于有机合成或作为橡胶硫化的促进剂。

（三）三甲胺〔$(CH_3)_3N$〕，与甲胺相似；用于有机合成。

（四）乙胺。

（五）二乙胺。

（六）烯丙基异丙胺。

二、无环多元胺、无环多元胺衍生物及其盐

（一）乙二胺（$H_2NCH_2CH_2NH_2$），为无色的腐蚀性液体，具微弱氨气味；乙二胺的盐。

（二）六亚甲基二胺〔$H_2N(CH_2)_6NH_2$〕及其盐。针状晶体或长片晶体，具有特殊气味。对皮肤有毒，能引起严重灼伤；用以制化学纤维（聚酰胺）。

三、环烷、环烯或环萜烯的一元或多元胺及其衍生物和盐

它们包括环己胺、二甲氨基环己烷等。

四、芳族一元胺及其衍生物和盐

（一）苯胺（$C_6H_5NH_2$）及其盐。苯胺是一种无色油状液体，具有淡淡的芳香气味，广泛用于制染料、药品等。

苯胺衍生物大部分用作制染料的中间体，它包括：

1．卤化衍生物：氯代苯胺。

2．磺化衍生物：间-及对-氨基苯磺酸（例如，磺胺酸）。

3．硝化衍生物：硝基苯胺等。

4．亚硝化衍生物：即其分子中的一个或多个氢原子（氨基中的氢原子除外）被一个或多个亚硝基取代而得的化合物（例如，亚硝基苯胺、甲基亚硝基苯胺）。

5．卤磺化、卤硝化及磺硝化衍生物。

6．烷基衍生物（N-甲基苯胺及N，N-二甲基苯胺；N-乙基苯胺及N，N-二乙基苯胺）。

（二）甲苯胺。

（三）二苯胺〔$(C_6H_5)_2NH$〕，一种仲胺，为无色小叶片状晶体；用于有机合成（染料等）。

（四）1-萘胺（α-萘胺）（$C_{10}H_7NH_2$）。为白色针状晶体，但也可呈白色或浅棕色的堆块或结晶粉片；具有刺鼻的好闻气味。见光后变成淡紫色。用于有机合成及铜矿石浮选等。

（五）2-萘胺（β-萘胺）（$C_{10}H_7NH_2$），为白色粉末或有珍珠光彩的粉片，无气味；用于有机合成（染料等）。本品有致癌性，接触时应小心。

（六）二甲代苯胺。

（七）苯异丙胺（安非他明）（INN）。

五、芳香族多元胺、芳香族多元胺衍生物及其盐

（一）邻-、间-或对-苯二胺〔$C_6H_4(NH_2)_2$〕。

1．邻苯二胺，为无色单斜晶体；在空气中颜色变深。

2．间苯二胺，为无色针状晶体，在空气中变红色。

3．对苯二胺，为白色至浅紫色晶体。

（二）甲苯二胺〔$CH_3C_6H_3(NH_2)_2$〕。

（三）N-烷基苯二胺，例如，N，N-二甲基-对苯二胺。

（四）N-烷基甲苯二胺，例如，N，N-二乙基-3,4-甲苯二胺。

（五）4,4′-二氨基联二苯（联苯胺）（$H_2NC_6H_4C_6H_4NH_2$），为白色有光泽的结晶粉片，具有好闻的气味，用于制染料，并用于分析化学。

（六）聚胺类，从二苯基甲烷或三苯基甲烷及其同系物获得；它们的衍生物（四甲代二氨基二苯基甲烷及四乙代二氨基二苯基甲烷等）。

（七）氨基及二氨基二苯胺。

（八）二氨基芪。

第二十九章末附表列有在国际文件中作为精神治疗药物的归入本品目的某些物质。

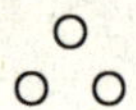

子目注释：

子目2921.42至2921.49

芳香一元胺的烃化衍生物是胺基氮原子上的一个或两个氢原子被一个烷基或环烷基所取代而得的衍生物。因此，本类不包括用一个或多个芳香核取代的衍生物，不论其是否通过烷基链与胺基氮原子相连接。

据此，二甲代苯胺应作为“其他”芳香一元胺归入子目2921.49项下，而不应视作苯胺的衍生物（子目2921.42）或甲苯胺的衍生物（子目2921.43）。

29.22 含氧基氨基化合物(+)：

— 氨基醇（但含有一种以上含氧基的除外）及其醚和酯，以及它们的盐：

11　——　单乙醇胺及其盐
12　——　二乙醇胺及其盐
13　——　三乙醇胺及其盐
14　——　右丙氧吩（INN）及其盐
19　——　其他
—　氨基萘酚和其他氨基酚(但含有一种以上含氧基的除外)及其醚和酯，以及它们的盐：
21　——　氨基羟基萘磺酸及其盐
29　——　其他
—　氨基醛、氨基酮和氨基醌，但含有一种以上含氧基的除外，以及它们的盐：
31　——　安非拉酮（INN）、美沙酮（INN）和去甲美沙酮（INN）以及它们的盐
39　——　其他
—　氨基酸（但含有一种以上含氧基的除外）及其酯以及它们的盐：
41　——　赖氨酸及其酯以及它们的盐
42　——　谷氨酸及其盐
43　——　邻氨基苯甲酸（氨茴酸）及其盐
44　——　替利定（INN）及其盐
49　——　其他
50　—　氨基醇酚、氨基酸酚及其他含氧基氨基化合物

所称“含氧基氨基化合物”是指除含有一个氨基外，还含有一个或数个第二十九章注释四所述的含氧基（醇、醚、酚、缩醛、醛、酮等基）的氨基化合物以及它们的有机及无机酸酯。因此，本品目还包括含有品目29.05至29.20所列含氧基的胺的取代衍生物以及它们的酯和盐。

本品目包括稀释至标准浓度用以生产偶氮染料的可重氮化胺及其盐。

本品目不包括有机染料（第三十二章）。

一、氨基醇及其醚和酯以及它们的盐

这些化合物含有一个或多个与碳原子相连接的醇羟基及氨基。这些化合物仅含有醇、其醚、其酯或这些基团的复合基作为其含氧基。与母体氨基醇相连的非母体片断上的任何含氧基，归类时不作为考虑因素。

（一）单乙醇胺〔$NH_2(CH_2CH_2OH)$〕，为相当粘稠的无色液体；用以制医药品及肥皂等。

（二）二乙醇胺〔$NH(CH_2CH_2OH)_2$〕，为无色晶体或灰白色液体；用于吸收酸气、鞣革时软化皮革及有机合成。

（三）三乙醇胺〔$N(CH_2CH_2OH)_3$〕，为非常粘稠液体，在肥皂及乳胶工业中作基料，也用于修饰及整理织物。

（四）氯化（2-苯甲酸基-2-甲基丁基）二甲铵，为白色结晶粉末；用作局部麻醉剂。

（五）氯酯醒。

（六）阿诺老尔（Arnolol）。

（七）萨波格雷里特（Sarpogrelate）。

（八）芳基乙醇胺。

（九）四甲基二氨基二苯基甲醇及四乙基二氨基二苯基甲醇。

（十）氨基乙醇硝酸酯。

（十一）甲基二乙醇胺。

二、氨基萘酚和其他氨基酚及其醚和酯以及它们的盐

这些物质是酚的化合物中一个或数个氢原子被一个氨基（$-NH_2$）所取代而得。它们仅含有酚基及其醚或酯，或这些基团的复合基团作为其含氧基。与母体氨基萘酚或其他氨基酚连结的非母体片段上的任何含氧基不作为归类时考虑的因素。

（一）氨基羟基萘磺酸，例如：

1. 7-氨基-1-萘酚-3-磺酸（咖马酸）；
2. 8-氨基-1-萘酚-3,6-二磺酸（H 酸）。

（二）邻-、间-及对-氨基苯酚。

（三）氨基邻甲酚、氨基间甲酚及氨基对甲酚。

（四）二氨基苯酚。

氨基苯酚的醚包括：

1. 甲氧基苯胺（茴香胺）。
2. 联茴香胺。
3. 乙氧基苯胺（苯乙定）。
4. 3-氨基对甲苯甲醚（甲酚定）。
5. 5-硝基-2-丙氧基苯胺（2-氨基-4-硝基苯酚正丙醚）。

二苯胺的羟基衍生物及其盐也归入本品目。

三、氨基醛类、氨基酮类、氨基醌类及其盐

这些化合物分别含有氨基及醛基（-CHO）、氨基及酮基（$>C=O$）或氨基及醌基(参见品目 29.14 的注释)。

（一）氨基苯甲醛。

（二）四甲基二氨基二苯甲酮及四乙基二氨基二苯甲酮。

（三）氨基蒽醌及二氨基蒽醌。

（四）蒽酰亚胺。

四、氨基酸、氨基酸酯及其盐

这些化合物含有一个或数个羧酸基及一个或数个氨基。羧酸的酐、酰卤化物、过氧化物及过氧酸也视作酸基。

这些化合物仅含有酸基及其酯或酐、酰卤化物、过氧化物、过氧酸或这些基团的复合基团作为其含氧基。与母体氨基酸连结的非母体片段上的任何含氧基不作为归类时考虑的因素。

与其酯类、盐类及取代衍生物一同归入本品目的氨基酸有：

（一）赖氨酸（二氨基-正己酸），为无色晶体，是丝胶及其他蛋白质的裂解产品。

（二）谷氨酸（2-氨基戊二酸），蛋白质的裂解产品，从谷蛋白中制得；为结晶体，用于医药或食品工业。

（三）甘氨酸（氨基乙酸）（H_2NCH_2COOH），为大块无色的规则晶体，用于有机合成等。

（四）肌氨酸（N-甲基甘氨酸）（CH_3NHCH_2COOH），甘氨酸的甲基衍生物，为斜方晶体。

（五）丙氨酸（2-氨基丙酸），为坚硬针状晶体。

（六）β-丙氨酸（3-氨基丙酸），为结晶体。

（七）苯丙氨酸。

（八）缬氨酸（α-氨基异戊酸），为结晶体。

（九）亮氨酸（α-氨基己酸），通过水解蛋白质制得；为乳白色晶体。异亮氨酸。

（十）天冬氨酸，为结晶体。

（十一）邻氨基苯甲酸（氨茴酸），通过合成而得，用以合成靛蓝，其衍生物之一是邻氨基苯甲酸甲酯。

（十二）间氨基苯甲酸。

（十三）对氨基苯甲酸，用以制合成染料、人造香料及麻醉剂；由于它有维生素作用，也用于医药上。其衍生物包括对氨基苯甲酸乙酯及对氨基苯甲酸丁酯。盐酸普鲁卡因（盐酸对氨基苯甲酸二乙基氨基乙酯），为细小无色无气味晶体，被眼科医生用作局部麻醉剂。

（十四）苯基甘氨酸。

（十五）来沙滴马特（Lisadimate）。

五、氨基醇酚、氨基酸酚及含氧基的其他氨基化合物

本部分主要包括：

（一）酪氨酸（对羟苯基丙氨酸）。

（二）丝氨酸（α-氨基-β-羟基丙酸），为丝胶及其他蛋白质的裂解产品。

（三）氨基水杨酸，包括 5-氨基水杨酸及 4-氨基水杨酸，为结晶粉末。5-氨基水杨酸用于有机合成（例如，用于制偶氮染料及硫化染料）；4-氨基水杨酸钠用于医疗上治疗肺结核。

（四）甲二苯氧胺（N,N-二甲基-2,2-二苯氧基乙胺），一种含缩醛基的胺基化合物。

（五）盐酸丙氧卡因。

*

*　*

第二十九章末附表列有国际文件中作为麻醉或精神治疗药物的归入本品目的某些物质。

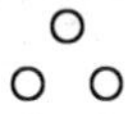

子目注释：

子目 2922.11 至 2922.50

在这些子目中，根据相对于胺基的含氧基位置，醚、有机或无机酸酯基也视作醇、酚或酸基。在这种情况下，归类时只考虑位于胺基和醚或酯基氧原子之间那个分子的含氧基。如果一种化合物含有两个或两个以上的醚或酯基，为了归类的需要，在每一醚或酯基的氧原子位置将分子分割开来，仅考虑位于与胺基同一片段上的含氧基；含有胺基的片段则称作“母体”片段。例如，在 3-（2-氨基乙氧基）丙酸化合物中，其母体片段是氨基乙醇，而羧酸基不作为归类时考虑的因素；作为氨基醇醚，此种化合物应归入子目 2922.19。

如果一种化合物含有两个或两个以上的连接于同一醚基或酯基上的胺基，则这种化合物应按号列顺序归入其可归入的最后一个子目；这一子目是通过考虑相对于每一氨基并作为一种醇、酚或酸基的醚或酯基来确定的。

29.23　季铵盐及季铵碱；卵磷脂及其他磷氨基类脂，不论是否已有化学定义：

10　—　胆碱及其盐

20　—　卵磷脂及其他磷氨基类脂

90　—　其他

有机季铵盐含有一个四价氮阳离子 $R^1R^2R^3R^4N^+$，其中 R^1、R^2、R^3、R^4 可以是相同的也可以是不同的烷基或芳基（甲基、乙基、甲苯基等）。

这些阳离子可与氢氧根离子（OH^-）结合生成通式为 $R_4N^+OH^-$ 的季铵碱，它相当于无机母体氢氧化铵 NH_4OH。

剩余的价可以被其他阴离子（氯、溴、碘等）所填补生成季铵盐。

季铵碱最重要的盐及取代衍生物有：

一、胆碱、胆碱的盐及衍生物，存在于胆、脑、蛋黄及所有新鲜种子中的氢氧化羟乙基三甲铵，从中可衍生出其他重要有的生物物质（例如，乙酰胆碱、甲基胆碱）。

二、卵磷脂及其他磷氨基类酯。它们均为酯类（磷脂），由油酸、棕榈酸及其他脂肪酸与甘油磷酸及诸如胆碱的有机氮碱化合而成，通常为棕黄色的蜡状块，溶于乙醇。卵磷脂存在于蛋黄（蛋卵磷脂）及动物和植物组织中。

归入本品目的商品卵磷脂主要是大豆卵磷脂，是由不溶于丙酮的磷脂（一般按重量计占 60～70%）、大豆油、脂肪酸及碳水化合物组成的混合物。商品大豆卵磷脂稍有粘稠，呈浅棕色到淡颜色，如果作丙酮将大豆油提出，则所得卵磷脂为淡黄色颗粒。

蛋卵磷脂用于医药。商品大豆卵磷脂在食品工业、动物饲料工业、油漆工业及石油工业中用作乳化剂、分散剂等。

三、碘化四甲铵〔$(CH_3)_4NI$〕。

四、氢氧化四甲铵〔$(CH_3)_4NOH$〕。

五、甲酸四甲铵〔$HCOON(CH_3)_4$〕，用于医药上。

六、甜菜碱（三甲铵乙内酯），一种四价的分子内盐。还有盐酸甜菜碱，用于医药、化妆品及动物饲料等。

29.24 羧基酰胺基化合物；碳酸酰胺基化合物：

— 无环酰胺（包括无环氨基甲酸酯）及其衍生物以及它们的盐：

11 — — 甲丙氨酯（INN）

12 — — 氟乙酰胺（ISO）、久效磷（ISO）及磷胺（ISO）

19 — — 其他

— 环酰胺（包括环氨基甲酸酯）及其衍生物以及它们的盐：

21 — — 酰脲及其衍生物以及它们的盐

23 — — 2-乙酰氨基苯甲酸（N-乙酰邻氨基苯甲酸）及其盐

24 — — 炔己蚁胺（INN）

29 — — 其他

本品目包括羧酸及碳酸的酰胺衍生物（不包括其他无机酸的酰胺衍生物——品目 29.29）。

酰胺是含有下列特征基团的化合物：

$(-CONH_2)$	$[(-CO)_2NH]$	$[(-CO)_3N]$
伯酰胺	仲酰胺	叔酰胺

$(-NH_2)$ 或（ $>NH$ ）中的氢可以被烷基或芳基取代，所产生的产品是 N－取代酰胺。

本品目的一些酰胺也含有可重氮化胺基。稀释至标准浓度用于生产偶氮染料的上述酰胺及其盐也归入本品目。

脲分子的$-NH_2$基中的一个或数个氢原子被脂肪族基或芳基所取代后即得烷基脲。

脲分子的$-NH_2$基中的一个或数个氢原子被酸基取代后即得酰脲。

但本品目不包括尿素（H_2NCONH_2），即碳酸二酰胺。该产品主要用作肥料，即使是纯态的，也应归入品目 31.02 或 31.05。

一、无环酰胺

（一）乙酰胺。

（二）天冬酰胺（α-氨基丁二酸一酰胺），即天冬氨酸的一酰胺，从某些植物中提取，为结晶体。

（三）开链酰脲类（溴化二乙基乙酰脲、溴化异戊酰脲）。

（四）氨基甲酸乙酯（尿烷）。

（五）谷氨酰胺。

本品目不包括1-氰基胍（双氰胺）（品目29.26）。

二、环酰胺

（一）烷基脲及酰脲类

主要的烷基脲包括：

1. 对乙氧基苯脲（甘素）。

2. 二乙基二苯脲（中定剂）。

（二）N-乙酰苯胺、甲基乙酰苯胺、乙基乙酰苯胺、乙酰基对乙氧苯胺（非那西汀）、对乙酰氨基苯酚及对乙酰氨基水杨酸苯酯，它们均用于医药上。

（三）苯乙酰胺。

（四）环胺的N-乙酰乙酰基衍生物，例如，N-乙酰乙酰苯胺；羟基苯甲酸的酰胺，例如，3-羟基-2-萘甲酰苯胺；泛影酸及其盐，用作射线摄影的遮光剂，其中有些化合物在商业上称作“芳基化物”。

（五）2-乙酰氨基苯甲酸，呈针状、片状或长菱形状结晶体，无色至淡黄色，用作生产安眠酮（INN）的母体（参见第二十九章末的前体表）。

本品目不包括杂环酰脲，例如，马来酰脲（巴比土酸）及乙内酰脲（品目29.33）。

*

* *

第二十九章末附表列有在国际文件中作为麻醉药或精神治疗药物的归入本品目的某些物质。

29.25　羧基酰亚胺化合物（包括糖精及其盐）及亚胺基化合物：

—　酰亚胺及其衍生物以及它们的盐：

11　——　糖精及其盐

12　——　格鲁米特（INN）

19　——　其他

—　亚胺及其衍生物以及它们的盐：

21　——　杀虫脒（ISO）

29　——　其他

一、酰亚胺类

酰亚胺类的通式为R＝NH，式中R是一个二元酰基。

（一）糖精或1,2-苯并异噻唑啉-3-酮-1,1-二氧化物及其盐。糖精是一种无气味的白色结晶粉末，味极甜；其钠盐及铵盐甜味稍逊，但更易溶化。仅含此类产品之一的片剂仍归入本品目。

以糖精或其盐类与另一种食物（例如，乳糖）混合制成供人食用的产品不归入本品目而归入品目21.06〔参见第三十八章注释一（二）〕。以糖精或其盐类与非食用物质（例如，碳酸氢钠及酒石酸）制成的产品，归入品目38.24。

（二）琥珀酰亚胺，用于化学合成。

（三）邻苯二甲酰亚胺，用于化学合成。

（四）多睡丹（苯乙哌啶酮），一种精神治疗药物—— 参见第二十九章附表。

无机酸的酰亚胺有机衍生物应归入品目 29.29。

二、亚胺类

亚胺与酰亚胺一样，具有特征基团＝NH，但它是与一个非有机酸根相键合：($R_2C=NH$)。

（一）胍。氨基氰作用于氨产生一种亚胺脲，称作胍；胍可以作为脲分子中羰基（$>C=O$）的氧被亚胺基（＝NH）取代而衍生的物质：

$$\underset{\text{脲}}{H_2NCONH_2}\cdots\cdots\cdots\cdots\underset{\text{胍}}{(H_2N)_2C=NH}$$

胍也可由蛋白质氧化而成；还可通过合成而得，为无色易潮解的结晶体。

胍的衍生物包括：

1．二苯胍，橡胶促进剂。

2．二邻甲苯基胍，橡胶促进剂。

3．邻甲苯基胍，橡胶促进剂。

（二）醛亚胺。具有通式 $RCH=NR^1$，式中 R 及 R^1 代表烷基或芳基（甲基、乙基、苯基等），有时代表氢。

它们构成名为“席夫碱”的产品，其中最重要的有：

1．N-亚乙基苯胺。

2．亚丁基苯胺。

3．2-羟基丁醛-α-萘胺及 2-羟基丁醛-β-萘胺。

4．亚乙基对甲苯胺。

上述产品均用于橡胶工业。

（三）亚胺醚类。

（四）脒类

（五）2,6-二氯苯酚基靛酚。

但本品目不包括醛亚胺的环状聚合物（品目 29.33）。

29.26　腈基化合物：

10　—　丙烯腈

20　—　1-氰基胍（双氰胺）

30　—　芬普雷司（INN）及其盐；美沙酮（INN）中间体（4-氰基-2-二甲氨基-4,4-二苯基丁烷）

90　—　其他

腈的通式为 $RC\equiv N$ 式中的 R 代表烷基或芳基，有时代表氮。单、双或三腈的每个分子内分别含有一个、两个或三个氰基（－CN）。

本品目包括：

一、丙烯腈，为无色流动性液体。

本品目不包括丙烯腈的聚合物及共聚物；它们构成塑料（第三十九章）或合成橡胶（第四十章）。

二、1-腈基胍（双氰胺），为纯净的白色晶体。

三、2-羟基丙腈（乙醛合氰化氢）。

四、乙腈。

五、己二腈。
六、氨基苯乙腈。
七、苯基腈（苄腈）。
八、2-甲基-2-羟基丙腈（丙酮合氰化氢）。
九、氰基乙酰胺。
十、氰基频哪酮。
十一、羟苯基乙腈。
十二、亚氨基二乙腈。
十三、硝基苯甲腈。
十四、萘甲腈。
十五、硝基苯乙腈。
十六、苯氨腈。
十七、三聚氰基三甲胺。
十八、美舍东中间体（INN）—— 参见第二十九章末的附表。

29.27　重氮化合物、偶氮化合物及氧化偶氮化合物

这些化合物最重要的应属芳族系列，其特征基团为两个氮原子以双键键合。

一、重氮化合物

本类产品包括：

（一）重氮盐。这些产品的通式为：$RN_2^+X^-$，式中 R 为有机基，X^- 为阴离子。例如：

1．氯化重氮苯。
2．重氮苯四氟硼酸盐。

本品目包括重氮盐，不论是否稳定。

本品目也包括稀释至标准浓度（例如，加入硫酸钠等中性盐）用以生产偶氮染料的重氮盐。

（二）通式为 RN_2 的化合物，式中 R 为有机基，例如：

1．重氮甲烷。
2．重氮基乙酸乙酯。

（三）通式为 $R^1{-}N{=}N{<}^{R^2}_{R^3}$ 的化合物，式中 R^1 及 R^2 均为有机基，R^3 可以为有机基，也可以为氢，例如：

1．重氮氨基苯。
2．N-甲基重氮氨基苯。
3．3,3-二苯基-1-对甲苯甲酰三氮烯。
（这里 $R^1=R^2$）

二、偶氮化合物

这些化合物含有基团 $R^1{-}N{=}N{-}R^2$，式中 R^1 和 R^2 均为有机基，有机基中的一个碳原子直接与氮原子连接，例如：

（一）偶氮苯。
（二）偶氮甲苯。
（三）偶氮萘。
（四）2,2′-二甲基-2,2′-偶氮基二丙腈。
（这里 $R^1=R^2$）

（五）氨基偶氮苯磺酸。

（六）对氨基偶氮苯。

R^1 及 R^2 基团本身还可含有-N＝N-基（二偶氮、三偶氮等化合物）。

三、氧化偶氮化合物

这些是通式 R^1-N_2O-R^2 的化合物，其中的一个氧原子与两个氮原子中的一个相连接，这里 R^1 及 R^2 通常为芳基。

氧化偶氮化合物通常为浅黄色结晶物。它们包括：

（一）氧化偶氮苯。

（二）氧化偶氮甲苯。

（三）对氧化偶氮甲氧基苯。

（四）对氧化偶氮乙氧基苯。

（五）氧化偶氮苯甲酸。

（六）氧化偶氮肉桂酸。

（七）氧化偶氮甲苯胺。

*

* *

重氮及偶氮化合物是偶氮染料的原料。它们所生成的取代衍生物也归入本品目。

本品目不包括有机色料，它们应归入第三十二章内。

29.28 肼（联氨）及胲（羟胺）的有机衍生物

本品目不包括联氨（肼）或羟胺（胲）本身及其无机盐（品目 28.25），仅包括它们的有机衍生物。

肼（H_2NNH_2）分子中的一个或数个氢原子被取代即生成肼衍生物，例如，$RHNNH_2$ 及 $RHNNHR^1$，式中 R 及 R^1 代表有机基。

胲（H_2NOH）分子中一个或数个氢原子被取代也可生成多种衍生物。

亚硝基苯酚是醌肟的互变异构体，亚硝胺是醌亚胺肟的互变异构体，它们均不包括在本品目内（参见品目 29.08 及品目 29.21 的注释）。

肼及胲的有机衍生物包括：

一、苯肼。

二、甲苯肼。

三、甲基苯基肼。

四、溴苯肼。

五、苄基苯肼。

六、萘肼。

七、苯胲。

八、亚硝基苯胲。

九、丁二酮肟。

十、苯基葡糖脎。

十一、苯酮肟。

十二、乙醛苯腙。

十三、乙醛肟。

十四、乙酰苯肟。

十五、丙酮肟。

十六、苯醛半缩（对称）二氨基脲（苯醛半卡巴腙）。
十七、苯甲醛肟。
十八、苯亚甲基丙酮肟。
十九、异羟肟酸。
二十、二苯卡巴肼。
二十一、氨基脲（氨基甲酰肼）。
二十二、N-酰基苯氨基脲（1-氨基甲酰-2-苯肼）。
二十三、四元肼盐及碱。
二十四、羧酸的酰肼。
二十五、酰肼定。

29.29　其他含氮基化合物：
　　10　—　　异氰酸酯
　　90　—　　其他

本品目包括：
一、异氰酸酯。
本组化学品包括单官能团或多官能团异氰酸酯。二异氰酸酯或多官能团异氰酸酯（例如，亚甲基二苯基异氰酸酯（MDI）、六亚甲基二异氰酸酯（HDI）、甲苯二异氰酸酯（TDI）和甲苯二异氰酸酯二聚物）广泛用于聚氨酯的生产。
本品目不包括聚（亚甲基苯基异氰酸酯）（粗 MDI 或聚合 MDI）（品目 39.09）。
二、异氰化物（胩）。
三、羧酸的叠氮化物。
四、无机酸（碳酸除外）的有机取代酰胺衍生物及无机酸的有机取代酰亚胺衍生物。
五、环己烷氨基磺酸钙。
六、八甲基焦磷酰胺（OMPA）。
七、二甲基亚硝胺。
八、甲基三硝基苯硝胺（特屈儿）等，用作炸药。
九、硝基胍，炸药。

第十分章　有机-无机化合物、杂环化合物、核酸及其盐以及磺（酰）胺

总　注　释

归入品目 29.30 及 29.31 的有机-无机化合物是分子中除含有氢、氧或氮外，还含有直接与碳原子相连的金属或其他非金属（例如，硫、砷、铅、铁等）的有机化合物。

品目 29.30（有机硫化合物）及品目 29.31（其他有机-无机化合物）不包括某些磺化或卤化衍生物（含复合衍生物），这些衍生物分子中除含有氢、氧、氮之外，只有具有磺化或卤化衍生物（含复合衍生物）性质的硫原子或卤素原子与碳原子直接连接。

品目 29.32 至 29.34 包括杂环化合物。

所称“杂环化合物”，是指由一个或数个环组成的有机化合物，这些化合物的环中除含有碳原子外，还含有其他原子，例如，氧、氮或硫。这样便产生了下列杂环化合物：

一、五元环化合物

（一）含有一个杂原子的化合物

1．氧原子的杂环化合物：呋喃类（品目29.32）。

2．硫原子的杂环化合物：噻吩类（品目29.34）。

3．氮原子的杂环化合物：吡咯类（品目29.33）。

（二）含有两个杂原子的化合物：

1．一个氧、一个氮：噁唑及异噁唑类（品目29.34）。

2．一个硫、一个氮：噻唑类（品目29.34）。

3．两个氮：咪唑及吡唑类（品目29.33）。

（三）含有三个或更多个杂原子的化合物：

1．一个氧、两个氮：呋咱类（品目29.34）。

2．三个氮：三唑类（品目29.33）。

3．四个氮：四唑类（品目29.33）。

二、六元环化合物

（一）含有一个杂原子的化合物：

1．氧原子的杂环化合物：吡喃类（品目29.32）。

2．硫原子的杂环化合物：噻喃类（品目29.34）。

3．氮原子的杂环化合物：吡啶类（品目29.33）。

（二）含有两个杂原子的化合物：

1．一个氧、一个氮：噁嗪类（品目29.34）。

2．一个硫、一个氮：噻嗪类（品目29.34）。

3．两个氮：哒嗪、嘧啶、吡嗪及哌嗪类（品目29.33）。

三、其他更复杂的杂环化合物

这些化合物是由五元或六元杂环化合物与其他碳环化合物缩合而成的。

例如：

（一）香豆冉酮（品目29.32）。

（二）苯并吡喃（品目29.32）。

（三）呫吨（品目29.32）。

（四）吲哚（品目29.33）。

（五）喹啉及异喹啉（品目29.33）。

（六）吖啶（品目29.33）。

（七）苯并噻吩（品目29.34）。

（八）吲唑（品目29.33）。

（九）苯并咪唑（品目29.33）。

（十）吩嗪（品目29.33）。

（十一）吩噁嗪（品目29.34）。

（十二）苯并噁唑（品目29.34）。

（十三）咔唑（品目29.33）。

（十四）喹唑啉（品目29.33）。

（十五）苯并噻唑（品目29.34）。

归入品目29.32至29.34的含有一个以上杂环的化合物，如果仅有其中一个杂环在品目29.32至29.34的子目中有具体列名，则该化合物应归入该列名的子目；但是如果有两个或两个以上的杂环在品目29.32至29.34的同级子目中有具体列名的，则该化合物应归入最后一个列名的子目。

*

* *

29.30　有机硫化合物：

20　—　硫代氨基甲酸盐（或酯）及二硫代氨基甲酸盐

30　—　一硫化二烃氨基硫羰、二硫化二烃氨基硫羰及四硫化二烃氨基硫羰

40　—　甲硫氨酸（蛋氨酸）

50　—　敌菌丹（ISO）及甲胺磷（ISO）

90　—　其他

本品目包括其分子含有直接与碳原子相连接的硫原子的有机硫化合物（参见本章注释六）。本品目还包括其分子除含有硫原子外，还含有直接与碳原子相连接的其他非金属原子的化合物。

一、二硫代碳酸酯（或酯盐）〔黄原酸酯（或酯盐）〕

它们是二硫代碳酸二酯或二硫代碳酸单酯盐；相应的通式为〔$ROC(S)SRR^1$〕，式中R为一个有机基，而R^1为一个金属（钠、钾等）或一个有机基。

（一）黄原酸乙酯钠，无定形；用于制合成靛蓝及矿石浮选。

（二）黄原酸乙酯钾，为油腻的淡黄色结晶体；用作铅和锌矿的浮选剂、杀寄生虫药及抗隐花植物剂。

（三）黄原酸甲酯盐、黄原酸丁酯盐、黄原酸戊酯盐及黄原酸苄酯盐。

二、硫代氨基甲酸盐（或酯）、二硫代氨基甲酸盐及硫化二烃氨基硫羰

（一）硫代氨基甲酸盐（酯），包括硫代氨基甲酸（H_2NCOSH或H_2NCSOH）的盐和酯（它们不存在游离状态），不论是否NH_2基上的氢原子被烷基或芳基所取代。

（二）二硫代氨基甲酸盐（酯），包括二硫代氨基甲酸的盐和酯，不论是否NH_2基上的氢原子被烷基或芳基所取代。取代的二硫代氨基甲酸的金属盐（例如，二丁基二硫代氨基甲酸锌）用作橡胶工业的硫化促进剂。

（三）一硫化、二硫化或四硫化二烃氨基硫羰，为烷基取代衍生物（例如，二硫化四乙基二烃氨基硫羰），用作硫化促进剂。

三、硫化物（或硫醚）

这些化合物可作为氧原子被一个硫原子所取代的醚。

（ROR^1）……（RSR^1）

醚　　　　硫化物

（一）蛋氨酸（甲硫氨酸），为白色片状或粉末，是一种氨基酸。人体营养的主要成分，体内不能合成。

（二）二甲硫、二苯硫，为无色液体，气味极难闻。

（三）硫代二甘醇或2,2′-二羟基二乙硫；一种在纺织品印染中用作染料溶剂的液体。

（四）硫代苯胺或4,4′-二氨基苯基硫。

四、硫代酰胺类

（一）硫脲（H_2NCSNH_2）是硫代碳酸的二酰胺，因此是脲的硫类似物，为闪光的白色晶体，用于摄影，也用作染色辅助剂，在染料及药品工业中用以制中间体化合物。

（二）对称二苯硫脲（二苯硫脲），为无色结晶片或无定形白色粉末。在染料中用于制造中间体化合物（硫化染料、靛蓝）及合成药物；也作为橡胶硫化的促进剂，还用于矿石浮选。

（三）二邻甲苯硫脲，为白色粉末，不溶于水；用作橡胶硫化的促进剂。

五、硫醇类

这些硫的化合物对应于醇和酚，但其中的氧原子被硫原子所取代。

（ROH）……（RSH）
醇或酚　　　硫醇

（一）硫醇，象醇一样，有伯醇、仲醇或叔醇，分别含有$-CH_2SH$，$>CHSH$或$\geqslant CSH$基团。

它们通常是无色或浅黄色液体，气味难闻。

1．甲硫醇。

2．乙硫醇。

3．丁硫醇。

4．戊硫醇。

（二）硫酚类。

1．苯硫酚（C_6H_5SH）。

2．邻巯基苯甲酸，有时称为硫代水杨酸。

六、硫醛类

硫醛类的通式为RCSH。

七、硫酮类

硫酮类的通式为$RCSR^1$

八、硫代酸类

通式为RCOSH或RCSOH，也可以是RCSSH。

例如，二硫代水杨酸〔HOC_6H_4CSSH〕，但这一名称常用于二（邻-羧苯基）二硫化物。

九、亚磺酸、亚砜及砜

这些化合物的通式分别为RSO_2H、$RSOR^1$及RSO_2R^1。

例如，二乙眠砜（索佛那），为无色晶体，用于医药。

十、异硫氰酸酯

通式为（RN＝CS）。

它们可以作为异硫氰酸的"酯"，包括：异硫氰酸乙酯；异硫氰酸苯酯；异硫氰酸烯丙酯（或人造芥菜油）。

29.31 其他有机-无机化合物：

10 — 四甲基铅及四乙基铅

20 — 三丁基锡化合物

90 — 其他

一、四甲基铅（$Pb(CH_3)_4$）**及四乙基铅**〔$Pb(C_2H_5)_4$〕，为挥发性液体，纯态时无色，工业产品为黄色；有毒；高效抗爆剂。

二、三丁基锡化合物。

三、有机硅化合物。这是单独的已有化学定义的化合物，其硅原子与至少一个有机基碳原子直接相连。这些化合物包括有机硅烷及硅氧烷；在某些情况下，这些产品经聚合可用于制造硅树脂。硅烷包括氯硅烷（例如，二甲基二氯硅烷）、烷氧硅烷（例如，甲基三甲氧基硅烷）、甲基或芳基硅烷（例如，二苯基硅烷二醇、四甲基硅烷）及其他多功能团（氨基、腈基、环氧乙烷基、肟基、乙酸基等）

硅烷。硅氧烷包括六甲基二硅氧烷、八甲基三硅氧烷、八甲基环四硅氧烷、十甲基环五硅氧烷及十二甲基环六硅氧烷。本品目也包括六甲基二硅氮烷及有机金属乙硅烷。

本品目不包括无机硅化合物，它们通常归入第二十八章〔例如，四氯化硅（$SiCl_4$）归入品目 28.12，三氯硅烷（$SiHCl_3$）归入品目 28.53〕。硅酸酯及其盐应归入品目 29.20。单独的已有化学定义的有机硅化合物如果是人为混合物，则应归入《协调制度》的其他品目，通常归入品目 38.24。此外，本品目不包括无化学定义的化合物，这些化合物的分子中含有一个以上硅-氧-硅键，其中的有机基团通过硅碳键直接连接于硅原子上，即品目 39.10 的聚硅氧烷。

四、羰基铁、羰基镍等。

五、有机砷化合物。

（一）甲胂酸〔$CH_3AsO(OH)_2$〕及其盐。为粉片状晶体，并形成结晶盐。例如，甲基胂酸钠（无色，用于医药上）。

（二）二甲次胂酸（卡可基酸）及其盐。这些化合物含有称作卡可基〔$-As(CH_3)_2$〕的基团，用于医药上。

卡可基酸为无气味无色晶体，其主要的盐是卡可基酸钠，一种白色结晶粉末。

（三）对氨基苯胂酸〔$H_2NC_6H_4AsO(OH)_2$〕及其盐。为白色闪光针状结晶体。其主要的盐是对氨基苯胂酸钠，一种无气味的白色结晶粉末；用于医药上，尤其用于治疗昏睡病。

（四）氨基羟基苯胂酸及其甲酰或乙酰衍生物和它们的盐。

（五）偶砷苯（$C_6H_5As=AsC_6H_5$）及其衍生物，与偶氮化合物类似的化合物，但含有偶砷基（$-As=As-$），而不是偶氮基（$-N=N-$）。

六、邻亚磺酰基苯甲酸。

七、金属烷基化合物、金属富勒烯及金属茂合物。

八、有机磷化合物。

这些有机化合物含有至少一个直接与碳原子连接的磷原子。

本组包括：

（一）甲基膦酸二甲酯。

（二）3-（三羟基硅基）丙基甲基膦酸酯钠盐。

（三）邻-甲氟膦酸异丙酯（沙林）。

（四）邻-甲氟膦酸叔己酯（梭曼）。

本品目不包括其分子含有直接与碳原子相连接的硫原子的有机硫化合物（参见本章注释六），也不包括其分子除含有直接与碳原子相连接的硫原子外，还包括有直接与碳原子相连接的其他非金属或金属原子的化合物〔例如，地虫磷（ISO）〕（品目 29.30）。

本品目也不包括含有一个或多个汞原子的有机汞化合物，特别是含有（-HgX）基团（其中 X 是无机酸或有机酸的酸根）的有机汞化合物（品目 28.52）。

29.32　仅含氧杂原子的杂环化合物(+)：

—　结构上含有一个非稠合呋喃环（不论是否氢化）的化合物：

11　——　四氢呋喃

12　——　2-糠醛

13　——　糠醇及四氢糠醇

19　——　其他

20　—　内酯

—　其他：

91　——　4-丙烯基-1,2-亚甲二氧基苯（异黄樟脑）

92　——　1-（1,3-苯并二噁茂-5-基）丙烷-2-酮

93　——　3,4-亚甲二氧基苯甲醛（胡椒醛）

94　——　4-烯丙基-1,2-亚甲二氧基苯（黄樟脑）

95　——　四氢大麻酚（所有的异构体）

99　——　其他

归入本品目的杂环化合物包括：

一、结构中含有一个非稠合呋喃环（不论是否氢化）的化合物

本部分主要包括：

（一）四氢呋喃，为无色液体。

（二）2-糠醛，用谷物糠加硫酸蒸馏而得。为无色液体，具有特殊的芳香气味；暴露于空气中先变成黄色，然后再变成棕色。用于纯化矿物油、制合成树脂、用作硝酸纤维及清漆的溶剂和杀虫剂。

（三）糠醇，为无色液体，暴露在空气中颜色会变深。与浓无机酸剧烈反应。用作硝酸纤维素的溶剂，并用于制清漆及防水涂层。

（四）四氢糠醇，为无色液体。

（五）呋喃。

二、内酯

这些化合物可以作为羧酸与醇或酚基经脱水而成的内酯，其分子可能在同一个环上含有一个或数个酯基。根据酯基的数量，它们被称作单、双或三内酯。但是多元醇与多元酸形成的环酯不归入本品目（参见本章注释七）。

内酯是相当稳定的化合物，但具有内酯环遇碱易断开的特征。

本部分主要包括：

（一）香豆素（1,2-苯并吡喃酮），为原香豆素酸的内酯，结晶成为白色片状。用于香料及医药，并用于黄油、蓖麻油、药物等的调味。也用于抑制植物发芽。

（二）甲基香豆素，外观同香豆素，也用于香料。

（三）乙基香豆素。

（四）败坏翘摇素。结晶体。外科手术中用作阻凝剂。

（五）7-羟基香豆素（伞形酮），为白色晶体。能吸收紫外线，因此用于制晒黑油及晒黑膏。

（六）二羟基香豆素（七叶亭及瑞香素）。结晶体，溶于热水。

二羟基香豆素的葡糖苷（七叶灵及瑞香苷）归入品目 29.38。

（七）壬内酯，为无色或浅黄色液体；用于香料。

（八）十一内酯。外观似壬内酯，用途与壬内酯相同。

（九）丁内酯（羟基丁酸内酯），为无色液体，具有好闻的气味；可与水混溶。用作合成树脂的中间产品及溶剂。用于制除漆污剂，并用于石油工业。

（十）丙酰基内酯。液体，溶于水。为一种消毒剂、杀菌剂。

（十一）葡糖醛酸内酯，为白色粉末，极易溶于水。用于医药上及作为生长素。

（十二）D-葡糖酸内酯（葡糖酸δ-内酯）。结晶体，溶于水。在食品中作酸化剂。

（十三）泛内酯。结晶体，溶于水。用于精馏泛酸。

（十四）山道年，从山道年草的干花蓄提取的山道年酸内酯，为无色晶体，无气味；一种相当强的驱虫药。

（十五）酚酞，由邻苯二甲酸酐与苯酚缩合而成，为白色或黄白色结晶粉末，无气味，溶于乙醇。与碱反应呈樱桃红色，将渗液加以酸化后樱桃红色即消失。用作化学试剂和轻泻剂。

本组包括碘苯酚酞，一种黄色粉末，也用作轻泻药。

但本品目不包括;

1. 四卤化酞钠（品目 29.18）。

2. 荧光素（间苯二酚酞）（品目 32.04）。

（十六）百里酚酞，为白色晶体，用作分析试剂，并用于医药。

（十七）异抗坏血酸，为粒状晶体。

但应注意，本品目不包括抗坏血酸（品目 29.36）。

（十八）脱氢乙酸，为无色晶体，不溶于水。

（十九）黄葵内酯，为无色液体，具麝香味，用于香料。

（二十）双烯酮，为无色不吸湿液体。

（二十一）3,6-二甲基-1,4-二氧杂环己烷-2,5-二酮。

三、仅含氧杂原子的其他杂环化合物

本部分主要包括:

（一）苯并呋喃，存在于蒸馏煤焦油所得的轻质油中，为无色液体，用于制人造塑料（苯并呋喃树脂）等。

（二）1,3-二氧戊环。

（三）1,4-二噁烷（二氧化二亚乙基），用作溶剂。

（四）1,3-二噁烷。

（五）黄樟脑，得自黄樟油。无色液体，可变成浅黄色；用于香料并用作生产亚甲二氧基苯异丙胺及亚甲二氧基脱氧麻黄碱的母体（参见第二十九章末的前体表）。

（六）异黄樟脑，得自黄樟脑；用于香料并用作生产亚甲二氧基苯异丙胺及亚甲二氧基脱氧麻黄碱的母体（参见第二十九章末的前体表）。

（七）四氢大麻酚。

（八）胡椒醛（$CH_2O_2C_6H_3CHO$），为白色晶体或粉片，具有鸡血石气味；用于香料及给甜酒加味并用作生产亚甲二氧基苯异丙胺及亚甲二氧基脱氧麻黄碱的母体（参见第二十九章末的前体表）。

（九）胡椒基酸。

（十）1-（1,3-苯并二噁茂-5-基）丙烷-2-酮（3,4-亚甲二氧基苯基丙酮）。白色至淡黄色晶体。用作生产亚甲二氧基苯异丙胺及亚甲二氧基脱氧麻黄碱的母体（参见第二十九章末的前体表）。

氢汞二溴荧光素应归入品目 28.52。

*
* *

第二十九章末附表列有在国际文件中作为麻醉药或精神治疗药物的归入本品目的某些物质。

本品目不包括:

（一）过氧化酮类（品目 29.09）。

（二）具有三元环的环氧化物（品目 29.10）。

（三）醛的环状聚合物（品目 29.12）或硫醛的环状聚合物（品目 29.30）。

（四）多元羧酸的酸酐及多元醇和多元酸的环酯（品目 29.17）。

○
○ ○

子目注释:

子目 2932.29

在同一环中含有一个附加杂原子〔含有内酯基（例如，双内酯）的氧原子除外〕的内酯不应归入内酯的子目内。这种内酯的归类，应视其所含的附加杂原子而定。例如，脱水亚甲基柠檬酸应归入子目 2932.99 而不应归入子目 2932.29。

如果酯基是两个或数个环的一部分，而且其中的任何一个环都不含有附加杂原子（内酯基的氧原子除外），这种分子应视作一种内酯。

归入子目 2932.29 的内酯必须含有不同的在每端被至少一个碳原子分开的内酯基。然而本品目不包括其碳原子分开后紧接于内酯基而形成氧代基（ $>C=O$ ）、亚氨基（ $>C=NH$ ）或硫代基（ $>C=S$ ）的产品。

29.33 仅含氮杂原子的杂环化合物：

— 结构上含有一个非稠合吡唑环（不论是否氢化）的化合物：

11 —— 二甲基苯基吡唑酮（安替比林）及其衍生物

19 —— 其他

— 结构上含有一个非稠合咪唑环（不论是否氢化）的化合物：

21 —— 乙内酰脲及其衍生物

29 —— 其他

— 结构上含有一个非稠合吡啶环（不论是否氢化）的化合物：

31 —— 吡啶及其盐

32 —— 六氢吡啶（哌啶）及其盐

33 —— 阿芬太尼（INN）、阿尼利定（INN）、苯氰米特（INN）、溴西泮（INN）、地芬诺新（INN）、地芬诺酯（INN）、地匹哌酮（INN）、芬太尼（INN）、凯托米酮（INN）、哌醋甲酯（INN）、喷他左辛（INN）、哌替啶（INN）、哌替啶中间体 A（INN）、苯环利定（INN）、苯哌利定（INN）、哌苯甲醇（INN）、哌氰米特（INN）、哌丙吡胺（INN）和三甲利定（INN）以及它们的盐

39 —— 其他

— 结构上含有一个喹啉或异喹啉环系（不论是否氢化）的化合物，但未经进一步稠合的：

41 —— 左非诺（INN）及其盐

49 —— 其他

— 结构上含有一个嘧啶环（不论是否氢化）或哌嗪环的化合物：

52 —— 丙二酰脲（巴比土酸）及其盐

53 —— 阿洛巴比妥(INN)、异戊巴比妥(INN)、巴比妥(INN)、布他比妥(INN)、正丁巴比妥(INN)、环己巴比妥(INN)、甲苯巴比妥(INN)、戊巴比妥(INN)、苯巴比妥(INN)、仲丁巴比妥(INN)、司可巴比妥(INN)和乙烯比妥(INN)以及它们的盐

54 —— 其他丙二酰脲（巴比土酸）的衍生物以及它们的盐

55 —— 氯普唑仑(INN)、甲氯喹酮(INN)、甲喹酮(INN)和齐培丙醇(INN)以及它们的盐

59 —— 其他

— 结构上含有一个非稠合三嗪环（不论是否氢化）的化合物：

61 —— 三聚氰胺（蜜胺）

69 —— 其他

— 内酰胺：

71 —— 6-己内酰胺

72 —— 氯巴占（INN）和甲乙哌酮（INN）

79 ——其他内酰胺

— 其他：

91 ——阿普唑仑（INN）、卡马西泮（INN）、氯氮卓（INN）、氯硝西泮（INN）、氯拉卓酸、地洛西泮（INN）、地西泮（INN）、艾司唑仑（INN）、氯氟卓乙酯（INN）、氟地西泮（INN）、氟硝西泮（INN）、氟西泮（INN）、哈拉西泮（INN）、劳拉西泮（INN）、氯甲西泮（INN）、马吲哚（INN）、美达西泮（INN）、咪达唑仑（INN）、硝甲西泮（INN）、硝西泮（INN）、去甲西泮（INN）、奥沙西泮（INN）、匹那西泮（INN）、普拉西泮（INN）、吡咯戊酮（INN）、替马西泮（INN）、四氢西泮（INN）和三唑仑（INN）以及它们的盐

99 ——其他

归入本品目的杂环化合物包括：

一、结构中含有一个非稠合吡唑环（不论是否氢化）的化合物

本部分主要包括：

（一）非那宗（安替比林、二甲基苯基吡唑酮），为无色结晶粉末或粉片，无气味。在医药上作退热剂及治神经痛药。

（二）氨基非那宗（4-二甲基氨基-2,3-二甲基-1-苯基-5-吡唑啉酮）（酰氨基比林、二甲基氨替比林）及其盐。为无色的叶片状晶体，是较安替比林强的退热药及治神经痛药。

（三）1-苯基-3-吡唑烷酮。

二、结构中含有一个非稠合咪唑环（不论是否氢化）的化合物

本部分主要包括：

（一）乙内酰脲（海因）及其取代衍生物（例如，硝基乙内酰脲、甲基乙内酰脲及苯基乙内酰脲），由乙醇酸与尿素缩合而得。

（二）赖西丁，为吸湿性白色晶体；在医药上作为尿酸的溶剂。

三、结构中含有一个非稠合吡啶环（不论是否氢化）的化合物

本部分主要包括：

（一）吡啶，含于煤焦油、骨油等之中，为无色或浅黄色液体，具有强烈的难闻气味。用于有机合成、橡胶工业、纺织品印染，用作乙醇的变性剂，还用于医药等。

归入本品目的吡啶，按重量计纯度必须在 95%及以上。低于此纯度的吡啶不归入本品目（品目 27.07）。

（二）吡啶的衍生物主要包括：

1．甲基吡啶、5-乙基-2-甲基吡啶及 2-乙烯基吡啶。

归入本品目的这些衍生物按重量计纯度必须达到 90%及以上（对于甲基吡啶，所有的异构体必须一并计入）。低于此纯度的衍生物不归入本品目（品目 27.07）。

2．吡啶羧酸。

这些化合物包括吡啶-γ-羧酸（异烟酸）。它是无色晶体，由γ-甲基吡啶氧化而得，或合成而得。其酰肼用于治疗结核病。

本品目不包括称为烟酸的吡啶-β-羧酸（品目 29.36）。

3．吡啶-β-羧酸二乙酰胺，为油状液体，几乎无色；医疗上用于刺激循环及呼吸。

4．内消旋肌醇六烟酸酯。

（三）哌啶衍生物包括：

1． 1-甲基-4-苯基哌啶羧酸。

2． 1-甲基-3-苯基哌啶-3-羧酸乙酯。

3．1-甲基-4-苯基哌啶-4-羧酸乙酯（陪替丁）。

4．酚哌丙酮（INN）{1-〔4-（间羟苯基）-1-甲基-4-哌啶基〕丙烷-1-酮}。

四、含有一个不再稠合的喹啉或异喹啉环系（不论是否氢化）的化合物

喹啉、异喹啉及其衍生物，由一个苯环和一个吡啶环稠合而成的2-环系。喹啉及异喹啉存在于煤焦油中，但也可合成而得。为无色液体，高折射性，具有难闻的刺鼻气味。用于有机合成（例如，染料、医药）。

这些衍生物主要包括：

（一）甲基喹啉。

（二）异丁基喹啉。

（三）异丙基喹啉。

（四）四氢甲基喹啉。

（五）3-、4-、5-、6-、7-和8-羟基喹啉及其盐。喹啉分子的两环之一引入一个羟基衍生而成。本组包括8-羟基喹啉的金属络合物。

（六）苯基喹啉羧酸（苯基辛可宁酸），为无色针状物或黄白色粉末，一种治疗痛风及风湿病药物。

（七）苯基异喹啉衍生物（INN）〔6,7-二甲氧基-1-（3,4,5-三乙氧苯基）异喹啉〕。

（八）N-甲基吗啡喃。

（九）3-羟基-N-甲基吗啡喃。

五、结构中含一个嘧啶环（不论是否氢化）或哌嗪环的化合物

本部分主要包括：

（一）丙二酰脲（巴比土酸）及其衍生物。巴比土衍生物。这是嘧啶化合物的重要一类。它们可生成水溶性钠盐，巴比土酸的烷基取代衍生物及其盐均在医药上作安眠剂及镇静剂。代表这类化合物的有巴比妥（INN）（二乙基丙二酰脲）、苯巴比妥（INN）（乙基苯基丙二酰脲）、阿莫巴比妥（INN）（乙基异戊基丙二酰脲）、断巴比妥（INN）（烯丙基-1-甲基丁基丙二酰脲）及环巴比妥（INN）（5-环己-1-烯基-5-乙基巴比土酸）。

（二）硫喷妥钠（戊硫巴比妥钠），是一种环状硫脲，为黄白色水溶性粉末，具吸湿性，有一股难闻气味。在医药上用作一种麻醉剂。

（三）哌嗪（二亚乙基二胺），为白色结晶块，具吸湿性，具独特气味。医药上用作治痛风的药物。

（四）2,5-二甲基哌嗪，为无色油状液体或糊状，用作尿酸的溶剂。

六、结构中含有一个非稠合三嗪环（不论是否氢化）的化合物

本部分主要包括：

（一）蜜胺（三氨基三嗪），为闪耀的白色晶体，用于制塑料。

（二）三亚甲基三硝胺（六素精），一种炸药，为白色结晶粉末，对震动敏感。

（三）氰尿酸（由烯醇和酮构成）。

（四）乌洛托品（INN）（六亚甲基四胺）及其盐和衍生物。为规则形状的白色晶体，极易溶于水。医药上作尿酸（尿防腐剂）的溶剂，用于制合成树脂，也用作橡胶硫化促进剂、防发酵剂等。

本品目不包括供医药用的乌洛托品（INN）锭剂或片剂（品目30.04）及制成作燃料使用形状（例如，片、条或类似形状）的乌洛托品（品目36.06）

七、内酰胺类

这些化合物可作为类似于内酯的内酰胺，由氨基酸脱水而得，其分子的一个环上可含有一个或数个酰胺基。根据其酰胺基的数目，它们被称作单、双或三内酰胺等。

本品目还包括内酰亚胺类，它是内酰胺的烯醇互变异构体（这些物质是酮的异构体）。

本部分主要包括：

（一）6-己内酰胺（ε-己内酰胺），为白色晶体；溶于水；散发出刺鼻烟雾，用于制塑料及化学纤维。

（二）靛红（靛红酸的内酰胺），为亮黄棕色晶体，用于制染料及医药。

（三）2-羟基喹啉（喹诺酮），一种邻氨基肉桂酸的内酰胺。

（四）3,3-二（对乙酰氧基苯基）羟吲哚（二乙酰二羟基二苯基靛红），为白色结晶粉末，不溶于水，用作轻泻药。

（五）1-乙烯基-2-吡咯烷酮，为浅黄色结晶粉末，具有好闻的气味，用于制聚乙烯吡咯烷酮（归入第三十九章内），也用于医药上。

（六）普奈米东（INN）（5-乙基-5-苯基全氢化嘧啶-4,6-二酮），为白色晶体，溶于水。

（七）1,5,9-三氮杂环十二烷-2,6,10-三酮。

本品目不包括甜菜碱（三甲基甘氨酸），一种分子内的季铵盐（品目 29.23）。

八、仅含有氮杂原子的其他杂环化合物

本部分主要包括：

（一）咔唑（9-氮杂芴）及其衍生物，由两个苯环及一个吡咯环稠合而成。存在于煤焦油的重馏分中，也可合成而得。闪亮结晶粉片，用于制塑料及染料。

（二）吖啶及其衍生物。吖啶是由两个苯环与一个吖啶环缩合而成。煤焦油中有少量存在，也可通过合成而得。用于制染料及某些药剂。

本品目包括下列吖啶衍生物（构成染料的除外）：

1．硫酸原黄素（3,6-二氨基吖啶硫酸氢盐），为棕红色结晶粉末。

2．2,5-二氨基-7-乙氧基吖啶乳酸盐，为黄色粉末。

这两种衍生物均具有防腐及杀菌性能。

（三）吲哚，存在于煤焦油中，但常通过合成而得。为小结晶叶片状，无色或极浅黄色，遇空气或见光即变红色。不纯时有明显的粪臭味，但纯化后有强烈的花香气味。用于制合成香料及用于医药上。

（四）β-甲基吲哚（粪臭素），为无色结晶粉片；不纯时有粪臭味。

（五）巯基苯并咪唑。

（六）邻苯二甲酰肼（邻苯二甲酸的酰肼）。

（七）氮丙啶（1-氮杂环丙烷）及其N-取代衍生物。

（八）卟啉（卟吩的衍生物）。

但是，紫菜碱（一种生物碱）应归入品目 29.39。

第二十九章末附表列有在国际文件中作为麻醉药或精神治疗药物的归入本品目的某些物质。

本品目不包括多元酸的酰亚胺。

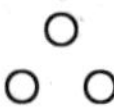

子目注释：

子目 2933.11、2933.21 及 2933.54

二甲基苯基吡唑酮（子目 2933.11）、乙内酰脲（子目 2933.21）及丙二酰脲（子目 2933.52）是带有杂环结构特征的化合物。归入相应子目的这些化合物的衍生物仍应保持母体化合物的基本结构。因此，与母体化合物比较，这些衍生物通常具有下列特征：

（一）具有未改性的功能基（例如，桥氧基）；

（二）保留原有双键的数量和位置；

（三）保留原有的取代物（例如，二甲基苯基吡唑酮的苯基及两个甲基）；

（四）仅在氢原子上具有进一步的取代物（例如，丙二酰脲的吡啶环上的氢原子被一个烷基所取代）。

然而，从烯醇式母体化合物制得的盐应视作酮式衍生物。

子目 2933.79

在同一环中含有一个附加杂原子〔含有内酰胺基（例如，双内酰胺）的氮原子除外〕的内酰胺不应归入内酰胺的子目内。这种内酰胺的归类，应视其所含的附加杂原子而定。例如，去甲羟基安定（INN）应归入子目 2933.91 而不应归入子目 2933.79。

如果酰胺基是两个或数个环的一部分，而且其中的任何一个环都不含有附加杂原子（内酰胺基的氮原子除外），这种分子应视作一种内酰胺。

归入子目 2933.79 的内酰胺必须含有不同的在每端被至少一个碳原子分开的内酰胺基。然而本品目不包括其碳原子分开后紧接于内酰胺基而形成氧代基（ $>C{=}O$ ）、亚氨基（ $>C{=}NH$ ）或硫代基（ $>C{=}S$ ）的产品。例如，巴比土酸不归入子目 2933.79（子目 2933.52）。

29.34 核酸及其盐，不论是否已有化学定义；其他杂环化合物：

10 — 结构上含有一个非稠合噻唑环（不论是否氢化）的化合物

20 — 结构上含有一个苯并噻唑环系（不论是否氢化）的化合物，但未经进一步稠合的

30 — 结构上含有一个吩噻嗪环系（不论是否氢化）的化合物，但未经进一步稠合的

— 其他：

91 — — 阿米雷司（INN）、溴替唑仑（INN）、氯噻西泮（INN）、氯噁唑仑（INN）、右吗拉胺（INN）、卤噁唑仑（INN）、凯他唑仑（INN）、美索卡（INN）、噁唑仑（INN）、匹莫林（INN）、苯巴曲嗪（INN）、芬美曲嗪（INN）和舒芬太尼（INN）以及它们的盐

99 — — 其他

本品目包括核酸及其盐。它们是复杂化合物，当与蛋白质化合后，形成动植物细胞核中的核蛋白。由磷酸与糖及嘧啶或嘌呤化合而成。通常呈白色粉末状，溶于水。

核酸或更通常是它的盐（例如，核酸钠及核酸铜）用作补药、神经兴奋剂及尿酸的溶剂。

归入本品目的杂环化合物有：

一、结构上含有一个非稠合噻唑环（不论是否氢化）的化合物

“噻唑”一词包括 1,3-噻唑及 1,2-噻唑（异噻唑）两种化合物。

二、含有一个苯并噻唑环系（不论是否氢化）的化合物，但未经进一步稠合的

“苯并噻唑”一词包括 1,3-苯并噻唑及 1,2-苯并噻唑（异苯并噻唑）两种化合物。

本部分主要包括：

（一）巯基苯并噻唑，为黄白色精细粉末，在橡胶工业中作促进剂。

（二）二硫化二苯并噻唑，在橡胶工业中作促进剂。

（三）哎沙匹龙（Ipsapirone）（INN）{2-〔4-（4-嘧啶-2-基-哌嗪-1-基）丁基〕-1,2-苯并噻唑-3（2H）-酮 1,1-二氧化物}，用作抗焦虑药。

三、含有一个吩噻嗪环系（不论是否氢化）的化合物，但未经进一步稠合的

本部分主要包括：

吩噻嗪（硫化二苯胺），为闪亮浅黄色粉片或灰绿色粉末，用于制染料等。

四、其他杂环化合物

本部分主要包括：

（一）磺内酯。这些化合物可以作为羟基磺酸的内酯。它们包括磺酞类，例如：

1. 酚红（苯酚磺酞），用于医药及作为分析指示剂。

2. 百里酚蓝（百里酚磺酞），用作试剂。

3. 1,3-丙磺酸内酯。

（二）磺内酰胺类。这些化合物可以作为氨基磺酸的内酰胺。它们包括萘并磺内酰胺-2,4-二磺酸，得自8-氨基-1-萘磺酸，并用于制SS酸（8-氨基-1-萘酚-5,7-二磺酸或1-氨基-8-萘酚-2,4-二磺酸）。

（三）噻吩，存在于煤焦油及褐煤焦油中，也可通过合成而得。一种无色的流动性液体，气味象苯。

（四）呋喃唑酮（INN）〔3-（5-硝基呋喃亚甲基氨基）噁唑烷酮-2〕。

（五）脱氢硫代对甲苯胺。

（六）腺苷三磷酸或腺苷焦磷酸。

（七）3-甲基-6,7-亚甲二氧基-1-（3,4-亚甲二氧基苄基）异喹啉盐酸盐。

（八）3-甲基-6,7-亚甲二氧基-1-（3,4-亚甲二氧基苯基）异喹啉。

本品目不包括符合品目28.52规定的核酸汞，以及硫醛的环状聚合物（品目29.30）。

*

*　*

第二十九章末附表列有在国际文件中作为麻醉药或精神治疗药物的归入本品目的某些物质。

29.35　磺（酰）胺

磺（酰）胺的通式为($R^1SO_2NR^2R^3$)，式中 R^1 是一个复杂多样的有机基，其中有一个碳原子直接连接 SO_2 基团，R^2 和 R^3 为氢原子、其他原子或者为复杂多样的无机或有机基团（包括双键或环）。它们很多在医药上作强力杀菌剂，主要包括：

一、邻甲苯磺酰胺。

二、邻氨磺酰基苯甲酸。

三、对氨磺酰基苄胺。

四、对氨基苯磺酰胺（$H_2NC_6H_4SO_2NH_2$）（磺胺）。

五、对氨基苯磺乙酰胺。

六、枸橼酸西地拉非。

七、磺胺吡啶（INN）或对氨基苯亚磺酰氨基吡啶。

八、磺胺嘧啶（INN）或对氨基苯亚磺酰氨基嘧啶。

九、磺胺二甲基嘧啶（INN）或对氨基苯亚磺酰氨基甲基嘧啶。

十、磺胺硫脲（INN）或对氨基苯亚磺酰氨基硫脲。

十一、磺胺噻唑（INN）或对氨基苯亚磺酰氨基噻唑。

十二、氯化氨磺酰化物，不论氯原子是否直接与氮原子相连接（例如，磺氯酰胺或N-氯代磺酰胺，称为“氯胺”，“氯化噻嗪”或6-氯代-7-氨磺酰苯并-1,2,4-噻二嗪1,1-二氧化物；6-氯代-3,4-二氢-7-氨磺酰苯并-1,2,4-噻二嗪1,1-二氧化物）。

本品目不包括磺（酰）胺基团中所有S-N键为环的一部分的化合物。它们属于品目29.34的其他杂环化合物（磺内酰胺类）。

第十一分章　维生素原、维生素及激素

总　注　释

本分章包括动植物机体正常活动及协调发展所必需的、化学成分相当复杂的一类活性物质。

这类物质主要具有生理作用，因为它们具有独特的性质，因此用于医药及工业上。

在本分章中，所称“衍生物”是指可通过相关品目的初始化合物制得的化学化合物，这种化合物仍保留母体化合物的基本特征，包括其基本的化学结构。

29.36　天然或合成再制的维生素原和维生素（包括天然浓缩物）及其主要用作维生素的衍生物，上述产品的混合物，不论是否溶于溶剂(+)：

—　未混合的维生素及其衍生物：

21　— —　维生素A及其衍生物

22　— —　维生素 B_1 及其衍生物

23　— —　维生素 B_2 及其衍生物

24　— —　D或DL-泛酸（维生素 B_3 或维生素 B_5）及其衍生物

25　— —　维生素 B_6 及其衍生物

26　— —　维生素 B_{12} 及其衍生物

27　— —　维生素C及其衍生物

28　— —　维生素E及其衍生物

29　— —　其他维生素及其衍生物

90　—　其他，包括天然浓缩物

维生素是人类或其他动物机体正常活动所必需的活性剂，它们得自外界，其化学成分很复杂。这些物质人体内不能合成，因此，从外界获得的必须是其最终形式或接近最终形式（维生素原）。微量的维生素就有足够效力，可作为外源性的生物催化剂，若缺乏此种物质会引起新陈代谢的混乱或“维生素缺乏症”。

本品目包括：

一、天然或合成再制的维生素原和维生素及其主要用作维生素的衍生物。

二、天然维生素浓缩物（例如，维生素A或维素D浓缩物）；这些物质是有关维生素的浓缩态。这些浓缩物可以直接使用（例如，添加到动物饲料中），也可加工后分离出维生素。

三、各种维生素、维生素原及其浓缩物的相互混合物。例如，在不同比例的维生素A和D的天然浓缩物中加入维生素A或D混合而成。

四、溶于任何溶剂（例如，油酸乙酯、1,2-丙二醇、乙二醇、植物油）的上述产品。

为了保藏或运输的需要，本品目的产品可以用下列方法加以稳定：

——加入抗氧剂；

——加入抗结块剂（例如，碳水化合物）；

——用适当的物质（例如，明胶、蜡或脂肪）加以包覆，不论是否增塑；

——用适当的物质（例如，硅酸）加以吸附。

但添加的量或处理的方法不得超出保藏或运输所需，而且不得改变产品的基本特性并使其改变一般用途而专门适合于某些特殊用途。

品目 29.36 的应作为维生素原或维生素归类的产品

（所列以下各类产品并不详尽，仅作例子而已）

一、维生素原

维生素 D 原

（一）未经照射的麦角甾醇或维生素 D_2 原。麦角甾醇存在于黑麦麦角、酒酵母、蘑菇及其他真菌中，它没有维生素活性，为白色片状，暴露于空气中变黄；不溶于水，但可溶于醇及苯。

（二）未经照射的 7-脱氢胆甾醇或维生素 D_3 原，存在于动物皮肤中。从羊毛脂或制卵磷脂的副产品中提得。呈小片状，不溶于水，但可溶于有机溶剂。

（三）未经照射的 22，23-二氢麦角甾醇或维生素 D_4 原。

（四）未经照射的 7-脱氢-β-谷甾醇或维生素 D_5 原。

（五）未经照射的乙酸麦角甾醇酯。

（六）未经照射的 7-脱氢胆甾醇乙酸酯。

（七）未经照射的 22，23-二氢麦角甾醇乙酸酯。

二、维生素 A 及其主要用作维生素的衍生物

维生素 A（生长或抗眼病维生素）为人体尤其是皮肤、骨骼及视网膜的正常发育所需。帮助上皮组织维持正常抗感染力，同时也是正常生殖及乳汁分泌所需的物质。可溶于脂肪，但一般不溶于水。

（一）维生素 A_1 醇〔抗干眼醇、视黄醇（INN）〕

维生素 A_1 醛（视黄素-1，视黄醛）。

维生素 A_1 酸〔视网偶烟（INN），视黄酸〕。

维生素 A_1 以醇或脂肪酸酯形式存在于动物产品（咸水鱼、乳制品、蛋）中，主要从鲜鱼肝油中提得，但也可通过合成而得。在室温下为油腻的黄色固体，冷却后形成黄色晶体。因为其在空气中不稳定，常加入抗氧剂加以稳定。

（二）维生素 A_2 醇（3-脱氢抗干眼醇、3-脱氢视黄醇）。

维生素 A_2 醛（视黄素-2，3-脱氢视黄醛）。

维生素 A_2 不象维生素 A_1 那样广泛存在于自然界中，可从淡水鱼中获得。维生素 A_2 醇不会结晶；而维生素 A_2 醛可呈橙黄晶体。

（三）维生素 A 的乙酸酯、棕榈酸酯及其他脂肪酸酯。这些产品均可从合成维生素 A 取得；它们均对氧化作用敏感。维生素 A 乙酸酯为黄色粉末，维生素 A 棕榈酸酯为黄色液体，纯态时两者均可结晶。

三、维生素 B_1 及其主要用作维生素的衍生物

维生素 B_1 是防止脚气病所必需的抗神经炎维生素。对碳水化合物的代谢很重要。用于治疗多发性神经炎、胃病并用以增强食欲。这些维生素可溶于水，热时不够稳定。

（一）维生素 B_1〔硫胺素（INN），抗神经炎素〕硫胺素存在于大部分动物及植物组织中（例如，存在于谷物外皮、酒酵母、猪肉、肝脏、乳制品、蛋类等中）；通常由合成而得，是一种白色结晶粉末，在空气中稳定。

（二）盐酸硫胺素，一种白色结晶粉末，具有吸湿性，不够稳定。

（三）单硝酸硫胺素，为白色结晶粉末，相当稳定。

（四）硫胺素-1，5-盐（抗神经炎素-1，5-盐、抗神经炎素萘-1，5-二磺酸盐）。

（五）盐酸硫胺水杨酸素（盐酸抗神经炎水杨酸素）。

（六）氢溴酸硫胺水杨酸素（氢溴酸抗神经炎水杨酸素）。

（七）碘化硫胺素。

（八）盐酸碘化硫胺素。

（九）碘酸碘化硫胺素。

（十）维生素 B_1 的原磷酸酯或硫胺原磷酸素及这种酯的二盐酸盐和单磷酸盐。

（十一）维生素 B_1 的烟酸酯。

四、维生素 B_2 及其主要用作维生素的衍生物

维生素 B_2 是一种促进生长的营养性维生素；它作为碳水化合物的利用因素具有重要的生物作用。溶于水，对热稳定。

（一）维生素 B_2〔核黄素（INN）、乳黄素〕。核黄素以与维生素 B_1 缔合的形式存在于很多产品及食品中。从酿酒及发酵残余物以及牛肝中提得，但常通过合成制得。为橙黄色结晶体，对热相当敏感。

（二）核黄素的 5′-正磷酸酯及其钠或二乙醇胺盐。这些产品比核黄素更易溶于水。

（三）羟甲基核黄素。

五、D-或 DL-泛酸（也称作维生素 B_3 或维生素 B_5）及其主要用作维生素的衍生物

这些化合物在防止头发变白、皮肤发育及脂肪和碳水化合物的代谢中起一定作用，为腺、肝、肠胃及呼吸道的活动所必需，溶于水。

（一）D 或 DL-泛酸〔N-（α，γ-二羟基-β，β-二甲基丁酰基）-β-氨基丙酸〕。这种维生素也称维生素 B_3 或维生素 B_5，存在于所有的生物细胞及组织中（例如，存在于哺乳动物的肝及肾、米皮、酒酵母、牛奶、粗糖蜜等中）。通常是合成而得。黄色粘性油；可慢慢溶于水及大部分有机溶剂中。

（二）D-泛酸钠及 DL-泛酸钠。

（三）D-泛酸钙及 DL-泛酸钙，为白色粉末，溶于水，是维生素 B_3 的最普通形式。

（四）D-泛醇及 DL-泛醇（α，γ-二羟基-N-3-羟丙基-β，β-二甲基丁酰胺），为粘性液体，溶于水。

（五）D-泛醇乙醚（D-α，γ-二羟基-N-3-乙氧丙基-β，β-二甲基丁酰胺），为粘性液体，可与水混溶，易溶于有机溶剂。

六、维生素 B_6 及其主要用作维生素的衍生物

维生素 B_6 是一种抗皮炎维生素（保护皮肤）。它对神经系统、营养及氨基酸、蛋白质、脂肪的新陈代谢起一定作用。它能缓解妊娠引起的或手术后产生的疾病，溶于水，对光相当敏感。

（一）吡哆素（INN）或抗皮炎素（吡哆醇）〔3-羟基-4,5-二（羟甲基）-2-甲基吡啶〕。

吡哆醛（4-甲酰基-3-羟基-5-羟甲基-2-甲基吡啶）。

吡哆胺（4-氨甲基-3-羟基-5-羟甲基-2-甲基吡啶）。

这三种形式的维生素 B_6 存在于酒酵母、蔗糖、谷物外皮、米糠、麦胚油、亚麻子油、哺乳动物及鱼的肝、肉及脂肪中。这些维生素几乎全部由合成而得。

（二）盐酸吡哆素。

原磷酸吡哆素。

三棕榈酸吡哆素（吡哆素的三棕榈酸酯）。

盐酸吡哆醛。

二盐酸吡哆胺。

磷酸吡哆胺。

以上物品均是维生素 B_6 的正常形式，为无色结晶体或粉片。

（三）原磷酸吡哆素酯及其钠盐。

原磷酸吡哆醛酯及其钠盐。

原磷酸吡哆胺酯及其钠盐。

七、维生素 B_9 及其主要用作维生素的衍生物

维生素 B_9 是血细胞生长所必需的，是治疗恶性贫血的有效物质。存在于菠菜、绿色植物、酒酵母及动物肝中，但常由合成而得。

（一）维生素 B_9〔叶酸（INN）或蝶酰谷氨酸〕及其钠盐和钙盐。

（二）亚叶酸（INNM）(5-甲酰基-5, 6, 7, 8-四氢蝶酰谷氨酸)。

八、维生素 B_{12}〔氰钴胺素（INN）〕和其他钴胺素〔羟钴胺素（INN）、甲基钴胺素、亚硝酸钴胺素、亚硫酸钴胺素等〕及其衍生物

维生素 B_{12} 治疗恶性贫血比维生素 B_9 更有效。它分子量高，含有钴，以各种形式存在于哺乳动物及鱼的肝及皮中，也存在于蛋类及乳中。可从废抗生素液、甜菜糖蜜、乳清等提取。为暗红色晶体，溶于水。

九、维生素 C 及其主要用作维生素的衍生物

维生素 C 是抗坏血症维生素，能增强抗感染能力，溶于水。

（一）维生素 C〔L-或 DL-抗坏血酸（INN）〕。抗坏血酸存在于多种植物性食物（水果、青菜、土豆等）及动物器官（肝、脾、肾上腺、脑、乳等）中；可从柠檬汁、青色及红色辣椒、青色茴芹叶提取，也可从处理龙舌兰的残液中提取。但目前几乎全部通过合成制得。一种白色结晶粉末，在干燥空气中相当稳定，用作强还原剂。

（二）抗坏血酸钠。

（三）抗坏血酸钙及抗坏血酸镁。

（四）（L）抗坏血酸辛可尼辛锶〔(L)抗坏血酸-2-苯基喹啉-4-羧酸锶〕。

（五）肌氨酸抗坏血酸。

（六）L-精氨酸抗坏血酸。

（七）棕榈酸抗坏血酸酯。这种脂溶形式的维生素 C 也用作脂肪及油类的乳化剂和抗氧剂。

（八）次磷酸抗坏血酸钙。

（九）抗坏血酸谷氨酸钠。

（十）抗坏血酸谷氨酸钙。

十、维生素 D 及其主要用作维生素的衍生物

维生素 D 是抗佝偻病维生素。它们能调节机体内磷和钙的利用并有助于牙齿和骨骼的生长；可溶于脂肪。将各种维生素 D 原加以活化或照射而得，它们均为机体内正常产生及转化的甾醇或甾醇衍生物。

（一）维生素 D_2 及其具有类似活性作用的衍生物。

1．维生素 D_2 或经活化或照射的麦角甾醇（钙化醇、麦角钙化醇），为白色结晶粉末，暴露于空气、光或热中时逐渐变成黄色；不溶于水、可溶于脂肪。存在于可可豆及鱼肝中；通常是将维生素 D_2 原加以活化或照射而得。

2．维生素 D_2 的乙酸酯及其他脂肪酸酯。

（二）维生素 D_3 及其具有类似活性作用的衍生物。

1．维生素 D_3 或经活化或照射的 7-脱氢胆甾醇（胆钙化甾醇），为白色结晶粉末。暴露在空气中会慢慢变质；不溶于水，可溶于脂肪。可从鱼油及鱼肝油中提得，但通常是将维生素 D_3 原加以活化或照射而得，其活性比维生素 D_2 更强。

2．经过活化或照射的 7-脱氢胆甾醇乙酸酯及维生素 D_3 的其他脂肪酸酯。

3．维生素D_3-胆甾醇分子化合物。

（三）维生素D_4或经活化或照射的22,23-二氢麦角甾醇。为白色粉片；其生理活性比维生素D_2低。

（四）维生素D_5或经活化或照射的7-脱氢-β-谷甾醇。

十一、维生素E及其主要用作维生素的衍生物

维生素E是抗不育维生素，对神经系统及肌肉系统很重要，可溶于脂肪中。

（一）维生素E或（D-及DL-）α-生育酚；β-生育酚及γ-生育酚。生育酚存在于各种植物及动物产品（例如，可可及棉子、植物油、豆科植物叶、生菜叶、紫花苜蓿、乳制品）中。但主要从麦胚油中提取。其外消旋异构体通过合成制得。为无色油状。不溶于水，可溶于醇、苯及脂肪中；在无氧、无光的条件下对热稳定。由于其具有抗氧化性能，因此也适于用作脂肪及食物的抑制剂。

（二）α-生育酚乙酸酯及α-生育酚琥珀酸氢酯；α-生育酚聚（氧乙烯基）琥珀酸酯（也称为α-生育酚聚乙二醇琥珀酸酯）。

（三）α-生育酚磷酸酯二钠。

（四）二氨基乙酸生育酚酯。

十二、维生素H及其主要用作维生素的衍生物

维生素H为某些微生物生长所必需；也是人体皮肤、肌肉及神经系统的健康所不可缺少的。溶于水，对热稳定。

（一）维生素H或生物素。生物素存在于蛋黄、肾、肝、乳、酒酵母、糖蜜等中，通过合成而得。

（二）生物素甲酯。

十三、维生素K及其主要用作维生素的衍生物

维生素K是抗出血因素；通过维持凝血酶原的含量及提高毛细血管阻力，从而加速血液凝结。

（一）维生素K_1

1．维生素K_1（INN），叶绿醌或3-叶绿基甲萘醌（2-甲基-3-叶绿基-1,4-萘醌），从干的紫花苜蓿中提取；也存在于榛子及栗子的树叶、大麦及燕麦的芽、卷心菜、菜花、菠菜、西红柿、植物油等中，也可通过合成而得。为浅黄色油状物，可溶于脂肪；对热稳定，但对日光不稳定。

2．氧化（环氧化）维生素K_1（2-甲基-3-叶绿基-1,4-萘醌-2,3-氧化物或2-甲基-3-叶绿基-2,3-环氧-2,3-二氢-1,4-萘醌）。

3．二氢叶绿醌（3-二氢叶绿基-2-甲基-1,4-萘醌）。

（二）维生素K_2或法呢醌（3-二法呢基-2-甲基-1,4-萘醌）。从腐败的沙丁鱼肉中提取，其活性比维生素K_1弱。黄色晶体，对光极不稳定。

十四、维生素PP及其主要用作维生素的衍生物

维生素PP是抗癞皮病维生素，为生长、氧化作用、细胞呼吸、蛋白质及碳水化合物的新陈代谢所需要。

（一）烟酸（INN）（吡啶-β-羧酸、尼克酸）。来源于动物（例如，哺乳动物及某种鱼的肝、肾、新鲜肉）及植物（酒酵母、谷物胚芽及果皮等），通过合成而得。为无色晶体，可溶于醇和脂肪；对热及氧化相当稳定。

（二）烟酸钠。

（三）烟酸钙。

（四）烟酰胺（INN）（烟酸酰胺、尼克酰胺）。来源、性质及用途同烟酸，通过合成而得。溶于水，对热稳定。

（五）盐酸烟酰胺。

（六）烟酰吗啉。

不归入本品目的产品

本品目不包括：

（一）虽有时名为维生素，但没有维生素活性或其维生素活性与其他用途相比处于次要地位的下列产品：

1. 内消旋肌醇、肌醇、i-肌醇（品目 29.06），用于治疗肠胃病及肝病（尤其是其六磷酸钙或六磷酸镁）。

2. 维生素 H_1：对氨基苯甲酸（品目 29.22），是生长素，可诱导及中和某些磺胺药的抗抑菌作用。

3. 胆碱（品目 29.23），它能稳定脂肪的代谢作用。

4. 维生素 B_4：腺嘌呤或 6-氨基嘌呤（品目 29.33），用于服药后的出血性事故及肿瘤治疗。

5. 维生素 C_2 或 P：柯檬素、橙皮苷、芸香苷、七叶灵（品目 29.38），用作抗出血因素及提高毛细血管阻力。

6. 维生素 F：亚油酸（α-及β-）、亚麻酸、花生四烯酸（品目 38.23），用于治疗皮炎及肝病。

（二）维生素合成代用品：

1. 维生素 K_3：甲萘醌或 2-甲基-1,4-萘醌；2-甲基-1,4-萘醌二亚硫酸衍生物的钠盐（品目 29.14）；二氢萘醌或 1,4-二羟基-2-甲基萘（品目 29.07）。

2. 维生素 K_6：1,4-二氨基-2-甲基萘（品目 29.21）。

3. 维生素 K_5：4-氨基-2-甲基-1-萘酚盐酸盐（品目 29.22）。

4. 半胱氨酸，一种维生素 B 的代用品（品目 29.30）。

5. 结核萘醌：2-羟基-3-甲基-1,4-萘醌，一种维生素 K 的代用品（品目 29.41）。

（三）甾醇，但麦角甾醇除外：胆甾醇、谷甾醇、豆甾醇及制维生素 D_2 过程中获得的甾醇（速甾醇、光甾醇、毒甾醇、超甾醇）（品目 29.06）。

（四）品目 30.03 或品目 30.04 的药品。

（五）叶黄素、天然胡萝卜素（品目 32.03）。

（六）维生素 A 原（α-，β-及γ-胡萝卜素及隐黄质），用作色料（品目 32.03 或品目 32.04）。

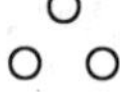

子目注释：

子目 2936.90

本子目主要包括两种或多种维生素衍生物混合而成的混合物。因此，例如，通过化学合成制得，即通过 D－泛内酯、3－氨基丙醇及 3－乙氧基丙胺按一定比例发生反应制得的 D-泛醇乙醚与 D-泛醇的混合物，应作为“其他”归入子目 2936.90，而不作为未混合的 D 或 DL－泛酸衍生物进行归类（子目 2936.24）。

29.37 天然或合成再制的激素、前列腺素、血栓烷、血细胞三烯及其衍生物和结构类似物，包括主要用作激素的改性链多肽：

— 多肽激素、蛋白激素、糖蛋白激素及其衍生物和结构类似物：

11 — — 生长激素及其衍生物及结构类似物

12 — — 胰岛素及其盐

19 — — 其他

— 甾族激素及其衍生物及结构类似物：

21 — — 可的松、氢化可的松、脱氢可的松及脱氢皮质醇

22 — — 皮质甾类激素的卤化衍生物

23 — — 雌激素及孕激素

29 — — 其他
50 — 前列腺素、血栓烷和白细胞三烯及其衍生物和结构类似物
90 — 其他

本品目包括：

一、天然激素，一种从人及动物活体组织中产生的活性物质，极少量激素能够通过直接作用于特定器官以抑制或激发它们的功能，或者控制第二、第三激素系统的合成或分泌。激素一个最基本的定义特征，就是它连接一个能激活反应的立体定向分子受体。这些物质通常是由内分泌腺在交感神经或副交感神经系统控制下分泌的。激素在体内由血液、淋巴液或其他液体输送。激素也可产生于内分泌腺及外分泌腺体或各种细胞组织。激素在血液中的输送并不是激素反应的必备条件。在激素释放到间质性液体与附近细胞受体结合（旁分泌控制）或与释放激素的细胞受体结合后（自分泌控制），就能产生激素反应。

二、天然前列腺素、血栓烷及白细胞三烯，由体内分泌的化合物，与局部作用激素的反应相似。前列腺素是一种激素或类激素物质，它们由组织合成，通过与特定细胞受体结合在组织（或在局部细胞环境）中起作用，是许多组织的重要细胞活性调节剂。这三种相关的化学物质（花生四烯酸的衍生物）据报道具有"类激素作用"。

三、经合成（包括生物工艺）法再制的天然激素、前列腺素、血栓烷及白细胞三烯，即与天然物质化学结构完全相同的上述物质。

四、天然激素或合成再制激素、前列腺素、血栓烷及白细胞三烯的衍生物，例如，它们的盐、卤化衍生物、环缩醛、酯及酯盐等，包括混合的衍生物（例如，卤化衍生物的酯），只要这些衍生物主要用作激素。

五、激素、前列腺素、血栓烷及白细胞三烯的类似物。所称"类似物"是指虽具有与母体化合物相近结构关系，但又不能作为衍生物的化学品。类似物包括虽与天然化合物具有相似结构，但结构中的一个或多个原子被其他原子所取代的化合物。

（一）多肽激素的类似物是由天然多肽链的某氨基酸被增加、分离、取代或改变而得到的。甲硫氨酰基人类生长激素（INN），一种名为"生长素"的生长激素的类似物，是在天然生长素分子中增加一个末端氨基酸产生的。鸟氨酸加压素（INN），一种天然精氨酸加压素（INN）及赖氨酸加压素（INN）的类似物，是由天然精氨酸加压素（INN）或赖氨酸加压素（INN）分子中内氨基酸被取代所产生的。合成促性腺激素释放素、布舍瑞林（INN）、萘弗瑞林（INN）、夫替瑞林（INN）、亮丙瑞林（INN）及黄体瑞林（INN）是促性腺激素释放因子（INN）的类似物，通过改变及取代天然促性腺激素释放因子多肽链上的某些氨基酸而产生。吉拉克肽（INN）是一种促肾上腺皮质激素（INN）的类似物，除第一个氨基酸被取代外，具有与天然促肾上腺皮质激素相同的十八氨基酸结构。重组的甲二磺硫人类瘦素（metreleptin）（INN），为瘦素的类似物，即重组的甲硫氨酰衍生物人类瘦素。肌丙增压素（INN）与血管紧缩素 II 的分子相比，有三个不同的氨基酸，尽管具有与血管紧缩素 II（前者为降压剂，后者为增压剂）相反的功效，仍应视为血管紧缩素 II 的结构类似物。

（二）类固醇激素的类似物必须有甾烷结构，这种结构可以通过环的收缩、扩展或环上原子被其他原子（杂原子）取代而改变。多泼尼酯（INN）及氧甲氢龙（INN）是这种类似物的两个代表性例子。保持上述甾烷基本结构的类似物及衍生物族包含许多作为激素抑制剂及对抗剂（抗激素剂）的物质。例如，去乙酰环丙氯地孕酮（INN），一种抗雄激素；达那唑（INN），一种抗促性腺激素；环氧司担（INN），可抑制黄体酮的产生。

（三）前列腺素、血栓烷及白细胞三烯的类似物可由链上的原子被替换而形成，或者成环或开环而形成。替舒前列素（INN），一种前列腺素的类似物，氧原子及碳原子被氮原子及硫原子所取代，并

形成一个环。

六、激素、激素衍生物或具有激素作用的甾族化合物的天然混合物（例如，皮质甾类激素或共轭雌激素的天然混合物），但不包括人工制成的混合物或制品（通常归入品目30.03或30.04）。

本品目也包括激素释放素（激素刺激素）、激素抑制素及激素对抗剂（抗激素）（参见本章注释八）。本品目还包括激素的衍生物及结构类似物，但它们应以天然激素或合成再制的激素为基本成分，并具有与激素相似的作用机理。

现根据化学结构将归入本品目的产品列举如下（以下所列产品并不详尽）：

*

* *

归入品目29.37的产品*

一、多肽激素、蛋白激素和糖蛋白激素以及它们的衍生物和结构类似物：

本部分主要包括：

（一）生长激素及其衍生物和结构类似物。生长激素（GH或STH），水溶性蛋白质，能促进组织生长并参与调节蛋白质的新陈代谢，由脑下垂体前叶的生长细胞分泌。生长激素的分泌由释放素（生长激素释放素）和抑制素（生长激素抑制素）来调节。人类的生长激素（hGH）是几乎专门由DNA技术重组得到的一条含191个氨基酸的多肽链。本部分也包括衍生物及结构类似物，例如，甲硫氨酰基人类生长激素（INN）、乙酰基人类生长激素、脱酰胺基人类生长激素及猪诺生长素（INN），以及生长激素受体阻断剂，例如，培维索孟（INN）。

（二）胰岛素及其盐。胰岛素是含有51个氨基酸基团的多肽，由众多动物的胰腺的胰岛产生。人类胰岛素可由胰腺提取得到，也可由牛或猪的胰岛素改良后得到，或用细菌、酵母等的生物方法制成重组的人胰岛素。胰岛素可促使细胞吸收葡萄糖及其他营养物质，也可使这些物质转化为糖原及脂肪储存起来。纯的胰岛素是白色的、不吸潮的无定形粉末或光亮的晶体，溶于水。它临床应用于治疗糖尿病。胰岛素的盐包括盐酸胰岛素。

（三）促皮质素（INN）〔ACTH（促肾上腺皮质激素）〕，一种多肽，可溶于水，可促进肾上腺甾族化合物的增生。吉拉克肽（INN）是它的一种类似物。

（四）催乳激素（LTH，半乳多糖激素、促黄体激素、促乳泌素），一种能结晶的多肽，刺激乳的分泌并影响黄体的活力。

（五）促甲状腺激素（INN）（TSH），一种糖蛋白，能调节甲状腺体对血液的作用及碘的释放。它影响生长及分泌。

（六）促卵泡激素（FSH）。一种糖蛋白，溶于水，能促进性功能。

（七）促黄体（生成）激素〔LH，ICSH（间质细胞刺激素），促黄体素〕，一种糖蛋白，溶于水，通过刺激类固醇的分泌、排卵及间质细胞的发展来刺激性功能。

（八）绒膜促性腺激素（INN）〔hCG（人体绒膜促性腺激素）〕。在胎盘内形成；它是一种从孕妇小便中提取的糖蛋白。白色晶体，在水溶液中相对不稳定。刺激卵泡成熟。

（九）血清促性腺激素（INN）〔（孕马血清促性腺激素）（eCG）〕。这是一种产自孕马的胎盘及子宫内膜的刺激性腺的糖蛋白。其最初称作孕马血清促性腺激素。

（十）催产素（INN）（α-垂体胺）。一种多肽，溶于水，主要对子宫收缩及乳腺排乳起作用。本组也包括类似物卡贝缩宫素（INN）、去氨缩宫素（INN）等。

（十一）后叶加压素（INN）：精氨加压素（INN）和赖氨酸加压素及其衍生物和结构类似物。它是一种能提高血压并使肾脏滞留水分增加的多肽。本组也包括多肽的类似物，例如，特利加压素（INN）、

* 凡被列入世界卫生组织出版的《国际药品非专利商标名称表》的名称，本表将其列出时都注明（INN）。INNM是《国际药品非专利商标名称表》修订本的缩写。

去氨加压素(INN)等。

（十二）降血钙素（INN）（TCA）。一种降低血钙及磷含量的多肽。

（十三）胰高血糖素（INN）〔HGF（高血糖素）〕。一种具有增高血液葡萄糖浓度功能的多肽。

（十四）促甲状腺素释放因子(TRF，TRH)。这种多肽刺激促甲状腺素的分泌。

（十五）促性腺激素释放因子(INN)（促性腺激素释放的激素，LRF，GnRH)。这种多肽促进脑下垂体中促卵泡及促黄体激素的分泌。本组也包括多肽的类似物，即布舍瑞林(INN)、戈舍瑞林(INN)、夫替瑞林(INN)、舍莫瑞林(INN)等。

（十六）生长激素释放抑制因子(INN)(SS，SRIH，SRIF)。这种多肽抑制生长激素及脑下垂体中TSH的释放并具有亲神经的作用。

（十七）心房促钠排泄激素（ANH，ANF)，一种从心脏的心房分泌的多肽激素。当心脏的心房随血液量增加而扩张时，刺激ANH的分泌。ANH依次增加盐及水的排泄并降低血压。

（十八）内皮素，一种遍及血管系统的内皮细胞分泌的多肽激素。尽管内皮素被释放进血液循环，但它仅以旁分泌方式局部起作用，收缩临近的血管平滑肌并增加血压。

（十九）抑制素及酪蛋白碘化物，在性腺组织中发现的激素。

（二十）瘦素，是由脂肪组织产生的一种多肽荷尔蒙，据信能作用于大脑中调节体重和脂肪沉积的感应区域。此外还包括重组的甲二磺硫人类瘦素（美曲普汀）(INN)，是重组的甲硫氨酰衍生物瘦素，与瘦素的活性相似，被认为是瘦素的类似物。

二、甾族激素及其衍生物及结构类似物

（一）皮质甾类激素，存在于肾上腺皮质区，对人体的新陈代谢起非常重要的作用。它们也称为肾上腺皮质激素或肾上腺皮质类脂醇，并根据其生理作用通常可分为两类：(1)糖（肾上腺）皮质激素，其调节蛋白质及碳水化合物的新陈代谢；(2)盐皮质激素，它保持体内的钠及水，加速钾的排泄。盐皮质激素用于治疗肾病及阿狄森氏病。皮质甾类激素包括如下一些激素、衍生物及结构类似物：

1．可的松（INN）。一种调节蛋白质及碳水化合物新陈代谢的糖（肾上腺）皮质激素，并具有局部消炎作用。

2．氢化可的松（INN）。一种与可的松具有相似作用的糖（肾上腺）皮质激素。

3．强的松（INN）(脱氢可的松)。糖（肾上腺）皮质激素。一种可的松的衍生物。

4．脱氢皮质醇(INN)（脱氢氢化可的松)。糖（肾上腺）皮质激素。一种氢化可的松的衍生物。

5．醛甾酮（INN)。一种盐皮质激素。

6．氧可的松（INN)。

一些衍生物被改良，抑制其皮质激素作用以更利于其消炎功效，这也被认为是一种激素作用。主要包括可的松（INN)、氢化可的松（INN)、强的松（INN)、脱氢皮质醇(INN)的衍生物，它们作为消炎剂及抗风湿药剂使用。

（二）皮质甾类激素的卤化衍生物，属甾族化合物，通常甾烷环上6位或9位的氢原子被氯原子或氟原子取代〔例如，地塞米松（INN)〕，从而大大增强糖（肾上腺）皮质激素及类皮质激素的消炎作用，这些衍生物是从类皮质激素衍生而来的，能常作进一步改性，在市场上以酯、丙酮化合物的形式销售〔例如，肤轻松(INN)〕。

（三）雌（甾）激素及孕激素。这是由雌性及雄性性器官分泌的两种主要性激素，它们也可由合成制得，这些激素也称为黄体助剂及助孕剂。

雌（甾）激素是雌性性激素，产生于卵巢、睾丸、肾上腺、胎盘及其他能产生甾类化合物的组织。它们的特性是具有能造成雌性哺乳动物产生动情的能力，雌（甾）激素主宰雌性性特征的发育，用于更年期的治疗及避孕药的制备。它们包括如下雌（甾）激素及其衍生物和其类似物：

1．雌（甾）酮（INN)：一种人体中的主要雌（甾）激素。

2．雌（甾）二醇（INN）：一种重要的天然雌（甾）激素。

3．雌（甾）三醇（INN）：一种天然雌（甾）激素。

4．乙炔基雌（甾）二醇（INN）：一种重要的合成雌（甾）激素，它口服有效，被用作级合口服避孕药的主要雌激素组分。

5．乙炔基雌（甾）二醇醚（INN）：乙炔基雌（甾）二醇的醚类衍生物，用作口服避孕药。

孕激素是一类因具有促孕作用而得名的甾族化合物，它对怀孕的由始到末都是十分重要的。这些雌性性激素能使子宫做好怀孕的准备，并维持子宫怀孕。因为它们抑制排卵，许多孕（甾）酮用作避孕药的成分。它们包括：

1．黄体酮（INN）：人体中主要的黄体制剂，是雌（甾）激素、雄激素、皮质甾类激素生物合成过程的一种中间产物。由排卵后的黄体产生，存在于肾上腺、胎盘及睾丸中。

2．孕（甾）二醇(INN)：天然产生的黄体制剂，生物活性远弱于黄体酮。

（四）其他甾类激素。

雄性激素是以上未述及的一类主要的性激素，主要由睾丸产生，卵巢、肾上腺及胎盘等也能产生，但比睾丸少。它主宰着男性性特征的发育，雄性激素影响新陈代谢，起着组成代谢的作用。睾（甾）酮（INN）是最重要的雄性激素之一。

本部分也包括合成的用于抑制或阻碍激素作用的甾类化合物，例如，抗雌激素、抗雄激素及抗孕激素。甾类的抗孕激素可作为孕激素的逆向药物用于治疗某些疾病。例如，奥拉泼力斯酮（onapristone）(INN)及艾格拉泼力斯酮（aglepristone）(INN)。

现将国际贸易中最重要的上述甾族化合物列于下表。产品按其简称的英文字母次序排列，并说明其主要的激素作用。对于同时有几个名称的，则采用世界卫生组织出版的《国际药品非专利商标名称表》（INN）或《国际药品非专利商标名称表修订本》（INNM）内所刊用的名称。表中化学名称则按国际理论和应用化学联合会于 1957 年公布的《甾族化合物命名规则》的规定列出。

*

*　*

主要用作激素的甾族化合物

简　　称（化学名称）	**主要激素作用**
肾上腺雄甾酮（Adrenosterone） （雄甾-4-烯-3, 11, 17-三酮）	雄性激素
醛甾酮（Aldosterone）（INN） （11β, 21-二羟基-3, 20-二氧代孕甾-4-烯-18-醛）	皮质甾类
烯丙基雌烯三醇（Allylestrenol）（INN） （17α-烯丙雌甾-4-烯-17β-醇）	孕激素
（无简称） （5α-雄甾烷-3, 17-二酮）	雄性激素中间体
雄甾烷醇酮（Androstanolone）（INN） （17β-羟基-5α-雄甾烷-3-酮）	雄性激素
雄甾烯二醇（Androstenediols） （雄甾-5-烯-3β, 17β-二醇） （雄甾-5-烯-3β, 17α-二醇）	合成代谢中间体
（无简称） （雄甾-4-烯-3, 17-二酮）	雄性激素中间体
雄甾酮（Androsterone） （3α-羟基-5α-雄甾烷-17-酮）	雄性激素

简 称（化学名称）	主要激素作用
β米松（Betamethasone）（INN） （9α-氟-11β,17α,21-三羟基-16β-甲基孕甾-1,4-二烯-3,20-二酮）	皮质甾类
17α,17-二甲睾酮（Bolasterone）（INN） （17β-羟基-7α,17α-二甲基雄甾-4-烯-3-酮）	合成代谢激素
氯地孕酮（Chlormadinone）（INN） （6-氯-17α-羟基孕甾-4,6-二烯-3,20-二酮）	孕激素
氯泼尼松（氯代去氢可的松）（Chloroprednisone）（INN） （6α-氯-17α,21-二羟孕甾-1,4-二烯-3,11,20-三酮）	皮质甾类
氯氟吐龙（Clocortolone）（INN） （9α-氯-6α-氟-11β,21-二羟基-16α-甲基孕甾-1,4-二烯-3,20-二酮）	皮质甾类
氯睾酮（Clostebol）（INN） （4-氯-17β-羟基雄甾-4-烯-3-酮）	合成代谢激素
皮质甾酮（Corticosterone） （11β,21-二羟基孕-4-烯-3,20-二酮）	皮质甾类
皮质（甾）醇（Cortisol）——参见氢化可的松（Hydro-cortisone）	
可的松（Cortisone）（INN） （17α,21-二羟孕-4-烯-3,11,20-三酮）	皮质甾类
11-脱氢皮质甾酮（11-Dehydrocorticosterone） （21-羟孕-4-烯-3,11,20-三酮）	皮质甾类
脱氧皮质（甾）酮（Desoxycortone）（INN） （21-羟孕-4-烯-3,20-二酮）	皮质甾类
地塞米松（Dexamethasone）（INN） （9α-氟-11β,17α,21-三羟基-16α-甲孕-1,4-二烯-3,20-二酮）	皮质甾类
二氢雄甾酮（Dihydroandrosterone） （5α-雄甾烷-3α,17β-二醇）	雄性激素中间体
6-去氢逆孕酮（Dydrogesterone）（INN） （9β,10α-孕-4,6-二烯-3,20-二酮）	孕激素
马萘雌酮（Equilenin） 〔3-羟基雌-1,3,5（10）,6,8-五烯-17-酮〕	雌激素
马烯雌酮（Equilin） 〔3-羟基雌-1,3,5（10）,7-四烯-17-酮〕	雌激素
雌二醇（Estradiol）（INN） 〔雌-1,3,5（10）-三烯-3,17β-二醇〕	雌激素
雌三醇（Estriol）（INNM） 〔雌-1,3,5（10）-三烯-3,16α,17β-三醇〕	雌激素
雌酮（Estrone）（INN） 〔3-羟基雌-1,3,5（10）-三烯-17-酮〕	雌激素
乙炔基雌二醇（Ethinylestradiol）（INN） 〔17α-乙炔雌-1,3,5（10）-三烯-3,17β-二醇〕	雌激素
乙炔睾酮（Ethisterone）（INN） （17α-乙炔基-17β-羟雄甾-4-烯-3-酮）	孕激素
乙基雌烯三醇（Ethylestrenol）（INN）	合成代谢激素

简　　称（化学名称）	主要激素作用
（17α-乙基雌-4-烯-17β-醇）	
炔诺醇（Etynodiol）（INN）	孕激素
（17α-乙炔基雌甾-4-烯-3β，17β-二醇）	
氟氢可的松（Fludrocortisone）（INN）	皮质甾类
（9α-氟-11β，17α，21-三羟孕甾-4-烯-3，20-二酮）	
二氟美松（Flumetasone）（INN）	皮质甾类
（6α，9α-二氟-11β，17α，21-三羟-16α-甲基孕甾-1，4-二烯-3，20-二酮）	
肤轻松（Fluocinolone）（INNM）	皮质甾类
（6α，9α-二氟-11β，16α，17α，21-四羟孕甾-1，4-二烯-3，20-二酮）	
氟考龙（Fluocortolone）（INN）	皮质甾类
（6α-氟-11β，21-二羟基-16α-甲基孕甾-1，4-二烯-3，20-二酮）	
氟甲松龙（Fluorometholone）（INN）	皮质甾类
（9α-氟-11β，17α-二羟基-6α-甲基孕甾-1，4-二烯-3，20-二酮）	
9α-氟脱氢皮质甾醇（9α-Fluoroprednisolone）	皮质甾类
（9α-氟-11β，17α，21-三羟孕甾-1，4-二烯-3，20-二酮）	
氟羟甲基睾丸素（Fluoxymesterone）（INN）	雄性激素
（9α-氟-11β，17β-二羟-17α-雄甾-4-烯-3-酮）	
乙酸氟甲叉龙（Fluprednidene）（INN）	皮质甾类
（9α-氟-11β，17α，21-三羟基-16-亚甲基孕甾-1，4-二烯-3，20-二酮）	
氟强的松龙（Fluprednisolone）（INN）	皮质甾类
（6α-氟-11β，17α，21-三羟基孕甾-1，4-二烯-3，20-二酮）	
丙酮缩氟氢羟龙（Flurandrenolone）	皮质甾类
（6α-氟-11β，16α，17α，21-四羟基孕甾-4-烯-3，20-二酮）	
氟甲酰龙（Formocortal）（INN）	皮质甾类
〔3-（2-氯乙氧基）-9α-氟-6-甲酰基-11β，21-二羟基-16α，17α-异亚丙基二氧孕甾-3，5-二烯-20-酮-21-乙酸酯〕	
己酸孕诺酮（Gestonorone）（INNM）	孕激素
（17β-乙基-17α-羟雌-4-烯-3，20-二酮）	
氢化可的松（Hydrocortisone）（INN）	皮质甾类
（11β，17α，21-三羟基孕甾-4-烯-3，20-二酮）	
羟孕酮（Hydroxyprogesterone）（INN）	孕激素
（17α-羟孕甾-4-烯-3，20-二酮）	
炔雌烯醇（Lynestrenol）（INN）	孕激素
（17α-乙炔基雌甾-4-烯-17β-醇）	
6α-甲-17-羟孕酮（Medroxyprogesterone）（INN）	孕激素
（17α-羟基-6α-甲基孕甾-4-烯-3，20-二酮）	
甲地孕酮（Megestrol）（INN）	孕激素
（17α-羟基-6-甲基孕甾-4，6-二烯-3，20-二酮）	
17-甲氢睾酮（Mestanolone）（INN）	合成代谢激素
（17β-羟基-17α-甲基-5α-雄甾-3-酮）	
1-甲氢睾酮（Mesterolone）（INN）	雄性激素
（17β-羟基-1α-甲基-5α-雄甾-3-酮）	

简　　称（化学名称）	主要激素作用
炔雌醇甲醚（Mestranol）（INN） 〔17α-乙炔基-3-甲氧基雌甾-1,3,5(10)-三烯-17β-醇〕	雌激素
去氢甲睾酮（Metandienone）（INN） （17β-羟基-17α-甲基雌甾-1,4-二烯-3-酮）	合成代谢激素
甲基异睾酮（Metenolone）（INN） （17β-羟基-1-甲基-5α-雄甾-1-烯-3-酮）	合成代谢激素
甲雄烯二醇（Methandriol） （17α-甲基雄甾-5-烯-3β,17β-二醇）	合成代谢激素
2-甲基氢化可的松（2-Methylhydrocortisone） （11β,17α,21-三羟基-2β-甲基孕甾-4-烯-3,20-二酮）	皮质甾类
6α-甲基氢化可的松（6α-Methylhydrocortisone） （11β,17α,21-三羟基-6α-甲基孕甾-4-烯-3,20-二酮）	皮质甾类
甲诺酮（Methylnortestosterone） （17β-羟基-17α-甲基雌甾-4-烯-3-酮）	孕激素
17α-甲基雌二醇（17α-Methyloestradiol） 〔17α-甲基雌甾-1,3,5（10）-三烯-3,17β-二醇〕	雌激素
甲基泼尼松龙（Methylprednisolone）（INN） （11β,17α,21-三羟基-6α-甲基孕甾-1,4-二烯-3,20-二酮）	皮质甾类
甲基睾甾酮（Methyltestosterone）（INN） （17β-羟基-17α-甲基雄甾-4-烯-3-酮）	雄性激素
19-去甲睾酮（Nandrolone）（INN） （17β-羟基雌甾-4-烯-3-酮）	合成代谢激素
诺生卓隆（Norethandrolone）（INN） （17α-乙基-17β-羟基雌甾-4-烯-3-酮）	合成代谢激素
诺塞甾酮（Norethisterone）（INN） （17α-乙炔基-17β-羟基雌甾-4-烯-3-酮）	孕激素
异炔诺酮（Noretynodrel）（INN） （17α-乙炔基-17β-羟基雌甾-5（10）-烯-3-酮）	孕激素
18-甲炔诺酮（Norgestrel）（INN） （13β-乙基-17α-乙炔基-17β-羟基甾-4-烯-3-酮）	孕激素
甲诺酮（Normethandrone）——参见甲基降睾酮（Methyl- nortestosterone）	
降睾酮（Nortestosterone）——参见19-去甲睾酮（Nandrolone）	
羟诺酮（Oxabolone）（INNM） （4,17β-二羟基雌甾-4-烯-3-酮）	合成代谢激素
羟甲睾酮（Oxymesterone）（INN） （4,17β-二羟基-17α-甲基雄甾-4-烯-3-酮）	合成代谢激素
羟次甲氢龙（Oxymetholone）（INN） （17β-羟基-2-羟亚甲基-17α-甲基-5α-雄甾三酮）	合成代谢激素
对氟米松（Paramethasone）（INN） （6α-氟-11β,17α,21-三羟基-16α-甲基孕甾-1,4-二烯-3,20-二酮）	皮质甾类
去氢表雄酮（Prasterone）（INN）	雄性激素

简　　称（化学名称）	主要激素作用
（3β-羟基雄甾-5-烯-17-酮）	
氢化泼尼松（脱氢皮质甾醇）（Prednisolone）（INN）	皮质甾类
（11β，17α，21-三羟基孕甾-1，4-二烯-3，20-二酮）	
泼尼松（脱氢可的松）（Prednisone）（INN）	皮质甾类
（17α，21-二羟孕甾-1，4-二烯-3，11，20-三酮）	
甲烯强的松龙（Prednylidene）（INN）	皮质甾类
（11β，17α，21-三羟基-16-亚甲孕甾-1，4-二烯-3，20-二酮）	
孕甾烯醇酮（Pregnenolone）（INN）	皮质甾类
（3β-羟基孕甾-5-烯-20-酮）	
黄体酮（孕甾酮）（Progesterone）（INN）	孕激素
（孕甾-4-烯-3，20-二酮）	
二氢睾酮（Stanolone）——参见**雄甾烷醇酮**（Androstanolone）	
睾甾酮（Testosterone）（INN）	雄性激素
（17β-羟基雄甾-4-烯-3-酮）	
硫甲睾酮（Tiomesterone）（INN）	合成代谢激素
〔1α，7α-二（乙酰硫基）-17β-羟基-17α-甲基雄甾-4-烯-3-酮〕	
氟羟脱氢皮质醇（Triamcinoline）（INN）	皮质甾类
（9α-氟-11β，16α，17α，21-四羟基孕甾-1，4-二烯-3，20-二酮）	

三、前列腺素、血栓烷和白细胞三烯以及它们衍生物和结构类似物

这些均为花生四烯酸的衍生物。

（一）前列腺素

花生四烯酸最重要的衍生物为前列腺素，它是像激素般微量即可起效的内源性物质，含有前列腺酸的基本结构。前列腺能影响血液循环的调节、肾脏的功能及内分泌系统（例如，通过减少黄体孕酮的生成），也能促进平滑肌收缩或血管的舒张，抑制血小板的聚集并调节胃腺的分泌。这些物质包括下述前列腺素、衍生物及类似物：

1．前列地平（前列腺素 E1）（INN）：一种从生物提取物中结晶产生的原前列腺素，作为血管舒张药使用，也有促进肾上腺皮质红细胞生成素释放及抑制血小板聚集的功能。

2．阿法前列醇（INN）：一种合成的前列腺素类似物，用于治疗雌性马科动物的不育症。

3．替舒前列素（INN）：一种前列腺素类似物，通过将前列腺素分子中一个氧原子及一个碳原子用一个氮原子及一个硫原子取代并闭环而得。

本组物质也包括其他合成产品，例如，前列他林（前列烯）（INN）、地诺前列素（INN）等，它们都保留了天然产品的基本结构并具有相同的生理活性。

（二）血栓烷及白细胞三烯

血栓烷及白细胞三烯与前列腺素一样，也是在细胞中由花生四烯酸合成；虽然它们的功能与前列腺素类似，其结构也极相似，但却不含有前列腺酸的基本结构。血栓烷由前列腺素生物合成，能导致血小板聚集及动脉血管的收缩，而且也是多元不饱脂肪酸功能的重要调节剂。白细胞三烯由于其起源于白细胞及其共轭三烯结构而得名，是有效的支气管收缩药及对过敏反应很起作用。

1．血栓烷 B_2：一种血管收缩药、支气管收缩药及血小板凝聚诱导剂。

2．白细胞三烯 C_4：对肺部气体通过的有效作用比组胺或前列腺素高 100～1000 倍。

四、其他激素

本组包括结构不同于上述激素的其他激素。例如，褪黑激素，存在于松果腺中，可视为吲哚的一种衍生物。归入本品目的其他激素有：

（一）儿茶酚胺激素及其衍生物和结构类似物

这类激素包括存在于肾上腺髓质区的激素。

1．肾上腺素（INN）{（-）-3，4-二羟基-α-〔（甲氨基）甲基〕苯乙醇}及消旋肾上腺素（INN）{（±）-3，4-二羟基-α-〔（甲氨基）甲基〕苯乙醇}，这两种激素结构与化学式1-（3，4-二羟苯基）-2-甲氨基乙醇相当。肾上腺素是一种浅棕色或近白色的结晶粉末，易受光影响；微溶于水及有机溶剂。可从马的肾上腺中提取，但大部分通过合成制得。它是一种高血压激素，刺激交感神经系统，增多血液中的血球数及糖分含量；也有较强的血管收缩作用。

2．去甲肾上腺素（INN）（左旋去甲肾上腺素）（-）-降肾上腺素，（-）-2-氨基-1-（3，4-二羟苯基）乙醇〕。为白色晶体，溶于水。其生理活性介于肾上腺素与麻黄素之间。

（二）氨基酸衍生物

1．左旋甲状腺素（INNM）及DL-甲状腺素{3-〔4-（4-羟基-3，5-二碘化苯氧基）-3，5-二碘代苯基〕-丙胺酸或3，5，3′，5′-四碘代甲状腺原氨酸}。甲状腺素是从甲状腺体中提取或通过合成制得。它是一种芳香族氨基酸；为白色或浅黄色晶体，不溶于水或任何普通溶剂。它能加速基本代谢率及氧的消耗，作用于交感神经系统，控制蛋白质及脂肪的作用，补充生物体碘的不足；用于治疗甲状腺肿及矮呆病。L-异构体是其活性形式。其钠盐为白色粉末，微溶于水，具有类似活性。

2．左旋三碘甲状腺原氨酸钠（INN）及DL-3，5，3′-三碘代甲状腺原氨酸（INN）{3-〔4-（4-羟基-3-碘苯氧基）-3，5-二碘苯基〕-丙胺酸}。三碘代甲状腺原氨酸也从甲状腺体中提取；其生理活性大于甲状腺素。

不归入本品目的产品

本品目不包括：

（一）没有激素作用但具有类似激素结构的产品：

1. 雄甾-5-烯-3α,17α-二醇、雄甾-5-烯-3α,17β-二醇（品目29.06）及其二乙酸酯（品目29.15）。

2. 肾上腺酮（INN）（3′,4′-二羟基-2-甲氨基苯乙酮）（品目29.22）。

3. 以下产品归入品目29.22：

（1）2-氨基-1-（3,4-二羟苯基）丁-1-醇；

（2）异肾上腺素（INN）〔2-氨基-1-（3,4-二羟苯基）丙-1-醇,3,4-二羟基去甲麻黄碱，高去甲肾上腺素〕；

（3）去氧肾上腺素〔1-（3,4-二羟苯基）-2-甲氨基乙烷，伊平宁〕；

（4）3′,4′-二羟基-2-乙氨基苯乙酮（4-乙氨基乙酰基儿茶酚）；

（5）1-（3,4-二羟苯基）-2-甲氨基丙-1-醇（3,4-二羟基麻黄碱）；

（6）（±）-N-甲基肾上腺素〔（±）-1-（3,4-二羟苯基）-2-二甲氨基乙醇，消旋N-甲肾上腺素，（±）-N-甲基肾上腺素〕。

（二）有激素作用但不具有类似激素结构的产品：

1. 双烯雌酚（INN）〔3,4-双（对-羟苯基）己-2,4-二烯〕（品目29.07）。

2. 己雌酚（INN）〔3,4-双（对-羟苯基）己烷〕（品目29.07）。

3. 二乙基己烯雌酚（INN）〔反式-3,4-（4-羟苯基）己-3-烯〕（品目29.07），二乙基己烯雌酚二甲醚（品目29.09），二乙基己烯雌酚二丙酯（品目29.15）及二乙基己烯雌酚糖酸酯（品目29.32）。

4. 氯米芬（抗雌激素）（品目29.22）。

5. 他莫昔芬（抗雌激素）（品目29.22）。

6. 氟他胺（抗雄激素）（品目29.24）。

7. 内皮素阻抗剂，例如，选择性内皮素 A 受体阻抗剂(达卢生坦)（INN)（品目 29.33)、内皮素-A 受体抑制剂(阿曲生坦)（INN)（品目 29.34）和选择性内皮素受体A拮抗剂（西他生坦）（INN)（品目 29.35）。

（三）有激素作用的天然物质，但不是由人或动物分泌的：

1. 玉米烯酮，一种组成代谢剂（品目 29.32）。

2. 阿司利辛，一种促胰酶素（cholecistoquinine）的阻抗剂（品目 29.33）。

（四）下列产物有时被认为是激素，但并没有真正的激素活性：

1. 胱氨酸、半胱氨酸及其盐酸盐（品目 29.30）。

2. 蛋氨酸及其钙盐（品目 29.30）。

3. 神经传递素和神经调节素，例如，多巴胺（品目 29.22）、乙酰胆碱（品目 29.23）、血清素〔5-羟色胺或 5-羟基-3-(β-氨乙基)吲哚〕(品目 29.33)、组织胺（品目 29.33）及其相关产品（例如，受体促进剂和阻抗剂）。

4. 白血病抑制因子（人体）生长因子安非勒明（emfilermin）（INN)（品目 29.33）和纤维原细胞角质化细胞生长因子瑞比弗明（repifermin）(INN)（品目 29.33）。

5. NMDA（N—甲基—D—天冬氨酸）受体阻抗剂，例如，拉尼西明（lanicemine）(INN)（品目 29.33） 和 奈波替奈（nebostinel）(INN)（品目 29.24）。

6. 肝素（品目 30.01）。

7. 改性的免疫产品（品目 30.02）。

（五）天然或合成的植物生长调节剂（例如，植物激素），它们的归类如下：

1. 未经混合也未制成零售包装的，按其化学成分归类，例如：

（1）α-萘乙酸及其钠盐（品目 29.16）。

（2）2,4-二氯苯氧基乙酸（2,4-D）；2,4,5-涕（ISO）（2,4,5-三氯苯氧基乙酸）及 4-氯-2-甲基苯氧基乙酸（MCPA）（品目 29.18）。

（3）β-吲哚乙酸及其钠盐（品目 29.33）。

2. 制成零售形状或包装或配成制剂或制品的，归入品目 38.08。

（六）血栓烷和白细胞三烯化合物阻抗剂，应按照其结构进行归类（例如，塞曲司特（seratrodast）(INN)（品目 29.18）和白三烯受体阻抗剂（montelukast）（INN）（品目 29.33）)）。

（七）肿瘤坏死因子阻抗剂，例如，阿奎司特（ataquimast）（INN）（品目 29.33）。

（八）品目 30.02 的免疫产品。

（九）归入品目 30.03 或 30.04 的药品，尤其是“阻滞胰岛素”（锌胰岛素、钾锌胰岛素、珠蛋白胰岛素、锌珠蛋白胰岛素、组蛋白胰岛素）。

第十二分章　天然或合成再制的苷（配糖物）、植物碱及其盐、醚、酯和其他衍生物

总　注　释

在本分章中，所称“衍生物”是指可通过相关品目的初始化合物制得的化学化合物，这种化合物仍保留母体化合物的基本特征，包括其基本的化学结构。

29.38　天然或合成再制的苷（配糖物）及其盐、醚、酯和其他衍生物：

10　—　芸香苷（芦丁）及其衍生物

90　—　其他

苷类主要存在于植物界中，在酸、碱或酶的作用下，分裂为糖及非糖（糖苷配基）。这两部分通过糖的异头碳原子相互连接。因此，品目29.40的6-苯甲酰葡糖及金缕梅单宁不属苷类。

最常见的天然苷类是氧苷类，其分子中的糖和及糖苷配基通常通过一个乙缩醛基相连接。另外，还有天然的氮苷类、硫苷类及碳苷类，其分子中的异头碳原子分别通过一个氮原子、一个硫原子或一个碳原子连接于糖苷配基上〔例如，卡西定（一种氮苷）、黑芥子硫苷酸钾（一种硫苷）及葡糖基蒽酮（一种碳苷）〕。有时候糖苷配基通过酯基连接于糖上。

苷通常为无色的固体化合物；它们构成植物机体内储备物或充当刺激剂。很多可作治疗之用。

一、芸香糖苷（芸香苷），存在于多种植物中，特别是存在于荞麦植物中，其含量约3%（干量）。

二、毛地黄苷，存在于毛地黄属植物中（例如，希腊毛地黄、紫毛地黄）。某些在医药上作为重要的强心剂。本组包括：毛地黄毒苷，为白色结晶粉末，无味，剧毒；地高辛（异羟基洋地黄毒苷）；毛地黄皂苷，为毛地黄类的皂草苷，用作化学试剂。

三、甘草甜及甘草酸盐，存在于甘草根中；为无色晶体。甘草酸铵为红棕色块，用于制饮料。甘草酸盐用于医药上。

四、毒毛旋花苷，这类苷存在于夹竹桃科植物毒毛旋花属的多种植物中，是极为有效的强心药。已知的有几种，其中有乌本苷或毒毛旋花苷G，为无色晶体；剧毒。

五、皂草苷，为无定形苷，植物界中含量相当丰富；具有催嚏性质。其水溶液摇动时会产生泡沫。用于医药，也用于制清洁剂及泡沫灭火剂。

六、芦荟素，存在于各种芦荟树的树叶中。

七、扁桃苷，存在于苦杏仁及各种果核中，用作祛痰剂。

八、浆果苷，存在于浆果莓属植物的叶中，用作利尿剂。

九、黑芥子素，存在于黑芥子及辣根中，用于医药上。

本品目包括某些天然或合成再制的单宁酸衍生物。

本品目也包括各种苷及其衍生物的天然混合物（例如，含有紫花苷A和B、毛地黄毒苷、芰毒素、芰它毒等的毛地黄苷天然混合物）；但人工制成的混合物或制剂不归入本品目。

本品目还不包括：

（一）核苷及核苷酸（品目29.34）。

（二）生物碱（例如，番茄苷）（品目29.39）。

（三）其配糖键是一个通过醚化作用在异头碳原子上形成乙缩醛基的非天然苷（品目29.37或29.39的产品除外）〔α-甲基苷，三苄葡苷（INN）〕（品目29.40）。

（四）抗菌素（例如，丰加霉素）（品目29.41）。

29.39　天然或合成再制的生物碱及其盐、醚、酯和其他衍生物：

—　鸦片碱及其衍生物以及它们的盐：

11　——　罂粟杆浓缩物、丁丙诺啡（INN）、可待因、双氢可待因（INN）、乙基吗啡、埃托啡（INN）、海洛因、氢可酮（INN）、氢吗啡酮（INN）、吗啡、尼可吗啡（INN）、羟考酮（INN）、羟吗啡酮（INN）、福尔可定（INN）、醋氢可酮（INN）及蒂巴因，以及它们的盐

19　——　其他

20　—　金鸡纳生物碱及其衍生物以及它们的盐

30　—　　咖啡因及其盐
　　—　　麻黄碱类及其盐：
41　——　麻黄碱及其盐
42　——　假麻黄碱（INN）及其盐
43　——　d-去甲假麻黄碱（INN）及其盐
44　——　去甲麻黄碱及其盐
49　——　其他
　　—　　茶碱和氨茶碱及其衍生物以及它们的盐：
51　——　芬乙茶碱（INN）及其盐
59　——　其他
　　—　　麦角生物碱及其衍生物以及它们的盐：
61　——　麦角新碱（INN）及其盐
62　——　麦角胺（INN）及其盐
63　——　麦角酸及其盐
69　——　其他
　　—　　其他：
91　——　可卡因、芽子碱、左甲苯丙胺、去氧麻黄碱（INN）、去氧麻黄碱外消旋体，它们的盐、酯及其他衍生物
99　——　其他

这些碱是产自植物的复杂有机碱；具有很强的生理作用，其中有些通过合成制得。它们具有不同程度的毒性。

本品目包括未经混合的生物碱及生物碱的天然混合物（例如，藜芦碱及鸦片所有生物碱）；但不包括人工制成的混合物或制剂。本品目也不包括植物液汁的提取物，例如，鸦片膏（品目 13.02）。

本品目包括氢化、脱氢、氧化及脱氧的生物碱衍生物，一般也包括其结构与衍生前的天然生物碱基本相同的任何生物碱衍生物。

一、鸦片碱及其衍生物以及它们的盐

（一）吗啡、存在于鸦片内；为无色晶体，一种强力麻醉剂，剧毒。

（二）二氢吗啡、脱氧吗啡（INN）（二氢脱氧吗啡）、氢化吗啡酮（INN）（二氢吗啡酮）及甲基二氢吗啡酮（INN）（5-甲基二氢吗啡酮）。

（三）二乙酰吗啡（海洛因），为白色结晶粉末；代替可待因及吗啡作镇静剂。

（四）乙基吗啡，为白色结晶粉末，无气味；内服作催眠药及止痛药，外用作局部麻醉剂。

（五）可待因（甲基吗啡、吗啡单甲基醚）。与吗啡一同存在于鸦片内。为结晶体；代替吗啡用作镇静剂。

（六）二氢可待因（INN）、二氢可待因酮（INN）、羟氢可待酮（INN）（二氢羟可待因酮）。

（七）那碎因。鸦片中的次要生物碱；为结晶体，一种催眠药及止痛药。

（八）那可汀（INN），鸦片中的次要生物碱；为结晶体，功效比吗啡差，毒性微弱。

（九）可它宁及氢化可它宁，从那可汀衍生而来。

（十）罂粟碱，鸦片中的次要生物碱；为结晶体；具有麻醉和镇静作用，但不及吗啡强。

（十一）盐酸乙基罂粟碱（INNM）〔1-（3,4-二羟苯基）-6,7-二乙氧基异喹啉盐酸盐〕。

（十二）蒂巴因，鸦片中的次要生物碱，为无色结晶体；有毒。

（十三）罂粟杆浓缩物，通过萃取罂粟属植物部分，然后纯化制得的一种天然生物碱混合物，按

重量计生物碱的含量不低于50%。

鸦片碱的衍生物只要仍保留环氧-桥接吗啡结构，不论其是否氢化，均应归入本品目。

二、金鸡纳生物碱及其衍生物以及它们的盐

（一）奎宁，存在于金鸡纳属植物的树皮中，特别是棕金鸡纳树、黄金鸡纳树及红金鸡纳树的树皮中。为白色结晶粉末。奎宁及其盐对血液中原生动物门的原生质具有麻痹作用，因此被用作退热药及抗疟药。

（二）奎尼丁，存在于金鸡纳属植物的树皮中。为结晶体；可从硫酸奎宁的母液中提得。

（三）辛可宁，在金鸡纳树皮所含的各种生物碱中，重要性仅次于奎宁而居第二位；为结晶体。

（四）辛可尼丁，存在于金鸡纳树皮中，为结晶体。

（五）单宁酸奎宁。

三、咖啡碱及其盐

咖啡碱，由咖啡豆、茶叶、柯拉子中提取；或合成而得，为丝状晶体；用于医药。

四、麻黄碱类及其盐

（一）麻黄碱，存在于麻黄中，也可合成而得；为无色结晶体，用于医药。

（二）甲基麻黄碱。

（三）乙基麻黄碱（INN）。

（四）降麻黄碱（去甲麻黄碱）。

（五）假麻黄碱（INN）。

五、茶碱、氨茶碱（茶碱乙二胺）及其衍生物以及它们的盐

茶碱，存在于茶叶中，但也可合成而得，为结晶体，常用作利尿剂。氨茶碱（茶碱乙二胺）与茶碱同。

六、麦角生物碱及其衍生物以及它们的盐

（一）麦角新碱（INN）｛9,10-二脱氢-N-〔（S）-2-羟基-1-甲基乙基〕-6-甲基麦角灵-8β-羧酸酰胺｝（麦角诺文），呈四面体或细针状体，用作催产药和生产麦卤酰二乙胺（INN）的前体（参见第二十九章末的前体表）。它的一种重要衍生物是马来酸麦角新碱，也称作马来酸麦角诺文。

（二）麦角胺（INN）〔12′-羟基-2′-甲基-5′α-（苯基甲基）麦角烷-3′,6′,18-三酮〕。用作血管收缩剂和生产麦卤酰二乙胺（INN）的前体（参见第二十九章末的前体表）。它的主要衍生物包括琥珀酸麦角胺及酒石酸麦角胺。

（三）麦角酸（9,10-二脱氢-6-甲基麦角灵-8-羧酸），通过麦角生物碱的碱解制得，也可用麦角菌制得。其晶体为六方形片状或鳞片状。用作幻觉药及生产麦卤酰二胺（INN）的前体（参见第二十九章末的前体表）。

（四）其他麦角生物碱，例如，麦角僧、麦角日亭、麦角隐亭、麦角考宁及甲基麦角新碱。

七、烟碱（尼古丁）及其盐

烟碱，存在于烟草叶中的生物碱；但也可合成而得。为无色液体，暴露在空气中逐渐变成棕色；具有特殊的刺鼻气味。一种强碱，有毒，可形成结晶盐；可用作植物的杀菌剂及杀虫剂。

八、其他生物碱及其衍生物以及它们的盐

（一）槟榔碱，存在于槟榔子中的生物碱。

（二）乌头碱，是已知的最剧烈的毒物之一；从干欧乌头根中提取而得。在医药上作强力镇静剂。

（三）毒扁豆碱，存在于卡拉巴豆中；为无色晶体，暴露在空气中会变成黄红色；用于医药。

（四）毛果芸香碱，毛果芸香树中的主要生物碱，为无色块状，暴露于空气中时会变成棕色。毛果芸香碱及其盐用于医药（用于催汗），也用于眼科；还用于制生发水。

（五）金雀花碱（鹰爪豆碱），存在于金雀花属植物中的生物碱，为无色液体。金雀花碱硫酸盐用作强心剂。

（六）阿托品，主要从曼陀罗植物中提取，也可通过合成制得；为结晶体，剧毒，可使瞳孔放大。

（七）后马托品，为无色晶体；其化学及生理作用与阿托品相同。

（八）天仙子胺，存在于颠茄及天仙子属多种植物中的主要生物碱，为无色晶体；极毒。其盐（例如，天仙子胺硫酸盐及天仙子胺氢溴酸盐）用于医药上。

（九）莨菪胺（天仙子碱），存在于曼陀罗属的多种植物中；为无色糖浆状液体或无色晶体。其盐（例如，莨菪胺氢溴酸盐及莨菪胺硫酸盐）为结晶体；用于医药上。

（十）秋水仙碱（秋水仙素），存在于秋水仙植物中，为胶水块、黄色粉末、结晶体或粉片；用于医药上；剧毒。

（十一）藜芦碱，从沙巴草籽中提取的一种天然混合生物碱；为无定形白色粉末；具有吸湿性，刺激性和高度催嚏性；有毒；用于医药上。

（十二）瑟瓦定，相当于结晶藜芦碱。

（十三）可卡因，为结晶体；从几种古柯叶特别是玻利维亚古柯叶中提取而得；可通过合成制得。商品粗可卡因都是不纯的，约含80～94%的可卡因；即使如此也均归入本品目。可卡因的水溶液可起碱性反应；可形成多种盐；是一种强麻醉剂。

（十四）吐根碱（依米丁），存在于吐根的根部中。为无定形白色粉末，见光后会变成黄色；用作祛痰剂及催吐剂；其盐用于治疗阿米巴痢疾。

（十五）马钱子碱，从马钱子属的多种植物（马钱子、圣伊格拉提斯豆）中提取。为丝状晶体；是一种剧毒品。可形成结晶盐，用于医药上。

（十六）可可碱，从可可中提取，也可通过合成而得。为白色结晶粉末，在医药上作利尿剂及强心剂。

（十七）胡椒碱，从胡椒中提取，为结晶体。

（十八）毒芹碱，存在于毒芹属植物中，也可合成而得。为无色油状液体，具有刺激气味；剧毒；用于医药上。

（十九）箭毒碱，从箭毒中提取；用于医药上。

（二十）紫菜碱（生物碱）。

（二十一）番茄碱。

（二十二）生物碱单宁酸盐（白屈菜碱单宁酸盐、秋水仙碱单宁酸盐、石榴碱单宁酸盐等）。

（二十三）白毛莨碱。

（二十四）白毛莨分碱。

（二十五）氢化白毛莨分碱。

（二十六）氧化白毛莨分碱。

（二十七）托品（托烷-3-醇）。

（二十八）托品酮（颠茄酮）。

（二十九）吐根酚碱。

（三十）脱氧麻黄碱（INN）（甲苯丙胺、N-甲基苯异丙胺、2-甲氨基-1-苯基丙烷）。

*

*　*

第二十九章末附表列有在国际文件中作为麻醉药或精神治疗药物的归入本品目的某些物质。

第十三分章　其他有机化合物

29.40 化学纯糖，但蔗糖、乳糖、麦芽糖、葡萄糖及果糖除外；糖醚、糖缩醛和糖酯及其盐，但不包括品目 29.37、29.38 及 29.39 的产品

一、化学纯糖

本品目仅包括化学纯的糖。所称“糖”，包括单糖、二糖及低聚糖。每一糖单元必须由至少四个，但最多不超过八个碳原子所构成，而且起码必须含有一个可还原的羰基（醛基或酮基），同时至少必须含有一个用以承载一个羟基及一个氢原子的不对称碳原子。本品目不包括：

（一）蔗糖，即使是化学纯的也应归入品目 17.01。

（二）葡萄糖及乳糖，即使是化学纯的也应归入品目 17.02。

（三）麦芽糖，即使是化学纯的也应归入品目 17.02。它是蔗糖的异构体，为结晶块状，用于医药。

（四）果糖（左旋糖），即使是化学纯的也应归入品目 17.02，它是葡萄糖的异构体。纯态时为浅黄色晶体。用于医药（供糖尿病患者食用）。

（五）3-羟基丁醛（品目 29.12）及乙偶姻（3-羟基-2-丁酮）（品目 29.14），它们尽管符合糖单元的标准，但不是糖。

归入本品目的化学纯糖包括下列各项：

（一）半乳糖，葡萄糖的异构体。通过水解乳糖而得。存在于果胶物质及胶浆中。纯态时为结晶体。

（二）山梨糖，葡萄糖的异构体。为白色结晶粉末，极易溶于水。用于合成抗坏血酸（维生素 C）及制造培养基。

（三）木糖（$C_5H_{10}O_5$），为白色晶体，用于制药。

（四）海藻糖，蔗糖的异构体。核糖及阿拉伯糖，均为木糖的异构体。棉子糖（$C_{18}H_{32}O_{16}$）。岩藻糖及鼠李糖（$C_6H_{12}O_5$），毛地黄毒素糖（$C_6H_{12}O_4$）及其他脱氧糖。这些糖基本上都是在实验室内合成的产品。

本品目的糖可以呈水溶液状态。

二、糖醚、糖缩醛和糖酯及其盐

品目 29.40 也包括糖醚、糖缩醛和糖酯及其盐。糖缩醛可在糖中的任何两个羟基间形成或在异头碳原子上生成苷形成。但天然苷不归入本品目（品目 29.38）。构成品目 29.37、29.38、29.39 或 29.40 以后任何品目所列产品成分的糖醚、糖缩醛及糖酯也不归入本品目（参见本章总注释第五部分）。

归入本品目的不论是否已有化学定义的产品包括：

（一）羟丙基蔗糖，为一种糖醚。

（二）糖类的磷酸酯（例如，葡萄糖磷酸酯及果糖磷酸酯）及其盐（例如，它们的钡盐、钾盐等）。为结晶体或无定形粉末，用于有机合成。

（三）蔗糖八乙酸酯，为白色吸湿性粉末。用作酒精的变性剂，用于制胶粘剂、增塑剂及杀虫剂，也用于造纸业及用作纺织品的硬化剂。

（四）蔗糖单乙酸酯。具有表面活性性能。

（五）蔗糖乙酸异丁酸酯。用作清漆的改良剂。

（六）乳糖醇（INN）（4-O-β-D-吡喃半乳糖基-D-葡糖醇），用作一种甜味剂。

（七）非天然苷（品目 29.37、29.38 及 29.39 的产品除外），这些苷的配糖键是一个通过醚化作用在其异头碳原子上形成的缩醛基〔例如，α-甲基苷、三苄葡苷（INN）〕。

但本品目不包括人工将糖醚、糖缩醛、糖酯或它们的盐相互混合的产品，也不包括原料中故意混入非糖组分而制成的产品，例如，从品目 38.23 的脂肪酸制得的糖酯。另外，本品目不包括糖酐、硫

代糖、氨基糖、糖醛酸及其他糖衍生物，这些化合物通常根据各自的化学结构，归入第二十九章的其他品目。

29.41　抗菌素(+)：
　　10 —　青霉素和具有青霉烷酸结构的青霉素衍生物及其盐
　　20 —　链霉素及其衍生物以及它们的盐
　　30 —　四环素及其衍生物以及它们的盐
　　40 —　氯霉素及其衍生物以及它们的盐
　　50 —　红霉素及其衍生物以及它们的盐
　　90 —　其他

抗菌素是活微生物分泌出来的具有杀死其他微生物或抑制其他微生物生长的物质。它们主要用于对致病微生物，特别是细菌或真菌进行强有力的抑制，有时对肿瘤也有抑制作用。血液中每毫升含有几微克抗菌素时就能起作用。

抗菌素可能由单种物质，也可能由一系列相关物质所组成，其化学结构可能是已知的，也可能是未知的；可能已有化学定义，也可能未有化学定义。它们化学上是多种多样的，包括下列各类：

一、杂环类抗菌素，例如，新生霉素、头孢霉素类、链丝菌素、法罗培南(faropenem)(INN)、多尼培南(Doripenem)(INN)、单内酰环类(monobactams)〔例如，氨曲南(Aztreonam)(INN)〕。本类最重要的是青霉素类，它是几种青霉素真菌的分泌物。本类还包括普鲁卡因青霉素。

二、相关糖类抗菌素，例如，链霉素类。

三、四环素类及其衍生物，例如，氯四环素（金霉素）(INN)、氧四环素（土霉素）(INN)。

四、氯霉素及其衍生物，例如，甲砜霉素和氟苯尼考。

五、大环内酯类抗菌素，例如，红霉素、两性霉素B、泰乐菌素。

六、多肽类抗菌素，例如，放线菌素、杆菌肽、短杆菌肽、短杆菌酪肽。

七、其他抗菌素，例如，肉瘤霉素、万古霉素。

本品目也包括具有同样用途的化学改性抗菌素。这些抗菌素的制备方法是将微生物自然生长过程所产生的物质加以分离，然后通过化学反应或在生长培养基中加入侧链前体改变其化学结构，使所需要的基团通过细胞法掺入分子中（半合成青霉素）；也可通过生物合成法制得（例如，从特定氨基酸所产生的青霉素）。

通过合成法再生的天然抗菌素（例如，氯霉素）应归入本品目，与天然抗菌素紧密相关并用作抗菌素的某些合成产品（例如，甲砜霉素）也归入本品目。

本品目中，所称“衍生物”是指活性抗菌化合物，其可从本品目的化合物制得，并保留了母体化合物的基本特征，包括其基本的化学结构。

本品目不包括：

（一）用于动物饲料的抗菌素制剂（例如，干的及标准化的完整菌丝体）（品目23.09）。

（二）抗菌素活性很低的已有化学定义的化合物，用于制抗菌素的中间体（根据其化学结构归入本章前面品目）。

（三）喹啉羧酸衍生物、硝基呋喃、磺酰胺及其他归入本章前面各品目所列具有抗菌作用并且已有化学定义的有机化合物。

（四）将各种抗菌素人工加以混合（例如，青霉素与链霉素的混合物）用于治疗或预防疾病的产品（品目30.03或30.04）。

（五）在制备抗菌素过程中过滤及初步提取而得的中间产品，其抗菌素含量一般不超过70%（品目 38.24）。

○
○ ○

子目注释：

子目 2941.10

本品目包括所有青霉素，即其分子含有盘宁（penin）或一个带氨基-（4-羧基-5,5-二甲基噻唑烷-2-基）乙酸的β-内酰胺的 6-氨基青霉烷酸骨架的所有活性抗菌素化合物，这类化合物的内酰胺环中的胺基是通过酰胺键连接于有机酸上的。这些有机酸的结构，或噻唑环的羧基上盐的生成或其他取代物均不影响其归类。但是，盘宁（penin）的基本结构应保持不变。

本子目主要包括氨苄青霉素（INN）、阿莫西林（INN）及酞氨苄西林（INN）。

但本子目不包括含有一个β－内酰胺环的头孢菌素〔例如，头孢唑啉（INN）、头孢克罗（INN）〕、头霉素类〔（例如，头孢西丁（INN）〕、氧头孢烯、青霉烯、碳青霉烯等其他抗生素。

子目 2941.20

链霉素衍生物是指在其分子结构中含有所有下述三种链霉素骨架成分的活性抗菌素：连接 5－脱氧来苏糖的链霉胺及甲基葡萄糖胺。任何位置上的酯及葡萄苷也视为衍生物。

本子目主要包括硫酸双氢链霉素（INN）及链异烟肼（INN）。但无论是不保留链霉胺的两个氨基基团的布隆索霉素（INN），还是包含链霉胺衍生物的其他氨基葡萄苷，例如，新霉素（INN），均不视为链霉素衍生物。

子目 2941.30

四环素衍生物是指其分子中含有四环素骨架的部分氢化 4－二甲基氨基－萘并萘－2－羰氨基的活性抗菌素。其酯类也视为衍生物。

本子目主要包括氯四环素（INN）及氢吡四环素（INN）。但“柔比（柔红霉素类抗肿瘤抗生素）”之类的蒽基渐变群，例如，阿克拉霉素（INN）及阿霉素（INN），不视为四环素衍生物。

子目 2941.40

氯霉素衍生物是指其分子中含有氯霉素骨架的 N-(2-羟基－1－甲基－2－苯乙基)乙酰胺的活性抗菌素。

本子目主要包括甲砜霉素（INN）及氟砜尼可（INN）。但乙酰氯霉素（INN）并不属于本组，因其不是活性抗菌素。

子目 2941.50

红霉素衍生物是指其分子中含有下述红霉素骨架成分的活性抗菌素：13－乙基－13－十三烷基交酯以脱氧糖胺和碳霉糖连接（或红霉糖）。其酯类也视为衍生物。

本子目主要包括甲氧基红霉素（INN）及地利兹霉素（INN）。但含有一个 15－碳原子中心环的阿泽红霉素（INN）及不含脱氧糖胺和碳霉糖的苦霉素，不视为红霉素衍生物。

29.42 其他有机化合物

本品目包括未列名的已有化学定义的单独有机化合物。

一、烯酮类。它们象酮类一样，具有羰基（ $>C=O$ ）的特点，但与相邻的碳原子是以双键连接的（例如，乙烯酮、二苯基乙烯酮）。

但本品目不包括双烯酮。它是归入品目 29.32 的一种内酯。

二、三氟化硼与乙酸、二乙醚或苯酚的络合物。

三、碘化麝香草酚。

麻醉药与精神治疗药物表

（根据药物类别按字母顺序排列）

I 经1972年协议修订的受《1961年麻醉药物单项公约》管制的麻醉药物

名　　称	协调制度编号	化学萃取物管制（CAS）编号	公约附表编号
乙酰氧戊甲咖啡（INN）	2939.19	25333-77-1	4
盐酸乙酰氧戊甲咖啡	2939.19	25333-78-2	4
乙酰二氢可待因	2939.19	3861-72-1	2
盐酸乙酰二氢可待因酮	2939.19		2
乙酰美沙醇（INN）	2922.19	509-74-0	1
乙酰基-α-甲基芬太尼	2933.39		4
乙酰吗啡	2939.10		1
3-乙酰吗啡	2939.19		1
6-乙酰吗啡	2939.19	2784-73-8	1
四唑芬太尼（INN）	2933.33	71195-58-9	1
盐酸四唑芬太尼	2933.33	69049-06-5	1
烯丙苯哌啶（INN）	2933.39	25384-17-2	1
盐酸烯丙苯哌啶	2933.39		1
阿耳法乙酰美沙酮（INN）	2922.19	17199-58-5	1
L-阿耳法乙酰美沙酮	2922.19		1
阿耳法乙酰美沙酮盐酸盐	2922.19		1
阿耳法乙丙啶（INN）	2933.39	468-51-9	1
α-美沙醇（INN）	2922.19	17199-54-1	1
阿耳法丙啶（INN）	2933.39	77-20-3	1
盐酸阿耳法丙啶	2933.39	561-78-4	1
氨苄哌替啶（INN）	2933.33	144-14-9	1
二盐酸氨苄哌替啶	2933.33	126-12-5	1
磷酸氨苄哌替啶	2933.39	4268-37-5	1
苄苯哌乙酯（INN）	2933.39	3691-78-9	1
氢溴酸苄苯哌乙酯	2933.39		1
盐酸苄苯哌乙酯	2933.39		1
苯甲酰吗啡	2939.19		1
苄基吗啡	2939.19	14297-87-1	1
盐酸苄基吗啡	2939.19	630-86-4	1
甲磺酸苄基吗啡	2939.19		1
β-乙酰美沙醇（INN）	2922.19	17199-59-6	1
倍它乙丙啶（INN）	2933.39	468-50-8	1
β-美沙醇（INN）	2922.19	17199-55-2	1
β-普鲁丁（INN）	2933.39	468-59-7	1
盐酸倍它丙啶	2933.39		1

名　　称	协调制度编号	化学萃取物管制（CAS）编号	公约附表编号
氰苯咪哌啶（INN）	2933.33	15301-48-1	1
盐酸氰苯咪哌啶	2933.33		1
大麻	1211.90		4
大麻浸膏及大麻酊	1302.19		
大麻油	1302.19		
大麻树脂	1301.90		
氯硝胺咪（INN）	2933.99	3861-76-5	1
盐酸氯硝胺咪	2933.99		1
甲磺酸氯硝胺咪	2933.99		1
古柯叶	1211.30		
古柯浆	1302.19		
可卡因	2939.91	50-36-2	1
d-可卡因	2939.91	478-73-9	
苯甲酸可卡因	2939.91		1
硼酸可卡因	2939.91		1
柠檬酸可卡因	2939.91		1
甲酸可卡因	2939.91		1
氢碘酸可卡因	2939.91		1
氢溴酸可卡因	2939.91		1
盐酸可卡因	2939.91	53-21-4	1
乳酸可卡因	2939.91		1
硝酸可卡因	2939.91	5913-62-2	1
水杨酸可卡因	2939.91	5913-64-4	1
硫酸可卡因	2939.91		1
酒石酸可卡因	2939.91		1
可待因	2939.11	76-57-3	2
醋酸可待因	2939.11		2
双烯丙巴比妥可待因	2939.11		2
巴比妥可待因	2939.11		2
樟脑磺酸可待因	2939.11		2
柠檬酸可待因	2939.11	5913-73-5	2
环巴比妥可待因	2939.11		2
烯丙环戊烯巴比妥可待因	2939.11		2
6-葡萄糖醛酸甙可待因	2939.19		2
氢溴酸可待因	2939.11	125--25-7	2
盐酸可待因	2939.11	1422-07-7	2
氢碘酸可待因	2939.11	125-26-8	2
溴甲可待因	2939.19	125-27-9	2
苯巴比妥可待因	2939.11		2

名　称	协调制度编号	化学萃取物管制（CAS）编号	公约附表编号
磷酸可待因	2939.11	52-28-8	2
树脂酸可待因	3003.40		2
水杨酸可待因	2939.11		2
硫酸可待因	2939.11	1420-53-7	2
N-氧化可待因	2939.19	3688-65-1	
盐酸氧化可待因	2939.19		
可待因酮肟（INN）	2939.19	7125-76-0	1
罂粟草浓缩物	1302.11		
二氢脱氧吗啡（INN）	2939.11	427-00-9	4
氢溴酸二氢脱氧吗啡	2939.19		4
盐酸二氢脱氧吗啡	2939.19		4
硫酸二氢脱氧吗啡	2939.19		4
吗散痛（INN）	2934.91	357-56-2	1
二盐酸吗散痛	2934.91		1
盐酸吗散痛	2934.91		1
酒石酸吗散痛	2934.99	2922-44-3	1
右旋丙氧芬（INN）	2922.14	469-62-5	2
盐酸丙氧吩	2922.14	1639-60-7	2
奈磺酸盐	2922.19	17140-78-2	2
树脂酸右旋丙氧吩	3003.90		2
双胺丙酰胺（INN）	2924.29	552-25-0	1
硫酸双胺丙酰胺	2924.29		1
噻吩丁烯胺（INN）	2934.99	86-14-6	1
盐酸噻吩丁烯胺	2934.99	132-19-4	1
氰苯哌酸	2933.33	28782-42-5	1
盐酸氰苯哌酸	2933.33	35607-36-4	1
二氢可待因（INN）	2939.11	125-28-0	2
盐酸二氢可待因	2939.11		2
重酒石酸二氢可待因	2939.11	5965-13-9	2
磷酸二氢可待因	2939.11	24204-13-5	2
树脂酸二氢可待因	3003.40		2
二氢可待因硫氰酸	2939.11		2
二氢异吗啡	2939.19		
6-葡萄糖醛酸甙酸饱吗啡	2939.19		
二氢吗啡	2939.19	509-60-4	2
氢碘酸二氢吗啡	2939.19		2
盐酸二氢吗啡	2939.19	1421-28-9	2
苦味酸二氢吗啡	2939.19		2
苯醋胺乙酯（INN）	2922.19	509-78-4	1

名　称	协调制度编号	化学萃取物管制（CAS）编号	公约附表编号
盐酸苯醋胺乙酯	2922.19	242-75-1	1
美沙醇（INN）	2922.19	545-90-4	1
盐酸美沙醇	2922.19		1
甲蒽丁胺（INN）	2934.99	524-84-5	1
盐酸甲蒽丁胺	2934.99		1
吗苯丁酯（INN）	2934.99	467-86-7	1
盐酸吗苯丁酯	2934.99		1
氰苯哌酯（苯乙哌啶）（INN）	2933.33	915-30-0	1
盐酸氰苯哌酯（苯乙哌啶）	2933.33	3810-80-8	1
二苯哌己酮（INN）	2933.33	467-83-4	1
氢溴酸二苯哌己酮	2933.33		1
盐酸二苯哌己酮	2933.33	75783-06-1	1
羟甲吗喃醇（INN）	2933.49	3176-3-2	1
芽子碱，及其可转化为芽子碱和可卡因的酯和衍生物	2939.91	481-37-8	1
芽子碱苯酰乙酯	2939.91		1
芽子碱苯酰丙酯	2939.91		1
芽子碱苯丙烯甲酯	2939.91		1
芽子碱2,6二甲基苯酰甲酯	2939.91		1
盐酸芽子碱	2939.91		1
芽子碱甲酯	2939.91		1
盐酸芽子碱甲酯	2939.91		1
芽子碱苯乙酰甲酯	2939.91		1
乙甲噻蒽丁烯（INN）	2934.99	441-61-2	1
盐酸乙甲噻恩丁烯	2934.99		1
乙基吗啡	2939.11	76-58-4	2
樟脑磺酸乙基吗啡	2939.11		2
氢溴酸乙基吗啡	2939.11		2
盐酸乙基吗啡	2939.11	125-30-4	2
碘甲乙基吗啡	2939.19		2
苯巴比妥酸乙基吗啡	2939.11		2
乙氧硝唑（INN）	2933.99	911-65-9	1
盐酸乙氧硝唑	2933.99		1
羟戊甲吗啡（INN）	2939.11	14521-96-1	4
盐酸羟戊甲吗啡	2939.11	13764-49-3	4
羟戊甲吗啡3-甲基醚	2939.19		4
醇苯哌酯（INN）	2933.39	469-82-9	1
盐酸醇苯哌酯	2933.39		1
芬太尼（INN）	2933.33	437-38-7	1

名　称	协调制度编号	化学萃取物管制（CAS）编号	公约附表编号
柠檬酸芬太尼	2933.33	990-73-8	1
对氟芬太尼	2933.39		4
盐酸对氟芬太尼	2933.39		4
呋乙啶（INN）	2934.99	2385-81-1	1
氢溴酸呋乙啶	2934.99		1
碘甲呋乙啶	2934.99		1
苦味酸呋乙啶	2934.99		1
海洛因	2939.11	561-27-3	4
盐酸海洛因	2939.11	1502-95-0	4
碘甲海洛因	2939.19		4
二氢可待因酮（INN）	2939.11	125-29-1	1
柠檬酸二氢可待因酮	2939.11		1
氢碘酸二氢可待因酮	2939.11		1
盐酸二氢可待因酮	2939.11	25968-91-6	1
重酒石酸二氢可待因酮	2939.11	143-71-5	1
碘甲二氢可待因酮	2939.19		1
磷酸二氢可待因酮	2939.11	34366-67-1	1
树脂酸二氢可待因酮	3003.40		1
对苯二甲酸二氢可待因酮	2939.11		1
羟二氢吗啡 （INN）	2939.19	2183-56-4	1
盐酸羟二氢吗啡	2939.19		1
重酒石酸羟二氢吗啡	2939.19		1
二氢吗啡酮（INN）	2939.11	466-99-9	1
盐酸二氢吗啡酮	2939.11	71-68-1	1
硫酸二氢吗啡酮	2939.11		1
对苯二甲酸二氢吗啡酮	2939.11		1
β-羟基芬太尼	2933.39		4
盐酸β-羟基芬太尼	2933.39		4
（+）顺式-β-羟基-3-间-甲基芬太尼	2933.39		
β-羟基-3-甲基芬太尼	2933.39		4
盐酸β-羟基-3-甲基芬太尼	2933.39		4
羟基哌替啶（INN）	2933.39	468-56-4	1
盐酸羟基哌替啶	2933.39		1
异美沙酮（INN）	2922.39	466-40-0	1
d-异美沙酮	2922.39		1
l-异美沙酮	2922.39		1
氢溴酸异美沙酮	2922.39		1
盐酸异美沙酮	2922.39		1
酚哌丙酮（INN）	2933.33	469-79-4	4

名 称	协调制度编号	化学萃取物管制（CAS）编号	公约附表编号
盐酸酚哌丙酮	2933.33	5965-49-1	4
左旋乙酰美沙酮（INN）	2922.19	34433-66-4	1
左甲吗喃（INN）*	2933.49	125-70-2	1
氢溴酸左甲吗喃	2933.49		1
重酒石酸左甲吗喃	2933.49		1
左旋吗散痛（INN）	2934.99	5666-11-5	1
盐酸左旋吗痛散	2934.99		1
左旋苯酰甲基吗喃（INN）	2933.49	10060-32-2	1
盐酸左旋苯酰甲基吗喃	2933.49		1
甲基磺酸左旋苯酰甲基吗喃	2933.49		1
左旋丙氧芬（INN）	2922.19	2338-37-6	1
羟甲左吗喃（INN）**	2933.41	77-7-6	1
重酒石酸羟甲左吗喃	2933.41	125-72-4	1
盐酸羟甲左吗喃	2933.41		1
间唑辛（INN）	2933.39	3734-52-9	1
氢溴酸间唑辛	2933.39		1
盐酸间唑辛	2933.39		1
l-美沙醇	2922.19		
美沙酮（INN）	2922.31	76-99-3	1
d-美沙酮	2922.31		
l-美沙酮	2922.31		1
氢溴酸美沙酮	2922.31		1
盐酸美沙酮	2922.31	1095-90-5	1
重酒石酸d-美沙酮	2922.31		1
盐酸d-美沙酮	2922.31		
盐酸l-美沙酮	2922.31		
重酒石酸l-美沙酮	2922.31		1
美沙酮（INN）中间体： 4-氰基-2-二甲氨基-4,4-二苯丁烷或2-二甲氨基-4,4-二苯基-4-氰丁烷	2926.30		1
甲去氧吗啡（INN）	2939.19	16008-36-9	1
盐酸甲去氧吗啡	2939.19		1
甲基二氢吗啡（INN）	2939.19	509-56-8	1
3-甲基芬太尼	2933.39		4
盐酸3-甲基芬太尼	2933.39		4
α-甲基芬太尼	2933.39		4
盐酸α-甲基芬太尼	2933.39		4

* 右甲吗喃（INN）((+)3-甲氧基-N-甲基吗啡)被明确排除在此清单之外。

** 羟甲右吗喃（INN）((+)3-羟基-N-甲基吗啡喃)被明确排除在此清单之外。

名　　称	协调制度编号	化学萃取物管制（CAS）编号	公约附表编号
α-甲硫芬太尼	2934.99		1
盐酸α-甲硫芬太尼	2934.99		1
3-甲硫芬太尼	2934.99		4
盐酸3-甲硫芬太尼	2934.99		4
（+）-顺式-3-甲硫芬太尼	2934.99		4
盐酸（+）-顺式-3-甲硫芬太尼	2934.99		
甲基二氢吗啡酮	2939.19	143-52-2	1
盐酸甲基二氢吗啡酮	2939.19		1
吗散痛中间体	2934.99		1
吗乙苯哌酯（INN）	2934.99	469-81-8	1
二盐酸吗乙苯哌酯	2934.99		1
苦味酸吗乙苯哌酯	2934.99		1
吗啡	2939.11	57-27-2	1
醋酸吗啡	2939.11	596-15-6	1
柠檬酸吗啡	2939.11		1
3,6-二葡萄糖醛酸甙吗啡	2939.19		1
二甲基醚吗啡	2939.19		
葡萄糖醛酸甙吗啡	2939.19		1
3-葡萄糖醛酸甙吗啡	2939.19		1
6-葡萄糖醛酸甙吗啡	2939.19		1
3-β-D-葡萄糖醛酸甙吗啡	2939.19		1
6-β-D-葡萄糖醛酸甙吗啡	2939.19		1
氢碘酸吗啡	2939.11		1
氢溴酸吗啡	2939.11	630-81-9	1
盐酸吗啡	2939.11	52-26-6	1
次磷酸吗啡	2939.11		1
异丁酸吗啡	2939.11		1
乳酸吗啡	2939.11		1
袂康酸吗啡	2939.11		1
溴甲吗啡	2939.19		1
氯甲吗啡	2939.19		1
碘甲吗啡	2939.19		1
甲磺酸吗啡	2939.11		1
粘酸吗啡	2939.11		1
硝酸吗啡	2939.11	596-16-7	1
苯丙酸吗啡	2939.11		1
磷酸吗啡	2939.11		1
邻苯二甲酸吗啡	2939.11		1
硬脂酸吗啡	2939.11		1

名　称	协调制度编号	化学萃取物管制（CAS）编号	公约附表编号
硫酸吗啡	2939.11	64-31-3	1
酒石酸吗啡	2939.11	302-31-8	1
戊酸吗啡	2939.11		1
氧化吗啡	2939.19	639-46-3	1
硫酸奎宁氧化吗啡	2939.19		1
MPPP	2933.39		4
盐酸MPPP	2933.39		4
苄吗啡十四酸酯（INN）	2939.19	467-18-5	1
盐酸苄吗啡十四酸酯	2939.19		1
烟酰可待因（INN）	2939.19	3688-66-2	2
盐酸烟酰可待因	2939.19		2
烟氢可待因（INN）	2939.19	808-24-2	2
二烟酰吗啡（INN）	2939.11	639-48-5	1
盐酸二烟酰吗啡	2939.11		1
去甲乙酰美沙醇（INN）	2922.19	1477-39-0	1
葡萄糖酸去甲乙酰美沙醇	2922.19		1
盐酸去甲乙酰美沙醇	2922.19		1
去甲可待因（INN）	2939.19	467-15-2	2
醋酸去甲可待因	2939.19		2
氢碘酸去甲可待因	2939.19	14648-14-7	2
盐酸去甲可待因	2939.19	14648-14-7	2
硝酸去甲可待因	2939.19		2
氯铂酸去甲可待因	2843.90		2
硫酸去甲可待因	2939.19		2
降利富吩（INN）	2933.49	1531-12-0	1
氢溴酸降利富吩	2933.49		1
盐酸降利富吩	2933.49		1
去甲美沙酮（INN）	2922.31	467-85-1	1
2,6-二叔丁基萘二磺酸去甲美沙酮	2922.31		1
氢溴酸去甲美沙酮	2922.31		1
盐酸去甲美沙酮	2922.31	847-84-7	1
碘甲去甲美沙酮	2922.39		1
草酸去甲美沙酮	2922.31		1
苦味酸去甲美沙酮	2922.31		1
去甲美沙酮（INN）中间体	2926.90		
去甲吗啡（INN）	2939.19	466-97-7	1
盐酸去甲吗啡	2939.19		1
二苯哌己酮（INN）	2933.39	561-48-8	1
氢溴酸二苯哌己酮	2933.39		1

名　　称	协调制度编号	化学萃取物管制（CAS）编号	公约附表编号
盐酸二苯哌己酮	2933.39		1
鸦片	1302.11		1
混有生物碱的鸦片	1302.11* 2939.10**		
配制好的鸦片	1302.19 2939.11		
羟氢可待因（INN）	2939.11	76-42-6	1
樟脑磺酸羟氢可待因	2939.11		1
盐酸羟氢可待因	2939.11	124-90-3	1
重酒石酸羟氢可待因	2939.11		1
果胶酸羟氢可待因	2939.11		1
苯丙酸羟氢可待因	2939.11		1
磷酸羟氢可待因	2939.11		1
对苯二甲酸羟氢可待因	2939.11		1
羟氢吗啡酮（INN）	2939.11	76-41-5	1
盐酸羟氢吗啡酮	2939.11	357-07-3	1
罂粟苞罂粟碱类植物	1211.90		
PEPAP	2933.39		4
PEPAP盐酸	2933.39		4
陪替丁（INN）	2933.33	57-42-1	1
盐酸陪替丁	2933.33	50-13-5	1
陪替丁（INN）中间体A	2933.33		1
陪替丁（INN）中间体B	2933.39		1
氢溴酸陪替丁中间体B	2933.39		1
盐酸陪替丁中间体B	2933.39		1
陪替丁（INN）中间体C	2933.39		1
苯吗庚酮（INN）	2934.99	467-84-5	1
盐酸苯吗庚酮	2934.99	545-91-5	1
哌苯丙酰胺（INN）	2933.39	129-83-9	1
盐酸哌苯丙酰胺	2933.39		1
非那唑辛（INN）	2933.39	127-35-5	1
氢溴酸非那唑辛	2933.39		1
盐酸非那唑辛	2933.39	7303-75-5	1
甲磺酸非那唑辛	2933.39		1
羟基乙吗喃（INN）	2933.49	468-07-5	1
氢溴酸羟基乙吗喃	2933.49		1

* 没有加入其他物质。

** 天然混合物，除生物碱外，其他组分全部去除，且没有加入其他物质。

名　　称	协调制度编号	化学萃取物管制（CAS）编号	公约附表编号
重酒石酸羟基乙吗喃	2933.49		1
溴甲羟基乙吗喃	2933.49		1
苯丙苯哌酯（INN）	2933.33	562-26-5	1
盐酸苯丙苯哌酯	2933.33	3627-49-4	1
福可定（INN）	2939.11	509-67-1	2
重酒石酸福可定	2939.11		2
柠檬酸福可定	2939.11		2
愈创木酚磺酸福可定	2939.11		2
盐酸福可定	2939.11		2
苯乙酸福可定	2939.11		2
磷酸福可定	2939.11		2
磺酸福可定	2939.11		2
酒石酸福可定	2939.11	7369-11-1	2
去痛定（INN）	2933.39	13495-09-5	1
二盐酸去痛定	2933.39		1
乙磺酸去痛定	2933.39	7081-52-9	1
氰苯双哌酰胺（INN）	2933.33	302-41-0	1
罂粟秆	1211.40		
丙庚嗪（INN）	2933.99	77-14-5	1
柠檬酸丙庚嗪	2933.99		1
氢溴酸丙庚嗪	2933.99		1
盐酸丙庚嗪	2933.99		1
异丙哌替啶（INN）	2933.39	561-76-2	1
盐酸异丙哌替啶	2933.39		1
丙吡胺（INN）	2933.33	15686-91-6	2
富马酸丙吡胺	2933.33		2
消旋甲吗喃（INN）	2933.49	510-53-2	1
氢溴酸消旋甲吗喃	2933.49		1
重酒石酸消旋甲吗喃	2933.49		1
消旋吗散痛（INN）	2934.99	545-59-5	1
二盐酸消旋吗散痛	2934.99		1
重酒石酸消旋吗散痛	2934.99		1
酒石酸消旋吗散痛	2934.99		1
消旋吗喃（INN）	2933.49	297-90-5	1
氢溴酸消旋吗喃	2933.49		1
盐酸消旋吗喃	2933.49		1
重酒石酸消旋吗喃	2933.49		1
噻哌苯胺（INN）	2934.91	56030-54-7	1
柠檬酸噻哌苯胺	2934.91		1

名　　称	协调制度编号	化学萃取物管制（CAS）编号	公约附表编号
醋氢可待酮（INN）	2939.11	466-90-0	1
盐酸醋氢可待酮	2939.11	20236-82-2	1
蒂巴因（二甲基吗啡）	2939.11	115-37-7	1
盐酸蒂巴因（二甲基吗啡）	2939.11		1
重酒石酸蒂巴因（二甲基吗啡）	2939.11		1
草酸蒂巴因（二甲基吗啡）	2939.11		1
水杨酸蒂巴因（二甲基吗啡）	2939.11		1
硫代芬太尼	2934.99		4
盐酸硫代芬太尼	2934.99		4
痛立定（INN）	2922.44	20380-58-9	1
盐酸痛立定	2922.44	27107-79-5	1
γ-二甲哌替啶（INN）	2933.33	64-39-1	1
盐酸γ-二甲哌替啶	2933.33	125-80-4	1

Ⅱ受《1971 年精神治疗药物公约》管制的精神治疗药物

名　称	协调制度编号	化学萃取物管制（CAS）编号	公约附表编号
二烯丙巴比妥（INN）	2933.53	52-43-7	4
氨基比林二烯丙巴比妥	2933.54		4
三唑安定（INN）	2933.91	28981-97-7	4
二乙胺苯丙酮（INN）	2922.31	90-84-6	4
谷氨酸二乙胺苯丙酮	2922.42		4
盐酸二乙胺苯丙酮	2922.31	134-80-5	4
树脂酸二乙胺苯丙酮酯	3003.90		4
苯异丙胺（INN）	2921.46	300-62-9	2
乙酰水杨酸苯异丙胺	2921.46		2
己二酸苯异丙胺	2921.46		2
苯异丙胺对氨基苯乙酯	2922.46		2
天冬氨酸苯异丙胺	2922.46		2
对氯苯氧乙酸苯异丙胺	2921.46		2
盐酸苯异丙胺	2921.46		2
重酒石酸苯异丙胺	2921.46		2
戊巴比妥酸苯异丙胺	2933.54		2
磷酸苯异丙胺	2921.46	139-10-6	2
树脂酸苯异丙胺	3003.90		2
硫酸苯异丙胺	2921.46	60-13-9	2
丹宁酸苯异丙胺	3201.90		2
酒石酸苯异丙胺	2921.46		2
氨苯　唑啉	2934.91	2207-50-3	4
异戊巴比妥（INN）	2933.53	57-43-2	3
树脂酸异戊巴比妥	3003.90		3
异戊巴比妥钠	2933.53	64-43-7	3
巴比妥（INN）	2933.53	57-44-3	4
巴比妥钙	2933.53		4
巴比妥镁	2933.53		4
巴比妥钠	2933.53	144-02-5	4
苯并盐酸去氧麻黄碱（INN）	2921.46	156-08-1	4
盐酸苯并盐酸去氧麻黄碱	2921.46	5411-22-3	4
DOB（INN）	2922.29	64638-07-09	1
盐酸DOB	2933.29		1
溴吡二氮卓（INN）	2933.33	1812-30-2	4
溴噻二氮卓（INN）	2934.91	57801-81-7	4
叔丁啡（INN）	2939.11	52485-79-7	3
盐酸叔丁啡	2939.11	53152-21-9	3

名　称	协调制度编号	化学萃取物管制（CAS）编号	公约附表编号
重酒石酸叔丁啡	2939.11		3
硫酸叔丁啡	2939.11		3
异丁巴比妥（INN）	2933.53	77-26-9	3
正丁巴比妥	2933.53	77-28-1	4
氨酯安定（INN）	2933.91	36104-80-0	4
去甲伪麻黄碱（INN）	2939.43	492-39-7	3
盐酸去甲伪麻黄碱	2939.43	2153-98-2	3
苯巴比妥酸去甲伪麻黄碱	2939.43		3
树脂酸去甲伪麻黄碱	3003.40		3
硫酸去甲伪麻黄碱	2939.43		3
开思酮（INN）	2939.99	71031-15-7	1
甲氨二氮卓（利眠宁）（INN）	2933.91	58-25-3	4
双丁萘磺酸甲氨二氮卓（利眠宁）	2933.91		4
盐酸甲氨二氮卓（利眠宁）	2933.91	438-41-5	4
氧异安定（INN）	2933.72	22316-47-8	4
氯硝安定（INN）	2933.91	1622-61-3	4
氯氮卓	2933.91		4
氯氮卓二钾	2933.91	57109-90-7	4
氯氮卓单钾	2933.91	5991-71-9	4
氯噻氮卓（INN）	2934.91	33671-46-4	4
氯恶安定（INN）	2934.91	24166-13-0	4
环巴比妥（INN）	2933.53	52-30-3	3
环巴比妥钙	2933.53	5897-20-1	3
去甲氯安定（INN）	2933.91	2894-67-9	4
DET	2939.99	61-51-8	1
盐酸DET	2939.99		1
右旋苯异丙胺（INN）	2921.46	51-64-9	2
己二酸右旋苯异丙胺	2921.46		2
羧甲基纤维素右旋苯异丙胺	3912.31		2
盐酸右旋苯异丙胺	2921.46	405-41-4	2
重酒石酸右旋苯异丙胺	2921.46		2
戊巴比妥右旋苯异丙胺	2933.54		2
磷酸右旋苯异丙胺	2921.46	7528-00-9	2
树脂酸右旋苯异丙胺	3003.90		2
葡萄糖二酸右旋苯异丙胺	2921.49		2
硫酸右旋苯异丙胺	2921.46	51-63-8	2
丹宁酸右旋苯异丙胺	3201.90		2
安定（INN）	2933.91	439-14-5	4
DMA	2922.29		1

名 称	协调制度编号	化学萃取物管制（CAS）编号	公约附表编号
盐酸DMA	2922.29		1
DMHP	2932.99		1
DMT（N，N-二甲基色胺）	2939.99	61-50-7	1
盐酸DMT（N，N-二甲基色胺）	2939.99		1
碘甲DMT（二甲色胺）	2939.99		1
DOET	2922.29		1
盐酸DOET	2922.29		1
舒乐安定（INN）	2933.91	29975-16-4	4
乙氯戊烯炔醇（INN）	2905.51	113-18-8	4
炔己蚁胺（INN）	2924.24	126-52-3	4
去甲氟安定乙酯（INN）	2933.91	29177-84-2	4
N-乙基MDA（甲撑二氧苯甲胺）	2932.99		1
盐酸N-乙基MDA（甲撑二氧苯甲胺）	2932.99		1
苯联环己烷（PCE）（Eticyclidine）（INN）	2921.49	2201-15-2	1
盐酸苯联环已烷（PCE）	2921.49		1
乙苯丙胺（INN）	2921.46	457-87-4	4
盐酸乙苯丙胺	2921.46		4
苯乙胺去甲樟烷（INN）	2921.46	1209-98-9	4
盐酸苯乙胺去甲樟烷	2921.46	2240-14-4	4
苯丙氨乙茶碱（INN）	2939.51	3736-8-1	2
盐酸苯丙氨乙茶碱	2939.51	1892-80-4	2
氰乙苯丙胺（INN）	2926.30	15686-61-0	4
二苯醋酸氰乙苯丙胺酯	2926.30		4
盐酸氰乙苯丙胺	2926.30	18305-29-8	4
树脂酸氰乙苯丙胺	3003.90		4
氟安定（INN）	2933.91	3900-31-0	4
氟硝安定（INN）	2933.91	1622-62-4	4
氟胺安定（INN）	2933.91	17617-23-1	4
二盐酸氟胺安定	2933.91	1172-18-5	4
盐酸氟胺安定	2933.91	36105-20-1	4
苯乙哌啶酮（INN）	2925.12	77-21-4	3
三氟甲安定（INN）	2933.91	23092-17-3	4
卤恶二氮卓（INN）	2934.91	59128-97-1	4
N-羟基MDA（甲撑二氧苯甲胺）	2932.99		1
盐酸N-羟基MDA甲撑二氧苯甲胺）	2932.99		1
酮唑卓（INN）	2934.91	27223-35-4	4
勒非他明（INN）	2921.46	7262-75-1	4
盐酸勒非他明	2921.46	14148-99-3	4

名 称	协调制度编号	化学萃取物管制（CAS）编号	公约附表编号
左旋苯丙胺（INN）	2921.46	156-34-3	2
藻酸左旋苯丙胺	3913.10		2
琥珀酸左旋苯丙胺	2921.49	5634-40-2	2
硫酸左旋苯丙胺	2921.49		2
左旋间苯丙胺（Levometamfetamine）	2939.91		2
盐酸左旋间苯丙胺	2939.91		2
劳哌唑仑(Loprazolam)（INN）	2933.55	61197-73-7	4
甲磺酸劳哌唑仑	2933.55		4
氯羟去氧安定（INN）	2933.91	846-49-1	4
醋酸氯羟去氧安定	2933.91		4
甲磺酸氯羟去氧安定	2933.91		4
特戊酸氯羟去氧安定	2933.91		4
氯羟安定（INN）	2933.91	848-75-9	4
麦卤酰二乙胺（INN），LSD，LSD-25	2939.69	50-37-3	1
（+）-酒石酸麦卤酰二乙胺	2939.69		1
氯苯咪吲哚（INN）	2933.91	22232-71-9	4
MDMA	2932.99		1
盐酸MDMA	2932.99		1
新安眠酮（INN）	2933.55	340-57-8	2
盐酸新安眠酮	2933.55		2
去氧安定（INN）	2933.91	2898-12-6	4
双丁萘磺酸去氧安定	2933.91		4
盐酸去氧安定	2933.91		4
氯丙苯丙胺（INN）	2921.46	17243-57-1	4
盐酸氯丙苯丙胺	2921.46		4
氨甲丙二酯（安宁）（INN）	2924.11	57-53-4	4
墨斯卡灵	2939.99	54-4-6	1
氯金酸墨斯卡灵	2843.30		1
盐酸墨斯卡灵	2939.99	822-92-8	1
苦味酸墨斯卡灵	2939.99		1
氯化铂墨斯卡灵	2843.90		1
硫酸墨斯卡灵	2939.99	1152-76-7	1
双苯斯酮胺	2934.91	34262-84-5	4
脱氧麻黄碱（INN）	2939.91	537-46-2	2
盐酸脱氧麻黄碱	2939.91	51-57-0	2
重酒石酸脱氧麻黄碱	2939.91		2
外消旋酒石酸脱氧麻黄碱	2939.91	4846-7-5	2
硫酸脱氧麻黄碱	2939.91		2
安眠酮（INN）	2933.55	72-44-6	2

名　称	协调制度编号	化学萃取物管制（CAS）编号	公约附表编号
盐酸安眠酮	2933.55	340-56-7	2
树脂酸安眠酮	3003.90		2
甲基氨苯噁唑啉	2934.99		1
盐酸甲基氨苯噁唑啉	2934.99		1
哌醋甲酯（利它灵）（INN）	2933.33	113-45-1	2
盐酸哌醋甲酯（利它灵）	2933.33	298-59-9	2
甲基苯巴比妥（INN）	2933.53	115-38-8	4
甲基苯巴比妥钠	2933.53		4
美赛卜朗（INN）	2933.72	125-64-4	4
咪唑二氮卓（INN）	2933.91	59467-70-8	4
盐酸咪唑二氮卓	2933.91		4
马来酸咪唑二氮卓	2933.91		4
MMDA	2932.99		1
盐酸MMDA	2932.99		1
硝基去氯安定（INN）	2933.91	2011-67-8	4
硝基安定（INN）	2933.91	146-22-5	4
去甲安定（INN）	2933.91	1088-11-5	4
去甲羟基安定（INN）	2933.91	604-75-1	4
醋酸去甲羟基安定	2933.91		4
半琥珀酸去甲羟基安定	2933.91		4
琥珀酸去甲羟基安定	2933.91		4
丙戊酸去甲羟基安定	2933.91		4
甲噁安定（INN）	2934.91	24143-17-7	4
六氢大麻酚	2932.99		1
苯异妥英（INN）	2934.91	2152-34-3	4
苯异妥英铜	2934.91		4
苯异妥英铁	2934.91		4
苯异妥英镁	2934.91		4
苯异妥英镍	2934.91		4
戊唑辛（镇痛新）（INN）	2933.33	359-83-1	3
盐酸戊唑辛（镇痛新）	2933.33		3
乳酸戊唑辛（镇痛新）	2933.33	17146-95-1	3
戊巴比妥（INN）	2933.53	76-74-4	3
戊巴比妥钙	2933.53	7563-42-0	3
戊巴比妥钠	2933.53	57-33-0	3
苯环己哌啶（INN）（PCP）	2933.33	77-10-1	2
氢溴酸苯环己哌啶	2933.33		2
盐酸苯环己哌啶	2933.33	956-90-1	2
苯双甲吗啉（INN）	2934.91	634-03-7	4

名　称	协调制度编号	化学萃取物管制（CAS）编号	公约附表编号
盐酸苯双甲吗啉	2934.91		4
重酒石酸苯双甲吗啉	2934.91	50-58-8	4
双萘水杨酸苯双甲吗啉	2934.91		4
吩美嗪（INN）	2934.91	134-49-6	2
盐酸吩美嗪	2934.91	1707-14-8	2
重酒石酸吩美嗪	2934.91		2
硫酸吩美嗪	2934.91		2
8-氯茶碱吩美嗪	2939.59	13931-75-4	2
苯巴比妥（INN）	2933.53	50-6-6	4
苯巴比妥铵	2933.53		4
苯巴比妥钙	2933.53	58766-25-9	4
二乙胺苯巴比妥	2933.53		4
二乙胺乙醇苯巴比妥	2933.53		4
甲咪唑啉苯巴比妥	2933.53		4
苯巴比妥镁	2933.53		4
环己丙甲胺苯巴比妥	2933.53		4
奎尼丁苯巴比妥	2939.20		4
苯巴比妥钠，镁	2933.53		4
苯巴比妥钠（INN）	2933.53	57-30-7	4
鹰爪豆碱苯巴比妥	2939.99		4
四甲铵苯巴比妥	2933.53		4
育亨宾苯巴比妥	2939.99		4
苯丁胺（INN）	2921.46	122-09-8	4
盐酸苯丁胺	2921.46	1197-21-3	4
树脂酸苯丁胺	3003.90		4
丙炔安定（INN）	2933.91	52463-83-9	4
哌苯甲醇（INN）	2933.33	467-60-7	4
盐酸哌苯甲醇	2933.33	71-78-3	4
PMA（醋酸苯汞）	2922.29		1
盐酸PMA（醋酸苯汞）	2922.29		1
环丙安定（INN）	2933.91	2955-38-6	4
二甲-4-羟色胺	2939.99		1
盐酸二甲-4-羟色胺	2939.99		1
二甲-4-羟色胺磷酸酯（INN）	2939.99	520-52-5	1
盐酸二甲-6-羟色胺磷酸酯	2939.99		1
吡咯戊酮（INN）	2933.91	3563-49-3	4
盐酸吡咯戊酮	2933.91	1147-62-2	4
罗尼环定(Rolicyclidine)（INN）（PHP，PCPY）	2933.99	2201-39-0	1
仲丁巴比妥（INN）	2933.53	125-40-6	4

名　称	协调制度编号	化学萃取物管制（CAS）编号	公约附表编号
仲丁巴比妥钠	2933.53		4
断巴比妥（INN）	2933.53	76-73-3	2
断巴比妥钙	2933.53		2
树脂酸断巴比妥	3003.90		2
断巴比妥钠	2933.53	309-43-3	2
STP，DOM（二甲氧甲苯丙胺）	2922.29	15588-95-1	1
盐酸STP，DOM（二甲氧甲苯丙胺）	2922.29		1
羟基安定（INN）	2933.91	846-50-4	4
MDA（甲撑二氧苯丙胺）（INN）	2932.99	51497-09-7	1
盐酸MDA（甲撑二氧苯丙胺）	2932.99		1
替诺环定（INN）	2934.99	21500-98-1	1
盐酸替诺环定	2934.99		1
四氢大麻酚，及其所有同分异构体	2932.95	various	2
d-9-四氢大麻酚	2932.99	1972-08-3	2
四氢安定（INN）	2933.91	10379-14-3	4
TMA（三甲氧苯丙胺）	2922.29		1
盐酸TMA（三甲氧苯丙胺）	2922.29		1
三唑苯二氮卓（INN）	2933.91	28911-01-5	4
乙烯另戊巴比妥（INN）	2933.53	2430-49-1	4
镇咳嗪	2933.55	34758-83-3	2

Ⅲ前体

名　称	协调制度编号	化学萃取物管制（CAS）编号
醋酸酐	2915.24	108-24-7
丙酮	2914.11	67-64-1
N-乙酰邻氨苯甲酸	2924.23	89-52-1
邻氨苯甲酸	2922.43	118-92-3
丁酮（乙基甲基酮）	2914.12	78-93-3
二乙醚	2909.11	60-29-7
麻黄碱	2939.41	299-42-3
盐酸麻黄碱	2939.41	50-98-6
硝酸麻黄碱	2939.41	81012-98-8
硫酸麻黄碱	2939.41	134-72-5
麦角新碱（INN）	2939.61	60-79-7
盐酸麦角新碱	2939.61	74283-21-9
马来氢酸麦角新碱	2939.61	129-51-1
草酸麦角新碱	2939.61	
酒石酸麦角新碱	2939.61	129-50-0
麦角胺（INN）	2939.62	113-15-5
盐酸麦角胺	2939.62	
琥珀酸麦角胺	2939.62	
酒石酸麦角胺	2939.62	379-79-3
氯化氢（盐酸）	2806.10	7647-01-0
异黄樟脑	2932.91	120-58-1
麦角酸	2939.63	82-58-6
甲撑二氧苯	2932.92	4676-39-5
苯丙酮（苄基甲基酮，苯丙-2-酮）	2914.31	103-79-7
苯乙酸	2916.34	103-82-3
哌啶	2933.32	110-89-4
氯金酸哌啶	2843.30	
盐酸哌啶	2933.32	6091-44-7
重酒石酸哌啶	2933.32	6091-46-9
硝酸哌啶	2933.32	6091-45-8
磷酸哌啶	2933.32	
苦味酸哌啶	2933.32	6091-49-2
氯化铂哌啶	2843.90	
硫氰酸哌啶	2933.32	22205-64-7
胡椒醛	2932.93	120-57-0
高锰酸钾	2841.61	7722-64-7
假麻黄碱（INN）	2939.42	90-82-4

名　　称	协调制度编号	化学萃取物管制（CAS）编号
盐酸假麻黄碱	2939.42	345-78-8
硫酸假麻黄碱	2939.42	7460-12-0
黄樟脑	2932.94	94-59-7
硫酸	2807.00	7664-93-9
甲苯	2902.30	108-88-3

生产某些管制物质的常见前体及主要化学品表

管制物质(子目)	前体(P)主要化学品(E)(子目)	同 义 词	(P)或(E)及其盐(S)的化学萃取物管理编号
海洛因或二乙酰码啡（2939.11）	(1)可待因(P)（2939.11）	可滴塞浦特(Codicept)	76-57-3
		可都塞浦特(Coducept)	52-28-8(S)
		7,8-二脱氢-4,5-环氧-3-甲氧基-17-甲基吗啡喃-6-醇	
		甲基吗啡碱	
		3-O-甲基吗啡碱	
		吗啡喃-6-醇,7,8-二脱氢-4,5-环氧-3-甲氧基-17-甲基	
		吗啡, 3-甲醚	
		吗啡单甲醚	
	(2)吗啡(P)（2939.11）	7,8-二脱氢-4,5-环氧-17-甲基-吗啡喃-3,6-二醇	57-27-2(无水的)
		吗啡-3,6-二醇,7,8-二脱氢-4,5-环氧-17-甲基	6009-81-0(单水合的)
	(3)乙酸酐(E)（2915.24）		108-24-7
		氧化乙酸	
		乙酰化氧	
		乙酸酐	
	(4)乙酰氯(E)（2915.90）	氯化乙酰	75-36-5
	(5)亚乙基二醋酸酯(E)（2915.39）	乙酸,亚乙基酯	542-10-9
		1,1-二乙酰氧基乙烷	
可卡因或甲基苯甲酰芽子碱			

管制物质(子目)	前体(P)主要化学品(E)(子目)	同　义　词	(P)或(E)及其盐(S)的化学萃取物管理编号
（2939.91）	(1)丙酮(E) （2914.11）	2-丙酮 二甲基甲酮 β-酮丙烷 焦木醚 丙-2-酮	67-64-1
	(2)二乙醚(E) （2909.11）	乙醚 醚 乙氧基乙烷 二乙基醚 麻醉醚	60-29-7
	(3)甲基乙基酮(MEK)(E) （2914.12）	丁酮	78-93-3
麦角酰二乙胺(INN)或N,N-二乙基麦角酰 （2939.69）	(1)麦角胺(INN)(P) （2939.62）	5′-苯基-12-′-羟基-2′-甲基麦角烷-3′,6′,18-三酮 麦角烷-3′,6′,18-三酮,12′-羟基-2′-甲基-5′-(苯基甲基) 12′-羟基-2′-甲基-5′-(苯基甲基)麦角烷-3′,6,18-三酮 吲哚并(4-3-fg)喹啉,麦角烷-3′,6′,18-三酮衍生物 8H-噁唑并(3,2-a)吡咯(2,1-c)吡嗪,麦角烷-3′6′,18-三酮衍生物	113-15-5 379-79-3(S)

管制物质(子目)	前体(P)主要化学品(E)(子目)	同　义　词	(P)或(E)及其盐(S)的化学萃取物管理编号
		N-〔5-(苄基-10b-羟基)-2-甲基-3,6-二氧代全氢化噁唑并(3,2-a)-吡咯并(2,1-c)-吡嗪-2-基〕-D-麦角酰胺	
		乙磺酸麦角毒	
		酒石酸麦角胺	
		麦角甾烷	
		麦角胺酒石酸氢盐	
		麦角胺酒石酸盐(2：1)(S)	
		麦角烷-3′,6′,18-三酮,12′-羟基-2′-甲基-5′-(苯基-甲基)-,-2,3-二羟基-丁二酸盐(2：1)(S)	
		新麦角碱	
		里格他命(Rigetamin)	
		麦角精(Secagyn)	
		麦角平(Secapan)	
	(2)麦角酰胺(P)（2939.69）	9,10-二脱氢-6-甲基麦角灵-8-羧酸酰胺	478-94-4
		麦碱	
		麦角宁-8-羧酸酰胺,9,10-二脱氢-6-甲基	
		吲哚并(4,3-fg)喹啉,麦角宁-8-羧酸酰胺衍生物	
	(3)麦角酸(P)（2939.63）	麦角宁-8-羧酸,9,10-二脱氢-6-甲基	82-58-6

管制物质(子目)	前体(P)主要化学品(E)(子目)	同　义　词	(P)或(E)及其盐(S)的化学萃取物管理编号
		吲哚并(4,3-fg)喹啉,麦角宁-8-羧酸衍生物	
		4,6,6a,7,8,9-六氢化-7-甲基吲哚并〔4,3-fg〕喹啉-9-羧酸	
		9,10-二脱氢-6-甲基麦角宁-8-羧酸	
	(4)6-甲基烟酸甲酯(P)（2933.39）	6-甲基吡啶-3-羧酸甲酯	5470-70-2
		6-甲基烟酸甲酯	
		烟酸,6-甲基-,甲酯	
		3-吡啶羧酸,6-甲基,甲酯	
	(5)麦角新碱(INN)(P)（2939.61）	麦角诺文	60-79-7
		麦角巴生宁	
		麦角妥生	
		麦角甾春	
		9,10-二脱氢-N-(2-羟基-1-甲基乙基)-6-甲基麦角宁-8-羧酸酰胺	60-79-7
		N-(2-羟基-1-甲基-乙基)-麦角酰胺	
		麦角酸,2-丙醇酰胺	
		麦角酸,2-羟基-1-甲基乙基酰胺	
		羟基丙基麦角酰胺	
		酒石酸麦角新碱	129-50-0(S)

管制物质(子目)	前体(P)主要化学品(E)(子目)	同　义　词	(P)或(E)及其盐(S)的化学萃取物管理编号
		酒石酸麦角新胺	
		马来酸麦角新碱	129-51-1(S)
苯异丙胺(INN)或α-甲基苯乙胺 （2921.43）	(1)烯丙基苯(P) （2902.90）	3-苯基丙-1-烯	300-57-2
	(2)苯丙酮(P) （2914.31）	P-2-P	103-79-7
		苯丙烷-2-酮	
		1-苯基-2-氧代丙烷	
		苯基甲基酮	
		BMK	
	(3)阿苯碱(INN)(P) （2939.43）	去甲伪麻黄碱	37577-07-04
		埃地浦西丁N (Adiposetten N)	36393-56-3
		2-氨基-1-羟基-1-苯丙烷	492-39-7
		2-氨基-2-甲基-1-苯乙醇	
		2-氨基-1-苯基丙-1-醇	
		苯甲醇,α-(1-氨乙基)	
		E 50	
		伊浦西特(Exponcit)	
		福高-特浦特(Fugoa-Depot)	
		阿拉伯茶碱	
		美尼斯卡浦　M.D.(Miniscap M.D.）	

管制物质(子目)	前体(P)主要化学品(E)(子目)	同　义　词	(P)或(E)及其盐(S)的化学萃取物管理编号
		美纽辛(Minusin)	
		降异麻黄碱	
		1-苯基-2-氨基丙-1-醇	
		苯基丙醇胺	
		假原麻黄索	
		雷都风(Reduform)	
	(4)苯乙酸(P)（2916.34）	苯乙酸	103-82-2
		α-甲苯甲酸	
	(5)甲酰胺(P)（2924.19）	甲酰胺	75-12-7
		氨基甲醛	
	(6)苯甲醛(P)（2912.21）	苯甲醛	100-52-7
	(7)甲酸铵(E)（2915.12）		540-69-2
	(8)硝基乙烷(E)（2904.20）		79-24-3
	(9)氯化羟铵(E)（2825.10）	羟胺盐酸盐	5470-11-1
		盐酸羟胺	
	(10)反式-β-甲基 苯乙烯(P)（2902.90）	1-苯基丙烯	873-66-5
		丙-1-烯基苯	
亚甲基-二氧基苯异丙胺或MDA 或 α-甲基-3,4-亚甲基-二氧苯乙胺（2932.99）	(1)胡椒醛(P)（2932.93）	1,3-苯并间二氧杂环戊烯-5-甲醛	120-57-0

管制物质(子目)	前体(P)主要化学品(E)(子目)	同　义　词	(P)或(E)及其盐(S)的化学萃取物管理编号
		原儿茶醛,亚甲基醚	
		3,4-(亚甲基二氧基)-苯甲醛	
		天芥菜精	
		胡椒基醛	
		二氧代亚甲基原儿茶醛	
	(2)黄樟脑(P)（2932.94）	5-烯丙基-1,3-苯并间二氧杂环戊烯	94-59-7
		1,2-亚甲基二氧-4-丙烯-2-基苯	
		5-丙烯-2-基-1,3-苯并间二氧杂环戊烯	
	(3)异黄樟脑(P)（2932.91）	5-丙烯-1-基-1,3-苯并间二氧杂环戊烯	120-58-1
		1,2-亚甲基二氧-4-丙烯-1-基苯	
	(4)硝基乙烷(E)（2904.20）		79-24-3
	(5)1-(1,3-苯并间二氧杂环戊烯-5-基)丙烷-2-酮(P)（2932.92）	3,4-亚甲基二氧代苯丙酮	4676-39-5
		3,4-亚甲基二氧代苯基丙-2-酮	
	(6)甲酸铵(E)（2915.12）		540-69-2
	(7)氯化羟铵(E)（2825.10）	羟胺盐酸盐	5470-11-1
		盐酸羟胺	
	(8)甲酰胺(E)（2924.19）		75-12-7

管制物质(子目)	前体(P)主要化学品(E)(子目)	同 义 词	(P)或(E)及其盐(S)的化学萃取物管理编号
		氨基甲醛	
脱氧麻黄碱(INN)或 2-甲氨基-1-苯基-丙烷 (2939.91)	(1)苯丙酮(P) (2914.31)	P-2-P	103-79-7
		苯丙烷-2-酮	
		1-苯基-2-氧代丙烷	
		苄基甲基酮	
		BMK	
	(2)N-甲基-甲酰胺(P) (2924.19)	甲基甲酰胺	123-39-7
	(3)苄基氯(P) (2903.69)	氯代甲基苯	100-44-7
		α-氯代甲基苯	
	(4)麻黄碱(P) (2939.41)	1-苯基-1-羟基-2-甲基氨基丙烷	299-42-3
		2-甲氨基-1-苯基丙-1-醇	
	(5)甲胺(P) (2921.11)	氨基甲烷	74-89-5
		单甲基胺	
	(6)苯乙酸(P) (2916.34)		103-82-2
		α-甲苯甲酸	
	(7)苯甲醛(P) (2912.21)		100-52-7
亚甲基-二氧代脱氧麻黄碱或MDMA或α-甲基-3,4-亚甲基-二氧苯-(甲基)胺或XTC (2932.99)	(1)甲胺(E) (2921.11)	氨基甲烷	74-89-5
		单甲基胺	

管制物质(子目)	前体(P)主要化学品(E)(子目)	同　义　词	(P)或(E)及其盐(S)的化学萃取物管理编号
	(2)胡椒醛(P)（2932.93）	1,3-苯并间二氧杂环戊烯-5-甲醛	120-57-0
		原儿茶醛,亚甲醚	
		3,4-(亚甲基二氧代)-苯甲醛	
		天芥菜精	
		胡椒基醛	
		二氧代亚甲基原儿茶醛	
	(3)黄樟脑(P)（2932.94）	5-烯丙基-1,3-苯并间二氧杂环戊烯	94-59-7
		1,2-亚甲基二氧代-4-丙烯-2-基苯	
		5-丙烯-2-基-1,3-苯并间二氧杂环戊烯	
	(4)异黄樟脑(P)（2932.91）	5-丙烯-1-基-1,3-苯并间二氧杂环戊烯	120-58-1
		1,2-亚甲基二氧代-4-丙烯-1-基苯	
	(5)硝基乙烷(E)（2904.20）		79-24-3
	(6)1-(1,3-苯并间二氧杂环烯-5-基)丙烷-2-酮(P)（2932.90）	3,4-亚甲基二氧代苯基丙酮	4676-39-5
		3,4-亚甲基二氧代苯基丙-2-酮	

管制物质(子目)	前体(P)主要化学品(E)(子目)	同　义　词	(P)或(E)及其盐(S)的化学萃取物管理编号
安眠酮(INN)或2-甲基-3-邻甲苯基-4-(3H)-喹唑啉酮（2933.55）	(1)氨茴酸(P)（2922.43）	邻氨基苯甲酸 2-氨基苯甲酸	118-92-3
	(2)邻甲苯胺(P)（2921.43）	邻氨基甲苯 2-氨基甲苯	95-53-4
	(3)邻硝基甲苯(P)（2904.20）	1-甲基-2-硝基苯 2-硝基甲苯	88-72-2
	(4)乙酸酐(E)（2915.24）	醋酸酐 氧化乙酰 乙酰化氧	108-24-7
	(5)2-甲基-1,3-苯噁唑(P)（2934.99）		95-21-6
	(6)2-乙酰氨基苯甲酸(P)（2924.23）	2-乙酰氨基苯甲酸 邻-乙酰氨基苯甲酸 N-乙酰氨茴酸	89-52-1
墨斯卡灵或3,4,5-甲氧基苯乙胺（2939.99）	(1)3,4,5-三甲氧基苯甲醛(P)（2912.49）	3,4,5-三甲氧基甲酰苯	86-81-7
	（2）3,4,5-三甲氧基苯甲酸（P）（2918.99）	棓酸，三甲基	118-41-2
	（3）3,4,5-甲氧基苯甲酰氯（P）（2918.99）		4521-61-3
	(4)3,4,5-三甲氧基苄醇(P)		3840-31-1

管制物质(子目)	前体(P)主要化学品(E)(子目)	同义词	(P)或(E)及其盐(S)的化学萃取物管理编号
	(2909.49)		
	(5)硝基甲烷(E) (2904.20)		75-52-5
苯环己哌啶(INN)或PCP或1-(1-苯基环己基)-哌啶 (2939.33)	(1)哌啶(P) (2933.32)	六氢吡啶	110-89-4
		五甲亚胺	
	(2)环己酮(P) (2914.22)	环己酮	108-94-1
		氧化环己烷	
		海特罗(Hytrol o)	
		环己醇	
		纳顿(Nadone)	
	(3)溴苯(P) (2903.69)	单溴代苯	108-86-1
		苯基溴	

在第29章注释中述及的某些产品的化学结构

页码	品目	段落			注释描述	化学结构
	总注释	七			酯类、盐类、配位化合物及某些卤化物的归类	
			（一）		酯类	
276				1.		$CH_3\overset{O}{\overset{\parallel}{C}}OH$ + HO-CH_2-CH_2 / HO-CH_2-CH_2 (Diethylene glycol) 29.09 → $CH_3\overset{O}{\overset{\parallel}{C}}$-O-$CH_2$-$CH_2$ / $CH_3\underset{O}{\underset{\parallel}{C}}$-O-$CH_2$-$CH_2$ (Acetic acid) 29.15　(Diethylene glycol acetate) 29.15 乙酸(29.15)+二甘醇(29.09)→乙酸二甘醇酯(29.15)
				2.		$C_6H_5SO_3H$ (Benzenesulphonic acid) 29.04 + CH_3OH (Methyl alcohol) 29.05 → C_6H_5-$S(=O)_2$-OCH_3 (Methyl benzenesulphonate) 29.05 苯磺酸(29.04)+甲醇(29.05)→苯磺酸甲酯(29.05)
				3.		$C_6H_4(COOH)(COOC_4H_9)$ (Buthyl hydrogenphthalate) 29.17 邻苯二甲酸一丁酯(29.17)
				4.		$C_6H_4(COOH)_2$ (Phthalic acid) 29.17 + $HOCH_2COOH$ (Glycollic acid) 29.18 + C_4H_9OH (Butyl alcohol) 29.05 ↓ $C_6H_4(COOC_4H_9)(COOCH_2COOC_4H_9)$ (Butyl phthalyl butyl glycollate) 29.18 邻苯二甲酸(29.17)+乙醇酸(29.18)+丁醇(29.05)→ 丁基苯二甲酰乙醇酸丁酯(29.18)
						CH_3COOH+$HOCH_2CH_3$ → $CH_3COOCH_2CH_3$ (Acetic acid) 29.15　(Ethyl alcohol)　(Ethyl acetate) 29.15 乙酸(29.15)+乙醇(29.15)→乙酸乙酯(29.15)
			（二）		盐类	

页码	品目	段落			注释描述	化学结构
(276)				1.(1)		CH_3O COOH + NaOH (Sodium hydroxide) → CH_3O COONa (Methoxybenzoic acid) 29.18　(Sodium methoxybenzoate) 29.18 甲氧基苯甲酸(29.18)+氢氧化钠→甲氧基苯甲酸钠(29.18)
						$C_4H_9OC(=O)$ COOH + $Cu(OH)_2$ (Copper hydroxide) → $(C_4H_9OC(=O)$ COO$)_2$Cu (Butyl hydrogen phthalate) 29.17　(Butyl copper phthalate) 29.17 邻苯二甲酸一丁酯(29.17)+氢氧化铜→邻苯二甲酸正丁酯铜
				1.(2)		$(C_2H_5)_2NH$ + HCl → $(C_2H_5)_2NH \cdot HCl$ (Diethylamine) 29.21　(Hydrochloric acid) 28.06　(Diethylamine hydrochloride) 29.21 乙二胺(29.21)+盐酸(28.06)→盐酸乙二胺(29.21)
				2.(1)		$CH_3C(=O)OH$ + NH_2 → $CH_3CO\overset{\ominus}{O}\overset{\oplus}{N}H_3$ (Acetic acid) 29.15　(Aniline) 29.21　(Aniline acetate) 29.21 乙酸(29.15)+苯胺(29.21)→乙酸苯胺(29.21)
				2.(2)		CH_3NH_2 + $O\text{-}CH_2COOH$ → $O\text{-}CH_2CO\overset{\ominus}{O}\overset{\oplus}{N}H_3CH_3$ (Methylamine) 29.21　(Phenoxyacetic acid) 29.18　(Methylamine phenoxyacetate) 29.18 甲胺(29.21)+苯氧基乙酸(29.18)→苯氧基乙酸甲胺(29.18)
277			(四)		羧酸的卤化物(异丁酰氯:29.15)	$(CH_3)_2CH\text{-}C(=O)\text{-}Cl$
	29.02				环烃	
		二、			环萜烯	
282			(三)		柠檬烯	$HC=CH_2$, $H_3C\text{-}C$, $CH\text{-}C(=CH_2)CH_3$, $_2HC\text{-}CH_2$
		三、			芳香烃	
			(一)	3.	邻二甲苯	CH_3, CH_3

页码	品目	段落			注释描述	化学结构
(282)				4. (1)	苯乙烯	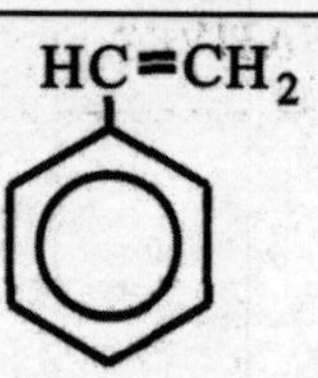
				4. (4)	对甲基异丙基苯	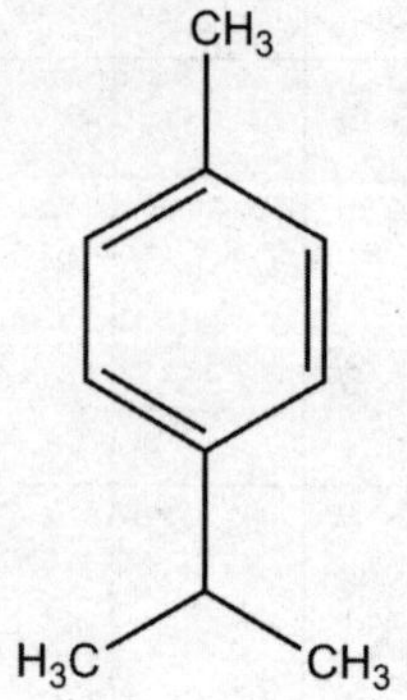
	29. 03				烃的卤化衍生物	
		六、			芳香烃的卤化衍生物	
285			（六）		DDT(ISO)〔滴滴涕（INN），1, 1, 1-三氯－2, 2－二（对氯苯基）乙烷或二氯二苯基三氯乙烷〕	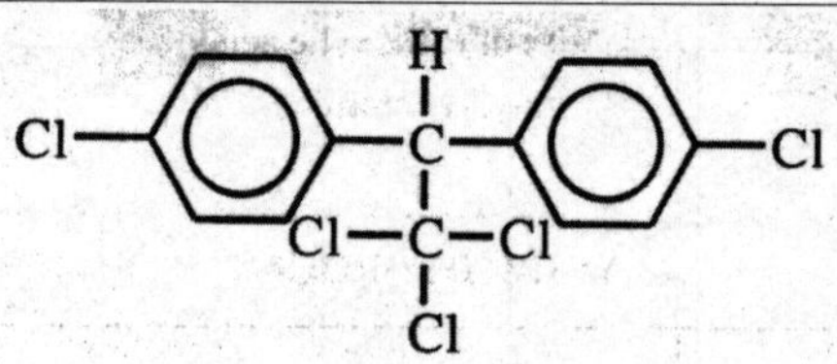
	29. 04				烃的磺化、硝化或亚硝化衍生物，不论是否卤化	
		一、			磺化衍生物	
286			（一）	1.	乙烯磺酸	$CH_2{=}CHSO_3H$
		二、			硝化衍生物	
			（一）	4.	三硝基甲烷	$CH(NO_2)_3$
		三、			亚硝化衍生物	
			（二）		亚硝基甲苯	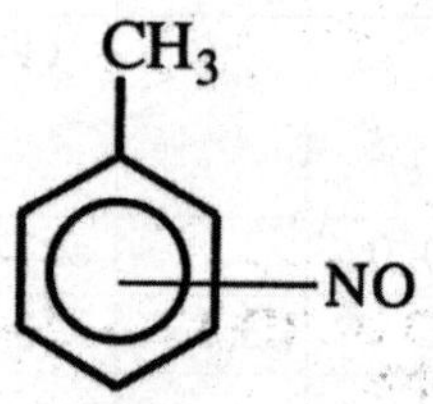
		四、			卤磺化衍生物	
			（一）		氯代苯磺酸	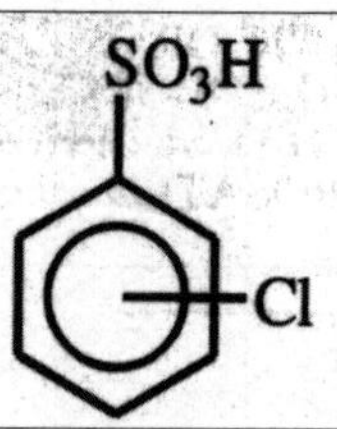
	29. 05				无环醇及其卤化、磺化、硝化或亚硝化衍	

页码	品目	段落			注释描述	化学结构
					生物	
		二、			不饱和一元醇	
288			（一）		烯丙醇	$H_2C{=}CHCH_2OH$
		三、			二元醇及其他多元醇	
289			（二）	4.	甘露糖醇	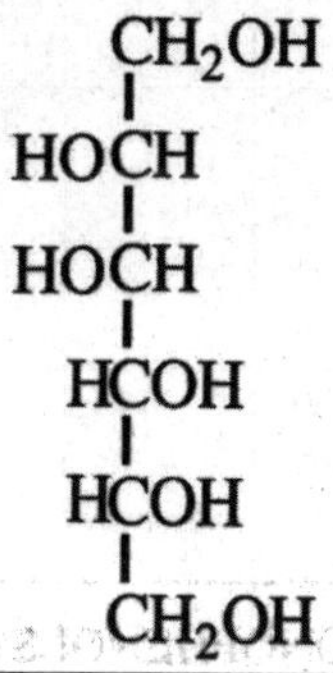 CH_2OH $HOCH$ $HOCH$ $HCOH$ $HCOH$ CH_2OH
	29.06				环醇及其卤化、磺化、硝化或亚硝化衍生物	
		一、			环烷醇、环烯醇、环萜烯醇及其卤化、磺化、硝化或亚硝化衍生物	
			（一）		薄荷醇	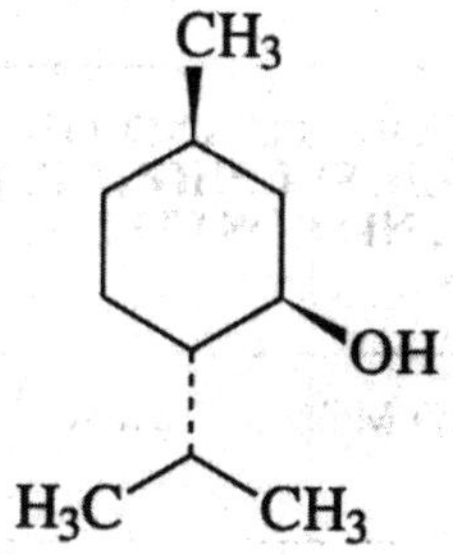 CH_3; OH; H_3C; CH_3
	29.07				酚、酚醇	
		一、			单环一元酚	
291			（二）		甲(苯)酚	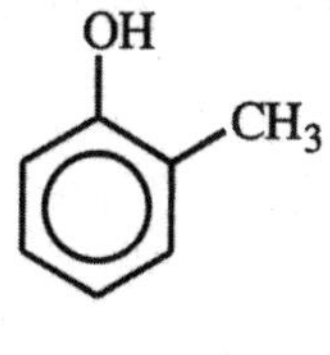 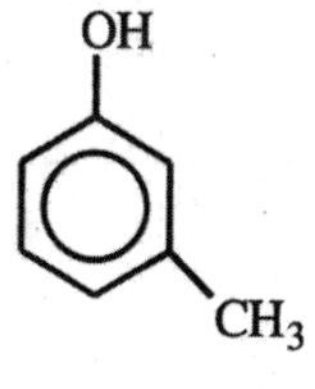  OH; CH_3 (o-Cresol) OH; CH_3 (m-Cresol) OH; CH_3 (p-Cresol)
		二、			多环一元酚	
			（一）		萘酚	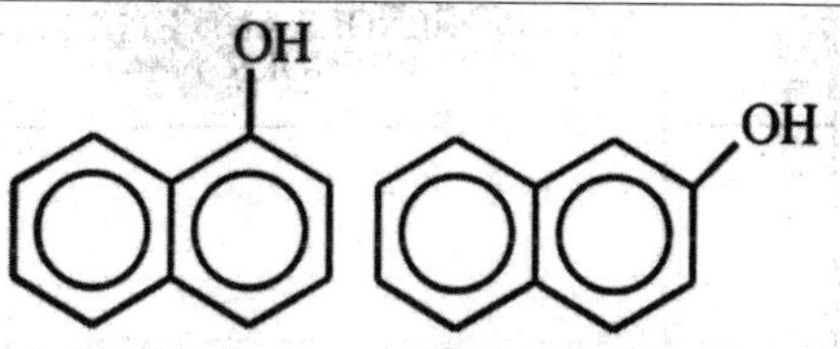 OH (α-Naphthol) OH (β-Naphthol)
		三、			多元酚	

页码	品目	段落			注释描述	化学结构
(291)			(一)		间苯二酚	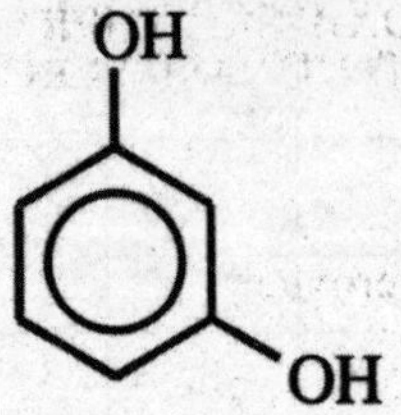
292			(三)		双酚A	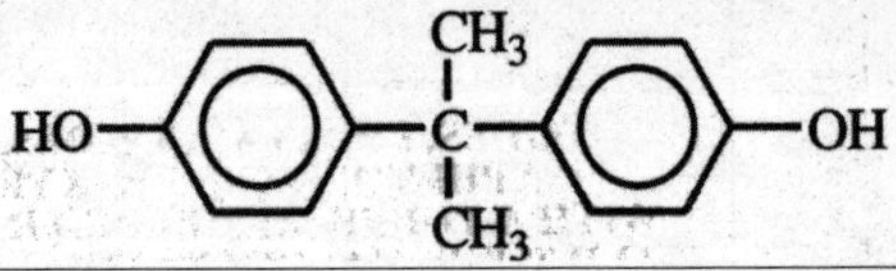
	29.09				醚、醚醇、醚酚、醚醇酚、过氧化醇、过氧化醚、过氧化酮(不论是否已有化学定义)及其卤化、磺化、硝化或亚硝化衍生物	
		三、			醚酚及醚醇酚	
295			(一)		愈创木酚	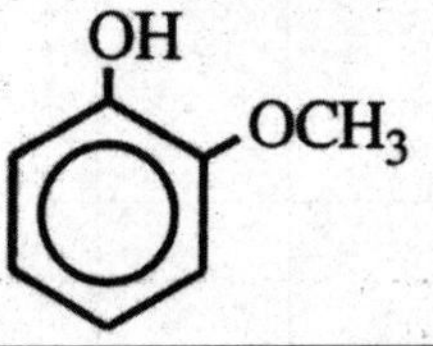
		四、			过氧化醇、过氧化醚、过氧化酮	
					过氧化酮(过氧化环己酮)	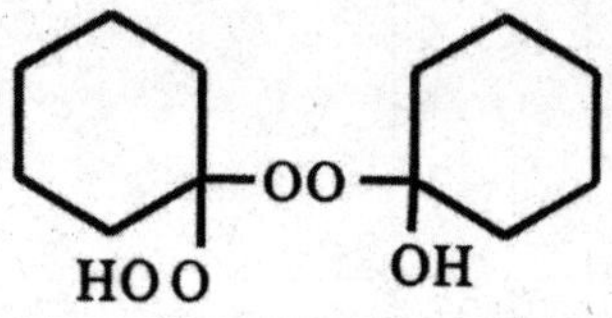
	29.10				三节环环氧化物、环氧醇、环氧酚、环氧醚及其卤化、磺化、硝化或亚硝化衍生物	
		一、			环氧乙烷	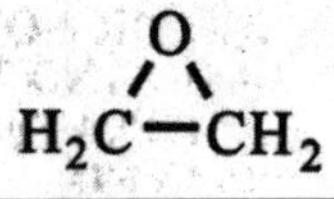
	29.11				缩醛及半缩醛，不论是否含有其他含氧基，及其卤化、磺化、硝化或亚硝化衍生物	
296		一、			缩醛及半缩醛	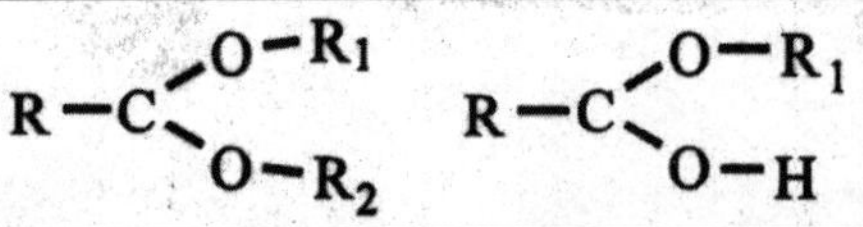
	29.12				醛，不论是否含有其他含氧基，环聚醛；多聚甲醛	

页码	品目	段落			注释描述	化学结构
297		一、			醛	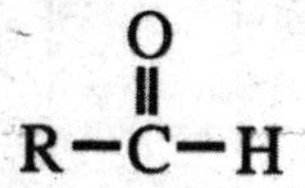 O ‖ R—C—H
			（四）	1.	苯甲醛	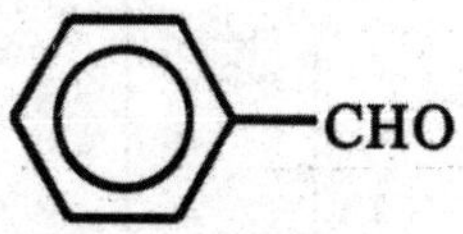 CHO
298		二、			醛醚、醛酚及含有其他含氧基的醛	
			（四）		香草醛	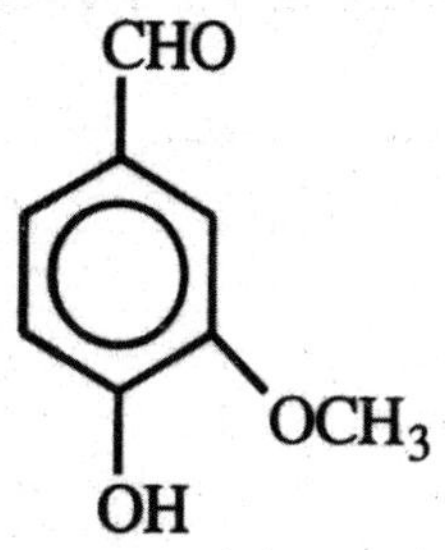 CHO OCH$_3$ OH
		三、			醛的环状聚合物	
			（一）		三噁烷	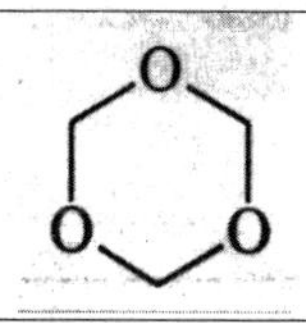 O O O
	29.14				酮及醌，不论是否含有其他含氧基，及其卤化、磺化、硝化或亚硝化衍生物	
299		一、			酮	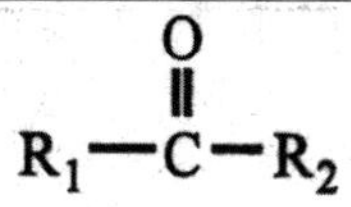 O ‖ R$_1$—C—R$_2$
300				8.	丁二酮	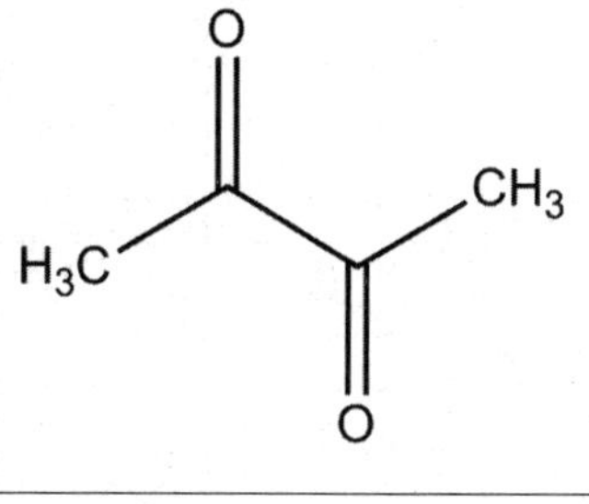 O CH$_3$ H$_3$C O
				9.	乙酰丙酮	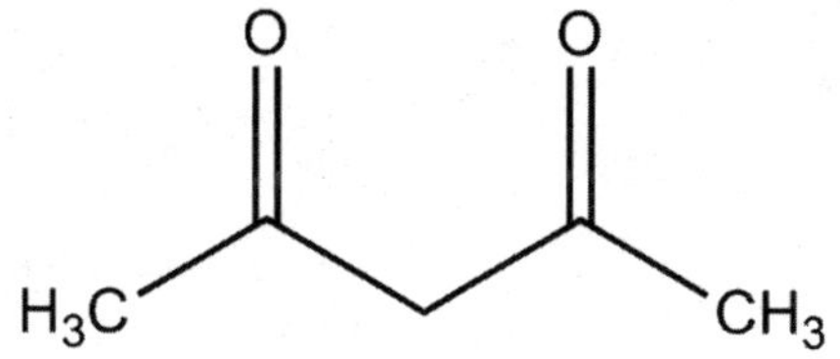 O O H$_3$C CH$_3$

页码	品目	段落			注释描述	化学结构
(300)				10.	丙酮基丙酮	
			（二）	1.	樟脑	
		五、			醌	
301			（一）		蒽醌	
	29.15				饱和无环一元羧酸及其酸酐、酰卤化物、过氧化物和过氧酸以及它们的卤化、磺化、硝化或亚硝化衍生物	
302		三、			羧酸的过氧化物	
304		五、	（一）		正丁酸	$CH_3CH_2CH_2COOH$
	29.16				不饱和无环一元羧酸、环一元羧酸及其酸酐、酰卤化物、过氧化物和过氧酸以及它们的卤化、磺化、硝化或亚硝化衍生物	
		一、			不饱和无环一元羧酸及其盐、酯和其他衍生物	
306			（一）		丙烯酸	$CH_2{=}CHCOOH$
		三、			芳香族饱和一元羧酸	

页码	品目	段落			注释描述	化学结构
					及其盐、酯和其他衍生物	
(306)			（一）		苯甲酸	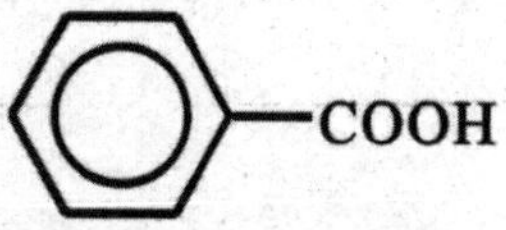 COOH
				1.	过氧化苯甲酰	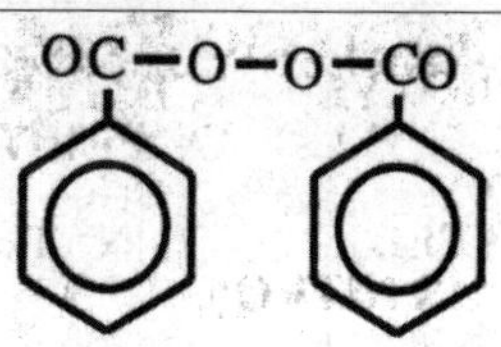 OC—O—O—CO
				2.	苯甲酰氯	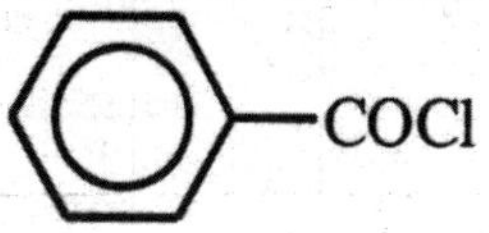 COCl
	29.17				多元羧酸及其酸酐、酰卤化物、过氧化物和过氧酸以及它们的卤化、磺化、硝化或亚硝化衍生物	
		一、			无环多元羧酸及其酯、盐和其他衍生物	
307			（三）		壬二酸	$HOOC(CH_2)_7COOH$
			（五）		马来酐	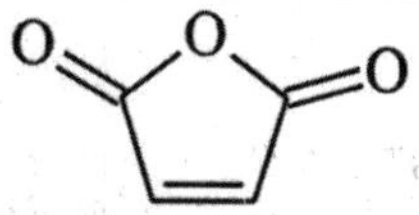 O O O
		三、			芳香族多元羧酸及其酯、盐和其他衍生物	
			（一）		邻苯二甲酸酐	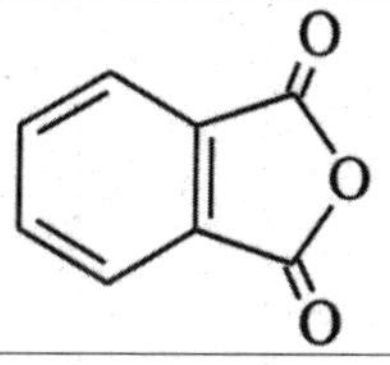 O O O
			（二）		对苯二甲酸	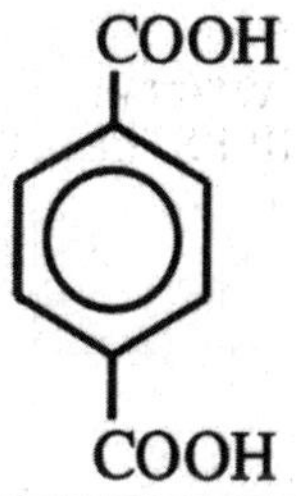 COOH COOH
	29.18				含附加含氧基的羧酸及其酸酐、酰卤化物、过氧化物和过氧酸以及它们的卤化、磺化、硝化或亚硝化衍生物	
		一、			含醇基的羧酸及其	

页码	品目	段落			注释描述	化学结构
					酯、盐和其他衍生物	
309			（三）		柠檬酸	CH_2COOH | $C(OH)COOH$ | CH_2COOH
			（六）		苯乙醇酸	COOH | H—C—OH
		二、			含酚基的羧酸及其酯、盐和其他衍生物	
			（一）		水杨酸	COOH OH
311	29.19				磷酸酯及其盐，包括乳磷酸盐，以及它们的卤化、磺化、硝化或亚硝化衍生物	OR_1 | $R_2O—P=O$ | OR_3
		三、			磷酸三丁酯	C_4H_9O $C_4H_9O—P=O$ C_4H_9O
	29.20				其他无机酸酯（不包括卤化氢的酯）及其盐以及它们的卤化、磺化、硝化或亚硝化衍生物	
		一、			硫代磷酸酯	
					0,0-二丁基二硫代磷酸钠	S ‖ $NaS—P$ $O—C_4H_9$ $O—C_4H_9$
312		三、			亚硝酸酯及硝酸酯	
					亚硝酸甲酯	CH_3ONO
					硝化甘油	CH_2ONO_2 | $CHONO_2$ | CH_2ONO_2
		四、			碳酸酯、过碳酸酯及	

页码	品目	段落			注释描述	化学结构
					其盐	
(312)			(一)		碳酸二愈创木酯	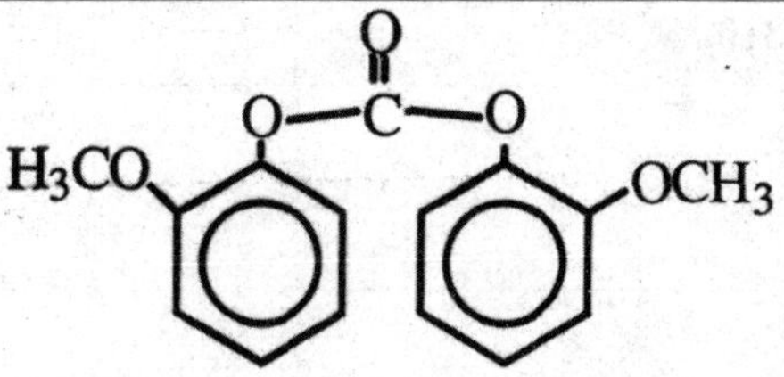 H_3CO, OCH_3
		五、			硅酸酯及其盐	
					硅酸四乙酯	 $(C_2H_5O)_2Si(OC_2H_5)_2$
	29.21				氨基化合物	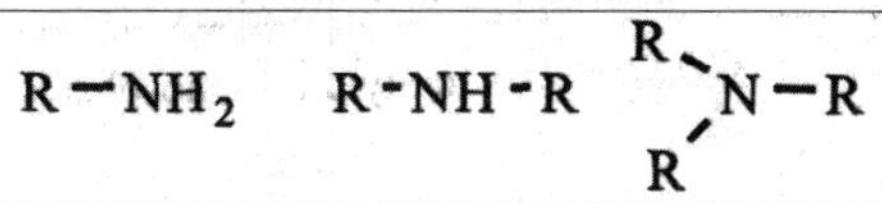 $R-NH_2$　$R-NH-R$　R_2N-R
		一、			无环一元胺及其衍生物和它们的盐	
313			(四)		乙胺	$CH_3-CH_2-NH_2$
		二、			无环多元胺及其衍生物和它们的盐	
			(二)		六亚甲基二胺	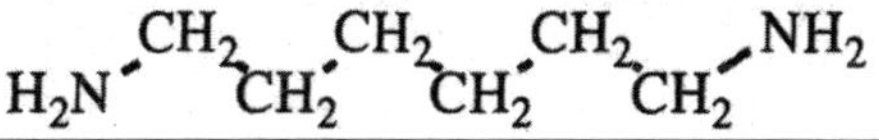 $H_2N-CH_2-CH_2-CH_2-CH_2-CH_2-CH_2-NH_2$
		四、			芳香族一元胺及其衍生物和它们的盐	
			(一)		苯胺	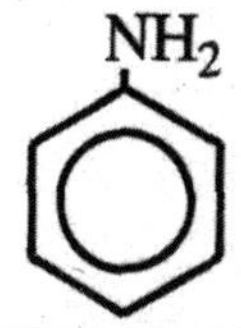 NH_2
314			(二)		甲苯胺	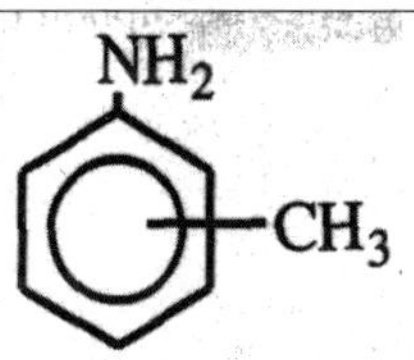 NH_2, CH_3
			(四)		1-萘胺	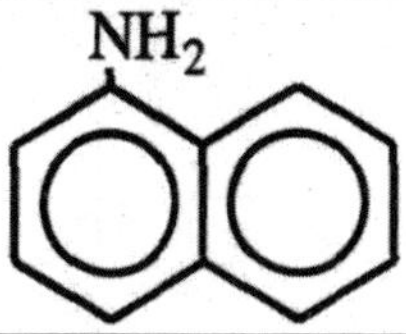 NH_2
		五、			芳香族多元胺及其衍生物和它们的盐	
			(一)		苯二胺	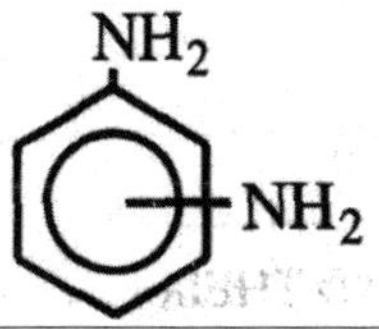 NH_2, NH_2
	29.22				含氧基氨基化合物	
		一、			氨基醇及其醚和酯以	

页码	品目	段落			注释描述	化学结构
					及它们的盐	
315			（一）	1.	单乙醇胺	$H_2N-CH_2CH_2OH$
		二、			氨基萘酚和其他氨基酚及其醚和酯以及它们的盐	
			（一）		氨基羟基萘磺酸	H_2N — OH — SO_3H
316			（四）	1.	茴香胺	OCH_3 — NH_2
				2.	联茴香胺	H_3CO — OCH_3 — H_2N — NH_2
		四、			氨基酸及其酯以及它们的盐	
			（一）		赖氨酸	$H_2N(CH_2)_4C(NH_2)(H)-COOH$
	29.23				季铵盐及季铵碱；卵磷脂及其他磷氨基类脂	
318		一、			胆碱(氢氧化胆碱)	$[(CH_3)_3\overset{\oplus}{N}CH_2CH_2OH]\overset{\ominus}{O}H$
		二、			卵磷脂	CH_2OCOR — $RCOO-C-H$ — $H_2C-O-P(=O)(O^{\ominus})-O-R$
	29.24				羧基酰胺基化合物；碳酸酰胺基化合物	
		二、			环酰胺	
319			（一）	2.	二乙基二苯脲	$C_6H_5-N(C_2H_5)-C(=O)-N(C_2H_5)-C_6H_5$
	29.25				羧基酰亚胺化合物(包括糖精及其盐)及亚胺基化合物	

页码	品目	段落			注释描述	化学结构
		一、			酰亚胺类	
(319)			（一）		糖精	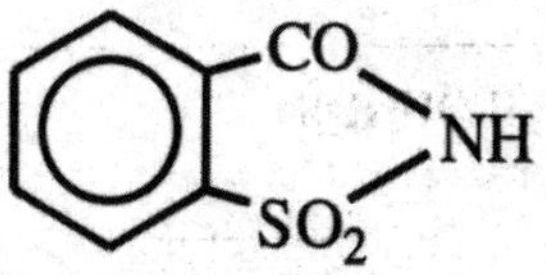 CO, NH, SO_2
		二、			亚胺类	
320			（一）		胍	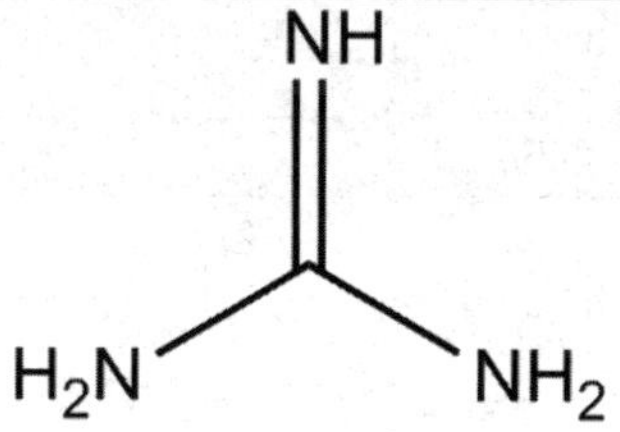 NH, H_2N, NH_2
			（一）	1.	二苯胍	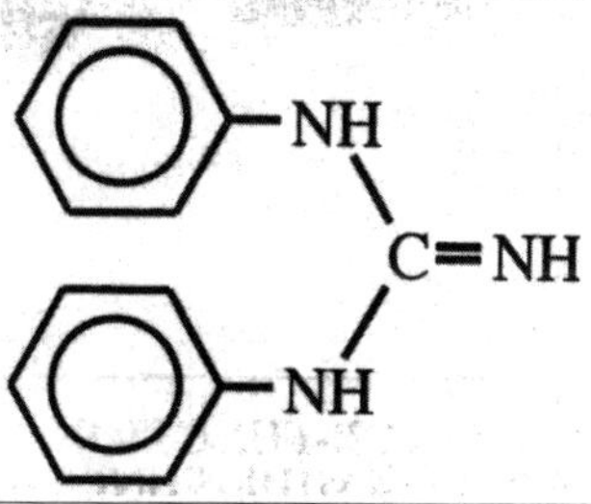 NH, C=NH, NH
			（三）		亚胺醚类	 RC, NH, OR'
	29.26				腈基化合物	
		一、			丙烯腈	$CH_2{=}CHCN$
		二、			1-腈基胍	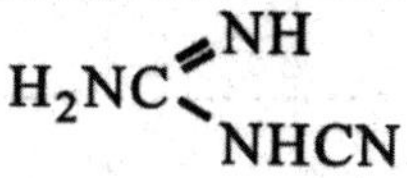 H_2NC, NH, NHCN
	29.27				重氮化合物、偶氮化合物及氧化偶氮化合物	
		一、			重氮化合物	$N{\equiv}\overset{\oplus}{N}\overset{\ominus}{Cl}$
321			（一）	1.	氯化重氮苯	
		二、			偶氮化合物	$R_1N{=}NR_2$
		三、			氧化偶氮化合物	$R_1{-}N_2O{-}R_2$
322			（一）		氧化偶氮苯	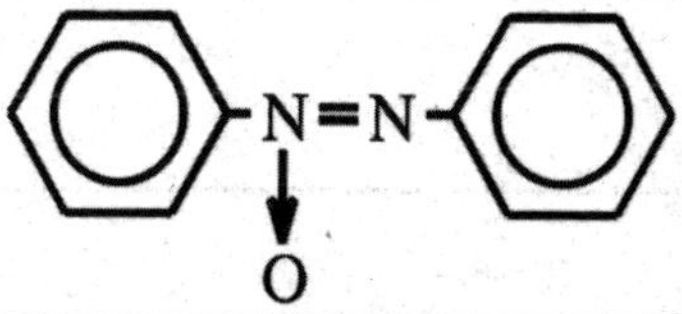 N=N, O
	29.28				肼和胲的有机化合物	

页码	品目	段落			注释描述	化学结构
(322)		一、			苯肼	$NHNH_2$
		十一、			苯酮肟	C=NH→O HC=NOH
	29.29				其他含氮基化合物	
323		一、			异氰酸酯	R−N=C=O
	第十分章				有机－无机化合物、杂环化合物、核酸及其盐以及磺(酰)胺	
		一、			五元环化合物	
324			(一)	1.	呋喃	O
				2.	噻吩	S
				3.	吡咯	H N
			(二)	1.	噁唑	O N
					异噁唑	O N
				2.	噻唑	S N
				3.	咪唑	H N N
				3.	吡唑	H N N

页码	品目	段落			注释描述	化学结构
(324)			(三)	1.	呋咱	
				2.	三唑(1,2,4-三唑)	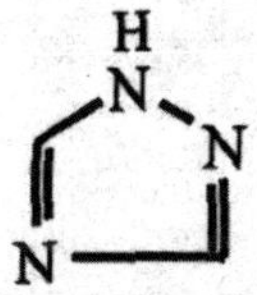
				3.	四唑	
		二、			六元环化合物	
			(一)	1.	吡喃	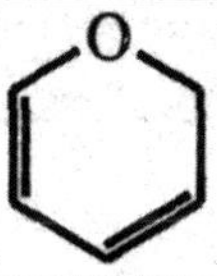
				2.	噻喃	
				3.	吡啶	
			(二)	1.	噁嗪(1,4-噁嗪)	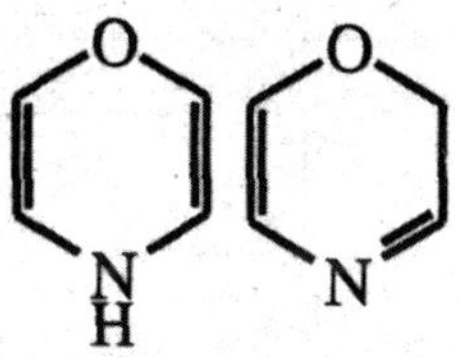
				2.	噻嗪	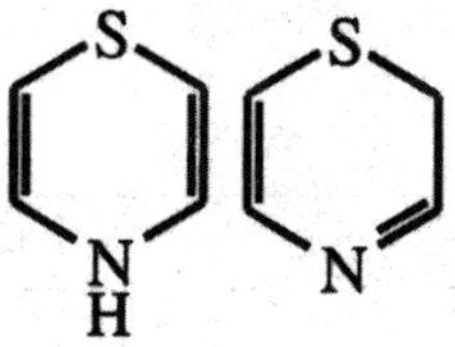
				3.	哒嗪	
					嘧啶	

页码	品目	段落			注释描述	化学结构
(324)					吡嗪	
					哌嗪	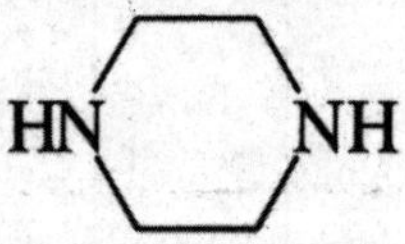
		三、			其他更复杂的杂环化合物	
			（一）		香豆冉酮	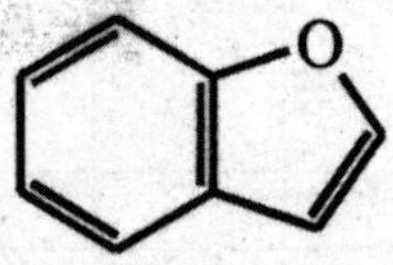
			（二）		苯并吡喃	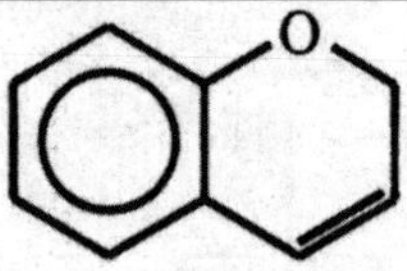
			（三）		呫吨	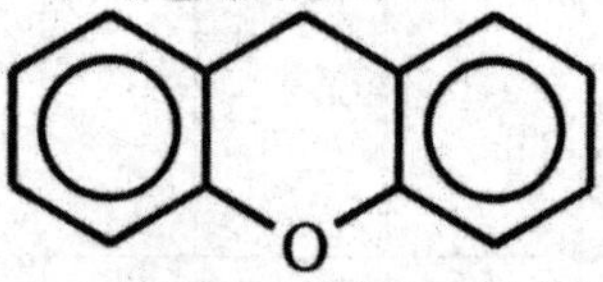
			（四）		吲哚	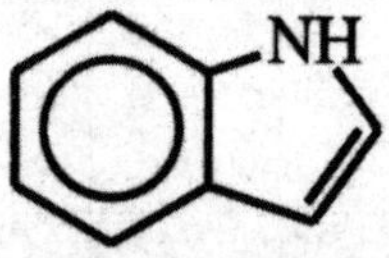
			（五）		喹啉和异喹啉	
			（六）		吖啶	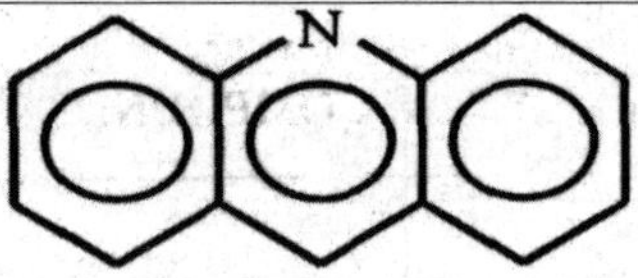
			（七）		苯并噻吩	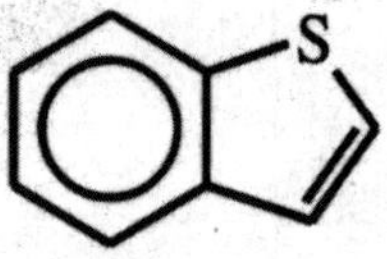
			（八）		吲唑	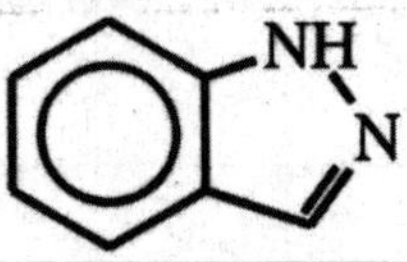
			（九）		苯并咪唑	

页码	品目	段落			注释描述	化学结构
(324)			（十）		吩嗪	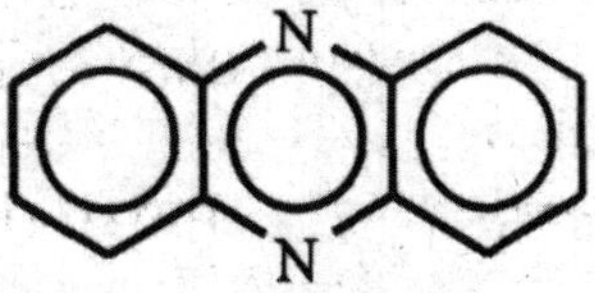
			（十一）		吩噁嗪	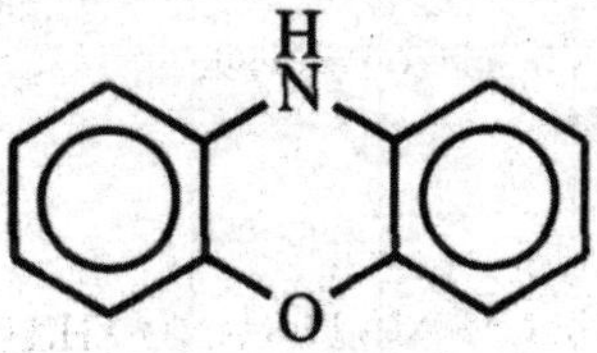
			（十二）		苯并噁唑	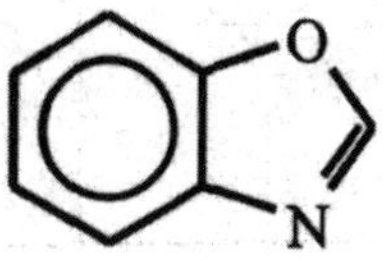
			（十三）		咔唑	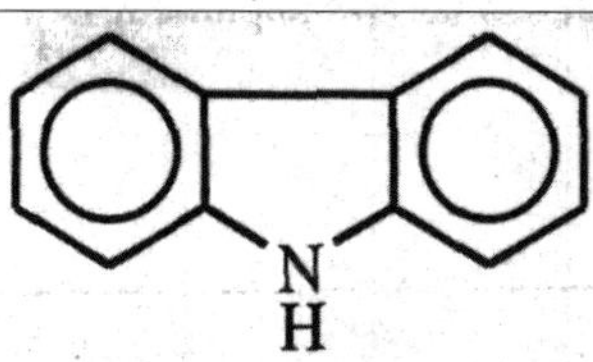
325			（十四）		喹唑啉	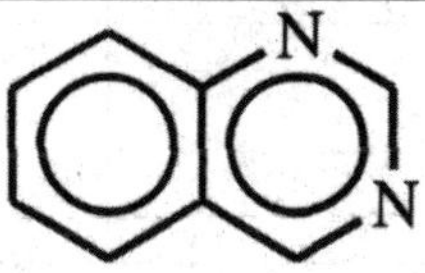
			（十五）		苯并噻唑	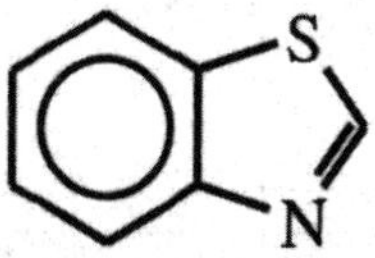
	29.30				有机硫化物	具有 C-S 键的化合物
		一、			二硫代碳酸酯（黄原酸酯）	CS(OR)(SR') R'=Metal
			（一）		黄原酸乙酯钠	$C_2H_5O-CS_2Na$
		二、			硫代氨基甲酸盐（或酯）、二硫代氨基甲酸盐及硫化二烃氨基硫羰	
			（二）		二硫代氨基甲酸盐类	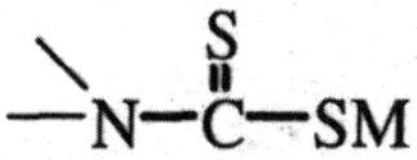
		三、			硫化物	$R.S.R_1$
			（一）		蛋氨酸	$CH_3SCH_2CH_2CH(NH_2)COOH$
		四、			硫代酰胺类	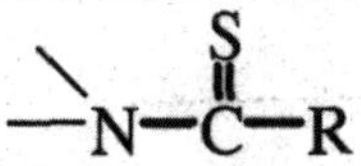

页码	品目	段落			注释描述	化学结构
326			（二）		对称二苯硫脲	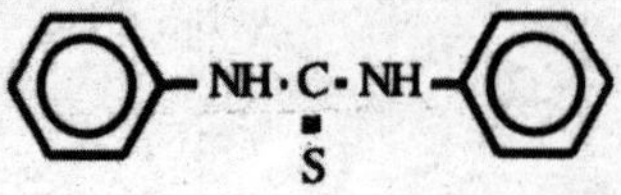 NH·C·NH S
	29.31				其他有机－无机化合物	
		三、			有机硅化合物	具有具有C-S键的化合物
327					六甲基二硅氧烷	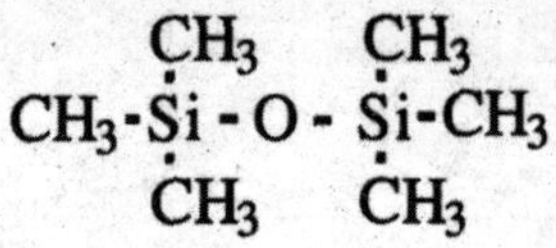 CH_3　CH_3 CH_3-Si-O-Si-CH_3 CH_3　CH_3
	29.32				仅含氧杂原子的杂环化合物	
		一、			结构中含有一个非稠合呋喃环(不论是否氢化)的化合物	(见第314页第十分章一（一）1中有关呋喃的结构)
328			（二）		2－糠醛	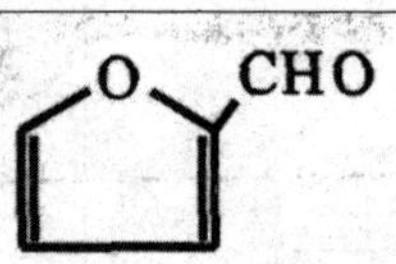 O　CHO
			（三）		糠醇	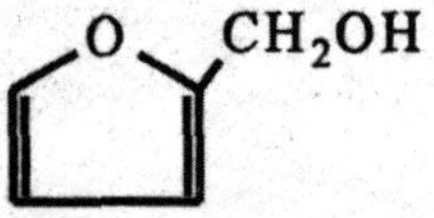 O　CH_2OH
		二、			内酯	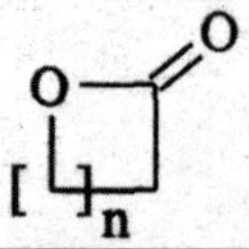 O　O [ ]n
			（一）		香豆素	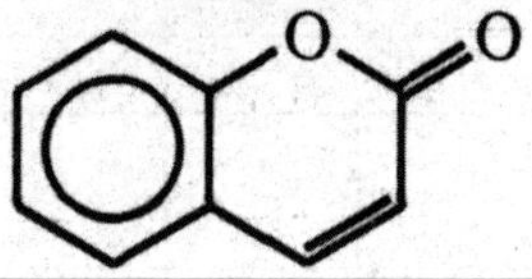 O　O
			（十五）		酚酞	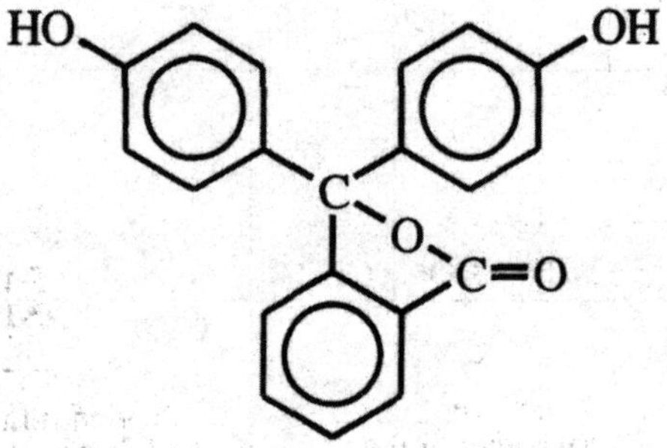 HO　OH C O C=O
		三、			仅含氧杂原子的其他杂环化合物	
329			（五）		黄樟脑	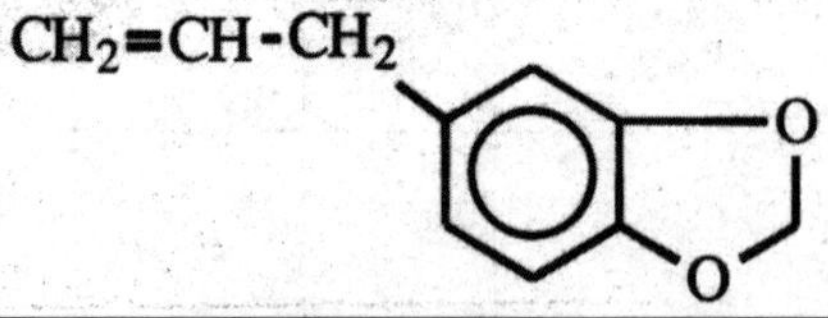 CH_2=CH-CH_2 O O

页码	品目	段落			注释描述	化学结构
(329)			（八）		胡椒醛	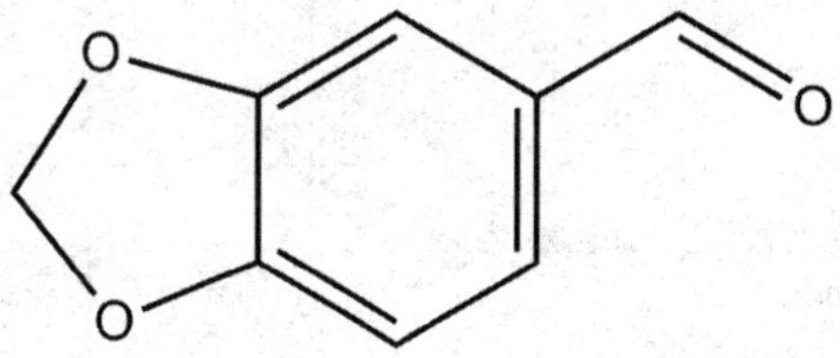
			（十）		1-(1,3-苯并二噁茂-5-基)丙烷-2-酮	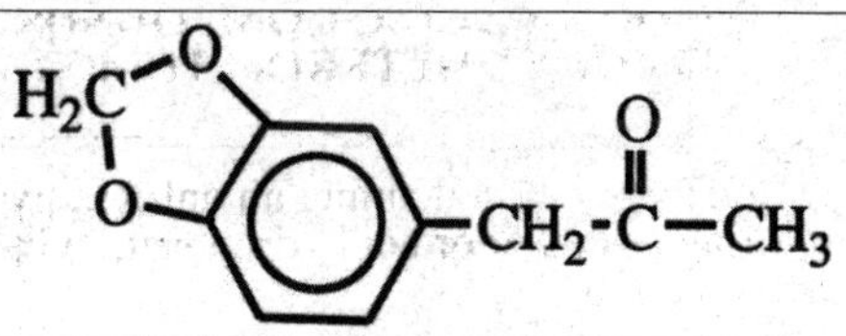
					由两个环形成的内酯范例（子目注释）	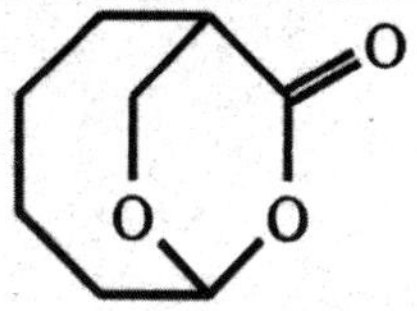
					双内酯的范例（子目注释）	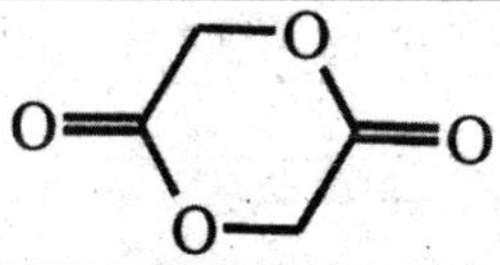
					内半缩醛	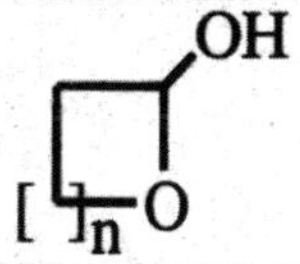
					过氧化酮(除外)－见 29.09	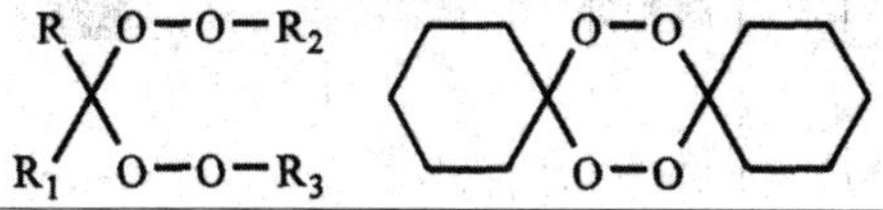
	29.33				仅含氮杂原子的杂环化合物	
		一、			结构中含有一个非稠合吡唑环(不论是否氢化)的化合物	(见第 312 页第十分章一（二）3 中有关吡唑的结构)
331			（一）		非那宗	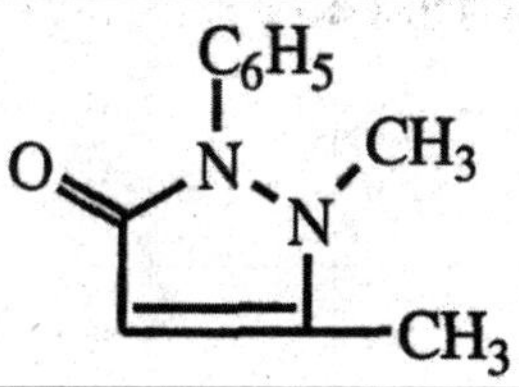
		二、			结构中含有一个非稠合咪唑环(不论是否氢化)的化合物	(见第 312 页第十分章一（二）3 中有关咪唑的结构)
			（一）		乙内酰脲	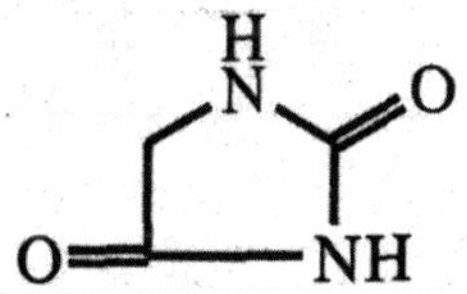
		三、			结构中含有一个非稠合吡啶环(不论是否氢化)的化合物	(见第 313 页第十分章二（一）3 中有关吡啶的结构)

页码	品目	段落			注释描述	化学结构
332		四、			含有一个不再稠合的喹啉或异喹啉环系(不论是否氢化)的化合物	(见第 313 页第十分章三（五）中有关喹啉或异喹啉环的结构)
			（四）		四氢甲基喹啉	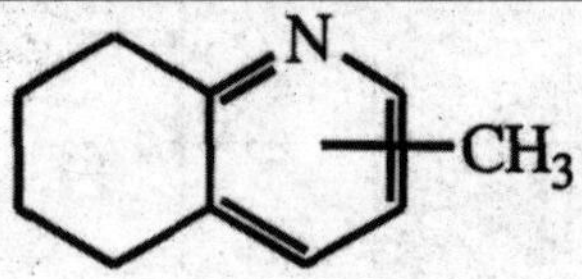
		五、			结构中含有一个嘧啶环(不论是否氢化)或哌嗪环的化合物	(见第 313 页第十分章二（二）3 中有关嘧啶的结构)
			（一）		丙二酰脲(巴比土酸)	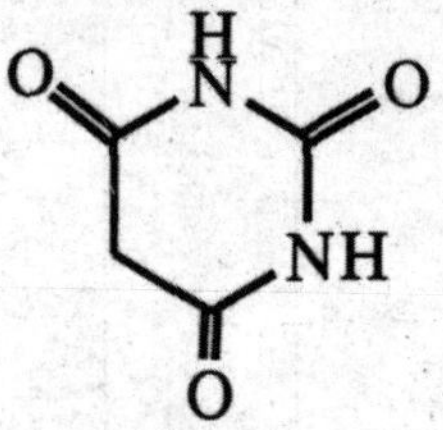
		六、			结构中含有一个非稠合三嗪环(不论是否氢化)的化合物	 Triazine 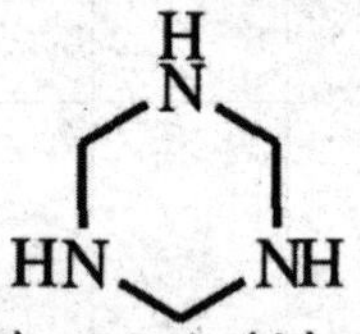　Hydrogenated triazine
			（一）		蜜胺	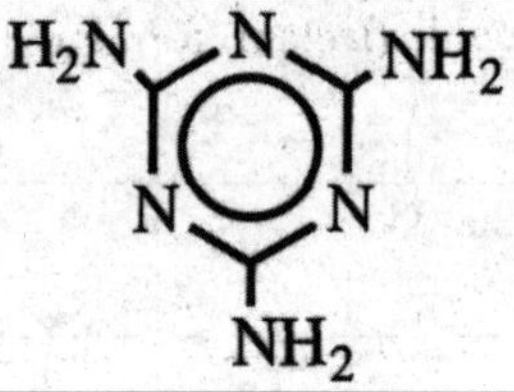
		七、			内酰胺类	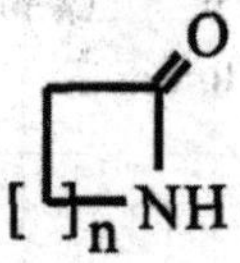
		八、			仅含氮杂原子的其他杂环化合物	
333			（一）		咔唑	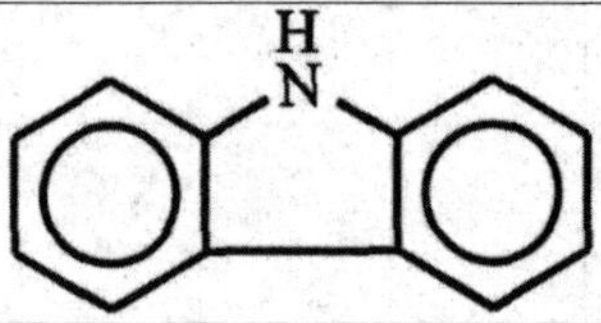
			（二）		吖啶	(见第 313 页第十分章三（六）中有关吖啶的结构)

页码	品目	段落			注释描述	化学结构
(333)					去甲羟安定（子目注释）	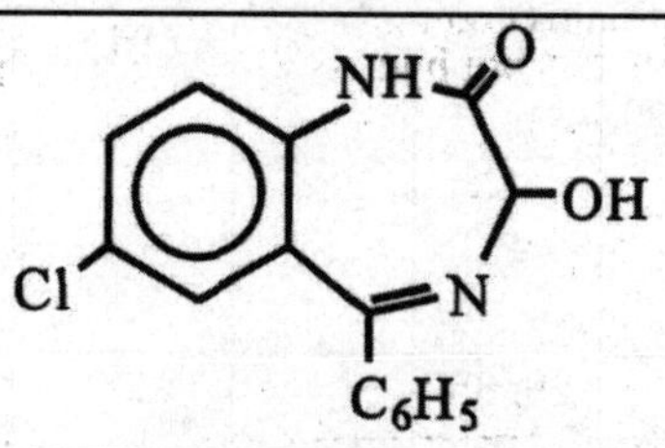
					由两个环形成的内酰胺范例（子目注释）	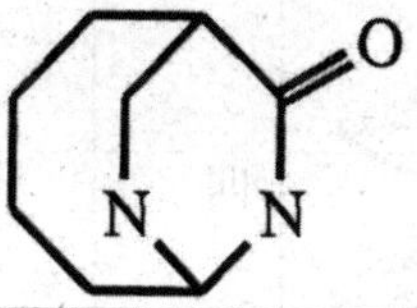
	29.34				核酸及其盐；其他杂环化合物	
334		一、			结构中含有一个非稠合噻唑环（不论是否氢化）的化合物	（见第 312 页第十分章一（二）2 中有关噻唑的结构）
		二、			含有一个苯并噻唑环系（不论是否氢化）的化合物，但未经进一步稠合的	（见第 313 页第十分章三（十五）中有关苯并噻唑的结构）
		三、			含有一个吩噻嗪环系（不论是否氢化）的化合物，但未经进一步稠合的	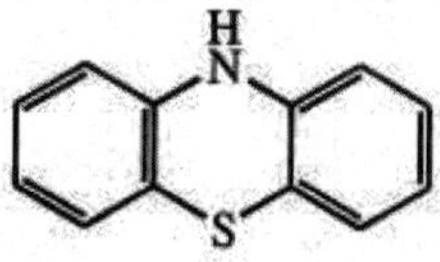 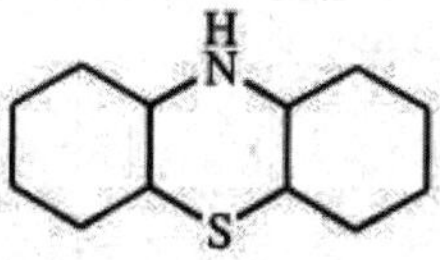
		四、			其他杂环化合物	
335			（一）		磺内酯	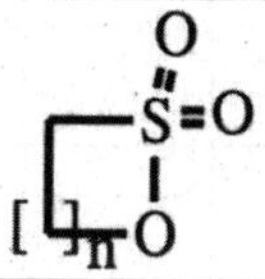
				1.	酚红	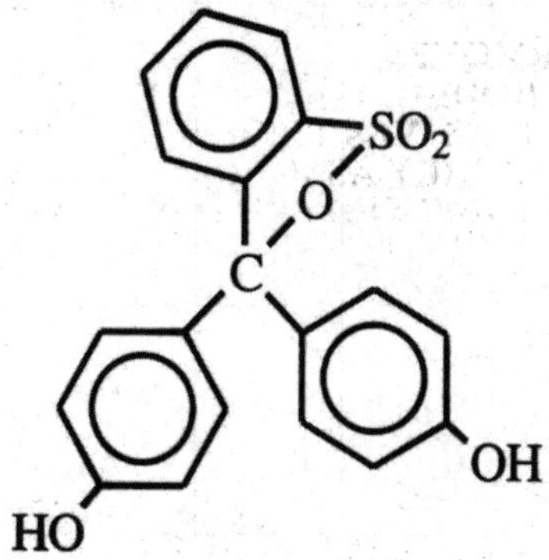
			（二）		磺内酰胺类	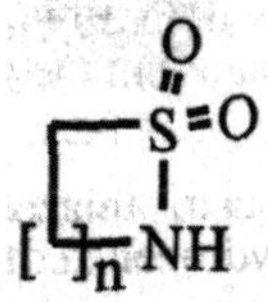

页码	品目	段落		注释描述	化学结构
(335)			（四）	呋喃唑酮(INN)	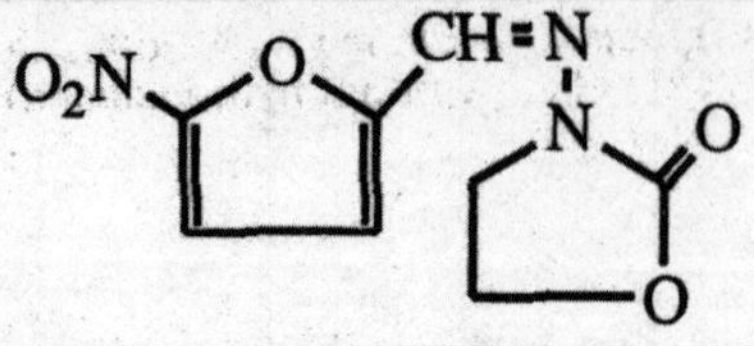
	29.35			磺(酰)胺	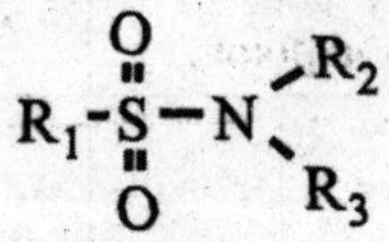
		四、		对氨基苯磺酰胺	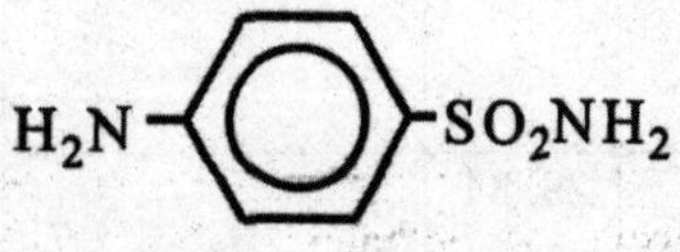
	29.37			天然或合成再制的激素及其主要用作激素的衍生物；其他主要用作激素的甾族化合物	
		五		激素，前列腺素，血栓烷及血细胞三烯的类似物	
342			（二）	甾烷	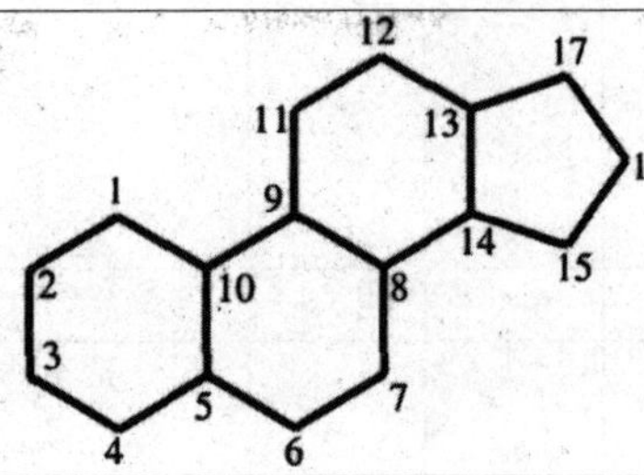
		二、		甾族激素及其衍生物及结构类似物	
			（一）	皮质甾类激素	
344				可的松(INN)	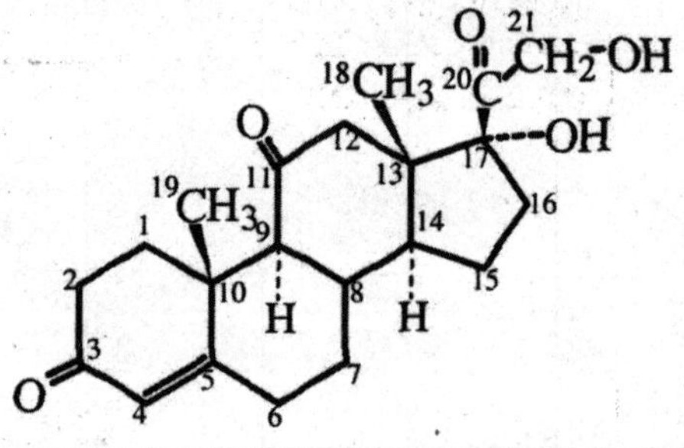
				氢化可的松(INN)	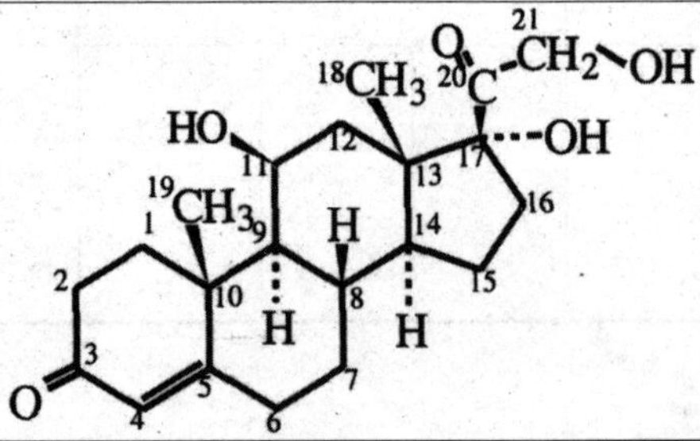

页码	品目	段落			注释描述	化学结构
			（三）		雌（甾）激素及孕激素	
345			（三）		黄体酮(INN)	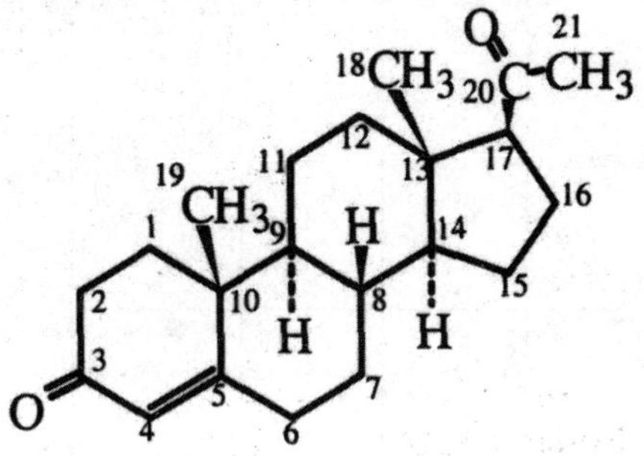
					雄甾烷	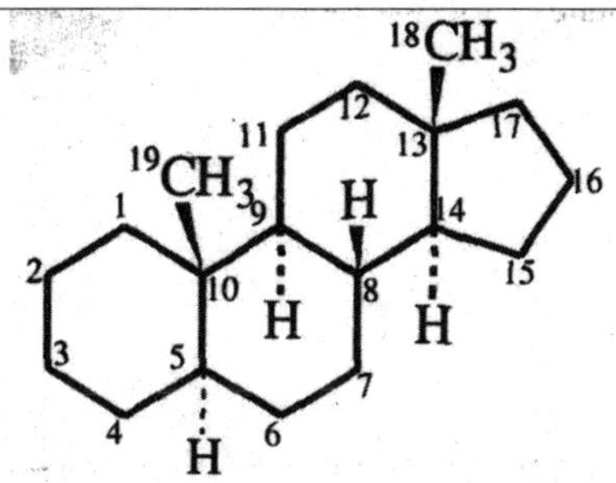
346					雌甾酮(INN)（雌酮）	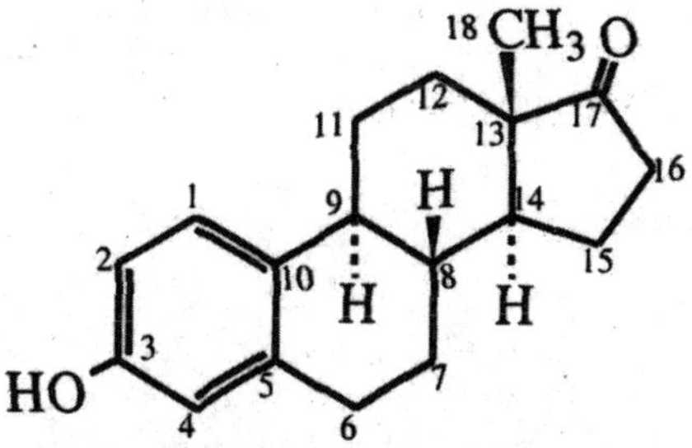
349					强的松龙(INN)（氢化泼尼松）	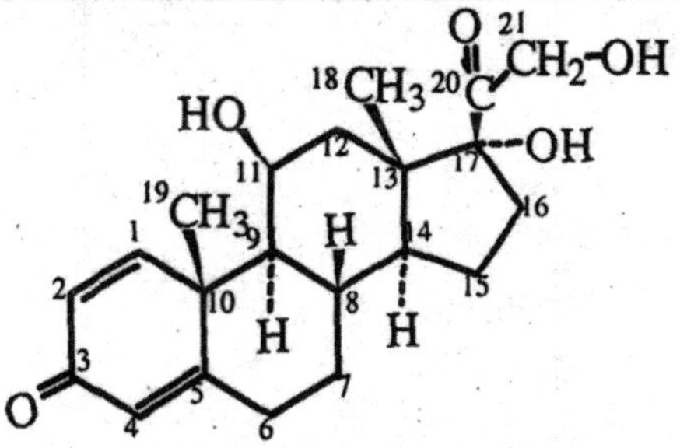
					强的松(INN)（泼尼松）	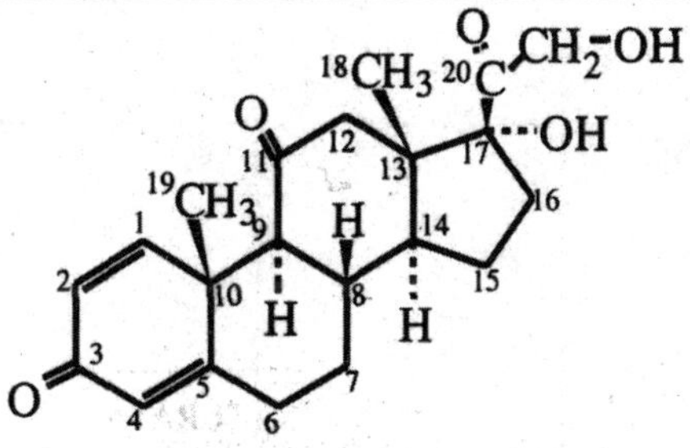

页码	品目	段落			注释描述	化学结构
(349)					睾甾酮(INN)	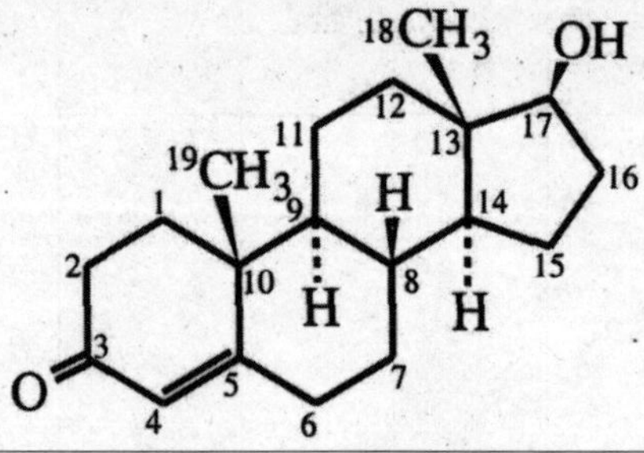
					雌甾烷	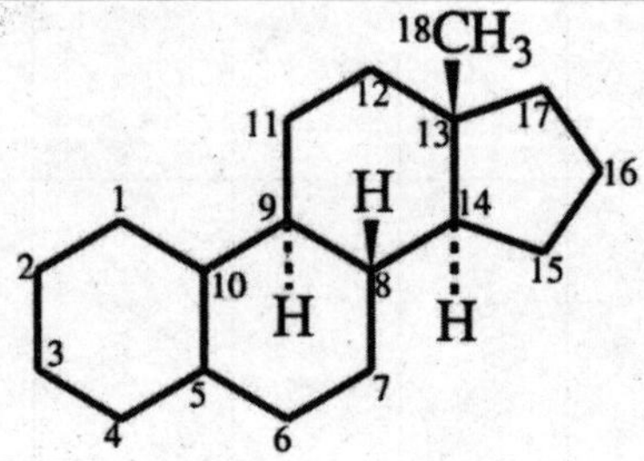
					孕甾烷	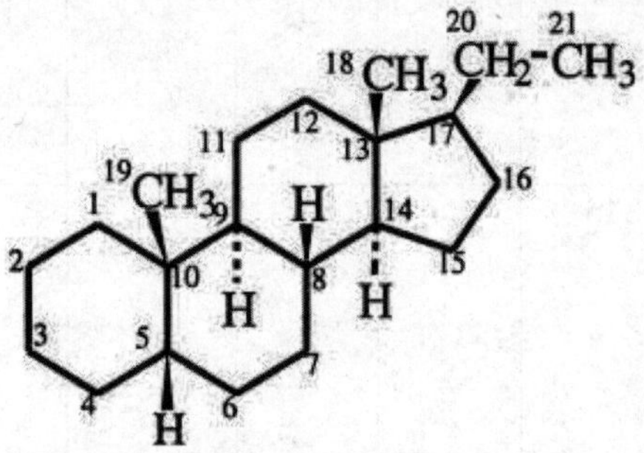
	29.38				天然或合成再制的苷及其盐、醚、酯和其他衍生物	
352		一、			芸香苷（芦丁）	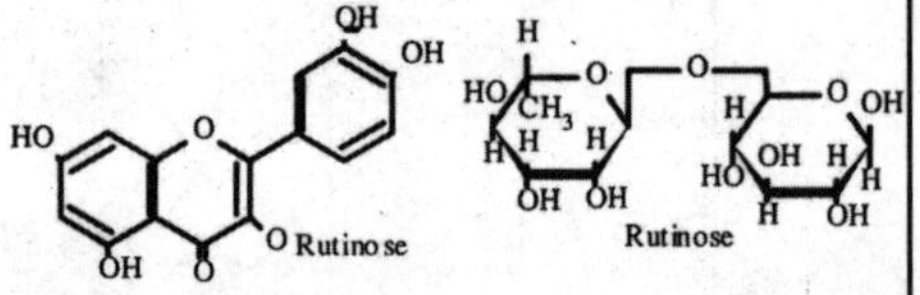
	29.39				天然或合成再制的生物碱及其盐、醚、酯和其他衍生物	
		一、			鸦片碱及其衍生物以及它们的盐	
353			（一）		吗啡	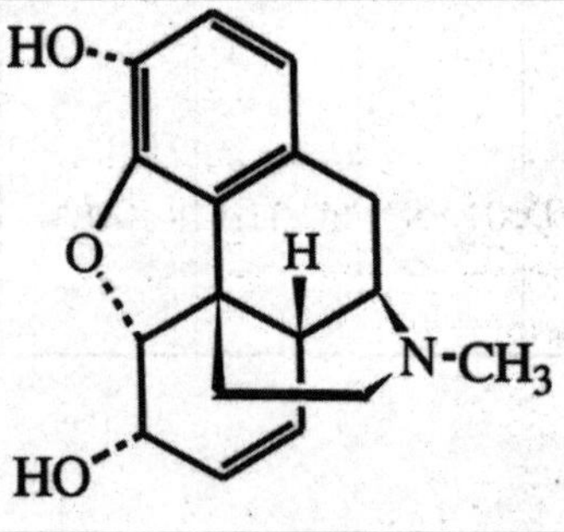
		二、			金鸡纳生物碱及其衍	

页码	品目	段落			注释描述	化学结构
					生物以及它们的盐	
354			（一）		奎宁	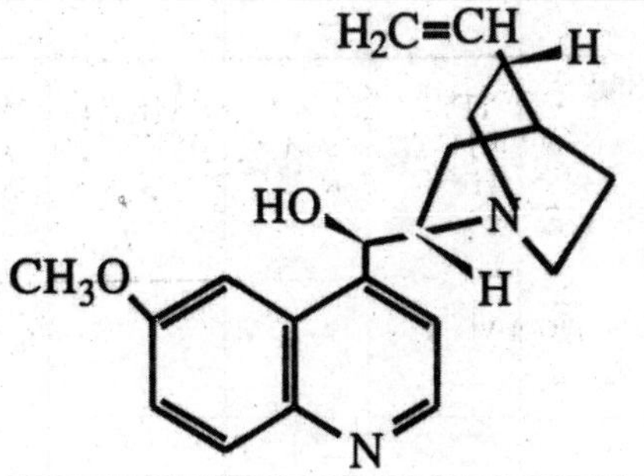
		三、			咖啡碱及其盐	
					咖啡因	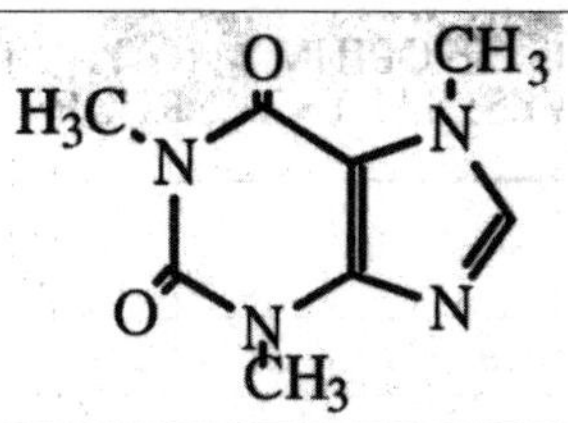
		四、			麻黄碱类及其盐	
			（一）		麻黄碱	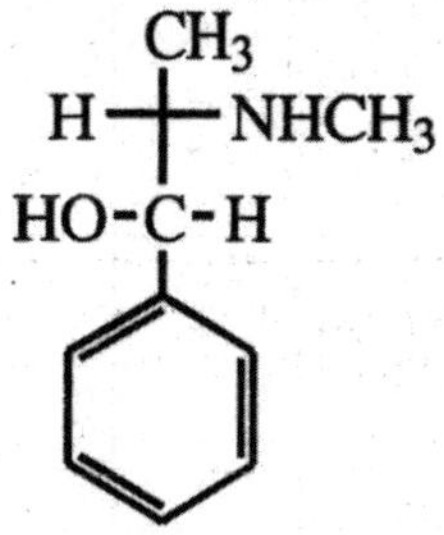
		五、			茶碱、氨茶碱(茶碱乙二胺)及其衍生物以及它们的盐	
					茶碱	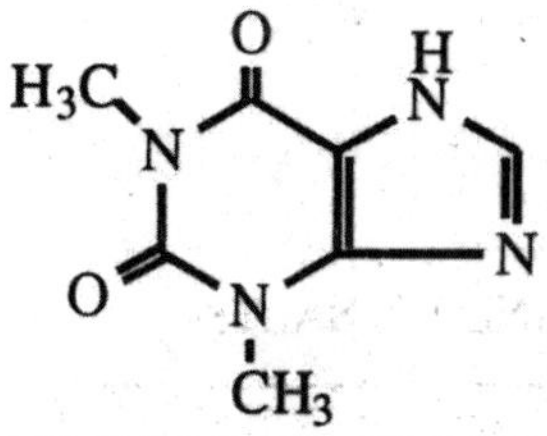
		七、			烟碱及其盐	
					烟碱	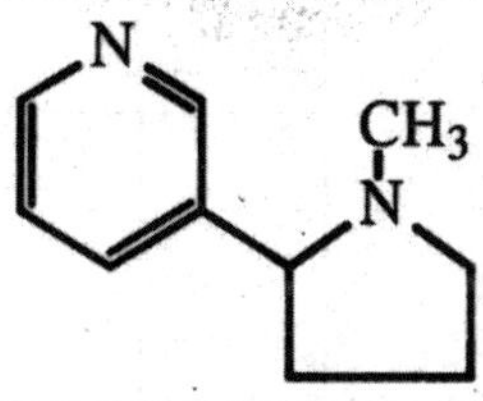
	29.40				化学纯糖，但蔗糖、乳糖、麦芽糖、葡萄糖及果糖除外；糖醚、糖酯及其盐，但不包括品目 29.37、29.38	

页码	品目	段落			注释描述	化学结构
					及 29.39 的产品	
		一、			化学纯糖	
356			（一）		半乳糖	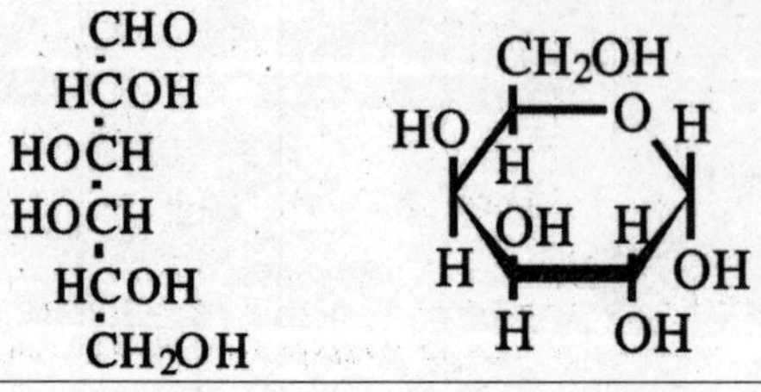
		二、			糖醚、糖酯及其盐	
			（一）		羟丙基蔗糖	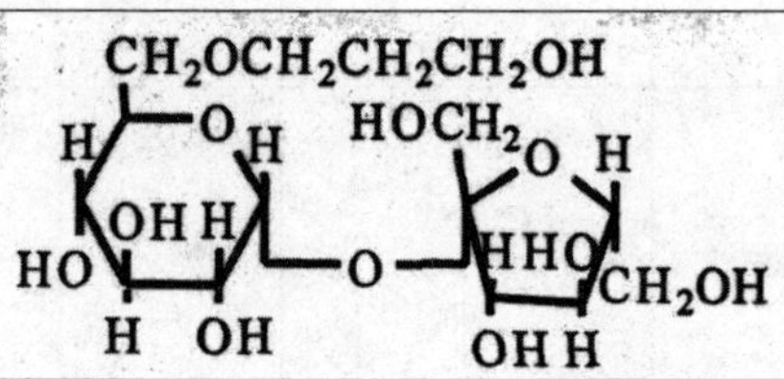
	29.41				抗菌素	
357		一、			青霉素	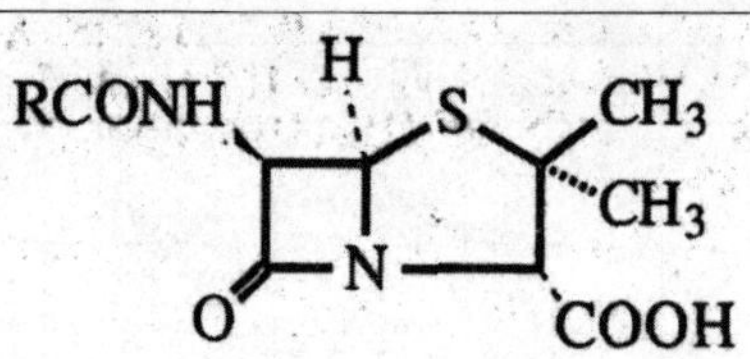
		二、			链霉素	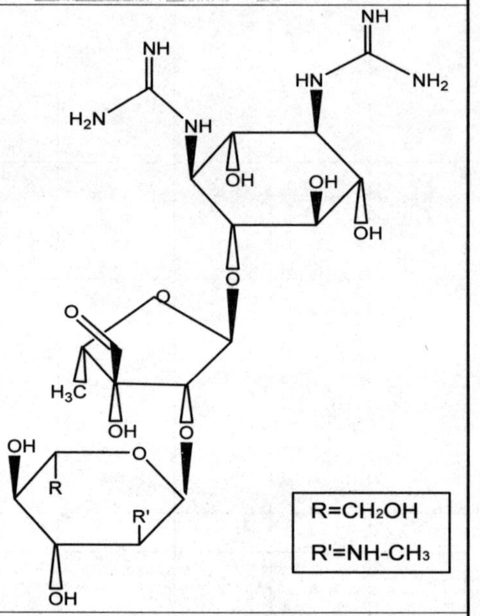
					链霉胺（链霉素骨架的组分）（子目注释）	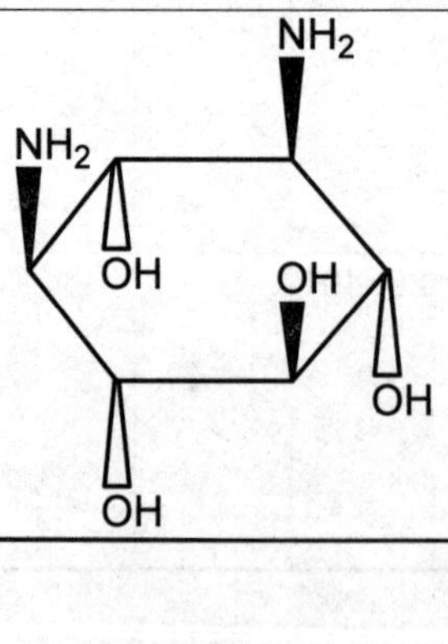

页码	品目	段落			注释描述	化学结构
(357)					链霉胍（链霉素骨架的组分）（子目注释）	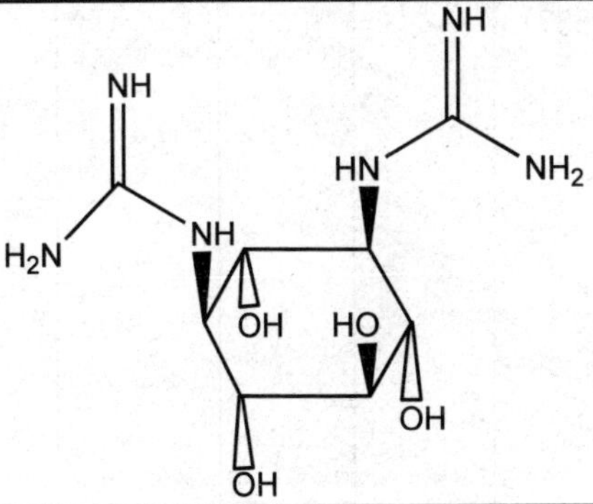
					甲基葡萄胺（链霉素骨架的组分）（子目注释）	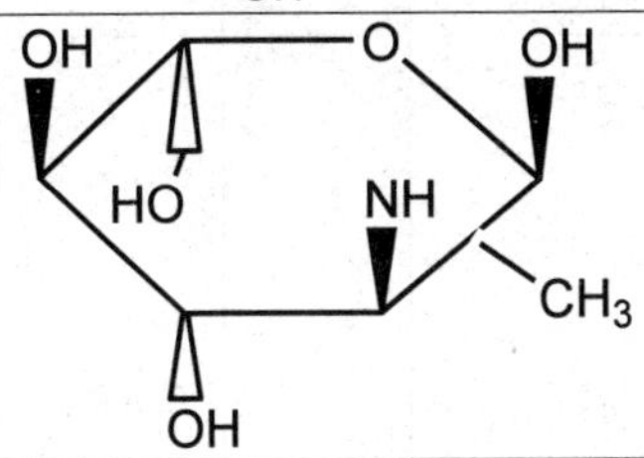
					5—脱氧来苏糖（链霉素骨架的组分）（子目注释）	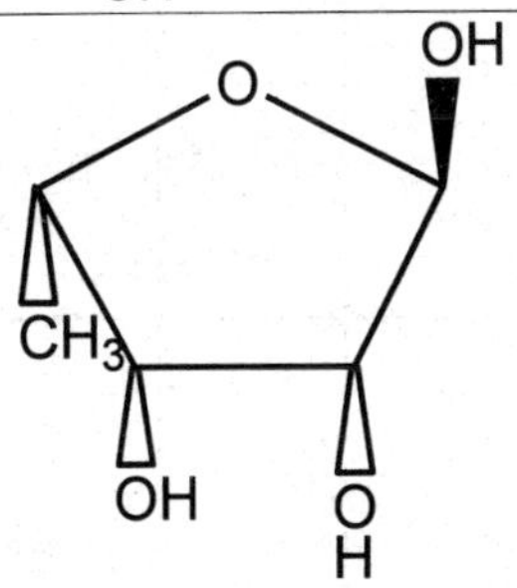
		三、			四环素	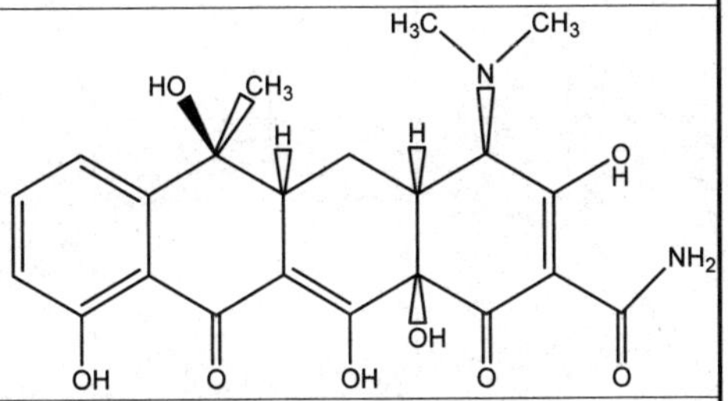
					4—二甲基氨基—萘并萘—2—甲酰胺（全氢化）（四环素骨架的组分）（子目注释）	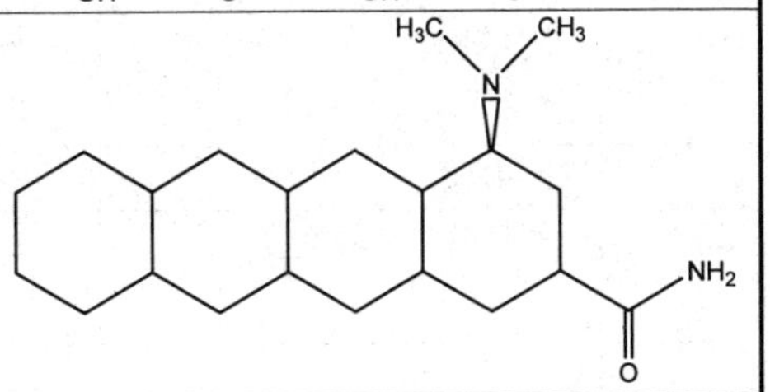
					N—（2—羟基—1—甲基—2—苯乙基）乙酰胺（氯霉素骨架的组分）（子目注释）	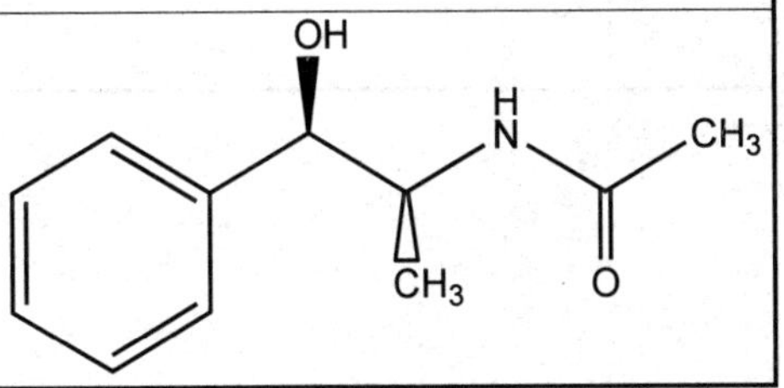

页码	品目	段落			注释描述	化学结构
(357)		五、			红霉素	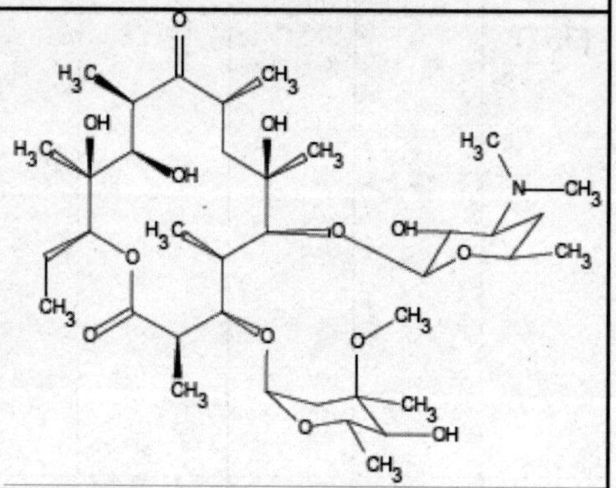
					13－乙基－13－三癸内酯（红霉素骨架的组分）（子目注释）	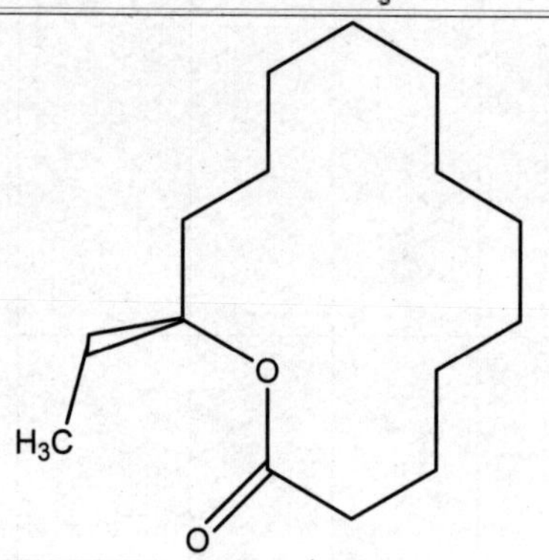
					脱氧糖胺（红霉素骨架的组分）（子目注释）	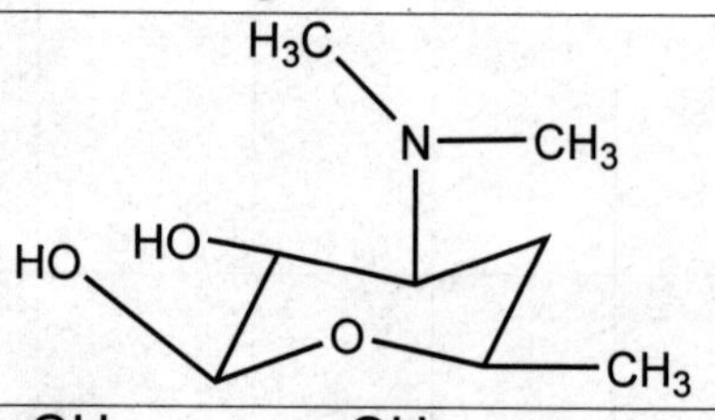
					碳霉糖（红霉素骨架的组分）（子目注释）	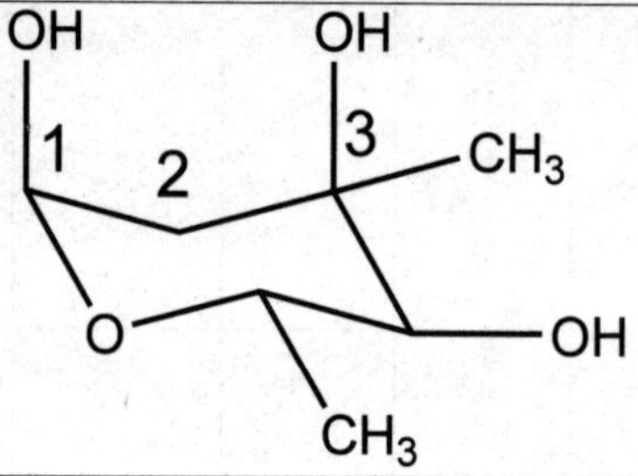
	29.42				其他有机化合物	
358		一、			烯酮类	R,R'>C=C=O
		二、			三氟化硼与二乙醚的络合物	$(C_2H_5)_2O\cdot BF_3$

第三十章　药　　品

注释：

一、本章不包括：

（一）食品及饮料（例如，营养品、糖尿病食品、强化食品、保健食品、滋补饮料及矿泉水），但不包括供静脉摄入用的滋养品（第四类）；

（二）用于帮助吸烟者戒烟的制剂，例如，片剂、咀嚼胶或透皮贴片（品目 21.06 或 38.24）；

（三）经特殊煅烧或精细研磨的牙科用熟石膏（品目 25.20）；

（四）适合医药用的精油水馏液及水溶液（品目 33.01）；

（五）品目 33.03 至 33.07 的制品，不论是否具有治疗及预防疾病的作用；

（六）加有药料的肥皂及品目 34.01 的其他产品；

（七）以熟石膏为基本成分的牙科用制品（品目 34.07）；或

（八）不作治疗及预防疾病用的血清蛋白（品目 35.02）。

二、品目 30.02 所称的“免疫制品”是指直接参与免疫过程调节的多肽及蛋白质（品目 29.37 的货品除外），例如，单克隆抗体（MAB）、抗体片段、抗体偶联物及抗体片段偶联物、白介素、干扰素（IFN）、趋化因子及特定的肿瘤坏死因子（TNF）、生长因子（GF）、促红细胞生成素及集落刺激因子（CSF）。

三、品目 30.03 及 30.04 以及本章注释四（四）所述的非混合产品及混合产品，按下列规定处理：

（一）非混合产品：

1. 溶于水的非混合产品；

2. 第二十八章及第二十九章的所有货品；以及

3. 品目 13.02 的单一植物浸膏，只经标定或溶于溶剂的。

（二）混合产品：

1. 胶体溶液及悬浮液（胶态硫磺除外）；

2. 从植物性混合物加工所得的植物浸膏；以及

3. 蒸发天然矿质水所得的盐及浓缩物。

四、品目 30.06 仅适用于下列物品（这些物品只能归入品目 30.06 而不得归入本协调制度其他品目）：

（一）无菌外科肠线、类似的无菌缝合材料（包括外科或牙科用无菌可吸收缝线）及外伤创口闭合用的无菌粘合胶布；

（二）无菌昆布及无菌昆布塞条；

（三）外科或牙科用无菌吸收性止血材料；外科或牙科用无菌抗粘连阻隔材料，不论是否可吸收；

（四）用于病人的 X 光检查造影剂及其他诊断试剂，这些药剂是由单一产品配定剂量或由两种以上成分混合而成的；

（五）血型试剂；

（六）牙科粘固剂及其他牙科填料；骨骼粘固剂；

（七）急救药箱、药包；

（八）以激素、品目 29.37 的其他产品或杀精子剂为基本成分的化学避孕药物。

（九）专用于人类或作兽药用的凝胶制品，作为外科手术或体检时躯体部位的润滑剂，或者作为躯体和医疗器械之间的偶合剂；

（十）废药物，即因超过有效保存期等原因而不适合作原用途的药品；以及

（十一）可确定用于造口术的用具，即裁切成型的结肠造口术、回肠造口术、尿道造口术用袋及其具有粘性的片或底盘。

总 注 释

本章包括为改进药效将聚乙二醇（PEGs）聚合物与第三十章的药品（例如，功能性蛋白质及多肽、抗体片段）连结而成的聚乙二醇化产品。本章品目的聚乙二醇化产品与其未聚乙二醇化的产品归入同一品目〔例如，品目 30.02 的聚乙二醇化干扰素（INN）〕。

30.01 已干燥的器官疗法用腺体及其他器官，不论是否制成粉末；器官疗法用腺体、其他器官及其分泌物的提取物；肝素及其盐；其他供治疗或预防疾病用的其他品目未列名的人体或动物制品：

20 — 腺体、其他器官及其分泌物的提取物

90 — 其他

本品目包括：

一、已干燥的器官疗法用动物腺体及其他器官（例如，脑、脊髓、肝、肾、脾、胰腺、乳腺、睾丸、卵巢），不论是否制成粉末。

二、器官疗法用腺体、其他器官及其分泌物的提取物，通过溶剂提取、沉淀、凝结或其他方法制得。这些提取物可呈固态、半固态或液态，为了保存的需要也可溶于任何溶剂，呈溶液或悬浮液状。

器官疗法用腺体或器官分泌物的提取物，包括胆汁提取物。

三、肝素及其盐。肝素由得自哺乳动物组织的复杂有机酸（粘多糖）混合物组成，其组成成分根据不同的组织而各不相同。肝素及其盐主要用于医药，特别用作抗血液凝结剂，不论其活度如何，均归入本品目。

四、协调制度其他品目未列名的供治疗或预防疾病用的其他人体或动物制品，它包括：

（一）保存于甘油中的红骨髓。

（二）制成干粉片的蛇毒液或蜂毒液及由这类毒液形成的非微生物隐毒素。

已配定剂量或制成零售形式或包装作药用的这些产品〔上述（一）及（二）款产品〕，应归入品目 30.04。

（三）活的或保藏的骨骼、器官及其他人体或动物组织，适合于永久移植用，装入无菌包装并标有使用说明等。

本品目不包括：

（一）鲜、冷、冻或其他方法暂时保藏的腺体及其他动物器官（第二章或第五章）。

（二）胆汁，不论是否干燥（品目 05.10）。

（三）通过处理腺体或其他器官提取物所得的已有化学定义的单独化合物及第二十九章的其他产品，例如，氨基酸（品目 29.22）、维生素（品目 29.36）、激素（品目 29.37）。

（四）供治病、防病或诊断用的人血、动物血，抗血清（包括特效免疫球蛋白）及其他血液组分（例如，“正常”血清、人体正常免疫球蛋白、血浆、纤维蛋白原、纤维蛋白）（品目 30.02）。

（五）具有品目 30.03 或 30.04 所列药物特征的产品（参见相应的注释）。

（六）非供治疗或预防疾病用的球蛋白及球蛋白组分（血液或血清的除外）（品目 35.04）。

（七）酶（品目 35.07）。

30.02 人血；治病、防病或诊断用的动物血制品；抗血清、其他血份及免疫制品，不论是否修饰或通过生物工艺加工制得；疫苗、毒素、培养微生物（不包括酵母）及类似产品：

10 — 抗血清、其他血份及免疫制品，不论是否修饰或通过生物工艺加工制得

20 — 人用疫苗

30 — 兽用疫苗

90 — 其他

本品目包括：

一、人血（例如，装于密封安瓿的人血）。

二、供治病、防病或诊断用动物血制品。

其他用途的动物血归入品目 05.11。

三、抗血清、其他血份及免疫制品，不论是否修饰或通过生物工艺加工制得。

这些产品包括：

（一）抗血清及其他血份，不论是否修饰或通过生物工艺加工制得。

血清是从血液凝块后分离出来的液体血份。

本品目主要包括从血液制得的下列产品："正常"血清、人体正常免疫球蛋白、血浆、凝血酶、纤维蛋白原、纤维蛋白、其他血液凝固因子、血液球蛋白、血清球蛋白及血红蛋白。本组也包括通过生物工艺加工制得的改性血红蛋白，例如：交富血红蛋白（INN）、聚戊二醛血红蛋白（INN）及交聚血红蛋白（INN）等交联血红蛋白。

本品目还包括供治疗或防治疾病用的血清白蛋白（例如，通过分馏人血血浆制得的人体白蛋白）。

抗血清是从对某些疾病（不论这些疾病是由病原细菌及病毒、毒素所致或由过敏现象等所致）具有免疫力或已获免疫力的人或动物血液中制得的。抗血清用于治疗白喉症、痢疾、坏疽、脑膜炎、肺炎、破伤风、葡萄球菌或链球菌感染、毒蛇咬伤、植物中毒及过敏性疾病等。抗血清也用于诊断，包括玻璃试管试验。特效免疫球蛋白是提纯的抗血清制剂。

本品目不包括非供治病或防病用的血清白蛋白（品目 35.02）及球蛋白（血液球蛋白及血清球蛋白除外）（品目 35.04）。本品目也不包括某些国家称之为"血清"或"人造血清"的非从血液中分离出来的药品；用于治疗过敏症的以氯化钠或其他化学品为基本成分的等渗溶液及花粉悬浮液也不归入本品目。

（二）免疫制品，不论是否修饰或通过生物工艺加工制得。

供诊断或治疗疾病用或作免疫试验用的产品应归入本组。这些产品解释如下：

1．单克隆抗体（MAB）——在培养基或腹水中培养的无性繁殖杂交肿瘤细胞经精选后制得的特异性免疫球蛋白。

2．抗体片段——通过专门的酶裂解法制得的抗体蛋白的部分体。

3．抗体偶联物及抗体片段偶联物——至少含有一个抗体或抗体片段的偶联物。最简单的类型为以下组合：

（1）抗体-抗体；

（2）抗体片段-抗体片段；

（3）抗体-抗体片段；

（4）抗体-其他物质；

（5）抗体片段-其他物质。

第（4）种及（5）种的偶联物类型包括，例如：与蛋白结构共价偶联的酶〔例如，碱性磷酸（酯）酶、过氧化物酶或β-半乳糖苷酶〕或染料（荧光素），用于直接检测反应。

本品目还包括白介素、干扰素（IFN）、趋化因子及特定的肿瘤坏死因子（TNF）、生长因子（GF）、促红细胞生成素及集落刺激因子（CSF）。

四、疫苗、毒素、培养微生物（不包括酵母）及类似产品。

这些产品包括：

（一）疫苗。

最典型的疫苗是悬浮于盐溶液、油（脂制疫苗）或其他介质中的含病毒或细菌微生物源的具有预防疾病作用的制剂。这些制剂通常在不破坏其免疫性的条件下被加以处理以降低其毒性。

其他疫苗包括重组疫苗、多肽疫苗及糖类疫苗。这些疫苗通常包含一个抗原，一个抗原识别片断或一个作抗原识别片断的基因代码（多肽、重组体或蛋白质偶联物及其他物质）。“抗原识别片断”是抗体的一部分，在生物体中起到激发免疫反应的作用。这类疫苗中多数对某种特定的病毒或细菌具有靶向作用。这些疫苗用于治疗或预防疾病。

本品目也包括由疫苗或类毒素组成的混合物〔例如，白喉疫苗、破伤风疫苗及百日咳（DPT）疫苗〕。

（二）毒素（毒物）、类毒素、隐毒素及抗毒素。

（三）培养微生物（不包括酵母）。这些微生物包括酵素，例如，制乳的衍生物（酸乳酒、酸乳、乳酸）的乳酵素、制醋的醋酵素以及制青霉素及其他抗菌素的霉菌等；也包括用于技术方面（例如，帮助植物生长）的培养微生物。

含有少量乳酵素的乳及乳清归入第四章。

（四）人体、动物及植物病毒及抗病毒。

（五）噬菌体。

除本章注释四（四）另有规定的以外（参见品目30.06），本品目也包括微生物诊断试剂。但不包括酶（粗制凝乳酶、淀粉酶等），即使是微生物酶（链激酶、链道酶等）（品目35.07），也不包括坏死的单细胞微生物（疫苗除外）（品目21.02）。

五、诊断试剂盒。

具有本品目所列任何产品基本特征的诊断试剂盒应归入本品目。使用这种试剂盒所发生的正常反应包括凝集、沉淀、中和、成分结合、血液凝集和酶联免疫吸附分析（ELISA）等。其基本特征是由最大程度控制测试过程特性的单一成分所决定。

本品目的产品，不论是否已配定剂量或制成零售包装，也不论是否成散装或分成小包装，一律归入本品目。

30.03 两种或两种以上成分混合而成的治病或防病用药品（不包括品目30.02、30.05或30.06的货品），未配定剂量或制成零售包装：

10 — 含有青霉素及具有青霉烷酸结构的青霉素衍生物或链霉素及其衍生物

20 — 含有其他抗菌素

— 含有激素或品目29.37的其他产品，但不含抗菌素：

31 — — 含有胰岛素

39 — — 其他

40 — 含有生物碱及其衍生物，但不含抗菌素及品目29.37的激素或其他产品

90 — 其他

本品目包括用以防治人类或动物疾病的内服或外用药品。这些药品是通过将两种或两种以上物质混合制成。但如果已配定剂量或制成零售形式或包装的，应归入品目30.04。

本品目包括：

一、混合药剂，例如，在药典中列名的混合药剂、特许专卖药等，包括不归入品目30.02、30.05

或 30.06 的含嗽剂、眼药水、药膏、搽剂、注射剂、反刺激剂及其他混合制剂。

但不能认为凡列于药典的制剂及特许专卖药等都一律归入品目 30.03。例如，主要用以清洁皮肤，并不含具有治疗或预防粉刺作用的有效高度活性成分的抗粉刺制剂应归入品目 33.04。

二、含有一种单独的药物和一种赋形剂、甜味剂、聚结剂、载体等混合的制剂。

三、仅供静脉摄入（静脉注射或静脉滴注）用的滋养品。

四、药用的胶态溶液及悬浮液（例如，胶体硒），但不包括胶态硫磺及单一胶态贵金属。已配定剂量或制成零售包装供治病或防病用的胶态硫磺归入品目 30.04，否则归入品目 28.02。单一胶态贵金属归入品目 28.43，不论是否制成药用。但供治病、防病用的多种胶态贵金属混合物或者由一种或一种以上胶态贵金属与其他物质混合的混合物应归入本品目。

五、药用混合植物浸膏，包括从植物性混合物加工所得的植物浸膏。

六、品目 12.11 的植物及其部分品的药用混合物。

七、通过蒸发天然矿泉水所得的药用盐及类似的人造产品。

八、从制盐原料获得的供治病用的浓缩水（例如，克劳氏矿泉水等）；药浴（硫浴、碘浴等）用混合盐，不论是否加有香料。

九、药用保健盐（例如，由碳酸氢钠、酒石酸、硫酸镁及糖组成的混合剂）及类似的混合泡腾盐。

十、樟脑油、酚油等。

十一、止喘药品，例如，止喘纸、止喘粉等。

十二、“阻滞药”，例如，由一种药物成分固定于聚合离子交换剂上而成的药物。

十三、人体、兽医或外科用麻醉药。

*
* *

本品目条文不适用于食物或饮料，例如，营养品、糖尿病食品、强化食品、滋补饮料或矿泉水（天然或人造），尤其是仅含营养物质的食品，它们应分别归入各自的适当品目。食品中主要的营养物质是蛋白质、碳水化合物及脂肪。维生素及天然盐也有营养作用。

同样，加有药性物质的食品和饮料，如果所加入的药性物质仅仅是为了保证产品的营养平衡、增加能量供给和营养价值，或改善产品的味道，而且还保持着食品或饮料的特征，也不归入本品目。

再者，由植物或植物部分品混合构成的产品或由植物或植物部分品与其他物质混合构成的产品，用于制草药浸剂或草本植物“茶”，例如，具有通便、催泻、利尿或驱风作用的产品，虽然标明能够解除某些病痛或能强身健体，也不归入本品目（归入品目 21.06）。

另外，本品目还不包括含有维生素或天然盐的保健食品，这些食品用于强身健体，但并无标明治疗或预防疾病用途。这些产品通常为液态，也可制成粉末或片状，一般归入品目 21.06 或第二十二章。

另一方面，若制品中的食物或饮料部分仅仅是药性物质的支持剂、载体或甜味剂（例如，为了便于服用），则仍应归入本品目。

除食物和饮料外，本品目还不包括：

（一）品目 30.02、30.05 或 30.06 的货品。

（二）精油的水馏液和水溶液及品目 33.03 至 33.07 的制剂，即使它们具有治病或防病作用（第三十三章）。

（三）药皂（品目 34.01）。

（四）品目 38.08 的杀虫剂、消毒剂等。

30.04 由混合或非混合产品构成的治病或防病用药品（不包括品目 30.02、30.05 或 30.06 的货品），已配定剂量（包括制成皮肤摄入形式的）或制成零售包装：

10 — 含有青霉素及具有青霉烷酸结构的青霉素衍生物或链霉素及其衍生物

20 — 含有其他抗菌素

— 含有激素或品目 29.37 的其他产品，但不含抗菌素：

31 —— 含有胰岛素

32 —— 含有皮质甾类激素及其衍生物或结构类似物

39 —— 其他

40 — 含有生物碱及其衍生物，但不含抗菌素及品目 29.37 的激素或其他产品

50 — 含有维生素或品目 29.36 所列产品的其他药品

90 — 其他

本品目包括由混合或非混合产品构成的下列药品：

一、已配定剂量或为片剂、安瓿（例如，1.25～10 立方厘米安瓿装的再蒸馏水，供直接治疗酒精中毒、糖尿病昏迷等疾病用或作注射药溶剂用）、胶囊剂、扁囊剂、滴剂、锭剂、制成皮肤摄入形式的制剂或小量粉剂的药品，已制成一次使用剂量供治病或防病用。

本品目还包括已配成一定剂量的通过皮肤摄入的药品。这些药品通常制成自粘贴片形状（一般为长方形或圆形），直接施敷于患者皮肤上。装有活性物质的药囊由一多孔膜包覆，包覆面与皮肤接触。药囊释放出的活性物质通过分子扩散经皮肤而被吸收并进入血液当中。这些货品不应与品目 30.05 的医疗用橡皮膏相混淆。

本品目包括上述一次使用剂量的药品，不论是散装的或零售包装的；或

二、供治病或防病用零售包装的药品，即其包装形式，尤其是所附的说明（注明适应症、用法、用量）明显为不需重新包装即可直接售给用户（个人、医院等）的防病或治病用产品（例如，碳酸氢钠及罗望子果粉）。

所附说明（任何文字）可采用标签、说明书或其他形式。但单有药性或纯度的说明是不足以表明产品可归入本品目。

另一方面，即使没有说明，非混合产品只要制成零售包装而且明显专供防病治病用也可作为本节所列的药品归类。

由混合产品构成的供治病或防病用药品，如果未配定剂量或未制成零售形式或包装，应归入品目 30.03（参见相应的注释）。

按照本章注释三的规定，下列产品可作为非混合产品对待：

（一）溶于水的非混合产品。

（二）归入第二十八章或第二十九章的所有产品。这些产品包括胶态硫磺及已稳定的过氧化氢溶液。

（三）仅标准化或溶于任何溶剂的品目 13.02 所列的单一植物浸膏（参见品目 13.02 的注释）。

但必须注意，品目 28.43 至 28.46 及 28.52 的未混合产品，即使符合上述一或二节所述条件，也不归入品目 30.04。例如，胶态银，即使已配定剂量或包装成药物形式，仍应归入品目 28.43。

*

* *

本品目还包括仅适于作药用的锭剂、片剂、滴剂等，例如，以硫磺、炭、四硼酸钠、苯甲酸钠、氯酸钾或氧化镁为基本成分的药品等。

但主要由糖（不论是否含有明胶、淀粉、谷物细粉等食品）和芳香剂（包括具有药物性质的物质，例如，苯甲醇、薄荷醇、桉叶油素及吐鲁香脂）组成的喉糖、咳嗽糖应归入品目 17.04。含有药性物质（芳香剂除外）的喉糖、咳嗽糖，如果已配定剂量或制成零售包装，而且每粒糖所含的药性物质已具有治病或防病的作用，则仍应归入本品目。

本品目也包括制成以上一或二节所述形式的下列产品：

1．含有活性阳离子（例如，季铵盐）的有机表面活性剂及其制品，它们具有抗菌、消毒、杀菌作用。

2．聚乙烯吡咯烷酮碘，为碘与聚乙烯吡咯烷酮反应所得的产品。

3．骨移植替代品，例如，由外科级硫酸钙制得的骨移植替代品，可注入断裂的骨腔，能被自然吸收并被骨组织代替；这些产品具有晶质基质，当基质被吸收后，在其上面可长成新骨。

但本品目不包括通常含有硬化剂（固化剂）和活化剂的骨骼粘固剂，这些产品用于现有骨骼的移植修复等（品目 30.06）。

*
* *

本品目条文不适用于食物或饮料，例如，营养品、糖尿病食品、强化食品、滋补饮料或矿泉水（天然或人造），尤其是仅含营养物质的食品，它们应分别归入各自的适当品目。食品中主要的营养物质是蛋白质、碳水化合物及脂肪。维生素及天然盐也有营养作用。

同样，加有药性物质的食品和饮料，如果所加入的药性物质仅仅是为了保证产品的营养平衡、增加能量供给和营养价值，或改善产品的味道，而且还保持着食品或饮料的特征，也不归入本品目。

再者，由植物或植物部分品混合构成的产品或由植物或植物部分品与其他物质混合构成的产品，用于制草药浸剂或草本植物"茶"，例如，具有通便、催泻、利尿或驱风作用的产品，虽然标明能够解除某些病痛或能强身健体，也不归入本品目（归入品目 21.06）。

另外，本品目还不包括含有维生素或天然盐的保健食品，这些食品用于强身健体，但并无标明治疗或预防疾病用途。这些产品通常为液态，也可制成粉末或片状，一般归入品目 21.06 或第二十二章。

另一方面，若制品中的食品或饮料部分仅仅是药性物质的支持剂、载体或甜味剂（例如，为了便于服用），则仍应归入本品目。

本品目也不包括：

（一）未制成药剂的蛇毒液及蜂毒液（品目 30.01）。

（二）品目 30.02、30.05 或 30.06 的货品，不论如何包装。

（三）精油水馏液及水溶液和品目 33.03 至 33.07 的制剂，即使它们具有治病或防病作用（第三十三章）。

（四）药皂，不论如何包装（品目 34.01）。

（五）未制成内服或外用药品的品目 38.08 的杀虫剂、消毒剂等。

（六）用于帮助吸烟者戒烟的制剂，例如，片剂、咀嚼胶或透皮贴片（品目 21.06 或 38.24）。

30.05　软填料、纱布、绷带及类似物品（例如，敷料、橡皮膏、泥罨剂），经过药物浸涂或制成零售包装供医疗、外科、牙科或兽医用：

10　—　胶粘敷料及有胶粘涂层的其他物品

90　—　其他

本品目包括用药物（反刺激剂、杀菌剂等）浸、涂的织物、纸、塑料等制成的软填料、纱布、绷带及类似物品，供医疗、外科、牙科或兽医用。

这些物品包括浸渍碘或水杨酸甲酯等的软填料、各种调好的敷料和泥罨剂（例如，亚麻子或芥子泥罨剂）、药物橡皮膏等。它们可以成张，也可以为圆片状或其他任何形状。

未经药物浸涂，供作敷料（通常为脱脂棉花）和绷带等用的软填料及纱布，倘若它们不需重新包装，只能直接出售（例如，受所附标签或特殊折叠方式所限）给用户（个人、医院等）用于医疗、外科、牙科或兽医方面，则仍应归入本品目。

本品目也包括下列类型的敷料：

一、皮肤敷料，由制好的成条冰冻或冻干动物皮组织（通常是猪的）构成，用作临时性生物敷料，直接敷于失去皮肤的创伤面、暴露的组织创伤及外科感染面等。它们有各种不同的规格，装于外面贴有使用说明的无菌容器中（零售包装）。

二、液体敷料，装于喷罐（零售包装）中，用以在创口上覆盖一层透明的保护性薄膜。这种敷料由一种溶于挥发性有机溶剂（例如，乙酸乙酯）的塑料（例如，改性乙烯共聚物或甲基丙烯酸塑料）无菌溶液及一种推进剂组成，不论是否添加了药物（特别是消毒剂）。

本品目不包括未制成零售形式或包装的供医疗、外科、牙科或兽医用的含氧化锌绷带、橡皮膏以及骨折用石膏绷带。

本品目也不包括：

（一）经过特殊煅烧或精细研磨的牙科用熟石膏及以熟石膏为基本成分的牙科用制品（分别归入品目 25.20 及 34.07）。

（二）通过皮肤摄入的药品（品目 30.04）。

（三）本章注释四所列的货品（品目 30.06）。

（四）品目 96.19 的卫生巾（护垫）及止血塞、婴儿尿布及尿布衬里和类似品。

30.06　本章注释四所规定的医药用品：

10　—　无菌外科肠线、类似的无菌缝合材料（包括外科或牙科用无菌可吸收缝线）及外伤创口闭合用的无菌粘合胶布；无菌昆布及无菌昆布塞条；外科或牙科用无菌吸收性止血材料；外科或牙科用无菌抗粘连阻隔材料，不论是否可吸收

20　—　血型试剂

30　—　X 光检查造影剂；用于病人的诊断试剂

40　—　牙科粘固剂及其他牙科填料；骨骼粘固剂

50　—　急救药箱、药包

60　—　以激素、品目 29.37 的其他产品或杀精子剂为基本成分的化学避孕药物

70　—　专用于人类或兽药的凝胶制剂，作为外科手术或体检时躯体部位的润滑剂，或者作为躯体和医疗器械之间的偶合剂

—　其他：

91　— —　可确定用于造口术的用具

92　— —　废药物

本品目仅包括下列货品：

一、无菌外科肠线、类似的无菌缝合材料及外伤用的无菌粘合胶布

本组包括各种外科缝合用的无菌缝合材料。这些缝合材料通常装于消毒液中或密封无菌容器内。它们包括：

（一）肠线（用牛肠、羊肠或其他动物肠子制得的已加工胶质）。

（二）天然纤维（棉、丝、亚麻）。

（三）聚酰胺（尼龙）、聚酯等的合成聚合纤维。

（四）金属（不锈钢、钽、银、青铜）。

本组还包括诸如由氰基丙烯酸丁酯及染料组成的粘合胶布；由于敷用后这种单体会聚合，因此该产品用于代替人体内外创伤缝合用的普通缝合材料。

本品目不包括未消毒的缝合材料。这些货品应按其属性归类，例如，肠线（品目 42.06）、蚕肠线、纺织纱线等（第十一类）、金属丝（第七十一章或第十五类）。

二、无菌昆布及无菌昆布塞条

本组范围仅限于无菌昆布及无菌昆布塞条（小段海藻，有时为棕色，表面粗糙且带有沟纹）。它们与潮湿物质接触后大为膨胀并变得平滑柔韧。

因此，它们用于外科作为扩张的手段。

本品目不包括未消毒的产品（品目12.12）。

三、外科及牙科用无菌吸收性止血材料

本组包括供外科或牙科用作止血材料且具有被体液吸收特性的无菌产品。它包括常制成纱布或纤维（“毛”）、垫块、小拭子或带状的氧化纤维素；明胶海绵或泡沫；“毛发”或“薄膜”状的藻酸钙纱布。

四、外科或牙科用无菌抗粘连阻隔材料，不论是否可吸收。

五、血型试剂

归入本品目的试剂必须可直接用于血型试验。它们既可是人类或动物血清，也可是植物种子或植物其他部分的浸膏（植物凝集素）。这些试剂根据血细胞或血清的特征来确定血型。除活性成分外，它们可能还含有增强活性或起稳定作用的物质（防腐剂、抗菌素等）。

（一）下列货品可作为根据血细胞的特征来确定血型的试剂：

1．用来确定A、B、O及AB血型、A_1及A_2亚型和H因子的制剂。

2．用来确定M、N、S及P血型和其他如Lu、K及Le等型的制剂。

3．用来确定Rh血型及C^w、F、V等亚型的制剂。

4．用来确定动物血型的制剂。

（二）用来测定血清特征的试剂是：

1．用来测定Gm、Km等系统特征的制剂。

2．来用测定Gc、Ag等血清类型的制剂。

（三）为某些血型技术所需的抗人体球蛋白血清（库姆斯血清）也应作为本品目的试剂归类。

需进一步加工后方能作试剂用的粗血清和其他半制成物质应根据其组成物质归类。

（四）用于确定HLA性质（HLA抗原）的试剂归入本品目，但它们必须是可直接使用的。它们可以是人体血清，也可以是动物血清。这些试剂与试验物体的外周血液淋巴球反应以确定HLA抗原。试验物体的HLA抗原可根据不同的HLA试验血清反应方式加以确定。除活性成分外，试剂还含有起稳定及保存作用的添加剂。

它们包括：

1．用来确定HLA　A、B及C抗原的制剂。

2．用来确定HLA　DR抗原的制剂。

3．用来确定HLA　D抗原的制剂。

4．含有一系列不同HLA抗血清，用来确定HLA　A、B及C抗原的成品试剂（例如，试验板）。

5．用来确定HLA　DR位的成品试剂（例如，试验板）。

六、X光检查造影剂及用于病人的诊断试剂，为已配定剂量的非混合产品或由两种及以上成分相互混合组成的产品

造影剂用于内藏器官、动脉、尿道及胆道等的X光检查。它们主要是硫酸钡或对X光不透光的其他物质，可制成注射剂或口服剂（例如，钡餐）。

本品目的诊断试剂（包括微生物诊断试剂）为口服剂、注射剂等。

本品目不包括非病人用的诊断试剂（例如，病人体外验血、验尿等用的试剂或实验室用试剂）；它们应按其制成的材料归入相应的品目（例如，第二十八章、第二十九章、品目30.02或38.22）。

七、牙科用粘固剂及填料、骨骼粘固剂

牙科粘固剂及填料通常是以金属盐（氯化锌、磷酸锌等）、金属氧化物、古塔波胶或塑料为基料的。它们也可由专作牙科填料用的金属合金（包括贵金属合金）组成。这类合金有时称作“汞齐”，尽管它们不含汞。本品目包括临时性和永久性填料，也包括加有药物成分且具有防病作用的粘固剂和填料。

它们通常制成粉状或片状，有时还配有调配时需用的液体，并在包装上标明供牙科用。

本品目也包括用以填塞牙根管的尖子（例如，由银、古塔波胶、纸制成的）。

本品目还包括骨骼粘固剂，通常含有硬化剂（固化剂）和活化剂，这些产品供现有骨骼的移植修复之用等；这些粘固剂通常在体温下固化。

本品目不包括经特殊煅烧或精细研磨的牙科用熟石膏及以熟石膏为基本成分的牙科用制品(分别归入品目 25.20 及 34.07)。

本品目也不包括骨移植替代品，例如，由外科用硫酸钙制得的骨移植替代品，这些产品具有晶体基质，当基质被吸收后，在其上面可长成新骨（品目 30.04)。

八、急救药箱、药包

这些药箱、药包内装有几样少量普通药品（双氧水、碘酊、红汞、山金车花酊剂等），少量敷料、绷带、膏药等，偶尔还有一些剪刀、镊子等器具。

本品目不包括医生用的较复杂的医药包。

九、以激素、品目 29.37 其他产品或杀精子剂为基本成分的化学避孕药物，不论是否零售包装。

十、专用于人类或兽药的凝胶制剂，作为外科手术或体检时躯体部位的润滑剂，或者作为躯体和医疗器械之间的偶合剂

这些制剂通常含有多元醇（甘油、丙二醇等）、水及增稠剂，一般在医疗或兽医方面用作体检时躯体部位的润滑剂（例如，阴道润滑）或躯体部位与外科医生的手、手套或医疗器材之间的润滑剂，还可用作躯体和医疗器械（例如，心电描记器、超声波扫描仪）之间的偶合剂。

十一、可确定用于造口术的用具，即裁切成型的结肠造口术、回肠造口术、尿道造口术用袋及其具有粘性的片或底盘。

十二、废药物

本品目包括因超过有效保存期等而不适合于作原用途的药品。

第三十一章　肥　　料

注释：

一、本章不包括：

（一）品目 05.11 的动物血；

（二）单独的已有化学定义的化合物〔符合下列注释二（一）、三（一）、四（一）或五所规定的化合物除外〕；或

（三）品目 38.24 的每颗重量不低于 2.5 克的氯化钾培养晶体（光学元件除外）；氯化钾光学元件（品目 90.01）。

二、品目 31.02 只适用于下列货品，但未制成品目 31.05 所述形状或包装：

（一）符合下列任何一条规定的货品：

1. 硝酸钠，不论是否纯净；
2. 硝酸铵，不论是否纯净；
3. 硫酸铵及硝酸铵的复盐，不论是否纯净；
4. 硫酸铵，不论是否纯净；
5. 硝酸钙及硝酸铵的复盐（不论是否纯净）或硝酸钙及硝酸铵的混合物；
6. 硝酸钙及硝酸镁的复盐（不论是否纯净）或硝酸钙及硝酸镁的混合物；
7. 氰氨化钙，不论是否纯净或用油处理；
8. 尿素，不论是否纯净。

（二）由上述（一）款任何货品相互混合的肥料；

（三）由氯化铵或上述（一）或（二）款任何货品与白垩、石膏或其他无肥效无机物混合而成的肥料；

（四）由上述（一）2 或 8 项的货品或其混合物溶于水或液氨的液体肥料。

三、品目 31.03 只适用于下列货品，但未制成品目 31.05 所述形状或包装：

（一）符合下列任何一条规定的货品：

1. 碱性熔渣；
2. 品目 25.10 的天然磷酸盐，已焙烧或经过超出清除杂质范围的热处理；
3. 过磷酸钙（一过磷酸钙、二过磷酸钙或三过磷酸钙）；
4. 磷酸氢钙，按干燥无水产品重量计含氟量不低于 0.2%。

（二）由上述（一）款的任何货品相互混合的肥料，不论含氟量多少。

（三）由上述（一）或（二）款的任何货品与白垩、石膏或其他无肥效无机物混合而成的肥料，不论含氟量多少。

四、品目 31.04 只适用于下列货品，但未制成品目 31.05 所述形状或包装：

（一）符合下列任何一条规定的货品：

1. 天然粗钾盐（例如，光卤石、钾盐镁矾及钾盐）；
2. 氯化钾，不论是否纯净，但上述注释一（三）所述的产品除外；
3. 硫酸钾，不论是否纯净；
4. 硫酸镁钾，不论是否纯净。

（二）由上述（一）款任何货品相互混合的肥料。

五、磷酸二氢铵及磷酸氢二铵（不论是否纯净）及其相互之间的混合物应归入品目 31.05。

六、品目 31.05 所称“其他肥料”，仅适用于其基本成分至少含有氮、磷、钾中一种肥效元素的

肥料用产品。

总 注 释

本章包括通常作天然或人造肥料用的绝大多数产品。

另一方面，本章不包括用于改良土壤，而非使土壤肥沃的产品，例如：

（一）石灰（品目25.22）。

（二）泥灰及沃土（不论是否天然含有少量的肥效元素氮、磷或钾）（品目 25.30）。

（三）泥煤（品目 27.03）

本章也不包括适用于种子、植物或土壤中用以帮助种子发芽及植物生长的微量营养素制品。它们可含有少量的肥效元素氮、磷、钾，但不作为基本成分（例如，品目 38.24）。

本章还不包括已制成的植物生长培养介质，例如，盆栽土，以泥煤、泥煤与砂的混合物、泥煤与粘土的混合物（品目 27.03）或泥土、砂、粘土等的混合物（品目 38.24）为基料制成。所有这些产品均可含有少量的氮、磷或钾肥效元素。

31.01　动物或植物肥料，不论是否相互混合或经化学处理；动植物产品经混合或化学处理制成的肥料

本品目包括：

一、动植物肥料，不论是否相互混合或经化学处理；

二、动植物产品经相互混合或化学化处理制成的肥料（品目 31.03 的骨骼过磷酸盐除外）。

但当这些产品制成品目 31.05 所述形状或包装时，应归入品目 31.05。

本品目主要包括：

（一）海鸟粪，即海鸟排泄物及尸体的堆积物，大量存在于某些海岛或沿海地区。它含有氮和磷，通常是一种具有强烈氨气味的浅黄色粉末。

（二）只适于作肥料用的排泄物、人畜粪肥及污秽废羊毛等。

（三）只适于作肥料用的腐烂植物产品。

（四）已粉碎的海鸟粪。

（五）用硫酸处理皮革后剩余的产品。

（六）由已腐烂废植物和其他物质组成并用石灰等进行加速或控制腐烂的堆肥。

（七）羊毛洗刷残渣。

（八）干血和骨粉的混合物。

（九）经城市污水处理厂处理的性质稳定的下水道淤泥。这些淤泥是通过以下方法制得的：通过对下水道污水进行筛分处理，除去较大的物体，并使粗砂石及较重的非生物成分沉淀；然后可对剩余的淤泥进行风干或过滤。所获得的淤泥含有较高比例的有机物质及一些肥效元素（例如，磷及氮）。但是，其他物质（例如，重金属）含量很高而不适合作为肥料使用的上述淤泥不归入本品目（品目 38.25）。

本品目不包括：

（一）动物血，不论是液体的还是干燥的（品目 05.11）。

（二）已粉碎的骨、角、蹄或鱼废料（第五章）。

（三）不适合供人食用的肉、杂碎、鱼、甲壳动物、软体动物或其他水生无脊椎动物的细粉、粗粉及团粒（品目 23.01）以及归入第二十三章的其他产品（油渣饼、酿造或蒸馏糟粕等）。

（四）骨、木材、泥煤或煤烧成的灰（品目 26.21）。

（五）本品目的天然肥料与化学肥料混合而成的混合物（品目 31.05）。

（六）性质稳定的下水道淤泥与硝酸钾或硝酸铵的混合物（品目 31.05）。

（七）皮革边脚废料；皮革屑、粉（品目 41.15）。

31.02　矿物氮肥及化学氮肥：

10　—　尿素，不论是否水溶液

—　硫酸铵；硫酸铵和硝酸铵的复盐及混合物：

21　——　硫酸铵

29　——　其他

30　—　硝酸铵，不论是否水溶液

40　—　硝酸铵与碳酸钙或其他无肥效无机物的混合物

50　—　硝酸钠

60　—　硝酸钙和硝酸铵的复盐及混合物

80　—　尿素及硝酸铵混合物的水溶液或氨水溶液

90　—　其他，包括上述子目未列名的混合物

本品目仅包括未制成品目 31.05 所述形状或包装的下列货品：

一、符合下列任何一条规定的货品：

（一）硝酸钠，不论是否纯净。

（二）硝酸铵，不论是否纯净。

（三）硫酸铵和硝酸铵的复盐（不论是否纯净）。

（四）硫酸铵，不论是否纯净。

（五）硝酸钙和硝酸铵的复盐（不论是否纯净）或混合物。硝酸钙和硝酸铵的某些混合物可作为“硝酸钙化肥”出售。

（六）硝酸钙和硝酸镁的复盐（不论是否纯净）或混合物。这些产品是通过用硝酸处理白云石制得的。

（七）氰氨化钙，不论是否纯净或用油处理。

（八）尿素（碳酸二酰胺），不论是否纯净。主要作肥料用，但也可作为动物饲料，还可用于制脲甲醛树脂、有机合成等。

必须注意，以上列出的矿产品或化学产品，即使明显不作为肥料使用，也应归入本品目。

另一方面，以上未列出的含氮产品，即使作为肥料使用，也不归入本品目（例如，氯化铵应归入品目 28.27）。

二、由以上第一款所述任何产品相互混合而成的肥料（例如，由硫酸铵和硝酸铵混合而成的肥料）。

三、由氯化铵或以上第一或第二款所述任何产品与白垩、石膏或其他无肥效无机物混合而成的肥料（例如，通过将硝酸铵混入或附于上述无肥效无机物而制得的肥料）。

四、液体肥料，由硝酸铵（不论是否纯净）、尿素（不论是否纯净）或这些产品混合物的水溶液或氨溶液构成。

但应注意，与以上第一款相反，第二、三或四款所述的混合物只有在作肥料用时才归入本品目。

31.03　矿物磷肥及化学磷肥：

10　—　过磷酸钙

90　—　　其他

本品目仅适用于未制成品目31.05所述形状或包装的下列货品：

一、符合下列任何一条规定的货品：

（一）过磷酸钙（一过磷酸钙、二过磷酸钙或三过磷酸钙）（可溶磷酸钙）。一过磷酸钙是通过硫酸作用于天然磷酸盐或骨粉制得的。二过磷酸钙或三过磷酸钙是通过磷酸作用于天然磷酸盐或骨粉制得的。

（二）碱性熔渣（也称作"托马斯炉渣"、"托马斯磷酸盐"、"含磷熔渣"或"冶金磷酸盐"）。它是在碱性熔炉或碱性转炉中用磷铁炼钢时所得的副产品。

（三）品目25.10的天然磷酸盐，已焙烧或超出清除杂质范围的热处理。

（四）以干燥无水产品计含氟重量不少于0.2%的磷酸氢钙。以干燥无水产品计含氟重量少于0.2%的磷酸氢钙归入品目28.35。

必须注意，上述的矿物或化学产品，即使明显不作为肥料使用，也应归入本品目。

另一方面，以上未列出的含磷产品（例如，品目28.35的磷酸钠），即使作为肥料使用，也不归入本品目。

二、由以上第一款所述任何货品相互混合而成的肥料（例如，由过磷酸钙与磷酸氢钙混合而成的肥料），不受以上第一款第（四）项所述氟含量的限制。

三、由以上第一或二款所述任何货品与白垩、石膏或其他无肥效无机物混合而成的肥料（例如，由过磷酸钙与白云石或过磷酸钙与硼砂混合而成的肥料），不受以上第一款第（四）项所述氟含量的限制。

必须注意，与以上第一款所述情况相反，第二或第三款的混合物只有是用作肥料的才归入本品目。据此，这些混合物可以是按任何比例混合而成的，且不受以上第一款第（四）项所述氟含量的限制。

31.04　矿物钾肥及化学钾肥：

20　—　　氯化钾

30　—　　硫酸钾

90　—　　其他

本品目仅包括未制成品目31.05所述形状或包装的下列货品：

一、符合下列任何一条规定的货品：

（一）氯化钾，不论是否纯净，但不包括品目38.24所列每颗重量不低于2.5克的氯化钾培养晶体（光学元件除外），也不包括氯化钾光学元件（品目90.01）。

（二）硫酸钾，不论是否纯净。

（三）天然粗钾盐（光卤石、钾盐镁矾、钾盐等）。

（四）硫酸镁钾，不论是否纯净。

必须注意，以上列出的矿物或化学产品，即使明显不作为肥料使用，也应归入本品目。

另一方面，以上未列出的含钾产品，不论是已有化学定义（例如，品目28.36的碳酸钾），还是未有化学定义，即使作为肥料使用，也不归入本品目。

二、由以上第一款所述任何货品相互混合而成的肥料（例如，由氯化钾与硫酸钾混合而成的肥料）。

必须注意，与以上第一款所述情况相反，第二款所述的混合物只有是用作肥料的才归入本品目。

31.05　含氮、磷、钾中两种或三种肥效元素的矿物肥料或化学肥料；其他肥料；制成片及类似形状或每包毛重不超过10千克的本章各项货品：

10 —　制成片及类似形状或每包毛重不超过 10 千克的本章各项货品
20 —　含氮、磷、钾三种肥效元素的矿物肥料或化学肥料
30 —　磷酸氢二铵
40 —　磷酸二氢铵及磷酸二氢铵与磷酸氢二铵的混合物
—　其他含氮、磷两种肥效元素的矿物肥料或化学肥料：
51 — —　含有硝酸盐及磷酸盐
59 — —　其他
60 —　含磷、钾两种肥效元素的矿物肥料或化学肥料
90 —　其他

本品目包括：

一、磷酸二氢铵和磷酸氢二铵，不论是否纯净，及其相互之间的混合物，不论是否作为肥料使用。

必须注意，本品目不包括品目 31.02 至 31.04 未列名的其他已有化学定义的化合物，即使它们也可作肥料用〔例如，硝酸钾（品目 28.34）、磷酸钾（品目 28.35）〕。

二、混合及复合肥料（单独的已有化学定义的化合物除外），即：由氮、磷及钾肥效元素中的两种或三种组成的矿物肥料或化学肥料。它们是通过下列方法制得的：

（一）将两种或多种肥料产品加以混合（即使这些产品混合前不归入品目 31.02 至 31.04）。这类混合物包括：

1．已焙烧的天然磷酸盐和氯化钾。

2．过磷酸钙和硫酸钾。

3．氰氨化钙和碱性熔渣。

4．硫酸铵、过磷酸钙和磷酸钾。

5．硝酸铵、过磷酸钙和硫酸钾或氯化钾。

（二）化学处理法，例如，用硝酸处理天然磷酸钙，并通过冷却和离心分离除去硝酸钙，然后用氨中和分离后的溶液，再加入钾盐，最后蒸发至干燥而制得的肥料（这种肥料有时被误称为硝磷酸钾，但实际上并不是一种单独的已有化学定义的化合物）。

（三）混合和化学处理法并用。

必须注意，品目 31.02、31.03 及 31.04 包括含有微量非该品目所列其他肥效元素（氮、磷、钾）的肥料，这些微量元素仅作为杂质存在；这些货品不应作为本品目的混合肥料或复合肥料归类。

三、所有其他肥料（单独的已有化学定义的化合物除外），例如：

（一）肥料物质（即，含有氮、磷或钾的物质）与硫等无肥效物质的混合物。其中含氮或磷的许多混合肥料归入品目 31.02 或 31.03（参见这些品目的注释），而其他混合肥料则归入本品目。

（二）天然硝酸钠钾肥，为一种硝酸钠和硝酸钾的天然混合物。

（三）动物或植物肥料与化学或矿物肥料的混合物。

本品目不包括：

（一）本章注释二至注释五未列出，但可作肥料用的单独的已有化学定义的化合物，例如，归入品目 28.27 的氯化铵。

（二）废氧化物（品目 38.25）。

本品目也包括制成片及类似形状或每包毛重不超过 10 千克的本章各项货品。

第三十二章 鞣料浸膏及染料浸膏；鞣酸及其衍生物；染料、颜料及其他着色料；油漆及清漆；油灰及其他类似胶粘剂；墨水、油墨

注释：

一、本章不包括：

（一）单独的已有化学定义的化学元素及化合物（品目 32.03 及 32.04 的货品、品目 32.06 的用作发光体的无机产品、品目 32.07 所述形状的熔融石英或其他熔融硅石制成的玻璃及品目 32.12 的零售形状或零售包装的染料及其他着色料除外）；

（二）品目 29.36 至 29.39、29.41 及 35.01 至 35.04 的鞣酸盐及其他鞣酸衍生物；或

（三）沥青胶粘剂（品目 27.15）。

二、品目 32.04 包括生产偶氮染料用的稳定重氮盐与偶合物的混合物。

三、品目 32.03、32.04、32.05 及 32.06 也包括以着色料为基本成分的制品（例如，品目 32.06 包括以品目 25.30 或第二十八章的颜料，金属粉片及金属粉末为基本成分的制品）。该制品是用作原材料着色剂的拼料。但以上品目不包括分散在非水介质中呈液状或浆状的制漆用颜料，例如，品目 32.12 的瓷漆及品目 32.07、32.08、32.09、32.10、32.12、32.13 及 32.15 的其他制品。

四、品目 32.08 包括由品目 39.01 至 39.13 所列产品溶于挥发性有机溶剂的溶液（胶棉除外），但溶剂重量必须超过溶液重量的 50%。

五、本章所称“着色料”，不包括作为油漆填料的产品，不论这些产品能否用于水浆涂料的着色。

六、品目 32.12 所称“压印箔”，只包括用以压印诸如书本封面或帽带之类的薄片，这些薄片由以下材料构成：

（一）金属粉（包括贵金属粉）或颜料经胶水、明胶及其他粘合剂凝结而成的；或

（二）金属（包括贵金属）或颜料沉积于任何材料衬片上的。

总 注 释

本章包括用于鞣制及软化皮革的制剂〔植物鞣膏、合成鞣料（不论是否与天然鞣料混合）以及人造脱灰碱液〕。

本章也包括植物、动物或矿物着色料及有机合成着色料；以及用这些着色料制成的大部分制剂（油漆、陶瓷着色颜料、墨水等）。还包括清漆、干燥剂及油灰等各种其他制品。

除品目 32.03 及 32.04 的货品、用作发光体的无机产品（品目 32.06）、品目 32.07 所述形状的熔融石英或其他熔融硅石制成的玻璃、制成零售形式或包装的染料及其他着色料（品目 32.12）外，本章不包括由已有化学定义的化学元素或化合物构成的产品，这些产品一般归入第二十八章或第二十九章。

品目 32.08 至 32.10 的某些油漆及清漆或品目 32.14 的胶粘剂，如果各种混合组分或某些添加组分（例如，硬化剂）必须在使用时才进行调配的，其组分若符合下列条件仍应归入上述品目：

一、其包装形式足以表明这些成分不需经过改装就可一起使用的；

二、一起报验的；

三、这些成分的属性及相互比例足以表明是相互配用的。

但是对于使用时应加入硬化剂的产品，如报验时无硬化剂，只要这些产品的组分或包装形式足以表明用于调制油漆、清漆或胶粘剂，则仍应归入这些品目。

32.01　植物鞣料浸膏；鞣酸及其盐、醚、酯和其他衍生物：

10　—　坚木浸膏

20　—　荆树皮浸膏

90　—　其他

一、植物鞣料浸膏

这些植物鞣料浸膏主要用于鞣制皮革。它们通常是用温水（有时经酸化）对预先粉碎或切丝的植物材料（木、树皮、树叶、果实、树根等）进行萃取而制得。所得的液体先经过滤或离心分离，然后进行浓缩，有时还用亚硫酸盐等进行处理。这样制得的萃取物为液状，但可进一步浓缩成浆状或固体状。所有这些萃取物含有不同比例的鞣酸及糖、天然盐、有机酸等物，通常为棕色、黄色或浅红色。

主要的鞣料浸膏来自栎树、栗树、白雀树、松树、荆树、漆树、榄仁树、橡碗、黑儿茶、红树及鞣料云实。

本品目不包括：

（一）主要用于生产植物鞣膏的植物原料，不论是否制干、切丝及粉碎（品目 14.04）。

（二）与合成鞣料物质混合的鞣料浸膏（品目 32.02）。

（三）制木浆时所得的残余碱液，不论是否浓缩（品目 38.04）。

二、鞣酸及其盐、醚、酯和其他衍生物

鞣酸是植物鞣料的主要活性组分。它们是通过醚或醇对品目 14.04 的植物原料或对上述第一款所述的浸膏进行萃取制得。本品目也包括棓子浸膏（用水浸取的棓子鞣酸），此种浸膏浓度低于用有机溶剂萃取的提取物。

本品目包括各种鞣酸（焦棓酸及儿茶酚鞣酸），不论是否含有萃取过程中残留的杂质。

最常见的鞣酸是棓子鞣酸。

其他鞣酸包括栎树皮鞣酸（栎单宁酸）、栗木鞣酸（齿栗单宁酸）、坚木鞣酸、荆树鞣酸等。

所有这些鞣酸通常呈白色或浅黄色无定形粉末状，与空气接触会变成棕色，有时也会呈鳞片状或针状晶体等，主要用作媒染剂，用于制墨水、澄清葡萄酒或啤酒，还用于制药及照相业。

归入本品目的鞣酸盐包括铝、铋、钙、铁、锰、锌、六亚甲基四胺、非那宗或阿立新的鞣酸盐。鞣酸的其他衍生物包括乙酰单宁（乙酰鞣酸）及亚甲醛二单宁酸。这些衍生物主要用于医药上。

本品目不包括：

（一）贵金属鞣酸盐、其他贵金属化合物（品目 28.43）或品目 28.44 至 28.46 及 28.52 的鞣酸衍生物。

（二）棓酸（品目 29.18）。

（三）品目 29.36 至 29.39 或 29.41 所列产品的鞣酸盐或其他鞣酸衍生物。

（四）合成鞣料，不论是否与天然鞣料混合（品目 32.02）。

（五）品目 35.01 至 35.04 的蛋白质鞣酸盐及其他鞣酸衍生物，例如，鞣酸酪蛋白（品目 35.01）、鞣酸白蛋白（品目 35.02）、鞣酸明胶（品目 35.03）。

32.02　有机合成鞣料；无机鞣料；鞣料制剂，不论是否含有天然鞣料；预鞣用酶制剂：

10　—　有机合成鞣料

90　—　其他

本品目包括：

一、鞣料产品

本品目包括不构成第二十八章或第二十九章所列单独的已有化学定义的化合物的下列鞣料产品：

（一）合成有机鞣料（有时称作“合成鞣剂”）。

这些产品虽能单独使用，将皮革鞣成淡色，但常与天然鞣料混合或联合使用，以帮助其渗入皮内。它们包括：

1．芳香性合成鞣剂，例如，甲醛与酚酸、甲酚酸或萘磺酸的缩合产品；高分子量磺化芳香烃；多磺酰胺及多羟基多芳基砜磺酸。

2．烷基磺酰氯（有时称作“合成油基鞣料”）。

3．树脂鞣料产品，全部或绝大部分溶于水。这些产品包括甲醛与双氰胺、尿素或二聚氰胺的某些缩合产品。

（二）无机鞣料或“矿物鞣料”（例如，以铬、铝、铁或锆盐为基料的鞣料）。

上述第（一）项及第（二）项所述产品，即使相互混合（例如，与铬盐或铝盐混合的有机合成鞣剂）或与天然鞣料混合，仍应归入本品目。

本品目还包括除主要用作合成鞣料外还具有次要用途（例如，染料的均染性及漂白性）的产品。

二、人造脱灰碱液

这些是复杂制品，它有助于除去纤维间的蛋白质，并除去透入刮皮张内的石灰，使皮软化，更易接受随后的鞣料作用。脱灰碱液通常以特定的酶或胰液素等为基料，还可混有一些脱灰物质或糠、木粉等增充剂。

本品目不包括：

（一）制木浆所得的残余碱液，不论是否浓缩（品目 38.04）。

（二）皮革工业上主要不用作鞣料的整理剂、加速染料着色或固色的染料载体及其他产品和制剂（例如，熟皮料和媒染剂）（品目 38.09）。

32.03　动植物质着色料（包括染料浸膏，但动物碳黑除外），不论是否已有化学定义；本章注释三所述的以动植物质着色料为基本成分的制品

本品目包括主要用作着色料的大部分动植物产品。这些产品通常是用水、弱酸或氨溶液浸取植物原料（木材、树皮、根、籽、花及地衣等）或动物原料制得；对于某些植物原料还可通过发酵制得；其所含物料比较复杂，通常含有一种或几种染色要素和从原料或浸取过程中残留下来的少量其他物质（糖、鞣酸等）。它们不论是否已有化学定义均归入本品目。

本品目包括：

一、植物质着色料及染料浸膏，这些物质是从苏木（氧化苏木精、苏木精等）、黄木（黄颜木、染色桑及坦皮科木等）、红木（棘云实红木、利马木、巴西红木等）、檀香木、栎皮粉木、黑儿茶（儿茶）、胭脂树橙、茜草、紫朱草、指甲花、姜黄、波斯浆果、红花、藏红花等制得。本品目也包括由某些地衣制成的苔色素及石蕊；从各种葡萄皮制得的葡萄霜；从荨麻及其他植物提取而得的叶绿素，也包括叶绿素钠、叶绿素铜及叶黄素；部分分解山毛榉树皮及软木等植物而得的仿铁棕：从靛蓝植物（主要为木蓝）制得的天然靛蓝。它通常呈深蓝色粉末、浆状、饼状或团状等。

二、动物质着色料，例如，胭脂虫浸膏，用酸化了的水或氨水溶液浸取美洲胭脂虫而得；虫胭脂，从地中海胭脂虫取得的一种红色提取物；乌贼染料，从某些种类乌贼的墨囊制得的棕色色料；从虫胶制得的色料浸膏，其中主要的一种称作紫胶染料；天然真珠颜料，从鱼鳞制得，主要成分为鸟嘌呤及次黄嘌呤，呈晶体状。

本品目也包括以动植物色料为基料，用于任何物料着色的或用作色料制剂拼料的制剂。它们包括：

（一）某些国家用于奶油着色的胭脂树橙植物油溶液。

（二）分散于水介质或水与水溶溶剂混合组成的介质中的天然真珠颜料。这些产品有时称为“珠光粉”，用于制水溶性涂料或化妆品。

但本品目不包括本章注释三最后一句所指的制剂。

本品目也不包括：

（一）碳黑（品目 28.03）。

（二）实际上对其染色性不加利用的物质，例如，桑色素、羟高铁血红素及氯高铁血红素（第二十九章）。

（三）有机合成着色料（品目 32.04）。

（四）将天然动植物着色料固定在底料上而制成的色淀（例如，胭脂红色淀、苏木色淀、黄木及红木色淀）（品目 32.05）。

（五）制成零售形式或包装的染料或其他着色料（品目 32.12）。

（六）象牙黑及其他动物黑（品目 38.02）。

32.04　有机合成着色料，不论是否已有化学定义；本章注释三所述的以有机合成着色料为基本成分的制品；用作荧光增白剂或发光体的有机合成产品，不论是否已有化学定义：

— 有机合成着色料及本章注释三所述的以有机合成着色料为基本成分的制品：

11　——　分散染料及以其为基本成分的制品

12　——　酸性染料（不论是否预金属络合）及以其为基本成分的制品；媒染染料及以其为基本成分的制品

13　——　碱性染料及以其为基本成分的制品

14　——　直接染料及以其为基本成分的制品

15　——　瓮染料（包括颜料用的）及以其为基本成分的制品

16　——　活性染料及以其为基本成分的制品

17　——　颜料及以其为基本成分的制品

19　——　其他，包括由子目 3204.11 至 3204.19 中两个或多个子目所列着色料组成的混合物

20　—　用作荧光增白剂的有机合成产品

90　—　其他

一、有机合成着色料，不论是否已有化学定义；本章注释三所列的以有机合成着色料为基本成分的制品

有机合成着色料一般从油类或蒸馏煤焦油的其他产品中取得。

本品目主要包括：

（一）未混合的有机合成着色料（不论是否为已有化学定义的化合物），及由无染色性能物质（例如，无水硫酸钠、氯化钠、糊精、淀粉）稀释以降低其染色功能或使其标准化的有机合成着色料。添加少量的表面活性产品以增进着色料的渗透性或固着性并不影响其归类。这类染料通常为粉末、晶体、浆状等。

制成零售形式或包装的有机合成色料应归入品目 32.12（参见该品目注释第三款）。

（二）不同类型的有机合成着色料的混合物。

（三）以塑料、天然橡胶、合成橡胶、增塑剂或其他材料为介质的浓缩分散体。这些分散体通常

为小片状或团块状，作为橡胶、塑料等的整体着色的原料。

（四）有机合成着色料与较大量的表面活性产品或有机粘合剂混合的混合物，这些混合物用于塑料的整体着色或作为织物印花制品的拼料。它们通常呈浆糊状。

（五）以有机合成着色料为基本成分并用于任何物料的着色或用作色料制剂拼料的其他制品，但不包括本章注释三最后一句所指的制剂。

归入本品目的各类有机合成着色料（不论作染料还是作颜料）包括：

1. 亚硝基及硝基化合物染料。

2. 单或多偶氮化合物染料。

3. 芪染料。

4. 噻唑染料（例如，硫黄素）。

5. 咔唑染料。

6. 亚胺醌染料，例如，吖嗪染料（引杜林染料、尼格染料、二氨吖嗪染料、碱性藏红染料等）、恶嗪染料（培花青等）及噻嗪染料（亚甲蓝等）；以及靛酚及吲达胺染料。

7. 呫吨染料（焦宁染料、荧光素、曙红、罗丹明等）。

8. 吖啶、喹啉染料（例如，花青、异花青、隐花青）。

9. 二苯甲烷或三苯甲烷染料，例如，槐黄及品红。

10. 羟基醌及蒽醌染料，例如，茜素。

11. 磺化靛类染料。

12. 其他瓮染料或颜料（例如，合成靛蓝），其他硫化染料或颜料，溶靛素染料等。

13. 磷钨绿等（参见品目 32.05 注释第三段）。

14. 酞菁染料（天然的在内）及其金属化合物，包括其磺化衍生物。

15. 合成而得的类胡萝卜素（例如，β类胡萝卜素，8’-脱辅基-β-胡萝卜醇，8’-脱辅基-β-胡萝卜酸，8’-脱辅基-β-胡萝卜酸乙酯，8’-脱辅基-胡萝卜酸甲酯及隐黄质）。

某些偶氮着色料常制成混合物形式，由稳定重氮盐与偶合剂组成，可直接在织物纤维上产生不溶性偶氮染料。这些混合物也归入本品目。

本品目不包括不和偶合剂一起使用就可以直接将织物纤维着色的单独重氮盐（不论是否已被稳定或稀释至标准浓度）（第二十九章）。

本品目也不包括在制着色料过程的不同阶段中获得的本身不是染料的中间产品。这些中间产品（例如，一氯代乙酸、苯磺酸及萘磺酸、间苯二酚、氯代硝基苯、硝基苯酚及亚硝基苯酚、亚硝胺、苯胺、硝胺及磺胺衍生物、联苯胺、氨基萘磺酸、蒽醌、甲苯胺）应归入第二十九章。这些产品与归入本品目某些初级产品差异甚大，例如，酞菁染料，化学上已是“最终产品”，只需简单的物理加工即可获得其最佳染色能力。

有机合成着色料有的可溶于水，有的不溶于水。它们几乎全部取代了天然有机着色料，尤其是在织物印染，皮革、纸张或木材染色方面。它们也用于制色淀（品目 32.05），品目 32.08 至 32.10、32.12 及 32.13 的着色料，以及品目 32.15 的墨水，并用于塑料、橡胶、蜡、油类、照相用感光乳剂等的着色。

上述某些物质也用作实验室试剂或用于医药方面。

本品目不包括实际上对其染色性能不加利用的物质，例如，甘菊环烃（品目 29.02）；三硝基苯酚（苦味酸）及二硝基邻甲酚（品目 29.08）；六硝基二苯胺（品目 29.21）；甲基橙（品目 29.27）；胆红素、胆绿素及卟啉（品目 29.33）；吖啶黄素（品目 38.24）。

二、用作荧光增白剂或发光体的有机合成产品，不论是否已有化学定义

（一）用作荧光增白剂的有机产品是一种能吸收紫外线后产生蓝色可见光并因此使白色产品增

白的有机合成产品。它们通常由芪的衍生物构成。

（二）用作发光体的有机产品是一种在光线作用下能发光或产生荧光效应的有机产品。

其中有些产品也具有着色料的特性。例如，塑料中的罗丹明B，能产生一种红色荧光，通常呈粉末状。

大多数用作发光体的有机产品（例如，二羟基对苯二酸二乙酯及水杨醛连氮）并非着色料，将它们加到颜料中可使颜料更为鲜艳。这些产品不论是否已化学定义均应归入本品目，但没有发光作用（例如，不纯、晶体结构不同）的除外（第二十九章）。因此用作橡胶发泡剂的水杨醛连氮应归入品目29.28。

相互混合的或与有机合成色料混合的发光体有机产品仍归入本品目。与无机颜料混合时则不归入本品目（品目32.06）。

子目注释：

子目 3204.11 至 3204.19

有机合成着色料及本章注释三所述的以有机合成着色料为基本成分的制剂是根据其应用方法或用途列出子目的。这些子目所列的产品详述如下：

分散染料是基本上不溶于水的非离子型染料，以水分散体形式适用于疏水性纤维的染色。它们用于聚酯、尼龙及其他聚酰胺、乙酸纤维及丙烯酸纤维的染色，也用于某些热塑性塑料的表面染色。

酸性染料是水溶性的阴离子型染料，适用于尼龙、羊毛、丝绸、改性丙烯酸纤维及皮革的染色。

媒染染料是水溶性染料，应用时需用媒染剂（例如，铬盐）使其粘附于织物纤维之上。

碱性染料是水溶性阳离子型染料，适用于改性丙烯酸纤维、改性尼龙纤维、改性聚酯纤维或未漂白纸张的着色。它们最初用于丝绸、羊毛及鞣酸媒染棉花的着色，色泽鲜艳但牢度较差。某些碱性染料具有微生物活性，因而也用于医药上作防腐剂。

直接染料为水溶性阴离子型染料，于水溶液中在电解质存在下，能对纤维素纤维直接染色。它们用于棉花、再生纤维素、纸、皮革的染色，偶尔也用于尼龙的染色。为了改善它们的染色牢度，直接染色织物通常须进行后处理，例如，就地重氮化和偶合，与金属盐螯合或用甲醛处理。

瓮染料为不溶于水的染料，在碱浴中还原成水溶性隐色体，这种隐色体主要被纤维素纤维吸收后再经氧化成为不溶性的有色酮。

活性染料为能与纤维（通常为棉花、羊毛或尼龙）分子的基团反应形成一个共价键的染料。

颜料为在整个染色过程中能保留其结晶或微粒形状的有机合成色料（与染料相反，染料在溶解或蒸发过程中晶体结构会消失，尽管在染色的后阶段晶体结构会恢复）。它们包括某些以上所述染料的不溶性金属盐。

子目 3204.19 主要包括：

——本章注释二所述混合物；

——溶剂染料，能溶于有机溶剂，适用于合成纤维（例如，尼龙、聚酯、丙烯酸纤维）的染色，或用于汽油、清漆、着色剂、墨水、蜡等。

对于某些因具有两种或多种使用方法而可归入不同子目的有机合成着色料，应按下列原则归类：

——报验时处于既可用作瓮染料，也可用作颜料的，应按瓮染料归入子目 3204.15。

——其他可归入子目 3204.11 至 3204.17 中两个或多个具体列名子目的，应归入有关子目的最后一个子目。

——既可归入子目 3204.11 至 3204.17 中的某一具体列名子目，又可归入“其他”子目 3204.19 的有机合成着色料，应归入具体列名的有关子目项下。

有机合成着色料混合物及以其为基本成分的制剂应按下列原则归类：

——归入同一子目的两种及以上产品的混合物，应归入相同的子目内。

——归入不同子目(3204.11至3204.19)的两种及以上产品的混合物,应归入"其他"子目3204.19项下。

荧光增白剂，有时也称为"白色染料"，因其已在子目 3204.20 中具体列名，所以不归入子目 3204.11 至 3204.19。

32.05　色淀；本章注释三所述的以色淀为基本成分的制品

色淀是不溶于水的制品。它是将天然着色料（动物质或植物质）或有机合成着色料（不论是否能溶于水）固定在一种通常为矿物质（例如，硫酸钡、硫酸钙、氧化铝、瓷土、滑石、硅石、硅质化石土、碳酸钙等）的基底上而制成。

将着色料固定在基底上通常采用下列方法：

一、用沉淀剂（鞣酸、氯化钡等）将着色料沉淀在基底上，或通过色料与基料共沉淀制得。

二、用着色料溶液对基料进行染色。

三、不溶着色料与惰性基料的机械紧密混合。

切勿将色淀与某些不溶于水的有机合成着色料等其他产品相混淆。这些产品的矿物元素是分子的组成部分，例如，已生成不溶性金属盐形式的有机合成着色料（例如，磺化染料的钙盐，碱性染料与磷、钼、钨等络酸的盐）(品目 32.04)。

色淀大多数由具有高度抗氧化能力的有机合成着色料（例如，偶氮染料、从蒽醌衍生的瓮染料或茜素染料）（品目 32.04）制成。这些色淀用于制印刷油墨、糊墙纸及油画颜料。

色淀也可由动植物质有机着色料（即品目 32.03 所列货品）制得。它们主要有：胭脂虫红色淀，通常用明矾处理胭脂虫浸膏水溶液而得，大多数用于制水合颜料，也用于糖浆、糖果及甜酒的着色；苏木色淀、黄木色淀及红木色淀等。

这些产品常呈粉状。

本品目包括色淀分散于塑料、橡胶、增塑剂或其他介质中的浓缩分散体。这些分散体通常呈小片或小块状，并大量用作橡胶、塑料等本体染色的原料。

本品目也包括某些以色淀为基料的其他制剂，这些色淀可用于任何物料的着色或用作制着色料制剂的拼料。但不包括本章注释三所述的制剂。

本品目不包括日本（或中国）漆（品目 13.02）。

32.06　其他着色料；本章注释三所述的制品，但品目 32.03、32.04 及 32.05 的货品除外；用作发光体的无机产品，不论是否已有化学定义(+)：

—　以二氧化钛为基本成分的颜料及制品：

11　——　以干物质计二氧化钛含量在 80%及以上的

19　——　其他

20　—　以铬化合物为基本成分的颜料及制品

—　其他着色料及其他制品：

41　——　群青及以其为基本成分的制品

42　——　锌钡白及以硫化锌为基本成分的其他颜料和制品

49　——　其他

50　—　用作发光体的无机产品

一、其他着色料；本章注释三所述的制剂，但品目 32.03、32.04 或 32.05 的货品除外

本品目包括无机着色料及矿物着色料。

但本品目不包括：

（一）天然云母氧化铁；土色料，不论是否焙烧或相互混合（参见品目 25.30 的注释）。

（二）单独的已有化学定义的无机着色料〔例如，碱式碳酸铅；铁、铅、铬或锌的氧化物；锌或汞的硫化物；铬酸铅（第二十八章）〕；施温福特绿（乙酰亚砷酸铜）（品目 29.42）。

（三）金属粉片及粉末（第十四类或第十五类）。

本品目的着色料包括：

（一）以二氧化钛为基本成分的颜料。这些产品包括经表面处理的或与硫酸钙、硫酸钡或其他物质混合的二氧化钛，还包括为使其获得适合作颜料用的特定物理性质而在生产过程中故意加入化合物的二氧化钛。特性不适合作颜料用的其他特制的二氧化钛应归入其他品目（例如，品目 38.15、品目 38.24）。未经混合及未经表面处理的二氧化钛归入品目 28.23。

（二）以铬化合物为基本成分的颜料。这些包括由铬酸铅与其他无机产品（例如，硫酸铅）混合组成的黄色色料，由氧化铬与其他物料混合组成的绿色色料。

（三）群青。群青是一种络合物，过去从天青石中获得，但现在通过人工处理各种硅酸盐、铝酸盐、碳酸钠、硫等的混合物制得。本品目也包括群青绿、群青红及群青紫，但不包括有时称作群青黄的某些未混合铬酸盐（品目 28.41）。

（四）锌钡白及以硫化锌为基本成分的其他颜料，例如，由不同比例的硫化锌及硫酸钡混合组成的白色颜料。

（五）以镉化合物为基本成分的颜料，例如，由硫化镉和硫酸钡混合组成的黄色颜料，由硫化镉和硒化镉混合组成的镉红。

（六）普鲁士蓝（柏林蓝）及其他以六氰合高铁酸盐（氰亚铁酸盐及氰铁酸盐）为基本成分的颜料。普鲁士蓝由亚铁氰化铁组成，未有化学定义。它是通过用亚铁盐沉淀碱金属亚铁酸盐后再用次氯酸盐氧化制得。它是一种无定形蓝色固体，用于制归入本品目的多种颜料。这些产品包括矿物蓝（含有硫酸钡和高岭土）、铬绿或英国绿（含有铬黄，有时还有硫酸钡）、锌绿（含有铬酸锌）及用于颜色墨水的化合物（含有草酸）。特恩布尔蓝，由氰铁酸亚铁组成，未有化学定义，单独或混合的。

（七）矿物黑（归入品目 25.30 或 28.03 的碳黑除外），例如：

1．页岩黑，为各种硅酸盐与碳的混合物，通过将沥青页岩加以不完全煅烧制得。

2．硅黑，将煤和硅藻土混合物加以煅烧制得。

3．“阿鲁黑”，通过煅烧铝土矿和煤焦油沥青或油脂的混合物而制得的一种氧化铝和碳的混合物。

（八）含有极少量有机合成染料的发光色土〔不会发光的色土，不论是否相互混合，通常归入品目 25.30（参见有关的注释）〕。

（九）可溶性铁棕及类似产品，通常用氢氧化铵或氢氧化钾溶液处理品目 25.30 的土色料（铁棕、煅棕土或卡色尔土等）而得。

（十）以钴化合物为基本成分的颜料，例如，青天蓝。

（十一）由精细矿物（例如，钛铁矿）粉构成的颜料。

（十二）锌灰（很不纯的氧化锌）。

（十三）合成珠光颜料，即无机珠母颜料，例如：

1．加有少量有机表面活性剂的氯氧化铋；

2．用氯氧化铋、二氧化钛或二氧化钛和氧化铁涂布的云母。

这些产品用于生产各种化妆品。

添加了有机着色料的无机颜料也归入本品目。

这些产品均是原材料，主要用于生产：陶瓷工业用的色料或颜料（参见品目 32.07 的注释），品目 32.08 至 32.10 和 32.12 的色料、油漆、瓷漆及大漆，品目 32.13 的艺术家、学生用色料或文娱颜料，以及印刷油墨（归入品目32.15）。

本品目还包括以上面所述色料为基本成分的制品；也包括用于任何物料着色或用作生产色料制品拼料并呈下列形式的品目25.30或第二十八章的颜料及金属粉片和粉末：

1．分散在塑料、天然橡胶、合成橡胶、增塑剂或其他介质中的浓缩分散体。这些分散体用作塑料、橡胶等本体着色的原材料。或

2．与相当大量表面活性产品或与有机粘合剂混合的混合物。这些产品用于塑料等的本体着色，或作为纺织品印花制剂的拼料。它们通常呈膏状。

但本品目不包括本章注释三最后一句所列的制品。

本品目也不包括：

用作油性涂料填料的产品，不论其是否也可用于水浆涂料的着色，例如：

（一）高岭土（品目25.07）。

（二）碳酸钙（品目25.09或28.36）。

（三）硫酸钡（品目25.11或28.33）。

（四）硅藻土（品目25.12）。

（五）板岩（品目25.14）。

（六）白云石（品目25.18）。

（七）碳酸镁（品目25.19或28.36）。

（八）石膏（品目25.20）。

（九）石棉（品目25.24）。

（十）云母（品目25.25）。

（十一）滑石（品目25.26）。

（十二）方解石（冰洲晶石）（品目25.30）。

（十三）氢氧化铝（品目28.18）。

（十四）两种或多种以上（一）至（十三）项所列产品的混合物（通常归入品目38.24）。

二、用作发光体的无机产品，不论是否已有化学定义

用作发光体的无机产品是指在可见或不可见射线（太阳光线、紫外线、阴极射线、X射线等）的作用下能产生发光效应（荧光或磷光）的产品。

这些产品的大多数由已被所含极少量“活性”产品（例如，银、铜或锰）所活化的金属盐组成。例如，被银或铜活化的硫化锌、被铜活化的硫酸锌及被锰活化的硅酸锌铍。

另外一些发光体产品的发光性能不是来自所存在的活性剂，而是由于其金属盐经过处理后形成了特殊的晶体结构。这些产品是不含其他物质的已有化学定义的化合物，包括钨酸钙及钨酸镁。本品目不包括不具有发光性能（例如，不纯，晶体结构不同）的相同化学品（第二十八章）。因此用作试剂的“无定形”钨酸钙应归入品目28.41。

用作发光体的无机产品有时加入微量的放射性盐以使其自身发光。如果其放射性比度超过74贝克勒尔／克（0.002微居里／克），则应作为含有放射性物质的混合物归入品目28.44。

用作发光体的无机产品相互混合（例如，被铜活化的硫化锌与被铜活化的硫化锌镉相互混合）或与无机颜料（属于第二十八章或以上第一部分的产品）相混合，其产品仍应归入本品目。

发光体用于制发光涂料，用于电视机、示波器、放射仪、射线检查设备、雷达设备或荧光灯管的荧屏涂层。

本品目不包括品目28.43至28.46及28.52所述的货品（例如，氧化钇与氧化铕的混合物），不论其包装形式或用途如何。

○
○○

子目注释：

子目 3206.19

二氧化钛含量低于 80％的制品，包括分散于塑料、天然橡胶、合成橡胶或增塑剂中的浓缩分散体（通常称作母炼胶），用于塑料、橡胶等的本着色。

32.07　陶瓷、搪瓷及玻璃工业用的调制颜料、遮光剂、着色剂、珐琅和釉料、釉底料（泥釉）、光瓷釉以及类似产品；搪瓷玻璃料及其他玻璃，呈粉、粒或粉片状的：

10　—　调制颜料、遮光剂、着色剂及类似制品

20　—　珐琅和釉料、釉底料（泥釉）及类似制品

30　—　光瓷釉及类似制品

40　—　搪瓷玻璃料及其他玻璃，呈粉、粒或粉片状的

本品目包括一系列用于陶瓷工业（瓷器、陶器等）、玻璃工业或供金属物品着色或修饰用的制品。

一、已调制的颜料、遮光剂及着色剂，是通过加入或不加入助熔剂或其他物质并热处理氧化物（锑、银、砷、铜、铬及钴等的氧化物）或盐（氟化物、磷酸盐等）所制得的干燥混合物，涂布后通常在 300℃以上进行高温煅烧。在陶瓷烧制过程中，此类货品会形成彩色或不透明表面。它们可渗入釉料或瓷漆中使用，也可在上釉之前作为涂层先行涂布。

二、珐琅及釉料，为硅石与其他产品（长石、高岭土、碱类、碳酸钠、碱土金属化合物、氧化铅、硼酸等）的混合物，加热玻璃化后可形成无光泽或有光泽的平滑表面。在多数情况下其部分组分在预备阶段已相互熔合并以粉状玻璃料形式存于混合物中（参见下文）。

它们可以是透明的（不论是否着色），也可以在加入遮光剂或颜料后变成不透明；有时加入某些物质（例如，氧化钛或氧化锌），烧制后冷却可产生水晶状的装饰性效果。这类珐琅及釉料通常呈粉或粒状。

三、釉底料（泥釉），是以粘土为基本成分的半流质糊状，不论是否着色，用以涂布瓷器的全部表面或某一图案。它们或在陶瓷烧制前涂布，或在第一次预烧后涂布。

四、光瓷釉，为金属化合物在松节油或其他有机溶剂中的溶液或悬浮液，用于装饰陶瓷器或玻璃器。用途最广的有金、银、铝或铬的光瓷釉。

五、粉状、粒状或粉片状的搪瓷玻璃料及其他各种玻璃（包括从熔融石英或其他熔融硅石制得的玻璃料及玻璃），不论是否着色或镀银。

这些产品用于制陶瓷器、玻璃器及金属器的涂料，也可供其他用途。例如，玻璃料用于以上第二款所述的玻璃化产品的制剂。玻璃粉及玻璃粒有时熔结成圆盘、板、管等状，供实验室使用。

玻璃料通常用作电气零件的绝缘体（例如，电灯泡帽上的接触端）。

其他粉状玻璃用作研磨料，用于装饰明信片及圣诞树饰品，也用于制彩色玻璃品等。

以上第五款所述的产品如果不是粉状、粒状或粉片状，则不归入本品目，而通常归入第七十章。这一规定尤其适用于块状的玻璃料及“瓷漆”玻璃（品目 70.01），条、棒或管状的“瓷漆”玻璃（品目 70.02）及供电影屏幕、路标等涂层用的细小规则圆球形玻璃粒（微球体）（品目 70.18）。

32.08　以合成聚合物或化学改性天然聚合物为基本成分的油漆及清漆（包括瓷漆及大漆），分散于或溶于非水介质的；本章注释四所述的溶液：

10　—　以聚酯为基本成分

20　—　以丙烯酸聚合物或乙烯聚合物为基本成分

90　—　其他

一、油漆（包括瓷漆）

本品目的油漆是不溶性着色料（主要为矿物有机颜料或色淀）或金属粉片或粉末的分散体。它们悬浮于一种由粘合剂分散或溶解于非水介质所组成的载体中。这种粘合剂是一种成膜剂，由合成聚合物（例如，酚醛树脂、氨基树脂、热固性或其他丙烯酸聚合物、醇酸或其他聚酯、乙烯聚合物、聚硅氧烷、环氧树脂及合成橡胶）或由化学改性天然聚合物（例如，纤维素化学衍生物或天然橡胶的化学衍生物）组成。

其他产品，例如，干燥剂（以钴、锰、铅或锌化合物为基本成分）、增稠剂（铝皂及锌皂）、表面活性剂、稀释剂或填充剂（硫酸钡、碳酸钙、滑石等）及防结皮剂（例如，丁酮肟）可根据具体用途适量加入到载体中。

在溶剂稀释油漆中，溶剂和稀释剂是挥发性液体（例如，石油溶剂、甲苯、树胶、木松节油、硫酸盐松节油、混合合成溶剂等），添加后可将固体粘合剂溶化，使其具有适当的流动稠度以便于施用。

载体由清漆组成的油漆称作瓷漆；干燥后可生成一层有光泽的或无光泽的特殊光滑硬膜。

溶剂稀释油漆和瓷漆的配制方法根据其实际用途而定，通常都含有几种颜料和几种粘合剂。它们干燥后在涂面上形成一层不粘、不透明、有光泽或无光泽的彩色薄膜。

二、清漆（包括大漆）

本品目的清漆和大漆是用以保护或装饰物体表面的液体制品。它们以合成聚合物（包括合成橡胶）或化学改性的天然聚合物（例如，硝酸纤维素或其他纤维素衍生物、酚醛清漆或其他酚醛树脂、氨基树脂、聚硅氧烷等）为基本成分，并加有溶剂和稀释剂。它们形成一层干燥防水，光洁平滑（不论是否有光泽）而且略带透明或半透明的连续性硬质薄膜。

它们可以通过加入一种能溶于其组分的色料而成为彩色（在油漆及瓷漆中，色料称作“颜料”，但不溶于介质中——参见以上第一部分）。

*

* *

涂布油漆、清漆及大漆的最常见方法是使用漆刷或漆滚。工业中使用的主要方法有喷涂、浸涂及机械涂布。

本品目还包括：

（一）使用时须进行稀释的清漆。它们由溶于少量溶剂的树脂和使其仅适于作清漆用的拼料（例如，防结皮剂、某些第三触变剂或干燥剂）组成。这里所述的清漆，其溶液中也含有次要组分，它与本章注释四所述溶液的区别，主要是根据两类溶液中所含不同化学性质的次要组分及由这些次要组分产生的不同作用来加以确定的。

（二）可幅射的清漆，由低聚物（即由 2、3 或 4 个单体单元组成的聚合物）及交联单体溶于挥发性溶剂中构成，含有或不含有光引发剂。这种清漆在紫外光、红外光、X射线、电子束或其他射线的作用下形成交联的不溶于溶剂的网状结构（一种干硬膜）。这类产品除非明显地只能作清漆使用，否则不归入本品目。作摄影乳剂用的类似产品归入品目 37.07。

（三）由下述第三部分所述聚合物溶液构成的清漆，即品目 39.01 至 39.13 的货品，不论其溶剂重量多少，含有添加物质（生产品目 39.01 至 39.13 所述产品所需的添加物除外），例如，防结皮剂及某些触变剂或干燥剂，这些添加剂使它们仅适于作清漆用。

本部分不包括本章注释四所述的溶液（参见以下第三部分）。

三、第三十二章注释四所述的溶液

根据本章注释四，含有下列组分的溶液（胶体溶液除外）应归入本品目：

——溶于挥发性有机溶剂中的一种或多种品目 39.01 至 39.13 所述产品和制造这些产品所需的溶

解拼料，例如，促进剂、缓硬剂及交联剂（不包括染料等可溶性拼料及填充剂或颜料等不溶性拼料，也不包括根据协调制度的其他规定似可归入这些品目的所有产品），但溶剂的重量须超过溶液重量的50%；

——溶于挥发性有机溶剂中的一种或多种上述产品和增塑剂，但溶剂重量须超过溶液重量的50%。

如果挥发性有机溶剂的重量不超过溶液重量的50%，这些溶液应归入第三十九章。

所称“挥发性有机溶剂”，包括沸点相对较高的溶剂，例如，松节油。

*

*　*

本品目不包括组成成分与以上第二部分倒数第二段所述制品相似或制成零售形式、净重不超过1千克的胶水（品目35.06）。

本品目也不包括：

（一）墙、地板等用的饰面制剂。它们以塑料为基料，并加有大量的填充料，与普通嵌缝胶一样使用抹刀、泥刀等加以涂抹（品目32.14）。

（二）与油漆质地成分相似，但不适于象油漆般施用的印刷油墨（品目32.15）。

（三）制成品目33.04注释所述形状的指甲油类清漆。

（四）改正液，主要由颜料、粘合剂和溶剂组成，制成零售包装，用以抹去打字稿、手稿、复印件、胶印模板及类似品上面的错误或不想要的符号；制成零售包装用作蜡纸修正液的纤维素清漆（品目38.24）。

（五）胶棉，不论其溶剂比例如何（品目39.12）。

32.09　以合成聚合物或化学改性天然聚合物为基本成分的油漆及清漆（包括瓷漆及大漆），分散于或溶于水介质的：

10　—　以丙烯酸聚合物或乙烯聚合物为基本成分

90　—　其他

本品目的油漆是由粘合剂分散体或溶液（以合成聚合物或化学改性天然聚合物为基本成分并溶于水介质构成）与不溶性色料（主要是矿物颜料、有机颜料或色淀）及填料混合组成，并加入表面活性剂和保护胶体以稳定产品。本品目的清漆与油漆相似，只是不含颜料而已；但它们可含有能溶于粘合剂的色料。

粘合剂是一种成膜剂，由聚合体，例如，聚丙烯酸酯、聚乙酸乙烯酯及聚氯乙烯，或苯乙烯与丁二烯的共聚产品所组成。

所称“水介质”，是指由水或水与水溶性溶剂的混合物组成的介质。

本品目不包括：

（一）墙、地板等用的饰面制剂，它们以塑料为基料，并加有大量的填充料。与普通嵌缝胶一样使用抹刀、泥刀等加以涂抹（品目32.14）。

（二）与油漆质地成分相似，但不适于象油漆般施用的印刷油墨（品目32.15）。

32.10　其他油漆及清漆（包括瓷漆、大漆及水浆涂料）；加工皮革用的水性颜料

一、油漆（包括瓷漆）

本品目的油漆（含瓷漆）包括：

（一）干性油（例如，亚麻子油），不论是否改性；分散或溶于水介质或非水介质并加有颜料的天然树脂。

（二）含有硬化剂及颜料但不含任何溶剂或其他介质的液体粘合剂（包括合成或化学改性的天然聚合物）。

（三）以橡胶（合成橡胶除外）为基料的油漆，分散或溶于非水介质或分散于水溶液中，并加有颜料。这种类型的油漆用于薄层涂布，涂层柔韧。

二、清漆（包括大漆）

本品目的清漆包括：

（一）油性漆，油性中的成膜剂是一种干性油（例如，亚麻子油）或干性油与虫胶、天然树胶或树脂的混合物。

（二）以虫胶、天然树胶或树脂为基本成分的清漆及大漆，主要由虫胶、天然树胶或树脂（紫胶、柯巴树脂、松香、达玛树脂等）溶于（或分散于）醇（醇溶性清漆）、树脂、木松节油或硫酸盐松节油、石油溶剂、丙酮等中所成的溶液或分散体组成。

（三）以沥青或类似产品为基本成分的清漆（有时称作黑色日本漆、黑色假漆等）〔对于以地沥青等为基本成分的清漆与品目27.15的某些混合物的区别，参见品目27.15注释所列不包括部分的第（五）款〕。

（四）不含溶剂的液体漆，这类漆可由下列成分构成：

1. 液体塑料（通常是环氧树脂或聚氨酯）及一种称作“硬化剂”的成膜剂。对于某些清漆，硬化剂必须在使用时加入，因而这两种组分必须分别装入不同容器内。这些容器可以配套装入一个大包装内；

2. 一种单一成分的树脂，使用时不是依靠所添加的硬化剂，而是依靠加热或空气中湿气的作用形成薄膜；

3. 低聚物（即由2、3或4个单体单元组成的聚合物）及交联单体，含有或不含有光引发剂。这种清漆在紫外光、红外光、X射线、电子束或其他射线的作用下形成交联的不溶于溶剂的网状结构（一种干硬膜）。

本组所述产品除非明显地只能作清漆使用，否则不归入本品目。不符合这一条件的上述1、2两项产品归入第三十九章。类似于上述第3项所述并作摄影乳剂用的产品归入品目37.07。

（五）以橡胶（合成橡胶除外）为基本成分的清漆及大漆，这些物品是橡胶分散于或溶于非介质中或分散于水介质中，并加入溶于粘合剂的色料。本组所述清漆必须含有使其适于专作清漆用途的其他拼料，否则这些产品通常应归入第四十章。

三、水浆涂料（包括供清洁鞋靴用的白鞋粉）及加工皮革用的水性颜料

（一）水浆涂料主要由着色颜料或矿物质（例如，白粉）与极少量的粘合剂（例如，皮胶或酪蛋白）组成。有的还加有填料、除虫剂或防腐剂。

水浆涂料包括胶凝刷白剂、酪蛋白水浆涂料及硅酸盐水浆涂料。它们通常为粉状，但也有以浆糊状或乳胶状形式报验的。

（二）用于清洁鞋靴的白鞋粉，用粘合剂（例如，糊精或皮胶）将白粉凝聚成片制成。它们也属水浆涂料的一种。它们也可呈浆糊状或分散体形式。

（三）加工皮革用的水性颜料。它是一种与普通水浆涂料类似的制品，由矿物颜料或有机颜料与一定量的粘合剂（例如，酪蛋白酸盐）混合组成。它们呈粉状、浆糊状或水中分散体状，有时还加有使皮革光亮的物质。

本品目还不包括：

（一）墙壁、地板等用的饰面制剂，它们以塑料或橡胶为基料，并加有大量填充料，与嵌缝胶一样使用抹刀、泥刀等加以涂抹（品目32.14）。

（二）与油漆质地成分相似，但不适于象油漆般施用的印刷油墨（品目 32.15）。

（三）粉状油漆，主要由塑料组成，并含有添加剂和颜料，通过热作用（不论是否同时施加静电）将其涂于物体之上（第三十九章）。

32.11 配制的催干剂

配制的催干剂是一种能使干性油更易氧化从而加速油漆或清漆干燥的混合物。这些产品通常由一种化学干燥剂（硼酸铅、环烷酸锌、油酸锌、二氧化锰、树脂酸钴等）和一种填充剂（例如，石膏）组成（固体干燥剂）；或由这些产品在树胶、木松节油或硫酸盐松节油、石油溶剂等中的浓缩溶液（例如，环烷酸钙或环烷酸钴在石油溶剂中的浓缩溶液）组成，含有或不含有干性油（液体或浆状干燥剂）。

本品目不包括：

（一）品目 15.18 的熟炼油或其他化学改性油。

（二）单独的已有化学定义的化合物（通常归入第二十八章或第二十九章）。

（三）树脂酸盐（品目 38.06）。

32.12 制造油漆（含瓷漆）用的颜料（包括金属粉末或金属粉片），分散于非水介质中呈液状或浆状的；压印箔；零售形状及零售包装的染料或其他着色料：

10 — 压印箔

90 — 其他

一、制造油漆（含瓷漆）用的颜料（包括金属粉末或金属粉片），分散于非水介质中呈液状或浆状的

这些是颜料（包括铝或其他金属粉末及粉片）在非水介质（例如，干性油、石油溶剂、树胶、木松节油、硫酸盐松节油或清漆）中的浓缩分散体，呈液状或浆状，用于制油漆或瓷漆。

本组还包括在清漆、真漆（例如，硝化纤维素真漆）或在合成聚合物溶液中的下列浓缩分散体（有时称作“珠光粉”）：

（一）含有鸟嘌呤及次黄嘌呤的天然真珠质颜料，从某些鱼的鳞制得；

（二）合成真珠颜料（例如，涂有氯氧化铋或二氧化钛涂层的云母）。

这些产品用于制人造珍珠、指甲油或其他油漆或瓷漆。

二、压印箔

这些产品（也称转印箔）由下列薄片组成：

（一）用胶水、明胶或其他粘合剂将金属粉末（包括贵金属粉末）或颜料粘结而成的薄片。

（二）通过蒸发、阴极溅散等方法将金属（包括贵金属）或颜料附着在任何衬基（例如，纸、塑料）上而成的薄片。

它们用于印制书籍封面及帽圈等，通过用手工或机械加压方法（并通常加热）施用。

通过滚压或锤击而成的金属箔应按金属成分归类（例如，金箔归入品目 71.08，铜箔归入品目 74.10，铝箔归入品目 76.07）。

三、制成零售形状及零售包装的染料或其他着色料

这些是非成膜产品，通常由着色料和其他物质（例如，惰性稀释剂、能促进着色剂的渗透性和固着性的表面活性产品）混合组成，有时还加有媒染剂。

只有具备下列条件，它们才可归入本品目：

（一）零售包装的染料（例如，袋装粉、瓶装液），或

（二）明显为零售形状的（例如，球、片及类似形状）。

归入本品目的染料主要是供家庭用的，并通常作为“家庭染料”（例如，染衣服、染鞋、染家具用的染料）销售。本品目也包括实验室用的特种染料，例如，对显微制剂染色的染料。

本品目不包括：

（一）片状、管装、罐装、瓶装、扁盒装及类似形状或包装的艺术家、学生或广告美工用颜料、调色料、文娱颜料及类似品（品目 32.13）。

（二）印刷油墨（品目 32.15）。

（三）演员化妆用油彩及其他化妆用制剂（品目 33.04）。

（四）品目 33.05 的染发用“染料”。

（五）彩色蜡笔及粉笔（品目 96.09）。

32.13　艺术家、学生和广告美工用的颜料、调色料、文娱颜料及类似品，片状、管装、罐装、瓶装、扁盒装以及类似形状或包装的：

10　—　成套的颜料

90　—　其他

本品目包括艺术家、学生或美工广告用的制成色料、颜料，以及调色料、文娱颜料及类似品（水彩、树胶水彩画颜料、油涂料等），但它们必呈片状或制成管装、小罐装、瓶装、扁盒装及类似形状或包装。

本品目也包括成套销售的颜料，不论是否附带画笔、调色板、调色刀、擦笔及扁盘等。

本品目不包括印刷油墨（或色料）、墨（不论液体或固体）或品目 32.15 的其他产品，也不包括蜡笔、彩色粉笔或类似物品（品目 96.09）。

32.14　安装玻璃用油灰、接缝用油灰、树脂胶泥、嵌缝胶及其他类似胶粘剂；漆工用填料；非耐火涂面制剂，涂门面、内墙、地板、天花板等用：

10　—　安装玻璃用油灰、接缝用油灰、树脂胶泥、嵌缝胶及其他类似胶粘剂；漆工用填料

90　—　其他

本品目产品是一些组成成分差异甚大的制剂，这些制剂都是通过其用途显示出基本特征的。

这些制剂通常呈浆糊状，一般在施用后即行硬化或凝结。但有的呈固体状或粉末状，使用时加热（例如，熔化）或加入液体（例如，水）调制成浆糊状。

本品目的产品施用时通常使用嵌缝枪、抹刀、灰匙、抹灰工镘刀或类似工具。

一、安装玻璃用油灰、接缝用油灰、树脂胶泥、嵌缝胶及其他类似胶粘剂

这些制品主要用于堵塞、封闭或嵌填缝隙，在某些情况下用以将物体的组成部分牢固地粘结起来。它们与胶水及其他胶粘物不同之处在于它们施用时以厚层涂敷。但必须注意，本组还包括在病人身上的永久性开口及瘘管皮肤周围施敷的胶粘剂。

本组物品包括：

（一）以油为基本成分的胶粘剂。这些产品主要由干性油、填料（不论是与油产生反应或是惰性的）及硬化剂组成。最常见的这类产品是安装玻璃用油灰。

（二）以蜡（密封蜡）为基本成分的胶粘剂。这些产品由各种蜡组成，并加有树脂、虫胶、橡胶、树脂酯等以增加其粘着力。胶粘剂中的蜡全部或部分地被十六烷醇或十八烷醇等产品所取代的，仍可视为以蜡为基本成分的胶粘剂。本组胶粘剂包括接缝油灰及涂在木桶上的密封剂等。

（三）树脂胶粘剂及胶泥。这些产品由天然树脂（虫胶、达玛树脂、松香）或塑料（醇酸树脂、聚酯、苯并呋喃-茚树脂等）各自相互混合而成，并通常加有其他物质（例如，蜡、油、地沥青、橡胶、砖粉、石灰、水泥或其他矿物填料）。但应注意，其中某些本组所述胶粘剂也属于以下所列类型的胶粘剂（例如，以塑料或橡胶为基本成分的胶粘剂）。本组的胶粘剂及胶泥具有广泛的用途，例如，在电气技术工业中作填充料或用于密封玻璃物品、金属物品或瓷制品。它们通常是先熔化成液体后再使用。

（四）以水玻璃（硅酸钠）为基本成分的胶粘剂。这些物品通常是在使用时将两种组分混合制成的。其中一种物质是硅酸钠及硅酸钠钾的水溶液，另一种是填料（石英粉、砂、石棉纤维等）。它们主要用以密封火花塞、发动机汽缸铸件及油盘、排气管、散热器等，并用于填塞某些接头。

（五）以氯氧化锌为基本成分的胶粘剂。在氧化锌及氯化锌中加入阻滞剂并在某些情况下加入填充剂制成。它们用以填补木材、陶瓷等的孔眼及裂缝。

（六）以氯氧化镁为基本成分的胶粘剂。在氯化镁及氧化镁中加入填充料（例如，木粉）而制得。它们主要用以填塞或封闭木制品上的裂缝。

（七）以硫为基本成分的胶粘剂。这些物品是由硫与惰性填料混合组成的。它们制成固态，并用以产生坚硬、防水、抗酸的填塞料，也用以粘接碎片或将其固定在位。

（八）以熟石膏为基本成分的胶粘剂。它们制成纤维及絮状粉末，由50%左右的熟石膏与其他物料（例如，石棉纤维、木纤维素、玻璃纤维或砂）组成。加水制成浆糊状，用以固定螺丝、舵枢针、销钉、挂钩等。

（九）以塑料（例如，聚酯、聚氨酯、聚硅氧烷及环氧树脂）为基料的粘合剂，无论是否添加了高比例（高达 80%）的填料（例如，粘土、砂及其他硅酸盐、二氧化钛、金属粉末）。这些粘合剂中有些要在加入硬化剂后使用，有些在使用后不会硬化，而会保持粘性（例如，隔音密封剂）。其他一些粘合剂会随溶剂蒸发、凝固（热熔粘合剂）、暴露在空气中凝结或者因不同成分发生混合反应（多组分粘合剂）而硬化。

这些产品只有在完全配比用作粘合剂时才归入本品目。这些粘合剂可在建筑物或家庭装修中用于封闭某些接缝，用于密封或修补玻璃、金属或瓷器，用作汽车车身的填料或密封剂，或者作为密封粘合剂，用于将不同材料的表面粘合起来。

（十）以氧化锌和甘油为基料的胶粘剂。用以制防酸涂层，将铁件粘接到瓷器上，并用以粘接管子。

（十一）以橡胶为基本成分的胶粘剂。例如，可由一种硫塑料加入填料（石墨、硅酸盐、碳酸盐等）组成，在某些情况下还可加入有机溶剂。它们有时在加入硬化剂后使用，可生成韧性保护层（抗化学试剂和溶剂），也用于嵌缝。这些胶粘剂还可由含有添加色料、增塑剂、填料、粘结剂或抗氧化剂的橡胶水分散体构成，用于金属罐的密封。

（十二）施敷于皮肤上的胶粘剂。它们可由，例如，溶于异丙醇等溶剂的羧甲基纤维素钠盐、果胶、明胶及聚异丁烯组成，施敷于病人身上的永久性开口及瘘管皮肤周围以作为皮肤与排泄物收集袋之间的防漏密封剂等，但不具有防治疾病作用。

（十三）封蜡。它们主要由树脂物料（例如，虫胶、松香）与一定比例（通常较高）的矿物填料和色料混合组成。它们用以填塞孔眼，用于密封不漏水的玻璃器具，以及用于密封文件等。

二、漆工用填料；非耐火涂面制剂，涂门面、内墙、地板、天花板等用

这些产品与以上所述的胶粘剂等产品不同，它们通常是涂布在较大面积的表面上。它们与油漆、清漆及类似产品的差别在于含有大量的填料及颜料（若含有颜料的话）；且这些物料的含量一般大大超过粘合剂、溶剂或分散液。

（一）漆工用填料

漆工用填料通常用于物体表面（例如，室内墙面）上漆前准备工序，即填平凹凸不平的表面，如有必要还可用于填塞表面的缝隙、孔洞或砂眼。当填料硬化并打磨后，便可涂上油漆。

本类也包括以油、橡胶、胶水等为基本成分的填料。以塑料为基本成分的填料，它们与某些同类胶粘剂的组成成分相似，也用于汽车车身终饰等。

（二）非耐火涂面制剂

非耐火涂面制剂用于涂门面、内墙、地板、天花板、游泳池壁及池底等，使其防水并改善外观。它们通常是作为可直接看见的最表层。

本组包括：

1. 由等量的石膏和加有增塑剂的砂组成的粉末制剂。

2. 以石英及水泥为基本成分并加有少量增塑剂而制成的粉状制品。加水后用于砌墙砖、地砖等。

3. 用粘合剂（塑料或树脂）裹矿物填料（例如，粉碎大理石、石英或石英和硅酸盐的混合物）并加入颜料，必要时还加水或溶剂制成的浆状制品。

4. 液体制剂，例如，由合成橡胶或丙烯酸聚合物、混有颜料的石棉纤维及水组成。用漆刷或喷枪将其涂布在房屋的正面上，所形成的涂层要比油漆厚得多。

上述某些产品，如果使用前必须将各种成分进行混合或必须加入某些成分才能使用的，若其组成成分同时符合下列条件，仍应归入本品目：

（1）其包装形式足以表明这些成分不需经过改装就可一起使用的；

（2）一起报验的；

（3）这些成分的属性及相互比例足以表明是相互配用的。

但使用时必须加入硬化剂的产品，报验时没有硬化剂也仍归入本品目，只要其组分或包装足以表明它们是用于制油灰、胶粘剂、填料或涂面制剂。

本品目不包括：

（一）在某些国家称为“胶粘剂”的天然树脂（品目 13.01）。

（二）品目 25.20、25.22 或 25.23 的石膏、石灰及水泥。

（三）沥青胶粘剂及其他含沥青的胶粘剂（品目 27.15）。

（四）牙科粘固剂及其他牙科用填料（品目 30.06）。

（五）啤酒桶沥青及品目 38.07 的其他产品。

（六）耐火水泥及灰泥（品目 38.16）。

（七）铸模及铸芯用的调制粘合剂（品目 38.24）。

32.15　印刷油墨、书写或绘图墨水及其他墨类，不论是否固体或浓缩：

—　印刷油墨：

11　——　黑色

19　——　其他

90　—　其他

一、印刷油墨（或色料），是不同稠度的浆料，通过将颗粒精细的黑色或有色颜料与一种载色剂混合制得。黑色油墨所用的颜料通常是碳黑，彩色油墨则为有机或无机颜料。载体可由天然树脂或合成聚合体组成，分散于油或溶于有机溶剂中，为了使其具有所要求的性能，还含有少量的添加剂。

二、普通书写用或绘图用墨水，是一种黑色或彩色物质在水中的溶液或分散体，通常加有树胶及其他产品（例如，保存剂）。这些物品包括以铁盐为基本成分的墨水和以苏木浸膏或合成有机色料为基本成分的墨水。墨汁，主要用于绘画，常由碳黑悬浮于水中（并加有阿拉伯树胶、虫胶等）或某些动物胶中构成。

三、归入本品目的其他墨水包括：

（一）拷贝墨水及胶版誊写墨水（用甘油、糖等增稠的普通墨水）。

（二）圆珠笔用油墨。

（三）油印机用墨、印台或打印色带用墨水。

（四）标记用不褪色墨水（例如，以硝酸银为基本成分的墨水）。

（五）金属墨水（颗粒精细的金属或合金在树胶溶液中的悬浮体，例如，金、银或青铜墨水）。

（六）配制的隐显墨水（例如，以氯化钴为基本成分的墨水）。

这些产品常呈液体或浆状，但经简单稀释或分散后即可用作墨水的浓缩体或固体（即粉末、片、条等）也应归入本品目。

本品目不包括：

（一）显影剂，由一种调色剂（碳黑和热塑树脂的一种混合物）与载体（外包乙基纤维素的砂粒）混合组成，用于照相复印机（品目 37.07）。

（二）由圆珠笔头和墨水管构成的圆珠笔替换笔芯（品目 96.08）。另一方面，供普通自来水笔用的装满墨水的小管仍应归入本品目。

（三）打字机用色带或印台（品目 96.12）。

第三十三章　精油及香膏；芳香料制品及化妆盥洗品

注释：

一、本章不包括：

（一）品目13.01或13.02的天然油树脂或植物浸膏；

（二）品目34.01的肥皂及其他产品；或

（三）品目38.05的脂松节油、木松节油和硫酸盐松节油及其他产品。

二、品目33.02所称"香料"，仅指品目33.01所列的物质、从这些物质离析出来的香料组分以及合成芳香剂。

三、品目33.03至33.07主要包括适合作这些品目所列用途的零售包装产品，不论其是否混合（精油水馏液及水溶液除外）。

四、品目33.07所称"芳香料制品及化妆盥洗品"，主要适用于下列产品：香袋；通过燃烧散发香气的制品；香纸及用化妆品浸渍或涂布的纸；隐形眼镜片或假眼用的溶液；用香水或化妆品浸渍、涂布、包覆的絮胎、毡呢及无纺织物；动物用盥洗品。

总　注　释

品目33.01的精油及提取的油树脂全部是从植物材料中提取制得的。所用的提取方法将决定所得产品的种类。例如，用蒸汽蒸馏或有机溶剂处理某些植物（例如，肉桂）即可制得精油或提取的油树脂。

品目33.03至33.07包括适合作这些品目所列用途的零售包装产品；不论是否混合（精油水馏液及水溶液除外）（参见本章注释三）。

品目33.03至33.07的产品，不论是否含有起辅助作用的药物或消毒成分，也不论是否具有辅助治疗或预防作用，都应归入这些品目〔参见第三十章注释一（五）〕。但室内除臭剂即使其消毒性能已超出辅助作用，仍应归入品目33.07。

除适合作上述用途外还适合作其他用途的制剂（例如，清漆）及未混合产品（例如，未加香料的滑石粉、漂白土、丙酮、明矾），如果符合下列任一条件，仍应归入上述品目：

一、零售包装并贴有标签、说明或其他标志，表明用作芳香料制品、化妆盥洗品或室内除臭剂。

二、包装形式足以表明专供这些用途的（例如，配有涂指甲用小刷子的小瓶装指甲油）。

本章不包括：

（一）凡士林，但制成零售包装供润肤用的除外（品目27.12）。

（二）具有芳香料制品、化妆品或盥洗品等辅助用途的药品（品目30.03或30.04）。

（三）用于人类或兽药的凝胶制剂，作为外科手术或体检时躯体部位的润滑剂，或者作为躯体和医疗器械之间的偶合剂（品目30.06）。

（四）肥皂及用肥皂或洗涤剂浸渍、涂布、包覆的纸、絮胎、毡呢及无纺织物（品目34.01）。

33.01　精油（无萜或含萜），包括浸膏及净油；香膏；提取的油树脂；用花香吸取法或浸渍法制成的含浓缩精油的脂肪、固定油、蜡及类似品；精油脱萜时所得的萜烯副产品；精油水馏液及水溶液(+)：

—　柑橘属果实的精油：

12 ——　橙油
13 ——　柠檬油
19 ——　其他
—　非柑橘属果实的精油：
24 ——　胡椒薄荷油
25 ——　其他薄荷油
29 ——　其他
30 —　香膏
90 —　其他

一、精油，包括浸膏及净油；香膏；提取的油树脂

精油来自于植物，是香料、食品及其他工业的原料。它们通常具有复杂的组分，含有各种比例的醇、醛、酮、酚、酯、醚及萜烯。这些精油不论是否因去萜而改变香味，仍应归入本品目。其中大多数精油是挥发性的，其沾于纸上的污点通常很快消失。

它们可通过多种方法制得，例如：

（一）压榨法（例如，从柠檬皮制取柠檬油）。

（二）蒸气蒸馏法。

（三）用有机溶剂（例如，石油醚、苯、丙酮、甲苯）或超临界流体（例如，加压下的二氧化碳气体）萃取新鲜的植物原料。

（四）萃取由花香吸取法或浸渍法所得的浓缩物（参见以下第二部分）。

本品目也包括通过以上第（三）款所述方法制得的浸膏。由于浸膏含有植物蜡，所以为固体或半固体。除去其中的植物蜡即得净油，净油也归入本品目。

香膏主要在香料、化妆品、肥皂或表面活性剂等工业中用作定香剂。它们主要由不挥发性物质构成，是通过用有机溶剂或超临界流体萃取下列渗出物制得：

1．干燥的非多孔天然植物树脂材料（例如，天然油树脂或油胶树脂）；

2．干燥的天然动物树脂状材料（例如，海狸香、灵猫香或麝香）。

提取的油树脂在商业上也称作“调制油树脂”或“香味油树脂”，是通过用有机溶剂或超临界流体萃取天然的多孔植物原料（通常是芳香植物）制得的。这些萃取物含有挥发性的芳香素（例如，精油）及不挥发性的芳香素（例如，树脂、脂油、刺激性组分），这些芳香素使芳香植物具有特征香味。根据不同的芳香植物，这些提取的油树脂中所含的精油成分相差甚远。它们主要用于食品工业作香味剂。

本品目不包括：

（一）天然油树脂（品目13.01）。

（二）其他品目未列名的植物浸膏（例如，水萃取的油树脂），这种浸膏含有挥发性组分及通常比例极高的其他植物物质（芳香物质除外）（品目13.02）。

（三）动植物质着色料（品目32.03）。

精油、香膏及提取的油树脂有时含有少量萃取过程的溶剂（例如，乙醇），但仍应归入本品目。

通过除去或添加部分主要组分从而被标准化的精油、香膏及提取的油树脂，如果所含成分仍在其天然状态的正常范围之内，仍归入本品目。但进行分馏或其他改性（脱萜处理除外）以致所得产品的组分与初始产品明显不同的精油、香膏及提取的油树脂，则不归入本品目（通常归入品目33.02）。本品目也不包括与稀释剂或载体（例如，植物油、葡萄糖或淀粉）配制的产品（通常归入品目33.02）。

主要的精油、香膏及提取的油树脂列于本章注释的附表中。

二、含浓缩精油的脂肪、固定油、蜡或类似品

这些浓缩物是在制精油过程中，通过低温或加热（花香吸取法、浸渍法或浸煮法）用脂肪、固定油、凡士林、石蜡等萃取植物或花朵制得的。因此，它们成为了含浓缩精油的脂肪、固定油等产品。含浓缩精油的脂肪商业上称作“花香膏”。用于护发的制剂也有称作“花香膏”，但它不归入本品目（品目33.05）。

三、萜烯副产品

本品目包括用分馏法或其他方法从精油分离出来的萜烯副产品。这些副产品常用于某些香皂的增香或某些食物的调味。

四、精油水馏液及水溶液

水馏液是在用蒸汽蒸馏植物提取精油时所得馏出物的含水部分。精油被倾析之后，由于少量精油的存在，水馏液仍具有香味。用酒精保存的植物产品蒸馏后所得的某些馏出物仍含有少量的酒精；其他馏出物可含有一定量的保藏所需的酒精（例如，金缕梅馏出物）。

本品目也包括精油的水溶液。

这些产品在不加入其他物料的情况下即使相互混合或通常制成香水或药料，均应归入本品目。

较常见的有橙花、玫瑰、蜂花、薄荷、小茴香、桂樱、酸柠檬及金缕梅等的水馏液及水溶液。

除上述不包括的物品外，本品目还不包括：

（一）香草油树脂（有时误称为“香草香膏”或“香草浸膏”）（品目13.02）。

（二）从精油中离析（例如，离析萜烯）或从香膏中离析（天然离析物）或通过合成制得的单独的已有化学定义的化合物（第二十九章）。

（三）精油混合物、香膏混合物、提取的油树脂混合物、精油与香膏或提取的油树脂或任何它们之间的混合物混合而成的产品，以及以精油、香膏或提取的油树脂为基本成分的混合物（参见品目33.02的注释）。

（四）通过蒸馏或其他方法处理针叶木所得的树胶、木松节油、硫酸盐松节油及其他萜烃油（品目38.05）。

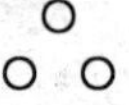

子目注释：

子目3301.12

子目3301.12所称“橙”，不包括橘（含蜜橘及莎摩橘）、克莱芒柑、威尔金斯柑橘及类似的杂交柑橘。

33.02　工业原料用的芳香物质的混合物及以一种或多种芳香物质为基本成分的混合物（包括酒精溶液）；生产饮料用的以芳香物质为基本成分的其他制品：

10　—　食品或饮料工业用

90　—　其他

本品目包括作香料、食品、饮料工业原料（例如，糖果、食品或饮料的芳香剂）或作其他工业（例如，制皂）原料用的下列混合物：

一、精油混合物。

二、香膏混合物。

三、提取的油树脂混合物。

四、合成芳香剂的混合物。

五、由两种或多种芳香物质组成的混合物（精油、香膏、提取的油树脂或合成芳香剂）。

六、一种或多种芳香物质（精油、香膏、提取的油树脂或合成芳香剂）与添加的稀释剂或载体（例如，植物油、葡萄糖或淀粉）的混合物。

七、其他章的产品（例如，调味香料）与一种或多种芳香物质（精油、香膏、提取的油树脂或合成芳香剂）的混合物，不论是否与稀释剂或载体混合，也不论是否含有酒精，但这些芳香物质必须构成混合物的基本成分。

通过除去精油、香膏或提取的油树脂中的一种或数种组分，以致所得产品的组分与原来产品明显不同，这种产品仍作为本品目的混合物归类。例如，薄荷酮油（通过冷冻胡椒薄荷油，然后用硼酸处理除去大部分薄荷醇而得，主要含有63%的薄荷酮及16%的薄荷醇）、白樟油（通过冷冻并蒸馏樟脑油以除去樟脑和黄樟脑而得，含有30～40%的桉树脑及苎烯、蒎烯、莰烯等）和牻牛儿醇（通过分馏香茅油而得，含有50～77%的牻牛儿醇和不同量的香茅醇及橙花醇）。

本品目尤其包括精油与定香剂混合组成的香料原料，这种香料原料在加入酒精后就能使用。本品目也包括一种或数种芳香物质的醇（例如，乙醇、异丙醇）溶液，只要这些溶液是用作香料、食品、饮料或其他工业的原料。

本品目还包括生产饮料用的以香料为基本成分的其他制品。这些制品可以是酒精制品，也可以是非酒精制品，可以用于制酒精饮料，也可用于制无酒精饮料。它们必须是以一种或多种本章注释二所述的香料作为基本成分，主要作用是使饮料发出某种香味，其次才是给饮料增加某种味道。这些制品通常所含香料的剂量相当微小，但却能散发出某种饮料的特别香味；它们只要仍然保留着香料的特性，还可以含有果汁、着色物质、酸化剂、甜味剂等。报验时，这些制品不适于直接作饮料饮用，因此可以与第二十二章的饮料区分开来。

本品目不包括用于制饮料的复合酒精或非酒精制品，以本章注释二所述的芳香物质以外的其他物质为基本成分的（如果本协调制度的其他品目未具体列名的，应归入品目 21.06）。

33.03 香水及花露水

本品目包括液态、膏状或固态（包括条状）的香水及花露水。这些产品主要用于使人体散发香气。

香水通常由精油、花浸膏、净油或合成芳香物质的混合物溶于高浓度的醇中构成的。它们通常与淡香助料及定香剂或稳定剂混合组成。

花露水，例如，熏衣草水、古龙香水（切勿与品目 33.01 的精油水馏液及水溶液相混淆），通常其醇溶液的浓度及所含精油等的比例均比上述的香水为低。

本品目不包括：

（一）盥洗用醋（品目 33.04）。

（二）剃须后用的洗净剂及身体除臭剂（品目 33.07）。

33.04 美容品或化妆品及护肤品（药品除外），包括防晒油或晒黑油；指（趾）甲化妆品：

10 — 唇用化妆品

20 — 眼用化妆品

30 — 指（趾）甲化妆品

— 其他：

91 — — 粉，不论是否压紧

99 — — 其他

一、美容品或化妆品及护肤品，包括防晒油或晒黑油

本部分包括：

（一）唇膏及其他唇用化妆品。

（二）眼睑膏、染眉毛（或睫毛）油、画眉笔及其他眼用化妆品。

（三）其他美容品或化妆品及护肤品（药品除外），例如，扑面粉（不论是否压紧）、婴儿爽身粉（包括零售包装的未混合、未加香料的滑石粉）、其他香粉及油彩；美容霜、冷霜、粉底霜、清洁霜、营养霜（包括含蜂皇浆的营养霜）、润肤油或润肤露；制成零售包装的护肤用凡士林；防痒膏；用于消除皱纹、美化唇型的可注射皮内凝胶（包括含有透明质酸的制剂）；抗粉刺制剂（品目34.01的肥皂除外），这种制剂主要用以清洁皮肤，所含活性组分不足以从根本上防治粉刺；盥洗用醋，醋或醋酸与香味醇的混合物。

本品目还包括防晒油或晒黑油。

二、指（趾）甲化妆品

本部分包括指（趾）甲膏、指（趾）甲油、去（趾）指甲油、指（趾）甲清洗剂及其他指（趾）甲用制剂。

本品目不包括：

（一）用于治疗某些皮肤疾病的药剂，例如，治疗湿疹用膏（品目30.03或30.04）。

（二）供治疗动物爪子用的制剂及除脚臭剂（品目33.07）。

33.05　护发品：

10　—　洗发剂（香波）

20　—　烫发剂

30　—　定型剂

90　—　其他

本品目包括：

一、含有肥皂或其他有机表面活性剂的洗发剂〔参见第三十四章注释一（三）〕及其他洗发香波。所有这些香波可含有辅助性的药效及消毒成分，即使这些成分具有治疗和预防疾病的作用〔参见第三十章注释一（五）〕。

二、烫发剂。

三、定型剂（有时也称作“硬发胶”）。

四、其他护发品，例如，润发油；发油、发乳及头发梳妆用品；染发水及头发用漂白剂；染发霜。

本品目不包括用于头发以外人体其他部位毛发的制剂（品目33.07）。

33.06　口腔及牙齿清洁剂，包括假牙模膏及粉；清洁牙缝用的纱线（牙线），单独零售包装的：

10　—　洁齿品

20　—　清洁牙缝用的纱线（牙线）

90　—　其他

本品目包括口腔或牙齿卫生用制剂，例如：

一、各种类型的洁齿品：

（一）牙膏及其他牙齿用制剂。这些是与牙刷一起使用的物质或制剂，不论是用于清洁、擦亮牙齿表面，还是用于其他用途（例如，防龋治疗）。

牙膏及其他牙齿用制剂，不论是否含有研磨料，也不论是否供牙科医生使用，仍应归入本品目。

（二）假牙清洗剂，即供假牙清洗或擦亮用制剂，不论是否含有研磨料。

二、漱口剂、口腔香水。

三、假牙模膏、粉及片。

本品目还包括单独零售包装的清洁牙缝用纱线（牙线）。

33.07　剃须用制剂、人体除臭剂、沐浴用制剂、脱毛剂和其他品目未列名的芳香料制品及化妆盥洗品；室内除臭剂，不论是否加香水或消毒剂：

10　—　剃须用制剂

20　—　人体除臭剂及止汗剂

30　—　香浴盐及其他沐浴用制剂

—　室内散香或除臭制品，包括宗教仪式用的香：

41　——　神香及其他通过燃烧散发香气的制品

49　——　其他

90　—　其他

本品目包括：

一、剃须用制剂，例如，含有肥皂或其他有机表面活性剂的剃须膏及泡沫剂〔参见第三十四章注释一（三）〕；剃须后用的洗净剂、明矾块及止血笔。

本品目不包括块状的剃须肥皂（品目 34.01）。

二、人体除臭剂及止汗剂。

三、沐浴用制剂，例如，香浴盐及泡沫浴用制剂，不论是否含有肥皂或其他有机表面活性剂〔参见第三十四章注释一（三）〕。

其活性成分全部或部分由合成有机表面活性剂（可含有任何比例的肥皂）组成，液状或膏状并制成零售包装的洁肤用制剂，归入品目 34.01；未制成零售包装的上述产品应归入品目 34.02。

四、室内散香或除臭制品，包括宗教仪式用的香。

（一）室内散香用制品及宗教仪式用的散发香气的制品。它们通常是通过蒸发或燃烧散香的，例如，“神香”；也可制成液体、粉末、锥体、香纸等形式。其中某些制剂被用于清除臭气。

本品目不包括香烛（品目 34.06）。

（二）室内除臭剂，不论是否加有香料或具有消毒作用。

室内除臭剂，主要含有能与需要清除的气味起化学反应的物质（例如，异丁烯酸月桂酯）或对气味能起物理吸附作用的其他物质（例如，范德瓦耳斯粘合剂）。供零售用的这类制品通常装入喷雾罐内。

供冰箱、汽车等用的零售包装除臭剂，例如，活性炭，也归入本品目。

五、其他产品，例如：

（一）脱毛剂。

（二）内装芳香植物的香袋，用于被服橱内散香。

（三）香纸及用化妆品浸渍或涂布的纸。

（四）隐形眼镜片或假眼用药水。它们在配戴过程中用以清洁、消毒或浸泡隐形眼镜片或假眼，或改善配戴的舒适感。

（五）用香水或化妆品浸渍、涂布或包覆的絮胎、毡呢及无纺织物。

（六）动物用盥洗品，例如，狗用洗毛剂及鸟类羽毛增美洗涤剂。

*

*　*

附　表

品目 33.01 的主要精油、香膏及提取的油树脂一览表

精　油：

当归根油	栀子油	洋葱油
茴芹子油	蒜油	牛至油
八角茴香油	老鹳草油	鸢尾油
罗勒油	姜油	玫瑰草油
月桂子油	柚皮油	欧芹油
安息香油	愈创木油	广霍香油
佛手柑油	荷（水）油	除蚤薄荷油
桦木子油	酒花油	胡椒油
苦杏仁油	风信子油	胡椒薄荷油
苦橙油	海索油	橙叶油
蔷薇木油	茉莉花油	多香果油
染料木子油	长寿花油	松针油（但不包括松油——品目 38.05）
白千层油	杜松油	
白菖油	大叶钓樟油	玫瑰油
樟木油	月桂油	迷迭香油
依兰油	熏衣类油	芸香油
白桂皮油	熏衣草油	鼠尾草油
黄蒿子油	柠檬油	檀香油
桂油	柠檬草油	黄樟油
金合欢油	白柠檬油	桧油
雪松油	沉香油	留兰香油
橙（橘）皮油	肉豆蔻干皮油	宽叶熏衣草油
芹菜油	橘皮（红橘）油	艾菊油
春黄菊油	甘牛至油	龙蒿油
土荆芥油	肯尼亚老鹳草油	金钟柏油
肉桂油	蜂花油	百里香油
香茅油	含羞草油	吐鲁油
丁香油	薄荷油	缬草油
苦配巴油	芥子油	马鞭草油
芫荽油	没药油	芳香须芒草油
枯茗油	桃金娘油	香堇油
柏木油	水仙油	冬青油
莳萝油	橙花油	苦艾油
桉树油	袅莉油	衣兰油
小茴香油	肉豆蔻油	
高良姜油	栎扁枝衣油	

香　膏：

阿魏香膏	古篷香膏	乳香膏
安息香膏	岩蔷薇香膏	苦树香膏
河狸香膏	玛琋香膏	秘鲁香膏
香猫香膏	麦加香膏	苏合香膏

香　　膏：

苦配巴香膏	麝香膏	吐鲁香膏
榄香膏	没药香膏	

提取的油树脂：

茴芹子油树脂	荜澄茄油树脂	芥子油树脂
八角茴香油树脂	枯茗油树脂	肉豆蔻油树脂
罗勒油树脂	香拟蛇鞭菊油树脂	牛至油树脂
月桂子油树脂	莳萝油树脂	滇香薷油树脂
白桂皮油树脂	小茴香油树脂	红辣椒油树脂
辣椒油树脂	葫芦巴油树脂	乐园树籽油树脂
黄蒿子油树脂	高良姜油树脂	黑胡椒油树脂
小豆蔻油树脂	生姜油树脂	多香果油树脂
胡萝卜油树脂	酒花油树脂	迷迭香油树脂
桂皮油树脂	辣根油树脂	鼠尾草油树脂
芹菜油树脂	桧树油树脂	香薄荷油树脂
肉桂油树脂	月桂油树脂	龙蒿油树脂
丁香油树脂	拉维纪草油树脂	百里香油树脂
苦配巴油树脂	肉豆蔻干皮油树脂	姜黄油树脂
芫荽油树脂	甘牛至油树脂	

第三十四章　肥皂、有机表面活性剂、洗涤剂、润滑剂、人造蜡、调制蜡、光洁剂、蜡烛及类似品、塑型用膏、“牙科用蜡”及牙科用熟石膏制剂

注释:

一、本章不包括:

（一）用作脱模剂的食用动植物油、脂混合物或制品（品目 15.17）;

（二）单独的已有化学定义的化合物；或

（三）含肥皂或其他有机表面活性剂的洗发剂、洁齿品、剃须膏及沐浴用制剂（品目 33.05、33.06 及 33.07）。

二、品目 34.01 所称“肥皂”，只适用于水溶性肥皂。品目 34.01 的肥皂及其他产品可以含有添加料（例如，消毒剂、磨料粉、填料或药料）。含磨料粉的产品，只有条状、块状或模制形状可以归入品目 34.01。其他形状的应作为“去污粉及类似品”归入品目 34.05。

三、品目 34.02 所称“有机表面活性剂”，是指温度在 20℃时与水混合配成 0.5％浓度的水溶液，并在同样温度下搁置一小时后与下列规定相符的产品:

（一）成为透明或半透明的液体或稳定的乳浊液而未离析出不溶解物质；以及

（二）将水的表面张力减低到每厘米 45 达因及以下。

四、品目 34.03 所称“石油及从沥青矿物提取的油类”，适用于第二十七章注释二所规定的产品。

五、品目 34.04 所称“人造蜡及调制蜡”，仅适用于:

（一）用化学方法生产的具有蜡质特性的有机产品，不论是否为水溶性的;

（二）各种蜡混合制成的产品;

（三）以一种或几种蜡为基本原料并含有油脂、树脂、矿物质或其他原料的具有蜡质特性的产品。

本品目不包括:

（一）品目 15.16、34.02 或 38.23 的产品，不论是否具有蜡质特性;

（二）品目 15.21 的未混合的动物蜡或未混合的植物蜡，不论是否精制或着色;

（三）品目 27.12 的矿物蜡或类似产品，不论是否相互混合或仅经着色；或

（四）混合、分散或溶解于液体溶剂的蜡（品目 34.05、38.09 等）。

总　注　释

本章主要包括通过工业处理各种油、脂或蜡而得的产品（例如，肥皂、某些润滑剂、调制蜡、某些光洁剂、蜡烛），也包括某些人造产品，例如，表面活性剂、表面活性制品及人造蜡。

本章不包括单独的已有化学定义的化合物，也不包括未混合或未经处理的天然产品。

34.01　肥皂；作肥皂用的有机表面活性产品及制品，条状、块状或模制形状的，不论是否含有肥皂；洁肤用的有机表面活性产品及制剂，液状或膏状并制成零售包装的，不论是否含有肥皂；用肥皂或洗涤剂浸渍、涂面或包覆的纸、絮胎、毡呢及无纺织物:

—　肥皂及有机表面活性产品及制品，条状、块状或模制形状的，以及用肥皂或洗涤剂浸渍、涂面或包覆的纸、絮胎、毡呢及无纺织物:

11 ——盥洗用（包括含有药物的产品）
19 ——其他
20 —其他形状的肥皂
30 —洁肤用的有机表面活性产品及制剂，液状或膏状并制成零售包装的，不论是否含有肥皂

一、肥皂

肥皂是一种碱性盐（无机的或有机的），从至少含有八个碳原子的脂肪酸或脂肪酸混合物中获得。实际上可用松香酸代替部分脂肪酸。

本品目仅包括水溶性肥皂，也就是说一般的肥皂。肥皂是一类阴离子表面活性剂，可起碱性反应，在水溶液中会产生大量泡沫。

肥皂有三种类型：

硬皂，通常用氢氧化钠或碳酸钠制得。普通肥皂一般都是硬皂，有本色、其他颜色或斑纹的。

软皂，用氢氧化钾或碳酸钾制得，本身粘滑，通常呈绿色、棕色或浅黄色。可含少量（通常不超过5%）的合成有机表面活性产品。

液体皂，为肥皂在水中的溶液，在某些情况下可加入少量（通常不超过 5%）的乙醇或甘油，但不含合成有机表面活性产品。

本部分主要包括：

（一）盥洗皂，一般都着色并加香料，它们包括浮水皂及除臭皂，还包括甘油皂、剃须皂、药皂、某些消毒皂及磨蚀皂，具体情况如下：

1．浮水皂及除臭皂。

2．甘油皂，半透明状，用乙醇、甘油或糖处理本色皂而制得。

3．剃须皂（剃须膏归入品目 33.07）。

4．药皂，含有硼酸、水杨酸、硫、硫酰胺或其他药物。

5．消毒皂，含有少量的苯酚、甲苯酚、萘酚、甲醛或其他杀菌、抑菌物质等。切勿将这些肥皂与品目 38.08 的含同样组分的消毒剂相混淆，它们的区别在于组分（即一方面是肥皂的组分和另一方面是苯酚、甲苯酚等组分）的比例不同。品目 38.08 的消毒剂含有大量的苯酚、甲苯酚等，呈液状；而消毒皂通常为固体。

6．磨蚀皂，在肥皂中加入砂、硅石粉、浮石粉、板岩粉、锯屑或类似产品制得。本品目仅包括呈条状、块状或模制形状的磨蚀皂。磨蚀擦洗膏及粉，不论是否含有肥皂，都应归入品目 34.05。

（二）家用皂，可以着色或加入香料、磨料或消毒剂。

（三）松香、妥尔油或环烷酸盐皂，不仅含有碱性脂肪酸盐，而且含有品目 38.06 的碱性树脂酸盐或品目 34.02 的碱性环烷酸盐。

（四）工业用皂，用于特殊用途，例如，用于拉丝、合成橡胶的聚合或洗衣店。

除以上第（一）款第 6 项所述的产品以外，本品目的肥皂通常呈条状、块状、模制形状、粉片状、粉末状、膏状或水溶液状。

二、有机表面活性产品及作肥皂用的制剂，条状、块状、模制形状，不论是否含有肥皂

本部分包括盥洗产品及制剂，它们的活性组分全部或部分由合成表面活性剂组成（这些产品可含任何比例的肥皂），但必须制成条状、块状或模制形状，也就是说，必须呈同样用途的普通肥皂的形状。

本部分还包括加有砂、硅石粉、浮石粉等从而具有磨蚀性的产品及制剂，但它们也必须制成上述形状。

三、洁肤用的有机表面活性产品及制剂，液状或膏状并制成零售包装的，不论是否含有肥皂

本部分包括其活性成分全部或部分由合成有机表面活性剂组成（可含有任何比例的肥皂）的洁肤用制剂。这些制剂必须呈液状或膏状，并制成零售包装。未制成零售包装的上述产品应归入品目 34.02。

四、用肥皂或洗涤剂浸渍、涂布或包覆的纸、絮胎、毡呢及无纺织物

本部分包括用肥皂或洗涤剂浸渍、涂面或包覆的纸、絮胎、毡呢及无纺织物，不论是否加有香料或制成零售包装。这些产品通常用于洗手或洗脸。

除上述规定不包括的产品以外，本品目也不包括：

（一）皂料（品目 15.22）。

（二）仅在化学意义上称为“肥皂”的水不溶性产品及制剂，例如，钙“皂”或其他金属“皂”（酌情归入第二十九章、第三十章、第三十八章等）。

（三）仅加香料的纸、絮胎、毡呢及无纺织物（第三十三章）。

（四）洗发剂及洁齿品（分别归入品目 33.05 及 33.06）。

（五）品目 34.02 的有机表面活性剂（肥皂除外）、有机表面活性制剂及洗涤制剂（不论是否含有肥皂）、肥皂在一种有机溶剂中的溶液或分散体。

（六）用肥皂或洗涤剂浸渍、涂布或包覆的泡沫塑料、海绵橡胶、纺织材料（絮胎、毡呢、无纺织物除外）及金属垫（这些货品通常按底基的属性归入相应的品目）。

34.02　有机表面活性剂（肥皂除外）；表面活性剂制品、洗涤剂（包括助洗剂）及清洁剂，不论是否含有肥皂，但品目 34.01 的产品除外：

—　有机表面活性剂，不论是否零售包装：

11　——　阴离子型

12　——　阳离子型

13　——　非离子型

19　——　其他

20　—　零售包装的制品

90　—　其他

一、有机表面活性剂（肥皂除外）

本品目的有机表面活性剂是没有化学定义的化合物，含有一个或数个亲水及疏水基团，在温度20℃时与水混合配成 0.5%浓度水溶液，并在相同的温度下放置一小时后，即可生成透明或半透明的液体或稳定的乳浊液而不会离析出不溶性物质〔参见本章注释三（一）〕。引用本品目的规定时，乳浊液如果在 20℃下放置一小时后出现下列现象，则不能视为具有稳定特征：①用肉眼可见到固体微粒；②分离成眼睛可以辨别的不同相态；③分离成用肉眼可以辨别的透明及半透明两部分。

它们能在界面上起吸附作用；从而显示出多种物理化学性质，特别是表面活性（例如，降低表面张力、起泡、乳化或湿润），这就是为什么人们通常把它称作为“表面活性剂”的原因。

但是，在温度 20℃时浓度为 0.5%的条件下不能将水的表面张力减至每厘米 45 达因（4.5×10^{-2}N/m）的产品，不应作为表面活性剂，因此不归入本品目。

有机表面活性剂包括：

（一）**阴离子型**，它在水溶液中离子化产生具有表面活性的有机阴离子。例如，脂肪、植物油（甘油三酯）或树脂酸的硫酸盐或磺酸盐；以脂肪醇衍生的硫酸盐及磺酸盐；石油磺酸盐，如碱金属石油磺酸盐（包括含适量矿物油的产品）、铵或乙醇胺的石油磺酸盐；烷基聚醚硫酸盐；烷基磺酸盐或烷基苯基醚磺酸盐；烷基硫酸盐、烷基芳基磺酸盐（例如，工业十二烷基苯磺酸盐）。

这些表面活性剂可含有制造过程中残留下来的某些少量杂质，即少量未硫酸盐化或磺酸盐化的脂肪醇、烷基化物或其他疏水原料。它们还可含有按无水盐计通常不超过15%的硫酸钠或其他残留无机盐。

（二）**阳离子型**，它在水溶液中离子化产生具有表面活性的有机阳离子。例如，脂肪胺盐及季铵碱。

（三）**非离子型**，它在水中不产生离子。这种类型的活性剂由于含有亲水性极强的功能团分子，所以能溶解于水。例如，脂肪醇、脂肪酸或烷基苯酚与氧化乙烯的缩合产品；乙氧基脂肪酸酰胺。

（四）**两性型**，根据介质的不同，两性型表面活性剂可在水溶液中离子化并生成具有阳离子或阴离子表面活性剂特征的化合物。

这种离子的特征在广义上与两性化合物的离子相似。它们有，例如，烷基甜菜碱或磺基甜菜碱蛋白及其分解产品和氨基羧酸、氨基磺酸、氨基硫酸及氨基磷酸的取代衍生物。

二、表面活性剂制品、洗涤剂（包括助洗剂）及清洁剂，不论是否含有肥皂，但品目34.01的产品除外

本组包括三种类型制品：

（一）表面活性剂制品

这些物品包括：

1．以上第一部分表面活性剂的相互混合物（例如，磺基蓖麻醇酸酯与磺化烷基萘或硫酸化脂肪醇的混合物）。

2．以上第一部分的表面活性剂在一种有机溶剂中的溶液或分散体（例如，溶于环己醇或四氢化萘中的硫酸化脂肪醇溶液）。

3．以第一部分的表面活性剂为基本成分的其他混合物（例如，含有一定比例肥皂的表面活性剂制品，如含有硬脂酸钠的烷基苯磺酸盐）。

4.在环己醇等某种有机溶剂中的肥皂溶液或分散体〔肥皂水溶液，包括含有少量（通常不超过5%）添加了乙醇或甘油的肥皂水溶液，应归入品目34.01〕。

表面活性剂制品具有清洁、润湿、乳化或分散作用，因而用在许多工业上，例如：

（1）纺织工业用的洗涤剂，用以消除制造及处理过程中织物上的油脂及污物。

（2）纺织工业用的润湿剂、乳化剂、缩绒助剂及增艳剂。

（3）皮革或毛皮工业用的浸渍剂（供生皮用）、脱脂剂、湿润剂（供染色用）、均染剂或有机调色剂。

（4）用作制造以下第（二）款所述洗涤剂的基本原料（例如，含有相当大量硫酸钠或其他无机盐的阴离子型表面活性剂制品，这些无机盐是在制表面活性剂过程中残留或故意加入的）。

（5）造纸或合成橡胶工业用的分散剂。

（6）采矿工业用的浮选助剂。

（7）配制药剂或化妆品用的乳化剂。

本组不包括其活性成分全部或部分由有机表面活性剂组成（可含有任何比例的肥皂），液状或膏状并制成零售包装的洁肤用制剂（品目34.01）。

（二）以肥皂或其他有机表面活性剂为基料的洗涤剂（包括助洗剂）及清洁剂

本类包括洗涤剂、助洗剂及某些清洁剂。这些制剂通常含有主要组分和一种或数种辅助组分。这些制剂由于含有辅助组分，因此与以上第（一）款所述的制品不同。

这种主要组分是合成有机表面活性剂或肥皂或它们之间的混合物。

而辅助组分是：

1．增效助剂〔例如，聚磷酸钠、碳酸盐、硅酸盐、硼酸盐、次氮基三乙酸盐（NTA）〕。

2．助促进剂（例如，链烷醇酰胺、脂肪酸酰胺、氧化脂肪胺）。

3．填料（例如，硫酸钠或氯化钠）。

4．辅助剂（例如，化学漂白剂或荧光增白剂、抗再沉积剂、腐蚀抑制剂、抗静电剂、着色剂、香料、杀菌剂、酶）。

这些制品在表面起反应，从而将表面上的污垢带到溶液中或成为分散体。

以表面活性剂为基本成分的洗涤剂也称为去垢剂。这类制剂用于洗衣服、碗、碟或厨房用具。

它们为液体、粉末或膏状，供家庭或工业使用。呈条状、块状、模制形状的盥洗产品应归入品目34.01。

助洗剂用于浸泡（预洗）、漂洗或漂白衣服及家庭用纺织品等。

清洁剂用于清洁地板、窗户或其他表面。它们可含有少量的芳香物质。

（三）不以肥皂或其他有机表面活性剂为基料的清洁剂或去油污剂

它们包括：

1．专用于清洁卫生设备、煎炸锅等的酸性或碱性清洁剂，例如，含有硫酸氢钠或次氯酸钠与磷酸三钠混合物的清洁剂。

2．以下列物质之一为基料，用于乳品厂或酿酒厂的去油污剂或清洁剂：

（1）碳酸钠或苛性苏打等碱性物质；

（2）溶剂及乳化剂。

本组产品可含有少量的肥皂或其他表面活性剂。

本品目不包括：

（一）洗发剂或泡沫浴，不论是否含有肥皂或其他表面活性剂（第三十三章）。

（二）用洗涤剂浸渍、涂布或包覆的纸、絮胎、毡呢及无纺织物（品目34.01）。

（三）含有表面活性剂的制品，但本身并不需要表面活性功能或表面活性功能仅起辅助作用的（酌情分别归入品目34.03、34.05、38.08、38.09或38.24等）。

（四）含有表面活性剂的磨蚀剂（擦洗膏及擦洗粉）（品目34.05）。

（五）不溶于水的环烷酸盐、石油磺酸盐以及其他水不溶性表面活性产品及制品。如果它们在其他品目未具体列名，则应归入品目38.24。

34.03　润滑剂（包括以润滑剂为基本成分的切削油制剂、螺栓或螺母松开剂、防锈或防腐蚀制剂及脱模剂）及用于纺织材料、皮革、毛皮或其他材料油脂处理的制剂，但不包括以石油或从沥青矿物提取的油类为基本成分（按重量计不低于70%）的制剂：

—　含有石油或从沥青矿物提取的油类：

11　——　处理纺织材料、皮革、毛皮或其他材料的制剂

19　——　其他

—　其他：

91　——　处理纺织材料、皮革、毛皮或其他材料的制剂

99　——　其他

本品目主要包括所含作为基本成分的石油或从沥青矿物提取的油类重量未达到70%及以上（参见品目27.10）的下列混合制剂：

一、用以减少机器、车辆、飞机或其他器具、装置或仪器的动件之间的摩擦力的润滑剂。这类润滑剂完全由或主要由动、植、矿物油、脂组成，一般都加入添加剂（例如，石墨、二硫化钼、滑石粉、碳黑、钙皂或其他金属皂、沥青或防锈剂、氧化抑制剂等）。但本品目也包括以癸二酸二辛酯、癸二酸二壬酯、磷酸酯、多氯联苯、聚乙二醇或聚丙二醇等为基料的合成润滑剂。这些合成润滑剂，包括在以聚硅氧烷或喷射润滑油（或合成酯润滑剂）为基料的润滑剂，一般供要求特别严格的条件下使用（例如，耐火润滑剂、精密仪器轴承或喷气发动机用润滑剂）。

二、用于拉丝中保证盘条易于通过拉丝模的润滑剂。它包括动物脂及硫酸的水乳浊液；钠皂、硬脂酸铝、矿物油及水的混合物；油、脂肪及磺化油酸盐的混合物；钙皂及石灰的粉状混合物。

三、切削油剂。它们通常以动、植物油或矿物油为基料，一般还加有表面活性剂。

用于制切削油，但一般不适于直接作切削油用的制剂（例如，以石油磺酸盐或其他表面活性产品为基料的制剂），不应归入本品目（品目 34.02）。

四、螺栓或螺母松开剂。这些制剂用以松开螺栓、螺母或其他零件。它们通常以润滑油为基料，也可含有固体润滑油、溶剂、表面活性剂、除锈剂等。

五、主要含润滑剂的防锈或防腐蚀剂。

六、各种工业用（例如，塑料、橡胶、建筑、铸造等工业用）的以润滑剂为基料的脱模剂，例如：

（一）矿物、植物或动物油或其他脂肪物质（包括经磺化、氧化或氢化处理的）与蜡、卵磷脂或抗氧化剂混合或乳化而成的制剂。

（二）含有聚硅氧烷脂或油的混合物。

（三）石墨粉、滑石粉、云母粉、膨润土粉或铝粉与油、脂肪物质、蜡等的混合物。

但本品目不包括用作脱模剂的食用动、植物油、脂混合物或制剂（例如，糕点脱模剂）（品目 15.17）。

七、用于润滑、油化或脂化纺织品、皮革、生皮、毛皮等的制剂。它们用以润滑或软化纺纱过程中的纺织纤维，也用以皮革的“加脂”等。它们包括矿物油或脂肪物质与表面活性剂（例如，磺基蓖麻醇酸盐）的混合物；含有很大比例表面活性剂与矿物油及其他化学品的水分散性纺织润滑剂。

本品目也包括：

（一）二硫化钼在矿物油中的稳定悬浮液，含有按重量计达到 70%及以上的矿物油，由于二硫化钼具有特殊润滑性能，因此加有少量作为基料的二硫化钼，供发动机等作润滑油。

（二）防锈剂，以羊毛脂为基料并溶于石油溶剂中，不论石油溶剂的含量按重量计是否达到 70%及以上。

（三）不硬化膏，由凡士林及钙皂组成，装配真空机动闸时用于润滑及密封接头及螺纹。

本品目不包括：

（一）人造油鞣回收脂（品目 15.22）。

（二）用于人类或兽药的凝胶制剂，作为外科手术或体检时躯体部位的润滑剂，或者作为躯体和医疗器械之间的偶合剂（品目 30.06）。

（三）品目 38.01 的胶态或半胶态石墨或石墨膏。

（四）传动带防滑剂（品目 38.24）及品目 38.24 的防锈剂。

34.04 人造蜡及调制蜡：

20 — 聚氧乙烯（聚乙二醇）蜡

90 — 其他

本品目包括本章注释五所规定的人造蜡（工业上有时称为“合成蜡”）及调制蜡。这些蜡含有分子量相当高的有机物，不是单独的已有化学定义的化合物。这些蜡有：

一、由化学法制得的具有蜡特性的有机产品，不论是否水溶性。但本品目不包括用合成或其他方法制得的品目 27.12 所列的蜡（例如，主要由烃组成的费-托合成蜡），也不包括具有表面活性性能的水溶性蜡（品目 34.02）。

二、将两种或两种以上不同种类的动物蜡、植物蜡、其他蜡或不同种类的蜡（动物蜡、植物蜡或其他蜡）混合而得的产品（例如，不同种类的植物蜡的混合物及某种矿物蜡与某种植物蜡的混合物）。但本品目不包括不同种类的矿物蜡的混合物（品目 27.12）。

三、以一种或多种蜡为基料并含有脂肪、树脂、矿物质或其他物料的具有蜡质特性的产品。但不包括未混合的动、植物蜡，不论是否精制或着色（品目 15.21），也不包括不论是否着色的未混合矿物蜡及矿物蜡的混合物（品目 27.12）。

但本品目不包括以上一、二及三款所述产品混于、分散于（悬浮或乳化于）或溶解于某种液体介质中所形成的物质（品目 34.05、38.09 等）。

以上一或三款所述的蜡必须同时符合下列两个条件：

（一）滴点在 40℃以上；

（二）在温度高出滴点 10℃时用旋转粘度测定法测定其粘度不超过 10 帕·秒（或 10000 厘泊）。

另外，这些产品通常具有下列性质：

（一）轻轻擦磨即出现光泽；

（二）其稠度及溶解度主要取决于温度；

（三）温度为 20℃时：

1．一些蜡已柔软并可揉捏（但不粘手，也不呈液态）（软蜡），另一些蜡为脆性（硬蜡）；

2．它们并不透明，但可为半透明体；

（四）温度高于 40℃时，熔化而不分解；

（五）温度刚高出熔点时不易拉成丝；

（六）它们是电和热的不良导体。

归入本品目的蜡的化学组分各不相同，它们包括：

（一）聚亚烃蜡（例如，聚乙烯蜡）。它们用于包装物料、织物润滑剂、抛光剂等。

（二）烃蜡经不完全氧化而得的蜡（例如，合成或天然石蜡）。它们广泛用于抛光剂、涂料、润滑剂等。

（三）由氯化石蜡、多氯联苯或聚氯萘混合物组成的蜡。它们用于耐火剂、用作绝缘体、电容器浸渍料、润滑剂、木材防腐剂等。

（四）聚氧乙烯（聚乙二醇）蜡。它们为水溶性蜡，用于制化妆品或药品，用作粘结剂、软化剂及防腐剂，还用于纺织品或纸张的粘合剂和用于制墨水、橡胶等。

（五）由脂肪族酮、脂肪族酯（例如，用少量肥皂改性的丙二醇单硬脂酸酯，用酒石酸及乙酸酯化的混合甘油单硬脂酸酯和甘油双硬脂酸酯）、脂肪族胺或脂肪酸酰胺混合组成的蜡。它们用于制化妆品、抛光剂、油漆等。

（六）天然蜡（例如，褐煤蜡）经部分或全部化学改性而得的蜡。

（七）由两种或多种不同蜡混合组成的蜡（品目 27.12 的混合矿物蜡除外）或者由一种或多种蜡与其他材料混合而成的蜡。例如，由石蜡和聚乙烯混合而成的蜡，用作涂料；由石蜡和硬脂酸混合而成的蜡，用作制蜡烛的原料；由氧化烃蜡和乳化剂混合而成的蜡；不论包装如何的封蜡及类似组分的蜡，但制成品目 32.14 的产品除外。

上述各种蜡即使已着色，也应归入本品目。

除上述规定不包括的货品以外，本品目还不包括：

（一）羊毛脂醇，即使具有蜡质特性（品目 15.05）。

（二）氢化油，即使具有蜡质特性（品目 15.16）。

（三）单独的已有化学定义的有机化合物（第二十九章）。

（四）“牙科用蜡”及“牙科造形膏”，成套、零售包装、片状、马蹄形、条状及类似形状的（品目 34.07）。

（五）工业单羧酸脂肪酸及工业脂肪醇，即使具有蜡质特性（品目 38.23）。

（六）不具蜡质特性的甘油单脂肪酸酯、甘油双脂肪酸酯及甘油三脂肪酸酯的混合物（通常归入品目 38.24）。

（七）不具蜡质特性的多氯联苯混合物及氯化石蜡混合物（品目 38.24）。

（八）不具蜡质特性的聚氧乙烯（聚乙二醇）（例如，归入品目 38.24 或 39.07）。

（九）不具蜡质特性的聚乙烯（例如，归入品目 39.01）。

34.05 鞋靴、家具、地板、车身、玻璃或金属用的光洁剂、擦洗膏、去污粉及类似制品（包括用这类制剂浸渍、涂面或包覆的纸、絮胎、毡呢、无纺织物、泡沫塑料或海绵橡胶），但不包括品目 34.04 的蜡：

10 — 鞋靴或皮革用的上光剂及类似制品

20 — 保养木制家具、地板或其他木制品用的上光剂及类似制品

30 — 车身用的上光剂及类似制品，但金属用的光洁剂除外

40 — 擦洗膏、去污粉及类似制品

90 — 其他

本品目包括供鞋靴、家具、地板、车身、玻璃或金属（银器、铜器等）用的光洁剂，擦洗炊具、洗涤盆、瓷砖、炉具等用的擦洗膏及去污粉，以及皮革上光等用的类似制剂。本品目也包括具有防腐性能的光洁剂。

这些制剂可以蜡、研磨料或其他物料为基料。例如：

一、由浸渍于松节油或乳化于水中的蜡组成并通常加有着色料的抛光蜡及光洁剂。

二、金属及玻璃光洁剂，由极软的抛光材料组成，例如，白垩或硅藻土悬浮于石油溶剂及液体肥皂的乳浊液中组成。

三、金属等的抛光、加工或精磨产品，含有金刚石粉或末。

四、去污粉，由极为精细的砂末与碳酸钠及肥皂的混合物组成。擦洗膏是用这些去污粉与溶于矿物润滑油的蜡溶液等混合粘聚而制得。

这些制品常常制成零售包装，并通常呈液态、膏状、粉状、片状、条状等，可供家庭或工业用途。

本品目也包括用这些制剂浸渍、涂面或包覆的纸、絮胎、毡呢、无纺织物、泡沫塑料或海绵橡胶，但不包括类似浸渍、涂面或包覆的抹布及金属擦锅器（分别归入第十一类及第十五类）。

本品目还不包括：

（一）未混合的研磨粉（通常归入第二十五章或第二十八章）。

（二）鞋靴刷白片及麂皮鞋靴用的配制染色液（品目 32.10）。

（三）油鞣回收脂及人造油鞣回收脂（品目 15.22）；其他皮革修整用的油、脂（第十五章，品目 27.10、34.03、38.24 等）。

（四）衣服洗涤用的干洗液及去污渍剂，这类制剂应按组成成分归类（通常为品目 27.10 的石油溶剂油或品目 38.14 或 38.24 的产品）。

34.06 各种蜡烛及类似品

蜡烛（包括球形或盘卷形细蜡烛），通常由动物脂、硬脂精、石蜡或其他蜡制成。

本品目包括不论是否着色、装饰或加香料等的蜡烛。

本品目还包括装有浮座的夜明蜡烛。

本品目不包括:

（一）抗哮喘蜡烛（品目 30.04）。

（二）蜡火柴或维斯塔火柴（品目 36.05）。

（三）经硫处理的带子、灯芯、烛心及蜡烛（品目 38.08）。

34.07　塑型用膏，包括供儿童娱乐用的在内；通称为“牙科用蜡”或“牙科造形膏”的制品，成套、零售包装或制成片状、马蹄形、条状及类似形状的；以熟石膏（煅烧石膏或硫酸钙）为基本成分的牙科用其他制品

一、塑型用膏

这些是塑料制剂，通常供美工或金工用以造模，也供儿童娱乐之用。

最为常见的是以油酸锌为基料的塑型用膏，这些产品也可含有蜡、白油及高岭土，手感略觉油腻。

其他塑型用膏是纤维素纸浆、高岭土与粘合剂的混合物。

这些塑型膏通常是有色的，报验时常呈散装形状或块状、条状、片状等。

本品目也适用于各式塑型用膏，包括儿童娱乐用的成套塑型用膏。

二、通称“牙科用蜡”或“牙科造形膏”的制品

它们是供牙科造形用的组分各异的制剂，一般由蜡、塑料或古塔波胶与松香、虫胶及填料（例如，云母粉）等混合组成，并通常着色，其质地坚硬或稍软。

只有成套、零售包装、片状、马蹄形状（实心或空心的）、条状及类似形状的制品才归入本品目，制成其他形状（例如，散装形状）的，则应按其组成成分归类（品目 34.04、38.24 等）。

三、以熟石膏（煅烧石膏或硫酸钙）为基本成分的牙科用其他制品

本品目包括以熟石膏为基本成分的牙科用制品，其通常含有按重量计 2%以上的添加剂。可能加入的添加剂有作为白色颜料的二氧化钛、着色料、硅藻土、糊精和三聚氰胺甲醛树脂。它们也含有促凝剂或缓凝剂。

这类牙科用制品一般含有按重量计 25%或以上的半水合硫酸钙或几乎全部用半水合硫酸钙制成，不会自然成型，但可通过将含有二水合硫酸钙成分的石膏沉淀物加以脱水等方法制得。

它们供牙科造形、制模或其他牙科用途，不论其形状或报验状态如何，均归入本品目。

切勿将这类制品与仅含少量促凝剂或缓凝剂的熟石膏相混淆（品目 25.20）。

本品目不包括牙科粘固剂及其他牙科填料（品目 30.06）。

第三十五章　蛋白类物质；改性淀粉；胶；酶

注释：

一、本章不包括：

（一）酵母（品目21.02）；

（二）第三十章的血份（非治病、防病用的血清白蛋白除外）、药品及其他产品；

（三）预鞣用酶制剂（品目32.02）；

（四）第三十四章的加酶的浸透剂、洗涤剂及其他产品；

（五）硬化蛋白（品目39.13）；或

（六）印刷工业用的明胶产品（第四十九章）。

二、品目35.05所称"糊精"，是指淀粉的降解产品，其还原糖含量以右旋糖的干重量计不超过10%。

如果还原糖含量超过10%，应归入品目17.02。

35.01　酪蛋白、酪蛋白酸盐及其他酪蛋白衍生物；酪蛋白胶：

10　—　酪蛋白

90　—　其他

一、酪蛋白及酪蛋白衍生物

（一）酪蛋白是构成乳的主要蛋白，通常用酸或粗制凝乳酶沉淀（乳凝）脱脂奶而得。本品目包括各种类型的酪蛋白，这些酪蛋白因乳凝方法各异而不同，例如，酸酪蛋白、酪蛋白原及酶凝酪素（衍酪蛋白）。

酪蛋白通常是一种黄白色粉粒物质，溶于碱液但不溶于水，主要用于制胶水、油漆或水浆涂料，用于纸张涂面，还用于制酪蛋白塑料（硬化酪蛋白）、化学纤维、食品或药品。

（二）酪蛋白酸盐包括称为"可溶酪蛋白"的酪蛋白酸钠和酪蛋白酸铵：这些盐常用于配制浓缩食物和药品。酪蛋白酸钙根据其特性可用于配制食品或用作胶水。

（三）其他酪蛋白衍生物主要包括氯化酪蛋白、溴化酪蛋白、碘化酪蛋白及鞣酸（单宁酸）酪蛋白。它们用于医药。

二、酪蛋白胶

这些货品由酪蛋白酸钙（参见以上关于酪蛋白酸盐的注释）组成，或酪蛋白与白垩的混合物和少量硼砂或氯化铵等添加剂混合组成。它们通常呈粉末状。

本品目不包括：

（一）贵金属酪蛋白酸盐（品目28.43）或品目28.44至28.46及28.52的酪蛋白酸盐。

（二）误称为"植物酪蛋白"的产品（品目35.04）。

（三）净重不超过1千克的零售包装酪蛋白胶（品目35.06）。

（四）硬化酪蛋白（品目39.13）。

35.02　白蛋白（包括按重量计干质成分的乳清蛋白含量超过80%的两种或两种以上的乳清蛋白浓缩物）、白蛋白盐及其他白蛋白衍生物：

—　卵清蛋白：

11　——　干的

19　——　其他
20　—　　乳白蛋白，包括两种或两种以上的乳清蛋白浓缩物
90　—　　其他

一、白蛋白是动、植物蛋白质，尤以动物质为主，包括有蛋白（卵清蛋白）、血清蛋白、乳清蛋白及鱼白蛋白。与酪蛋白不同的是，白蛋白既溶于水，也溶于碱，且其溶液加热即凝结。

本品目还包括两种或两种以上的乳清蛋白浓缩物，按重量计干质成分的乳清蛋白含量超过 80%的。乳清蛋白的含量用氮含量乘以转换因数 6.38 来计算。按重量计干质成分的乳清蛋白含量为 80%及以下的乳清蛋白浓缩物应归入品目 04.04。

白蛋白通常为粘滞状液体、透明黄色粉片或者无定形白色、浅红色或浅黄色粉末。

它们用于制胶水、食品、药品，加工皮革、处理纺织品或纸张（尤其是相纸）、澄清酒或其他饮料等。

二、白蛋白盐及其他白蛋白衍生物，尤其是铁白蛋白盐、溴化白蛋白、碘化白蛋白及鞣酸白蛋白。

本品目也不包括：

（一）干燥的血，有时被误称为“血清蛋白”（品目 05.11）。

（二）贵金属白蛋白盐（品目 28.43）或品目 28.44 至 28.46 及 28.52 的白蛋白盐。

（三）供治疗或预防疾病用的血清蛋白及人血浆（第三十章）。

35.03　明胶（包括长方形、正方形明胶薄片，不论是否表面加工或着色）及其衍生物；鱼鳔胶；其他动物胶，但不包括品目 35.01 的酪蛋白胶

本品目的明胶及其他各种胶是水溶蛋白物质，通常用温水（加酸或不加酸）处理皮张、软骨、硬骨、筋腱或类似动物物料而制得。

一、明胶的粘度比一般胶小，但纯度比一般胶高，加水后变成透明冻胶。用于配制食品、药品及感光乳剂，培养细菌及澄清啤酒和其他酿造酒，也可用于纸张或纺织品的施胶，还用于印刷工业、制塑料（硬化明胶）及制成物品。

明胶通常制成透明的薄片状，几乎无色无味，干燥后表面上仍带有网状印痕。但市面上销售的明胶也有制成板片状或粉片、粉末等形状的。

制成矩形（包括正方形）的明胶薄片，不论是否表面加工或着色〔例如，压花纹、金属化、印制（明胶明信片及第四十九章所列的其他印刷品除外）〕均归入本品目。如果切成长方形或正方形以外的其他形状（例如，圆盘状）的，应归入品目 96.02。模制或雕刻的未硬化明胶也归入品目 96.02。

二、明胶衍生物主要包括鞣酸明胶及溴化鞣酸明胶。

三、鱼鳔胶，用机械法处理某些鱼（尤其是鲟鱼）的鳔而得。报验时为固体，常呈半透明薄片状。主要用作啤酒、葡萄酒或其他酒精饮料的澄清剂，也用于医药上。

四、本品目的其他动物胶是作一般胶用的不纯明胶。它们可以含有防腐剂、颜料或粘度控制剂等添加剂。

它们主要包括：

（一）骨胶、皮胶、筋胶、腱胶。这些胶颜色由黄至棕，具有强烈的气味，其薄片通常较原明胶更厚、更硬、更脆。它们也有呈珠粒、粉片等状。

（二）鱼胶（以上鱼鳔胶除外）。这些胶是通过用热水处理鱼废料（皮、软骨、硬骨、鳍等）而制得的，通常成胶状液体。

本品目不包括：

（一）酪蛋白胶（品目 35.01）。

（二）净重不超过 1 千克的零售包装胶（品目 35.06）。

（三）以明胶为基料的复印膏（品目 38.24）。

（四）硬化明胶（品目 39.13）。

35.04　蛋白胨及其衍生物；其他品目未列名的蛋白质及其衍生物；皮粉，不论是否加入铬矾

本品目包括：

一、蛋白胨及其衍生物。

（一）蛋白胨为蛋白质通过水解或在某些酶（胃蛋白酶、木瓜蛋白酶、胰酶等）的作用下所得的可溶性物质。它们通常是白色或浅黄色粉末，因其吸湿性很强，所以一般装于密封容器中。蛋白胨也可制成溶液。主要的品种有肉胨、酵母胨、血胨及酪蛋白胨。

它们用于医药、食品制造及细菌培养等方面。

（二）胨酸盐是蛋白胨的衍生物。它们主要用于制药；最主要的品种有铁胨酸盐及锰胨酸盐。

二、本协调制度其他品目未列名的其他蛋白质及其衍生物，主要包括：

（一）谷蛋白及醇溶谷蛋白（例如，从小麦或黑麦制得的麦醇溶蛋白和从玉米制得的玉米醇溶蛋白），均是谷类蛋白质。

（二）球蛋白，例如，乳球蛋白及卵球蛋白〔参见本品目注释末不包括部分第（四）款〕。

（三）大豆球蛋白，是主要的大豆蛋白质。

（四）角蛋白，从头发、指甲、角、蹄、羽毛等中制得。

（五）核蛋白，为蛋白质与核酸的化合物及其衍生物。核蛋白是从酒酵母等中离析出来的。核蛋白及其盐（铁盐、铜盐等）主要用于医药方面。

但符合品目 28.52 规定的核蛋白汞盐不包括在内。

（六）离析蛋白，从植物质（例如，脱脂大豆粉）中提取而得，其成分为该种植物质所含的各种蛋白质的混合物，所含离析蛋白一般不少于 90%。

三、皮粉，不论是否加入铬矾。皮粉用以测定天然鞣料物质及植物鞣膏中的鞣酸。皮粉实际上是纯净的胶原蛋白，用新鲜皮张精制而得。皮粉可添加少量铬矾（铬矾皮粉），或报验时未加铬矾，而在使用前才加入铬矾。本组所述加铬矾的皮粉切勿与品目 41.15 的铬皮革粉末相混淆，后者不适于测定鞣酸且价格较低。

本品目不包括：

（一）主要由氨基酸及氯化钠混合物构成的水解蛋白质及除去脱脂大豆粉某些成分而制得的浓缩产品，它们均用作食品的添加剂（品目 21.06）。

（二）贵金属蛋白盐（品目 28.43）或品目 28.44 至 28.46 及 28.52 的蛋白盐。

（三）核酸及其盐（品目 29.34）。

（四）血纤维蛋白原、血纤维蛋白、血球蛋白及血清球蛋白、人体正常免疫球蛋白及抗血清（特殊免疫球蛋白）及其他血份（品目 30.02）。

（五）制成药品的本品目所述产品（品目 30.03 或 30.04）。

（六）酶（品目 35.07）。

（七）硬化蛋白质（品目 39.13）。

35.05　糊精及其他改性淀粉（例如，预凝化淀粉或酯化淀粉）；以淀粉、糊精或其他改性淀粉为基本成分的胶：

10 — 糊精及其他改性淀粉

20 — 胶

本品目包括：

一、糊精及其他改性淀粉，即淀粉经热、化学品（例如，酸、碱）或淀粉酶的作用而转化的产品，及经氧化、酯化、醚化等处理的改性淀粉。交联淀粉（例如，磷酸二淀粉酯）是一种重要的改性淀粉。

（一）糊精，通过下列方法制得：

1. 通过用酸或酶使淀粉水解的降解法，所得产品称作麦芽糖糊精。但这种产品只有当所含还原糖以右旋糖的干量计不超过10%时才能按糊精归入本品目；

2. 通过加入或不加入少量化学试剂焙烤淀粉的方法。对于不使用化学试剂的，所得产品称为焙烤淀粉。

糊精根据其制法和所用淀粉的不同，呈白色、浅黄色或棕色粉末状。它们可溶于水（必要时加热），但不溶于醇。

（二）可溶性淀粉，一种在淀粉转化成糊精过程中所得的中间产品，将淀粉在水中煮沸而得或使淀粉与冷的稀酸长时间接触制得。本品目也包括含有极少量高岭土的可溶性淀粉，它们主要在造纸过程中加到纤维素纸浆中去。

（三）预凝化或“溶胀”淀粉，通过用水润湿淀粉并加热使其变成胶状团块，然后干燥并研磨成粉而制得，也可通过挤压后研磨成粉而制得。用于造纸、纺织、冶金（用于制铸芯粘合剂）、食品工业及动物食料等。

（四）醚化或酯化淀粉（通过醚化或酯化而得的改性淀粉）。醚化淀粉包括那些含有羟乙基、羟丙基或羧甲基的产品。酯化淀粉包括主要用于纺织及造纸工业的乙酸淀粉酯，以及用于制炸药的硝化淀粉。

（五）其他改性淀粉，例如：

1. 二醛基淀粉；

2. 用甲醛或表氯醇处理过的淀粉，用作外科手套滑粉等。

总的来说，本品目的改性淀粉可通过其性质（例如，溶解度、凝胶透明度、凝胶或结晶趋势、水结合量、冰冻-融化稳定性、胶凝温度或峰值粘度）的变化，与第十一章的未改性淀粉区别开来。

二、以淀粉、糊精或其他改性淀粉为基本成分的胶。

（一）糊精胶，由糊精水溶液组成或糊精与其他物质（例如，氯化镁）混合组成。

（二）淀粉胶，用碱（例如，氢氧化钠）处理淀粉而得。

（三）由未处理的淀粉、硼砂及水溶性纤维素衍生物组成或由未处理的淀粉、硼砂及淀粉醚组成的胶。

以上所述的产品通常呈白色、黄色或浅棕色无定形粉末状或胶块状，因此也有人把它们中的某些产品称为“英国胶”或“淀粉胶”。它们主要用作胶料，用于颜料工业、纺织工业、造纸工业及冶金工业。

本品目不包括：

（一）未加工淀粉（品目11.08）。

（二）所含还原糖以右旋糖的干量计超过10%的淀粉降解产品（品目17.02）。

（三）净重不超过1千克的零售包装胶（品目35.06）。

（四）用于造纸、纺织、皮革或类似工业的上光剂及调制浆料（以淀粉或糊精为基料的）（品目38.09）。

35.06　其他品目未列名的调制胶及其他调制粘合剂；适于作胶或粘合剂用的产品，零售包装每件净重不超过1千克：

10　—　适于作胶或粘合剂用的产品，零售包装每件净重不超过1千克

—　其他：

91　——　以橡胶或品目39.01至39.13的聚合物为基本成分的粘合剂

99　——　其他

本品目包括：

一、适于作胶或粘合剂用的产品，零售包装每件净重不超过1千克

本组包括以下第二款所列的调制胶、调制粘合剂及适于作胶或粘合剂用的其他产品，但这些产品必须是零售包装，且每件净重不超过1千克的。

盛装胶或粘合剂的包装容器通常有玻璃瓶、玻璃罐、金属盒、金属软管、纸板盒、纸袋等；有时所用的“包装”仅是一条纸带包裹，例如，对骨胶块的包装。有时在胶或粘合剂包装中还配有一把类型般配的小刷子（例如，供直接使用的罐装胶水或粘合剂）。这类小刷子如已包装在胶水或粘合剂的容器内，则应与胶水或粘合剂一并归类。

除作胶或粘合剂用以外还具有其他用途的产品（例如，糊精、粒状甲基纤维素），只有在其包装上标明了出售后供作胶或粘合剂使用的，才能归入本品目。

二、协调制度其他品目未列名的调制胶及其他调制粘合剂，例如：

（一）谷蛋白胶（“维也纳胶”）正常方法是通过部分发酵使谷蛋白具有溶解性而制得。这些胶通常呈粉片或粉末状，颜色从浅黄到棕色不等。

（二）用化学方法处理天然树胶而得的胶或其他粘合剂。

（三）以硅酸盐等为基料的粘合剂。

（四）按配方配制专门作粘合剂用的制品，这种制品可由品目39.01至39.13的聚合物或其混合体组成，这些聚合物或其混合体除含有第三十九章产品所允许添加的物质（填料、增塑剂、溶剂、颜料等）以外，还含有不归入该章的其他添加物（例如，蜡）。

（五）由橡胶、有机溶剂、填料、硫化剂及树脂的混合物组成的粘合剂。

除符合以上第一款规定的产品以外，本品目不包括协调制度其他品目已具体列名的产品，例如：

（一）酪蛋白胶（品目35.01）、动物胶（品目35.03）及以淀粉、糊精或其他改性淀粉为基料的胶（品目35.05）。

（二）可直接用作或处理后用作胶或其他粘合剂的其他产品，例如，粘鸟胶（品目13.02）、未混合的硅酸盐（品目28.39）、酪蛋白酸钙（品目35.01）、糊精（品目35.05）、品目39.01至39.13所列聚合物的分散体或溶液（第三十九章或品目32.08）及橡胶的分散体或溶液（第四十章）。

应注意到，归入本品目的一些产品可按销售时的状态直接作胶或粘合剂使用，而另一些产品则须溶解或分散于水后才能使用。

本品目不包括供纺织品等用的上光剂及调制浆料（品目38.09）及铸芯粘合剂（品目38.24）；在某些国家，这些物质有时也称为“胶”，但这些物质主要不是利用其胶粘性能。

本品目也不包括具有品目32.14所列胶粘剂填料等特性的产品。

35.07　酶；其他品目未列名的酶制品：

10　—　粗制凝乳酶及其浓缩物

90　—　其他

酶是活性细胞产生的有机物质；它们具有引起和调节活性细胞内外特殊化学反应的性能，但本身的化学结构不变。

酶可按下列分类：

一、按其化学结构，例如：

（一）酶分子仅由一个蛋白质组成（例如，胃蛋白酶、胰蛋白酶、尿素酶）。

（二）酶分子中由一个蛋白质结合一个起辅助因素作用的低分子量非蛋白质化合物组成。这个辅助因素既可以是一个金属离子（例如，抗坏血酸氧化酶中的铜、人体胎盘碱性磷酸酯酶中的锌），也可以是一个称作辅酶的复杂有机分子（例如，丙酮酸脱羧酶中的二磷酸硫胺素、谷氨酰胺氧化酸转氨酶中的磷酸吡哆醛）。有时两者都具备。

二、按其作用原理：

（一）根据化学活性分为：氧化还原酶、转移酶、水解酶、裂解酶、异构酶、连接酶。

（二）根据其生物活性分为：淀粉酶、脂（肪）酶、蛋白酶等。

*

* *

本品目包括：

（一）“纯净”（离析）酶

这些酶常呈结晶状，主要用于医药及科研。在国际贸易中它们的重要性比不上酶催浓缩物及酶制品。

（二）酶催浓缩物

这些浓缩物通常得自动物器官、植物、微生物或培养肉汤（培养肉汤是从细菌、霉菌等取得的）的水提取物或溶剂提取物。这些产品可含有几种比例各不相同的酶，并可标准化或稳定化。

应注意到，从发酵溶液或从澄清、沉淀过程产生的标准化剂或稳定剂，或多或少地存在于浓缩体内。

这类浓缩物可以通过沉淀或冷冻干燥法制成粉末状等，也可通过用成粒剂或惰性载体制成粒状。

（三）其他品目未列名的酶制品

酶制品可以通过进一步稀释以上第（二）款所述的浓缩物而得，也可通过混合离析酶或酶催浓缩物而得。经加入一些物质使之适于某些特殊用途的酶制剂，如果协调制度的其他品目未具体列名的，则仍应归入本品目。

本组主要包括：

1．嫩肉用的酶催制品，例如，由添加有葡萄糖或其他食物的分解蛋白酶（例如，木瓜蛋白酶）组成的制品。

2．澄清啤酒、葡萄酒或果汁用的酶催制品（例如，含添加明胶、膨润土等的果胶酶）。

3．纺织品脱浆用的酶催制品，例如，以细菌α-淀粉酶或蛋白酶为基料的制品。

本品目主要不包括下列制品：

（一）药品（品目30.03或30.04）。

（二）预鞣用的酶催制品（品目32.02）。

（三）第三十四章的酶催浸渍剂、洗涤剂或其他产品。

*

* *

下列产品是商业上最重要的酶：

一、粗制凝乳酶（凝乳酶）

粗制凝乳酶可从新鲜或干的小牛真胃取得，也可通过培养某些微生物制得。它是一种分解蛋白酶，能凝结酪蛋白从而使牛奶凝结。呈液态、粉状或片状。它可含有制造过程中残留的或为了标准化而添加的各种盐（例如，氯化钠、氯化钙、硫酸钠），并可含有防腐剂（例如，甘油）。

粗制凝乳酶主要用于乳酪工业。

二、胰酶

产自胰脏的最重要的酶是胰蛋白酶及胰凝乳蛋白酶（能分解蛋白质）、α-淀粉酶（能分解淀粉）以及脂肪酶（能分解脂肪物质），主要用于制药，能治疗消化系统失调。

胰脏的酶催浓缩物通常从新鲜或干的胰脏中取得。它们可含有高度吸收性盐（用以吸收结晶过程产生的部分水分而添加）及某些保护胶体（以便于保藏或运输）。它们用以制脱浆剂、洗涤剂、脱毛剂或鞣剂。

归入本品目的胰脏酶催制剂包括纺织品脱浆剂。

三、胃蛋白酶

胃蛋白酶是从猪或牛的胃粘膜制得的。为了使之稳定，有时保存在饱和硫酸镁溶液中或与蔗糖或乳糖相混合（粉状胃蛋白酶）。

胃蛋白酶与盐酸或盐酸甜菜碱结合或者制成胃蛋白酶酒，主要用于医药上。

四、麦芽糖酶

本组仅包括麦芽淀粉酶。

麦精应归入品目 19.01。

五、木瓜蛋白酶、菠萝蛋白酶、无花果蛋白酶

所称“木瓜蛋白酶”，是指番木瓜树的干胶乳及从这些产品中制得的两种馏分，也就是木瓜蛋白酶（狭义的木瓜蛋白酶）及木瓜凝乳蛋白酶。

木瓜蛋白酶用以制防冷冻浑浊啤酒、嫩肉剂〔参见以上第（三）款第 1 项〕及医药等。

作为干胶乳的部分水溶性木瓜蛋白酶应归入品目 13.02。

菠萝蛋白酶从菠萝植物取得。

无花果蛋白酶从某些种类的无花果树的胶乳中取得。

六、从微生物制取的淀粉酶及蛋白酶

某些微生物放在适当的培养基中培养后可分泌出大量淀粉酶及蛋白酶。

除去细胞及杂质后，所得溶液可在低温真空下蒸发浓缩制得，或者通过加入无机盐（例如，硫酸钠）或加入可与水溶混的有机溶剂（例如，丙酮）将其中的酶沉淀制得。

例如：

（一）细菌 α-淀粉酶

细菌 α-淀粉酶（用枯草芽胞杆菌等制得）是淀粉液化酶，用以制胶粘剂及以淀粉为基料的纸张涂料，用于生产面包及其他食品工业以及供纺织品脱浆用。

（二）真菌淀粉酶

真菌淀粉酶基本上是从霉菌培养物衍生的，这些霉菌主要是根霉菌或曲霉菌。

虽然其液化能力很强，但比细菌淀粉霉的液化能力差得远。

真菌淀粉酶在食品工业上有很多用途。

必须注意，真菌淀粉酶有时含有蛋白酶、葡糖氧化酶及蔗糖酶。

（三）淀粉葡萄苷酶

这些酶是从根霉菌或曲霉菌等制得的，是一类强糖化试剂，但没有液化性能。它们可从淀粉物料中取得高产量的葡萄糖。

它们主要用于生产葡萄糖浆及葡萄糖，并作为酒精发酵浆的糖化剂。

（四）蛋白酶

细菌蛋白酶（用枯草芽胞杆菌等制得）是分解蛋白酶，用以制纺织品脱浆剂，用作某些洗涤剂的拼料并用于酿造啤酒。从霉菌产生蛋白酶用于医药上。

七、β-淀粉酶

这些酶是从发芽大麦、小麦及大豆等植物物料制得的。它们能从淀粉及糊精中产生麦芽糖。

八、果胶酶

这些酶是通过培养各类霉菌（主要有根霉菌及曲霉菌）制得的。它们用于制造及加工水果汁及蔬菜汁（便于压榨及增加果汁回收）。

九、转化酶（β-呋喃果糖苷酶）

转化酶常从发酵力低的啤酒酵母取得。

这种酶可将蔗糖分解成葡萄糖和果糖。它用于制餐用糖浆、巧克力及蛋白杏仁糖果。

十、葡萄糖异构酶

这种酶是从某些培养微生物（主要有链霉菌或芽胞杆菌）制得的。用以在生产高甜度糖浆时将葡萄糖部分转化成果糖。

除以上所述不包括的产品以外，本品目也不包括：

（一）酵母（品目21.02）。

（二）辅酶，例如，辅羧酶（硫胺焦磷酸）及辅酶Ⅰ（烟酰胺腺嘌呤二核苷酸）（第二十九章）。

（三）品目30.01的干腺体及其他产品。

（四）品目30.02的培养微生物、血酶（例如，凝血酶）及其他产品。

第三十六章　炸药；烟火制品；火柴；引火合金；易燃材料制品

注释：

一、本章不包括单独的已有化学定义的化合物，但下列注释二（一）、（二）所述物品除外。

二、品目 36.06 所称“易燃材料制品”，只适用于：

（一）聚乙醛、六亚甲基四胺（六甲撑四胺）及类似物质，已制成片、棒或类似形状作燃料用的；以酒精为基本成分的固体或半固体燃料及类似的配制燃料；

（二）直接灌注香烟打火机及类似打火器用的液体燃料或液化气体燃料，其包装容器的容积不超过 300 立方厘米；以及

（三）树脂火炬、引火物及类似品。

总　注　释

本章包括发射药及配制炸药，即以本身含有燃烧所必需的氧气并在燃烧中产生大量高温气体为特征的混合物。

本章还包括引爆时所需的辅助产品（雷管或火帽、引爆管等）。

用爆炸、发火、易燃或可燃的材料制成的用以产生光、声、烟、火焰或火花的制品（例如，烟火制品、火柴、铈铁及某些易燃材料制品）也归入本章。

除品目 36.06 注释二（一）、二（二）1 及二（二）2 所述的某些燃料外，本章不包括单独的已有化学定义的化合物（通常归入第二十八章或第二十九章）。本章也不包括第九十三章的弹药。

36.01　发射药

这些火药是燃烧时能产生大量炽热气体的混合物。这些气体可产生推进作用。

用于火器时，发射药是在容积几乎不变的有限空间内燃烧，火器筒内产生的压力使射弹以极高的速度射出。

用于火箭时，发射药燃烧时产生恒定的压力，气体从喷嘴喷出从而产生推进作用。

本品目的发射药含有可燃组分及助燃组分，还可含有用以控制燃烧速度的组分。

本品目包括：

一、黑色火药（火药）

黑色火药是由硝酸钾或硝酸钠、硫及木炭的紧密混合物组成。

这种火药色黑至棕不等，稍有吸湿性，用作猎枪火药及爆炸火药。作猎枪火药用时为标准圆粒状；作爆炸火药用时可以是大小不同的颗粒状或碎粉状（例如，采矿场用的爆炸火药）。

二、火器用的发射药（黑色火药除外）

（一）无烟药

这些火药是以硝化纤维素（硝酸纤维素）（一般是火棉或爆炸级硝化纤维素）为基料并与其他产品和二苯胺等稳定剂混合组成的。这些火药可从硝化纤维素及溶剂制得，或从加有硝酸钡或硝酸钾、碱性重铬酸盐及溶剂等的硝化纤维素制得，也可从硝化甘油与硝化纤维素的缔合物制得（巴里斯太火药、柯达火药等）。

无烟药通常呈条状、管状、圆盘状、粉片状或颗粒状。

（二）复合药

在复合药中，基料（硝化纤维素、硝化甘油）中可加入硝基胍、六素精（环三次甲基三硝胺）、八素精（环四次甲基三硝胺）以改善其燃烧性能。

聚合粘合剂与相同组分（但不含硝化纤维素）的缔合物也可用于制发射药。

三、火箭用发射药

（一）均相发射药

它们主要由硝化纤维素和有机硝酸酯与其他添加剂（稳定剂、冲击催化剂等）组成。报验时它们通常为筒装形式，它们可以象装子弹似的装入燃烧室内。

（二）复合发射药

这些产品是由一种助燃料物质（过氯酸铵、硝酸铵等）及一种还原剂（通常是合成橡胶）组成，还可含有金属还原剂（铝等）。

本品目不包括：

（一）单独的已有化学定义的化合物（通常归入第二十八章或第二十九章）。

（二）品目 36.02 的配制炸药。

（三）硝化纤维素（硝酸纤维素），例如，火棉（品目 39.12）。

36.02　配制炸药，但发射药除外

本品目包括燃烧时反应比发射药更为剧烈的化学物质混合物。它们的燃烧释放出非常大量的高温气体，瞬间产生巨大压力。它们通常加有迟钝剂以减少其受震或受磨的敏感性。

本品目包括：

一、以硝酸甘油酯（硝化甘油）及乙二醇二硝酸酯（硝化甘醇）为基料的炸药。这些产品通常称作达纳炸药，并常含有硝化纤维素（火棉）、硝酸铵、泥炭、木粉、氯化钠或铝粒等。

二、以其他有机硝酸酯或硝基化合物为基料的混合物组成的炸药，例如，以 TNT（2,4,6-三硝基甲苯）、六素精、八素精、特屈儿（N-甲基-N,2,4,6-四硝基苯胺）、四硝基赤藓醇（季戊四醇四硝酸酯，PETN）或 TATB（1,3,5-三氨基-2,4,6-三硝基苯）为基料组成的炸药。

以 TNT 为基料的混合物，包括加入了蜡或聚合粘合剂等迟钝剂的黑索莱炸药（TNT ＋ 六素精）及喷妥莱炸药（TNT＋PETN）。

三、以硝酸铵为基料的炸药，非以硝化甘油或硝化甘醇为促爆剂的。本组的炸药与以上第一组所述的达纳炸药一起广泛用于采矿场、采石场及土木工程工地。

本组包括：

（一）硝胺炸药、阿马图炸药及硝酸铵燃料油炸药（铵油炸药）。

（二）特制炸药包、硝化炸药。

（三）浆状炸药，由碱金属硝酸盐和水的混合物组成，用氨基硝酸盐（酯）或精细铝粉促爆。

（四）“乳化”炸药，由碱金属硝酸盐水溶液在矿物油中乳化而成。

四、以氯酸盐或高氯酸盐为基料的混合物组成的炸药，例如，用于采矿场及采石场的谢德炸药。

五、起爆炸药，这种炸药在干燥状态下对震动及摩擦比以上所述的四类炸药更敏感。它们主要以叠氮化铅或三硝基间苯二酚（收敛酸）铅及四氮烯为基料的混合物。这些炸药通常用于配制发射药用的撞击起爆剂、摩擦起爆剂或火焰起爆剂或制炸药用雷管。

所有这些炸药报验时或为粉末状、粒状，或为膏状、浆状、乳状或半干胶状，既可散装，也可制成一次用量包装或装入筒内。

本品目不包括单独的已有化学定义的化合物，即使其具有爆炸性。这些化学品通常归入第二十八章或第二十九章，例如，无机硝酸盐（品目 28.34）、雷酸汞（品目 28.52）、三硝基甲苯（品目 29.04）及三硝基苯酚（品目 29.08）。

36.03 安全导火索；导爆索；火帽或雷管；引爆器；电雷管

这些产品通常称作爆炸配件，为火药及炸药引爆所需。

本品目包括：

一、安全导火索及导爆索

安全导火索（缓燃导火索）是将火苗引向普通引爆器或雷管的装置。它们通常由内装黑色火药的涂焦油或者浸橡胶或塑料的织物薄层管子组成。

导爆索用以起爆一个或多个装药，通常以四硝基赤藓醇或其他炸药作芯子，外包防水织物或塑料（软导火线）制成或包以铅或锡皮（铅包或锡包导爆线）制成。在某些情况下，炸药仅以薄层形式置放于塑料管的管内表面上。

它们最常用于采矿场、采石场及土木工程工地。

二、火帽或雷管

（一）撞击火帽（底火），是由一个（通常为金属的）小容器内装有以三硝基间苯二酚铅（收敛酸铅）为基料并加入四氮烯及各种氧化剂、还原剂等的混合物所组成；这种炸药混合物装量通常在 10～200 毫克之间。这种火帽装在弹壳底部，用于点燃发射药。

（二）摩擦火帽或发火管，通常由二只各装不同炸药的同心金属管或纸板管构成。锯齿形金属丝一拉出，内层管的炸药即被点燃，继而点燃了装在两管之间的炸药，这样便进行了引爆。如以上第（一）款所述的火帽一样，发火管用于使发射药爆炸。

（三）雷管，在配有加强帽的金属或塑料管中装上少量起爆炸药和四硝基赤藓醇、六素精或特屈儿等炸药构成。它们用以点燃发射药以外的配制炸药，通常是在插入其中的安全导火索传来的火焰的作用下起爆的。

三、引爆器

本组包括：

（一）电引爆器由电雷管电桥及少量引爆火药（通常是黑色火药）构成。

电雷管电桥是由二段绝缘导体焊接于一条导电金属丝的两端所形成的一个电阻桥；这条金属丝嵌入到引爆器中。它们用于点燃装药或起爆炸药。

（二）化学引爆器，例如，由装有玻璃安瓿的圆筒组成的引爆器，玻璃安瓿中装满化学品（例如，硫酸），圆筒内装有氯酸钾火药，安瓿和火药用金属隔膜隔开。玻璃安瓿一旦破碎，酸便侵蚀金属隔片（起延迟元件作用）并与氯酸钾发生反应，产生高热，点燃火药或安全导火索。

四、电雷管

电雷管是在金属管（或塑料管）中装有以上第三组第（一）款所述的电雷管电桥并装入少量起爆炸药（通常为 50～500 毫克以叠氮化铅为主的混合物）及比较大量的另一种炸药（例如，四硝基赤藓醇、六素精或特屈儿）构成。

本组也包括名为电起爆器的某些电雷管。这些管通常是微型的，电雷管电桥可以用掺入组分取代，在起爆组分中加入添加剂使其导电并通过感应将其点燃。

本品目不包括：

（一）矿灯用的石蜡点火带或卷，或玩具手枪用的砸炮（品目 36.04）。

（二）未装任何炸药或易燃药的物品（小帽、管、电装置等），这些物品应根据其属性归入相应的品目。

（三）炮弹引信及弹壳，不论是否带有撞击帽（品目 93.06）。

36.04　烟花、爆竹、信号弹、降雨火箭、浓雾信号弹及其他烟火制品：

10　—　烟花、爆竹

90　—　其他

本品目包括能够产生光、声、气、烟雾或燃烧效应的烟火制品。它们有：

一、娱乐用烟火制品

（一）烟火（焰花弹、火焰索、鞭炮、喷射烟火、烟雾弹、彩色火炬、孟加拉火柴及彩光等），这些产品通过燃烧产生声、光、烟雾以供娱乐。它们需用火药（例如，黑色火药）进行点火。烟火上装有火药，通过电引火电桥或引爆导火索将其点燃。

（二）烟火玩具，例如，玩具手枪用的砸炮（制成带状、片状、卷状、圆形塑料环状等）、魔烛及摔炮、拉炮。这些烟火玩具燃烧时产生的各种效应非常有限。

二、技术用烟火制品

（一）声或光信号制品，例如，航海用的遇险信号弹；飞机装备用的照相闪光弹；铁路用的维里闪光信号弹；浓雾信号弹及火炬；电影或电视等用的彩光弹；彩光元件；导向元件；烟火假目标及烟雾元件（可以是彩色的）。它们通常能产生较长持续性的光、声或烟雾效应。

（二）农业或工业用烟火制品，例如，抗冰雹火箭、抗冰雹弹、农业用烟雾发生器、恐吓动物用的雷鸣闪电器及检查管道漏泄用的烟雾发生器。

本品目还包括以上各组未列名的其他烟火制品（例如，救生索火箭、不作传导引爆用而作开凿用的涂铅爆炸芯）。

本品目不包括：

（一）照相用闪光灯材料（品目 37.07）。

（二）通过化学发光现象而产生彩光效应的物品（品目 38.24）。

（三）装有一种炸药的空包弹，用于铆焊工具或内燃活塞式发动机的起动压缩点火（品目 93.06）。

36.05　火柴，但品目 36.04 的烟火制品除外

本品目包括在粗糙表面摩擦时能产生火焰（有时专门制成只能在粗糙表面摩擦才能起火）的火柴。它们通常是由一根木梗、纸板梗、纺织纱线梗经浸渍硬脂精蜡或石蜡等（蜡梗火柴或维斯塔火柴）及一个由各种可燃化学品制成的火柴头构成。

本品目不包括孟加拉火柴及其他烟火制品，即使它们能摩擦起火并具有火柴形状（品目 36.04）。

36.06　各种形状的铈铁及其他引火合金；本章注释二所述的易燃材料制品：

10　—　直接灌注香烟打火机及类似打火器用的液体燃料或液化气体燃料，其包装容器的容积不超过 300 立方厘米

90　—　其他

一、各种形状的铈铁及其他引火合金

引火合金是在粗糙表面摩擦时能产生足以点燃煤气、汽油、火绒或其他易燃物料的合金。它们通常是铈与其他金属的合金，最常见的有铈铁。

这些合金不论是散装或制成机械打火机用的小条或小棒状（打火机火石），也不论是否装于小容器内以供零售使用，均归入本品目。

二、易燃材料制品

本组仅包括：

（一）液体或液化气体燃料（例如，汽油、液化丁烷），装于容积不超过 300 立方厘米的用于香烟打火机或类似打火器充气的容器（瓿瓶、瓶子、罐子等）内。

本品目不包括作为香烟打火机或类似打火器零件的可换芯子或其他容器（已充料或未充料）（品目 96.13）。

（二）下列固体燃料：

1. 制成片、条或类似形状供作燃料用的聚乙醛（三聚乙醛片）及六亚甲基四胺（乌洛托品）。制成其他形状（例如，粉状或结晶状）的这些产品不归入本品目，而应分别归入品目 29.12 或 29.33。

2. 制成片、条或类似形状供作燃料用的类似化学物质（不论是否已有化学定义）。

（三）下列固体或半固体燃料：

以酒精为基料并含有肥皂、胶凝物质、纤维素衍生物等的燃料（这些燃料通常以“固体酒精”的名称销售），以及呈固态或半固态的其他类似的配制燃料。

后一种固体配制燃料有，例如，由炭粉和少量作助燃剂用的硝酸钠、作粘合剂用的羧甲基纤维素混合制成的棒，这种产品可在几乎密封的容器内慢慢燃烧，可放在衣服内供保暖用。

但是，本品目不包括一次性的暖手器或暖脚器，这些器具通过不产生光或焰的放热反应（例如，在氧化催化剂的催化下铁粉的氧化作用）产生热量（品目 38.24）。

（四）树脂火柜、引火物及类似物：

本组包括：

1. 树脂火炬，能燃烧较长时间以供照明，由易燃物料浸渍树脂、沥青等制成，通常装于木棍或手柄上或用纸、织物或其他物料包装。

2. 引火物，能在短时间内剧烈燃烧以引燃燃料（例如，木材、煤、焦炭、燃料油）。这些制品可由脲甲醛树脂及煤油和水构成或用纸浸渍矿物油或石蜡制成。

但本组不包括木屑粘结块等燃料（品目 44.01）。

第三十七章　照相及电影用品

注释：

一、本章不包括废碎料。

二、本章所称“摄影”，是指光或其他射线作用于感光面上直接或间接形成可见影像的过程。

总　注　释

第三十七章的感光硬片、软片、纸、纸板及纺织物都涂有一层或多层对光线、其他具有足够能量使感光材料起必要反应的射线（即在电磁光谱中波长不超过 1300 纳米的射线，包括γ-射线、X-射线、紫外线及近红外线）及粒子（或核子）射线敏感的乳剂，不论其是单色还是彩色显像的。但某些感光硬片不涂感光乳剂而是全部或基本由可附于基板上的感光塑料构成。

最普通的乳剂是以卤化银（溴化银、溴碘化银等）或其他贵金属盐为基本成分的，但也有使用其他材料的，例如，供蓝图用的铁氰酸钾或其他铁化合物，照相制版雕刻用的重铬酸钾及重铬酸铵，重氮乳剂用的重氮盐等。

一、归入本章的硬片及软片有：

（一）未曝光，即未受光或其他射线的作用；

（二）已曝光，不论是否冲洗（即经化学处理使图像显现）。

归入本章硬片及软片可以是负片（即明暗相反）、正片（包括用以复制正片用的翻正片）或反转片（即涂有特种乳剂直接产生正片的片子）。

二、未冲洗的感光纸、纸板及布，不论是未曝光或曝光（负片或正片），均归入本章；但它们冲洗后则应归入第四十九章或第十一类。

根据品目 37.07 的注释解释，本章也包括符合该注释规定条件的摄影用化学产品及闪光灯材料。

本章不包括废碎料。主要用于回收贵金属的含贵金属或贵金属化合物的摄影或电影废碎料应归入品目 71.12。其他的摄影或电影废碎料应根据其构成材料归类（例如，塑料的应归入品目 39.15，纸的应归入品目 47.07）。

37.01　未曝光的摄影感光硬片及平面软片，用纸、纸板及纺织物以外任何材料制成；未曝光的一次成像感光平片，不论是否分装：

10　—　X光用

20　—　一次成像平片

30　—　其他硬片及软片，任何一边超过 255 毫米

—　其他：

91　——　彩色摄影用

99　——　其他

本品目包括：

一、用纸、纸板或布以外任何材料制成的感光硬片及软片

这类硬片及平面软片（即不呈卷状），包括制成圆盘状的在内，是未曝光的，并通常涂有感光乳剂。这些产品可由纸（例如，用于制负片的纸“硬片”）、纸板或纺织物（品目 37.03）以外的任何物料制成。所用材料通常是玻璃、乙酸纤维素、聚对苯二甲酸乙二酯或其他塑料（用于合装软片或裁切软片）、金属或石板（用于照相制版工艺）。某些硬片是不涂感光乳剂的，它们全部或基本上由感光塑料制成。这些硬片可以附于金属或其他材料基板上。曝光及经处理后用于印刷业。有些硬片在曝光前必须增加其感光度。

以上货品可供多种用途，例如：

（一）硬片、裁切软片及合装软片可供业余或专业摄影用。

（二）X光硬片及平面软片，包括供牙科射线照相用的。这些货品通常是两面感光的。

（三）照相凸版、照相平版印刷等用的照相制版硬片。

（四）缩微照相、显微照相、天文照相、宇宙线照相、航空摄影等用的特种硬片及软片。

二、一次成像平面软片

这也是一种未曝光平面装的感光片。一次成像软片由一张任何材料制的感光片（底片）、一张经特殊处理的纸（正片）以及显影剂构成，用于当场拍成一张完整的正像照片。报验时，一次成像软片有可直接装于照相机的合式装（每合装有几张一次成像软片），也有将数张可分别使用的软片装于一合的。

但本品目不包括未曝光的一次成像感光胶卷（品目37.02）。

本品目也不包括：

（一）非感光的硬片及平面软片（根据其组成材料归类）。

（二）未曝光的胶卷（品目37.02）。

37.02　成卷的未曝光摄影感光胶片，用纸、纸板及纺织物以外任何材料制成；未曝光的一次成像感光卷片：

10 —　X光用

—　无齿孔的其他胶片，宽度不超过105毫米：

31 ——　彩色摄影用

32 ——　其他涂卤化银乳液的

39 ——　其他

—　无齿孔的其他胶片，宽度超过105毫米：

41 ——　彩色摄影用，宽度超过610毫米，长度超过200米

42 ——　非彩色摄影用，宽度超过610毫米，长度超过200米

43 ——　宽度超过610毫米，长度不超过200米

44 ——　宽度超过105毫米，但不超过610毫米

—　彩色摄影用的其他胶片：

52 ——　宽度不超过16毫米

53 ——　幻灯片用，宽度超过16毫米，但不超过35毫米，长度不超过30米

54 ——　非幻灯片用，宽度超过16毫米，但不超过35毫米，长度不超过30米

55 ——　宽度超过16毫米，但不超过35毫米，长度超过30米

56 ——　宽度超过35毫米

—　其他：

96 ——　宽度不超过35毫米，长度不超过30米

97 ——　宽度不超过35毫米，长度超过30米

98 ——　宽度超过35毫米

本品目包括：

一、除纸、纸板或纺织物以外任何材料制的摄影胶卷

未曝光的感光胶卷（即平面装以外的胶片），通常由聚对苯二甲酸乙二酯、乙酸纤维素或类似的柔韧材料制成，一般每卷可拍多张照片。本品目不包括纸（例如，用于制底片的纸"胶卷"）、纸板或纺织物制的胶卷（品目37.03）。

归入本品目的胶卷不论是否有齿孔，但必须用纸衬背或使用其他适当的包装以防曝光。

本品目包括：

（一）电影胶片，标准宽度为35、16、9.5或8毫米。

（二）普通（静物）摄影胶卷。

未切成可直接使用尺寸的摄影胶卷仍归入本品目。

与品目37.01的感光硬片一样，这些胶卷可供业余或专业摄影、照相制版、科研、射线照相等用途。X光胶卷通常是两面感光的。

光电录音用的感光胶卷也归入本品目。

二、一次成像卷片

一次成像卷片可以当场拍成完整的正像像片。此类卷片由任何物料（例如，醋酸纤维素、聚对苯二甲酸乙二酯或其他塑料、纸、纸板或纺织物）（底片）制的感光胶片、经特殊处理的纸带（正片）以及显影剂构成。

但本品目不包括未曝光的平面一次成像感光软片（品目37.01）。

本品目也不包括：

（一）未曝光的摄影用硬片及平面软片（品目37.01）。

（二）未感光的塑料片（第三十九章）。

（三）机械录音用的已制成的未录制软片（品目85.23）。

37.03　未曝光的摄影感光纸、纸板及纺织物：

10　—　成卷，宽度超过610毫米

20　—　其他，彩色摄影用

90　—　其他

本品目包括所有的未曝光摄影用感光纸、纸板及纺织物，平面的或成卷的。

本品目包括：

一、用于印制正像相片的纸及布。它们可供业余或专业摄影、X光照相、心电图描记、记录、照相复制等用。

二、通常称为纸制的"硬片"及"软片"，用于在照相机内曝光成为底片。

三、用氰铁酸盐、铁酸盐等处理的纸，用于印制蓝图等。

本品目不包括：

（一）未曝光的一次成像感光平片及胶卷（品目37.01或37.02）。

（二）已曝光但未冲洗的照相纸、纸板或纺织物（品目37.04）。

（三）非感光的已加工纸、纸板或纺织物，例如，用白蛋白、明胶、硫酸钡、氧化锌等涂布的纸（第四十八章或第十一类）。

（四）已冲洗的照相纸、纸板或纺织物（第四十九章或第十一类）。

37.04　已曝光未冲洗的摄影硬片、软片、纸、纸板及纺织物

本品目包括：已曝光但未冲洗的品目37.01、37.02或37.03所述的摄影硬片、软片、纸、纸板及纺织物。它们可以是负片或正片（不论是否反转片）。

但本品目不包括已冲洗的硬片、软片、纸、纸板及纺织物（品目37.05、37.06、第四十九章或第十一类）。

37.05 已曝光已冲洗的摄影硬片及软片，但电影胶片除外：

10 — 供复制胶版用

90 — 其他

本品目包括已曝光已冲洗的品目37.01或37.02的摄影硬片及软片，对于带齿孔的，则必须是供复印相片或放映静物图像用的。本品目包括负片及正片；由于正片是透明的，因此有时称作透明正片。

本品目包括透明基底的缩微本（缩微胶片）。

本品目包括分层（中间影调）软片接触网屏，它由在棋盘式方格图案上布满大量小点的及照相制取的网屏构成，用于版画艺术。

本品目不包括：

（一）用于电影放映以产生电影图像的已冲洗软片（品目37.06）。

（二）已冲洗的照相纸、纸板或纺织物（第四十九章或第十一类）。

（三）可直接使用的印刷用已冲洗硬片（例如，胶版）（品目84.42）。

37.06 已曝光已冲洗的电影胶片，不论是否配有声道或仅有声道：

10 — 宽度在35毫米及以上

90 — 其他

本品目包括已冲洗的标准宽度或标准宽度以下用以放映电影的电影软片（负片或正片），仅有影像的，或既有影像，又有声道的（声音不论是摄影录制还是非摄影录制的，例如，磁性录制的）。

本品目也包括已冲洗的标准宽度或标准宽度以下的没有影像而仅有一道或数道声道的电影软片，不论是负片还是正片。仅有一条声道的软片，其声道必须是光电录制的。而含有多声道的软片，其中的声道可以包括有磁性录制的，但最少须有一条声道是光电录制的。光电录制的声道象一条窄窄的录制带一样能根据声音振动重播声音。

本品目不包括完全采用光电法以外的其他方法录制（例如，机械蚀刻或磁性录制）的声道软片（品目85.23）。

37.07 摄影用化学制剂（不包括上光漆、胶水、粘合剂及类似制剂）；摄影用未混合产品，定量包装或零售包装可立即使用的：

10 — 感光乳液

90 — 其他

本品目包括符合以下第（一）、（二）款所述条件的直接用以显现摄影图像的产品。它们包括：

一、乳剂（参见本章总注释）。

二、显影剂（例如，氢醌、儿茶酚、焦酚、碘阿芬东、对-N-甲氨基羟基苯磺酸盐及其衍生物），能使潜在的影像显现出来。本品目还包括静电复制文件用的显影剂。

三、定影剂，使显影后的图像固定不变〔例如，硫代硫酸钠（海波苏打）、偏亚硫酸氢钠、硫代硫酸铵、硫氰酸铵、硫氰酸钠或硫氰酸钾〕。

四、增厚剂及减薄剂，用以增加或减小影像的强度（例如，重铬酸钾、过二硫酸铵）。

但应注意，氯化汞即使是供照相用，且为即可使用的定量包装或零售包装状态，仍应归入品目28.52。

五、调色剂，用以改善影像色彩（例如，硫化钠）。

六、去污渍剂，用以去除显影、定影等过程中产生的污渍（例如，钾矾）。

在符合以下第（一）、（二）款所述的条件下，本品目还包括闪光灯材料。此种材料通常由铝或镁的粉、片、箔等组成，有时与其他物料混合以促进燃烧。

以上所述所有产品只有在符合下列任一条件下才能归入本品目：

（一）未混合物质必须是：

1．已配定剂量，即均等地分成可直接使用的剂量，例如，制成供一次冲洗用的片、小包装粉剂。

2．零售包装并标有可立即用于摄影方面的说明，不论其说明是用标签、说明书或其他方式表示（例如，使用说明等）。

凡不按上述方式包装的未混合物质，应按其属性归类（例如，化学品归入第二十八章或第二十九章，金属粉末归入第十五类等）。

（二）将两种或两种以上物质混合或配合而成的摄影用制剂。此类制剂不论是散装或小包装，也不论是否以零售形式报验。

本品目不包括：

（一）非直接用于产生摄影影像、蓝图等的辅助产品（例如，贴相片的胶水、底片或正片保护及上光用的漆、修描用漆及铅笔等）。

（二）品目90.06的摄影用闪光灯泡。

（三）符合品目28.43至28.46及28.52规定的产品（例如，贵金属盐及其他产品），不论如何包装，也不论作何用途。

第三十八章 杂项化学产品

注释:

一、本章不包括:

(一)单独的已有化学定义的元素及化合物,但下列各项除外:

1. 人造石墨(品目 38.01);

2. 制成品目 38.08 所述的形状或包装的杀虫剂、杀鼠剂、杀菌剂、除草剂、抗萌剂、植物生长调节剂、消毒剂及类似产品;

3. 灭火器的装配药及已装药的灭火弹(品目 38.13);

4. 下列注释二所规定的检定参照物;

5. 下列注释三(一)及三(三)所规定的产品。

(二)化学品与食品或其他营养物质的混合物,配制食品用的(一般归入品目 21.06);

(三)含有金属、砷及其混合物,并符合第二十六章注释三(一)或三(二)的规定的矿渣、矿灰和残渣(包括淤渣,但下水道淤泥除外)(品目 26.20);

(四)药品(品目 30.03 及 30.04);或

(五)用于提取贱金属或生产贱金属化合物的废催化剂(品目 26.20),主要用于回收贵金属的废催化剂(品目 71.12),或某种形状(例如,精细粉末或纱网状)的金属或金属合金催化剂(第十四类或第十五类)。

二、

(一)品目 38.22 所称的"检定参照物",是指附有证书的参照物,该证书标明了参照物属性的指标、确定这些指标的方法以及与每一指标相关的确定度,这些参照物用于分析、校准和比较。

(二)除第二十八和二十九章的产品外,检定参照物在本目录中应优先归入品目 38.22。

三、品目 38.24 包括不归入本协调制度其他品目的下列货品:

(一)每颗重量不小于 2.5 克的氧化镁、碱金属或碱土金属卤化物制成的培养晶体(光学元件除外);

(二)杂醇油;骨焦油;

(三)零售包装的除墨剂;

(四)零售包装的蜡纸改正液、其他改正液及改正带(品目 96.12 的产品除外);以及

(五)可熔性陶瓷测温器(例如,塞格测温锥)。

四、本目录所称"城市垃圾",是指从家庭、宾馆、餐厅、医院、商店、办公室等收集来的废物、马路和人行道的垃圾以及建筑垃圾或拆建垃圾。城市垃圾通常含有大量各种各样的材料,例如,塑料、橡胶、木材、纸张、纺织品、玻璃、金属、食物、破烂家具和其他已损坏或被丢弃的物品。但"城市垃圾"不包括:

(一)已从垃圾中分拣出来的单独的材料或物品,例如,废的塑料、橡胶、木材、纸张、纺织品、玻璃、金属和电池的废品,这些材料或物品应归入本目录中适当品目;

(二)工业废物;

(三)第三十章注释四(十)所规定的废药物;或

(四)本章注释六(一)所规定的医疗废物。

五、品目 38.25 所称"下水道淤泥",是指经城市污水处理厂处理的淤泥,包括预处理的废料、刷洗污垢和性质不稳定的淤泥。但适合作为肥料用的性质稳定的淤泥除外(第三十一章)。

六、品目 38.25 所称的"其他废物"适用于:

（一）医疗废物，即医学研究、诊断、治疗以及其他内科、外科、牙科或兽医治疗所产生的被污染的废物，通常含有病菌和药物，需作专门处理（例如，脏的敷料、用过的手套及注射器）；

（二）废有机溶剂；

（三）废的金属酸洗液、液压油、制动油及防冻液；以及

（四）化学工业及相关工业的其他废物。

但不包括主要含有石油及从沥青矿物提取的油类的废油（品目 27.10）。

七、品目 38.26 所称的“生物柴油”，是指从动植物油脂（不论是否使用过）得到的用作燃料的脂肪酸单烷基酯。

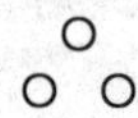

子目注释：

一、子目 3808.50 仅包括品目 38.08 的货品，含有一种或多种下列物质：艾氏剂（ISO）；乐杀螨（ISO）；毒杀芬（ISO）；敌菌丹（ISO）；氯丹（ISO）；杀虫脒（ISO）；乙酯杀螨醇（ISO）；滴滴涕（ISO，INN）〔1,1,1-三氯-2,2-双（4-氯苯基）乙烷〕；狄氏剂（ISO，INN）；4,6-二硝基邻甲酚〔二硝酚（ISO）〕及其盐；地乐酚（ISO）及其盐或酯；1,2-二溴乙烷（ISO）；1,2-二氯乙烷（ISO）；氟乙酰胺（ISO）；七氯（ISO）；六氯苯（ISO）；1,2,3,4,5,6-六氯环己烷〔六六六（ISO）〕，包括林丹（ISO，INN）；汞化合物；甲胺磷（ISO）；久效磷（ISO）；环氧乙烷（氧化乙烯）；对硫磷（ISO）；甲基对硫磷（ISO）；五氯苯酚（ISO）及其盐或酯；磷胺（ISO）；2,4,5-涕（ISO）（2,4,5-三氯苯氧基乙酸）及其盐或酯；三丁基锡化合物。

子目 3808.50 还包括含有苯菌灵（ISO）、克百威（ISO）及福美双（ISO）混合物的粉状制剂。

二、子目 3825.41 和 3825.49 所称“废有机溶剂”，是指主要含有有机溶剂的废物，不适合再作原产品使用，不论其是否用于回收溶剂。

总　注　释

本章包括许多化学产品及相关产品。

本章不包括单独的已有化学定义的元素及化合物（通常归入第二十八章或第二十九章），但下列除外：

（一）人造石墨（品目 38.01）。

（二）制成品目 38.08 所述形状或包装的杀虫剂、杀鼠剂、杀菌剂、除草剂、抗萌剂、植物生长调节剂、消毒剂及类似产品。

（三）灭火器的装配药及已装药的灭火弹（品目 38.13）。

（四）每颗重量不低于 2.5 克的氧化镁、碱金属或碱土金属卤化物制成的培养晶体（光学元件除外）（品目 38.24）。

（五）零售包装的除墨剂（品目 38.24）。

本章注释一（二）所称“食物或其他营养物质”，主要包括第一类至第四类的食用产品。

所称“食物或其他营养物质”，也包括某些其他产品，例如，用于食品中作矿物添加剂的第二十八章产品、品目 29.05 的糖醇、品目 29.22 的人体所需的氨基酸、品目 29.23 的卵磷脂、品目 29.36 的维生素原及维生素、品目 29.40 的糖、品目 30.02 的用于食品的动物血份、品目 35.01 的酪蛋白及酪蛋白酸盐、品目 35.02 的白蛋白、品目 35.03 的食用明胶、品目 35.04 的食用蛋白质、品目 35.05 的糊精及其他食用改性淀粉、品目 38.24 的山梨醇、第三十九章的食用产品（例如，品目 39.13 的支链淀粉及直链淀粉）。但应注意，上述所列产品仅是简单举例而已，不应视作有关产品已全部列出。

引用本章注释一（二）的规定时，混合物中含有“食物或其他营养物质”不一定就不能归入第三十八章。作为化工产品的物质（例如，食品添加剂或加工助剂），如具有的某种营养价值仅为附属于化工产品自身功能的，不应视为此注释所称的“食物或营养物质”。本章注释一（二）所限定不能归入第三十八章的仅是那些用于配制食品的以营养价值为主的混合物。

38.01　人造石墨；胶态或半胶态石墨；以石墨或其他碳为基本成分的糊状、块状、板状制品或其他半制品：

10　—　人造石墨

20　—　胶态或半胶态石墨

30　—　电极用碳糊及炉衬用的类似糊

90　—　其他

一、人造石墨（高温石墨）是一种碳，通常将经过精细研磨的焦炭（一般用石油焦炭，但有时用无烟煤焦炭、甑馏焦炭、沥青焦炭等）和含碳胶粘物（例如，沥青和焦油）的混合物，通过电炉用加热至很高的温度（2500～3200℃）以保证混合物在其本身所含催化剂（例如，硅石或氧化铁）的催化作用下能“石墨化”的产品。这种混合物可先在压力下挤压或模塑成方形或圆形截面的块坯；这些块坯可以进行1000℃左右的预烧后再石墨化，也可以直接进行石墨化处理。

用此方法制得的产品，其表观比重约为1.5～1.6，并具有均匀的微晶体结构，用X光检查可看出是石墨。化学分析也可证实是石墨（沉淀石墨酸）。

除普通品位的人造石墨外，本品目还包括：

（一）核品位人造石墨，即一种特制人造石墨。它的硼含量不大于百万分之一，每原子的总热能中子吸收显微截面不大于 5 毫靶。这种品级的人造石墨含灰量极低（不超过百万分之二十），并用作核反应堆的减速剂或反射剂。

（二）浸渍或不渗透性石墨，即为了增加其表观比重或其对气体的不透性，先把它放在盛有焦油、树脂、糖溶液或其他有机产品的真空容器中浸渍，然后再进行煅烧使这些添加物的碳质渣石墨化而制得的人造石墨。

此种浸渍法可反复进行几次以获得较高的表观比重（1.9 及以上）或高度不透性。浸渍石墨也可以是核品位的。

本品目的人造石墨通常呈粉末状、粉片状、块状、板状、棒状、条状等。块状及板状人造石墨经切割及精细机械加工（细微公差及适当表面抛光）后可制得品目85.45的碳刷或其他电气碳精制品，及核反应堆零件。

本品目也包括仅适于作回收人造石墨用的废碎品及磨损物品。

本品目不包括：

（一）天然石墨（品目 25.04）。

（二）甑碳（或气碳），它有时被误称为“人造石墨”（品目 27.04）。

（三）经表面加工、表面抛光，切成特殊形状，经机床加工、钻孔、磨制等，或者制成成品的人造石墨。如果用于非电气用途的通常归入品目 68.15（例如，过滤器、圆盘、轴承、模子、耐酸砖等）；如果用于电气用途的则归入品目 85.45。

（四）象陶瓷一样煅烧并以人造石墨为基料的耐火材料（品目 69.02 或 69.03）。

（五）含有银粉的人造石墨块、板、棒及类似半制品（品目 71.06）。

二、胶态或半胶态石墨。

（一）胶态石墨，由精细的天然石墨粉或人造石墨粉在水或其他介质（例如，醇、矿物油）中的胶态悬浮液构成，并可加入少量其他产品（例如，鞣酸或氨）加以稳定。胶态石墨通常是半液态状，主要用于制润滑制品或利用其高度导电性。

（二）半胶态石墨（即石墨在水或其他介质中的半胶态悬浮液）。半胶态石墨可以用于配制石墨润滑油或用于形成石墨化表面。

本类仅包括以石墨为基料的石墨在任何介质中的胶态或半胶态悬浮液。

三、以石墨或其他碳为基料的糊状、块状、板状材料或其他半制品。

（一）由金属石墨或其他品级石墨制成的“碳”块、板、棒及类似半制品。

本组包括以含碳物料（单独或与其他物质混合）为基料的块、板等半制品，用以制电气或电工机械及器具用的“碳”刷，通常有下列类型：

1．在低于真正“石墨化”的温度（1000～1200℃）下烧制焦碳细粉或灯黑和天然或人造石墨粉与沥青或煤焦油等含碳粘合物混合的材料而得的“碳”。

通过上述方法制得的产品，其结构是不均匀的；通过显微镜检验可发现它们是石墨微粒与无定形碳微粒的混合物，经化学分析可发现其石墨酸沉淀物比人造石墨的要少。

2．金属-石墨级混合物，通过类同于烧结方法（凝结、模制，然后烧制）从石墨粉及贱金属粉（铜、镉或其合金）的混合物制得，其中金属含量为10～95%。

3．通过模制天然或人造石墨粉与塑料的混合物而得的制品。

这些块及板，尤其是通过用上述材料制得的块及板，其规格通常约为200×100×35毫米或150×70×30毫米。经切割及精细机械加工（细微公差及适当表面加工）后，它们主要用于制品目85.45的电刷。

上述半制品如果含有银粉，则应归入品目71.06。本品目也不包括切成特殊形状、经表面加工、表面抛光等的石墨块（通常归入品目68.15或85.45）及以无定形碳或天然石墨为基料的经陶瓷般烧制的耐火材料（品目69.02或69.03）。

（二）电极用碳糊。这些产品主要由无烟煤及煤焦油沥青（起粘合剂作用）的混合物构成。它们通常制成小块，并置放于金属容器上部加热变软，随后将它们放入容器内模制成电炉用的环形电极。这样就不需停炉来更换旧预制电极。最常见的这种化合物是“索德伯格电极糊”。

类似的糊浆用于制原地硬化炉衬。

本类还包括浆状石墨，由石墨微粒（通常超过5微米）和矿物油的混合物组成，同样适用于处理重型机械的表面或配制石墨润滑脂。

38.02 活性碳；活性天然矿产品；动物炭黑，包括废动物炭黑：

10 — 活性碳

90 — 其他

一、活性碳；活性天然矿产品

碳及矿物质为使其适应于某些用途（例如，脱色、吸气或吸湿、催化、离子交换或过滤）而经适当处理（用热、化学品等进行处理），使其表面结构改变后，即称为活性产品。

这些产品可分为两类：

（一）通常以具有特大比表面（每克几百平方米）及范德瓦耳斯键（物理吸附）或以具有可被有机或无机分子饱和的游离化学键（化学吸附）为特征的产品。

这些产品是在有天然杂质或外加其他物质的存在下用化学方法或热处理某些植物或矿物物质（粘土、铝土矿等）而得。这种热处理引起基本物质的结构发生变化，并使比表面随之增大；对于晶体物质，由于不同化合价原子的插入或替换而导致晶格的畸变。这些自由的化合价能使质子或中子凝聚于物质表面，使产品变成活性，例如，化学吸附剂、催化剂或离子交换剂。

（二）具有相当小比表面（每克 1～100 平方米）的产品。它们虽然具有高电荷密度，但没有明显的吸附能力，因此不是脱色剂。另一方面，在水悬浮液中，它们能与胶体物质相互产生很强的静电作用，促进或阻止胶体的凝结，因此适于作过滤剂。

这类产品通常也可通过适当的热处理制得。煅烧过程中存在的碱性物料有时能促进表面电荷的形成。

本品目包括：

1．活性碳，通常在蒸气、二氧化碳或其他气体存在下高温热处理植物炭、矿物炭或其他炭（木炭、椰壳炭、泥炭、普通煤、无烟煤等）制得（气体活化），或干法煅烧浸过某些化学品溶液的纤维质物料制得（化学活化）。

粉状活性碳在许多工业（制糖及葡萄糖、炼油及酿酒工业、医药等）中用作液体脱色剂。粒状活性碳用于吸附蒸气（例如，在干洗工序中回收挥发溶剂、除去煤气中的苯）、净化水及空气、用作防毒气剂、催化剂，也用于去除电解时在电极的积聚气体（去极化作用）。

2．其他活性天然矿产品，例如：

（1）活性硅藻土。由硅藻土或其他精选硅质化石土构成，必要时用酸处理脱钙，在与氯化钠或碳酸钠等烧结剂相接触下进行煅烧，然后磨成粉末并用适当方法分级。但不加烧结剂煅烧的硅藻土不归入本品目（品目 25.12）。

（2）某些火山矿物，例如，珍珠岩，研磨后使之在极热火焰（1000℃及以上）承受热“冲击”，然后再磨粉分级。活性珍珠岩是一种极轻的闪亮粉末。用显微镜检验可发现其为具有弯曲表面的极薄透明粉片。

以上（1）、（2）两项所述的两种产品具有极小的表观比重，都是过滤媒剂，主要用于制化学或医药产品（尤其是抗生素）、糖及葡萄糖和加工饮料，并用于净化水等。

（3）活性粘土及其他活性土，由经精选的胶态粘土或泥粘土根据其用途用酸或碱进行活化处理，然后烘干磨粉制成。用碱活化的产品可作为乳化剂、悬浮剂及粘聚剂；主要用于制擦光剂或清洁剂，由于其具有溶胀性，因此还用于改良铸模砂及钻泥。用某种酸活化的产品主要用于动物、植物或矿物的油、脂或蜡的脱色。

（4）活化铝土矿。铝土矿通常是通过用碱或适当的热处理进行活化的，主要用作催化剂、干燥剂及脱色剂。

本品目不包括：

（一）未经改变表面结构处理的天然活性矿产品（例如，漂白土）（第二十五章）。

（二）活性化学产品，例如，活性矾土（品目 28.18）、活性硅胶（品目 28.11 或 38.24）、人造沸石离子交换剂（品目 28.42，如含有粘合剂，则归入品目 38.24）及磺化煤离子交换剂（品目 38.24）。

（三）具有药物作用的活性碳（品目 30.03 或 30.04）或零售包装的供汽车、冰箱等用作除臭剂的活性碳（品目 33.07）。

（四）由化学品（例如，金属氧化物）固定于活性载体（例如，活性碳或活性硅藻土）上构成的催化剂（品目 38.15）。

（五）呈轻质球形颗粒状的膨胀珍珠岩（品目 68.06）。

二、动物炭黑，包括废动物炭黑

本组包括炭化动物材料所得的各种炭黑，它们主要有：

（一）骨炭黑，在密闭容器中煅烧脱脂骨而制得。它是一种多孔的黑色产品，纯碳含量很低（如未用酸处理约占总重的 10～20%，用酸处理后含碳量则高得多）。呈粉状、粒状、浆状或骨块状，也有呈制品所需的块状。骨炭黑是一种许多工业广泛采用的脱色剂，尤其是用于制糖工业，也用作黑色颜料，例如，用于制擦光剂及某些墨。

废骨炭黑用作肥料，也用于制黑色颜料。

（二）血炭黑，在密闭容器内煅烧干血而得，通常用作脱色剂。

（三）象牙炭黑，煅烧象牙废料而得。这种产品通常是一种极为细腻的光滑黑色粉末或是一种不规则的细小锥状物，用于美工颜料。

（所称“象牙炭黑”有时指特级骨炭黑。）

（四）皮炭黑、角炭黑、蹄炭黑、龟壳炭黑等。

38.03　妥尔油，不论是否精炼

妥尔油（有时称作液体松香）是从碱法（主要为硫酸盐法）制木浆时所残余的黑色溶液制得。当这种溶液倒入沉降瓮时，表面形成泡沫堆。将此泡沫堆加热并酸化（通常用稀硫酸酸化）后即得粗妥尔油。

粗妥尔油为深棕色半流体状，是脂肪酸（主要为油酸、亚油酸及其异构体）、树脂酸（特别是松香酸类）及少量非皂化产品（固醇、高级醇及各种杂质）的混合物，上述物质的比例则根据木浆不同的木质而异。

精炼妥尔油则可通过在极低压力下蒸馏粗妥尔油制得（蒸馏妥尔油）或用其他方法（例如，用选择性溶剂或活性土处理）制得。它是一种浅黄色液体，主要由脂肪酸及树脂酸构成。

妥尔油主要用于制路面乳胶；普通肥皂；金属皂；纺织及造纸工业用湿润剂和乳化剂；清漆、油漆或油地毡用的干性油；金属加工用的油；消毒剂或胶粘剂等。也用作橡胶增塑剂，并且越来越多地用作妥尔油脂肪酸及妥尔油树脂酸的原料。

本品目不包括：

（一）皂化妥尔油，用碱（氢氧化钠或氢氧化钾）中和蒸馏妥尔油而得（品目 34.01）。

（二）碱法或硫酸盐法制木浆残留的液体，不论是否浓缩；于沉降瓮中从上述液体中分离出来的泡沫堆（品目 38.04）。

（三）妥尔油树脂酸，主要由从妥尔油脂肪酸分离出来的树脂酸混合物构成（品目 38.06）。

（四）硫酸盐沥青（妥尔油沥青），即妥尔油的蒸馏残渣（品目 38.07）。

（五）脂肪酸含量在 90％及以上（按干产品重量计）的妥尔油脂肪酸，这种脂肪酸是通过真空分馏或其他方法从大多数妥尔油树脂酸分离出来的（品目 38.23）。

38.04　木浆残余碱液，不论是否浓缩、脱糖或经化学处理，包括木素磺酸盐，但不包括品目 38.03 的妥尔油

本品目包括：

一、亚硫酸盐木浆残余碱液，不论是否浓缩、脱糖或化学处理。浓缩亚硫酸盐碱液主要由木素磺酸盐与糖及其他产品混合组成。它通常呈粘性液体状、浅棕色胶粘浆状、具有玻璃断面的浅黑色块状（因此，它有时称为亚硫酸盐沥青或纤维素沥青）或干粉状。

浓缩亚硫酸盐碱液用作压块燃料或铸芯的粘合剂，用于制胶、浸渍剂、杀菌剂或鞣酸及生产酒精等。

本组还包括木素磺酸盐。它通常通过沉淀亚硫酸盐碱液制得。木素磺酸盐用作胶粘剂拼料、分散剂、混凝土掺合剂或钻探泥浆添加剂。

二、碱法或硫酸盐法生产木浆的残余碱液，不论是否浓缩、脱糖或化学处理（包括在沉降瓮中这

些碱液表层所形成的泡沫堆）。这些碱液通常为黑色，是制妥尔油的原料，有时也用于生产氢氧化钠。

本品目不包括：

（一）氢氧化钠（品目 28.15）。

（二）妥尔油（品目 38.03）。

（三）硫酸盐沥青（妥尔油沥青）（品目 38.07）。

38.05　脂松节油、木松节油和硫酸盐松节油及其他萜烯油，用蒸馏或其他方法从针叶木制得；粗制二聚戊烯；亚硫酸盐松节油及其他粗制对异丙基苯甲烷；以α萜品醇为基本成分的松油：

10　—　脂松节油、木松节油和硫酸盐松节油

90　—　其他

本品目主要包括从针叶树的渗出物或树脂制得的含有大量萜烯（蒎烯、β-蒎烯、苎烯等）的产品。

这些产品有：

一、蒸馏（通常通过蒸气提取）从松树或其他针叶树（冷杉、落叶松等）渗出的含油树脂（松油脂）而得的挥发性产品。有些国家称之为“松节油”。而在另一些国家，“松节油”一词专指沸点及密度在一定范围内的挥发性产品，这些产品是通过蒸馏从活松树渗出的新鲜含油树脂而得的。

这些产品都是无色流动性液体，不溶于水，高度折射并具有刺激气味。它们用作溶剂，主要用于制清漆、油漆及抛光剂，也用于制造药物、合成樟脑、水合萜品、萜品油等。

二、木松节油、硫酸盐松节油及其他萜烯油，用蒸馏或其他方法处理针叶木制得。

（一）木松节油是挥发性最强的产品，用蒸气蒸馏或干馏松树残干或富含树脂的松木而得。

（二）硫酸盐松节油是一种挥发性的萜烯副产品，为制木浆时用硫酸盐处理充脂木材而得。

本组所述产品是富含萜烯的液体，与从含油树脂渗出的松节油用途相同，主要用作清漆、油漆等的溶剂。

三、粗制二聚戊烯，一种萜烯油（含二聚戊烯高达 80%左右），通过分馏木松节油制得，或制备合成樟脑时作为副产品获得。纯净或商品纯二聚戊烯归入品目 29.02。

四、亚硫酸盐松节油，一种挥发性黄色液体，生产亚硫酸盐木浆时作为副产品获得。它是一种含有少量萜烯和其他产品的粗对甲基异丙基苯。本品目还包括所有粗对甲基异丙基苯，不论其用何种原料制成。

五、松油，通常为蒸气蒸馏或干馏松树含油残干制得木松节油后所得的馏分，也可通常化学合成（例如，α-蒎烯化学水解）制得。本品目仅包括主要组分为α-萜品醇的松油。松油是一种无色或琥珀色液体，富含α-萜品醇，主要用作纺织工业的湿润剂及溶剂，用于制清漆或油漆，用作消毒剂，以及用于浮选法精选金属矿砂。

本品目不包括：

（一）纯净或商品纯的萜烯烃、萜品醇及水合萜品（第二十九章）。

（二）松针油，为品目 33.01 的一种精油。

（三）松香油（品目 38.06）。

38.06　松香和树脂酸及其衍生物；松香精及松香油；再熔胶：

10　—　松香及树脂酸

20　—　松香盐、树脂酸盐及松香或树脂酸衍生物的盐，但松香加合物的盐除外

30　—　酯胶

90 — 其他

一、松香及树脂酸

松香及树脂酸主要由松香酸和相关酸与少量非酸性组分构成的混合物。它们为固体，一般呈透明玻璃状，其颜色根据所含杂质的多少而呈浅黄到深棕色各不相同。

松香及树脂酸通过下列方法制得：

（一）在蒸馏从松树或其他针叶树渗出物制得的含油树脂物料（松树脂、海松树脂、毛松香树脂等）时分离出来的挥发性萜烯产品（松节油及类似的萜烯溶剂）。

（二）从松树根株材制得的溶剂提取物。

（三）分馏妥尔油而得的纸浆及造纸工业副产品。

松香及树脂酸用于制造某种肥皂；纸张上胶，制造清漆、抛光剂、胶粘剂、墨、封蜡、铸芯粘合剂、啤酒桶沥青等，并用作制造下述第二至第四部分所述衍生物及松香油的原料。

二、松香盐、树脂酸盐以及松香或树脂酸衍生物的盐，但松香加合物的盐除外

本组包括松香盐、树脂酸盐以及松香或树脂酸的衍生物的盐，但松香加合物的盐除外。树脂酸钠或树脂酸钾通常是将粉状的松香或树脂酸溶于氢氧化钠或氢氧化钾溶液中并加热煮沸制得。其他无机树脂酸盐通常是用金属盐溶液沉淀树脂酸钠或树脂酸钾溶液制得（沉淀树脂酸盐），或通过将松香或树脂酸与一种金属氧化物的混合物熔融后制得（熔融树脂酸盐）。例如，树脂酸铝、树脂酸钙、树脂酸钴、树脂酸铜、树脂酸锰、树脂酸铅及树脂酸锌。

树脂酸盐用于提高制清漆或油漆所用油类的催干性；也用于配制杀菌剂、消毒剂等。

本组还包括用氢氧化钙（大约 6%的比例）等处理松香或树脂酸而得的硬化松香，氢氧化钙等使松香或树脂酸硬化并使其更适于配制清漆。

本品目不包括：

（一）贵金属树脂酸盐（品目 28.43）及品目 28.44 至 28.46 的树脂酸盐。

（二）以树脂酸盐为基料的制成催干剂（品目 32.11）。

（三）高级脂肪酸与松香或树脂酸的混合物经皂化后所得的树脂皂（品目 34.01）及其他以树脂酸盐为基料的洗涤剂（品目 34.02）。

三、酯胶

酯胶是通过用乙二醇、丙三醇或其他多元醇酯化松香或树脂酸或者它们的氧化物、氢化物、歧化物或聚合衍生物制得。这些酯胶比天然树脂具有更强的可塑性，因而适合于与颜料或其他物料混合。

四、其他

（一）松香及树脂酸的衍生物

1. 氧化松香及氧化树脂酸，通常作为蒸馏针叶树残干的残余产品而得，这些残干长期留在地下，所含树脂酸已自然氧化。松香或树脂酸也可经人工氧化。氧化松香及氧化树脂酸用于制胶水、乳化剂、清漆、油漆、墨及电器绝缘材料等。

2. 氢化松香及氢化树脂酸，在催化剂存在下用氢处理松香或树脂酸而得。与普通松香及普通树脂酸相比，其抗氧化能力较强，在光的作用下褪色也较慢，用于制清漆、肥皂等。

3. 歧化（脱氢）松香及歧化（脱氢）树脂酸，例如，可用中等温度或高温加热处理松香或树脂酸并用酸催化制得；硫和硒也是非常有用的催化剂。本组货品用于制清漆等。

4. 聚合松香及聚合树脂酸，用硫酸处理松香或树脂酸制得，主要用于制粘度高、稳定性好的清漆。聚合松香及聚合树脂酸的聚合度很低，通常由二聚物及未聚合酸构成，并且还可称作二聚松香。

5. 松香或树脂酸的一元醇酯。归入本品目的酯包括名为树脂酸酯或松香酯的货品，例如，甲酯、乙酯、苄酯及“氢化松香酸甲酯”，主要用作纤维素漆的增塑剂。

6．二氢松香醇、四氢松香醇及脱氢松香醇的混合物（“松香醇”）。

7．松香加成化合物及其衍生物，用富马酸、马来酸或它们的酐改性的松香或树脂酸制得，用于制醇酸树脂、松香胶料和墨。这些加成化合物可用乙二醇、丙三醇或其他多元醇进行酯化。本组还包括松香加成化合物的盐，例如，松香-马来酸加成化合物的盐或松香-富马酸加成化合物的盐。

（二）松香精及松香油

这些产品通常用过热蒸汽及催化剂蒸馏松香或树脂酸制得，或干馏松香或树脂酸制得。它们主要是烃的复杂混合物，并可含有有机酸，有机酸含量高低取决于蒸馏条件。

1．松香精，为挥发性最大的馏分，是一种易流动的干草色液体，具有刺鼻气味，用作树脂溶剂并用于制清漆、油漆等。

2．松香油，稍稠，颜色及质量不一（金黄色油状、白色油状、绿色或棕色油状），有烟味，主要用于配制润滑剂、切削油、印刷油墨、药膏、清漆、油漆等。

本品目不包括：

（1）磺化松香油（品目 34.02）。

（2）蒸馏活松树或其他活针叶树的含油树脂渗出物所得的挥发性组分（品目 38.05）。

（3）松香沥青（品目 38.07）。

（三）再熔胶

再熔胶得自热带森林树木的含油树脂渗出物，通过用一种名为“树胶熔炼”的加工方法制得，此种加工方法包括加热处理渗出物，使其可溶于干性油。再熔胶的最普通原料是柯巴脂。

38.07 木焦油；精制木焦油；木杂酚油；粗木精；植物沥青；以松香、树脂酸或植物沥青为基本成分的啤酒桶沥青及类似制品

本品目包括在蒸馏（或碳化）充脂或非充脂的木材时所得的组分复杂的产品。在加工过程中除产生气体外，还产生焦木水、木焦油及木炭，其各自比例根据所用不同的木材和蒸馏速度而各不相同。焦木水（有时称为粗焦木酸）不是国际贸易商品，它含有乙酸、甲醇、丙酮、少量糠醛及烯丙醇。本品目还包括各种植物沥青、以松香、树脂酸或植物沥青为基料的啤酒桶沥青及类似制品。

归入本品目的产品有：

一、木焦油；精制木焦油，不论是否脱去杂酚油；木杂酚油。

（一）木焦油，为木材（针叶木或其他木）在炭窑中炭化时排出来的产品（例如，瑞典焦油或松焦油）或在蒸馏甑或蒸馏炉中蒸馏制得的产品（蒸馏焦油）。蒸馏焦油可直接从焦木水沉淀而得（沉淀焦油），也可通过蒸馏焦木水（焦油已部分溶解）制得（溶解焦油）。

经进一步蒸馏而除去其中的某些挥发性油后所得的部分蒸馏焦油也归入本品目。

所有这些焦油都是烃、酚及其同系物、糠醛、乙酸及其他各种产品的复杂混合物。

从充脂木材制得的焦油与从非充脂木材制得的含有树脂蒸馏产品（萜烯、松香油等）的焦油不同，它是粘滞产品，颜色从棕黄到深棕不一。经简单脱水或部分蒸馏所得的这些产品主要用于浸渍船用电缆、用作橡胶工业的增塑剂、用于制嵌缝胶及用于医药等。

从非充脂木材制得的焦油是棕黑色的稠液体，经蒸馏或其他方法处理后可制得各式各样的副产品（木杂酸油、愈创木酚等）。

杜松油也称作松焦油，用于制药及制皂，也归入本品目。

（二）精制木焦油，通过蒸馏木焦油而得。其中的轻油（含有脂族烃、萜烯及高级酮）用于制羊用药浴水及园艺喷剂，而重油（含有脂族烃及芳族烃、高级酮及高级酚）用于浸渍木材及提取木杂酚油。

提取杂酚油后所得的脱杂酚油根据其特性可用于浮选法精选矿物、制杀虫剂及用作溶剂及燃料等。

（三）**木杂酚油**是木焦油的主要成分，通常把从非充脂木材制得的焦油加以蒸馏，用氢氧化钠处理、再酸化及再蒸馏使之与其他成分分离后制得。木杂酚油是无色液体，但在空气与光的作用下呈现颜色，有烟味，有腐蚀性，主要用作消毒剂及防腐剂。但切勿与杂酚油或矿物杂酚油相混淆，杂酚油或矿物杂酚油均归入品目27.07。

二、**粗木精**，通过处理焦木水而得。它是一种浅黄色液体，有焦臭味，通常含70～90%的甲醇及不同比例的丙酮及其他酮（通常8～20%），还含有其他杂质（乙酸甲酯、高级醇、焦油状物质等）。某些粗木精用作乙醇变性剂。

三、植物沥青。

它们是用蒸馏或其他方法处理植物物料所剩的残渣，包括：

（一）**木沥青**（木焦油沥青），蒸馏木焦油所剩的残渣。

（二）**松香沥青**，蒸馏松香制取松香精及松香油后所剩的残渣。

（三）**硫酸盐沥青**，蒸馏妥尔油等产品后所剩的残渣。

这些沥青通常是棕黑色、棕红色或棕黄色。手温可使其变软。根据其类型可用于填塞船舶缝隙、机织物的防水涂层、浸渍木材、配制防锈涂料和用作粘合材料等。

四、以松香、树脂酸或植物沥青为基料的啤酒桶沥青及类似制品。

（一）**啤酒桶沥青**，加热后用于啤酒桶的涂层。通常把松香、石蜡及松香油混合物或松香及植物油（例如，亚麻子油、棉子油或菜子油）混合物溶融制得。

（二）**缝线蜡**，供鞋靴及挽具的缝线上蜡用，一般由松香、松香油、石蜡、地蜡等组成，并含有粉状无机物（例如，滑石或高岭土）。通常呈块状、条状或圆片状。

（三）**嵌缝沥青**，用于填塞船舶缝隙，通常通过熔化木沥青、木焦油及松香混合物制得。

本品目不包括：

（一）天然白树脂（也称作“沃斯格斯沥青”），为一种从针叶树获得的天然树脂；黄沥青，一种经熔化过滤纯化的天然白树脂（品目13.01）。

（二）硬脂沥青、羊毛脂沥青及甘油沥青（品目15.22）。

（三）从煤、泥煤、石油等制得的矿物沥青（第二十七章）。

（四）纯净或商业纯的甲醇或通过再蒸馏或进一步处理木材蒸馏初级产品而得的单独的已有化学定义的化合物，例如，乙酸、丙酮、愈创木酚、甲醛、乙酸盐等（第二十九章）。

（五）封蜡（品目32.14或34.04）。

（六）制木浆时所得的残余碱液（品目38.04）。

（七）“松脂”（品目38.06）。

38.08　杀虫剂、杀鼠剂、杀菌剂、除草剂、抗萌剂、植物生长调节剂、消毒剂及类似产品，零售形状、零售包装或制成制剂及成品（例如，经硫磺处理的带子、杀虫灯芯、蜡烛及捕蝇纸）(+)：

50　—　本章子目注释一所规定的货品

　　—　其他：

91　——　杀虫剂

92　——　杀菌剂

93　——　除草剂、抗萌剂及植物生长调节剂

94　——　消毒剂

99　——　其他

本品目包括用以杀灭致病病菌、害虫（蚊子、飞蛾、科罗拉多甲虫、蟑螂等）、苔藓、霉菌、杂草、鼠类、野鸟等的一系列产品（不包括药剂及兽药——品目30.03或30.04）。用于驱赶害虫或种子杀菌的产品也归入本品目。

这些杀虫剂、消毒剂、除草剂、杀菌剂等是供喷射、撒粉、淋洒、涂抹、浸渍等用的，需要时也可供燃烧用。这些货品是通过毒害神经、毒害肠胃、窒息呼吸或散发气味等方法达到杀害或消灭目的的。

本品目还包括用以抑制或促进植物生理进程的抗萌剂及植物生长调节剂。这些制剂有各种各样的使用方法，其作用也从破坏植物生长至增强植物生长活力并提高作物收成各不相同。

这些产品只有在下列情况下才归入本品目：

一、制成零售包装（例如，金属容器或纸板盒）作消毒剂、杀虫剂等用，或其形状已明显表明通常供零售用（例如，圆球形、串球形、片剂形或板状）。

制成这些形状的产品可以是混合物，也可以是非混合物。非混合产品主要是已有化学定义的化合物，如果该化合物（例如，萘或1,4-二氯苯）不制成上述形状，则应归入第二十九章。

本品目还包括制成零售包装作消毒剂、杀菌剂等用的下列产品：

（一）有机表面活性产品及制品，含有活性阳离子（例如，季铵盐），具有防腐、消毒、杀菌作用。

（二）聚乙烯吡咯烷酮碘，为碘与聚乙烯吡咯烷酮反应的产品。

二、制成制剂，不论其形状如何（例如，呈液状或粉状）。它们是活性产品在水或其他液体中的悬浮液或分散体｛例如，DDT（ISO）〔滴滴涕（INN），1,1,1-三氯代-2,2-双（对-氯苯）乙烷〕在水中的分散体｝，或由其他混合物组成。活性产品溶于溶剂（水除外）中的溶液也归入本品目〔例如，除虫菊溶液（标准化的除虫菊萃除外）或溶于矿物油的环烷酸铜〕。

需进一步混合才能用作杀虫剂、杀菌剂、消毒剂等的中间制剂，如果已具有杀虫、杀菌等作用的，也应归入本品目。

杀虫、消毒等制剂的基料可以是铜化合物（乙酸铜、硫酸铜、乙酰亚砷酸铜等）、硫或硫化合物（硫化钙、二硫化碳等）、矿质杂酚油或蒽油、DDT（ISO）〔滴滴涕（INN），1,1,1-三氯代-2,2-双（对-氯苯）乙烷〕、高丙体六六六（ISO、INN）、对硫磷、苯酚或甲苯酚衍生物、含砷产品（砷酸钙、砷酸铅等）、植物性物料（烟碱、烟草精及粉末、鱼藤酮、除虫菊、海葱、菜子油）、天然或合成的植物生长调节剂（例如，2,4-D）、培养微生物等。

食物（小麦粒、糠、糖蜜等）与毒剂混合而成的毒饵也是归入本品目的一例。

三、制成制品，例如，经硫处理的带条、杀虫灯芯及蜡烛（供瓮、住宅等的消毒、熏蒸用）；捕蝇纸（包括表面涂胶而不含毒物的纸）；果树用的涂油带（包括不含毒物的）；供保藏果酱用的水杨酸浸渍纸；用于燃烧灭虫的高丙体六六六（ISO、INN）涂布纸或小木梗，等等。

*
* *

品目38.08的产品可分成下列四类：

（一）杀虫剂

杀虫剂不仅包括杀虫产品，而且还包括具有驱虫或诱虫作用的产品。这些产品可呈各种状态，例如，喷剂或块状（灭飞蛾）、油状或条状（灭蚊子）、粉末状（灭蚂蚁）、带状（灭苍蝇）、吸附氰气的硅藻土或纸板（灭蚤或虱）。

许多杀虫剂在作用方式或使用方法上具有独特之处，其中有：

——昆虫生长调节剂：干扰昆虫的生物化学及生理过程的化学品。

——熏蒸剂：作为气体散布在空气中的化学品。

——化学绝育剂：使一昆虫种群绝育的化学品。

——驱赶剂：使昆虫对其食物或生活条件不感兴趣或反感从而防止昆虫侵害的物质。

——引诱剂：用以引诱昆虫落入圈套或食毒饵的物质。

（二）杀菌剂

杀菌剂是防止真菌生长的产品（例如，以铜化合物为基料的制剂）或用以消灭已有真菌的物质（例如，以甲醛为基料的制剂）。

杀菌剂在作用方式或使用方法上具有独特之处。例如：

系统杀菌剂——这些化学品通过体液流动从使用部位转移到植物的其他部位进行杀菌。

熏蒸剂——将气态药剂施于受害材料上从而抑制真菌生长的化学品。

（三）除草剂、抗萌剂、植物生长调节剂

除草剂是用来控制或杀灭不想要的植物的化学品。有些除草剂施于植物某部分或种子上使其休眠，而另外一些除草剂则施于所有叶子上。它们可以是选择性产品（杀灭特定植物的除草剂）或非选择性产品（杀灭全部植物的除草剂）。

本组还包括脱叶剂。脱叶剂用以使植物的叶提前枯黄脱落的化学品。

抗萌剂，可用于抑制或推迟种子、球茎、块茎、牧草的发芽。

植物生长调节剂，用以改变植物生长过程，加速或抑止其生长，提高其产量，改良其质量或使其便于收获等。植物激素是植物生长调节剂的一类（例如，赤霉酸）。合成有机化学品也可用作植物生长调节剂。

（四）消毒剂

消毒剂是破坏或不可逆地灭活通常在无生命体上的不良细菌、病毒或其他微生物的制剂。

消毒剂用于清洁医院墙壁等或消毒器具，也用于农业上供种子灭菌，或在动物饲料的生产上用以抑制不良微生物。

本组包括卫生洗涤剂、抑菌剂及消毒剂。

本品目还包括用以控制壁虱及扁虱（杀螨剂）、软体动物（软体动物杀灭剂）、线虫（杀线虫剂）、鼠类（杀鼠剂）、鸟类（杀鸟剂）及其他有害动物（例如，杀灭七鳃鳗或食肉动物）的制剂。

本品目不包括：

（一）不符合上述规定的具有消毒、杀虫等作用的产品。这些产品应根据其属性归入相应的品目，例如：

1. 磨碎的除虫菊花（品目 12.11）。

2. 除虫菊浸膏（不论是否已用矿物油标准化）（品目 13.02）。

3. 杂酚油或矿物杂酚油（品目 27.07）。

4. 萘、DDT（ISO）〔滴滴涕（INN），1,1,1-三氯代-2,2-双（对-氯苯）乙烷〕及其他单独的已有化学定义的化合物（包括水溶液）（第二十八章或第二十九章）。

5. 用作杀鼠剂基料的培养微生物（品目 30.02）。

6. 废氧化物（品目 38.25）。

（二）本协调制度其他品目更为具体列名的制品或消毒、杀虫等仅为辅助性能的制剂，例如：

1. 含有毒物的船壳防污漆（品目 32.08、32.09 或 32.10）。

2. 消毒皂（品目 34.01）。

3. DDT（ISO）〔滴滴涕（INN），1,1,1-三氯代-2,2-双（对-氯苯）乙烷〕擦光蜡（品目 34.05）。

（三）具有药物（包括兽用药）基本特性的消毒剂、杀虫剂等（品目 30.03 或 30.04）。

（四）室内除臭剂，不论是否具有消毒性质（品目 33.07）。

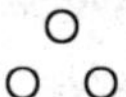

子目注释：

子目 3808.91 至 3808.99

因具有多种用途看起来可归入一个以上子目的货品，一般应按归类总规则第三条规定办理。

38.09　纺织、造纸、制革及类似工业用的其他品目未列名的整理剂、染料加速着色或固色助剂及其他产品和制剂（例如，修整剂及媒染剂）：

10　—　以淀粉物质为基本成分

—　其他：

91　——　纺织工业及类似工业用

92　——　造纸工业及类似工业用

93　——　制革工业及类似工业用

本品目包括通常用于纱线、织物、纸、纸板、皮革及类似材料的处理或整理的本协调制度其他品目未列名的一系列产品。

这些货品可根据其成分及外观，证明是专用于本品目所列各种工业及类似工业（例如，地毯纺织工业、钢纸制造工业及毛皮工业），因而归入本品目。供家庭用而不是供工业用的上述产品及制剂（例如，纺织品软化剂），也归入本品目。

本品目包括：

一、用于纺织工业及类似工业的产品及制剂

（一）改变产品手感的制剂，例如：上浆剂，一般以天然淀粉物质（例如，小麦淀粉、大米淀粉、玉米淀粉或马铃薯淀粉及糊精）、胶粘物质（地衣、藻酸盐等）、明胶、酪蛋白、植物胶（黄蓍树胶等）或松香为基料制成；增重剂；软化剂，以甘油、咪唑啉衍生物等为基料制成；填充剂，以天然或合成高分子量化合物为基料制成。

某些制剂除含有上述基料外，还可含有湿润剂（肥皂等）、润滑剂（亚麻子油、蜡等）、填充剂（高岭土、硫酸钡等）及保存剂（主要为锌盐、硫酸铜及苯酚）。

（二）防滑及防钩丝的整理剂。这些产品用以减少纤维的滑动性以防止袜子及针织品形成钩丝。它们一般以聚合物、天然树脂或硅酸为基料。

（三）防垢整理剂。这些制剂通常以硅酸、铝化合物或有机化合物为基料。

（四）防皱折及防收缩剂，为至少含有两个反应基并已有化学定义的化合物〔例如，双（羟甲基）化合物、某些醛及乙缩醛〕的混合物。

（五）褪光泽剂，用以减少纺织品的表面光泽。它们一般由颜料（氧化钛、氧化锌、锌钡白等）的悬浮液组成，并用纤维素醚、明胶、其他胶、表面活性剂等稳定的。

切勿将归入本品目的制剂与油漆（品目 32.08、32.09 或 32.10）及油化或脂化羊毛用的润滑剂（品目 27.10 或 34.03）相混淆。

（六）阻燃剂，以氨盐或硼、氮、溴或磷化合物为基料制成或以氯化有机物与氧化锑或其他氧化物为基料配制而成。

（七）增光剂，用以增强纺织品表面的光泽。它们通常是石蜡、蜡、聚烯烃或聚乙二醇的乳剂。

（八）媒染剂，在纺织品印染工序中用以固定染料。这些制剂溶于水，通常以金属盐（例如，铝、铵、铬或铁的硫酸盐或乙酸盐，重铬酸钾，酒石酸锑钾）或鞣酸为基料〔另请参见本品目注释末尾不包括部分第（四）款〕。

（九）染色助剂，能使合成纤维溶胀从而加速印染过程，包括以联苯或苯、苯酚、羟基甲苯甲酸衍生物（例如，三氯代苯、联苯-2-酚、羟基甲苯甲酸甲酯及其混合物）为基料的产品，不论是否含有表面活性剂。

（十）**不毡合剂**，用以减少动物纤维的毡合。它们通常是氯化剂或氧化剂或用合成树脂物质按特殊方法配制而成的制剂。

（十一）**上浆剂**，用以使纱线在纺织过程中更加坚韧。这些制剂通常以淀粉、淀粉衍生物或其他天然或合成聚合胶粘剂为基料，还可含有某些湿润剂、软化剂、脂肪、蜡或其他物料。本组还包括经纱上浆乳化蜡及上浆用的乳化脂肪制剂。

（十二）**去油剂**，用以使纺织物具有去油性。它们通常是有机氟化合物（例如，全氟化羧酸）的乳浊液或溶液，并可含有改性树脂（增充剂）。

（十三）**抗水剂**，通常由抗水产品（例如，蜡、羊毛脂）的水乳浊液构成，并用纤维素醚、明胶、其他胶、有机表面活性剂等加以稳定，还含有铝或锆等的可溶性盐添加剂。本组产品还包括以聚硅氧烷或氟衍生物为基料的制剂。

二、用于纸、纸板及类似工业的产品及制剂

（一）**粘合剂**，用以粘结涂料混合物中的颜料微粒。它们是以酪蛋白、淀粉、淀粉衍生物、大豆蛋白、动物胶、藻酸盐或纤维素衍生物等天然产品为基料的制品。

（二）**上浆剂或上浆添加剂**，用于纸张加工以改善其可印性、平滑度及光泽度并使纸张具有易书写性能。这些制剂可以用松香皂、强化树脂、蜡悬浮液、石蜡悬浮液、丙烯酸聚合物、淀粉及羧甲基纤维素或植物胶为基料。

（三）**增湿剂**。这些制剂用以增强抗张强度、抗撕裂强度、耐破度及湿纸或无纺织物的耐磨度。

三、用于制革及类似工业的产品及制剂

（一）**粘合剂**。此种制剂用以固定皮革中的颜料。它们是按特殊方法配制的，通常以蛋白物质、天然树脂或蜡等为基料。

（二）**上光剂**，按特殊配方配成，用作皮革加工的最后表面封剂，其结构及组分与以上第（一）项的粘合剂相类似。

（三）**防水剂**。它们通常由以下构成：1. 铬皂；2. 溶于溶剂（例如，异丙醇）的烷基琥珀酸或柠檬酸衍生物等；3. 含氟化合物的溶液或分散体。

除上述不包括的产品以外，本品目还不包括：

（一）用于纺织材料、皮革、毛皮或其他材料的油脂处理制剂（品目27.10或34.03）。

（二）单独的已有化学定义的化学元素或化合物（通常归入第二十八章或第二十九章）。

（三）颜料、调制色料、油漆等（第三十二章）。

（四）品目34.02的有机表面活性剂或制品，例如，染料助剂。

（五）糊精及其他改性淀粉，以淀粉、糊精或其他改性淀粉为基料的胶（品目35.05）。

（六）品目38.08的杀虫剂及其他制剂。

（七）聚合物的乳浊液、分散体或溶液（品目32.09或第三十九章）。

38.10　金属表面酸洗剂；焊接用的焊剂及其他辅助剂；金属及其他材料制成的焊粉或焊膏；作焊条芯子或焊条涂料用的制品：

10　—　　金属表面酸洗剂；金属及其他材料制成的焊粉或焊膏

90　—　　其他

一、金属表面酸洗剂。这些制剂用于除去金属表面氧化物、鳞片、锈斑及污点或使金属表面毛糙以便进行某些加工。酸洗加工可以是最后一个工序，也可以是一个加工前的工序（例如，金属拉丝或挤压前的工序），还可作为金属涂镀表面（例如，镀锌、镀锡、喷镀金属、包镀、电镀、油漆等）前的工序。

酸洗剂通常以稀酸（盐酸、硫酸、氢氟酸、硝酸、磷酸等）作为基料，且有时含有抗金属腐蚀的抑制剂。但有些制剂是用碱（例如，氢氧化钠）作为基料的。

本品目不包括金属清洁剂（品目34.02）。

二、焊接用的焊剂及其他辅助剂。焊剂能保护待焊金属表面及焊料本身不被氧化，从而使焊接工序中的金属易于接合。焊剂具有溶解焊接过程中形成的氧化物的功能。最常用的产品有氯化锌、氯化铵、四硼酸钠、松香及羊毛脂。

本组还包括铝粒或铝粉与各种金属氧化物（例如，氧化铁）的混合物，这些混合物起熔接过程等中的强烈发热剂作用（铝热工序）。

三、金属及其他材料构成的焊粉及焊膏。这些制剂用于使金属表面彼此牢固接合。其基本成分是金属（通常是含锡、铅、铜等的合金）。这些制剂必须同时符合以下两个条件才归入本品目：

（一）除金属以外，它们须含有其他组分。这些组分必须是以上第二组所述的辅助剂；

（二）制成粉剂或膏剂。

本品目不包括仅由金属粉末构成的焊剂，不论其是否相互混合（根据其组分归入第七十一章或第十五类）。

四、作焊条芯子或焊条涂料用的制品。这些制品主要用以清除熔焊过程中所形成的氧化物（熔性熔渣）。它们通常由含有石灰及高岭土等耐火混合物构成。

本品目不包括涂有焊剂或以焊剂为芯子的贱金属或金属碳化物焊条（品目83.11）。

38.11 抗震剂、抗氧剂、防胶剂、粘度改良剂、防腐蚀制剂及其他配制添加剂，用于矿物油（包括汽油）或与矿物油同样用途的其他液体：

— 抗震剂：

11 — — 以铅化合物为基本成分

19 — — 其他

— 润滑油添加剂：

21 — — 含有石油或从沥青矿物提取的油类

29 — — 其他

90 — 其他

归入本品目的制剂是用于矿物油或同样用途的其他液体的添加剂，用以消除或减少所不需要的性能，或者赋予或增强所需要的性能。

一、矿物油用的配制添加剂

（一）原油添加剂。本组包括防腐蚀添加剂，此种添加剂加入原油中用以保护金属结构（尤其是蒸馏柱），其活性组分通常是主要从咪唑啉衍生的氨基类物质。

（二）汽油用添加剂。本组包括：

1. 抗震剂，用于提高燃料早爆的阻力，并用此防止爆震现象。它们通常以四乙铅及四甲铅为基料，还含有如1,2-二溴乙烷或一氯萘等物质。本品目不包括含铅抗震化合物储罐的含铅抗震化合物的淤渣，主要含有铅、铅化合物以及铁的氧化物（品目26.20）。

2. 氧化抑制剂。其中最重要的是以酚类产品（例如，二甲基-叔丁基苯酚）及烷基苯二胺等芳族衍生物为基本成分的制剂。

3. 防冻剂，即常以醇类〔例如，丙-2-醇（或异丙醇）〕为基本成分的制剂，此类制剂加到汽油中以防止其在燃料系统中结冰。

4．除垢剂。此类制剂用以保持汽化器及汽缸进出口的清洁。

5．防胶剂。此类产品用于防止胶物质在汽化器及发动机入口中形成。

（三）润滑油用添加剂。本组包括：

1．粘度改良剂，以聚合异丁烯酸酯、聚丁烯、聚烷基苯乙烯等聚合物为基料。

2．倾点下降剂，防止晶体在低温下聚集。本类产品是以乙烯聚合物，乙烯基酯和乙烯基醚，或以丙烯酸酯为基本成分的。

3．氧化抑制剂，通常以酚类或氨基化合物为基本成分。

4．耐特压添加剂，以有机二硫代磷酸锌、硫化油、氯化烃、芳族磷酸盐及硫代磷酸盐为基本成分。

5．去垢剂及分散剂，例如，以某些金属（例如，铝、钙、锌或钡）的烷基酚盐、环烷酸盐或石油磺酸盐为基本成分的制剂。

6．防锈剂，以钙或钡的有机盐（磺酸盐）或以胺或烷基琥珀酸为基本成分。

7．消泡剂，通常以聚硅氧烷为基本成分。

为了减少发动机汽缸的磨损等原因而在发动机燃料或润滑油中添加少量的润滑制剂不归入本品目（品目 27.10 或 34.03）。

（四）其他矿物油用添加剂。本组包括：

1．倾点下降剂。与供润滑剂用的以上第（三）组第 2 类的货品相似。

2．氧化抑制剂。这些货品与用于汽油的氧化抑制剂相似。

3．粗柴油用十六烷值改进剂，例如，以烷基硝酸盐及烷基亚硝酸盐为基本成分的十六烷值改进剂。

4．具有表面活性作用的添加剂，此种添加剂能消除或防止库存油料沉降物（沥青质）的形成。

5．用以防止或减少燃烧室或燃烧炉烟道中多余沉淀物（例如，灰、碳黑）的添加剂，以及用以减少传热结构或烟囱被挥发性产品（例如，二氧化硫及三氧化硫）腐蚀的添加剂。

6．防冻剂，添加到燃料系统中以防止冰块形成。

二、与矿物油同样用途的其他液体用的配制添加剂

与矿物油同样用途的液体有：

（一）以醇类（例如，酒精-汽油混合燃料）为基料的燃料；以及

（二）合成润滑剂：

1．以有机酸酯（己二酸酯、壬二酸酯、新戊基多元醇酯）或无机酸酯（磷酸三芳基酯）为基本成分；

2．以聚醚〔聚氧乙烯（聚乙二醇）或聚氧丙烯（聚丙二醇）〕为基本成分；

3．以聚硅氧烷为基本成分。

这些添加剂与用于相应的矿物油的添加剂相同。

本品目不适用于单独的已有化学定义的化学元素及化合物（通常归入第二十八章或第二十九章），也不适用于未配成制剂的石油磺酸盐。

本品目还不包括：

（一）以二硫化钼为基本成分的润滑制剂（品目 34.03）。

（二）在油或其他介质中的胶态石墨悬浮液或半胶态石墨（品目 38.01）。

38.12　配制的橡胶促进剂；其他品目未列名的橡胶或塑料用复合增塑剂；橡胶或塑料用抗氧制剂及其他复合稳定剂：

10　—　配制的橡胶促进剂

20 —　　橡胶或塑料用复合增塑剂

30 —　　橡胶或塑料用抗氧制剂及其他复合稳定剂

本品目所称“复合”、“配制”及“制剂”包括：

1．人为混合或调配的混合物；

2．反应混合物，包括从一同系物（例如，品目38.23的脂肪酸或脂肪醇）所得的产品。

一、配制的橡胶促进剂

本类产品在橡胶硫化前加入到橡胶之中使硫化后的制品具有更好的物理性质，并可减少和降低硫化工序中所需的时间和温度。它有时也用作增塑剂。本品目仅包括经混合的这类产品。

这些制剂通常以有机产品（二苯胍、二硫代氨基甲酸盐类、二硫化四烷基秋兰姆、六亚甲基四胺、巯基苯并噻唑等）为基本成分，并常与无机活化剂（氧化锌、氧化镁、氧化铅等）化合。

二、其他品目未列名的橡胶或塑料用复合增塑剂

本类包括用以使塑料达到所要求的柔韧度或提高橡胶混合物的可塑性的复合增塑剂。例如，人为地将两种或两种以上邻苯二甲酸酯混合的混合物，以及从品目38.23的混合脂肪醇所得的混合邻苯二甲酸二烃酯。增塑剂广泛用于聚氯乙烯及纤维素酯。

本品目不包括本协调制度其他品目具体列名的用作增塑剂或有时称作增塑剂的产品（参见本注释末尾的不包括部分）。

三、橡胶或塑料用的抗氧剂及其他复合稳定剂

本类包括橡胶或塑料用的抗氧剂（例如，用于橡胶制造中以防止橡胶硬化或老化），例如，混合的二烃基二苯胺及以N-萘胺为基本成分的制剂。

本类还包括橡胶或塑料用的其他复合稳定剂。例如，人为地将两种或两种以上稳定剂混合的剂料，以及从品目38.23的混合脂肪醇所得的混合有机锡化合物等的反应混合物。塑料用复合稳定剂主要用于抑制某些如聚氯乙烯等聚合体脱去氯化氢，也可用作聚酰胺的热稳定剂。

本品目不包括：

（一）第二十七章的石油、凡士林、石蜡及沥青。

（二）第二十八章或第二十九章的单独的已有化学定义的化合物，例如，邻苯二甲酸二辛酯。

（三）用于矿物油或与矿物油同样用途的其他液体的抗氧化添加剂（品目38.11）。

（四）橡胶加工用胶溶剂，尽管它也称作化学增塑剂（通常归入品目38.24）。

（五）第三十九章的聚合物。

38.13　灭火器的装配药；已装药的灭火弹

本品目包括：

一、灭火器用调配药。这些产品包括以碳酸氢盐为基本成分的制剂，有时含有皂树皮浸膏、甘草浸膏或表面活性产品等以帮助产生覆盖泡沫。这些制剂可以是液体或无水干燥体。

二、灭火器用装药，即能直接装入灭火器的轻质容器（玻璃、金属片等制的容器），其所含装料须符合以下任一条件：

（一）第一款所述的制剂。或

（二）两种或两种以上未混合产品（例如，一种硫酸铝溶液及一种碳酸氢钠溶液），用隔板把它们隔开，使用时再使之接触。或

（三）单一种未混合产品（例如，四氯化碳、甲基溴或硫酸）。

三、已装药的灭火弹，即装有灭火产品（不论是否混合）的容器。它不需装入灭火器即可直接使

用。它们是些玻璃或陶瓷制的容器，将这些容器扔进焰火的中心后即破裂并释放出灭火剂，某些玻璃容器可用手将容器末端捏碎后即喷射出灭火剂。

通过拔插销、翻转或扳触发器等操作方法使用的灭火器，不论是否手提式，也不论是否已装药，均应归入品目 84.24。

本品目还不包括制成以上第二款第（二）或（三）项所述形式以外任何形式的具有灭火性质的未混合化学产品（一般归入第二十八章及第二十九章）。

38.14　其他品目未列名的有机复合溶剂及稀释剂；除漆剂

本品目包括不是单独已有化学定义的其他品目未列名的有机溶剂及稀释剂（按重量计不论是否含有 70%及以上的石油）。它们是有一定挥发性的液体，主要用于配制清漆或油漆或用作机械零件等的去油脂剂。

归入本品目的产品有，例如：

一、丙酮、乙酸甲酯、甲醇的混合物及乙酸乙酯、丁醇、甲苯的混合物。

二、机械零件等的去油脂剂，由下列物质混合构成：

（一）石油溶剂与三氯乙烯；

（二）石油溶剂油与氯化产品及二甲苯。

本品目还包括除漆剂，这种除漆剂由上述混合物与少量的石蜡（阻止溶剂挥发）、乳化剂、胶凝剂等添加剂组成。

本品目不包括：

（一）单独的已有化学定义的溶剂及稀释剂（通常归入第二十九章）及本协调制度其他品目已具体列名的作溶剂及稀释剂用的复杂成分产品，例如，溶剂石脑油（品目 27.07）、石油溶剂（品目 27.10）、脂松节油或木松节油或硫酸盐松节油（品目 38.05）、木焦油（品目 38.07）、无机复合溶剂（通常归入品目 38.24）。

（二）制成零售包装的去指甲油溶剂（品目 33.04）。

38.15　其他品目未列名的反应引发剂、反应促进剂、催化剂：

—　载体催化剂：

11　— —　以镍及其化合物为活性物的

12　— —　以贵金属及其化合物为活性物的

19　— —　其他

90　—　其他

本品目包括引起或促进某些化学反应的制剂。阻止化学反应的产品不归入本品目。

这些产品主要分成下列两类：

一、第一类货品主要是由一种或数种活性物质沉积于载体上构成（称作“载体催化剂”）或以活性物质为基料的混合物构成。在大多数情况下，这些活性物质是某些金属、金属氧化物、其他金属化合物及其混合物。经常单独使用或以化合物形式使用的金属是钴、镍、钯、铂、钼、铬、铜或锌。载体（有时可被活化）通常是由矾土、碳、硅胶、硅化石粉或陶瓷材料构成。载体催化剂有齐格勒催化剂及齐格勒-纳塔型催化剂等。

二、第二类货品是以某些化合物为基本成分的混合物，这些化合物的性质及所占比例按不同的催化化学反应而各不相同。这些制剂包括：

（一）自由基“催化剂”（例如，有机过氧化物或偶氮化合物的有机溶液、氧化还原混合物）；

（二）离子“催化剂”（例如，烷基锂催化剂）；

（三）“缩聚反应催化剂”（例如，乙酸钙与三氧化锑的混合物）。

第二类制剂通常在制聚合物过程中使用。

本品目不包括：

（一）用于提取贱金属或制备贱金属化合物的废催化剂（品目 26.20）及主要用于回收贵金属的废催化剂（品目 71.12）。

（二）单独的已有化学定义的化合物（第二十八章或第二十九章）。

（三）呈精细粉末或丝网织物等形状的纯金属或纯金属合金催化剂（第十四类或第十五类）。

（四）橡胶硫化用的配制橡胶促进剂（品目 38.12）。

38.16 耐火的水泥、灰泥、混凝土及类似耐火混合制品，但品目 38.01 的产品除外

本品目包括某些以陶渣及第纳斯土、破碎或研粉的金刚砂、粉碎的石英岩、白垩、煅烧白云石等耐火材料为基本成分并含有添加耐火粘合剂（例如，硅酸钠、氟硅酸镁或氟硅酸锌）的制剂（例如，炉衬制剂）。本品目的很多产品也含有如水硬粘合剂等的非耐火粘合剂。

本品目也包括以硅石为基料的耐火制剂，这些制剂用于制熔模铸造法的牙科或首饰模具。

本品目还包括由耐热水硬水泥（例如，高铝水泥）及耐火集料混合物构成的混凝土，用于熔炉、炼焦炉等的地基，或用于修补炉衬。同时也适用于下列制剂：

一、称为耐火“塑料”的制剂，即通常由耐火集料、粘土及少量添加剂组成并以潮湿块状销售的产品。

二、搪炉料，但不包括夯混白云石，其组分与以上第一款所述产品相似，通过手持式风动捣砂机进行密实涂布或填塞。

三、喷涂混合物，为耐火集料与水硬材料或其他粘合剂混合的混合物，用作炉衬材料，有时即使在炉衬高温时也可使用特殊喷枪用压缩空气将混合物从喷嘴喷出，修补炉衬。

本品目不包括：

（一）夯混白云石（品目 25.18）。

（二）品目 38.01 的碳糊。

38.17 混合烷基苯及混合烷基萘，但品目 27.07 及 29.02 的货品除外

本品目包括通过苯和萘的烷基化作用制得的混合烷基苯和混合烷基萘。它们具有相当长的侧链且不属于品目 27.07 品目条文第二部分所述的货品范围。混合烷基苯主要用作溶剂，并用于制表面活性剂、润滑剂及绝缘油。混合烷基萘主要用于制烷基萘磺酸及其盐。

本品目不包括品目 29.02 的异构体混合物。

38.18 经掺杂用于电子工业的化学元素，已切成圆片、薄片或类似形状；经掺杂用于电子工业的化合物

本品目包括：

一、通常按百万分之一比例掺入硼、磷等的第二十八章所列化学元素（例如，硅和硒），只要这些元素呈圆片、薄片或类似形状。当呈拉制后未加工形状或呈圆筒状或棒状，则应归入第二十八章。

二、通常含有百分之几某些添加物（例如，锗、碘）的电子工业用硒化镉、硫化镉、砷化铟等化学化合物，不论呈圆筒状、棒状等，还是切成圆片、薄片或类似形状。

本品目包括抛光或未抛光晶体，不论是否涂有均匀外延层。

经进一步加工（例如，经选择扩散）的本品目货品应作为半导体元件归入品目85.41。

38.19　闸用液压油及其他液压传动用液体，不含石油或从沥青矿物提取的油类，或者按重量计石油或从沥青矿物提取的油类含量低于70%

本品目包括闸用液压油及其他液压传动用液体，例如，由蓖麻油、2-乙氧基乙醇或乙二醇双蓖酸酯及丁醇混合物组成的制剂，或由4-羟基-4-甲基戊-2-酮（双丙酮醇）、邻苯二甲酸二乙酯及1,2-丙二醇构成的制剂，以及乙二醇混合物构成的制剂。

本品目还包括以第三十九章的聚乙二醇、聚硅氧烷或其他聚合物为基本成分的液压用液体。

但本品目不包括按重量计石油或从沥青矿物提取的油类含量在70%及以上的类似液体（品目27.10）。

38.20　防冻剂及解冻剂

本品目包括防冻剂及解冻剂（例如，以乙二醇衍生物为基本成分的混合物）。

某些防冻剂也起到制冷剂或热交换剂的作用。

但本品目不包括用于矿物油或与矿物油同样用途的其他液体的配制添加剂（品目38.11）。

38.21　制成的供微生物（包括病毒及类似品）或植物细胞、人体细胞、动物细胞生长或维持用的培养基

本品目包括能为细菌、真菌、病源菌、病毒及其他微生物和植物细胞、人体细胞或动物细胞提供营养及繁殖条件或维持其生长的各类制剂。它们用于医学（例如，用于制备抗菌素）、其他科研事业或工业（例如，制醋、乳酸、丁醇）。

它们通常是用肉汁、鲜血或血清、蛋、土豆、藻酸盐、琼脂、胨、明胶等配制而得的，并通常含有葡萄糖、甘油、氯化钠、酒石酸钠或染料等添加拼料。还可加入酸、消化酶或碱将其调至所需的酸度或碱度等。

另外还有其他培养基，例如，溶于蒸馏水中的氯化钠、氯化钙、硫酸镁、硫酸氢钾、天冬氨酸钾及乳酸铵混合物。

某种病毒培养基由活胚组成。

它们通常呈液态（肉汤）、膏状或粉状，但也有呈片状、粒状。消毒后装于密封的玻璃瓶、管、安瓶或罐中。

本品目不包括未制成培养基的产品，例如：

（一）琼脂（品目13.02）。

（二）血蛋白及卵清蛋白（品目35.02）。

（三）明胶（品目35.03）。

（四）胨（品目35.04）。

（五）藻酸盐（品目39.13）。

38.22　附于衬背上的诊断或实验用试剂及不论是否附于衬背上的诊断或实验用配制试剂，但品目30.02及30.06的货品除外；检定参照物

本品目包括附于衬背上的诊断或实验室用试剂，以及诊断或实验室用配制试剂，但品目30.02的诊断试剂、品目30.06的诊断病人用的诊断试剂和血型试剂除外。本品目也包括检定参照物。诊断试剂用于对动物和人类体内物理、生物物理、生物化学过程及状况的评估；其功能是以构成试剂的生物或化学物质中所发生的可测量或可观察的变化为基础。本品目的诊断用配制试剂在功能上可能与病人用的诊断试剂（子目3006.30）相似，其区别在于它们是用于体外而非用于体内。实验用配制试剂不仅包括诊断试剂，还包括除了用于检测或诊断以外的其他分析试剂。诊断和实验室用配制试剂可用于医疗、兽医、科研或工业实验室，也可用于医院、工业、农田，在某些情况下，还可以在家庭使用。

本品目的试剂既可以附于衬背上，也可以制成配制试剂，因此它们含有一种以上成分。例如，它们可由两种或两种以上的试剂混合物所组成，或由溶解于除水以外的其他溶剂中的单一成分试剂所组成。它们也可以是浸渍或涂布了一种或多种诊断或实验用试剂的纸、塑料或者其他材料（作为衬背或载体），例如，石蕊试纸、pH值试纸、极谱纸或预涂布的免疫测定板。本品目的试剂还可以配制成含有多种成分的试剂盒形式，即使其中一种或多种成分是第二十八章或第二十九章的已有化学定义的单独化合物，或是品目32.04的合成着色料，或是单独报验时应归入另一品目的其他物质，都不影响其归入本品目。例如，测试血液中的葡萄糖、尿液中的酮的试剂盒，以及酶基质试剂盒。但具有品目30.02或品目30.06所列产品基本特征的诊断试剂盒（例如，单克隆抗体或多克隆抗体的试剂盒）不包括在内。

本品目的试剂必须可明显判别为仅可作诊断或实验室用试剂，可以清楚地根据产品的成分、标签、用于体外或实验室的使用说明、具体诊断测试的指示或物质形态（例如，附于衬背或载体上）加以判别。

除第二十八章或第二十九章的产品外，检定参照物在本目录中应优先归入品目38.22。

本品目的检定参照物为供校准仪器、评估测量方法或材料赋值用的参照物。这些参照物可由以下材料组成：

一、含有加入分析物的基质材料，其含量已经精确确定；

二、未掺杂材料，其某些成分的含量（例如，奶粉中的蛋白质及脂肪含量）已经精确确定；

三、不论是天然或合成的材料，其某些属性（例如，抗张强度、比重）已经精确确定。

这些参照物必须附有标明属性检定值、确定检定值的方法、每项检定值的可靠度及其检定机构的检定证书。

本品目也不包括下列试剂，不论其是否制成诊断或实验室用试剂形式：

（一）品目28.43至28.46及28.52的货品（参见第六类注释一）。

（二）第二十八章注释一或第二十九章注释一所包括的产品。

（三）品目32.04的着色料，包括第三十二章注释三所列产品。

（四）制成的供微生物（包括病毒及类似品）或植物细胞、人体细胞、动物细胞生长或维持用的培养基（品目38.21）。

38.23　工业用单羧脂肪酸；精炼所得的酸性油；工业用脂肪醇：

—　工业用单羧脂肪酸；精炼所得的酸性油：

11　——　硬脂酸

12　——　油酸

13　——　妥尔油脂肪酸

19　——　其他

70　—　工业用脂肪醇

一、工业用单羧脂肪酸；精炼所得的酸性油

工业用单羧脂肪酸一般通过皂化或水解天然油、脂制得。固体（饱和）和液体（不饱和）脂肪酸的分离，通常是通过结晶法（用溶剂或不用溶剂）来进行。液体部分（商业上称为油酸或油精）含有油酸、其他不饱和脂肪酸（例如，亚油酸及亚麻酸）和少量的饱和脂肪酸。固体部分（商业上称为硬脂酸或硬脂精）主要含有软脂酸及硬脂酸和少量的不饱和脂肪酸。

本品目主要包括：

（一）商品硬脂酸（硬脂精），白色固体物质，气味特殊，有一定的硬度，易碎，销售时呈珠状、粉片状或粉末状。也有加热后用等温油罐运送的，这种情况销售时呈液状。

（二）商品油酸（油精），无色至棕色油状液体，有特殊的气味。

（三）妥尔油脂肪酸（TOFA），主要由油酸及亚油酸组成，通过蒸馏初榨妥尔油制得，含脂肪酸以干燥产品的重量计在90%及以上。

（四）蒸馏脂肪酸，水解分离不同油、脂（例如，椰子油、棕榈油、牛羊脂）后再提纯（蒸馏）处理制得。

（五）脂肪酸馏出油，作为精制工序的一部分将油、脂加蒸汽真空蒸馏制得。脂肪酸馏出油的特征是游离脂肪酸（ffa）含量很高。

（六）通过高分子量合成烃的催化氧化作用制得的脂肪酸。

（七）精炼所得的酸性油，这种油的游离脂肪酸含量相当高，通过用无机酸分解精炼初榨油过程中所得的皂料制得。

本品目不包括:

（一）纯度在85%及以上（以干燥产品的重量计）的油酸（品目29.16）。

（二）纯度在90%及以上（以干燥产品的重量计）的其他脂肪酸（通常归入品目29.15、29.16或29.18）。

二、工业用脂肪醇

归入本品目的脂肪醇是无环醇的混合物，它是通过下列方法制得：对本品目的混合脂肪酸（参见以上第一款）或其酯类催化还原；对鲸蜡油的皂化；在烯烃、一氧化碳及氢之间的催化反应（氧化法）；对烯烃的水合作用；对烃的氧化作用或其他方法。

脂肪醇通常为液态，但有时为固态。

本品目的脂肪醇主要有：

（一）月桂醇，一种饱和脂肪醇混合物，通过对椰子油的脂肪酸催化还原制得。常温下为液体，气温低时为半固体。

（二）鲸蜡醇，一种十六烷醇和十八烷醇的混合物，以十六烷醇为主，从鲸蜡和鲸蜡油制得。常温下为半透明固态结晶体。

（三）硬脂酰醇，一种十八烷醇和十六烷醇的混合物，通过还原硬脂精、富含硬脂酸的油或氢化、水解后再蒸馏鲸蜡油制得。常温下为白色固态结晶体。

（四）油醇，通过还原油精制得或从水压鲸蜡油所得的醇制得，常温下为液体。

（五）伯脂族醇的混合物，通常由含6～13个碳原子的醇所组成，一般通过氧化法制得，呈液状。

以上（一）至（四）项所述的脂肪醇主要用于制造脂肪醇磺化衍生物，这类衍生物的碱金属盐是品目34.02的有机表面活性剂。以上第（五）项所述的脂肪醇主要用于生产聚氯乙烯的增塑剂。

本品目还包括具有蜡的特性的工业用脂肪醇。

本品目不包括已有化学定义的脂肪醇，纯度在90%及以上（以干燥产品的重量计）（通常归入品目29.05）。

38.24　铸模及铸芯用粘合剂；其他品目未列名的化学工业及其相关工业的化学产品及配制品（包括由天然产品混合组成的）(+)：

10　—　铸模及铸芯用粘合剂

30　—　自身混合或与金属粘合剂混合的未烧结金属碳化物

40　—　水泥、灰泥及混凝土用添加剂

50　—　非耐火的灰泥及混凝土

60　—　子目2905.44以外的山梨醇

—　含有甲烷、乙烷或丙烷的卤化衍生物的混合物：

71　——　含全氯氟烃(CFCs)的，不论是否含氢氯氟烃(HCFCs)、全氟烃(PFCs)或氢氟烃(HFCs)

72　——　含溴氯二氟甲烷、溴三氟甲烷或二溴四氟乙烷的

73　——　含氢溴氟烃(HBFCs)的

74　——　含氢氯氟烃(HCFCs)的，不论是否含全氟烃(PFCs)或氢氟烃(HFCs)，但不含全氯氟烃(CFCs)

75　——　含四氯化碳的

76　——　含1,1,1-三氯乙烷（甲基氯仿）的

77　——　含溴化甲烷（甲基溴）或溴氯甲烷的

78　——　含全氟烃(PFCs)或氢氟烃(HFCs)的，但不含全氯氟烃(CFCs)或氢氯氟烃(HCFCs)的

79　——　其他

—　含环氧乙烷（氧化乙烯）、多溴联苯（PBBs）、多氯联苯(PCBs)、多氯三联苯(PCTs)或三（2,3-二溴丙基）磷酸酯的混合物及制品：

81　——　含环氧乙烷（氧化乙烯）的

82　——　含多氯联苯(PCBs)、多氯三联苯(PCTs)或多溴联苯（PBBs）的

83　——　含三（2,3-二溴丙基）磷酸酯的

90　—　其他

本品目包括：

一、铸模及铸芯用粘合剂

本品目包括以天然含树脂产品（例如，松香）、亚麻子油、植物粘质、糊精、糖蜜、第三十九章的聚合物等为基本成分的铸芯粘合剂。

这些制剂与铸造砂混合之后，可使铸造砂具有供铸模及铸芯用的粘稠度，而且便于铸件脱模去砂。

但糊精及其他改性淀粉、以淀粉、糊精或其他改性淀粉为基本成分的胶应归入品目35.05。

二、化学产品及化学制剂或其他制剂

除三项货品以外〔参见以下第（七）款、第（十九）款及第（三十一）款〕，本品目不包括单独的已有化学定义的化学元素及化合物。

因此，归入本品目的化学产品都是未有化学定义的产品，不论其是从制其他物质时所得的副产品（例如，环烷酸），还是直接配制而成的产品。

化学制剂或其他制剂可以是混合物（乳浊液及分散体是其特殊形式），有时也可以是溶液。第二十八章或第二十九章的化学产品的水溶液仍归入该两章内，但这些产品溶于水以外其他溶剂的溶液，除少数不归入本品目外，其余均不归入第二十八章或第二十九章，因而作为本品目的制剂归类。

归入本品目的制剂可以全部或部分是化学产品（一般情况），也可以全部由天然成分组成〔参见以下第（二十四）款〕。

但本品目不包括化学品与食品或其他营养物质的混合物，这些混合物或物质均以营养价值为主。这些混合物在制造某些供人食用的食品时作为拼料或改良食品特性用（例如，糕点、饼干或其他焙烘食品的改良剂）。上述产品通常归入品目 21.06（参见第三十八章总注释）。

本品目也不包括汞化合物（品目 28.52）。

根据以上条件，归入本品目的制品及化学产品包括：

（一）**环烷酸**（炼制某种石油或从沥青矿物提取的油类的副产品）及其盐，但品目 34.02 的水溶性环烷酸盐及品目 28.43 至 28.46 及 28.52 的盐除外。例如，本品目包括钙、钡、锌、锰、铝、钴、铬、铅等的环烷酸盐，其中有些盐用于配制干燥剂或矿物油添加剂，而环烷酸铜用于配制杀菌剂。

（二）**未烧结金属碳化物**（碳化钨、碳化钼等），通过自身混合或与金属粘合剂（例如，钴）混合而成的混合物，用于制品目 82.09 的刀尖及类似工具。

（三）**水泥、灰泥及混凝土用添加剂**，例如，以硅酸钠或硅酸钾及氟硅酸钠或氟硅酸钾为基本成分的抗酸添加剂及以氧化钙、脂肪酸等为基本成分的防水剂（不论是否含有肥皂）。

（四）**非耐火灰泥及混凝土。**

（五）**山梨醇**，但品目 29.05 的山梨醇除外。

本组主要包括含有其他多元醇的山梨醇（右旋-葡糖醇）糖浆，这些多元醇中的右旋-葡糖醇含量通常为干燥产品的 60～80%。这种产品是通过氢化二糖及多糖含量较高的葡萄糖浆，但未经任何分离过程制得的。这些产品具有难结晶的特点，广泛应用于各种工业（例如，食品、化妆品、医药、塑料、纺织等工业）。

符合第二十九章注释一规定的山梨醇应归入品目 29.05。这种山梨醇通常通过氢化葡萄糖或转化糖而制得。

（六）**碳化钙、碳酸钙（石灰石）及其他材料（例如，碳或氟石）的混合物**，用作炼钢时的一种脱硫剂。

（七）**每颗重量不小于 2.5 克的氧化镁、碱金属或碱土金属卤化物**（氟化钙或氟化锂、氯化钾或氯化钠、溴化钾、溴碘化钾等）**的培养晶体**（光学元件除外）。光学元件培养晶体不归入本品目（品目 90.01）。

每颗重量小于 2.5 克的培养晶体（光学元件除外）应归入第二十八章、品目 25.01（氯化钠晶体）或品目 31.04（氯化钾晶体）。

（八）**非水溶性石油磺酸盐**，用硫酸、发烟硫酸或溶于液态二氧化硫的三氧化硫磺化石油或石油馏分制得。磺化工序后一般要进行中和处理。但碱金属石油磺酸盐、石油磺酸铵或石油磺酸乙醇胺等水溶性石油磺酸盐不归入本品目（品目 34.02）。

（九）**多氯联苯**（联苯氯化衍生物的混合物）**及氯化石蜡。**

但本组不包括具有人造蜡性质的固体多氯联苯及固体氯化石蜡（品目 34.04）。

（十）**极低分子量的聚氧乙烯（聚乙二醇）**，例如，二聚乙二醇、三聚乙二醇及四聚乙二醇的混合物。

但本组不包括所有其他类型的聚氧乙烯（聚乙二醇）（品目 39.07，如具有人造蜡特性的，应归入品目 34.04）。

（十一）**甘油单脂肪酸酯、甘油双脂肪酸酯及甘油三脂肪酸酯的混合物**，用作脂肪乳化剂。

但本组不包括具有人造蜡特性的混合物（品目 34.04）。

（十二）**杂醇油**，精馏粗乙醇而得。

（十三）**骨焦油**（骨油、动物油），通过干馏骨或反刍类动物的角制得。它是一种黑色液体，极粘，具有恶臭气味，主要用于配制杀虫剂或吡啶碱类。

（十四）**离子交换剂**（包括碱或酸交换剂），但第三十九章的聚合物除外。这些物质是不溶化合物，当与电解质溶液接触时，它将自身的一个离子与溶于溶液中的物质的一个离子交换。这一性质具有工业价值，例如，除掉锅炉、纺织工业、印染工业或洗衣店等所用硬水中的钙盐或镁盐。也用于把海水制成淡水等。但是，除了含有粘合剂的人造沸石外，其他人造沸石（不论是否符合化学定义）不归入本品目（品目28.42）。

（十五）**防垢剂**，通常以碳酸钠、硅酸钠、鞣酸等为基料。这些防垢剂加到硬水中可沉淀大部分溶解的钙盐或镁盐，防止锅炉、蒸汽发生器管道及其他水循环设备中含钙沉积物的形成。

（十六）**生氧剂**（氧石），将少量铜盐或镍盐等产品加入到过氧化钠中制得。这种氧石浸入水中可以调节水中氧气的释放量。生氧剂常呈立方体状或厚块状。

（十七）**清漆或胶的硬化添加剂**，例如，氯化铵及尿素的混合物。

（十八）**真空吸气剂**，以钡、锆等为基料制成。这些吸气剂通常制成锭状、片状或类似形状，或装于金属管或丝上。

（十九）**零售包装的除墨剂**。这些制剂通常是已有化学定义化合物的水溶液。在某些情况下可用单一化合物（例如，氯胺水溶液）制成，但在其他情况下需用具有补充作用的两种化合物制成。在后一种情况下，同一包装内可装有两只瓶子，例如，其中一只装有亚硫酸氢钠水溶液，而另一只则装有高锰酸钾水溶液。

（二十）**零售包装的油印蜡纸改正液**。这些改正液通常是粉红色纤维素漆，装于瓶盖上一般配有一把小刷子的小瓶中。

作为油印蜡纸改正液的纤维素漆如果未制成零售包装的，不归入本品目。这些改正液用的有机复合稀释剂应归入品目 38.14。

（二十一）**零售包装的改正液**。这些改正液是不透明（白色或其他颜色）液体，主要含有颜料、粘合剂及溶剂，用于涂抹打字稿、手稿、复印本、胶印印刷品及类似品上面的错误或其他多余的印记。一般制成小瓶装（瓶盖上常配有一把小刷子）、罐装或笔状。

这些改正液用的有机复合稀释剂归入品目 38.14。

（二十二）**零售包装的修正带**。这些产品为成卷的修正条，通常装在一个塑料分配器内，用于掩盖打字稿、手稿、复印件、胶印印刷品及类似品上的手写及打字错误或其他多余印记。这些产品的带长及带宽不一。修正条的表面有不透明的颜料涂层。使用时，用手将转印头压在需要修正的部分上。

本品目不包括：

1. 带胶粘衬背的纸质修正带（第四十八章）。

2. 打字机色带或类似色带，已上油或经其他方法处理能着色的（品目 96.12）。

（二十三）**主要用于澄清葡萄酒及其他发酵饮料的制剂**。它们通常以聚乙烯吡咯烷酮，或鱼鳔胶、明胶、角叉菜胶或卵清蛋白等胶凝物质或蛋白质为基料。但不包括含酶的制剂（品目 35.07）。

（二十四）**油漆用复合充量剂**。通常为加入到油漆（水浆涂料除外）中以降低成本，同时在某种情况下能改进某些性能（例如，便利着色料的分布）的配制粉剂。它们也常用于制水浆涂料，但在这种情况下它们起颜料作用。这些制剂是由两种或两种以上天然产品（白垩、天然硫酸钡、板岩、白云石、天然碳酸镁、石膏、石棉、云母、滑石、方解石等）的混合物构成，或由这些天然产品与化学产品的混合物或化学产品之间的混合物（例如，氢氧化铝与硫酸钡的混合物）构成。

本类还包括精细研磨的天然碳酸钙（“香槟白”），微粒经特殊处理后均裹上硬脂酸防水膜。

（二十五）**用于制某些陶瓷物品（假牙等）的制剂**，例如，以高岭土、石英及长石为基本成分的混合物。

（二十六）**可熔性陶瓷测温器**（例如，塞格示温锥）。它们通常呈小棱锥状，是一种混合剂，其组分与陶瓷糊及玻璃化制剂相似。在一定温度下会软化皱缩，因此可用于控制烧制陶瓷等物品的火候。

（二十七）**碱石灰**，用氢氧化钠浸渍纯石灰制得。用于吸附闭式呼吸麻醉系统或潜水艇等中的二氧化碳。本品目不包括制成实验室试剂的碱石灰（品目38.22）。

（二十八）用钴盐着色的水合硅胶，用作干燥剂，失效时即显示出异样颜色。

（二十九）防锈剂。本品是以能通过化学作用防止锈蚀的磷酸等为基料的制剂。

以润滑剂为基料的防锈剂酌情归入品目27.10或34.03。

（三十）由糖精及其盐、碳酸氢钠等物质及酒石酸组成的制剂（例如，片剂），未构成食品，但能用作食品甜味剂。

（三十一）腌制用的盐，由氯化钠添加亚硝酸钠（亚硝化盐）或硝酸钠（硝化盐）构成。

添加糖的同样产品应归入品目21.06。

（三十二）某些未装配但已切好的压电材料元件（品目71.03或71.04的石英、电气石等除外）。

用以生产本品目压电元件的最常见材料有：

1．罗谢尔盐（或塞格涅特盐，即四水合酒石酸钾钠）；酒石酸乙二胺；磷酸铵、磷酸铷、磷酸铯及其混合晶体。

2．钛酸钡；锆钛酸铅；偏铌酸铅；锆钛酸锶铅；钛酸钙等。

这些元件是用优质培养晶体精确地按与其X轴相对应的方向进行切割制成的。此种晶体如果是单独的已有化学定义的化合物，切割前应归入第二十八章或第二十九章的相应品目，切割后则归入本品目。

本品目还包括用上述第2项产品制成的未装配多晶极化元件。

（三十三）传动带防滑剂，由脂肪物质、研磨料等组成，即使其按重量计含有70%及以上的石油或从沥青矿物提取的油类。

（三十四）制某些治疗药物（例如，抗菌素）的中间产品，借助于微生物并进行发酵、过滤和在第一阶段萃取制得，通常含有不超过70%的活性物质；例如，“碱块”，制金霉素的中间产品，由没有活性的菌丝体、助滤剂及10～15%的金霉素组成。

（三十五）因化学发光现象而产生光效应的物品，例如，在溶剂及荧光化合物存在下草酸酯和过氧化氢之间起化学反应而具有光效应的发光棒。

（三十六）汽油发动机用启动燃料，由二乙醚、70%及以上的石油（按重量计）及其他组分构成，其中二乙醚是基本组分。

（三十七）粉状的塑型膏（与水混合后使用）。这种粉剂由30%左右黑麦粉及30%左右木纤维素与水泥、胶及白垩组成。但本品目不包括品目34.07的塑型膏。

（三十八）“无光颜料”，由改性树脂酸铝盐构成。其微粒裹上纤维素醚以抗溶剂作用并防止沉积。

（三十九）“鱼鳞浆”或“鱼肥”，由用石油溶剂处理鱼鳞所提的粗银浆组成，由于其中含有鸟嘌呤，因此精炼后用于制珠光粉。

（四十）溴碘化铊晶体，由溴化物及碘化物固溶体组成，主要利用其光学性能（对红外线具有高透明度）。

（四十一）胶凝剂，为未有化学定义的产品，由经特殊处理以使其亲有机物的钙镁橄石组成，制成乳白粉状，用于制多种有机制剂（油漆、清漆、乙烯基分散体、蜡、粘着剂、胶粘混合物、化妆品等）。

（四十二）工业用脂肪酸：

1．二聚的；

2．三聚的；

3．用戊醇酯化然后环氧化的。

（四十三）工业氧化钼、碳及硼酸的烧结混合物，用作炼钢的合金材料。

（四十四）商品名称为“氧化灰”或“氧化黑”并有时误称为“铅灰”的粉剂，为一氧化铅（65～

80%）及铅金属（平衡剂）的特殊配制混合剂，通过在球磨法中控制纯铅氧化制得，用于制蓄电池极板。

（**四十五）两种不同有机化合物异构体的混合物**，例如，二乙烯基苯异构体（25～45%）及乙基乙烯基苯异构体（33～50%），用作聚苯乙烯的交联剂，其中异构体的两个侧键进行交联。

（四十六）在化学制剂中用作增稠剂及乳化稳定剂或制磨石时用作粘合剂的混合物，由第二十五章不同品目或同一品目的产品构成，不论是否与其他章的产品混合，但含有下列组分之一：

——各种粘土的混合物；

——各种粘土及长石的混合物；

——粘土、长石粉及天然硼砂粉的混合物；

——粘土、长石及硅酸钠的混合物。

（四十七）用作植物生长介质的混合物（例如，盆栽土），由第二十五章的产品（土、砂、粘土）组成，不论是否含有氮、磷、钾等肥效元素。

但本品目不包括以泥煤为基本特征的泥煤及砂或粘土的混合物（品目27.03）。

（四十八）以明胶为基料的复写膏。这些制剂用于复制图案，涂布印刷机滚筒等。这些膏的组分不尽相同，但基本成分是明胶，并加入了不同比例的糊精及硫酸钡或甘油（用于制印刷机用油墨滚筒）或糖及填料（高岭土等）。

这些膏不论是以散装形式（箱装、桶装等）报验，还是以可即供使用形式（通常以纸或纺织物为衬背）报验，一律归入本品目。

本品目不包括印刷机用的涂有复印膏的油墨滚筒（品目84.43）。

（四十九）二乙酰酒石酸甘油单酯及二酯与磷酸三钙或碳酸钙的混合物，用作乳化剂。

本品目还不包括：

（一）用于纺织、造纸、制革及类似工业的整理剂及其他产品或制剂（品目38.09）。

（二）品目68.06的隔热或吸音材料混合物及品目68.12的以石棉或石棉及碳酸镁为基本成分的混合物。

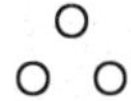

子目注释：

子目3824.71至3824.79

子目3824.71至3824.79包括含有甲烷、乙烷或丙烷的卤化衍生物的混合物，也包括这些卤化衍生物与其他物质的混合物。

对于甲烷、乙烷或丙烷的卤化衍生物的混合物，其贸易是要受到《关于消耗臭氧层物质的蒙特利尔议定书》的规定管制的。

38.25　其他品目未列名的化学工业及其相关工业的副产品；城市垃圾；下水道淤泥；本章注释六所规定的其他废物：

10　—　城市垃圾

20　—　下水道淤泥

30　—　医疗废物

—　废有机溶剂：

41　——　卤化物的

49　——　其他

50　—　废的金属酸洗液、液压油、制动油及防冻液

—　其他化学工业及相关工业的废物：

61　——　主要含有有机成分的

69　——　其他

90　—　其他

一、其他品目未列名的化学工业及其相关工业的副产品

（一）碱性氧化铁，用于净化气体（尤其是煤气），含有不纯的三氧化铁，从铝土矿提取铝的某道工序中作为副产品获得。这些副产品还含有碳酸钠、硅石等。

（二）生产抗菌素时获得的残渣（称为“饼块”），其中抗菌素含量极低，适于配制复合动物饲料。

（三）氨液，从煤气浓缩而得的原煤焦油经沉淀后而得的水溶液部分，也可通过用洗涤煤气的水吸附氨气制得。在装运前通常加以浓缩。为浅棕色液体，用于制铵盐（特别是硫酸铵）及氨气的纯净浓缩水溶液。

（四）废氧化物。在用水提取煤气中大部分的氨后，煤气通过通常由沼铁矿或水合氧化铁、锯末及硫酸钙组成的块状物进行化学净化。这些块状物能除去煤气中的某些杂质（硫化氢、氢氰酸等）。当失效时，块状物含有硫、普鲁士蓝、少量铵盐及其他物质，人们称之为废氧化物。它们通常呈粉状或粒状，为浅绿色或浅棕色，气味难闻，主要用作硫及氰化物（尤其是普鲁士蓝）的原料并用作肥料或杀虫剂。

（五）通过所谓的石灰石膏烟道气脱硫（LG FGD）处理发电厂燃烧废气得到的残渣。这些残渣呈固态或浆状，能作进一步加工，在石膏板制作上用作天然石膏的替代品。但是，从这些残渣中分离出来的纯硫酸钙不包括在内（品目 28.33）。

二、城市垃圾

本品目也包括从家庭、宾馆、餐厅、医院、商店、办公室等收集来的废物、马路和人行道的垃圾以及建筑垃圾或拆建垃圾。城市垃圾通常含有大量各种各样的材料，例如，塑料、橡胶、木材、纸张、纺织品、玻璃、金属、食物、破烂家具和其他已损坏或被丢弃的物品。

已从垃圾中分拣出来的单独的材料或物品（例如，废的塑料、橡胶、木材、纸张、纺织品、玻璃、金属和电池）不归入本品目而应归入本目录中的适当品目。（对化学工业及其相关工业的工业废料的归类，参见以下第四部分）。分类收集的上述废的材料或物品也应归入其适当品目。

三、下水道淤泥

下水道淤泥是经城市污水处理厂处理的淤泥，包括预处理的废料、洗涤污垢和性质不稳定的淤泥。

本品目不包括适合作为肥料用的性质稳定的淤泥（第三十一章）。但因含有对农业有害的其他材料（例如，重金属）而不适合作为肥料用的性质稳定的淤泥仍归入本品目。

四、本章注释六规定的其他废物

本品目包括本章章注六规定的一类范围广泛的废物。它们包括：

（一）医疗废物，即医学研究、诊断、治疗以及其他内科、外科、牙科或兽医治疗所产生的被污染的废物。这类废物通常含有病菌、药物和体液，需作专门处理（例如，脏的敷料，用过的手套及注射器）。

（二）废有机溶剂，通常来源于清洗过程，主要含有有机溶剂，不适合作原产品使用，不论其是否用于回收溶剂。

主要含有石油或从沥青矿物提取的油类的废油不归入本品目（品目 27.10）。

（三）废的金属酸洗液、液压油、制动油及防冻液，不适合作原产品使用。它们通常用于回收原产品。

然而，本品目不包括用于回收金属或金属化合物的从废金属酸洗液制得的矿灰和残渣（品目 26.20），以及主要含有石油或从沥青矿物提取的油类的废液压油和废制动油（品目 27.10）；

（四）化学工业及其相关工业的其他废物。本组主要包括生产、配制及使用油墨、染料、颜料、油漆、大漆及清漆所产生的废物，城市垃圾及废有机溶剂除外。它们通常为多相混合物，可呈液态，也可呈半固态分散体，分散于水介质或非水介质中，粘度各有不同。它们在报验时不适合继续作为原产品使用。

然而，本品目不包括从生产、配制及使用油墨、染料、颜料、油漆、大漆及清漆所产生的废物中得到的、用于回收金属及其化合物的矿渣、矿灰及残渣（品目 26.20），以及主要含有石油或从沥青矿物提取的油类的废油（品目 27.10）。

38.26　生物柴油及其混合物，不含或含有按重量计低于70%的石油或从沥青矿物提取的油类

生物柴油由不同链长的脂肪酸单烷基酯组成，不溶于水，具有高沸点、低蒸发压，粘度与从石油得到的柴油相近。生物柴油的典型制法是由被称为酯交换反应的化学工艺制得，在催化剂作用下，油脂中的脂肪酸与一种醇（通常是甲醇或乙醇）发生反应，生成所需的酯。

生物柴油可从植物油（例如，油菜籽、大豆、棕榈植物、向日葵、棉籽、小油桐）、动物脂肪（例如，猪油、牛脂）或者从已使用过的油脂（例如，煎炸油、回收烹饪油脂）制得。

生物柴油本身既不含石油也不含从沥青矿物中提取的油类，但可以与从石油或从沥青矿物中得到的馏分燃料（例如，柴油、煤油、燃油）混合。生物柴油可用作压燃式内燃机的燃料、供热或类似用途。

本品目不包括：

（一）含有按重量计 70%或以上的石油或从沥青矿物中提取油类的混合物（品目 27.10）。

（二）从植物油中得到的经完全脱氧仅含脂肪链烃的产品（品目 27.10）。

第七类 塑料及其制品；橡胶及其制品

注释：

一、由两种或两种以上单独成分配套的货品，其部分或全部成分属于本类范围以内，混合后则构成第六类或第七类的货品，应按混合后产品归入相应的品目，但其组成成分必须同时符合下列条件：

（一）其包装形式足以表明这些成分不需经过改装就可以一起使用的；

（二）一起报验的；以及

（三）这些成分的属性及相互比例足以表明是相互配用的。

二、除品目39.18或39.19的货品外，印有花纹、文字、图画的塑料、橡胶及其制品，如果所印花纹、字画作为其主要用途，应归入第四十九章。

总 注 释

类注一：

本注释是关于由两种或两种以上单独成分配套而成，其部分或全部组分属于第七类的货品的归类问题；并仅适用于其各组分准备于混合后构成第六类或第七类产品的配套货品。这类配套货品只要其组分符合本类注释一（一）至（三）款的条件，则应按其混合后的产品归入相应的品目。

必须注意，本类注释一不包括虽由两种或两种以上单独成分配套而成，其部分或全部组分也属于第七类范围以内，但在使用时却是相继加入而不是预先混合的货品。这些货品如属零售包装，应按归类总规则〔一般按规则三（二)〕归类；如属非零售包装，则按各单独成分分别归类。

类注二：

品目39.18的货品（塑料地衣品或糊墙品）及品目39.19的货品（胶粘塑料板等），即使以所印的花纹、字符或图画为其主要用途，仍归入上述品目而不归入第四十九章。但所有其他本类所列的塑料或橡胶货品，如以所印花纹、字画作为主要用途，均应归入第四十九章。

第三十九章 塑料及其制品

注释：

一、本协调制度所称“塑料”，是指品目39.01至39.14的材料，这些材料能够在聚合时或聚合后在外力（一般是热力和压力，必要时加入溶剂或增塑剂）作用下通过模制、浇铸、挤压、滚轧或其他工序制成一定的形状，成形后除去外力，其形状仍保持不变。

本协调制度所称“塑料”，还应包括钢纸，但不包括第十一类的纺织材料。

二、本章不包括：

（一）品目27.10或34.03的润滑剂；

（二）品目27.12或34.04的蜡；

（三）单独的已有化学定义的有机化合物（第二十九章）；

（四）肝素及其盐（品目30.01）；

（五）品目39.01至39.13所列的任何产品溶于挥发性有机溶剂的溶液（胶棉除外），但溶剂的重量必须超过溶液重量的50%（品目32.08）；品目32.12的压印箔；

（六）有机表面活性剂或品目 34.02 的制剂；

（七）再熔胶及酯胶（品目 38.06）；

（八）矿物油（包括汽油）或与矿物油用途相同的其他液体用的配制添加剂（品目 38.11）；

（九）以第三十九章的聚乙二醇、聚硅氧烷或其他聚合物为基本成分配制的液压用液体（品目 38.19）；

（十）附于塑料衬背上的诊断或实验用试剂（品目 38.22）；

（十一）第四十章规定的合成橡胶及其制品；

（十二）鞍具及挽具（品目 42.01）；品目 42.02 的衣箱、提箱、手提包及其他容器；

（十三）第四十六章的缏条、编结品及其他制品；

（十四）品目 48.14 的壁纸；

（十五）第十一类的货品（纺织原料及纺织制品）；

（十六）第十二类的物品（例如，鞋靴、帽类、雨伞、阳伞、手杖、鞭子、马鞭及其零件）；

（十七）品目 71.17 的仿首饰；

（十八）第十六类的物品（机器、机械器具或电气器具）；

（十九）第十七类的航空器零件及车辆零件；

（二十）第九十章的物品（例如，光学元件、眼镜架及绘图仪器）；

（二十一）第九十一章的物品（例如，钟壳及表壳）；

（二十二）第九十二章的物品（例如，乐器及其零件）；

（二十三）第九十四章的物品（例如，家具、灯具、照明装置、灯箱及活动房屋）；

（二十四）第九十五章的物品（例如，玩具、游戏品及运动用品）；或

（二十五）第九十六章的物品（例如，刷子、钮扣、拉链、梳子、烟斗的嘴及柄、香烟嘴及类似品、保温瓶的零件及类似品、钢笔、活动铅笔）。

三、品目 39.01 至 39.11 仅适用于化学合成的下列货品：

（一）采用减压蒸馏法，在压力转换为 1013 毫巴下的温度 300℃时，以体积计馏出量小于 60%的液体合成聚烯烃（品目 39.01 及 39.02）；

（二）非高度聚合的苯并呋喃-茚树脂（品目 39.11）；

（三）平均至少有五个单体单元的其他合成聚合物；

（四）聚硅氧烷（品目 39.10）；

（五）甲阶酚醛树脂（品目 39.09）及其他预聚物。

四、所称“共聚物”，包括在整个聚合物中按重量计没有一种单体单元的含量在 95%及以上的各种聚合物。

在本章中，除条文另有规定的以外，共聚物（包括共缩聚物、共加聚物，嵌段共聚物及接枝共聚物）及聚合物混合体应按聚合物中重量最大的那种共聚单体单元所构成的聚合物归入相应品目。在本注释中，归入同一品目的聚合物的共聚单体单元应作为一种单体单元对待。

如果没有任何一种共聚单体单元重量为最大，共聚物或聚合物混合体应按号列顺序归入其可归入的最末一个品目。

五、化学改性聚合物，即聚合物主链上的支链通过化学反应发生了变化的聚合物，应按未改性的聚合物的相应品目归类。本规定不适用于接枝共聚物。

六、品目 39.01 至 39.14 所称“初级形状”，只限于下列各种形状：

（一）液状及糊状，包括分散体（乳浊液及悬浮液）及溶液；

（二）不规则形状的块，团、粉（包括压型粉）、颗粒、粉片及类似的散装形状。

七、品目 39.15 不适用于已制成初级形状的单一的热塑材料废碎料及下脚料（品目 39.01 至

39.14)。

八、品目 39.17 所称“管子”，是指通常用于输送或供给气体或液体的空心制品或半制品（例如，肋纹浇花软管、多孔管），还包括香肠用肠衣及其他扁平管。除肠衣及扁平管外，内截面如果不呈圆形、椭圆形、矩形（其长度不超过宽度的 1.5 倍）或正几何形，则不能视为管子，而应作为异型材。

九、品目 39.18 所称“塑料糊墙品”，适用于墙壁或天花板装饰用的宽度不小于 45 厘米的成卷产品，这类产品是将塑料牢固地附着在除纸张以外任何材料的衬背上，并且在塑料面起纹、压花、着色、印制图案或用其他方法装饰。

十、品目 39.20 及 39.21 所称“板、片、膜、箔、扁条”，只适用于未切割或仅切割成矩形（包括正方形）（含切割后即可供使用的），但未经进一步加工的板、片、膜、箔、扁条（第五十四章的物品除外）及正几何形块，不论是否经过印制或其他表面加工。

十一、品目 39.25 只适用于第二分章以前各品目未包括的下列物品：

（一）容积超过 300 升的囤、柜（包括化粪池）、罐、桶及类似容器；

（二）用于地板、墙壁、隔墙、天花板或屋顶等方面的结构件；

（三）槽管及其附件；

（四）门、窗及其框架和门槛；

（五）阳台、栏杆、栅栏、栅门及类似品；

（六）窗板、百叶窗（包括威尼斯式百叶窗）或类似品及其零件、附件；

（七）商店、工棚、仓库等用的拼装式固定大形货架；

（八）建筑用的特色（例如，凹槽、圆顶及鸽棚式）装饰件；以及

（九）固定装于门窗、楼梯、墙壁或建筑物其他部位的附件及架座，例如，球形把手、拉手、挂钩、托架、毛巾架、开关板及其他护板。

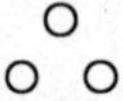

子目注释：

一、属于本章任一品目项下的聚合物（包括共聚物）及化学改性聚合物应按下列规则归类：

（一）在同级子目中有一个“其他”子目的：

1. 子目所列聚合物名称冠有“聚（多）”的（例如，聚乙烯及聚酰胺-6,6），是指列名的该种聚合物单体单元含量在整个聚合物中按重量计必须占 95%及以上。

2. 子目 3901.30、3903.20、3903.30 及 3904.30 所列的共聚物，如果该种共聚单体单元含量在整个聚合物中按重量计占 95%及以上，即应归入上述子目。

3. 化学改性聚合物如未在其他子目具体列名，应归入列明为“其他”的子目内。

4. 不符合上述 1、2、3 款规定的聚合物，应按聚合物中重量最大的那种单体单元（与其他各种单一的共聚单体单元相比）所构成的聚合物归入该级其他相应子目。为此，归入同一子目的聚合物单体单元应作为一种单体单元对待。只有在同级子目中的聚合物共聚单体单元才可以进行比较。

（二）在同级子目中没有“其他”子目的：

1. 聚合物应按聚合物中重量最大的那种单体单元（与其他各种单一的共聚单体单元相比）所构成的聚合物归入该级相应子目。为此，归入同一子目的聚合物单体单元应作为一种单体单元对待。只有在同级子目中的聚合物共聚单体单元才可以进行比较。

2. 化学改性聚合物应按相应的未改性聚合物的子目归类。

聚合物混合体应按单体单元比例相等、种类相同的聚合物归入相应子目。

二、子目 3920.43 所称“增塑剂”，包括“次级增塑剂”。

总　注　释

一般来说，本章包括称为聚合物的物质及其半制品和制成品，但本章注释二所列不包括的除外。

聚合物

聚合物是由以一种或多种重复单体单元为特征的分子所组成。

聚合物可由化学结构相同或不同的多个分子相互反应形成，这一聚合物的形成过程称为聚合反应。广义来说，聚合反应包括以下几种主要类型的反应：

（一）加成聚合反应，一种不饱和烯烃分子通过相互简单加成而形成聚合物链为碳-碳键聚合物的反应，该反应过程不析出水或其他副产物。例如，由乙烯制得聚乙烯，以及由乙烯与乙烯基乙酸酯制得乙烯乙酸乙烯酯共聚物。此类聚合反应有时也称为简单聚合反应或共聚反应，即狭义的聚合或共聚反应。

（二）重排聚合反应，官能团中含有氧、氮或硫等原子的分子相互反应，在分子内重排及加成，形成以醚、酰胺、氨酯或其他键连接各链节的聚合物链的反应。反应中不析出水或其他副产物。例如，由甲醛制得聚甲醛、由己内酰胺制得聚酰胺-6 及以多羟基化合物和二异氰酸制得聚氨基甲酸酯。此类聚合反应也称为聚合加成反应。

（三）缩合聚合反应，官能团中含有氧、氮或硫等原子的分子相互间产生缩合反应，形成以醚、酯、酰胺或其他键连接各单体单元的聚合物链的反应，反应中析出水或其他副产物。例如，由亚乙基二醇和对苯二酸制得的聚对苯二甲酸乙二酯、由六亚甲基二胺和己二酸制得的聚酰胺-6,6。此类聚合反应也称为缩合反应或缩聚反应。

聚合物可经化学改性，例如，聚乙烯或聚氯乙烯的氯化、聚乙烯的氯磺化、纤维素的乙酰化或硝化以及聚乙酸乙烯酯的水解。

聚合物的缩写名称

本章所述的许多聚合物的缩写名称是大家都熟知的。以下是部分常用缩写名称表：

ABS	丙烯腈-丁二烯-苯乙烯共聚物
CA	乙酸纤维素
CAB	乙酸丁酸纤维素
CP	丙醋纤维素
CMC	羧甲基纤维素
CPE	氯化聚乙烯
EVA	乙烯乙酸乙烯共聚物
HDPE	高密度聚乙烯
LDPE	低密度聚乙烯
LLDPE	线性低密度聚乙烯
PBT	聚对苯二甲酸丁二酯
PDMS	聚二甲基硅氧烷
PE	聚乙烯
PEOX	聚乙烯氧化物（聚氧乙烯）
PET	聚对苯二甲酸乙二酯
PIB	聚异丁烯

PMMA	聚甲基丙烯酸甲酯
PP	聚丙烯
PPO	聚苯醚
PPOX	聚丙烯氧化物（聚氧丙烯）
PPS	聚苯硫醚
PS	聚苯乙烯
PTFE	聚四氟乙烯
PVAC	聚乙酸乙烯酯
PVAL	聚乙烯醇
PVB	聚乙烯醇缩丁醛
PVC	聚氯乙烯
PVDF	聚偏二氟乙烯
PVP	聚乙烯吡咯烷酮
SAN	苯乙烯-丙烯腈共聚物

值得注意的是，商品聚合物有时含有比其缩写名称所述的单体单元要多〔例如，线性低密度聚乙烯（LLDPE）基本上是乙烯聚合物，但含有少量（通常在5%以上）的α-烯烃单体单元〕。此外，聚合物中单体单元的相对含量无须与其缩写名称所列次序相一致〔例如，丙烯腈-丁二烯-苯乙烯（ABS）共聚物以苯乙烯为其主要单体单元〕。

因此，聚合物缩写名称只起指南作用。在任何情况下，归类都应根据有关章注、子目注释的规定及聚合物中单体单元的构成来进行（参见本章注释四及子目注释）。

塑料

所称“塑料”，是指由本章注释一所规定的品目39.01至39.14的材料。这些材料能够在聚合时或聚合后在外力（一般是热力和压力，必要时加入溶剂或增塑剂）作用下通过模制、浇铸、挤压、滚轧或其他工序制成一定的形状，成形后除去外力，其形状仍保持不变。本协调制度所称“塑料”，还包括钢纸。

但所称“塑料”不适用于第十一类的纺织材料。必须注意，“塑料”这一定义适用于整个协调制度。

所称“聚合反应”，是指广义上的任何形成聚合物的反应方法，包括加成聚合反应、重排聚合反应及缩合聚合反应（缩聚反应）。

本章中的材料，如果可反复加热软化成形而制成制品（例如，浇铸后冷却固化），称为“热塑性塑料”。如果可通过或已通过化学或物理方法（例如，加热）制成不熔性产品，称为“热固性塑料”。

塑料的用途极为广泛，但以其为原料制得的许多物品并不归入本章（参见本章注释二）。

本章的一般安排

全章分为两个分章，第一分章包括初级形状的聚合物，第二分章包括废碎料及下脚料、半制品及制成品。

在第一分章中，品目39.01至39.11的初级形状产品是以化学合成制得的。品目39.12及39.13的初级形状产品则包括天然聚合物及经化学处理的天然聚合物。品目39.14包括以品目39.01至39.13的聚合物为基料制得的离子交换剂。

在第二分章中，品目39.15包括塑料的废碎料及下脚料。品目39.16至39.25包括塑料的半制品或列名的塑料制品。品目39.26是“篮子”品目，它包括其他品目未列名的塑料制品及品目39.01至39.14所列其他材料制成的物品。

品目 39.01 至 39.11 的范围

本章注释三规定了这些品目的范围。它们仅适用于通过化学合成制得并且属于下列种类的货品：

（一）液体合成聚烯烃，从乙烯、丙烯、丁烯及其他烯烃制得的聚合物。采用减压蒸馏法，在压力转换为 1013 毫巴下的温度 300℃时，以体积计馏出量如果小于 60%的液体合成聚烯烃应归入品目 39.01 或 39.02。

（二）非高度聚合的苯并呋喃-茚树脂，由煤焦油中提取的混合单体（包括苯并呋喃或茚）共聚合所得（品目 39.11）。

（三）平均至少有一个连续不间断结构的五个单体单元的其他合成聚合物，包括本章注释一所规定的塑料。

在计算本章注释三（三）所述的单体单元平均数时，缩聚物及某些重排聚合物可具有不止一种单体单元，每种单体单元又具有不同的化学结构。单体单元是聚合过程中单个单体分子所产生的最大结构单元，但切勿将其与结构重复单元相混淆。结构重复单元是最小的结构单元，通过结构重复构成聚合物。同时也不应将其与所称的单体相混淆，单体是构成聚合物的单个分子。

例如：

1．聚氯乙烯

下列聚合链表示三个单体单元：

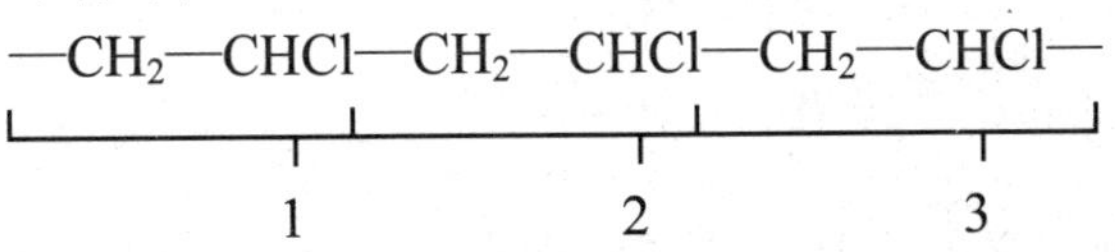

$$\underbrace{-CH_2-CHCl-}_{1}\underbrace{CH_2-CHCl-}_{2}\underbrace{CH_2-CHCl-}_{3}$$

单体	单体单元	结构重复单元
氯乙烯 （$CH_2=CHCl$）	$-CH_2-CHCl-$	$-CH_2-CHCl-$

（在这种情况下，单体单元与结构重复单元相同）

2．聚酰胺—6,6

下列聚合链表示四个单体单元：

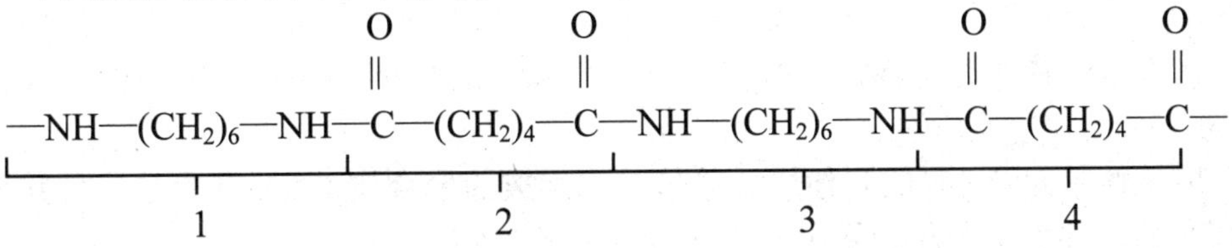

$$\underbrace{-NH-(CH_2)_6-NH-}_{1}\underbrace{\overset{O}{\overset{\|}{C}}-(CH_2)_4-\overset{O}{\overset{\|}{C}}-}_{2}\underbrace{NH-(CH_2)_6-NH-}_{3}\underbrace{\overset{O}{\overset{\|}{C}}-(CH_2)_4-\overset{O}{\overset{\|}{C}}-}_{4}$$

单体	单体单元
1,6-己二胺 〔$NH_2-(CH_2)_6-NH_2$〕	$-NH-(CH_2)_6-NH-$
及	及
1,6-己二酸 〔$HOOC-(CH_2)_4-COOH$〕	$-\overset{O}{\overset{\|}{C}}-(CH_2)_4-\overset{O}{\overset{\|}{C}}-$

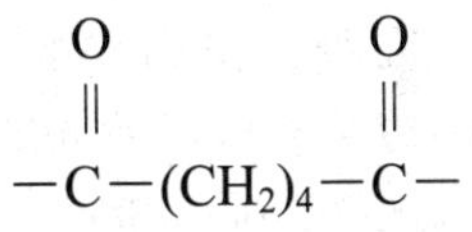

结构重复单元

$$-NH-(CH_2)_6-NH-\overset{O}{\overset{\|}{C}}-(CH_2)_4-\overset{O}{\overset{\|}{C}}-$$

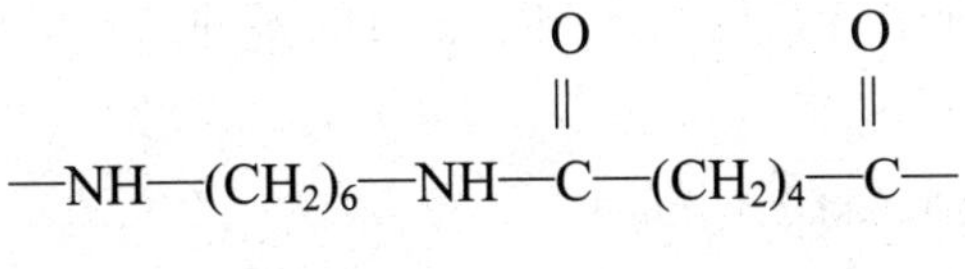

（在这种情况下，有两种不同的单体单元，而结构重复单元则由这两种不同的单体单元构成）。

3. 乙烯-乙酸乙烯酯共聚物

下列聚合链代表六个单体单元：

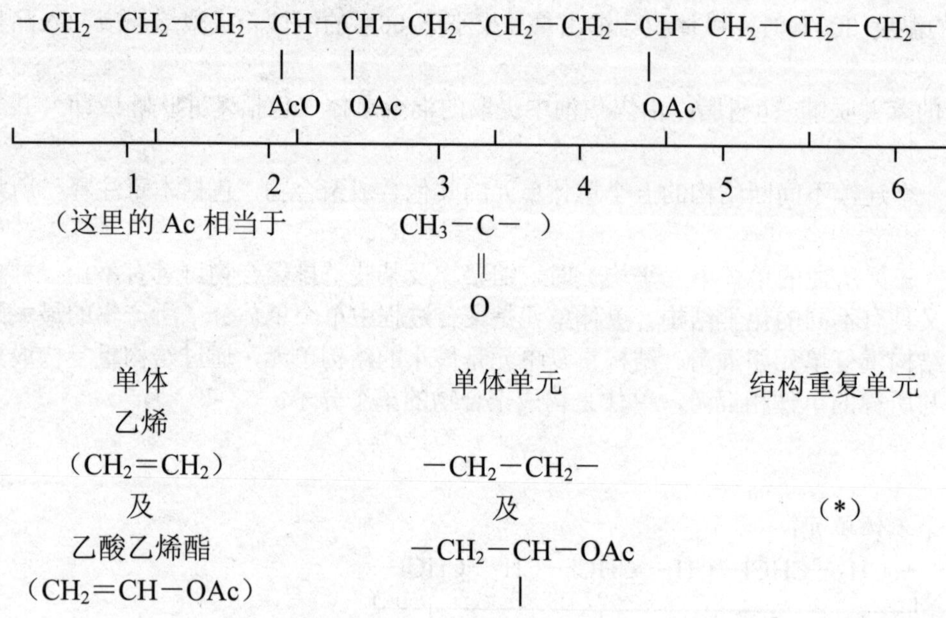

（四）聚硅氧烷，未有化学定义的产品，分子中含有一个以上的硅-氧-硅键，其所含有机基团通过硅碳键与硅原子直接连接（品目39.10）。

（五）甲阶酚醛树脂（品目39.09）及其他预聚物。预聚物是以单体单元的某些重复为特征的产品，但也可以含有未起反应的单体。预聚物一般不直接使用，通常经进一步聚合后转变为更高分子量的聚合物。因此，所称预聚物不包括制成的产品，例如，二异丁烯（品目27.10）或分子量非常低的聚氧乙烯（聚乙二醇）（品目38.24）。预聚物的品种有，例如，以双酚A或酚醛为基本成分、用表氯醇环氧化而得的环氧化物，以及聚合异氰酸酯。

共聚物及聚合物混合体

"共聚物"一词已在本章注释四有了界定，即在整个聚合物中按重量计没有一种单体单元的含量在95%及以上的聚合物。

因此，由96%的丙烯单体单元及4%的其他烯烃单体单元组成的聚合物，不能视为是一种共聚物。

共聚物包括共缩聚产品、共加聚产品、嵌段共聚物及接枝共聚物。

嵌段共聚物是由至少两种在共聚主链成段存在的不同单体单元组分组成的共聚物（例如，含有聚乙烯与聚丙烯交替链段的乙烯与丙烯共聚物）。

接枝共聚物是由许多带具有一种不同单体单元成分聚合物枝链的聚合物主链组成的共聚物。例如，苯乙烯-丁二烯的接-聚苯乙烯共聚物（即聚苯乙烯接枝到苯乙烯-丁二烯共聚物上）以及聚丁二烯-接-苯乙烯-丙烯腈共聚物。

共聚物（包括共缩聚物、共加聚物，嵌段共聚物及接枝共聚物）及聚合物混合体的归类，应按本章注释四的规定办理。除条文另有规定的以外，这些产品应按聚合物中重量最大的那种共聚单体所构成的聚合物归入相应品目。为此，聚合物所含的归入同一品目的共聚单体单元，应整体视作一种单一的共聚单体单元对待。

如果没有任何一种共聚单体单元（或其各种聚合物均归入同一品目的多种共聚单体单元）重量为

* 在这种情况下，单体单元是无规则取向的，而结构重复单元概念不适用。

最大，共聚物或聚合物混合体应按号列顺序归入其可归入的最末一个品目。

例如，氯乙烯-乙酸乙烯酯共聚物，如果含有 55%的氯乙烯单体单元应归入品目 39.04，但如果含有 55%的乙酸乙烯酯单体单元则归入品目 39.05。

同样，由 45%乙烯、35%丙烯及 20%异丁烯的单体单元组成的共聚物应归入品目 39.02，因为丙烯及异丁烯单体单元的聚合物均归入品目 39.02，两者合起来占共聚物的 55%，超过了乙烯单体单元。

由 55%的聚氨基甲酸酯（以二异氰酸甲苯及聚醚多羟基化合物为基料的）及 45%聚亚二甲苯基氧化物组成的聚合物混合体应归入品目 39.09，因为聚氨基甲酸酯的单体单元超过了聚亚二甲苯基氧化物的单体单元。根据聚氨基甲酸酯的定义，它的所有单体单元，包括构成聚氨基甲酸酯一部分的聚醚多羟基化合物的单体单元，均作为归入品目 39.09 的聚合物的单体单元对待。

化学改性聚合物

化学改性聚合物，即聚合物主链上的支链通过化学反应发生了变化的聚合物，应按未改性的聚合物的相应品目归类（参见本章注释五）。本规定不适用于接枝共聚物。

例如，氯化聚乙烯及氯磺化聚乙烯应归入品目 39.01。

聚合物经化学改性形成活性环氧基团，成为环氧树脂（参见品目 39.07 的注释），应归入品目 39.07。例如，用表氯醇进行化学改性的酚醛树脂应作为环氧树脂归类，而不应作为品目 39.09 的化学改性酚醛树脂归类。

聚合物混合体中所含任何一种聚合物如已化学改性，则整个混合体均视为已经化学改性。

初级形状

品目 39.01 至 39.14 仅包括初级形状的货品。所称“初级形状”的范围，本章注释六已有规定，仅适用于下列形状：

（一）液状及浆状。此类材料可以是需经加热或其他方法“熟化”以制成材料的基本聚合物，也可以是分散体（乳液及悬浮液）或未熟化或部分熟化材料的溶液。除了“熟化”所需的物质〔例如，硬化剂（交联剂）或其他共反应剂及促进剂〕外，此类材料可含有增塑剂、稳定剂、填料及着色料等主要使成品具有特殊的物理性能或其他所需特性的物质。这些液状和浆状材料可用于浇铸、压挤等，也可用作浸渍材料、表面涂料、清漆或油漆的基料、胶水、增稠剂及絮凝剂等。

如果加入了某种物质，所得产品更为具体地列入协调制度的其他品目的，这些产品则不归入第三十九章，例如：

1. 调制胶，参见本章总注释末尾所列不包括货品的第（二）款。

2. 制成的矿物油添加剂（品目 38.11）。

还应注意，以品目 39.01 至 39.13 所列的任何产品溶解在挥发性有机溶剂中所构成的溶液（胶棉除外），如果溶剂重量超过溶液总重 50%的，则不归入本章而应归入品目 32.08〔参见本章注释二（五）〕。

不含溶剂的液状聚合物，明显只能作为清漆使用（靠加热、大气中水分或氧的作用而不需加入硬化剂来成膜），应归入品目 32.10。不是明显只能作为清漆使用的归入本章。

配比了添加剂使产品适合专门用作粘合剂的初级形状聚合物应归入品目 32.14。

（二）粉状、粒状及鳞片状。此类形状的材料可用于模型、制造清漆及胶水等，还用作增稠剂和絮凝剂等。它们由在模塑及熟化处理时变为塑料的未塑化材料构成，或由加入了增塑剂的材料构成；这些材料可以混有填料（例如，木粉、纤维素、纺织纤维、矿物质、淀粉）、着色料及上述第（一）款所列的其他物质。粉末可用于通过静电或非静电加热涂覆物品等。

（三）不规则块状、团状及类似散装形状，不论是否含有上述第（一）款所列的填料、着色料或其他物质。规则几何状的块料不属初级形状范围，应视为“板、片、膜、箔、带”（参见本章注释十）。

由单一种类的热塑性材料的废碎料及下脚料制得的初级形状材料，应归入品目 39.01 至 39.14（根据构成材料归类），而不能归入品目 39.15（参见本章注释七）。

管子

品目 39.17 所称“管子”，按本章注释八规定解释。

品目 39.20 或 39.21 的板、片、膜、箔、带

品目 39.20 及 39.21 所称“板、片、膜、箔、带”，按本章注释十规定解释。

此类板、片等，不论是否经表面加工（包括将板、片等切成矩形或正方形），如果经磨边、钻孔、铣削、卷边、绞拧、镶框及其他加工，或切成矩形（包括正方形）以外的其他形状，一般应归入品目 39.18、39.19 或 39.22 至 39.26。

泡沫塑料

泡沫塑料是在整体内部遍布无数微孔（敞开、封闭或两者兼有）的塑料，包括多孔塑料、海绵塑料及微孔塑料。它们有软有硬。

泡沫塑料的生产方法有多种，包括在塑料中混入气体（例如，机械混合、低沸点溶剂蒸发、产气材料降解）、混入中空的微型球体（例如，玻璃或酚醛树脂球体）、烧结塑料微粒及混入可从塑料沥出后留下空洞的水或溶剂溶解材料。

塑料与纺织品的复合制品

符合本章注释九规定的糊墙品应归入品目 39.18。其他塑料与纺织品的复合制品则主要按照第十一类注释一（八）款、第五十六章注释三和第五十九章注释二的规定进行归类。本章还包括下列产品：

（一）以塑料浸渍、涂布、包覆或层压的毡，其中纺织材料占总重量的 50%及以下，以及完全嵌入塑料中的毡；

（二）完全嵌入塑料的或两面均完全涂以或覆以塑料的纺织物及无纺织物，但所涂覆的塑料须能够用肉眼分辩出来（涂覆引起的颜色变化不计在内）；

（三）经塑料浸渍、涂布、包覆或层压的纺织物，在温度 15～30℃之间时用手将其绕在一个直径为 7 毫米的圆筒上会断裂的；

（四）泡沫塑料与纺织物（第五十九章注释一所规定的）、毡或无纺织物复合制成的板、片及带，其中的织物仅起增强作用的。

对此，无花式、未漂白、漂白或匀染的纺织物、毡或无纺织物如仅附在这些板、片及带的一面，应视为仅起增强作用。而使用花式、印花或更为精细加工（例如，拉绒）的纺织品及特种产品，如起绒织物、网眼薄纱、花边及品目 58.11 的纺织产品，均应视为超出仅起增强作用。

两面均用纺织物盖面的泡沫塑料板、片及带，不论织物的性质如何，都不归入本章（通常归入品目 56.02、56.03 或 59.03）。

塑料与纺织品以外其他材料的复合制品

本章还包括由一道或多道工序制成的下列产品，只要这些产品仍保持塑料制品的基本特征：

（一）嵌有其他材料（金属丝、玻璃纤维等）制成的增强物或支撑网的塑料板、片等。

（二）用其他材料（例如，金属箔、纸板等）隔层的塑料板、片等。

两面均用一层薄塑料保护膜覆盖的纸或纸板制成的纸品，如仍保留纸或纸板的基本特征，不应归入本章（一般归入品目 48.11）。

（三）纸质增强层压塑料片，以及在一层纸或纸板上涂以或覆以一层塑料，其塑料层厚度超过总厚度一半以上的产品，但品目 48.14 的壁纸除外。

（四）由浸渍了塑料的玻璃纤维或纸张压制而成的产品，但要具有硬挺的特征（如其只具有纸张或玻璃纤维制品的特征时，则应酌情归入第四十八章或第七十章）。

上述规定也适用于化纤单丝、条、杆、管等型材及制成品等。

必须注意，贱金属制成的纱、网仅简单地用塑料浸渍，即使由于浸渍网眼为塑料所填的，也不包括在本章内（第十五类）。

对于木片与塑料片夹层构成的板、片，如果木片仅起支撑或增强作用的，仍归入本章；但如果塑料仅起辅助作用（例如，作为高级贴面薄板的衬基），则不归入本章（第四十四章）。另外请注意，由木片与塑料片夹层构成的建筑用镶板，一般都归入第四十四章（参见该章总注释）。

*

* *

除注释二所列的货品外，本章还不包括：

（一）具有第三十二章产品特征的含着色料浓缩分散体的塑料，详见品目 32.04 的注释〔含着色料浓缩分散体的塑料参见第一节第（三）款；有机发光体，例如，含若丹明 B 的塑料，参见第二节第（二）款〕，品目 32.05 的注释（含色淀浓缩分散体的塑料，参见第七段），以及品目 32.06 的注释〔含其他着色料浓缩分散体的塑料，参见第一节第六段第（一）款〕；

（二）以品目 39.01 至 39.13 的聚合物或混合体专门配制用作粘合剂的制品，这些制品除了含有本章允许添加的产品（填料、增塑料、溶剂、颜料等）以外，还含有不归入本章的添加物质（例如，蜡）；以及用品目 39.01 至 39.13 所列产品制成零售包装的胶水或粘合剂，净重不超过 1 千克的（品目 35.06）；

（三）印有花纹、字符或图画的塑料及其制品（品目 39.18 或 39.19 的货品除外），其所印花纹、字符或图画是作为主要用途的（第四十九章）。

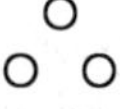

子目注释：

本子目注释为聚合物（包括共聚物）、化学改性聚合物及聚合物混合体的子目归类规则。在产品归入子目前，必须首先根据本章注释四及注释五（参见本章总注释）的规定确定适当的品目。

聚合物（包括共聚物）、化学改性聚合物的归类

根据本子目注释的规定，聚合物（包括共聚物）及化学改性聚合物应视同级子目中有无列明为“其他”的子目，而分别按照本子目注释的第一条或第二条的规定确定归类。

列明为“其他”的子目，不包括诸如“其他聚酯”和“其他塑料制”之类的子目。

所称“同级”，是指同一数级的子目，即五位数级（一级）子目或六位数级（二级）子目（参见归类总规则第六条的注释）。

必须注意，某些品目（例如，品目 39.07）下同时列有两种数级的子目。

一、在同级子目中有列明为“其他”的子目的归类

（一）本子目注释第一条（一）款规定，聚合物名称冠有“聚（多）”的（例如，聚乙烯及聚酰胺-6,6），是指列名的该种聚合物单体单元含量在整个聚合物中按重量计必须占 95％及以上。对于以类列名的聚合物名称冠有“聚（多）”的（例如，子目 3911.10 的多萜树脂），所有该类的单体单元（例如，多萜树脂的各种单体单元）含量在聚合物中按重量计必须占 95％及以上。

值得强调的是，这一规定仅适用于子目所列的聚合物，而它们的同级子目中又有一个列明为“其他”的子目。

例如，由96%的乙烯单体单元和4%的丙烯单体单元组成，比重在0.94及以上的聚合物（根据本章注释四的规定，它属于一种品目39.01的聚合物），应作为聚乙烯归入子目3901.20，因为乙烯单体单元含量在整个聚合物中已占95%以上，而在同级子目中又有一个列明为“其他”的子目。

上述关于聚合物名称冠有“聚（多）”的规定对于聚乙烯醇来说，并不要求名为乙烯醇的单体单元按重量计占95%及以上。然而，乙烯乙酸酯和乙烯醇两者的单体单元含量在聚合物中按重量计必须达到95%及以上。

（二）本子目注释第一条（二）款是关于子目3901.30、3903.20、3903.30及3904.30所列产品的归类问题。

归入这四个子目的共聚物，其子目所列聚合物的单体单元含量按重量计必须占95%及以上。

例如，由61%的氯乙烯、35%的乙烯乙酸酯和4%的马来酐的单体单元组成的共聚物（一种品目39.04的聚合物），应作为氯乙烯-乙烯乙酸酯共聚物归入子目3904.30，因为氯乙烯和乙烯乙酸酯两者的单体单元含量在整个聚合物中已占96%。

另一方面，由60%的苯乙烯、30%的丙烯腈和10%的甲苯乙烯的单体单元组成的共聚物（一种品目39.03的聚合物），应归入子目3903.90（列明为“其他”的子目）而不归入子目3903.20，因为苯乙烯和丙烯腈两者的单体单元含量在整个聚合物中仅占90%。

（三）本子目注释第一条（三）款是关于化学改性聚合物的归类问题。这些聚合物如未在其他子目中具体列名，应归入列明为“其他”的子目内。本子目注释想说明，化学改性聚合物与未改性聚合物并非归入同一个子目，除非未改性聚合物本身也归入列明为“其他”的子目。

例如，氯化或氯磺化聚乙烯是品目39.01的化学改性聚乙烯，应归入子目3901.90（“其他”子目）。

另一方面，通过水解聚乙烯乙酸酯制取的聚乙烯醇应归入已具体列名的子目3905.30。

（四）本子目注释第一条（四）款：不能根据第一条（一）、（二）或（三）款规定归类的聚合物应归入列明为“其他”的子目，除非在该同级子目中有列名更为具体的子目，该子目包括了与其他各种单体单元相比重量最大的那种单体单元的聚合物。为此，归入同一子目的聚合物的单体单元应作为一种单体对待。只有在同级子目中的聚合物的单体单元才可以进行比较。

具体列名的子目所列名称具有一定格式，即聚XXX、XXX共聚物或XXX聚合物〔例如，丙烯共聚物（子目3902.30）、含氟聚合物（子目3904.61及3904.69）〕。

要归入这些子目，仅需要有关子目所列名的单体单元含量超过每种同级子目所列的其他单体单元即可，也就是说，有关子目所列名的单体单元在同级子目的聚合物总含量中不一定超过50%。

例如，由40%的乙烯和60%的丙烯的单体单元组成的乙烯-丙烯共聚物（一种品目39.02的聚合物），应作为一种丙烯共聚物归入子目3902.30，因为丙烯是归类时应考虑的唯一所含单体单元。

同样，由45%的乙烯、35%丙烯和20%异丁烯的单体单元组成的共聚物（一种品目39.02的聚合物）应归入子目3902.30，因为只有丙烯和异丁烯的单体单元进行比较（乙烯单体单元不参与比较），而丙烯单体单元超过了异丁烯单体单元。

另一方面，由45%的乙烯、35%异丁烯和20%丙烯的单体单元组成的共聚物（一种品目39.02的聚合物）应归入子目3902.90，因为只有异丁烯和丙烯的单体单元进行比较，而异丁烯单体单元超过了丙烯单体单元。

二、在同级子目中没有列明为“其他”的子目的归类

（一）本子目注释第二条（一）款规定了如果在同级子目中没有列明为“其他”的子目，按重量计超过其他各种单体单元并且在有关子目列名的那种单体单元的聚合物应如何归类的问题。为此，归入同一子目的单体单元应作为一种单体对待。

本规定与本章注释四所述的聚合物在品目的归类方法相类似。

所实行的最大单体单元的概念，不包括聚合物含有不归入有关同级子目中的单体单元的情况。因此，只有在有关同级子目中的聚合物单体单元才可以进行比较。

例如，由尿素和苯酚与甲醛缩聚而成的共缩聚物（品目 39.09 的聚合物），如果尿素单体单元超过了苯酚单体单元，应归入子目 3909.10；如果苯酚单体单元超过了尿素单体单元，则应归入子目 3909.40，因为在同级子目中没有列明为“其他”的子目。

应该记住，本子目注释第一条（一）款关于聚合物名称冠有“聚（多）”的规定，不适用于这里所述的子目。

例如，含有聚碳酸酯和聚对苯二甲酸乙二酯的单体单元的共聚物，如果前者重量大于后者应归入品目 3907.40；如果后者重量大于前者应归入品目 3907.60，因为在同级子目中没有列明为“其他”的子目。

（二）本子目注释第二条（二）款是关于化学改性聚合物的归类问题。如果在有关同级子目中没有列明为“其他”的子目，它们应与未改性聚合物归入同一子目。

例如，乙酰化的酚醛树脂（品目 39.09 的聚合物）应作为酚醛树脂归入子目 3909.40，因为在同级子目中没有列明为“其他”的子目。

聚合物混合体的归类

本子目注释一的最后一段是关于聚合物混合体归类的规定。它们应按单体单元比例相等、种类相同的聚合物归入相应子目。

以下是说明聚合物混合体归类的例子：

——由 96％的聚乙烯和 4％的聚丙烯组成，比重大于 0.94 的聚合物混合体，应作为聚乙烯归入子目 3901.20，因为乙烯单体单元占整个聚合物含量的 95％以上。

——由 60％的聚酰胺-6 和 40％的聚酰胺-6, 6 组成的聚合物混合体应归入子目 3908.90（“其他”子目），因为聚合物中两者的单体单元含量均未达到整个聚合物含量的 95％及以上。

——由聚丙烯（45％）、聚对苯二甲酸丁二酯（42％）和聚间苯二甲酸乙二酯（13％）组成的混合体应归入品目 39.07，因为其所含两种聚酯单体单元合起来超过了聚丙烯单体单元。考虑聚对苯二甲酸丁二酯和聚间苯二甲酸乙二酯单体单元时，不应考虑其在混合体中如何化合成独立的聚合物。在这个例子中，一个聚对苯二甲酸丁二酯单体单元和另一个聚间苯二甲酸乙二酯单体单元均与聚对苯二甲酸乙二酯所含的单体单元为相同的单体单元。然而，该混合体应归入子目 3907.99，因为在仅考虑聚酯的单体单元的情况下，按照正确的化学计量比，所含“其他聚酯”的单体单元超过了聚对苯二甲酸乙二酯的单体单元。

第一分章 初级形状

39.01 初级形状的乙烯聚合物：

10 — 聚乙烯，比重小于 0.94
20 — 聚乙烯，比重在 0.94 及以上
30 — 乙烯-乙酸乙烯酯共聚物
90 — 其他

本品目包括聚乙烯及化学改性聚乙烯（例如，氯化聚乙烯及氯磺化聚乙烯），还包括乙烯为主要共聚单体单元的乙烯共聚物（例如，乙烯-乙酸乙烯酯共聚物及乙烯-丙烯共聚物）。有关聚合物（包括共聚物）、化学改性聚合物及聚合物混合体的归类，参见本章总注释。

聚乙烯是一种具有广泛用途的半透明材料。低密度聚乙烯（LDPE），即在温度 20℃时比重低于 0.94 的聚乙烯（以不含任何添加剂的聚合物为基准测定），大量用作包装薄膜，特别是用于食品包装，以及作为纸张、纤维板、铝箔等的涂层、电器绝缘材料，还可用于制造各种日用品和玩具等。本品目还包括线型低密度聚乙烯（LLDEP）。高密度聚乙烯（HDPE）是在温度 20℃时比重为 0.94 及以上的聚乙烯（以不含任何添加剂的聚合物为基准测定），用于制造各种吹塑或注塑制品、编织袋、油罐，以及挤出成型的管材等。乙烯-乙酸乙烯乙酯共聚物适用于制造卡口盖、容器内包装衬里及拉伸包装薄膜。

本品目不包括：

（一）不符合本章注释三（一）款规定的液状合成聚乙烯（品目 27.10）。

（二）聚乙烯蜡（品目 34.04）。

39.02　初级形状的丙烯或其他烯烃聚合物：

10　—　聚丙烯

20　—　聚异丁烯

30　—　丙烯共聚物

90　—　其他

本品目包括除乙烯外的所有烯烃聚合物（即含一个或多个双键的无环烃）。本品目中重要的聚合物有：聚丙烯、聚异丁烯及丙烯共聚物。有关聚合物（包括共聚物）、化学改性聚合物及聚合物混合体的归类，参见本章总注释。

聚丙烯的一般物理性能与高密度聚乙烯相似。聚丙烯及丙烯共聚物也有着广泛的用途，用于制造，例如，包装薄膜，汽车、仪表及家用器具等的模制零件，电缆、电线的外皮，食物容器的封盖，涂层及层压制品，瓶，托盘，精密设备的包装容器，导管，槽罐衬里，化工厂的管道系统，以及簇绒地毯的衬背。

经充分聚合的聚异丁烯类似橡胶，但因不符合合成橡胶的定义而不能归入第四十章。它用作防水涂层及使其他塑料改性。

稍经聚合并符合本章注释三（一）款规定的聚异丁烯也归入本品目。它是一种粘滞的液体，可用于改进润滑油的性能。

本品目不包括与本章注释三（一）款规定不符的液状合成异丁烯或其他液状合成聚烯烃（品目 27.10）。

39.03　初级形状的苯乙烯聚合物：

—　聚苯乙烯：

11　——　可发性的

19　——　其他

20　—　苯乙烯-丙烯腈（SAN）共聚物

30　—　丙烯腈-丁二烯-苯乙烯（ABS）共聚物

90　—　其他

本品目包括聚苯乙烯及苯乙烯共聚物。最主要的苯乙烯共聚物有苯乙烯-丙烯腈（SAN）共聚物、丙烯腈-丁二烯-苯乙烯（ABS）共聚物及苯乙烯-丁二烯共聚物。大部分以丁二烯为主要成分的苯乙烯-丁二烯共聚物都符合第四十章注释四的规定，因而作为合成橡胶归入第四十章。有关聚合物（包括共聚物)、化学改性聚合物及聚合物混合体的归类，参见本章总注释。

未发泡聚苯乙烯是一种无色透明的热塑材料，广泛应用于无线电和电器工业方面，也用于包装，例如，用作食品及化妆品的包装材料，还可用于制造玩具、钟壳及唱片。

发泡（微孔）聚苯乙烯由于含有发泡过程中产生的气体而具有较低的堆积密度，广泛地作为绝热材料用于电冰箱门、空调机隔套、冷藏装置、冷藏展销柜，以及应用于建筑业中，还可用于制造一次性包装及餐具。

某些苯乙烯化学改性共聚物是离子交换剂（品目 39.14）。

具有高抗张强度、良好的可塑性及抗化学性的苯乙烯-丙烯腈（SAN）共聚物，可用于制杯子、打字机键、冰箱零件、滤油杯及某些厨房设备。具有高抗冲击强度及耐久性的丙烯腈-丁二烯-苯乙烯（ABS）共聚物可用于制造机动车车体、电冰箱门、电话机、瓶子、鞋跟、机器外壳、水管、建筑板材及船舶等的零、附件。

39.04　初级形状的氯乙烯或其他卤化烯烃聚合物：

10　—　　聚氯乙烯，未掺其他物质
　　—　　其他聚氯乙烯：
21　——　未塑化
22　——　已塑化
30　—　　氯乙烯-乙酸乙烯酯共聚物
40　—　　其他氯乙烯共聚物
50　—　　偏二氯乙烯聚合物
　　—　　氟聚合物：
61　——　聚四氟乙烯
69　——　其他
90　—　　其他

本品目包括聚氯乙烯（PVC）、氯乙烯共聚物、亚乙烯基二氯聚合物、氟聚合物及其他卤化烯烃聚合物。有关聚合物（包括共聚物）、化学改性聚合物及聚合物混合体的归类，参见本章总注释。

聚氯乙烯（PVC）是一种无色硬质材料，热稳定性差并在加热时会粘附在金属表面，因而通常需要加入稳定剂、增塑剂、增量剂、填料等，使其成为有用的塑料。柔韧的聚氯乙烯（PVC）片材广泛地作为防水材料用于制造帘幕、围裙、雨衣等，以及作为高级人造革用于各种客运工具、家具及内部装饰。硬质聚氯乙烯（PVC）片材可用于制造盖子、管道、槽罐衬料及其他许多种类的化工厂设备，还有常见的聚氯乙烯地面砖。

最重要的氯乙烯共聚物是氯乙烯-乙酸乙烯酯共聚物，主要用于制造唱片和地衣品。

偏二氯乙烯共聚物大量用于制造食品包装材料、家具革、纤维、鬃丝、乳胶涂料及化工生产装置的管道。

聚四氟乙烯（PTFE）是最重要的氟聚合物之一，它广泛应用于电子、化工、机械工业中。由于具有耐高温性能，是优异的绝缘材料；同时又具有耐化学品性，基本不为化学物质毁损。

其他氟聚合物包括三氟氯乙烯、聚偏氟乙烯等。

39.05　初级形状的乙酸乙烯酯或其他乙烯酯聚合物；初级形状的其他乙烯基聚合物：

　　—　　聚乙酸乙烯酯：
12　——　水分散体

19 —— 其他
— 乙酸乙烯酯共聚物：
21 —— 水分散体
29 —— 其他
30 — 聚乙烯醇，不论是否含有未水解的乙酸酯基
— 其他：
91 —— 共聚物
99 —— 其他

本品目包括品目 39.04 所列货品以外的所有乙烯基聚合物。乙烯基聚合物是一种单体为下列分子式的聚合物：$CH_2=C{<}^{H}_{X}$，其中 C—X 键既不是碳-碳键，也不是碳-氢键。聚乙烯基甲酮中的 C—X 键是碳—碳键，因此不归入本品目（品目 39.11）。

在乙酸乙烯酯及其他乙烯酯聚合物中，聚乙酸乙烯酯是最为重要的一种。这种聚合物因太软及弹性太大而不适合于制造物品，一般用于制造清漆、涂料、粘合剂、纺织用整理剂及浸渍剂等。聚乙酸乙烯酯的溶液及分散体（乳浊液和悬浮液）可作为粘合剂等使用。

聚乙烯醇通常由聚乙酸乙烯酯水解制得。聚乙烯醇根据其未水解乙酸乙烯酯基团的含量分为几级。此类聚合物是极好的乳化剂和分散剂，并可作为保护胶体、粘合剂，在制涂料、药品和化妆品时作增稠剂以及用于纺织工业。以聚乙烯醇制得的纤维适用于制造内衣、毯子和衣着等。

聚乙烯醇醛可由聚乙烯醇与醛（例如，甲醛、丁醛）反应制得，或者由聚乙酸乙烯酯与醛反应制得。

其他乙烯基聚合物包括聚乙烯醚、聚乙烯咔唑及聚乙烯吡咯烷酮。

有关聚合物（包括共聚物）、化学改性聚合物及聚合物混合体的归类，参见本章总注释。

39.06　初级形状的丙烯酸聚合物：

10 — 聚甲基丙烯酸甲酯
90 — 其他

所称“丙烯酸聚合物”，包括丙烯酸或甲基丙烯酸聚合物及其盐或酯，以及相应的醛类、酰胺类或腈类。

聚甲基丙烯酸甲酯是此类聚合物中最重要的一种。由于具有优良的光学性能和机械强度，它被作为上光材料，用于露天标志及其他展示物品，以及用于制造人造眼球、隐形镜片及人造假牙。

丙烯腈聚合物可用于制造合成纤维。

有关聚合物（包括共聚物）、化学改性聚合物及聚合物混合体的归类，参见本章总注释。

本品目不包括：

（一）作为离子交换剂的丙烯酸聚合物（品目 39.14）。

（二）符合第四十章注释四规定的丙烯腈共聚物（第四十章）。

39.07　初级形状的聚缩醛、其他聚醚及环氧树脂；初级形状的聚碳酸酯、醇酸树脂、聚烯丙基酯及其他聚酯：

10 — 聚缩醛
20 — 其他聚醚

30　—　　环氧树脂
40　—　　聚碳酸酯
50　—　　醇酸树脂
60　—　　聚对苯二甲酸乙二酯
70　—　　聚乳酸
　　—　　其他聚酯：
91　——　不饱和
99　——　其他

本品目包括：

一、聚缩醛。由醛（一般为甲醛）制得的聚合物，其特征是聚合物链中有缩醛基。但不要将其与品目 39.05 的聚乙烯醇缩乙醛混淆，后者在聚合物链上有作为取代基的缩醛基。此类塑料包括缩醛共聚物，作为工程塑料，用于制造套圈轴承、凸轮、汽车仪表壳、门把、泵及空气叶轮、鞋跟、机械玩具、管道部件等。

二、其他聚醚。由环氧化物、乙二醇或类似物质制得的聚合物，其特征是聚合物链中有醚基。但不要将其与品目 39.05 的聚乙烯醚混淆，后者在聚合物链上有作为取代基的醚基。这类塑料中最重要的是聚氧化乙烯（聚乙二醇）、聚氧化丙烯及聚苯醚（PPO）〔更确切的名称为聚（二甲苯氧）〕。这些产品有着各种用途。聚苯醚（PPO）象聚缩醛一样，可作为工程塑料，聚氧化丙烯是制造聚氨基甲酸乙酯泡沫的中间体。

本品目还包括第二十九章（第一分章至第十分章及品目 29.40、29.42）所列产品的聚乙二醇化〔聚乙二醇（PEGs）聚合物〕衍生物。

其未聚乙二醇化产品同样归入第二十九章（品目 29.36 至 29.39 及 29.41）或第三十章的聚乙二醇化产品不归入本品目，这些产品通常与其未聚乙二醇化产品归入同一品目。

三、环氧树脂。通过使环氧氯丙烷（1-氯-2,3-环氧丙烷）与双酚 A（4,4′-异亚丙基联苯酚）、酚醛树脂或其他多羟基化合物缩合或使不饱和聚合物环氧化等方法制得。此类树脂的特征是不论其聚合物基本结构如何，都含有活性环氧基团，这些基团使树脂在使用时通过加入氨基化合物、有机酸或酸酐、三氟化硼络合物或有机聚合物马上发生交联反应。

环氧树脂从低粘度的液体到高熔点的固体有不同的种类，用作表面涂料、粘合剂、模塑及铸模树脂等。

环氧化动植物油应归入品目 15.18。

四、聚碳酸酯，通过使双酚 A 与酰氯或碳酸二苯酯缩合制得的聚合物，特征是聚合物链中有碳酸酯基。具有多种工业用途，特别是用于制造模塑制品及用作上光材料。

五、聚酯。这些聚合物是以聚合物链中有羧酸酯基为特征的，它们由，例如，多元醇和聚羧酸缩聚而得，并因此区别于品目 39.05 的聚乙烯酯及品目 39.06 的聚丙烯酸酯，后者聚合物链上的酯基团是取代基。聚酯包括：

（一）醇酸树脂。多官能醇和多官能酸（或它们的酐）的缩聚产物，醇或酸中至少有一部分或全部具有三个及以上官能团，并用其他物质，例如，脂肪酸、动物或植物油，单官能酸或醇，松脂等予以改性。本类树脂不包括无油醇酸〔参见以下第（四）款〕。它们通常呈粘滞状或溶液状，主要用作涂料及配制高级清漆。

（二）聚烯丙酯。由烯丙醇和二元酸（例如，邻苯二甲酸二烯丙酯）衍生而得的一类特殊的不饱和聚酯〔所称“不饱和”，参见以下第（五）款的说明〕。用作层合胶粘剂、涂料、清漆以及要求具有微波穿透性的材料。

（三）聚对苯二甲酸乙二酯（PET）。通常通过对苯二甲酸与乙二醇的酯化作用而得的聚合物或者对苯二甲酸二甲酯与乙二醇反应生成的聚合物。除在纺织工业中具有非常重要的作用外，还可用于制造包装薄膜、录音带、软饮料瓶。

（四）聚乳酸，也称为聚交酯。通常用乳酸合成或发酵制得（这种发酵方法使用的原材料主要为己糖或易被转化为己糖的化合物，例如，糖、糖蜜、甜菜汁、亚硫酸盐液、乳清或淀粉）。乳酸转化为环状的交酯二聚物，其环状结构在最后的聚合步骤中打开。用于制造纺织品纤维、包装材料及医用材料。

（五）其他不饱和或饱和的聚酯。

不饱和聚酯是具有足够的未饱和烯键的聚酯，它可和（或已和）含不饱和烯键的单体发生交联，形成热固性产品。不饱和聚酯包括聚烯丙酯〔参见上述第（二）款〕及其他由不饱和酸（例如，顺式或反式丁烯二酸）构成的聚酯（包括无油醇酸）。这些通常为液状的预聚物产品，主要用于制造玻璃钢和铸模的透明热固性产品。

饱和聚酯包括对苯二酸类聚合物，例如，聚对苯二甲酸丁二酯及饱和无油醇酸树酯。它们大量地用于制造纺织纤维和薄膜。

有关聚合物（包括共聚物）、化学改性聚合物及聚合物混合体的归类，参见本章总注释。

39.08 初级形状的聚酰胺：

10 — 聚酰胺-6、-11、-12、-6,6、-6,9、-6,10 或-6,12

90 — 其他

本品目包括聚酰胺及其共聚物。线型聚酰胺俗称为尼龙。

聚酰胺由二元有机酸（例如，己二酸、癸二酸）与二元胺或某些氨基酸（例如，十一烷氨基酸）缩聚而成，也可通过内酰胺（例如，ε-己内酯胺）的重排聚合反应而成。

重要的尼龙类聚酰胺有：聚酰胺-6、聚酰胺-11、聚酰胺-12、聚酰胺-6,6、聚酰胺-6,9、聚酰胺-6,10 及聚酰胺-6,12。作为非线型聚酰胺有二聚植物油酸与胺的缩聚产品等。

聚酰胺具有高抗张强度和耐冲击性，以及优良的耐化学品性，特别是对芳香族及脂族烃、酮及酯。

聚酰胺除用作纺织材料外，还作为热塑性塑料广泛应用于模塑方面，并可用作涂料、粘合剂、包装薄膜，其溶液可专门用作涂料。

有关聚合物（包括共聚物）、化学改性聚合物及聚合物混合体的归类，参见本章总注释。

39.09 初级形状的氨基树脂、酚醛树脂及聚氨酯类：

10 — 尿素树脂；硫脲树脂

20 — 蜜胺树脂

30 — 其他氨基树脂

40 — 酚醛树脂

50 — 聚氨基甲酸酯

本品目包括：

一、氨基树脂

本类树脂由胺或酰胺与醛（甲醛、糠醛等）缩聚而成。最重要的有尿素树脂（例如，脲甲醛）、硫脲树脂（例如，硫脲甲醛）、蜜胺树脂（例如，蜜胺甲醛）及苯胺树脂（例如，苯胺甲醛）。

本类树脂可用于制造透明、半透明或色彩鲜艳的塑料制品，并大量用于模制桌子、装饰物品及电气货品。其溶液和分散体（乳浊液及悬浮液，不论是否经用油、脂肪酸、醇或其他合成聚合物改性）

用作胶水及纺织品浆料等〔对于胶水的归类，参见本章总注释所列不包括货品的第（二）款〕。

聚（亚甲基苯基异氰酸酯）（通常称为“粗 MDI”或“聚合 MDI”）是一种不透明、深褐色至无色或浅褐色液体，其合成过程是由苯胺与甲醛反应形成聚（亚甲基苯胺）后，聚（亚甲基苯胺）接着与碳酰氯反应并加热，形成附属的异氰酸酯官能团。该化合物是一种经化学改性的苯胺与甲醛的聚合物（一种化学改性氨基树脂）。所得到的聚合物中单体单元的平均数量介于 4 与 5 之间，是用于生产聚氨基甲酸酯的一种重要预聚物。

聚胺树脂，例如，聚乙烯胺，如果符合本章注释三的规定，则不作为氨基树脂，应归入品目 39.11。

二、酚醛树脂

本类树脂为一系列的树脂状物质组成，它们由酚及其同系物（甲酚、二甲酚等）或取代酚与醛（例如，甲醛、乙醛、糠醛等）缩合而成，其性质根据反应条件的不同及是否为使其改性加入了其他物质而各异。

本类树脂包括：

（一）树脂（线型酚醛树脂），在酸性条件下制得，具有可熔性，并可溶于醇或其他有机溶剂中。可用于制备清漆及模塑粉等。

（二）热固性酚醛树脂，在碱性条件下制得。在其生产过程中可得到一系列产品，首先是液状、浆状或固体的甲阶酚醛树脂，可用作清漆基料、浸渍剂等；其次是模塑粉状的乙阶酚醛树脂；最后，在完全反应后所得的是丙阶酚醛树脂，这种树脂通常呈板、片、条及管状，或其他一般归入品目 39.16 至 39.26 的物品形状。

某些该类树脂是离子交换剂，应归入品目 39.14。

（三）油溶性酚醛树脂（溶于干性油），由丁基苯酚、戊基苯酚、对羟基二酚或其他取代酚制得，主要用于制造清漆。

（四）以上述（一）、（二）及（三）款的树脂为基料并经掺入松脂或其他天然树脂、合成树脂（特别是醇酸树脂）、植物油、乙醇、有机酸或其他能影响其在干性油中可溶性的化学品因而改性的产品。这些产品可用于制造清漆及油漆，并可作为表面涂料或浸渍剂。

三、聚氨酯类

本类物质包括所有由多官能异氰酸酯与多羟基化合物（例如，蓖麻油、丁烷-1,4-二醇、聚醚多元醇、聚酯多元醇等）反应生成的聚合物。聚氨基甲酸酯产品有各种形状，主要的品种有泡沫材料、弹性材料及涂料。本类物质还可用作粘合剂、模塑化合物及纤维。在贸易上，这些产品通常是作为多组分系统中或成套货品中的一部分。

本组还包括聚氨基甲酸酯与未反应的多官能二异氰酸酯（例如，甲苯二异氰酸酯）的混合物。

有关聚合物（包括共聚物）、化学改性聚合物及聚合物混合体的归类，参见本章总注释。

39.10　初级形状的聚硅氧烷

本品目的聚硅氧烷为无化学定义的产品，其分子中含有一个以上的硅-氧-硅键，其硅原子上有直接以硅碳键相连的有机基团。

本类物质具有高度稳定性，为液体、半液体或固体。产品有聚硅氧烷油、脂、树脂及弹性材料。

一、聚硅氧烷油及脂可用作具有良好高温或低温稳定性的润滑剂、防水浸渍剂、介电质产品、发泡抑制剂及脱模剂等。含聚硅氧烷脂或油混合物的润滑制剂应酌情归入品目 27.10 或 34.03（参见有关注释）。

二、聚硅氧烷树脂主要用于制造能在高温下保持稳定性的清漆、绝缘及防水涂料等。还可与玻璃纤维、石棉及云母等增强材料一起用于制造层压板，以及作为挠性塑模和用于电气封装。

三、聚硅氧烷弹性材料虽不包括在第四十章的合成橡胶定义范围内，但具有不受温度高低变化影响的延伸性，这种性能使它适于制造在高温或低温下工作的装置所需的垫圈或密封件，在医疗方面可用于制造治疗脑积水的自动引流阀。

有关聚合物（包括共聚物）、化学改性聚合物及聚合物混合体的归类，参见本章总注释。

本品目不包括符合第三十四章注释三规定的聚硅氧烷（品目 34.02）。

39.11　初级形状的石油树脂、苯并呋喃-茚树脂、多萜树脂、多硫化物、聚砜及本章注释三所规定的其他品目未列名产品：

10　—　石油树脂、苯并呋喃树脂、茚树脂、苯并呋喃-茚树脂及多萜树脂

90　—　其他

本品目包括下列产品：

一、石油树脂、苯并呋喃树脂、茚树脂、苯并呋喃-茚树脂及多萜树脂等一类非高度聚合的树脂，由深度裂化的石油馏出液、煤焦油、松节油或其他制萜原料的不太纯净的馏分聚合制得。可用作粘合剂及涂料，并可作为柔软剂掺入橡胶或塑料中，例如，用于制造塑料地砖。

二、多硫化物，其特征是聚合物链上含有单硫链，例如，聚亚苯基硫醚。在多硫化物中，每一个硫原子都与两边的碳原子键合。与之相反，第四十章的聚硫橡胶则为硫-硫键。多硫化物用于制造涂料及模塑用品，例如，飞机和汽车的零件、泵机叶轮。

三、聚砜，其特征是聚合物链上含有砜基，例如，双酚 A（4,4'-异亚丙基联苯酚）的钠盐与双（4-氯苯）砜反应所得的产品，可用于制造电器零件、家庭用具等。

四、其他品目未列名或未包括的异氰酸酯类聚合物，例如：

（一）基本成分为六亚甲基二异氰酸酯（HDI）的聚脲，是由 HDI 与水反应生成的所带单体单元平均数量介于 3 与 4 之间的预聚物。这种产品用于生产油漆及清漆。

（二）基本成分为六亚甲基二异氰酸酯（HDI）的聚异氰脲酸盐，经 HDI 反应生成单体单元之间连接有异氰脲酸盐的预聚物。预聚物单体单元的平均数量介于 3 与 5 之间。这种产品用于生产油漆及清漆。

五、其他本章注释三所规定的产品，包括聚对苯二亚甲基酯树脂、聚（1,4-二异丙基苯）、聚乙烯基甲酮、聚乙烯亚胺及聚酰亚胺。

有关聚合物（包括共聚物）、化学改性聚合物及聚合物混合体的归类，参见本章总注释。

39.12　初级形状的其他品目未列名的纤维素及其化学衍生物：

—　乙酸纤维素：

11　——　未塑化

12　——　已塑化

20　—　硝酸纤维素（包括胶棉）

—　纤维素醚：

31　——　羧甲基纤维素及其盐

39　——　其他

90　—　其他

一、纤维素

纤维素是一种高分子量的碳水化合物，它构成了植物的固体结构，棉花所含的纤维素几乎是纯态的，未列名的初级形状纤维素均归入本品目。

再生纤维素是一种有光泽的透明物质，一般是将黄原酸纤维素的碱性溶液挤入酸浴后沉淀并凝结而得。通常为透明薄片状，归入品目 39.20 或 39.21；如为纺织长丝，则归入第五十四章或第五十五章。

钢纸是用氯化锌处理纤维素浆制的纸或纸板而制得，其形状一般为条、管、片、板及带状，因而不归入本品目（一般归入品目 39.16、39.17、39.20 或 39.21）。

二、纤维素化学衍生物

本类包括作生产塑料基料或其他用途的纤维素化学衍生物。

纤维素化学衍生物（不论其是否塑化）主要有：

（一）**乙酸纤维素**，以乙酸酐和乙酸在催化剂（例如，硫酸）存在的情况下处理纤维素（通常是棉籽绒或溶解级化学木浆）而制得。加入增塑剂后它能成为不可燃并适于注射成型的塑料。这类产品的一般形态是粉状、颗粒状或溶液状。片、膜、条及管状的乙酸纤维素不归入本品目（一般归入品目 39.16、39.17、39.20 或 39.21）。

（二）**硝酸纤维素**（硝化纤维素），以硝酸和硫酸组成的混合酸处理纤维素（通常是棉籽绒）而制得，极易燃烧，高度硝化的品种（火棉）可用于制造炸药。为安全起见，运输过程中须用醇（一般为乙醇、异丙醇、丁醇）使其湿润，或者用邻苯二甲酸酯进行湿润或塑化，在酒精的存在下以樟脑塑化硝酸纤维可制得赛璐珞。由于赛璐珞通常为片、膜、条、管及其他挤压成形形状，因此不归入本品目（一般归入品目 39.16、39.17、39.20 或 39.21）；赛璐珞不适用于注射成型，所以不将其制成模塑粉。

硝酸纤维素与其他增塑剂混合后，广泛用作清漆基料，此类货品报验时可为干燥的浓缩固体状或粘稠浸膏状。本品目还包括由硝化纤维素与醚（二乙醚）和醇（乙醇）的混合物构成的溶液状胶棉。如果将溶液部分蒸发即可得到固体硝酸胶棉。

（三）**乙酸丁酸纤维素及丙酸纤维素**，此类纤维素酯制成的塑料，其一般特征与用乙酸纤维素制成的塑料相同。

（四）**纤维素醚**，最重要的有羧甲基纤维素、甲基纤维素及羟乙基纤维素。此类纤维素为水溶性纤维素。可用以制得增稠剂或胶水〔胶水的归类，参见本章总注释所列不包括货品的第（二）款〕，其他有重要商业价值的纤维素醚包括属于轻质塑料的乙基纤维素。

纤维素化学衍生所得的塑料一般均需加入增塑剂。

有关聚合物（包括共聚物）、化学改性聚合物及聚合物混合体的归类，参见本章总注释。

39.13 初级形状的其他品目未列名的天然聚合物（例如，藻酸）及改性天然聚合物（例如，硬化蛋白、天然橡胶的化学衍生物）：

10 — 藻酸及其盐和酯

90 — 其他

以下为归入本品目的一些主要天然聚合物及改性天然聚合物。

一、藻酸及其盐和酯

藻酸是一种多糖醛酸，从褐藻的碱性溶液浸渍物中萃取而得。将萃取物在无机酸中沉淀，或者将萃取物加工处理制得不纯的海藻酸钙，再经无机酸处理即可获得高纯藻酸。

藻酸不溶于水，但其铵盐和碱金属盐可即溶于冷水，形成粘稠溶液。这类粘稠溶液的性能因藻朊酸酯的来源及纯度各异而有所不同。水溶性藻朊酸酯作为增稠剂、稳定剂、胶凝剂及成膜剂应用于制药、食品、纺织及造纸工业等方面。

这类产品可含有防腐剂（例如，苯甲酸钠），并可加入胶凝剂（例如，钙盐）、阻滞剂（例如，磷酸盐、柠檬酸盐）、促进剂（例如，有机酸）及调节剂（例如，蔗糖、尿素）使之标准化，但加入上述剂料并不使产品改变其一般用途而只适用于某些特殊用途。

其酯类物中的丙二醇藻酸酯用于食品加工等方面。

二、硬化蛋白质

蛋白质是来源于动植物的高分子量含氮化合物，适于制塑料。本品目仅包括经化学处理而硬化的蛋白质，其中有商业价值的仅是少数几种。

硬化蛋白质的外形一般是规则块状及片、条或管状。此类形状的产品不归入本品目（一般归入品目 39.16、39.17、39.20 或 39.21）。

三、天然橡胶的化学衍生物

作为高聚物的天然橡胶经化学处理后可形成某些具有塑料特性的物质。

它们包括：

（一）氯化橡胶，通常制成白色小颗粒状。用以制造油漆及清漆；涂后所形成的可抗大气及化学侵蚀。

（二）盐酸橡胶，一般用作包装材料，经塑化后可用于制造防护服。

（三）氧化橡胶，在催化剂作用下将加热的橡胶氧化而得，是一种树脂状材料，用于制造某些品种的清漆。

（四）环化橡胶，用硫磺、氯磺酸及氯锡酸等处理橡胶而得，制成的一系列不同硬度的产品可作为制油漆的基料，用作防水涂层，有时还用于生产模塑制品。

四、葡聚糖、糖原（“牲粉”），壳多糖以及木质素制成的塑料

本品目也包括分离淀粉所得的离析支链淀粉及离析直链淀粉。

有关聚合物（包括共聚物）、化学改性聚合物及聚合物混合体的归类，参见本章总注释。

本品目不包括：

（一）未改性天然树脂（品目 13.01）。

（二）醚化或酯化的刺槐豆或瓜尔豆的胚乳粉（品目 13.02）。

（三）氧化亚麻油（品目 15.18）。

（四）肝素（品目 30.01）。

（五）淀粉醚及酯（品目 35.05）。

（六）松香、树脂酸及其衍生物（包括酯胶及再熔胶）（品目 38.06）。

39.14　初级形状的离子交换剂，以品目 39.01 至 39.13 的聚合物为基本成分的

本品目的离子交换剂是含有活性离子基团（通常有磺基、羧基、酚基或氨基）的交联聚合物，一般为颗粒状。这些活性离子基团使聚合物与电能溶液接触时能够用自己的离子与溶液中所含的离子（相同的正或负离子）交换。可用于水的软化、牛奶的软化、色谱分析、从酸溶液中回收铀、从肉汤培养基中回收链霉素，以及其他各种工业用途。

最常见的离子交换剂有化学改性的苯乙烯-二乙烯苯共聚物、丙烯酸聚合物及酚醛树脂。

本品目不包括由本品目离子交换剂填充的离子交换柱（品目 39.26）。

第二分章　废碎料及下脚料；半制品；制成品

39.15　塑料的废碎料及下脚料：

10　—　　乙烯聚合物的

20　—　　苯乙烯聚合物的
30　—　　氯乙烯聚合物的
90　—　　其他塑料的

本品目的货品包括明显不能再作为原用途使用的破损塑料物品，以及制造加工过程中产生的废料（刨花、粉屑、边角料等）。某些废料可用作模塑材料、清漆基料、填充料等。

但本品目不适用于制成初级形状的单一种类热塑性材料的废碎料及下脚料（品目 39.01 至 39.14）。

单一种类的热固性材料的废碎料及下脚料，或由两种或两种以上热塑性材料的废碎料及下脚料构成的混合物，即使加工成初级形状，仍归入在本品目内。

本品目也不包括主要用于回收贵金属的含贵金属或贵金属化合物的塑料废、碎料（品目 71.12）。

39.16　塑料制的单丝（截面直径超过 1 毫米）、条、杆、型材及异型材，不论是否经表面加工，但未经其他加工：

10　—　　乙烯聚合物制
20　—　　氯乙烯聚合物制
90　—　　其他塑料制

本品目包括任一横截面直径超过 1 毫米的单丝、条、杆及异型材。它们是一次加工（一般为挤压）成整条，并且从一端至另一端具有相同或重复横截面的产品。中空异型材则具有与品目 39.17 的管子不同的横截面（参见本章注释八）。

本品目还包括仅切成一定长度，且长度超过了最大横截面直径的产品，或者表面加工（抛光、褪光等）后未经其他加工的产品。表面有胶粘剂用以密封窗框的异型材仍归入本品目。

被切割成长度未超过最大横截面直径的产品，或经其他加工（钻、铣、粘合或缝合等）的产品不归入本品目，这些产品如在协调制度的其他品目未具体列名，均应作为品目 39.18 至 39.26 所列的物品归类。

有关塑料与其他材料合制而成的单丝、条、杆及异型材的归类，参见本章总注释。

39.17　塑料制的管子及其附件（例如，接头、肘管、法兰）：

10　—　　硬化蛋白或纤维素材料制的人造肠衣（香肠用肠衣）
　　—　　硬管：
21　——　乙烯聚合物制
22　——　丙烯聚合物制
23　——　氯乙烯聚合物制
29　——　其他塑料制
　　—　　其他管：
31　——　软管，最小爆破压力为 27.6 兆帕斯卡
32　——　其他未装有附件的管子，未经加强也未与其他材料合制
33　——　其他装有附件的管子，未经加强也未与其他材料合制
39　——　其他
40　—　　管子附件

根据本章注释八，所称“管子”是指：

一、一般用于输送、引流或分配气体或液体的中空制品（例如，园艺用波纹管、多孔管），不论是半制品或制成品，只要其内横截面为圆形、椭圆形、矩形（长宽比不超过1.5倍）及正多边形；

二、香肠用肠衣（不论是否捆扎或经其他进一步加工的）及其他扁平管。

本品目还包括管子的塑料附件（例如，接头、肘管、法兰）。

管子及其附件可以硬质，也可以软质，可以用其他材料增强，也可以与其他材料合制（由塑料与其他材料合制而成的管子等的归类，参见本章总注释）。

39.18　块状或成卷的塑料铺地制品，不论是否胶粘；本章注释九所规定的塑料糊墙品：

10　—　氯乙烯聚合物制

90　—　其他塑料制

本品目第一部分包括通常作为铺地制品的成卷或砖瓦状的塑料制品。应该注意，本品目还包括胶粘的铺地制品。

本品目第二部分，其范围以本章注释九的规定为限，包括塑料糊墙品，以纺织物为衬基的也包括在内，但不包括以塑料涂覆的壁纸或类似的纸质糊墙品（品目48.14）。

必须注意，本品目包括印有花纹、字符或图画的物品，即使所印的花纹、字画作为其主要用途（参见第七类注释二）。

39.19　自粘的塑料板、片、膜、箔、带、扁条及其他扁平形状材料，不论是否成卷：

10　—　成卷，宽度不超过20厘米

90　—　其他

本品目包括除品目39.18的铺地制品、糊墙品以外的所有胶粘扁平状塑料，不论是否成卷。但本品目的货品仅限于在常温下无需润湿或加入其他助剂，一经与各种不同的表面接触，仅用手指或手按压，即可永久牢固地粘着（单面或双面）的扁平状材料。

应注意到，本品目包括印有花纹、字符或图画的物品，即使所印的花纹、字画作为其主要用途（参见第七类注释二）。

39.20　其他非泡沫塑料的板、片、膜、箔及扁条，未用其他材料强化、层压、支撑或用类似方法合制(+)：

10　—　乙烯聚合物制

20　—　丙烯聚合物制

30　—　苯乙烯聚合物制

—　氯乙烯聚合物制：

43　——　按重量计增塑剂含量不小于6%

49　——　其他

—　丙烯酸聚合物制：

51　——　聚甲基丙烯酸甲酯制

59　——　其他

—　聚碳酸酯、醇酸树脂、聚烯丙酯或其他聚酯制：

61　——　聚碳酸酯制

62　——　聚对苯二甲酸乙二酯制

63　——　不饱和聚酯制

69　——　其他聚酯制
—　纤维素及其化学衍生物制：
71　——　再生纤维素制
73　——　乙酸纤维素制
79　——　其他纤维素衍生物制
—　其他塑料制：
91　——　聚乙烯醇缩丁醛制
92　——　聚酰胺制
93　——　氨基树脂制
94　——　酚醛树脂制
99　——　其他塑料制

本品目包括除品目39.18或39.19所列货品以外的塑料板、片、膜、箔及扁条，未以其他材料增强、层压、支撑或以类似方法合制的。

本品目也包括平均1毫米长的松散聚乙烯或聚丙烯纤维（原纤维）组成的合成纸浆片，它们一般含有50%的水分。

本品目不包括以其他非塑料材料增强、层压、支撑或以类似方法合制的产品（品目39.21）。为此，所称“以类似方法合制”必须是用非塑料材料与塑料合制以提高塑料材料的强度（例如，嵌金属网及玻璃纤维机织物、矿物纤维、金属须及长丝）。

然而，用塑料与粉状、粒状、小圆球状或粉片状填料合制而成的产品可归入本品目。另外，简单的表面加工，例如，上色、印制（应符合第七类注释二的规定）、真空喷涂金属并不视为本品目所称的增强或以类似方法合制。

本品目也不包括泡沫塑料产品（品目39.21）及表观宽度不超过5毫米的塑料带（第五十四章）。

根据本章注释十，所称“板、片、膜、箔及扁条”仅指板、片、膜、箔、扁条及正几何形块，不论是否经印制或其他表面加工（例如，抛光、压纹、着色、简单弯曲或制成瓦楞形），以及未切割或切割成矩形（包括正方形）但未作进一步加工的（即使切割后成为可即供使用的制品，例如，桌布）。

经磨边、钻孔、铣削、卷边、搓捻、镶框或其他加工以及切成除矩形（包括正方形）以外其他形状的板、片等，不论是否经表面加工（包括切割成小块正方形或其他矩形），一般均作为品目39.18、39.19或39.22至39.26的物品归类。

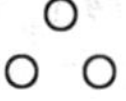

子目注释：

子目3920.43及3920.49

上述子目的产品可根据其增塑剂的含量加以区别。为此，主增塑剂与次级增塑剂应作为一种材料对待（参见本章的子目注释二）。

主增塑剂（例如，邻苯二甲酸酯、己二酸酯、偏苯三酸酯、磷酸酯、癸二酸酯、壬二酸酯）为低挥发性材料，当将其添加到聚合物中时，一般可增加其柔韧性。

次级增塑剂也称为增量剂，很少单独作为增塑剂使用。当与主增塑剂共同使用时，可起到改善或增强主增塑反应的作用。次级增塑剂也可用作阻燃剂（例如，氯化石蜡）或润滑剂（例如，环氧化豆油、环氧化亚麻油）。

39.21　其他塑料板、片、膜、箔、扁条：
—　泡沫塑料的：

11　——　苯乙烯聚合物制
12　——　氯乙烯聚合物制
13　——　氨酯聚合物制
14　——　再生纤维素制
19　——　其他塑料制
90　—　　其他

本品目包括除品目39.18、39.19、39.20或第五十四章货品以外的塑料板、片、膜、箔及扁条，即仅包括泡沫塑料产品及用其他材料增强、层压、支撑或以类似方法合制的产品（有关与其他材料合制而成的板等的归类，参见本章总注释）。

根据本章注释十，所称“板、片、膜、箔及扁条”仅适用于板、片、膜、箔、扁条及正几何形块，不论是否经印制或其他表面加工（例如，抛光、压纹、着色、简单弯曲或制成瓦楞形），以及未切割或切割成矩形（包括正方形）但未作进一步加工的（即使切割后成为可即供使用的制品）。

经磨边、钻孔、铣削、卷边、搓捻、镶框或其他加工，以及切割成除矩形（包括正方形）以外其他形状的板、片等，不论是否经表面加工（包括切割成小块正方形或其他矩形），一般均作为品目39.18、39.19或39.22至39.26的物品归类。

39.22　塑料浴缸、淋浴盘、洗涤槽、盥洗盆、坐浴盆、便盆、马桶座圈及盖、抽水箱及类似卫生洁具：
10　—　　浴缸、淋浴盘、洗涤槽及盥洗盆
20　—　　马桶座圈及盖
90　—　　其他

本品目包括永久固定于房舍内或某一地点上的设备，它们通常与供水系统或下水道相连接；还包括类似规格及用途的其他卫生洁具。例如，便携式坐浴盘、婴儿浴盘及野营用的盥洗设备。

塑料的坐便器水箱，不论是否装有机械装置的仍归入本品目。

但本品目不包括：

（一）便携式的小型卫生器具，例如，便盘和便壶（品目39.24）。

（二）肥皂盘、毛巾架、牙刷架、卫生纸架、毛巾钩及类似的浴室、盥洗室和厨房器具；这些器具如果是供永久固定安装在墙内、墙上或建筑物的其他地方，应归入品目39.25，否则应归入品目39.24。

39.23　供运输或包装货物用的塑料制品；塑料制的塞子、盖子及类似品：
10　—　　盒、箱（包括板条箱）及类似品
　　—　　袋及包（包括锥形的）：
21　——　乙烯聚合物制
29　——　其他塑料制
30　—　　坛、瓶及类似品
40　—　　卷轴、纡子、筒管及类似品
50　—　　塞子、盖子及类似品
90　—　　其他

本品目包括所有通常用于包装或运输各种货物的塑料制品。这些制品有：

一、容器，例如，盒、箱、板条箱、包袋（包括锥形袋及垃圾袋）、桶、罐、坛及瓶。

本品目还包括：

（一）具有容器特征，用于盛装及运输某些食物的无把柄的杯，不论其是否可附带用作餐具或盥洗器具；

（二）初制成型的塑料瓶，为管状的中间产品，其一端封闭而另一端为带螺纹的瓶口，瓶口可用带螺纹的盖子封闭，螺纹瓶口下面的部分准备膨胀成所需尺寸和形状。

二、卷轴、纡子、筒管及类似品，包括无磁带的录相带盒或录音带盒。

三、塞子、盖子及类似品。

此外，本品目还不包括家庭用具（例如，垃圾箱）和不具备盛装或运输货物容器特征的餐用或盥洗用杯子，不论其是否有时用作货物容器（归入品目 39.24），以及品目 42.02 的容器和品目 63.05 的散装货物储运软袋。

39.24　塑料制的餐具、厨房用具、其他家庭用具及卫生或盥洗用具：

10　—　餐具及厨房用具

90　—　其他

本品目包括下列塑料制品：

一、餐具，例如，茶具或咖啡用具、餐盘、汤碗、沙拉碗、各种碟子及托盘、咖啡壶、茶壶、糖缸、啤酒杯、其他杯、酱油碟、水果盘、调味品瓶、盐瓶、芥末瓶、蛋杯、茶壶架、餐桌垫、餐刀架、餐巾环、刀、叉及汤匙。

二、厨房用具，例如，水盘、果子冻模子、厨用壶、贮藏罐、箱和盒（茶罐、面包箱等）、漏斗、长柄勺、刻度厨房量器及擀面杖。

三、其他家庭用具，例如，烟灰缸、热水瓶、火柴盒架、垃圾箱、桶、喷壶、食品储藏容器、窗帘、幕帘、台布及家具防尘罩套。

四、卫生及盥洗用具（不论是否家用），例如，盥洗物品（大口水壶、碗等）、卫生桶、便盘、尿壶、便壶、痰盂、冲洗罐、洗眼杯；婴儿奶瓶的奶嘴（哺乳奶嘴）和护手手指护套；肥皂盘、毛巾架、牙刷架、卫生纸架、毛巾钩及非供永久固定安装于或嵌入墙上的浴室、盥洗室或厨房用的类似物品。但是，本款不包括供永久固定安装在（例如，用螺丝钉、钉子、螺栓或胶粘剂）墙内、墙上或建筑物的其他地方的上述物品（品目 39.25）。

*
* *

本品目还包括不具备盛装或运输货物容器特征的餐用或盥洗用无把杯，不论其是否有时用作货物容器，但本品目不包括具有盛装或运输货物的容器特征的无把杯（品目 39.23）。

39.25　其他品目未列名的建筑用塑料制品：

10　—　囤、柜、罐、桶及类似容器，容积超过 300 升

20　—　门、窗及其框架、门槛

30　—　窗板、百叶窗（包括威尼斯式百叶窗）或类似制品及其零件

90　—　其他

本品目仅适用于本章注释十一所述的物品。

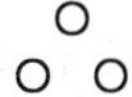

子目注释：

子目 3925.20

子目 3925.20 包括用于封闭建筑物、房间等出入口的铰链式或推拉式门，但不包括用于封闭场地、花园、庭院等出入口的栅栏（也称为“栅门”）（子目 3925.90）。

39.26　其他塑料制品及品目 39.01 至 39.14 所列其他材料的制品：

10　—　办公室或学校用品

20　—　衣服及衣着附件（包括分指手套、连指手套及露指手套）

30　—　家具、车厢或类似品的附件

40　—　小雕塑品及其他装饰品

90　—　其他

本品目包括其他品目未列名的塑料（即本章注释一所述的材料）制品及品目 39.01 至 39.14 所列其他材料的制品。

它们包括：

一、用塑料片缝合或焊接而成的衣着及衣着附件（玩具除外），例如，围裙、腰带、婴儿围兜、雨衣、衣服腋下汗垫吸汗护垫等。可摘除的塑料兜帽和所属的塑料雨衣一起报验的，仍归入本品目。

二、家具、车厢或类似品的附件。

三、小雕塑品及其他装饰品。

四、挡尘片、防护袋、遮蓬、文件夹、公文套、书籍封面、读物封套及用塑料片缝合或粘合的类似防护用品。

五、镇纸、裁纸刀、吸墨水纸滚台、笔架、书签等。

六、螺丝、螺栓、垫圈及类似的通用紧固件。

七、环状、裁成一定长度并首尾相接或用紧固件连接的传动带、输送带或升降机带。

任何种类的传动带、输送带或升降机带及带料，只要和与其配套的机器设备一起报验，则不论其是否已经装配在机器设备上，均按所属机器设备归类（例如，归入第十六类）。此外，本品目也不包括用塑料浸渍、涂布、包覆或层压的纺织材料制成的传动带或输送带及带料（第十一类，例如，品目 59.10）。

八、装有品目 39.14 的聚合物的离子交换柱。

九、装有羧甲基纤维素的塑料容器（用作冰袋）。

十、未制成特定形状或未在内部装有配件，专门适于盛装工具（带或不带附件）的工具箱、盒（参见品目 42.02 的注释）。

十一、婴儿奶嘴；冰袋；冲洗袋、灌肠袋及其附件；病残者残疾人及类似人士用的护理用垫；阴道环；避孕套；注射器用圆球洗肠用的胶球。

十二、其他各种物品，例如，手袋紧固件、衣箱包角、挂钩、装于家具底部的防护碗及滑轨、工具和刀叉等的手柄、穿孔小珠、表“玻璃”、数码及字母、行李标签夹。

第四十章 橡胶及其制品

注释：

一、除条文另有规定的以外，本协调制度所称“橡胶”，是指不论是否硫化或硬化的下列产品：天然橡胶、巴拉塔胶、古塔波胶、银胶菊胶、糖胶树胶及类似的天然树胶、合成橡胶、从油类中提取的油膏以及上述物品的再生品。

二、本章不包括：

（一）第十一类的货品（纺织原料及纺织制品）；

（二）第六十四章的鞋靴及其零件；

（三）第六十五章的帽类及其零件（包括游泳帽）；

（四）第十六类的硬质橡胶制的机械器具、电气器具及其零件（包括各种电气用品）；

（五）第九十章、第九十二章、第九十四章或第九十六章的物品；或

（六）第九十五章的物品（运动用分指手套、连指手套及露指手套及品目 40.11 至 40.13 的制品除外）。

三、品目 40.01 至 40.03 及 40.05 所称“初级形状”，只限于下列形状：

（一）液状及糊状，包括胶乳（不论是否预硫化）及其他分散体和溶液；

（二）不规则形状的块，团、包、粉、粒、碎屑及类似的散装形状。

四、本章注释一和品目 40.02 所称“合成橡胶”，适用于：

（一）不饱和合成物质，即用硫磺硫化能使其不可逆地变为非热塑物质，这种物质能在温度 18～29℃之间被拉长到其原长度的 3 倍而不致断裂，拉长到原长度的 2 倍时，在五分钟内能回复到不超过原长度的 1.5 倍。为了进行上述试验，可以加入交联所需的硫化活化剂或促进剂；也允许含有注释五（二）2 及 3 所述的物质。但不能加入非交联所需的物质，例如，增量剂、增塑剂及填料；

（二）聚硫橡胶（TM）；以及

（三）与塑料接枝共聚或混合而改性的天然橡胶、解聚天然橡胶以及不饱和合成物质与饱和合成高聚物的混合物，但这些产品必须符合以上（一）款关于硫化、延伸及回复的要求。

五、

（一）品目 40.01 及 40.02 不适用于任何凝结前或凝结后与下列物质相混合的橡胶或橡胶混合物：

1. 硫化剂、促进剂、防焦剂或活性剂（为制造预硫胶乳所加入的除外）；

2. 颜料或其他着色料，但仅为易于识别而加入的除外；

3. 增塑剂或增量剂（用油增量的橡胶中所加的矿物油除外）、填料、增强剂、有机溶剂或其他物质，但以下（二）款所述的除外；

（二）含有下列物质的橡胶或橡胶混合物，只要仍具有原料的基本特性，应归入品目 40.01 或 40.02：

1. 乳化剂或防粘剂；

2. 少量的乳化剂分解产品；

3. 微量的下列物质：热敏剂（一般为制造热敏胶乳用）、阳离子表面活性剂（一般为制造阳性胶乳用）、抗氧剂、凝固剂、碎裂剂、抗冻剂、胶溶剂、保存剂、稳定剂、粘度控制剂或类似的特殊用途添加剂。

六、品目 40.04 所称“废碎料及下脚料”，是指在橡胶或橡胶制品生产或加工过程中由于切割、磨损或其他原因明显不能按橡胶或橡胶制品使用的废橡胶及下脚料。

七、全部用硫化橡胶制成的线，其任一截面的尺寸超过 5 毫米的，应作为带、杆或型材及异型材

归入品目 40.08。

八、品目 40.10 包括用橡胶浸渍、涂布、包覆或层压的织物制成的或用橡胶浸渍、涂布、包覆或套裹的纱线或绳制成的传动带、输送带。

九、品目 40.01、40.02、40.03、40.05 及 40.08 所称“板”、“片”、“带”，仅指未切割或只简单切割成矩形（包括正方形）的板、片、带及正几何形块，不论是否具有成品的特征，也不论是否经过印制或其他表面加工，但未切割成其他形状或进一步加工。

品目 40.08 所称“杆”或“型材及异型材”，仅指不论是否切割成一定长度或表面加工，但未经进一步加工的该类产品。

总　注　释

橡胶的定义

所称“橡胶”，其定义见本章注释一。在协调制度的本章及其他章中如无特殊规定，所称“橡胶”仅指下列产品：

一、天然橡胶、巴拉塔胶、古塔波胶、银胶菊胶、糖胶树胶及类似（橡胶状）的天然树胶（参见品目 40.01 的注释）。

二、本章注释四所列的合成橡胶。此类不饱和合成物质或注释四（三）款所列物质（为未硫化原料）的胶样经用硫磺硫化后，应符合注释四所述试验的延伸及回复要求（参见品目 40.02 的注释）。如果进行试验的胶样含有注释四规定不能含有的物质，例如，矿物油，则必须以不含有关物质或已将这些物质除去的该种材料进行试验。对于不能进行前述试验的硫化橡胶制品，则应以制成该制品的未硫化原材料胶样进行试验。但根据定义，聚硫橡胶可视为合成橡胶，这种橡胶可免予试验。

三、从油类提取的油膏（参见品目 40.02 的注释）。

四、再生橡胶（参见品目 40.03 的注释）。

所称“橡胶”，包括未硫化、硫化或硬化的上述产品。

所称“硫化”，一般是指橡胶（包括合成橡胶）与硫磺或其他硫化剂（例如，氯化硫、某些多价金属氧化物、硒、碲、二硫化秋兰姆及四硫化秋兰姆、某些有机过氧化物及合成聚合物）反应而产生交联，使橡胶从主要为塑性状态转化为弹性状态，不论是否需加热、加压以及通过高能或辐射。必须注意，有关用硫磺硫化的标准仅适用于注释四，即为了确定一种物质是否合成橡胶。一旦某种物质被确定为合成橡胶，不论其是以硫磺还是其他硫化剂硫化的，其产品均可作为品目 40.07 至 40.17 的硫化橡胶产品对待。

为了进行硫化，除加入硫化剂外，通常还要加入其他物质，例如，促进剂、活性剂、防焦剂、增塑剂、增量剂、填料，增强剂及其他本章注释五（二）款所述的添加剂。此类可硫化混合物作为混合橡胶，并根据其所呈形状分别归入品目 40.05 或 40.06。

硬质橡胶（例如，纯硬质胶）是用含硫磺比例较高而变得非常硬实和无弹性的硫化橡胶制得。

本章范围

本章包括符合上述定义的橡胶原料或半制品，不论是否硫化或硬化，以及完全由橡胶制成或以橡胶为基本特征的制品，但本章注释二所列不包括的产品除外。

各品目的一般安排如下：

一、除注释五另有规定的以外，品目 40.01 及 40.02 主要包括初级形状或板、片及带状的生橡胶。

二、品目 40.03 及 40.04 包括初级形状或板、片及带状的再生橡胶，以及橡胶（硬质橡胶除外）的废碎料及下脚料和由其制得的粉末及颗粒。

三、品目 40.05 包括初级形状或板、片及带状的未硫化橡胶混合物。

四、品目 40.06 包括其他形状的未硫化橡胶及未硫化橡胶制品，不论未硫化橡胶是否混合。

五、品目 40.07 至 40.16 包括除硬质橡胶以外的硫化橡胶半制品及制成品。

六、品目 40.17 包括各种形状的硬质橡胶，以及硬质橡胶的废料、下脚料及制品。

初级形状（品目 40.01 至 40.03 及 40.05）

所称“初级形状”，其定义见本章注释三。必须注意，“初级形状”的定义中特别包括了预硫化胶乳，因此，预硫化胶乳应作为未硫化对待。因为品目 40.01 及 40.02 不包括加有有机溶剂的橡胶或橡胶混合物（参见注释五），所以注释三所称“其他分散体和溶液”只适用于品目 40.05。

板、片及带（品目 40.01、40.02、40.03、40.05 及 40.08）

所称“板、片及带”的定义，参见本章注释九。它还包括正几何形块。这些板、片及带可经表面加工（印制、压纹、铣槽、起肋等）或仅简单地切割成矩形（包括正方形），不论其是否因此而具备制成品的特征，但不得切割成其他形状或进一步加工。

泡沫橡胶

泡沫橡胶是有大量微孔（可以开孔、闭孔或开闭孔兼有）分散于胶体中而形成的橡胶，包括海绵或泡沫橡胶、膨胀橡胶及微孔或多孔橡胶，并且可以是软质，也可以是硬质的（例如，纯硬质海绵橡胶）。

注释五

本章注释五规定了区分非复合（品目 40.01 及 40.02）与复合（品目 40.05）的初级形状、板、片或带状橡胶或橡胶混合物的标准。本注释对于是凝结前还是凝结后复合不加区别，并允许品目 40.01 及 40.02 的橡胶或橡胶混合物含有某些物质，只要这些橡胶或橡胶混合物仍保持原料的基本特征，允许含有的物质包括矿物油、乳化剂、防粘剂、少量（一般不超过 5%）乳化剂的分解产物，以及非常少量（一般低于 2%）的特殊添加剂。

橡胶与织物的复合物

橡胶与织物复合物的归类主要根据第十一类注释一（九）款、第五十六章注释三及第五十九章注释四的规定办理，其中传动带或输送带则按照第四十章注释八及第五十九章注释六（二）款的规定办理。下列产品归入本章：

一、以橡胶浸渍、涂布、包覆或层压的毡，其中纺织材料占总重量的 50%及以下，以及完全嵌入橡胶的毡；

二、完全嵌入橡胶或两面均完全涂以或覆以橡胶的无纺织物，只要仅凭肉眼就可辨别出橡胶涂层或覆层（涂层或覆层引起的颜色变化不计在内）；

三、以橡胶浸渍、涂布、包覆或层压的第五十九章注释一所述的纺织物，其重量超过每平方米 1500 克，所含纺织材料的重量在 50%及以下的；

四、泡沫橡胶与纺织物（如第五十九章注释一所述的）、毡或无纺织物复合制成的板、片及带，其中的织物仅起增强作用的。

*

* *

本章不包括本章注释二所列的物品；其他不归入本章的各种物品参见本章有关品目的注释。

40.01　天然橡胶、巴拉塔胶、古塔波胶、银胶菊胶、糖胶树胶及类似的天然树胶，初级形状或板、片、带：

10　—　　天然胶乳，不论是否预硫化

—　　其他形状的天然橡胶：

21　——　烟胶片

22　——　技术分类天然橡胶（TSNR）

29　——　其他

30　—　　巴拉塔胶、古塔波胶、银胶菊胶、糖胶树胶及类似的天然树胶

本品目包括：

一、天然胶乳（不论是否预硫化）

天然胶乳是主要从橡胶树，特别是巴西橡胶树分泌出来的液体。这种液体由橡胶（即高分子量的聚异戊二烯）固含量为30～40%的有机物和矿物质（蛋白质、脂肪酸及其衍生物、盐类、糖类及葡糖苷）分散于水中，形成的水溶液构成。

本类物质包括：

（一）稳定或浓缩的天然胶乳。胶乳在割采后几小时便会自行凝结，为了使其稳定，防止变腐或凝结，以利保存，因此通常按每升胶乳加入5～7克氨的比例，制成称为“高氨”或FA型产品；另一种稳定方法是加入非常少量（每升胶乳加1～2克）低浓缩度的氨与二硫化四甲基秋兰姆及氧化锌等物质的混合物，使之成为“低氨”或LA型产品。

还有加入微量的水杨酸钠或甲醛而使之稳定的抗冻天然胶乳，这类胶乳可在寒冷地区使用。

天然胶乳可用各种方法（例如，离心法、蒸浓法、澄清法等）浓缩（主要为了便于运输）。

商品胶乳的橡胶含量为60～62%，也有浓缩度更高的，某些浓缩胶乳的固含量超过70%。

（二）热敏性天然胶乳，加入热敏化剂制得。此类胶乳在受热时比非热敏性胶乳胶凝快，通常用于生产浸渍或注模制品以及泡沫或海绵橡胶。

（三）阳性胶乳，也称为“反电荷胶乳”，因为此类胶乳是使普通浓缩胶乳中粒子的电荷逆转，一般是通过加入阳离子表面活性剂使其逆转而制得。

使用这种胶乳能消除大多数纺织纤维的抗橡胶浸渍倾向（因为和普通胶乳一样，在碱性状况下纺织纤维所带的是负静电荷）。

（四）预硫化天然胶乳。将胶乳进行热处理（温度一般低于100℃），使胶乳中的硫化剂与胶乳反应而得。

乳胶中的橡胶微粒通过加入过量的沉淀或胶态硫磺、氧化锌及促进剂（例如，二硫代氨基甲酸盐）进行硫化。最终产品的硫化程度可通过使用不同的温度、不同的加热时间或不同的配料比例随意调节。一般情况下只是橡胶微粒的表层进行了硫化。为避免胶乳的过度硫化，在热处理后要用离心法除掉过剩的配料。

预硫化胶乳的外观与普通胶乳一样，含硫量通常约为1%。

使用预硫化胶乳可省掉一些工序（例如，研磨、混合）。它可用于制造浸渍及浇铸产品（医药及外科用品），以及越来越大量地用于纺织工业及作为胶粘剂，还用于制造某些种类的纸张及复制皮革。预硫化橡胶因为蛋白质和可溶性物质含量都很低，因此具有极好的电绝缘性能。

天然胶乳用内涂层圆桶（每桶约200升）或散装形式运送。

二、其他形状的天然橡胶

本品目所称“天然橡胶”，是指一向以来从产地运来的三叶橡胶；为了便于运输、储存或使之具有某些特殊性能以便于随后的加工使用或提高最终产品的质量，天然橡胶一般先在种植园的工厂中进行加工处理后才运出。经处理的天然橡胶必须仍具有原料的基本特征才可归入本品目。这些橡胶不得含有任何添加的碳黑、硅石或其他注释五（一）款所不允许混入的物质。

天然胶乳一般在各种形状的槽内凝结，槽中可装有活动式隔板。为便于橡胶颗粒从含水乳清中分离出来，可将胶乳轻度酸化，例如，加入1%的乙酸或0.5%的甲酸，使其凝结。凝结工序完成后，即可获得板块状或连续带状的凝结胶乳。

嗣后的处理方法根据所要生产的是烟胶片、白绉片或褐绉片、再胶凝颗粒或散粒状粉料而各不相同。

（一）橡胶片及绉片

制造胶片时可将胶条送入滚轧机，该机的最后一组轧花辊筒在胶面上轧出特有的条纹（增加蒸发面以利于干燥）。当胶条（厚约3～4毫米）从滚轧机出来时即切成片，然后将胶片放入干燥棚或烟熏室，烟熏的目的是使胶片干燥并注入抗氧化及防腐的杂酚物质。

制造白绉片的程序是先将橡胶凝块送入绉片机，第一组机器的辊筒是有槽沟的，最后一组机器的辊筒是光滑的，它们具有不同转速；该道工序在不断流动的水流下进行，以使橡胶进行彻底的清洗。在该道工序后胶片放入通风的干燥棚内，在常温下或热空气中进行干燥。可将两层或多层绉胶叠合起来，制成鞋底绉片胶板。

胶片还可通过以下方法制得：胶乳在圆筒槽内凝结后，先将凝结胶块锯成长条，然后切片并干燥（一般不用烟熏）。

某些种类的橡胶（特别是白绉片以外的其他绉片胶）不是直接通过胶乳凝结制成，而是把在割胶或工厂加工时所得的凝结胶块在"绉胶机"中再胶凝并洗涤而得。所制得的各种厚度的胶片用与白绉片相同的方法干燥。

上述天然橡胶一般根据有关国际组织制定的外形和等级的国际标准在市场上进行交易。

最常见的种类有烟胶片及其切片、白绉片及其切片、褐绉片以及绉纹片和风干胶片。

（二）技术分类天然橡胶（TSNR）

这种干燥的天然生橡胶经加工、检验并按照下表规格分为五级（5L、5、10、20及50）：

技术分类天然橡胶的等级及参数最大允许值一览表

参数 \ 等级	5L	5	10	20	50
杂质，325筛目所留杂质量（最大%重量）	0.05	0.05	0.10	0.20	0.50
灰分含量（最大%重量）	0.60	0.60	0.75	1.00	1.50
氮含量（最大%重量）	0.70	0.70	0.70	0.70	0.70
挥发物（最大%重量）	1.00	1.00	1.00	1.00	1.00
快速华莱士可塑度最低初值（Po）	30	30	30	30	30
塑性保持指数，PRI（最低值%）	60	60	60	60	60
颜色限度（拉维邦色表，最高值）	6.00	—	—	—	—

技术分类天然橡胶必须随附生产国主管当局出具的检验证书，列明橡胶的等级、规格及检验结果。某些生产国订有比上表更严格的分级标准。技术分类天然橡胶用聚乙烯包裹，打成重$33\frac{1}{3}$千克的胶包，通常每30或36包一托盘，覆以内层为聚乙烯衬里的包装或用聚乙烯膜收缩包装。每包或每盘附有标明等级、重量、货号等详细情况的标签。

（三）再胶凝颗粒橡胶

生产颗粒橡胶的加工工艺能使产品比胶片或绉片更为洁净、性能更为稳定和外观更为悦目。

制造工序由凝结胶乳成粒、彻底清洗、干燥及加压打包组成。成粒过程中要使用多种加工机器，例如，转刀切碎机、十字形锤磨机、造粒机及绉片机。在胶乳凝结前加入极少量（0.2～0.7%）的蓖麻油、硬酯酸锌或其他碎裂剂，使之与胶乳混合，可增强上述机器的单纯机械作用。所加的碎裂剂对橡胶的性能及日后的使用没有影响。

颗粒使用半连续性推车型干燥器、输送带隧道式干燥室或压出干燥机进行干燥。

干燥过的颗粒最后通过高压加压打包，打成重约 32～36 千克平行六面体的大包。再胶凝颗粒橡胶在销售时通常附有技术规格保证书。

（四）天然橡胶的散粒状粉料

制造此类物料的方法与以上第（三）款所述相同，但不需加压。

为防止颗粒在自身重量的作用下再胶凝，制造过程中须掺入粉状惰性物质（例如，滑石粉）或其他防粘剂。

橡胶粉还可通过将胶乳与惰性物质（例如，硅藻土）注入干燥室而制成，所加入的惰性物质是为了防止微粒粘结。

（五）特种天然橡胶

特种天然橡胶可制成以上（一）至（四）款所述形状。主要种类有：

1. 恒粘（CV）橡胶及低粘（LV）橡胶

恒粘橡胶是在胶乳凝结前加入极少量（0.15%）的羟胺制得；低粘橡胶则是在胶乳凝结前加入少量的矿物油制得。

羟胺可以防止天然橡胶在储存期间粘度自行增加。使用这种橡胶能使生产厂家预测塑炼时间。

2. 增塑橡胶

在胶乳凝结前加入大约 0.5%的塑解剂制得。塑解剂能减低在干燥工序中橡胶的粘度，因此这种橡胶只需较短的塑炼时间。

3. 易操作橡胶

这种橡胶是普通胶乳与预硫化胶乳混合凝结或将天然胶乳凝块与预硫化胶乳凝块混合而得。这种橡胶在加工中较易挤出及压延。

4. 纯化橡胶

这种橡胶制造时不需添加其他种物质，只是通过改变普通橡胶的生产加工工序（例如，离心处理胶乳）制得。

纯化橡胶用于制造氯化橡胶及其他即使橡胶中含有微量杂质也会损害其性能的硫化橡胶货品（电缆等）。

5. 胶清橡胶

胶清橡胶是以胶乳胶清的副产品凝结制得。

6. 抗结晶橡胶

这种橡胶是通过在胶乳凝结前加入硫代苯甲酸而制得，具有抗冻性。

三、巴拉塔胶

巴拉塔胶是从某些山榄科植物的胶乳，特别是主要生长于巴西的枪弹树的胶乳制得。

巴拉塔胶是一种淡红色的产品，运输时以重达 50 千克的块状为多，有时也制成厚度 3～6 毫米的片状。

巴拉塔胶主要用于制造传动带、输送带，与古塔波胶混合后也可用于制造海底电缆和高尔夫球。

四、古塔波胶

古塔波胶是从各种山榄科树（例如，胶木树及巴耶榄树）的胶乳提取制得，呈黄色或棕红色。

根据产地的不同，有制成0.5～3千克的饼状或25～28千克的块状运出。

除与巴拉塔胶混合用于制造海底电缆、高尔夫球及带料外，还可用于制成泵或阀门的密封圈、亚麻纺纱碎茎机辊、容器衬里、盛装氢氟酸的瓶子、胶粘剂等。

五、银胶菊胶

它是从一种生长在墨西哥的灌木植物银胶菊的胶乳提取制得。

银胶菊胶一般制成饼状或片状运出。

六、糖胶树胶

它是从生长于美洲热带地区的某些山榄科林木树皮中所含的胶乳提取制得。

这种树胶颜色淡红，一般制成大小不一的饼状或重约10千克的块状运出。

它主要用于制口香糖，还可用于制造某些外科用带及牙科用品。

七、类似的天然树胶，例如，节路顿胶

归入本品目的树胶必须具备类似橡胶的特征。

八、任何上述产品的相互混合物

本品目不包括：

（一）本品目产品与品目40.02产品的混合物（品目40.02）。

（二）在凝结前或凝结后，混有本章注释五（一）款所列不许含有的物质的天然橡胶、巴拉塔胶、古塔波胶、银胶菊胶、糖胶树胶及其他类似的天然树胶（品目40.05或40.06）。

40.02 合成橡胶及从油类提取的油膏，初级形状或板、片、带；品目40.01所列产品与本品目所列产品的混合物，初级形状或板、片、带：

	—	丁苯橡胶（SBR）；羧基丁苯橡胶（XSBR）：
11	——	胶乳
19	——	其他
20	—	丁二烯橡胶（BR）
	—	异丁烯-异戊二烯（丁基）橡胶（IIR）；卤代丁基橡胶（CIIR或BIIR）：
31	——	异丁烯-异戊二烯（丁基）橡胶（IIR）
39	——	其他
	—	氯丁二烯（氯丁）橡胶（CR）：
41	——	胶乳
49	——	其他
	—	丁腈橡胶（NBR）：
51	——	胶乳
59	——	其他
60	—	异戊二烯橡胶（IR）
70	—	乙丙非共轭二烯橡胶（EPDM）
80	—	品目40.01所列产品与本品目所列产品的混合物
	—	其他：
91	——	胶乳
99	——	其他

本品目包括：

一、本章注释四所规定的合成橡胶（参见以下说明），包括不论是否预硫化的合成胶乳及初级形状或板、片、带状的合成橡胶，还包括为了运输、储存或使之具有某些特殊性能以便于随后的加工使用或提高最终产品的质量而进行了处理的合成橡胶；但这些处理不得改变其原材料的基本性状，尤其是不得含有任何本章注释五（一）款所列的不许混入的物质。

在混合产品中，根据注释五的规定，含油约达50%的油充橡胶仍可归入本品目。

二、从油类提取的油膏。油膏是由某些植物油或鱼油（不论是否氧化或部分氢化）与硫磺或氯化硫反应而制得的产品。

油膏的物理性能较差，主要是与天然或合成橡胶配合使用，也可用于制造橡皮擦。

三、上述产品的相互混合物。

四、品目40.01所列产品与本品目所列产品的混合物。

注释四（合成橡胶的定义）

本注释有三款。第（一）和（三）款的物质必须符合第（一）款所述关于硫化、延伸及回复的要求，但第（二）款的聚硫橡胶除外。应该注意，合成橡胶的定义不仅适用于品目40.02，也同样适用于注释一，因此在协调制度中所称的橡胶，均包括注释四所述的合成橡胶。

所称“合成橡胶”包括：

（一）不饱和合成物质，符合本注释第（一）款关于硫化、延伸及回复要求的。为进行试验可加入交联所必须的物质，例如，硫化活性剂、促进剂或防焦剂，还允许含有少量乳化剂的降解产物〔注释五（二）款2项〕及微量的注释五（二）款3项所列的特殊用途添加剂。但不得含有任何非交联所必需的物质，例如，颜料（仅为起识别作用而加入的除外）、增塑剂、增量剂、填料、补强剂、有机溶剂。因此，试验时不得含有矿物油或邻苯二甲酸二辛酯。

相应地，如果材料含有注释四所不允许的物质（例如，矿物油），则必须使用不含或已除去这些物质的该种材料作为受检样品。对于硫化制品，不能直接试验，必须从制成该制品的未硫化原材料取样试验。

这些不饱和合成物质包括苯乙烯-丁二烯（丁苯）橡胶（SBR）、羧基丁苯橡胶（XSBR）、丁二烯橡胶（BR）、异丁烯-异戊二烯（丁基）橡胶（IIR）、卤代丁基橡胶（CIIR或BIIR）、氯丁二烯（氯丁）橡胶（CR）、丁腈橡胶（NBR）、异戊二烯橡胶（IR）、乙丙非共轭二烯橡胶（EPDM）、羧基丁腈橡胶（XNBR）、丙烯腈-异戊二烯橡胶（NIR）。所有这些物质必须符合上述关于硫化、延伸及回复的要求，才能作为合成橡胶归类。

（二）聚硫橡胶（TM），为饱和合成物质，由脂族二卤化物与多硫化钠反应制得。一般可用传统的硫化剂进行硫化。某些种类聚硫橡胶的机械性能比其他品种的合成橡胶差，但具有抗溶剂的优点。不要将此类物质与品目39.11的多硫化物相混淆（参见品目39.11的注释）

（三）下列各种产品，只要其符合前述第（一）款关于硫化、延伸及回复的要求：

1．改性天然橡胶，将橡胶与塑料接枝共聚或混合而制得。

此类橡胶通常是在聚合催化剂作用下使可聚合单体固定在橡胶上，或使天然橡胶胶乳和合成聚合物胶乳共沉淀制得。

改性天然橡胶的主要特征是在某种程度上可“自补强”，这种性能和天然橡胶与碳黑混合后所具有的性能相类似。

2．解聚天然橡胶，在特定的温度下进行机械加工（捶击）而制得。

3．不饱和合成物质与饱和合成高聚物的混合物（例如，丁腈橡胶和聚氯乙烯的混合物）。

本品目不包括：

（一）不符合本章注释四所列条件的高弹体（一般归入第三十九章）；

（二）在凝固前或凝固后混入本章注释五（一）款所禁止混入的物质的本品目产品（品目 40.05 或 40.06）。

40.03　再生橡胶，初级形状或板、片、带

再生橡胶是以各种化学或机械方法使旧橡胶制品（特别是轮胎）或硫化橡胶废碎料软化（“脱硫”）并除去不需要的物质制得。这类产品因含有残留的硫磺或其他硫化剂而比新胶质量差，塑性及粘性也比新胶大，可制成片状，表面洒上滑石粉或隔以聚乙烯薄膜。

本品目包括初级形状或板、片、带状的再生橡胶，不论是否混有新胶或其他添加物质，只要产品具有再生橡胶的基本特征。

40.04　橡胶（硬质橡胶除外）的废碎料、下脚料及其粉、粒

所称“废碎料及下脚料”，其定义参见本章注释六。

本品目包括：

一、在未硫化或硫化橡胶（硬质橡胶除外）的生产或加工过程中产生的废碎料及下脚料。

二、因划切、磨损或其他原因明显不可再作为原用途使用的橡胶货品（硬质橡胶的除外）。

这类货品包括不能再翻新的磨损橡胶轮胎，以及由其制得的碎料。磨损橡胶轮胎碎料通常由以下工序制得：

（一）使用特殊的机器，尽可能贴近胎圈钢丝或胎圈切割轮胎；

（二）撕去胎面；

（三）切碎。

本品目不包括可翻新的旧轮胎（品目 40.12）。

三、用上述一、二两款货品制得的粉、粒。

由硫化橡胶的废胶末构成。可用作铺路面材料或以其他橡胶为基料的混合物的填料，以及直接注模制成不需太高强度的物品。

本品目不包括硬质橡胶的废碎料、下脚料、粉末及颗粒（品目 40.17）。

40.05　未硫化的复合橡胶，初级形状或板、片、带：

10　—　与碳黑或硅石混合

20　—　溶液；子目 4005.10 以外的分散体

　　—　其他：

91　——　板、片、带

99　——　其他

本品目包括初级形状或板、片及带状的未硫化复合橡胶。

所称“橡胶”的含意与本章注释一的相同，因此本品目包括已和其他物质混合的天然橡胶、巴拉塔胶、古塔波胶、银胶菊胶、糖胶树胶及类似的天然树胶、合成橡胶、从油类中提取的油膏以及上述物质的再生品。

根据本章注释五（一）款规定，品目 40.01 及 40.02 不适用于任何在凝结前或凝结后混入其他物质的橡胶或复合橡胶，这些其他物质有：硫化剂、促进剂、防焦剂、活性剂（为制造预硫化胶乳所加入的上述物质除外）、颜料或其他着色料（仅为起识别作用而加入的除外）、增塑剂或增量剂（油充橡胶所含的矿物油除外）、填料、补强剂、有机溶剂或任何其他注释五（二）款允许范围以外的物质。

本品目包括：

一、混入碳黑或硅石的橡胶（加或未加矿物油或其他助剂的）

此类产品中包括以大约 40～70 份碳黑对 100 份干胶的比例配制而成的碳黑母炼胶，市场上通常以大包出售。

二、不含碳黑或硅石的复合橡胶

这类橡胶中含有有机溶剂、硫化剂、促进剂、增塑剂、增量剂、增稠剂及填料（碳黑、硅石除外），有些还含有红土或蛋白质。

上述两类橡胶的各种产品有：

（一）复合胶乳（包括预硫化胶乳），只要其混合后并未具有协调制度其他品目具体列名的制剂的特性。

因此本品目不包括胶乳清漆及涂料（第三十二章）。

（二）未硫化橡胶与有机溶剂构成的分散体及溶液，用于制造浸渍制品或制成品的涂层。

（三）复合橡胶与纺织物复合制成的板、片及带，重量为每平方米 1500 克以上，且所含纺织材料按重量计不超过 50%的。

这些产品通过压延或“粘结”，或者两种方法并用制成，主要用于制造轮胎、管子等。

（四）其他复合橡胶的板、片及带，可用以修补轮胎及内胎（经热处理）、制造粘合补片、气密垫圈、橡胶粒及模制胶鞋底等。

（五）准备硫化的复合橡胶粒，供模压之用（例如，用于制鞋工业中）。

本品目的板、片及带（包括正几何形块）可以是经表面加工（印制、压纹、铣槽、起肋等）或仅简单切成矩形（包括正方形），不论其是否具备制品的特征；但不得切割成其他形状或进一步加工的。

本品目也不包括：

（一）作为橡胶着色原料的含着色剂（包括色淀）的橡胶浓缩分散体（品目 32.04、32.05 或 32.06）。

（二）以胶乳或其他橡胶为基料制成近似糊状的产品，用作胶粘剂、漆工用填料或非耐火涂面制剂（品目 32.14）。

（三）以加有填料、硫化剂及树脂的橡胶溶液或分散体制成的调制胶及其他调制粘合剂，以及用橡胶溶液和分散体制成的每件净重不超过 1 千克的零售包装胶水或粘合剂（品目 35.06）。

（四）品目 40.01 所列产品与品目 40.02 所列产品的混合物（品目 40.02）。

（五）混有新胶或加有其他添加剂并具有再生橡胶基本特征的再生橡胶（品目 40.03）。

（六）经表面加工以外的其他加工或切成矩形（包括正方形）以外其他形状的未硫化橡胶板、片及带（品目 40.06）。

（七）用橡胶粘合的平行纺织纱线构成的板、片及带（品目 59.06）。

40.06　其他形状（例如，杆、管或型材及异型材）的未硫化橡胶及未硫化橡胶制品（例如，盘、环）：

10　—　轮胎翻新用胎面补料胎条

90　—　其他

本品目包括在本章本品目以前各品目中未列名的其他形状的未硫化橡胶及未硫化橡胶制品，不论是否复合的。

本品目包括：

一、未硫化橡胶异型材，例如，横截面为非矩形的板、带，一般为挤压制成。本品目特别包括翻新轮胎用的断面略呈梯形的胎面补料胎条。

二、挤压制成的未硫化橡胶管，特别是用作品目 59.09 的管子的衬管。

三、未硫化橡胶的其他制品，例如：

（一）旋切未硫化橡胶片制成或将以胶乳（包括预硫化胶乳）为基料的复合物喷挤制成的橡胶线。

（二）未硫化橡胶制成的环、圆片及垫圈，主要用于某些气密容器的密封及两个部件（通常是硬的）对接处的密封。

（三）经除表面加工以外其他加工或切成矩形（包括正方形）以外其他形状的未硫化橡胶板、片及带。

本品目不包括：

（一）胶粘带，不论其衬基为何种材料（根据衬基材料归类，例如，归入品目 39.19、40.08、48.23、56.03 或 59.06）。

（二）未硫化橡胶的圆片或环，与其他材料制成的密封垫或类似接口衬垫一起装于袋、套或类似包装内的（品目 84.84）。

40.07　硫化橡胶线及绳

橡胶线可通过切割硫化橡胶板、片或通过将挤出的橡胶线硫化而制成。

本品目包括：

一、完全由硫化橡胶制成的线（单股），其任一横截面尺寸不得超过 5 毫米，否则不归入本品目（品目 40.08）。

二、绳（多股），不论其每股线的粗细程度如何。

本品目不包括夹橡胶线纺织材料（第十一类），例如，以织物包覆的橡胶绳线归入品目 56.04。

40.08　硫化橡胶（硬质橡胶除外）制的板、片、带、杆或型材及异型材：

—　海绵橡胶制：

11　——　板、片、带

19　——　其他

—　非海绵橡胶制：

21　——　板、片、带

29　——　其他

本品目包括：

一、一定长度的板、片及带（任一横截面尺寸超过 5 毫米的），或仅切成一定长度及切成矩形（包括正方形）的板、片及带。

二、正几何形块。

三、杆及异型材（包括任何横截面形状的线，其任一横截面尺寸超过 5 毫米的）。异型材是经单一工序（一般是挤压）加工制成一定长度，并且从一端到另一端具有相同或重复横截面的产品，不论其是否切成一定长度的均归入本品目，但其所切成的长度不得小于横截面的最大尺寸。

本品目的制品可以经过表面加工（例如，印制、压纹、铣槽、起肋），也可以是素色或着色（整体着色或表面着色）的。具有粘合面、用于窗框密封的异型材也归入本品目。本品目还包括成匹的橡胶铺地材料、橡胶地砖、橡胶门垫及其他橡胶制品，但这些物品应是仅通过把橡胶板、片切成矩形（包括正方形）而制得的。

对于硫化橡胶（硬质橡胶除外）与纺织材料的复合制品（整体复合或表面复合）的归类，应按照第五十六章注释三及第五十九章注释四的规定办理。硫化橡胶（硬质橡胶除外）与其他材料的复合制品，如还保持橡胶的基本特征，仍归入本品目。

本品目因此包括：

一、泡沫塑料纺织物（第五十九章注释一所规定的）、毡或无纺织物与海绵橡胶复合制成的板、片、带，只要此类纺织材料仅起增强作用。

在这一点上，无花纹、未漂白、已漂白或均匀染色的纺织物、毡或无纺织物，如仅附于板、片或带的一面，可视作仅起增强作用；如果纺织物是有图案、印花或精心加工过的，以及特种织物，例如，绒面织物、薄纱或花边，则不视为仅起增强作用。

如果是两面均覆有纺织物的泡沫橡胶板、片及条，则不论纺织物的性质如何，均不归入本品目（品目56.02、56.03或59.06）。

二、以硫化橡胶（硬质橡胶除外）浸渍、涂布、覆盖或层压的毡，所含纺织材料按重量计在50%及以下的，或纺织材料完全嵌入橡胶的。

三、完全嵌入橡胶中或两面均涂以或覆以橡胶的无纺织物，只要这些涂层或覆层不需从颜色的变化，而仅凭肉眼就可分辨出的。

本品目不包括的主要货品有：

（一）硫化橡胶制的传动带、输送带，不论是否切成一定长度（品目40.10）。

（二）具有斜角切边或模制边、圆角、网眼滚边、经其他加工以及切成矩形（包括正方形）以外其他形状的板、片及带，不论是否经表面加工（包括从中切出正方形或矩形的物品）（品目40.14、40.15或40.16）。

（三）与橡胶线合制的纺织物（第五十章至五十五章或第五十八章）。

（四）品目56.02或56.03的产品。

（五）以泡沫橡胶为衬底的纺织材料地毯及毯料（第五十七章）。

（六）轮胎帘子布（品目59.02）。

（七）第五十九章注释四所规定的用橡胶处理的纺织物（品目59.06）。

（八）与橡胶线合制的针织或钩编织物（第六十章）。

40.09　硫化橡胶（硬质橡胶除外）制的管子，不论是否装有附件（例如，接头、肘管、法兰）：

	—	未经加强或未与其他材料合制：
11	——	未装有附件
12	——	装有附件
	—	用金属加强或只与金属合制：
21	——	未装有附件
22	——	装有附件
	—	用纺织材料加强或只与纺织材料合制：
31	——	未装有附件
32	——	装有附件
	—	用其他材料加强或与其他材料合制：
41	——	未装有附件
42	——	装有附件

本品目包括完全由硫化橡胶（硬质橡胶除外）制成的管子，以及经多层材料增强，即橡胶中嵌有一层或多层纺织物、平行纺线或金属线的硫化橡胶管（包括水龙软管）。这类管子也可是外面包绕有薄的织物套及嵌心或编织纺线，还可在管外或管内加有金属螺旋线。

本品目不包括纺织材料制成的管子，为使其不透水而在管内用胶乳涂层或插入一根橡胶管。这种管有时称为“水龙带”。此类物品归入品目 59.09。

装有附件（例如，接头、肘管、法兰）的管子，如果保持管子的基本特征，仍归入本品目。

本品目还包括硫化橡胶管子，不论是否切成一定长度，但所切得的长度不得小于最大横截面尺寸。例如，切成一定长度用于制造内胎的管料。

40.10 硫化橡胶制的传动带或输送带及带料：

— 输送带及带料：

11 — — 仅用金属加强的

12 — — 仅用纺织材料加强的

19 — — 其他

— 传动带及带料：

31 — — 梯形截面的环形传动带（三角带），V 形肋状的，外周长超过 60 厘米，但不超过 180 厘米

32 — — 梯形截面的环形传动带（三角带），外周长超过 60 厘米，但不超过 180 厘米，V 形肋状的除外

33 — — 梯形截面的环形传动带（三角带），V 形肋状的，外周长超过 180 厘米，但不超过 240 厘米

34 — — 梯形截面的环形传动带（三角带），外周长超过 180 厘米，但不超过 240 厘米，V 形肋状的除外

35 — — 环形同步带，外周长超过 60 厘米，但不超过 150 厘米

36 — — 环形同步带，外周长超过 150 厘米，但不超过 198 厘米

39 — — 其他

本品目包括完全由硫化橡胶制成的或用橡胶浸渍、涂布、覆面或层压的纺织物制成的，以及用橡胶浸渍、涂布、覆面或铠包的纺织线、绳制成的传动带或输送带及带料（参见本章注释八），还包括用玻璃纤维织物、玻璃纤维或金属丝布增强的硫化橡胶带或带料。

带及带料（完全由硫化橡胶制成的除外）一般是由不论是否挂胶的多层织物（例如，经纬织物、针织或钩编织物及平行纱线敷层）做成的骨架完全覆以硫化橡胶构成，或者完全以硫化橡胶包覆的钢缆或带构成。

本品目包括长的带料（供以后切成一定长度）及已切成一定长度的带子（不论是否首尾相接或装有紧固件的），还包括环形带。

所有本类货品的横截面可以是矩形、梯形（三角带及带料）、圆形或其他形状的。

梯形截面带或带料是其横截面呈一个或多个三角形的产品。设计成三角形的表面是为了具有良好的楔紧作用，并使皮带轮缘的打滑现象减至最低程度。本类包括，例如，具有下列横截面的带或带料：

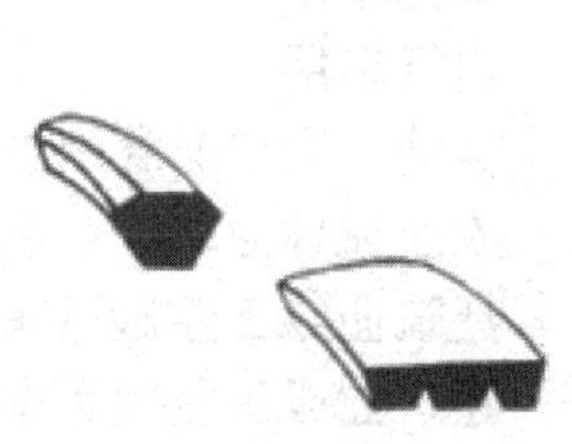

一、单一梯形的。

二、相对两边为梯形的。

三、同一面有两个或多个梯形（V 形肋状）的。

V 形肋状传动带为带有纵向肋状牵引面的环形带，牵引面可通过摩擦接合并夹紧具有类似形状的滑轮槽沟。V 形肋状传动带属于三角带的一种。

三角带的槽沟（不论是模压或切割而成）可减低弯曲应力，有助于耗散因快速挠曲而产生的热量；这对靠传动带绕着高速转动的小皮带轮进行驱动是非常重要的。除了纵向槽沟以外，槽沟不影响三角带或带料的归类。

同步驱动带（见插图）设计成在传递动力的同时，可保持皮带轮之间恒定的旋转关系。其最终产品往往简称为牙轮皮带。通常在这些皮带的内面设有许多槽口，与皮带轮的槽口能够平稳顺利地运行。同步驱动带或带料的横截面并不梯形的。

本品目的带子报验时可呈袖筒（管）状，需经切割才能制成最终产品；以这种形状报验的，其商品归类不受影响。

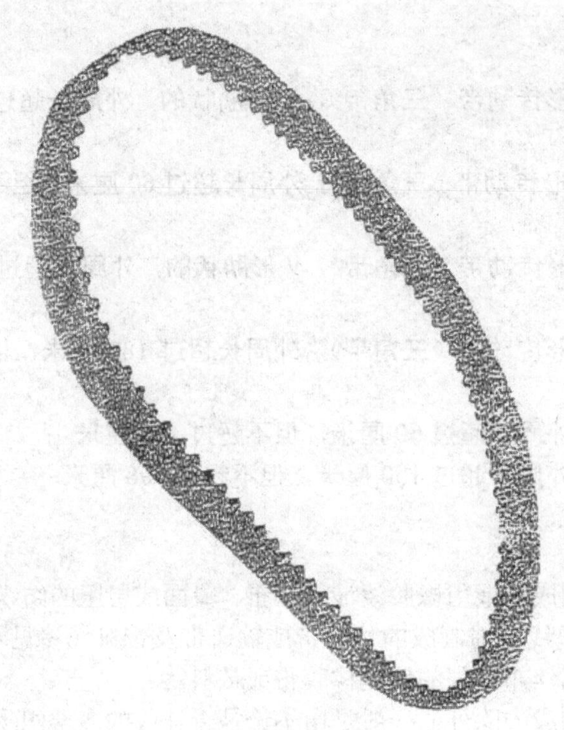

同步驱动带

传动带或输送带及带料，与配套的机器设备一起报验时，不论是否已实际装配，应按相应的机器设备进行归类（例如，归入第十六类）。

40.11　新的充气橡胶轮胎(+)：

10　—　机动小客车（包括旅行小客车及赛车）用
20　—　客运机动车辆或货运机动车辆用
30　—　航空器用
40　—　摩托车用
50　—　自行车用
　　—　其他，人字形胎面或类似胎面的：
61　——　农业或林业车辆及机器用
62　——　建筑业或工业搬运车辆及机器用，辋圈尺寸不超过 61 厘米
63　——　建筑业或工业搬运车辆及机器用，辋圈尺寸超过 61 厘米
69　——　其他

— 其他：

92 —— 农业或林业车辆及机器用

93 —— 建筑业或工业搬运车辆及机器用，辋圈尺寸不超过61厘米

94 —— 建筑业或工业搬运车辆及机器用，辋圈尺寸超过61厘米

99 —— 其他

上述轮胎可用于各种车辆或航空器、带轮玩具、机械、火炮武器等，有或无内胎均可。

°
° °

子目注释：

子目4011.61至4011.69

以下是归入本子目内的某些轮胎的图片：

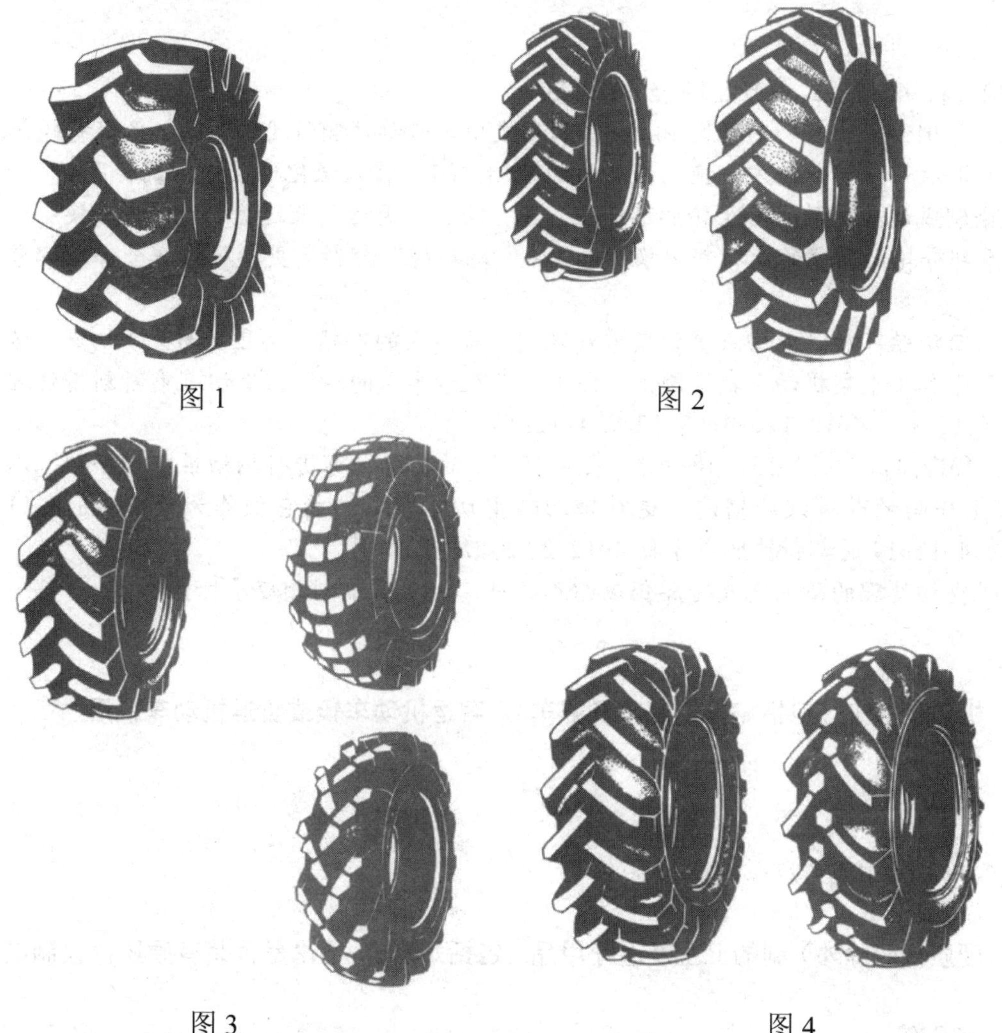

图1　　图2

图3　　图4

子目4011.62、4011.63、4011.93及4011.94

上述子目所称“建筑业或工业搬运机器”，包括采矿用的车辆及机器。

40.12　翻新的或旧的充气橡胶轮胎；实心或半实心橡胶轮胎、橡胶胎面及橡胶轮胎衬带：

— 翻新轮胎：

11 —— 机动小客车（包括旅行小客车及赛车）用

12 — — 机动大客车或货运机动车用
13 — — 航空器用
19 — — 其他
20 — 旧的充气轮胎
90 — 其他

本品目包括翻新充气橡胶轮胎及可再使用或可进行翻新的旧充气橡胶轮胎。

实心轮胎可用于带轮玩具或移动式家具。半实心轮胎，即内有一个密封充气空间的实心轮胎，用于独轮、两轮或四轮手推车。胎面用以粘合在充气轮胎胎壳的外表上，它们通常有棱纹，用于翻新充气轮胎。本品目也包括可互换的胎面，呈环形，用以装配在专门设计的轮胎胎壳上。轮胎衬带用以保护内胎免受金属箍或轮辐末端的磨损。

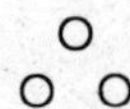

子目注释：

子目 4012.11、4012.12、4012.13、4012.19 及 4012.20

在子目 4012.11、4012.12、4012.13 及 4012.19 的条文中，所称“翻新轮胎”包括已经将轮胎胎壳上的旧胎面去除并用以下任何一种方法换上新胎面的轮胎：（1）将未硫化橡胶模制到轮胎胎壳上，或（2）将硫化橡胶条制成的硫化胎面附于轮胎胎壳上。这些轮胎可视为已经过盖补翻新（更换胎面）、重补翻新（用延伸至部分轮胎胎壁的新材料更换胎面）或“缘对缘”翻新（更换胎面并全部或部分对轮胎胎壁进行翻新）。

子目 4012.20 的旧轮胎可加以重切或重新刻槽处理，以将胎面的旧槽（仍显而易见）切深。这种重新刻槽处理一般用于加工重型机动车辆（例如，公共汽车及卡车）的轮胎。重切或重新刻槽处理的旧轮胎不归入子目 4012.11、4012.12、4012.13 及 4012.19。

子目 4012.11、4012.12、4012.13、4012.19 及 4012.20 的轮胎也可进行辅助性重切处理，以在原胎面式样上加刻上横向的或斜纹的槽沟。这种辅助性重切处理不影响它们作为子目 4012.11、4012.12、4012.13、4012.19 的翻新轮胎或子目 4012.20 的旧轮胎归类。

但是，经辅助性重切处理的新的充气轮胎仍应归入品目 40.11 项下的相应子目。

40.13 橡胶内胎：
10 — 机动小客车（包括旅行小客车及赛车）、客运机动车辆或货运机动车辆用
20 — 自行车用
90 — 其他

内胎是装配在汽车、挂车或自行车等外胎中的。

40.14 硫化橡胶（硬质橡胶除外）制的卫生及医疗用品（包括奶嘴），不论是否装有硬质橡胶制的附件：
10 — 避孕套
90 — 其他

本品目包括除硬质橡胶外的各种用于卫生及医疗用途的硫化橡胶制品（不论是否装有硬质橡胶或其他材料制的附件），品种主要有避孕套、插管、洗肠用的灌肠器及胶球、喷雾器、滴管、奶嘴（安抚奶嘴）、奶头罩、冰袋、热水袋、氧气袋、护指套、护理用充气垫（例如，环形垫）等。

本品目不包括衣着用品及附件（例如，外科医生及放射科医生用的围裙及手套）（品目 40.15）。

40.15　硫化橡胶（硬质橡胶除外）制的衣着用品及附件（包括分指手套、连指手套及露指手套）(+)：

—　分指手套、连指手套及露指手套：

11　——　外科用

19　——　其他

90　—　其他

本品目包括衣着用品及附件（包括分指手套、连指手套及露指手套），例如，外科和放射科医生以及潜水员等用的防护性手套及衣着等，不论是粘合、缝合或用其他方法制成。这些货品是：

一、完全以橡胶制成的。

二、用橡胶浸渍、涂布、覆面或层压的纺织物、针织物或钩编织物、毡、无纺织物等制成的，但归入第十一类的货品除外（参见第五十六章注释三及第五十九章注释四）。

三、橡胶制成但带有部分纺织物，而货品的基本性状是由橡胶构成的。

以上列举的三类货品包括斗蓬、围裙、汗垫、围涎、带及胸衣带。

本品目不包括下列物品：

（一）橡胶线与纺织材料合制的衣着用品及附件（第六十一章或第六十二章）。

（二）第六十四章的鞋靴及其零件。

（三）第六十五章的帽类（包括游泳帽）及其零件。

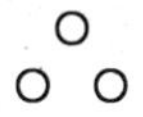

子目注释：

子目 4015.11

外科手套是外科医生戴的，通过浸渍法制得并具有良好抗撕裂性的极薄物品，报验时通常为无菌包装。

40.16　硫化橡胶（硬质橡胶除外）的其他制品：

10　—　海绵橡胶制

—　其他：

91　——　铺地制品及门垫

92　——　橡皮擦

93　——　垫片、垫圈及其他密封件

94　——　船舶或码头的碰垫，不论是否可充气

95　——　其他可充气制品

99　——　其他

本品目包括所有不归入本章其他品目或其他章的硫化橡胶（硬质橡胶除外）制品。

本品目包括：

一、泡沫橡胶制品。

二、铺地制品及门垫（包括浴室垫）。但将橡胶板、片切割成矩形（包括正方形）并且除表面加工以外未作进一步加工的垫片除外（参见品目 40.08 的注释）。

三、橡皮擦。

四、垫片、垫圈及其他密封件。

五、船舶或码头的碰垫，不论是否可充气的。

六、充气床垫、枕头、软垫及其他可充气制品（品目 40.14 或 63.06 的货品除外）；充水床垫。

七、橡胶箍条；烟丝袋；日期戳字粒及类似品。

八、瓶子的塞及封环。

九、泵机转子及活塞端头；挤奶机用的橡胶衬里；龙头、旋塞、阀门及类似器具；其他技术上用的物品（包括第十六类机器设备的零、部件及第九十章仪器、仪表的零、部件）。

十、汽车底盘衬垫橡胶、挡泥胶片及踏垫，自行车的制动胶、挡泥胶片及脚踏胶，以及第十七类的汽车、航空器或船舶用的其他零、附件。

十一、仅切割成非矩形的板、片及带，以及因为经铣削、车削、用胶水粘合、缝合或其他方式加工而不能归入品目 40.08 的物品。

十二、修补内胎的有斜削边的矩形（包括正方形）补胎片及其他任何形状的补片，经模压、切割或磨削制成，通常由一层常温硫化橡胶附在硫化橡胶衬基上构成，并在符合第五十九章注释四规定的条件下，由多层织物和橡胶组成。

十三、带橡胶锤头的锤子。

十四、小的吸力挂钩、碗盘垫、洗涤槽塞子、洗涤槽揣子、制门器、家具腿用的橡胶脚垫和其他家居用制品。

本品目不包括下列物品：

（一）归入第十一类的用橡胶浸渍、涂布、覆面或层压的纺织物、针织物、钩编织物、毡和无纺织物的制品（参见第五十六章注释三及第五十九章注释四），以及纺织材料与橡胶线合制的物品（第十一类）。

（二）第六十四章的鞋靴及其零件。

（三）第六十五章的帽类（包括游泳帽）及其零件。

（四）由贱金属制的基座、把柄、真空杆和橡胶盘构成的真空吸盘（吸盘）（第十五类）。

（五）橡皮艇及筏（第八十九章）。

（六）乐器零、附件（第九十二章）。

（七）泡沫橡胶床垫、枕头及软垫，不论是否有罩套，含品目 94.04 的填有泡沫橡胶的电热床褥。

（八）第九十五章的玩具、游戏品及运动用品的零件。

（九）手工操作的日期、封缄、编号戳和类似印戳，以及归入第九十六章的其他物品。

40.17　各种形状的硬质橡胶（例如，纯硬质胶），包括废碎料；硬质橡胶制品

硬质橡胶（例如，纯硬质胶）是用高比份（每 100 份橡胶对 15 份以上）的硫磺使橡胶硫化而制得。硬质橡胶还可含有颜料及高比份的填料，例如，煤、粘土、硅石。如果不含填料、颜料并且非泡沫状时，硬质橡胶是坚硬、棕黑色（有时呈红色）的物质，而且相对来讲是非挠性及缺乏弹性的；但可进行模塑、锯、钻、车削、打磨等加工，许多硬质橡胶经过打磨后可变得非常光亮。

本品目包括各种形状的硬质橡胶及泡沫硬质橡胶、硬质橡胶的废碎料。

本品目还包括所有其他章未列名的硬质橡胶制品，包括大桶、槽、管状物品、刀柄、球形柄、抓柄及各种类似物品、清洁及卫生用品。

本品目主要不包括：

（一）第十六类的硬质橡胶制机械或电气器具及其零件（包括各种电器用品）。

（二）第八十六章至第八十八章各品目的车辆、航空器等的硬质橡胶制零、附件。

（三）医疗、外科、牙科及兽医仪器和器具，以及其他属于第九十章的仪器、仪表设备。

（四）乐器及其零、附件（第九十二章）。
（五）枪托底板及其他武器零件（第九十三章）。
（六）家具、灯具、照明装置及其他归入第九十四章的物品。
（七）玩具、游戏品及运动用品（第九十五章）。
（八）第九十六章的刷子及其他物品。

第八类 生皮、皮革、毛皮及其制品；鞍具及挽具；旅行用品、手提包及类似容器；动物肠线（蚕胶丝除外）制品

第四十一章 生皮（毛皮除外）及皮革

注释：

一、本章不包括：

（一）生皮的边角废料（品目 05.11）；

（二）品目 05.05 或 67.01 的带羽毛或羽绒的整张或部分鸟皮；

（三）带毛生皮或已鞣的带毛皮张（第四十三章）；但下列动物的带毛生皮应归入第四十一章：牛（包括水牛）、马、绵羊及羔羊（不包括阿斯特拉罕、喀拉科尔、波斯羔羊或类似羔羊、印度、中国或蒙古羔羊）、山羊或小山羊（不包括也门、蒙古或西藏的山羊及小山羊）、猪（包括野猪）、小羚羊、瞪羚、骆驼（包括单峰骆驼）、驯鹿、麋、鹿、狍或狗。

二、

（一）品目 41.04 至 41.06 不包括经逆鞣（包括预鞣）加工的皮（酌情归入品目 41.01 至 41.03）。

（二）品目 41.04 至 41.06 所称“坯革”，包括在干燥前经复鞣、染色或加油（加脂）的皮。

三、本协调制度所称“再生皮革”，仅指品目 41.15 的皮革。

总 注 释

本章包括：

一、生皮（指个头较大的四足动物的皮，但不包括带羽毛或羽绒的鸟皮及毛皮）（品目 41.01 至 41.03）。这些品目还包括本章注释一（三）和品目 41.01 至 41.03 所述的带毛的动物生皮。

鞣制之前，应先将皮张经过一系列预处理工序，包括在碱性溶液中浸泡（软化皮张并除去保藏时的盐分），去毛、脱肉（“刮肉”），然后除去在去毛工序中所残留的石灰及其他物质，最后进行漂洗。

品目 41.01 至 41.03 也包括经可逆性鞣制(包括预鞣)加工的不带毛生皮。这种加工可对皮张进行临时稳定化处理，以便进行剖层加工，并可临时防腐。在进行精加工之前，还需要进一步鞣制的皮张不能视为品目 41.04 至 41.06 的产品。

已经预鞣或进一步加工的带毛的皮张应按本章注释一（三）的规定不归入本章。

二、经鞣制或半硝处理但未经进一步加工的皮张（品目 41.04 至 41.06）。鞣制可使皮张不腐烂，提高其防水性能。鞣酸渗入生皮组织，与胶原质形成交联。这是一种不可逆化学反应，可使产品性质稳定，耐热、轻质、透气，同时使皮张容易成型、便于使用。

皮张可经“植物鞣制”（在装有某种木料、树皮、树叶等或其汁液的鞣池中鞣制）、“矿物鞣制”（用矿物盐，例如，铬盐、铁盐或明矾鞣制）或“化学鞣制”（用甲醛或某些合成化学品鞣制）。有时上述

三种鞣法并用。用明矾与盐的混合物鞣制厚革，称为“匈牙利鞣法”，而在矾鞣中则使用盐、明矾、蛋黄及面粉的混合物进行鞣制。经过矾鞣的皮张主要用于制手套、衣服及鞋靴。

经鞣制或鞣制后进一步加工的皮张在贸易上称为“皮革”。鞣制后经干燥的皮革称为“坯革”。在半硝处理工序，可加入油脂或油以使坯革稍显润滑及柔软，也可在干燥前通过浸渍（例如，在鼓形圆桶中）对皮张进行复鞣或着色。

羊皮经油鞣及整理制成的油鞣皮革（包括结合鞣制的油鞣皮革）应归入品目 41.14。

三、鞣制或半硝处理后经进一步加工的皮革（品目 41.07、41.12 及 41.13）。在鞣制或半硝处理后，皮革通常需作进一步处理（“加脂”）以清除表层疵斑，使之更加柔软及有更好的防水性等以供使用。这些工序包括软化、拉伸、削薄、搅打或使皮革表层变硬等处理，以及加油浸渍（“加脂”）。

皮革可再进一步加工，例如，采用表面着色剂或颜料着色、仿他种革的粒化或压花、上光、抛光、对肉面（有时粒面）磨光以产生绒面、打蜡、染黑、釉光、缎光、印花等。

羊皮纸化处理的皮革是生皮不经鞣制而用能保证其长期保存的方法制得的，即，将生皮加以柔化、去毛、刮肉、洗涤，然后绷紧固定在框架上，涂以含有白垩粉及苏打或熟石灰的粉浆，削刮至所需厚度，再用浮石磨平。最后可用明胶及淀粉加以处理。

质量较好的皮革称为“犊皮纸”，是用新生牛犊的皮制成的。这种皮用于精装书、重要文件或鼓面等。较厚的皮张（通常为大牛的皮）有时也用类似方法进行处理（较粗糙的产品称为“生牛皮”），用于制造机器零件、工具、旅行用品等。

四、油鞣皮革；漆皮及层压漆皮；镀金属皮革（品目 41.14）。品目 41.14 包括品目条文列名并通过特种加工制成的具有特色的皮革。因此，本品目包括羊皮经油鞣及整理制成的油鞣皮革（包括结合鞣制的油鞣皮革）；涂有一层清漆或大漆，或在皮革表面覆盖一层塑料膜的皮革（漆皮及层压漆皮）；以及表面涂有或覆盖金属粉末或金属箔的皮革（镀金属皮革）。

五、以皮革或皮革纤维为基本成分的再生（粘合）皮革（品目 41.15）。

六、皮革或再生皮革的边角废料（品目 41.15）。本品目不包括生皮或毛皮的边角料及类似废料。

皮张和皮革，不论是整张（即具有动物轮廓的皮张和皮革，但可去掉头、脚部分）、还是部分（例如，半边皮、肩皮、整张或半张背皮、腹皮、颊皮）、成条或成块的，均归入本章。但切成特殊形状的小块皮革应作为其他章的制品归类，特别是归入第四十二章或第六十四章。

剖层皮和剖层革应按整张皮或整张革的相应品目归类。剖层是将皮张水平片割为一层以上的过程，可在鞣制前或在鞣制后进行。剖层的目的是为了获得更为均匀的厚度以便于加工，并制得更为一致的成品革。皮张的外层或粒面层，称为“粒面剖层皮”，通过环状带式刀片对皮张进行平整，可达到几毫米的精度；底层称为“肉面剖层皮”，其形状和厚度是不规则的。特别厚的皮张，例如水牛皮，可以得到数层剖层皮，但这种剖层皮的中间层在结构上没有外层紧密。

41.01　生牛皮（包括水牛皮）、生马皮（鲜的、盐渍的、干的、石灰浸渍的、浸酸的或以其他方法保藏，但未鞣制、未经羊皮纸化处理或进一步加工的），不论是否去毛或剖层：

20　—　未剖层的整张皮，简单干燥的每张重量不超过 8 千克，干盐腌的不超过 10 千克，鲜的、湿盐腌的或以其他方法保藏的不超过 16 千克

50　—　整张皮，重量超过 16 千克

90　—　其他，包括整张或半张的背皮及腹皮

本品目包括牛科动物（包括水牛）（即品目 01.02 的动物，参见该品目的注释）或马科动物（马、骡、驴、斑马等）的生皮（不论是否已经去毛）。

上述生皮可以是新鲜的（未经处理的），也可以是经过盐渍、干燥、石灰浸渍、浸酸或用其他方法进行短期防腐处理的。还可对皮进行清洁、剖层、刮肉处理，或经可逆性鞣制（包括预鞣），但未经其他任何鞣制或类似处理（例如，羊皮纸化处理），也未经进一步加工。

皮张可以用盐干渍或用盐水湿渍。用盐干渍时有时加入少量其他物质以防产生污斑。在印度，有时加入含有硫酸钠的粘土。

生皮可直接干制或用盐渍后干制。皮张在干制过程中常用杀虫剂、灭菌剂或类似制剂加以处理。

石灰浸渍是将皮张泡于石灰水中或涂上一层熟石灰浆，以便于皮张脱毛，还能防腐。

浸酸是将皮张侵入加有普通盐的淡盐酸、淡硫酸或其他化学品溶液中。这种处理对皮张能起到防腐作用。

本品目不包括：

（一）未烹煮的食用动物皮（品目02.06或02.10）（已烹煮的应归入品目16.02）；

（二）生皮的边角废料（品目05.11）。

41.02 绵羊或羔羊生皮（鲜的、盐渍的、干的、石灰浸渍的、浸酸的或经其他方法保藏，但未鞣制、未经羊皮纸化处理或进一步加工的），不论是否带毛或剖层，但本章注释一（三）所述不包括的生皮除外：

10 — 带毛

— 不带毛：

21 — — 浸酸的

29 — — 其他

本品目包括绵羊或羔羊的生皮，不论是否带毛，但不包括阿斯特拉罕、喀拉科尔、波斯羔羊或类似羔羊（例如，与喀拉科尔或波斯羔羊相类似，但在世界各地叫法不同的羔羊）、印度、中国、蒙古羔羊或西藏羔羊。

上述生皮可以是新鲜的（未经处理的），也可以是经过盐渍、干燥、石灰浸渍、浸酸或用其他方法进行短期防腐处理的（参见品目41.01的注释）。还可对皮进行清洁、剖层、刮肉处理，或经可逆性鞣制（包括预鞣），但未经其他任何鞣制或类似处理（例如，羊皮纸化处理），也未经进一步加工。

本品目不包括：

（一）未烹煮的食用动物皮（品目02.06或02.10）（已烹煮的应归入品目16.02）。

（二）生皮的边角废料（品目05.11）。

41.03 其他生皮（鲜的、盐渍的、干的、石灰浸渍的、浸酸的或以其他方法保藏，但未鞣制、未经羊皮纸化处理或进一步加工的），不论是否去毛或剖层，但本章注释一（二）或（三）所述不包括的生皮除外：

20 — 爬行动物皮

30 — 猪皮

90 — 其他

本品目包括：

一、各种不带毛或已去毛的生皮，但品目41.01或41.02的生皮除外。本品目还包括已去羽毛及羽绒的鸟皮、鱼皮、爬行动物皮和去毛的山羊及小山羊皮（包括也门、蒙古及西藏的山羊及小山羊皮）。

二、下列动物未去毛的生皮：

（一）山羊及小山羊（也门、蒙古及西藏的山羊及小山羊除外）。

（二）猪，包括野猪。

（三）小羚羊、瞪羚及骆驼（包括单峰骆驼）。

（四）麋、驯鹿、狍及其他鹿。

（五）狗。

上述生皮可以是新鲜的（未经处理的），也可以是经过盐渍、干燥、石灰浸渍、浸酸或用其他方法进行短期防腐处理的（参见品目 41.01 的注释）。还可对皮进行清洁、剖层、刮肉处理，或经可逆性鞣（包括预鞣），但未经其他任何鞣制或类似处理（例如，羊皮纸化处理），也未经进一步加工。

本品目不包括：

（一）未烹煮的食用动物皮（第二章）或鱼皮（第三章）（已烹煮的应归入第十六章）。

（二）生皮的边角废料（品目 05.11）。

（三）品目 05.05 或 67.01 的带羽毛或羽绒的整张或部分鸟皮。

41.04 经鞣制的不带毛牛皮（包括水牛皮）、马皮及其坯革，不论是否剖层，但未经进一步加工：

— 湿革（包括蓝湿皮）：

11 — — 全粒面未剖层革；粒面剖层革

19 — — 其他

— 干革（坯革）：

41 — — 全粒面未剖层革；粒面剖层革

49 — — 其他

本品目包括牛科动物（含水牛）或马科动物的已去毛皮张，这些皮已经鞣制或半硝处理，但未经进一步加工（参见本章总注释）。

本品目不包括：

（一）油鞣皮革（包括结合鞣制的油鞣皮革）（品目 41.14）。

（二）经鞣制皮革或坯革的边角废料（品目 41.15）。

（三）带毛鞣制或半硝处理的牛科动物（包括水牛）或马科动物的皮张（第四十三章）。

41.05 经鞣制的不带毛绵羊或羔羊皮革及其坯革，不论是否剖层，但未经进一步加工：

10 — 湿革（包括蓝湿皮）

30 — 干革（坯革）

本品目包括经鞣制或半硝处理，但未经进一步加工的绵羊或羔羊（包括绵羊与山羊杂交的羊）的不带毛皮张（参见本章总注释）。

绵羊及羔羊皮革虽与山羊及小山羊皮革有些相似，但质地较为松弛，粒面更不规则。

绵羊皮常用“矾鞣法”鞣制（参见本章总注释）。

绵羊皮的粒面剖层革经鞣制后称为“粒层革”；“熟羊皮”是绵羊皮用某种植物鞣剂鞣制而成。

本品目不包括：

（一）油鞣皮革（包括结合鞣制的油鞣皮革）（品目 41.14）。

（二）经鞣制皮革或坯革的边角废料（品目 41.15）。

（三）带毛鞣制或半硝处理的绵羊皮或羔羊皮（第四十三章）。

41.06 经鞣制的其他不带毛动物皮革及其坯革，不论是否剖层，但未经进一步加工：

— 山羊或小山羊的：

21 — — 湿革（包括蓝湿皮）

22　——　干革（坯革）
　　—　　猪的：
31　——　湿革（包括蓝湿皮）
32　——　干革（坯革）
40　—　　爬行动物的
　　—　　其他：
91　——　湿革（包括蓝湿皮）
92　——　干革（坯革）

本品目包括经鞣制或半硝处理，但未经进一步加工的山羊或小山羊的不带毛皮张（参见本章总注释）。

区别绵羊皮与山羊皮的要点，参见品目41.05的注释。

山羊皮及小山羊皮也可用“矾鞣法”鞣制（参见本章总注释）。

本品目还包括品目41.04至41.05未列名的所有动物的无毛或去毛的皮张，这些皮张的加工方法与上述品目所述的皮张加工方法相同（参见本章总注释）。

因此，本品目包括猪、爬行动物（蜥蜴、蛇、鳄鱼等）、羚羊、大袋鼠、鹿、小羚羊、驯鹿、麋、象、骆驼（包括单峰骆驼）、河马、狗、鱼或水生哺乳动物等的皮革。

本品目不包括：

（一）油鞣皮革（包括结合鞣制的油鞣皮革）（品目41.14）。

（二）经鞣制皮革或坯革的边角废料（品目41.15）。

（三）带毛鞣制或半硝处理的皮张（第四十三章）。

41.07　经鞣制或半硝处理后进一步加工的不带毛的牛皮革（包括水牛皮革）或马皮革，包括羊皮纸化处理的皮革，不论是否剖层，但品目41.14的皮革除外：

　　—　　整张的：
11　——　全粒面未剖层革
12　——　粒面剖层革
19　——　其他
　　—　　其他，包括半张的：
91　——　全粒面未剖层革
92　——　粒面剖层革
99　——　其他

本品目包括经羊皮纸化处理的牛科动物（含水牛）及马科动物的去毛皮张，也包括鞣制或半硝处理后经进一步加工的皮革（参见本章总注释）。

牛皮革或马皮革以结实耐用著称，因而一般用作鞋底革及机器皮带革。

鞋底革是一种经过重碾或锤制的皮革，通常采用植物鞣法或结合法鞣制，呈棕色，但有些品种用铬鞣法鞣制（呈带绿的蓝色）。

机器皮带革通常是用黄牛背皮制作，一般采用植物鞣法鞣制，经充分上油和整理使之结实、柔韧，抗拉伸性强。

牛皮革（包括水牛皮革）及马皮革也常用于制作靴面或鞋面，例如，名为“格纹辣皮”或“条纹辣皮”的皮革（一种着色上光的铬鞣小牛皮革，用铬鞣法，有时用结合法鞣制而成）。

本品目不包括：

（一）油鞣皮革（包括结合鞣制的油鞣皮革）、漆皮、层压漆皮及镀金属皮革（品目 41.14）。

（二）皮革的边角废料（品目 41.15）。

（三）带毛鞣制的牛科动物（包括水牛）或马科动物的皮张（第四十三章）。

【41.08】

【41.09】

【41.10】

【41.11】

41.12　经鞣制或半硝处理后进一步加工的不带毛的绵羊或羔羊皮革，包括羊皮纸化处理的皮革，不论是否剖层，但品目 41.14 的皮革除外

本品目包括经羊皮纸化处理的绵羊或羔羊（包括绵羊和山羊杂交的羊）的去毛皮张，也包括鞣制或半硝处理后经进一步加工的绵羊或羔羊皮革（参见本章总注释）。

绵羊或羔羊皮革虽与山羊或小山羊皮革有些相似，但质地较为松弛，粒面更不规则。

本品目不包括：

（一）油鞣皮革（包括结合鞣制的油鞣皮革）、漆皮、层压漆皮及镀金属皮革（品目 41.14）。

（二）皮革的边角废料（品目 41.15）。

（三）带毛鞣制的绵羊或羔羊皮张（第四十三章）。

41.13　经鞣制或半硝处理后进一步加工的不带毛的其他动物皮革，包括羊皮纸化处理的皮革，不论是否剖层，但品目 41.14 的皮革除外：

10　—　山羊或小山羊的

20　—　猪的

30　—　爬行动物的

90　—　其他

本品目包括经羊皮纸化处理的山羊或小山羊的去毛皮张，也包括鞣制或半硝处理后经进一步加工的山羊皮革（参见本章总注释）。

区别绵羊皮革与山羊皮革的要点，参见品目 41.12 的注释。

山羊或小山羊皮张也可用“矾鞣法”鞣制。（参见本章总注释）。

本品目还包括品目 41.07 及 41.12 未列名的所有动物的无毛或去毛的皮张，这些皮张的加工方法与上述品目所述的皮张加工方法相同（参见本章总注释）。

因此，本品目包括猪、爬行动物（蜥蜴、蛇、鳄鱼等）、羚羊、大袋鼠、鹿、小羚羊、驯鹿、麇、象、骆驼（包括单峰骆驼）、河马、狗、鱼或水生哺乳动物等的皮革（品目 41.14 的皮革除外）。

本品目不包括商业上称之为“仿麂皮”的皮革。它是一种将绵羊皮剖层后用甲醛或油鞣制而成的可洗皮革（品目 41. 12 或 41.14）。

本品目也不包括：

（一）油鞣皮革（包括结合鞣制的油鞣皮革）、漆皮、层压漆皮及镀金属皮革（品目 41.14）。

（二）皮革的边角废料（品目 41.15）。

（三）带毛鞣制的皮张（第四十三章）。

41.14 油鞣皮革（包括结合鞣制的油鞣皮革）；漆皮及层压漆皮；镀金属皮革：

10 — 油鞣皮革（包括结合鞣制的油鞣皮革）

20 — 漆皮及层压漆皮；镀金属皮革

一、油鞣皮革（包括结合鞣制的油鞣皮革）

油鞣皮革是通过用鱼油或动物油反复鞣制，然后加热烘干或晾干，用碱水洗去余油，最后清洁皮张的表面，并用浮石或其他磨料进行磨里加工制得。这样鞣制的皮革通常采用正面起绒除去粒层的绵羊或羔羊肉面剖层皮来做原料。

油鞣皮革的特点是柔软可洗，呈黄色（染色的除外），大部分用来制造手套、洗革等。大动物（鹿等）的皮经过类似处理后可用于制衣服、挽具或作某些工业用途。

上述仅用油鞣制的油鞣皮革有时称为全油鞣皮革。

与黄色油鞣皮革性质相似的白色可洗革是先以甲醛作不完全鞣制，然后再按上述方法加以油鞣制得，称为“结合鞣制的油鞣皮革”。本品目也包括这种皮革，但不包括其他可洗革（例如，用明矾及甲醛鞣制的皮革），也不包括用其他方法完全鞣制后仅用油“加脂”的皮革。

二、漆皮及层压漆皮；镀金属皮革

本组包括：

（一）漆皮，即涂有一层清漆或大漆，或在皮革表面覆盖一层塑料膜的皮革。这种皮革的表面光亮宛如镜面。

所用清漆或大漆可加色或不加色，其基本成分为：

1. 植物干性油（通常为亚麻子油）；

2. 纤维素衍生物（例如，硝化纤维素）；

3. 合成产品（不论是否热塑塑料），主要为聚氨酯。

覆盖在皮革表面的塑料膜一般是用聚氨酯或聚氯乙烯制成的。

这类产品的表面不一定平滑，可压花以模仿某种皮（鳄鱼皮、蜥蜴皮等），也可人工挤压、起绉或制成粒面，但必须像镜面般光亮。

涂层或塑料膜的厚度不得超过 0.15 毫米。

本组还包括用颜料（包括云母、硅石或类似的片状粉末）混合粘合剂（例如，塑料或植物干性油）组成的油漆或大漆涂覆，使其具有金属光泽的皮革（“仿镀金属皮革”）。

（二）层压漆皮，商业上称为特种漆革，这种皮革的表面覆盖了一层塑料片，其厚度超过 0.15 毫米，但不超过总厚度的一半，并且与漆皮一样有着镜面般的光洁表面（所覆盖的塑料片厚度超过 0.15 毫米，且不小于总厚度的一半的皮革，应归入第三十九章）。

（三）镀金属皮革，即表面涂有或覆盖金属（例如，银、金、青铜或铝）粉末或箔的皮革。

但本品目不包括涂漆或镀金属的再生皮革（品目 41.15）

41.15 以皮革或皮革纤维为基本成分的再生皮革，成块、成张或成条的，不论是否成卷；皮革或再生皮革的边角废料，不适宜作皮革制品用；皮革粉末：

10 — 以皮革或皮革纤维为基本成分的再生皮革，成块、成张或成条的，不论是否成卷

20 — 皮革或再生皮革的边角废料，不适宜作皮革制品用；皮革粉末

一、再生皮革

本组仅包括以真皮革或皮革纤维为基本成分的再生皮革，必须注意，本品目不包括以真皮革以外的其他材料为基本成分的仿皮革，例如，塑料仿皮革（第三十九章）、橡胶仿皮革（第四十章）、纸及纸板仿皮革（第四十八章）或涂布纺织品（第五十九章）。

再生皮革也被称为"粘合皮革"，可用下列方法制成：

（一）用胶水或其他粘合剂将皮革边角料及小块废料粘合而成。

（二）不用任何粘合剂而用高压将皮革边角料及小块废料压合而成。

（三）将皮革边角废料置于热水中加热后分解为细纤维（象纸一样不用粘合剂），所得的皮浆经过筛滤、滚压及研光制成皮张。

再生皮革可以染色、压花、抛光、粒面或压印，用金刚砂或刚玉砂起绒，也可涂清漆或镀金属。

成块、成张或成条的再生皮革，不论是否成卷，均应归入本品目；如果切割成正方形或长方形以外其他形状的，应归入其他章，主要归入第四十二章。

二、边角废料

本组包括：

（一）在加工皮革（包括再生皮革或羊皮纸化处理的皮革）货品过程中所产生的皮革边角废料，适于制再生皮革或胶水等，或用作肥料。

（二）废旧的皮革制品，不能再作原用途使用，也不能用于制造其他皮革制品。

（三）皮革粉屑（在皮革磨光及磨里所产生的废料），可用作肥料或用以制造人造起毛皮革、再生皮革铺地制品等。

（四）皮革细粉，研磨皮革废料而得，用于制造仿麂皮织物或作为塑料的填料等。

皮革碎片及破旧皮革货品（例如，旧机器皮带），凡可供制造皮革货品的，应作为皮革归入适当品目（品目 41.07 或 41.12 至 41.14）。

本品目也不包括：

（一）生皮的边角废料（品目 05.11）。

（二）品目 63.09 的旧鞋靴。

第四十二章　皮革制品；鞍具及挽具；旅行用品、手提包及类似容器；动物肠线（蚕胶丝除外）制品

注释：

一、本章所称的“皮革”包括油鞣皮革（含结合鞣制的油鞣皮革）、漆皮、层压漆皮和镀金属皮革。

二、本章不包括：

（一）外科用无菌肠线或类似的无菌缝合材料（品目 30.06）；

（二）以毛皮或人造毛皮衬里或作面（仅饰边的除外）的衣服及衣着附件（分指手套、连指手套及露指手套除外）（品目 43.03 或 43.04）；

（三）网线袋及类似品（品目 56.08）；

（四）第六十四章的物品；

（五）第六十五章的帽类及其零件；

（六）品目 66.02 的鞭子、马鞭或其他物品；

（七）袖扣、手镯或其他仿首饰（品目 71.17）；

（八）单独报验的挽具附件或装饰物，例如，马镫、马嚼子、马铃铛及类似品、带扣（一般归入第十五类）；

（九）弦线、鼓面皮或类似品及其他乐器零件（品目 92.09）；

（十）第九十四章的物品（例如，家具，灯具及照明装置）；

（十一）第九十五章的物品（例如，玩具、游戏品及运动用品）；或

（十二）品目 96.06 的钮扣、揿扣、钮扣芯或这些物品的其他零件、钮扣坯。

三、

（一）除上述注释二所规定的以外，品目 42.02 也不包括：

1. 非供长期使用的带把手塑料薄膜袋，不论是否印制（品目 39.23）；

2. 编结材料制品（品目 46.02）。

（二）品目 42.02 及 42.03 的制品，如果装有用贵金属、包贵金属、天然或养殖珍珠、宝石或半宝石（天然、合成或再造）制的零件，即使这些零件不是仅作为小配件或小饰物的，只要其未构成物品的基本特征，仍应归入上述品目。但如果这些零件已构成物品的基本特征，则应归入第七十一章。

四、品目 42.03 所称“衣服及衣着附件”，主要适用于分指手套、连指手套及露指手套（包括运动手套及防护手套）、围裙及其他防护用衣着、裤吊带、腰带、子弹带及腕带，但不包括表带（品目 91.13）。

总　注　释

本章主要包括皮革或再生皮革的制品。品目 42.01 及 42.02 也包括某些具有皮革业产品特征但是用其他材料制成的制品。本章还包括某些肠线、肠膜、膀胱或筋腱制品。

本章所称“皮革”的定义参见本章注释一。所称“皮革”包括油鞣皮革（包括结合鞣制的油鞣皮革）、漆皮、层压漆皮和镀金属皮革，即品目 41.14 所述的产品。

但某些皮革制品应归入其他各章，本章各品目项下的注释对此作了说明。

42.01　各种材料制成的鞍具及挽具（包括缰绳、挽绳、护膝垫、口套、鞍褥、马褡裢、狗外套及类似品），适合各种动物用

本品目包括适合各种动物用的皮革、再生皮革、毛皮、纺织物或其他材料制成的各种器具。

这些货品主要包括骑畜、挽畜、驮畜用的鞍具及挽具（包括缰绳、辔、挽绳），马用护膝垫、眼罩和护蹄，马戏团动物的装饰品、任何动物的口套、狗或猫的颈圈、挽绳及饰物，鞍褥、鞍垫及马褡裢，制成特殊形状专门供骑马用的毯子、狗外套。

本品目不包括：

（一）单独报验的挽具配件或装饰物，例如，马蹬、马嚼子、马铃铛及类似品、带扣（一般归入第十五类），马戏团动物用的羽饰等装饰品（应分别归入适当的品目）。

（二）儿童或成年人用的挽带或背带（品目 39.26、42.05、63.07 等）。

（三）鞭子、马鞭及品目 66.02 的其他物品。

42.02　衣箱、提箱、小手袋、公文箱、公文包、书包、眼镜盒、望远镜盒、照相机套、乐器盒、枪套及类似容器；旅行包、食品或饮料保温包、化妆包、帆布包、手提包、购物袋、钱夹、钱包、地图盒、烟盒、烟袋、工具包、运动包、瓶盒、首饰盒、粉盒、刀叉餐具盒及类似容器，用皮革或再生皮革、塑料片、纺织材料、钢纸或纸板制成，或者全部或主要用上述材料或纸包覆制成(+)：

—　衣箱、提箱、小手袋、公文箱、公文包、书包及类似容器：
11　——　以皮革或再生皮革作面
12　——　以塑料或纺织材料作面
19　——　其他
—　手提包，不论是否有背带，包括无把手的：
21　——　以皮革或再生皮革作面
22　——　以塑料片或纺织材料作面
29　——　其他
—　通常置于口袋或手提包内的物品：
31　——　以皮革或再生皮革作面
32　——　以塑料片或纺织材料作面
39　——　其他
—　其他：
91　——　以皮革或再生皮革作面
92　——　以塑料片或纺织材料作面
99　——　其他

本品目仅包括本品目具体列名的物品及类似容器。

这些容器可以是硬的或具有硬基底的，也可以是软的并且无基底的。

除本章注释二和三另有规定的以外，本品目第一部分所包括的物品可用任何材料制成。这里所指的“类似容器”，包括帽盒、相机附件套、弹药盒、猎刀鞘及野营刀鞘、制成专门形状或内部装有配件以适合盛装特定工具（不论是否带附件等）的手提式工具箱或工具盒等。

但本品目第二部分所包括的物品，必须是用本品目所列材料制成，或全部或主要用这些材料或纸（基底可以是木头、金属等）包覆的。所称“皮革”包括油鞣皮革（包括结合鞣制的油鞣皮革）、漆皮、层压漆皮和镀金属皮革（参见本章注释一）。这里所指的“类似容器”，包括皮夹子、文具盒、笔盒、票证盒、针线盒、钥匙袋、雪茄烟盒、烟丝盒、工具或珠宝卷包、鞋盒、刷盒等。

本品目的货品可装有贵金属、包贵金属、天然或养殖珍珠、宝石或半宝石（天然、合成或再造）制的零件，即使这些零件不是仅作为小配件或小饰物的，只要其未构成物品的基本特征，仍归入本品目。因此，装有缟玛瑙钩扣的银框皮手袋仍归入本品目〔参见本章注释三（二）〕。

所称“运动包”，包括高尔夫球袋、体操袋、网球拍提袋、滑雪袋和钓鱼袋。

所称“首饰盒”，不仅包括为存放首饰而专门设计的盒子，也包括其形状和配件专门适于盛装一件或多件首饰的各种规格的类似有盖容器，不论是否装有铰链或扣件。它们一般用纺织材料衬里。这些容器盛装首饰后可一同展示及出售，适于长期使用。

所称“食品或饮料保温包”，包括在运输或临时保存期间保持食物及饮料温度用的可重复使用的保温包。

本品目不包括：

（一）本章注释三（一）1 所列的购物袋，包括由两层塑料外层夹住一层泡沫塑料内层构成的袋子，不适合长期使用。

（二）编结材料制品（品目 46.02）。

（三）虽具有容器的特征，但与本品目所列货品不同的物品，例如，全部或主要用皮革、塑料片等包覆的书籍封皮及护套、卷宗皮、公文袋、吸墨水纸滚台、相框、糖果盒、烟草罐、烟灰缸、陶瓷或玻璃瓶等。这些物品如果用皮革或再生皮革制成（或包覆）的，应归入品目 42.05；如果用其他材料制成（或包覆）则应归入其他章。

（四）网线袋及类似品（品目 56.08）。

（五）仿首饰（品目 71.17）。

（六）非制成专门形状或内部装有配件以适合盛装特定工具（不论是否带附件）的工具箱或工具盒（通常归入品目 39.26 或 73.26）。

（七）剑、刺刀、匕首或类似兵器的鞘或套（品目 93.07）。

（八）第九十五章的物品（例如，玩具、游戏品及运动用品）。

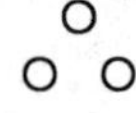

子目注释：

子目 4202.11、4202.21、4202.31 及 4202.91

在这些子目中，所称的“以皮革做面”包括涂布了一层薄的塑料或合成橡胶的皮革，该涂层无法用肉眼辨别（其厚度通常小于 0.15 毫米），用于保护皮革表面，不论其是否带来颜色或光泽上的变化。

子目 4202.31、4202.32 及 4202.39

这些子目适用于通常置于口袋或手提包内的物品，包括眼镜盒、皮夹子、钱夹、钱包、钥匙包、香烟盒、雪茄烟盒、烟斗盒及烟袋。

42.03 皮革或再生皮革制的衣服及衣着附件(+)：

10 — 衣服

— 手套，包括连指或露指的：

21 — — 专供运动用

29 — — 其他

30 — 腰带及子弹带

40 — 其他衣着附件

本品目包括各种皮革或再生皮革制的衣服及衣着附件（以下列明不包括的除外），因此，本品目包括上衣、大衣、分指手套、连指手套及露指手套（包括运动手套及防护手套）、围裙、袖套及其他保护性衣着、背带、腰带、子弹带、紧身褡、领带及腕带。

本品目也包括一头已切成锥形，明显用于制腰带的皮带条。

用皮革和毛皮或皮革和人造毛皮制成的分指手套、连指手套及露指手套应一律归入本品目。

除分指手套、连指手套及露指手套以外，用皮革或再生皮革制成的衣服和衣着附件如果用毛皮或人造毛皮衬里或非装饰性地附于表面，应归入品目43.03或43.04。

上述货品不论是否装有电热元件均归入本品目。

本品目的货品可装有贵金属、包贵金属、天然或养殖珍珠、宝石或半宝石（天然、合成或再造）制的零件，即使这些零件不是仅作为小配件或小饰物的，只要其未构成物品的基本特征，仍归入本品目。因此，装有金皮带扣的皮带仍归入本品目〔参见本章注释三（二）〕。

本品目不包括：

（一）用已鞣制的毛皮，特别是羔羊皮或绵羊皮制成的衣服及衣着附件（第四十三章）。

（二）用有皮革增强的纺织材料制成的服装（第六十一章或第六十二章）。

（三）第六十四章的物品（例如，鞋靴及其零件）。

（四）第六十五章的帽类及其零件。

（五）链扣、手镯或其他仿首饰（品目71.17）。

（六）表带（品目91.13）。

（七）第九十五章的物品，例如，板球或曲棍球护胫等运动用品以及运动保护器具（击剑面罩及胸铠等）（但皮革制的运动服和分指、连指及露指的运动手套仍归入本品目）。

（八）钮扣、按扣、揿扣、钮扣芯及它们的零件，钮扣坯（品目96.06）。

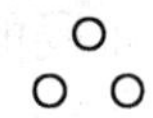

子目注释：

子目4203.21

所称“专供运动用的手套，包括连指或露指的”，是指经特别设计，专门适用于某项体育运动的分指、连指或露指手套（例如，可保护手并帮助握牢曲棍的冰球手套以及拳击手套），不论是单只还是成对销售的。

【42.04】

42.05　皮革或再生皮革的其他制品

本品目包括不归入本章上述各品目或协调制度其他各章的皮革或再生皮革制品。

本品目包括以下用于机器、机械器具或具有其他专门技术用途的制品：

一、机器任何部位的传动带或输送带（包括编结带），不论是成品带或是一定长度的带子。扁皮带是由所选用的皮带条两端叠接胶合而成。圆皮带通常用扁皮革经卷圆胶合从而构成圆形截面。输送吊斗也包括在内。

与机器设备同时报验的专用传动带或输送带，不论是否已实际装配在机器设备上，均应与有关机器设备一同归类（例如，归入第十六类）。

二、纺织机械所用的肚档皮带、清棉皮带、精梳皮革、钢丝针布皮革（装有针的钢丝针布应归入品目84.48）、综丝皮条及其他皮革制品；齿轮、垫片、垫圈、阀门皮件、泵或压机的皮件、印刷机用的滚筒套、分类机用的穿孔皮革；生皮锤；煤气表膜片以及第九十章机械装置及仪器的其他皮革零件；

皮管。

本品目还包括下列物品：

行李标签；磨剃刀的皮带；靴带；运送包裹用的把手；箱角加固件（用于衣箱、提箱等）；未填充的蒲团套（已填充的应归入品目 94.04）；通用皮带（品目 42.01 的除外）；儿童或成人用的挽带或背带；成段的革条；皮垫子（归入品目 42.01 的鞍褥除外）；书籍封皮；吸墨水纸滚台；与品目 42.02 所列物品不同的皮革或山羊皮水瓶及其他容器（包括全部或主要用皮革或再生皮革包覆的）；背带的零件；皮革包面的扣子、钩扣及类似品；剑的饰结；具有锯齿边或已缝制的油鞣皮革〔但未切割成特殊形状或没有锯齿边的油鞣皮革（例如，作揩布用的油鞣皮革）应归入品目 41.14〕；包鹿皮的指甲锉；切成一定形状用于制皮革或再生皮革制品（例如，衣服）的未列名皮革或再生皮革片。

本品目不包括：

（一）第六十四章的鞋靴零件。

（二）品目 66.02 的鞭子、马鞭或其他物品。

（三）人造花、叶、果实及其零件（品目 67.02）。

（四）链扣、手镯或其他仿首饰（品目 71.17）。

（五）第九十四章的物品（例如，家具及其零件、灯具及照明装置）。

（六）第九十五章的物品（例如，玩具、游戏品及运动用品）。

（七）品目 96.06 的钮扣、揿扣等。

42.06 肠线（蚕胶丝除外）、肠膜、膀胱或筋腱制品

本品目包括：

一、羊肠线，由洁净干燥的动物肠，尤其是羊肠的细条经过搓捻制成，主要用于制球拍、鱼具和机器零件。

但本品目不包括外科用无菌肠线或类似的无菌缝合材料（品目 30.06）或制成乐器弦的肠线（品目 92.09）。

二、制成矩形（包括正方形）或切成其他形状的肠膜及其他肠膜制品（肠膜是从绵羊或其他反刍动物的盲肠制得的）。

三、膀胱制品，例如，烟袋；筋腱制成的机器传动带及制传动带的编带等。用天然肠子撕片胶合而成的“人造”肠线也归入本品目。

第四十三章　毛皮、人造毛皮及其制品

注释：

一、本协调制度所称"毛皮"，是指已鞣的各种动物的带毛毛皮，但不包括品目 43.01 的生毛皮。

二、本章不包括：

（一）带羽毛或羽绒的整张或部分鸟皮（品目 05.05 或 67.01）；

（二）第四十一章的带毛生皮〔参见该章注释一（三）〕；

（三）用皮革与毛皮或用皮革与人造毛皮制成的分指手套、连指手套及露指手套（品目 42.03）；

（四）第六十四章的物品；

（五）第六十五章的帽件及其零件；或

（六）第九十五章的物品（例如，玩具、游戏品及运动用品）。

三、品目 43.03 包括加有其他材料缝合的毛皮和毛皮部分品，以及缝合成衣服、衣服部分品、衣着附件或其他制品的毛皮和毛皮部分品。

四、以毛皮或人造毛皮衬里或作面（仅饰边的除外）的衣服及衣着附件（不包括注释二所述的货品），应分别归入品目 43.03 或 43.04，但毛皮或人造毛皮仅作为装饰的除外。

五、本协调制度所称"人造毛皮"，是指以毛、发或其他纤维粘附或缝合于皮革、织物或其他材料之上而构成的仿毛皮，但不包括以机织或针织方法制得的仿毛皮（一般应归入品目 58.01 或 60.01）。

总　注　释

本章包括：

一、生毛皮，但不包括品目 41.01、41.02 及 41.03 的生皮和皮张。

二、未缝制或已缝制的已鞣带毛皮张。

三、毛皮制的衣服、衣着附件及其他制品（品目 43.03 注释中所列不包括的物品除外）。

四、人造毛皮及其制品。

应该注意，带羽毛或羽绒的整张或部分鸟皮，不能作为毛皮对待，应归入品目 05.05 或 67.01。

必须注意，品目 43.01 至 43.03 包括某些种类的野生动物的毛皮及其制品，这些野生动物现在正濒临灭绝，或如果不在贸易上严加控制它们就有可能灭绝。这些动物的种类列在《1973 年关于濒危野生动、植物国际贸易的公约》（《华盛顿公约》）附录里。

43.01　生毛皮（包括适合加工皮货用的头、尾、爪及其他块、片），但品目 41.01、41.02 或 41.03 的生皮除外：

10　—　整张水貂皮，不论是否带头、尾或爪

30　—　下列羔羊的整张毛皮，不论是否带头、尾或爪：阿斯特拉罕、喀拉科尔、波斯羔羊及类似羔羊、印度、中国或蒙古羔羊

60　—　整张狐皮，不论是否带头、尾或爪

80　—　整张的其他毛皮，不论是否带头、尾或爪

90　—　适合加工皮货用的头、尾、爪及其他块、片

本品目包括各种带毛的动物生皮（即未经鞣制的），但下列动物的生毛皮应归入品目 41.01、41.02 或 41.03：

（一）牛亚科动物（包括水牛）（即品目 01.02 的动物，参见该品目的注释）。

（二）马科动物（马、驴、骡、斑马等）。

（三）绵羊及羔羊（阿斯特拉罕、喀拉科尔、波斯羔羊及类似羔羊、印度、中国、蒙古羔羊或西藏羔羊除外）。

阿斯特拉罕羔羊、喀拉科尔羔羊及波斯羔羊等名称用于泛指相似种类的羊，但是当这些名称指毛皮时，它就表示不同质量的毛皮。这些毛皮的质量要视羔羊的年龄等而定。

（四）山羊及小山羊（也门、蒙古或西藏的山羊及小山羊除外）。

（五）猪，包括野猪。

（六）小羚羊、瞪羚及骆驼（包括单峰骆驼）。

（七）麋、驯鹿、狍及其他鹿。

（八）狗。

不论是天然状态的毛皮或是经过清洁及为了防腐而干制或盐渍（湿渍或干腌）等的毛皮，都应作为生毛皮归入本品目，毛皮可经“拔制”或“修剪”，即拔除或剪割其粗毛，也可对毛皮进行去肉或刮肉处理。

毛皮的碎片以及头、尾、爪等部分，只要是生皮，也归入本品目。但明显不能作皮货用的毛皮废料，不归入本品目（应归入品目 05.11）。

43.02　未缝制或已缝制（不加其他材料）的已鞣毛皮（包括头、尾、爪及其他块、片），但品目 43.03 的货品除外：

—　未缝制的整张毛皮，不论是否带头、尾或爪：

11　——　水貂皮

19　——　其他

20　—　未缝制的头、尾、爪及其他块、片

30　—　已缝制的整张毛皮及其块、片

本品目包括：

一、未缝制的已鞣毛皮（包括头、尾、爪及其他块、片），但以未根据特定用途切割成形的为限。已鞣制的整张毛皮，如果未经缝制，也未为特定用途切制成形或进行其他加工，即使能直接使用的（例如，作小地毯用），仍应归入本品目。

二、已鞣毛皮及其部分品的缝制品（含“剪接”毛皮），通常不加其他材料缝制成矩形（包括正方形）、梯形或十字形。

“剪接毛皮”是指剪成 V 形或 W 形条状、然后按其原状缝制成更长但是更窄的毛皮。

鞣制时肉面的处理与制革所用方法相同（参见第四十一章总注释）。经过鞣制的皮张一般松软柔顺，因而不同于生皮张。为了改善外观或使之仿充高级毛皮，还可对毛进行处理，例如，漂白、渗色或“套色（即用刷子作表面染色）、染色、梳理、修剪及上光，包括用人造树脂加工。

必须注意，不归入品目 43.01 的带毛生皮（例如，小马皮、小牛皮及绵羊皮），经过鞣制后应归入本品目。

本品目的已鞣毛皮及其部分品的缝制品是一种半成品，由两张或多张皮或碎皮缝制而成，一般不加其他材料制成矩形（包括正方形）、梯形或十字形。这种半成品需要再进一步加工。

这些半成品称为：

（一）皮板、皮片及皮条：矩形（包括正方形）缝片。

（二）皮统：十字形缝片。

（三）皮裘（里子或披肩）：梯形缝片，有时缝成管筒形。

用于制作毛皮外衣或夹克的毛皮片也应归入本品目。它们一般由三部分单独分开的缝制毛皮构成，一部分为下摆呈长弧形的等边梯形（用于剪作后片）和另两部分为矩形（用于剪作前片和手袖）。

本品目不包括：

（一）毛皮或毛皮缝制品（包括头、爪、尾和其他块、片），已粗制成衣服、衣服部分品、衣着附件及其他制品、可供直接使用的成品饰边或仅需剪切成一定长度即可使用的饰边（品目 43.03）。

（二）毛皮与其他材料（例如，尾皮与皮革或织物）缝制而成的物品（例如，金银镶边）（品目 43.03）。

43.03　毛皮制的衣服、衣着附件及其他物品：

10　—　衣服及衣着附件

90　—　其他

除以下所列不包括的货品以外，本品目包括下列材料制成的各种衣服及其部分品和衣着附件（手筒、女用披肩、领带、衣领等）：

一、毛皮。

二、以毛皮作衬里的其他材料。

三、以毛皮作面的其他材料（仅以毛皮镶边的除外）。

凡衣服上的毛皮仅供下列用途的应视为镶边：衣领及翻领（衣领及翻领过大，实际上已成为披肩或无钮短上衣的除外），口袋、裙子、外套等的翻边或袖口等。

本品目也包括加了其他材料（例如，金银花边）缝制的已鞣带毛皮张，但所加的其他材料并未改变其作为毛皮的基本特征。

此外，本品目还包括由毛皮制成的或毛皮构成主要特征的各种其他制品及其零件。例如，小地毯、床罩、未装填的坐垫套、罩套、手提包、狩猎袋及干粮袋、供机器、机械器具或工业用的物品及附件（例如，抛光帽、涂色或装饰用滚筒的袖筒）。

本品目不包括：

（一）品目 42.02 第一部分所列的物品。

（二）皮革和毛皮制的分指手套、连指手套及露指手套（品目 42.03）（全部用毛皮制成的手套仍归入本品目）。

（三）第六十四章的物品。

（四）第六十五章的帽类及其零件。

（五）第九十五章的物品（例如，玩具、游戏品及运动用品）。

43.04　人造毛皮及其制品

所称“人造毛皮”，是指将毛、发或其他纤维（包括绳绒纱线的纤维）粘附或缝合于皮革、织物或其他材料上以仿充毛皮的材料，但不包括有时也被人称为“毛皮织物”的纺织或针织长毛绒织物（一般归入品目 58.01 或 60.01），也不包括“加毛”毛皮，即额外插毛的真毛皮。

本品目适用于成匹的材料及其制品（包括衣服及衣着附件），但范围与品目 43.03 的注释中对有关真毛皮制品的规定相同。

本品目也适用于人造兽尾，即在皮革芯或绳上附上毛皮纤维或毛发纤维。但不包括把多个真兽尾或许多毛皮碎片用线绑在一个芯子上而形成的组合兽尾（品目 43.03）。

第九类　木及木制品；木炭；软木及软木制品；稻草、秸秆、针茅或其他编结材料制品；篮筐及柳条编结品

第四十四章　木及木制品；木炭

注释：

一、本章不包括：

（一）主要作香料、药料、杀虫、杀菌或类似用途的木片、刨花、碎木、木粒或木粉（品目 12.11）；

（二）竹或主要作编结用的其他木质材料，呈原木状，不论是否经劈开、纵锯或切段（品目 14.01）；

（三）主要作染料或鞣料用的木片、刨花、木粒或木粉（品目 14.04）；

（四）活性炭（品目 38.02）；

（五）品目 42.02 的物品；

（六）第四十六章的货品；

（七）第六十四章的鞋靴及其零件；

（八）第六十六章的货品（例如，伞、手杖及其零件）；

（九）品目 68.08 的货品；

（十）品目 71.17 的仿首饰；

（十一）第十六类或第十七类的货品（例如，机器零件，机器及器具的箱、罩、壳，车辆部件）；

（十二）第十八类的货品（例如，钟壳、乐器及其零件）；

（十三）火器的零件（品目 93.05）；

（十四）第九十四章的物品（例如，家具、灯具及照明装置、活动房屋）；

（十五）第九十五章的物品（例如，玩具、游戏品及运动用品）；

（十六）第九十六章的物品（例如，烟斗及其零件、钮扣、铅笔），但品目 96.03 所列物品的木身及木柄除外；或

（十七）第九十七章的物品（例如，艺术品）。

二、本章所称“强化木”，是指经过化学或物理方法处理（对于多层粘合木材，其处理应超出一般粘合需要），从而增加了密度或硬度并改善了机械强度、抗化学或抗电性能的木材。

三、品目 44.14 至 44.21 适用于碎料板或类似木质材料板、纤维板、层压板或强化木的制品。

四、品目 44.10、44.11 或 44.12 的产品，可以加工成品目 44.09 所述的各种形状，也可以加工成弯曲、瓦楞、多孔或其他形状（正方形或矩形除外），以及经其他任何加工，但未具有其他品目所列制品的特性。

五、品目 44.17 不包括装有第八十二章注释一所述材料制成的刀片、工作刃、工作面或其他工作部件的工具。

六、除上述注释一及其他条文另有规定的以外，本章品目中所称“木”，也包括竹及其他木质材料。

子目注释：

一、子目 4401.31 所称“木屑棒”是指由木材加工业、家具制造业及其他木材加工活动中产生的副产品（例如，刨花、锯末及碎木片）直接压制而成或加入按重量计不超过 3%的粘合剂后粘聚而成的产品。此类产品呈圆柱状，其直径不超过 25 毫米，长度不超过 100 毫米。

二、子目 4403.41 至 4403.49、4407.21 至 4407.29、4408.31 至 4408.39 及 4412.31 所称“热带木”，是指下列木材：

大叶帽柱木、非洲桃花心木、西非红豆木、箭毒木、阿兰木、圭亚那苦油楝木、非洲甘比山榄木、杜楝木、非洲栎柞木、婆罗双木、美洲轻木、白驼峰楝木、黑驼峰楝木、卡蒂沃木、雪松木、西非褐红椴木、深红色红柳桉木、非洲核桃楝木、阿夫苏木、象牙海岸榄仁木、破布木、吉贝木、丝棉木、乔状黄牛木、安哥拉丛花木、巴西胡桃木、皮蚁木、伊罗科木、拟爱神木、夹竹桃木、巴西红木、绒根木、龙脑香木、开姆帕斯木、羯布罗香木、康多非洲楝木、象牙海岸褐红椴木、象牙海岸翼梧桐木、浅红色红柳桉木、非洲榄仁木、南美樟木、圭亚那铁线子木、西印度桃花心木、猴子果木、肖氏夸利亚木、曼孙梧桐木、马来蝴蝶木、巴栲红柳桉木、粗轴坡垒木、茚茄木、斯温漆木、异翅香木、非洲梨木、非洲银叶木、胶木、非洲白梧桐木、加蓬榄木、蓖麻木、爱里古夷苏木、奥文科尔木、中非蜡烛木、紫檀木、人面子木、危地马拉黑黄檀木、印度黑黄檀木、巴西黑黄檀木、巴西花梨木、巴西柚木、白坚木、鸡骨常山木、印马四出香木、大沃契希亚木、东南亚棱柱木、萨撇列木、萌生木棉木、苏帕楠木、西波木、苏古皮拉木、红椿木、圭亚那考拉玉蕊木、柚木、安哥拉香桃花心木、非洲阿勃木、南美肉豆蔻木、白柳桉木、白色红柳桉木、白色柳桉木、黄色红柳桉木。

总　注　释

本章包括未加工的木材、木的半制成品及普通的木制品。

这些产品可大体分类如下：

一、原木（经砍伐、粗斩、粗锯成方、去皮等的木材）及薪柴、木废料及碎片、锯末、木片或木粒；箍木、木杆、木桩等；木炭；木丝及木粉；铁道及电车道用枕木（一般归入品目 44.01 至 44.06）。但本章不包括主要用作香料、药料、杀虫、杀菌或类似用途的木片、刨花、碎木、木粒及木粉（品目 12.11）以及主要作染料或鞣料的木片、刨花、木粒或木粉（品目 14.04）。

二、经锯、削、切片、旋切、刨平、砂光、端接，例如，指榫接合（即用类似交叉手指的拼接方法将短木块的两端粘合在一起，以获得较长的木材），以及制成连续形状的木材（品目 44.07 至 44.09）。

三、碎料板及类似木质材料板、纤维板、胶合板及强化木（品目 44.10 至 44.13）。

四、木制品（不包括本章注释一所列物品，以及下列各品目注释中所提及的其他制品）（品目 44.14 至 44.21）。

一般来说，凡属木板与塑料构成的建筑板材应归入本章。但这些板材应根据用途按其具有主要特性的表面进行归类。例如，用于屋顶、墙壁或地板作结构件的建筑板材，由一碎料板外层和一绝缘塑料层组成，不论塑料层有多厚，都应归入品目 44.10，因为是坚硬的木板部分使之能作为结构件，而塑料层只具有辅助的绝缘功能。另一方面，外层为塑料而木材仅起背衬支撑作用的板材则一般归入第三十九章。

未拼装或拆散的木制品，如果各部件同时报验，应按相应的完整木制品归类。同样，玻璃、大理石、金属或其他材料制的木制品的零、配件如果与木制品一同报验，则不论其是否装配在一起，均应按木制品归类。

品目 44.14 至 44.21 所列的木制品，适用于普通木材、碎料板及类似板、纤维板、胶合木或强化木所制得的物品（参见本章注释三）。

总的来说，在本协调制度中，木材的归类既不受因保存所需而进行处理的影响，例如，干燥、表面炭化、填缝及塞孔、浸杂酚油或其他木材防腐剂〔例如，煤焦油、五氯苯酚（ISO）、加铬的砷酸铜或含氨的砷酸铜〕，也不受涂油漆、着色剂或清漆的影响。然而，这些一般的规则不适用于品目 44.03 及 44.06 的子目，因为这些子目对某些涂油漆、着色剂或作防腐处理的木材在归类上作了明确的规定。

某些木质材料，例如，竹子及柳条，主要用于制造篮筐编结品。未加工状态的这些材料应归入品目 14.01，而制成篮筐的则归入第四十六章。但是，诸如竹片或竹粒之类的产品（用于制造碎料板、纤维板或植物纤维浆）及竹制品或其他木质材料制品（篮筐、家具或具体列入其他章的其他制品除外），除条文另有规定的以外（例如，品目 44.10 及 44.11），应与本章相应的木产品或木制品一并归类（参见本章注释六）。

○
○ ○

子目注释：

某些热带木的名称

对于本章子目注释二及品目 44.03、44.07、44.08 及 44.12 的相关子目所列的热带木，是根据“热带木材国际技术协会”（ATIBT）推荐的引导名称来命名。这些引导名称是依据其主要生产国或消费国使用的通俗名称来命名。

有关引导名称，连同与其相应的学名及地方名已在本章注释的附录中列出。

44.01　薪柴（圆木段、块、枝、成捆或类似形状）；木片或木粒；锯末、木废料及碎片，不论是否粘结成圆木段、块、片或类似形状：

10　—　薪柴（圆木段、块、枝、成捆或类似形状）

—　木片或木粒：

21　——　针叶木

22　——　非针叶木

—　锯末、木废料及碎片，不论是否粘结成圆木段、块、片或类似形状：

31　——　木屑棒

39　——　其他

本品目包括：

一、薪柴，一般形状为：

（一）短圆木段，通常带有树皮。

（二）已劈圆木或薪柴块。

（三）细枝、柴捆、粗枝、蔓茎、树桩及树根。

二、木片或木粒，即用机械方法将木材制成小片（扁平刚硬且粗制成方形）或小粒（细小且有柔性），用于机械法、化学法或机械-化学法制纤维素浆，或制造纤维板或碎料板。根据本章注释六，本品目也包括用竹等制的类似产品。

本品目不包括作纸浆原材用的圆木或劈成四块的圆木（品目 44.03）。

三、锯末，不论是否粘聚成圆木段、块、片或类似形状。

四、木废碎料，不能作木材用。这些材料主要用于制纸浆（造纸）、碎料板、纤维板及作柴火用。这些木废碎料包括锯木厂或刨削车间的废品；生产中的废料；破碎板；不能再作原物使用的旧板条箱；树皮及刨花（不论是否粘聚成圆木段、块、片或类似形状）；木工及细木工的其他废碎料、废染料木及鞣料木或树皮。本品目也包括从建筑及拆建废料中分拣出来的不适于再作木材使用的木废碎料。但分拣出来能够重复使用的木制件（例如，梁、厚板、门），应归入其相应品目。

本品目不包括:

（一）涂有树脂或以其他方法制成点火物的木及木废料（品目 36.06）。

（二）用于造纸浆或生产火柴梗的圆木（品目 44.03）。它们与薪柴不同，是经过仔细分级并可去皮，但通常未破碎、劈开、弯曲、去节或去叉。

（三）用作编制筛子、片条盒、药丸盒等的木片条，以及用以制醋或澄清液体的刨花（品目 44.04）。

（四）木丝及木粉（品目 44.05）。

44.02 木炭（包括果壳炭及果核炭），不论是否结块：

10 — 竹的

90 — 其他

木炭是木材在隔绝空气的条件下经炭化而得。归入本品目的木炭可以为块、条、粒或粉状，也可与焦油或其他物质粘聚成砖、片、球等形状。

木炭不同于动物炭黑或矿物炭黑，比水轻，段状的可见木材的纹理。

椰壳或其他果壳经炭化所得的类似产品也归入本品目。

本品目不包括:

（一）第三十章规定的制成药品形状的木炭。

（二）与香料混合后制成片状或其他形状的木炭（品目 33.07）。

（三）活性炭（品目 38.02）。

（四）绘图用木炭（炭笔）（品目 96.09）。

44.03 原木，不论是否去皮、去边材或粗锯成方(+)：

10 — 用油漆、着色剂、杂酚油或其他防腐剂处理

20 — 其他，针叶木的

— 其他，本章子目注释二所列的热带木的：

41 — — 深红色红柳桉木、浅红色红柳桉木及巴栲红柳桉木

49 — — 其他

— 其他：

91 — — 栎木（橡木）

92 — — 山毛榉木

99 — — 其他

本品目包括砍伐后天然状态的木材。它们通常已被砍掉树枝，剥去外层树皮或内外层树皮，并削去隆凸部分。本品目还包括为了节省运输费用或防腐等目的除去了幼嫩的多余外层（边材）的木材。

上述归入本品目的主要产品包括：可锯木材；电话、电报或电力传输线用的电线杆；未削尖及未劈开的木桩、尖桩、标桩、杆柱及支柱；圆矿柱；木段，不论是否劈成四块，用于制纸浆；圆木段，用于生产贴面薄板等；用于制造火柴梗、木器等的木段。

经进一步用刮刀修理或经机械削皮机削刮后表面光滑，可即作电报、电话或电力传输用的电线杆也归入本品目。这些木杆通常涂上油漆、着色剂或清漆或者用杂酚油或其他物质浸渍。

特种树木的树桩及树根，以及用以制造贴面薄板或烟斗的某些木材也归入本品目。

本品目还包括由树干或树杆段经粗劈成方的木材，其圆形表面用斧劈平或用粗锯锯平，成为截面为矩形（包括正方形）的木材；粗劈成方木材的特征是有斑斑的粗糙面和丝丝的树皮。粗劈成半方形木材，即仅在两相对面按上述方法加工的木材也归入本品目。制成这类形状的木材主要用于锯木厂，也可供直接使用，例如，用作房梁。

某些木材（例如，柚木）是用楔块劈开，或顺木纹劈成方材；这些方材也归入本品目。

本品目不包括：

（一）适于制造手杖、伞柄、工具把柄及类似品的粗加修整木材（品目 44.04）。

（二）制成铁道或电车道枕木（轨枕）的木材（品目 44.06）。

（三）切成厚板、横梁等的木材（品目 44.07 或 44.18）。

○
○ ○

子目注释：

子目 4403.10

子目 4403.10 包括为了长期保存，用涂料、着色剂、杂酚油或其他防腐剂〔例如，煤焦油、五氯苯酚（ISO）、加铬的砷酸铜或含氨的砷酸铜〕处理的产品。

本品目不包括仅为运输或仓储期间保存木材而用有关物质处理的产品。

44.04　箍木；木劈条；已削尖但未经纵锯的木桩；粗加修整但未经车圆、弯曲或其他方式加工的木棒，适合制手杖、伞柄、工具把柄及类似品；木片条及类似品：

10　—　针叶木的

20　—　非针叶木的

本品目包括：

一、箍木，为柳树、榛树、桦树等的木劈条，不论是带皮的或粗削的，用于制造桶箍、栅栏等。箍木一般成捆或成卷。

如果箍木切成一定长度，并在两端开有槽口以适于箍桶时的相互连结，则应归入品目 44.16。

二、木劈条，为纵向劈开的树干或树枝。它们主要用作园艺或农业的支撑物，也用于栅栏，在某些情况下还用作天花板条或屋顶板条。

三、已削尖的木桩（包括栅栏桩），为圆木杆或劈开的木杆，其端部削尖但未经纵锯，不论是否去皮或用防腐剂浸渍。

四、粗加修整但未车圆、弯曲或经其他方式加工的木棒，其长度及粗细明显适于制造手杖、鞭子柄、高尔夫球棍、伞具、工具把柄、扫帚柄等、染色木棒及类似品。

已刨平、车圆（经普通车床或脚踏车床车制）、弯曲或经其他进一步加工明显用作伞柄、手杖、工具把柄等的物品，应按其各自有关品目归类。

五、木片条，经刨片、旋切，有时还用锯锯成柔软平整，又窄又薄的木片条，可用作编结材料，也可用于制筛、片条盒、片条篮、药丸盒、火柴盒等。此外还包括制火柴梗、鞋靴木钉的类似木片条。

本品目还包括类似于盘卷木片条的木刨片。它们通常为山毛榉木刨片或榛木刨片，用于制醋及过滤液体；这些木刨片不同于品目 44.01 的刨花废料，它们的厚度、宽度及长度完全一致，并且平整地盘成卷状。

刷子的身柄坯件或鞋靴的楦头坯件归入品目 44.17。

44.05　木丝；木粉

木丝，为卷成或缠成团状的细薄丝条。这些丝条尺寸及厚度规则并有相当的长度（因而不同于品目 44.01 的一般木刨花），用特种刨床刨削圆木（白杨木、针叶木等）制得。木丝通常呈紧压大包状。

经染色、涂胶等的木丝，以及经粗扭在一起或制成夹在两层纸中薄薄一层的木丝，仍应归入本品目。它们主要供包装或填塞之用，也可用于制造粘聚板（例如，品目 44.10 或 68.08 的某些板材）。

木粉是锯末、刨花或其他木废料经碾磨或锯末经筛滤所得的粉末。大多用于塑料工业作为填料，也用于制碎料板及油地毡。木粉不同于品目 44.01 的锯末，其微粒更为细小、规则。

本品目不包括用椰子壳或类似物制得的类似粉末（品目 14.04）。

44.06　铁道及电车道枕木(+)：

10　—　　未浸渍

90　—　　其他

本品目包括通常用于支撑铁轨或电车道轨的基本成矩形截面的未刨木段。本品目还包括岔枕（比普通枕木长）及桥枕（比普通枕木宽、厚及长）。

枕木可制有固定铁轨及支座用的孔眼及底座，其边缘可粗略斜切。为防止枕木爆裂，有时还在两端用骑马钉、铁钉、螺栓或钢条进行加固。

为防护目的，本品目的产品可用杀虫剂或杀菌剂作表面处理。为了长期保存还可用杂酚油或其他物质进行浸透。

子目注释：

子目 4406.10 及 4406.90

本子目所称的“浸渍”，是指为了木材的长期保存，用杂酚油或其他防腐剂进行的处理。本品目不包括仅为运输或仓储期间不受真菌或寄生虫侵害而用杀菌剂或杀虫剂处理的枕木。这些枕木应作为“未浸渍”的货品归类。

44.07　经纵锯、纵切、刨切或旋切的木材，不论是否刨平、砂光或端部接合，厚度超过 6 毫米：

10　—　　针叶木

　　—　　本章子目注释二所列的热带木：

21　——　美洲桃花心木

22　——　苏里南肉豆蔻木、巴西胡桃木及美洲轻木

25　——　深红色红柳桉木、浅红色红柳桉木及巴栲红柳桉木

26　——　白柳桉木、白色红柳桉木、白色柳桉木、黄色红柳桉木及阿兰木

27　——　沙比利

28　——　伊罗科木

29　——　其他

　　—　　其他：

91　——　栎木（橡木）

92　——　山毛榉木

93　——　枫木

94　——　樱桃木

95　——　白蜡木

99　——　其他

除个别的情况以外，本品目包括所有按基本纹理方向锯开或劈开，或经平切或旋切分开的厚度超过 6 毫米（但长度不限）的木材。它们包括锯成的梁、厚板、桁板、中厚板、板条等，以及用劈削机

劈成尺寸极为精确的与已锯木材同类的产品。经劈削的木材表面比锯开的更为平滑，不必再进行刨光。本品目还包括平切或旋切的木片，以及作地板用的木块、木制板条及缘板，但任何一边、端或面制成连续形状的木材除外（品目44.09）。

应注意到本品目的木材既不需要一定是矩形（包括正方形）截面的，也不需要全长截面一定是一致的。

本品目的产品可经刨光（不论是否在刨光过程中边角稍加刨圆）、砂磨或端接，例如，指榫接合（参见本章总注释）。

本品目还不包括：

（一）粗劈成方（例如，用粗锯锯成）的木材（品目44.03）。

（二）木片条及类似品（品目44.04）。

（三）厚度不超过6毫米的饰面用薄板及制胶合板（及其他品目未列名的木材）用薄板（品目44.08）。

（四）品目44.09的任何一边、端或面制成连续形状的木材。

（五）品目44.12的木制板条及缘板。

（六）建筑用木工制品（品目44.18）。

44.08　饰面用单板（包括刨切积层木获得的单板）、制胶合板或类似多层板用单板以及其他经纵锯、刨切或旋切的木材，不论是否刨平、砂光、拼接或端部接合，厚度不超过6毫米：

10　—　针叶木

—　本章子目注释二所列的热带木：

31　——　深红色红柳桉木、浅红色红柳桉木及巴梼红柳桉木

39　——　其他

90　—　其他

本品目适用于锯成、刨切或旋切制成厚度不超过6毫米的薄板，不论其是否实际用于饰面、制胶合板或其他方面（用于制小提琴、雪茄烟盒等），也不论其是否光滑、染色、涂布、浸渍、用纸或织物作背衬加强或制成仿镶嵌木的装饰薄板。

饰面用薄板也可通过刨切多层板材制得，以代替用传统方法制得的贴面薄板。

用于制造胶合板的木材一般是经旋切工序切割的，即通常先将圆木蒸煮或用热水浸泡，然后将圆木置于旋切机刀片下将其轴心转动，圆木便切成一片连续的薄板。

刨切时圆木通常先经蒸煮或用热水浸泡，然后将圆木放于与切刀相对的位置，每次圆木被推向切刀或切刀被推向圆木，切刀垂直或水平将圆木剪切成薄板。这类加工方法的一种是将圆木推向一把固定不动的切刀。采用这种方法可切出非常薄的木片。

本品目的薄板可经拼接（例如，将薄板的边与边用胶带、胶水粘合在一起制成大块的薄板，用于制胶合板及类似多层板）。另外，薄板可经刨平、砂光或端接，例如，指榫接合（参见本章总注释）。再者，用纸、塑料或木补片补于胶合板用的薄板以覆盖或加强其疵点（例如，节孔）并不影响薄板在本品目的归类。

用于家具饰面的木纹细腻的饰面用薄板多是用锯或刨切制得。

本品目还包括近似正方形截面及大约3毫米厚的短木材。它们用于制烟火、盒子、玩具、模型等。

本品目不包括经刨切或旋切成窄条，用作编织材料或制片条篮、药丸盒等的木片条（品目44.04）。

44.09　任何一边、端或面制成连续形状（舌榫、槽榫、半槽榫、斜角、V形接头、珠榫、缘饰、刨圆

及类似形状）的木材（包括未装拼的拼花地板用板条及缘板），不论其任意一边或面是否刨平、砂光或端部接合：

10 — 针叶木

— 非针叶木：

21 — — 竹的

29 — — 其他

本品目包括锯开或劈方后在其任何一边、端或面制成连续形状，以便于日后装拼或成为以下第四款所列装饰线板或珠缘线板的木料，尤其是厚板、中厚板形状的木料，不论是否刨平、砂光或端接，例如，指榫接合（参见本章总注释）。连续形状的木材包括整个长度或宽度上截面均为一致的产品以及具有一种重复浮雕图案的产品。

舌榫及槽榫木材是指一边或端有槽沟（槽榫）而另一边或端有凸缘（舌榫）的木板，拼装时，一木板的舌榫正好与另一块木板的槽榫接合。

半槽榫板是指一边（端）或多边（端）已切成一级楼梯形状的木板。

斜角板是指按面与边或端的一定角度将一个或多个角纵向切除的木板。

本品目还包括以下其他常见形状的木材：

一、圆边或圆端板。

二、V 形接头木料（即带有舌榫及槽榫的斜角木料），包括中间 V 形接头木料（即木板中间有一条 V 形槽，而在其边或端上通常有舌榫及槽榫，有时则为斜角）。

三、珠榫木料（即在边或端与舌榫之间有同一珠形凹凸榫头的木料），包括中间串珠形榫木料（即板面中间有一条同一珠形凹凸榫的木料）。

四、缘饰木料（也称装饰板条或串珠板条），即用机械或手工方法将边缘制成各种形状的木板条，用于制画框或装饰墙壁、家具、门户及其他木器及细木器。

五、刨圆木，例如，拉制木，为截面通常呈圆形的细小条杆，用以制造某种火柴梗、鞋靴木钉、某种木制遮帘（皮诺伦挂帘）、牙签、制酪筛等。本品目也包括制成一定长度的圆形木条或同样截面形状的木杆，其直经通常为 2～75 毫米，长度为 45～250 厘米，用于木制家具各部件的接合。

本品目还包括作地板用的窄板条及窄缘板，但这些物品的边或面须制成连续形状，例如，制舌榫及槽榫。如果仅经刨平、砂光或端接（例如，指榫接合）而未经其他加工则应归入品目 44.07。

用于拼花地板的胶合木板条或饰面木板条不归入本品目（品目 44.12）。

本品目还不包括：

（一）已刨平或经其他加工的配成整套报验的木箱板（品目 44.15）。

（二）端部制成雌雄榫、鸠尾榫或经类似加工的木料，以及已拼装成建筑用木工制品的木板（例如，由木块、板条、缘板等拼制的已装拼地板，包括拼花地板，不论是否置于一层或多层支撑木料之上）（品目 44.18）。

（三）由粗锯板条组成并为了便于运输或日后加工用胶水粘合的镶板（品目 44.21）。

（四）将一装饰板条叠放在另一装饰或非装饰木料上所制得的装饰木料（品目 44.18 或 44.21）。

（五）除刨平或砂光以外还经过其他表面加工（例如，饰面、抛光、镀青铜色或用金属片饰面，但不包括仅涂油漆、着色剂或清漆）的木料（通常归入品目 44.21）。

（六）明显为组装于家具上的木板条，例如，碗橱及书橱架等用的带槽木板条（品目 94.03）。

44.10 碎料板、定向刨花板(OSB)及类似板（例如，华夫板），木或其他木质材料制，不论是否用树脂或其他有机粘合剂粘合：

— 木制：
11 — — 碎料板
12 — — 定向刨花板（OSB）
19 — — 其他
90 — 其他

碎料板是经压紧或挤压而制得的各种长度、宽度、厚度的平板产品。它通常用圆木头或木废料经机械碾磨所得的木片或木粒制得，也可用其他木质材料（例如，蔗渣、竹子、稻草、秸秆、亚麻或大麻的碎片）制得。碎料板一般通过加入有机粘合剂（通常为热固性树脂）粘聚而成，粘合剂一般不超过碎料板总重量的15%。

对于本品目的碎料板，通常可用肉眼在边缘上看出其所含的木片、木粒或其他碎片。然而在某些情况下，需要用显微镜才能区别这些微粒及碎片与品目44.11所列木纤维板的木质纤维素纤维。

本品目也包括：

1．定向刨花板，由多层其长度至少是宽度两倍的薄木片条制得。这些木片条与异氰酸树脂或酚醛树脂等粘合剂（通常是防水的）混合后，互相迭在一起形成厚席片，木片条在表层通常按纵向取向，而在中间层则通常按横向取向或无定向，目的在于改善板材的机械弹性。席片经加热压制，成为尺寸一致、实心坚硬的结构板。

2．华夫板，由多层其长度小于宽度两倍的横削薄木片制得。这些薄木片与异氰酸树脂或酚醛树脂等粘合剂（通常是防水的）混合后，互相交错无定向迭在一起形成厚席片。席片经加热压制，成为尺寸一致、实心坚硬、具有高强度和防水性能的结构板。

本品目的碎料板通常经砂光处理。此外，它们可用一种或多种物质浸渍。这些物质主要不是用于粘合其构成材料，而是赋予碎料板一种额外的性能，例如，不透水性、抗腐性、抗蛀性、不易燃性或耐火性、抗化学作用或不导电性、高密度等。高密度的碎料板中，浸渍物质占有较大的比例。

挤压出来的碎料板内部可有从一端通到另一端的孔眼。

以下层压结构板仍归入本品目：

一、单面或双面覆盖纤维板的碎料板；

二、由数块碎料板组成的板，不论是否单面或双面覆盖纤维板；

三、数块碎料板与数块纤维板以任何次序组合的板。

本品目的产品不论是否已经加工成品目44.09所列货品的形状，或经弯曲、穿孔、切割、制成瓦楞形或正方形或矩形以外的其他形状，也不论是否对表面、边缘或端头进行加工、涂层或包覆（例如，用织物、塑料、油漆、纸或金属涂层或包覆），或者进行其他加工，只要这些产品不具有其他品目所列货品的基本特征，仍应归入本品目。

本品目不包括：

（一）以木粉作为填料的塑料板或扁条（第三十九章）。

（二）饰面碎料板及类似板（例如，定向刨花板及华夫板），不论内部是否有从一端通到另一端的孔眼（品目44.12）。

（三）两面为碎料板的蜂窝结构镶板（品目44.18）。

（四）用水泥、石膏或其他无机粘合物质粘聚而成的木质材料板（品目68.08）。

本品目不包括其他品目已具体列名的货物及其零件，不论其是直接经压紧、挤压或模压制得的，还是经其他工序制得的。

44.11 木纤维板或其他木质材料纤维板，不论是否用树脂或其他有机粘合剂粘合：

—　　中密度纤维板（MDF）：
12　——　厚度不超过5毫米
13　——　厚度超过5毫米，但未超过9毫米
14　——　厚度超过9毫米
—　　其他：
92　——　密度超过每立方厘米0.8克
93　——　密度超过每立方厘米0.5克，但未超过每立方厘米0.8克
94　——　密度未超过每立方厘米0.5克

纤维板最通常是用机械纤维分离或汽爆处理的小木片或用其他已纤维分离的木素纤维素材料（例如，以蔗渣或竹子制得的材料）制得。木纤维板的纤维在显微镜下才可辨认出来。木纤维板中的纤维通过毡合以及由于所含木素纤维自身的粘着特性相互紧密粘聚在一起。另外，也可加入树脂或其他有机粘合物质将纤维加以粘聚。在纤维板制造过程中或制造之后，还可加入浸渍剂或用其他剂料以增加木板的性能，例如，不透水性、抗腐性、抗蛀性、不易燃性或耐火性。纤维板可以是单层板，也可以是几层板粘合在一起的多层板。

本品目的纤维板的种类可以根据其生产方法工艺加以区分。它们包括：

一、"干法生产工艺"制得的纤维板

本组主要包括中密度纤维板（MDF）。中密度纤维板的生产工艺是将热固性树脂添加到干木质纤维中以利于纤维在压机中进行粘合加工。其密度一般为0.45～1克/立方厘米。在未制成形的状态下，中密度纤维板的两个表面都光滑。这种板具有许多不同的用途，例如，用于家具、室内装饰及建筑上。

在贸易上，有时也将密度超过0.8克/立方厘米的中密度纤维板称为"高密度纤维板（HDF）"。

二、"湿法生产工艺"制得的纤维板

本组包括以下类型的纤维板：

（一）**硬质纤维板**，用湿法生产工艺制得。这种工艺是在高温、高压的条件下用金属网将悬浮在水中的木纤维压缩成板胚。在未制成形的状态下，这种纤维板一面光滑，另一面粗糙，带有网状图案。然而，经过特殊的表面处理或特殊的生产工艺，有时也可使到纤维板的两面光滑。其密度通常超过0.8克/立方厘米。硬质纤维板主要用于家具、汽车工业，用作门板及包装材料，特别是包装水果和蔬菜的材料。

（二）**中质纤维板**，其制作方法与硬质纤维板的制作方法相似，只是生产过程中所加的压力较低。其密度通常超过0.35克/立方厘米，但不超过0.8克/立方厘米。主要用于家具生产，用作内墙或外墙材料。

（三）**软质纤维板**，这种纤维板不象在湿法生产工艺中制得的其他类型的纤维板，未经压缩。其密度通常为0.35克/立方厘米及以下。这种板主要用作建筑中的隔热或隔音材料。特种类型的绝缘板用作覆盖或衬垫材料。

本品目的产品不论是否已经加工成品目44.09所列货品的形状，或经弯曲、穿孔、切割、制成瓦楞形或正方形或矩形以外的其他形状，也不论其是否对表面、边缘或端头进行加工、涂层或包覆（例如，用织物、塑料、油漆、纸或金属涂层或包覆），或者进行其他加工，只要这些产品不具有其他品目所列货品的基本特征，仍应归入本品目。

本品目不包括：

（一）不论是否与一层或几层纤维板胶合的碎料板（品目44.10）。

（二）由纤维板作芯层的多层胶合木（品目44.12）。

（三）两面为纤维板的蜂窝结构镶板（品目44.18）。

（四）纸板，例如，复合纸板、"压板"及草纸板，一般可通过它们切面明显的纸层结构与纤维板区分开来（第四十八章）。

（五）明显作为家具零件的纤维板镶板（一般为第九十四章）。

44.12　胶合板、单板饰面板及类似的多层板(+)：

10　—　竹制的

—　仅由薄木板制的其他胶合板（竹制除外），每层厚度不超过6毫米：

31　——　至少有一表层是本章子目注释二所列的热带木

32　——　其他，至少有一表层是非针叶木的

39　——　其他

—　其他：

94　——　木块芯胶合板、侧板条芯胶合板及板条芯胶合板

99　——　其他

本品目包括：

一、胶合板，用三层及以上薄板层叠胶合及压合制得，通常上下层的纹理是成一定角度的，从而使木板具有更大强度，并可弥补木材收缩，减少翘曲。每层板都称为"夹板"，胶合板通常由单数的多层夹板组成，中间一层称为"芯板"。

二、单板饰面板，即由一层饰面用薄板在压力下胶粘于一块通常为较次木质的底板上而组成的木板。

在非木质底板（例如，用塑料板）上贴上木质饰面板的产品，如果木质饰面板构成该产品的基本特征，也应作为本组所列产品归类。

三、类似多层板。本组可分为两类：

——木块芯胶合板、侧板条芯胶合板及板条芯胶合板，其板芯较厚，由木块、木板条或小木方胶合在一起组成，表面盖有外层板。这类胶合板非常坚硬牢固，使用时无需框架和衬背。

——用其他材料代替木芯的胶合板，例如，用一层或多层的木碎料板、纤维板、胶合在一起的木废料、石棉或软木为芯层的胶合板。

但本品目不包括大型产品，例如，层积梁及层积拱（俗称"胶合层积材"的产品）（通常归入品目44.18）。

本品目的产品不论是否已经加工成品目44.09所列货品的形状，或经弯曲、穿孔、切割、制成瓦楞形或正方形或矩形以外的其他形状，也不论其是否对表面、边缘或端头进行加工、涂层或包覆（例如，用织物、塑料、油漆、纸或金属涂层或包覆），或者进行其他加工，只要这些产品不具有其他品目所列货品的基本特征，仍应归入本品目。

本品目还包括作室内地板用的胶合板、单板饰面板及类似的多层板，有些地板被称作"拼花地板"。这些板有一层薄薄的木质饰面板附于表面上，以仿效已装拼的地板。

本品目还不包括：

（一）经刨切多层板制得的饰面用薄木板（品目44.08）。

（二）多层强化木（品目44.13）。

（三）蜂窝结构木镶板及已装拼的地板（包括拼花地板）或地砖，包括用木块、木条、缘板等在一层或多层支撑木料上拼装而成的在内，通称为"多层"拼花地板（品目44.18）。

（四）镶嵌木（品目44.20）。

（五）明显作为家具零件的镶板（一般归入第九十四章）。

子目注释：

子目 4412.10、4412.31、4412.32 **及** 4412.39

胶合板即使经品目 44.12 注释倒数第三段所述的盖面或进一步加工仍归入这些子目。

44.13 强化木，成块、板、条或异型的

本品目所包括的强化木是经化学或物理方法处理，从而增加了密度或硬度并改善了机械强度、抗化学或抗电性能。这种木可以是整块的，也可以是几层木粘合在一起的，对于粘合的，其处理应超出仅是各层之间粘合的需要。

生产本品目的产品主要有两道工序，浸渍和压缩。这两道工序可分别进行或同时进行。

在浸渍工序中，木材通常用热固性塑料或金属熔液完全浸透。

热固性塑料（例如，氨基树脂或酚醛树脂）通常用于浸渍胶合板用的超薄饰面板，很少用于浸渍实心材，因为薄板易渗透。

金属浸注木材是将事先加热的实心木块投入密闭的金属熔液（例如，锡、锑、铅、铋及其合金）浴槽中加压制得。金属浸注木的密度每立方厘米通常超过 3.5 克。

压缩工序能使木细胞收缩，它可以通过强大液力挤压或滚压的办法对木材作横向压缩，也可以通过压热器在高温下对木材作全向压缩。经过这种工序的强化木，其密度可达到每立方厘米 1.4 克。

浸渍及压缩两道工序可同时进行。即在高温高压下将超薄木片（通常为山毛榉木片）用热固性塑料粘合在一起，使得木料完全浸透、紧缩并粘合。

强化木通常用于制造齿轮、梭子、轴承及其他机械零件、推进器、绝缘体及其他电气货品，并用于制化学工业的容器等。

44.14 木制的画框、相框、镜框及类似品

本品目包括各种形状及尺寸的木框架，不论是否用整块木头切割而成或用串珠状线板及装饰线板制得。本品目的框架还可用于制镶嵌木。

本品目的物品可由普通木材、碎料板或类似木质材料板、纤维板、层压板或强化木制成（参见本章注释三）。

装有衬背、支架及平面玻璃的框架仍归入本品目。

用木框装镶的印刷图画及照片，如果木框构成了物品基本特征的，也应归入本品目；否则应归入品目 49.11。

镶框玻璃镜不应归入本品目（品目 70.09）。

至于装有油画、绘画、粉画、拼贴画及类似装饰板、雕版画原本、印制画原本、石印画原本的框架是否应分别归类，参见第九十七章注释五和品目 97.01 及 97.02 的注释。

44.15 包装木箱、木盒、板条箱、圆桶及类似的包装容器；木制电缆卷筒；木托板、箱形托盘及其他装载用木板；木制的托盘护框：

10 — 箱、盒、板条箱、圆桶及类似的包装容器；电缆卷筒

20 — 木托板、箱形托盘及其他装载用木板；木制的托盘护框

本品目的物品可由普通木材、碎料板或类似木质材料板、纤维板、层压板或强化木制成（参见本章注释三）。

一、包装木箱、木盒、板条箱、圆桶及类似的包装容器

本部分包括：

（一）一般包装及运输用的具有固定箱边、盖子及底子的包装木箱及木盒。

（二）具有条板箱边，顶部无盖的板条箱、水果箱或蔬菜箱、蛋箱及其他容器（包括用于运输玻璃器皿、陶瓷产品、机器等的木制容器）。

（三）用刨切或旋切木片（编结用木片除外）制得的盒子，用于包装乳酪、药品等；火柴盒（包括带有摩擦面的火柴盒）及市面上卖黄油、水果等用的蛋筒形容器。

（四）非箍制的圆桶及琵琶桶形容器，例如，用于运输干的颜料、化学品等。

上述容器可以没有盖，如大箱、板条箱等“敞开”容器。它们可以未经组装或部分组装，但各部分必须是配成整套，可装成一个完整的容器，或装成一个具有完整容器基本特征的不完整容器。对于不成套的木料，则应酌情按已锯开或已刨平的木材或胶合板等进行归类。

本品目的包装箱等可经简单钉装、鸠尾榫接合或用其他方法组装，也可装有铰链、把手、扣闩、支脚、护角或用金属、纸张等衬里。

用过的木箱、板条箱等如能按原用途继续使用仍归入本品目。但本品目不包括那些只能作柴火用的木箱、板条箱等（品目44.01）。

本品目还不包括：

（一）品目42.02的物品。

（二）品目44.20的小匣子、盒子及类似品。

（三）经特殊设计，装备适于一种或多种运输方式的集装箱（品目86.09）。

二、电缆卷筒

电缆卷筒通常是直径超过1米的大圆筒，用于盛装及运输电力电缆、电话电缆及类似电缆。它们可以滚动以便于铺缆。

三、木托板、箱形托盘及其他装载用木板

装载用木板是供装载一批货物用的可移动平台，装货后可使用机械进行装卸、运输及贮存。

木托板是一种装载木板，由两层被垫块分开的木板构成，或由有支脚的单层木板构成，其式样主要适用于叉车或托板搬运车进行搬运。箱形托盘在底板之上有箱体结构，即至少有三个可固定、拆卸或折叠的箱边，可堆放双层式木托板或另一个箱形托盘。

平台、岗位平台、井筒箱形平台、边缘或端部有围栏的平台也属于装载用木板。

四、托盘护框

托盘护框由四块木板组成，木板的末端一般装有铰链，形成一个置于托盘之上的框架。

44.16　木制大桶、琵琶桶、盆和其他木制箍桶及其零件，包括桶板

本品目仅限于箍桶业所制的容器，即桶体是由开有槽沟的桶板组成，桶面和桶底固定于槽沟上，整个桶用木箍或金属箍箍紧制成的容器。

箍桶包括各种木桶（大酒桶、琵琶桶、大木桶等），不论是渗水（供干货用）或不渗水（供湿货用）的，还包括大木盘等。

这些容器可以拆开或经部分装配，有时还在内部衬里或涂层。

本品目也包括桶板以及所有可确定为箍桶零件的木制品或半成品（例如，琵琶桶盖、切成一定长度并在端头开槽口以供装配的箍木）。

本品目还包括未制成的桶板（桶板木），即用作桶边、桶盖、桶底及其他箍桶零件的木板条。这种桶板木可呈以下形状：

一、沿半圆形树干的髓射线方向劈开的木板条。这样劈开的木板条可将其一个正面除进一步的弦切加工，而另一面仅用斧子或刀子进行修整。

二、锯开的桶板，至少有一正面是弧形凹面或凸面，这种弧面是经圆柱锯锯得的。

本品目不包括：

（一）两个正面均经弦切加工的木材（品目 44.07 或 44.08）。

（二）用钉将桶板与桶面及桶底固定起来的容器（品目 44.15）。

（三）切割成桶等形状的家具（例如，桌及椅）（第九十四章）。

44.17 木制的工具、工具支架、工具柄、扫帚及刷子的身及柄；木制鞋靴楦及楦头

本品目包括：

一、木制工具，但不包括那些刀片、工作刃、工作面或其他工作部件是由第八十二章注释一所列任何材料制成的工具。

本品目的工具包括软膏刀（不包括品目 44.19 的厨房用具）、塑型刀、小木槌或大木槌、木耙、木叉、木铲、木台钳及木夹钳、砂纸板等。

二、未装金属工作部件（刀片及铁具）的木制工具座(例如，平刨座、辐刨座、弓锯架或类似工具架座)。

三、供各种工具用的木柄，不论是否车圆（例如，供铲、锹、耙、锤、螺丝刀、锯、锉、刀、烙铁、日戳及类似印戳的木柄)。

四、扫帚或刷子的木身。它们是些木块，不论是否成品，但已制成扫帚或刷子身的具体形状。有时还可由一个以上的木块组成。

五、刷子或扫帚的木柄，不论是否车圆，也不论是否准备在其一端装配纤维或鬃毛（例如，油漆刷）或固定于木身上（例如，扫帚柄）。

六、木制鞋靴楦（即用于制鞋靴的模型）及楦头，已制成或未制成，用于保存鞋形或撑大鞋靴。

本品目的物品可由普通木材、碎料板或类似木质材料板、纤维板、层压板或强化木制成（参见本章注释三）。

本品目不包括：

（一）用于制造工具柄的粗加修整或削圆的木材（品目 44.04）。

（二）为制造本品目的物品仅经锯开的木材（例如，锯成木块），但未加工成坯件形状的（品目 44.07）。

（三）餐刀、餐匙及餐叉用的木柄（品目 44.21）。

（四）帽模（品目 84.49）。

（五）品目 84.80 的木制铸模等。

（六）机器或机器零件（第八十四章）。

44.18 建筑用木工制品，包括蜂窝结构木镶板、已装拼的地板、木瓦及盖屋板(+)：

10 — 窗、法兰西式（落地）窗及其框架

20 — 门及其框架和门槛

40 — 水泥构件的模板

50 — 木瓦及盖屋板

60 — 柱及梁

— 已装拼的地板：

71　——　马赛克地板用
72　——　其他，多层的
79　——　其他
90　—　　其他

本品目适用于建筑方面用的木制品，包括镶嵌木制品，已拼装或可确定为未装拼件的（例如，制有拼装时用的雌雄榫、鸠尾榫或其他类似接头），不论是否装配有金属紧固件，例如，铰链、闩等。

本品目的物品可由普通木材、碎料板或类似木质材料板、纤维板、层压板或强化木制成（参见本章注释三）。

木工制品包括细木工制品及普通木工制品。所称“细木工制品”，主要适用于建筑用的装配件（例如，门、窗、百叶窗、楼梯、门窗框架），而所称“普通木工制品”，是指用于建筑结构上的或用于脚手架、拱门支撑等的木工制品（例如，梁、椽、柱），包括已组装的水泥结构模板。但即使经表面处理用作水泥模板的胶合板也应归入品目 44.12。

建筑用普通木工制品还包括胶合木构件，即由数块木料基本顺纹粘合而成的结构件，其中每件曲形构件的平面均与外加负载的平面成 90 度角，而一条笔直的胶合横梁是平置的。

本品目包括的蜂窝结构木镶板。它与品目 44.12 注释所述的木块芯胶合板及成材芯胶合板外观有些相似，但形成板芯的木方或板条彼此之间留有平行或格子形式的间隔。某些镶板仅由四边用一内部框架隔开的两片面板组成，中间的空隙可填塞隔音或隔热材料（例如，软木、玻璃棉、木浆或石棉）。面板可用木头、碎料板或类似板、纤维板或胶合板制成。镶板（与品目 44.12 的板相同）也可用贱金属盖面。这类镶板重量较轻，但很坚固，用作隔板、门板，有时还用于制造家具。

本品目也包括已拼装成地板（包括拼花地板）或地砖的实木块、板条及缘板等，不论是否有边。本品目还包括用木块、板条、缘板等在一层或多层支撑木料上拼装而成的地板或地砖，通称为“多层”拼花地板，其顶层（耐磨层）通常由两排或多排板条拼装的地板制成。

木瓦是将木材纵锯制得，通常一端（下端）厚度超过 5 毫米而另一端（上端）厚度不超过 5 毫米。木瓦的两边可再锯成平行形状，下端也可再锯成与两边呈直角线或成弯曲线及其他形状。木瓦的一面可从下端至上端砂光或纵向开槽。

盖屋板是将短圆材或木块用手工或机械劈开的木料。板的表面由于劈木工序留下了木的自然纹理。盖屋板有时沿其厚段纵锯制得两块盖屋板，每块板均有一劈面（表面）和一锯面（背面）。

本品目不包括：

（一）作室内地板用的胶合板、单板饰面板及类似的多层板，这些板有一层薄薄的木质饰面板附于表面上，以仿效品目 44.18 的已装拼的地板（品目 44.12）。

（二）有或无背板的壁橱，即使是做成可用钉或其他方法固定于天花板或墙上形式的（品目 94.03）。

（三）活动房屋（品目 94.06）。

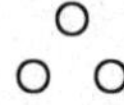

子目注释：

子目 4418.71

马赛克地板用的已装拼地板是用许多单独的正方形或长方形组件组合而成的预制板，并可包含“镶嵌块”（已制成正方形、矩形、三角形、菱形或其他形状的小木块，用作镶嵌物，以获得所需图案）。板条可根据某一特定图案装拼成诸如方格状、织篮形及人字形（参见下列图例）。

方格图案

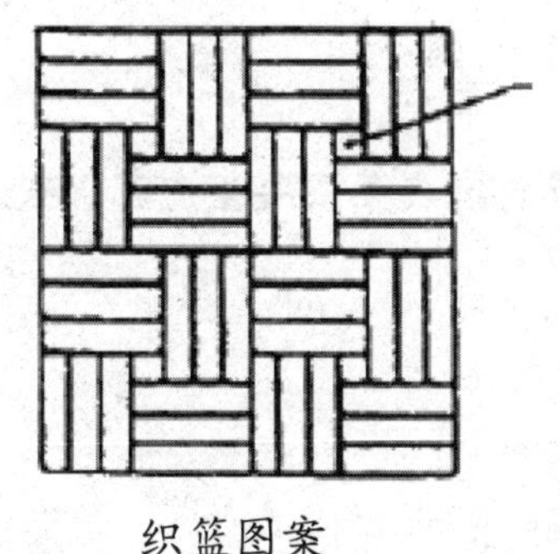
织篮图案

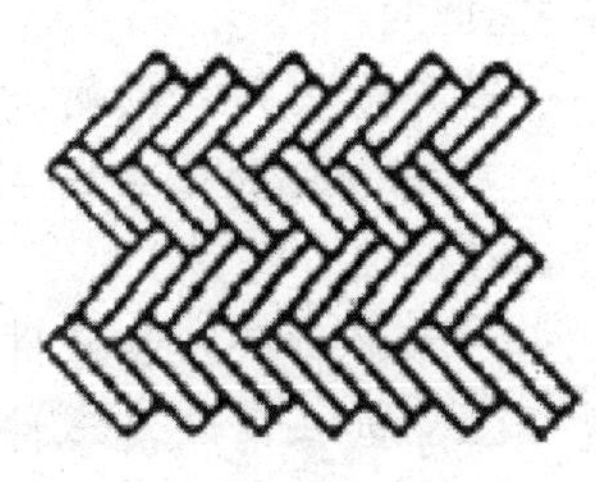
人字形图案

44.19　木制餐具及厨房用具

本品目仅包括作为餐具或厨房用具的木制家用器具，不论是否用车削木或镶嵌木制成。但不包括以装饰为主要特征的货品，也不包括家具。

本品目的物品可由普通木材、碎料板或类似木质材料板、纤维板、层压板或强化木制成（参见本章注释三）。

本品目包括：匙、叉、沙拉勺；大浅盘及小菜盘；罐、杯及茶托；普通调味料盒及其他厨房容器；不带刷的面包屑勺；餐巾环；擀面杖；糕饼模；黄油碟；杵；坚果钳；托盘；碗；面板；切板；餐具架；厨房用的容积量器。

本品目不包括：

（一）木制箍桶（品目44.16）。

（二）餐具或厨房用具的木制零件（品目44.21）。

（三）刷子及扫帚（品目96.03）。

（四）手用筛（品目96.04）。

44.20　镶嵌木（包括细工镶嵌木）；装珠宝或刀具用的木制盒子和小匣子及类似品；木制小雕像及其他装饰品；第九十四章以外的木制家具：

10　—　木制小雕像及其他装饰品

90　—　其他

本品目适用于镶嵌木（含细工镶嵌木）制的镶板，包括有部分为非木质材料制的镶板。

本品目的物品可由普通木材、碎料板或类似木质材料板、纤维板、层压板或强化木制成（参见本章注释三）。

本品目也包括通常经精细加工和饰面的种类繁多的木制品（包括镶嵌木制品），例如，精细小家具（例如，小匣子及首饰盒）；小陈设品；装饰品。装有镜子的这类物品，只要具有本品目所述物品的基本特征，也归入本品目。同样，本品目包括全部或部分用真皮革或再生皮革、纸板、塑料、纺织物等作衬里的物品，只要这些物品主要是木制的。

本品目包括：

一、漆器（中国式或日本式）盒；盛装刀子、刀具、科学仪器等的木盒及木箱；鼻烟盒及其他装于口袋、手袋或随身携带的小盒子；文具盒等；针线盒；香烟筒及糖果盒。但本品目不包括厨房用的普通调味料盒等（品目44.19）。

二、木制家具，但第九十四章的木家具除外（参见本章总注释）。本品目包括衣帽架、衣刷挂架、办公用信件盘、烟灰盅、笔盘及墨水台。

三、木制的小雕像（包括半身及全身雕像）、小动物及其他装饰品。

本品目不包括所列物品的木制零件（品目 44.12）。

本品目也不包括：

（一）盛装乐器或枪枝的木制箱、盒及包有皮革或再生皮革、纸或纸板、钢纸、塑料片或纺织材料的护套、箱、盒及类似容器（品目 42.02）。

（二）仿首饰（品目 71.17）。

（三）第九十一章的钟壳及其零件。

（四）第九十二章的乐器及其零件。

（五）随身武器用的鞘及护套（品目 93.07）。

（六）第九十四章的物品（例如，家具、灯具及照明装置）。

（七）烟斗及其零件、钮扣、铅笔及第九十六章的其他物品。

（八）第九十七章的艺术品或古物。

44.21　其他木制品：

10　—　衣架

90　—　其他

本品目包括所有经车制或任何其他方法制成的木制品和用镶嵌木（包括细工镶嵌木制成的物品，但在本品目以前各品目所列物品除外。同时也不包括不论材料属性如何，一律归入其他品目的物品（例如，参见本章注释一）。

本品目还包括以上各品目所列物品的木制零件，但品目 44.16 所列物品的零件除外。

本品目的物品可由普通木材、碎料板或类似木质材料板、纤维板、层压板或强化木制成（参见本章注释三）。

本品目包括：

一、卷轴、纡子、筒管、缝纫用线轴等。这些物品通常有车制的木芯以供纱线或细金属丝在上缠绕。木芯可以是圆柱体或圆锥形的，一般中心钻一孔眼，木芯的一端或两端可以有凸缘。本品目还包括在两端装有木或其他材料制的边的车制木芯，用于卷绕绝缘电线等。

二、兔笼、鸡笼、蜂箱、鸟笼、狗屋、饲料槽；畜用轭。

三、舞台背景；木匠工作台；带有可固定交叉线的旋紧装置的桌子，用于书籍的手工锁线装订；梯子及楼梯；搁凳；活字、路标、图案；招牌；园艺等用的标签牌；牙签；棚架及围栏板； 平交路口栏木止挡；卷帘、威尼斯式或其他风格窗帘；塞子；模板；弹簧百叶窗用滚子；衣架；搓衣板；熨衣板；挂衣木钉；榫钉；橹、桨、舵；棺材。

四、一般有统一尺寸并且通常为长方形的铺地木块。它们是经万能圆锯机切割制成。

有时木块边上钉有间隔条，以备铺在地板的木块膨胀。

五、将拉拔木，而更多的是将刨切或旋切木切割成火柴尺寸的火柴梗。它们也可将单块木冲切制得批量制品。火柴梗可浸渍化学物质（例如，磷酸铵），但具有易燃物质火柴头的不应归入本章。本品目还包括在一边切成齿状或开缝的木条，它们用于制小书本型火柴梗。

六、用于鞋靴的木钉或木栓。它们的制作方法与火柴梗相同，但一端是尖的，截面可为圆形、正方形或三角形。在某些情况下，它们用以代替钉子来固定鞋靴的底部及后跟。

七、容积量器，品目 44.19 的厨房用具除外。

八、餐刀、餐匙及餐叉用的木柄。

九、为了便于运输或日后加工用胶合剂将粗锯木板条粘合而成的镶板。

十、将一造型叠放在另一已经模制或未经模制的木料上所制成的模压木料（品目 44.18 的货品除外)。

本品目不包括:

(一)用于制火柴梗的木条(品目 44.04)。

(二)呈木条形状的未制成的鞋钉,其一端通过两边斜切成刃面,经切开即可制成木钉(品目 44.09)。

(三)品目 44.17 的刀具(餐刀除外)及其他工具或用具的木柄。

(四)第四十六章的物品。

(五)第六十四章的鞋靴及其零件。

(六)手杖及其零件、伞或马鞭(第六十六章)。

(七)第十六类的机器及其零件和电气货品(例如,品目 84.80 的木制阳模)。

(八)第十七类的货品(例如,船、独轮车、两轮车及其他车辆、车辆部件)。

(九)数学或绘图器具、测量器具(测量容积的除外)及第九十章的其他货品。

(十)枪托及其他武器零件(品目 93.05)。

(十一)玩具、游戏品及运动用品(第九十五章)。

*

*　*

附　　录

某些热带木的名称

一、非洲热带木

引导名称	学名	地方名	
大叶帽柱木	Hallea ciliata Leroy	安哥拉	Mivuku
(Abura)	(Mitragyna ciliata Aubr.& Pellegr.)	喀麦隆	Elolom
		刚果	Vuku
	Hallea rubrostipulata Leroy	科特迪瓦	Bahia
	(Mitragyna rubrostipulata Harv.)	赤道几内亚	Elelon
		加蓬	Elelom Nzam
	Hallea stipulosa O. Kuntze	加纳	Subaha
	(Mitragyna stipulosa Leroy)	尼日利亚	Abura
		塞拉利昂	Mboi
		乌干达	Nzingu
		刚果民主共和国	MVuku
		赞比亚	Nzingu
		法国	*Bahia*
非洲桃花心木	Khaya ivorensis A. Chev.	安哥拉	Undia Nunu
(Acajou d'	(=Khaya Klainei pierre)	喀麦隆	N'Gollon
Afrique)		科特迪瓦	Acajou Bassam
		赤道几内亚	Caoba del Galon
		加蓬	Zaminguila
		加纳	Takoradi Mahogany
		尼日利亚	Ogwango
		法国	*Acajou Bassam*
		德国	*Khaya Mahagoni*
		英国	*African Mahogany*
	Khaya anthotheca C. DC.	安哥拉	N'Dola
		喀麦隆	Mangona
		刚果	N'Dola
		科特迪瓦	Acajou blanc, Acajou Krala
		加纳	Ahafo
		乌干达	Munyama
		法国	*Acajou blanc*
		德国	*Khaya Mahagoni*
	Khaya grandifoliola C. DC.	科特迪瓦	Acajou à grandes feuilles
		尼日利亚	Benin Mahogany,

引导名称	学名	地方名	
			Akuk
		乌干达	Eri Kire
		法国	*Acajou à grandes feuilles*
		英国	*Heavy African Mahogany*
西非红豆木 (Afrormosia)	Pericopsis elata Van Meeuwen (=Afrormosia elata Harms)	喀麦隆	Obang
		中非共和国	Obang
		科特迪瓦	Assamela
		加纳	Kokrodua
		刚果民主共和国	Ole Bohala, Mohole
		法国	*Assamela,* *Oleo Pardo*
箭毒木 (Ako)	Antiaris africana Engl.	安哥拉	Sansama
	Antiaris welwitschii Engl.	科特迪瓦	Ako, Akede
		加纳	Chenchen, Kyenkyen
		尼日利亚	Oro, Ogiovu
		坦桑利亚	Mlulu, Mkuzu
		乌干达	Kirundu, Mumaka
		刚果民主共和国	Bonkonko, Bonkongo
		德国	*Antiaris*
		英国	*Antiaris*
非洲甘比山榄木 (Aningré)	Aningeria robusta Aubr. & Pellegr	安哥拉	Mukali, Kali
	Aningeria superba A. Chev	中非共和国	M'Boul
	Aningeria altissima Aubr.& Pellegr.	刚果	Mukali, N'kali
	Aningeria spp.	科特迪瓦	Aningueri blanc, Aniegre
		埃塞俄比亚	Kararo
		肯尼亚	Muna, Mukangu

引导名称	学名	地方名	
		尼日利亚	Landojan
		乌干达	Osan
		刚果民主共和国	Tutu
		德国	*Aningré-Tanganyika Nuss*
		意大利	*Tanganyika Nuss*
		英国	*Aningeria*
杜楝木 (Avodiré)	Turraeanthus africana pellegr.	科特迪瓦	Avodiré
		加纳	Apapaye
		利比里亚	Blimah-Pu
		尼日利亚	Apaya
		刚果民主共和国	M'Fube, Lusamba
		比利时	*Lusamba*
非洲栎柞木 (Azobé)	Lophira alata Banks ex Gaertn.f. (=Lophira procera A.Chev.)	喀麦隆	Bongossi
		刚果	Bonkolé
		科特迪瓦	Azobé
		赤道几内亚	Akoga
		加蓬	Akoga
		加纳	Kaku
		尼日利亚	Ekki, Eba
		塞拉利昂	Hendui
		德国	*Bonkole,* *Bongossi*
		英国	*Ekki*
白驼峰楝木 (Bossé clair)	Guarea cedrata Pellegr.	科特迪瓦	Bossé
		加纳	Kwabohoro
	Guarea laurentii De Wild.	尼日利亚	Obobo Nofua
		刚果民主共和国	Bosasa
		德国	*Bosse*
		英国	*Scented Guarea*
黑驼峰楝木 (Bossé foncé)	Guarea thompsonii Sprague	科特迪瓦	Mutigbanaye
		肯尼亚	Bolon
		尼日利亚	Obobo Nekwi
		刚果民主共和国	Diampi
		德国	*Diampi*
		英国	*Black Guarea*
西非褐红椴木 (Dabema)	Piptadeniastrum africanum Brenan (=Piptadenia africana Hook.f.)	喀麦隆	Atui
		刚果	N'Singa

引导名称	学名	地方名	
		科特迪瓦	Dabema
		赤道几内亚	Tom
		加蓬	Toum
		加纳	Dahoma
		利比里亚	Mbeli
		尼日利亚	Agboin, Ekhimi
		乌干达	Mpewere
		塞拉利昂	Mbele, Guli
		刚果民主共和国	Bokungu, Likundu
		英国	*Dahoma,* *Ekhimi*
非洲核桃楝木 (Dibétou)	Lovoa trichilioides Harms (=Lovoa klaincana Pierre)	喀麦隆	Bibolo
		科特迪瓦	Dibétou
		赤道几内亚	Nivero, Embero
		加蓬	Eyan
		加纳	Dubini-Biri, Mpengwa
		尼日利亚	Apopo, Sida, Anamenila
		塞拉利昂	Wnaimei
		刚果民主共和国	Lifaki-Maindu, Bombulu
		法国	*Noyer d'Afrique,* *Noyer du Gabon*
		英国	*African Walnut,* *Tigerwood*
		美国	*Tigerwood,* *Congowood*
	Lovoa brownii Sprague Lovoa swynnertonii Bak.f.	肯尼亚	Mukongoro
		乌干达	Mukusu, Nkoba
		英国	*Uganda Walnut*
阿夫苏木 (Doussié)	Afzelia africana Smith	安哥拉	N'kokongo Uvala

引导名称	学名	地方名	
	Afzelia bella Harms	喀麦隆	M'Banga,
			Doussié
	Afzelia bipendensis Harms	刚果	N'Kokongo
		科特迪瓦	Lingue,
	Afzelia pachyloba Harms-		Azodau
	Afzelia cuanzensis Welw.	加纳	Papao
		莫桑比克	Mussacossa,
			Chanfuta
		尼日利亚	Apa,
			Aligna
		塞内加尔	Lingue
		塞拉利昂	Kpendei
		坦桑利亚	Mkora,
			Mbembakofi
		刚果民主共和国	Bolengu
		英国	*Afzelia*
		葡萄牙	*Chafuta*
		英国	*Afzelia*
		美国	*Afzelia*
象牙海岸榄仁木	Terminalia ivorensis A. Chev	喀麦隆	Lidia
(Framiré)		科特迪瓦	Framiré
		加纳	Emeri
		利比里亚	Baji
		尼日利亚	Idigbo,
			Black Afara
		塞拉利昂	Baji
		英国	*Idigbo*
丝棉木	Ceiba pentandra Gaertn	喀麦隆	Doum
(Fuma)	(=Ceiba thonningii A. Chev.)	刚果	Fuma
		科特迪瓦	Enia,
			Fromager
		加纳	Onyina
		利比里亚	Ghe
		尼日利亚	Okha,
			Araba
		塞拉利昂	Ngwe,
			Banda
		刚果民主共和国	Fuma
		法国	*Fromager*

引导名称	学名	地方名	
		德国	*Ceiba*
		英国	*Ceiba*
安哥拉丛花木 (Ilomba)	Pycnanthus angolensis Warb (=Pycnanthus kombo Warb.)	安哥拉	Ilomba
		喀麦隆	Eteng
		刚果	Ilomba
		科特迪瓦	Walélé
		赤道几内亚	Calabo
		加蓬	Eteng
		加纳	Otié
		尼日利亚	Akomu
		塞拉利昂	Kpoyéi
		刚果民主共和国	Lolako Lejonclo
伊罗科木 (Iroko)	Chlorophora excelsa Benth. & Hook.f. Chlorophora regia A. Chev.	安哥拉	Moreira
		喀麦隆	Abang
		刚果	Kambala
		科特迪瓦	Iroko
		东非	Mvuli, Mvule
		赤道几内亚	Abang
		加蓬	Abang, Mandji
		加纳	Odum
		利比里亚	Semli
		莫桑比克	Tule Muful
		尼日利亚	Iroko
		塞拉利昂	Semli
		刚果民主共和国	Lusanga, Molundu, Mokongo
		比利时	*Kambala*
康多非洲楝木 (Kosipo)	Entandrophragma candollei Harms	安哥拉	Lifuco
		喀麦隆	Atom-Assie
		科特迪瓦	Kosipo
		加纳	Penkwa-Akowaa
		尼日利亚	Omu, Heavy Sapelle
		刚果民主共和国	Impompo
		德国	*Kosipo-Mahagoni*

引导名称	学名	地方名	
		英国	*Omu*
象牙海岸褐红椴木(Kotibé)	Nesogordonia papaverifera R. Capuron (=Cistanthera papaverifera A. Chev.)	安哥拉	Kissinhungo
		喀麦隆	Ovoe, Ovoui
		中非共和国	Naouya
		科特迪瓦	Kotibé
		加蓬	Aborbora
		加纳	Danta
		尼日利亚	Otutu
		刚果民主共和国	Kondofindo
		英国	*Danta*
象牙海岸翼梧桐木(Koto)	Pterygota macrocarpa K. Schum.	中非共和国	Kakende
	Pterygota bequaertii De Wild.	科特迪瓦	Koto
		加蓬	Ake
		加纳	Kyere, Awari
		尼日利亚	Kefe, Poroposo
		刚果民主共和国	Ikame
		德国	*Anatolia*
		英国	*African Pterygota, Pterygota*
非洲榄仁木(Limba)	Terminalia superba Engl. & Diels	喀麦隆	Akom
		中非共和国	N'Ganga
		刚果	Limba
		科特迪瓦	Fraké
		赤道几内亚	Akom
		加纳	Ofram
		尼日利亚	Afara, White Afara
		塞拉利昂	Kojagei
		刚果民主共和国	Limba
		法国	*Limbo, Fraké, Noyer du Mayombé*
		美国	*Korina*
猴子果木(Makoré)	Tieghemella heckelii Pierre	科特迪瓦	Makoré
		加纳	Baku,

引导名称	学名	地方名	
	Tieghemella africana A. Chev. (=Dumoria spp.)		Abacu
		赤道几内亚	Okola
		加蓬	Douka
		法国	*Douka*
		德国	*Douka*
曼孙梧桐木 (Mansonia)	Mansonia altissima A. Chev.	喀麦隆	Koul
		科特迪瓦	Bété
		加纳	Aprono
		尼日利亚	Ofun
		法国	*Bété*
非洲梨木 (Moabi)	Baillonella toxisperma Pierre (=Mimusops djave Engl.)	喀麦隆	Adjap, Ayap
		刚果	Dimpampi
		赤道几内亚	Ayap
		加蓬	M'Foi
		刚果民主共和国	Muamba jaune
		英国	*African Pearwood*
非洲银叶木 (Niangon)	Heritiera utilis Kosterm. (=Tarrietia utilis Sprague) Heritiera densiflora Kosterm. (=Tarrieta densiflora Aubr. & Normand)	科特迪瓦	Niangon
		加蓬	Ogoue
		加纳	Nyankom
		利比里亚	Whismore
		塞拉利昂	Yami
非洲白梧桐木 (Obeche)	Triplochiton scleroxylon K. Schum.	喀麦隆	Ayous
		中非共和国	M'Bado
		科特迪瓦	Samba
		赤道几内亚	Ayus
		加纳	Wawa
		尼日利亚	Arere, Obeche
		法国	*Samba,* *Ayous*
		德国	*Abachi*
		英国	*Wawa*
		美国.	*Obeche or Samba*
加蓬榄木 (Okoumé)	Aucoumea Klaineana Pierre	刚果	N'Kumi
		赤道几内亚	Okumé, N'Goumi
		加蓬	Okoumé,

引导名称	学名	地方名	
			Angouma
		英国.	*Gaboon*
蓖麻木 （Onzabili）	Antrocargon micraster A. Chev	安哥拉	N'Gongo
		喀麦隆	Angonga
	Antrocargon klaineanum Pierre	科特迪瓦	Akoua
	Antrocargon nannanii De Wild.	赤道几内亚	Anguekong
		加蓬	Onzabili
		加纳	Aprokuma
		刚果民主共和国	Mugongo
		葡萄牙	*Mongongo*
奥文科尔木 （Ovengkol）	Guibourtia ehie J. Léonard	科特迪瓦	Amazakoue
		赤道几内亚	Palissandro
		加蓬	Ovengkol
		加纳	Hyeduanini, Anokye
		美国	*Mozambique*
中非蜡烛木 （Ozigo）	Dacryodes buettneri H.J. Lam. (=Pachylobus buettneri Engl.)	赤道几内亚	Assia
		加蓬	Ozigo, Assia
		德国	*Assia*
萨撒列木 （Sapelli）	Entandrophragma cylindricum Sprague	安哥拉	Undianuno
		喀麦隆	Assié-Sapelli
		中非共和国	M'Boyo
		刚果	Undianuno
		科特迪瓦	Aboudikro
		加纳	Penkwa
		尼日利亚	Sapele
		乌干达	Muyovu
		刚果民主共和国	Lifaki
		德国	*Sapelli-Mahagoni*
		英国	*Sapele*
西波木 （Sipo）	Entandrophragma utile Sprague	安哥拉	Kalungi
		喀麦隆	Asseng-Assié
		科特迪瓦	Sipo
		赤道几内亚	Abebay
		加蓬	Assi
		加纳	Utile
		尼日利亚	Utile
		乌干达	Mufumbi

引导名称	学名	地方名	
		刚果民主共和国	Liboyo
		德国	*Sipo-Mahagoni*
		英国	*Utile*
安哥拉 香桃花心木 （Tiama）	Entandrophragma angolense C DC.	安哥拉	Livuité, Acuminata
	Entandrophragma congoense A. Chev.	刚果	Kiluka
		科特迪瓦	Tiama
		赤道几内亚	Dongomanguila
		加蓬	Abeubêgne
		加纳	Edinam
		尼日利亚	Gêdu-Nohor
		乌干达	Mukusu
		刚果民主共和国	Lifaki, Vovo
		德国	*Tiama-Mahagoni*
		英国	*Gêdu-Nohor*
非洲阿勃木 （Tola）	Gosweilerodendron balsamiferum Harms	安哥拉	Tola branca Cameroon Sinedon
		刚果	Tola, Tola blanc
		加蓬	Emolo
		尼日利亚	Agba
		刚果民主共和国	Ntola
		德国	*Agba,* *Tola branca*
		英国	*Agba*

二、其他热带木

引导名称	学名	地方名	
阿兰木 (Alan)	Shorea albida Sym.	马来西亚	Alan-Batu, Red Selangan, Meraka, Selangan Merah, Alan-Paya
圭亚那苦油楝木 (Andiroba)	Carapa guianensis Aubl. and Carapa procera A.DC.	巴西	Andiroba, Carapa, Andirobeira, Andiroba Branca, Andiroba Vermelha
		哥伦比亚	Masabalo, Mazabalo
		哥斯达尼加	Cedro Bateo, Cedro Macho
		厄瓜多尔	Tangare, Figueroa
		圭亚那	Crabwood
		法属圭亚那	Carapa
		洪都拉斯	Bastard Mahogany, Cedro Macho
		巴拿马	Cedro Bateo, Cedro Macho
		苏里南	Krappa
		特立尼达和多巴哥	Crappo
		委内瑞拉	Carapa, Masabalo
婆罗双木 (Balau)	Balau, Red / Selangan Batu Merah	印度尼西亚	Belangeran, Balau Merah
	Shorea balangeran (Korth.) Burck.	马来西亚	Balau Laut Merah, Damar Laut Merah,
	Shorea collina Ridl.		Balau Membatu,
	Shorea guISO (Blco.) Bl.		Balau Merah, Red Selangan Batu,
	Shorea inaequilateralis Sym.		Membatu, Seri,
	Shorea kunstleri King		Selangan Batu Merah, Seraya Sirup,
	Shorea ochrophloia E.J. Strugnell ex Sym.		Selangan Batu No.1, Sengawan, Semayur,
	Shorea spp.		Empenit-Meraka
		菲律宾	Guijo,

引导名称	学名	地方名	
			GISOk
		泰国	Makata,
			Chankhau
		德国	*Red Balau*
		英国	*Red Balau*
	Balau, Yellow / Selangan	印度	Sal
	Batu Kumus (Bangkirai)	印度尼西亚	Bangkirai,
			Agelam,
	Shorea argentea C.F.C.Fisher		Benuas,
			Brunas,
	Shorea astylosa Foxw.		Selangan batu,
			Kumus,
	Shorea atrivernosa Sym.		Kedawang,
			Pooti
	Shorea balangeran (Korth.)	马来西亚	Damar laut,
			Kumus,
	Shorea ciliata King		Sengkawan Darat,
			Balau Kumus,
	Shorea exelliptica W.Meijer		Balau Simantok,
			Selangan Batu No.1,
	Shorea foxworthyi Sym.		Selangan Batu No.2
		缅甸	Thitya
	Shorea gISOk Foxw.	菲律宾	Yakal,
			GISOk,
	Shorea glauca King		Malaykal
		泰国	Chan,
	Shorea laevis Ridl.		Ak or Aek,
	(=Shorea laevifolia Endert)		Pa-Yom Dong
	Shorea materialis Ridl.	*德国*	*Balau*
		英国	*Balau,*
	Shorea maxwelliana King		*Selangan Batu*
	Shorea optusa Wall.		
	Shorea robusta Gaertner f.		
	Shorea roxburghii G. Don		
	Shorea seminis V. Sl.		
	Shorea submontana Sym.		
	Shorea sumatrana Sym.		
	Shorea scrobiculata Burck.		
	Shorea barbata & ciliata		
	Shorea spp.		
美洲轻木 (Balsa)	Ochroma lagopus Sw.	玻利维亚	Tami
	(=Ochroma Pyramidale Urb.)	巴西	Pau de Balsa
		哥伦比亚	Lanu
		中美洲	Balsa
		厄瓜多尔	Balsa

引导名称	学名	地方名	
		萨尔瓦多	Algodon
		危地马拉	Lanilla
		洪都拉斯	Guano, Balsa
		尼加拉瓜	Gatillo
		秘鲁	Balsa, Topa, Palo de Balsa
		特立尼达和多巴哥	Bois flot
		委内瑞拉	Balso
卡蒂沃木 (Cativo)	Prioria copaifera Gris.	哥伦比亚	Cativo, Trementino, Amasamujer, Copachu
		哥斯达尼加	Cativo, Camibar
		巴拿马	Cativo
		委内瑞拉	Muramo, Curucai
雪松木 (Cedro)	Cedrela spp.	巴西	Cedro
		法属圭亚那	Cedrat, Cedro
		圭亚那	Red Cedar
		洪都拉斯	Cedro, Cigarbox
		苏里南	Ceder
破布木 (Freijo)	Cordia goeldiana Hub.	巴西	Freijo, Frei-Jorge
吉贝木 〔Fromager (Sumauma)〕	Ceiba pentandra Gaertn.	玻利维亚	Ceiba, Mapajo, Toborochi
		巴西	Sumauma, Paneira
		中美洲	Ceiba, Ceibon, Inup, Piton, Panya
		哥伦比亚	Ceiba, Bonga
		厄瓜多尔	Ceiba Uchuputu, Guambush
		法属圭亚那	Mahot coton, Fromager, Bois coton,

引导名称	学名	地方名	
			Kapokier
		圭亚那	Kumaka, Silk Cotton
		秘鲁	Ceiba, Huimba
		苏里南	Kankantrie, Koemaka
		委内瑞拉	Ceiba Yucca, Ceiba
乔状黄牛木 (Geronggang)	Cratoxylon arborescens (Vahl) Bl. Cratoxylon arborescens var. miquelli King Cratoxylon glaucum Korth. Cratoxylon lingustrinum Bl. (=Cratoxylon polyanthum Korth.)	印度尼西亚	Gerunggang, Mapat, Mulu, Selunus
		马来西亚	Gonggang, Serungan
巴西胡桃木 (Imbuia)	Ocotea porosa Barosso (=Phoebe porosa Mez.)	巴西	Canela, Imbuia, Embuia
		南美洲	Laurel
		英国	*Brazilian Walnut,* *Imbuya*
		美国	*Brazilian Walnut*
皮蚁木 (Ipé)	Tabebuia spp. (Tabebuia ipe Standl., Tabebuia capitata Sandw., Tabebuia serratifoliaNichols., Tabebuia Impetiginosa Standl., etc.)	玻利维亚	Ipé, Lapacho
		巴西	Ipé, Pau d'Arco
		中美洲	Amapa, Prieta, Cortez, Guayacan, Cortes
		哥伦比亚	Canaguate, Polvillo
		法属圭亚那	Ebene verte
		圭亚那	Hakia, Iron Wood
		巴拉圭	Lapacho Negro
		秘鲁	Tahuari Negro, Ebano Verde
		苏里南	Groenhart
		特立尼达和多巴哥	Puy, Yellow Poui
		委内瑞拉	Acapro, Puy

引导名称	学名	地方名	
拟爱神木 (Jaboty)	Erisma uncinatum Warm. Erisma spp.	巴西 法属圭亚那 苏里南 委内瑞拉 *德国*	Quarubarana, Jaboti, Cedrinho, Cambara, Quarubatinga, Quaruba, Vermelha Jaboty, Manonti Kouali, Felli Kouali Singri-Kwari Mureillo *Cambara*
夹竹桃木 (Jelutong)	Dyera costulata Hook.f. Dyera lowii Hook.f.	印度尼西亚 马来西亚 新加坡	Jelutong, Djelutong, Melabuwai Jelutong, Andjaroetoeng, Letoeng, Pantoeng, Jelutong Bukit, Jelutong Paya Red and/or White Jelutong
巴西红木 (Jequitiba)	Cariniana brasiliensis Casar. (=C.legalis O. Ktze.) Cariniana integrifolia Ducke	玻利维亚 巴西	Yesquero Jequitiba, Jequitiba Branco, Jequitiba Rosa, Jequitiba Vermelho, Estoperiro
绒根木 (Jongkong)	Dactylocladus stenostachys Oliv.	印度尼西亚 马来西亚	Mentibu, Sampinur Medang-Tabak, Jongkong, Medang, Merubong
龙脑香木 (Kapur)	Dryobalanops aromatica Gaertn. f. Dryobalanops beccarii Dyer Dryobalanops fusca V.St. Dryobalanops lanceolata Burck. Dryobalanops oblongifolia Dyer	印度尼西亚 马来西亚	Kapur Singkel, Kapur Sintuk, Kapur Empedu, Kapur Tanduk, Kapur Kayatan, Petanang Kapur-Kejatan, Keladan, Swamp Kapur,

<table>
<tr><th>引导名称</th><th>学名</th><th></th><th>地方名</th></tr>
<tr><td></td><td>Dryobalanops rappa Becc.
Dryobalanops spp.</td><td></td><td>Borneo Camphorwood-Paigie</td></tr>
<tr><td>开姆帕斯木
(Kempas)</td><td>Koompassia malaccensis Maing. ex Benth.</td><td>印度尼西亚
马来西亚
巴布亚新几内亚
泰国</td><td>Menggeris, Toemaling
Kempas, Mengris, Impas
Kempas
Yuan</td></tr>
<tr><td>羯布罗香木
(Keruing)</td><td>Dipterocarpus acutangulus Vesque.
(=Dipterocarpus appendiculatus Scheff.)
Dipterocarpus alatus A.DC.
Dipterocarpus baudi Korth.
(=Dipterocarpus pilosus Roxb.)
Dipterocarpus cornutus Dyer
Dipterocarpus costulatus V. SI.
Dipterocarpus kerrii King
Dipterocarpus verrucossus Foxw.
Dipterocarpus spp.</td><td>柬埔寨
印度
印度尼西亚
老挝
马来西亚
缅甸
菲律宾
斯里兰卡
泰国
越南</td><td>Chloeuteal, Khlong, Thbeng, Trach
Gurjun
Keroeing
Nhang
Keruing Gaga, Keruing Bajak, Keruing Baras
Yang, Kanyin
Apitong
Hora
Yang
Dau (Yaou), Tro</td></tr>
<tr><td>白柳桉木
(Lauan, White)</td><td>Shorea contorta Vidal
(ex Pentacme mindanensis Foxw. & ex Pentacme contorta Merr. & Rolfe)
Parashorea malaanonan Mer.
(=Parashorea plicata Brandis)
Parashorea tomentella (Sym.) W. Meijer
(=Parashorea mal. var. tomentella Sym.)
Parashorea macrophylla Wyatt Smith ex Ashton
Shorea almon (Foxw.)
(=Shorea ovalis Bl. and Shorea</td><td>缅甸
菲律宾

泰国
越南</td><td>Ingyin
White lauan, Bagtikan or Lauan
Malaanonan
Mayapis, Almon
Rang
Ka-chac-xanh</td></tr>
</table>

引导名称	学名	地方名	
	parvifolia Dyer) Shorea palosapsis Merr.		
南美樟木 （Louro）	Nectandra spp. Ocotea spp.	巴西	Louro, Louro Branco Louro Inhamui
		中美洲	Aguacatillo, Laurel
		哥伦比亚	Amarillo, Laurel
		厄瓜多尔	Canelo Amarillo, Jigua Amarillo, Tinchi
		法属圭亚那	Cedre Apici
		圭亚那	Kereti- Silverballi
		秘鲁	Moena Amarilla
		苏里南	Pisi
		特立尼达和多巴哥	Laurier
		委内瑞拉	Laurel
铁线子木 （Macaranduba）	Manilkara spp. (Manilkara bidentata A. Chev., Manilkara huberi Standl., Manilkara surinamensis Dubard, etc.)	巴西	Macaranduba, Maparajuba, Paraju
		哥伦比亚	Balata, Nispero
		法属圭亚那	Balata franc, Balata rouge, Balata gomme
		圭亚那	Balata, Bulletwood, Beefwood
		巴拿马	Nispero
		秘鲁	Pamashto, Quinilla Colorada
		苏里南	Bollettrie
		委内瑞拉	Balata, Massarandu
		美国	*Bulletwood,* *Beefwood*
西印度桃花心木 〔Mahogany (Mogno)〕	Swietenia macrophylla King Swietenia mahagoni Jacq. Swietenia humilis Zucc.	玻利维亚	Caoba, Mara
		巴西	Aguano, Mogno, Araputanga
		中美洲	Caoba,

引导名称	学名	地方名	
	Swietenia tessmannii Harms		Caoba del Su
			Caoba del
	Swietenia candollei Pitt.		Atlantica
		哥伦比亚	Caoba
	Swietenia krukovii Gleason	古巴	Caoba
		多米尼加共和国	Mahogani
		危地马拉	Chacalte
		海地	Mahogani
		墨西哥	Zopilote,
			Baywood
		尼加拉瓜	Mahogani
		秘鲁	Aguano,
			Caoba
		委内瑞拉	Caoba,
			Orura
		法国	*Acajou d'Amérique*
		意大利	*Mogano*
		新西兰	*Mahonie*
		西班牙	*Caoba*
		英国	*Mahogany,*
			Brazilian Mahogany
		美国	*Mahogany,*
			Brazilian Mahogany
肖氏夸利亚木 (Mandioqueira)	Qualea spp.		
马来蝴蝶木 (Mengkulang)	Heritiera albiflora (Ridl.) Kosterm.	柬埔寨	Don-Chem
		印度尼西亚	Palapi,
			Teraling
	Heritiera borneensis (Merr.) Kosterm.	马来西亚	Mengkulang,
			Kembang
		缅甸	Kanze
	Heritiera simplicifolia (Mast.) Kosterm.	菲律宾	Lumbayau
		泰国	Chumprag
		越南	Huynh
	Heritiera javanica (Bl.) Kosterm.	*澳大利亚*	*Red or Brown Tulip Oak*
	Heritiera kunstleri (King) Kosterm.		
	Heritiera parakensis King		
	Heritiera sumatrana (Miq.) Kosterm.		
	(=Tarrietia spp.)		
巴栲红柳桉木 (MerantiBakau)	Shorea rugosa Sym. var. uliginosa Heim.	马来西亚	Meranti Bakau
深红色红柳桉木	Shorea curtisii Dyer ex King	印度尼西亚	Red Meranti,

引导名称	学名	地方名	
(Meranti,Dark			Red Mertih,
Red)	Shorea pauciflora King		Meranti Ketung,
			Meranti Bunga,
	Shorea platyclados V.Sl. ex Foxw.		Meranti Merah-Tua
		马来西亚	Nemesu,
	Shorea argentifolia Sym.		Meranti Bukit,
			Meranti Daun Basar,
	Shorea ovata Dyer ex King		Dark Red Seraya,
	(=Shorea parvifolia King proarte)		Obar Suluk,
			Seraya Bukit,
	Shorea singkawang (Miq.) Burck.		Seraya Daun,
			Binatoh,
	Shorea pachyphylla Ridl. ex Sym.		Engbang-Chenak,
			Meranti Bunga
	Shorea acuminata Dyer		Sengawan
		菲律宾	Tanguile,
	Shorea hemsleyana King		Bataan,
			Red Lauan
	Shorea leprosuta B.		
		英国	*Red Lauan,*
	Shorea macrantha Brandis		*Dark Red Seraya*
		美国	*Dark Meranti*
	Shorea platycarpa Heim.		
	Shorea spp.		
浅红色红柳桉木	Shorea acuminata Dyer	印度尼西亚	Red Meranti,
(Meranti,			Meranti Merah- Muda,
Light Red)	Shorea dasyphylla Foxw.		Meranti Bunga
		马来西亚	Damar Siput,
	Shorea hemsleyana (King) King		Meranti-Hantu,
	ex Foxw.		Meranti Kepong,
	(=Shorea macrantha Brandis)		Meranti Langgang,
			Meranti Melanthi,
	Shorea johorensis Foxw.		Meranti Paya,
			Meranti Rambai,
	Shorea lepidota (Korth.) Bl.		Meranti Tembaga,
			Meranti Tengkawang,
	Shorea leprosula Miq.		Meranti Sengkawang,
			Engkawang,
	Shorea macroptera Dyer		Seraya Batu,
	(=Shorea sandakanensis)		Seraya Punai,
			Seraya Bunga,
	Shorea ovalis (Korth.) Bl.		Kawang
		菲律宾	Almon,
	Shorea parvifolia Dyer		Light Red Lauan
		泰国	Saya Khao,

引导名称	学名	地方名	
	Shorea palembanica Miq.		Saya Lueang,
	Shorea platycarpa Heim.		
	Shorea teysmanniana Dyer ex Brandis		
	Shorea revoluta Ashton		
	Shorea argentifolia Sym.		
	Shorea leptoclados Sym.		
	Shorea sandakanensis Sym.		
	Shorea smithiana Sym.		
	Shorea albida Sym.		
	(Shorea Alan Bunga)		
	Shorea macrophylla (De Vries) Ashton		
	Shorea quadrinervis V.Sl.		
	Shorea gysbertiana Burck.		
	(=Shorea macrophylla (De Vries) Ashton)		
	Shorea pachyphylla Ridl. Ex Sym.		
	Shorea spp.		
白色红柳桉木 (Meranti, White)	Shorea agami Ashton	柬埔寨	Lumber, Koki Phnom
	Shorea assamica Dyer	印度尼西亚	Meranti Putih, Damar Puthi
	Shorea bracteolata Dyer	马来西亚	Meranti Jerit, Meranti Lapis,
	Shorea dealbata Foxw.		Meranti Pa'ang or Kebon Tang,
	Shorea henryana Lanessan		Meranti Temak, Melapi,
	Shorea lamellata Foxw.		White Meranti
		缅甸	Makai
	Shorea resinosa Foxw.	菲律宾	White Lauan, White Meranti
	Shorea roxburghii G.Don (=Shorea stalura Roxb.)	泰国	Pendan, Pa Nong, Sual,
	Shorea hypochra Hance		Kabak Kau
		越南	Xen,
	Shorea hentonyensis Foxw.		Chai
	Shorea sericeiflora C.E.C. Fischer & Hutch.		
	Shorea farinosa C.E.C. Fischer		
	Shorea gratissima Dyer		
	Shorea ochracea Sym.		
	Parashorea malaanonan (Blco.)		

引导名称	学名	地方名	
	Merr. (=Shorea polita Vidal) Shorea spp.		
黄色红柳桉木 (Meranti, Yellow)	Shorea faguetiana Heim.	印度尼西亚	Meranti Kuning, Kunyit,
	Shorea dolichocarpa V.Sl.		Damar Hitam
		马来西亚	Meranti
	Shorea maxima (King) Sym.		Telepok, Meranti Kelim,
	Shorea longisperma Roxb.		Yellow Meranti, Meranti Damar Hitam,
	Shorea gibbosa Brandis		Yellow Seraya, Seraya Kuning,
	Shorea multiflora (Bruck.) Sym.		Selangan Kuning, Selangan Kacha,
	Shorea hopeifoloa (Heim.) Sym.		Lun Kuning, Lun Gajah,
	Shorea resina-nigra Foxw.		Lun Merat, Lun Siput
	Shorea peltata Sym.	泰国	Kalo
	Shorea acuminatissima Sym. Shorea blumutensis Foxw. Shorea faguetoides Ashton		
坡垒木 (Merawan)	Hopea apiculata Sym.	印度尼西亚	Merawan/Sengal
		马来西亚	Merawan/Sengal,
	Hopea griffithii Kurz		Gagil, Selangan,
	Hopea lowii Dyer		Selangan-Kasha
		缅甸	Thingan
	Hopea mengarawan Miq.	巴布亚新几内亚	Light Hopea
	Hopea nervosa King	泰国	Takhian
		越南	Sau
	Hopea odorata Roxb. Hopea papuana Diels Hopea sangal Korth. Hopea sulcata Sym. Hopea spp.		
印茄木 (Merbau)	Intsia bakeri Prain	斐济	Vesi
		印度尼西亚	Merbau
	Intsia bijuga (Colebr.) O. Ktze.	马达加斯加	Hintsy
		马来西亚	Merbau
	Intsia palembanica (Miq.)	新喀里多尼亚	Komu
		巴布亚新几内亚	Kwila
	Intsia retusa O. Ktze.	菲律宾	Ipil, Ipil Laut
		泰国	Lum-Paw,

引导名称	学名	地方名	
		越南	Gonuo
		澳大利亚	*Kwila*
		中国	*Kalabau*
		英国	*Moluccan Ironwood*
斯温漆木	Swintonia floribunda Griff.	柬埔寨	Muom
(Merpauh)	(=D.Schwenkii Teijsmann)	印度	Thayet-Kin
		马来西亚	Merpau,
	Swintonia penangiana King		Merpauh
		缅甸	Taung Thayet,
	Swintonia pierrei Hance		Civit Taungthayet
		巴基斯坦	Civit
	Swintonia spicifera Hook.f.	越南	Muom
	Swintonia spp.		
异翅香木	AnISOptera curtisii King	印度尼西亚	Mersawa
(Mersawa)		马来西亚	Mersawa,
	AnISOptera costata Korth.		Pengiran
		缅甸	Kaunghmu
	AnISOptera laevis Ridl.	巴布亚新几内亚	Mersawa
		菲律宾	Palosapis
	AnISOptera marginata Korth.	泰国	Krabak,
			Pik
	AnISOptera oblonga Dyer		
	AnISOptera thurifera Blume		
	AnISOptera spp.		
胶木	Palaquium acuminatum Burck.	印度	Pali
(Nyatoh)		印度尼西亚	Nyatoh
	Palaquium hexandrum (Griff.)	马来西亚	Nyatoh,
	Baill.		Mayang,
			Taban,
	Palaquium maingayi Engl.		Riam
		巴布亚新几内亚	Pencil Cedar
	Palaquium rostratum Burck.	菲律宾	Nato
		泰国	Kha-Nunnok
	Palaquium xanthochymum Pierre	越南	Chay
	ex Burck.		
		英国	*Padang*
	Palaquium spp.		
	Payena maingayi C.B. Clarke		
	Payena spp.		
	Ganua motleyana Pierre ex		
	Dubard		
爱里古夷苏木	Campnosperma panamensis		
(Orey)	Standl.		
	Campnosperma gummifera L.		
	March.		

引导名称	学名	地方名	
紫檀木 (Padauk)	Pterocarpus indicus Wild. Pterocarpus vidalianus Rolfe.	印度 印度尼西亚 马来西亚 缅甸 巴布亚新几内亚 菲律宾 *法国* *德国* *英国* *日本*	Andaman-Padauk Sena, Sonokembang, Linggua, Angsana, Amboina Sena Pashu-Padauk Png-Rosewood Manila-Padouk, Narra, Vitali *Amboine/Amboyna* *or Padouk* *Amboine/Amboyna* *or Padouk* *Amboyna or Padouk* *Karin*
人面子木 (Paldao)	Dracontomelum dao Merr. & Rolfe Dracontomelum edule Merr. Dracontomelum sylvestre Bl.	马来西亚 菲律宾	Sengkulang Dao, Ulandug, Lamio
危地马拉黑黄檀木 (Palissandre de Guatemala)	Dalbergia tucurensis Donn Sm.		
印度黑黄檀木 (Palissandre de Para)	Dalbergia spruceana Benth.	巴西 *法国*	Caviuna, We-We, Jacaranda *Palissandre Rio*
巴西黑黄檀木 (Palissandre de Rio)	Dalbergia nigra Fr. All.	*德国* *西班牙* *英国* *美国* *日本*	*Palissander* *Palisandro* *Brazilian Rosewood,* *Jacaranda Pardo* *Brazilian Rosewood* *Shitan*
巴西花梨木 (Palissandre de Rose)	Dalbergia decipularis Rizz. and Matt.	巴西 法属圭亚那	Pau Rosa Bois de rose femelle
巴西柚木 (Pau Amarelo)	Euxylophora paraensis		
白坚木 〔Pau Marfim(PiquiaMarfim)〕	Aspidosperma spp.		

引导名称	学名	地方名	
鸡骨常山木 (Pulai)	Alstonia angustiloba Miq. Alstonia macrophylla Wall. ex A.DC. Alstonia spathulata Bl. Alstonia scholaris R. Br. Alstonia pneumatophora Back.	印度尼西亚 马来西亚 缅甸 巴布亚新几内亚 菲律宾 泰国 越南 *澳大利亚* *印度* *英国*	Pulai, Sepati Pulai Letok, Sega White Cheese Wood, Mike Wood Dita Thia Mo-Cau *White Cheese Wood,* *Mike Wood* *Chaitanwood,* *Chatian* *Pagoda Tree,* *Patternwood*
印马四出香木 (Punah)	Tetramerista glabra Miq.	印度尼西亚 马来西亚	Punal, Bang Kalis, Paya Punam, Ponga, Peda, Entuyut, Amat, Tuyut
大沃契希亚木 (Quaruba)	Vochysia spp.		
东南亚棱柱木 (Ramin)	Gonystylus bancanus (Miq.) Kurz Gonystylus macrophyllus (Miq.) Gonystylus philipinensis Elm. Gonystylus reticulatus (Elm.) Merr.	印度尼西亚 马来西亚 菲律宾 所罗门群岛 *瑞士*	Garu-Buaja, Akenia, Medang Keram Melawis, Ramin Batu, Ramin Telur, Ahmin Lantunan-Bagio Ainunura, Latareko, Petata, Fungunigalo *Akenia*
萌生木棉木 (Saquisaqui)	Bombacopsis quinata Dugand	中美洲 哥伦比亚	Cedro Espino, Cedro Espinoso, Cedro Tolua, Pochote Cedro Tolua,

<table>
<tr><th>引导名称</th><th>学名</th><th colspan="2">地方名</th></tr>
<tr><td></td><td></td><td>委内瑞拉</td><td>Ceiba Tolua,
Cedro Macho
Saqui Saqui,
Cedro Dulce,
Murea</td></tr>
<tr><td>苏帕南木
(Sepetir)</td><td>Sindora affinis De Witt

Sindora coriacea Prain

Sindora echinocalyx Prain

Sindora parvifolia Backer ex K.Heyne

Sindora siamensis Teijsm. ex Miq.

Sindora velutina Baker

Sindora spp.
Pseudosindora palustris Sym.
(=Copaifera palustris De Witt)</td><td>柬埔寨
印度尼西亚
马来西亚

菲律宾
泰国</td><td>Krakas
Sindur
Sepetir,
Meketil,
Saputi,
Sepeteh,
Petir,
Petir-Sepetir Pay
or Swamp-Sepetir,
Sepetir Nin-Yaki
Supa
Krathon,
Maka-Tea</td></tr>
<tr><td>白色柳桉木
(Seraya, White)</td><td>Parashorea malaanonan (Blco.) Merr.(=Parashorea plicata Brandis)

Parashorea macrophylla Wyatt Smith ex Ashton

Parashorea tomentella W. Meijer</td><td>印度尼西亚

马来西亚
缅甸
菲律宾

越南</td><td>Pendan,
Urat Mata,
Belutu,
White Seraya
Urat Mata
Thingadu
Bagtikan,
White Lauan
Cho-chi</td></tr>
<tr><td>苏古皮拉木
(Sucupira)</td><td>Bowdichia nitida Benth.

Diplotropis martiusii Benth.

Diplotropis purpurea (Rich.) Amsh.</td><td>巴西

哥伦比亚

法属圭亚那

圭亚那
秘鲁

苏里南
委内瑞拉</td><td>Sucupira,
Sapurira
Arenillo,
Zapan Negro
Coeur dehors,
Baaka
Tatabu
Chontaquiro,
Huasai-Caspi
Zwarte Kabbes
Congrio,
Alcornoque</td></tr>
<tr><td>红椿木
(Suren)</td><td>Toona sureni (Blco) Merr.
(=Cedrela toona (Roxb. ex Rolfe)</td><td>柬埔寨
印度
印度尼西亚</td><td>Chomcha
Toon
Surian,</td></tr>
</table>

引导名称	学名	地方名	
	Toona ciliata Roem.		Limpagna
	(=Toona febrifuga Roem.)	马来西亚	Surea-Bawang
		缅甸	Thitkado
	Toona calantas Merr. & Rolfe	巴布亚新几内亚	Red Cedar
	(Toona australis (F.v. Muell.) Harms	菲律宾	Calantas
	Sym.)	泰国	Toon,
			Yomham
		越南	Xoan-Moc
		澳大利亚	*Red Cedar*
		英国	*MoulmeinCedar,*
			Burma Cedar
		美国.	*Moulmein Cedar,*
			Burma Cedar
圭亚那考	Couratari spp.		
拉玉蕊木 (Tauari)			
柚木 (Teak)	Tectona grandis L.f.	印度	Sagwan
		印度尼西亚	Jati,
			Tek
		老挝	May Sak
		缅甸	Kyun
		泰国	May Sak
		越南	Giati,
			Teck
		法国	*Teck*
		德国	*Burma-Rangoon-*
			Java Teak
南美肉豆蔻木 (Virola)	Virola spp.	巴西	Ucuuba
		中美洲	Banak,
			Sangre,
			Palo de Sangre,
			Bogamani,
			Cebo,
			Sangre Colorado
		哥伦比亚	Sebo,
			Nuanamo
		厄瓜多尔	Chaliviande,
			Shempo
		法属圭亚那	Yayamadou,
			Moulomba
		圭亚那	Dalli
		洪都拉斯	Banak
		秘鲁	Cumala
		苏里南	Baboen,

引导名称	学名	地方名	
			Pintri
		特立尼达和多巴哥	Cajuca
		委内瑞拉	Virola, Cuajo, Sangrino, Camaticaro, Otivo
		英国	*Dalli*

注：第三栏所列的为出口国采用的名称。进口国所用的商业名称如与引导名称不相一致时，本表用斜体字列出。

第四十五章　软木及软木制品

注释：

本章不包括：

一、第六十四章的鞋靴及其零件；

二、第六十五章的帽类及其零件；或

三、第九十五章的物品（例如，玩具、游戏品及运动用品）。

总　注　释

软木几乎全部来自生长在欧洲南部或非洲北部的栓皮槠树的外层树皮。

首次采剥的栓皮称为“处女”木栓，它质硬、易碎、无弹性，因质量次劣而价格低廉。其表层多泡并有裂缝，内层淡黄色带有红点。

随后采剥的产品有较重要的商业价值。它质密匀称，尽管表层仍有一定程度的裂缝，但比“处女”软木的皱纹要少。

软木质轻而富有弹性，可压缩性强，柔软，有不透水、抗腐蚀、绝热及隔音等特性。

本章包括各种形状的天然软木及压制软木（包括制品），但品目 45.03 注释末所列的不包括部分除外。

45.01　未加工或简单加工的天然软木；软木废料；碎的、粒状的或粉状的软木：

10　—　　未加工或简单加工的天然软木

90　—　　其他

本品目包括：

一、未加工或简单加工的天然软木。未加工的软木呈从栓皮槠树采剥下来时的曲形厚皮状。天然软木的简单加工，包括表面经刮擦或用其他方法清理（例如，烧焦表面处理），而有裂缝的表层仍然保留，或清理软木的边，除掉不合用部分（修边软木）。用杀菌剂处理的软木或经沸水或蒸汽处理后再压平的软木也归入本品目；但除去表皮（剥去外皮）的软木或已粗切成方形的软木除外（品目 45.02）。

二、天然或压制软木废料（即刨花、废片及碎屑），通常用于制软木碎、软木粒或软木粉。本款还包括呈软木丝状的软木车削废料等，有时用它作填塞或填充材料。

三、软木碎、软木粒或软木粉，用“处女”软木或软木废料制得，主要用于生产压制软木、油地毡或糊墙品。软木粒还可用作绝热或隔音材料以及用于包装水果。已着色、浸渍、焙干及热处理膨胀的软木碎、软木粒或软木粉仍归入本品目，但压制软木除外（品目 45.04）。

45.02　天然软木，除去表皮或粗切成方形，或成长方块、正方块、板、片或条状（包括作塞子用的方块坯料）

本品目包括经以下方面加工的天然软木板：

一、用锯或其他方法将栓皮的表皮（外层树皮）全部除去（除表皮软木）；或

二、用锯或其他方法将表皮（树皮）及内皮（栓皮）切成大致平行（粗切成方形的软木）。

本品目还包括已经进一步加工成矩形（包括正方形）块、板、片或条状的产品，即将品目 45.01

的大块软木经双面切片并将其边切成直角制得。归入本品目的这类产品，包括将数层软木层叠后粘合在一起的产品。

切成矩形（包括正方形）以外其他形状的块、板、片、条，应作为软木制品对待（品目 45.03）。

用纸或织物增强的软木片，包括用于香烟滤嘴的成卷的极薄软木片条也归入本品目（所称“软木纸”，有时包括没用纸衬背的极薄软木片或片条）。

本品目还包括作塞子用的锐边立方体或方块坯料，包括用两层或多层软木板粘合后切割制得的坯料。但圆边的类似产品除外（品目 45.03）。

45.03　天然软木制品(+)：

10　—　　塞子

90　—　　其他

本品目主要包括：

一、天然软木制的各种塞子，包括圆边的坯件。软木塞子有时可装有金属、塑料等的帽盖。但倒水塞、量器塞及软木塞仅作为附属部分的其他制品则应根据制品的种类或制品的材料所具有的主要特征归入相应品目。

二、天然软木的圆片、垫片及薄片，用作皇冠盖或其他瓶、罐盖的衬片等；用于瓶颈内部的软木衬或壳。

三、切割成矩形（包括正方形）以外其他形状的天然软木块、板、片及条；救生圈、鱼网的浮子、浴室防滑垫、桌垫、打字机垫及其他垫。

四、各种柄类（刀柄夹等）、垫圈及密封垫（品目 84.84 所列的各式成套垫圈及密封垫除外）。

本品目不包括下列物品：

（一）第六十四章的鞋靴及其零件，包括可换的内鞋底（鞋垫）。

（二）第六十五章的帽类及其零件。

（三）衬有软木圆片的贱金属制皇冠盖（品目 83.09）。

（四）软木弹垫（品目 93.06）。

（五）玩具、游戏品和运动用品及其零件，包括钓鱼竿浮子（第九十五章）。

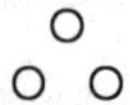

子目注释：

子目 4503.10

子目 4503.10 的塞子是制成边角已磨圆的直边圆柱体、锥形圆柱体或矩形棱柱体的天然软木件。塞子可经染色、抛光、涂蜡、穿孔、打上火印或染印，有些实心软木塞的头比塞子本身大或盖有金属、塑料等。塞子用于封闭容器。空心塞（壳塞）用于包裹玻璃瓶或陶瓷瓶上的玻璃塞子。

本子目还包括可确定为作塞子用的坯件，但其边角必须制成圆的。

本子目不包括用作皇冠盖密封垫的软木圆片（子目 4503.90）。

45.04　压制软木（不论是否使用粘合剂压成）及其制品：

10　—　　块、板、片及条；任何形状的砖、瓦；实心圆柱体，包括圆片

90　—　　其他

压制软木通常是将软木碎、软木粒或软木粉用以下任何一种方法高温加压制得：

一、加入粘合物质（例如，未硫化橡胶、胶、塑料、焦油、明胶）；或

二、不加粘合物质而将温度升至约300℃，这种情况下软木中的天然树胶起粘合剂的作用。

本品目的压制软木可经浸渍（例如，用油泡）或用纸、布作衬背加强，但不具有品目59.04的油地毡或类似材料的特征。

压制软木保留了大部分天然软木的特性，是一种很好的绝热或隔音材料。然而在许多情况下，添加了粘合剂使压制软木改变了软木的某些特有性能，尤其是软木的比重、抗张强度或抗压强度。此外，压制软木还具有适合于直接模制成任何尺寸或形状的优点。

压制软木制造的产品种类，与品目45.03所列的范围基本相同，但极少用于制塞子。然而在制皇冠盖圆片方面，则较天然软木更为普遍。

压制软木比天然软木更为广泛地用作建筑材料，例如，制镶板、砖、瓦，模制成一定形状（圆筒形、壳形等）用于热水管或蒸气管的绝热或保护，用于石油输油管道的衬里，用于建筑工业中的膨胀接头以及用于生产滤器。

本品目也不包括品目45.03的注释所列不包括的货品，参见该品目的注释。

第四十六章　稻草、秸秆、针茅或其他编结材料制品；篮筐及柳条编结品

注释：

一、本章所称“编结材料”，是指其状态或形状适于编结、交织或类似加工的材料，包括稻草、秸秆、柳条、竹、藤、灯芯草、芦苇、木片条、其他植物材料扁条（例如，树皮条、狭叶、酒椰叶纤维或其他从阔叶获取的条）、未纺的天然纺织纤维、塑料单丝及扁条、纸带，但不包括皮革、再生皮革、毡呢或无纺织物的扁条、人发、马毛、纺织粗纱或纱线以及第五十四章的单丝和扁条。

二、本章不包括：

（一）品目 48.14 的壁纸；

（二）不论是否编结而成的线、绳、索、缆（品目 56.07）；

（三）第六十四章和第六十五章的鞋靴、帽类及其零件；

（四）编结而成的车辆或车身（第八十七章）；或

（五）第九十四章的物品（例如，家具、灯具及照明装置）。

三、品目 46.01 所称“平行连结的成片编结材料、缏条或类似的编结材料产品”，是指编结材料、缏条及类似的编结材料产品平行排列连结成片的制品，其连结材料不论是否为纺制的纺织材料。

总　注　释

除丝瓜络制品以外，本章包括经交织、编织或类似方法将未纺材料组合起来的半制成品（品目 46.01）及某些制成品（品目 46.01 和 46.02）。这些未纺材料主要有：

一、稻草、秸秆、柳条、竹、灯芯草、藤、芦苇、木片条（例如，很薄条状的木）、拉拔木条、其他植物材料扁条（例如，树皮条、狭叶、酒椰叶纤维或其他从蕉叶或棕榈叶等阔叶获取的扁条），只要其状态或形状适于编织、交织或类似加工的。

二、未纺的天然纺织纤维。

三、第三十九章的塑料单丝、扁条及类似品（但不包括第五十四章的截面尺寸不超过 1 毫米的化纤单丝及表观宽度不超过 5 毫米的化纤扁条及类似品）。

四、纸带（包括包有塑料的纸）。

五、由纺织材料做芯（未纺的纤维、缏条等），绕或裹上塑料扁条，或厚厚地用塑料涂布所构成的某些材料，这些材料不再以芯子本身的纤维、缏条等为特征。

以上某些材料，特别是植物材料可经加工处理（例如，劈开、拉拔、削皮等或用蜡、甘油等浸渍），使其更适合于编结、交织或类似加工。

下列材料不应作为本章的编结材料，其制成品或产品不归入本章：

（一）马毛（品目 05.11 或第十一类）。

（二）截面尺寸不超过 1 毫米的化纤单丝及表观宽度（即处于折叠、扁平、压紧或搓捻状态）不超过 5 毫米的扁条或扁平管条（包括纵向折叠的扁条及扁平管条），不论是否紧压或搓捻（人造草及类似品）（第十一类）。

（三）纺织粗纱（不包括以上第五款所述的全部用塑料包裹的在内）（第十一类）。

（四）用塑料浸渍、涂布、包覆或套裹的纺织纱线（第十一类）。

（五）皮革或再生皮革条（一般归入第四十一章或第四十二章）、毡呢或无纺织物扁条（第十一

类）及人发扁条（第五章、第五十九章、第六十五章或第六十七章）。

另外，本章不包括：

1. 鞍具及挽具（品目 42.01）。
2. 第四十四章的竹产品或竹制品。
3. 品目 48.14 的壁纸。
4. 线、绳、索、缆，即使是编结而成或用未纺纤维制成的（品目 56.07）。
5. 用粘合剂粘合制成的有经纱而无纬纱的狭幅织物（包括匹头用带）（品目 58.06）。
6. 第六十四章的鞋靴及其零件。
7. 第六十五章的帽类及其零件，包括帽坯。
8. 鞭子（品目 66.02）。
9. 人造花（品目 67.02）。
10. 编结而成的车辆或车身（第八十七章）。
11. 第九十四章的物品（例如，家具、灯具及照明装置）。
12. 第九十五章的物品（例如，玩具、游戏品及运动用品）。
13. 扫帚或刷子（品目 96.03）、人体模型等（品目 96.18）。

46.01　用编结材料编成的缏条及类似产品，不论是否缝合成宽条；平行连结或编织的成片编结材料、缏条或类似的编结材料产品，不论是否制成品（例如，席子、席料、帘子）：

—　植物材料制的席子、席料及帘子：

21　——　竹制的

22　——　藤制的

29　——　其他

—　其他：

92　——　竹制的

93　——　藤制的

94　——　其他植物材料制的

99　——　其他

一、缏条及类似产品，不论是否缝合成宽条

本组包括：

（一）缏条。用数股编结材料通过手工或机器纵向交织而成的无经条或纬条的产品，通过其性质、颜色、厚度、股数及交织方法的变化，可获得不同的装饰效果。

这些缏条可将两边缝合或用其他方法接合起来，成为宽条。

（二）由于同样或类似用途而作为缏条的类似产品，虽然它们不是编结而成，但同样是将编结材料纵向组成带状或扁条状。它们包括：

1. 由两股或多股材料经搓捻、连并或其他方法组合在一起而制得的产品（不包括品目 46.02 的装饰图案）。

2. 用未压榨的植物材料经简单搓捻制成的绳子构成的产品（例如，贸易上称之为“中国绳”的产品）。

上述货品主要用于生产女帽，也用于制某些家具、鞋子、席子、篮筐或其他容器。

本品目的货品可含有主要为缝合或加强需要而使用的纺织纱线，不论其是否附带有装饰作用。

二、平行连结或编织的成片编结材料、缏条或类似的编结材料产品，不论是否制成品（例如，席

子、席料、帘子）

本组的货品是直接用本章总注释规定范围的编结材料制成，或用以上第一组所述的以编结材料制成的缏条及类似产品制成。

直接用编结材料制成的产品是将多股条带编织（通常以经纬织物的织法编织）而成，或将多股条带平行并排成片，然后用连线或条带打横将其连结起来。

上述编织货品可全部由编结材料构成，也可经条为编结材料而纬条为纺织纱线，反之亦然，但纺织纱线除偶尔起色彩作用外，仅起连结作用。

同样，对于用编结材料平行连结成片的产品，其连结物可以是编结材料，也可以是纺织纱线或某些其他材料。

也可以用类似的连结或编织方法，将以上第一组所述的缏条和类似的编结材料产品加工成片状的货品。

本组货品可用纺织物或纸张加强、衬背或衬里。它们包括：

（一）半制成品，例如，酒椰叶织品、藤织品及类似编织品；以及成匹的盘卷或条状精细产品，用于生产女帽、座位罩面等。

（二）某些制成品，例如：

1．席子及席料（铺地制品等），包括名为中国（或印度）席及席料的产品（不论为矩形或其他形状），编织而成或用其他编结材料、线、绳等将平行的编结材料（或缏条或类似的编结材料产品）连结而成的。

2．粗席料，例如，用于园艺的秸秆席。

3．用柳条等编的屏板或镶板；将编结材料（秸秆、芦苇等）、缏条或类似的编结材料产品放平压紧，然后用贱金属丝规则交织连结而成的建筑镶板。这些建筑镶板可用牛皮纸板覆盖所有表面及边缘。

本品目不包括用椰壳纤维或西沙尔麻纤维制成的席子及席料，以及以绳索或机织物为基底的类似品（第五十七章）。

46.02 用编结材料直接编成或用品目 46.01 所列货品制成的篮筐、柳条编结品及其他制品；丝瓜络制品：

— 植物材料制：

11 — — 竹制的

12 — — 藤制的

19 — — 其他

90 — 其他

除本章总注释所列不包括的货品以外，本品目包括：

一、用编结材料直接制成形的制品；

二、用品目 46.01 的已组合产品（例如，缏条或类似产品、平行连结或编织的成片产品）制成的制品。

但本章不包括品目 46.01 的制成品，即经平行连结或编织成片后已具有制成品特征的编结材料、缏条及类似的编结材料产品（例如，席子、席料或帘子），参见品目 46.01 注释的第二组第（二）款。

三、衬里或未衬里的丝瓜络制品（手套、垫片等）。

上述制品包括：

（一）篮筐、驮篓、有盖大篮及各种篮筐编结容器，不论是否装有小滚轮或脚轮的，包括鱼筐（含背筐）及果筐。

（二）用木片条交织而成的类似篮筐或箱盒，但不包括非交织制成的木片条容器（品目 44.15）。

（三）旅行袋及衣箱。

（四）手提包、购物袋及类似品。

（五）捕虾篓及类似制品；鸟笼及蜂箱。

（六）托盘、瓶架、地毯鞭、餐具、厨房用具及其他家用器具。

（七）女帽花边及其他花哨制品，但品目 67.02 的除外。

（八）稻草瓶套。这些制品大都由粗稻草或类似材料大致平行放置后用纱线或绳子连结而成的空心锥形套。

（九）将长缠条绕成方形或圆形等，然后用线连结制成的席子。

第十类　木浆及其他纤维状纤维素浆；回收（废碎）纸或纸板；纸、纸板及其制品

第四十七章　木浆及其他纤维状纤维素浆；回收（废碎）纸或纸板

注释：

品目 47.02 所称“化学木浆，溶解级”，是指温度在 20℃时浸入含 18％氢氧化钠的苛性碱溶液内，一小时后，按重量计含有 92％及以上的不溶级分的碱木浆或硫酸盐木浆，或者含有 88％及以上的不溶级分的亚硫酸盐木浆。对于亚硫酸盐木浆，按重量计灰分含量不得超过 0.15％。

总　注　释

本章的纸浆主要为从各种植物材料或植物质纺织废料中获得的纤维素纤维。

国际贸易上最重要的纸浆是木浆，根据加工方法分为“机械木浆”、“化学木浆”、“半化学木浆”或“化学－机械木浆”。最常用的制浆木材是松木、云杉木及杨木，但也使用较硬的木材，例如，山毛榉木、栗木、桉木及某些热带树木。

其他用于制纸浆的材料包括：

一、棉短绒。

二、回收（废碎）纸或纸板。

三、破布（尤其是棉布、亚麻布或大麻布）及其他纺织废料（例如，旧绳）。

四、稻草、针茅、亚麻、苎麻、黄麻、大麻、西沙尔麻、蔗渣、竹及各种草和芦苇。

木浆可呈棕色或白色。它可用化学品半漂白或漂白，也可不经漂白。木浆加工后，如果进行了旨在提高其洁白度（亮度）的任何处理，均视为半漂白或漂白。

纸浆除可用于造纸业以外，一些纸浆（尤其是漂白浆）还可作为纤维素的原料用于制造各种产品，例如，人造纤维纺织材料、塑料、清漆及炸药，也可用于制牲口饲料。

纸浆报验时通常成张大包捆扎（不论是否打孔），湿的或干的；但有时成块状、卷状或呈粉末状及粉片状。

本章不包括：

（一）棉短绒（品目 14.04）。

（二）由非粘结性聚乙烯或聚丙烯纤维片组成的合成纸浆（品目 39.20）。

（三）纤维板（品目 44.11）。

（四）纸浆制的滤块、滤板及滤片（品目 48.12）。

（五）其他纸浆制品（第四十八章）。

47.01　机械木浆

机械木浆仅通过机械加工方法获得，即在水冲刷下通过机械碾磨将已去树皮及节瘤的木材离解或研磨成木质纤维。

木材未经预蒸汽处理而碾磨生产出来的叫“白”机械木浆，其纤维断裂、脆弱。碾磨前可先将木材进行预汽蒸处理，得褐色的韧度较大的纤维（褐色磨木浆）。

传统的磨浆工艺进一步发展，制得的纸浆称为木片机械木浆。在这种新工艺中，木片在圆盘磨浆机中，通过两块紧挨着的肋形板（其中一块或两块可以旋转）被磨成木浆。这种纸浆中等级较高的一种是将木片先经热处理将其软化，使纤维易于分离而不致于过多地损伤纤维精制而得。通过这种方法制得的纸浆，其质量优于传统机械木浆。

机械木浆的主要品种有：

一、石磨木浆。圆木或木块在常压下用磨石磨碎而得。

二、加压石磨木浆。圆木或木块在加压磨石中磨碎而得。

三、木片机械木浆。木片在常压下通过圆盘磨浆机制得。

四、热压木片机械木浆。木片经高压汽蒸处理后再经过圆盘磨浆机制得。

必须注意，某些用圆盘磨浆机制得的纸浆是经过化学处理的。这些纸浆应归入品目 47.05。

由于机械木浆的纤维比较短，所得产品较为脆弱，因此机械木浆通常不单独使用。在造纸业上，机械木浆一般与化学木浆混合使用，新闻纸通常就是用这种混合浆制得的（参见第四十八章注释四）。

47.02　化学木浆，溶解级

本品目仅包括本章注释所规定的溶解级化学木浆。这种木浆经专门精制或提纯以适应其用途的需要。它被用来制造再生纤维素、纤维素醚和纤维素酯，以及这些材料的产品，例如，板、片、膜、箔、带、纺织纤维和某种纸张（例如，感光纸、滤纸和植物羊皮纸的纸基）。按其最终用途或最终产品，它也称为粘胶纸浆、醋酸纤维纸浆等。

化学木浆是先将木材切成木片或木粒，然后用化学品加以处理制得。经过这种处理，去除了大部分木质素和其他非纤维素物质。

常用的化学品有氢氧化钠（“烧碱”法）、氢氧化钠与部分转化为硫化钠的硫酸钠的混合物（“硫酸盐”法）、亚硫酸氢钙或亚硫酸氢镁（“亚硫酸盐”法）。

用以上方法制得的产品较用同样原料制得的机械木浆纤维要长，纤维素要多。

通过大量的化学及生化反应可加工出溶解级化学木浆。除需增白以外，加工时还需化学提纯、脱树脂、解聚、降低灰分或调节活性，这些工序大部分是合并在一个复杂的漂白和提纯工序之中。

47.03　碱木浆或硫酸盐木浆，但溶解级的除外：

— 未漂白：

11 — — 针叶木的

19 — — 非针叶木的

— 半漂白或漂白：

21 — — 针叶木的

29 — — 非针叶木的

碱木浆或硫酸盐木浆是用强碱溶液蒸煮通常为木片状的木材制得。碱木浆用的煮液是氢氧化钠溶液；硫酸盐木浆用的煮液是经改性的氢氧化钠溶液。因为在调制煮液的过程中使用了部分转化为硫化钠的硫酸钠，所以制得的木浆称为“硫酸盐”木浆。硫酸盐木浆远比碱木浆重要。

用以上方法制得的木浆用于生产吸水产品（例如，纸绒和婴儿纸尿布）以及需具有高抗撕裂度、抗张强度和耐破度的纸和纸板。

47.04　亚硫酸盐木浆，但溶解级的除外：

—　　未漂白：

11　——　针叶木的

19　——　非针叶木的

—　　半漂白或漂白：

21　——　针叶木的

29　——　非针叶木的

亚硫酸盐法制浆一般使用酸性溶液，其名称源于各种“亚硫酸盐”化学品，例如，亚硫酸氢钙、亚硫酸氢镁、亚硫酸氢钠、亚硫酸氢铵，这些化学品可在调制煮液过程中使用（参见品目47.02的注释）。该溶液也含有自由二氧化硫。上述制浆法广泛用于处理云杉纤维。

硫酸盐木浆可单独使用或与其他纸浆混合使用，用于制造各种书写或印刷纸张等，也用于制造防油纸或高光泽透明纸。

47.05　用机械和化学联合制浆法制得的木浆

本品目包括用机械和化学联合制浆法生产出来的木浆。这些木浆又分别称为半化学木浆、化学－机械木浆等。

半化学木浆是经两种工艺处理制得，首先将通常为木片状的木材在浸煮器中用化学方法软化处理，然后再进行机械磨浆。它含有大量杂质和木质物质，主要用于造中等质量的纸。半化学纸浆一般又被称为半化学中性亚硫酸盐纸浆（NSSC）、半化学亚硫酸氢盐纸浆或半化学牛皮纸浆。

化学－机械木浆是将木材碎片、刨花、锯末或类似品通过磨浆机制得。木材通过单块或双块旋转的两块紧挨着的肋形板或盘时，由于摩擦作用，被磨成纤维状。为便于离解纤维，在磨浆时或作为预处理加入了少量的化学品。也可对木材在不同压力和温度下，进行不同时间的蒸煮处理。根据生产时所采用的复合工艺及各道工艺的次序不同，化学－机械木浆又称为化学热压机械木浆（CTMP）、化学木片机械木浆（CRMP）或热压化学－机械木浆（TCMP）。

化学－机械木浆主要用于生产新闻纸（参见第四十八章注释四），也用于制造薄棉纸及图表纸。

本品目包括木节纸浆。

47.06　从回收（废碎）纸或纸板提取的纤维浆或其他纤维状纤维素浆：

10　—　　棉短绒纸浆

20　—　　从回收（废碎）纸或纸板提取的纤维浆

30　—　　其他，竹浆

—　　其他：

91　——　机械浆

92　——　化学浆

93　——　用机械和化学联合法制得的浆

除木材以外，本章总注释已列出了制造纸浆的其他纤维状纤维素材料的主要品种。

从回收（废碎）纸或纸板提取的纤维浆报验时通常为压打成包的干燥片状，由不同成分的纤维素纤维混合组成，可经漂白或未漂白。这些纸浆是通过清洁、筛分及精化等一系列机械或化学工序制得的。根据所用的原料和加工程度，它们会含有少量的油墨、粘土、淀粉、聚合物涂料或明胶等残余物质。

本品目的纸浆，除了从回收（废碎）纸或纸板提取的以外，可以经机械法、化学法或机械和化学联合法制得。

47.07　回收（废碎）纸或纸板(+)：

10　—　未漂白的牛皮纸或纸板及瓦楞纸或纸板的

20　—　主要由漂白化学木浆制成未经本体染色的其他纸和纸板的

30　—　主要由机械浆制成的纸或纸板（例如，报纸、杂志及类似印刷品）的

90　—　其他，包括未分选的废碎品

本品目所列纸及纸板的废品包括削、切、剪、撕的废纸及纸板、旧报纸和旧杂志、校样、报废印刷品及类似废料。

本品目也包括纸或纸板的碎料。

上述废碎品一般用于造纸浆，报验时通常压打成包。必须注意，这些废碎品也可用于其他方面（例如，包装），但仍归入本品目。

然而，纸丝，即使是以废纸制成，也不归入本品目（品目 48.23）。

本品目也不包括主要用于回收贵金属的含贵金属或贵金属化合物的废碎纸或纸板，例如，含银或银化合物的废碎感光纸或纸板（品目 71.12）。

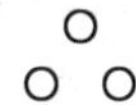

子目注释：

子目 4707.10、4707.20 及 4707.30

尽管原则上子目 4707.10、4707.20 及 4707.30 包括分拣过的废碎品，但这些废碎品如果夹有少量品目 47.07 中其他子目所列的纸或纸板，其在上述子目中的归类不受影响。

第四十八章　纸及纸板；纸浆、纸或纸板制品

注释：

一、除条文另有规定外，本章所称“纸”包括纸板（不考虑其厚度或每平方米重量）。

二、本章不包括：

（一）第三十章的物品；

（二）品目 32.12 的压印箔；

（三）香纸及用化妆品浸渍或涂布的纸（第三十三章）；

（四）用肥皂或洗涤剂浸渍、覆盖或涂布的纸或纤维素絮纸（品目 34.01）和用光洁剂、擦光膏及类似制剂浸渍、覆盖或涂布的纸或纤维素絮纸（品目 34.05）；

（五）品目 37.01 至 37.04 的感光纸或感光纸板；

（六）用诊断或实验用试剂浸渍的纸（品目 38.22）；

（七）第三十九章的用纸强化的层压塑料板，用塑料覆盖或涂布的单层纸或纸板（塑料部分占总厚度的一半以上），以及上述材料的制品，但品目 48.14 的壁纸除外；

（八）品目 42.02 的物品（例如，旅行用品）；

（九）第四十六章的物品（编结材料制品）；

（十）纸纱线或纸纱线纺织物（第十一类）；

（十一）第六十四章或第六十五章的物品；

（十二）品目 68.05 的砂纸或品目 68.14 的用纸或纸板衬底的云母（但涂布云母粉的纸及纸板归入本章）；

（十三）用纸或纸板衬底的金属箔（通常归入第十四类或第十五类）；

（十四）品目 92.09 的制品；

（十五）第九十五章的物品（例如，玩具、游戏品及运动用品）；或

（十六）第九十六章的物品〔例如，钮扣，卫生巾（护垫）及止血塞、婴儿尿布及尿布衬里〕。

三、除注释七另有规定的以外，品目 48.01 至 48.05 包括经研光、高度研光、釉光或类似处理、仿水印、表面施胶的纸及纸板；同时还包括用各种方法本体着色或染成斑纹的纸、纸板、纤维素絮纸及纤维素纤维网纸。除品目 48.03 另有规定的以外，上述品目不适用于经过其他方法加工的纸、纸板、纤维素絮纸或纤维素纤维网纸。

四、本章所称“新闻纸”，是指所含用机械或化学－机械方法制得的木纤维不少于全部纤维重量的 50% 的未经涂布的报刊用纸，未施胶或微施胶，每面粗糙度〔帕克印刷表面粗糙度（1 兆帕）〕超过 2.5 微米，每平方米重量不小于 40 克，但不超过 65 克。

五、品目 48.02 所称“书写、印刷或类似用途的纸及纸板”、“未打孔的穿孔卡片和穿孔纸带纸”，是指主要用漂白纸浆或用机械或化学－机械方法制得的纸浆制成的纸及纸板，并且符合下列任一标准：

每平方米重量不超过 150 克的纸或纸板：

（一）用机械或化学－机械方法制得的纤维含量在 10% 及以上，并且

1. 每平方米重量不超过 80 克；或
2. 本体着色；

（二）灰分含量在 8% 以上，并且

1. 每平方米重量不超过 80 克；或
2. 本体着色；

（三）灰分含量在3%以上，亮度在60%及以上；或

（四）灰分含量在3%以上，但不超过8%，亮度低于60%，耐破指数等于或小于2.5千帕斯卡·平方米/克；或

（五）灰分含量在3%及以下，亮度在60%及以上，耐破指数等于或小于2.5千帕斯卡·平方米/克。

每平方米重量超过150克的纸或纸板：

（一）本体着色；或

（二）亮度在60%及以上，并且

1. 厚度在225微米及以下；或

2. 厚度在225微米以上，但不超过508微米，灰分含量在3%以上；或

（三）亮度低于60%，厚度不超过254微米，灰分含量在8%以上。

品目48.02不包括滤纸及纸板(含茶袋纸)或毡纸及纸板。

六、本章所称“牛皮纸及纸板”，是指所含用硫酸盐法或烧碱法制得的纤维不少于全部纤维重量的80%的纸及纸板。

七、除品目条文另有规定的以外，符合品目48.01至48.11中两个或两个以上品目所规定的纸、纸板、纤维素絮纸及纤维素纤维网纸，应按号列顺序归入有关品目中的最末一个品目。

八、品目48.01及48.03至48.09仅适用于下列规格的纸、纸板、纤维素絮纸及纤维素纤维网纸：

（一）成条或成卷，宽度超过36厘米；或

（二）成张矩形（包括正方形），一边超过36厘米，另一边超过15厘米（以未折叠计）。

九、品目48.14所称“壁纸及类似品”，仅限于：

（一）适合作墙壁或天花板装饰用的成卷纸张，宽度不小于45厘米，但不超过160厘米：

1. 起纹、压花、染面、印有图案或经其他装饰的（例如，植绒），不论是否用透明的防护塑料涂布或覆盖；

2. 表面饰有木粒或草粒而凹凸不平的；

3. 表面用塑料涂布或覆盖并起纹、压花、染面、印有图案或经其他装饰的；或

4. 表面用不论是否平行连结或编织的编结材料覆盖的；

（二）适于装饰墙壁或天花板用的经上述加工的纸边及纸条，不论是否成卷；

（三）由几幅拼成的壁纸，成卷或成张，贴到墙上可组成印刷的风景画或图案。

既可作铺地制品，也可作壁纸的以纸或纸板为底的产品，应归入品目48.23。

十、品目48.20不包括切成一定尺寸的活页纸张或卡片，不论是否印制、压花、打孔。

十一、品目48.23主要适用于提花机或类似机器用的穿孔纸或卡片，以及纸花边。

十二、除品目48.14及48.21的货品外，印有图案、文字或图画的纸、纸板、纤维素絮纸及其制品，如果所印图案、文字或图画作为其主要用途，应归入第四十九章。

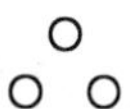

子目注释：

一、子目4804.11及4804.19所称“牛皮衬纸”，是指所含用硫酸盐法或烧碱法制得的木纤维不少于全部纤维重量的80%的成卷机器整饰或上光纸及纸板，每平方米重量超过115克，并且最低缪伦耐破度符合下表所示（其他重量的耐破度可参照下表换算）：

重 量 克/平方米	最低缪伦耐破度 千帕斯卡
115	393
125	417
200	637
300	824
400	961

二、子目 4804.21 及 4804.29 所称“袋用牛皮纸”，是指所含用硫酸盐法或烧碱法制得的木纤维不少于全部纤维重量的 80% 的成卷机器上光纸，每平方米重量不少于 60 克，但不超过 115 克，并且符合下列一种规格：

（一）缪伦耐破指数不小于 3.7 千帕斯卡·平方米/克，并且横向伸长率大于 4.5%，纵向伸长率大于 2%；

（二）至少能达到下表所示的最小撕裂度和抗张强度（其他重量的可参照下表换算）：

重 量 克/平方米	最小撕裂度 毫牛顿		最小抗张强度 千牛顿/米	
	纵向	纵向加横向	横向	纵向加横向
60	700	1510	1.9	6
70	830	1790	2.3	7.2
80	965	2070	2.8	8.3
100	1230	2635	3.7	10.6
115	1425	3060	4.4	12.3

三、子目 4805.11 所称“半化学的瓦楞纸”，是指所含用机械和化学联合法制得的未漂白硬木纤维不少于全部纤维重量的 65% 的成卷纸张，并且在温度为 23℃和相对湿度为 50% 时，经过 30 分钟的瓦楞芯纸平压强度测定（CMT30），抗压强度超过 1.8 牛顿/克/平方米。

四、子目 4805.12 包括主要用机械和化学联合法制得的草浆制成的成卷纸张，每平方米重量在 130 克及以上，并且在温度为 23℃和相对湿度为 50% 时，经过 30 分钟的瓦楞芯纸平压强度测定（CMT30），抗压强度超过 1.4 牛顿/克/平方米。

五、子目 4805.24 和 4805.25 包括全部或主要由回收（废碎）纸或纸板制得的纸浆制成的纸和纸板。强韧箱纸板也可以有一面用染色纸或漂白或未漂白的非再生浆制得的纸做表层。这些产品缪伦耐破指数不小于 2 千帕斯卡·平方米/克。

六、子目 4805.30 所称“亚硫酸盐包装纸”，是指所含用亚硫酸盐法制得的木纤维超过全部纤维重量的 40% 的机器研光纸，灰分含量不超过 8%，并且缪伦耐破指数不小于 1.47 千帕卡·平方米/克。

七、子目 4810.22 所称“轻质涂布纸”，是指双面涂布纸，其每平方米总重量不超过 72 克，每面每平方米的涂层重量不超过 15 克，原纸中所含用机械方法制得的木纤维不少于全部纤维重量的 50%。

子目注释的解释：

子目注释一

在本子目注释中，最低缪伦耐破度是用千帕斯卡（kPa）来表示的。克／平方厘米按下表换算：

重　量 克／平方米	千帕斯卡	克／平方厘米
115	393	4030
125	417	4250
200	637	6500
300	824	8400
400	961	9800

中间值的计算（插值法）或400克以上数值的计算（外推法）应依据下列公式进行：

定　量	最低缪伦耐破度　克／平方厘米
不超过125克／平方米	定量（克／平方米）×22+1500
超过125克／平方米 但不超过200克／平方米	定量（克／平方米）×30+500
超过200克／平方米 但不超过300克／平方米	定量（克／平方米）×19+2700
超过300克／平方米	定量（克／平方米）×14+4200

子目注释二

对于每平方米重量在本子目注释所列数值之间的纸，其最小值应依据下表计算（误差不超过2%）：

	最　小　值
撕裂度，纵向（mN） （数值取至最近的0或5毫牛顿）	定量（克／平方米）×13.23－94.64
撕裂度，纵向加横向（mN） （取值方法如上所述）	定量（克／平方米）×28.22－186.2
抗张强度，横向（kN／m）	定量（克／平方米）×0.0449－0.8186
抗张强度，纵向加横向（kN／m）	定量（克／平方米）×0.1143－0.829

总　注　释

除条文另有规定的以外，本章注释所称“纸”，包括纸板（不论厚度或重量如何）。

纸主要是由第四十七章的纤维素纤维纸浆毡合成片构成。许多纸品，例如，茶袋纸材料，是由上述纤维素纤维及纺织纤维（尤其是第五十四章注释一所规定的化学纤维）混合组成。如果这些材料按重量计以纺织纤维为主，则不作为纸，而应作为无纺织物归类（品目56.03）。

为了避免因使用方法不同而产生的差异，所有管理部门最好采用国际标准组织（ISO）规定的检验方法来确定第四十八章的纸及纸板的物理性能。本章所述的以下分析及物理标准，应采用下列ISO标准：

灰分含量：

ISO 2144 纸及纸板 —— 确定灰分

亮度：

ISO 2470 纸及纸板 —— 扩散蓝光反射系数的测量（ISO 亮度）

耐破度及耐破指数：

ISO 2758 纸 —— 确定耐破度

ISO 2759 纸板 —— 确定耐破度

CMT 60（抗压性）：

ISO 7263 瓦楞夹心原纸 —— 确定在实验性起瓦楞后抗平压性

纤维构成：

ISO 9184/1−3 纸、纸板及纸浆 —— 纤维配比分析

克数（重量）：

ISO 536 纸及纸板 —— 确定克数

帕克印刷面粗糙度：

ISO 8791/4 纸及纸板 —— 确定粗糙度/光洁度（漏气方法）

单张厚度（纸厚）：

ISO 534 纸及纸板 —— 确定厚度及表观体积密度或表观纸张密度

抗撕裂度：

ISO 1974 纸 —— 确定抗撕裂度（埃尔门多夫方法）

抗张强度及拉伸度：

ISO 1924/2 纸及纸板 —— 确定抗张性能 —— 第二部分：恒速拉伸方法

不论是机械或是手工抄造纸，均可分为三个阶段，即制浆、成张（网）及最后处理。

纸浆调制

纸浆的调制是指将浆料混合，必要时加入所需的填料、胶料或着色料，并加水稀释后经机械搅拌到一定的稠度。

为了增加不透明度，改善其可印性及节省纸浆，在调浆时要加填料。这些填料通常为无机物质，例如，高岭土（中国粘土）、二氧化钛、碳酸钙。施胶（例如，混有明矾的松香）是为了减少纸对墨水等的吸化。

纸页（网）成形

一、机制纸及纸板

抄造机制纸的最普通方法是长网造纸法。在该工艺中，用以上方法调制的纸浆通过网前箱供入一条通常是颤振着向前移动的大型化纤单丝无端网或黄铜丝或青铜丝无端网，因地心吸力作用或经辊子、网案及网下的吸水箱工作而失去大部分水分。纤维逐渐毡合形成柔软的纸网。有些机器还把纸网通过覆以金属丝的滚筒（水印辊）加以辊压使其结实和平滑，如有必要，还可通过水印辊面上的凸起图案或线条在纸网上打上水印。纸网随后被传送到一条无端毡带上，在机器的压榨部内进一步压实处理，最后通过加热滚筒进行干燥。

另一相应的方法是双网成形造纸法（特别是用于抄造新闻纸）。纸浆在两个成型轧辊中间通过并由两“网”夹着输送。网上辅以吸水箱及吸水轧辊，水分在双网上渗出，从而形成纸网。刚形成的纸网被送到压榨部和干燥部。由于双网成形的纸张两面相同，因而不会产生长网造纸法所抄造的纸张特有的一面为毡面而另一面为网面的现象。

在其他类型的造纸机中，长网被一个覆有丝网的大型滚筒（网笼）所替代。该滚筒旋转时部分浸

入调制好的纸浆里，卷起单层纸浆，形成纸网，并连续不断地或在滚轴表面分割成张后送到干燥毡呢上。这种工艺的另一抄造方法是由一大直径的滚轴将纸浆层层卷起并不断叠加，待其到了所需厚度即裁切下来。

具有多层丝网或多个圆网（或长网及圆网结合）的造纸机可以同时抄造由多层（有时各层为不同颜色或不同质量）组合的纸板。纸板各层是在抄造时湿态下不用黏合剂滚压在一起的。

二、手工制纸及纸板

在手工制纸及纸板生产中，尽管其他工序可由机器完成，但将纸浆纤维模制成张这一关键工序是用手工操作的。

手工制纸及纸板可用任何造纸材料制得，但通常是用最高级的亚麻碎布或棉碎布纸浆制成。

在纸张成形时，一定量的纸浆在筛状模子上振动，直到大部分的水分已经除去，纤维已经毡合。随后纸张脱出模子并毡压、晾干。

用于纤维毡合的手工模子可由平行铺制丝网或编织丝网布构成。这些丝网（布）能在纸上产生水印，也可将水印图案固定在丝网上。

手工制纸的特点是强度大、耐久性强、纹理优良。这些特点使其适于某些特殊用途，例如，作钞票纸、文件纸、制图纸、蚀刻纸、特种滤纸、帐簿纸、裱画纸、高级印刷纸或文具纸。手工制纸也用于制婚礼请柬、专用信笺、日历等。

手工制纸一般按用途制成一定尺寸并具有带明显丛毛的四个毛边。这些毛边有时也可修齐。但在任何情况下都不应以有无毛边作为一种可靠的区别标志，因为某些机制纸特别是模制纸，也具有毛边，尽管毛边丛毛并不很明显。

最后工序

纸张可用装在造纸机上或与造纸机分离的轧光机将纸研光或高度研光（必要时先湿润纸张再研光），从而使纸张单面或双面在不同程度上加光或上光。使用加热滚筒进行机械上光也可使纸张的一面有类似的光泽。由此也可使纸张获得一种假水印。通常为了增加纸面强度及对如书写墨水等水成液的抗渗透性和抗扩散性，几乎所有普通书写纸、印刷纸及制图纸都用某些胶或淀粉溶液进行表面施胶。

涂布纸及纸板

这是指在纸或纸板的单面或双面加以涂料，使纸面产生特殊的光泽或使其适于特定需要。

所涂的物料一般为矿物质、粘合剂及涂布工序所需的其他添加剂，例如，硬化剂和分散剂。

制成一定尺寸的成卷或成张复写纸、自印复写纸及其他拷贝或转印纸归入品目 48.09。

成卷或成张的涂高岭土（中国粘土）或其他无机物质（不论是否加胶合剂）的纸及纸板，归入品目 48.10。除高岭土外，用作涂料的其他无机物质包括硫酸钡、碳酸钙、硫酸钙、硅酸镁、氧化锌及金属粉末。这些涂料一般是使用粘合剂将其涂于纸面，例如，明胶、其他胶、淀粉物质（如淀粉、糊精）、虫胶、蛋白物质、合成胶乳。产品涂高岭土等以获得有光泽、无光泽或糙面效果。涂高岭土或其他无机物质的产品有：涂布印刷纸及纸板（包括铜板纸或彩色印刷纸）、折叠纸板箱材料、涂金属粉纸（品目 32.12 的压印箔除外）或涂云母粉纸、蜡图纸（多用于制标签及包裹盒面）。还须注意，用于涂层粘合的粘合剂（例如，胶或淀粉）也用于表面施胶，但对未经涂布的表面施胶纸，其胶料中不加颜料。

成卷或成张的纸或纸板，如涂有焦油、沥青、塑料或其他有机物质，例如，蜡、硬脂、纺织纤维屑、锯末、软木粒、虫胶，均归入品目 48.11，但该品目列明不包括的货品除外。涂上述材料时可不添加粘合剂。涂料能使纸张获得许多用途所需的物理特性，例如，防水包装、脱模纸及纸板。这些涂布纸及纸板包括涂胶或胶粘纸、绒面纸（以纺织纤维粉末涂面并用作盒子盖面及壁纸）、软木粒面纸（用作包装材料）、石墨纸、焦油包装纸。

涂料中也经常加有着色物质。

许多涂布纸及纸板经超级砑光后具有高度光泽，或在涂料面上施以清漆使其防潮（例如，可洗纸）。

用化学物理结合法可将施胶纸与涂布纸加以区分。在大多数情形下，两种纸的差别很容易从其所含材料的性质或含量来判定，或从其总体物理特性来判定。总的来说，表面施胶的纸或纸板保有其自然表面的外观及结构；而涂布纸或纸板，一经涂上涂料，其表面上自然的不平整就看不见了。

上述差别有时模棱两可，难以区分，尤其是出于以下原因：薄层涂布纸也许是在施胶加压时加涂料的；纸本身也含有涂料中的某些物质（例如，填料）；涂有不含颜料的材料（例如，聚氯乙烯水分散液），因而其纤维组织肉眼可见。上述情况可用以下一种或几种方法加以确定。

许多涂布纸（例如，无机涂料铜板纸）和高度砑光的未涂布纸肉眼是难以区分的。但有时通过刮擦纸张表面可辨别出纸张涂层，或将纸浸入水中也可除去涂层。

鉴别纸张是否涂料（特别是以无机物作涂料）的测试方法之一是将纸粘在粘胶带上。当剥开粘胶带时，涂布纸的大多数涂料层附于带上，然后需用铜乙二氨将带上的木质纤维及淀粉溶去。将经以上处理前后的带子重量进行比较即可知道是否有涂料。对有机涂布纸也可用此方法鉴别。

鉴别涂布纸及纸板的其他方法可使用扫描电子显微镜、X射线衍射及红外线分光光度计。上述方法均可用于鉴别品目48.10及48.11的产品。

着色或印制纸及纸板

它们包括以任何工艺印上一种或多种颜色、条纹、花纹或图案等的纸，以及表面云纹纸或杂色纸。这些纸可供各种用途，例如，匣盒包面或书籍装订。

纸张表面可用各种色彩的油墨印线条，不论是平行线、收敛线或是角度线。这些纸主要用于帐簿、帐册、学生练习簿、图画簿、手抄乐谱纸及本子、书写纸、图表纸及笔记簿。

本章包括印制纸（例如，印有商家名字、商标、图案及商品使用说明，供某商家使用的包装纸），但其印刷内容必须仅起配合该纸的包装或书写等用途，不构成第四十九章的印刷品（参见本章注释十二）。

浸渍纸及纸板

大多数浸渍纸及纸板均经过油、蜡、塑料等材料处理，这些材料浸透纸及纸板后，可赋予它们特别的性质（例如，防水、防油、透明或半透明）。这些纸及纸板大都用作保护性包装材料或绝缘材料。

浸渍纸及纸板包括：包装用油纸、复写用油纸或蜡纸、油印蜡纸、用塑料等浸渍的绝缘纸及纸板、橡胶浸渍纸、仅用焦油或沥青浸渍的纸及纸板。

某些纸（例如，壁纸原纸）可用杀虫剂或化学品浸渍。

*
* *

本章也包括纤维素絮纸及纤维素纤维网纸。这些纸由层数不一的多层松散毡合的纤维素纤维构成，其纤维素纤维层极薄，在潮湿状态下辊压在一起，干后各层易分离。

本章的范围

本章包括：

一、成卷或成张的各类纸、纸板、纤维素絮纸及纤维素纤维网纸：

（一）品目48.01、48.02、48.04及48.05包括未涂布的机制纸，这些纸可根据需要进行施胶及一般上光（例如，蜡光、砑光）处理。品目48.02还包括可经上述同样工艺处理的未涂布手工制纸。品目48.03包括家庭或卫生用的未涂布纸、纤维素絮纸及纤维素纤维网纸，这些纸可以经该品目所述的加工处理。本章注释三规定了品目48.01至48.05所列纸、纸板、纤维素絮纸及纤维素纤维网纸允许加工的范围。

品目48.01至48.05允许的加工范围是整个造纸工艺流程的一部分。这些品目中的纸品的一个特点是，纸品保有自然表面的外观及结构。对于涂布纸，其自然表面的不平整基本被涂料遮盖而消失。

涂料形成一层新的、更为优质的非纤维素表面。

（二）品目 48.06 至 48.11 包括某些特种纸或纸板（例如，羊皮纸、防油纸、组合纸），或经过各种处理的纸、纸板、纤维素絮纸及纤维素纤维网纸。这些处理包括涂布、印图案、划线、浸渍、起纹、压花、打孔及制成瓦楞形。

品目 48.11 还包括某些以纸或纸板为底的铺地制品。

*

*　*

除品目条文另有规定的以外，符合上述品目中两个及以上品目规定的纸或纸板，应按序号归入有关品目中的最后一个品目（本章注释七）。

还须注意，品目 48.01 及 48.03 至 48.09 仅适用于下列规格的纸、纸板、纤维素絮纸及纤维素纤维网纸：

1．成条或成卷，宽度超过 36 厘米；或

2．成张矩形（包括正方形），一边超过 36 厘米，另一边超过 15 厘米（以未折叠计）。

另一方面，品目 48.02、48.10 及 48.11 包括任何尺寸的成卷或成张矩形（包括正方形）的纸及纸板。但除本章注释七另有规定的以外，直接用手工制得的任何尺寸或形状的毛边手工制纸及纸板仍应归入品目 48.02。

二、纸浆制的滤块、滤板及滤片（品目 48.12），卷烟纸，不论是否切成一定尺寸、成小本或管状（品目 48.13），壁纸及类似品（参见本章注释九）和窗用透明纸（品目 48.14）。

三、纸、纸板、纤维素絮纸及纤维素纤维网纸（不属品目 48.02、48.10 及 48.11 或以上第二款的货品），成卷或成张，所切尺寸小于以上第一款规定的尺寸，或切成矩形（包括正方形）以外任何形状；以及纸浆、纸、纸板、纤维素絮纸及纤维素网纸的制品。这些货品归入品目 48.16 至 48.23 的其中一个品目。

品目 48.12、48.18、48.22 或 48.23 及其相应注释所称“纸浆”，是指品目 47.01 至 47.06 所列各种产品，即木浆或其他纤维状纤维素浆。

但本章不包括本章注释二及注释十二所述的不能归入本章的货品。

48.01　成卷或成张的新闻纸

所称“新闻纸”的定义，参见本章注释四。

在该定义中，所称的“用机械或化学－机械方法制得的木纤维”，是指采用了完全或主要靠机械力使原料的纤维分离的各种制浆工艺制取的纤维。这些纤维通常生产成下列纸浆：

一、机械纸浆，包括石磨木浆（SGW）及加压石磨木浆（PGW），也包括用圆盘磨浆机制取的纸浆，例如，木片机械木浆（RMP）及热压木片机械木浆（TMP）。

二、化学－机械纸浆，同样用圆盘磨浆机制取，但处理时加入了少量化学品，包括化学热压机械木浆（CTMP）、化学木片机械木浆（CRMP）及热压化学－机械木浆（TCMP），但不包括通称为半化学中性亚硫酸盐纸浆（NSSC）、半化学亚硫酸氢盐纸浆或半化学牛皮纸浆的半化学纸浆。

上述纸浆生产方法的详细说明，参见品目 47.01 及 47.05 的注释。

本定义所称“木纤维”，不包括竹纤维。

根据本注释八，本品目仅适用于宽度超过 36 厘米的成条或成卷新闻纸，或以未折叠计一边超过 36 厘米，另一边超过 15 厘米的成张矩形（包括正方形）新闻纸。

本品目的新闻纸可经本章注释三所述的工艺加工。经其他方法加工的新闻纸不归入本品目。

48.02　书写、印刷或类似用途的未经涂布的纸及纸板、未打孔的穿孔卡片及穿孔纸带纸，成卷或成

张矩形（包括正方形），任何尺寸，但品目 48.01 或 48.03 的纸除外；手工制纸及纸板(+)：

10 — 手工制纸及纸板

20 — 光敏、热敏、电敏纸及纸板的原纸和原纸板

40 — 壁纸原纸

— 其他纸及纸板，不含用机械或化学－机械方法制得的纤维或所含前述纤维不超过全部纤维重量的 10％：

54 — — 每平方米重量小于 40 克

55 — — 每平方米重量在 40 克及以上，但不超过 150 克，成卷的

56 — — 每平方米重量在 40 克及以上，但不超过 150 克，成张的，以未折叠计一边不超过 435 毫米，另一边不超过 297 毫米

57 — — 其他，每平方米重量在 40 克及以上，但不超过 150 克

58 — — 每平方米重量超过 150 克

— 其他纸及纸板，所含用机械或化学－机械方法制得的纤维超过全部纤维重量的 10％：

61 — — 成卷的

62 — — 成张的，以未折叠计一边不超过 435 毫米，另一边不超过 297 毫米

69 — — 其他

本品目的书写、印刷或类似用途的未经涂布的纸及纸板、未打孔的穿孔卡片及穿孔纸带纸的定义，参见本章注释五。符合该定义的纸及纸板一律归入本品目。

除本章注释七另有规定的以外，直接用手工制得的任何尺寸或形状的毛边手工制纸及纸板应归入本品目。

任何一边经过修剪或切割的手工制纸及纸板，以及机制纸及纸板，只有当其成条状、卷状或成张矩形（包括正方形），任何尺寸均可，方可归入此品目。如果切成任何其他形状，则应归入本品目以后的本章其他品目（例如，品目 48.17、48.21 或 48.23）。

本品目的纸及纸板可经本章注释三所述的工艺加工，例如，本体着色或染成云石纹、研光、高度研光、釉光、仿水印或表面施胶。经其他方法加工的纸及纸板不归入本品目（一般归入品目 48.06 至 48.11）。

除手工制纸及纸板外，在符合本章注释五的前提下，本品目也包括：

一、原纸及原纸板，例如：

（一）光敏、热敏、电敏纸或纸板的原纸及原纸板；

（二）一次性或其他有碳复写纸的碳化原纸（一种抗撕裂薄纸，根据不同的用途，其每平方米克重从 9～70 克不等）；

（三）壁纸原纸；

（四）品目 48.10 的高岭土涂布纸及纸板的原纸及原纸板。

二、书写、印刷或其他绘画用的纸及纸板，例如：

（一）杂志纸及书籍印刷纸（包括又薄又大的印刷用纸）；

（二）胶版印刷纸；

（三）印刷用优质板纸、索引板纸、明信片纸、标签纸、封面纸；

（四）招贴纸、图画纸、学生练习或笔记本纸、书写便笺薄或学习用纸；

（五）信笺纸、复印纸、油印纸、打字纸、葱皮纸、薄型打印纸及其他供办公室或个人文具用纸，包括打印机或感光复印设备用纸；

（六）帐薄纸、加法机用卷纸；

（七）信封纸及文件夹纸；

（八）登记或记录纸、表格纸及连续打印纸；

（九）支票、邮票、钞票或类似用途的证券纸。

三、未打孔的穿孔卡片及穿孔纸带纸。

本品目不包括:

（一）新闻纸（品目 48.01）。

（二）品目 48.03 的纸。

（三）滤纸及纸板（含茶袋纸）和毡纸及纸板（品目 48.05）。

（四）卷烟纸（品目 48.13）。

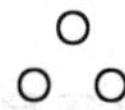

子目注释：

子目 4802.20

除符合本章注释五的规定外，感光纸或纸板的原纸一般是指完全不含异物（特别是铁、铜等金属）的破布浆纸或纸板，以及含破布浆的高级纸或纸板。

48.03　卫生纸、面巾纸、餐巾纸以及家庭或卫生用的类似纸、纤维素絮纸和纤维素纤维网纸，不论是否起纹、压花、打孔、染面、饰面或印花，成卷或成张的

本品目包括两类货品：

一、卫生纸、面巾纸、餐巾纸以及家庭或卫生用的类似纸。但是，上述纸如制成宽度不超过 36 厘米的卷状或切成本章注释八所列尺寸或形状以外规格的，以及用这类纸制得的其他家用或卫生用纸品，应归入品目 48.18。

二、纤维素絮纸及纤维素纤维网纸。但是，上述纸如制成宽度不超过 36 厘米的卷状或切成本章注释八所列尺寸或形状以外规格的，以及纤维素絮纸和纤维素纤维网纸的制品，应归入品目 48.18、48.19 或 48.23。

纤维素絮纸由稀松结构的纤维素纤维绉网组成，有一层或多层，起绉率大于 35%，每层具有的克重（定量）在起绉前可达每平方米 20 克。

纤维素纤维网纸（薄棉纸）由紧密结构的纤维素纤维绉网组成，有一层或多层，最大起绉率为 35%，每层具有的克重（定量）在起绉前可达到每平方米 20 克。

应注意到，除本章注释三规定允许的加工范围以外，本品目的产品还可以起皱、压纹、压花、打孔、染面、饰面或印花。

本品目也不包括:

（一）用药物浸渍或涂布，或者制成零售形状或包装供医疗、外科、牙科或兽医用的纤维素絮纸（品目 30.05）。

（二）用肥皂或洗涤剂浸渍、涂布或包覆的纸及纤维素絮纸（品目 34.01），或以光洁剂、擦洗膏或类似制剂浸渍、涂布或包覆的纸及纤维素絮纸（品目 34.05）。

（三）吸墨纸（品目 48.05）。

48.04　成卷或成张的未经涂布的牛皮纸及纸板，但不包括品目 48.02 或 48.03 的货品：

—　　牛皮衬纸：

11　——　未漂白

19 —— 其他
— 袋用牛皮纸：
21 —— 未漂白
29 —— 其他
— 其他牛皮纸及纸板，每平方米重量不超过 150 克：
31 —— 未漂白
39 —— 其他
— 其他牛皮纸及纸板，每平方米重量超过 150 克，但小于 225 克：
41 —— 未漂白
42 —— 本体均匀漂白，所含用化学方法制得的木纤维超过全部纤维重量的 95%
49 —— 其他
— 其他牛皮纸及纸板，每平方米重量在 225 克及以上：
51 —— 未漂白
52 —— 本体均匀漂白，所含用化学方法制得的木纤维超过全部纤维重量的 95%
59 —— 其他

所称“牛皮纸及纸板”在本章注释六已有定义。牛皮纸及纸板中最重要的品种有牛皮衬纸、袋用牛皮纸及其他供包裹和包装用的牛皮纸。

“牛皮衬纸”及“袋用牛皮纸”的定义，参见本章子目注释一及二。牛皮衬纸定义中所称“木纤维”，不包括竹纤维。

牛皮纸及纸板只有当其成条状或卷状，宽度超过 36 厘米，或成张矩形（包括正方形），以未折叠计一边超过 36 厘米，另一边超过 15 厘米，方可归入本品目（参见本章注释八）。上述纸及纸板如已切成其他尺寸或形状，一般归入品目 48.23。

本品目的纸及纸板可以经本章注释三所述的工艺加工过，例如，本体着色或染成云石纹、研光、高度研光、釉光或表面施胶。经其他工艺加工的纸及纸板不归入本品目（一般归入品目 48.07、48.08、48.10 或 48.11）。

48.05 成卷或成张的其他未经涂布的纸及纸板，加工程度不超过本章注释三所列范围(+)：

— 瓦楞原纸：
11 —— 半化学的瓦楞原纸
12 —— 草浆瓦楞原纸
19 —— 其他
— 强韧箱纸板（再生挂面纸板）：
24 —— 每平方米重量在 150 克及以下
25 —— 每平方米重量超过 150 克
30 — 亚硫酸盐包装纸
40 — 滤纸及纸板
50 — 毡纸及纸板
— 其他：
91 —— 每平方米重量在 150 克及以下
92 —— 每平方米重量在 150 克以上，但小于 225 克
93 —— 每平方米重量在 225 克及以上

本品目包括成卷或成张的未涂布机制纸及纸板（其规格参见本章注释八），但品目 48.01 至 48.04 包括的货品除外。本品目不包括某些特种纸及纸板或特种产品（品目 48.06 至 48.08 及品目 48.12 至 48.16），以及用本章注释三允许范围以外的方法加工的纸及纸板，例如，涂布或浸渍纸或纸板（品目 48.09 至 48.11）。

归入本品目的纸及纸板举例如下：

一、半化学的瓦楞纸，定义参见本章子目注释三。

二、多层纸及纸板，以两层或多层湿纸浆压制而成，其中至少有一层纸浆在特征上与其他层有差别。这些差别可以是因所用纸浆的性质（例如，用回收废料制的浆）或生产方法（例如，机械法或化学法）不同所造成的，如果纸浆的性质及生产方法相同，则也可因加工程度（例如，未漂白、漂白或着色）的不同而造成的。

三、亚硫酸盐包装纸，定义参见本章子目注释六。该定义中所称“木纤维”，不包括竹纤维。

四、滤纸及纸板（包括茶袋纸）。

五、毡纸及纸板。

六、吸墨纸。

本品目也不包括纤维板（品目 44.11）。

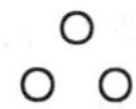

子目注释：

子目 4805.19

子目 4805.19 包括“威林斯托弗瓦楞纸（再生芯纸）”，即主要由再生（废碎）纸及纸板的纸浆加入添加剂（例如，淀粉）制成的成卷纸张，这种纸每平方米重量至少为 100 克，并且在温度为 23℃ 和相对湿度为 50％时，经过 30 分钟的瓦楞芯纸平压强度测定（CMT30），其抗压强度超过 1.6 牛顿/克/平方米。

子目 4805.40

滤纸及纸板的纸质多孔，无机械法或半化学法制浆的木纤维，不需施胶，用于除去液体或气体的固体微粒。它们使用破布浆、化学浆或该两种浆的混合浆制得，也可在浆中掺入合成纤维或玻璃纤维。其滤孔大小由所滤微粒大小而定。这些产品包括制造茶袋、咖啡滤器、汽车过滤器的滤纸和纸板，以及分析用滤纸和纸板，后者应既不呈酸性，又不呈碱性，灰分含量极低。

子目 4805.50

毡纸及纸板是用不同吸收率的纤维材料制成的产品，生产时采用废碎纸及纸板、木浆或纤维状的纺织废料为原料。毡纸及纸板通常为暗蓝灰色，有粗糙的纤维表面，含有杂质，主要用于制造铺屋顶的纸板和用作制箱或制美术革制品的中间层。

48.06　成卷或成张的植物羊皮纸、防油纸、描图纸、半透明纸及其他高光泽透明或半透明纸：

10　—　植物羊皮纸

20　—　防油纸

30　—　描图纸

40　—　高光泽透明或半透明纸

植物羊皮纸是将优质未施胶及无填料的纸在硫酸中浸泡数秒钟后制得。酸的作用使部分纤维转化成胶化纤维素，因而具有胶质的不渗透性。当经过上述处理的纸完全冲洗净并干燥后，所得产品的强度大大超过原产品，呈半透明状，具有抗油脂性能，并在很大程度上不透水和气体。质量较重、质地较硬的植物羊皮纸，以及将两张或多张植物羊皮纸趁其潮湿时压制而成的产品，称为植物羊皮纸板。

另外，可由同一方法制得的类似纸，但纸浆中却需要加有氧化钛，所得纸张虽仍为羊皮纸，但不透明。

植物羊皮纸可用于包装达那炸药，作油脂物品（例如，黄油、猪油）及其他食品的保护性包装、渗透及渗析工艺中的薄膜、证书纸及类似纸、某些用途的描图纸及图样纸，也用于制贺卡等。植物羊皮纸板可替代羊皮纸用于书本装订、制造灯罩及旅行用容器等。

只在单面作羊皮纸化处理的纸（用于制某种壁纸）也归入本品目。

防油纸（某些国家称之为仿羊皮纸）是用纸浆（一般是亚硫酸盐浆）直接制得。这些纸浆在水中经长时间拍打，纤维细化并水解。该纸呈半透明状，并在很大程度上防止油脂渗透。总的来说，防油纸的用途与植物羊皮纸相同。因其价廉，特别适于作油脂食品的包装。防油纸极少上光，外观酷似植物羊皮纸，但可在其防水性能较弱这一点上区别于植物羊皮纸。

植物羊皮纸及防油纸在表面加工时可用甘油、葡萄糖等处理，使其软化并变得较为透明。这些处理并不影响其税则归类。

防油纸和植物羊皮纸可通过测试其防水性能加以区别。在水中浸泡数分钟后，植物羊皮纸仍不易撕裂，且裂口整齐，但防油纸却很易撕裂，且裂口起毛。

如果打浆时间不够长，纤维水解不完全，则制得类型相似但防油性能较差的纸（仿防油纸）。为了提高透明度及光泽度，可在纸浆中加入石蜡或硬脂精。

某种描图纸与防油纸相类似，其高透明度是纸浆经长时间拍打的结果。本品目也包括其他种类的描图纸。

玻璃纸，即一种高光泽透明纸，其制造方法与防油纸相同，但在制造的最后阶段，通过把纸置于高度研光机的加热滚筒之间反复湿化及加压上光，使纸获得特有的透明度及高密度。现在类似的高光泽透明纸虽经同样的工艺制得，但在纸浆中加有塑料或其他材料。

高光泽透明纸或半透明纸主要是不着色的，但在配制纸浆时，加入色料后可制得有色品种（高光泽半透明纸）。上述纸的不渗透性虽较植物羊皮纸或防水纸为差，但也可作食品、糖果等的保护性包装，用于制信封的透明纸窗，切成纸条后可作如巧克力等的精美包装材料。

本品目货品的规格参见本章注释八。

*

* *

本品目不包括在纸张抄造后经过涂布、浸渍或类似处理，因而具有防油或防水性能的纸（品目48.09或48.11）。

48.07 成卷或成张的复合纸及纸板（用粘合剂粘合各层纸或纸板制成），未经表面涂布或未浸渍，不论内层是否有加强材料

本品目包括以粘合剂将两层或多层纸或纸板粘合制成的纸及纸板。这些产品可用各种品质的纸或纸板制得，其粘合剂可以是动物质、植物质或矿物质的（例如，糊精、动物胶、焦油、树胶、沥青、胶乳）。

区分本品目的产品与以上各品目产品（不用粘合剂将各层压合而成）的方法为：将本品目的产品浸入水或其他适当的溶剂中，各层很易分离，并明显附有粘合剂。复合纸及纸板各层燃烧时通常也会分离。

复合纸及纸板所用的粘合物质如能兼作防水材料（例如，焦油粘合的双层牛皮纸），只要其仍具有纸或纸板的基本特征，应归入本品目。内部用沥青、焦油、纺织品或其他材料（例如，纺织或金属薄纱、塑料）加强的纸及纸板同样如此。这些产品主要用作防水包装材料。

质量较优的复合纸及纸板，其多层组合特征不甚明显，多用于印刷及制文具。其他品种可用于制盒或书本装订。

本品目所列产品的规格，参见本章注释八。

本品目不包括纤维板（品目 44.11）。

48.08 成卷或成张的瓦楞纸及纸板（不论是否与平面纸胶合）、皱纹纸及纸板、压纹纸及纸板、穿孔纸及纸板，但品目 48.03 的纸除外：

10 — 瓦楞纸及纸板，不论是否穿孔

40 — 皱纹牛皮纸，不论是否压花或穿孔

90 — 其他

本品目包括各种成卷或成张的纸及纸板，其共同特点是在纸张抄造过程中或以后，经过专门加工，使纸面不再是平整或均一。本品目产品的规格，参见本章注释八。本品目包括：

一、瓦楞纸及纸板

瓦楞纸及纸板是在加热及蒸汽作用下将纸通过带槽的滚子加工而成。它们可以是单层瓦楞纸（纸板），也可在一面（单面）或两面（双面）用平面纸（纸板）盖面。重型的纸板是由瓦楞纸或纸板与平面纸或纸板间隔连续层叠制成。

瓦楞纸及纸板多用于造瓦楞纸箱，也用作保护性包装材料。

二、皱纹纸

这些纸品是趁纸网潮湿时经机械方法处理制得，或将抄造好的纸张通过两个皱面滚筒压纹制得，经过上述处理后，纸的表面面积大为缩小，外表呈沟纹状并具有高弹性。

纤维素絮纸及纤维素纤维网纸外观上一般起皱纹，但不作为皱纹纸归类，而应归入品目 48.03、48.18 或 48.23。生产过程中通过“克方帕克”工艺压缩纸网，使纤维弯曲、紧密的弹性纸不归入本品目。这种纸虽然是趁纸网潮湿时经机械方法处理制得并具有弹性，但一般无皱纹纸那种正常的沟纹外观（一般归入品目 48.04 或 48.05）。

皱纹纸通常经过着色，并以单层或多层用于制造各种物品（例如，水泥袋及其他包装材料、装饰带）。但是，本品目不包括家庭或卫生用的皱纹纸（品目 48.03），也不包括品目 48.18 的产品。

三、压纹纸及纸板

压纹纸及纸板是表面制成明显不平整的纸品。它们一般在纸张抄造后，将潮湿或干燥的纸通过两个带有凹或凸图案的滚筒之间滚压制得，或通过带有凹或凸花纹的金属板压印而得。这些产品在品质及外观上差异较大，包括通称为浮花纸的纸、压印各种皮革纹理的纸、麻面纸（包括用布面滚筒压制而成的）。它们可用于制造某种书写纸、壁纸、作盒衬及盒面、作书本装订用纸等。

四、穿孔纸及纸板

以机械方法将纸或纸板在干燥状态下用冲模冲出孔洞的纸及纸板。所穿的孔可形成一定图案或仅为规则间隔。

本品目包括直线穿孔以便于撕成一定尺寸的纸。

穿孔纸可用于改制成花色纸（例如，书架纸及贴边纸），或作包装等用。

除品目 48.03 及 48.18 的货品以外，本品目也不包括：

（一）具有自然凸起纹理的纸，例如，图画纸（品目 48.02 或 48.05）。

（二）用于纺织提花机及类似机器的穿孔纸卡和穿孔纸板卡，以及纸花边（品目 48.23）。

（三）穿孔纸及纸板音乐卡、音乐盘及音乐卷带（品目 92.09）。

48.09 复写纸、自印复写纸及其他拷贝或转印纸（包括涂布或浸渍的油印蜡纸或胶印版纸），不论是

否印制，成卷或成张的：

20 — 自印复写纸

90 — 其他

本品目包括成卷或成张的涂布、浸渍或经其他加工制得的纸。本品目所列货品的规格尺寸，参见本注释八。这些纸如不符合本品目所列规格，应归入品目 48.16，详情参见品目 48.16 的注释。

本品目不包括：

（一）压印箔（品目 32.12）。

（二）感光纸（一般归入品目 37.03）。

48.10 成卷或成张矩形（包括正方形）的任何尺寸的单面或双面涂布高岭土或其他无机物质（不论是否加粘合剂）的纸及纸板，但未涂布其他涂料，不论是否染面、饰面或印花(+)：

— 书写、印刷或类似用途的纸及纸板，不含用机械或化学－机械方法制得的纤维或所含前述纤维不超过全部纤维重量的 10%：

13 —— 成卷的

14 —— 成张的，一边不超过 435 毫米，另一边不超过 297 毫米（以未折叠计）

19 —— 其他

— 书写、印刷或类似用途的纸及纸板，所含用机械或化学－机械方法制得的纤维超过全部纤维重量的 10%：

22 —— 轻质涂布纸

29 —— 其他

— 牛皮纸及纸板，但书写、印刷或类似用途的除外：

31 —— 本体均匀漂白，所含用化学方法制得的木纤维超过全部纤维重量的 95%，每平方米重量不超过 150 克

32 —— 本体均匀漂白，所含用化学方法制得的木纤维超过全部纤维重量的 95%，每平方米重量超过 150 克

39 —— 其他

— 其他纸及纸板：

92 —— 多层的

99 —— 其他

除高岭土（中国粘土）以外，通常用作涂料的无机物质有硫酸钡、硅酸镁、碳酸钙、硫酸钙、氧化锌及金属粉（参见本章总注释：涂布纸及纸板）。本品目所列的无机涂料可含有少量的有机物质以提高纸张的表面特性等。

本品目包括用于书写、印刷或类似用途的纸及纸板，含打印机或感光复印设备用纸（此类轻质涂布纸的定义参见本章子目注释七。定义中所称“木纤维”，不包括竹纤维）、牛皮纸及纸板以及多层纸及纸板（参见品目 48.05 的注释），但它们必须是以高岭土或其他无机物质涂布的。

任何尺寸的纸及纸板，只有当其成条状、卷状或成张矩形（包括正方形），方可归入本品目，如果切成任何其他形状，则应归入本品目以后的本章其他品目（例如，品目 48.17、48.21 或 48.23）。

本品目不包括：

（一）香水纸或用化妆品浸渍或涂布的纸（第三十三章）。

（二）品目 37.01 至 37.04 的感光纸或纸板。

（三）用诊断或实验室试剂浸渍的纸条（品目 38.22）。

（四）品目 48.09 或 48.16 的拷贝纸。

（五）壁纸及类似品和窗用透明纸（品目 48.14）。

（六）品目 48.17 的通信卡片及其他纸制文具。

（七）砂纸或纸板（品目 68.05）及用纸或纸板衬底的云母（云母粉除外）（品目 68.14）。

（八）用纸或纸板衬底的金属箔（通常归入第十四类或第十五类）。

○
○ ○

子目注释：

子目 4810.13、4810.14、4810.19、4810.22 及 4810.29

这些子目所包括的纸及纸板，未涂布时归入品目 48.02。

子目 4810.92

多层纸及纸板的解释，参见品目 48.05 的注释。

48.11　成卷或成张矩形（包括正方形）的任何尺寸的经涂布、浸渍、覆面、染面、饰面或印花的纸、纸板、纤维素絮纸及纤维素纤维网纸，但税目 48.03、48.09 或 48.10 的货品除外：

10　—　焦油纸及纸板、沥青纸及纸板

—　胶粘纸及纸板：

41　——　自粘的

49　——　其他

—　用塑料（不包括粘合剂）涂布、浸渍或覆盖的纸及纸板：

51　——　漂白的，每平方米重量超过 150 克

59　——　其他

60　—　用蜡、石蜡、硬脂精、油或甘油涂布、浸渍、覆盖的纸及纸板

90　—　其他纸、纸板、纤维素絮纸及纤维素纤维网纸

任何尺寸的纸及纸板，只有成条、成卷或成张矩形（包括正方形）时，方可归入本品目，如果切成任何其他形状，则应归入本品目以后的本章其他品目（例如，品目 48.23）。除上述条件及本章的排他条款另有规定的以外，本品目适用于以下成卷或成张的纸及纸板：

一、单面或双面的部分或整张已用高岭土或其他无机物质以外其他材料表面涂布的纸、纸板、纤维素絮纸及纤维素纤维网纸（例如，传真机等用的热敏纸）。

二、浸渍纸、纸板、纤维素絮纸及纤维素纤维网纸（参见本章总注释：浸渍纸及纸板）。

三、用塑料覆盖或涂布的纸、纸板、纤维素絮纸及纤维素纤维网纸，但其塑料层不超过总厚度的一半〔参见本章注释二（七）〕。

对所装货品印有文字说明及图示，两面用透明塑料薄膜包覆，不论是否用金属箔衬底（形成包装内的表层），供制造饮料及其他食品包装用的纸及纸板，也归入本品目。这些产品可压有折痕及印有标记，以便于识别各个包装容器及将其从成卷的纸及纸板裁切下来。

四、表面着色（单色或多色）的纸、纸板、纤维素絮纸及纤维素纤维网纸，包括表面仿大理石纹和印有图案的纸，以及印有花纹、文字或图画的纸，但所印内容仅从属于其主要用途，并不构成第四十九章的印刷品（参见本章注释十二及总注释：着色或印制纸及纸板）。

本品目也不包括：

（一）品目 30.05 的以药物等浸渍或涂布的纤维素絮纸。

（二）香水纸或用化妆品浸渍或涂布的纸（第三十三章）。

（三）用肥皂或洗涤剂浸渍、覆盖或涂布的纸及纤维素絮纸（品目 34.01）；或用光洁剂、擦光膏或类似制剂浸渍、覆盖或涂布的纸及纤维素絮纸（品目 34.05）。

（四）品目 37.01 至 37.04 的感光纸及纸板。

（五）石蕊试纸、极谱纸及其他用诊断或实验室试剂浸渍的纸（品目 38.22）。

（六）在一层纸或纸板上涂布或覆盖一层塑料的产品，其塑料层占总厚度的一半以上（第三十九章）。

（七）仅有水印直线等的纸（即使其直线充作印刷线用）（品目 48.02、48.04 及 48.05）。

（八）壁纸及类似品和窗用透明纸（品目 48.14）。

（九）品目 48.17 的通信卡片和其他纸制文具。

（十）用纸板做基并以柏油或类似材料完全包裹或双面覆盖的屋面板（品目 68.07）。

48.12　纸浆制的滤块、滤板及滤片

本品是由高纤维含量的植物纤维（棉花、亚麻、木材等）不用粘合材料压制成块、板或片状的产品，其纤维呈疏松附着状态。

植物纤维中可掺进石棉纤维，但所得的块、板及片必须仍保持纸浆制品的特性方可归入本品目。

在制成滤块、滤板或滤片之前，所用纤维必须化成粘稠纸浆，并按使用要求清除所含的所有杂质，以免过滤物沾染颜色、气味或味道。

滤块也可用两块或多块经加工并净化过的纸浆所制得（有时用手工制得）的滤板压制而成。

滤块（也称滤团）可在过滤器中用于澄清液体（例如，葡萄酒、烈性酒、啤酒及醋），不论其规格或形状如何，均归入本品目。

本品目不包括：

（一）仅压制成片或板状的棉短绒（品目 14.04）。

（二）用于过滤液体的其他纸品，例如，过滤纸（品目 48.05 或 48.23）、纤维素絮纸（品目 48.03 或 48.23）。

48.13　卷烟纸，不论是否切成一定尺寸、成小本或管状：

10　—　成小本或管状

20　—　宽度不超过 5 厘米成卷的

90　—　其他

本品目包括所有的卷烟纸（含滤嘴纸，用于包卷滤嘴及滤嘴与卷烟连接处），不论其规格及形式如何。卷烟纸一般为下列形状之一：

一、成本（不论是否印制），每本含有一定数量的散页，其尺寸足够供一支卷烟用。它们用于手工卷制香烟。

二、成管状，其规格适于供一支卷烟用。

三、成卷，切成一定尺寸（宽度一般不超过 5 厘米），供卷烟机上用。

四、成卷，宽度超过 5 厘米。

卷烟纸常有直纹或水印，品质优良（常用大麻或亚麻布浆制），极薄，但相当坚韧，不加填料或仅稍加特种填料。卷烟纸一般用白纸制得，但也可着色，有时用硝酸钾、木馏油或甘草等物质加以浸渍。

卷烟纸的一端可以涂蜡、涂金属色料或涂其他不吸水物质，管子有时以软木、稻麦秆、蚕丝等作滤嘴。成卷状的纸也可附有一般用吸水纸、纤维素絮纸或醋酸纤维素纤维制的过滤嘴，其纸管端部可用较厚的纸加强。

48.14　壁纸及类似品；窗用透明纸(+)：

20　—　用塑料涂面或盖面的壁纸及类似品，起纹、压花、着色、印刷图案或经其他装饰

90　—　其他

一、壁纸及类似品

根据本注释九，所称“壁纸及类似品”仅适用于：

（一）适合作墙壁或天花板装饰用的成卷纸张，宽度不小于45厘米但不超过160厘米，并符合以下规格之一的：

1．起纹、压花、染面、印刷图案或经其他表面装饰的（例如，起绒），不论是否用透明的防护塑料涂布或覆盖以使纸张可水洗甚至擦洗。这些纸品通称为“壁纸”。

“油毡墙纸”也属于这一类。它用厚纸涂上由氧化亚麻子油和填料组成的干性混合物制成，其涂层经压花及饰面从而使纸品适于作墙壁或天花板的装饰用。

2．在纸张抄造时因掺入木粒或草粒等而表面凹凸不平的。这种壁纸通称为“粒面”纸。它可以饰面（例如，作画）或不饰面。未饰面的粒面纸通常挂在墙上后再在上面作画。

3．表面用塑料涂布或覆盖并制成起纹、压花、着色、印刷图案或经其他表面装饰的。这种糊墙纸可用水洗并较以上第1项中所述的货品更为耐磨。具有聚氯乙烯层的产品通常称为“乙烯糊墙品”或“乙烯壁纸”。

4．表面全部或部分用不论是否平行连结或编织的编结材料覆盖的。这类壁纸的某些品种具有一层以纺织纤维纱线连结的编结材料。

（二）适于装饰墙壁或天花板用的经上述加工（例如，压花、印刷图案、以干性油及填料混合物饰面、以塑料涂布或覆面）的纸边及纸条，不论是否成卷。

（三）由几幅拼成的壁纸，贴到墙上可组成印刷的风景或图案（又称照相壁画）。上述壁纸可以为各种规格，报验时可成卷或成张。

二、窗用透明纸

本品是由又薄又硬的高光泽透明或半透明纸制得，印有各种装饰性图案，通常着色以仿彩色玻璃，用于装饰或仅起减弱玻璃透明度作用。它们还可印有广告、展示等性质的文字和图画。

上述纸品有成卷的，也有裁成可即供粘于窗或门玻璃上的各种尺寸或形状的，有时还涂胶。

*
* *

本品目不包括：

（一）胶粘糊墙品，由附在保护纸层上的一张塑料片组成，使用时需将纸层剥去（第三十九章）。

（二）用纸衬背的饰面薄板或软木糊墙品（品目44.08、45.02或45.04）。

（三）质地较重较硬挺的糊墙品的类似制品，例如，由纸基及塑料面层组合而成的产品，报验时通常呈较宽的卷状（例如，183厘米），既可作铺地制品，又可用作糊墙品（通常归入品目48.23）。

（四）外观近似窗用透明的转印纸（移画印花纸）（品目49.08）。

（五）纸基纺织糊墙品（品目59.05）。

（六）用纸衬背的铝箔糊墙品（品目76.07）。

子目注释：

子目4814.10

“粒面”纸是本章注释九（一）款2项所述的纸。

【48.15】

48.16　复写纸、自印复写纸及其他拷贝或转印纸（不包括品目48.09的纸）、油印蜡纸或胶印版纸，不论是否盒装：

20　—　自印复写纸

90　—　其他

本品目包括经涂布或有时经浸渍的纸，它可在压力（例如，打字机键的冲击）、湿气、墨水等的作用下把原文制成一份或多份复制本。

归入本品目的这类纸报验时必须为宽度不超过36厘米的卷状，或为成张矩形（包括正方形），任一边长（以未折叠计）不超过36厘米，或切成矩形（包括正方形）以外的其他任何形状；否则，归入品目48.09。对油印蜡纸或胶印版纸并无规格上的规定。本品目的纸一般为盒装。

根据复印方式不同，这些纸可分为以下两类：

一、通过将纸上涂布物或浸渍物全部或部分转印到另一表面上复制原文的纸

该类货品包括：

（一）复写纸或类似的拷贝纸

本品是用混有碳黑或其他着色材料的脂肪物质或蜡性物质涂布或有时浸渍的纸，供用笔或打字机将原文复印在普通纸上。

这些纸可以是：

1．用作插页，一次性或可重复使用的薄纸；或

2．普通重量的涂布纸，复写部分通常为纸张的一部分。

该类还包括用于胶印机上的胶板誊印复写纸，用以制成母片，母片反过来可作为“印版”，复制更多的副件。

（二）自印复写纸

自印复写纸也称为无碳复写纸，可制成折扇形。通过办公室机器或铁笔在原文纸上缮写时的压力，使同一纸上或相邻两张纸上的两种不同成分产生反应，从而印写原文。

（三）热敏转印纸

纸品的一面涂有热敏材料，在用红外线复印机复印时，涂层中的染料可转印到一张普通纸上（热转印工序），从而获得原文的副本。

二、用上述一类以外其他方法复印的拷贝纸、油印蜡纸或胶印版纸

该类货品包括：

（一）无衬油印蜡纸及衬背油印蜡纸

无衬油印蜡纸的纸薄而韧，不施胶，用石蜡或其他蜡、胶棉或类似产品的制剂涂布或浸渍。用打字机、铁笔或其他任何刻印工具的压力穿透纸面涂料从而产生原文或图案。

衬背油印蜡纸通常附有一张顶部边缘与蜡纸粘连的衬背厚纸，衬背纸可以分离，其顶部专门打有孔眼以便于将已誊写的蜡纸固定在油印机上。蜡纸与衬纸间有时夹有一张纸，供作副本。此外，蜡纸上一般具有指示标记及印有其他各种说明。

本品目还包括框边的地址印写机蜡纸。

（二）胶印版纸及胶印版

胶印版纸的一面具有一种不透平印油墨的特殊涂层。胶印版用于办公室型胶印机上，它可将手工

机器或其他任何印记方法印记于胶印版上的文字或图案复印到普通纸上。

*

* *

本品目的纸也可成折扇形状，并可将上述两种及以上复印方法结合使用。典型的例子是在纸的一面以一种特殊油墨涂布，通过这层油墨（如同复写纸一样）用上述第二类（二）款所述的胶印版复印的类似方法，在第二张纸上形成原文或原图案的负像。当把第二张纸置于适宜的复印机上，纸面负像的油墨便转印到普通纸上，形成原版的正像，并由此可复印多份。

载有文字或图案以供复印的拷贝纸及转印纸不论是否按序号装订，仍归入本品目。

本品目不包括：

（一）名为压印箔或烫金箔的转印纸。它们是涂有金属、金属粉末或颜料的薄纸，用于书本封面、帽圈等的烫金（品目 32.12）。

（二）品目 37.01 至 37.04 的感光纸或纸板。

（三）用纸衬背的以明胶为基料的复印膏（品目 38.24）。

（四）用塑料膜片制成的油印模板，具有一张可分离的衬背纸，已切成一定尺寸，并在一边打有孔眼（第三十九章）。

（五）用热敏物质涂布的纸，通过将涂布物质直接变黑而形成原文的复印本（热复印法）（品目 48.11 或 48.23）。

（六）多联商业表格纸及页间夹有复写纸的本子（品目 48.20）。

（七）转印纸（移画印花纸）（品目 49.08）。

48.17　纸或纸板制的信封、封缄信片、素色明信片及通信卡片；纸或纸板制的盒子、袋子及夹子，内装各种纸制文具：

10　—　信封

20　—　封缄信片、素色明信片及通信卡片

30　—　纸或纸板制的盒子、袋子及夹子，内装各种纸制文具

本品目包括用于通信的纸或纸板制文具，例如，信封、封缄信片、素色明信片（包括通信卡片）。但散页或成叠的书写纸及以下所列的其他物品不归入本品目。

这类物品可印上地址、姓名、商标、装潢、徽记、姓名首字母等，但所印内容仅从属于文具的用途。

封缄信片是成张的纸、纸板或纸卡，边上涂胶（有时打排孔）或可以用其他方式封合而不需使用信封的。

素色明信片须印有供写地址或贴邮票的部位或其他能显示其用途的标记，方可归入本品目。

通信卡片须具有毛边、金边或圆角，经印刷或其他加工明显作为文具使用，方可归入本品目。未经上述加工的普通纸卡酌情归入品目 48.02、48.10、48.11 或 48.23。

本品目还包括内装各种纸制文具的纸或纸板制的盒子、袋子及夹子。

本品目也不包括：

（一）散张的已折叠或未折叠信纸，不论是否印刷，也不论是否盒装或小包装（酌情归入品目 48.02、48.10 或 48.11）。

（二）品目 48.20 的信笺本、记事本等。

（三）印有或用其他方式赋予正在流通的邮票的信封、明信片及信卡等（品目 49.07）。

（四）品目 49.09 的印刷或图画明信片及印制卡片。

（五）供特殊用途的印刷信件及类似物品，例如，即期票据、搬迁通知、广告信，包括需要手工填写的上述物品（品目 49.11）。

（六）印有图画的首日封及集邮大型张：未附邮票的（品目 49.11），附有邮票的（品目 97.04）。

48.18　卫生纸及类似纸、家庭或卫生用纤维素絮纸及纤维素纤维网纸，成卷宽度不超过 36 厘米或切成一定尺寸或形状的；纸浆、纸、纤维素絮纸或纤维素纤维网纸制的手帕、面巾、台布、餐巾、床单及类似的家庭、卫生或医院用品、衣服及衣着附件：

10　—　卫生纸

20　—　纸手帕及纸面巾

30　—　纸台布及纸餐巾

50　—　衣服及衣着附件

90　—　其他

本品目包括下列卫生纸及类似纸、家庭或卫生用纤维素絮纸及纤维素纤维网纸：

一、成条或成卷，宽度不超过 36 厘米；

二、成张矩形（包括正方形），任一边长（以不折叠计）不超过 36 厘米；

三、切成矩形（包括正方形）以外的其他形状。

本品目还包括纸浆、纸、纤维素絮纸或纤维素纤维网纸制的家庭、卫生或医院用品、衣服及衣着附件。

本品目的货品通常用品目 48.03 的纸制成。

本品目不包括：

（一）供医疗、外科、牙科或兽医用的纤维素絮纸，以药物浸渍或涂布，或制成零售包装的（品目 30.05）。

（二）香水纸及用化妆品浸渍或涂布的纸（第三十三章）。

（三）用肥皂或洗涤剂浸渍、覆盖或涂布的纸及纤维素絮纸（品目 34.01），或用光洁剂、擦光膏或类似制剂浸渍、覆盖或涂布的纸及纤维素絮纸（品目 34.05）。

（四）第六十四章的物品。

（五）第六十五章的帽子及其零件。

（六）品目 96.19 的卫生巾（护垫）及止血塞、婴儿尿布及尿布衬里和类似品。

48.19　纸、纸板、纤维素絮纸或纤维素纤维网纸制的箱、盒、匣、袋及其他包装容器；纸或纸板制的卷宗盒、信件盘及类似品，供办公室、商店及类似场所使用的：

10　—　瓦楞纸或纸板制的箱、盒、匣

20　—　非瓦楞纸或纸板制的可折叠箱、盒、匣

30　—　底宽 40 厘米及以上的纸袋

40　—　其他纸袋，包括锥形袋

50　—　其他包装容器，包括唱片套

60　—　办公室、商店及类似场所使用的卷宗盒、信件盘、存储盒及类似品

一、箱、盒、匣、袋及其他包装容器

本组物品包括通常用于包装、运输、存储或销售商品的各种式样及规格的容器，不论其是否具有装饰作用。本品目包括箱、盒、匣、袋、包、锥形袋及纸板桶，不论是否以滚轧或其他方法制成，也不论是否装配有其他材料制的加固圈；供邮寄文件的纸筒、衣着保护袋、纸罐、纸杯及类似品（例如，作盛装牛奶或奶油用），不论是否涂蜡。本品目还包括特种用途的纸袋，例如，真空吸尘器用袋、旅

行呕吐用袋、唱片盒及唱片套。

本品目包括折叠箱、盒及匣，它们主要有：

（一）单片平板箱、盒及匣，靠折叠及槽口组装起来（例如，蛋糕盒）；

（二）仅有一面靠胶水、钉书钉等组合，而其他面则靠容器本身结构来组合的容器，但必要时可用胶粘带或钉书钉等固定容器的底部或顶部。

本组物品可经印刷，例如，印有厂商名称、使用说明、图解。因此，除印有公司名称外还印有植物产品图样及种植说明的种子盒，或印有引起儿童兴趣的图画的巧克力盒或谷物食品盒均归入本品目。

本品目的物品还可用非纸质材料进行加强或作配件（例如，用纺织物作衬背、用木作架、用绳作挽手、用金属或塑料包角）。

二、办公室、商店及类似场所使用的卷宗盒、信件盘及类似品

本组包括硬挺耐用的容器，例如，公文盒、卷宗盒、信件盘、储物盒及类似物品，一般较第一组包装容器的表面加工要精细。它们用于办公室、商店、仓库等的文件单证的归档或保存。

这些物品可用非纸质材料进行加强或作配件（例如，用金属、木、塑料或纺织材料作铰链、把柄及锁闭装置），还可配有金属、塑料等制的框架以供插入索引卡片。

本品目不包括：

（一）品目 42.02 的物品（旅行容器等）。

（二）用纸编结的物品（品目 46.02）。

（三）品目 48.11 的涂层、包覆及印制的纸或纸板，成卷报验，供制造包装容器用，压有折痕及印有标记，以便于识别各个包装容器及将其从成卷的纸及纸板裁切下来。

（四）样品薄或粘贴薄（品目 48.20）。

（五）品目 63.05 的纺织纸纱制的包、袋。

48.20 纸或纸板制的登记本、账本、笔记本、定货本、收据本、信笺本、记事本、日记本及类似品、练习本、吸墨纸本、活动封面（活页及非活页）、文件夹、卷宗皮、多联商业表格纸、页间夹有复写纸的本及其他文具用品；纸或纸板制的样品薄、粘贴簿及书籍封面：

10 — 登记本、账本、笔记本、定货本、收据本、信笺本、记事本、日记本及类似品

20 — 练习本

30 — 活动封面（书籍封面除外）、文件夹及卷宗皮

40 — 多联商业表格纸、页间夹有复写纸的本

50 — 样品簿及粘贴簿

90 — 其他

本品目包括品目 48.17 的通信用货品及本章注释十所述货品以外的各种文具用品，主要有：

一、登记本、账本、各种笔记本、定货本、收据本、习字本、日记本、信笺本、记事本、预约本、地址或电话号码记录本。

二、练习本。它们的纸页可以仅有带行（格），也可以印有手写字样，供练字摹仿。

印有问答题或练习题并以其为主要用途，通常留有空间以便手工完成习题的教学用辅助练习册，有时称为作业本，不论是否印有叙事内容，均不归入本品目（品目 49.01）。本品目也不包括主要由带辅助性说明文字的图画组成，供儿童写字或做其他练习的儿童手工书（品目 49.03）。

三、活页纸的活动封面、卡片盒或类似品（例如，弹夹活页夹、弹簧活页夹、螺钉活页夹、扣环活页夹）、文件夹、卷宗皮、卷宗夹（卷宗盒除外）及讲义夹。

四、多联商业表格纸，为多栏项的成套表格，表格印于自印复写纸上，或表格页间夹有复写纸。这些表格用于填制多张副本，可以是连续的或不连续的。这类表格印有内容并需要按其要求填写有关情况。

五、页间夹有复写纸的本，与多联商业表格纸相类似，但未印有任何内容或仅印有笺头及类似通讯情况，广泛用于打印多联副本，并如多联商业表格纸一样，以胶水及穿孔钉装在一起。

六、样品簿或粘贴簿（例如，集邮簿、相簿）。

七、其他如吸墨纸本等的文具（不论是否折叠）。

八、书籍封面（供装订或防尘用），不论是否印有文字（标题等）或图案。

本品目的物品有的印有相当多的内容，但只要这些内容是附属于其主要用途的，例如，表格（主要靠手工或打字填写）及日记（主要靠写作），即可归入本品目而不归入第四十九章。

本品目的货品可用非纸质材料（例如，皮革、塑料或纺织材料）装订，还可用金属、塑料等进行加强或作紧固件。

另一方面，基本上以木、大理石等组成的物品，例如，台式备忘录，应酌情分别按木、大理石等制品归类。练习本及其他书写纸的散页，包括活页本的穿孔纸张，酌情归入品目 48.02、48.10、48.11 或 48.23。粘贴簿的活页纸也不归入本品目，而应根据其特征归入其他品目。

本品目不包括：

（一）支票簿（品目 49.07）。

（二）空白的联券旅行票据（品目 49.11）。

（三）彩票、“刮擦幸运卡”、销售抽彩券及奖券（通常归入品目 49.11）。

48.21 纸或纸板制的各种标签，不论是否印制(+)：

10 — 印制

90 — 其他

本品目包括附于任何物品之上，以标明其性质、特性、所有者、目的地、价格等的各种纸或纸板制的标签。它们可以是粘贴式（上胶水或自粘）的，也可以是用系带等其他方法附上的。

这些标签可以是素色或印有各种文字或图画，也可上胶、配备系带、扣子、挂钩及其他紧固件，或以金属或其他材料加强，还可以打排孔或制成大张或小本子。

供宣传、广告用或仅作装饰用的自粘印制张贴品，例如，漫画或橱窗张贴品，不归入本品目（品目 49.11）。

本品目不包括由单面或双面以一层簿纸覆面的硬贱金属片制成的“标签”，不论是否印制（品目 73.26、76.16、79.07 等，或品目 83.10）。

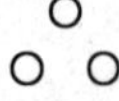

子目注释：

子目 4821.10

本子目包括各种印制标签，不论其所印内容的意义及程度如何。标签上印有线条或其他简单边线，或者仅印有小图案或其他符号的，也视作本子目所称的“印制”。

48.22 纸浆、纸或纸板（不论是否穿孔或硬化）制的筒管、卷轴、纡子及类似品：

10 — 纺织纱线用

90 — 其他

本品目包括用以缠绕纱、线的筒管、小管、卷轴、纡子、锥形纱管及类似芯子，不论供工业用或供零售用。本品目还包括用以缠绕布匹、纸张或其他材料的圆柱芯（不论两端有无凸缘）。

这类货品可以用纸板、多层滚压纸张制得，或用压制或模制的纸浆制得（参见本章总注释的倒数第二段）。它们有时还可打排孔。这类物品可以是涂胶或以塑料等浸渍或涂布。但具有层压塑料品特征的物品不包括在本品目内（第三十九章）。

筒管、小管、卷轴等可以在其一端或两端用木、金属或其他材料进行加强或作附件。

本品目不包括用于类似用途的各种形状的扁平芯子（品目 48.23）。

48.23　切成一定尺寸或形状的其他纸、纸板、纤维素絮纸及纤维素纤维网纸；纸浆、纸、纸板、纤维素絮纸及纤维素纤维网纸制的其他物品：

20　—　滤纸及纸板

40　—　已印制的自动记录器用打印纸卷、纸张及纸盘

—　纸或纸板制的盘、碟、盆、杯及类似品：

61　——　竹浆纸或纸板制的

69　——　其他

70　—　压制或模制纸浆制品

90　—　其他

本品目包括：

一、本章其他品目未包括的纸、纸板、纤维素絮纸及纤维素纤维网纸。

——成条或成卷，宽度不超过 36 厘米；

——成张矩形（包括正方形），任何一边（以未折叠计）均不超过 36 厘米；

——切成矩形（包括正方形）以外的其他形状。

但须注意，品目 48.02、48.10 和 48.11 所列的任何尺寸的成条、成卷或成张矩形（包括正方形）的纸及纸板仍归入这些品目。

二、既不归入本章其他品目，也不属于本章注释二所列范围的纸浆、纸、纸板、纤维素絮纸或纤维素纤维网纸的制品。

据此，本品目包括：

1. 滤纸及纸板（不论是否折叠），通常呈矩形（包括正方形）以外其他形状，例如，圆形滤纸及纸板。

2. 非矩形（包括正方形）的已印制的自动记录器用纸盘。

3. 本章其他品目未包括的切成矩形（包括正方形）以外其他形状的书写、印刷或类似用途的纸及纸板。

4. 纸或纸板制的盘、碟、盆、杯及类似品。

5. 模制或压制的纸浆制品。

6. 编结或其他用途的未经涂布的纸条（不论是否折叠），但书写、印刷或类似用途的纸条除外。

7. 纸丝（即缠成一团的窄纸条，用于包装）。

8. 糖纸、水果包装纸及其他切成一定尺寸的包装纸。

9. 糕饼卡纸及纸；果酱罐封纸；袋用成形纸。

10. 提花机或类似机器用的穿孔纸及纸板卡片（参见本章注释十一），即打有操作织机所需孔眼的纸及纸板卡片（“打孔”纸及纸板卡片）。

11. 纸花边及刺绣品；陈列架边饰。

12．纸垫片及垫圈。

13．集邮衬纸、相角及照片衬纸、手提箱的加固角。

14．纸制纺织旋转罐；用作缠绕纱、带等的扁平纸卡；包装蛋品的模制纸片。

15．纸制肠衣。

16．服装纸样、模型及样板，不论是否装配。

17．扇子及手携式面罩，具有纸质扇托或扇面及任何材料制的框架；以及单独报验的扇托。但贵金属作框架的扇子及手携式面罩应归入品目71.13。

除本章注释二所列不包括的货品以外，本品目还不包括：

（一）捕蝇纸（品目38.08）。

（二）用诊断或实验室试剂浸渍的纸条（品目38.22）。

（三）纤维板（品目44.11）。

（四）品目48.02的书写、印刷或其他类似用途的未涂布纸条。

（五）品目48.10或48.11的涂布、覆盖或浸渍的纸条。

（六）彩票、“刮擦幸运卡”、销售抽彩券及奖券（通常归入品目49.11）。

（七）纸制太阳伞（品目66.01）。

（八）人造花、簇叶、果实及其部分品（品目67.02）。

（九）绝缘子及其他电气货品（第八十五章）。

（十）第九十章的物品（例如，矫形器具或示范装置、科学仪器用的标度盘）。

（十一）钟面及表面（品目91.14）。

（十二）弹壳及弹垫（品目93.06）。

（十三）灯罩（品目94.05）。

第四十九章　书籍、报纸、印刷图画及其他印刷品；手稿、打字稿及设计图纸

注释：

一、本章不包括：

（一）透明基的照相负片或正片（第三十七章）；

（二）立体地图、设计图表或地球仪、天体仪，不论是否印刷（品目 90.23）；

（三）第九十五章的扑克牌或其他物品；或

（四）雕版画、印刷画、石印画的原本（品目 97.02），品目 97.04 的邮票、印花税票、纪念封、首日封、邮政信笺及类似品，以及第九十七章的超过一百年的古物或其他物品。

二、第四十九章所称"印刷"，也包括用胶版复印机、油印机印制，在自动数据处理设备控制下打印绘制，压印、冲印、感光复印、热敏复印或打字。

三、用纸以外材料装订成册的报纸、杂志和期刊，以及一期以上装订在同一封面里的成套报纸、杂志和期刊，应归入品目 49.01，不论是否有广告材料。

四、品目 49.01 还包括：

（一）附有说明文字，每页编有号数以便装订成一册或几册的整集印刷复制品，例如，美术作品、绘画；

（二）随同成册书籍的图画附刊；以及

（三）供装订书籍或小册子用的散页、集页或书帖形式的印刷品，已构成一部作品的全部或部分。

但没有说明文字的印刷图画或图解，不论是否散页或书帖形式，应归入品目 49.11。

五、除本章注释三另有规定的以外，品目 49.01 不包括主要作广告用的出版物（例如，小册子、散页印刷品、商业目录、同业公会出版的年鉴、旅游宣传品），这类出版物应归入品目 49.11。

六、品目 49.03 所称"儿童图画书"，是指以图画为主、文字为辅，供儿童阅览的书籍。

总　注　释

除下列极个别的物品以外，本章包括所印花纹图案、文字或图画决定其基本性质及用途的各种印刷品。

另一方面，除品目 48.14 或 48.21 的货品以外，纸、纸板或纤维素絮纸及其制品，如所印内容仅附属于主要用途（例如，印制的包装纸及文具），应归入第四十八章。同样，印制的纺织品（例如，围巾或手帕），如其所印内容主要是为了装饰或新颖，并不影响货品的基本性质，应归入第十一类。印有图案的刺绣织物和制成的装饰毯帆布也归入第十一类。

本章也不包括品目 39.18、39.19、48.14 或 48.21 的货品，即使它们所印花纹图案、文字或图画不仅仅是附属于货品的主要用途的。

本章所称"印刷"不仅包括以普通手工印刷（例如，雕版印刷或木版印刷，但雕版画及木版画原本除外）或机械印刷（例如，活版印刷、胶版印刷、平版印刷、照相凹版印刷等）的几种方法复制，还包括用复印机复制，在自动数据处理设备控制下打印绘制，压印、冲印、感光复印、热敏复印或打字（参见本章注释二），不论印刷文字的形式如何（例如，任何一种字母、数字、速记符号、摩尔斯电码或其他电码符号、布莱叶盲字、音乐符号、图画及图解）。但"印刷"一词不包括着色、装饰性或重复图案的印制。

本章还包括以手工绘制的类似品（包括手绘地图及设计图表），以及手稿或打字稿的复写本。

本章的货品一般是印于纸上的，但也可印于其他材料上，只要其具有本章总注释第一段所列特征。但对于商店招牌或橱窗用的带印刷图画或文字内容的字母、数字、标志及类似符号，如果用陶瓷、玻璃或贱金属制成的，应分别归入品目 69.14、70.20 及 83.10，如果带有照明装置的，则应归入品目 94.05。

除较常见的印刷品（例如，书籍、报纸、小册子、图画、广告品）以外，本章还包括以下物品：印刷的转印贴花纸（移画印花法用图案纸）；印刷或图画明信片、贺卡；日历、地图、设计图表及绘画；邮票、印花税票及类似票证。本章物品的不透明底基缩微本应归入品目 49.11。缩微本是通过光学仪器制得的，该仪器大大缩小所拍照文件的尺寸，缩微本的阅读通常需借助于放大器具。

本章也不包括：

（一）第三十七章在透明底基上的照相负片或正片（例如，缩微胶片）。

（二）第九十七章的货品。

49.01 书籍、小册子、散页印刷品及类似印刷品，不论是否单张：

10 — 单张的，不论是否折叠

— 其他：

91 — — 字典或百科全书及其连续出版的分册

99 — — 其他

除宣传品及更具体地列入本章其他品目（尤其是品目 49.02、49.03 或 49.04）的产品以外，本品目几乎包括所有出版物及印刷读物，不论是否插图。它们有：

一、书籍及小册子，主要印有文字内容，可以任何语言或文字印刷，包括布莱叶盲文及速记符号在内。它们包括所有文学作品、教科书（包括教学用辅助练习册，有时称为作业本），印有问答题或练习题（通常留有空间以便手工完成习题），不论是否印有叙事内容；科技出版物；参考书籍，例如，字典、百科全书及索引簿（例如，带有“黄页”的电话簿）；博物馆及公共图书馆目录（不包括商品目录）；礼拜仪式书籍，例如，祈祷书及赞美诗集（不包括品目 49.04 的乐谱赞美歌书）；儿童书籍（不包括品目 49.03 的儿童图画书、绘图或涂色书）。上述书籍可以是已装订（用纸或以软封面或硬封面装订）成单册或数册，也可以是准备装订的一部作品的全部或部分散页。

随书供应的防尘套、书夹子、书签及其他小附件应视作书籍的一部分。

二、单行本、小册子及散页印刷品，由几页读物装订（例如，用钉书钉装订）或不装订组成，甚至还可以是单页的。

它们包括以下出版物：较短的科技论文及专题文章、政府部门或其他团体颁发的指示通知等、传单、散页赞美诗等。

本类不包括印有个人问候、祝贺或通告的卡片（品目 49.09），以及供人填写的印刷表格（品目 49.11）。

三、供装入活页封皮并印有文字内容的散页。

本品目还包括：

（一）用纸以外的材料装订成册的报纸、杂志和期刊，以及一期以上装订在同一封面里的成套报纸、杂志、期刊，不论是否有广告材料。

（二）已装订的图画书（品目 49.03 的儿童图画书除外）。

（三）附有说明文字（例如，艺术家的传记），每页编有号数以适于装订成册的整集美术、绘画等作品的印刷复制品。

（四）随同成册书籍带说明文字的图画附刊。

本品目不包括其他图画出版物，它们一般归入品目 49.11。

除本章注释三另有规定的以外，本品目也不包括主要作广告（包括旅游宣传）用的各种出版物，以及那些由或为某一厂商出版的广告宣传印刷品，即使这些印刷品在内容上可能不具有直接广告价值。上述广告出版物包括，例如，商品目录；同业公会出版的年鉴，虽载有一定数量的资料，但主要载有其会员的大量广告；吸引人们注意出版人自己的产品或服务的出版物。本品目也不包括含有间接或潜在广告宣传的出版物，即虽然主要在作广告，但又表现出似乎不是在作广告的出版物。

另一方面，由或为工业企业出版的科技论文，及仅描述工、商业某一领域的趋势、进展或活动但无直接或间接广告宣传价值的出版物，仍可归入本品目。

本品目还不包括：

（一）载有文字或图案以供复制并按序号装订的拷贝纸及转印纸（品目 48.16）。

（二）品目 48.20 的日记本及其他本子，即主要供手书或打字填入内容的本子。

（三）单份的报纸、杂志及期刊，未装订或仅用纸装订（品目 49.02）。

（四）主要由带辅助说明文字的图画组成，供儿童写字或做其他练习的儿童手工书（品目 49.03）。

（五）乐谱（品目 49.04）。

（六）地图册（品目 49.05）。

（七）书籍的一部分，不论是书帖或散页形式，载有图画但无印刷文字（品目 49.11）。

49.02 报纸、杂志及期刊，不论有无插图或广告材料：

10 — 每周至少出版四次

90 — 其他

本品目的出版物具有一显著特点，即它以连续不断的系列形式定期用同一刊名予以出版，每期均印有日期（也可仅印一年中的某个时期，例如，“1966 年春”），还通常印有编号。这类出版物可以不装订或用纸装订，但如果用纸以外的其他材料装订或在同一封面内装订有一期以上的，则不归入本品目（品目 49.01）。这类出版物通常以读物为主要内容，但也可印有大量插图，甚至主要是印有图片，还可含有广告材料。

本品目包括以下各类出版物：

一、报纸，日报或周报，呈未装订的印刷品散页形式，主要以普遍感兴趣的时事新闻为内容，并常刊有以当今、历史、人物传记等为题材的文章和趣味性文章。报纸还常以较大的篇幅刊登插图及广告。

二、杂志及其他期刊，周刊、半月刊、月刊、季刊或半年刊，以报纸的形式或用纸装订出版物的形式出版。它们可以是以出版专业性题材或某方面感兴趣的信息为主（例如，法学、医学、财政、商务、时装或体育运动），通常由或为有关组织出版。它们也可以是大众普遍感兴趣的出版物，例如，一般的小说杂志。这类出版物包括由或为指定的有关工业企业（例如，汽车制造商）以吸引顾客注意其产品为目的出版的期刊；一般仅在有关行业、组织等内部发行的员工杂志；以及以广告宣传为目的而由某一商行或协会出版的时装杂志等期刊。

大型著作（例如，参考书籍）的节选，有时按周、半月等在一段预定的时期内分期连载，则不应视为期刊，它们应归入品目 49.01。

与报纸或期刊一起发行并通常随附出售的增刊，例如，图片、图样，应视作出版物的组成部分。

由旧报纸、旧杂志或旧期刊构成的废纸，归入品目 47.07。

49.03 儿童图画书、绘画或涂色书

本品目只限于为儿童兴趣及娱乐或指导儿童进入初级教育第一阶段而编辑的画册，其图画必须构成主要内容，而不是辅助于文字内容（参见本章注释六）。

这类图画书包括诸如图片字母册及故事情节由一系列图画来表达，每幅图画都有解说词或扼要叙述的连环画册。它还包括主要由带辅助说明文字的图画组成，供儿童写字或做其他练习的儿童手工书。

本品目不包括以连续叙述故事为内容，但只对其中某些故事情节附加插图的书。不论其插图如何丰富，这些书均归入品目 49.01。

本品目的书可以印在纸或纺织材料上，并包括儿童碎布书。

内有"可站立"或可移动的人物形象的儿童图画书也归入本品目，但如果该物品主要是一种玩具，则不包括在内（第九十五章）。同样，印有可供剪裁的图画或模型的儿童图画书，如其剪裁部分是少量的，仍可归入本品目，但如这类书中有过半页数（包括封皮）是用于剪裁的，不论是整页或部分剪裁，即使书中载有一定数量的正文，也应视作玩具（第九十五章）。

本品目也包括儿童绘画或涂色书。这些书主要由已装订的书页组成（有时呈可撕开的明信片状）、印有供临摹的简单图画，或印有供填绘或涂色的图画轮廓，不论是否印有说明，有时还附有指导性的彩色图解。它们还包括具有不可见轮廓或颜色的类似图画书，该书用铅笔摹拓或用画笔蘸水涂抹即可现出画面，以及附有少量涂色用水彩颜料的书（例如，以调色板附于书中）。

49.04 乐谱原稿或印本，不论是否装订或印有插图

本品目包括各种乐谱、乐器的或声乐的原稿或印本，不论是否装订或印有插图，以及不论使用何种记谱法（例如，首调唱法、五线谱、数字符号、布莱叶盲文乐谱）。

本品目的乐谱可以是印刷或书写于纸上或其他材料上，可以呈散页（包括纸板）或装订本等形式，不论是否有插图或附有文字。

除较普通的印刷或手稿乐谱以外，本品目还包括音乐赞美诗本，总谱（含小作品）及音乐教本（导师用），但教本除载有教学文字内容外，还须有实践谱及练习谱。

与乐谱一同出售的防尘套应视作乐谱的组成部分。

本品目不包括：

（一）印刷书籍、目录等，印有仅附属于正文或解释正文的乐谱符号，例如，书中正文所指的某一主旋律或音乐主题（品目 49.01 或 49.11）。

（二）机械乐器用的卡片、盘及带卷（品目 92.09）。

49.05 各种印刷的地图、水道图及类似图表，包括地图册、挂图、地形图及地球仪、天体仪：

10 — 地球仪、天体仪

— 其他：

91 — — 成册的

99 — — 其他

本品目包括所有用于表明国家、城镇、海洋、天空等自然或人为特征的印刷球仪（例如，地球仪、月球仪或天体仪）、地图、海图及详图，其轮廓线等用公认的符号来表示的。附有广告内容的地图及海图等仍归入本品目。

这些产品可以印在纸上或其他材料上（例如，布上），不论是否加强，可呈单张或折叠状，或各页汇集装订成书状（例如，地图册）。这类物品可装有可移动的指示针及滚轴，还可具有透明保护罩

或其他附件。

本品目主要包括：

地理图（包括地球部分图）、公路图、挂图、地图册、水道图、地理及天文图、地质调查图、地形图（例如，城镇或地区的详图）。

本品目还包括内部装有照明装置但并非玩具的印刷球仪。

本品目不包括：

（一）附带有地图或详图的书籍（品目 49.01）。

（二）手绘地图、详图等，及其复写本和照相复制本（品目 49.06）。

（三）航空测量或地貌照片，不论在地形学上是否精确，但未制成地图、海图或详图的（品目 49.11）。

（四）通过适当图解表示一个国家或地区的工业、旅游或其他活动情况，铁路系统概况等的示意图（品目 49.11）。

（五）为观赏或装饰目的印有地图的纺织制品（第十一类）。

（六）浮雕地图、详图及球仪，不论是否印制（品目 90.23）。

49.06 手绘的建筑、工程、工业、商业、地形或类似用途的设计图纸原稿；手稿；用感光纸照相复印或用复写纸誊写的上述物品复制件

本品目包括工业设计图纸。这些图纸一般是用来标明现有的建筑物、机器或其他建设工程各个部分或特征的位置及相互关系，或用以指导承建商及制造商进行生产建设（例如，建筑师及工程师的设计图纸）。这些设计图纸可以包括印刷或非印刷的工程说明书、规格书等。

本品目也包括供广告宣传用的绘画或素描（例如，时装绘画、招贴图样、陶器、壁纸、首饰、家具的图案）。

必须注意，只有手绘或手书原稿及其感光纸的照相复制品或用复写纸复制的副本，才可归入本品目。

地图、详图及地形图，印刷的归入品目 49.05，如果是手绘原稿或其用复写纸复制的副本或用感光纸复制的照相复制品，则仍归入本品目。

手稿（包括速记的，但不包括乐谱）及其用复写纸誊写或用感光纸照相复印的复制本，不论是否装订，也归入本品目。

本品目不包括：

（一）拷贝纸及转印纸，载有供复制用的手书或打印文字内容的（品目 48.16）。

（二）印刷的设计图纸（品目 49.05 或 49.11）。

（三）打字稿（包括复写本）及手稿或打字稿的复印机复制本（品目 49.01 或 49.11）。

49.07 在承认或将承认其面值的国家流通或新发行并且未经使用的邮票、印花税票及类似票证；印有邮票或印花税票的纸品；钞票；空白支票；股票、债券及类似所有权凭证

本品目所列产品的特征是，一经有关当局发行（有的需有签章才能生效），具有超过其内在价值的信用价值。

这些产品包括：

一、印刷票证，未经使用（即未盖销）但在承认或将承认其面值的国家流通或新发行的。

本品目的票证印于纸上，一般已涂胶，有各种图案及色彩，并印有标明其价值的字样，有时还印有标明其特定用途的字样。

它们有：

（一）邮票，一般用以预付邮递费，但在某些国家也可作印花税票用（例如，贴在收据及单证上）。本品目还包括邮资不足信件等收费用的欠资邮票。

（二）印花税票，用于附贴在法律、商业等各种文件上，有时附贴在货物上作为缴付了票值所示金额的政府税收的凭证。本品目还包括标签形式的印花税票。该税票用以系在某些应税货物上作为缴清税款的凭证。

（三）其他票证，例如，公众必须或自愿向国家或其他社会当局作为支付手段购买的票证，如对国民福利或其他社会服务项目的募捐票证或国家储蓄邮票。

本品目不包括：

（一）零售商发给顾客作为购物回扣的票证形式凭据，发给在校儿童的宗教邮票，慈善机构等为筹集基金或宣传而发行的票证，以及私人或商业团体发给顾客的“储蓄邮票”（品目49.11）。

（二）使用过的或虽未使用过但不是指运国流通及新发行的票证（品目97.04）。

二、已盖邮戳的信封、封缄卡片、明信片等，印有在承认或将承认其面值的国家流通或新发行并且未盖销的上述邮票印记或盖有“回资已付”邮戳的。

三、其他印有印花税票的纸品，例如，印有或盖有印花税票印记的官方表格、空白表格等（例如，应缴纳印花税的法定单证）。

四、钞票，即由政府及其授权银行发行的各种面额本票，该票在发行国或其他地方作为货币或法币使用。上述钞票包括报验时在任何国家尚未成为法币的钞票。但是，作为收集品及珍藏品的钞票应归入品目97.05。

五、空白支票，即已盖或未盖印戳的空白支票，常以纸封面装订或呈小本状，由银行（包括某些国家的邮政银行）发行，供其顾客使用。

六、股票、债券及类似所有权凭证，属于正式的文书，即由社会或私人团体发行或将要发行的正式凭证，用以授予或有权拥有凭证中指明的金融利益、货物或其他利益的所有权。除上述单证外，这些凭证还包括信用证、汇票、旅行支票、提货单、地契及股息票。它们一般须经所有人签章才能生效。

钞票、空白支票及股票等凭证一般以有特殊水印或其他标记的特种纸张印制，通常编有序号。但用证券纸印制并编有序号的彩票一般不归入本品目，而应归入品目49.11。

本品目所述的各种产品（例如，股票），不论其是否需经签章才可生效，一般都由有关发行当局进行批量的商业交易。

49.08　转印贴花纸（移画印花法用图案纸）：

10　—　釉转印贴花纸（移画印花法用图案纸）

90　—　其他

转印贴花纸（移画印花法用图案纸）由平版印刷或其他方法印在轻质吸水纸（有时为透明塑料薄片）上的单色或多色图画、图案或字母组成，用淀粉及树胶等制剂涂布以便承印本身涂有胶粘剂的印记。这类纸常以一张重质纸作背衬。图案有时是印在金属箔上。

当把这种经过印刷的纸弄湿并贴在一个永久性表面（例如，玻璃、陶器、木、金属、石或纸）上轻轻压紧，印有图画等的涂层便转移到该永久性表面上。

本品目也包括釉转印贴花纸，即以品目32.07的釉料制剂印刷的转印贴花纸。

转印贴花纸可用于装饰或实用用途，例如，装饰陶器或玻璃，或在车辆、机器及仪器等各类物品上印制标记。

本品目还包括主要供儿童娱乐用的转印贴花纸，以及刺绣品及针织品转印贴花纸之类的物品，其纸上图案是用色料勾出轮廓的，通常用加热熨斗平压可转印到纺织品表面上。

切勿将上述物品与归入品目 48.14 或 49.11 的名为窗用透明纸的产品相混淆（参见品目 48.14 的注释）。

本品目也不包括名为压印箔或转印箔的转印纸，这种箔以一层金属、金属粉或色料涂布制得，用于印制书籍封面、帽圈等（品目 32.12）。用于平版印刷的其他转印纸应酌情分别归入品目 48.09 或 48.16。

49.09 印刷或有图画的明信片；印有个人问候、祝贺、通告的卡片，不论是否有图画、带信封或饰边

本品目包括：

一、印刷或有图画的明信片，不论是供个人、商务或广告用。

二、印有各种场合个人问候、祝贺、通告的卡片，不论是否有图画、带信封或饰边。

这些产品主要包括：

（一）**美术明信片**，即印有明信片标志的卡片，其一面的全部或大部印有图片。不具有明信片标志的类似产品应作为图片归入品目 49.11。这些美术明信片可成单张或小本形式。其图片并不构成主要特征的印刷明信片（例如，印有广告内容或小幅画面的某些明信片）也归入本品目。但这种明信片如印有或压有邮票印记则不应归入本品目（品目 49.07）。其印刷内容仅附属于主要用途的素色明信片也不归入本品目（品目 48.17）。

（二）**圣诞卡、新年卡、生日卡或类似卡片**。它们可呈美术明信片形式，也可由两张或多张连在一起的折叠页组成，其中一面或几面印有图片。所称“类似卡片”，包括用作知照生日或洗礼命名的卡片，或用作表达祝贺或谢意的卡片。上述印刷卡片均可配有如缎带、细绳、缨及刺绣品等的装饰物，或装有新颖的拉伸景物，或以玻璃粉等装饰。

本品目的产品有时是印在非纸质材料上，例如，塑料或明胶上。

本品目不包括：

（一）制成儿童图画书、绘画或涂色书的美术明信片（品目 49.03）。

（二）制成日历形式的圣诞或新年卡等（品目 49.10）。

49.10 印刷的各种日历，包括日历芯

本品目涉及各种日历，不论其印于纸、纸板、纺织物上或印于其他材料上，只要所印日历构成了这些物品的基本特征。这些日历除按正常顺序印有月份日期、星期日期等以外，还可印有各种其他信息资料。例如，大事记、节日、天文及其他资料、诗句及格言。此类日历也可以印有图片及广告，然而有时被误称为日历的出版物，虽然印有月份日期，但主要用来传播有关公共或私人事件等信息的，应归入品目 49.01（如属广告宣传品，归入品目 49.11）。

本品目也包括“万年”历或装在非纸或纸板材料（例如，木材、塑料或金属）基座上的可更换日历芯的日历。

本品目还包括日历芯。该芯由印有一年中每一天具体情况的纸条组成，按日期顺序装订成本，每日撕去一张。日历芯一般装于纸板底基上，对每年度更换一次的日历芯，可装于较为耐用的底基上。

然而，本品目不包括所带的日历并不构成其主要特征的物品。

本品目还不包括：

（一）又有日历又可记日记的记事本（包括所谓约会日历本）（品目 48.20）。

（二）未装日历芯的印刷日历托板（品目 49.11）。

49.11　其他印刷品，包括印刷的图片及照片：

10　—　商业广告品、商品目录及类似印刷品

—　其他：

91　——　图片、设计图样及照片

99　——　其他

本品目包括本章内其他品目未具体列名的所有印刷品，包括照片及印刷图片（参见以上本章总注释）。

对于已镶框的图画及照片，如果是图画或照片构成物品的主要特征，应归入本品目；否则，应按框架属性，作为木材、金属等制品归入相应的品目。

某些印刷品是需要手工或打字来填写内容的，只要其具有印刷品的主要特征（参见第四十八章注释十二），仍归入本品目。因此，只需填写某些内容（例如，日期及姓名）的印刷表格（例如，杂志订阅表）、空白的联券旅行票据（例如，飞机票、火车票及客车票）、通函、身份证明文件和身份证及其他印有消息、通知等的物品，也归入本品目。但是，同样需要填写特定内容即具效力的股票、债券及类似所有权凭证和支票不应归入本品目，而应归入品目 49.07。

另一方面，某些文具，如所印内容仅附属于书写或打字的主要用途，应归入第四十八章（参见第四十八章注释十二，特别是品目 48.17 及 48.20 的注释）。

除某些明显为印刷品的产品以外，本品目还包括：

一、广告印刷品（包括海报），主要以广告为目的的年刊及类似出版物，各种商品目录册（包括书籍或音乐制品出版商的清单，以及艺术作品目录）及旅游宣传品。报纸、期刊及杂志，不论是否载有广告内容，均不归入本品目（酌情归入品目 49.01 或 49.02）。

二、载有马戏节目、体育大事、歌剧、戏剧或类似表演消息的小册子。

三、已印刷的日历托板，不论是否有图画。

四、示意地图。

五、解剖学、植物学等的示教图表及图解。

六、娱乐场所的入场券（例如，电影院、戏院及音乐会的入场券）、公共或私营运输的旅行票据及其他类似票券。

七、印在不透明底基上的本章物品的缩微本。

八、在塑料薄膜上印有字母或符号的屏幕，供裁切后用于设计图案。

仅简单印有点、线或方格的这类屏幕不归入本品目（第三十九章）。

九、无邮票的集邮大型张及印有图画的首日封（参见品目 97.04 注释的第四部分）。

十、供宣传、广告用或仅作装饰用的自粘印制张贴品，例如，漫画及橱窗张贴品。

十一、彩票、“刮擦幸运卡”、销售抽彩券及奖券。

本品目主要不包括以下物品：

（一）照相软片或硬片的负片或正片（品目 37.05）。

（二）品目 39.18、39.19、48.14 或 48.21 的货品及第四十八章的印制纸品，其所印的文字或图画仅附属于产品主要用途的。

（三）商店招牌或橱窗用的带印刷图画或文字内容的字母、数字、标志及类似符号，如果用陶瓷、玻璃或贱金属制成的，应分别归入品目 69.14、70.20 及 83.10，如果带有照明装置的，则应归入品目 94.05。

（四）在一面印有图画、文字的装饰性玻璃镜，不论是否镶框（品目 70.09 或 70.13）。

（五）第八十五章注释四（二）所定义的已印制的“智能卡”（包括邻近卡或牌）（品目 85.23）。

（六）第九十章或第九十一章所列仪器或装置的印刷刻度盘。

（七）印刷的纸质玩具（例如，儿童裁剪纸）、扑克牌及类似品和其他印刷游戏品（第九十五章）。

（八）品目 97.02 的雕版画、印刷画，石印画的原本，即以艺术家完全用手工制作的单块或数块印版，直接印刷出来的黑白或彩色原本，不论艺术家使用何种方法或材料，但不包括使用机械或照相制版方法。

第十一类 纺织原料及纺织制品

注释:

一、本类不包括:

(一)制刷用的动物鬃、毛(品目 05.02);马毛及废马毛(品目 05.11);

(二)人发及人发制品(品目 05.01、67.03 或 67.04),但通常用于榨油机或类似机器的滤布除外(品目 59.11);

(三)第十四章的棉短绒或其他植物材料;

(四)品目 25.24 的石棉、品目 68.12 或 68.13 的石棉制品或其他产品;

(五)品目 30.05 或 30.06 的物品;品目 33.06 的用于清洁牙缝的纱线(牙线),单独零售包装的;

(六)品目 37.01 至 37.04 的感光布;

(七)截面尺寸超过 1 毫米的塑料单丝和表面宽度超过 5 毫米的塑料扁条及类似品(例如,人造草)(第三十九章),以及上述单丝或扁条的缏条、织物、篮筐或柳条编结品(第四十六章);

(八)第三十九章的用塑料浸渍、涂布、包覆或层压的机织物、针织物或钩编织物、毡呢或无纺织物及其制品;

(九)第四十章的用橡胶浸渍、涂布、包覆或层压的机织物、针织物或钩编织物、毡呢或无纺织物及其制品;

(十)带毛皮张(第四十一章或第四十三章)、品目 43.03 或 43.04 的毛皮制品、人造毛皮及其制品;

(十一)品目 42.01 或 42.02 的用纺织材料制成的物品;

(十二)第四十八章的产品或物品(例如,纤维素絮纸);

(十三)第六十四章的鞋靴及其零件、护腿、裹腿及类似品;

(十四)第六十五章的发网、其他帽类及其零件;

(十五)第六十七章的货品;

(十六)涂有研磨料的纺织材料(品目 68.05)以及品目 68.15 的碳纤维及其制品;

(十七)玻璃纤维及其制品,但可见底布的玻璃线刺绣品除外(第七十章);

(十八)第九十四章的物品(例如,家具、寝具、灯具及照明装置);

(十九)第九十五章的物品(例如,玩具、游戏品、运动用品及网具);

(二十)第九十六章的物品〔例如,刷子、旅行用成套缝纫用具、拉链、打字机色带、卫生巾(护垫)及止血塞、婴儿尿布及尿布衬里〕;或

(二十一)第九十七章的物品。

二、

(一)可归入第五十章至第五十五章及品目 58.09 或 59.02 的由两种或两种以上纺织材料混合制成的货品,应按其中重量最大的那种纺织材料归类。

当没有一种纺织材料重量较大时,应按可归入的有关品目中最后一个品目所列的纺织材料归类。

(二)应用上述规定时:

1. 马毛粗松螺旋花线(品目 51.10)和含金属纱线(品目 56.05)均应作为一种单一的纺织材料,其重量应为它们在纱线中的合计重量;在机织物的归类中,金属线应作为一种纺织材料;

2. 在选择合适的品目时,应首先确定章,然后再确定该章的有关品目,至于不归入该章的其他

材料可不予考虑；

3. 当归入第五十四章及第五十五章的货品与其他章的货品进行比较时，应将这两章作为一个单一的章对待；

4. 同一章或同一品目所列各种不同的纺织材料应作为单一的纺织材料对待。

（三）上述（一）、（二）两款规定亦适用于以下注释三、四、五或六所述纱线。

三、

（一）本类的纱线（单纱、多股纱线或缆线）除下列（二）款另有规定的以外，凡符合以下规格的应作为"线、绳、索、缆"：

1. 丝或绢丝纱线，细度在20000分特以上；

2. 化学纤维纱线（包括第五十四章的用两根及以上单丝纺成的纱线），细度在10000分特以上；

3. 大麻或亚麻纱线：

（1）加光或上光的，细度在1429分特及以上；或

（2）未加光或上光的，细度在20000分特以上；

4. 三股或三股以上的椰壳纤维纱线；

5. 其他植物纤维纱线，细度在20000分特以上；或

6. 用金属线加强的纱线。

（二）下列各项不按上述（一）款规定办理：

1. 羊毛或其他动物毛纱线及纸纱线，但用金属线加强的纱线除外；

2. 第五十五章的化学纤维长丝丝束以及第五十四章的未加捻或捻度每米少于5转的复丝纱线；

3. 品目50.06的蚕胶丝及第五十四章的单丝；

4. 品目56.05的含金属纱线；但用金属线加强的纱线按上述（一）款6项规定办理；以及

5. 品目56.06的绳绒线、粗松螺旋花线及纵行起圈纱线。

四、

（一）除下列（二）款另有规定的以外，第五十章、第五十一章、第五十二章、第五十四章和第五十五章所称"供零售用"纱线，是指以下列方式包装的纱线（单纱、多股纱线或缆线）：

1. 绕于纸板、线轴、纱管或类似芯子上，其重量（含线芯）符合下列规定：

（1）丝、绢丝或化学纤维长丝纱线，不超过85克；或

（2）其他纱线，不超过125克；

2. 绕成团、绞或束，其重量符合下列规定：

（1）细度在3000分特以下的化学纤维长丝纱线，丝或绢丝纱线，不超过85克；

（2）细度在2000分特以下的任何其他纱线，不超过125克；或

（3）其他纱线，不超过500克；

3. 绕成绞或束，每绞或每束中有若干用线分开的小绞或小束，每小绞或小束的重量相等，并且符合下列规定：

（1）丝、绢丝或化学纤维长丝纱线，不超过85克；或

（2）其他纱线，不超过125克。

（二）下列各项不按上述（一）款规定办理：

1. 各种纺织材料制的单纱，但下列两种除外：

（1）未漂白的羊毛或动物细毛单纱；以及

（2）漂白、染色或印色的羊毛或动物细毛单纱，细度在5000分特以上；

2. 未漂白的多股纱线或缆线：

（1）丝或绢丝制的，不论何种包装；或

（2）除羊毛或动物细毛外其他纺织材料制，成绞或成束的；

3. 漂白、染色或印色丝或绢丝制的多股纱线或缆线，细度在133分特及以下；以及

4. 任何纺织材料制的单纱、多股纱线或缆线：

（1）交叉绕成绞或束的；或

（2）绕于纱芯上或以其他方式卷绕，明显用于纺织工业的（例如，绕于纱管、加捻管、纬纱管、锥形筒管或锭子上的或者绕成蚕茧状以供绣花机使用的纱线）。

五、品目52.04、54.01及55.08所称“缝纫线”，是指下列多股纱线或缆线：

（一）绕于芯子（例如，线轴、纱管）上，重量（包括纱芯）不超过1000克；

（二）作为缝纫线上过浆的；以及

（三）终捻为反手（Z）捻的。

六、本类所称“高强力纱”，是指断裂强度大于下列标准的纱线：

尼龙、其他聚酰胺或聚酯制的单纱60厘牛顿／特克斯；

尼龙、其他聚酰胺或聚酯制的多股纱线或缆线53厘牛顿／特克斯；

粘胶纤维制的单纱、多股纱线或缆线27厘牛顿／特克斯。

七、本类所称“制成的”，是指：

（一）裁剪成除正方形或长方形以外的其他形状的；

（二）呈制成状态，无需缝纫或其他进一步加工（或仅需剪断分隔联线）即可使用的（例如，某些抹布、毛巾、台布、方披巾、毯子）；

（三）裁剪成一定尺寸，至少有一边为带有可见的锥形或压平形的热封边，其余各边经本注释其他各项所述加工，但不包括为防止剪边脱纱而用热切法或其他简单方法处理的织物；

（四）已缝边或滚边，或者在任一边带有结制的流苏，但不包括为防止剪边脱纱而锁边或用其他简单方法处理的织物；

（五）裁剪成一定尺寸并经抽纱加工的；

（六）缝合、胶合或用其他方法拼合而成的（将两段或两段以上同样料子的织物首尾连接而成的匹头，以及由两层或两层以上的织物，不论中间有无胎料，层叠而成的匹头除外）；

（七）针织或钩编成一定形状，不论报验时是单件还是以若干件相连成幅的。

八、对于第五十章至第六十章：

（一）第五十章至第五十五章和第六十章，以及除条文另有规定以外的第五十六章至第五十九章，不适用于上述注释七所规定的制成货品；以及

（二）第五十章至第五十五章及第六十章不包括第五十六章至第五十九章的货品。

九、第五十章至第五十五章的机织物包括由若干层平行纱线以锐角或直角相互层叠，在纱线交叉点用粘合剂或以热粘合法粘合而成的织物。

十、以纺织材料和橡胶线制成的弹性产品归入本类。

十一、本类所称“浸渍”，包括“浸泡”。

十二、本类所称“聚酰胺”，包括“芳族聚酰胺”。

十三、本类及本协调制度所称“弹性纱线”，是指合成纤维纺织材料制成的长丝纱线（包括单丝），但变形纱线除外。这些纱线可拉伸至原长的三倍而不断裂，并可在拉伸至原长两倍后五分钟内回复到不超过原长度一倍半。

十四、除条文另有规定的以外，各种服装即使成套包装供零售用，也应按各自品目分别归类。本注释所称“纺织服装”，是指品目61.01至61.14及品目62.01至62.11所列的各种服装。

○
○ ○

子目注释：

一、本类及本协调制度所用有关名词解释如下：

（一）未漂白纱线

1. 带有纤维自然色泽并且未经漂染（不论是否整体染色）或印色的纱线；或

2. 从回收纤维制得，色泽未定的纱线（本色纱）。

这种纱线可用无色浆料或易褪色染料（可轻易地用肥皂洗去）处理，如果是化学纤维纱线，则整体用消光剂（例如，二氧化钛）进行处理。

（二）漂白纱线

1. 经漂白加工、用漂白纤维制得或经染白（除条文另有规定的以外）（不论是否整体染色）及用白浆料处理的纱线；

2. 用未漂白纤维和漂白纤维混纺制得的纱线；或

3. 用未漂白纱和漂白纱纺成多股纱线或缆线。

（三）着色（染色或印色）纱线

1. 染成彩色（不论是否整体染色，但白色或易褪色除外）或印色的纱线，以及用染色或印色纤维纺制的纱线；

2. 用各色染色纤维混合纺制或用未漂白或漂白纤维与着色纤维混合制得的纱线（夹色纱或混色纱），以及用一种或几种颜色间隔印色而获得点纹印迹的纱线；

3. 用已经印色的纱条或粗纱纺制的纱线；或

4. 用未漂白纱和漂白纱与着色纱纺成的多股纱线或缆线。

上述定义在必要的地方稍作修改后，可适用于第五十四章的单丝、扁条或类似产品。

（四）未漂白机织物

用未漂白纱线织成后未经漂白、染色或印花的机织物。这类织物可用无色浆料或易褪色染料处理。

（五）漂白机织物

1. 经漂白、染白或用白浆料处理（除条文另有规定的以外）的成匹机织物；

2. 用漂白纱线织成的机织物；或

3. 用未漂白纱线和漂白纱线织成的机织物。

（六）染色机织物

1. 除条文另有规定的以外，染成白色以外的其他单一颜色或用白色以外的其他有色整理剂处理的成匹机织物；或

2. 以单一颜色的着色纱线织成的机织物。

（七）色织机织物

除印花机织物以外的下列机织物：

1. 用各种不同颜色纱线或同一颜色不同深浅（纤维的自然色彩除外）纱线织成的机织物；

2. 用未漂白或漂白纱线与着色纱线织成的机织物；或

3. 用夹色纱线或混色纱线织成的机织物。

不论何种情况，布边或布头的纱线均可忽略不计。

（八）印花机织物

成匹印花的机织物，不论是否用各色纱线织成。

用刷子或喷枪、经转印纸转印、植绒或蜡防印花等方法印成花纹图案的机织物亦可视为印花机织物。

上述各类纱线或织物如经丝光工艺处理并不影响其归类。

上述第（四）至（八）项的定义在必要的地方稍加修改后，可适用于针织或钩编织物。

（九）平纹组织

每根纬纱在并排的经纱间上下交错而过，而每根经纱也在并排的纬纱间上下交错而过的织物组织。

二、

（一）含有两种或两种以上纺织材料的第五十六章至第六十三章的产品，应根据本类注释二对第五十章至第五十五章或品目 58.09 的此类纺织材料产品归类的规定来确定归类。

（二）运用本条规定时：

1. 应酌情考虑按归类总规则第三条来确定归类；

2. 对由底布和绒面或毛圈面构成的纺织品，在归类时可不考虑底布的属性；

3. 对品目 58.10 的刺绣品及其制品，归类时应只考虑底布的属性，但不见底布的刺绣品及其制品应根据绣线的属性确定归类。

总 注 释

总的来说，第十一类包括纺织工业用的原料（丝、羊毛、棉、化纤等）、半成品（例如，纱线及机织物）以及用这些半成品制成的物品，但不包括某些材料和产品，例如，第十一类注释一所列的货品，本类某些章的注释或本类有关品目注释中所列不包括的货品。尤其是下列各项货品，一律不得归入第十一类：

（一）人发及人发制品（一般归入品目 05.01、67.03 或 67.04），但用于榨油机或类似机器的滤布除外（品目 59.11）。

（二）石棉纤维及石棉制品（纱线、织物、衣服等）（品目 25.24、68.12 或 68.13）。

（三）碳素纤维和其他非金属矿物纤维（例如，碳化硅、岩石棉）及其制品（第六十八章）。

（四）玻璃纤维、纱线、织物及其制品，以及由玻璃纤维与纺织纤维混纺制成并具有玻璃纤维制品特征的货品（第七十章），但在可见底布上用玻璃丝刺绣的刺绣品除外。

第十一类共有十四章，这十四章可分为两部分。第一部分（第五十章至第五十五章）是根据纺织原料的性质分章的，第二部分（第五十六章至第六十三章）除品目 58.09 及 59.02 以外，品目一级所列产品，不分纺织原料性质。

一、第五十章至第五十五章

第五十章至第五十五章各章分别涉及一种或多种单一或混纺的纺织材料，包括织成本部分以下第（三）款所述机织物之前各工序的产品（含机织物）。因此，这些章主要包括原料、回收废料（包括拉松的废碎料，但未拉松的除外）、呈梳条或粗纱等形状的粗梳或精梳纤维、纱线及机织物。

（一）混纺产品的归类

（参见第十一类注释二）

可归入第五十章至第五十五章任何品目（废料、纱线、机织物等）或归入品目 58.09 或 59.02 的由两种或两种以上不同纺织材料混合制成的产品，应按其中重量最大的那种纺织材料归类。

当没有一种纺织材料的重量较大时，应按可归入的有关品目中最后一个品目所列的纺织材料归类。

纺织材料可在以下工序加以混合：

—— 在纺纱之前或纺纱过程中；

—— 在加捻过程中；

—— 在织造过程中。

凡以缝合、胶粘等方式将两种或多种不同成分的纺织物叠层拼合而成的产品（品目 58.11 的产品除外），应按归类总规则的规则三来确定归类。据此，第十一类注释二仅适用于需要确定其哪种纺织材料的重量最大，以便按这种纺织材料的织物进行归类的产品。

纺织材料与非纺织材料混合组成的产品如果按照协调制度的归类总规则的规定应作为纺织产品归类，则第十一类注释二同样适用于这些产品。

运用本类注释二时，应注意下列事项：

1. 如果一章或一个品目列出了由不同种类的纺织材料组成的产品，而所列材料又与其他材料混合制成了类似的产品，后者归类时所列的几种不同材料可合并计算；在确定适当的品目时应首先确定章，然后才是该章内适当的品目，不论所含材料是否都归入该章。

例如：

（1）按重量计含有以下比例材料的机织物：

40%的合成纤维短纤，

35%的精梳羊毛，以及

25%的精梳动物细毛。

这种产品不归入品目 55.15（合成纤维短纤纺制的其他机织物）而归入品目 51.12 项下（精梳羊毛或精梳动物细毛的机织物），因为在这种情况下羊毛及动物细毛所占的比例应合并计算。

（2）按重量计含有以下比例材料的每平方米重量为 210 克的机织物：

40%的棉，

30%的人造纤维短纤，以及

30%的合成纤维短纤。

这种产品不归入品目 52.11（棉机织物，按重量计含棉量在 85%以下，主要或仅与化学纤维混纺，每平方米重量超过 200 克）或品目 55.14（合成纤维短纤制的机织物，按重量计合成纤维短纤含量在 85%以下，主要或仅与棉混纺，每平方米重量超过 170 克）而归入品目 55.16（人造纤维短纤机织物）。上述产品在归类时应首先确定有关的章（在这里应归入第五十五章，因为合成纤维短纤与人造纤维短纤的比例必须合并计算），然后确定该章内的适当品目。这个例子所述产品应归入品目 55.16，因该品目在可归入的品目中按序号为最末一个。

（3）按重量计含有以下比例材料的机织物：

35%的亚麻，

25%的黄麻，

40%的棉。

这种产品不归入品目 52.12（其他棉机织物）而归入品目 53.09（亚麻机织物）。上述产品归类时应首先确定有关的章（在这里应归入第五十三章，因为亚麻与黄麻的比例必须合并计算），然后确定该章内的适当品目。这个例子所述产品应归入品目 53.09，因为亚麻重量大于黄麻，而根据本类注释二（二）2 的规定，含棉量可不予考虑。

2. 马毛粗松螺旋花线和含金属纱线应作为一种单一的纺织材料对待，其重量应为它们在纱线中的合计重量。

3. 在机织物的归类中，金属线应作为一种纺织材料对待。

4. 当归入第五十四章和第五十五章的货品与其他章的货品进行比较时，应将这两章作为一个单一的章对待。

例如：

按重量计含有以下比例材料的机织物：

35%的合成纤维长丝，

25%的合成纤维短纤，以及

40%的精梳羊毛。

这种产品不归入品目 51.12（精梳羊毛的机织物）而归入品目 54.07（合成纤维长丝纱线的机织物），因为在这里合成纤维长丝及合成纤维短纤的比例必须合并计算。

5. 纺织纤维所含的浆料〔例如，对蚕丝增重（加重）浆料〕，以及浸渍、涂布、包覆或旋覆所用的产品，不应视为非纺织材料；换言之，纺织纤维的重量是按报验时其所处状态的重量计算的。

在确定一种混纺材料主要由哪种纺织材料构成时，应按混纺材料中重量超过所含其他任何一种纺织材料的那种纺织材料归类。

例如：

按重量计含有以下比例材料的每平方米重量不超过 200 克的机织物：

55%的棉，

22%的化纤，

21%的羊毛，以及

2%的丝。

这种产品不归入品目 52.12（其他棉机织物）而归入品目 52.10（棉机织物，按重量计含棉量在 85%以下，主要或仅与化学纤维混纺，每平方米重量不超过 200 克）。

（二）纱线

1. 概况

纺织纱线可以是单纱、多股纱线或缆线。在本协调制度中：

（1）单纱是指含有下列其中一种材料的纱线：

A. 短纤，通常加捻抱合的（短纤纱）；或

B. 品目 54.02 至 54.05 的一根长丝（单丝），或品目 54.02 或 54.03 的两根及以上长丝（复丝），不论是否加捻抱合的（长丝纱线）。

（2）多股（合股）纱线是指由两股或多股单纱，包括用品目 54.04 或 54.05 所列单丝制得的单纱（二股、三股、四股等纱线）在一次合股工序中加捻纺成的纱线。然而，仅用品目 54.02 或 54.03 的单丝加捻制成的纱线不能作为多股（合股）纱线。

多股纱线中的“股”是指构成多股纱的每根单纱。

（3）缆线是指由至少有一条是股纱的两股或多股纱线在一次或多次合股工序中加捻纺成的纱线。

缆线中的“股”是指构成缆线的每一根单纱或股纱。

上述两根（股）或多根（股）单纱、多股纱线或缆线并列纺成的纱线，有时称为并合（复络）纱线。这种并合纱线应根据其纱线组成的种类作为单纱，多股纱线或缆线归类。

单纱、多股纱线或缆线可间隔带有毛圈或粗节（结子纱、毛圈纱线、竹节花式纱线、印花毛纱），也可由两股或多股纱线组成，而其中一股纱线间隔地自行折回以产生毛圈或蓬松效果。

加光或上光纱线是指经过以天然物质（蜡、石蜡等）或合成物质（尤其是丙烯酸树脂）为基料的制剂处理过的纱线。处理后要用抛光滚筒磨出光泽。

纱线的规格是根据测得的一定量来表示的。目前使用的细度计量或支数制度各种各样。然而，协调制度使用通用的特数制是一种表示线密度的单位，相等于每千米纱线、长丝、纤维或其他纺织材料的克重，一分特等于 0.1 特克斯。以下是公制支数转换成分特数的公式：

$$\frac{10000}{\text{公制支数}} = \text{分特}$$

纱线可以未漂白，也可以经洗涤、漂白、半漂白、染色、印花、夹色等，还可以作烧毛（把造成纱线毛状外观的纤维烧去）、丝光（即在拉紧状态下用氢氧化钠进行处理）、润滑等处理。

但第五十章至第五十五章不包括：

（一）品目 56.04 的用纺织材料包覆的橡胶线，以及用橡胶或塑料浸渍（包括浸泡）、涂布、包

覆或套裹的纺织纱线。

（二）含金属纱线（品目 56.05）。

（三）粗松螺旋花线、绳绒线及纵行起圈纱线（品目 56.06）。

（四）编织的纺织纱线（酌情归入品目 56.07 或 58.08）。

（五）用金属线增强的纺织纱线（品目 56.07）。

（六）平行排列后用粘合剂粘合的纱线、单丝或纺织纤维（包扎匹头用带）（品目 58.06）。

（七）品目 59.06 的平行排列后用橡胶粘合的纺织纱线。

2. 第五十章至第五十五章的单纱、多股纱线或缆线与品目 56.07 的线、绳、索、缆和品目 58.08 的编带之间的区别

（参见第十一类注释三）

第五十章至第五十五章并不包括所有的纱线。纱线应根据其特征（规格、加光或上光与否、股数）归入第五十章至第五十五章有关纱线的品目，或作为线、绳、索、缆归入品目 56.07，或作为编带归入品目 58.08。以下表一列明了在各种情况下纱线的正确归类：

表 一

纺织材料制的纱线、线、绳、索、缆的归类

种　　类*	确定归类的特征	税则归类
用金属线加强的	任何情况	56.07
含金属纱线制	任何情况	56.05
粗松螺旋花线（品目 51.10 及 56.05 所列货品除外）、绳绒线及纵行起圈纱线	任何情况	56.06
编织的纺织纱线	1. 紧密编结，结构密实 2. 其他	56.07 58.08
其他： 丝或绢丝制**	1. 细度在 20000 分特及以下 2. 细度在 20000 分特以上	第五十章 56.07
羊毛或其他动物毛制	任何情况	第五十一章
亚麻或大麻制	1. 加光或上光的： (1)细度在 1429 分特及以上 (2)细度在 1429 分特以下 2. 未加光或上光的： (1)细度在 20000 分特及以下 (2)细度在 20000 分特以上	 56.07 第五十三章 第五十三章 56.07
椰壳纤维制	1. 一股或两股的 2. 三股及以上的	53.08 56.07
纸制	任何情况	53.08
棉或其他植物纤维制	1. 细度在 20000 分特及以下 2. 细度在 20000 分特以上	第五十二章或五十三章 56.07
化学纤维（包括第五十四章的两根及多根单丝制的纱线）制**	1. 细度在 10000 分特及以下 2. 细度在 10000 分特以上	第五十四章或五十五章 56.07

* 所称的各种纺织材料，包括按本类注释二的规定可作为某种纺织材料归类的混合材料〔参见本类总注释一（一）〕。

** 品目 50.06 的蚕胶丝、未加捻或捻度每米少于 5 转的复丝纱线以及第五十四章的单丝和第五十五章的化纤长丝丝束在任何情况下均不得归入品目 56.07。

3．供零售用的纱线

（参见第十一类注释四）

第五十章、第五十一章、第五十二章、第五十四章及第五十五章的某些品目列出了供零售用的纺织纱线。纱线必须符合以下表二所列标准方能归入这些品目。

然而，下列纱线一律不能视为供零售用：

（一）丝、绢丝、棉或化纤的单纱，不论何种包装。

（二）羊毛或动物细毛的单纱，经漂白、染色或印花的，细度在 5000 分特及以下，不论何种包装。

（三）丝或绢丝的未漂白多股纱线或缆线，不论何种包装。

（四）棉或化纤的未漂白多股纱线或缆线，成绞或成束的。

（五）丝或绢丝的多股纱线或缆线，经漂白、染色或印花的，细度在 133 分特及以下。

（六）任何纺织材料的单纱、多股纱线或缆线，交叉绕成绞或束的*。

（七）任何纺织材料的单纱、多股纱线或缆线，绕于纱芯上（例如，绕于纱管、加捻管、纬纱管、锥形筒管或锭子上），或以其他方式卷绕（例如，绕成蚕茧状以供绣花机使用的，或离心式纺纱绕成饼状的），明显用于纺织工业的。

非交叉卷绕

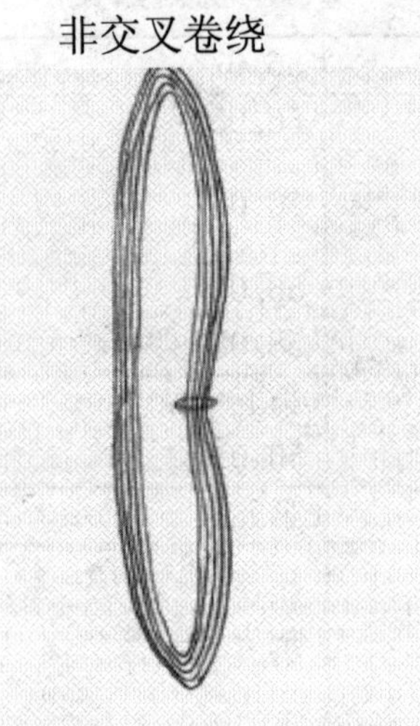

交叉卷绕

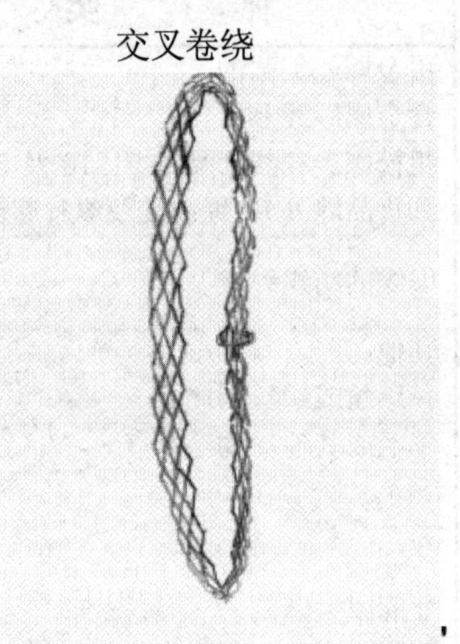

表　二

供零售用的纱线（上述不包括的货品除外）

包　装　方　式	纱　线　类　型**	供零售用纱线的条件
绕于纸板、线轴、纱管或类似芯子上	1．蚕丝、绢丝或化纤长丝纱线 2．羊毛、其他动物细毛、棉或化纤短纤纱线	重量（包括芯子）在 85 克及以下 重量（包括芯子）在 125 克及以下
绕成团、绞或束	1．细度在 3000 分特以下的化纤长丝纱线，蚕丝或绢丝纱线 2．细度在 2000 分特以下的其	重量在 85 克及以下 重量在 125 克及以下

* 交叉卷绕是指在绕纱时为避免松绞而将纱线对角交叉卷绕成绞，交叉卷绕是绞纱染色时通常采用的卷绕方法。

** 所称的各种纺织材料，包括按本类注释二的规定可作为某种纺织材料归类的混合材料〔参见本类总注释一（一）〕。

包装方式	纱线类型**	供零售用纱线的条件
	他纱线 3. 其他纱线	重量在 500 克及以下
绕成绞或束，每绞或每束中有若干用线分开使之相互独立的小绞或小束*	1. 蚕丝、绢丝或化纤长丝纱线 2. 羊毛、其他动物细毛、棉或化纤短纤纱线	每小绞或小束的重量相等(重量在 85 克及以下) 每小绞或小束的重量相等并且在 125 克及以下

4. 缝纫线

（参见第十一类注释五）

品目 52.04、54.01 及 55.08 所称“缝纫线”，是指下列多股纱线或缆线：

（1）绕于芯子（例如，线轴、纱管）上，重量（包括纱芯）不超 1000 克；

（2）上过浆的；以及

（3）终捻为反手（Z）捻的。

所称“上过浆的”，是指经过了整理处理。这项处理（例如，赋予减摩性能或耐热性能、防止静电的形成或改善其外观）旨在有助于纺织纱线作为缝纫线使用。这种处理需要使用以聚硅氧烷、淀粉、蜡、石蜡等为基料的物质。

缝纫线的长度一般在芯上标明。

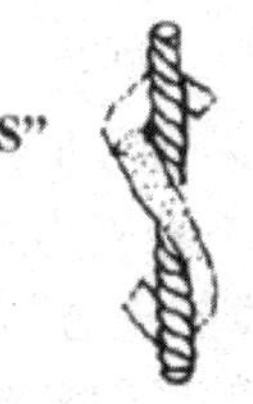

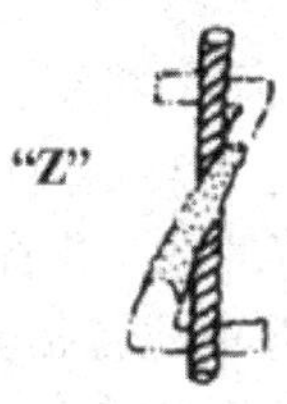

5. 高强力纱

（参见第十一类注释六）

在第五十四章及第五十九章中，对“高强力纱”及用高强力纱制成的织物在品目中已有列名。

所称“高强力纱”，是指具有一定韧度的纱线，以厘牛顿/特克斯（每特克斯多少厘牛顿）为单位大于以下标准的：

尼龙或其他聚酰胺单纱或聚酯单纱 ……………60 厘牛顿/特克斯

尼龙、其他聚酰胺或聚酯多股纱线或缆线 ……………53 厘牛顿/特克斯

粘胶丝单纱、多股纱线或缆线 ……………27 厘牛顿/特克斯

6. 弹性纱线和变形纱线

（参见十一类注释十三）

弹性纱线的定义，参见本类注释十三。应注意到，其中所述及的变形纱线的定义，参见子目 5402.31 至 5402.39 的注释。

（三）机织物

* 由一条连续不断的纱线绕成的绞或束，每绞或每束中有若干用一条或多条隔离线分开的小绞或小束，若把那条连续不断的纱线剪断，各小绞或小束即可分开。小各束之间用有一条或多条隔离线穿过并将各束其相互分隔开来。这些绞或束通常还用纸带包缠。其他由一条连续不断的纱线绕成的绞或束，或者由含有隔离线的纱线绕成的绞或束，(，以及其隔离线不是为了将大绞分隔为重量相等的小绞或小束，而仅仅是为了防止加工（例如，染色）时纱线的缠结的)，不作为能视为由若干用一条或多条隔离线分开的小绞或小束组成的绞或束中有若干用一条或多条线分开的小绞或小束，也不作为供零售用对待。

第五十章至第五十五章的机织物是在经纬织机上将纺织纱线（不论是第五十章至第五十五章的纱线，还是品目 56.07 的线、绳等），第五十四章的粗纱、单丝或扁条及类似品，纵行起圈纱线、窄带、编带或狭幅织物（用粘合剂等粘合制成的有经纱而无纬纱的织物）交织而成的产品。但机织物不包括某些纺织物，例如：

1. 地毯及其他铺地制品（第五十七章）。

2. 品目 58.01 的起绒织物或绳绒织物，品目 58.02 的毛巾织物及类似毛圈机织物，品目 58.03 的纱罗，品目 58.05 的装饰毯，品目 58.06 的狭幅机织物以及品目 58.09 的金属线或含金属纱线的机织物。

3. 品目 59.01 及 59.03 至 59.07 的涂布、浸渍等织物；品目 59.02 的帘子布或品目 59.11 的作专门技术用途的纺织物。

4. 符合第十一类注释七定义的制成品（参见本类总注释第二部分）。

除以上第 1～4 项的货品以外，在运用第十一类注释九时，第五十章至第五十五章的机织物包括以下织物：

—— 由一层平行“经”纱以锐角或直角叠于一层平行“纬”纱之上组成的织物；

—— 在两层平行“经”纱中间以锐角或直角插入一层“纬”纱组成的织物。

这些织物的主要特征是，纱线并不象正常的机织物相互交织在一起，而是在纱线交叉点用粘合剂或以热粘合法粘合而成。

这些织物有时称为网眼窗帘布；其用途包括用于加强其他材料（塑料、纸）。它们也用于保护农作物等。

第五十章至第五十五章的机织物可未漂白，或经洗涤、漂白、染色、色织、印花、起云纹、丝光、上光、起波纹、拉绒（起绒）、起皱、缩绒、烧毛等处理。本品包括非提花及提花织物，以及由在织造期间引入的附加经线或纬线产生图案的挖花织物。这些织物不能视为刺绣织物。

第五十章至第五十五章还包括其纬线已在仍有经线及纬线的地方被溶去以突出图案效果的织物（例如，以粘胶丝为经线，以醋酸纤维为纬线，而纬线通过溶剂已部分被溶去的某种织物）。

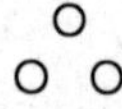

子目注释：

色织机织物：

全部或部分用不同颜色的印色纱线或同一颜色不同深浅的印色纱线织成的机织物应视为“色织机织物”，而不作为“染色机织物”或“印花机织物”归类。

织纹：

平纹组织的定义，在第十一类子目注释一（九）中规定为“每根纬纱在并排的经纱间上下交错而过，而每根经纱也在并排的纬纱间上下交错而过的织物组织。”

平纹组织式样图解如下：

平纹组织

平纹组织是最简单及最常用的织纹。因为织物两面均可见到相同比例的经线及纬线，所以平纹织物的两面总是一样的（双面织物）。

在斜纹组织中，第一根经线被第一根纬线所束缚，第二根经线被第二根纬线所束缚，第三根经线被第三根纬线所束缚，依此类推。这种织纹的飞数是经纬两线为一级，该织纹的重复，即重复图样所需经线及纬线的飞数总是大于两级的。最紧密的斜纹组织是纬线跨过（跳过）两根经线，这就是三线斜纹。而四线斜纹，其纬线则跨过三根经线。

在斜纹组织中，由交织点的级性形成的斜棱纹从一织边延伸到另一织边，所形成的隆起线使人感到其织纹为斜纹。斜棱纹可从右向左或从左向右。纬面斜纹与经面斜纹的区别在于前者为纬线明显，而后者为经线明显。这两种斜纹织物的面（正面）与底（背面）的外观是不一样的。但有一种斜纹，名为双面斜纹或十字斜纹，其两面外观相同。

双面斜纹或十字斜纹均有一个重复的双面斜纹。经浮纱或纬浮纱在两面是相同的；仅是棱纹的方向恰好相反而已。最简单的图案是四线十字斜纹：每根经纱跨过两根并排的纬纱，然后揿于紧靠着的另两根纬纱之下。

应注意的是，品目 52.08、52.09、52.10、52.11、55.13 及 55.14 的子目列明了“三线或四线斜纹，包括双面斜纹或十字斜纹”，由于其目录的限制性，这些子目仅包括以下织纹图案的斜纹：

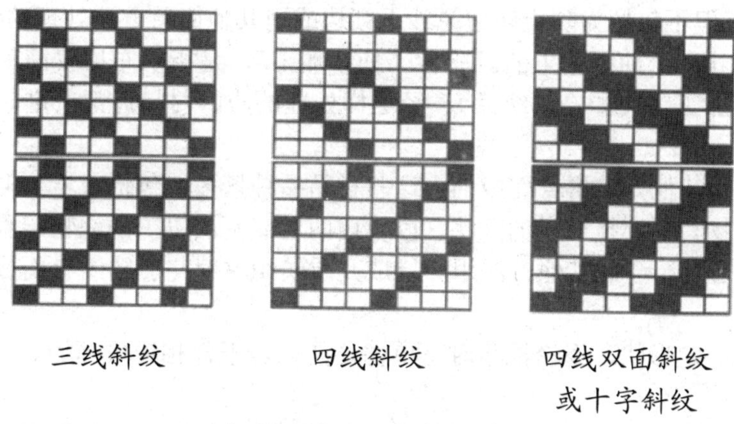

三线斜纹　　四线斜纹　　四线双面斜纹或十字斜纹

而子目 5209.42 及 5211.42 的粗斜纹布，不包括四线双面斜纹布或十字斜纹布，因为这些子目仅包括经面织物（参见第五十二章的子目注释一）。除了经面三线斜纹布及经面四线斜纹布以外，这些子目还包括经面四线破斜纹布。其织纹图案如下：

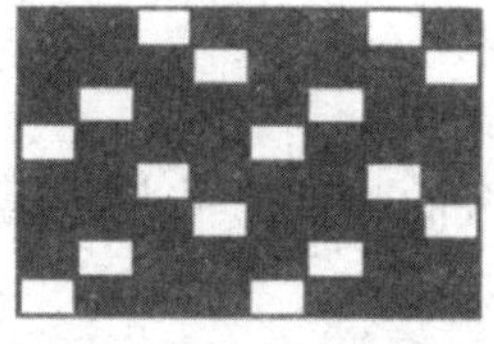

经面四线破斜纹

二、第五十六章至第六十三章

第五十六章至第六十三章包括第五十章至第五十五章未包括的某些种类的纺织物及其他纺织制品（例如，起绒织物；狭幅机织物；品目 56.06 或 58.08 的绳绒线、粗松螺旋花线、编带、缎带及其他装饰带；网眼薄纱及其他网眼织物；花边；绣在机织物或其他纺织材料上的刺绣品；针织品或钩编织品），还包括制成的纺织品（某些第十一类不包括而应归入其他类的制成品除外）。

制成的纺织品：

根据本类注释七，第五十六章至第六十三章所称“制成的”是指：

（一）仅裁切成除正方形或长方形以外的其他形状，例如，纺织材料的服装式样；具有锯齿边的物品（例如，某些抹布）也可视为“制成的”纺织品。

（二）呈制成状态，无需缝纫或其他进一步加工（或仅需剪断分隔联线）即可使用的。这类货品包括直接针织或钩编成形的产品及某些抹布、毛巾、台布、方披巾、毯子等，其沿经线的纱线未织造或其纬边切成毛边。这些物品可以在织机上分别织造而成，也可从每隔一定间隔便有一小截未经织造纱线（一般是经线）的成段织物中简单裁剪下来的。经简单剪断分隔联线即可将这些成段织物制成以上所述的制成品，也可视为“制成的”物品。

但仅从大块布料裁剪下来的长方形（包括正方形）物品，如果未经加工和不带剪断分隔联线形成的流苏，不应视为本款所述的“呈制成状态”这些物品报验时可以折叠或包装（例如，作零售包装），其归类不受影响。

（三）裁剪成一定尺寸，至少有一边为带有可见的锥形或压平形的热封边，其余各边经本注释其他各项所述加工，但不包括为防止剪边脱纱而用热切法或其他简单方法处理的织物。

（四）已缝边或滚边，或者在任一边带有结制的流苏（不论是否外加纱线）（例如，滚边的手帕及带有结制流苏的台布），但不包括为防止剪边脱纱而锁边或用其他简单方法处理的织物。

（五）裁剪成一定尺寸并经抽纱加工的。所称“抽纱加工”，是指织布后仅简单抽去某些经纱或纬纱而未对织物作进一步加工（例如，刺绣品）。经这样处理的成匹材料通常供进一步加工成女内衣用。

（六）缝合、胶合或用其他方法拼合而成的。这些货品品种繁多，包括衣着。但应注意，将两段或两段以上同样料子的织物首尾连接而成的匹头、以及由两层或两层以上的织物层叠而成的匹头，不应视为“制成的”物品。通过绗缝或其他方法用一层或几层纺织材料与胎料组合而成的匹头产品，也不视为“制成的”物品。

（七）针织或钩编成一定形状，不论报验时是单件还是以若干件相连成幅的。

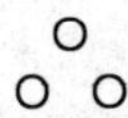

子目注释：

第五十六章至第六十三章的具有绒面或毛圈面的产品

第十一类子目注释二（二）2的规定适用于不论是否在具有绒毛或毛圈的那一面可部分见到底布的货品。

三、与橡胶线混合制成的纺织产品

根据本类注释十，用纺织材料和橡胶线制成的弹性产品归入第十一类。

用纺织材料包覆的橡胶线及绳归入品目56.04。

与橡胶线混合制成的其他纺织产品主要酌情归入第五十章至第五十五章、第五十八章或第六十章至第六十三章。

四、纺织品温湿度调节及检验的标准大气压

（一）应用范围

关于纺织品温湿度调节及物理和机械性能确定所需的标准大气压，以下列出其特点及用途以供引用。

（二）定义

1. 相对湿度：在相同温度下大气中水蒸气的实际压力与饱和水蒸气压力之比。它一般以百分比表示。

2. 标准的适中*气压：相对湿度为65%，温度为20℃的大气压。

---

* 注释：以上所称“适中”一词，仅适用于纺织工业。

3．检验用的标准适中气压：相对湿度为 65％，温度为 20℃的大气压。

（三）温湿度预调节

纺织品的温湿度调节前，可能需要预调节。如需预调节，纺织品在一个相对湿度为 10～20％之间，温度不超过 50℃的大气压下将接近平衡状态。

这些条件可在相对湿度为 65％时，通过空气加热使温度从 20℃升至 50℃获得。

（四）温湿度调节

在进行检验以确定其物理或机械性能之前，纺织品须置于供检测的标准适中大气压下进行温湿度调节。调节时，气流可随意通过纺织品。纺织品须在这种大气压下一直搁置至其处于平衡状态。

除另行专门规定的检验方法以外，在两个小时期间，将完全暴露在气流中的纺织品连续称重，其重量变化递增率不大于 0.25％的，这时的纺织品可被认为已达到平衡状态。

（五）检验

除特殊情况（例如，湿检）以外，纺织品的物理及机械性能检验应在供检测的标准适中大气压下经温湿度调节后进行。

第五十章　蚕丝

总　注　释

参阅本章注释时应注意第十一类的总注释。

本章中所称的“丝”，不仅包括家蚕（桑蚕）所分泌的纤维物质，也包括类似昆虫（例如，野蚕）分泌的名为野蚕丝的产品。人们之所以把某些蚕丝称为野蚕丝，是因为产这些丝的蚕虫至今仍很少为人工饲养，野蚕丝中最重要的品种是柞蚕丝，即食栎树叶的蚕所吐的丝。蜘蛛丝及海丝或贝足丝（某些江珧属海贝靠其附于岩石的长丝）也归入本章。

总的来说，本章包括从原料到机织物各个生产阶段的丝，其中包括作为丝归类的混纺材料。本章还包括蚕胶丝。

50.01　适于缫丝的蚕茧

本品目仅适用于能够缫成品目 50.02 所列生丝的蚕茧，但不包括不能缫丝的蚕茧（品目 50.03）。

蚕茧通常为灰白色、淡黄色，有时为淡绿色。

50.02　生丝（未加捻）

生丝是将蚕丝中的长丝通过缫丝而得。实际上，由于形成每个蚕茧的细丝（茧丝）极细，在缫丝工序中必须把数根茧丝（通常为 4～20 根）并合而成生丝；这些蚕丝由于自身裹有胶质（丝胶），因此缫丝时能互相粘合；生丝的细丝在缫丝过程中互相缠绕，使之结构均匀、截面一致，有助于排出多余的水分，弥补单根茧丝的脆弱。这道工序通常使茧丝进行了某种程度的加捻。但其加捻程度很低，切不可将这一阶段的生丝与品目 50.04 的初捻丝线相混淆。

生丝通常为灰白色、淡黄色，有时为淡绿色。生丝若经脱胶（即用热肥皂水、稀释碱液等去除丝胶）或染色，仍归入本品目，但已加捻的生丝则不归入本品目。生丝通常以很长一段绕于圆锥筒管上，或是绕成重量不等并打有活结的绞（束）。

加捻生丝不归入本品目（品目 50.04）。

50.03　废丝（包括不适于缫丝的蚕茧、废纱及回收纤维）

本品目包括各种废丝，不论是天然未加工的，或是在纺成纱线之前各加工工序中产生的。废丝应包括：

一、从原料所得的废丝，即：

（一）不适于缫丝的蚕茧：穿头茧或破裂茧（为蚕蛾、寄生虫、事故或其他原因所损），其茧丝已断的；严重受损茧，其茧丝虽未断，但其受损处在缫丝过程中会断的；严重污染茧，不论其中是否含有蚕蛹等。

（二）茧衣。本品由稀疏纷乱的细丝所形成的丝网状物，蚕虫用于包在茧外以固定其在树枝上的结茧位置；茧衣常缠有树叶和小树枝。

二、缫丝过程中所得的废丝，主要有：

（一）长吐丝（绪丝），即形成蚕茧外罩的粗丝；首先用小刷子将其刷出，然后将其从可供缫丝的蚕茧上切下。本品缠成线球或制成小绞出售。

（二）在缫丝过程中发现瑕疵而作为废品的茧（有时称作汤茧）。

（三）“蛹衬”或“蛹衣”，即构成蚕茧内壁并仍裹有蚕蛹的不可缫丝部分的丝，以及将蛹衬浸于温水中，除去蚕蛹后烘干而得的蛹皮皮板。

三、断裂或打结的纱，或缠结成团的纤维或纱线。这些都是加捻、缫丝或织造过程中所得的废料。

四、废丝脱胶或精梳时所得的产品（有的国家称之为“绢丝”）。

本品由略为平行的纤维形成丝片或丝卷状，但在加工的后阶段，它们制成窄条或丝束或绳状（梳条或粗纱）。这些未经纺成纱线形状的产品仍归入本品目。本品包括拉成非常细的，其厚度几乎等于一根单纱的粗纱，这些粗纱捻度极低。但切勿将该产品与品目50.05的纱线相混淆。

五、丝落绵。

丝落绵是在精梳以上第四款所述废丝过程中产生的残余物。这种残余物比以上四款所述废丝质量更差，纤维更短，不能进一步精梳；只可粗梳及进行各种纺前的其他加工。按这些方法加工的丝落绵只要仍未纺成纱线，仍应归入本品目。

六、精梳落绵。

这些是在丝落绵粗梳过程中所清除的极短纤维。

七、回收丝纤维。

这些是将碎绸布或其他丝绸织物及制品的废碎料拉松成原纤维状的货品。

本品目不包括：

（一）絮胎（品目30.05或56.01）。

（二）丝质纺织纤维屑、粉末及球结（品目56.01）。

（三）丝质碎织物（第六十三章）。

50.04　丝纱线（绢纺纱线除外），非供零售用

本品目适用于加捻丝，即将品目50.02的生丝（单条、双条或多条）加捻纺成的纱线。

但本品目不包括供零售用的丝纱线（品目50.06）及符合线、绳等定义的丝纱线（品目56.07）〔参见第十一类总注释第一部分第（二）款的2及3项〕。

本品目的纱线是用长丝制成的，不同于归入下一个品目的绢纺纱线。本品目的纱线种类很多，其中包括：

一、单纱（有时称为丝芯），将单根生丝线加捻制得。

这类强捻纱通常称为绉丝纱、薄丝纱或雪纺捻丝。

二、松捻真丝线，将两根或多根未加捻的生丝线松捻而成；这些纱线用作纬线。

三、“皱丝线”，一般为经强捻的加捻纬丝。

四、经丝纱线，用两根或多根完全加捻的生丝线以顺手捻方式并股制得。紧捻丝线是一种强捻的经丝纱线。它们主要用作经纱。

所有这些纱线均可经脱胶或加工。

本品目不包括品目56.04的丝质仿肠线。

50.05　绢纺纱线，非供零售用

本品目包括品目50.03的丝落绵或其他废丝所纺成的单纱，也包括用这些纱纺制的多股纱线。

但本品目不包括供零售用的丝纱线（品目50.06）及符合线、绳等定义的丝纱线（品目56.07），〔参见第十一类总注释第一部分第（二）款的2及3项〕。

一、用丝落绵以外的其他废丝纺制的纱线

用丝落绵以外的废丝纺制的纱线由短纤组成，不同于前一个品目的丝纱线。这些纤维可达 20 厘米长，在纱线中平行排列，使纱线具有平滑光亮的丝质表面；它有光泽的特征使其区别于丝落绵纱线。

二、用丝落绵纺制的纱线

丝落绵纱线比其他绢纺纱线的质量差得多；它们由通常不超过 5 厘米长度参差不齐的纤维组成；由于这些纤维仅经简单粗梳而未精梳，因而一般仍不时地有一些地方缠结和打了小结。因此，丝落绵纱线强度较差，不够平滑规则，表面色泽相当暗淡。

本品目包括按第十一类总注释第一部分第（二）款 1 项所述方法加工的纱线。

本品目不包括品目 56.04 的丝质仿肠线。

50.06　丝纱线及绢纺纱线，供零售用；蚕胶丝

一、丝纱线及绢纺纱线

本类包括制成供零售用的品目 50.04 及 50.05 的纱线，即制成符合第十一类总注释第一部分第（二）款 3 项所规定的形状及条件的。

二、蚕胶丝

蚕胶丝是在蚕准备吐丝织茧时将其浸于稀释的醋酸中杀死，然后将蚕的丝腺抽出拉伸制得。蚕胶丝不及马毛柔韧和光亮，长度亦极少有超过 50 厘米。

本品目不包括：

（一）消毒蚕胶丝（品目 30.06）。

（二）品目 56.04 的丝质仿肠线。

（三）装有鱼钩的蚕胶丝或已制成的钓鱼线（品目 95.07）。

50.07　丝或绢丝机织物(+)：

10　—　䌷丝机织物

20　—　其他机织物，按重量计丝或绢丝（䌷丝除外）含量在 85%及以上

90　—　其他机织物

本品目包括用丝、䌷丝及其他绢丝纺成的机织物〔参见第十一类总注释第一部分第（三）款的规定〕。

这些织物包括：

一、纺绸、山东绸、罗绸及其他远东丝绸。

二、皱绸。

三、薄丝织物，例如，薄纱织物、紧捻纱罗织物及巴里纱织物。

四、密织织物，例如，塔夫绸、缎子、罗缎、云纹绸及锦缎。

但本品目不包括第五十七章至第五十九章的机织物（例如，品目 59.11 的筛绢）。

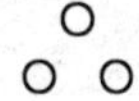

子目注释：

子目 5007.20

子目 5007.20 仅包括含丝或绢丝（䌷丝除外）至少为 85%的织物；䌷丝含量不必非达 85%。

第五十一章　羊毛、动物细毛或粗毛；马毛纱线及其机织物

注释：

本协调制度所称：

一、“羊毛”，是指绵羊或羔羊身上长的天然纤维；

二、“动物细毛”，是指下列动物的毛：羊驼、美洲驼、驼马、骆驼（包括单峰骆驼）、牦牛、安哥拉山羊、西藏山羊、喀什米尔山羊及类似山羊（普通山羊除外）、家兔（包括安哥拉兔）、野兔、海狸、河狸鼠或麝鼠；

三、“动物粗毛”，是指以上未提及的其他动物的毛，但不包括制刷用鬃、毛（品目05.02）以及马毛（品目05.11）。

总　注　释

参阅本章注释时应注意第十一类的总注释。

总的来说，本章包括从原料到机织物各个生产阶段的羊毛及动物细毛或粗毛，其中包括作为羊毛或动物毛归类的混纺材料。本章还包括马毛纱线及织物，但不包括品目05.11的马毛及废马毛。根据第五章注释四的规定，所称“马毛”，是指马科动物或牛科动物的鬃毛或尾毛。

51.01　未梳的羊毛：

—　含脂羊毛，包括剪前水洗毛：

11　——　剪羊毛

19　——　其他

—　脱脂羊毛，未碳化：

21　——　剪羊毛

29　——　其他

30　—　碳化羊毛

本协调制度所称“羊毛”，是指绵羊或羔羊身上长的天然纤维。羊毛纤维主要由蛋白角朊所组成，具有独特的鳞状表面。羊毛有弹性，极易吸湿（从空气中吸收水分），一般有明显的毡合性能。羊毛几乎是不可燃的，但烧焦时发出一种与烧焦角质物相似的臭味。

本品目包括未经粗梳或精梳的绵羊毛或羔羊毛，不论其是从活羊身上或死羊的皮上剪下的（剪毛），或是从经发酵或适当化学处理的皮上拔下的（例如，拔毛、灰退毛、皮板毛）。

未梳羊毛一般为以下形状：

一、含脂羊毛，包括剪前水洗毛

含脂羊毛是尚未水洗或用其他方法清洗的羊毛，因为它饱含来自羊毛身上的羊毛脂及油脂物质，同时还会带有许多杂质（刺果、子实、泥土等），含脂剪毛常为“套毛”形状，即略呈一张毛皮的外形。

含脂拔毛是通过发酵（“汗蒸”）工序使纤维与羊皮在热量与水分的作用下从绵羊或羔羊皮上拔下的毛。也可以通过另一脱毛方法，用硫化钠或石灰溶液处理皮张肉面后拔毛，这种羊毛可以通过其所

带的毛根辩认出来。

剪前水洗毛是将羊身上的羊毛或毛皮上的羊毛先用冷水洗涤然后再（剪）拔的羊毛。这种羊毛并非完全洁净的。

含脂羊毛通常是淡黄色，而有些则是灰色、黑色、棕色或褐色。

二、未碳化的脱脂羊毛

本类包括：

（一）热洗羊毛，仅用热水洗涤，脱去大部分的羊毛脂及泥土。

（二）洗净羊毛，用热水及肥皂或其他洗涤剂，或用碱性溶液洗涤，所有羊毛脂几乎全都脱去。

（三）用挥发性溶剂（例如，四氯化苯及四氯化碳）处理以脱去羊毛脂的羊毛。

（四）冷冻净化羊毛，将羊毛置于足以将羊毛脂凝固的低温下将羊毛脂冻结。羊毛脂冻结后非常脆，极易破碎。然后将羊毛脂和大部分被羊毛脂粘于羊毛上的天然杂质象清除尘土一样将其清除掉。

大多数的洗涤及脱脂羊毛仍含有少量的羊毛脂及植物物质（刺果、子实等）；这些植物杂质将于后来的加工工序用机械法（参见品目 51.05 的注释）或碳化法予以清除。

三、碳化羊毛

碳化法能清除以上第二款所述的羊毛中仍含有的任何植物杂质。将羊毛浸于一个盛有无机酸或无机酸盐的浴池中，无机酸或无机酸盐溶去了植物杂质，但不损害羊毛纤维。

梳理前进行漂白、染色或其他工序并不影响羊毛归入本品目。

本品目不包括：

（一）生皮，不论是否剖层，包括带毛绵羊皮（品目 41.02 或 43.01）。

（二）品目 51.03 的废羊毛或品目 51.04 的羊毛回收纤维。

（三）精梳片毛（品目 51.05）。

51.02　未梳的动物细毛或粗毛(+)：

—　细毛：

11　——　喀什米尔山羊的

19　——　其他

20　—　粗毛

一、本协调制度所称“动物细毛”，是指羊驼毛、美洲驼毛、驼马毛、骆驼毛（包括单峰骆驼）、牦牛毛、安哥拉山羊毛（马海毛）、西藏山羊毛、喀什米尔山羊毛（开士米）或类似山羊毛、家兔毛（包括安哥拉兔毛）、野兔毛、海狸毛、河狸鼠毛或麝鼠毛（参见本章注释二）。

动物细毛一般较羊毛柔软、挺直。羊驼毛、美洲驼毛、驼马毛、骆驼毛（包括单峰骆驼）、牦牛毛、安哥拉山羊毛、喀什米尔山羊毛（开士米）或类似山羊毛、安哥拉兔毛一般象羊毛一样纺成纱线；也可用于制假发或玩偶毛发。其他动物细毛（即野兔毛、普通家兔毛、海狸毛、河狸鼠毛及麝鼠毛）通常不适于纺纱，因而用于制毡、制衬垫或填塞料等。

二、本协调制度所称“动物粗毛”，是指以上第一款未提及的所有其他动物毛，但不包括羊毛（品目 51.01）、马科及牛科动物的鬃毛及尾毛（作为“马毛”归入品目 05.11）、猪鬃或猪毛、獾毛及其他制刷用兽毛（品目 05.02）（参见本章注释三）。

归入本品目的动物粗毛包括牛科及马科动物肋腹部的毛及普通山羊毛、狗毛、猴毛或水獭毛。

动物粗毛一般用于纺制粗支纱或机织物，制毡或地毯，也用作衬垫或填塞料。

动物毛是在动物换毛期收集到的，或从动物身上剪落或从皮毛上剥落等方法收集到的。只有未经粗梳或精梳的动物毛才可归入本品目，但洗涤、漂白、染色或人工卷曲（这最后一道工序主要适用于作填塞料的动物粗毛）不影响其归入本品目。

本品目不包括：

（一）人发（品目 05.01）。

（二）生皮及生毛皮（品目 41.01 至 41.03 或 43.01）。

（三）动物粗、细毛的废料（品目 51.03）。

（四）动物粗、细毛回收纤维（品目 51.04）。

（五）已梳动物粗、细毛（品目 51.05）。

（六）经加工作假发及类似品用的动物粗、细毛（品目 67.03）。

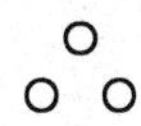

子目注释：

子目 5102.11

子目 5102.11 所称“喀什米尔山羊毛（开士米）”，是指原产于喀什米尔，但现在世界若干其他地区饲养的山羊的下层细软绒毛（羊绒）。在本子目中，饲养动物的地区可忽略不计。

51.03　羊毛或动物细毛或粗毛的废料，包括废纱线，但不包括回收纤维：

10　—　羊毛或动物细毛的落毛

20　—　羊毛或动物细毛的其他废料

30　—　动物粗毛废料

总的来说，本品目包括所有羊毛或动物粗、细毛的废料（回收纤维除外），即从原毛、水洗毛、粗梳毛、精梳毛一直到纺成纱线、织成机织物、针织物等产品的各道生产工序中所回收的废毛。

归入本品目的废毛主要有：

一、从粗梳、精梳或其他纺前加工所得的废毛，例如，落毛，即最重要的废毛，由精梳过程中清除下来的短纤维组成；毛卷头及梳条头、精梳毛卷的小废片；羊毛碳化下脚及梳下的再生毛、粗梳过程中所收集的废毛；清理梳毛机滚筒所回收的纤维，亦称“抄针花”。

二、废纱线，例如，在纺纱、并纱、卷绕、机织、针织等生产过程中所收集的断纱、多结纱或乱纱等废料。

三、分拣等产生的废料及从洗涤池底或洗涤机的格栅上所收集的洗涤废料。

四、旧褥垫的毛、发等废毛。

这些废料中有一些是上机时浸有油渍，或带有尘土及其他杂质（例如，天然植物性杂质），这些废料可根据其类别及质量用于纺纱或作填塞料等。碳化、漂白、染色等加工并不影响其归入本品目。

本品目不包括：

（一）废马毛（品目 05.11）。

（二）絮胎（品目 30.05 或 56.01）。

（三）仅适于作肥料的废羊毛或废动物毛（第三十一章）。

（四）羊毛或动物粗、细毛的回收纤维（品目 51.04）。

（五）已梳的废羊毛或废动物粗、细毛（品目 51.05）。

（六）纺织纤维屑、粉末及球结（品目 56.01）。

51.04　羊毛或动物细毛或粗毛的回收纤维

本品目包括羊毛或动物粗、细毛的回收纤维。这些回收纤维是将针织物、机织物等材料的废碎料拉松而得，或在纺纱、机织、针织等生产过程中产生的废纱线拉松而得。

羊毛回收纤维（回用毛或再生毛）包括：

一、长弹毛（软再生毛）及短弹毛（硬再生毛），通过拉松粗纺或精纺毛纱或废碎毛料而得。

二、碳化再生毛，通常用酸处理混纺的废碎料，除去其中的植物纤维（例如，棉）或人造纤维短纤，然后将剩下的羊毛拉松而得。

本品目所列羊毛或动物粗、细毛的回收纤维通常单独地或与新纤维相混后纺成纱线，也可用于织造机织物或针织物，制毡或制衬垫及填塞料。

上述货品不论是否漂白或染色均归入本品目。

本品目不包括:

（一）絮胎（品目 30.05 或 56.01）。

（二）已梳的羊毛或动物粗、细毛的回收纤维（品目 51.05）。

（三）纺织纤维屑、粉末及球结（品目 56.01）。

（四）未拉松的新的或旧的碎织物（品目 63.10）。

51.05 已梳的羊毛及动物细毛或粗毛（包括精梳片毛）(+)：

10 — 粗梳羊毛

— 羊毛条及其他精梳羊毛：

21 — — 精梳片毛

29 — — 其他

— 已梳动物细毛：

31 — — 喀什米尔山羊的

39 — — 其他

40 — 已梳动物粗毛

本品目包括：

一、粗纺前粗梳的羊毛及动物粗、细毛（包括废料及回收纤维）。

二、预梳（针梳）或粗梳后精梳的羊毛及动物细毛。

粗梳工序（在特种梳棉机上进行）旨在清理纤维，使之大致平行并列，并把纤维中仍含有的杂质（大都是植物质的）全部或大部分清除。粗梳后的纤维呈毛网状。

如果需要“粗纺”产品（即仅经粗梳的产品），可将纤维毛网纵向分为许多股，然后摩擦加捻成头道粗纱形状，以增加纤维的抱合力，使之便于纺成纱线。头道粗纱卷绕在筒管上，无需进一步加工即可纺成粗纺毛纱。

反之，如果需要精梳产品（精纺），则采用以下两种工序之一：（一）将粗梳毛网加以精梳；（二）将羊毛或动物毛先不粗梳，在精梳前先预梳，即用针梳机（又称针梳盒）对纤维进行开松及伸直处理。

在紧接着的精梳工序中，短纤维被清除作为落毛，而留下的纤维平行排列呈梳条状。任何残留的植物杂质也随落毛一道被除去。然后为了保证长短不一的纤维完全混合，精梳毛条要进行牵伸和针梳加工。所得的梳条卷绕成球状，人称为“毛条”。不易绕成球状的材料，主要是动物毛发，经该工序加工后通常压为毛圈状，紧扎于两张纸之间，人称为“条筒打包毛条”。精梳产品经过一系列的牵伸及并合工序，使纤维成为粗纱。将这些产品绕于筒管上，可即供纺制精纺毛纱之用。

本品目包括以上所述的头道粗纱、粗梳毛条、精梳毛条及粗纱，还包括故意切断或拉断成长短一致的短梳条，即切断或拉断精梳毛条或粗梳毛条。

本品目还包括精梳片条，有时亦称“散装精梳羊毛”、“洗净除籽羊毛”或“开松毛条”。这种羊毛一般是洗净的，它利用精纺用羊毛条生产线部分机器（粗梳机及精梳机）通过机械方法清除羊毛中的植物杂质。从精梳机出来的长毛条经牵伸并拉断成不规则蓬松毛片，随即将毛片打成大包。该产品为短纤维长度（平均纤维长度不到45毫米），适于纺制毛型纱或棉型纱，但不适于精纺。因此，本品纺前必须重复梳理。它在外观上类似于蓬松的洗净羊毛，不带有任何明显的植物杂质。

应注意到，某些粗纱可具有与品目51.06至51.10所列单纱几乎一样的直径，还可稍加搓捻，但由于该类粗纱仍未纺制，并未成为纱线，因而仍归入本品目。

漂白及染色等工序并不影响有关产品归入本品目。

本品目不包括：

（一）絮胎（品目30.05或56.01）。

（二）加工后供制假发或类似品的羊毛（品目67.03）。

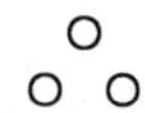

子目注释：

子目5105.31

子目5102.11注释的规定在必要的地方稍加修改后，可适用于本子目的产品。

51.06 粗梳羊毛纱线，非供零售用：

10 — 按重量计羊毛含量在85%及以上

20 — 按重量计羊毛含量在85%以下

本品目包括单股或多股的粗纺毛纱，即用粗梳（但未精梳）羊毛纺制的头道粗纱。本品目也包括称为精纺-粗梳纱线的产品，即将粗梳（但未精梳）条子用纺制精梳纱的方法纺成的纱线。所有这些纱通常绕于筒管或锥形筒管上。

本品目还包括用品目51.05注释所述的精梳毛片制得的粗梳毛纱。

本品目不包括供零售用的纱线〔参见第十一类总注释第一部分第（二）款3项〕。

归入本品目的纱线是由短纤纺制而成的，或由长纤和短纤混合纺制而成，这些纤维并不平行排列，而是交错着相互混合。这类纱线不如精纺毛纱均匀，一般捻得较松。

这类纱线可以经过第十一类总注释第一部分第（二）款1项所述的方法加工。

用几股粗梳毛纱和几股精梳毛纱纺制的多股纱线，应根据多股纱线中其所含两种毛纱中重量大的一种归入品目51.06或51.07。

51.07 精梳羊毛纱线，非供零售用：

10 — 按重量计羊毛含量在85%及以上

20 — 按重量计羊毛含量在85%以下

本品目包括单股或多股的精纺毛纱，即用精梳羊毛粗纱纺制的纱线。

本品目不包括供零售用的纱线〔参见第十一类总注释的第一部分第（二）款3项〕。

精纺毛纱不同于粗纺毛纱，其外观平滑，截面规则；它的纤维是平行排列的，凡短纤、乱纤均在精梳过程中清理殆尽。

这类纱线可以经过第十一类总注释第一部分第（二）款1项所述的方法加工。

本品目不包括用精梳毛片的粗梳羊毛纺成的纱线，以及称为精纺-粗梳纱线的产品（品目51.06）。

51.08 动物细毛（粗梳或精梳）纱线，非供零售用：

10　—　粗梳
20　—　精梳

本品目包括用已梳动物细毛的粗纱纺成的单股或多股纱线（参见品目51.02对动物细毛含义的解释）。

本品目不包括供零售用的纱线〔参见第十一类总注释第一部分第（二）款3项〕。

本品目的纱线主要用于纺造某些轻质衣着用的针织品或机织物（例如，羊驼毛织物）、大衣或毯子用针织品或机织物〔例如，骆驼（包括单峰骆驼）毛织物〕以及丝绒织物或仿毛皮。

这类纱线可以经过第十一类总注释第一部分第（二）款1项所述的方法加工。

51.09　羊毛或动物细毛的纱线，供零售用：

10　—　按重量计羊毛或动物细毛含量在85%及以上
90　—　其他

本品目包括供零售用的动物细毛粗纺或精纺毛纱，即制成符合第十一类总注释第一部分第（二）款3项所规定的形状及条件的。

51.10　动物粗毛或马毛的纱线（包括马毛粗松螺旋花线），不论是否供零售用

本品目包括：

一、用动物粗毛的粗纱纺制的单股或多股纱线（参见品目51.02对动物粗毛含义的解释）。

这些纱线用于生产某些机织物、中间衬料及技术上用的物品。

二、用马毛纺成的纱线。它们通常是用短马毛（例如，马科动物鬃毛或牛科动物的尾毛）纺成的。从马科动物尾巴得到的较长马毛是不能纺纱的。常常将其首尾相接结成连续的长线，在某些马毛机织物的织造中作为经线使用。考虑到其用途，这种长线也应归入本品目。但单股马毛纱（没有首尾相接结的）应归入品目05.11。

由一束马毛与棉线或与另一种纺织材料捆扎或螺旋缠绕所组成的马毛纱线，仍应归入本品目。

上述纱线可以经过第十一类总注释第一部分第（二）款1项所述的方法加工。

51.11　粗梳羊毛或粗梳动物细毛的机织物：

—　按重量计羊毛或动物细毛含量在85%及以上：
11　——　每平方米重量不超过300克
19　——　其他
20　—　其他，主要或仅与化学纤维长丝混纺
30　—　其他，主要或仅与化学纤维短纤混纺
90　—　其他

本品目包括用粗梳的羊毛或动物细毛纱线织成的机织物〔参见第十一类总注释第一部分第（三）款对机织物的定义〕。

这类机织物品种繁多，包括西服料、法兰绒、莫利通双面绒及衣着、毯子、家具布等用的其他织物。

本品目不包括：

（一）经过药物浸涂或供零售用的绷带（品目30.05）。

（二）品目 59.11 的技术上用的机织物。

51.12 精梳羊毛或精梳动物细毛的机织物：

— 按重量计羊毛或动物细毛含量在 85%及以上：
11 —— 每平方米重量不超过 200 克
19 —— 其他
20 — 其他，主要或仅与化学纤维长丝混纺
30 — 其他，主要或仅与化学纤维短纤混纺
90 — 其他

本品目包括用精梳的羊毛或动物细毛纱线织成的机织物〔参见第十一类总注释第一部分第（三）款〕。

这类织物品种繁多，包括西服料及其他衣料、家具布等。

本品目不包括：

（一）经过药物浸涂或供零售用的绷带（品目 30.05）。

（二）品目 59.11 的技术上用的机织物。

51.13 动物粗毛或马毛的机织物

本品目包括用品目 51.02 的动物粗毛或品目 51.10 的马毛纱线织成的机织物〔参见第十一类总注释第一部分第（三）款〕。然而马毛机织物也可用品目 05.11 的单股马毛织成。

动物粗毛机织物用作家具或装饰衬料、衣着的衬里等。

单股马毛织成的机织物通常是手工在特种织机上织出来的。由于马毛很短（20～70 厘米），这些薄纱一般是小块的，主要用作筛网。

其他马毛布大都用作服装衬里。

本品目不包括品目 59.11 的技术上用的机织物。

第五十二章　棉花

子目注释：

子目 5209.42 及 5211.42 所称“粗斜纹布（劳动布）”，是指用不同颜色的纱线织成的三线或四线斜纹织物，包括破斜纹组织的织物，这种织物以经纱为面，经纱染成一种相同的颜色，纬纱未漂白或经漂白、染成灰色或比经纱稍浅的颜色。

总　注　释

参阅本章注释时应注意第十一类的总注释。

总的来说，本章包括从原料到机织物各个生产阶段的棉纤维，其中包括作为棉归类的混纺材料。

52.01　未梳的棉花

棉属植物的棉铃（荚、桃）所含的种籽为棉纤维所包裹。这些纤维的基本成分是纤维素，表面有一层蜡质物。棉纤维表面平滑，天然色泽为白色、淡黄色甚至浅棕或浅红色。当棉铃成熟时其荚会张开，棉花就可以收获了。人们通常只摘棉花，而将棉铃留在植物上。摘下的棉花带有棉籽，这些棉籽必须在下一步轧棉工序予以清除。

本品目包括刚采摘下的未梳棉纤维（籽棉）和仅经轧制的未梳棉纤维（即皮棉，其中仍含有一定数量的荚屑、叶子或泥土）；本品目还包括洗净、漂白、染色或脱脂的棉纤维（棉短绒及废棉除外）。

国际贸易中的原棉几乎全都是打成紧压棉包的皮棉；皮棉经开棉机或清棉机清理后，成为蓬松、宽阔、连续的棉片。

棉短绒归入品目 14.04。归入本品目的纤维一般长度在 1～5 厘米之间，因而很易与通常长度不超过 5 毫米的棉短绒区分开来。

本品目也不包括：

（一）絮胎（品目 30.05 或 56.01）。

（二）废棉（品目 52.02）。

（三）粗梳或精梳的棉花（品目 52.03）。

52.02　废棉（包括废棉纱线及回收纤维）：

10　—　废棉纱线（包括废棉线）

　　—　其他：

91　——　回收纤维

99　——　其他

总的来说，本品目包括棉花在纺前加工、纺纱、机织、针织等生产过程中所得的废棉，以及从拉松的棉货品所得的废棉。

据此，本品目包括：

精梳下脚，通常称为精梳机落棉；从粗梳或精梳锡林上回收的抄针花；在牵伸工序所得的断纤；梳条或粗纱碎棉片；梳棉飞花；缠结纱及其他废纱；拉松废、碎棉布所得的棉纱及纤维。

废料可含有油污物质、尘土或其他杂质，也可经洗净、漂白或染色，可用于纺纱，也可供其他用途。

本品目不包括:

（一）棉短绒（品目 14.04）。

（二）絮胎（品目 30.05 或 56.01）。

（三）粗梳或精梳废棉（品目 52.03）。

（四）纺织纤维屑、粉末及球结（品目 56.01）。

（五）新的或旧的碎织物及其他纺织品的碎料（品目 63.10）。

52.03 已梳的棉花

本品目包括粗梳或精梳的棉花（含回收纤维及其他废棉），不论是否进行了纺前进一步加工的。

粗梳的主要目的是清理棉纤维，使之大致平行排列，并把纤维中仍含有的杂质全部或大部分清除。粗梳后的纤维呈阔幅棉网（棉卷）状。然后一般将棉网压缩成棉条。这些棉条在纺成粗纱以前可以经过精梳，也可以不经过精梳。

精梳加工主要适用于长绒棉的纺制。该工序将附在纤维上的剩余少量杂质清除，同时还将短纤维清出，作为精梳废料；清除后仅留下平行排列的长纤维。

不论是否精梳的棉条通过拼条机及粗纱机进行一系列的并条及牵伸加工，使棉条成为粗纱。应注意到，在经粗纱机加工的粗纱，其直径与品目 52.05 或 52.06 的单纱几乎相同，并稍加搓捻；但由于未经纺制，它们尚未成为纱线，因而仍归入本品目。

棉条一般盘卷着装入筒内，而粗纱通常被绕在大型筒管上。棉卷一般卷于木制滚筒上。

本品目的产品可经漂白或染色。

理发师用的粗梳成棉条形状的棉花（有时称之为“理发”棉絮）应归入本品目，但一般棉絮胎应归入品目 56.01，如果经过药物浸涂或制成供医疗或外科用零售包装的，则应归入品目 30.05。

52.04 棉制缝纫线，不论是否供零售用:

— 非供零售用:

11 — — 按重量计含棉量在 85％及以上

19 — — 其他

20 — 供零售用

本品目包括符合第十一类总注释第一部分第（二）款 4 项规定形状及条件的棉制缝纫线。

然而，本品目不包括符合线、绳等定义的缝纫线〔参见第十一类总注释第一部分第（二）款 2 项〕（品目 56.07）。

缝纫线，不论是否供零售用或经过第十一类总注释第一部分第（二）款 1 项所述的方法加工，均归入本品目。

52.05 棉纱线（缝纫线除外），按重量计含棉量在 85％及以上，非供零售用:

— 未精梳纤维纺制的单纱:

11 — — 细度在 714.29 分特及以上（不超过 14 公支）

12 — — 细度在 714.29 分特以下，但不细于 232.56 分特（超过 14 公支，但不超过 43 公支）

13 — — 细度在 232.56 分特以下，但不细于 192.31 分特（超过 43 公支，但不超过 52 公支）

14　——　细度在 192.31 分特以下，但不细于 125 分特（超过 52 公支，但不超过 80 公支）
15　——　细度在 125 分特以下（超过 80 公支）
　　—　精梳纤维纺制的单纱：
21　——　细度在 714.29 分特及以上（不超过 14 公支）
22　——　细度在 714.29 分特以下，但不细于 232.56 分特（超过 14 公支，但不超过 43 公支）
23　——　细度在 232.56 分特以下，但不细于 192.31 分特（超过 43 公支，但不超过 52 公支）
24　——　细度在 192.31 分特以下，但不细于 125 分特（超过 52 公支，但不超过 80 公支）
26　——　细度在 125 分特以下，但不细于 106.38 分特（超过 80 公支，但不超过 94 公支）
27　——　细度在 106.38 分特以下，但不细于 83.33 分特（超过 94 公支，但不超过 120 公支）
28　——　细度在 83.33 分特以下（超过 120 公支）
　　—　未精梳纤维纺制的多股纱线或缆线：
31　——　每根单纱细度在 714.29 分特及以上（每根单纱不超过 14 公支）
32　——　每根单纱细度在 714.29 分特以下，但不细于 232.56 分特（每根单纱超过 14 公支，但不超过 43 公支）
33　——　每根单纱细度在 232.56 分特以下，但不细于 192.31 分特（每根单纱超过 43 公支，但不超过 52 公支）
34　——　每根单纱细度在 192.31 分特以下，但不细于 125 分特（每根单纱超过 52 公支，但不超过 80 公支）
35　——　每根单纱细度在 125 分特以下（每根单纱超过 80 公支）
　　—　精梳纤维纺制的多股纱线或缆线：
41　——　每根单纱细度在 714.29 分特及以上（每根单纱不超过 14 公支）
42　——　每根单纱细度在 714.29 分特以下，但不细于 232.56 分特（每根单纱超过 14 公支，但不超过 43 公支）
43　——　每根单纱细度在 232.56 分特以下，但不细于 192.31 分特（每根单纱超过 43 公支，但不超过 52 公支）
44　——　每根单纱细度在 192.31 分特以下，但不细于 125 分特（每根单纱超过 52 公支，但不超过 80 公支）
46　——　每根单纱细度在 125 分特以下，但不细于 106.38 分特（每根单纱超过 80 公支，但不超过 94 公支）
47　——　每根单纱细度在 106.38 分特以下，但不细于 83.33 分特（每根单纱超过 94 公支，但不超过 120 公支）
48　——　每根单纱细度在 83.33 分特以下（每根单纱超过 120 公支）

本品目包括用品目 52.03 的粗纱纺制的单股或多股棉纱线（缝纫线除外），只要这些纱线按重量计含棉量在 85%及以上。

但本品目不包括符合线、绳、索等定义的纱线（品目 56.07）以及供零售用的纱线〔参见第十一类总注释第一部分第（二）款 2 或 3 项〕。

上述纱线不论是否经过第十一类总注释第一部分（二）款 1 项所述的方法加工，均归入本品目。

52.06　棉纱线（缝纫线除外），按重量计含棉量在85%以下，非供零售用：
- 　　—　　未精梳纤维纺制的单纱：
- 11　——　细度在714.29分特及以上（不超过14公支）
- 12　——　细度在714.29分特以下，但不细于232.56分特（超过14公支，但不超过43公支）
- 13　——　细度在232.56分特以下，但不细于192.31分特（超过43公支，但不超过52公支）
- 14　——　细度在192.31分特以下，但不细于125分特（超过52公支，但不超过80公支）
- 15　——　细度在125分特以下（超过80公支）
- 　　—　　精梳纤维纺制的单纱：
- 21　——　细度在714.29分特及以上（不超过14公支）
- 22　——　细度在714.29分特以下，但不细于232.56分特（超过14公支，但不超过43公支）
- 23　——　细度在232.56分特以下，但不细于192.31分特（超过43公支，但不超过52公支）
- 24　——　细度在192.31分特以下，但不细于125分特（超过52公支，但不超过80公支）
- 25　——　细度在125分特以下（超过80公支）
- 　　—　　未精梳纤维纺制的多股纱线或缆线：
- 31　——　每根单纱细度在714.29分特及以上（每根单纱不超过14公支）
- 32　——　每根单纱细度在714.29分特以下，但不细于232.56分特（每根单纱超过14公支，但不超过43公支）
- 33　——　每根单纱细度在232.56分特以下，但不细于192.31分特（每根单纱超过43公支，但不超过52公支）
- 34　——　每根单纱细度在192.31分特以下，但不细于125分特（每根单纱超过52公支，但不超过80公支）
- 35　——　每根单纱细度在125分特以下（每根单纱超过80公支）
- 　　—　　精梳纤维纺制的多股纱线或缆线：
- 41　——　每根单纱细度在714.29分特及以上（每根单纱不超过14公支）
- 42　——　每根单纱细度在714.29分特以下，但不细于232.56分特（每根单纱超过14公支，但不超过43公支）
- 43　——　每根单纱细度在232.56分特以下，但不细于192.31分特（每根单纱超过43公支，但不超过52公支）
- 44　——　每根单纱细度在192.31分特以下，但不细于125分特（每根单纱超过52公支，但不超过80公支）
- 45　——　每根单纱细度在125分特以下（每根单纱超过80公支）

品目52.05的注释在必要的地方稍加修改后，可适用于本品目的纱线。

52.07　棉纱线（缝纫线除外），供零售用：
- 10　—　　按重量计含棉量在85%及以上
- 90　—　　其他

本品目包括供零售用的棉纱线（缝纫线除外），即符合第十一类总注释第一部分第（二）款 3 项所规定的形状及条件的棉纱线。

52.08　棉机织物，按重量计含棉量在 85%及以上，每平方米重量不超过 200 克：

—　未漂白：

11　— —　平纹机织物，每平方米重量不超过 100 克

12　— —　平纹机织物，每平方米重量超过 100 克

13　— —　三线或四线斜纹机织物，包括双面斜纹机织物

19　— —　其他机织物

—　漂白：

21　— —　平纹机织物，每平方米重量不超过 100 克

22　— —　平纹机织物，每平方米重量超过 100 克

23　— —　三线或四线斜纹机织物，包括双面斜纹机织物

29　— —　其他机织物

—　染色：

31　— —　平纹机织物，每平方米重量不超过 100 克

32　— —　平纹机织物，每平方米重量超过 100 克

33　— —　三线或四线斜纹机织物，包括双面斜纹机织物

39　— —　其他机织物

—　色织：

41　— —　平纹机织物，每平方米重量不超过 100 克

42　— —　平纹机织物，每平方米重量超过 100 克

43　— —　三线或四线斜纹机织物，包括双面斜纹机织物

49　— —　其他机织物

—　印花：

51　— —　平纹机织物，每平方米重量不超过 100 克

52　— —　平纹机织物，每平方米重量超过 100 克

59　— —　其他机织物

本品目包括按重量计含棉量在 85%及以上，每平方米重量不超过 200 克的棉机织物〔参见第十一类总注释第一部分第（三）款〕。

棉机织物品种繁多，根据其各自特点，用于制衣服、家庭用布、床罩、窗帘、其他家具布等。

本品目不包括：

（一）经过药物浸涂或供零售用的绷带（品目 30.05）。

（二）品目 58.01 的织物。

（三）毛巾织物及类似的毛圈织物（品目 58.02）。

（四）纱罗（品目 58.03）。

（五）品目 59.11 的技术上用的机织物。

52.09　棉机织物，按重量计含棉量在 85%及以上，每平方米重量超过 200 克：

—　未漂白：

11　— —　平纹机织物

12 ——　三线或四线斜纹机织物，包括双面斜纹机织物
19 ——　其他机织物
—　漂白：
21 ——　平纹机织物
22 ——　三线或四线斜纹机织物，包括双面斜纹机织物
29 ——　其他机织物
—　染色：
31 ——　平纹机织物
32 ——　三线或四线斜纹机织物，包括双面斜纹机织物
39 ——　其他机织物
—　色织：
41 ——　平纹机织物
42 ——　粗斜纹布（劳动布）
43 ——　其他三线或四线斜纹机织物，包括双面斜纹机织物
49 ——　其他机织物
—　印花：
51 ——　平纹机织物
52 ——　三线或四线斜纹机织物，包括双面斜纹机织物
59 ——　其他机织物

品目 52.08 的注释在必要的地方稍加修改后，可适用于本品目的产品。

52.10　棉机织物，按重量计含棉量在 85%以下，主要或仅与化学纤维混纺，每平方米重量不超过 200 克：

—　未漂白：
11 ——　平纹机织物
19 ——　其他机织物
—　漂白：
21 ——　平纹机织物
29 ——　其他机织物
—　染色：
31 ——　平纹机织物
32 ——　三线或四线斜纹机织物，包括双面斜纹机织物
39 ——　其他机织物
—　色织：
41 ——　平纹机织物
49 ——　其他机织物
—　印花：
51 ——　平纹机织物
59 ——　其他机织物

本品目包括第十一类总注释第一部分第（三）款规定的机织物。

本品目所包括的机织物必须是根据第十一类注释二应作为棉织物归类〔参见第十一类总注释第一部分第（一）款〕并且符合下列规格的产品：

一、按重量计含棉量在85%以下的；

二、主要或仅与化纤混纺的；

三、每平方米重量不超过200克的。

在计算比例时，必须记住化纤的总重量应一并予以考虑，长丝与短纤是不分别计算的。

本品目不包括：

（一）经过药物浸涂或供零售用的绷带（品目30.05）。

（二）品目58.01的织物。

（三）毛巾织物及类似的毛圈织物（品目58.02）。

（四）纱罗（品目58.03）。

（五）品目59.11的技术上用的机织物。

52.11 棉机织物，按重量计含棉量在85%以下，主要或仅与化学纤维混纺，每平方米重量超过200克：

— 未漂白：

11 — — 平纹机织物

12 — — 三线或四线斜纹机织物，包括双面斜纹机织物

19 — — 其他机织物

20 — 漂白

— 染色：

31 — — 平纹机织物

32 — — 三线或四线斜纹机织物，包括双面斜纹机织物

39 — — 其他机织物

— 色织：

41 — — 平纹机织物

42 — — 粗斜纹布（劳动布）

43 — — 其他三线或四线斜纹机织物，包括双面斜纹机织物

49 — — 其他机织物

— 印花：

51 — — 平纹机织物

52 — — 三线或四线斜纹机织物，包括双面斜纹机织物

59 — — 其他机织物

品目52.10的注释在必要的地方稍加修改后，可适用本品目的产品。

52.12 其他棉机织物：

— 每平方米重量不超过200克：

11 — — 未漂白

12 — — 漂白

13 — — 染色

14 — — 色织

15 — — 印花

— 每平方米重量超过200克：

21 — — 未漂白

22 — — 漂白

23 — — 染色

24 — — 色织

25 — — 印花

本品目包括用棉纱线织成的机织物〔参见第十一类总注释第一部分第（三）款〕。然而应注意到本品目仅包括混纺织物，但本章其他品目或本类第二部分具体列名的机织物除外（通常归入第五十八章或第五十九章）。

经过药物浸涂或供零售用的绷带不归入本品目（品目30.05）。

第五十三章　其他植物纺织纤维；纸纱线及其机织物

总　注　释

参阅本章注释时应注意第十一类的总注释。

总的来说，除了品目53.05的注释中所述某些不包括的货品以外，本章包括从原料到机织物各个生产阶段的植物纺织材料（棉除外）。

本章还包括纸纱线及其机织物，以及根据第十一类注释二的规定可视同本章产品归类的混纺材料。

53.01　亚麻，生的或经加工但未纺制的；亚麻短纤及废麻（包括废麻纱线及回收纤维）(+)：

10　—　　生的或经沤制的亚麻

—　　破开、打成、栉梳或经其他加工但未纺制的亚麻：

21　——　破开的或打成的

29　——　其他

30　—　　亚麻短纤及废麻

亚麻属植物有许多品种，最著名的是亚麻。亚麻纤维是在植物体上由植物胶质紧密粘合的成束韧皮。用于纺织工业时，须将纤维相互分开，还要将纤维与植物其他部分分开，特别是与内层的木质部分分开。

本品目包括生的或经沤制、打成、栉梳或经其他加工但未纺制的亚麻。

一、生亚麻（原亚麻）

这是收获下来的亚麻，不论是否劈开或轧荚（即去叶及去籽）。

二、沤制亚麻

沤麻工艺是用发酵法（通过微生物或霉菌的作用）或化学法清除纤维周围的大部分植物胶质。这种方法通常是：

（一）把亚麻暴露在露水和潮湿中；

（二）把亚麻浸在缓流的溪河中，或在沟渠或池塘的静水中；

（三）把亚麻浸在大型水槽的温水中；或

（四）以蒸汽、化学品或微生物试剂处理亚麻。

经过沤制的亚麻露天晾干，或用机械方法干燥，麻纤维于是从植物的内层木质部分松解，并通过碎茎及打麻将其相互分散。

三、亚麻的打成麻

亚麻首先要碎茎，把木质部分碾碎，然后再进行打麻，即以手工或机械方法敲掉木质部分，只留下亚麻纤维。在这过程中会产生一些短纤及废麻。

四、棉化亚麻纤维

在这工艺中，首先把生亚麻放入氢氧化钠溶液中煮炼，然后用碳酸钠浸渍，再以稀酸处理，麻茎由于释放二氧化碳而裂解，亚麻纤维也由此得以分离。这样处理的亚麻无需经过沤制或打麻。棉化亚麻纤维一般经过漂白。

五、栉梳（精梳）亚麻

栉梳工艺是将亚麻的韧皮分裂，并将纤维平行排列，同时把残存的任何杂质和短纤或断纤（栉梳机短麻）加以清除。从栉梳机梳下的亚麻通常是成束的疏松长纤维。然后该纤维经过分纱器成为长梳条。这些梳条经过一系列的并条及牵伸加工制成粗纱。未纺成纱线的梳条和粗纱均归入本品目。粗纱在最终加工阶段可以拉得很细，差不多只有一根单丝的粗细，一般还稍加搓捻，但仍归入本品目。切勿将本品与品目 53.06 项下的单纱相混淆。

六、亚麻短纤及废麻（包括废纱和回收纤维）

亚麻短纤一般包括适于纺纱的各种质量的废亚麻；主要是在打麻、栉梳（精梳）和纺纱过程中所得的短纤或破碎、打结和缠结纤维。

本品目还包括从纺纱、摇纱或机织过程中所得的废纱以及把亚麻废织物或废品撕碎所得的废纤维。这些废纤一般供再次纺纱用。

由于这类纤维的长度短，亚麻短纤及其他供纺纱用的废纤一般经粗梳而不经栉梳（精梳）。粗梳后所得的梳条及粗纱同样归入本品目。

本品目也包括不适于供纺纱用的废亚麻，这些废麻主要从打麻或粗梳工序所得，用作衬垫或填塞料、灰浆的结合料，或作为某种纸张的造纸原料。

以上所述产品不论是否漂白或染色，仍归入本品目。

本品目不包括：

（一）从打麻工序所得的破碎木质碎片（品目 44.01）。

（二）有时也称为亚麻的某些植物纤维材料，例如，印度亚麻（昂天莲植物）（品目 53.03）和新西兰大麻或亚麻（新西兰麻）（品目 53.05）。

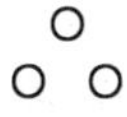

子目注释：

子目品目 5301.21

本子目包括从短纤获得的亚麻打成麻。

53.02　大麻，生的或经加工但未纺制的；大麻短纤及废麻（包括废麻纱线及回收纤维）：

10　—　生的或经沤制的大麻

90　—　其他

本品目仅包括大麻，一种可生长在差异甚大的不同气候环境和土质条件上的植物。大麻纤维存在于大麻植物的韧皮上，通过类似于亚麻的一系列加工工序可分离出来（参见品目 53.01 的注释）。

本品目包括：

一、生大麻，即收获下来的大麻，不论是否去叶和去籽的。

二、沤制大麻，其纤维仍附在植物的木质部分上，但已沤软松解了的。

三、大麻打成麻，即已分离的大麻纤维，有时长度达 2 米及以上，经打麻后从大麻茎上分离出来。

四、精梳大麻或经其他纺前处理的大麻纤维，一般为梳条或粗纱状。

五、大麻短纤及废麻，包括打麻或精梳过程所得的废料，纺纱、机织等工序所得的废纱，以及拉松破麻布、碎绳索等所得的回收纤维。大麻短纤及废麻，不论是适于纺纱用（呈梳条或粗纱状），或是仅适于作捻缝、衬垫或填塞、造纸等材料，均归入本品目。

棉型化（有时与加工亚麻的方法相类似）、漂白或染色不影响有关货品归入本品目。

本品目不包括：

（一）有时也称为大麻的其他植物纤维材料，例如：

1. 坦皮科麻（短龙舌兰纤维）（品目 14.03 或 53.05）。

2．洋麻或槿麻（南方型洋麻）、玫瑰茄韧皮纤维、青麻或芙蓉麻（苘麻）、马德拉斯麻、菽麻、加尔各答麻、孟买麻、贝拿勒斯麻（印度麻）、昆士兰大麻（白背黄花稔纤维）（品目 53.03）。

3．海地大麻、马尼拉麻（蕉麻）、毛里求斯麻（富克雷亚麻）及新西兰麻或亚麻（品目 53.05）。

（二）打麻时清除的大麻茎上的硬木质部分（品目 44.01）。

（三）大麻纱线（品目 53.08）。

（四）破麻布及废碎绳索（第六十三章）。

53.03　黄麻及其他纺织用韧皮纤维（不包括亚麻、大麻及苎麻），生的或经加工但未纺制的；上述纤维的短纤及废麻（包括废纱线及回收纤维）：

10　—　生的或经沤制的黄麻及其他纺织用韧皮纤维

90　—　其他

本品目包括所有从双子叶植物茎上提取的纺织纤维，但亚麻（品目 53.01）、大麻（品目 53.02）及苎麻（品目 53.05）除外。

归入本品目的纺织用韧皮纤维比品目 53.05 的大多数植物纤维更细，手感更为柔软。

本品目的纤维包括：

一、黄麻，主要有两种，白黄麻（中圆果种黄麻）及红黄麻（长果种黄麻），后者亦称吐沙牌黄麻。

二、槿麻，商业上亦称洋麻、红麻、南方型洋麻、暹罗麻、宾利帕坦麻（宾利麻）、安培利麻等。

三、玫瑰茄韧皮纤维，商业上亦称暹罗麻、洋麻、爪哇麻等。

四、苘麻，亦称芙蓉麻、中国麻、天津麻、青麻、金麻等。

五、金雀花属纤维，即鹰爪豆属韧皮或金雀花韧皮。

六、肖梵天花韧皮纤维及古巴黄麻，它们在不同的产地有不同的名称：刚果黄麻、马达加斯加黄麻、帕卡麻、马尔瓦·布兰卡麻或卡迪罗麻（古巴名称）、瓜希麻、阿拉米纳麻、马尔瓦·罗萨麻（巴西名称）、恺撒草（佛罗里达名称）。

七、菽麻，也称印度麻、马德拉斯麻、加尔各答麻、孟买麻、贝拿勒斯麻或称珠尔伯布黄麻。

八、白背黄花稔纤维，亦称埃斯科比洛纤维、马尔瓦埃斯科纤维、昆士兰大麻或古巴黄麻。

九、肖槿属纤维，亦称波伦邦纤维（越南名称）。

十、昂天莲属纤维，亦称魔鬼棉花或印第安亚麻。

十一、克拉普托尼亚纤维，亦称蓬加麻（刚果名称）或瓜希麻（巴西名称）。

十二、刺蒴麻，亦称蓬加麻（刚果名称）或卡拉皮科麻（巴西名称）。

十三、荨麻。

本品目包括：

（一）生的纤维材料（仍未沤制或剥皮的植物茎）；沤制的纤维；剥脱的纤维（用机器提取的纤维），将植物沤制并将纤维剥脱而得，其长度达 2 米及以上；“麻根”（切下并另外销售的纤维根端）。然而，某些未经加工或加工成某种形状的植物材料（例如，金雀花植物的茎）应归入第十四章，而一经加工成用于纺织的材料（例如，经碎茎、粗梳或精梳等纺前加工），则归入本品目。

（二）粗梳、精梳或经其他纺前处理的纤维，通常呈梳条状。

（三）主要在韧皮纤维粗梳或精梳过程中所得的短纤和废纤；纺纱、机织等过程中留下的韧皮纤维废纱及拉松破麻布或碎绳、索所得的回收纤维。短纤或废纤不论是适于供纺纱（是否呈梳条状），或是仅适于作捻缝、衬垫、填塞、制毡或造纸等材料均归入本品目。

漂白或染色不影响有关货品归入本品目。

本品目也不包括：

（一）金雀花植物的茎（品目 14.04）。

（二）经过药物浸涂或制成零售用包装的医疗或外科用短纤（品目 30.05）。

（三）黄麻纱线或用本品目的其他纺织韧皮纤维纺制的纱线（品目 53.07）。

（四）破麻布或废碎绳、索或缆（第六十三章）。

【53.04】

53.05 椰壳纤维、蕉麻（马尼拉麻）、苎麻及其他品目未列名的纺织用植物纤维，生的或经加工但未纺制的；上述纤维的短纤、落麻及废料（包括废纱线及回收纤维）

本品目包括从某些其他品目未列名单子叶植物(例如，椰壳纤维、蕉麻或剑麻)的果或叶所得的纺织用植物纤维以及从荨麻科的双子叶植物茎所得的苎麻纤维。

这些纤维大多数比品目 53.03 的纺织用韧皮纤维更粗更厚。

总的来说，本品目包括生的或经纺前处理的（例如，已粗梳或精梳成为梳条的）上述纤维，短纤或废纤（主要在精梳过程中所得）、废纱线（主要在纺纱或机织过程中所得）或回收纤维（从破麻布或断碎的绳、索等所得）。

然而，从植物材料获得的纤维（特别是木棉），如未经加工或加工成某种形状，应归入第十四章；但一经加工成用于纺织的材料（例如，经碎茎、粗梳或精梳等纺前加工），则归入本品目。

归入本品目的植物纺织纤维包括：

一、椰壳纤维。椰壳纤维是从椰子的外层覆盖物获得的，粗糙性脆，棕色，成团或成束的均归入本品目。

二、蕉麻。蕉麻（马尼拉麻）纤维来自主要在菲律宾岛屿种植的某种芭蕉树（麻蕉树）叶鞘包叠而成的茎，它是用刀或机械方法将其中的非纤维物质刮去所得。不论精梳或经其他纺前处理的（例如，制成梳条或粗纱状）均归入本品目。

蕉麻纤维具有很强的耐侵蚀及耐海水浸泡的性能，因而主要用于制船缆或渔网，还可纺成纱线织粗麻布或制帽饰带。

三、苎麻。苎麻纤维来自多种植物的韧皮，主要品种有绿叶种苎麻（马来西亚苎麻、绿苎麻）以及白叶种苎麻（中国麻、白苎麻），这些麻主要产于远东地区。

麻茎齐地面割下后，有时经初步干燥，然后以手工或机械方法剥去茎皮、碎茎并去除其内层木质部分，所得的苎麻呈长麻条状。苎麻纤维是胶粘的果胶物质粘结在一起，所以剥制后须进行脱胶（一般在碱液中泡蒸脱胶），所得纤维拧绞干燥后呈珍珠般的白色。

四、针茅纤维或埃斯帕托叶纤维。这些纤维得自某种植物的叶子。然而，只有经过碾压、碎茎、精梳或其他方法加工使之明显用于纺织用途的才归入本品目。本品目不包括未经加工的上述植物的叶子（第十四章）。

五、芦荟属叶纤维。

六、海地大麻。

七、赫纳昆纤维。

八、伊斯特尔硬质叶纤维（坦皮科大麻或墨西哥大麻）。这些纤维是从冯基亚那龙舌兰或列珠基拉龙舌兰提取，主要用于制刷，通常归入品目 14.04，但其经过加工明显用于纺织用途时，应归入本品目。

九、马奎龙舌兰叶纤维或坎塔拉纤维，这些纤维从坎塔拉剑麻（菲律宾或印度尼西亚产）或德奎拉那剑麻（墨西哥产）制得。

十、毛里求斯麻（富克雷亚麻），也称作皮特拉麻（巴西名称）。

十一、新西兰麻。

十二、泥炭纤维（有时称为贝兰丁泥炭或贝劳丁泥炭）。这种纤维来自木质泥炭，但只有经过加工，明显作纺织用的才归入本品目，而用于其他方面的不归入本品目（品目 27.03）。

十三、菠萝纤维。这种纤维亦称古拉那纤维（亚马逊名称）、皮纳纤维（墨西哥名称）或丝光韧皮纤维。它们得自凤梨科的菠萝叶。还包括野生凤梨纤维或哥伦比亚凤梨纤维或亚格汗菠萝纤维、卡罗阿叶纤维（巴西名称）、卡拉特斯菠萝叶纤维等。

十四、美洲龙舌兰纤维。

十五、虎尾兰纤维，亦称弓弦大麻或伊费麻。

十六、西沙尔麻（剑麻）

十七、香蒲纤维。该纤维得自香蒲属植物的叶子。但切勿将这类纤维与本品目不包括的香蒲植物籽纤维相混淆，后者是用作救生衣、玩具等的填塞材料（品目 14.04）。

十八、丝兰纤维。

53.06　亚麻纱线：

10　—　　单纱

20　—　　多股纱线或缆线

本品目包括用品目 53.01 的亚麻纤维粗纱经纺制而成的单纱，以及这些单纱经过各种合股工序而纺成的多股纱线或缆线。

但本品目不包括符合绳、索等定义的纱线（品目 56.07）〔参见第十一类总注释第一部分第（二）款 2 项〕。

不论是供零售用的纱线，还是经第十一类总注释第一部分第（二）款 1 项所述方法进行加工的纱线，均归入本品目。

含金属纱线，包括含任何比例金属线的亚麻纱线都不归入本品目（品目 56.05）。

53.07　黄麻纱线或品目 53.03 的其他纺织用韧皮纤维纱线：

10　—　　单纱

20　—　　多股纱线或缆线

本品目包括用品目 53.03 的黄麻或其他纺织用韧皮纤维梳条纺制而成的纱线，不论是单纱或是多股纱线。

但本品目不包括符合线、绳、索、缆定义的纱线（品目 56.07）〔参见第十一类总注释第一部分第（二）款 2 项〕。

不论是供零售用的纱线，还是经第十一类总注释第一部分第（二）款 1 项所述方法进行加工的纱线，均归入本品目。

53.08　其他植物纺织纤维纱线；纸纱线：

10　—　　椰壳纤维纱线

20　—　　大麻纱线

90　—　　其他

一、其他植物纺织纤维纱线

本组包括用品目53.02的大麻、品目53.05的植物纺织纤维或不归入第十一类的植物纤维（特别是第十四章的纤维，例如，木棉或短龙舌兰纤维）纺制而成的纱线，不论是单纱或是多股纱线。

但符合线、绳、索或缆定义的纱线〔参见第十一类总注释第一部分第（二）款2项〕归入品目56.07。

大麻纱线可用作缝纫线（例如，用于制鞋或制皮革货品）或用于织布。

不论是供零售用的纱线，还是经第十一类总注释第一部分第（二）款1项所述方法进行加工的纱线，均归入本组。

含金属纱线，包括用任何比例金属混纺的纱线，均不归入本品目（品目56.05）。

二、纸纱线

本组包括纸制纱线，不论是单纱或是多股纱线。这些纱线不论是否供零售用，也不论是否为线、绳、索、缆状，均应归入本组，但编结的绳、索或缆除外。

不论是否经第十一类总注释第一部分第（二）款1项所述方法进行加工的纱线仍归入本组。

将潮湿的纸条（有时为涂料纸条）纵向搓捻或摩擦加捻而得的单纱；多股纱线则由两根及以上单纱合股而成。

本品目不包括：

（一）简单地纵向一次或多次折叠的纸（第四十八章）。

（二）与金属线混纺或通过任何工艺用金属包覆的纸纱线（含金属纱线）（品目56.05）。

（三）简单地用金属增强的纸纱线以及纸纱线编结的绳、索、缆（品目56.07）。

53.09　亚麻机织物：

—　按重量计亚麻含量在85％及以上：

11　——　未漂白或漂白

19　——　其他

—　按重量计亚麻含量在85％以下：

21　——　未漂白或漂白

29　——　其他

本品目包括用亚麻纱线纺制的机织物〔参见第十一类总注释第一部分第（三）款的定义〕。

这些织物包括优质亚麻布及衣料、被单、台布等布料。亚麻织物也用于制褥垫套、袋子、油布、船帆等。

经过药物浸涂或供零售用的绷带不归入本品目（品目30.05）。

53.10　黄麻或品目53.03的其他纺织用韧皮纤维机织物：

10　—　未漂白

90　—　其他

本品目包括用品目53.03的黄麻纱线或其他纺织用韧皮纤维纱线纺制的机织物〔参见第十一类总注释第一部分第（三）款的定义〕。

黄麻织物用于制麻袋或用作包装材料、油漆布的底布、家具布衬料等。

53.11　其他纺织用植物纤维机织物；纸纱线机织物

本品目包括用品目53.08的纱线纺制的机织物〔参见第十一类总注释第一部分第（三）款的定义〕。这些织物主要用于包装、作帆蓬布、生产油布、袋子、台布、地席或油漆布的底布等。

本品目不包括用纸条交织而成的机织物（品目46.01）。